娜娜 罗康隆 主编

秋林文集

·第五卷·

◎『蒙恰』苗人文化研究

◎盘县非物质文化遗产描述与研究

◎月亮河流域布依族文化

吴秋林 著

WU QIULIN WENJI

中央民族大学出版社
China Minzu University Press

图书在版编目（CIP）数据

吴秋林文集. 第五卷／彭娜娜，罗康隆主编. —北京：中央民族大学出版社，2023.5

ISBN 978-7-5660-2187-8

Ⅰ. ①吴… Ⅱ. ①彭… ②罗… Ⅲ. ①人类学—文集 Ⅳ. ①C52②Q98-53

中国国家版本馆 CIP 数据核字（2023）第 007303 号

吴秋林文集. 第五卷

主　　编	彭娜娜　罗康隆
策划编辑	舒　松
责任编辑	舒　松
封面设计	布拉格
出版发行	中央民族大学出版社
	北京市海淀区中关村南大街 27 号　　邮编：100081
	电话：（010）68472815（发行部）　传真：（010）68932751（发行部）
	（010）68932218（总编室）　　（010）68932447（办公室）
经 销 者	全国各地新华书店
印 刷 厂	北京鑫宇图源印刷科技有限公司
开　　本	787×1092　1/16　印张：48.5
字　　数	1060 千字
版　　次	2023 年 5 月第 1 版　2023 年 5 月第 1 次印刷
书　　号	ISBN 978-7-5660-2187-8
定　　价	188.00 元

目　录

“蒙恰”苗人文化研究

盘县非物质文化遗产描述与研究

月亮河流域布依族文化

吴秋林文集

第五卷

“蒙恰”苗人文化研究

序　言

王朝文

民族文化的研究在促进各民族共同进步、繁荣和发展上历来就有着不可忽视的积极意义，六枝特区民族与宗教事务局和贵州民族学院民族文化学院，联合对贵州西部的民族文化进行研究，无疑是这方面一个非常有意义的尝试，值得赞许！

在贵州省，其西部的民族文化丰富多彩，但由于种种原因，对其文化的研究开展得并不充分，在一定程度上影响了该地区民族经济、文化、社会事业的发展。这次以高校与地方优势互补的方式开展贵州省西部的民族文化研究，是一种双赢式的联合。

贵州省的民族文化研究，在全省广大社会科学研究人员的共同努力下，取得了丰硕成果，在一定程度上促进了民族地区经济文化和社会的发展，但我们的社会科学研究人员，要更进一步地把社会科学研究和民族文化研究与民族和社会发展的实践结合起来，给民族地区的社会文化发展提出更多更好的决策依据和建议，更好地服务于社会和民族。六枝特区民族与宗教事务局和贵州民族学院民族文化学院的作为，就在一定程度上实践了这样的要求。

希望这两个单位把这样一件好事办好，办下去，丰富贵州省的民族文化研究，促进当地民族文化、社会经济的进步和发展，是为序！

2008 年 6 月

导 言

民族学、文化人类学的田野调查永远是“发现之旅”，每一次民族学、文化人类学的田野调查都会有“发现”的兴奋点出现，只要你认真地对待你脚下的土地和土地上站立的人。

2007年9月，我们接受了贵州省文化厅的委托，对六盘水市进行非物质文化遗产普查性调查。当我们于10月在六枝进行调查的时候，就面临了这样的“发现”。

文化是自在的，说“发现”是一种“自以为”的认识，但它肯定是一种新认知的表现，而这种新的认知也能是文化革新和进步的动力。

在10月下旬的一天，我们一行四人来到一个叫苦李井的小村子，找到了一位叫杨德发的老人，据同行的王亮贤老师说，杨德发老人是他们这一支系的苗族中唱古歌最多最全的人，而且能像他这样唱的只有他一人了。我们把杨德发老人请到他家门口的竹林边坐下，希望能录制一些他所唱的古歌。这时，我心里有一种期待，即在贵州省的苗族古歌的搜集整理和研究中，黔西北地区的苗族古歌资料最少，也很少有人关注，一是因为黔东南地区的苗族古歌太丰富了；二是一般人认为这样的古歌足以涵盖所有的苗族人的古歌了。但我一直认为这后一个情形可能是一种误区，认为黔西北苗族古歌应该有自己的背景和独特的表现，不大可能被黔东南地区苗族古歌所涵盖。但至今我们能见到的黔西北苗族古歌确实太少了。在苦李井，我们能不能有所收获，或者说“发现”呢？

说心里话，在杨德发老人开始演唱时，我心里并不抱太大的希望，谁知杨德发老人一唱就是一天，唱到了下午还不能收场。在全部用苗族语言的演唱中，我一时还不好判断杨德发老人演唱的古歌内容的价值和意义，但我以为我们要接近那个期待了。因为一个民族数百年在口头中积累下来的“文化演唱”不会像云一样一飘而过的。

这次的际遇使我们有了两个决定：一是对这个在此地只有几千人的“小支系”苗族展开更为全面的调查；二是尽快翻译杨德发老人所演唱的古歌。

在苦李井村，我有两个没有想到：一是这一支系苗族人口为何这样少，只有几千人，而且在其他地方也并没有与他们同支系的苗族人存在，在新场乡，也只有数个村寨有他们支系的苗族，是一个名副其实的文化孤岛。二是没想到杨德发，这样一个基本没有受过学校教育的苗族人，会在自己的脑海里保存这么多对这一支系苗族文化至关重要的文化信息。

对杨德发老人所演唱的古歌的翻译很快就在六枝特区进行，而这一次的主角是王亮贤老师。王亮贤老师在六枝特区新场乡工作，以前做过多年的中小学教师，是这一支苗族人中的文化人。

对"蒙恰"苗人古歌的翻译进行得异常艰难，因为有许多苗语中的词汇是古苗语词汇，在现代的苗族生活情景中还不好找到对应的词汇来表示，与汉语的对应词汇也很难寻找。而且这样的翻译只能是直译，即用汉语的语言，用苗语的语言逻辑和语言组织把大概的意思记录下来，然后再想办法。我以前不太明白为什么在贵州省的许多民族语言翻译中会出现汉语"直译"和"意译"这两种并行的文本，在这次实践中我才知道，没有"直译"这个中介，贵州少数民族语言翻译为汉语是很难实现的，因为多数少数民族的语言逻辑和语言组织跟汉语是完全不一样的，直接翻译几乎很难实现。我们在对"蒙恰"苗人古歌的翻译中就出现了这样的问题。最先我们也是直接翻译，但根本进行不下去，最后也只有走直译——意译的老路。

直译是以王亮贤老师为主进行的，而后的意译是以吴秋林为主进行的，这都是一个异常艰难的过程，但也是一个收获的过程。"蒙恰"苗人古歌并没有像我们事前想象的那样，有许多开天辟地的神话与传说，但也有自己独特的表现。

对这一支苗族文化的比较全面的调查也在不久以后展开，我们希望在调查中较为完整地展示这支苗族人的文化和文化意义。

这项工作进展得比较顺利，得到了六枝特区新场乡党政领导班子的大力支持。

再后得到的支持让我们更为喜悦。六枝特区民族、宗教事务局得知我们的工作和工作进展情况后，表示愿意出资资助此书的出版。

把这样的内容写入一本民族学、文化人类学研究著作的导言中，好像有些风马牛不相及，但我想表达的是"发现"是大家的。

我们就是从"蒙恰"苗人的古歌走向"蒙恰"苗人文化的全面研究的。

在"蒙恰"苗人文化中，古歌是它最为有意义的文化表现，它不像黔东南苗族古歌那样，有苗族自己开天辟地的内容，但它以自己的方式承载了自己的古老意识和观念。

这支苗族人数极少，但它的丧祭文化和婚姻习俗文化却有自己独特的表现，其文化基本特性并没有在传承中受到太大的削弱和冲击。

作为文化外在标志的妇女服饰文化也有自己的独特品质。

作为贵州省民族文化的"岛状文化"的表述，这是一个最为典型的范例，我相信，《"蒙恰"苗人的文化研究》的出版，会在这方面是一个极为有意义的建树。

第一章 “蒙恰”苗人概述

“蒙恰”苗人是一个结合自称而来的概念，表明它既是苗族中的一个组成部分，但又与其他苗族人有一定程度的区别，是苗族中的自称为“恰”的苗族人。

第一节 “蒙恰”苗人居住区域和分布

这支苗族自称为“蒙恰”。“蒙”是苗族人总称，这在国际上被称为“HMONG”，在世界上，“HMONG”就是苗族总的称呼。“蒙”（HMONG）进入英语词汇，应该是印度支那战争之后的事情，即20世纪在越南、老挝、柬埔寨举行的那场战争中，居住在老挝的苗族人卷入了这场战争，战争过后，一大批老挝的苗族人成为难民，从而进入了美国，成为现今我们所说的“美国苗族”，并成为今天的美利坚合众国的国民。这样，“HMONG”成为英语词汇中的苗族的表述。

现今在美国的这支苗族人，其早年就是从贵州省的黔西北地区迁徙到老挝去的苗族，与黔西北地区的苗族人有文化根底上的联系。

在美国的这支苗族自称为“蒙称”或“蒙正”，这支苗族据说在贵阳市的清镇市还有称为“蒙称”的苗族人。

在“蒙”的这个总称下，各个支系的苗族人更喜欢把自己称为“某蒙”。比如在六枝特区新场乡，以及纳雍一带的“歪梳苗”自称为“蒙撒”，在六枝特区梭嘎的“长角苗”自称为“梦 ”，以及附近地区的“小花苗”自称为“蒙 ”……每一个支系的苗族都在总的“蒙”的含义下面，标识自己支系的名称意义。这在“蒙恰”苗族人中也是这样来表现的。

“蒙恰”中的“蒙”无疑是其苗族总的标识名称，而“恰”在其苗族语言中是一个动词，即“逮”，与汉语的“拉”极为相近。据这支苗族人自己的解释，“恰”就是“逮”“拉”的意思，其词汇的起源是因其婚姻形式而来。在“蒙恰”苗人的婚姻习俗中，其女性的婚姻对象是通过“逮”或“拉”这种形式而来。通俗一些解释，即婚姻对象的女性是可以“拉”来的，即“拉”回家来就可以成亲了。

六枝特区新场乡长水沟村

这个“拉”亲行为有没有强制性，是不是一种“抢亲”习俗的另类表现，现今已经难以说清楚了，但“拉”亲这种婚姻形式已经成为这一支系苗族区别于其他支系的“自以为是”的标识了。

这种标识的历史应该是很久远的事情，我们在其婚姻文化的论述中还要深入论述。

现在我们可以作这样的理解：即“蒙恰”苗人，是以“拉”亲形式表现其婚姻关系的苗族支系。

这是这支苗族人的自称。在六枝特区等地，人们对这支苗族也是有他称的。人们习惯地称呼他们为“短角苗”。这是根据其妇女的头饰而来的他称。这一支系苗族的妇女做头饰时也要用一个木角，但这个木角在用头发缠绕好之后，只露出一个较短的木角来，故人们据此称他们为“短角苗”。这“短角苗”的称呼是相对而言的称呼，因为在六枝特区还有一支他称为“长角苗”的苗族支系，她们的木角就比较长，梳好头饰后露出长长的木角，很是夸张，他们因此而得到“长角苗”的他称。“短角苗”就是与她们的存在对比而言的称呼，即她们在头饰上有相同之处，但露出的角相对而言比较短，即谓其为“短角苗”。但是，这只是外界对所谓“短角苗”的“描述”，实际上她们头上的所谓的“角”的说法并不准确。我们在下面这幅照片中可以看到，这是一个木梳延伸出来的木片，而没有角的形象和意味，只是一片弯曲的两边带把的木梳。

这一支系苗族对于这个称呼并没有太多的反感，也没有太多的赞同，似乎为中性的反映，但对“蒙恰”这个称呼则是一个正统的完全认同的称呼，是自称。

在六枝特区，是各种苗族支系广泛分布的地方，至少有六七种苗族支系分布，在习惯性的他称中有：“歪梳苗”“大花背苗”“长角苗”“四印苗”“小花苗”“喇叭苗”，包括我们所说的“短角苗”等等。在这些苗族支系中，“歪梳苗”“小花苗”

“喇叭苗”这三种苗族支系的人口最多，基本上都是数万人成片分布，“大花背苗”“长角苗”“四印苗”虽然人口少一些，也是成千上万的，而只有“蒙恰”苗人人口最少，只有千余人。

六枝特区新场乡“蒙恰”苗人头饰

这千余人主要分布在以下几个村寨里。

六枝特区新场乡有：

1. 不出市——18 户。
2. 松坝——20 户。
3. 小干河——20 户。
4. 长水沟（属岩上村）——50 户。
5. 小寨（属熊井村）——30 户。
6. 岩口——6 户（与汉族杂居）。
7. 大寨——10 户。
8. 天马头、冲子田——6 户。
9. 小田坝（属苦李井村）——20 余户。

六枝特区牛场乡有：

10. 上官——数十户。

以上村寨的地名基本上是“自然村寨”的名字，而不是行政村寨的名字，俗称为“小地名”。

在这些村寨里，总的户数在 200 户左右，估算也就是千余人，是六枝特区苗族支系中人口最少的一个苗族支系。还有在“蒙恰”苗人老人们的叙述中，他们说“蒙恰”苗人就分布在这一块地方，其他地方没有见到过与这支苗族一样文化的苗族。据“蒙恰”苗人老人们说，他们在此地的人口原来是很多的，由于在清代时参与了一次起义，后来就在这里“在不住”（方言：“待不下去了”），多数人就搬走了。搬走时是往西搬走的，具体"落脚"（方言：住在哪里）哪里就不清楚了。

这是"口碑"的说法，但于此也只有口碑性质的历史表述了。不过，不管怎么说，"蒙恰"苗人在这里只有千余人是现实存在的。

在此地，能数得出来有"蒙恰"苗人居住的村寨就以上 10 个寨子，但这些寨子并不是连成一片的村寨，而是呈关联性的点状分布在临近的地方。在这些"蒙恰"苗人的村寨之间，一般都有其他苗族，或者是其他民族的村寨分布。但它们的间隔并不远，数公里、数十公里，是点状分布，但这些点都是有关联性的。

说他们有关联性的有两个理由：

六枝特区新场乡"蒙恰"苗人妇女服饰

一是他们的居住是典型的小聚居，10 户人家、20 户人家也会聚居在一起形成一个相对独立的"蒙恰"苗人村寨。在行政划分上可能会把他们划分到某一个村，但一般都无法改变其小聚居的性质。这种小聚居是根底性的，在上列的 10 个寨子中，只有岩口的 6 户与汉族杂居。

二是婚姻是这种关联性的主要表现，也就是说，是婚姻关系把这些点状分布的"蒙恰"苗人"联结"为一个相同文化的文化共同体。从这个意义上来讲，这样的区域，也是一种民族文化区域的分布和表现形式。

应该说这种点状关联性质的文化区域分布，是一种超越空间的文化分布结构。我以为这是一种文化分布区域形式的创造。但为什么他们要采取这样的形式呢？我以为与"蒙恰"苗人老人给我们讲的那个"故事"有关，即留在此地的"蒙恰"苗人应该有一种隐蔽性的存在，即我点状的分布在其他苗族人和其他民族的区域中，你外来者不可能在一个区域、一个标识下就把我们找到。这也是一种生存智慧的表现，但这不是智慧者的设计，而是自然生存的自觉选择。

我们也可以这样来"想象性"描述在"蒙恰"苗人的祖先面临大迁徙时，一小部分想留下来的"蒙恰"苗人的情形。他们没有随着众人迁徙，或者说一小部分

“蒙恰”苗人由于种种原因没能随着众人迁徙而留了下来，这样的状态是很危险的，于是，他们“化入”了其他苗族或者其他民族的生存地中，隐蔽了起来，后来又在新的聚居地之间建立了新的文化关联方式，形成了新的文化区域性联系，构建了新的“蒙恰”苗人的文化共同体。

“蒙恰”苗人的这种文化表现与我们已知的三种苗族的文化事物关系密切，一是“花场”；二是芦笙；三是服饰。

这种点状分布隐蔽性是很强的，但沟通就很困难，而“花场”就是这种沟通的最好的办法。它说明为什么贵州省西部的苗族人非常重视“花场”的文化功能和作用，其根本的原因就在于这种分布和地理生态环境。在“蒙恰”苗人中，原来也是有自己的“花场”的，但随着这种隐蔽要求的消失和交通的改善，“花场”事物存在的必要性就不大了，也就自然而然地消失了。

后两种文化事物也与我们所说的文化、自然生态环境有关，但这些我们在后面还将叙述。

第二节 “蒙恰”苗人丧祭和婚俗概况

一个只有千余人的民族文化共同体，在如此的文化和自然生态环境中保有了自己的文化是一个奇迹，但更让人惊奇的是，这些文化保有还是比较完整和颇具特色的。

一个文化共同体运行的核心是其信仰文化，而信仰文化又是通过一系列祭祀性质的仪式组成的，这在“蒙恰”苗人文化运行中也不例外。像贵州省的大多数少数民族的信仰文化表现一样，“蒙恰”苗人的信仰文化也主要是表现在其丧祭文化中，即“蒙恰”苗人通过丧葬仪式来表现自己的信仰文化。信仰的终极是我们要选择一个崇拜物，“蒙恰”苗人的崇拜对象无疑是祖先，这在丧葬祭祀中会有强烈的表现，但这个“蒙恰”苗人的祖先与我们汉族人所理解的祖先崇拜不同，他最终的崇拜对象形式不是一个具体的祖先人物，而是另外一种形式——鬼灵。

“蒙恰”苗人丧祭也是从去世老人的最后一刻开始的，即“扶其落气”，子女在这一刻都要在身边扶着老人，有谁扶得久谁的“福气”多的说法。

第一步是告知仪式。也就是放三排地炮，一排三响，三排九响。

第二步是净身装棺。对女性死者还要梳头，穿衣要穿棉质衣服，穿单不穿双，一般是五件或七件。棺木顺梁放置，大头朝厨房。

第三步是献饭。在棺木大头处放一木桌，桌上放一个簸箕，男性死者煮九撮米的饭，女性死者煮七撮米的饭放在簸箕里，上放一只杀死回熟成形的鸡，破肚扣在饭上。用竹片为死者献饭。

第四步是请先生看期程（即下葬的日期）。

第五步是请鼓。

第六步是吊大鼓。

第七步是“起兵”仪式。

第八步是打鼓、吹芦笙、唱孝歌等。

第九步是起嘎房。

第十步是指路。

第十一步是转嘎房。

第十二步是打牛交牲。

第十三步是“开土”，即挖坟堂。

第十四步是上山入土。入土时把那簸箕饭放在棺木大头处，用酒在坟墓四周敬酒，意为买地。封土后在坟土上放三个竹筒，各装有水、米、苞谷面，男九撮，女七撮。

第十五步是送饭。第一天送到坟上，第二天送到嘎房……三天后就不送了。

丧葬仪式就基本结束。

但“蒙恰”苗人的丧祭真正结束是在约三天或二十五天后的“解簸箕”仪式之后。

做了“解簸箕”仪式之后，“蒙恰”苗人才真正送走了自己祖先的灵魂，在做梦时就不会再梦见祖先了。

这是“蒙恰”苗人表现自己信仰文化的主要仪式，此外，“蒙恰”苗人也在祭山、开财门等仪式中表现自己的信仰文化。

“蒙恰”苗人这些丧葬仪式至今仍然是活形态的事物，受外界的影响不大，只是与当地的其他苗族支系有许多相似之处。

如果说“蒙恰”苗人丧葬等习俗是其观念和信仰的文化部分，那么“蒙恰”苗人婚姻习俗等就是其日常生活中的文化部分。它围绕着种族的繁衍，生发了一系列的文化和习俗，使其日常生活变得与众不同和丰富多彩。

“蒙恰”苗人婚姻习俗也有一系列的过程。首先是青年男女在花坡上的相识和相恋，然后才会进入婚姻习俗的仪轨。不过，跳花坡也是“蒙恰”苗人婚姻习俗的一个组成部分，但它最基本的功能就是一个“婚姻配合”的空间。“蒙恰”苗人在原来交通信息十分闭塞的情况下，花场这个功能发挥得比较完备，但现今的交通和信息交流的条件已经大变，在日常生活中的青年男女交际已经十分自然和平常，花场也就基本消失了。但青年男女的婚恋交际仍然是其婚姻的基础。

第一步，看鸡卦。在青年男女相识相恋的基础上，父母就会说：“只要你们相互喜欢，我请人去通信。”也就是会按照祖先的婚姻习俗来启动一系列的仪式过程。父母会请一个媒人去说亲。去说亲前要在家中先杀一只鸡，并把鸡卦由媒人带到女方家，即说亲的第一步就是“看鸡卦”。到女方家后，女方家也会杀一只鸡，拿出鸡卦与男方家媒人带来的鸡卦进行对比，如果鸡卦能对上，这婚姻大事就成了，如果鸡卦不好，这桩婚姻就作罢。

第二步，讲财礼。看鸡卦好了，就可以进行讲财礼了。以前的财礼就是讲牛，讲一头牛就行了，现在也是讲牛，但已经把牛折算成钱了。但牛的大小视男方家的经济条件而定。

第三步，送礼钱。一旦男方家往女方家送礼钱了，就表示男方家想要儿子结婚了。

第四步，看日子。看好日子把它送到女方家，他们把这个日子叫“期程”。

第五步，接亲。接亲时要去五个人，一个新郎，一个押礼先生，两个伴郎，一个芦笙手。这个环节中有许多仪轨。

第六步，送亲。要女方的六个人送亲，这送亲的六个人要求其父母健在，不要有身孕，等等。

第七步，“拦喜神”。新娘进门时要做一个叫“拦喜神”的仪式。

新娘到新郎家第一天晚上是在寨子上的别人家住，而不是在新郎家住。新娘进门后，会有一系列的礼俗出现。

这样的“蒙恰”苗人婚姻习俗在“蒙恰”苗人地区是存在的，但许多方面已经流失，也可以说“蒙恰”苗人中的婚姻不一定都按照这种方式来举行，在年轻人中已经有了别样的选择了，或者说即便是按照这样的仪轨来举行婚礼，也不会像我们描述的那么严格了。

婚俗和丧俗是“蒙恰”苗人习俗文化的主要构成部分，但在他们日常生活中，也有一系列的其他习俗文化存在，比如说一般礼俗、节日民俗等等，但其婚俗和丧俗应该是其习俗的主体。

第三节 “蒙恰”苗人古歌概况

“蒙恰”苗人在贵州西部是一个人口最少的苗族支系，但在其民族文化中却有许多丰富多彩的内容，“古歌”就是其中之一。我们对于“蒙恰”苗人的关注也就是因为它丰富多彩的古歌而来的。古歌是“蒙恰”苗人文化中最为亮丽的一个组成部分。

我们在“蒙恰”苗人中录制了33首古歌，这些古歌涉及的内容是方方面面的。

在这些古歌中，我们可以在表述的内容上做一个分类：

1. 描述战争的有：《剑鬼和梭神》《大头蜂和大头蝎》。

2. 描述古代习俗的有：《男孩做“媳妇”》（讲古时，男娃娃嫁入女家，但因为女娃娃贪吃，所以改为女嫁男）。

3. 描述芦笙和鼓的来历的有：《传芦笙种和鼓种》。

4. 描述婚姻习俗的有：《说亲歌》《接亲歌》。

5. 描述死亡的有：《生死夫妻》《灵巧女和勤劳郎》《巧姑娘之死》《巧女死去不离织》。

6. 描述古老观念的有：《太阳姑娘和月亮小伙》《老虎“力宝”》。

7. 描述坚贞不屈的爱情故事的有:《绽蕾女和围镯郎》。

8. 描述逃婚男女的有:《逃婚男女》《"文女"和"礼仕管子奖"》。

9. 描述苦难婚姻的有:《姑娘做新娘》《姑娘嫁老汉》。

10. 描述孤儿孤女的有:《孤女孤儿歌》。

11. 歌颂勤劳的有:《无粮人家的儿女》。

12. 描述古代神话传说人物的有:《"留米"的神马》《巧女"接嘴雀"》《猴婆婆》《"珠亚祖鲁"的骗牛和公马》《"谷晴苦磨"》。

"蒙恰"苗人古歌采录现场

但其中讲述苗族男女爱情的古歌最多,有《绽蕾女和围镯郎》《逃婚男女》《"文女"和"礼仕管子奖"》《姑娘做新娘》《姑娘嫁老汉》,还有《说亲歌》《接亲歌》等等。

在录制的33首"蒙恰"苗人古歌中,经过合并和整理之后,我们得到25首完整的"蒙恰"苗人古歌。这是一个非常大的收获,其中蕴含了"蒙恰"苗人古代信仰价值观念,以及对世界的认知和独特的认知方式。在这些认知中,几乎每一种生产和生活事物都有自己的解释,并且把它们神性化。在这些古歌中,亦蕴含了"蒙恰"苗人丰富多彩的情感世界,爱情和苦难仍然是"蒙恰"苗人日常生活的两大主题。

芦笙是苗族人记录历史的一种方式,"蒙恰"苗人也有芦笙,但他们似乎更注重用古歌来记录和传述自己的历史,所以,"蒙恰"苗人历史上的人物也是其中的重要组成部分。

对于"蒙恰"苗人古歌我们在后面还将展开专门的研究,它们的存在肯定能揭示"蒙恰"苗人文化的方方面面。

第二章 “蒙恰”苗人丧祭文化

在我们看来，信仰文化是文化的核心，一种文化只要有信仰文化这个核心文化的存在，不管它处于什么样的形态中，都是可以自在运行的。因为一个文化种群的信仰文化是这个文化种群其他文化生发的原始平台，有了这个平台，即便是没有所谓的“宗教”，它的文化也能运行。我们今天所面对的“蒙恰”苗人文化，也就是这样的文化。但是，有的文化种群把祭祀从一般意义的仪式中分离出来，成为一个单独的部分，但更多的，特别是贵州省处于“孤岛”文化状态的民族文化，却更多的是把祭祀部分“包含”在其丧葬仪式中，使其丧葬具有“丧俗”和“丧祭”的双重性质。“蒙恰”苗人丧祭文化就是这样的文化。

第一节 调查和两个丧祭个案

2008年年初，我们对“蒙恰”苗人文化进行了比较细致的调查，而这种调查是在2007年10月对“蒙恰”苗人古歌进行调查之后进行的，是在“蒙恰”苗人古歌的吸引下，我们深入“蒙恰”苗人文化研究的一种行为。这一调查我们自然集中在丧祭文化和婚姻文化这两部分。我们最初以为“蒙恰”苗人如此之少的人口、如此之小的居住面积，其民族文化的完整性和独特性很让人担忧，如果我们的调查得来的是一个“孤岛”文化的“残片”式的记录，那这种担忧就成为现实了。但经过实际的调查之后，这种担忧是不必要的，而且“蒙恰”苗人文化表现得比我们想象的还要丰富，而且多彩。

在其丧祭文化上，我们在“蒙恰”苗人不多的居住地，选择了两个调查点，一个是苦李井村的小田坝，一个是岩上村的长水沟，苦李井村是行政村的名字，岩上村是自然村的名字。两个点，自然就产生了两个个案。

“蒙恰”苗人丧葬习俗采录现场

个案一：“新场乡苦李井村小田坝苗族丧葬文化调查”

采访地点：苦李井村村民家中

采访时间：2008 年 1 月 2 日

讲述人：杨进文，男，苗族，65 岁，在家从事农业生产。另外还有两位对本民族文化有一定理解的两位老人，其中一位会唱苗族古歌。在讲述中，以杨进文为主，其他人时时有所补充。

天气：阴转晴

采录人：吴秋林、杨春艳

老人在弥留之际，其儿女或族宗之人要在身边守护，扶着他落气（方言：即“咽气”）。这时要把老人扶着坐起来，将床铺捌起让其坐着落气，认为躺着落气是不好的事情。扶着老人落气的人越多越好，儿子、女儿、媳妇都可以来扶老人落气“送终”，而没有性别、身份的特殊要求。在老人要落气时，他的家人会围在老人的身旁，大家握着老人的手让其安心地走，儿孙都围在老人的身边，病者心里会高兴，才不会觉得有什么遗憾。

落气后把死者放躺下，开始洗脸、洗脚、净身，由死者的亲人来为其净身，男性老人是男亲属来为其净身，女性死者是女亲属为其净身，还要给老人梳头。死者穿的衣服必须是棉、麻质地的，男性死者穿老式样的长衫，女性死者穿女式的老服装。穿的衣服有定数，只能穿单，不能穿双，最多穿七件，一般穿五件。对于为什么死者只穿单的缘由说不清楚。像布扣子一类属于疙瘩的都要剪掉。有带子的也不能打成疙瘩状，死者身上的腰带也是散开不系结的。

衣服穿好之后，把死者放入棺材。主家放火炮，以前是三排地炮（铁制的管状物，装上黑火药燃放，响声巨大），一排三个，放九响，现在用鞭炮代替。孝子开始哭。放炮之后，寨子的其他家就都知道某家的老人过世了，会前来帮忙。

棺材停放在堂屋里，按顺梁停棺的方位停放，即棺材大头放在靠火房的那头（寨里房屋的结构中间的一大间是堂屋，左右各还有一间）。棺材的大头处放一张桌子。在停放棺材的时候，要开始煮饭，是男性老人过世先撮九把米放入锅中，女性老人过世先撮七把米，之后把放入锅中的米的数量补足两斤左右；还要杀一只鸡，选择杀鸡的人没有讲究，鸡血要倒掉不用。饭煮好后，盛进一个小簸箕里，鸡稍煮成形，破肚，放在饭上。小簸箕放在棺材大头处的桌上。

黔西北苗族普遍使用的丧祭大鼓

准备工作做好后，要开始给死者的亡灵献饭。献饭时要用“篾挑”献，这样死者才能享用到阳间人的献饭。“篾挑”的制作是先去自家后阳沟草房上取半截竹子（男性老人用后阳沟草房上的竹子，若是女性老人就要取大门前的竹子），竹子约四尺左右长，从中间对半划开，小的那一头再破开，划成鱼尾状。之所以“篾挑”要划成鱼尾状的缘由，有一个传说故事：鱼尾是唐僧去西天取经时得来的，唐僧一行在落河后得了一条鱼，后来苗家得了鱼尾，汉族得了鱼头，彝族得了鱼中间部分，所以苗家献饭的“篾挑”是鱼尾状，汉族在超度亡灵时敲木鱼，彝族办丧事时用的相应工具两端都是齐的。丧事期间的献饭在每次吃饭前进行。

这样准备好了后就要请人看“期程”(方言:“日期”,主要指办丧事的日期。)

看好“期程”,准备下葬的前一天,要去寨子某家把大鼓接来在家中吊起,存放大鼓的某家是大家选定的放大鼓地点。主事家找两个帮忙兄弟去背大鼓时,去的人要提一斤左右的酒,算是给某家的“保管费”。接大鼓的人把大鼓用老式样的衣服蒙起,两个人轮流背鼓回到主事家,中途大鼓不能落地。

这个大鼓是用生牛皮蒙制的木鼓。

鼓背回来后挂在去世老人的脚边,即棺材的小头处,怎样挂鼓没有讲究,但鼓挂上之后还不能敲打,要做了交牲仪式,献完饭之后才能敲打。

原来主事家用小猪来祭祀,即用小猪来做交牲仪式,现在改用鸡来祭祀。做完交牲仪式,接下来就是给亡者献酒、献饭。提起“篾挑”献完酒、献完饭后就可以开鼓了。开鼓之后,随便哪个会吹芦笙的人都可以来敲打了,大家也可以随便吹芦笙,热闹气氛。吹芦笙的同时有人唱孝歌。

在本村寨,芦笙孝歌有十二谱,各人随兴致吹奏,但如果要十二谱孝歌谱全吹完,大概要一整晚,至少要五六个小时。

在开大鼓后每次献饭时,就必须要吹一谱芦笙孝歌,媳妇们哭一回。

开鼓以后,去山上砍九棵带斑点的小竹子拿回家,七个小孩扛竹子,大孝子背弩,弩上用根麻布带子捆一把刀,在家中转房子。死者是男性老人的话,从房子左手边开始转,死者是女性老人从房子右手边开始转,这个仪式叫“起兵”,总共需要九个人,大孝子走前面,跟着的是吹牛角的一人,身背“称筒”,用反手绳挂起背在身上。后面是七个扛竹子的小孩。

“起兵”从大孝子在棺材前磕头开始。竹子在这其中代表的是一种兵器。“起兵”的意思是护送老人去老祖宗那里。

开大鼓以后老人还未下葬在家的这几天里,每天要“起兵”三次,天见亮一次,晚上天黑一次,半夜一次。一般在家做丧事,没有定数,三五天都行,根据自家看好的“期程”决定停尸天数。下葬日子是狗场天、马场天、鸡场天都可以,只要错开牛场天、猪场天即可,因为这两天不能杀牛和杀猪。而死者下祭必须得交牲,需杀牛杀猪。

如果死者明日下葬,主事家就会安排帮忙弟兄今天在山上建好嘎房。

嘎房的建造简单说来是这样的:一棵杉树,划成两半,拿一半栽起,有一人高。在栽起的半块杉树上支起一个十字架,四角分别用杈杈撑起,搭成雨棚。顶上用草扎只雀儿,头向西方。

客来的当天晚上“起兵”之后,苗家的指路先生开始指路。指路先生手抱一只老公鸡,把老人指向西方,指路这个过程至少要一个小时。指好路以后鸡就拴在棺材大头的桌子腿上,每顿吃饭前献饭给鸡吃。去请指路先生时带一瓶酒,寨中会指路的先生不计什么报酬,乐意前往为死者指路。

下葬的那天先把棺材抬起在嘎房里转圈。牵着指路鸡,围着嘎房按男性老人正反

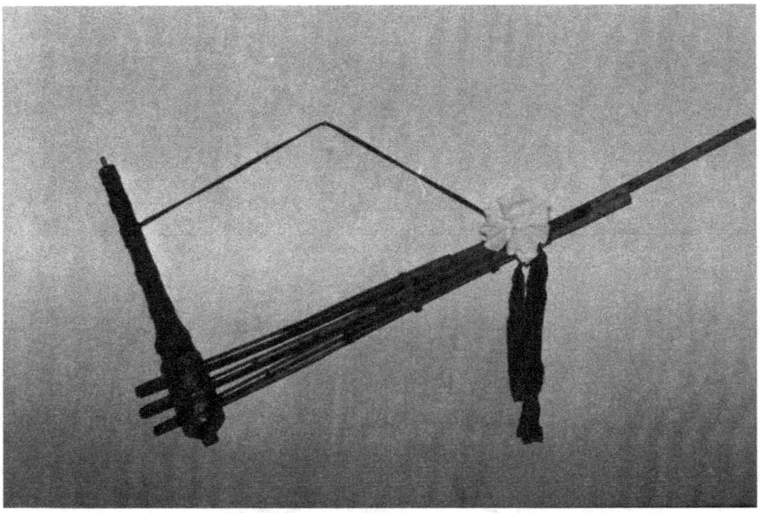

黔西北苗族用于丧祭的接魂芦笙

转九圈，女性老人正反转七圈，在外面转完后，把棺材停放在嘎房内，按男性老人放在嘎房的左边，女性老人放在嘎房的右边的方位停放。

转的时候，随棺转嘎房的顺序是：孝子——吹牛角人——扛竹子人——吹芦笙人……

转的时候，大媳妇点燃火把跟在大儿子后面。火把是从屋里就点燃的。转完，弩放在嘎房上，火把放在棺材脚。

转完嘎房，就是交牲下祭（方言：拉牲口来祭祀亡者）的仪式。

姑娘家会拉牛来下祭，其他人家可以拉猪，拿鸡来下祭，一般是自己在棺木处交牲，交牲时要给死者献酒献饭。

姑娘家拉来的牛要“打牛”（方言：在下祭时杀牛）时，若是男性老人死了，打牛的人是同辈中年纪比死者大的老表，但只要来做个意思就行，不一定要老表把牛真的打死。要是死者的老表死了，那就由老表的儿子代替来打牛。打牛的时候围着牛转三圈，不管从哪个方向开始转，拿起斧头，意思到了就行。

交牲的牵的牛绳是反手绳，即反搓的绳子。

交牲时，要推开棺材盖，把反手绳放在死者的手中，代表着他得到牛，牵着牛去阴间过日子。

下祭的牛不能是残废的，儿子家拿来献祭的牛更是大而壮，这样的牛才会被认为是好的牛。

姑娘家拉来下祭的一般是牛，其他家拉猪。但哪家拉什么牲口没有硬性规定，想拉什么都可以，但不可以拉羊。

还可以用鸡来祭，牛是大祭，猪、鸡算是小祭。打牛交牲的含义是，老人在世的时候，肯喂牛，现在他死了，打一头牛给死者，让他在“那边”也有喂的。

凡是拉来的牲口，都要交牲，拉来的牛、猪、鸡全都要杀，不准留下活的牲口。交牲的时候，也要用“篾挑”来交，这样死者才能得到。

打完牛，把牛的胸脯肉叉在一个三角形杈杈上，放在棺木的小头，一个牛一个杈杈，这样的杈杈重量要是大牛的话有一二十斤。

牛都在嘎房边打，猪可以在前天交牲的时候杀。

挂好胸脯肉，现在在家中安席，原来在嘎房边安席吃饭。选择嘎房的地方要是以前别家在这里做过嘎房的，另外一家就不会选择这个地点建嘎房。建嘎房的地点离家远近不限，只要是地势平坦、宽阔处即可。

吃完饭，各家亲戚带领吹芦笙、唢呐的开始转嘎。各家亲戚转嘎时有一定的顺序，姑妈家（家中男性老人过世时）或舅舅家（家中女性老人过世时）先转，其次是姑娘家按从大到小的顺序依次转嘎，最后是孝子按从大到小的顺序依次转嘎。转时是按男性老人正反九圈，女性老人正反七圈的转法转圈。一般来说，轮到孝家转嘎，也就是该上山的时候了。这之后转嘎的持续时间看离下葬的时间距离长短而定，要是离确定的下葬时间还早，各家亲戚可以组织大家转嘎的时间持续长一点；反之，转完礼节上的该转的，也就不再转嘎了。

下祭时各家亲戚必须带两个芦笙手，唢呐手四个，唱孝歌的两到三个都行，其他还有一些人，人来得越多，场面越大越好，表明某家很有面子。

转嘎的时候，寨上帮忙的人就去"开土"，把坟堂挖好了。先生拿着竹篾片，拿点酒，像献饭时一样祭过后，孝子开始挖土，看地势挖深浅，里面挖平就可以了，不特别要求葬坑的深浅。

上山的时候，不是随便抬起棺材就走，遇到有沟有坎和过桥的时候，孝子须在沟、坎、桥下面跪着，棺木从孝子上面通过，意即亡人这里过不去，孝子背着老人过。一路上放鞭炮，不大烧纸钱。

棺木放入葬坑以后，孝子先铲一铲土撒向棺材，称为"回土"。落土的时候，簸箕里的饭和鸡一起埋入土中，撮三把酒洒在前后，意思给亡人买地。

簸箕挨着棺材的大头放好，随后坟墓用石头和土砌好，之后，坟墓上面放三个竹筒，一个装水，一个装米，一个装苞谷面，三个竹筒里的米和苞谷面分男女老人撮九把和七把装在里面。这些东西都是在家里就装好的，拿到坟上挂好。

下葬后的三天早上孝子和一位鬼师都要给亡人敬饭，第一天要去坟上敬饭，鬼师在一边讲"某某来给你送早饭"，就这样念着这句话，要把亲戚中比亡者小一辈的所有人都要念到。手中提起竹"篾挑"，一边献酒献饭。第二、第三天给亡人的敬饭送到嘎房边。

整个丧葬活动结束。

但这里只是一般意义上的丧葬仪式结束，并不是最后的仪式。在"蒙恰"苗人中，一般意义的丧葬仪式结束后，还有一个称为"解簸箕"的仪式要举行。

在家里老人过世安葬后，要么三天，要么二十五天后的这两个日子里，要接他的灵魂回来"解簸箕"，意即把他的灵魂接回来和老祖宗的放在一起。

"解簸箕"的第一步是"接魂"，即要把在坟上的死者魂灵接回来，以便给他做这个仪式。

“解簸箕”仪式中所用的簸箕

其过程是这样的：大儿子要身披一件长衫到老人的坟上，磕个头，反跪在坟门前，口中念死者的名字，把他背回来，实际上大儿子披着长衫就回来了。在离家房子一二百米远的地方，女儿、媳妇们就在那里哭，是为迎接死者的魂魄回来了。

大儿子背来父亲魂灵后，先在堂屋门边，用长衫裹成人形的样子，放在堂屋中间的凉席上，凉席用两条板凳支起。然后杀小猪、鸡来交牲献祭，另还需用竹篾片来献饭，把小猪、鸡都要破成五块，肉煮成形，编一米左右长、宽七八十厘米长的竹篱笆，并用砍来的四个杈杈把竹篱笆支起，把成形的猪、鸡放在上面作为祭品。

这些做好的东西又要抬到屋子外面。

“解簸箕”的第二步是“祭魂”。

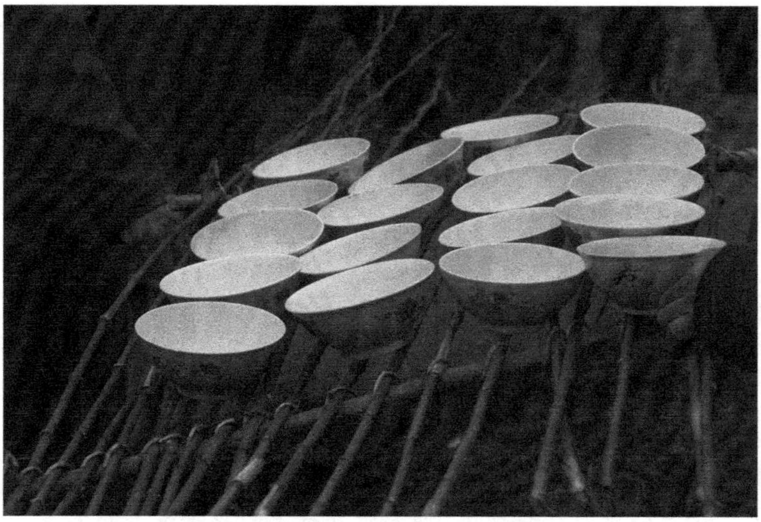

“解簸箕”仪式中 17 个碗摆放在竹篱笆上

先用两片竹片，一个簸箕，做成一个提篮状的“簸箕”，把从坟上背回来的衣服盖在上面，代表死者亡灵的住所。

拿17个碗摆放在竹篱笆上，其中的一个碗是用瓢来代替，瓢里放鸡头，中间四个碗放鸡腿、猪腿，再来献饭、供酒。

竹篱笆离家有一定的距离，供一次把竹篱笆往家移一点，男性死者移九次进家，女性死者移七次到家，放回席子上供，这一仪式完成，把鸡肉、猪肉全又拿回来，切好、煮熟了大家吃。

长衫拿在火焰上过一遍，以后还可以继续用。

鸡头不吃，甩丢的鸡头有些狗都不吃，要把鸡舌头割掉后狗才吃，至于这种现象无处可考，或许属于偶然，或许这些狗也知道这鸡头是“解簸箕”用过的。

通过“解簸箕”，死者的灵魂就走了，以后家中亲人就很少能梦见死者了，若是不经过这一程序，就会经常梦见。

在这支苗族中，老人过世了，都必须经过“解簸箕”，再忙也要抽出时间来“解簸箕”，整个丧葬仪式才算完整。

以上是第一个个案，我们在距离小田坝不足十公里的长水沟，又采录了第二个个案。

个案二：“新场乡岩上村长水沟苗族丧葬文化调查”

采访地点：岩上村长水沟王亮枝家中

采访时间：2008年1月4日

讲述人：王亮枝，男，65岁，苗族，懂得婚俗和丧葬中的各种礼词

天气：阴

采录人：吴秋林、杨春艳

家中的男子要拉着老人的手让其落气，老人过世称为“成神”。

老人去世的时候要先净身，梳好头发，换上新衣（寿衣），死者放在几块板子做成的简易平板上，停放在堂屋，然后放三个火炮，鸣炮三响，孝家做“过世饭”，做过世饭时分男女死者，是男性老人先撮九小撮米，女性老人撮七小撮米，觉得少了，可以任意增加，饭做熟之后，装在糍粑大小的一个簸箕里。再把半斤重以上的鸡捏死，内脏掏净，回熟，放在饭上。

因为现在是砖房，没有竹子做成的墙，所以在老人过世之前，家中就要准备竹子放在适当的地方，到时候才有用的。男性老人的话，在堂屋左手边靠里面的后墙壁上取竹子，女性老人的话，在堂屋右手边的前墙壁取竹子，这一竹子的根部大约尺把长，划成两半，拿其中一半再划成长度二分之一左右，用圆麻缠绕成圆形，夹在这被划破的二分之一竹子当中，形状为扇形，放在簸箕上。圆麻上还得夹有一个鸡骨头（平时放起的鸡骨头）。

用的时候两竹片叉起来用，祭奠的时候（献酒、献饭时）三个指头提起在桌子

上敲一下。

去世的老人未放入棺中的方向是头朝东、脚朝西，入棺时也是如此方向。

装棺：自己家里的人，内亲装棺，不喜欢别人来帮忙，防备骨头、铁放进棺材去，这样的东西放进去的话，死者就不能投胎转世，被压起永不能翻身；还有一种说法是如果把骨头放进棺材中，以后自家的儿子会骨头痛。

穿衣：男性老人穿九件上衣，五条裤子或者七件上衣，三条裤子。不要求穿多，穿多了去阴间活动不方便。女性老人穿裙子，也是这个数。

棺材底部要放九刀以内的白棉纸，不能超过九刀，不装黄纸，一般认为黄纸装在棺材底会出毛虫。

现在兴垫盖、底盖，也就是说兴做一套棉絮垫一床、盖一床，棉絮的宽度要和棺材的宽度一样。盖絮不能盖到死者的脸、耳朵，不然的话下一辈有人会出现哑巴、聋人、盲人等不好的情况。脸用一块青蓝布盖住，长宽六七寸左右，称为盖嘴布。这块布只在死者未入土之前盖，在入土的时候要把盖在脸上的布拿开放在死者身上。装好棺材，死者的手脚还要用青蓝布缝成的三角形布袋笼起，称为“雀手雀脚”。

死者除穿一双布鞋外，还要穿一双草鞋，雀脚再套在上面。

若不穿草鞋，死者在去阴间的路上遇到赖毛虫的时候，就过不去。

古老的时候就套雀脚，如果没有雀手雀脚，死者在阴间就找不到祖宗，没有归属，前人不认为是他们的后代。

死者身上还背一个五寸宽的口袋，男性老人背在左边，女性老人背在右边。用从市场上买来的一丈二的青布来做，若用不完，也就拿去烧了。

各个口袋从中间隔开，一格装米，一格装苞谷面。男性老人撮九小撮，女性老人撮七小撮。意即“米装九撮，拿给你去吃，你去吃会遇上老祖公，老祖太。”

盖嘴盖到小口袋处。

装好盖好，大家开始哭，盖棺材的时候，大家要哭一场。哭得时间长短不一。

由家里面既是长辈又通鬼师的人来给死者的亡灵献饭。开始献饭时，三个指头提起“齿篓”敲一下献酒、献饭。献饭时，鬼师讲的大意是：一城宇尺盖起（这是一句开场白，几乎每次鬼师念时都要念这句话），祭一杯酒给你喝，要起你的早饭（晚饭），去遇你的祖公祖太，香围年，香围岁，饿拿吃，馋拿喝，吃病路，吃死路，吃饿路，吃去栽天果，喝去栽心果，吃去鬼星宿，喝去鬼掌角，吃去垫牛，喝去垫岁，吃去遇祖太，喝去遇祖公。

家中人按竹器（即竹刻）看“期程”，决定哪天客来。

客来的前一天指路，指路天必须有大鼓、唢呐（老人一过世就有的）、芦笙，指路前必须把大鼓接来。

大鼓是用一米左右长的梧桐树掏空制成的，鼓面用的是生黄牛皮或老牛皮，鼓面两头的牛皮蒙得很紧实，再用竹钉钉牢。

初次蒙鼓时要烧香纸在鼓里面。

专门有一家管鼓，管鼓的人是组织蒙鼓的人。

接鼓的时候，几个小伙拿一瓶酒去接，把鼓背回来，中途不能将鼓落地歇气，鼓背回来要横着起吊，有的可吊在棺木大头，也可吊在棺木脚墙壁处。

王家要求将鼓吊在棺材的小头处。

鬼师用两只鸡，死者是男性老人，用草鸡做一个"断气鸡"，一只公鸡作起鼓起芦笙鸡，死者是女性老人，反之。

杀鸡的时候也要给死者献酒献饭，鬼师讲的大意是：一城字尺盖起，祭一杯就给你喝，做你的断气鸡，给你去遇祖公祖太，香围年，香围岁，饿拿吃，馋拿喝，吃病路，吃死路，吃饿路，吃去栽天果，喝去栽心果，吃去鬼星宿，喝去鬼掌角，吃去垫牛，喝去垫岁，吃去遇祖太，喝去遇祖公。

要杀起鼓起芦笙鸡前，要先祭死者。鬼师把鸡放在棺材的大头处，同样拿齿篓敲一下桌子，说：用这只鸡给你起鼓起芦笙，让你去遇祖公祖太，香围年，香围岁，饿拿吃，馋拿喝，吃病路，吃死路，吃饿路，吃去栽天果，喝去栽心果，吃去鬼星宿，喝去鬼掌角，吃去垫牛，喝去垫岁，吃去遇祖太，喝去遇祖公。

这以后，就可以随意打大鼓、吹芦笙了。

打鼓有一定的规矩，打鼓的人要随着芦笙的节奏打，是给芦笙打点，因此打鼓的人必须懂得芦笙谱，打鼓的人还要配合芦笙手做相应的动作。

指路在客来的前一天进行，有专门的人指路，这种人就叫"指路"，指路是跟长辈学的，是具体的哪家，老辈会指路，年轻一辈都学会了。

指路的大致意思是：从病床上开始指，下床，告别火灶，告别大门口，从大门口出发，向哪个方向走（在邻近的这几个寨子，具体的是指向北方），先遇岔路口，下面的一条是汉族人的路，上面的一条是彝族人的路，这支苗族人要走中间的路；又遇三口井，左边的一口是汉族人的，右边的一口是彝族人的，中间那口才是苗家的。"你要喝水捧三捧，喝了你就走。"又走了很多山冲（方言：山间的平地），翻过了很多座山，遇到了一个大坝子，里面有很多堆人，其中有一堆是他的祖公祖婆，穿青色衣服的不是家族中的人，身穿花衣服的才是家族中的祖公祖婆，指到这里叫他追随祖公祖婆去。

指路之前，先安排孝子拿一把弩，弩上拴一把尖刀，还要一人拿一把梭镖（木把上装一把尖刀），第二个人背米筒，男性老人需九棵嫩赤竹，女性老人需七棵嫩赤竹。吹牛角，牛角用竹筒代替也可。后面七个年轻人，手拿嫩赤竹，跟着大孝子绕房子，这一场面称为"当兵"，意即给老人周围驱逐其他灵魂，转房子的时候边吹牛角边叫边吼。

男性老人先往房子的左边，也即逆时针方向转五圈，再从房子右边顺时针方向转四圈。

女性老人先从房子的右边顺时针方向转四圈，再从房子左边逆时针方向转三圈。

转完一次后，指路，这一天转一次。

客来的那天按这样的方式转三次。

指路之后，天亮了再转一次，转的过程中吹号角，大声吼叫，形如古代的打仗。

第二天早上，吃完早饭，就要“阿权”。每吃一顿饭，都要给亡灵献酒献饭。“阿”是做的意思，“阿权”是“做灵堂”的意思。

阿权的做法：砍一棵杉树，直径要20厘米左右，架个十字架，杉树尖放在十字架中央。用山上茅草做成的草绳拉成亭角状的飞檐状。

棺材停放在阿权里顺山势，不分东西向停放。

跪接姑妈家/娘舅家，其他的亲戚随便接。跪接之前，老娘舅走在前面，姑妈家亲戚接着娘舅家的亲戚走在后面。

主人家拿出一床凉垫席，放在屋前，在姑妈家来的路上跪接，放一个杯子和字尺，杯子放在凉垫席上，字尺放在凉垫席下面藏起来，娘舅家、姑妈家的来人都要给死者亡灵献酒。跟着娘舅、姑妈来的“织筛”（苗话音译，是娘舅、姑妈家的来人，类似于讲话师傅之类的人），“织筛”找到字尺，拿起来在凉席上敲一下，讲道：“某某老人，娘舅家、姑妈家，一城字尺盖起，娘舅家、姑妈家祭一杯就给你喝，做你的断气鸡，给你去遇祖公祖太，香围年，香围岁，饿拿吃，馋拿喝，吃病路，吃死路，吃饿路，吃去栽天果，喝去栽心果，吃去鬼星宿，喝去鬼掌角，吃去垫牛，喝去垫岁，吃去遇祖太，喝去遇祖公。”祭完，伸手拉起跪着的孝子一起到棺材边哭。

姑妈/娘舅家来都要拉一对满双月的小猪，不论公母的小猪。在棺材边哭了一阵后，孝子去劝，陪着姑妈/娘舅家的来人再哭一场，之后，家中管事安排鬼师来交牲。

搓一根反手绳，长三到五尺，一头拴着猪，一头放在死者的手边，口念交牲词：某某老人，娘舅/姑妈家拉来猪来送给你喂养，一城字尺盖起，祭一杯就给你喝，做你的断气鸡，给你去遇祖公祖太，香围年，香围岁，饿拿吃，馋拿喝，吃病路，吃死路，吃饿路，吃去栽天果，喝去栽心果，吃去鬼星宿，喝去鬼掌角，吃去垫牛，喝去垫岁，吃去遇祖太，喝去遇祖公。

半斤左右的一包饭，一个鸡蛋递给鬼师去献酒献饭，管事的安排把猪杀了，这时杀的是交牲的那头猪，讲话师傅请管事的来说话，请他把猪杀了。之后，安排娘舅、姑妈住的“店”。把娘舅、姑妈家来上祭的人安排在寨上邻近的某家，住店的这家在地势上要高于主事家的房屋。

其他亲戚拉来的猪也要同样交牲，献酒献饭，献饭、掐鸡蛋意即给亡灵吃。所有的献饭都丢在簸箕里。

管事的把猪杀了，安排其他亲戚住的地方。

他们也要住店，但不管远近和与主事家房屋地势的高低了。

若死者有女儿，女儿来下祭必须拉一头牛来，还要安排吹芦笙、唢呐的队伍，吹芦笙的走在前，牛在中间，吹唢呐的队伍在后面。

孝家用三斤左右的鸡，不论公鸡母鸡，给姑娘家去做“牛枕头”。

等姑妈家吃好饭，他们派人来通报主事家管事，我们吃好了。

管事提起酒，带着死者的后辈到姑妈家的住店，去请他们。先请姑妈家 、娘舅家的人在堂屋坐好，管事组织孝家帮忙的人发碗、倒酒给姑妈家、娘舅家的人。管事进到姑妈家、娘舅家来人住的店要弯腰弓背拄棍装成身高矮一截的样子。

倒好酒，管事向姑妈、娘舅家的“织筛”发问：“老舅父、老姑妈，叫我来有什么事?”

“织筛”回答：“我叫你来问个哪样（生气状的语气），我叫你来问其他的亲戚是不是都吃完饭，客人们是不是都招呼好了?”

管事回答：“老舅父、老姑妈，亲亲戚戚都吃好饭，客人也都招呼好，只差老舅父、老姑妈没招呼到。”

“织筛”回答：“我，你就不用管了。”

这段对话重复三次，双方带着互相客气的语气重复对话。

三次以后，管事以孝子的身份和语气讲话：我们的父亲/母亲已经升官升府，(升天的意思）要来请老姑妈、老舅父家去看一下。

“织筛”回答：“你莫乱讲，我们来的时候还见他打柴/她打猪草。”

管事说：“真的已经升官升府了，还要请老姑妈、老舅父去看一眼。”

这样的对话重复三遍。

三遍以后，管事接着说：“还是真的呢。”

“织筛”回答：“既是这样，请小小兄弟去看一眼到底是真是假，若是真的，我们才去看。”

其中有几个人假意在外面转一圈转来，说：“还是真的升官升府了。”

“织筛”发脾气似的大声讲道：“得病都不通知我，死了才通知我?”

管事回答：“父亲/母亲得病儿得等，父亲/母亲得死儿得叫花子，所以记不住通知舅父/姑妈。”

这样的对话也重复三次。

完了，轮到“织筛”问管事：“那么，你父亲/母亲死，大儿子要可怜他什么，(这里可怜的意思是说要用什么东西祭奠父母），二儿子要可怜他什么，三儿子要可怜他什么?”

管事回答说：“手长袖子短，一样都可怜不到。”

这段对话也重复三次。

最后管事像是妥协似的回答：“大儿子能可怜他一个金银钵，二儿子可怜他牛蛋(宰牛)，三儿子可以可怜他象蛋（杀猪）。”对于幺儿方面，管事继续说情似的为他说话：“雀儿迟，不遇虫，儿晚不遇爹娘，是我也一样的可怜不起爹娘哪样，他确实可怜不起他父母。”

“织筛”说：“他爹/妈背他脚跟像指头大，趾头像香脂树的果子大（香脂树的果实只有高粱米般大小)，背他爬坡摘花，下坡摘果，乳房是他的晌午饭，盖膝是他的板凳。”

管事接着说："幺儿实在没有什么能够可怜父亲、母亲的。"

"织筛"说："实在可怜不起，回去与你家的邻官邻府商量。"

管事假意到外面转个身，再回来，说道："大舅父、大姑妈，幺儿真的可怜不起我们的父亲、母亲。"

"织筛"问道："真的可怜不起吗?"

管事说："真的可怜不起。"

"织筛"让步，说："真的不行，是幺儿也就算了。"

等这场交锋完了之后，管事组织所有的孝子进来给娘舅、姑妈家的来人磕第一转头，走出去。

"织筛"说："对幺儿，大舅父/大姑妈给了承让，那么大的三个儿子要可怜你的父亲/母亲金山还是银山?"

管事回答："爬坡顶可怜不到金山，爬岩顶也可怜不到银山。"

这样的对话也要重复三次。

"织筛"说："可怜得起要可怜，可怜不起也要可怜，他父亲/母亲等他们，不怕他们长得慢，他们等父亲/母亲不怕死得早，金山银山可怜得起要可怜，可怜不起也要可怜。"

管事回答："既是这样，他们三位勉强能可怜起一个金银钵。"

说完，管事再组织所有的孝子进来再磕一转头，"织筛"也安排大舅父/大姑妈家坐着的来人让开位子，招呼管事和孝子一起坐下，以娘舅/姑妈的身份倒三转酒给管事和孝子，大家喝完酒后，管事和孝子就返回家中，出娘舅/姑妈的住店时，回过头来说："请大舅父/大姑妈一起到丧堂守夜。"

大舅父/大姑妈会在稍后去丧堂守夜，从店家出发时，先放三响火炮，孝家听到炮响后，也相应地放三炮以表示迎接，老舅父/老姑妈进丧堂后，如果死者为女性老人，舅父家的来人要打开棺材，给老人穿裹脚；如果死者是男性老人，姑妈家的来人要给老人拴腰带。

穿裹脚或是拴腰带的缘故，是因为死者在生时，兄弟会给姊妹送裹脚，姊妹给兄弟送腰带，是一种生活上互相照顾的反映。

穿好裹脚或是拴好腰带后，将棺材盖好，大家一起哭一场，之后，管事组织姑妈/舅父在一个火塘边坐好，给每个人倒三转酒，装一转烟，给姑妈家/舅父家的唢呐师傅几斤酒。他们在火塘边饮酒、守夜。

管事又重新组织孝子带着酒去姑娘家来人住的店里去请他们。管事做弯腰弓背拄棍的样子，对姑娘家的讲话师傅说："请你的亲戚坐好，我们要开始请你家去守夜了。"于是姑娘家的来人坐好，管事安排人发碗，碗从讲话师傅处开始发，顺时针方向发给其他人，倒三转酒。

管事说："父亲父兄做的一根柱子，姑丈老爷做的一个抵角，来时半天轰响（形容来上祭时的热闹场面），姑丈老爷。"

讲话师傅说：“剩菜剩饭都没得一瓢来给我们的父亲/母亲。”

这样的对话重复三次后，孝子进来磕一转头，又走出去，在门外等着管事和讲话师傅交涉。

管事仍然是弯腰弓背拄棍的样子，继续说道：“剑是姑丈老爷仗，伞是姑丈老爷带，蓑是姑丈老爷披，明日明早一把刀子一个砧凳给姑丈老爷，姑丈老爷做高吃高，做矮吃矮。”

讲话师傅说：“剑是管事仗，伞是管事带，蓑是管事披，明日明早管事做高我们吃高，做矮我们吃矮。”回答完与管事相对应的客气话，接着说：“我们来是开花，去是结果，来是黄轿，去是黑轿，银轿换金轿，明日明早不得要问管事要。”

管事回答：“明天不得问我，算我的。”

随即喊孝子进家磕一转头。

讲话师傅安排管事和孝子坐下，倒三转酒，吃完酒，管事对讲话师傅说：“我们来请姑娘家去坐夜。”

说完带着孝子回丧堂。

姑娘家来人从住店出发时放三响炮，孝家也会放炮以示迎接。

姑娘家来人进丧堂哭一场，然后到指定的火塘边去守夜。

在客来的当天，下午六点左右的时候，要组织起兵一次，围着房子转圈，半夜也要转一次，天亮时再组织转一次。转完后，死者的大媳妇点着火把，大儿子背着弩在大门口等着，管事组织帮忙兄弟将棺材抬出，到“阿权”处时，按照转房子的方式抬着棺材转。队伍排列顺序有讲究：牛和大鼓在最前面，芦笙手紧接着，后面跟着背弩的大孝子和点火把的大媳妇，“当兵”的兵将、棺材，后面是大姑妈家/老娘舅家、姑娘家的亲友，队伍最后才是吹唢呐的师傅。

按规定转完后，将棺材抬入“阿权”内顺山势，按男左女右的方位把棺材停放在板凳上，忌讳棺材直接落地，棺材大头边上放一方桌，簸箕饭放在桌上。

棺材一放下，马上祭一杯酒，祭完酒后，开始交牲。交牲时，推开棺材盖，用一根长约三米左右的反手绳，反手绳是用米草或茅草做成的。一头放在死者的手上，一头拴在牛鼻线绳上，管事叫拉牛的人离开，鬼师开始念交牲词，每头牛前都要先敬一杯酒后才开始念交牲词。交牲时先交孝家的牛，孝家的祭牛也称为荫蔽牛，苗语称略阿重，孝家总共出一头略阿重就合乎礼节了。再交姑娘家来上祭的牛。

交牲词的大意如下：某某老人，某某人是你的大儿子，拿这头牛给你去，做种做样，他拿一个送你，你要拿千万个送他。在念到儿子的名字时，只提大儿子的名字。

交完牲，鬼师带着孝子、姑娘、姑妈等人一起哭一场。之后，各杀各带来上祭的牛，剥好牛皮后，管事安排帮忙弟兄从略阿重砍下带着牛尾巴的后腿送到老姑妈/老舅父住的店家。

要是其中一个老人还在，牛皮就归孝家，要是两位老人都过世了，孝家和姑娘家各自收好牛皮。

第二节 两个丧祭个案的文化分析

这两个个案的讲述人不同，讲述地点不同，其基本的内容是一致的，但也有一定的区别。这种区别表现了文化的地域差异和角度差异，也许，在文化的现实运行中，文化的多样性就是从这个基点上出发的。

在"蒙恰"苗人丧葬中，第一个环节是对待老人的去世，这是一个被强化了的观念显示，即要以非常的态度来对待老人的死亡，它既是世俗社会中对一个对去世老人的安慰，也是一种神性理解中对待死亡的一种仪式。同时，也是"蒙恰"苗人对死亡的一种思考。在这样的情景中，是生命与死亡的诀别，一般的理解中，生命是要逃离死亡的，但"蒙恰"苗人却把这两者放在一个情景中，以思考或者说纪念生命的起源。即在世者的生命直接来源于死者，这个死亡者在某种程度上创造了他眼前的这些生命。这个过程会最终导致一种感恩的心理，即我们要感谢给予我们生命的先祖，会生发出一系列的文化观念，比如说"孝"，以及祖先崇拜等等。

但是，现实中这种死亡与生命的诀别是相当困难的，对死亡与生俱来的恐惧感会让许多人逃离死亡者。但"蒙恰"苗人用另外一种观念来消解这种恐惧，即能扶着老人去世，是一种死者对生者的赐福的过程，你作为晚辈，扶的时间越长，所得福也越多，所以，在"蒙恰"苗人中，扶着老人去世是按照兄弟姐妹的顺序来的，即不能让某一个兄弟姐妹独占了赐福。在整个的死亡过程中，死者的后代都要直接地面对。在老人即将去世时，所有的兄弟姐妹都会来拉着老人的手，撒手的时候，老人就走了。

这种与死亡诀别的方式，可能在其他民族中也有一定的表现，但"蒙恰"苗人比较注重它。

这是一个巧妙的"文化设计"，它"软化"了死亡过程的恐惧和遗憾，也成为自己文化信仰中的一个核心构建，影响了"蒙恰"苗人文化的许多方面。

在老人去世之后，死者的一家就要从一个文化单元的仪式中走出来，把自己家中老人的死亡意义从家庭死亡转换到社会死亡，因为人不但是一个家庭成员，同时还是一个社会的成员，在生的时候他负担有社会的义务和责任，那么，他的死亡不仅是家庭成员个体的死亡意义，而且也具有社会成员死亡的意义，这个社会文化中的其他人也有关注他的死亡基本文化机制。这就衍生了丧祭的第一个形式——告知。即要实现从家庭成员的死亡意义转换到社会成员的死亡意义，首要的是以一定的方式告知其他社会成员。

"蒙恰"苗人的死亡告知是放炮，在小田坝个案中是放三排九响，在长水沟个案中是放三响。这个差异可能与死者的身份有关联，我们以为，三是告知响声的基本数字，因为"三"是多的起点，但放到九响就是一种告知的强调了，即可能是身份地位重要的强调，也可能是高寿的强调，再可能是悲哀的强调。虽然"蒙恰"苗人在这些方面并没有太明确的意识，但他们会在现实中很自然地应用这些潜在的告知规则。

这个告知仪式一出现，死者的死亡不仅是这个家庭自己的事情了，它立即转换为以村落为单位群体的事情了。所以，在"蒙恰"苗人的村寨里，一家有人死亡，全寨的人都会来帮忙，就是基于这样的文化规则。

在死者死亡时鸣炮是对死者所处村寨群体的告知，但这种告知还有一项内容，就是在亲属关系中的告知。在村寨群体的告知中，只是鸣炮，不会逐一通知，即只示意不告知（直接告知），由此而来演化为丧事客人是自己来的，喜事的客人是请来的习俗。但这一规则在自己的亲属中就不能如此办理了，它必须有一定的正式的通告仪式。这种仪式有时候显现在派出去告知的人那里，有时候显现在对亲属来者的迎接仪式上。"蒙恰"苗人基本上显现在迎接仪式上。

在"蒙恰"苗人对待亲属上，又以姑妈家和娘舅家的亲戚最为重要。死者如果是男性老人，这个老人的姐姐家和妹妹家就是这个丧事中最为重要的亲属；死者如果是女性老人，这个老人的哥哥家和弟弟家就是这个丧事中最为重要的亲属，他们在通告和迎接上会显现出特别的礼仪来，以表示这一亲属的重要性。

在长水沟个案中，关于迎接这两种亲属有这样的文字："跪接姑妈家/娘舅家，其他的亲戚随便接。跪接之前，老娘舅走在前面，姑妈家亲戚接着娘舅家的亲戚走在后面。"

这两种亲属的重要性不仅显现在迎接上，在其他场合也有表示，如在"转嘎"这一场合中，在小田坝个案中有这样的文字："吃完饭，各家亲戚带领吹芦笙、唢呐的开始转嘎。各家亲戚转嘎时有一个顺序：首先，姑妈家（家中男性老人过世时）或舅舅家（家中女性老人过世时）先转；其次，姑娘家按从大到小的顺序依次转嘎；最后，是孝子家按从大到小的顺序依次转嘎。"

有时候，亲属的重要性还在一些细节中被刻意地强调。在长水沟个案中，这两种亲属的住处一定是高于死者的住地的，以显示娘舅和姑妈为大的意义。

为什么要在丧祭仪式中一再强调娘舅和姑妈亲属的重要性呢？这与亲属对死者死亡问责的权利有关。死者是男性老人，老人的姐妹是亡人后代的长者，她们有权利问责死者的后人是否在死者生前虐待老人，以及是否尽到赡养老人的义务等，以及老人的死亡原因是否正常？是否有人要对老人的死亡负责任，等等。死者是女性老人，她的哥哥弟弟就是这种问责权利的人物。

这种问责权利在"蒙恰"苗人丧祭仪式中有直接的表现，在长水沟个案中，有这样的文字：

> 等姑妈家吃好饭，他们派人来通报主事家管事，我们吃好了。
>
> 管事提起酒，带着死者的后辈到姑妈家的住店，去请他们。先请姑妈家娘舅家的人在堂屋坐好，管事组织孝家帮忙的人发碗、倒酒给姑妈及娘舅家的人。管事进到姑妈、娘舅家来人住的店要弯腰弓背拄棍装成身高矮一截的样子。

倒好酒，管事向姑妈、娘舅家的“织饰”发问：“老舅父、老姑妈，叫我来有什么事？”

“织饰”回答：“我叫你来问个哪样（生气状的语气），我叫你来问其他的亲戚是不是都吃完饭，客人们是不是都招呼好了？”

管事回答：“老舅父、老姑妈，亲亲戚戚都吃好饭，客人也都招呼好，只差老舅父、老姑妈没招呼到。”

“织饰”回答：“我，你就不用管了。”

这段对话重复三次，双方带着互相客气的语气重复对话。

三次以后，管事以孝子的身份和语气讲话：我们的父亲/母亲已经升官升府，(升天的意思）要来请老姑妈、老舅父家去看一下。

“织饰”回答：“你莫乱讲，我们来的时候还见他打柴/她打猪草。”

管事说：“真的已经升官升府了，还要请老舅父/老姑妈去看一眼。”

这样的对话重复三遍。

三遍以后，管事接着说：还是真的呢。

“织饰”回答：“既是这样，请小小兄弟去看一眼到底是真是假，若是真的，我们才去看。”

其中有几个人假意在外面转一圈转来，说：“还是真的升官升府了。”

人死了是大家都知道的事情，但为了表明这种问责的权利，故意说“不晓得”。当然，这里还有对生者的缅怀之意。

在证实了死亡之后，这个称为“织饰”（问责权利行使人）还要把这种权利表述继续进行。

“织饰”发脾气似的大声讲道：“得病都不通知我，死了才通知我？”

管事回答：“父亲/母亲得病儿得等，父亲/母亲得死儿得叫花子，所以记不住通知舅父/姑妈。”

这样的对话也重复三次。

完了，轮到“织饰”问管事：“那么，你父亲/母亲死，大儿子要可怜他什么，(这里可怜的意思是说要用什么东西祭奠父母），二儿子要可怜他什么，三儿子要可怜他什么？”

管事回答说：“手长袖子短，一样都可怜不到。”

这段对话同样重复三次。

最后管事像是妥协似的回答：“大儿子能可怜他一个金银钵，二儿子可怜他牛蛋（宰牛），三儿子可以可怜他象蛋（杀猪）。”对于幺儿方面，管事继续说情似的为他说话：“雀儿迟，不遇虫，儿晚不遇爹娘，是我也一样的客来你不起爹娘哪样，他确实可怜不起他父母。”

“织饰”说：“他爹/妈背他脚跟像指头大，趾头像香脂树的果子大（香脂树的果实只有高粱米般大小），背他爬坡摘花，下坡摘果，乳房是他的晌午饭，盖膝是他的板凳。"

……

这种表述还有许多内容，它并不是一定要求死者的儿女做到什么，而是这两种亲属一定要进行这种要求的表述。

当然，大多数时候这种问责权利是隐含性质的，或者说是象征性的，更多的不是一种实际的问责，而是一种必须对这一死者姻亲表示尊重的礼仪。但这一隐含性的表述对世俗行为的规约是十分有效的，也是一种潜在的观念性的制约力量的表现。正因为如此，"蒙恰"苗人中不赡养老人，抛弃老人，甚至虐待老人的现象是极为罕见的。我们在现代社会依靠养老制度来完成的事情，在"蒙恰"苗人那里，依靠一种观念性制约力量就能够解决好。

通过放炮告知来实现个人死亡意义向社会死亡意义的转换，又通过另一种告知方式来告知亲属，也是其死亡意义转换的一个组成部分，表明他或她的死亡也具有与其他亲属成员关联的意义，并由此联系到更深一层次的文化中。但是，这本质上也是一种死亡意义由个人意义向群体意义的转换，但这个群体不是一般意义上的文化群体，而是以血缘关系为基本标识的群体。当然，这也是社会文化群体的一种表现。

在告知这个过程完成或者说同时，死者的家人要给其装棺了。"蒙恰"苗人实行棺木土葬，所以，装棺和停棺也是其文化表现的一个部分。

装棺：自己家里的人，内亲装棺，不喜欢别人来帮忙，防备骨头、铁放进棺材中去，这样的东西放进去话，就不能投胎转世，被压起永不能翻身，还有一种说法是如果把骨头放进棺材中，以后自家的儿子会骨头痛。

穿衣：男性老人穿九件上衣，五条裤子或者七件上衣，三条裤子。不要求穿多，穿多了去阴间活动不方便。女性老人穿裙子，也是这个数。(长水沟个案)

这在小田坝个案中也是这样做的，但它强调了衣服的质地，一定要麻和棉，并要求去除所有的扣子和系结的带子，认为打上结的带子入棺，会带来不好的后果。这与不能将骨头、铁放进棺材中的性质是一样的，它们都表明，死者棺木里的有关事物的存在，是会影响到活在世上人的生存状态的，只不过小田坝个案强调了衣服上的口子和带子的结，而长水沟个案强调了铁器和骨头的危害。这是一种意识，我们以为重要的不是这些事物会真的像"蒙恰"苗人所认识的那样，会造成实际的后果，而是通过这种意识认定死者在死后与我们息息相关的意义，从而把我们生者与死者联系在一起，从而实现死者的归属意义。这就是中国人为什么要把"祖坟地"视为绝不可侵犯之地的原因，汉族人是这样，"蒙恰"苗人也是这样。

在穿衣上，长水沟个案中似乎要比小田坝个案复杂得多。

棺材底部要放九刀以内的白棉纸，不能超过九刀，不装黄纸，一般认为黄纸装在棺材底会出毛虫。

现在兴垫盖、底盖，也就是说兴做一套棉絮垫一床、盖一床，棉絮的宽度要和棺材的宽度一样。盖絮不能盖到死者的脸、耳朵，不然的话下一辈会出现哑巴、聋人、盲人等不好的情况。脸用一块青蓝布，长宽六七寸左右，称为盖嘴布。这块布只在未入土之前盖，在入土的时候要把盖在脸上的布拿开放在身上。装好棺材，死者的手脚还要用青蓝布缝成色三角形布袋笼起。称为“雀手雀脚”。

死者除穿一双布鞋外，还要穿一双草鞋，雀脚再套在上面。

若不穿草鞋，死者在去阴间的路上遇到赖毛虫的时候，就过不去。

古老的时候就套雀脚，如果没有雀手雀脚，死者在阴间就找不到祖宗，没有归属，前人不认为是他们的后代。

死者身上还背一个五寸宽的口袋，男性老人背在左边，女性老人背在右边。用从市场上买来的一丈二的青布来做，若用不完，也就拿去烧了。

各个口袋从中间隔开，一格装米，一格装苞谷面。男性老人撮九小撮，女性老人撮七小撮。

米装九撮，拿给你去吃，你去吃会遇上老祖公，老祖太。

在这里，多了“盖嘴布”和“雀手雀脚”这样的事物，这与衣服一样，也是与祖先会面的一种必要标识。在这里还有装粮食的布袋出现，也是吃了这特定的粮食后能够见到祖先的一个必要条件，有一些像我们所说的“阴间食”，即死人食物的意思，人死了吃了这种食物才能具有阴间人的性质。

这个文化事象在小田坝个案中是出现在最后。

簸箕挨着棺材的大头放好，随后坟墓用石头和土砌成，砌成之后，上面放三个竹筒，一个装水，一个装米，一个装苞谷面，三个竹筒里的米和苞谷面分男性老人撮九把和女性老人撮七把装在里面。这些东西都是在家里就装好的，拿到坟上挂好。

一个是用布袋，只装米和苞谷面，放在棺木里，一个是用三个竹筒，装水、米、苞谷面，放在坟土上，意思是一样的，但是方式上却不同。

这也是我们所说的文化演进的一个例证。

还有，在长水沟个案中，死者还有一双草鞋，并说是为了过毛虫之地的需要。这个事象与彝族人的丧葬观念有关，我们后面还要论述，此处略。

在这个环节里，要求衣服质地都会是棉和麻，这也是有意义的。衣服多数时候是种属的一种外在标志，祖先都穿的是棉和麻的衣服，你穿了另外质地的衣服，怕祖先不认你，而“蒙恰”苗人的死亡归属就是去与祖先汇聚。这个事象又会形成一个观念，即人的死亡只是另一种生存状态的转换，我们在这里死了，可以与祖先会面后，实现另一种生存。从这里，我们人类又可以生出更多的文化想象力。应该承认，这种文化想象力大大减轻了我们人类对死亡的恐惧感。

在这个环节里，其“蒙恰”苗人的停棺也是拥有自己的理解和方式的。“蒙恰”苗人的棺木一般是顺着屋子的大梁而停放的，即横着停在堂屋里，而许多民族的棺木停放是对着大门停放的，大头一般在供有祖先的神龛下，小头对着大门，“蒙恰”苗人棺木的大头一般是朝着伙房的那一间屋子。也就是说，在山区依地形建房的情况下，“蒙恰”苗人棺木的停放是没有固定方向的。

随后，“蒙恰”苗人就要为死者煮“过世饭”了。

> 棺材的大头处放一张桌子。在停放棺材的时候，要开始煮饭，是男性老人过世先撮九把米放入锅中，女性老人过世先撮七把米，之后把放入锅中的米的数量补足两斤左右；还要杀一只鸡，选择杀鸡的人没有讲究，鸡血要倒掉不用。饭煮好后，盛进一个小簸箕里，鸡稍煮成形，破肚，放在饭上。小簸箕放在棺材大头处的桌上。(小田坝个案)
>
> 鸣炮三响，孝家做“过世饭”，做过世饭时分男女死者，是男性老人先撮九小撮米，女性老人撮七小撮米，觉得少了，可以任意增加，饭做熟之后，装在糍粑大小的一个簸箕里。再把半斤重以上的鸡捏死，内脏掏净，回熟，放在饭上。(长水沟个案)

这个被“蒙恰”苗人称为“过世饭”的事象，是贵州黔西北地区苗族人丧葬祭祀中一种较为普遍存在的文化事象，这在“蒙恰”苗人那里也不例外。这个事象在他们的意识中是极为重要的，重要到这样一个程度，即把装这种“过世饭”的簸箕视为一种文化象征物，以表现生者与死者的关联。死者有没有这个称为“簸箕”的东西，与死者在另外一边生存的关系重大。可以说，“簸箕”是一种生者对死者供养义务的表现和关联，即人死了，生者还要有一段时间的供养关系，要做一个称为“解簸箕”的仪式之后，这种生者与死者的供养关系才会中断。在“蒙恰”苗人中，这种供养关系他们认为是可以实实在在存在的，如果不在适当时机举行“解簸箕”仪式，以断开这种供养关系的话，死人会在梦中经常来找生者，家里的粮食也会自然的缺少，等等。

在现实中，也许“蒙恰”苗人说不清楚其“解簸箕”的意义，但这个仪式他们一定要举行，并把它视为整个丧祭的结束仪式。

做好“过世饭”，就要给死者献饭了。这种献饭是“蒙恰”苗人在丧祭中经常性的仪式活动，即每天在生人吃饭前要进行献饭仪式，在有任何形式的献祭时也要献饭，在任何一个来祭奠亡灵的人来到时，最先的仪式也是献饭。这种献饭为了强调它的特定含义，要有一个过程，即做一个特定的献饭工具。

> 准备工作做好后，要开始给死者的亡灵献饭。献饭时要用“篾挑”献，这样死者才能享用到阳间人的献饭。“篾挑”的制作是先去自家后阳沟草房上取半截竹子（男性老人用后阳沟草房上的竹子，女性老人就要取大门前的竹子），竹子约四尺左右长，从中间对半划开，小的那一头再破开，划成鱼尾状。(小田坝个案)
>
> 这一竹子的根部大约尺把长，划成两半，拿其中一半再划长度的二分之一左右，用圆麻来绕成圆形，夹在这被划破的二分之一竹子当中，形状如扇形，放在簸箕上。圆麻上还夹得有一个鸡骨头（平时放起的鸡骨头）。

用的时候两竹片叉起来用，祭奠的时候（献酒、献饭时）三个指头提起在桌子上敲一下。(长水沟个案)

这个工具在“蒙恰”苗人中称为“篾挑”，扇状，柄为鱼尾，“蒙恰”苗人认为只有使用这样的用具，亡人才能得到献祭的饭食。这是一个神性的事象，但为何如此的依据在“蒙恰”苗人的说法中让人比较费解。对此有一个传说：

鱼尾是唐僧去西天取经时得来的，唐僧一行在落河后得了一条鱼，后来苗家得了鱼尾，汉族得了鱼头，彝族得了鱼中间部分，所以苗家献饭的“篾挑”是鱼尾状，汉族在超度亡灵时敲木鱼，彝族办丧事时用的相应工具两端都是齐的。丧事期间的献饭在每次吃饭前进行。(小田坝个案)

像其他文化事象一样，这样的文化事象我们也无法证实，但它作为一种解释，也是文化的一种表现。另外，这个解释还彰显了各民族的内在文化联系。

经过这个工具的一系列过程，这个献饭就不是我们世俗意义的饭了，而是生者与死者的一种在特定时期的一种联系和沟通。

献饭是在簸箕中进行的，应该看作生者与死者供养关系的一个中间状态的表现。

在做完以上的一系列事情后，就要进行“看期程”。“蒙恰”苗人“看期程”是用一个称为“木刻”的小片来看的，类似于其他民族请先生看日子。这个木刻上刻有许多表现时间和事件的印痕，“看期程”时，就以上面的印痕来计算出那一天是比较吉祥的日子。

这种“看期程”的方法在“蒙恰”苗人中，老人一般都会看。

看完“期程”，定好了其他丧葬仪式举行的日子，就可以进行下一步的丧祭仪式了。

在这之后，首先是要举行“吊大鼓”仪式，即在死者棺木的小头处，吊上一个苗族人特有的木鼓，举行开鼓仪式后，就可以敲击大鼓，吹奏芦笙、唢呐，等等。

这种大鼓是整根木头的一节，中间挖空，两头用生牛皮蒙上，用竹钉钉结实即可。

这种大鼓在“蒙恰”苗人中有专门的人家保管，一般是谁组织做的鼓就由谁保管。在有丧事时，死者家里要派人专门去请鼓，并有一定的过程。

存放大鼓的某家是大家选定的放大鼓地点。主事家找两个帮忙兄弟去背大鼓时，去的人要提一斤左右的酒，算是给存放大鼓人家的“保管费”。接大鼓的人把大鼓用老式样的衣服蒙起，两个人轮流背鼓回到主事家，中途大鼓不能落地。(小田坝个案)

接鼓的时候，几个小伙拿一瓶酒去接，接鼓背回时不能将鼓落地歇气，背回来要横着起吊，有的可吊在棺木大头，也可吊在棺木脚面墙壁。(长水沟个案)

接鼓时有一定的禁忌，以表现鼓的神性。但是，这个鼓的神性意义现今“蒙恰”

苗人已经比较模糊，其一般意义是击鼓唤醒祖先灵魂保佑生者和死者。吊大鼓是一个标志，即丧祭的芦笙和唢呐可以上场了，通过鼓的悬吊，已经建立了一个“蒙恰”苗人神性的场域，可以举行一系列神性仪式了。

吊大鼓是一个神性场域内部范围的确立，这是还需要一个外部环境的划定，这就是另一个仪式的举行，即“起兵”仪式。

开鼓以后，去山上砍九棵带斑点的小竹子拿回家，七个小孩扛竹子，大孝子背弩，弩上用根麻布带子捆一把刀，在家中转房子。死者是男性老人的话，从房子左手边开始转，死者是女性老人，从房子右手边开始转，这个仪式叫“起兵”，总共需要九人，大孝子走前面，跟着的是吹牛角的一人，身背米“称筒”，用反手绳挂起背在身上。后面是七个扛竹子的小孩。

起兵从大孝子在棺材前磕头开始。竹子在这其中代表的是一种兵器。“起兵”的意思是护送老人去老祖宗那里。

开大鼓以后老人还未下葬在家的这几天里，每天要“起兵”三次，天见亮一次，晚上天黑一次，半夜一次。(小田坝个案)

指路之前，先安排孝子找一把弩，弩上拴一把尖刀，还要一人拿一把梭镖(木把上装一把尖刀)，第二个人背米“称筒”，男性老人需九棵嫩赤竹，女性老人需七棵嫩赤竹。吹牛角，牛角用竹筒代替也可。后面七个小孩，手拿嫩赤竹，跟着大孝子绕房子，这一场面称为“当兵”，意即给老人周围驱逐其他灵魂，转房子的时候边吹牛角边叫边吼。

男性老人先往房子的左边逆时针方向转五圈，再从房子右边顺时针方向转四圈。

女性老人先从房子的右边顺时针方向转四圈，再从房子左边逆时针方向转三圈。

转完一次后，指路，这一天转一次。

客来的那天按这样的方式转三次。

指路之后，天亮了再转一次，转的过程中吹号角，大声吼叫，形如古代的打仗。(长水沟个案)

在“起兵”仪式所“划定”的范围，就是这次丧葬仪式的神性范围，任何邪灵都不能够进入这个范围，以保证整个丧祭仪式的正常进行。而且“起兵”在整个丧祭仪式中，会不断得到强化。小田坝个案在开鼓后就每天三次“起兵”，而长水沟个案是在举行“指路”仪式之前举行“起兵”，但意义都是一样的。

“起兵”仪式应该是“蒙恰”苗人古代驱逐仪式在其丧葬仪式中“固化”的结果。在很久远的年代里，这样的仪式应该分布于“蒙恰”苗人的多种仪式中。

其后就是“指路”仪式的举行。

客来的当天晚上“起兵”之后，苗家的指路先生开始指路。指路先生手抱一只老公鸡，把老人指向西方，指路这个过程至少要耗时一个小时。指好路以后鸡就拴在棺材大头的桌子腿上，每顿吃饭前献饭给鸡吃。去请指路先生时带一瓶酒，寨中会指路的先生不计什么报酬，乐意前往为死者指路。(小田坝个案)

指路在客来的前一天进行，有专门的人指路，这种人就叫“指路”，指路是跟长辈学的，是具体的哪家，老辈会指路，年轻一辈都学会了。

大致的指路意思是：从病床上开始指，下床，告别火灶，告别大门口，从大门口出发，向哪个方向走（在邻近的这几个寨子，具体的是指向北方），先遇岔路口，下面的一条是汉族人的路，上面的一条是彝族人的路，这支苗族人要走中间的路；又遇三口井，左边的一口是汉族人的，右边的一口是彝族人的，中间那口才是苗家的。“你要喝水捧三捧，喝了你就走。”又走了很多山冲，翻过了很多座山，遇到了一个大坝子，里面有很多堆人，其中有一堆是他的祖公祖婆，穿青色衣服的不是家族中的人，而是要身穿花衣服的才是家族中祖公祖婆，指到这里叫他追随祖公祖婆去。(长水沟个案)

这个指路仪式明显与彝族人的指路仪式有直接的联系，但“蒙恰”苗人以自己的方式把它融入了自己的丧葬仪式中。这方面，我们在下一节中还要进一步地论述。

在决定死者要上山埋葬的前一天，“蒙恰”苗人会在死者家不远处的任何一块平地上（但要求此地没有人家建立过嘎房就行）搭建“嘎房”，以便举行“交牲”和“转嘎”。

嘎房的建立请参见第一节的个案。

在搭建好嘎房后，棺木就要适时地移到嘎房中停放。并开始“转嘎”和“交牲”仪式。

下葬的那天先把棺材抬起在嘎房里转圈。牵着指路鸡，围着嘎房按男性老人正反转九圈，女性老人正反转七圈的转法在外面转完后，把棺材停放在嘎房内，按男性老人放在嘎房的左边，女性老人放在嘎房的右边的方位停放。

转嘎的时候，随棺转嘎房的顺是：孝子——吹牛角——扛竹子——吹芦笙的……

转嘎的时候，大媳妇点燃一个火把跟在大儿子后面。火把是在屋里点燃的。转完，弩放在嘎房上，火把放在棺材脚。

转完嘎房，就是交牲下祭（方言：拉牲口来祭祀亡者）的仪式。

姑娘家会拉牛来下祭，其他人家可以拉猪，拿鸡来下祭，一般是自己在棺木处交牲，交牲时要给死者献酒献饭。

姑娘家拉来的牛要“打牛”（方言：在下祭时杀牛）时，若是男性老人死者，打牛的人是他同辈的年纪比他大的老表，但只要来做个意思就行，不一定要老表把牛真的打死。要是死者的老表死了，那就由老表的儿子代替来打牛。打牛的时候围着牛转三圈，不管从哪个方向开始转，拿起斧头，意思到了就行。

交牲的牛绳是反手绳牵的，即反搓的绳子。

交牲时，要推开棺材盖，把反手绳放在死者的手中，代表他得到牛，牵着牛去阴间过日子。

下祭的牛不能是残废的，儿子拿来献祭的牛更是大而壮，这样的牛才会被认为是好的牛。

姑娘家拉来下祭的一般是牛，其他家拉猪。但哪家拉什么牲口没有特别的硬性规定，想拉什么都可以，但不可以拉羊。(小田坝个案)

长水沟个案中也有类似的表现，但我们在采录上没有完整地记录。

在这些仪式中，每一个细节都是有意义的，但我们的解释并不一定准确。转嘎的顺序实际上对现实秩序的一种关照；男九转女七转是一种男女有别，或者说男尊女卑的一种观念表现（与穿衣的件数意义相同）；“反手绳”是另一个世界与现实世界性质相反的认知，也是一种避免另一个世界灵魂进入现实世界的心理防范；不可以拉羊和不称为“成神”的观念是一样的，是希望与彝族人的死亡认知有所区别。但对大儿媳妇为什么要点火把，我们就没有把握进行明确的解释了。

在这些仪式进行完毕，就可以把死者埋葬入土了，但是，这还不是“蒙恰”苗人丧祭仪式的终结，它的终结仪式是在一个叫“解簸箕”的仪式之后。因为，正如前面所说，“蒙恰”苗人棺木大头前的那簸箕饭，是一种生者与死者供养关系的象征，要解除这种关系，就要举行这个叫“解簸箕”的仪式。在埋葬死者的时候，这个簸箕和簸箕里的饭和鸡是直接埋葬在棺木的大头之处的，它代表死者在死后仍然具有这种权利。

“解簸箕”这个仪式，我们只在小田坝个案中进行了采录，但这个仪式的意义我们准备在下一节中论述。

第三节　“蒙恰”苗人丧祭文化与周边民族丧祭文化

上一节我们对“蒙恰”苗人的丧祭文化做了一定的分析，是对“蒙恰”苗人的丧祭文化一个主要的理解渠道，但我们还希望从另外一个角度对“蒙恰”苗人的丧祭文化进行解释和分析，这就是与“蒙恰”苗人周边各民族丧祭文化的对比分析。

我们以为以下可能有三个方面的对比：一是与彝族丧祭文化的对比；二是与“蒙萨”苗人丧祭文化的对比；三是与“小花苗”丧祭文化的对比。

一、与彝族丧祭文化的对比

在“蒙恰”苗人的居住区域，千百年间，一直是彝族人的势力范围，在贵州黔西北地区的苗族，在各种不同的情况下，与彝族土司有着或深或浅的属民关系，所以，在黔西北地区的苗族文化，自然在一定程度上要受到彝族文化的影响，这在

“蒙恰”苗人的文化中也不例外。

在彝族与“蒙恰”苗人的文化关系中，应该主要是彝族文化对“蒙恰”苗人文化的影响。这在丧葬文化的影响中也如是。

在“蒙恰”苗人丧葬文化中，有两个方面与彝族丧葬文化直接相关：一是“转嘎”；二是“指路”。

“转嘎”一般认为是源于彝族祖先的“围尸而跳”习俗，是一种对死者的风俗性纪念活动中逐步发展起来的葬式。人死亡后，每一种文化种群都要有一定的直接针对死者表示的悼念活动，这种“转嘎”就是这样的行为。彝族是一个具有游牧文化根底的民族，以这样的形式来悼念死者是再自然不过的事情了，但他们的这种文化行为，在一定程度上影响了属于其势力范围内的其他民族，“蒙恰”苗人的转嘎就是这种影响的结果。但是，“蒙恰”苗人受彝族丧葬文化的影响并不是覆盖性质的影响，而是“蒙恰”苗人在自己既定的丧葬文化上对彝族丧葬文化的整合式的接受，即把彝族的某一丧葬形式作为自己丧葬文化的一个组成部分。

在“转嘎”这一丧葬行为中，彝族有比较完整的过程，是其丧葬文化的主体部分，他们许多关于丧祭文化的行为，都会在这一过程出现，但是，这一丧葬行为在“蒙恰”苗人的丧葬中出现时，只是其丧葬行为的一个组成部分，只表现了其“交牲”这一重要的丧祭行为。在“蒙恰”苗人丧祭中，“起兵”“吊大鼓”“献饭”“解簸箕”等行为就与彝族的丧葬文化无关。

彝族在丧祭时用的嘎房，盘县彝族的转嘎称为转场

“蒙恰”苗人丧葬文化受彝族丧葬文化影响的第二个方面是“指路”。

“指路”这一仪式在彝族丧葬文化中是一个非常重要的仪式，它的祭仪、祭品和其他方面的仪式出现都与这个“指路”仪式有关，是一个关系到死者灵魂归属的问题。彝族人认为死者有三个灵魂，一个会在坟墓里，一个会在家里保佑家人，一个会通过“指路”仪式，到达祖先之地，与祖先会合。“指路”仪式就是彝族毕摩经过一定的仪式把死者的这个灵魂引导到祖先之地与祖先会合的仪式。在路途中如何走，会遇见什么样的艰难险阻，要做什么样的准备工作，克服什么样的困难，最后以什么样的方式到达祖先灵魂之地，享受什么样的荣耀，等等，都有非常明确的仪式过程。

“指路”这一丧葬文化形式影响到“蒙恰”苗人的丧葬文化时，有许多方面的东西就不见了，只有一个比较含糊不清的认识，即通过“指路”这一仪式，才能与祖先会合，才能见到祖先，其他的仪式过程和文化理解也就没有了。在“蒙恰”苗人中，也是一种祖先崇拜的文化表现，这与彝族是相似的，“蒙恰”苗人死亡以后，也是要与祖先汇合，所以，“蒙恰”苗人在自己的丧葬仪式中“学习”利用了彝族人“指路”仪式，也是很正常的事情。

在彝族的“指路”仪式中，主要的是以自己民族迁徙发展的线路来进行“指路”的，而在“蒙恰”苗人的“指路”中，也是这样来表现的，但它使用的是自己的先生，讲述的是自己家族的迁徙发展的线路，比较简单，也不像彝族那样在路途中包含了种种的文化观念表述。但是，彝族人“指路”中的某些观念，对“蒙恰”苗人的一些丧葬习俗还是有一定程度的影响。比如说我们在长水沟个案中就看到要给死者穿草鞋的习俗，而且说是为了要过一个有毛虫的地方而准备的。这个情景在彝族的指路经中有明确的记载。

在《毕节市纳雍县左鸽嘎彝族苗族乡指路书》中，我们可以看到这样的经文：

> 葛楚（一种长着锐刺的植物）刺丛生。
> 是否开亲了，
> 是否结配了；
> 开亲了的，
> 结配了的，
> 会遇遍路毒虫，
> 和遍路野狗。
> 在葛楚色热，
> 情况告死者，
> 快快往前行。
> 毒虫鲁，
> 毒虫朵一对，
> 互相结合后，
> 变成青赤虫。
> 青赤虫繁殖，
> 青虫牵青丝，
> 赤虫牵红丝，
> 聚集在大箐。

所有死者，
经过此地时，
若无绵羊皮，
通不过葛楚。

这里说在一个长满荆棘的地方，到处是各种各样的毒虫，没有献祭的羊皮铺垫，亡灵是过不去的。

“蒙恰”苗人在丧葬中为死者穿草鞋过毛虫之地，就直接来源于此。

二、与“蒙萨”苗人丧祭文化的对比

我们在上一个部分说“蒙恰”苗人在丧葬文化表现上，有来自彝族丧葬文化的影响，我们于此还可以进一步说，在这个地区，彝族丧葬文化的影响不仅是表现在对“蒙恰”苗人丧葬文化的影响上，而且还表现在对这个地区的其他苗族丧葬文化的影响上。我们从这些方面还可以看到不同影响带来的丧葬文化差异，同是苗族，在“蒙恰”苗人附近地区生存的“蒙萨”苗人，他们的丧葬文化又有自己的表现，在与“蒙恰”苗人丧葬文化对比中，也能使我们更深入地理解“蒙恰”苗人丧葬文化。

我们这里称为“蒙萨”苗人的这支苗族，主要分布在六枝特区、纳雍、水城等地，最大的一个文化区域在六枝特区北部的新场、龙场，以及与其相邻的纳雍县的乡镇、水城县的一些村寨，约有六万人。

这个支系的苗族自称“蒙洒”，“洒”是“汉”的意思，但外界人士却习惯称呼这支苗族为“歪梳”苗，而“蒙洒”人似乎对这个外界称呼也不反感，也能接受。其所谓“歪梳”苗，即这支苗族的妇女在梳妆时，是把头发在右边耳朵的上面梳成一个发髻，并固定好，然后在发髻上插一把木梳，木梳上有线，线后是一把长长的头发。这把头发现在中间是数根搓成绳的真正人的头发，是平时收集来的人发，外面是许多的类似于头发绳的黑色“开丝米”毛线。梳子上的这一把头发通过梳子固定在头上之后，就要盘在妇女的头上形成一个圆盘，最后成为这支苗族妇女的基本头饰。

“蒙萨”这个支系的生存地域就与“蒙恰”苗人的地域相连，在文化上密切关联，但也有比较大的差异性。

我们对于“蒙萨”苗人的丧葬文化做了较为简略的调查。

对其丧事，“蒙萨”苗人称为“打嘎”。主持丧事一般为本族人（五代以内血亲），死者如为男性，则在家族内操办即可，如为女性，则必须请母舅家，因此丧事过程也更为复杂，在女性丧葬过程中可以基本包含男性丧葬习俗。

其女性丧葬习俗的主要过程有：

1. 放丧炮

放丧炮在死者落气时进行。一般放3炮或7炮。听到炮响，寨内人特别是本族人会齐聚死者家。

2. 入棺

由本族人把死者抬到堂屋洗澡、剃头、穿丧衣，丧衣一般三套，不能有纽扣。穿好丧衣后，把死者停放在堂屋中间用两张板凳、几块木板做成的停尸床上，方向是头东脚西，一般是横在堂屋中间。此时，家里人开始预备棺材。约一个小时后，由本族人将死者放入棺材中，其他人不得参与。按照歪梳苗的说法，是防止外人将不洁物放入棺材，这些异物主要包括铁钉等硬物，如果将硬物放入棺材中对后人不利。入棺时，必须将棺材填满，如衣物等不能塞满棺材，过去是用死者所住茅屋四角扯下的茅草塞入，现在一般用衣物填满。如果死者生前是工匠艺人，要举行“开天窗”仪式，在屋顶开一洞，上面一人，下面一人，把工匠工具送到屋顶上，然后，下面的人喊：×××老人，上天做×××了，上面的人则应声附和。入棺之后，把死者迎入专门建的“嘎房”。

3. 测日子、请鬼师

测日子是测请亲属一起操办丧事的日子，一般不请师傅，就由本族老人议定，常选良日。所请亲属根据死者性别而定，男性一般是请死者的姐妹为主客，女性一般是死者的老舅为主客。死者方要请一专人负责接待。

作为主客，老舅的负担最重：条件好些的，至少要牵一头牛，条件差些，也得牵一头比其他亲属大的猪来，还得准备走时送给外甥们的礼钱，还要请人吹唢呐，叙说死者生前的事迹，不做这些就会被人瞧不起。与此相应的，孝家接待老舅的要求也非常高，死者至亲要到老远的路中间等候、跪接。接到后，舅家搀起孝家的代表（一般为最大的外甥），然后一起去哭孝。哭完孝，孝家请的管事安排舅家吃饭休息。舅家要安排到寨子中地理位置最高的那一家，如果有几个舅，只任其中一个当代表。

“蒙萨”苗人没有专门的鬼师，只在本家族里选一个对丧事比较了解的人担当，无任何其他要求。鬼师在丧事过程中始终围绕棺材转，所拿法器一般为两样竹器，都是现场制作：孝家准备“苦竹”，一般男性死者准备 9 棵，女性死者准备 7 棵，其中一棵稍大，其余一般为指头粗细。鬼师拿大的那一棵，按照死者性别取苦竹下半截九节（男性）或七节（女性）竹节做成尺状，上缚麻；上半截取只有一个竹节的一段从中破开，取竹时，以竹节为基点，上留三指下留四指。此后，鬼师要用任何器物时，均以死者的名义，用破开的两片竹片轻点棺材，孝家就要把所需器物送到。如鬼师轻点棺材，说“某亲属，请你抱个鸡来送给老人”，被叫者就要及时把鸡送到。鬼师用这些物品前都要先献酒给死者。

4. 开路

“蒙萨”苗人有专门的开路师傅，开路仪式在棺材周围举行，整个开路过程需要 40 分钟左右。孝家要请人吹奏芦笙、唢呐，听从开路师傅号令吹奏。开路师傅手抱一只大红公鸡，导引死者到死者父母处交接。在开路过程中，鬼师在旁协助，主要是用竹片给开路师傅索要开路所需的各样物品。

开路之后，鬼师献酒，用鸡内脏烫热后祭供死者。

5. 献牲

开完路的第二天，鬼师吩咐“请老人去游游……”孝家亲人就把棺木抬出来，围绕嘎房逆时针转圈，一般男性死者转9圈，女性死者转7圈，然后停入嘎房，拉牛交牲。交牲时，由主办丧事者（一般为死者儿子）身背弓弩，手举上缚稻草的木棒牵牛，管事用双杯酒请舅家去“打”牛。“打”牛一般用斧头或其他刀器，可真打亦可假打。

打完牛后休息时，如死者为女性，要在嘎房铺一席子，席子四角放上钱，一般为两角钱，再把死者生前女性用品如织布机等放在席子上，由老舅家出钱请人叙说死者生前主要事迹，说时孝家必须请人应答，孝子们则在旁跪听。

6. 出殡

献牲之后，送死者到族人墓地。鬼师把所用法器浇上酒，并用两片竹片卜卦，以示丧事办的顺利。

出殡当天，孝家要把舅家迎接回家过夜，第二天杀猪或宰鸡款待，并派人把打牛交牲时留好的一只连着牛尾巴、插着一把刀的牛腿送到舅家。吃完饭后，恭送老舅，老舅把来时准备好的礼钱逐人分送外甥。送走老舅后，孝家要用一大块牛胸脯肉祭供死者，然后煮熟，由本家分食。

从这个过程看，“蒙萨”苗人丧葬比“蒙恰”苗人丧葬有两个方面的意义：

一是这两种丧葬文化有许多的相似之处，有同源文化的意义，但“蒙萨”苗人丧葬仪式“丧失”了比较多的丧葬文化事象，整个过程也比较简略。“蒙恰”苗人有专门的献饭簸箕及献饭仪式，而“蒙萨”苗人没有，这是这两个临近支系苗族的重大区别之一。在“蒙萨”苗人丧葬仪式中，其工匠手艺人身份在仪式中得到强调，并且有一个专门的“开天窗”仪式。这也是“蒙萨”苗人丧葬文化与“蒙恰”苗人丧葬文化的重要区别之一。这可能与“蒙萨”苗人在彝族人的势力范围内生存下来时的最初身份有关。“蒙恰”苗人有一个专门的祭器——篾挑，而在“蒙萨”苗人这里变为一个竹制的法器，但其性质是一样的。在“蒙恰”苗人的丧葬仪式中重要的“起兵”仪式在“蒙萨”苗人的丧葬仪式中也没有，这也是一个丧葬文化方面的重要区别。但在重视娘舅家的社会关系，入棺的观念意识，以及告知仪式意义上，这两种丧葬仪式的文化趋向又是基本一致的，但“蒙萨”苗人强调了对死者生前事迹的表述。

二是这两种苗族丧葬文化都受到来自彝族丧葬文化的影响，但是他们在各自的丧葬文化中的表现却不相同。在“蒙萨”苗人丧葬仪式中，嘎房的丧葬文化事象还存在，转嘎的仪式也有，但“指路”仪式在这里变成了“开路”仪式。从表面上看，这两个仪式是一样的，都是为了灵魂能够与祖先相会，但实际的性质却是不一样的。“指路”是告诉亡灵从这里到那里，而“开路”是先生把路打开，让亡灵从这里到那里。“开路”实际上是汉族丧葬仪式中的概念，“蒙萨”苗人在这里把它们混为一谈了。它说明，在这个意义上，“蒙萨”苗人丧葬文化也受到汉族丧葬文化的影响。而这些在“蒙恰”苗人丧葬文化中是比较少见的。

这说明，在同一地域中，不同的文化体在受到同一的文化体影响时，它内含其中的文化的不同，会在新的整合中起到相当大的作用，会对新的文化体的性质和状态发生根本性的影响。

从这个比较中我们还可以看出，“蒙恰”苗人固有的苗族文化在丧葬文化中表现比较完整，在接受彝族丧葬文化的影响中，已经涉及个别的观念层面，整合中也有自己新的面目。

三、与“小花苗”丧祭文化的对比

“小花苗”是被这一支苗族人基本认可的一种“他称”，以其男女服饰上的绣花披肩，以及妇女极为夸张的尚红色的头饰而得名。

这一支称为“小花苗”的苗族主要分布在贵州省的水城、纳雍、赫章三县基本相邻的地区。在纳雍县境内有6个乡镇有“小花苗”的苗族分布，人口约有7万人。水城县的南开、青林、金盆、保华等乡约有5万人。加之散居周边的村寨，这一区域的小花苗族约有10多万人。这一区域的地理环境相连，有直接的比较密切的婚姻关系。在相邻的赫章县境内，即赫章与威宁交界处，还有一个大片区的“小花苗”的苗族，约有8万人。

水城、纳雍、赫章三县加在一起，以及加上其他零星分布，整个这一支称为“小花苗”的苗族有20多万人。

称为“小花苗”的苗族在六枝特区也有分布，但较少，这支苗族在文化上，至少在丧葬文化上与“蒙恰”苗人有密切联系。如果说“蒙恰”苗人丧葬文化与“蒙萨”苗人丧葬文化的比较主要是同一地域文化中不同文化体表现，那么，“蒙恰”苗人与“小花苗”丧葬文化的比较就有直接的同源文化表现的意义了。

为此，我们对于水城地区“小花苗”的丧葬文化也有一个调查。

这个调查是由董成（文化局文化馆馆长）、杨春艳、马秋晨、周冬梅四人完成的。在这个调查中，水城南开乡兴寨村的“小花苗”丧葬仪式有以下过程（有删节）。

“小花苗”解簸箕仪式中的祖先灵位（衣服下是一个簸箕）

1. 送终放炮

当老人病情严重的时候就派人去通知姑妈家、舅舅家、住得远的远房叔伯家。……老人落气后，主家派人放炮三响。寨中的村民听到炮响，都会来帮忙。

2. 净身入棺

……寿衣都是媳妇们用麻布为老人做的，寿衣只穿单数……死者脚穿草鞋……棺材在堂屋里摆放，也是男左女右，横梁停尸。

3. 报丧（略）

4. 解药

当把死者收拾停放好之后，就要给死者举行解药仪式。之所以要解药，是因为死者生前多多少少都生过病，看过医生吃过药，这就给死者带来一定的罪孽，只有给死者把药解了，死者方能轻手轻脚的上路。

5. 接大鼓、请鬼师（略）

6. 出殡

出殡前夜凌晨两三点时，还要再组织人进行吹芦笙、吹唢呐、吹牛角、孝子哭丧等活动。活动中，长孝子背着剑走在前面，吹芦笙、唢呐、牛角的人跟在其后，按逆时针的方向绕着房子转三圈。而原因与以上相同，也是为了吓唬野兽。

出殡就是把死者护送到坟地。出殡时由鬼师来主持“指路”仪式。这一仪式过程需要把两片麻绑在一棵竹竿上作为路向标志。人们称其竹竿为“指路棍”，所起的作用不仅可以指路，遇见猛兽的时候可以还可以当作武器防身。指路时还要一只鸡（要一只各方面都要最好的鸡），无论天晴下雨这只鸡都总是要守护着死者，是死者的守护神。

7. 下葬

原来，按传统的风俗是不兴看地的，只需由家人选择个“大日子”（他们自己的说法，即用十二生肖来排，每逢牛虎和羊猴之日即为“大日子”）入土安葬即可。现今下葬之前，要先请风水地理先生（也称看地先生）看好坟地（据村民们所说，最佳坟地是要有靠山的地方——就是靠山要好），接着再由丧葬鬼师主持开井。待到下葬时刻，再由鬼师来主持下葬，把棺材放入坟坑。下葬时须拿着饭（给死者吃的）、指路棍、指路鸡（有的家把指路鸡同棺材一起埋在坟坑里，有些家把鸡放入火堂里烧死）。

8. 解簸箕

具体时间也是在下葬至少三个月后（也有一年半载或三年五载的，具体需要多长时间，要根据自己家的具体情况来定）来做。

9. 搂坟

下葬至少三个月后（也有一年半载或三年五载的，具体需要多长时间，要根据自己家的具体情况来定），死者家属请来一个与死者同辈分的老人，拿着锄头和酒、香纸等提前20分钟到达坟地去祭奠（用酒），之后就用锄头动土（动土的时辰也须是大日子，并与坟地的山向不冲突）。动土的时辰只能是夜晚，待动土之人回到家后，待天明以后再和死者家属到坟地去修理坟墓。

据说只有把坟地修理好了，死者住在里面才会舒适。之后家人们就会感谢对方，并与对方一起动手在坟地上栽种上茅草，茅草长得茂盛就预示这家人以后方能兴旺发达。

在以上关于“小花苗”丧葬仪式的简略过程表述中，我们不难看出，它与“蒙恰”苗人丧葬仪式有太多的相似之处，也有许多不同之处。

“小花苗”丧葬仪式中有“解药”仪式，而“蒙恰”苗人中没有，而这个仪式是彝族人丧葬中的一个重要仪式，它在“小花苗”丧葬仪式中有比较完整的表现，但转嘎仪式似乎在“小花苗”丧葬仪式中没有太多的表现。类似这样的差异在两种丧葬文化中随处可见，但其中有一个仪式它们却有惊人的一致性，这就是“解簸箕”，这个仪式是其相似文化表现的关键之处。

对比一下我们在这两个丧葬文化中采录的“解簸箕”仪式。

“小花苗”的“解簸箕”

“小花苗”的“解簸箕”是其丧葬仪式中的一个重要组成部分。

“小花苗”解簸箕仪式

“小花苗”的“解簸箕”苗语是“搂瓦”，“搂”是解除的意思，“瓦”是簸箕，民间俗称“簸箕”，故也称“解簸箕”。

“小花苗”的“解簸箕”意思是死者在死亡后与祖先在一起，并没有得到祖先的接纳，因为他身上还背有一个“簸箕”，只有在解了“簸箕”之后，祖先才能把他视为与祖先一样的亡者而接纳他。

“小花苗”的“解簸箕”仪式是在死者死后一年后举行。“解簸箕”仪式举行的时间是这样来确定的，如果是死在月初或者说月末，一般举行“解簸箕”仪式的日子就会定在月中的某一天；如果死在月中就会定在月初或者说月末，不能使用死者的周年日。

举行“解簸箕”仪式的时间是两天，一般从某天的中午开始，到第二天的下午完全结束。

举行“解簸箕”仪式是由家族中的鬼师来主持。

我们在海发村就拍摄了一个“解簸箕”仪式。以下描述就是这次“解簸箕”仪式的具体过程。

这场“解簸箕”的主人家叫张贵礼（男，28岁），死者是他的幺叔，按照规矩，应该是死者的儿子来负责这个主家的，但是其儿子尚小，无力主持，只好由其堂哥张贵礼来主事了。

主持这场“解簸箕”仪式的主持人是张吉科，今年37岁，是海发村张家的鬼师。他是在24岁时做的鬼师。他是从父亲张正昌那里学来的鬼师，是一代传一代的传承。

这场“解簸箕”仪式的主持人张吉科是第一次做这样的仪式，只看过父亲做过这种仪式。故在现场，其父亲一直在场看着他，怕他出错。

举行“解簸箕”仪式的第一个环节是用一件“小花苗”的衣服（带尾的长衣服），用蜂蜡放在一块红煤炭上烧出蜂蜡烟，把衣服放在烟上熏，边熏边说：“好年好月，请你回来，我们给你‘解簸箕’。”一边献酒，一边烧烟，一边说，这样，据说死去的人就会知道，他（她）的灵魂就会回来。

经过蜂蜡烧熏过的衣服就会附着在死者的灵魂上，成为整个“解簸箕”过程中死者的象征性存在。

这件长衣服会放在堂屋最里面左边的一块木板上，同时上面还会放上一盏油灯，一个碗，碗边还有一个中间有节的小竹筒。以后的献饭和献酒就会把这个竹筒提起来，敲一下，代表告知死者要给他（她）献酒了。

这个竹筒的制作有一定讲究，要从山上砍一棵刺竹，中间有节，节下有四指宽，节上有三指宽，砍好后，从中破开成两半，并从空中自然放落在地，像汉族人的“打卦”一样，是顺卦者成，是阴卦和阳卦者都不成，这片竹子就不能要，要重新砍竹重新削制，直到成为顺卦为止。然后，把两半的竹筒捆扎好，这就是生人与死者交流的“媒介”了。

摆好这些东西，有一个唢呐队伍在堂屋里吹奏唢呐，一曲接一曲，鬼师在每次吃饭前会提起竹筒给死者献饭献酒。

在中午做完这一切后，一直要等到第二天早上，就会做一个“送簸箕”的仪式。早上，鬼师会在一个直径约35厘米的小簸箕上用竹子做一个三角形的提手，把衣服覆盖在提手上，簸箕里有一碗饭，以及那个竹筒。

到送簸箕时（这天海发村人家应我们的要求，把时间往后推迟了一个多小时，因为天太早天没有亮，影响拍摄效果，约8点半开始，实际时间一般是7点多），包括孝子在内的一行人从死者家出来，鬼师在前提着那个簸箕，唢呐队伍随后边走边吹。

到了一个路口后，鬼师把簸箕放在地上，口中念词，告知与死者“解簸箕”，等等。

随行的人众在一旁用刺竹扎制一个竹篱笆，篱笆四角支有四根竹子，在篱笆上排开三排约十八个大碗。在鬼师念词之后，众人把酒倒在碗里，把苞谷稀饭倒在碗里。完毕，收起碗，把篱笆折垮在地上，这里鬼师也把簸箕扑翻在地。

这样，送簸箕就基本完毕。

回到堂屋里，簸箕会重新覆盖上衣服，并放在堂屋的木板上，油灯点上，簸箕里有一碗饭，饭上放了一个整好的小猪头（即在这前后，人们给亡灵用牲，牺牲品是一只小猪，在杀猪时，鬼师会提着竹筒交牲的）。

主人家这时抱出来两筒粢饭，分发给在场的人吃，但吃饭的主要是小孩和妇女。

吃罢饭，妇女们进入堂屋，开始哭泣，这个过程比较长，是一种悼念过程。

人们说，经过“解簸箕”之后，做梦都不会梦到这位死去的人了。

“蒙恰”苗人的解簸箕

家里老人过世安葬后，要么三天，要么二十五天后的这两个日子里，要接他的灵魂回来解簸箕，意即把他的灵魂接回来和老祖宗的灵魂放在一起。

大儿子身披长衫到老人的坟上，磕个头，反跪在坟门前，口中念死者的名字，把他背回来，实际上大儿子披着长衫就回来了。在离家房子一两百米远的地方，女儿、媳妇们就在那里哭。

接回家在堂屋门边，用长衫裹成人形的样子，放在堂屋中间的凉席上，凉席用两条板凳支起，杀小猪、鸡来交牲，还需竹篾片来献饭，把小猪、鸡都要破成五块，肉煮成形，编一米左右长、七八十厘米长的竹篱笆，砍来的四个杈杈把竹篱笆支起。

用两片竹片、一个簸箕，做成带提手的簸箕。

把衣服披在带提手的簸箕上，拿17个碗摆放在竹篱笆上，其中的一个碗是用瓢来代替，瓢里放鸡头，中间四个碗放鸡腿、猪腿，再来献饭、供酒。

竹篱笆离家有一定的距离，供一次酒把竹篱笆往家移一点，男的移九次进家，女的移七次进家，放回席子上供，这一仪式完了，把鸡肉、猪肉全拿回来，切好、煮熟了大家吃。

长衫拿在火焰上过一遍，以后还可以继续穿。

鸡头不吃，甩丢的鸡头有些狗都不吃，要把鸡舌头割掉后狗才吃，至于这种现象无处可考，或许属于偶然，或许有些狗也知道这鸡头是解簸箕用过的。

通过解簸箕，死者的灵魂就走了，以后家中亲人就很少能梦见死者了，若是不经过这一程序，就会经常梦见。

在“蒙恰”苗人中，老人过世了，都必须经过解簸箕，再忙也得抽出时间来解簸箕，整个丧葬仪式才算完整、结束。

从这两个仪式来看，这是两个完全一致的丧祭仪式，都是为了最后送走死者的亡灵，使我们在今后的梦中不再梦见死去的人。

在这两个仪式上，其过程也大致相同，都要经过孝子用一件衣服到坟墓上做一定的仪式把死者的灵魂接回来，并把依附了死者灵魂的衣服覆盖在一个做有一个提手的簸箕上，以代表死者的灵魂居所，之后，一系列的仪式也就在这个神性的簸箕前举行。

在“小花苗”人中，其做“解簸箕”仪式的时间一般要一年以上，也有好几年以后才做的，但在“蒙恰”苗人这里，“解簸箕”仪式一般只要不到一个月。在“小花苗”人那里，这个仪式隆重肃穆，仪轨严谨，但在“蒙恰”苗人这里就要简单化一些了。我们没有必要去探寻它的种种差异，但这一仪式的共同性质表明，“蒙恰”苗人的文化血缘可能与“小花苗”人是最为亲近的。

从这个仪式来说，“蒙恰”苗人与“小花苗”人的文化关联最为紧密，并且，我们甚而以为“蒙恰”苗人的文化源头应该在“小花苗”人那里。在“小花苗”人的“解簸箕”仪式中，“小花苗”人赋予了它太多的文化意义，并且在其民间传说中明确地说明了在丧葬仪式中举行“解簸箕”仪式的缘由，以及观念起源，等等。这些在“蒙恰”苗人的“解簸箕”仪式中并未出现，这说明，“小花苗”人的“解簸箕”仪式是源，而“蒙恰”苗人的“解簸箕”仪式是流。这样，我们也就可以推断，“蒙恰”苗人最初的文化源头至少与“小花苗”人是一致的。在我们所说的“蒙恰”苗人周围，还有称为“四印苗”“箐苗”“喇叭苗”“大花背苗”等多种的苗族支系，而与“蒙恰”苗人在丧葬文化上最为相似的苗族人，就只有“小花苗”，而丧葬文化是一个民族文化体最为原初的构成部分。在其丧葬文化之中，拥有“解簸箕”仪式的就只有“小花苗”人和“蒙恰”苗人。

第四节 “蒙恰”苗人其他祭祀文化

“蒙恰”苗人祭祀性质的文化主要表现在其丧祭中，但“蒙恰”苗人在祭祀文化中也有其他形式的表现，比如说我们在其调查中了解到的“祭山”仪式和“开财门”仪式等等。

> 祭山的时间是三月三。原来寨里（指小田坝）有处神箐。现已不存在了，是1958年时砍掉的。祭的神树有两棵大树。
>
> 祭神箐时拿鸡去宰，用泡木树砍成一个木尖刀，用鸡血淋过木尖刀上，钉在大树脚。
>
> 祭山要祭两处，先祭神箐，后祭神树。有两棵神树在另一边。
>
> 先在神箐处献饭，吃鸡喝酒后才去祭神树。祭神树时要杀一头猪，在神树边杀猪，泡木尖刀同样拿猪血淋过后钉在树脚，用丝茅草搓的一根反手绳把两棵树拴在一起。
>
> 寨子里的各家凑钱来祭山，买鸡买猪打酒，在山上把鸡、猪肉煮好，全寨的

男女老少一起吃。

祭山是防止白雨不打这个地方，祭树也是这个意思：天公不落白雨，小小人（方言：孩子）无病灾，牛瘟、猪瘟不进寨，保佑整个寨子顺利、平安等等。

苦李井村自从1959年祭过山以后，到现在就再也没有祭过山了。

祭山、祭树都是全寨的集体活动，而没有个人祭山、祭树的事例。

在贵州省的山区，以山和树为祭祀对象，是一个普遍存在的文化现象，"蒙恰"苗人祭祀行为也应该是一种普遍存在的行为。但"蒙恰"苗人的这种祭祀行为，在1958年神树遭到毁灭之后也就没有恢复，但其祭祀观念仍在，仪式仪轨仍在。

这也是"蒙恰"苗人祭祀文化的一个组成部分。

在"蒙恰"苗人祭祀文化中，还有一个文化事象表现了这种祭祀文化，这就是他们的"开财门"等日常生活中出现的仪式。

"蒙恰"苗人"开财门"仪式是这样的：

找家里织布机所织麻布起头的一小段，有尺把长左右，用一只小猪。原来做过此种仪式的人家，在八月、二月都可以做，没做过的要到二月做。用的是一个小草猪（方言：满双月的未长成的小母猪），请姑爹来杀猪。并在二柱脚挖个洞洞，20厘米宽，60厘米深的"圈"，猪血放进洞中，洗烫的猪毛、水、骨头、洗碗水全部倒进洞中。

用五块小草猪肉一起煮，前后腿四块，头一块，煮熟，用一张凉席铺地，放五个碗在凉席上，碗上放猪肉。

用一个小箱子，装上小葫芦、小杯子、布等等。

女主人手拿一枝水青冈树叶，拿个蛋，拿个碗，在猪圈边扫，意即给牲口叫魂"好的就进来，坏的就刷出去"。

又把锅里的汤舀到杯子里，在小箱子边再刷一次，刷完后，再去圈边叫一次魂，并把杯里的汤拿回来拿给男主人喝一小点。这样要重复两三次。

三次以后，把碗里的肉拿回来煮，大家一起吃，吃的时候不准说汉话，只准说苗话，吃不讲"吃猪"，只讲"看猪、放猪"。吃过后的汤、骨头全部倒入坑洞中。

手洗干净，拿一块石板把洞口盖住，女主人把布、杯、葫芦等放入箱子，拿在二柱边上放起来，木叶放在大门口，姑爹拉水牛进家踩，还背十斤左右的苞谷，叫三声开门。

家里的人问是什么人，答："我是天上的财白星，开门，我给你拉牛拉米，带儿带女，带财带宝。"

进门后，给牛吃点粮食，转一圈就可以出去了。

如果不拿牛来踩，就要忌三天生人，在屋外大门口打草标，自家人可以进出，其他人就不能进屋，若有不懂规矩的人闯进屋来，主人家会舀饭给他吃，就说："这一大匹马、猪，肯吃得很。"

现在“开财门”的人还很多，一直未变。

在贵州省，“开财门”的仪式在各个民族中都有表现，并且至今不衰，但像“蒙恰”苗人这样“开财门”的还比较少见，因为在“开财门”仪式中，受到汉族“开财门”仪式影响的事象多，而有自己民族文化仪式感的“开财门”很少见，“蒙恰”苗人“开财门”仪式就有自己特定的文化意义和表现，与汉族式样的“开财门”大不相同。

“开财门”仪式明显受苗族“祭中柱”祭祀仪式的影响，应该是一种在自己“祭中柱”仪式中发展起来的祭祀仪式。

在“开财门”仪式中，我们以为它不仅包含了求财的意义，而且还有比求财更多的文化意义表现，但是，其中有的文化意义我们还不能完整解释。

第三章 “蒙恰”苗人婚姻习俗文化

正如上一章所说，信仰文化是文化的核心文化，但它主要的是一种在精神和观念中运行的文化，那么，在世俗时间中运行的文化主要就是以婚姻习俗为主的文化。

婚姻习俗文化与丧祭文化往往是一种文化的两极，一个通向生，一个通向死，两者的意义对于人来说，都很重要，但死更具有精神意义，生更具有世俗意义，后者与世俗社会的关联更为紧密。不过，生的形式往往受到死的精神观念的影响，死的精神形式决定了生的意义，所以，婚姻习俗从根本上受到丧祭文化的影响，并且在某种程度上是决定性的。

这在“蒙恰”苗人婚姻习俗文化中也是如此。

第一节 调查和两个婚姻习俗个案

“蒙恰”苗人婚姻习俗文化调查，也是在对“蒙恰”苗人文化进行调查时进行的。在其婚姻习俗文化上，我们也选择了两个调查点，一个是苦李井村的小田坝，一个是岩上村的长水沟。两个调查点，亦自然就产生了两个个案。

这两个婚姻习俗个案的调查人和讲述人与丧祭个案同，故略。

小田坝婚姻习俗个案

相识。男女青年一般在跳花坡时相识，如果双方相互喜欢，在寨子边“赛月亮”的时候，就会更进一步了解对方。这样只要男女双方同意了，男青年把心意和家长通气后，家长都会支持青年自主选择婚姻，“只要你们相互喜欢，我请人去通信。”

请媒人。男方请三位能说会道、有儿有女、家庭和睦、夫妻双方父母都健在、懂礼仪、善交往的人，也即在别人看来属于“命好”的那类人去女方家说亲。男方家长请这位说亲的人会去他家说：“我家儿子看上某家姑娘了，请你给他说去。”这些受邀请去说亲的人一般都会欣然前往。

看鸡卦。“蒙恰”苗人中，婚事都要看鸡卦。到目前，这种习俗仍在延续。

去说亲之前，男方先要在家中杀一对鸡，然后看鸡卦，要是家里的鸡卦好，媒人才动身去女方家说媒。要是家里的鸡卦不好，就到此为止，不再有其他想法。

说亲。三个说亲的人去女方家，都要背一顶凉帽，认为这是一件好事，故背一顶凉帽。到了女方家进门后要故意说："我们本来从家里动身很早，但在路上耽搁了，所以来迟了，某家要我们来你家，找你家姑娘给某家老人背水喝。"女方家长也就知道来者的意思了。随后会给说亲的三人做饭吃，要是在交谈中女方家长同意把姑娘许配给男青年，来人就留下同意吃饭，否则的话也就及时返回，不吃这顿饭了。

女方家长把姑娘喊来，当着来说亲的三人的面，问姑娘去不去给某家老人背水喝，姑娘即使愿意这时也不说要去，而是跑出家门去玩了。

第二天早上主人家拿来一只鸡给说亲的人，这只鸡与平时宰杀的方式不一样，而是把鸡捏死，洗净煮好。吃这顿早饭的时候，主人家请来寨中一人作陪客，陪说亲的来人吃饭。吃饭时，把桌子摆好，拿鸡卦给说亲的来人和陪客看，鸡卦好了，这门亲事算是说定了，要是鸡卦不好，在场的每个人也就知道情况，不用多说什么，吃完饭各自就走了。

鸡卦好坏，是看鸡卦的颜色和酬（鸡腿骨上的小洞）数。鸡卦不能是红色，白色的为好，四酬、两酬的鸡卦都是好卦，鸡卦成三酬、一酬或是有一酬在中间成了木马卦就是不好，意味着两位年轻人的婚事不合，也即作罢。若是成木马卦时，双方一定要结婚，也会认为是寿缘不长。另外还要拿着从男方家带来的鸡卦和女方家的鸡卦对比，认为好的话才接着下一步讲彩礼钱。

讲彩礼。彩礼钱不管讲多少，按古老说法，都是讲牛，一头牛，不管大小，一般一头大牛折成彩礼钱的定数。现在讲彩礼钱时，也是讲牛，只是拿钱来折合牛的价钱。到目前哪家说一个姑娘，彩礼钱要七八千。原来双方说好拿多大的牛作为彩礼钱后，男方家还要再拿一定的礼钱。牛的大小是讲定了的，礼钱的多少视男方家的经济情况而定。牛要在完婚后才从男方家拉到女方家。

双方经过几番交涉，最终达成一致。礼钱在说定的时候不直接拿给女方家，要过一段时间或者到过年的时候，男方家送钱去女方家，这时的意思即男方家想把姑娘娶进门了。

送日子。送彩礼钱的同时，男方家同时会送日子给女方家，把期程拿给女方家看，女方家根据结婚的日子把礼钱用来给姑娘置办衣物。

接亲。男方家去五个人接亲。一个吹芦笙，一个押礼先生，两个陪郎。押礼先生要戴一顶凉帽，背五根两头有绣花的白布带子卷成的筒状物，红绿花线一样要有一点。

去接亲的路上，离女方家不远的时候，大约距女方家100米的地方，女方家来人拦路，都是新娘的同辈，这时他们可以任意取闹来接亲的人，如揪接亲人的耳朵，给他们打黑脸，这时五人不能躲，女方来人说五人都是新郎，故揪他们的耳朵就是揪新郎的耳朵，因此也不为过。这样边打闹，边往前走，到大门前，摆设一张桌子在大门边，女方管事让来接亲的五人坐下，五把马勺有的藏在桌子脚，有的挂在门梁上，要押礼先生把五把马勺找出来，桌上放一个小簸箕，装有苦酒，说是喂小猪。"你家不香盐巴（方言：没有盐味）”。说要拿一块石头去碓窝里舂（只是意思）。去打闹的同辈姑娘舀一盆水来，让五个遭打黑脸的接亲人洗脸，是哪个姑娘抹的接亲的来人脸黑乎乎的，哪个姑娘就打水来让他洗脸。

“蒙恰”苗人梳妆中的妇女

之后，去坐桌子。五个接亲的坐下，女方家再来三个人作陪，请他们把五个来接亲的人招呼好。堂屋里正中的席位是家中年长的老人来坐。

倒三次苦酒，端着碗，五个来接亲的人一个个地给堂屋中的老人磕一次头，磕完头后，同辈的其他还要他来磕玩意（方言：逗着玩）。

老人安排五个接亲的坐好。

安排座席时，接亲的坐在一角，姑娘家的人坐在另一角，对角安席。三个人一直陪着来接亲的五人直到把新娘接走。这三个人中有新娘的亲哥，女方家请来作陪男方媒人看鸡卦的人等。

深夜，管事安排家中老人在堂屋坐好，帮忙的人发碗给老人，倒三转苦酒，男方媒人端起酒给老人们“道歉”，说些感谢的话，五人再给老人们磕一次头，之后老人碗中斟满酒，大家唱酒令。

要请新郎到寨上某家去住，这晚新郎不住在新娘家。其他四人可以在新娘家住，但一般是在火边休息。

第二天早上，吃过早饭，就要接新娘出发了。

在堂屋里的座席与前一天的座席相同。

送亲的一个姑娘，六个人作陪，要求六人的父母健在，不能是怀孕的人，新娘的姐、姨妈、老表都可以。

花衣服、花裙子包在包单里，一个人背起，和两个拿伞的人跑出去，送亲的拿起花鞋，要向男方讨花钱。这几人故意跑出去到处躲，不直接把这些东西给接亲的人，新郎和另外的两人负责追故意到处躲的姑娘，直到姑娘愿意把东西拿给接亲的人，接亲的把准备好的花线分给背花衣服、花鞋的几个人，每人得到两支花线才把东西交给接亲的人和新郎。

出门之前，五个接亲的人又要给女方年长的老人倒三转酒，磕头。押礼先生背着凉帽在前面，吹芦笙的一人跟在后面，在姑娘的闺房旁一直吹芦笙，意即催新娘动身。

到动身的时候，押礼先生一只脚踩在门槛上，再一次给女方父母说些道歉的话，送亲的一人和新娘就各打一把伞走出房门。等前面一行先走了，新娘的亲哥和女方陪看鸡卦的那一人背着饭后走。快到男方家的时候，离家两三百米的地方，接亲、送亲的一行停下来让新娘和送亲的吃晌午饭，只是吃个意思而已。

男方家寨上的人会前来看新娘。

吃过晌午饭，新娘和送亲的要再梳妆打扮一遍，说是在路途中走累了，新娘要把鞋换成新鞋等，要梳妆打扮合乎礼仪后才进男方家门。

男方家在新娘到达之前就砍来三根木棒，削成四方有棱角的搭成门状，做一个叫“拦喜神”的仪式。新娘要从这个门中走过，走过时，先生会拿一只鸡在新娘头上扫一遍，弄完把鸡随手甩出，任其随意去哪里都行。

走过“拦喜神”的门，进到堂屋时还要经过“打醋坛”仪式，新郎的妹妹或嫂子在门槛边，堆个草疙瘩，上面放一枚红火炭，用葫芦瓢里的水淋红火炭，使其冒出水蒸气，以示扫除。

新娘进男方家，主事的安排供菩萨，有供三献神的和供五献神的。供三献菩萨时坐六人，供五献菩萨时坐六人。

供完后，家中主事把客人安顿好。

当天晚上，新娘和送亲的住在寨上别人家。晚上12点过后，三四个青年会拿着酒给新娘和送亲的“吃夜酒”。听新娘和送亲的唱酒令，她们唱酒令，青年就要喝酒。小伙要是能对唱酒令，新娘和送亲的也要喝至少三杯酒。双方要是都能唱，双方就接着一直唱，喝酒。

家中堂屋会唱酒令的唱酒令，其他说白话的说白话。这一晚大家自由玩乐。

女方家的媒人和新娘的哥哥说话给大家听，要求男方加礼钱，这是在前面讲彩礼钱之后的又一次讲礼钱。女方要求男方在原讲定的礼钱上再加一定的礼钱，最后讲定加的礼钱是一百四五十元，讲完大家就休息了。

第三天早上，若送亲的说还可以在男方家住一天，那就再住一天，如果送亲的说当天就要回去，那就当天回去。

送亲的从男方家回去的时候，男方家管事的在堂屋外面摆设一张桌子，上面放一个簸箕。男方家媒人邀送亲的媒人：“我们两个出去晒太阳。”即使当日没出太阳，也这样说，成为固定的“行话”，“今天没有太阳，我们就不去了。”“太阳来了，你看到没有？”如果送亲的回答“我没看到。”那就要喝一杯酒，直到送亲的觉得喝不下去了，才会说：“看到了。”倒酒给送亲的喝意即给他洗脸，洗好脸了自然就看到太阳了。送亲的喝酒多少自然要看自己的酒量而定了。

开始给主要亲戚讲礼钱，以前一般是老娘舅 3 元，老姑妈 3 元，姨妈 3 元，老祖公、老祖母还健在的话，每人 3 元，新娘的兄长、姐姐 1.2 元，弟弟妹妹们则没有礼钱。现在随着经济条件的改善，礼钱都增加不少，最少都要给 6 元，一般是 12 元，多的给 36 元。讲定后，管事的将礼钱一一点给送亲的媒人。

之后送亲的媒人还要问男方讲彩礼钱，即牛对数不对数时，主事家有牛就拉牛来，没有牛，看讲好的彩礼钱折算成现钱。这时男方才把牛拉给或数钱，交给女方家的媒人和新娘的哥哥。

回亲。吃过早饭，送亲的媒人背上伞向男方家道谢，说些致谢的话。内容大致是大家劳累了几天几夜，把亲戚喊到堂屋坐下，倒三转酒，感谢三亲六戚，男方家媒人拿来一口袋饭，袋里还要放一公一母煮熟了的两只鸡，另外还有两个瓢。男方家媒人在门口等着，等女方家媒人把在堂屋里的事情处理完，要出门的时候，就拿这个口袋笼在女方家媒人的脖子上去，要是没笼到，还要追一阵，大家故意玩乐、热闹。

新郎给女方家媒人磕头，媒人随即掏出两块礼钱给新郎。

等送完女方家媒人，男方媒人切肉分给来主事家赶热闹的小孩子们吃。

"刷偏棍"。男方家拿只母鸡给女方家媒人，大约有两斤重。"刷偏棍"代表打牛的棍子，给媒人的鸡意即给他带牛回女方家的辛苦费。

女方家三亲六戚在家等着媒人从男方家背回来的一口袋饭和两只鸡。大家在吃饭之前要供菩萨。

亲戚吃过这顿"回亲饭"，回亲过程结束。

再过三五天，新郎把新娘接回家来，整个婚礼也即结束了。

长水沟婚姻习俗个案

说亲。"感谢父亲、外公，感谢母亲、外婆，感谢小的弟兄。"男方家派去说亲的人说完这三句话，招呼大家吃饭，说这件事情是比较顺利和好的。大家听到这几句话，也就知道鸡卦是好的，顺利后，大家一起吃饭，每人一副杯碗，倒三转酒。

女方家要有意说不把姑娘放你家。男方要说断气得很，即说钱的情况恼火（困难）。意思即要开始讲彩礼了。

男方媒人说："这个老人家要抬高手让一些，虽然鸦雀窝在，但鸦雀蛋没得几颗。"意思就是男方家财力有限，让女方家少要一些彩礼。这些话被称为"花言巧语"。

女方代言人说："男方家父亲老人在某个地方站着占起半边天，坐起占到半边地。"意思是在地方上是有钱有势的人家。

这样双方对话几个回合，男方家在叫苦，女方家在恭维。原来讲彩礼是男方家送女方家一头牛，另外的彩礼钱根据时代而说定。

双方讲定彩礼，要是送牛直接就可以，要不是送牛还需把牛的价值折算成现钱，在王亮枝这一辈，折算的钱在八九十元左右。现在要八九千了。

男方家媒人最后说："没有问题，到时主人家不给这么多，就算我的。"

女方家代言人说："那到时我们拿不到这么多的彩礼，我们就只找你要了。"

说定彩礼后，大家喜欢划拳的划拳。原来的老规矩还要等到第二天杀一头猪招待来说亲的人，第三天说亲的才返回家。

说定亲事，一年半载男方去女方家送彩礼钱、定期程，把大礼都送了，小礼在婚礼时才送。

小礼钱的规定，按老辈人来说，老娘舅、老姑妈每人三块，姨、姐、哥每人各两块，这些人当中，都只有年龄最大的才收这份礼钱。等到后来这对新人生小孩了，这些得过礼钱的亲戚和外家都要在满月酒的时候送来背扇等物品，这是一般的规矩。礼钱随着现在人们物质生活水平的提高，现在要给到三十块的礼钱才说得过去。

接亲。分大接和小接两种。

大接时五个人去接，即媒人、芦笙手、一个代表男方父母的长辈、伴郎、新郎。小接就只有三个人，媒人、伴郎、新郎。

“蒙恰”苗人妇女裙子

大接的过程，一人背一个串带，串带是用自家织的白布缝成的腰带。一个串带里面放一把伞。出门之前，把家中的老人全都喊来坐在堂屋中，管事倒完三转酒给老人喝后，媒人给各长辈倒酒磕头，磕完头，再带上五块钱左右不同颜色的花线，就走了。

芦笙手走在最前面，根据路程的远近，一般在五六点钟的时候到达女方家寨子算是合适的时间。女方家的同辈姑娘就来和接亲的五个人“锁银”，揪男青年的耳朵，和接亲的人开玩笑。

她们在接亲的进屋的路上堵三回道路，揪一回接亲的耳朵，放走一道。当第三次揪接亲的耳朵的时候，接亲的就到达新娘家屋前。等女方家管事的把家中年长的老人安排在堂屋坐好以后，叫新郎一行进到屋里。堂屋放一张大桌子，一个大簸箕放在上面，一瓶酒摆在簸箕里，桌上放五个碗、五双筷子，叫来人喝酒吃菜，意思一下即可，而不是真的安排他们吃饭喝酒。舀三小瓢饭，叫他们赶紧吃，拿酒敬他们，叫他们自己找故意藏起来的马勺（小木瓢），可能在桌子脚，也可能挂起在堂屋的门梁上，还可能藏在饭里面，马勺要藏得好，故意让新郎一行找不到。

如果接亲的找了一会还是找不到马勺，就要闹笑话了，看热闹的人就会说：“你们快吃呀，不吃明天就把你们赶到场上卖了哦。"

这一小细节意即试探男方接亲的来人机灵与否，找到马勺后，这一过程就结束了。

桌子抬到一边，女方家老人坐在堂屋里，管事的倒三转酒，接亲的从年长的开始磕头，磕三转头，请接亲的屋里吃饭，吃完饭回来坐在堂屋固定的位置，坐到半夜时分，媒人就会说："老人们，天要亮了，做饭的接着做，明早我们好早点走。"这样重复讲三遍，不管有没有人答应，中间隔一个小时就讲一遍。

天快亮了，老人们安排座席。

在外家吃饭时，新郎家靠堂屋里角坐，新娘家在大门角坐，他们坐的位置恰成一个对角。

在男方家座席的时候，位置相反。

"蒙恰"苗人服饰精美绣片

在外家吃两顿饭，吃饭之前，男方家接亲的人等菜上桌，拿起筷子准备吃饭的时候，要说感谢的三句话。

吃早饭的时候，管事的叫老人坐好，倒三转酒，大家一起端好碗，四个到门口，枝倒凉（苗话音译，祝父）掌握财礼的人，把伞背起，接亲的磕完头，四个出去了，枝倒凉面对神龛，站在大门口，说："感谢了，父亲外公；感谢了，母亲外婆；狗脚猪脚，踩坏父母金场银坝，我们来费父母的水，费父母的酒，转过父母不要说伤心丧气的话，是不？"往左边转一转，转到半转的时候，一只脚踏在门槛上，仍然在原地面对神龛说："父母们吃草根，吃饭根，接肉让长让高，九天十天不带妹子去，今天要带妹子去，父母不要讲伤心丧气的话，是不？"说完随即侧转身。

走出到大门口的时候，再侧转身回去，说："感谢了，父亲外公，感谢了，母亲外婆，感谢了，弟兄们，一家老幼安心地在。"

然后枝倒凉走到姑娘的房门前，喊她："妹子来，走了。"枝倒凉在这时候不管与新娘的辈分如何，都喊她妹子。

新娘的姐妹们把新娘的花鞋、伞、包单拿到门口，枝倒凉用花线取包单、伞、花鞋，每样用一枝花线去换取。出大门口，送亲的姐妹把伞打开，新娘和送亲的各打一把伞。女方家亲戚对接亲的讲："你们要砌好路，新娘才能走。"接亲的把挨在身边的桌凳稍稍移动，表示已经砌好路，说："我们已经砌好路了。"把桌凳移开，新娘就开始出发了。大家慢慢上路了。

这时新娘的哥哥，堂哥、亲哥都要来，枝打折（女方家送亲的，辈分比姑娘长一辈，代表新娘的父母接受彩礼），背起晌午有七八斤的饭，一刀煮熟的肥肉，要切成片片连起来的。两个马勺放在装饭的饭袋里面，在后面跟着走，途中他们走得很慢，如果路远，枝打折可以催大家走快点。当走到离男方家500米左右的地方，新娘重新进行梳妆，送亲的兄弟和枝打折把晌午饭拿出来，烧火把肉煮熟，给新娘和送亲的姑娘吃晌午饭，吃马勺饭表示意思即可。男方家姐妹们来等着看新娘，新娘拿晌午饭给男方家的姐妹吃，最后留下三片肉和一碗左右的饭到男方家祭奠男方家上辈老祖。

送亲，"秋留局"（苗话音译）。晌午饭过后，男方家管事组织接待新娘，准备送亲，要叫家中的老人，亲戚中的长辈在堂屋中坐下，每人手拿一个碗，倒三转酒，在山上砍两根有杈杈的树条和一根没杈的树条，搭成门的形状在房子进屋的侧面，男方家找个缘分好的男子（所谓缘分好，指的是父母健在，夫妻双全，有儿有女，家庭和睦的人）拿着一只大红公鸡站在条子门边，新娘要将头饰梳子之类的解下，把围腰解掉，把花鞋（船形的鞋）脱掉，交给别人，新娘要从条子门下进入，在进入的时候，缘分好的男子拿大红公鸡在新娘头上绕，口中念道："新媳妇背清水，早媳妇背早水，背金背银孝敬公婆，绕新娘进家中，绕不干不净，丢在外面。"讲完，把鸡丢掉，随即把三根木条撤去，新娘就往家门口走。

新郎的一位嫂子（必须是没有怀孕的，缘分好的）拿一个小葫芦装一葫芦水，洒在已经准备好的在门口边的小草篼上，上面放有一个红火炭，水淋上去产生水蒸气，新娘从上走过，从房子左边进入新房，苗话称新房为"剖那"。

主人家三个鬼师在门口献酒，祭奠前三辈祖宗，三个鬼师各祭奠一辈，第一人是嫂子拿的水葫芦，祭奠前三辈中最长的一辈，口中念："新媳妇背酒来到，某某老人，请喝酒。"

到最后一个鬼师，除祭奠前三辈们最后一辈外，还要祭奠所有的列祖列宗。

结束以后，水葫芦收好，以后照用。

接待送亲的进家，老人已坐好在堂屋，主人家派一个人接枝打折的那个饭袋，拿个板凳让他坐到大门口内左边。新娘的兄弟要给长辈的老人磕一转头，磕完后挨着枝打折坐，男方家管事安排碗给他们两个，同样倒三转酒，喝完酒，收起酒碗，安放桌子吃饭。新媳妇、陪娘叫来一起吃饭，坐的位置是新郎一桌在大门边，新娘一桌在堂屋里边，新郎与新娘坐的位置形成对角。

吃完饭，要把新娘带到男方家安排的寨子上的另一家去住，这一家称为新娘店。

到了晚上，送亲的枝打折和男方家的亲戚一起在堂屋里坐夜，到半夜，又喝喜酒。把碗发给每个人，包括枝打折，人手一碗，同样倒三转酒，这时候男方家另外找一个人来陪枝打折，到此时，媒人的任务已全部结束，陪枝打折的这个人来代替媒人完成剩下的事。另外安排两个年轻人再发一个碗给他们（他们这时手中有两个碗），帮忙的人倒酒在他们碗中，倒三转酒，一个人端三个碗，另一个人拿一个碗，将碗中的酒先倒给枝打折，回去，端着三个碗的小伙拿酒碗把酒倒给陪枝打折的那个人。这个过程称为丢喜酒。

喜酒到手后，陪枝打折的那个人就开始发话了，对枝打折说：“你来时父母（指的是女方家父母）装箭在你的筒，装言装语在你的嘴，你要讲出来让爹娘（指的是男方家父母）放心。”

枝打折故意不回答。

重复三遍后，枝打折答话：“如果这样，我说点给父母听，十二棵藤，十二样长，十二棵索，十二样齐，锁太阳出锁月亮出，礼核礼实，父钱母钱，不说父母也知道，说了父母也知道。”

坐了一个小时后，枝打折提醒，自言自语讲，父母们在天亮时做汤做菜早一些，我们吃早好走，每隔一个小时讲一遍，共讲三次。

天亮以后，男方主人家管事安排摆放一张桌子在大门口场坝上，桌子上放一个小簸箕，内有一碗酒，一个小杯子，小礼钱也放在簸箕内，把老人、长辈叫来坐在堂屋里，发碗倒三转酒，枝打折和陪他的那个人坐在大门口的左边，这两个人这时以夫妻相称，枝打折为夫，陪枝打枝的那个人为妻，三转酒倒完之后，“妻子”发言：“酒要喝，话要讲，太阳来了，我要带你去晒太阳。”“丈夫”讲：“早上很冷，哪里有太阳。”要讲三遍，“丈夫”也照前回答。

三遍后，“丈夫”假意将头伸向外面来看，说：“哎，太阳真的出来了，我们要晒就去晒太阳吧。”然后两个人一起来到桌子边，“妻子”说：“你看见对面的大山（指的是后补的彩礼）没有？”若“丈夫”回答没有，“妻子”就说：“你眼睛不见亮，需要洗一下。”然后倒一杯酒给他喝，再问他看见那座大山没有，连续这样重复三次，“丈夫”喝了三次酒，他才说看到了。

这时“妻子”就说既然你看到了，那么需要补的彩礼总共多少，“丈夫”就讲，意即要求再补一点，这点不够，姑娘家父母要求得多少我才能收，否则我不能收，你这里不够数。“妻子”讲：“没有了，家里面很困难，天上见炀炊，地上见灰，刷不来了。”

“丈夫”还是说不行。

“妻子”说：“那再去刷一下，看刷得来不？”

最后都会补一次礼钱，多少补一点，补的礼钱收好，当着大家的面把礼钱点好，除了五组礼钱外，另有一块五的礼钱给新娘的父母，这份礼钱称为“南佐夫果”。表示在以后走姑娘、亲戚的费用。

收好礼钱后，安放桌子吃饭，出发回亲时同样是把老人喊起来坐下，倒三转酒，男方家装一口袋饭，有一只煮熟的整鸡，一刀切好连片的肉，鸡装一袋，肉、饭装一袋，“妻子”拿着袋子在大门口等待，等枝打折走出门，这时枝打折在堂屋手端着酒碗坐着。有两个年轻姑娘分别拿两条腰带递给枝打折一条，送亲的兄弟一条。递给枝打折腰带的这个姑娘，同时讲：“父亲父兄来，不得吃，不得喝，拿这小匹麻送给你拴，好的话就拴，不好的话就放起。”

枝打折回答：“不讲不讲，是金带，是银带。”这个过程称为丢腰带。

“妻子”拿伞来给枝打折背起，枝打折站起在堂屋面对神龛讲：“感谢父亲老爷，感谢母亲奶奶，你家忙劳力，拿劳力，你家忙工夫，拿工夫。”

转一转，脚踏大门槛一下，又讲：“卖田不踏田坎，嫁女不等劳力，九节肉是你家肉，九节骨是你家骨，有一节是我家的，是不?”

转半转，侧身面对神龛说：“感谢父亲老爷，感谢母亲奶奶，感谢弟兄，大家老幼在，我们就走了。”

从大门走出来，“妻子”拿口袋欲把袋子笼在枝打折的脖子上，他尽量躲开，最终会被笼上，让大家欢笑一阵。

出大门口外，新娘的包单、花鞋、伞被男方家的姐妹背出来，枝打折用肉换取包单、花鞋、伞，剩下的肉带回女方家祭奠祖宗，同时新娘在枝打折被套上口袋后给枝打折磕个头，然后枝打折拿条腰带送新郎，若不送腰带，就送一块二的礼钱。新郎从接亲的五个人中找一个年轻人和他做伴背饭去女方家敬祖。

到女方家后，如果女方家宰鸡来招待提鸡腿给小伙吃，小伙要在桌边站起说些表示感谢的三句话，一般第二天回去。

整个接亲过程结束。

第二节　两个婚姻习俗个案的文化分析

以上两个婚姻习俗个案在实际的生活中可能会展示更多的我们意想不到的细节，表现更多的具有文化意义的事象，也就是说，实际的婚姻习俗活动，比我们在文字的描述中要复杂和生动活泼得多。

“蒙恰”苗人婚姻习俗一般是从青年男女的恋爱行为开始的，这与其他民族或文化体中的类似行为一样，都是一种青春期文化的表现，这在“蒙恰”苗人文化中也是如此。“蒙恰”苗人青年男女进入青春期，这样的文化活动就会展开，不过，这种青春文化的展开方式在不同地区、不同文化中表现又是不一样的，“蒙恰”苗人青年男女就有自己独有的方式。在“蒙恰”苗人中，这种方式被称为“花场”，每年的年节前后，春天来临之际。在“蒙恰”苗人中，这种花场在不久前还存在过，但现今已经基本消失。

在“蒙恰”苗人居住的附近地区，有多个支系的苗族存在，他们都有自己固定地点、固定时间的花场，如“四印苗”“箐苗”“小花苗”等等。这种花场除了有其他的文化功能以外，其主要的文化功能就是为自己民族青春期男女婚恋提供一个文化空间，使自己民族的人口繁衍在文化上有一定的依托。人类在形成自己的一定文化构建之后，就已经不把性和生育看成是纯粹生物性质的行为了。

还有，这些苗族支系由于种种原因在进入大山深处时，与外界的交通和联系是相当困难的，有时候，与自己文化种群的交流都会显得非常困难，如果没有这种交流，其避免血缘婚姻就会变得很困难，故寻求民族文化群体内部的远缘婚姻就要寻求一种方式，每年一次的“花场”就是在这样文化动因下产生的。产生这种花场的前提是交流的闭塞，如果这种闭塞一旦消失，血缘交流的这一巨大动力就会消失，“花场”就会弱化为只为其另外的文化功能服务。“蒙恰”苗人花场消失的主要原因就是如此，随着社会和交通信息的发展，一条短信就可以解决青春期男女的交流问题，花场的消失就在一定程度上不可避免。我们以为，“蒙恰”苗人的花场消失的主要原因就在于此，当然，也还有其他的一些原因。在今天，这一地区苗族花场为远缘民族婚姻提供文化空间的功能已经大大减弱，虽然有的支系苗族的花场仍在，但文化功能已经发生了重大的转移。

“蒙恰”苗人的花场消失，但婚姻恋爱的交流却依然存在，它仍然是其婚姻习俗的一个重要组成部分，只可惜这一部分受到太多的来自外部世界的影响，也就是说，现代的“自由恋爱”也是“蒙恰”苗人青年男女婚恋习俗的一种构成。在“蒙恰”苗人中，传统的父母做主的婚姻和“自由恋爱”的婚姻同时存在，或者说把二者结合起来的婚姻也是存在的，即先恋爱，后请父母请媒人说媒。我们以为，这三种情况在“蒙恰”苗人中都有。

但是，据我们的实际观察和调查，传统婚姻仪轨仍然是“蒙恰”苗人婚姻文化的主流，一系列的传统婚姻文化观念仍然影响着“蒙恰”苗人婚姻习俗。因为不管是什么样的婚姻起因，一旦进入婚姻仪轨，传统的婚姻观念就会成为其婚姻文化的主角。

这样，首先是说亲，并且说亲的起始就是看鸡卦，并且由鸡卦来决定一切。这在其古歌《说亲歌》中就有：

媒人就来姑娘家说亲，
媒人杀姑娘家公鸡看卦。
媒人吃完鸡肉啃完鸡头，
再看鸡卦怎么说。
鸡卦一出，
好就是好，
成就是成，
说什么都没有用，
照鸡卦来定男女姻缘。
（见第五章《说亲歌》。）

在以上两个婚姻习俗的个案中，我们看到，“鸡卦”是其一个根深蒂固的婚姻观念。鸡卦文化事象在贵州黔西北地区非常普遍地存在，它在多种文化表现中出现，是多个民族、多种文化表现的一个神秘预测性质的事物。在“蒙恰”苗人婚姻习俗中出现，也是要预测这个婚姻大事的前途性质的。鸡卦好，可能就会掩盖许多问题，但是，如果真的鸡卦不好，包括婚姻的当事人也不会拿自己一辈子的婚姻来在作为赌注。更为严重的是，一旦是不好的鸡卦，家庭就不会为这对新人做任何事情，而这一对新人如果要强行走自己的婚姻道路，在现实中只有一种可能，就是两人逃婚，从此不属于这个文化群体。也就是说，鸡卦不好，不管是父母做主的婚姻，还是自由恋爱、家里说媒的婚姻，鸡卦都是起决定性的。

“蒙恰”苗人应该说至今仍然是很看重鸡卦这一事物的意义。

如果鸡卦这一关过了，就可以进入正常的婚姻礼俗过程了。两个不同的家庭，要缔结婚姻关系，男方家庭对女方家庭进行一定补偿是婚姻文化的一般性质的表现，对于“蒙恰”苗人也不例外，所以，“蒙恰”苗人的婚姻礼俗在过了鸡卦关之后，就是讲礼钱了。过去，这礼钱就讲的是一头牛，这是定数，即男方家给女方家一头牛作为补偿就可以了，不会是两头牛、三头牛的说法，所以，所谓的讲礼钱实际上是讲这头牛的大小。或者说讲礼钱是一种婚姻礼俗的表现，是男方、女方媒人共同来强调这个女儿是多么珍贵，男方家是多么重视的一种礼俗。

现今，“蒙恰”苗人的婚姻礼钱仍然是一头牛，但在现实中已经折算为钱款，仍然说是一头牛的钱款。这头牛的钱款在实际中已经到了七八千元不等，但“蒙恰”苗人讲这种礼钱有一个公认的原则，即男方家的经济情况是这种讲礼钱的基准，礼钱的多少，一般不会超出男方家的经济承受能力，如果超出，就会被认为是女方家不同意这门亲事了。

这是对女方家的礼钱，但“蒙恰”苗人的婚姻礼俗中还有一种礼钱，就是在结婚时要讲的礼钱，这就给女方家长辈亲戚的礼钱。这种礼钱往往是一种象征性的礼钱，即表明与女方家长辈亲戚关联的重要性和对女方家长辈的尊重等等，并没有什么实际的经济利益关系。这种礼钱讲起来可能绕来绕去讲很长时间，但最后的实际钱数并不多，重要的是通过这种讲礼钱，把女方家长辈亲戚的重要性显示出来。实际上，这个讲礼钱说明了此次婚姻的缔结，不但是两个家庭亲缘关系的缔结，也是两个亲缘集团关系的缔结。

礼钱讲定，这次婚姻的关系就算是确定了下来。

在以后某一个时间里，男方家认为做好了准备工作，可以为儿子举行婚礼了，就会看好一个日子，并把看好的日子和原先讲好的礼钱送到女方家，这样，两个家庭就会为儿女们筹办婚礼事宜了。在以前，女方家基本没有什么准备的，只有女儿自己做的一些衣服就可以了，牛也是实实在在的一头牛，牛拉来，女儿就可以嫁过去了，但现今有了不少的变化，因为送来的不是实际的牛，而是相当于一头牛的钱币，故一般的人家就多少要为女儿办理一些嫁妆。

到婚礼举行的预定时间，“蒙恰”苗人婚姻礼俗首先是“接亲”，即男方来人到女方接走新娘。

> 接亲。分大接和小接两种。
>
> 大接时五个人去接，即媒人、芦笙手、一个代表男方父母的长辈、伴郎、新郎。小接就只有三个人，媒人、伴郎、新郎。
>
> 大接的过程，一人背一个串带，串带是用自家织的白布缝成的腰带。一个串带里面放一把伞。出门之前，把家中的老人全都喊来坐在堂屋中，管事倒完三转酒给老人喝后，媒人给各长辈倒酒磕头，磕完头，再带上五块钱左右不同颜色的花线，就走了。
>
> 芦笙手走在最前面，根据路程的远近，一般在五六点钟的时候到达女方家寨子算是合适的时间。女方家的同辈姑娘就来和接亲的五个人“锁银”，揪男青年的耳朵，和接亲的人开玩笑。
>
> 她们在接亲的进屋的路上堵三回道路，揪一回接亲的耳朵，放走一道。当第三次揪接亲的耳朵的时候，接亲的就到达新娘家屋前。等女方家管事的把家中年长的老人安排在堂屋坐好以后，叫新郎一行进到屋里。堂屋放一张大桌子，一个大簸箕放在上面，一瓶酒摆在簸箕里，桌上放五个碗、五双筷子，叫来人喝酒吃菜，意思一下即可，而不是真的安排他们吃饭喝酒。舀三小瓢饭，叫他们赶紧吃，拿酒敬他们，叫他们自己找故意藏起来的马勺（小木瓢），可能在桌子脚，也可能挂起在堂屋的门梁上，还可能藏在饭里面，马勺要藏得好，故意让新郎一行找不到。
>
> 如果接亲的找了一会还是找不到马勺，就要闹笑话了，看热闹的人就会说：“你们快吃呀，不吃明天就把你们赶到场上卖了哦。”（见“长水沟个案”）

在小田坝个案中，也有这样的情节，其接亲的人也是五个人，但在女方家遇到男方家接亲人的时候不是揪耳朵，而是打花脸，但意义都是一样的，都是表达一个群体要“失去”一个女性成员的情绪宣泄，也是新娘的女性群体对新娘的重视表现。这些都与讲礼钱等有相同的文化功能，也是暗示男方，我们非常重视这个成员，她的背后是一个整体性的文化群体，你们要重视这个成员，重视我们这个文化群体。

对应的是，“大接”迎亲由五个人组成，也是一种“重视”这次婚姻缔结的表现。在所谓“小接”的时候，可以不出现芦笙，但“大接”时芦笙必须出现。我们知道，芦笙在苗族中不仅是一件乐器，而且很多时候是一件礼器，或者说是神器，在“蒙恰”苗人的“大接”中出现芦笙，至少是一种礼器的表现。芦笙在“蒙恰”苗人中存在现今已经不是太普遍了，即作为乐器的时候少，但在礼器和神器的表现上还普遍存在，在“蒙恰”苗人的接亲中出现芦笙，也就是礼器的象征。

接亲队伍出发前，男方家要举行一个仪式，即去接亲的人要给老人敬酒，她的出现是在向自己家族宣称，我们的家族要迎来一个新的成员，我们家族对她的到来很重视，等等，其文化功能与女方的种种表现是一样的。

在进入女方家的第一个环节中，有一个现象可能不太好解释，即把接亲的人吃酒等称为“喂猪”，称不好好吃食要拿到市场上去卖掉，等等。

还有找藏起来的马勺，明里说是试探女婿的智慧，但我们认为可能还有更为深刻的内涵。这是“憨包女婿”文化主题在“蒙恰”苗人文化中的一种特定表现方式。在一般意义的婚姻礼俗中，“憨包女婿”似乎是一个永恒的文化主题，许多文化都以此方式来表示新娘的聪明能干等等。我们以为，“蒙恰”苗人的这种婚姻礼俗表现也是这样范畴内的事物。

在进入女方家后，接亲的人要给女方家长辈磕头，我们可以称此为“磕头求亲”的礼节，这实际上是一种仪式，即这一文化群体向另一个文化群体，由此而来就有一种血缘和文化上的联系。在某种程度上来说，这个要出嫁女儿的家族重视的是“讲礼钱”这一个婚姻礼尚往来习俗的环节，而他们所处的文化群体更注重的是“磕头求亲”这一仪式，所以，在这样的场合中，往往有家族中的成员在“起哄”。

在上桌吃饭时，在堂屋里男女双方的座位和位置呈对角分布，即老人坐中堂，男方家、女方家坐对角。这个方位是有意义的，但具体是什么意义可能“蒙恰”苗人自己也说不太清楚。实际上这是内亲外戚在方位上的一种表现，而维系我们这种关系的是中堂的先辈。

这种座位和位置在男方家的吃饭中依然存在，只不过方位正好相反。

在接亲的人要起程时，接亲的人要用手中的丝线去换取女方随嫁的衣裙，还要打发一定的礼钱等等。

> 送亲的一个姑娘，六个人作陪，要求六人的父母健在，不能是怀孕的人，新娘的姐姐、姨妈、老表都可以。
>
> 花衣服、花裙子包在包单里，一个人背起，和两个拿伞的人跑出去，送亲的拿起花鞋，要向男方讨花线。这几个人故意跑出去到处躲的姑娘，不直接把这些东西给接亲的人，新郎和另外的两人负责追这几个故意到处躲的姑娘，直到姑娘愿意把东西拿给接亲的人，接亲的把准备好的花线分给背花衣服、花鞋的几个人，每人分得两支花线才把东西交给接亲的和新郎。(见“小田坝个案”)

“送亲”也与前面所说的文化群体中对要出嫁女性重视的文化事象有关，只不过范围只是新娘的女性儿时伴侣，即她们收藏了新娘的花衣，而只有用女孩子们喜欢的绣花线才能换回。这也是表示对新娘儿时伴侣的一种文化尊重和理解。

在押礼先生脚踏门槛道别时，芦笙声声催人启程的过程完成后，新娘在六个伴娘的陪伴下，向男方家走去。这六个伴娘有一定的要求，这些要求都表示对此次婚姻礼俗的重视，以及她们对新婚者的祝福。

这里还有一个礼俗，即由女方准备一口袋的饭和两只鸡，以备在路上吃晌午饭，即便是离新郎家很近，这顿晌午饭还是要吃的，这已经是一个礼数，一定要有。

这个饭口袋对到很远的地方去求亲的苗族人来说，是相当重要的，这种实际需求消失之后，就是一种礼仪表现了。从中我们不难看出，有些现今令我们莫名其妙的文化事象，在最初出现时，都是有一定程度的实际功能的，但在实际功能消失之后，它们往往会转化为一种文化礼仪，并长久地存在于文化中。“蒙恰”苗人饭口袋就是这种转换中的文化事象，它既有实际的功能性，也有礼仪性。

在送亲的队伍来到男方家的村外，队伍就要停下来，吃掉这饭口袋里的食物，新娘也要换上新鞋，并重新梳妆等等，即在这里要有一个停顿。

在整理完毕，开始进入男方家时，在门口会有两个仪式，一个叫“拦喜神”的仪式；一个是打除醮仪式。

> 男方在新娘到达之前就砍来三根木棒，将木棒削成四方有棱角，搭成门状，做一个叫“拦喜神”的仪式。新娘要从这个门中走过，走过时，先生会拿一只鸡在新娘头上扫一遍，弄完把鸡随手甩出，任其随意去哪里。
>
> 走过“拦喜神”的门，进到堂屋时还要经过“打醮坛”仪式，新郎的妹妹或嫂子在门槛边，堆个草疙瘩，上面放一枚红火炭，用葫芦瓢里的水淋红火炭，使其冒出水蒸气，以示扫除。(见“小田坝个案”)

> 进亲，“秋留局”（苗语音译）。晌午过后，男方家管事组织接待新娘，准备进亲，要叫家中的老人，亲戚中的长辈在堂屋中坐下，每人手拿一个碗，倒三转酒，在山上砍两根有杈的树条和一根没杈的树条，搭成门的形状在房子进屋的侧面，男方家找个缘分好的男子（指父母健在，夫妻双全，有儿有女，家庭和睦的人）拿着一只大红公鸡站在条子门边，新娘要将头饰梳子之类的解下，把围腰解掉，把花鞋（船形的鞋）脱掉，交给别人，新娘要从条子门下进入，在进入的时候，缘分好的男子拿大红公鸡在新娘头上绕，口中念道：“新媳妇背清水，早媳妇背旱水，背金背银孝敬公婆，绕新娘进家中，绕不干不净，丢在外面。”讲完，把鸡丢掉，随即把三根木条撇去，新娘就往家门口走。
>
> 新郎的一位嫂子（必须是没有怀孕的，缘分好的）拿一个小葫芦装一葫芦水，洒在已经准备好的在门口边的小草篼上，上面放有一个红火炭，水淋上去产生水蒸气，新娘从炭火上走过，从房子左边进入新房，苗话称新房为“剖那”。(见“长水沟个案”)

在“蒙恰”苗人的观念中，从新娘那里会有一种叫“喜神”的事物跟着新娘一起过来，这对于男方家是不利的，所以是采用一定仪式把“喜神”拦在外面。这在我们以为这是一种决断女方与原来文化共同体神性联系的一种仪式，即女方原来的保护神性已经成为过去，来到的这个女儿应该在夫家的神性中得到保护，实现这种转换的就是这个仪式。

“拦喜神”仪式也反映出“蒙恰”苗人对新进来的人和事物的谨慎。

“打醮”仪式就是一般意义上的除祟的仪式，它除去对家庭不好的不吉利的事物，以保佑新人和家人，以及整个寨子的平安。

“打醮”仪式，对于这个家庭，以及对整个村寨都是有意义的，它几乎可以视为一种“免责”性质的仪式，即我们举行了这样的仪式，村寨再出现什么不吉利的事物，应该是神性的显现，与我们的婚姻行为无关了。

“拦喜神”“打醮”这两个仪式在某种意义上来说，都是新娘进入一个新的文化群体的必备仪式，只有举行了这样的仪式，在文化心理上大家才是安全的。

在这些仪式完成之后，就是唱酒令等一系列世俗的礼仪活动，这些活动往往会成为一个民族歌唱艺术和器乐音乐艺术表现的平台，“蒙恰”苗人婚姻礼仪中也有这样的平台构建。他们主要是唱酒令等，也还有诸如“丢腰带”“祭祖”等一系列仪式举行。

在新娘到了新郎家的第一天晚上，也与其他苗族一样，两个新人是不同房的，在村子里会有一家称为“新娘店”的人家，专门接待新娘居住。

这不用说，是旧有的苗族人“不落夫家”的习俗遗留。

第二天，送亲的人在得到“小礼钱”后就可以回去了。回去的时候也会带回由男方准备的一口袋饭和两只煮熟的鸡。女方家的亲戚会在家里等着吃这个口袋中的饭和鸡。吃完，“蒙恰”苗人婚姻礼俗才告完毕。

另外，在“蒙恰”苗人中，还有一种婚姻习俗“逃婚”，但这种“逃婚”是“蒙恰”苗人的婚姻中极不赞成的一种婚姻形式。我们在其古歌中可以看到这样的描述：

黄牛想在坡上吃草，
公马想吃山上一窝青藤。
逃婚女回来不得母亲一勺凉饭吃，
逃婚郎得不到亲朋好友说句好。

黄牛想在坡上吃草，
公马想吃山上一窝青藤。
逃婚女回来不得母亲一瓢剩饭吃，
逃婚郎得不到亲朋好友赞扬声。

逃婚女回家只能睡母亲的床，
逃婚郎回来只有住父亲的房。
逃婚女回来不敢敲母亲家的门，
逃婚郎回来怕亲朋好友见到。

逃婚女回家只能睡母亲的床，
逃婚郎回来只有住父亲的房。
逃婚女回来不敢进母亲家，

逃婚郎回来不敢见亲友面。

逃婚女离开了锅灶，
逃婚郎做不成家的主人，
逃婚女背不成背篓，
逃婚郎干不成正事。
天意不会遂逃婚女的心意，
上天不会使逃婚郎顺心。
……

（见第五章中的古歌《逃婚男女》）

但在其中我们也可以看到，"逃婚"在"蒙恰"苗人婚姻事象中是经常性出现的，但这样的婚姻不能失败，一旦失败，其妇女的处境就不会太好。

在"蒙恰"苗人文化中，其服饰文化也有所表现，她们也有自己独特的服饰，并且与其婚姻的关系密切。故我们把它的服饰附属在婚姻文化的后面来叙述。

"蒙恰"苗人，这是他们的自称，在外界，这支苗族还有一个他称"短角苗"。这是以其妇女的头饰为特征的称呼。"蒙恰"苗人妇女的头饰是用一把很长的像牛角一样的梳子，插在头发上，然后再把长长的头发盘起来，把梳子包在里面，只露出牛角形木梳的两只角在外面，像两个短角，故外界称这支苗族为"短角苗"。而另外一支苗族妇女也有这样的发式，但她们所用的牛角形木梳很长很大，盘好头发后露出的角很长，故称他们为"长角苗"。"蒙恰"苗人被称为"短角苗"是相对"长角苗"而言的。

在这里，与其他许多民族的他称一样，也是其妇女的装饰成为一个民族的标识，"短角苗"的称呼就是这样的文化事物。

"蒙恰"苗人对这个称呼也基本上认可，因为这个称呼从一开始并没有表现出什么歧视性的含义，就是一个认知性的称呼而已。

在"蒙恰"苗人中，少女和妇女的服饰没有什么区别，婚否在服饰上也没有什么标识。她们的服饰由上衣、裙子和围腰、飘带几个部分组成。衣服很特别，后背上还有一块衣裳尾巴；以前的上衣和裙子都是蜡染，衣裳尾巴上要刺绣。因为刺绣后的布更结实，而衣裳尾巴这部分很容易磨破，我们以为，这也许就是衣裳尾巴要刺绣的最初原因。

现在的上衣都是用挑绣，上面绣有八瓣花和针针花，袖子上是数纱花。飘带是系在衣服前面用来装饰的。裙子也是用"腰"这个量词来表示，这里的裙子是直筒形的。

"蒙恰"苗人服饰工艺上有自己的一定表现，我们在这里不便展开。

第三节 “蒙恰”苗人婚姻习俗文化与周边民族婚俗文化

以上是我们就“蒙恰”苗人婚姻礼俗进行的文化分析，使我们从文化自身的角度对“蒙恰”苗人婚姻礼俗文化有了一定程度的理解，但是，文化的存在不但存在于自己的体系中，同时也存在于文化的相互关系中，在贵州黔西北地区的苗族中，这种存在尤为重要。在黔西北，不但存在着众多的其他民族，也存在着众多的苗族支系。这种存在对身处其中的任何民族文化共同体，都会产生或多或少的影响。我们就“蒙恰”苗人婚姻习俗做这种分析的时候，实际上只涉及在此地与“蒙恰”苗人文化有密切联系的一些苗族支系，其他的民族没有涉及，其他苗族支系也没有涉及。

在这种对比研究中，我们只涉及了一个与“蒙恰”苗人在地域上直接相连的“蒙萨”苗人婚姻文化，一个在与“蒙恰”苗人文化血缘上关系密切的“小花苗”婚姻文化。所以，这里我们要分为两个部分来论述它们：一是“蒙萨”苗人婚姻文化与“蒙恰”苗人婚姻文化的对比；一是“小花苗”婚姻文化与“蒙恰”苗人婚姻文化的对比。

“蒙萨”苗人婚姻文化与“蒙恰”苗人婚姻文化的对比

关于“蒙萨”苗人的基本情况请参见第二章的相关部分。

在“蒙萨”苗人婚姻文化中，其婚姻要经历以下几个过程：

1. 晒月亮

一般在寨子附近的山坡上进行，主要活动内容为对歌。男青年相中了某位女青年后，则在夜晚到女青年的房前屋后吹口弦、木叶，邀请女青年到公路沿线的山坡上或在寨子的房前屋后对唱情歌，在对唱的过程中增加相互了解，增进感情。这种情歌有固定的调子，但词变曲不变。

2. 请媒人

经过“晒月亮”的相互了解，男女双方达成默契后，男方家请一位能说会道，原配夫妻双全的媒人到女方家提亲。过去媒人拿两瓶酒、两个糯米粑粑作礼物，现在一般拿两瓶酒、两包糖去女方家。媒人表明来意后，如果女方父母同意这门亲事，就会把母舅请来，一起喝媒人带来的酒，男女青年当着母舅、女方父母、媒人的面表明两人愿意结为夫妻的态度。如果女方父母不同意，则酒由媒人提回男方家。

3. 吃鸡酒

又叫过礼，由男方家选一个日子给女方家送彩礼，女方家一般会办酒请客。过礼日，男方家要宰一对鸡（一公一母），带两瓶酒，请一个年轻小伙子作为陪同，带上自己的母舅、叔或伯（无叔父亦可）、媒人等去女方家，去时总人数必须为单数，一般为5人、7人或9人，按照"蒙萨"苗人的习俗，以后送亲来的人，必须是男方过礼人数的十倍。除男青年本人外，所有男方去过礼的人，必须原配夫妻双全。

到达女方家后，女方家会拿男方家带来的鸡和酒款待男方，并请女方家和男方家过礼者身份对应的亲人作陪，俗称"吃鸡酒"。按照当地习俗，"吃鸡酒"时的规矩是这样的：媒人吃鸡头，负责讲清楚过礼的事情；母舅吃鸡腿，取鸡腿骨打鸡卦；叔或父吃鸡胃，意即包钱，过礼钱一般在叔或父身上，其余不论。过去吃鸡酒时要唱酒歌应酬，但现在较少见了。

过礼时，媒人先开口说明来意，然后双方母舅或姑爹开始讨价还价商量过礼数额，商量妥当后，由叔或父交钱，钱必须交给女方老舅。给钱时，一般不一次性给完，留下少部分在男方送日子时再给。但如果女方之前有对象且已经收下对方过礼钱，男方必须给女方之前的对象赔偿过礼钱后，再给女方过礼钱，这钱必须一次付清。过去礼钱一般是三五百元，现在则是几千上万元不等。

过礼完毕，女方家宰一对鸡招待男方，吃鸡规矩如上。吃完饭后，两家老舅以鸡腿骨打鸡卦，占卜结成婚姻后夫妻生活是否和顺，并把鸡腿骨留下来，以防男女两家以后在婚姻出现纠纷时作为吃过"吃鸡酒"的证据。

过礼日，男方家过礼者在女方家住一晚，第二天返回。

4. 送日子

吃完"吃鸡酒"后，男方会选择一个合适的日子去女方家，"蒙萨"苗人称为"送日子"，主要办好三件事情：

一是把选好的结婚日子通知女方家，征求女方家同意并请女方家做好准备。

二是交给女方家剩余的过礼钱。一般情况下，这次也不会把过礼钱全部付清，常常是由媒人以委婉的理由（如风不调雨不顺，没有好收成等）留下一部分，以此作为女方家送亲者的打发钱。

三是商量好结婚时给女方家母舅、叔与伯、姑爹姑妈、兄弟、姊妹这五大家的礼钱。这礼钱在新人生下孩子后会加倍返还，因此，五大家在心理上一般不求多，只求少。

5. 完婚

结婚这天，女方家要在老舅、叔伯中请一男一女两位能干的老人充当男宾老人和女宾老人，前者负责婚事不出差错，后者负责把新娘交给公婆，保证送亲礼客不出问题，否则，男方家有权指责。同时，新娘还要从自己的伙伴中选择一个年龄相仿的未婚女青年作为伴娘，预备两个未婚女青年给公婆洗脚，新娘的弟兄姐妹全部要送亲，嫁妆随送亲队伍而行。

新娘进门时，可进大门，也可进侧门，一般进大门。进门时，男方会安排寨上一位老人手拿一只公鸡象征性地从新娘头上扫过（最多只能扫过新娘和伴娘，不及旁人），意为扫除新娘路上可能遇到的不吉祥。

此过程中，男方家主要是请人迎接送亲队伍。

新娘进门后，由女宾老人亲手把新娘交给公婆，公婆必须热酒请女宾老人喝并表示谢意，女宾老人则客气地拜托公婆善待新娘，告诫新娘要孝顺公婆。

此后，男方家大宴宾客，送亲者与男方宾客通宵同乐。

第二天早饭后，送亲者回家，男方家逐人给打发钱，并请一位同辈的小伙子或姑娘陪同新娘把送亲者送出寨外。离别时刻，新娘一般泪流满面，哭诉对亲人的怀念和不舍，表示要和送亲者一道返回娘家，兄弟姊妹及其他送亲亲人留下钱物，安慰新娘安心过日子。男方陪伴新娘送客的姑娘或小伙要负责把新娘拉回婆家。

6. 回门

“蒙萨”苗人回门日期不定，但新娘第一次回娘家，至少要给主要亲属（上述五大家）每家一对鸡作为回门礼。现在回门习俗已可有可无了。

这是我们在新场乡所调查的一个“蒙萨”苗人婚姻礼俗个案。“蒙萨”苗人生活地域紧邻“蒙恰”苗人，其文化上也同属一个共同的文化体，只不过是属于不同的文化支系，这样一来，他们文化上的关联性最为紧密。就其婚姻文化而言，二者的婚姻文化有许多共同之处，也有许多不同之处。

在最初的婚姻选择上，“蒙恰”苗人同时存在着自由选择、父母包办、自由选择后父母出面提亲三种形式，而“蒙萨”苗人在婚姻选择主要是第三种形式，既要尊重青年男女的意愿，又要遵循传统礼仪。

从其婚姻文化的一开始，就表现了“蒙恰”苗人的婚姻文化表现，比“蒙萨”苗人更具有传统性。在“蒙萨”苗人的青年男女中，其自由婚姻的表现更为艺术化，也就是说，在婚姻文化的这个平台上，“蒙萨”苗人青年男女展示了更多的具有艺术价值的文化事象。如“晒月亮”：

一般在寨子附近的山坡上进行，主要活动内容为对歌。男青年相中了某位女青年后，则在夜晚到女青年的房前屋后吹口弦、木叶，邀请女青年到公路沿线的山坡上或在寨子的房前屋后对唱情歌，在对唱的过程中增加相互了解，增进感情。这种情歌有固定的调子，但词变曲不变。

这里的歌唱、口弦、木叶实际上就是这个民族音乐艺术上的重要表现，它们的存在直接影响本民族音乐文化的创造和成就。相比之下，“蒙恰”苗人青年男女这方面的表现就不如“蒙萨”苗人。

在“蒙恰”苗人中，其讲礼钱没有离开一头牛的原始礼仪的定例，讲多少钱也是一头牛的钱，只不过是大牛或小牛之分。而这在“蒙萨”苗人中，则变成了实实在在地讲礼钱，它们的原始礼仪的概念已经消失。这说明，在“蒙恰”苗人婚姻礼仪中，保留了更多的来自原始文化的信息。

“鸡卦”在“蒙萨”苗人的婚姻礼仪中还存在，但已经演化为另外两种对此次婚姻没有直接影响的文化事象：一是只作为其婚后是否和睦相处的预测；二是一种婚姻关系的见证。这与直接决定这次婚姻是否缔结的“蒙恰”苗人的婚姻文化中的“鸡卦”意义相去甚远。从这里不难看出，“蒙恰”苗人的思想观念中，比“蒙恰”苗人比“蒙萨”苗人更注重神灵的影响力，神性观念比之更为强烈。

对此，我们不好用文化进化论的观点来评述它，也不好用文化功能主义的观点来抹平这种文化的差异性，但我们可以说，同时两个紧邻的苗族支系，其婚姻文化上是有差异的。这种差异可以影响到其文化的多个方面。

在“蒙萨”苗人婚姻礼仪中，也有类似于“蒙恰”苗人“拦喜神”的仪式，但这种仪式只剩下一些遗迹了，只在新娘进门时“扫扫”新娘和伴娘即可，不会涉及其他人，并且在婚姻礼仪中注意不要涉及其他人。这是为什么呢？我们认为，可能在“蒙萨”苗人的观念中认为这是一种带有歧视性质的仪式，故绝不能涉及他人。这与“蒙恰”苗人在其中表现的“拦喜神”仪式大不相同，可以说，他们对于“拦喜神”仪式的意义是深信不疑的。

在“蒙萨”苗人婚姻礼仪中，还没有“姑娘店”的说法，两个新人当天就可以同房。

总体上而言，“蒙恰”苗人的婚姻礼俗中比较注重一些神性的仪式和传统观念的表达，而“蒙萨”苗人的婚姻礼俗却更为注重生活习俗的作用。

> “过礼完毕，女方家宰一对鸡招待男方，吃鸡规矩如上。吃完饭后，两家老舅以鸡腿骨打鸡卦，占卜结成婚姻后夫妻生活是否和顺，并把鸡腿骨留下来，以防男女两家以后在婚姻出现纠纷时作为吃过“吃鸡酒”的证据。”
>
> “结婚这天，女方家要在老舅、叔伯中请一男一女两位能干的老人充当男宾老人和女宾老人，前者负责婚事不出差错，后者负责把新娘交给公婆，保证送亲礼客不出问题，否则，男方家有权指责。”
>
> “商量好结婚时给女方家母舅、叔与伯、姑爹姑妈、兄弟、姊妹这五大家的礼钱。这礼钱在新人生下孩子后会加倍返还，因此，五大家在心理上一般不求多，只求少。”

这三段文字中，基本上是世俗礼仪，而没有婚姻礼仪中的神性意义，并且这是“蒙萨”苗人婚姻礼仪的基本表现。

“小花苗”婚姻文化与“蒙恰”苗人婚姻文化的对比。

“小花苗”的概况参见第二章。

“小花苗”在地域上并不与“蒙恰”苗人直接相连，但在文化上却有更多的相似性，尤其是在丧祭文化上，其相似性超过了任何苗族支系，所以它们在文化血缘上是紧密联系的。

把“小花苗”婚姻文化与“蒙恰”苗人婚姻文化对比，应该是一种与另外一个方向上的比较研究，即我们把与“蒙萨”苗人婚姻文化比较，看作一种与比较现代的苗族婚姻文化比较，那么，“蒙恰”苗人婚姻文化与“小花苗”婚姻文化的比较，就是一种与比较传统的婚姻文化的比较。这种比较研究的意义是不言而喻，它可以在更大的文化纵深上进一步认识“蒙恰”苗人的婚姻文化。

花场中的“小花苗”

“小花苗”婚姻礼仪大致经历以下几个阶段（我们在转述时有删节，这个个案的调查是在水城南开进行的）。

1. 初识

每年的正月、八月、冬月，各寨的男女青年走村访寨，这几个月是男女青年相识结交的高峰期。男青年去其他寨子的花房吹口琴（以前是吹芦笙），姑娘们在家中听到口琴声后就到花房来与男青年们过夜（他们在花房里谈情说爱），姑娘会带来饭菜给男青年吃。要是当晚如果姑娘看上哪个男青年，就会给对方送“花衣服”，当晚姑娘会把裙子拿给男方当枕头、被子用。

坐花房是男女青年开始婚恋的第一步。寨中年轻姑娘的兄弟都会为自家的姐妹修建一座花房。长到十五六岁的姑娘都会在花房里度过人生美好的时光。他们在家中已没有自己的床铺。一个花房里并不只是住一个姑娘，只要大家相处的好，感情不错姑娘们就在一个花房里住。

2. 私订终身

第二天早上姑娘会问中意的男青年什么时候再来，若男青年也中意姑娘的话，他会给姑娘说好再来的时间，同意与姑娘的约定，若不同意，男青年就不会答应姑娘的约定。约定的时间，是在第一次认识互相喜欢对方后的七天、半个月后。第二次男青年在约定的时间来与姑娘相会后，男青年第二天就会把姑娘带回家，男青年会叫上自己的两个姐妹到回家的半路上接姑娘，进家后，要举行“转火塘”的仪式，即男青年家把家族中年长的人请来围坐在火塘边，带回来的姑娘在男青年姐妹的陪同下绕着火塘转一圈，经过这一仪式，姑娘就算是男青年家的人了。即使男青年家父母不同意这门婚事，也无权再干涉这件事了。

3. 说亲

姑娘在男青年家住三天后，男青年家会派一个人去女方家传信，一则告诉姑娘家：“你家姑娘在某某家了，你们不用担心。”二则兼谈彩礼的事情。这期间，女方一直在男方家住着，媒人在男女双方家沟通着彩礼的问题。现在在寨子里还有双方家彩礼没有谈成，但孩子都生了几个的现象。彩礼以前是一头牛、两只羊。牛是属于女方家父母的，两只羊分别分给女方的兄弟和姐妹。现在彩礼随着人们生活水平的提高，已变为8000元、1万元人民币了。在三天后，男方家如果不去通知女方家，以后就会遭到女方家的毒打。

4. 吃“羊毛鸡”

在彩礼说定后，男方家派媒人、姑爷、男青年，另外还有几个男性去女方家吃“羊毛鸡”。媒人背五斤酒，带上一只公鸡一只母鸡，去女方家办酒，请女方寨子里的人、亲戚来吃酒、唱酒令，酒令歌的内容主要是针对男方家送的彩礼进行的。吃“羊毛鸡”有讲究，要到晚上十一二点才吃，能吃到“羊毛酒”的就只有出嫁姑娘的上一辈亲戚，如叔叔、伯父、舅舅、姑妈等，而其他辈的亲戚吃不到羊毛鸡。第二天一早，男方带着一只公鸡回去，白天也像在女方家一样办酒、唱酒令。晚上十一二点男方家再办一次羊毛鸡，同样也只请亲戚的上一辈人来吃。

在男青年家办完酒，吃过“羊毛鸡”，整个婚姻程序就完成了。

过去女方家的陪嫁只有几套衣服。现在的陪嫁物品随着生活水平的提高，陪嫁的物品明显增加。陪嫁的物品按各家的经济条件，而没有定数。结婚后的姑娘在装束上没有变化，还像没结婚以前，头戴红毛线，走亲访友，当怀孕后，她才会改变装束，把头发绾在头顶，扎起发髻，裙摆也加长一截。这时她走亲访友，别人就都知道她有身孕了 。

结婚生了小孩后，一般还要为孩子举行“诞生礼”。

小孩出生了七天之内派人去外婆家报喜，外婆家做一床羊毛毡的披风，带着一坛甜酒、数只鸡、若干鸡蛋、米等东西来吃酒。一般都是妇女来吃满月酒，送的礼物有麻布做的衣服，羊毛毡的背扇，鸡、鸡蛋等。

在“小花苗”中，这是典型的自由婚姻为主导的婚姻礼仪，但也有由父母包办的婚姻，这样的婚姻中就包含了说亲、接亲、送亲等环节。我们在水城青林乡海法村所调查的“小花苗”婚姻礼俗个案，就是这样的婚姻礼俗表现。

海法村由父母包办的婚姻礼俗如下：

在以前父母包办的婚姻中，基本上是父母来议定儿女的婚姻大事，而儿女一般不知情。

父母要为儿女议定婚姻时，要请一个媒人去父母看中的女方家中去说亲。媒人去说亲时，一般要提二斤酒去，但这次只是探寻女方父母是否同意这门亲事，如果说同意，就会有下一次的正式说亲，如果不同意，就此作罢。

这次媒人如果得到女方家父母同意，男方家就可以看婚姻的“期程”，即结婚的日子了，如果一旦看好了“期程”，媒人就可以去女方家讲“财礼钱”和“索子”了，“财礼钱”就是牛，这个牛不管大小，就是男方家给女方家的“财礼钱”（这里有牛越大越有面子的意思），一般“财礼钱”没有什么多说的，说的主要是“索子”。这“索子”指的是“索子”后面的牲口，这里一般是羊，一根“索子”就是指一只羊。即女方家要跟男方家要几根“索子”（羊）。要“索子”是有定数和理由的，即姑妈家一根“索子”，娘舅家一根“索子”，所拜的保爷“干爹干妈”家一根“索子”（为了让孩子顺利成长，一般人家要拜一个认为命运好的人家男女作为孩子的干爹干妈，也称“保爷”），如果女儿在小的时候搭过桥，那么搭桥的也要有一根“索子”，[也是为了让孩子顺利成长，有的人家要请鬼师或者先生来为孩子搭桥，在搭好桥后，家人会在桥边守望，如果谁第一个从桥上踩过，谁就是这个孩子的保护人（阴间意义），这个人所保护的孩子是个女儿，这个女儿出嫁时的搭桥“索子”就是这个人的]，再如果女儿所嫁的地方离父母亲家远，还可以要一保家的一根“索子”（即在女儿所嫁地方的男方家的附近人家找一家做保家，让这家看护女儿不受气等等）。这样，一共是五根“索子”，即女方家跟男方家要“索子”，最高可要五根“索子”。

讲好这些事情，还有要给女儿母亲一“腰”裙子，父亲一件花背，以谢父母的养育之恩。

还有女儿出嫁时伴娘的两只一公一母的鸡，新娘和伴娘各一双鞋，随意思给的钱，等等。

这些东西讲定之后，会在男方家来接亲时带来。

在讲这些条件时，并不是女方家父母在讲，而是由女家方请的一个也叫媒人的人与男方家的媒人讲，并且负责与男方家媒人的一切交涉。

到接亲的日子，男方家会有三个人到女方家去接亲，一是媒人，二是新郎，三是伴郎。出门时，会赶着作为“财礼钱”的牛，作为“索子”的羊，女方母亲的裙子、女方父亲的花背，以及给伴娘的一对鸡和接亲时要用的一对鸡，这对鸡称为“羊毛鸡”（是作为这桩婚姻证明的鸡）。

到了女方家，由男方家媒人把带去的牲畜，以及其他东西一一唱交给女方家的媒人，女方家媒人一一收清之后，就可以杀那对“羊毛鸡”了。

在交牲畜时，女方家会请寨上的父老和所有的亲戚在场，杀完“羊毛鸡”后，做好了就是吃酒了。

在把“羊毛鸡”整好后，就会叫女婿来吃“羊毛鸡”，实际上就是来给丈母娘、老丈人磕头。

吃“羊毛鸡”实际上就是女方家办的酒席。

第二天，根据男方家路程的远近，决定出门的时间，远的早走，近的晚走，正好赶上进男方家门的时辰就行。

在以前，女方家要有人送亲，现在程序简单化了，只有伴娘跟着，与男方家来人一起上路。

女方跟着男方家人上路时也要带上一只“羊毛鸡”。

接亲队伍来到半路时，队伍要停下来，用酒等祭祀一下路上的山神、河、桥、树、龙井、山洞等他们认为有神灵的地方，希望这些地方的神灵保佑接亲队伍顺利到达。

在距离男方家一两百米时，男方家的妹子会出来接新娘。

在男方家人去接新娘时，父母就会找一对命好的父母作为陪伴，在家等待接亲队伍的到来。

新娘要进门时，男方的父母和作为陪伴的父母会坐在堂屋里，在堂屋里放一个火盆，新娘进门围着火盆转一圈，就算是进了男方家门了，意思是新娘将来是这家人的管火者了。

新娘进了门，男方家杀鸡，由男方家的妹子们陪着吃饭。并且之后的几天都是由伴娘和男方家的妹子们陪同新娘，在寨子里的亲戚家走动游玩。

晚上，就要杀女方家带来的“羊毛鸡”。吃这只“羊毛鸡”有一定规矩，即寨中长辈、同辈的年长者能吃，其他人不能吃。

吃完“羊毛鸡”要看鸡卦，以鸡腿骨上的眼洞来决定这桩婚姻的未来。一般是四“筹”（眼洞称为筹）为最好，两洞为“筷子”筹，伸向外者是进财（好的），伸向内者为出财（不好的）。但不管鸡卦如何，都不会影响这桩婚姻。

过了三天或者五天，女方回门有人来接新娘回家，一般是女方的兄弟。要背着酒、肉、米作为礼物，但男方家一般都会又加上一些酒、肉、米作为回送女方家礼物由女方的兄弟背回去。

这几天结婚的男女是不会同房的。

这是比较传统的婚礼习俗。现在时兴讲一定的钱财作为财礼，但女方家会把这些钱买成家具、用具、家用电器等等作为陪嫁品一起送过来。

如果是这样，女方家会事先告诉男方家要多来接亲的人，好一同搬运这些嫁妆。

在“小花苗”人婚姻文化中，还普遍存在一种称酒礼歌的“酒歌”，是在其婚姻文化的不同环节演唱的歌唱艺术，亦在很大程度上表现了其婚姻文化的意义。

这两个个案正好各自反映了“小花苗”在不同情况下的婚姻礼仪，第一个个案是一个非常传统的婚姻礼仪，它几乎就是我们能看到的最原始状态的苗族婚姻礼仪。在这里，似乎更能体现男女青年在青春期的自由意志和冲动。“蒙恰”苗人的婚姻礼仪在发展阶段上似乎要比“小花苗”的婚姻礼仪更为高一些，其中的人文因素要多一些。但也不尽然，在“蒙恰”苗人婚姻礼仪中非常强调鸡卦，而在“小花苗”婚姻礼仪中的鸡卦，其功能性质却与“蒙萨”苗人的相同，只是预测这桩婚姻的未来，不影响婚姻的进程。

在“蒙恰”苗人和“小花苗”的婚姻礼仪中，都注重婚姻礼仪中的姻亲集团之间的关系表达，在“小花苗”的婚姻利益中，吃“羊毛鸡”酒就是这样的礼俗。但“小花苗”的这个礼俗要比“蒙恰”苗人的同样的礼俗要自然和鲜活得多，人文化的因素要少一些。这说明，在两者的婚姻礼仪中，我们可以说它们是同源意义上的事物，但“小花苗”的婚姻观念和礼俗要古老得多。“蒙恰”苗人的婚姻礼仪在人文化进程中走得要比“小花苗”远一些。

在“小花苗”的婚姻礼仪中，“花房”是一个特定的事象，这种事象在贵州和广西的“白裤瑶”中还有类似的事象存在，在六枝“箐苗”的一些特定时间里，也会出现这类事象。它应该是一种“伙婚制”的遗迹，但在现实中基本没有这样的实质，而是女性待婚的一种标志性建筑，即出现这种“花房”，就表明这里有待嫁的女儿。而这些事象在“蒙恰”苗人的婚姻礼仪中连概念都没有了。

第四章 “蒙恰”苗人古歌

苗族自古以来就是一个没有文字的民族，虽然在20世纪有三个方向的文化力量为苗族人“创制”了所谓的文字，但由于种种原因，都没有形成一种能在全民族民间都使用的文字，其“创制”的文字最后只能在某些特定的范围内使用。所以，在某种意义上来说，苗族仍然是一个没有文字的民族。在没有文字的民族中，其口传性质的文化和文学就比较发达，如苗族文化和文学中的古歌就是。在贵州，苗族人的古歌，尤其是黔东南和黔东地区的苗族古歌极其丰富多彩，有多个方面的意义，在搜集整理和研究上也有许多方面的成果。但在黔西北的苗族中，其古歌就很少有人关注，其搜集整理上的成果不多，研究更少。但是，黔西北苗族的这类文化却在民族民间中有比较丰富的内容存在，我们这里所面对的“蒙恰”苗人古歌，就是这样的事象。

“蒙恰”苗人在贵州西部是一个人口最少的苗族支系，但其古歌却很丰富，表现的苗族人一些事象也非常古老，这与他们的民族存在实际情况很不相称。于此，这样的古歌可能显得更为珍贵。

我们在2007年冬天录制了“蒙恰”苗人33首古歌，在此基础上，我们整理出了25首“蒙恰”苗人古歌，这些古歌涉及的内容是方方面面的。

第一节 “蒙恰”苗人古歌内容

在“蒙恰”苗人古歌的意译部分中，我们一共整理翻译了其25首古歌。

在《太阳姑娘和月亮小伙》中，讲的是太阳姑娘和月亮小伙的神话式的爱情，他们相爱了，但是却无法相见，在太阳姑娘起来的时候，月亮小伙却在天边撵不上自己心爱的人儿。这里包含了一种永远无望爱情的悲情，也有对太阳和月亮自然现象的人文理解。

《男孩做“媳妇”》这首古歌讲在古代的时候，男娃娃是要嫁人女方家的，但因为女娃娃贪吃，所以后来才改为女嫁男。这是“蒙恰”苗人对古代以女为主婚姻，向以男为主婚姻转变过程的理解。虽然古歌中讲的是因为女娃贪吃才导致这种婚姻的改变，但从中透露出的生产方式的改变，导致食物获取的方式向体力型转变的遗迹。这也是古代存在过“男嫁女”习俗的一种信息表现。

《剑鬼和梭神》是“蒙恰”苗人战神的故事叙述，讲的是以兵器为名字的两位战神的战争故事，这里的战争故事蕴含苗族人原始战争的遗迹，也有近代史上战争的印迹。原始战争的遗迹是比较虚无缥缈的，只有红铜兵器和兵器战神名字还可以理解一些战争遗迹的意义，但近代史上战争的印迹确实是有迹可循的。在我们的采录中，当地的苗族人就告诉我们，他们的祖先在“捻军”起义的时候参加过的军事行动，或者说支持过“捻军”，因此在后来受到了镇压，其族人大部分西迁，他们只是一些由于种种原因残留下来的“蒙恰”人。如果这个说法成立，《剑鬼和梭神》也表示了这些战争的遗迹。

《“留米”的神马》歌颂的是一位名叫“留米”的苗族古代英雄的一匹神马。以歌颂他的马实则是歌颂马的主人。歌颂神马和神人的同时，还引出了神鸟。说天下的鸟都是神鸟的后代，那么，天下的马也是神马的后代，同样，苗族人也是神人“留米”的后代……这是一篇神化自己祖先的古歌。

《巧女“接嘴雀”》说的是在神人“娘九津井”的时代，人们遇上了大饥荒，连种子都没有了。在人间有一个聪明能干的女子也没有办法使一家人吃饱肚子。去借贷，想去挖野生植物来充饥也不行，因为连挖野生植物的地方也没有，在家里有点吃的都让公婆吃了，自己只吃点汤水。“荒年里巧女的儿子饿了，/饿了儿子去找母亲，/母亲也饿，/饿了母亲没有找处。”只好跳进水里自杀了。自杀了的巧女变成了一只接嘴雀。“死了的巧女魂魄变成接嘴雀，像影子一样飞上了天。”最后说这接嘴雀又变成了一个巧女，靠自己与男人的勤劳，终于使自己吃饱穿暖，过上了好日子。

《大头蜂和大头蝎》讲的是一位叫“苦婆津井”的神人来到人间。喜欢上天王家的神人“象男津井”，但最后神人“象男津井”背弃了她，于是她心生怨恨，向世间派出了巨蜂和巨蝎这两种大害虫，“放出三千六百个大头蜂，放出三千六百个大头蝎。”专门攻击天王夷蛮家庄园，最后把夷蛮家的人都打败了，只好扛起夷蛮家大马走了。夷蛮家下毒来毒它们，没毒到。这些巨蜂和巨蝎想到人间来找衣服穿，把人们吓得要死。最后，夷蛮人用火来烧它们，才把它们烧死了。把这些巨蜂巨蝎烧死了之后，世界上就只有细小的蜂和细小的蝎子了。

《传芦笙种和鼓种》讲的是一位叫“卜丢郎子奖津井”的神人下凡来传笙种和鼓种的故事。“是谁下凡来传笙种，/是‘卜丢郎子奖津井’下凡来传笙种，/是谁下凡来传鼓种，/是‘卜丢郎子奖津井’下凡来传鼓种。”并且说，“传笙种来要传‘顾你勒诺’（芦笙音），/冷天冻地传笙种到大地河流的上游。/传鼓种要传‘顾你勒做’，（鼓声音）/冷天冻地传鼓种到大地河流的下游。”同时还传下了如何做芦笙的技艺，说“造六片铜簧配六根手指”。并且说明，芦笙是为生者造的，鼓是为死者造的。“芦笙响齐天，/鬼鼓应彻地，/吹响芦笙，音韵回旋空中主客同欢乐，/擂响鬼鼓，震动天空来怀念祖先亲人。”

《生死夫妻》用苗族人特有的方式表达了夫妻之间的生死关系，说女的死了男的半边床就不见了，死了男的女的半边房就不见了。死了的男女互相顾不上，只苦了儿女成了可怜的孤儿。但是，这样的痛苦仍然敌不过生时人间的病痛，想到人间的病痛也就不想回到人间了。人死了，男女要留些东西给儿女。“姑娘死去留台纺纱架给女儿，/儿郎死去留下田地给孩儿。”另外，死去的男女还要为苗族人有所顾恋。“夫妻死了互相顾不上，/顺着芦笙和鼓声的指引走向远方。/死去的姑娘跟着神灵走过垭口，/在垭口丢下枫树枝，/地上就有了枫树。/枫树长得又高又大，/遮盖了好宽一片地方。”

《灵巧女和勤劳郎》讲的一对好夫妻的情感。这里，“蒙恰”苗人好夫妻的标准是“灵巧女和勤劳郎”，但是，“灵巧女子像枯黄的麦秆一样死去”。所以，“今年是灵巧女子不幸的一年，/是勤劳儿郎的忧愁年、丧气年。”。灵巧女死了，一家人的衣服没有人做了，儿女成了没有母亲的可怜的孤儿，而回想起与灵巧女在一起生活的日子多么美好。希望我们的日子什么时候会好起来，就像“有山头在它总会转，/石头栽在岩头上它会脱。”好日子它总会来的。

《巧姑娘之死》讲的是男女死的不是时候，“巧姑娘死在纺纱织布最忙的时候，/勤劳儿郎死在农忙季节。”死了的人就谁也顾不上谁了，但是，死了的人还有自己担心害怕的事情，一是害怕被绸缎盖住了嘴，二是害怕石头的棺盖垮下了压住胸膛。

《猴婆婆》这首古歌是在一则凄美古怪的民间故事上形成的，也可说是以一则“猴婆婆”的民间故事为背景而演绎出来的故事（“猴婆婆”的故事参见《猴婆婆》古歌的说明）。《猴婆婆》古歌说的是猴婆婆有一个女儿，嫁了一个远近闻名的猎人，“是谁有四十八匹马？/是‘射啊语’有四十八匹马。”说“射啊语”因为没有什么亲人，就把猴婆婆接来过节。过节的时候，让猴婆婆吃了许多好东西，但是猴婆婆吃了不消化，反而拉肚子，后来到屋基脚去拉肚子，这个“射啊语”有许多打猎的狗，以为猴婆婆只是一只猴子，有一只狗挣脱了枷锁，把猴婆婆咬死了。这个“射啊语”有九个兄弟，就为猴婆婆办了隆重的丧事。“九个兄弟九天为猴婆婆杀了九头牛，/九个兄弟七天为猴婆婆杀了七匹马。/做了九天七夜丧事。/九天七夜的热闹声惊动了天上，”于是，天上就派了“鸦雀”“大蓝蚊子”“细小蚊子”来查看天底下何事如此轰响。“天王放出鸦雀来视察，人们撒一把蓝靛给鸦雀，/从此，鸦雀才全身青，成为乌鸦。/派只大蓝蚊子来查看，/人们撒一把蓝靛和一把石灰给大蓝蚊子，/从此，大蓝蚊子才变成了白花青的喜鹊。”最后是派了细小蚊子才把情况搞清楚。这首古歌还哀叹了上天把死和瘟疫放到人间，人死像树上的叶子到季节就会落下，有了瘟疫，人们也不知道是为什么死的。“天上放瘟病来有桶口大，/死有背箩口粗，/人怎么生病无人明白，/人怎么死谁也道不明。”

《巧女死去不离织》这首古歌内容与《灵巧女和勤劳郎》基本相似，但强调的是他们都死在人们最需要他们的地方和最需要他们的时候，意思是他们是最不该死的人啊！

《“朱哑祝鲁”》苗语的意思是有钱有势的人，古歌讲的就是朱哑祝鲁这个人如何有钱有能力，住的地方如何好，家里的人如何漂亮。说这种富贵的人如“富贵的人很富有，/漂亮的鱼游好水塘。/就像大鱼做了鱼群的头领，/自在地游动在水中岩石边。”而发出这样的感叹：“富人住的寨首很热闹，/穷人住的寨尾很冷清。/寨尾做成一片小小银树叶，/寨首做成一棵大大金银树。”

《逃婚男女》说的是走向逃婚道路，但逃婚又不成功的男女的不幸命运。“逃婚女回家只能睡母亲的床，/逃婚郎回来只有住父亲的房。/逃婚女回来不敢敲母亲家的门，/逃婚郎回来怕亲朋好友见到。”这首古歌表明，整个的“蒙恰”苗人社会对逃婚的不认可和反对的态度。并且描述了逃婚男女的悲惨遭遇。“逃婚女回来无伴侣，/拿母亲的麻布裙来拉扯发火。/逃婚郎回来无情人，/把父亲的耙和犁来碰撞。”

《说亲歌》是“蒙恰”苗人用古歌的形式讲述说亲的过程和意义。并讲鸡卦定男女姻缘的事情，所以要有一对好公鸡才会有一个好的鸡卦、好的姻缘。

《姑娘做新娘》讲的是一位做了新娘的姑娘，在公婆家勤勤恳恳操持家务，但仍然时运不济，被男人家抛弃，退了回来，只好重新嫁人。“姑娘做新娘顺崖来去，/背得银桶三道箍来在下坑坑舀清水，/姑娘做新娘顺崖来去，/去人家不要，转来不瞧转离（婚）。”

《接亲歌》是一首在“蒙恰”苗人在接亲时唱的古歌，许多词语是古老的词语，没有过多的翻译。但它的意思基本上就是讲接亲时的情形，包括要腰带，要衣妆，讲礼钱，等等。

《姑娘嫁老汉》讲的是一个姑娘嫁了一个老汉，心里不开心、不平静的故事。最后逃婚回来，马上就有小伙子来留她做妻子，似乎很同情因为嫁了老汉的姑娘，这与“蒙恰”苗人极不赞成逃婚形成鲜明对比。在古歌里，这位姑娘的命运很不好，“姑娘在闲时不纺麻，/做客时不纺线。/不去干老汉处爹娘骂，/去了寨子里众人羞辱她，/让她羞愧，/生不如死。”在这个古歌后面，“蒙恰”苗人有一个民间故事为背景。说的是一个父亲把女儿嫁了一个老汉，日子过得很不开心。让这个父亲很内疚，在自己死后就变成了一条蛇把老汉咬死了，使女儿得以改嫁到一个好青年家。于是这个父亲又变成了一只老虎在女儿家四周守护她，但他的女婿不知道那是他的岳父，把他射死了。

《“珠亚祖鲁”的骟牛和公马》讲的是“珠亚祖鲁”买来一对宝贝的骟牛和公马，它们又能犁地又能驮东西，为“珠亚祖鲁”干了一辈子的活，最后，它们累死了，但是“珠亚祖鲁”并没有把它们的死当作一回事，“骟牛在一抱树叶上睡觉，/公马被绳索拴着睡觉。/骟牛累死了，/如死了‘珠亚祖鲁’一个小工，/公马累死了，/如死了‘珠亚祖鲁’的早死儿。”

《老虎“力宝”》讲“力宝”是一只通人性的老虎，它拿走了猎人的弩，保护了许多野兽。“力宝”养了两个儿女，一个叫“帅郎”，一个叫“凤姑”，但是因为它拿走了猎人的弩而得罪了猎人。“‘力宝’摘弩惹火烧身，/‘力宝’摘弩得罪猎人，/‘力宝’的对门上出现了弩箭，/‘力宝’的山脚出现了刀枪。”“力宝”只好远走他乡，“‘力宝’养儿丢在石包脚，/‘力宝’养女丢在石包旁。/‘力宝’养儿后走远方，/丢下虎儿好可怜。”/“力宝”无力管好“帅郎”和“凤姑”，让他们不幸地流落到别人家去受苦。"鸡叫三更时，/凤姑起来为箐苗婆舂碓。/鸡叫半夜时，/凤姑起来为箐苗婆舂米碓。"最后，"力宝"回来解救了他们，并且"'力宝'咬死了夷蛮家的一头小牛，'力宝'咬死了夷蛮家的一匹大公马。"但是，夷蛮家用毒弩射死了"力宝"。死了"力宝"的精魂在一节骨头里不会死。"'力宝'的肉烂完，血流尽，/精神还在，/骨血有一节不烂。/一节不烂骨血变成了一条蛇，/一条精精神神怒吼的蛇。/一口咬着夷蛮子的胸部。/夷蛮子说：/过去，有一位老人说过，/虎死了精魂也要回来报仇。"很明显，这是"蒙恰"苗人在古歌中表示的一种不死的精神。

《绽蕾女和围镯郎》讲的是一对"蒙恰"苗人坚贞不屈的爱情故事。古歌中讲他们如何相恋，如何因为得罪了夷蛮家，不得不逃走的经历。"绽蕾女和围镯郎的暗中相恋，/惹恼了夷蛮官家。/夷蛮家发誓要打这场官司，/绽蕾女和围镯郎连夜悄悄逃走，/使得夷蛮家的官司没有打处。"

《"谷晴苦磨"》实际上讲的是"蒙恰"苗人中第一个有名字的人的故事，是一个典型的古代传说故事。说最初的时候，人们不知道有名字，就乱取了一个人的名字叫"谷晴苦磨"，接着就讲他为了生存，学会了种粮食等等。"叫'动老眼'的女人有女不会取名字，/才乱取名叫'谷晴苦磨'。/谁想吃大米饭，/'谷晴苦磨'想大米饭吃。/想吃大米饭的'谷晴苦磨'才去开荒，/才铲地铲到坡地箐头。/谁想吃鸟肉，/是'谷晴苦磨'想鸟肉吃，/想吃鸟肉的'谷晴苦磨'才去种稻米来诱鸟，/才种稻米诱鸟到坡地箐头。"后来，"谷晴苦磨"吃了一种叫"亚香果"的毒果死了。在春天的时候，他的魂魄回来了，但他遇见的人又不能讲他回来了。"春天来了，/'谷晴苦磨'的魂魄急忙走过，/春天来了，/'谷晴苦磨'魂魄急忙走来。/春天的万物生长，/不觉间像黑蕨菜长过膝盖。/'谷晴苦磨'遇见少年是看牛娃，/'谷晴苦磨'遇上少女是放猪崽。/遇见看牛娃的'谷晴苦磨'不能讲，/遇上放猪崽的'谷晴苦磨'不能说。"而他家里的人又很想念他。"太阳出来笙鼓响，/'谷晴苦磨'妈和亲戚聚拢来，/'谷晴苦磨'妈久等'谷晴苦磨'不回，/'谷晴苦磨'妈做了'谷晴苦磨'的魂魄花。/'谷晴苦磨'爹久等'谷晴苦磨'不归，/'谷晴苦磨'爹做'谷晴苦磨'的魂。"

《"文女"和"礼仕管子奖"》讲的是古代一对青年男女相恋，并最终逃婚的故事。这个逃婚似乎很美好，但最后结局却不太好。"'文女'逃婚穿走她妈妈的衣裙，/'礼仕管子奖'逃婚穿走他父亲那件衣服，/'文女'三年逃婚后还是原来的衣装，/'礼仕管子奖'三年逃婚后仍然是以前的衣装。"

《孤女孤儿歌》讲的是孤女孤儿的悲惨情景。在苗族中，叙述孤女孤儿的可怜是其民间文艺一个经常性的主题，这在"蒙恰"苗人的古歌中也不例外。

《无粮人家的儿女》说的是一家人无粮食度日，去花场都不能去，靠着打草鞋去换些饭来过日子。"一班兄弟姐妹在家打一天草鞋，/好明天拿去与后寨老人换勺饭吃。"后来，他们通过自己的劳动过上了好日子。"无粮的人家儿女怕饿，/缺衣的人家儿女怕冷。/无粮的人家儿女才含辛茹苦开荒，/无粮的人家儿女才百般勤劳种地。/现在，/无粮的人家儿女有粮食吃了，/缺衣的人家儿女有衣服穿了。"而同时，

“后寨老人家因懒惰要挨饿了，/后寨老人家因懒惰要无衣穿了，/后寨老人家看见他们有吃有穿，/后寨老人家放声哭得像个老母牛。”这首古歌歌颂了勤劳，讽刺了懒惰。

在这些古歌中，我们可以在表述的内容上做一个分类：

描述战争分类有：《剑鬼和梭神》《大头蜂和大头蝎》。

描述古代习俗分类有：《男孩做“媳妇”》。

描述芦笙和鼓的来历分类有：《传芦笙种和鼓种》。

描述婚姻习俗分类有：《说亲歌》《接亲歌》。

描述死亡分类有：《生死夫妻》《灵巧女和勤劳郎》《巧姑娘之死》《巧女死去不离织》。

描述古老观念分类有：《太阳姑娘和月亮小伙》《老虎“力宝”》《“留米”的神马》。

描述坚贞不屈的爱情故事分类有：《 绽蕾女和围镯郎》。

描述逃婚男女分类有：《逃婚男女》《“文女”和“礼仕管子奖”》。

描述苦难婚姻分类有：《姑娘做新娘》《姑娘嫁老汉》。

描述孤儿孤女分类有：《孤女孤儿歌》。

歌颂勤劳分类有：《无粮人家的儿女》。

描述古代神话传说人物分类有：《巧女“接嘴雀”》《猴婆婆》《“珠亚祖鲁”的骟牛和公马》《“谷晴苦磨”》。

第二节 “蒙恰”苗人古歌文化价值

在“蒙恰”苗人的古歌中，我们讲其在文化上的价值时，只是一个笼统的概念，它在实际中可能包含了其文化价值的许多方面。

我们以为，其文化价值可以分为以下几个方面来认识：一是“蒙恰”苗人关于观念文化上的价值；二是“蒙恰”苗人关于历史文化上的价值；三是“蒙恰”苗人关于古老习俗文化上的价值；四是“蒙恰”苗人关于情感文化上的价值；五是“蒙恰”苗人关于精神文化上的价值；等等。其中我们以为，在其观念文化上的价值最引人注目。另外，其艺术文化上的价值也是其中的重要方面，但我们把它放到下一个专节中来论述。

一、“蒙恰”苗人古歌中观念文化上的表现

“蒙恰”苗人古歌在观念文化上的表现最为突出，有对自然现象的观念表现，有对大地回春与灵魂观念的表现，也有死亡观念的表现，等等。

在《太阳姑娘和月亮小伙》这一古歌中，讲的表面上是一个爱情故事，但实际

上是对自然现象的拟人化表现，这里面包含了"蒙恰"苗人祖先对自然事物的古老观念。它应该起源于对太阳和月亮这两个天体的思考，为什么这两个天上的光球一个热，一个冷？为什么它们几乎永远都不能在一起？这个起始性的思考很有意义，因为它把太阳赋予了女性的性格，反而把月亮赋予了男性的性格。这样，苗族人的宇宙观中就永远不会有关于"阴阳"的观念，也就是说，苗族人在一开始的宇宙观中，就与中国古代的主流文化的宇宙观是相反的。我们现今不能说整个苗族文化在宇宙观上都是与主流文化的宇宙观相反的，但至少在很大的程度上是如此。因为我们在苗族人的其他原始文化表现中也能找到这样的文化证据。

也许，像《太阳姑娘和月亮小伙》这样的古歌不是一个普遍存在的事象，而且"蒙恰"苗人的文化存在也是一种孤岛文化状态和文化残存状态遗迹，是一种次生性质的文化，但是我们有理由认为，残存性质的文化可能就是最少变化，最古老的文化，它们往往保存了最为真实的来自古代的文化残留。我们以为，"蒙恰"苗人的古歌就具备了这样的性质。这样说不仅是因为《太阳姑娘和月亮小伙》的存在，在其古歌中，类似的存在还比比皆是。

像《太阳姑娘和月亮小伙》一样拥有古老文化观念的古歌还有一首古歌《"谷晴苦磨"》。这首古歌说"谷晴苦磨"在山上吃了亚香果之后就没有回来，这个没有回来并不是我们认为的一种死亡，而是去了另外一种生命状态，他在适当时机还要以另外一种生命状态回来的。而在古歌中，"谷晴苦磨"真的回来了，在春天回来了，但他由于只遇见了放猪的少女和放羊的少年，没法告知他的回来。而他的家人也相信他的存在，为他做了"魂魄花"和"魂"。这是古代人们对自然生命的一种感悟和认识，也是对自然生命周而复始的迷惑，在他们做出解释的时候，就往往会结合人的生死现象，也就衍生出这样对人的生命的理解。关键是，我们今天还能在"蒙恰"苗人的古歌里看到这些"迷人的迷惑"。

可以说，没有哪一首苗族古歌像这首古歌这样把灵魂不死的观念表现得如此美好了。实际上，关于灵魂不死是一个世界性的文化主题，埃及有，希腊有，世界其他民族都有，中国古代有，"蒙恰"苗人古歌也以自己的特有方式表示了关于灵魂不死的观念。灵魂不死是世界性的文化主题，也在一定程度上是世界文化发展的动力，这在"蒙恰"苗人中也不例外。可以说，"蒙恰"苗人有了这样的古歌，"蒙恰"苗人的灵魂就不会死去，就会在其文化的方方面面刻上这种观念的烙印。

春天来了，
"谷晴苦磨"的魂魄急忙走过，
春天来了，
"谷晴苦磨"魂魄急忙走来。
春天的万物生长，
不觉间像黑藁菜长过膝盖。
(见《"谷晴苦磨"》)

《"留米"的神马》也是一首表现了"蒙恰"苗人古老观念的古歌。在这首古歌中，通篇讲的都是一个叫"留米"神人的一匹神马，用种种情节来表现马的神性。

"留米"骑着超风追影的雄马在天地间奔驰，
脚腿有一抱粗，出气像团雾，
天地间出了个要弄垮天地的妖魔，
要"留米"骑着超风追影的雄马去捉拿。

"留米"骑着超风追影的雄马在天地间奔驰，
爬上三个大坡，飞过三个垭口。
有个大坡最大，
"留米"骑着超风追影的雄马不吃人间的盐巴，
"留米"骑着超风追影的雄马不吃人间的马料，
"留米"骑着超风追影的雄马爬到天上。
吃到了天上的美味。
(见《"留米"的神马》)

其中还引出了大坡上有一窝神鸟，它是天下所有鸟儿的祖先。这是一个非常有意义的隐喻，即神马亦是天下马儿的祖先，骑在神马上的自然是天下苗人的祖先了。

把自己族群的祖先神圣化，这是每一个民族文化群体在文化原始生发阶段的必然现象，也是民族文化提高自己文化自信心的"文化手段"。苗族人的祖先自然也会这样做的，我们以为，这首古歌也就是表现"蒙恰"苗人神性祖先观念的最好表达。可贵的是，在"蒙恰"苗人的古歌中，它还如此自然鲜活地保存着，并且是一种非常古老的形态。

在这里出现的神鸟的描述，我们还可以追溯到苗族人的原始鸟图腾崇拜观念形态。

大坡路上光滑平顺，
有一对大鸟从天上下来在坡地上做窝。
大母鸟扛虫子从山上来给小鸟喂食，
大公鸟扛树枝从山上来给小鸟建巢，
这才有了天地间凡鸟的子孙后代。
(见《"留米"的神马》)

在广大的苗族地区，鸟是苗族文化中的重要形象，是苗族重要的图腾崇拜对象之一，但其传说中没有哪个鸟的形象如《"留米"的神马》中的鸟的形态那样古朴。因此，我们可以说，"蒙恰"苗人古歌中鸟所给予人们的观念意识可能是最为古老的。

在人类所有的文化观念中，对死亡观念的思考可能是最多的，这在"蒙恰"苗人的古歌里也不例外。

在追寻死亡来源的时候，“蒙恰”苗人认为：

上天不撒下瘟病灾，
人间不会死人。
就像树上的树叶一样，
没有秋天的风吹它不会落。
人就像林木一样，
有春天，也有秋天。
（见《猴婆婆》）

死亡是由于有“瘟病灾”造成的，而“瘟病灾”是从天上降下来的，但是，“蒙恰”苗人又认为这已经是常理，也就是死亡像四季变化一样的东西。

“蒙恰”苗人还认为，这个死亡是很大很凶狠的。

天上放瘟病来有桶口大，
死有背箩口粗，
人怎么生病无人知道，
人怎么死谁也说不清。
（见《猴婆婆》）

死亡是凶狠的，但是“蒙恰”苗人似乎并不害怕死亡，也不怨恨死亡，只是不喜欢死的不是时候。

灵巧女死在纺纱织布最忙的时候，
勤儿郎死在农忙季节。
（见《巧女死去不离织》）

死亡并不可怕，但遗憾的是他们死的不是时候，在人们最需要他们的时候他们却死去，才是让人悲哀的事情。

结合人间的婚姻，其死亡给人的痛苦就最大。

娇女好男，美好婚配，
生死无常。
（见《生死夫妻》）

姑娘走了死去儿郎的今世妻，
儿郎走了死去姑娘今世夫。
（见《生死夫妻》）

姑娘死去放不下儿郎情和爱，
儿郎死去放不下姑娘爱和情。

姑娘死去垮了儿郎半边床，
儿郎死去垮了姑娘半边房。
（见《生死夫妻》）

死亡夺走美好姻缘是痛苦的，但奇怪的是，死去的苗人男女实际上并不一定想回来。

聪明伶俐的姑娘死了就像外出干活没回家，
人生之路说长也长，
人生之路说短就短。
死了的姑娘想到生时病痛就不想转回，
死了的儿郎想到生时病痛就不想转来与人再成双。
（见《生死夫妻》）

在“蒙恰”苗人中，瘟病是死亡的上天原因，而瘟病给人造成的痛苦超过了死亡的痛苦，以至于“想到生时病痛就不想转回”。这种痛苦观念背后的生存病痛的现实就可想而知。

但是，“蒙恰”苗人在死亡之后，仍然有许多恐惧。

姑娘不怕死，
儿郎死不怕，
不怕死来死不怕，
就怕死后成孤魂，
就怕死后掉进阎王家黑洞门。
（见《生死夫妻》）

巧姑娘死去不怕什么，
怕绸缎盖住她的嘴，
怕石棺盖轰的一声垮下来压住胸膛。
（见《巧姑娘之死》）

在“蒙恰”苗人的死亡恐惧中，“成孤魂”“掉进阎王家黑洞门”“绸缎盖嘴”“石棺盖压胸膛”这四种死亡观念中臆想的情景，在“蒙恰”苗人中都是根深蒂固的。“成孤魂”是一种灵魂归属的臆想，是一种不能与祖先相会的灵魂，是一种没有生人抚慰的灵魂，是一种没有住所的灵魂。“掉进阎王家黑洞门”在苗语的翻译中是对汉族“阎王”词汇的借用，实际上是生者对黑暗恐惧的延续。“绸缎盖嘴”和“石棺盖压胸膛”也是现世人对“死亡呼吸”的臆想，在现世，手压住胸口都会做噩梦，死了石棺盖压住胸膛也会做噩梦。

这些观念对“蒙恰”苗人的习俗和其他文化是有直接影响的，实际上，有许多习俗文化的形成都是这些观念造成的。

在"蒙恰"苗人的死亡观念中，也有死去人的归属描述。

聪明伶俐的姑娘死了要爬上去天上的天梯，
聪明伶俐的姑娘死了不要从天梯落下来。
（见《生死夫妻》）

灵巧女子死了顾不上，
顺着芦笙和鼓声的指引走向远方，
死去的灵巧女子跟着神灵爬上山坡。
（见《灵巧女和勤劳郎》）

夫妻死了互相顾不上，
顺着芦笙和鼓声的指引走向远方，
死去的巧姑娘跟着神灵走过荒坡。
（见《巧姑娘之死》）

这里的上天仿佛是对好人的一种奖励，好人是可以上到天上的，但这种观念在"蒙恰"苗人的古歌里是比较模糊的。可能现实中最多的是"走向远方""爬上山坡"去与祖先的灵魂相会。

在"蒙恰"苗人的死亡观念中，死去的人要为生人留下自己应该留下的，为苗族人要留下枫树，为自己的后代留下生活的希望。

夫妻死了互相喊不应，
顺着芦笙和鼓声的指引走向远方。
死去的姑娘跟着神灵走过垭口，
在垭口丢下枫树枝，
世上就有了枫树。
枫树长得又大又高，
遮盖了好宽一片地方。

姑娘死去留台纺纱架给女儿，
儿郎死去留下田地给孩儿。
（见《生死夫妻》）

枫树是苗族人观念中的神树，在几乎所有的苗族人中都有这样的原始遗迹，这在"蒙恰"苗人中也是如此，但他们的枫树却是其苗人灵魂的象征。

二、"蒙恰"苗人古歌中历史文化上的表现

在"蒙恰"苗人的古歌中，其历史文化上的表现也是很多的，如《剑鬼和梭神》《大头蜂和大头蝎》《老虎"力宝"》《"谷晴苦磨"》《"珠亚祖鲁"的骟牛和公马》

《“朱哑祝鲁”》等等。

我们知道，苗族人是没有文字的民族，但我们任何时候都不会说他们是一个没有历史的民族，我们不但在汉族的历史文化中看到苗族的历史，其实我们也能在其“口传史述”中看到他们的历史。文字是记载历史的最好工具，但在没有文字的状态下，人类的文化表现有许多“记录”历史的手段，如我们看到的在妇女服饰中记载的历史，在音乐中记载的历史，在一些物质形态上记载的历史，最多的我们以为是在“口述”的种种形式里记载的历史，其中尤其是古代的神话和传说。在“蒙恰”苗人的古歌里不一定都是这样的神话和传说，但在他们的古歌里却包含了不少这样的内容。就是这些内容在一定程度上反映了“蒙恰”苗人在古歌中的一些珍贵的历史文化遗迹。

《剑鬼和梭神》讲的是以兵器为名字的两位苗族战神如何战胜敌人的。且不说这场战争的历史背景如何，就这两位以兵器为名字的战神，就使人不得不把它与苗族人的远古历史遗迹结合起来看待。“蚩尤主五兵”是汉族文献中记载的“典史”，是不容置疑，但“蚩尤主五兵”主要是哪五兵？所用兵器是什么样的质地？我们能不能这样来看问题，剑和梭镖应该是“蚩尤主五兵”的五兵之二。虽然这些兵器是如何在历史的长河中演绎成了“蒙恰”苗人的战神，我们不得而知，但这一历史文化遗迹却是逼真的。在这里，还有一个十分令人费解的是，这两个战神所用兵器的质料都是红铜的，是一种比较软的铜，是铜文化最早出现的金属品质，而后来的青铜和青铜文化，实际上是一种以铜为主的“合金铜”的文化和文化时代。我们可不可以这样来推测“蚩尤主五兵”时的金属品质，实际上就是红铜的五兵，而“蒙恰”苗人的古歌中就保留了这样的历史遗迹。

如果是这样，“蚩尤主五兵”时代的“五兵”在那个时代就没有我们以前想象的那么强大的兵器优势，有时候，红铜的硬度还赶不上某些硬木。当然，这只不过是一种推测，不可能找到历史的证据，但我们要注意的是，为什么“蒙恰”苗人一定要在这样的古歌里“顽强”地表述，剑鬼和梭神的兵器是红铜的？!

还有，“领导”这两员神将的神人“娘九津井”是不是有所指？

在《剑鬼和梭神》和《大头蜂和大头蝎》这两首古歌中，都标明了同一个战争对象，即“夷蛮家”。这个“夷蛮家”在我们翻译的最初，翻译者直接表述的就是“彝蛮家”，直接指的是彝族人，在我们的建议下，才改为一个具有泛指性质的“夷蛮家”。但我们以为，在不久远的年代里，“蒙恰”苗人与彝族人的祖先可能是有过实际的战争行为的，并且是以失败而告终。这两首古歌里出现的描述就是这些战争的变形反映。

在现实的文化演绎中，一旦在实际的战争中以绝对劣势失败的一方，在文化和精神上一定要修补这种缺失，以保持生活信念的平衡。即在现实中我们战胜不了的敌人，我们一定要在想象中战胜它。《剑鬼和梭神》和《大头蜂和大头蝎》最极致地表现了这样的文化演绎。

神人“娘九津井”有两员神将，

一为剑鬼，
一称梭神。
剑鬼（是苗族传说中从天上下来的剑术很厉害的人）来到河边，
堵截夷蛮；
梭神（是苗族传说中从天上下来的武艺高强持梭镖的人）来到寨中，
驱逐夷蛮。
剑鬼用锋利的剑，
把彝蛮家逼在九个石山上。
梭神用高强武艺，
把彝蛮家围在深沟里。

剑鬼来到渡口，
堵截夷蛮；
梭神来到林中，
驱逐彝蛮。
剑鬼用锋利的剑四处围追，
把彝蛮家围在九个山头上。
梭神用高强武艺遍地冲杀，
把彝蛮家堵在深坑里。

漫山遍野到处是剑鬼的英姿，
坡上坡下到处是梭神的身影。
剑鬼的队伍把江河的清水变成了浑水，
梭神的人马像坡上的砂子一样多。
剑鬼的红铜剑映红江水，
梭神的红铜梭在阳光下闪光。
（见《剑鬼和梭神》）

大头蜂飞出来去与人家打斗，
来到一位叫“开阿鲁”（人名）的夷蛮家的园子脚。
大头蜂飞出来去与人家作战，
来到一位叫“开阿嘟”（人名）的夷蛮家的大门口。
与夷蛮打得不可开交，
把夷蛮咬的七零八落。
大头蜂牙齿嚼三嚼，
咬烂夷蛮九床被。
大头蜂蜇针蜇三针，
刺穿夷蛮九层衣。

夷蛮打败四处逃，
大头蜂半空飞射去，
咬住夷蛮不松口。
《大头蜂和大头蝎》

说《剑鬼和梭神》的战争是一种想象性质的战争，可能有人还可以说出一些别的理由，因为这是直接的战争描述，而这在《大头蜂和大头蝎》中，就不可能这样说了，这完全是神的怨恨造成的战争，但灾难的对象却都“想象”到了“夷蛮家”的身上，使这首古歌很像一首充满巫术力量的咒歌。

《老虎“力宝”》这首古歌讲的是一只老虎的故事，但更像是一个苗族古代英雄的故事，并进而演绎为民族救星的象征。

凤姑哭了一夜，
诉不完的苦情。
凤姑说：
希望有一天，“力宝”突然从那个岩石上下来，
才能结束凤姑的苦难。
（见《老虎“力宝”》）

在这里，“凤姑的苦难”就是苗族人的苦难象征。其实苦难的苗族人一直“希望有一天，‘力宝’突然从哪个岩石上下来”，从而结束苗族人的苦难。但他们在古歌里表现得十分朴实，不像基督教徒呼唤“救世主”的声音那么响亮和华丽，但性质是一样的。

《“谷晴苦磨”》主要体现的是“蒙恰”苗人的原始文化观念，但其中的历史文化遗迹亦是鲜明的，它表现了名字在“蒙恰”苗人文化发展历史上的意义。

天地诞生以来，
人间的人有了名字，
雷神的名字得到最晚。
叫“动老眼”的女人有儿不会取名字，
才乱取名叫“谷晴苦磨”。
（见《“谷晴苦磨”》）

《“珠亚祖鲁”的骗牛和公马》《“朱哑祝鲁”》这两首古歌讲的是一个叫“朱哑祝鲁”的有钱有势的人的故事，但从中反映出来的“蒙恰”苗人在某个历史时期，已经有了初步的贫富不均的现象。

“朱哑祝鲁”在地方有名望，
高楼大厦建在吉祥福地中。

富贵的人很富有，
漂亮的鱼在好鱼塘。
有钱有势的人做地方首领，
就像大鱼做了鱼群的头领，
得意地游动在水中岩石脚。
（见《“朱哑祝鲁”》）

在“蒙恰”苗人的古歌中，表现出其历史文化遗迹的地方还有不少，而且有的地方对我们认识苗族文化的历史有极为重要的意义，比如说《剑鬼和梭神》中的历史文化遗迹，就可能加深我们对民族文化远古历史的认识。这些所谓的历史文化遗迹都是一些“口传史述”中的表现，都不是文献性的，但对于一个没有文字的民族来说，其“口传史述”在某种程度上就是这个民族重要的“文献”。

三、“蒙恰”苗人古歌中古老习俗文化上的表现

在“蒙恰”苗人的古歌中，表现其古老习俗文化的有《男孩做“媳妇”》和《传芦笙种和鼓种》。

在人类婚姻文化的历史进程中，母系氏族婚姻是一个先于父系婚姻的婚姻文化阶段，这是为许多民族学和文化人类学研究成果不断证实了的事实。在现今的少数民族传统婚姻中，还有不少“不落夫家”习俗的表现，它们的存在直接证明了母系氏族婚姻的历史性，这在苗族和布依族中尤甚。但是，在口传性质的古歌中直接描述和解释这种习俗的变化，则是不多见的，而我们在“蒙恰”苗人的古歌中就见到了这样的描述。

母鸡抱孵母鸭蛋，
母鸭忙碌把活干。
“珠亚祖鲁”（“珠亚祖鲁”苗语意为“达官显贵”）留姑娘在家做鬼师，
有位男孩爱上她。

是谁想给人家做“新娘”，
是男孩想给人家做“新娘”。
是谁到姑娘家耙田，
男孩赶牯牛给姑娘家耙田。

姑娘是水汪汪的一片大田，
姑娘是平展展的一块大地。
男孩是好水源，
男孩是好阳光。

是谁想给人家做“新娘”，

是男孩想给人家做“新娘”。
是谁做了姑娘的“新娘”?
是男孩做了姑娘的“新娘”。
《见男孩做“媳妇”》

这是在以男性为主的时代对旧有的女性为主时代的一种描述，所以，即便是男孩做了“新娘”也是“水源”和“阳光”，是一种主动式样的“新娘”。我们以为，可能这种描述更能表现习俗回忆的真实性。在这首古歌中，随后就解释性描述了姑娘做新娘的变化，其理由是姑娘贪吃。

是谁在路上跑来与他抢鸡肉吃?
是姑娘跑来与他抢鸡肉吃，
抢得男孩一只鸡腿。
是谁想得到人家的肥猪肉片吃，
是姑娘想得到人家的肥猪肉片。

姑娘抢鸡肉吃，
姑娘想猪肉吃，
人们才改变了人间的“人亲礼爱”(意为“婚姻礼仪”),
爹娘才要给姑娘做嫁妆，
姑娘才开始到男孩家做新娘。
《见男孩做“媳妇”》

这也是对现今女子做新娘的习俗解释，以此说明女子做新娘的由来。但这首古歌中，还表述了这种变化的根本。

男孩手上提剑，
腰间挎弩。
走在白天的男孩不怕蛇，
走在夜间的男孩不怕虎。
《见男孩做“媳妇”》

在“蒙恰”苗人婚姻习俗和丧葬习俗中，芦笙和鼓是两个不可缺少的事象，是“蒙恰”苗人在这些文化构建中的关键构件，也可以说如果没有这两件事象，“蒙恰”苗人的这些习俗文化可能就找不到自己的表现形式。所以，“蒙恰”苗人在构建这两个事象时，并不是简单的如常地来看待它，而是把它们作为两件具有神性的事象来看待，《传芦笙种和鼓种》这首古歌就是为了显现这种神性而出现的。在这首古歌中，说芦笙的声音是神性的声音，芦笙的制作也是神性的制作，鼓的声音和鼓的制作也是如此，因为道理很简单，传播这一声音和制作发出这种声音的人就是一个神人，即芦笙的声音、鼓的声音，以及鼓的声音和鼓的制作都是因神人所为而为神性的。

是谁下凡来传笙种（芦笙种子，一种比喻），
是“卜丢（虚词，无词意）郎子奖津井”下凡来传笙种，
是谁下凡来传鼓种，
要“卜丢郎子奖津井”下凡来传鼓种。
传笙种来要传“顾你勒勒”（芦笙音），
冷天冻地传笙种到大地河流的上游。
传鼓种要传“顾你勒做”（鼓声音），
冷天冻地传鼓种到大地河流的下游。
制成芦笙要来传芦笙曲，
蒙成了鼓要来传鼓舞，
制成芦笙要不了天地间一把滑竹，
蒙成鼓来要不了天地间一张老黄牛皮。
（见《传芦笙种和鼓种》）

在这首古歌中，把谁传的芦笙和鼓，传的什么样的芦笙和鼓声，以及芦笙和鼓用什么样的材料来做成，都说得清清楚楚。但这里有两句古歌最让人兴奋，即“冷天冻地传笙种到大地河流的上游”和“冷天冻地传鼓种到大地河流的下游”，为什么要说成是“冷天冻地”，即古代的芦笙声和鼓声是在“冷天冻地”时敲响的，这可是“蒙恰”苗人最为古老的关于芦笙和鼓的原始信息。即在古代，“冷天冻地”的时代里，自然是没有生命的一种景象，为了唤醒大地的生命，神人下凡来传授了芦笙和鼓，吹响了芦笙和敲响了大鼓，大地的生命就回到了大地，春天也就来了。

这个神话主题在古代的原始民族中，是一个普遍存在的主题，但我们在“蒙恰”苗人古歌里看到了这样的古歌，不能不说是一个很大的收获。芦笙和鼓，历来在苗族中被十分看重，有“芦笙不响，五谷不长”的苗谚；也有不打大鼓，唤不醒祖先的灵魂的说法，但为什么，我们却得不到比较确切的解释，而这一切在《传芦笙种和鼓种》里却有了最鲜明的解释。

苗族的神人是为了帮助苗族的祖先唤醒“冷天冻地”的大地才下到凡间来传播芦笙和鼓的，这才是“芦笙不响，五谷不长”苗谚的最为根本性的解释，从此，苗族人就离不开芦笙了。神人还一同传授了鼓，以此来唤醒祖先的灵魂，以便获得祖先灵魂的庇护。

在《传芦笙种和鼓种》中，古歌还把这两种神器的用途说得清清楚楚。

芦笙响齐天，
鬼鼓应彻地，
吹响芦笙，音韵回旋空中主客同欢乐，
擂响鬼鼓，震动天空来怀念祖先亲人。
（见《传芦笙种和鼓种》）

在这里，芦笙似乎是为了生的欢乐而准备的，而鼓则是为了死的怀念而准备的。更为奇怪的是，在所有的苗族中，至今的确是这样来使用这两种乐器和神器的。也许，芦笙的应用更为广泛一些，也能为死者吹奏，但鼓却不行，绝对没有在苗族的婚姻礼仪中出现鼓声的情况。这实际也在古歌中有了表述。

吹响芦笙为死者送行，表想念之情，
擂动鬼鼓为死者送行，表难忘之意。
吹响芦笙为死者送行，不得同去，
转回寨中把芦笙挂上墙壁。
擂动鬼鼓为死者送行，不得同行，
转回寨中把鬼鼓挂在房屋柱上。
（见《传芦笙种和鼓种》）

古歌说得很明白，生者吹响芦笙和敲响大鼓是为了给死者送行，不能因此跟随死者前去，苗族人相信，生者和死者是可以离得很近的。

四、“蒙恰”苗人古歌中精神文化上的表现

在“蒙恰”苗人的古歌中，“蒙恰”苗人表现了许多在文化上有着不凡意义的事象，这对“蒙恰”苗人的文化意义深刻，对整个苗族文化的存在也有自己独特的意义，显得非常重要。这方面，我们能够分析和看到的东西可能比在古歌实际存在中要少得多。在这些我们能够看到和分析的文化中，恐怕还有一个更为重要的东西，即“蒙恰”苗人在自己的古歌中还建立了自己民族精神的基本范式。这种精神主要表现在《老虎“力宝”》中。

在一个苦难的民族中，一定要有一种精神来支撑自己的生存信念，“蒙恰”苗人在自己的古歌中塑造了一个叫“力宝”的老虎形象，把自己的不屈精神寄托在“力宝”形象中。

夷蛮家的心恨死“力宝”，
夷蛮家给“力宝”下毒药。
一弩射中“力宝”尾巴，
一弩射中“力宝”胸膛，
一弩射中“力宝”尾巴，
一弩射中“力宝”腹心，
“力宝”死在夷蛮家的珍珠米坡（地名）。
“力宝”的肉烂完，血流尽，
精神还在，
骨血有一节不烂。
一节不烂骨血变成了一条蛇，

一条精精神神怒吼的蛇。
一口咬断夷蛮子的屁股。
夷蛮子说：
过去，有一位老人说过，
虎死了精魂也要回来报仇。
（见《老虎"力宝"》）

"'力宝'的肉烂完，血流尽，/精神还在，/骨血有一节不烂。/一节不烂骨血变成了一条蛇，/一条精精神神怒吼的蛇。"这是何种顽强不屈的精神，"蒙恰"苗人用自己的方式表现了这种不屈的精神，并成为世世代代苗族人精神的象征。这种文化才是古歌中最为珍贵的苗族文化精神财富。

第三节 "蒙恰"苗人古歌文学艺术价值

论述到"蒙恰"苗人古歌在其文学艺术上的价值，我们从以下几个方面来认识：一是"蒙恰"苗人古歌的表现形式；二是"蒙恰"苗人古歌中审美情感；三是"蒙恰"苗人古歌的地位和影响；四是"蒙恰"苗人古歌与其他苗族民间文学形式的关系。

一、"蒙恰"苗人古歌的表现形式

我们在前面所论述的主要是"蒙恰"苗人古歌在文化上的价值和表现，涉及的主要是其内容上的东西，但是，所有的内容都是有形式的，作为"蒙恰"苗人的古歌也不例外。在某种意义上来说，古歌既是一种文化意义上认定的理解，但它归根到底也是我们所说的民间口传文学的一种形式，是歌谣类的民间文学形式，我们在论述它的文化意义的同时，也很有必要论述它的表现形式，这也是其文学艺术价值的一部分。

古歌不管怎么说，都是一种在歌唱形式中表现的民间文学，总有一种形式上的意义出现。正是这种形式把我们引向苗族人文化的远古和苗族人的情感世界。这种形式往往与内容相依，成为其文化的一个组成部分。

"蒙恰"苗人古歌的演唱中，来自语言的自然节律在一定程度上决定了它的词和句，应该没有如汉语那样成熟的所谓韵律和格律的要求，但实事求是地讲，我们可能还没有能力深入到苗族语言的内部来理解古歌的节律。所以，我们更多的论述古歌形式的文字可能主要在其古歌的句式结构上。

在"蒙恰"苗人的古歌中，其歌词的结构中，占主导地位的是一种可以称为复式结构的歌词结构。即在歌唱中，它的每一短歌词都要吟唱两次，并且只在某些个别的关键词句上有小小的变化皆可。

男孩手上提剑，
腰间挎弩。
走在白天的男孩不怕彝，
走在夜间的男孩不怕汉。

做“媳妇”的男孩往姑娘家走去，
做“媳妇”的男孩从山崖下走来。

男孩手上提剑，
腰间挎弩。
走在白天的男孩不怕蛇，
走在夜间的男孩不怕虎。

做“媳妇”的男孩往姑娘家走去，
做“媳妇”的男孩从山崖下走来。
(见《男孩做“媳妇”》)

在这样的四段歌词中，我们把前两段称为A组，把后两段称为B组，A组和B组对比起来看，只有“不怕彝”“不怕汉”变成了“不怕蛇”“不怕虎”，实际上就变了两个字。

这是有变化的复式结构，还变了两个字，实际上在“蒙恰”苗人古歌中，一字不变的复句比比皆是。如在《太阳姑娘和月亮小伙》中就是。

太阳姑娘背嫁妆，
月亮小伙披巾帕。
是太阳姑娘要选月亮小伙做丈夫，
月亮小伙选太阳姑娘裙角做把凭（“把凭”民间所说的答应婚姻的依据），
意想二人总有一天能相会。

太阳姑娘来得迟，
月亮小伙赶不及。
太阳姑娘刚从天底露出来，
月亮小伙翻过西边地平线。

太阳姑娘背嫁妆，
月亮小伙披巾帕。
是太阳姑娘要选月亮小伙做丈夫，
月亮小伙选太阳姑娘裙角做把凭，
意想二人总有一天能相会。

太阳姑娘来得迟，
月亮小伙赶不及。
太阳姑娘刚从天底露出来，
月亮小伙已翻过西边地平线。
（见《太阳姑娘和月亮小伙》）

在这首古歌里，这种重复一字不变。

这种复式结构，在所有的苗族古歌中都是这样表现的。我们在苗语东部方言区、中部方言区、西部方言区里所见的古歌，都是这样表现的，尤其是中部方言区的黔东南，这种复式结构与"蒙恰"苗人古歌中表现的形式基本上是一致的。

为什么苗族的古歌中会出现这样的结构句式呢？我以为有以下几点：一是歌唱的需要；二是无文字民族的语言记忆的需要；三是表达情感的需要。

第一点是苗族的古歌不管讲述的是什么内容，在形式上都是唱出来的，而复式结构的歌词正是所有歌唱类型的表述所必需的，唱一段，在原有的基础上稍稍变化，就可以变化出新的一段，出现新的意义，使内容得到强调，这在"蒙恰"苗人的古歌中也不会例外。也就是说，只要内容是以歌唱的形式出现，一般都会出现这种复式的结构，这是歌唱的词句结构的必然，只不过苗族人的这种表现太纯粹了。

第二点是这种复式结构的歌词，对于苗族来说，还有无文字民族的语言记忆的需要上的意义，反复地吟唱，对于记忆来说，肯定是最好不过的形式了。

第三点是为了表达感情的需要，这在"蒙恰"苗人的古歌中，也是其出现复式结构歌词的一个重要原因。

聪明伶俐的姑娘死了要爬上去天上的天梯，
聪明伶俐的姑娘死了不要从天梯落下来，
姑娘走了死去儿郎的今世妻，
儿郎走了死去姑娘今世夫。

聪明伶俐的姑娘死了要爬上去天上的天梯，
聪明伶俐的姑娘死了不要从天梯落下来，
姑娘走了死去儿郎的一世妻，
儿郎走了死去姑娘一世夫。
（见《生死夫妻》）

在这样的歌词里，如果没有这样的反复，其"一世妻""一世夫"的意义是不会那么令人感动。所以说，这种重复的歌词结构，有时候是为了表达感情的需要而出现的。

二、"蒙恰"苗人古歌中审美情感

在人类的文化中，每一个文化共同体除了在文化中建构自己的其他文化之外，都会以一定的方式建构自己的审美情感和审美文化，因为这是这个文化共同体的一个重要组成部分。“蒙恰”苗人也自然会在其古歌中包含这样的审美情感和审美文化。在“蒙恰”苗人的古歌中，其审美情感亦有丰富多彩的表现，赞美爱情、美丽、劳动，歌颂英雄和不屈不挠的反抗精神，等等，但这是以他们极为朴实的方式来表现的。

姑娘死去放不下儿郎情和爱，
儿郎死去放不下姑娘爱和情。
姑娘死去冷了儿郎半边床，
儿郎死去冷了姑娘半边房。

姑娘死去放不下儿郎情和爱，
儿郎死去放不下姑娘爱和情。
姑娘死去垮了儿郎半边床，
儿郎死去垮了姑娘半边房。
（见《生死夫妻》）

把死亡与爱情对应描写，这种爱情的表述既朴实又强烈，给人很深的印象。

夫妻死了互相喊不应，
顺着芦笙和鼓声的指引走向远方。
死去的姑娘魂灵来地里寻得一蔸苦菜，
苦菜秆红，苦菜嫩绿如油。
清晨天亮时芦笙、唢呐四处响起，
黄牛角声、水牛角声呜呜声鸣，
人的吼声摇天动地震动姑娘的嘎房。
（见《生死夫妻》）

这种爱情的哀痛是“蒙恰”苗人式的，但这种痛切我们也能感受得到。

可以说，“蒙恰”苗人正是以这样特有的形式，表现了他们的爱情和爱情的情感方式，并且在很大程度上影响着“蒙恰”苗人的现实社会的感情方式。

是谁听到天地间的公鸡叫，
是“阿年”听到天地间的公鸡叫。
公鸡一叫，
老鼠、虫子、鸟儿都自己跑到水湾底水中被淹死。
绽蕾女容光焕发长成一位美丽姑娘，
围镯郎潇潇洒洒生得像棵挺拔的春竹。

绽蕾女和围镯郎暗中相恋，
相会时绽蕾女穿着美丽衣裳，

相会时围镯郎穿着气派衣装。
绽蕾女和围镯郎暗中相恋，
像蝙蝠一样在黑夜相会，
像鸟一样四处游荡。
（见《绽蕾女和围镯郎》）

美和青春是人类赞颂的永恒主题，在"蒙恰"苗人古歌中也有如"绽蕾女容光焕发长成一位美丽姑娘，/围镯郎潇潇洒洒生得像棵挺拔的春竹"的句子。还极为夸张地形容这种美得惊艳，"公鸡一叫，/老鼠、虫子、鸟儿都自己跑到水湾底水中被淹死。"即天一亮，绽蕾女的容光让老鼠、虫子、鸟儿羞愧得自己跑到水湾底水中被淹死。也只有"蒙恰"苗人的古歌才有这样的比喻和形容。但是，像以下的表述他们自由爱情的词句，却与我们一般的汉语词汇习惯有相当大的差异。"绽蕾女和围镯郎暗中相恋，/像蝙蝠一样在黑夜相会，/像鸟一样四处游荡。"这也许是"蒙恰"苗人表示赞扬的习惯性比喻，而像蝙蝠一样的动物却不是一种正面意义的形象。

灵巧女子喜欢纺麻，
勤劳的儿郎喜欢种地。
灵巧女子担忧无衣穿，
纺了麻团纺线团。
（见《灵巧女和勤劳郎》）

这是"蒙恰"苗人好男好女的标准在古歌中的表现，也是他们审美中的价值观念的体现。

在"蒙恰"苗人的古歌中，歌颂英雄和不屈不挠的精神也是它审美情感的一个重要组成部分，这是"蒙恰"苗人的一种大美，我们在前面已经有了专门的论述，这里略。

三、"蒙恰"苗人古歌的地位和影响

在"蒙恰"苗人的文化中，属于文学艺术类的文化有神话传说、民间故事、歌谣、音乐，以及服饰文化中的一部分等等，但古歌应该是其"蒙恰"苗人文学艺术类文化中居于主要地位的事象。古歌在"蒙恰"苗人中，只是一种歌唱性的艺术表现形式，但它包容了"蒙恰"苗人文化中太多的东西，我们根本不可能只把它作为一种艺术性的表现来看待它。在某种意义上来说，它是"蒙恰"苗人的"百科全书"，祭祀信仰文化的、婚姻礼仪的、一般意义的风俗习惯的、神话传说的、民间故事的、歌谣的、音乐的、审美情感的、民族精神的等等，我们在里面都能找到。更为重要的是，"蒙恰"苗人的古歌，在小处来说是"蒙恰"苗人的古歌，在大处来说是所有苗族人的古歌。在"蒙恰"苗人的古歌中，我们还看到了在其他苗族人古歌中看不到的，或者说已经在其他地方消失了而仍然存在于"蒙恰"苗人古歌中珍贵的苗族原始文化信息。苗族是一个苦难的民族，在远古时代战败之后，就以一种无文字的状态来延续和发展自己的文化，但他们在历史的长河中“磨灭”了的文化太多了，而诸如汉文献的记载又多是一种歧视性的、道听途说式的、只言片语式的，这样，在“蒙恰”苗人的古歌中出现的诸如《剑鬼和梭神》《传芦笙种和鼓种》的古歌是十分珍贵的苗族“口传史述”文献。

在“蒙恰”苗人古歌中，它主要表现的是苗族人的文化，但它的存在与“蒙恰”苗人的其他艺术形式也有广泛的联系，并在一定程度上影响到它们的存在。首先，古歌演唱内容中大量的以“蒙恰”苗人的神话传说为内容，或者说以此为背景。这样的内容之多之广泛，让人不得不产生这样的想法，是不是“蒙恰”苗人的神话和传说就是以古歌的形式来讲述的，以古歌的形式而存在的。这种说法也站得住脚，因为“蒙恰”苗人的古歌中有太多的“蒙恰”苗人的古代神话和传说的内容，比比皆是。但是，我们也看到，在民间传说故事中，“蒙恰”苗人的古代神话和传说也是存在的，有时候它们还可以相互印证。

“蒙恰”苗人古歌，无疑是一种歌唱艺术，它在演唱的时候，是以苗族人固有的语言和声调演唱的，可能在声调上不会有太大的所谓创造，但它的吟唱调却是“蒙恰”苗人歌唱艺术的基础，它的所有歌谣都是这样来唱的。我们不好说是“蒙恰”苗人的古歌决定了“蒙恰”苗人的歌唱艺术形式，但其歌唱艺术的方方面面却实实在在地出现在“蒙恰”苗人的古歌中。

在这些影响中，我们认为，它与民间故事的关联最为密切，它的许多段落都与“蒙恰”苗人的民间故事有关。这里又有三种表现：一是整个的古歌故事是以某一个民间故事为背景的；二是本身就是一个民间故事的“古歌化”；三是其中的某些词句是与某个民间故事为背景的。

第一种情况如《猴婆婆》。它不是讲述仙女是如何变成猴子的，而是讲述猴婆婆是怎么死的，并且由此引出一系列的古歌内容。还有如《姑娘嫁老汉》，这首古歌讲的是一个姑娘如何在父母的逼迫下嫁给了一个老汉的故事，但它只讲了姑娘如何不喜欢不愿意，最后逃婚，等等。但这个古歌是有这样一个背景的，说是一个父亲把女儿嫁给了一个老汉，日子过得很不开心。让这个父亲很内疚，在自己死后就变成了一条蛇把老汉咬死了，使女儿得以改嫁到一个好青年家。于是这个父亲又变成了一只老虎在女儿家四周来守护她，但他的女婿不知道那是他岳父，却把他射死了。也就说，“蒙恰”苗人基本上都是知道这个故事的，他们在听这首古歌时，是以此为背景来理解这首古歌的。

第二种情况如《老虎“力宝”》《太阳姑娘和月亮小伙》《“谷晴苦磨”》等等。它们实际上只要用散文的形式来记录，并且加上一些描述性的语言，就可以是地地道道的民间传说故事。

第三种情况如《生死夫妻》。

夫妻死了互相顾不上，
顺着芦笙和鼓声的指引走向远方。

死去的姑娘魂灵来地里寻得一蔸苦菜，
苦菜秆红，苦菜嫩绿如玉。
清晨天亮时芦笙、唢呐四处响起，
黄牛角声、水牛角声呜呜声鸣，
人的吼声震天动地摇动姑娘的嘎房。
（见《生死夫妻》）

这"苦菜秆红，苦菜嫩绿如玉"一句后面，就有一个民间传说，一个女子认为地里的苦菜又嫩又鲜，很想吃，但这苦菜是牛吃的野菜。这女子对自己的丈夫说，她好想变成一头牛吃苦菜。她丈夫打断了她头上的木梳，她头上就立即长出了一对牛角，变成了一头母牛吃到了地上的苦菜。这是一个满足死者心愿的比喻，很奇特，但是"蒙恰"苗人喜欢。

在这里，它不是整个古歌的背景，只是一两句古歌的背景。这有些像我们诗歌中引用的典故。

第四节 "蒙恰"苗人民间故事

除了"蒙恰"苗人古歌外，"蒙恰"苗人民间故事传说也是比较丰富的，但我们在调查中注重了对其古歌的调查，而民间故事和传说的调查较少，实际上，其民间故事和传说也是"蒙恰"苗人民间文学的一个重要组成部分，在以下的这篇采录的民间故事中，我们可以窥其一斑。

《染缸姑娘的故事》

讲述人：王亮贤，男，苗族，新场乡基础教育办公室主任，对本民族文化有比较深入的了解。

讲述时间：2008 年 1 月 4 日　天气：阴

讲述地点：六枝新场乡敬老院

采录人：杨春艳

很久很久以前，有一家人有两个女儿。两个姑娘不仅长得漂亮、讨人喜欢，而且手也很巧，织布、蜡染、绣花样样都很精通。一个小龙子发现以后，就来说亲。小龙子选择说亲的方式很独特，整个说亲的过程是这样的。姑娘的父亲正在犁田，有一块石头立在田中间，让这位父亲为难了，很不好做活。他很希望有办法把石头搬开，但他用了很多办法都没有成功。有一天，他正在发愁没有办法的时候，一条蛇走到田边，抬起头和姑娘的父亲说话："老人家，你有什么难事情，这样发愁？"老人家把情况和蛇讲了以后。蛇就回答说："我可以帮你把这块石头搬走，但你要答应我一个条件。”老人说：“只要能把这块石头搬走，不管哪样条件都答应你。”蛇接着说：“我什么也不要，只要你肯答应把两个姑娘中的一个许配给我，做我媳妇就可以了。”老人答应了他的条件，于是，蛇走到田中用蛇尾对着石头左三鞭、右三鞭，把石头推出了田坎。老人为了实现自己的诺言，把蛇带回了家，一到家中，就对大姑娘说，大妹，快拿板凳给你丈夫坐。大妹见是一条蛇，跑开躲藏起来。父亲又喊二妹，二妹二话没说，随手拿了一个草墩墩放在火边，蛇随即盘在草墩上。老人说：“这是我二妹的丈夫。”随后就给他们安排了婚嫁的日子。到了婚嫁的那一天，二妹和蛇走了。大妹悄悄地跟在后面看，蛇带着二妹走到半路的店家，现出了人形，原来这条蛇是一位很标致的年轻小伙。二妹对这突如其来的意外感到非常的高兴。而在暗中偷看的大妹却非常后悔，就想：原来这条蛇是一位美男子，我一定要想办法使我们俩在一起。

不久，二妹生了一个儿子，取名破口袋。

大妹返回家一段时间，就去二妹家做客。她到二妹家以后，二妹一家对他盛情款待，照顾得非常细致周到。两姐妹的关系也相处得很融洽。

一天，两姊妹相邀一起去解手，大妹提出两姊妹相互为对方揩手的建议，二妹给大妹揩手时用柔软的野草；到大妹给二妹揩手时，大妹趁二妹不注意的时候悄悄从身上拿出早已准备好的小刀，心狠地将二妹杀死。脱下自己的衣服换上二妹的衣服，返回家，装成二妹的样子冒充二妹。告诉二妹的丈夫和孩子，说：“大姨已经走了。”就这样大妹取代了二妹，占有了年轻标致的龙子，占有了二妹的家庭。

不久，大妹的孩子出世了，从这以后，大妹对二妹的孩子破口袋处处刁难，只关心自己的亲骨肉，不顾二妹孩子的死活，有好饭菜吃时只给亲生儿子吃，重活、粗活却让破口袋去做。

二妹死后，很不甘心，变成了一只雀儿，在周围的山上观看着破口袋的艰难生活。破口袋每天到山上放牛，二妹都要飞到他的周围来叫：破口袋给人家放牛，破口袋给人家放马，破口袋有父难亲，破口袋有娘是假。一直这样叫。一天，二妹的儿子听着雀儿叫，觉得很好听，被雀儿的叫声迷住了，以至于他放的牛马跑去吃了别人的庄稼都没有发现。他父亲知道这件事情后，就要打骂他。开始破口袋不辩解什么，后来经不住父亲的责骂，他才说出了原委。对此，他父亲将信将疑。破口袋说：“要是你不相信，你明天就跟我一起去放牛，瞧个究竟。”

第二天，破口袋的父亲跟着他一起到山上放牛，果然那只雀儿又飞来如同以往一样地叫个不停。破口袋的父亲慢慢醒悟，对着雀儿说：“你如果是我家破口袋的母亲，我吐口水在手心上，你就飞来吃，如果不是，就算了。”刚说完，雀儿就飞到他手心上来了，他随即将雀儿捉住，带回了家，用细绳把雀儿拴在了楼角的房柱上。

一天，破口袋和他兄弟两人正在吃饭，破口袋吃的是苞谷饭，他兄弟吃的是大米饭。两兄弟边吃边去看雀儿。雀儿飞下来，把破口袋的苞谷饭团衔去和大妹儿子碗中的大米饭团交换，要把大米饭团衔来给破口袋吃。大妹的儿子见此情况，觉得很古怪，跑去告诉他母亲。大妹听到儿子的话，一怒之下，把雀儿捏死了。还把雀儿拔毛烤熟，把肉拿给自己的孩子吃，分给破口袋雀头。破口袋不吃，悄悄把它丢在柴火灰堆里。

一天，邻居一位大嫂制作蜡染时需做的染缸水，来到破口袋家要一些柴灰和碱水。撮灰的时候把雀头也给撮了去。雀头在染缸里变成了一位非常美丽的女子，每天当大嫂出门干活去了的时候，二妹都要出来帮大嫂做家务活，每天大嫂回家，屋里都收拾得干干净净，井井有条，饭桌上还摆着热气腾腾的饭菜。

这样持续了一段时间，大嫂觉得是寨上的哪位好心人一直在帮她的忙，一天晚上干活回家的时候，就在寨子边大声喊：“是谁帮了我的忙，请和我一道来吃饭。”喊了很久，也没人答应。

又过了一段时间，大嫂一直也没有弄清楚是怎么一回事。大嫂为了弄明白这件事情，一天早上假装出门去干活，走到半路返回家中在楼上躲藏起来。不一会就听到染缸里有响动，仔细一看，居然从染缸里走出一位十分美丽的姑娘，把家里的家务一一做完，又把饭菜弄好，自己不吃不喝，又要返回染缸。大嫂及时地走下楼来，叫住了这位染缸姑娘。这以后，大嫂家就多了一位心灵手巧、漂亮的姑娘。

大嫂家有一位漂亮姑娘的消息传遍了整个寨子。

一天，破口袋家的火熄了，父母叫他去染缸姑娘家包火，破口袋见了这位姑娘，自然有一种亲切感，不愿离去的心情。于是他总是把包去的火在半路弄熄，借个机会又转回去，这样接连转回去四五次。在最后一次破口袋转回去包火的时候，染缸姑娘捏了一块饭粑粑给他，叫破口袋把这个饭粑粑送给他父亲。破口袋又一次包好火，拿着饭粑粑回去了。

刚一进家门，破口袋的父亲就骂他，说他去了这么长时间才把火包回来。破口袋把自己见到的事情说了一遍给父亲听，父亲把粑粑掰开来吃，发现里面有一根头发，拉出来一量，足足有九尺长。

事后破口袋的父亲念念不忘这位染缸姑娘，就请一人去邻居大嫂家说媒，想娶染缸姑娘做妻子。大嫂回话说：“结成这门亲事也可以，但要娶姑娘做妻子，必须要垫席从对方家铺到我家来。”

破口袋的父亲按大嫂的说法做了，把染缸姑娘娶回了家。

以后一段时间，大妹和染缸姑娘和睦相处，一家过着平静的生活。

一天，大妹问染缸姑娘：“你是怎么护养你的头发的？你的头发这么长而且又好。”染缸姑娘回答：“有个办法可以让你的头发和我的一样好。”大妹迫不及待地说：“只要我的头发能像你的一样长、一样好，你说怎么办，我完全听你的。”染缸姑娘就教了大妹一个方法。烧开一锅水，在锅上架一棵横梁，双脚踩在横梁上，绑好，弯腰把头发放到开水里洗煮，头发就很容易变得又长又好。

大妹决定要按照染缸姑娘说的办法去做，经过一番准备，水开后，大妹要破口袋的父亲把双脚绑在横梁上，将头发放到锅里洗煮。染缸姑娘看见后，拿着刀过来，割断了大妹脚上的绳子，大妹掉进沸水中，死了。

染缸姑娘把大妹偷偷埋好，把大妹的乳房割下。为了应付大妹外家的追问，染缸姑娘想了一个办法，将一头母猪用酒灌醉，放到床上用被子盖好。通知大妹的外家，说大妹病重，叫他们来看。外家一行来后，要掀开被子看大妹的病情，染缸姑娘急忙制止住，说："大妹病重，不宜揭开被子，任何人都不能看到她的脸面。"

外家在大妹家住了一天，大家都认为来看过情况，也该回去了。染缸姑娘给大家做好晌午饭，叫外家带在路上吃，牵过来一匹马送给外家驮晌午饭，其实一个口袋里装的是大妹的两个乳房，一个口袋里面装的是一窝马蜂包。染缸姑娘一直把大家送出寨子，叮嘱外家："你们走到岩口的时候，把马拴在大家的脚上，你们再吃晌午饭。"

外家走了，走到那个地势险要叫作岩口的地方，一人说："人家叫我们在这里吃晌午饭，我们也赶了这么半天的路，就在这里休息些时候，把晌午饭吃了。"

大家围拢把马拴在脚上，拿出两个口袋，打开第一个口袋，里面是两个乳房，大家大吃一惊，打开第二个口袋时，从里面飞出一窝马蜂，蜇马蜇人，马受蜇疼，到处乱跑，直往岩下跳，这样人马都坠下山崖。

自此以后，染缸姑娘得以和小龙子继续前缘，破口袋也过上了好日子。

这个民间故事是非常具有想象力的，也很神秘鬼怪。生与死的界限在这里并不分明，生是一种形式，死也是一种形式，而且这两种形式是可以转换的，并且是苗族人式的转换。

可以说，这只是"蒙恰"苗人民间故事长河之一滴。

"蒙恰"苗人民间故事有待我们进一步的搜集、发掘整理和研究。

吴秋林文集

第五卷

盘县非物质文化遗产描述与研究

前　言

“非物质文化遗产”（Intangible Cultural Heritage）源于“无形文化财产”（Intangible Cultural Property）一词的英译。它的本意是指那些人类在历史上创造并以活形态方式传承至今的、具有较高历史价值、艺术价值、文化价值与科学价值的知识类、技艺类与技能类传统文化事项。

在这里，“非物质文化遗产”的核心含义是文化中具有的“历史价值、艺术价值、文化价值与科学价值”的事物，具体的类别是“知识类、技艺类与技能类传统文化事项”，而且它的状态是“人类在历史上创造并以活形态方式传承至今的”。不管是“非物质文化遗产”，还是“无形文化财”，它似乎都指的是我们人类文化中无法用具体的形态来代表和表述的文化，而这些文化又往往是人类文化主要和核心构成。在人类的文化中，包含人类意识的文化从总的表现来看，都是可以用物质形态来表达的，但有一部分是为了实际功用而出现的文化，有一部分是为了精神而出现的文化，我们的文化人类学家把它们分为“物质文化”和“精神文化”两大类，认为“物质文化”会随着其物质形态的消失而消失，而“精神文化”在其承载它的物质形态消失之后却不会消失，或者说它们本身从形式上是观念的，精神上也是观念的。在我们今天以“非物质文化遗产”的概念来认识这些文化时，我们却无法从“有形”和无形的概念上完全表述它们。它似乎既有物质文化内涵，也有精神文化的内涵，即“非物质文化遗产”概念关涉了人类文化的这两个部分，但它又不可能完整地来表述人类的文化。

在人类的文化历史中，每一种文化形态都会在其生产方式的基础上，建立一整套“知识类、技艺类与技能类传统文化事项”，以维持整个文化形式的基本运行，但是，一旦在其生产方式发生根本性变革的时候，其新的一整套“知识类、技艺类与技能类传统文化事项”就会诞生，而旧有的“知识类、技艺类与技能类传统文化事项”就会改变和消失，而这些“知识类、技艺类与技能类传统文化事项”又是整个社会具有“文化建构”意义的事物，它们的消失会对社会文化产生深刻的影响，有时甚而是有巨大的负面影响。即便不出现这种负面影响，其也是这个文化系统中类似于“文化基因”的财富，其中“具有较高历史价值、艺术价值、文化价值与科学价值的”部分是不能任其消失的。我们认为，这就是为什么人类要保护自己的“非物质文化遗产”的最主要的原因。

这种保护尤其是在具有悠久历史文化的国家尤其如此。20世纪中的日本就最先面临了这个问题，所以，日本是世界上最早提出“无形文化财”并进行国家性保护的国家。1950年，在日本颁布的《文化财保护法》中，首先启用了“无形文化财”一词，并率先提出对这类文化遗产实施全方位保护。1962年，韩国政府制定《文化财保护法》时，也将“无形文化财”列入自己的保护范畴，并对无形文化财实施政府保护。日本1950年和韩国1962年，都可以说是他们国家面临和即将面临我们所说的上述变革的时代。

中国是一个有着连续性的悠久历史文化的国家，其所谓的非物质文化遗产异常丰富，并且在很久远的年代里对此就有关注，比如我们中国古代的乐官制度，对《诗经》《山海经》《汉乐府》的搜集、整理、出版等等。但如以上的对“活形态”的“无形文化财”的非物质文化遗产保护，却是在21世纪初开始的。这个时候的中国，也正好面临了日本1950年、韩国1962年时所面临的情况。2002年，中国民间文艺家协会启动了一个名为“中国民间文化遗产抢救工程”，2003年，中华人民共和国文化部又启动了一个名为“中国民族民间文化保护工程”。这两个工程的启动，标志着中国非物质文化遗产保护国家行为的正式展开，也说明我们国家的工业化正在实现和新的文化变革正在来临。在这样的情况下，保护旧有时代的文化遗产是我们的当务之急。在这个过程中，我们因受联合国教科文组织有关精神的影响，把这种名为“非物质文化遗产”的保护，但后来联合国教科文组织又受日本和韩国的“无形文化财”概念的影响，又开始使用“无形文化遗产”的新概念，而我们至今没变，所以，迄今为止，仍旧使用“非物质文化遗产”一词的，只剩下我们一个国家了。

有人认为，“非物质文化遗产”译成“无形文化遗产”似乎更为合适。他们的理由有五点：

一是近年来，包括西方国家在内的国际社会已渐觉“非物质文化遗产”翻译得并非十分妥帖，所以，使用“无形文化遗产”一词的人已渐渐多了起来。

二是在“无形文化财产”理念发起国日本，人们也渐渐采用“无形文化遗产”一类的叫法。

三是中、日、韩同属汉字文化圈，日本“无形文化财产”一词使用的就是汉字，将之略作改动，改成“无形文化遗产”也符合国际社会普遍实行的翻译原则。

四是从“信、达、雅”的翻译原则看，与“非物质文化遗产”相比，“无形文化遗产”这种译法显然更接近“无形文化财产”的原意。

五是在中国人的语言习惯中，除非应急，通常是不会使用具有否定意义的“非”字当名词词头的。即或使用，这类词一旦有了合适的称谓，以“非”为词头的语汇将被立即为新名词取代。如萨斯刚开始流行时，慌乱中人们使用了“非典”一词，而当人们一旦意识到“SARS”一词的音译“萨斯”更有利于内容的表达时，“萨斯”

(SARS) 便很快取代了原有名词“非典”①。

我们认为，不管如何翻译这个词汇，“非物质文化遗产”和“无形文化遗产”都是一个全球性的文化概念，它的出现是人类对自身文化深入认识的结果，不管是哪一个文化体的学人创见的这个观念，它都是全人类的共同的文化财富。

我们今天的“非物质文化概念”源于2003年10月17日联合国教科文组织颁布的《保护非物质文化遗产公约》。该《公约》是这样界定非物质文化遗产的：

“所谓非物质文化遗产，是指那些被各地人民群众或某些个人视为其文化财富重要组成部分的各种社会活动、讲述艺术、表演艺术、生产生活经验、各种手工艺技能以及在讲述、表演、实施这些技艺与技能的过程中所使用的各种工具、实物、制成品及相关场所。非物质文化遗产具有世代相承的特点，并会在与自己周边的人文环境、自然环境，甚至是与已经逝去的历史的互动中不断创新，使广大人民群众产生认同，并激发起他们对文化多样性及人类创造力的尊重。当然，本公约所保护的不是非物质文化遗产的全部，而是其中最优秀的部分——包括符合现有国际人权公约的、有利于建立彼此尊重之和谐社会的、最能使人类社会实现可持续发展目标的那部分非物质文化遗产。”

中国“非物质文化遗产”的概念表述，也基本上源于这个定义。

《中国民族民间文化保护工程普查工作手册》上的非物质文化遗产的定义：“是指各民族人民世代相承的、与群众生活密切相关的各种传统文化表现形式（如民俗活动、表演艺术、传统知识和技能，以及与之相关的器具、实物、手工制品等）和文化空间（即定期举行传统文化活动或集中展现传统文化表现形式的场所、兼具时间性和空间性）。”

在此间，中国学者对“非物质文化遗产”概念有许多的研究、认知和理解，在一定程度上推动了中国“非物质文化遗产”方方面面的进程。

对人类的文化，我们人类早就对它有许许多多的认知，有多种多样的对人类自身文化的认知。在这些认知中，最起始的认知就是对文化的分类认知，即我们认知人类自身的文化，首先要把我们面对的文化进行分类，这样我们才能进入文化的内部。

这种分类性质的认知有许多种，有把人类的文化分成两类的，称为精神性的文化和物质性的文化；有把人类的文化分成三类，称为精神性文化、制度文化、物质文化；也有把人类的文化分成五类或者更为细化的……在这些分类中，“三分法”的分类最为流行，是人们认识自身文化最为普遍的分类。

今天新出现的“非物质文化遗产”概念，实际上也是一种在新的历史时期对人类文化的新的分类认知，即在这个概念中，它把人类的文化分为“物质文化”和“非物质文化”两类来认知，似乎关乎于我们物质生活的部分是我们人类的物质文化，而关乎于我们精神生活的部分是我们人类的精神文化。但很明显，这种划分又与“知识类、技艺类与技能类传统文化事项”的说法不一，“知识类、技艺类与技能类

① 苑利主编：《非物质文化遗产学教程》第3页，国际亚细亚民俗学会编印，2007年。

传统文化事项”所包含的不仅是非物质的。这反映出我们“非物质文化遗产”保护在概念上的初始性质，即我们只确定了保护的方向，但如何确定保护的目标和范围，以及比较确切的概念都在进一步的“学习”中。但这里有一点是确定无疑的，即我们在现代工业化中受到影响的过去的传统文化要实施保护，这是我们的文化之命脉，也是我们的宝贵的文化基因财富。过去的传统文化中的“历史价值、艺术价值、文化价值与科学价值”的文化，可能是我们理解“非物质文化遗产”保护的关键词，而这样的理解也几乎包括了“过去的传统文化”的全部，也超越了“非物质文化”的界限……

我们在这样的一本关于非物质文化遗产描述和研究著述中来讨论这个问题，似乎走得远了些，但也说明中国“非物质文化遗产”保护的深刻影响力，以及对我们中国和世界的意义。

这本书的全称为《盘县非物质文化遗产描述与研究》，这是中国数万分之一意义上的非物质文化遗产描述与研究，因为这是中国西南地区偏远的一个县级行政区域在中国非物质文化遗产保护上的努力。我们作为此书的编著者，知道它的意义，我们现今还不能判定它的影响力，但一个县级行政区域能有如此的“非物质文化遗产”保护行动，值得庆幸。

2008年年初，贵州民族学院的近20名师生，为了进行六盘水市非物质文化遗产普查性调查来到盘县，盘县文化体育广播电视局全局以巨大的热情投入到这项工作中来。我们不但圆满完成了这一带有使命性的国家任务，而且我们还有了一个共同的额外收获——《盘县非物质文化遗产描述与研究》。

在盘县非物质文化遗产调查中，主持人为：邹兴林、张亚兰、吴秋林。

参加调查的人有：

贵州民族学院人员有：吴秋林、李相兴、游珍海、郎丽娜、杨春艳、马秋晨、杨三山、郭辰利、罗盛海、徐明燕、周冬梅、党伟、洪花、徐玉挺、刘精礼、王明坤、张斓、丁娟、金垒等。

盘县文体广播电视局及各有关乡镇文化馆人员有：谢丽红、余朝政、陈黔生、陈洪龙、陈兴志、袁飞、王忠达、兰爱菊、姜兆龙、王友光、唐本兴、匡中英、唐浩、朱大国等。

最后的总修定为吴秋林。

第一章　盘县非物质文化遗产概述

吴秋林

盘县具有悠久历史文化，地处中国西南地区的崇山峻岭，地理上位于贵州行政区域的边缘，是云南高原与贵州高原的过渡连接地带，并且是贵州省通往云南省的重要通道。盘县在民族文化生境上处于一个比较特殊的地方，它既受贵州地域文化的影响，也受云南地域文化的影响。在贵州省内，这个区域在北面受到来自黔西北地域文化的影响，在南面又受到来自黔西南地域文化的影响……

盘县不是一个民族自治县，但是一个拥有十数个民族乡的多民族聚居的地区。彝族的某些支系在云南彝族“东进”时就来到盘县地区居住，是开发盘县最早的居民之一。

在盘县的非物质文化遗产描述与研究中，有两个概念最为重要，一个是民族的概念，一个是区域的概念。因为盘县的非物质遗产与其他许多地方的非物质文化遗产概念一样，都是与民族和区域无法分开的，即非物质文化遗产在这些地区是以民族和区域来展示的。盘县是一个多民族文化分布的县，其非物质文化自然也是这样来展示的。所以，我们的非物质文化遗产描述与研究，就是以民族区域来进行描述与研究的。

在这些民族区域非物质文化遗产描述与研究中，我们又是以个案的形式来表述的，即一个民族区域我们不可能就整个的区域进行全面性的调查，而是以最具有代表性的做点上的调查为主，兼及面上情况的描述，以此来表述整个区域的非物质遗产状态。

在具体的民族区域性的非物质文化遗产描述与研究中，我们还不是只就单一的“知识类、技艺类与技能类传统文化事项”的方面入手调查和研究，而是从整个的民族区域文化的基本表现着手。我们知道，多民族地区的非物质文化遗产的表现和单一民族地区的非物质文化表现不一样，它所依托的民族文化呈现极为复杂的多样性，你不清楚这一民族地区的基本民族文化表现，你很难理解其非物质文化遗产的意义。

在中国，整个的农耕文明的文化在其非物质文化遗产表现上，可能有高度一致性，但在西南地区，游牧、渔猎、采集等文明形式却大量残存在这些民族文化和民族地区文化中。即每一个民族和民族地区的非物质文化遗产表现，所依托的文化可能都是不一样的，而每一种文化背景，也只能解释自己的非物质文化遗产的意义。我们在盘县非物质文化遗产的描述与研究中，遵循的就是这样的基本原理。

第一节　盘县概况

在盘县的概况叙述中，我们的资料来源主要为《盘县特区志》（贵州省盘县特区地方志编撰委员会编，方志出版社，1998 年），但十年后的盘县变化很大，其县名已改为“盘县”，县城已迁至红果镇，县人民政府驻地也迁至红果镇。故在叙述中我们做了相应的变动。

盘县位于贵州西部，北纬 25°19′36″~26°17′36″，东经 104°17′46″~104°57′46″之间。东邻普安，南接兴义，西连云南省富源、宣威，北邻水城，全境南北长 107 公里，东西宽 66 公里，总面积 4056 平方公里。

县境历史悠久，有距今约 30 万年的旧石器时代古人类遗址——盘县大洞（原名十里大洞）。古为夜郎地，汉属宛温。晋隶属宁州，刘宋时置西安县，南齐称西宁县。唐初为训州地，贞观八年（634）置盘州，天宝后至宋代为于矢部（齐弥部）。元初置普安路。后升招讨司，继改宣抚司，复为普安路。明洪武十五年（1382）卫府并设，改普安路为普安府，另置普山府（土府），土流二知府与卫同地分治。后普山府废，普安卫升军民指挥使司（后亦废，复称卫）。永乐元年（1403）设普安安抚司，永乐十三年（1415）安抚司废，改置普安州。万历十四年（1586），迁普安州与普安卫同城而治。清顺治十八年（1661）析州属三营三里地置普安县，康熙二十六年（1687）裁普安卫并入普安州。嘉庆十四年（1809）升普安州为直隶州，十六年改普安州为普安直隶厅。宣统元年（1909）改盘州厅。民国 2 年（1913）改盘县。中华人民共和国成立后仍为盘县。20 世纪 60 年代，国家开展“三线建设”，为开发盘县煤田，于 1965 年由盘县划出 9 个公社，云南宣威划出 3 个公社设盘县矿区（后改称盘县特区）。1970 年，盘县特区与盘县合并，仍名盘县特区。……现经“撤区并乡”的体制改革后，盘县有 38 个乡镇。其中民族乡有：1. 普田回族乡；2. 鸡场坪彝族乡；3. 旧营白族彝族苗族乡；4. 马场彝族苗族乡；5. 羊场布依族白族苗族乡；6. 保基苗族彝族乡；7. 淤泥彝族乡；8. 普古彝族苗族乡；9. 坪地彝族乡；10. 四格彝族乡；11. 松河彝族乡、区境为黔滇交通孔道，素称“黔滇咽喉”。明洪武年间傅友德率军入云南，克普安路后，留兵 3 万余人。普安卫为当时贵州境留兵最多之卫。清咸同年间，大坡铺回民张凌翔，马河图起义，坚持斗争长达 14 年。民国 25 年（1936），中国工农红二军、红六军团长征途中在县召开“盘县会议”，决定战略转移，北渡金沙江。红军离开盘县时，区境 700 余人参加红军……

全境地势西北高，东部和南部较低，中南部隆起。北部的牛棚梁子主峰海拔 2865 米，东北部的格所河谷海拔 735 米，相对高差 2130 米。由于地势的间隙抬升和南北盘江支流的切割，形成了境内层峦叠嶂，山高谷深的高原山地地貌。山地面积占总面积的82.4%，丘陵占9.2%，坝地占2.4%。

盘县属亚热带气候，冬无严寒夏无酷暑，年均气温15.2℃，年均无霜期271天，日照时数1593小时；年均降水量1390毫米，雨热基本同季。5—10月的降雨量占年降雨量的88%，适宜于动植物的繁衍生长。

这就是盘县非物质文化遗产所生存于斯的地理文化生境。

第二节　盘县彝族非物质文化遗产概况

正如以上所述，盘县非物质文化遗产描述是在民族和区域这两个概念基础上的叙述，于此，我们把盘县非物质文化遗产描述与研究分成了以下几个方面来叙述：一是盘县彝族文化区域；二是盘县布依族文化区域；三是苗族文化区域；四是水族文化区域，五是汉族文化区域（主要为工艺文化）等。在这五个区域中，其非物质文化的表现形式和所依托的背景文化都是不一样的。

在这些民族文化区域中，以彝族的区域文化表现最为突出。

彝族是盘县定居最早的少数民族，据史料记载有近两千年的历史。

盘县彝族分布于普古、淤泥、羊场、保基、坪地、四格、鸡场坪、松河等乡镇，据2000年全国的人口统计数字，盘县彝族人口有96101人，为全县总人口的9.6%，占盘县少数民族人口的60%。

盘县彝族主要分布在盘县北部地区，在盘县的其他地区也有零星分布。

彝族由于进入盘县的迁徙线路不同，盘县的彝族又大致分为两个文化区域，一个是以淤泥河、鸡场坪、松河一带为代表的文化区域；一个是以坪地、普古、四格等地为代表的文化区域，我们分别在行文中称“淤泥河、鸡场坪、松河一带”为彝族甲区域，称“坪地、普古、四格等地”为乙区域。这两个彝族文化区域在文化上是同源的，都是源于云南的彝族文化，但是，他们在以下三个方面又有区别，一是丧葬仪式上的区别，二是迁徙线路的区别，三是服饰上的区别。第一和第三方面的区别我们在描述和研究中会进一步地展开，而第二个方面的区别在于，前者主要是从云南境内直接迁徙进入贵州盘县境内，后者是从云南先进入威宁地区再辗转迁徙进入盘县境内。从文化人类学的角度来看，盘县彝族甲区域的彝族人没有参与彝族先民在黔西北地区的“文化整合”性发展，而是走了另一个方向的“文化整合”性发展，所以，这两个区域文化是有许多方面区别的。但是也应该看到，在这两个区域在地域上为一体后，又有一系列的相互影响。

这个区域的非物质文化遗产表现在盘县具有重要意义，在贵州省的彝族非物质文化遗产上也具有重要意义，因为它们是贵州省最具有彝族原生态文化的区域之一，也因为原来的彝族文化中心的黔西北彝族文化，在现今变化太大，已经消失的彝族文化太多了。

盘县的彝族非物质文化遗产是盘县地区非物质文化遗产最为重要的组成部分，我们在此书的第二章至第八章中，描述和研究的就是盘县彝族的非物质文化遗产。

盘县彝族的非物质文化遗产的概况，我们可以从以下几个方面来概述：一是丧祭类非物质文化遗产；二是婚姻习俗类非物质文化遗产；三歌舞类非物质文化遗产；四是民间文学类非物质文化遗产；五是工艺类非物质文化遗产；六是传统知识类非物质文化遗产。当然，还有语言文化类非物质文化遗产，但这是专业性极强的非物质文化遗产表现，不在我们描述和研究的范围。

在这些方面，盘县彝族文化中都有极为丰富的表现。

丧祭类非物质文化遗产是彝族非物质文化遗产中最为重要的一个组成部分，因为它不但决定了彝族人的文化基本性质，还为彝族的其他文化表现提供了平台和依据，在一定程度上是其他非物质文化遗产表现的基础。

盘县彝族人的丧祭一般称为“转场”，有“看情况”“绕棺”“赶水”“新魂指路入材”“搭鬼房转场”“念经解决”“洒水”“引魂念指路经”“解索”，以及“招魂”“寻灵入筒”等等，这主要是盘县淤泥乡一带彝族人的转场仪式，属于盘县彝族甲文化区域的文化表现。在这样的丧祭仪式中，由于死者的各种不同性质的死亡，其仪式过程和又有不同的表现。

在盘县彝族乙文化区域里，其丧祭的基本仪式过程有：在死者去世后一般要有“落气”“穿衣”“入棺”“ 看日子”的过程。这个过程完成之后，就要进入正常的“转场”仪式了，在盘县的坪地乡，我们直接观察到了这样的过程。

这场仪式前后算下来举行了四天，能够分解和数得出来的仪式有（按照每天分布）：

第一天

一、接毕摩（在家门口的街上，众孝跪接，时间约在下晚）。二、献饭（在棺木大头前，众孝跪献，从大到小，从长及幼，时间是晚上）。三、招魂（毕摩用筛子围棺敲打，时间是献饭后）。四、祭牲（用的一只鸡，众孝跪。晚上是唱孝歌。）

第二天

一、设灵（即在家门口做一个灵筒，时间是上午）。二、出堂（把灵请出灵堂，到野外做“破狱”仪式）。三、破狱（即做一种把旧亡灵从狱中解救仪式，在野地里，时间是中午）。四、为旧死的亡灵（其父亲）做“解结”，让其解脱阴间的一切枷锁。五、祭牲。六、走网丝城。七、祈福。八、开丧。九、踩场。

第三天

一、转场出堂。二、起棺。三、叫魂（为生者叫魂，意义是要起棺了，生者的灵魂叫回来，不要跟死者去了）。四、扫场。五、献饭。六、接马郎家来转场的人众。七、晚上大转。

第四天

一、献牲。二、请师、用指路羊。三、洒水。四、献酒、为孝众解结。五、砍杆、倒鬼房。六、献饭、指路、上山送葬。七、钻棺。八、合灵。九、请祖灵牌。

至此，整个坪地彝族的“转场”丧葬仪式结束。

在盘县彝族乙文化区域里，有些过程是在盘县彝族甲文化区域里没有的，同样，在盘县彝族甲文化区域里，有的丧祭过程在盘县彝族乙文化区域里也没有。

这样的丧祭过程所包含的彝族文化是核心性质的，因为它包含了彝族人信仰文化的基本表现。我们知道，彝族人的信仰主体是“祖灵信仰”，而“祖灵信仰”的起点形式就在其丧祭文化中，不管是在盘县彝族乙文化区域里，还是在盘县彝族甲文化区域里，其丧祭仪式最后都要产生一个“祖灵筒”。这个祖灵筒就是彝族人祖先灵魂的居所，是生人敬仰的象征。有了这些，我们才能在文化中结构出各种各样的文化，发展一个文化的文明。在实际的表现中，这两个区域中的彝族人的丧祭活动，直接就是现今彝族人歌舞文化的展示平台和主要歌舞文化的策源地，因为彝族人的许多歌舞首先出现在丧祭活动场所，先是表演给神灵看的，然后才转化为给人看的歌舞。

在彝族人的丧祭文化之外，其他体现信仰文化的祭祀活动也有存在，毕摩们除了做“转场”一类的丧祭活动外，还能做另外一些祭祀活动，并且这些信仰性质的祭祀活动在彝族还有一定程度的存在。如祭山、祭祖、扫寨、解身上、招魂等等。

在盘县彝族的婚姻习俗类非物质文化遗产表现中，也是一个如丧祭一样的文化平台，不过它展示的是世俗社会的一系列的文化事象。

在盘县彝族的婚姻文化中，旧时多有“包办婚”“抢婚”“转房婚”“招赘婚”等一系列的婚姻形式表现，并且在现今还有一定的遗存。这是外在的婚姻形式，它还有内隐的一系列婚姻规则，如“内婚原则”“等级原则”“血亲原则”“家支外婚原则”等等。这些婚姻原则至今仍然在一定程度上影响着盘县彝族人的婚姻生活。

现今在盘县彝族社会中实际存在的婚姻变化很大，基本上是以下的过程来表现：一、对歌；二、请媒人；三、吃订婚酒、押八字；四、接亲；五、迎亲；六、回门；等等。是传统婚姻仪轨与现代自由恋爱的结合。在盘县彝族人的婚姻习俗平台中，第一个环节青年男女“对歌”中会出现“情歌”，在接亲的环节会出现“苦情歌”“哭嫁歌”“婚礼仪式歌”“古歌”“盘歌”“酒令歌”等等（在各地有不同的说法）。这是盘县彝族人歌唱艺术最为集中的体现之处，有时候，还要出现彝族人的器乐表演，如“木轰乐队”的出现。总之，盘县彝族人的婚礼习俗不但表现了自身的婚姻文化，还为彝族人的音乐艺术搭建了一个平台。

在盘县彝族工艺类非物质文化遗产中，妇女服饰文化是其主要的表现形式。在盘县彝族中，我们还能看到一种独特的纺织工艺过程，这个纺织工艺过程最后的产品基本性质变化不大，但是其纺织机具、形式却与我们以前所见过的纺织机具大不相同，应该不是“黄道婆平机”的纺织机类型，是彝族人自己创造的独特的纺织机具。

在彝族服饰文化中，有刺绣、挑花，但没有蜡染、织锦等。其服饰一般是在剪纸花样上来刺绣，彝族中有专门的技艺高超的剪纸妇女，所以，彝族妇女要绣花，一般都会去或求或购。这样一来，彝族服饰花纹一般都比较传统而稳定。

在盘县的鸡场坪乡，还出现了专门的艺术剪纸的民间艺人。剪纸艺人受现代剪纸艺术的影响，把盘县彝族独特的文化生活作为自己作品的表现形式，有很高的艺术价值，也促进盘县彝族民间艺术的发展。

在盘县彝族中，其歌舞类的非物质文化遗产丰富多彩，富有特色，并且是一种处于传统的神性舞蹈和神性歌唱向人性舞蹈和人性歌唱转化的歌舞艺术，在文化遗产性上具有很高的价值。这些歌舞艺术，多依托于彝族丧祭活动和婚姻活动，要真正理解这些歌舞艺术，离不开对丧祭活动和婚姻活动的理解。

在盘县彝族中，其民间文学类的非物质文化遗产也很丰富，尤其以叙事长诗为突出，但是，我们在这方面所作的调查和研究最少，只见到几首叙事长诗，所见不多，但在民间透露出来的信息表明，这方面的遗存是很丰富的。

第三节　盘县其他民族非物质文化遗产概况

在盘县，彝族的非物质文化遗产最为丰富，但在盘县区域内的其他民族非物质文化遗产也很有特色。

在盘县，属于这里所说的其他民族非物质文化遗产大致有：苗族的非物质文化遗产、布依族的非物质文化遗产、水族的非物质文化遗产、汉族的非物质文化遗产等几个部分。

一、苗族非物质文化遗产

在盘县境内，苗族是一个有多个支系的民族，据相关调查，在盘县有小花苗、白苗、喇叭苗、大花苗等苗族分布。

小花苗、白苗主要是早年从毕节地区迁徙而来，在盘县呈零星的小聚居分布，没有形成区域性的文化表现，所以，在盘县非物质文化遗产的表现并不十分显著。另外，其民族文化的主要表现区域也不在盘县，所以，我们在盘县各民族非物质文化遗产中也没有一定的调查和了解。

喇叭苗是一支在明代从湖南迁徙而来的苗族，是为了镇压“红苗仡佬”而来的屯军性质的民族，他们主要沿北盘江两岸分布，包含晴隆的长流、中营，普安的龙吟，水城的龙场，六枝特区的中寨等地，约有20多万人，盘县的喇叭苗就是这支苗族的一个组成部分。这支苗族的妇女头饰独特，服饰具有独具一格的特点，在服色上与屯堡人有相似之处。其绣花主要表现在背小孩子的背扇上，颜色以桃红为基调，为堆绣，花形饱满圆润，浮雕感很强，在其他绣饰上，花纹和花色都会有一定程度的变化，但背扇上的花纹和花色却非常稳定，极少变化。

喇叭苗这种服饰上的独特表现，在非物质文化遗产的表现上是很有价值的。

喇叭苗在丧祭和婚姻习俗上也有自己的表现，但并没有太独特的东西。在非物质文化遗产的表现上，其主要区域也是在外县，不是盘县非物质文化遗产的主流。

被称为大花苗的这支苗族主要居住地在盘县马场乡滑石板村一带，是盘县苗族非物质文化遗产表现最为亮丽的部分。

大花苗在丧祭上也有黔西北地区苗族独有的丧祭仪式——解簸箕，其族源关系似乎是早年从黔西大定（今大方县）迁徙而来。

大花苗人口不是很多，但有着极为鲜明的民族文化色彩。其丧祭等信仰文化的变化不大，但在婚姻习俗上有了不少的变化。

在马场乡苗族中，有两个方面的非物质文化遗产表现引人注目，一是以妇女为主表现的服饰艺术；二是以男人为主表现的民间音乐艺术，其主要又体现在器乐演奏上。

在服饰上，“居住马场乡一带的花苗，女上装为蜡染绣花衣，花色多以红、黄、白三色相间，色彩醒目，对比强烈。衣领和服饰，右开襟；刺绣以平绣和挑花为主，领口、袖口和襟沿均镶花边。胸、背部镶菱形花边。下装有的穿布裤，有的在布裤外又穿各种花纹的蜡染百褶裙，腰系黑色镶边围腰和白布底绣花彩带。在头饰上，少女一般梳辫；妇女则较特殊，内缠真发，外盘假发于前额上方，向后蓬起成大包头，有的还插一把弯梳。耳戴银质圆形耳环。苗族女装的制作费工费时，一套盛装需一年半载方能完成。男装，穿蜡染绣花和罗裙者已为少数；多数外穿右开襟长衫，下穿布裤，腰系白底或黑底绣花彩带，头上为黑色盘状包头。……”（见曾贤湘《苗族民族风情》《盘州风韵》第 193 页，贵州民族出版社，2007 年）

在盘县马场乡，其苗族的服饰艺术有蜡染、刺绣、挑花、织锦等，每一件衣服实际上就是一件艺术品。

在盘县马场乡，音乐是其最有影响力的非物质文化遗产表现，其在 20 世纪 50 年代就有很大的名声。

其音乐主要是其器乐上的表现。有芦笙、直箫、大筒箫、口弦等，芦笙是苗族中普遍都有的乐器，口弦是特定的男女之间爱情游戏的乐器，这在马场苗族中也有。但滑石板“大花苗”中的乐器最为突出的是直箫和大筒箫，这是滑石板“大花苗”最特有的乐器，并且，在 20 世纪 50 年代前后，由滑石板“大花苗”中的一位叫王连兴的苗人，把它发展成为苗族音乐中器乐演奏水平最高一种乐器。

有音乐就有歌舞，在盘县马场乡，歌舞是其音乐的一种伴生物。

在盘县马场乡，由于热爱器乐演奏，其乐器的制作也成为一种特有的工艺性文化表现，芦笙、直箫、大筒箫、口弦等乐器的制作也是盘县马场乡苗族非物质文化遗产的一个组成部分。

二、布依族非物质文化遗产

在盘县，布依族亦是一个有许多分布的少数民族，但其主要分布在盘县北部的北盘江南岸，盘县的羊场乡就是这一分布人口最为集中的地方。

盘县布依族在族源关系上与六枝特区毛口一带的布依族是一体的。布依族在语言上基本相同，但在服饰等文化表现方面会有一定程度的差异，所以在贵州省又分成多个有一定文化差异性的文化区域，而盘县的布依族基本上属于北盘江两岸布依族文化区域内的布依族。这个区域内的布依族，基本服色与册亨、望谟的布依族一致，但很擅于捶制蓝靛精布，不过，他们又在胸前、衣袖边、裤脚边有一些的挑花、刺绣，表现了自己独有的服饰特色。

盘县布依族在丧祭文化上有自己固有的文化信仰观念表现，但由于长期与彝族等民族杂处，其丧祭也受彝族等民族丧祭文化的影响。

盘县布依族婚姻习俗既有青年男女的情感自由空间，亦有非常顽固的旧有习俗，不过，在这个平台上，其民间性质的歌唱艺术得到了巨大的发展和重视，布依族把这种歌唱称为“盘歌”。盘歌不仅在婚姻礼俗中唱，但婚姻礼俗是其一个主要平台。

在盘县布依族中，传统工艺的纺织技艺仍然存在，并且在布依族传统服饰的制作中，一部分还成为交易的商品。

在盘县布依族中，民间文学主要以故事传说为主，亦是比较丰富的。

三、水族非物质文化遗产

在盘县柏果镇，有一支约数千人的被称为“水族”的少数民族，他们的非物质文化遗产表现也是比较丰富的。但这支水族与贵州省三都、荔波一带的水族完全不同，没有任何的族源关系和文化联系。这支水族说的是布依话，习俗基本与水城湾子一带的布依族相似，但他们在 20 世纪 50 年代的中国民族识别中被划为“水族”，理由是“他们是住在水边（拖长江）的民族”。

在这支水族中，丧祭文化和婚姻习俗文化均与布依族有许多相似之处。服饰文化从纹饰、服色、挑花刺绣的工艺来看，基本与水城湾子的布依族相似，应该是一个文化范畴的事物，但这里的民族称谓为水族。

在这支水族中，可能最为独特的是其铜鼓文化。在这支水族中，他们保存了一对比较古老的铜鼓，有一称为“十二则”的鼓谱。这个铜鼓在演奏中还有皮鼓和钹相伴，在过年的节日中打，在丧祭中也打，但只打铜鼓不打皮鼓，在喜事中打铜鼓及皮鼓，并可以跳铜鼓舞。

在铜鼓的演奏中有一些禁忌。

铜鼓十二则是贵州省布依族文化中一个具有神秘色彩的文化事象，但这个文化事象在盘县这支水族中却表现得相对古老和完整。

四、汉族非物质文化遗产

汉族是主体民族，其非物质文化遗产丰富多彩，但盘县汉族非物质文化遗产我们只涉及其工艺文化。

在盘县汉族工艺文化类非物质文化遗产中，工艺上以其老厂的造纸最有特色，在工艺仪式上以传统工艺中的木艺祭祀最有价值。

老厂的造纸民间说有 72 道工序，但这只是一个传说，实际中一般来说只有十数道主要的工序。重要的是，盘县老厂造纸工艺的规模是中国目前比较大的一处传统工艺造纸基地，有数百窑孔，数千人经营，产量也很大。我们在调查中发现，在山西、陕西、广东、云南等地的民间传统性质的造纸中，规模都很小。

盘县老厂的造纸历史悠久，又在本地的自然条件下独创了一套适应本地气候的造纸工艺，在总的工艺文化中又有自己独特的意义。

盘县汉族木艺工艺文化中，其现实意义已经很弱化了，但保存下来的各种“鲁班祭词”却有很高的文化价值。如《法里修造》《修房盖房》《祭梁吉利》《上梁吉利》《鲁班师傅树大门》《踩门吉利》等木业祭词，是我们中国工艺文化中宝贵的精神财富。

第四节　非物质文化遗产意义

国家在21世纪初提出“非物质文化遗产保护”这一概念，我们认为，与“非物质文化遗产保护”这一概念相一致的实质性的国家政策很快也会出现。因为它的出现与我们国家的一些新的说法完全吻合，如“文化软实力”“重振中华民族精神文化”“经济文化向精神文化的转化”“文化信心的重构”“东方文化精神的再发现”等等。

认识盘县的非物质文化遗产的意义，我们以为离不开这样的国家大背景。

盘县非物质文化遗产的意义，我们首先应该从以下几个方面来认识。

一、地区非物质文化遗产的民族性

在国家范畴内，非物质文化遗产可能不会专门的考虑非物质文化遗产的民族性，但是，在地区性的非物质文化遗产表现中，却是我们论述非物质文化遗产意义的一个重要方面，尤其是在边远的少数民族地区，非物质文化遗产的民族性就显得特别重要。因为这些地区的非物质文化遗产的话题，主要就是在少数民族文化中展开的。

地区非物质文化遗产的民族性在边远少数民族地区的重要性，我们首先要从这些地区的非物质文化遗产的基本构成来理解它们，在边远少数民族地区，其非物质文化遗产主要部分基本上是呈现在民族文化之中的，故而，在这些地区，民族文化一定程度上就是非物质文化遗产，或者说是该地区非物质文化遗产的主要部分。在这些地区，我们所寻找非物质文化遗产就主要表现在少数民族文化中，此地的少数民族文化表现丰富，非物质文化遗产就丰富。同样，我们要解读和理解这些地区的非物质文化遗产，也要从对民族文化的理解入手，你能够理解了此地的民族文化，也就能够理解非物质文化遗产的意义。

另外，我们还可以从文化的基本性质上来理解地区非物质文化遗产的民族性。

在中国，我们说各民族同源一体，不一定在每一个少数民族中都适合，但这绝对是中华民族大家庭的主流。在边远少数民族地区，其文化基本上是由少数民族文化构成的，它的文化的基本性质就是以少数民族文化为主，或者说以少数民族文化为主要特色，是这个地区文化的代表性文化，这样，它也绝对影响到这一地区非物质文化遗产的性质，也就是说，这一地区的非物质文化遗产性质是由地区民族性来决定的。在这样的地区，我们如果不谈民族文化的基本性质，我们是说不清楚非物质文化遗产的意义的。可以说我们如果“不知道”民族文化、“不知道”少数民族文化，也就不可能知道非物质文化遗产。

理解地区非物质文化遗产的民族性的问题，我们还有一个策略性的问题，即在中原地区，我们可以在汉族的文化中寻找所谓的非物质文化遗产，但在这样的地区，我们寻找非物质文化遗产就主要在少数民族文化中去找，而不可能在汉族中去寻找。也许这一地区的汉族人口在地区中仍然是多数，也有一定程度的汉族文化表现，但这样的汉族文化不过是中原地区汉族文化的延续，在特色上不可能比中原地区的汉族文化更浓厚，也一定不会是这一地区文化的代表。在这样的地区，我们只能把非物质文化遗产的立足点放在少数民族文化之中，只有这样才能在非物质文化遗产的表现中呈现自己地区的特色。因为文化的意义中我们除了关注它的基本影响力之外，我们还特别关注文化多样性的问题。这在少数民族地区尤其重要，因为这时候，其汉族文化的基本影响力已经不是其主要方面，而文化多样性是其主要方面，所以，当地的少数民族文化在其非物质文化遗产的表现中就显得特别重要，这一地区非物质文化遗产中的文化多样性就上升到第一位。也只有这样，我们才能在地区的非物质文化遗产表现中找到地区的特色。

我们强调非物质文化遗产的民族性，其意义就在这里。但从另一方面来理解，这也是少数民族地区非物质文化遗产的一个重要特色。这个性质也会带来另外的问题，即我们在这样的非物质文化遗产的描述中，一定会受到民族文化描述的影响，即我们在一定程度上是从民族文化角度来描述地区非物质文化遗产的。同样，地区民族文化的性质，也在一定程度上影响到非物质文化遗产性质的描述，也可以说，这些地区的非物质文化遗产要根据少数民族文化的基本状态来进行描述。所以，我们对地区民族文化的理解程度直接影响到对地区非物质文化遗产的理解。

从地区非物质文化遗产保护项目的设立来看，地区非物质文化遗产的民族性也直接影响到这个方面，简单而言，少数民族地区非物质文化遗产保护不可能与中原一带的汉族去争相同的非物质文化遗产保护项目，地区非物质文化遗产的民族性质，就是我们地区非物质文化遗产保护项目与众不同的起点，我们只有从这个方面去寻找别人永远也不可替代的非物质文化遗产保护的特色。

具体到盘县非物质文化遗产保护的策略性，除了上述总的原则外，我们还要注重在地区中寻找其他地区非物质文化遗产保护中不可替代的地方，如彝族非物质文化遗产保护就是具有地区代表性的方面。苗族音乐歌舞文化就是苗族文化中不可替代的非物质文化遗产保护的特色项目。

二、地区非物质文化遗产的民间性

所有的非物质文化遗产都相对地处于民间状态，所以地区非物质文化遗产的民间性是我们认识非物质文化遗产的第二个重要的属性。这在贵州省非物质文化遗产中也非常重要的，多数贵州省的少数民族文化基本都处于民间状态，理解少数民族文化的民间性质，对我们来说也是非常重要的。

民间是相对于官方而言的，民间文化也可以说是相对于主流文化和书面文化而言的。每一个文化体基本上都有主流文化和书面文化和民间文化相对而言的表现。我们的非物质文化遗产，在这个意义上可以超越民族文化的状态，更多的时候就“生存”于民间文化中，民间文化的性质也能够直接影响到非物质文化遗产性质的表现。

民间文化有自己的基本表现内容和形式，有自己独特的性质和意义。把这些个方面归纳起来，它大致有以下几个方面的性质：

1. 自在性，受几千年文化的自在运行法则左右。

2. 良好和独特的传承性，受“集体无意识”的支配，有许多传统文化得以保存和发展。

3. 文化传统色彩强烈。

4. 地域性表现明显。

第一个方面指的是民间文化的“自在性”，即几千年它可以超越政治、历史、意识形态，处于一种自在运行的状态，是一个文化体的基础性运行机制，它可以避免来自政治、历史、意识形态的“遮蔽”，呈现文化的“本真性”。所以，这也是一个文化体永远需要来自民间文化滋润的永恒理由。在一定程度上说，这也是非物质文化遗产保护最为根本的目的。

第二个方面是指民间文化的运行机制中有一种在文化人类学中称为“集体无意识”的事物存在，它是文化自在运行机制的主要目的，因为在民间文化的运行中，这种“集体无意识”就会发挥作用，使传统文化在这样的运行中得到良好的传承。这种传承由于是一种“集体无意识”的状态，来自政治、历史、意识形态等方面的因素是没有办法作用于它的运行机制的。这样的传承在很大的程度上也就超越了政治、历史、意识形态的影响，成为文化最为真实的一个组成部分，也是我们文化传统中最为珍贵的一部分。

第三个方面指的是民间性的文化多数都会是传统色彩浓厚的文化，与现行的流行文化一般是对立的。这个方面是民间文化的一种外在表现，不一定每个传统的都是民间的，但每一个民间的基本上都会是传统的，或者说是与传统有密切关系的。

第四个方面说的是每一个民间文化事物的呈现，一般都是地域性质的，只在一定的地域文化中呈现它的独特意义和作用，表现为强烈的民间文化的地域性，这也是我们所说的民间文化性质的一个基本表现。

正因为有以上几个方面，才决定了非物质文化遗产民间性在非物质文化遗产中的意义。实际上，非物质文化遗产的保护，根本上就是一种民间文化的保护。在中国，非物质文化遗产还没有成为文化保护的一个概念的时候，我们所说的文化保护概念直接就是“中国民间文化保护”，直到2003年，我们才把“中国民间文化保护”的概念直接替换为“非物质文化遗产保护”。这也说明了非物质文化遗产民间性在非物质文化遗产概念中的重要性。

从历史文化的进程中来说，官方的文化是一种典籍和文献性质的文化，不管其文化是否具有活力，它基本上不会消失，只是换一种存在，而民间的文化在生产方式的重要转换过程中，由于没有如官方文化的转换机制，就会发生国家性的重要遗失，而这些又是一个文化体的重要财富和重要文化资源，不能任其丧失，所以，从民间文化中保护这些事物，也是我们认识非物质文化遗产民间性一个重要方面。

在中国，保护民间文化的文化机制早就存在，如中国历史文化中的“礼失求诸野”，它很早就已经是中国的文化惯例。民间与官方的“交流”是永远存在的，“礼”是官方的，“野”就是民间。我们也可以说现今的非物质文化遗产保护也就是中国文化惯例的新时代表现，也可以说是“联合国化”。

三、地区非物质文化遗产的独特性

从区域文化而言，地区非物质文化遗产的概念中，还要注重其非物质文化遗产的独特性表现。我们除了在民族性和民间性上寻求其独特性外，还要从其文化的个性表现中寻求其独特表现。这是一种非物质文化遗产保护细节上的要求，即我们做一非物质文化遗产保护的项目，不但要从大的特性上去考虑问题，还要更多地从形式上来认知其非物质文化遗产的独特性。在一个普遍存在的文化中，注意寻找其独具一格的表现，在有相同保护对象的时候，注重保护对象的特有形式和特色。

四、地区非物质文化遗产的可操作性

在地区非物质文化遗产的概念中，可操作性是一个面对现实的问题。在非物质文化遗产的保护中，我们不但要有许多方面的原则和定义，也有如何实现这些原则和定义的操作过程。这就是我们所说的地区非物质文化遗产的概念中的可操作性。在现实中，有的保护是可以直接实现的，有的是可以通过保护某个人或者说是某个事物来实现的，但有的非物质文化遗产保护就不是可以用某一个单一的方法可以实现的。并且在实践中，有的非物质文化遗产保护的操作性是直接的、明了的，但有的非物质文化遗产虽然很重要，但我们却找不到一个可以明确操作的保护过程。这里有两个方面，一是本身这一非物质文化遗产特殊性，使你无法用直接具体的方法来实施保护；二是我们没有找到这一非物质文化保护对象的可以操作的保护方法。我们在这里论述地区非物质文化遗产的可操作性，就是要在理论上注重地区非物质文化遗产概念中的可操作性意义，使我们在实践中，增强地区非物质文化遗产保护中可操作性。

总归而言，非物质文化遗产是一个民族要屹立于世界民族之林的基本要素，是一个民族或者说是一个国家的精神文化的主要支柱。哪一个国家的非物质遗产丰富，这个国家的“可持续发展”的能力就强。

非物质文化遗产还可以直接转化为一个国家经济发展的动能。

非物质文化遗产是一个民族或者说国家持家的财富。

单纯的经济发展直接损害了一个民族或者说国家的非物质文化遗产。

资本主义的商品经济文化带来的是全球一体化的文化，这种文化直接损害了文化多样性。

文化多样性损害的最终对象就是世界各地各民族的非物质文化遗产。

非物质文化遗产保护政策是在基本实现和正在实现工业化国家及地区中被提出来，并得到重视。

在中国，非物质文化遗产保护工作是衡量一个地区是否基本实现工业化经济的标志。

非物质文化遗产保护工作的开展与否已经与本地区可持续发展直接挂钩。

对盘县非物质文化遗产的意义认识，我们离不开这些总的概述，但盘县非物质文化遗产保护，从地区意义上来说，是具有独特地位的。我们要从以下几个方面来认识：

一是独特的活形态的多来源的彝族非物质文化遗产，这是贵州省目前表现最为完整的活形态的彝族文化，其中的非物质文化遗产的意义不仅是盘县，而是贵州省彝族非物质文化遗产最为丰富多彩的地区。

二是盘县马场苗族的民族民间音乐歌舞艺术，是盘县，也是贵州省苗族中最为独特的苗族音乐歌舞艺术的表现，在非物质文化遗产上具有独特的性质，因为它是苗族器乐艺术文化的最高表现，要在贵州省寻找苗族民间器乐艺术的最高表现，就只有马场乡滑石板的苗族了。

三是盘县老厂的造纸工艺。造纸在中国许多地方都有，但盘县老厂有它的独特性和无与伦比的规模。

第二章 盘县彝族丧祭文化描述与研究（上）

吴秋林

盘县彝族首先是行政区划的一个概念，即中国彝族的盘县部分。但是，你深入地理解盘县彝族的文化状态和文化区域分布时，盘县彝族就不仅是一个来自行政区划的概念了。

从历史的渊源关系而言，盘县彝族是贵州彝族的一个组成部分，当然，贵州彝族亦是中国彝族的一个组成部分。但随着历史的发展，贵州彝族已经不仅是一个行政区划的概念，而拥有了文化区域的概念。因为贵州彝族在历史的进程中，大大推进了彝族文化的发展，自明代以来，彝族文化的发展进入了贵州水西彝族的文化发展时代时，就使贵州彝族文化具有了彝族区域文化的意义，并发生了许多其他彝族地区所没有的变化。实际上它在促进整个彝族文化发展的同时，使自己也得到了很大的发展，这种发展自然深深影响了贵州的彝族文化。盘县彝族文化由于地处贵州省彝族文化边缘的原因，其文化生态在贵州省的彝族文化中，保存得较为完好，又逐步成为贵州省彝族原生态文化的重要区域，而其中原生态文化保存的最为重要的标志就是其丧祭文化的完好存在。

盘县彝族丧葬文化应该从这样文化背景因素中来理解、来认知。

彝族是中华人民共和国55个少数民族之一，全国有894万余人（2000年数据），主要分布在云南、四川、贵州，彝族有悠久的历史文化。在贵州省的彝族有84.3万人，主要分布在贵州省西北部乌蒙山区的毕节和六盘水市。毕节地区468800人，六盘水市262308人。彝族的区域性文化表现主要在毕节地区和六盘水市。而盘县是六盘水市彝族区域文化表现最为重要的地区。

彝族的族称。秦汉时期，彝族先民被称为“昆明”“叟”等；唐宋时期，彝族先民被称为“爨蛮”“乌蛮”；元明清时期，彝族被称为“罗罗”。

“罗”在彝语中意为“虎”，称“罗罗”，意为“虎族”，应与彝族崇拜虎图腾有关。

贵州彝族自称“诺苏”，对彝族内部各支系，又有“哪苏”“兔苏”“腊勾”“果”等称谓。20世纪50年代，在中华人民共和国的民族识别中被认定为彝族至今。

彝族的语言文化比较丰富，有自己的文字。

彝语属汉藏语系藏缅语族彝语支。彝语分为东部、南部、东南部、西部、北部和中部六大方言，贵州彝语属东部方言中黔西北次方言和盘县次方言。

黔西北次方言主要有大方、毕节、威宁、赫章、黔西、织金、金沙、仁怀、清镇、关岭、六枝等县和水城、纳雍两县的部分地区，使用人数约40余万人，其内部又分水西土语、乌撒土语和芒部土语。

盘县次方言主要分布在盘县、普安、晴隆、兴仁、兴义和水城的部分地区，使用人数近20万人，其内部又分为盘北、盘南两个土语区。

彝族的文字，史称“爨文”“韪书”“罗文”“倮文”等，是一种历史悠久的文字。

彝族不但有自己的文字，还由此创造了许多古籍。

……

第一节　盘县彝族丧祭文化调查

对盘县彝族丧葬文化的调查，在我们2007年年底进行“六盘水市非物质文化遗产普查性调查”这一调查之前，我们就进行了多次文化人类学、民族学的田野调查。在2005年全省性的专业彝族丧祭文化调查中，课题组最初的注意力集中在贵州省彝族人口最多的毕节地区，这里在历史上曾经是贵州彝族的政治、经济、文化中心，也是彝族东部方言区最为主要的语言区域。贵州彝族在历史上就是以毕节、大方为中心，建立了彝族文化历史上的辉煌业绩。我们以为这里应该存在着彝族文化的深厚传统，尤其是丧葬文化的表现上应该是比较浓厚的，但现实与我们的预想完全相反，这一地区彝族文化的广泛影响仍然存在，但已经发生了很大的变化，这种变化已经触及了其信仰文化这个文化存在的根本。这样，其丧葬文化的变化就尤其突出。彝族文化的核心构成是其祖灵信仰，有祖灵信仰的彝族才是真正的彝族，也就是说，其彝族的独特文化在很大程度上是在其信仰文化基础上建立起来的。而祖灵信仰的基础又与传统彝族丧葬密切相关，因为丧葬仪式中出现的“祖灵筒”，是彝族祖灵信仰的基本依据，如果不举行传统的彝族丧葬仪式，就不可能产生“祖灵筒”，使彝族的信仰文化没有依据来展开。在大方，我们就看到许多地方已经不太好寻找传统的彝族丧葬仪式活动了，这是与贵州彝族文化中心地区的文化表现不相符合的。当然，这是有深刻历史原因的，不过，这不是我们的研究话题。

在这样的情况下，我们只好把目光转向属于彝族东部方言区的盘县次方言区的盘县彝族地区。当时的依据和理论与我们常见的文化人类学理论有关，即文化边缘的文化往往比文化中心的文化陈旧。像彝族这样有明确的迁徙历史记载的民族文化，属于典型的传播学派意义上的文化，一定可以在其文化传播边缘地带找到其丧葬文化的遗存表现。贵州省的盘县就属于这样的地区。我们在一般的调查中了解到，贵州省盘县紧临云南省，盘县彝族有很大一部分是从云南迁徙而来的，在文化上更接近于云南的彝族文化，应该属于云南彝族文化圈的边缘。而毕节地区的彝族在历史上也有向这个方向的迁徙和扩散的历史，盘县坪地一带的彝族文化就是这样迁徙的产物。其也属于毕节地区彝族文化的边缘。也就是说，盘县地区的彝族文化是处于两个不同的彝族文化边缘而生发的彝族文化，应该是有大量的较为完整的包括丧葬文化在内的彝族文化表现。另外，这里还有一个更为重要的历史原因，也就是它没有直接受到明朝那场战争的影响，文化在区域内仍然正常地运行至今。所以，盘县地区的彝族文化，特别是丧葬文化，应该是保存得比较完整的地区。在以后的实际调查中，也证明了我们的这种推断是正确的。

这次调查和我们前几次的相关调查，以及此次的调查，形成了描述盘县彝族甲区域和乙区域丧祭文化的一系列个案。

在盘县彝族甲文化区域，形成了三个个案：一是吴秋林在 2004 年于淤泥河进行彝族信仰文化调查研究时所做的一个彝族丧葬仪式的个案，其中包括在淤泥河苏座村直接观察彝族丧葬仪式过程的记录；二是淤泥河的本地彝族学者柳远超先生本人所经历的一系列彝族丧葬仪式过程的综合性质的记录个案（柳远超先生现就职于贵州民族学院，淤泥河的彝族人，在家乡的日子里，其直接参加了多次的彝族老人的葬礼和仪式过程，故以其个人的角度和理解来描述淤泥河彝族人丧葬仪式，在文化人类学的文本上很有意义）；三是 2005 年吴秋林、柳远超在淤泥河做的一个彝族丧葬仪式调查个案。

在调查方法论基础上，我们使用的是严格的文化人类学的个案调查方法，即每个个案都是可以具体到现实中存在的事件和具体的人的，在时间上有严格意义的限定性，在空间上也有具体的描述。个案可以成为一个地区文化的标本，但首先它得是具体的，可以在未来的时间中被核实和重新认定的，即你可以在有限的时间里找到个案描述的时间、空间，以及当事人等等。

在个案调查的基础上，我们对文化区域内的同类事件也是有普遍意义上的寻访的，以考量这一文化事象在这一地区的运行情况。

第二节　盘县彝族甲文化区域丧祭调查个案

这三个个案都是以调查报告的形式出现的，我们为了信息量和真实性的考虑，一般在叙述中基本不改变其原来的叙述形式和文本形式，这也是文化人类学方法论的基本要求。这三个报告是：《盘县彝族毕摩丧祭调查报告》《盘县彝族丧葬习俗基本过程》《盘县淤泥彝族乡丧葬仪式调查报告》。现分列如下：

《盘县彝族毕摩丧祭调查报告》

讲述人：甘文富（盘县淤泥乡麻郎地村，现年81岁，彝族）

讲述地点：淤泥乡麻郎地村

采录人：吴秋林

时间：2004年11月9日　星期二

一、看“情况”

在盘县北部和水城南部的彝族中，人死了以后，一般就会请毕摩来为亡人看日子和死者的“情况”，即根据死者死亡时的“表现”，来看死者是从什么地方来的，在他前身的时候是姓什么，都犯了什么罪，是几个人来取他的命，等等。然后通过死者死亡时的眼闭不闭，嘴闭不闭，看死者死后要投到哪里去，变成什么，让家里的人心里有个数。毕摩还要说出死者投往何处的标记物。如果有这种标记物的人家知道这件事，就会用一只鸡来祭祀，如果这家人不知道这件事，而没有用鸡，这家人就会生病。

这种经书在彝族中叫“透书”。

看完这些，毕摩就可以定下把死者入材（棺材）的日子和“转场”，以及入土的日子。

在看“情况”时，根据《透书》（如汉人的阴书）经上的一个图形（如下图）按照亡人的生时、死时的“情况”，在此图上按男性顺时针转，女性按逆时针转，如果落在右边的三个注上红点的地方，就要实行一个叫“绕棺”的仪式，如果落在没有点的地方，就不实行“绕棺”仪式。

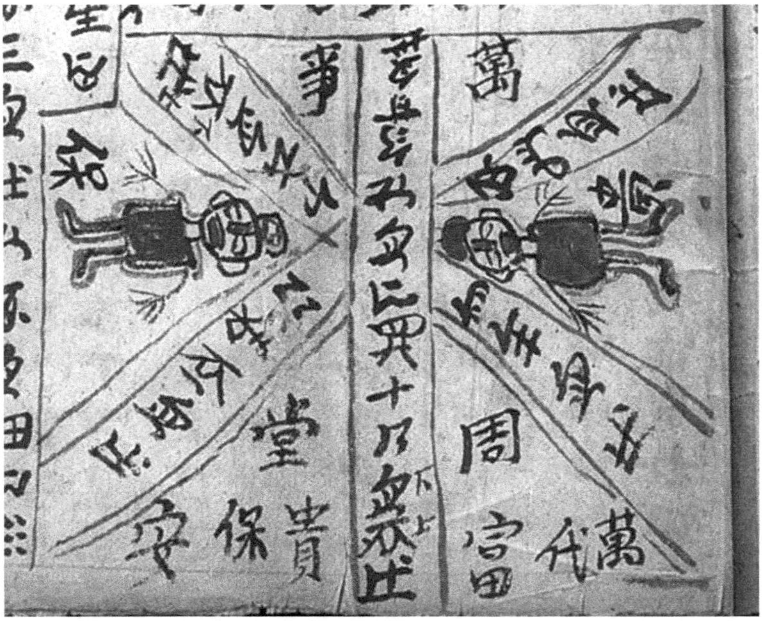

《透书》经图

二、“绕棺”

（此节由甘文富的侄儿甘腊贵讲述。其年44岁，男，15岁时与父亲和哥哥一起学毕摩，他是家中老幺。）

做这样的“绕棺”，彝族人叫“欠左”，是在堂屋里的棺材边上做的事。做“绕棺”时要先定要绕多少转，一般是以死者死时多少岁为基本转数，即如死者死时70岁，就是70转，再加上天、地、年、月、日、时的六转，为这个亡人所做的“绕棺”就是76转。按照规矩，男的为正转（顺时针），女的为反转（逆时针）。“绕棺”之前，要在棺材的中间位置放一个升子，升子里装米，米里插有一个茅草人，放有一个鸡蛋，茅草人是代表亡灵的。“绕棺”时，毕摩在前为导念“绕棺经”，孝子一人点一炷香，绕一转烧一张纸，磕一次头，如此反复完成所要转的转数。而后，毕摩带领孝子们来到西方的某个岔路口上，把黑白公鸡各一只祭献给亡灵，并念《献牲经》之后，“绕棺”完毕。为亡人做了“绕棺”，亡人在阴间就可以不受罪，去的地方是幸福的好地方。

“绕棺”后，亡人的灵魂就各归其位，一魂去了阴间，一魂去了坟地，一魂在家保佑子孙后代，如果该“绕棺”而未“绕棺”，在阴间的那个魂就会“撞磕”子孙，对后代不利。

祭献后的鸡由毕摩等人享用。

三、“赶水”

之后，第一件事情就是要派出通知外家和姑娘家的队伍，一般是一家派一个人，哪怕一个寨子有两三家人也不能一人通知，也要一家派一个人。这样的通知程序彝族人叫“赶水”，这时候的外家为大，所以派到外家的人要最认真、并最先派出。这些人派出之后，通知到哪家，哪家就得先用一只鸡，用这只鸡得由当地的毕摩来念《献牲经》，并交代给亡故的老人。这个祭献给亡故老人的鸡，用后就给“赶水”的人和那个毕摩吃。

接到“赶水”的人后，外家和姑娘家就会按照规矩，准备去给亡人“转场”的诸事了。

一般是外家只拉羊，姑娘家可以拉羊、猪、牛。姑娘家还要为亡人做新衣服，以及请唢呐队伍。

在“赶水”的人派出之后，亡人家就会请来毕摩，为亡故的老人做一系列的法事了。

四、新魂指路、“入材”

老人亡故后，立即要给新魂指路。给新魂指路，要用一只一斤左右的鸡，放在一个盆里，在老人死亡的地方，挖一点泥巴，也放在盆里。把盆端到大门边，把盆里的鸡在大门的两边摔打。鸡摔死后，倒一些开水在盆里，然后把盆端到老人亡故的地方，边洒盆里的水，毕摩边念，老人的新魂要从这里出去，一路洒盆里的水，一路作引导状，意即引导亡灵死后要从这里到哪里，最后从大门出去。

给新魂指路完了以后，先把老人从亡故的地方扶坐在一张桌子上，用升子装上米和苞谷，垫在亡人的脚下。扶坐好后，为亡人戴好帽子，为亡人洗脸，然后拿酒给他喝，拿饭给他吃。这样，就可以把亡人抱到堂屋里，按照男左女右的规矩，把亡人安放在堂屋里的床上。

在家停灵的日子里，不管日子有多长，每天都要如常的按照平时的吃饭时间，姑娘、儿媳请亡人吃饭、喝酒、敬烟。敬时要哭，并说："爹爹起来吃点饭，喝点酒，吃杆烟……"

按照毕摩看好的入材的日子，就要给老人入材了。入材时，要拿姑娘家给老人做的新衣服穿上。还要用一只鸡，献鸡时亦要毕摩念经。还要用外家拉来的羊来祭，用外家的羊祭时，儿媳要同时洒水，即为老人献水，儿子要戴白纸帽。

五、搭"鬼房""转场"

到了"转场"这一天，白天要请寨人搭一个"鬼房"。鬼房用新鲜的树枝搭建，主要是冬青树枝和香樟树枝，还有用青竹挂上招魂幡（11 月 9 日本人在苏座下寨看到的情况亦如此）。这样的鬼房一般比棺材要大、要高，也如棺材一样是长方形的。这样的鬼房彝语叫"达黑处"，鬼房是汉族人对此的称呼。鬼房建好，就可以把堂屋里的棺材移入鬼房。

绕师城

在鬼房的一边，要用几根冬青树枝或香樟树枝建一个毕摩房，即用三根树枝叉住即可。

"转场"这一天，鬼房建好后，"赶水者"（通知）就要在鬼房附近烧一系列的火塘，等待外家和姑娘家来"转场"的人。火塘的顺序是：外家为第一火塘，大女儿为第二火塘，余下类推，即有多少个姑娘家就有多少个火塘，一般而言，外侄女家也算是姑娘家，也有火塘。烧火塘是"赶水者"事情，即"赶水"外家的人就负责烧外家的火塘，余下类推，并在外家来到时负责引导，以及管理这一个火塘。

下午，“转场”的人陆续而来。来一家人，先由“赶水者”引到这家的火塘，然后就先请来人吃饭，吃完饭后，孝子就会拿着一根捆着白纸的竹棍，到这家的火塘边跪请这家的一干人来转场。转场就是围着鬼房转圈，死者是男性老人就顺时针转，死者是女性老人就逆时针转。来的这家人转场时，孝子在前为导，这家人抬着礼物，拉着牛羊随后。这时有一个由姑娘家带来的叫“野毕摩”的人，一边转一边用脚在地上做蹉地状，意为“蹉措”，并做跳跃状，边跳边措，同时口中还“嗷吼”“嗷吼”地叫喊。同转的人也一起“嗷吼”“嗷吼”地叫喊。这样的转场一般转三转即可，叫小转，待所有来转场的人家都到齐，夜里24点前后，全部来转场的人一起转叫大转。这时，几百上千人围着鬼房转场，“嗷吼”“嗷吼”地叫喊，用脚在地上做蹉地状“蹉措”，并做跳跃，场景非常壮观。“转大场”的时候，外家为大，姑娘以大小为序，所拉来的牲口也是如此排列。在孝子到火塘跪请来人家转场时，还得送上火把，但我在苏座下寨看到的转场已经没有火把了，而是四处拉了电灯照明。

他们说：“活着的人以东方为大，死的人以西方为大。”

为什么在转场中要有“嗷吼”“嗷吼”地叫喊和用脚在地上做蹉地状的“蹉措”情节？说是起源于这样一个传说，在以前，彝族人的祖先实行的是“树葬”，人死了是挂在树上的。挂在树上，难免生蛆和被老鸦和喜鹊啄，为了保护老人的尸体，于是，就有了在地上“蹉措”的情节，意为不让蛆食老人尸体。转场的人“嗷吼”“嗷吼”地叫喊，也是为了驱赶老鸦和喜鹊。在转场期间，有一个专人负责放铁炮，也是为了赶走老鸦和喜鹊。与此相关的另一个传说是，在彝族人的丧事中，所有的人都穿白衣戴白帽，但儿媳们往往要在白衣的外面另穿一件“安衣”（彝语：美丽的衣服），这种“安衣”以红色为主，还有许多缀饰，很漂亮，色调和情绪上明显与葬礼不合拍，但这已经成为彝族人的一种丧葬习俗了。为什么儿媳在丧葬中都要穿“安衣”呢？说是最初也是不穿“安衣”的，而是在儿媳在看到自己父亲死时，这些人去吊丧时，“嗷吼”“嗷吼”的叫喊和用脚在地上做“蹉措”状，很不理解，于是两口子就吵架说，我爹死了，你们去“嗷吼”连天的，好像高兴得很，看嘛，你爹死我也穿件花衣服给你看。于是就沿袭至今（这应该是一种异族婚姻中不理解对方风俗所造成的习俗），在彝族的整个丧事中，儿媳的白衣服上就穿着漂亮的“安衣”，其他人都没有这样的穿戴。

在转场过程中，孝子扛着孝棒，儿媳在洒水。这孝棒是竹子做的，长约三尺，中间部位绑一白纸，并蘸上牲血。

转完场，家人要倒酒给野毕摩喝，喝完酒，转场结束，各家就可以回到各家的火塘了。参加转场的所有牛羊等，就要在鬼房前打了，毕摩在打牛时要来念经，“交代”给死去的老人。打牛羊时，一般只能一人打一锤，打昏倒地就割断喉管杀之。

所献的牛羊中的一头（羊应该是外家的那头羊，牛应该是大姑娘的那头牛），要连头和脚把皮完整地剥下来，以备“洒水”时祭祀之用。

拉猪、牛、羊来的人家，都可以得一条腿回去。这是老规矩。

六、念“解决”经

这时一般已经是深夜了，毕摩就要开始做“解决”这一程序了。“解决”的意思是通过这一仪式，使亡人所有的一生中所犯下的“罪恶”得以解除，成为一个“纯洁”的“人”去与祖先相会。而这个“罪恶”又不是人们现今理解的一般罪恶，而是一种我称为“生存罪恶”的“罪恶”，即如在山上犁地时犁死的地中的虫虫，砍树时不注意伤害的飞虫，骑马、走路时不小心踩死的蚂蚁，等等。当然，杀人、伤人(当过兵、玩过枪的)、伤害牲畜（如杀牲畜的屠夫）等等，也是这种“罪恶”的部分。

彝族人把“解决”这一程序叫作“忍刀”。

毕摩念“解决”经之前，主家要用一个斗，斗中放入米，(用升子也行，也有下面用斗，斗上再放升子的)，并在斗中和升子的米中放上一锭的“利市”(此“利市”就是钱：或一角二，或一元二角，或12元，或120元，总之要12的数。中华人民共和国成立前放银子时也是一十二的数，叫“月月红”。实际上这就是毕摩的象征性收入，念完经由毕摩收用，对“利市”的多少，毕摩不能有任何意见，这也是这一行道的“道德”。在淤泥乡，一般也就是一元二角，或12元的数。)在升子或斗上，插四匹茅草扎的草马，每匹马上两个草人骑在上面。米上还要放一些松果，并用一丈二尺长的麻布把斗围起来。这些草人草马是判官和小鬼，由毕摩派遣去帮助亡人解决“罪恶”的。做好这一切，就可以念经了。念经时，不是所有的亡人都念一样的经，而是根据亡人的身份来念经，如没有玩过枪，即不可能发生伤及人命及牲畜野兽之命，一些“解决”经内容就不必念了，如果没有这样的“罪恶”，念了反而对其亡人及家人不利。

念经开始时，毕摩要带着孝子在灵房转三圈，每转一圈跪一次，最后回到毕摩房，孝子又到毕摩房跪一次，意为求毕摩为亡人“解决”好其“罪恶”。

这个念经的过程大约需要五六个小时，从深夜念来，也正好是天亮时分了。念毕，由孝子把茅人等送到离鬼房不远处的西方，孝子跪下磕头，毕摩念经作交代送走茅人，“解决”过程就算完成了。

在做完“解决”这一仪式之后，一般就天大亮了。吃过早饭之后，就可以做另一个重要的仪式了。这个仪式彝族人叫“洒水”。11月9日我在苏座下寨看到的彝族丧事，一大早主家就把鬼房中的棺材抬上了山，但这具抬上山的棺材在墓地并没有埋藏，而是放在那里即可，因为在看日子时认为不能在此日子里埋葬，而是要等到冬月间（也就是农历十一月间的某一天）才能埋葬。按头天我问毕摩的时间，大约可以在上午10点钟来做此仪式，但这次“洒水”仪式实际是在中午12点才开始的。做此仪式时，鬼房里实际已经没有棺材了，我于此问甘文富毕摩，他说一般是有棺材的，要做完“洒水”仪式才抬上山，但又说，先抬上山再做“洒水”仪式也行。

七、“洒水”

在毕摩念“洒水”经前，要削四根1.4米左右的带杈的树枝，把其上的皮剥干净，并在其上捆上草，在苏座下寨我看到的是在树枝的中部捆树根草秆代表应捆在其上的草绳，并没有满捆上草。还要削三根1.4米左右的不带杈的树枝，捆草如上。削好以后，四根树枝在长方形鬼房的一头约2米远的地方，插成四方形的一个空间，再将四根树枝的杈上，横放上三根树枝，捆好，这样，三面封闭，一面开放（开放的一面朝鬼房）的毕摩念经房就建好了。在四根立着的树枝地面的根部，还要载上一根小棍，是献祭酒的地方，叫“敖都”，一般是四根柱脚都要栽，但我在苏座下寨只看到在一根柱脚栽了一根，可能是地面太硬（苏座下寨这次丧事的鬼房是搭建在公路边的）。

同时，在鬼房朝毕摩念经房的一头，又斜插上三根两头削得尖尖的约2厘米直径的青竹竿，尖头向着鬼房。问及这是什么？在场的彝族人无法回答，只说是给亡人敬酒的地方，即毕摩在念经时，主家的人要给毕摩敬酒，而这个酒毕摩不会喝，而是将酒献倒在这三根竹筒上，说是毕摩献给亡人吃的酒。真正的其名其意，不得而知，我以为可能是意为给亡人用的“酒杯”。

在这三根竹筒的旁边，有一个用两条青竹，交叉两头弯插在地上，形成一个小房子状的东西，可能是代表亡人灵魂居地的地方。做好这个地方之后，有人（这个人不是毕摩）就拿一只鸡来，在鬼房前朝鬼房里面摔打几下，把鸡摔死后，割开喉管，把血滴在这个青竹小房之上。而后就把这只鸡也一起作为祭供之物与祭供的牛羊放在一起。

在鬼房的一边，头天献祭时剥下的带头脚的牛皮和羊皮被放在鬼房边上摊开，理顺的牛皮和羊皮上放有一个升子，升子里装有米，米中埋有“利市”，米上放上一颗完整的牛心。升子的左右放有几个用小木棍劈开后捆成的十字叉，祭青竹小屋的那只鸡也放在牛皮旁。这是祭祀活动的正面，儿媳们“献酒”时就站在这一面。在鬼房的另一面，则有用几根劈开的小木棍捆扎的一个支架，支架上放有一个小盆一样的容器，里面装的是水，盆的上面放有一根鲜活的带叶的香樟树枝，其所谓的“洒水”就在这里进行。

这些事物做完，“洒水”仪式就可以开始了。

最先，所有的孝子都要到毕摩房前的方桌前站好，毕摩念《献牲经》，把所杀献的牺牲一一交代给亡人，最后所有的孝子一起跪下，请亡灵领牲。

这一环节做完，毕摩就从毕摩房来到洒水念经房，开始念经。

念经时，毕摩进入建好的念经房，那个叫“尔枯”的也戴着一个大篾帽站在念经房里，主家的一个人打着一把伞为毕摩遮太阳。在毕摩念经房的后面，是孝子跪的地方，旁边是姑娘家带来的唢呐队伍。念经时毕摩要一直站着，孝子要跪着，但在苏座下寨的那次丧事中，我看到孝子只是在开始念经时跪了一会儿，以后多是站着的。念的经彝族人叫《黑铁书》。

在念经过程中，这家的儿媳（包括侄儿媳）就面对着放着牛羊祭品的地方站成一排，穿着美丽的“安衣”，脚下站在一个十字木叉（如放在牛皮上的木十字叉）上（背后站着一个打伞的人，为她打伞），手里端着一个酒碗，用一片树叶，随着毕摩念经的声音节奏，不停地往碗外拨酒，名为给亡人敬酒。这样的敬酒彝语叫“泥比”。经念到某个阶段，这些给亡人“献酒”的儿媳，就会从大到小按顺序走出来，到放有水碗和树枝的地方，给亡人磕个头，拿起树枝，在水碗里蘸水，然后洒在地上，意为给亡人献水。为什么要给亡人献水？毕摩说是生人担心亡人在那边吃不到好水，所以要给亡灵献水。这家的儿媳用树叶敬酒时，会有人不停地给她们碗里加酒，不会让她们碗里无酒。

儿媳在给亡人敬酒和洒水时，姑娘们就会钻到已经没有棺材的鬼房子里面哭灵。

念经过程中，唢呐队不断地吹奏，有时还燃放鞭炮，铁炮也不时响起。

这样的经大约要念两三个小时，在这两三个小时中，外家会用自己的钱买酒来敬给诸位吃。经念得差不多了，孝子们会一个一个地跪在毕摩面前，听候毕摩代表亡人来为一家一家的子孙进行封证，保佑子孙平安顺利。

八、“引魂”、念《指路经》

“引魂”现场示意图

封证完子孙，毕摩在前，“尔枯”扛起一个“招魂牌”随后，唢呐队也跟上，一行人从鬼房出发，到亡人死去的地方去“引魂”。“引魂”这一节，彝族叫“着捏黑”。

“引魂”的一行人来到亡人最先落气的地方，把死者的亡魂引上“招魂牌”，毕摩一路念道，为亡灵引路。当引魂的一行人来到大门边，将要出大门时，这家的大儿子媳妇会拿一头整蒜，放在一有饭的碗里，用马勺打碎。打碎整头蒜后，“引魂”队伍出门，这家的儿媳、姑娘就会一起哭起来，并随着“引魂”队伍一起来到场上。这时，当“引魂”的人一出家门，死者的家人就会立即把死者的铺盖等物品拿出来烧掉。

在“引魂”队伍还没有来到场上时，管事的就吩咐马郎家的一干人做好了撤除鬼房的安排。“引魂”的人来到鬼房，转一圈，然后马郎家的人一起一下子推倒鬼房，由毕摩带领孝子踩在推倒的鬼房上走过去。

这时，毕摩就开始为亡人念《指路经》，即告诉亡灵，我们彝族及你们这一支系是从哪里来的，祖先的灵都在发祥地里，到哪里就可以与他们相会。故而，这样的彝族的指路经一般由两个部分组成，一是“指路总经”，一是与死者相关的“指路支家经”，即前一个指路经家家都念，都是一样的，后一个指路经就各家不同。

念指路经时间一般不长，念完指路经，就可以把孝子头上的白纸帽、为亡人扎的纸马、鬼房等物品，全部拿到“报天钱”处烧掉。

这时，儿媳的“安衣”，要拿到外家的火塘边，跪拜、敬酒后，就可以脱下来了。

这天晚上 12 点前后，要给亡人敬晚饭。敬饭时，全部孝子都要跪在地上，从大到小，轮流去给亡人敬饭，轮到谁敬饭时，毕摩会喊着这人的名字给亡人说，某某来给您敬酒了云云。

九、“解索”

“解索”是解开系在亡人脖子上的绳子的意思，彝语叫“去火”。彝族人认为死者的灵魂是判官、小鬼用绳子系住的，要经过念经才能解开，解开脖子上的绳子才是得解脱的灵魂。

做“解索”时，要搭一个与祭祖时一样的祭场，也要有祭祖时一样的君长房、臣长房、师长房等等。同时还要搭一个如转场时一样的鬼房。扎六个茅人，分别是：

1. 一个茅人有六只手，彝语叫“吸所那所把”。
2. 一个茅人只有一只手、一只脚，彝语叫“接发屁”（半边人）。
3. 一个茅人有九个脑壳，彝语叫“儿屋哥的”。
4. 一个茅人是天上的仙鸟，彝语叫“木姑达拿入”。
5. 一个茅人为木条草人，彝语叫“克西拉西得”，要用小木条来做。
6. 一个茅人有四只脚，两只如兔子一样的大耳朵，彝语叫“逃顿”。

要做一支弓箭。

还要用木条做两个拿人的小鬼，彝语叫“细数说数”，意思为“拿人的小鬼”。

这些东西准备就绪，就由大儿子扛着弓箭，其他孝子背着茅人，如果孝子多，茅人不够背，其他孝子就扛上青冈树枝。这一行人要在毕摩的带领下先到死者的屋里每个房间里扫一次。一个房间一个房间地扫，每出一个房间门，都要打卦，如是“顺卦”，证明此屋已经扫除，如是“阴卦”或“阳卦”就说明此次扫除无效，得重来，如果打了 8 次都不见“顺卦”，那这天的“解索”就不能进行了，得另择日进行，因为毕摩们认为，卦打了 8 次之后就不灵了。

扫除完屋子，就来到鬼房。鬼房里放着一个升子或斗，升子中有米，把“细数说数”插在升子的米上，在鬼房里挂上一个用绳子捆扎起来的灵筒，里面装的就是祭祖时所说的那些代表灵魂的东西。同时鬼房里还挂着一只小鸡儿，那六个茅人被毕摩念经分配到鬼房的四周守卫。

毕摩在鬼房前念《去火经》。念毕，大孝子就拿那支弓箭射鬼房里的小鬼和小鸡儿，意思是把小鬼射死，让它不知道小鸡儿已经替换了亡灵，而射死小鸡儿就是要它做亡人的替身。然后把祖先的那支新灵筒拿出来，鬼房、被射死的小鸡儿等就由“尔枯”拿出去烧掉。

这样，祖灵筒出现了，但这只灵筒仍是被绳子捆着的。这时，要在事先搭好的祭祖场里，用一只羊，或用一只鸡祭祀，如祭祖时的过程进行一遍，就可以在君长房的灵床边解开捆扎其上的绳子，并说：为做农活时死的虫子解罪，为放高利贷解罪等等一系列话语。

这样经过“解索”的灵筒就可以挂在堂屋里的瓦沟下了。有的人家穷的，做不起“解索”这个仪式，也可以直接做一个祖灵筒挂起来就行，但不能挂在堂屋里，而是要挂在偏房里。

男女老人的死总有先后，在两个老人都死了的时候，就要为之合灵。合灵时，要用一个簸箕，里面装上稻谷和荞子，意思为一个认不得一个，把捆上男红女绿丝线的代表男女祖灵的两根草节，放在簸箕里筛，在两根男女草节被筛成一顺，靠在一起时，就顺势拿起来，捆扎在一起，就可以装在一个祖灵筒里。这样，男女两个老人的灵魂就合成一家了。有多个老婆的也一样处理。

这个个案是吴秋林根据甘毕摩的讲述和现场的观察综合而成的。它反映了两个方面的意义，一是这个个案是以毕摩的视觉而言的个案，即在彝族人死亡后，以毕摩的角度来看和做什么。二是淤泥河地区彝族丧葬文化的可证实性质，即记录者不仅是在“听”彝族的丧葬仪式过程，也能在当地“看”彝族的丧祭过程。

盘县彝族丧葬习俗基本过程

（柳远超根据多年在家乡对丧葬仪式过程的参与及调查整理，整理时间：2006 年 2 月）

一、除死魂

一般情况下家里有年迈的人或病危的人，都要准备火药，人死了一断气就要放地炮，为了和一般的枪炮声区别，人死亡时，先放一炮，然后连放两炮，接着连放三炮，寨邻们听到这样节奏的炮声就知道死了人，于是大家都来到死者家里，帮助死者家属料理丧事和举行一些仪式。

首先由村里一位知礼节的长者，倒半碗酒，手指在碗里蘸一下再往死者脸上擦，表示给死者洗脸洗脚，碗里剩下的酒要给死者的亲儿子喝，意思是喝父母的洗脚、洗脸水。接着用一根长竹竿把屋顶的瓦片捅开，竹竿穿出屋顶。村里懂礼仪的人拿着一只簸箕，簸箕底面朝上，用一把木勺拍打簸箕底并在死者床上转一圈，然后所有在场的人大声齐吼，意思为把“死魂”轰出去。木勺和簸箕都丢到房顶上去，接着砍一棵上端有竹叶的小竹子，靠上端拴一只刚孵出来不久的小鸡（这只小鸡仔可以随便到村里去寻找，不管哪家有都可以去捉，主人绝对不会反对），舀一碗凉饭放在一只木盆里，加点冷水，请村里一位会送鬼禳解的人，把小鸡木盆等送到村外岔路口，送鬼人口中念念有词，然后把小鸡打死，连盆一起丢在那里，这个仪式叫“除死魂”，这里的“魂”并不是死者之灵魂，但也没有具体的描述或明确的定义。这个问题东家可以根据死者死日死时从毕摩的书中知道死魂离开家还是没有离开家，落在哪方，将要害什么样的人家，带什么属相的人去等。在此仪式之前，死者的子女及亲属不许哭出声来，完成这个仪式后却可以放声恸哭，然后把尸体抬到堂屋里，等到入棺日期到了才能入棺装殓。

在做除死魂仪式的同时，全村人都会在自家大门上挂一只筛子或蜂巢一类多孔的东西。当地彝族人认为，死魂被驱赶出来之后到处飘游，游到某家门口时，看见筛子眼，就会认为全都是门，不知该从哪道门里进去，于是在那里数筛子眼，数不清这循环着的筛子眼就会跑掉。否则死魂进家就会害死家人。当地彝族人生病时请巫师跳神或到毕摩那里翻通书，有时会得到病因是“死魂进家”的结果。

二、“赶水”报丧

根据死者家属的意见“转”（指举办丧葬仪式，当地彝语叫“转场”）还是不“转”，立即派两个人到毕摩家里翻通书，毕摩根据死者的生辰八字以及死日死时等翻看彝文通书，就可以翻出死魂出不出，何日可装殓，何时可抬丧，何日“转场”，死者二世将变成什么样的人或什么畜生，将会带什么人去等。若要“转”的话，派人给亲属报丧，当地人叫“赶水”，一般赶舅舅家（也叫后家，或大后家），女婿家和儿媳妇后家（也叫小后家），这些家都要拉祭牲来上祭。彝语统称“蹉措”。后家一般牵一只绵羊祭奠，死者为男性就赶舅舅家，死者是女性则赶娘家，后家的绵羊很重要，举办一场丧葬活动，非有后家牵来的这只羊不可。女婿家（当地汉语叫“马郎”）一定要牵一头牛来祭奠，牛的大小可量力而行，但也是非要不可的。儿媳后家只要牵一只山羊祭奠即可，但也可量力而行，可用猪祭奠，也可以用牛祭奠。

“赶水”的过程是这样的，死者亲属要请寨邻帮忙，每家“蹉措”都要有一家寨邻来接待，彝语叫“押多”。接待的人要到相应的“蹉措”家去报丧，一般再约一个人同去。报丧一般都在毕摩确定日期后去。报丧的人到“蹉措”家门口不能直接进去，先叫主人出来，让主人家舀一瓢水到外面来，主人听到这个话就知道是什么意思，便立即舀一瓢水出来倒掉，然后把客人请进屋里坐下，问明由来后请本村毕摩或会禳解扫送的人杀一只鸡“给死者”。“赶水”的人吃完饭，告诉“转场”的日期和东家（东道主——死者家）的意见后立即返回，不能留宿。“蹉措”家会在规定的期限内准备好祭牲和所需的东西，如纸马、火炮、酒等。“转场”之前，东家也要忙于筹办一切必需品，如用祭牲（鸡用的特别多）、粮食、酒、纸火等。

三、寨邻分工

人死后的第二天晚上（或放到入棺装殓的那天晚上），寨邻们不约而聚，准备接受“任务”。彝族有一句谚语“村里有人死了就别坐在家里”。所以一般村里有人死了，做什么事都不用请，寨邻们会自觉自愿地来帮忙。人来得差不多时，由一位长者安排，“分配工种”，如哪些人挑水，哪些人做饭，哪个当总管（或叫管事，彝语叫“时候”），哪个当炮手，哪个服侍毕摩等。只有需要花钱的事才由主人家亲自出面，如招待“蹉措”的人家，并且以后要还人情。安排妥当后请来的唢呐手开始吹奏。在场的男人在请来的歌师（彝语叫“耄师”）带领下，手牵着手，排成一长队，边唱边跳“蹉措舞”。歌师吟唱的歌词不像毕摩那样有书，只是口头吟诵，内容则与毕摩念的经书差不多，同样有招灵、献药、献牲、追悼等内容。形式上主要是以文学的形式表现出来。蹉措有个传说：在很早以前，有个人在打猎的时候，看到一个人死了，尸体挂在树上已经生蛆了，还有乌鸦等雀鸟在啄尸体。猎人看有一点像自己的岳父，于是他一边吼雀鸟，一边用脚把蛆虫蹉死。然后回去通报家人，把尸体抬回家，举办丧葬仪式，然后把遗体烧掉。还有一种传说是，在很早以前，彝族人不兴“转场”，有一家人，父亲死了，一直没有埋，也没有烧，过了不久，尸体生了蛆，还有很多乌鸦在上面啄尸体，几个儿子看了很难过，于是几弟兄手拉着手，边用脚踏死蛆虫，边吼乌鸦。这就是蹉措来历的传说，另外还有几种传说，这里不多介绍。但可反映出古代彝族丧葬习俗的改革（可能是树葬改成火葬）。

四、入棺装殓

根据毕摩所择吉日，入棺日期到了，大约早晨六七点钟，炮手会放炮通知。寨邻听到炮声，就会到东道主家里来，过不多久，家里挤满了人。棺材放在堂屋正中间，棺材一般都用杉木做的，不得已也可用其他木料，整个棺材不许有任何金属。不能用铁钉钉，装殓时禁止金属入棺材内，连死者衣服上的封领扣以及金属扣子拉链都要拆下来。人们七手八脚地把白纸铺在棺木内，毕摩用一只鸡“扫棺”，之后把尸体抬进棺内。死者后家这时候也要到场，把缝制的象征性的麻布衣服装到棺材里。至亲的孝女们（死者女儿及侄女）也把自己缝制的象征性的衣被用点然的香烙一个小孔放进棺材里，表示给亲人盖被子。最后盖上棺盖，以后再也不许打开。这时据毕摩书上确定的情况，死者对哪个属象的人不利，那么这个属象的人就要避开。接着毕摩开始念《献牲献衣经》，孝媳们（死者儿媳和侄儿媳）穿着礼服站在门口排成一横队，手里端着一只酒杯或碗，里面装有水，用一张树叶不停地往外洒水，孝子们（死者儿子和侄儿）要站在一旁，头上包着白纸，手里托着一根哭丧棒（左手托着靠左肩，不能拿错），意思可能是兵器。后家牵来的绵羊就是这个时候用。这只羊的头上系一根麻线，麻线一直牵到棺材上面。等到毕摩念完经书，就锥杀绵羊，把羊心肝煮来献饷，毕摩念《献酒献饷经》。这只绵羊有两个用途，一是作为祭牲，二是用这只的羊毛装灵筒，表示衣被。做完这些仪式，大约要到夜间24点钟以后。在毕摩献牲、孝媳洒水的同时请来的耄师也要来吟诵诗文（彝语叫“蜜姆”），领大家跳“蹉措舞”。由于寨邻分工和装殓都要跳“蹉措舞”，所以一秀才都把这两个仪式放在一起，先分配任务后再入棺装殓。

如果是冷丧还要先招灵，十年以内的冷丧可以在家里招，十年以前的冷丧要到村外岔路口去招。招灵有专门的经书。招魂时要用一个条凳，把一个簸箕放在条凳上，簸箕里放的是要招灵魂的祖灵筒，还要用丈余长的麻布从簸箕里搭出去，意思为搭桥布。点上香，孝子全部跪下，再用一只鸡做代亡灵鸡。这只鸡不杀，公鸡母鸡都行。毕摩要念经喊魂，一个一个地喊，喊一个要打卦测试灵魂是否召回。卦是用形状像牛角的竹根划成两半做成。卦象是逆卦（是两正或两反），说明灵魂没有招来，还要继续招，继续测试；卦象是顺卦（一反一正），说明灵魂已经被招来。孝子端着簸箕，把亡灵接回家来，毕摩念《招亡灵经》，把亡灵安顿在灵房里接受祭祀。举行招魂仪式一般在夜间23点之后的子时，要肃静，人不能随便走动，否则亡灵不敢回来。

五、场地布置

正式“转场”之前，首先要在“转场坝”（一般彝族村寨都有一个固定的做丧葬仪式场所，当地汉语叫“转场坝”。）正中间搭一棚子（有的地方叫“青祭棚”，也叫“嘎房”“鬼房”等，彝语叫“ta^{2} her^{21}”），祭棚是用顶端有枝叶的树条插在地上围成的，主要材料是生长在高山上的一种不知名的常绿乔木和黄松，每棵树枝中部用稻草和茅草把一种不知名的草编在上面，这样既有把所有树条联结起来的作用，也是一种装饰。祭棚的坐向是坐北转南，即门朝北。形状是长方形，开间大小不定，但必须能放进棺材，棺材前能坐两三个人在那里哭。中间隔成大小不等的两间，大的一间放棺材，小的一间放纸马、孝伞等。

场地东边离祭棚不远处是毕摩住的地方，也要搭一个窝棚，里面放一张桌子。

场地东南方离毕摩不远处是管财务的地方，人员是由几位德高望重的长者（寨老，或族老）和两位能够计算能够写字的人组成，整个这场丧事所有费用及所收到的礼金都由这里负责。

祭棚的右前方栽有一棵较大的树，树上拴一棵长竹竿，竹竿上挂有“报天旗”。旗子是用一节一节的筒状纸花连接而成，每节纸花直径约有一米，长也是一米左右，旗子的总长由死者的年龄决定，死者有几十岁就有几节花筒。

放炮的地方要离场稍远一点，一是怕发生意外，二是要能看见四周的路口，看见“蹉措”来了就要鸣炮通知孝子迎接。

祭棚周围是“蹉措”营地，有几家“蹉措”就要烧几堆火，“蹉措”从报天旗旁边开始，按顺时针方向，第一家是大后家，接着是儿媳后家（小后家），然后是女婿家。儿媳后家和女婿家要按儿子或女儿的年龄大小排位，大的排在前面。整个“转场坝”的布局大体上就是这样。

布置完毕后，毕摩要用一只鸡“清扫场地”。

六、抬棺入场

在正式开始“转场”的头一天傍晚，孝子们要给死者送鞋去，从家里出发，由亲子女拿着死者的一双旧鞋到“转场坝”去，从祭棚后面往里丢。除了孝子外，帮忙的寨邻也要参加，还要举起旗子，放鞭炮，边走边吼。到正式“转场”的那天上午才把棺材抬到祭棚里去，棺材的大头朝东，小头朝西。这时要用一头牛“踩场地”。如果一场丧葬活动牵来上祭的牛不止一头，就留一部分到晚上用，如果只有一头的情况下，这头牛必须在这个时候用。牛要拉到场上转一圈，绕祭棚转一圈，毕摩念《献牲经》，把牛锤杀掉，再把牛心肝回熟后给死者供饭。

淤泥乡彝族丧祭房

七、"蹉措"进场

大约天快黑时，"蹉措"相继进场，女婿家（也叫马郎家）带数十至上百人。首先必须由舅家先进场后其他家才能进场，即使先到也要在离场地不远处，等大后家先进场，其他不论大小，谁先到谁进场。"蹉措"在能看见"转场坝"的地方停留下来，首先鸣炮吹唢呐，让东家知道有"蹉措"进场。东家知道后立即鸣炮，总管大声呼喊"孝子迎马郎"。"蹉措"先由妇女进场，女主人由两个同伴搀扶着，边走边哭，到场地口，东家的女孝们来迎接，见面后相互跪拜，马郎家的女主人把女孝带到祭棚里，在棺材前哭一场，然后回到各自的火塘边。男的由男孝迎接，同样见面后相互跪拜，接着马郎家几十人齐声大吼："哇呦！哇呦！"男孝们也接着吼，这样你一声我一声，边走边吼，由男孝们带着绕祭棚一圈。唢呐手也边走边吹，还要放鞭炮、礼花等。如果马郎家耍灯笼，带海马舞队的话，由管事带着按规定的路线边走边跳海马舞。每个"蹉措"营地都要转到，完了回到自己的营地休息，等候管事安排吃饭。

"蹉措"除了带自己的亲戚朋友外，还必须请一位耄师和一队唢呐手。

八、毕摩解冤

开转之前毕摩一直在自己的位置念《解冤经》，这部书是彝族丧葬经书中最长的一部，从中午过后开始到晚上11点左右才结束。内容不太清楚，但念这部经书的意思是，人生在世时，做过不少错事，有不少罪孽，死了以后灵魂还带有这些罪孽，必须为他解冤。念《解冤经》时毕摩房里面的桌子上有一只装满苞谷的斗，斗上面放一只装满米的升，升上面插有若干的茅草人。这些茅草人有一只手的，有一只脚的，有两个头的，有四只眼的，还有飞鸟之王，百兽之王，蛇王。还有五个骑马的。每个茅草人就是一个神，但具体表示什么神不大清楚，反正解冤必须有这些神才能解脱。桌子下面还要一把锄头，锄头上面搭有一个铧口。升斗上面还要点上香火。按理彝族没有香火，但现在已传入。念这部经书，需要用一只羊或两只黑白鸡。现在一般都用两只鸡。

念完这部经书就要把"茅草人"等送出去，死者一生的冤孽都由这些茅草人背起走。孝子和毕摩一起把插在升斗上的茅草人送到场地外面，方向是场地西方（也有说送往北方）。其中一只鸡拿到这个地方用，用完鸡后把茅草人烧了。

九、“转场”椎牲

紧接着管事领孝子及帮忙的到家里“请牛”，把所有的祭牲拉到祭棚前，牛角羊角上系一条麻线，一直牵到祭棚里的棺材上。

所有的“蹉措”进场并吃完饭后，就要准备“转场”。开始转之前，孝子们要到每家“蹉措”营地去问带来的所有客人都吃完饭没有，由管事带路，孝子们跟随其后，先到后家营地，所有孝子下跪，并问“得晚饭吃没有?”对方答“吃完了”。管事拿一个火把给“蹉措”家。“蹉措”家给所有孝子倒酒。接着到下一家，做同样的仪式。所有的“蹉措”家都走到以后，就开始“转场”。

开转首先要请毕摩，因为死者灵魂一直在毕摩房里听毕摩念经书。孝子们要到毕摩房那里，下跪请毕摩把灵魂带到祭棚那里去接受祭牲。毕摩拿好法具、经书等，边走边念经书，一直到到祭棚前面。孝子们则到“蹉措”营地去请“蹉措”“转场”。

先从后家开始，每一家“蹉措”都要带所有的同伴参加“转场”。东道主家扛起灯笼纸火，由管事扛大旗在最前面引路，孝子们跟随其后，帮忙的扛灯笼纸火在后面。先到营地旁跪一下，然后领“蹉措”围整个场地顺时针方向转一大圈，再围绕祭棚逆时针方向转一小圈，“蹉措”家也扛起自家的灯笼纸火跟在后面转，还要把东家给的火把点燃带上。转完一家，东道主接着请下一家，所有的“蹉措”家都要转。轮到“马郎”家转的时候，一边转一边放礼花。东道主家和“马郎”家都要“哇呦！哇呦！”地对吼。带跳海马舞的，要到每家“蹉措”营地外围转。马郎家就在这时显示自己的经济实力，主要是用烟花和鞭炮来显示，有钱人家要放上万元的礼花和鞭炮。这时是整个丧葬活动高潮，人吼声、鞭炮声、礼花声以及土炮声夹杂在一起在山谷里回荡。天空中有无数的礼花在闪耀，整个场面热闹非凡。转完后，马郎家女主人到祭棚里去哭，女同伴在一旁服侍；男的由自己的耄师带领到祭棚前跳“蹉措舞”。只有马郎才去跳“蹉措舞”，其他家不用“蹉措”。

在转的同时，毕摩站在祭棚前面念经文。一直到转完后，孝媳们排队站在祭牲后面，手里拿着一只碗，里面装一些水，用一张树叶往外洒水。孝媳后面是马郎家排起长队在跳“蹉措舞”。大女婿家在前，按从小到大的顺序往后排。这时死者的大女儿要站在祭棚前哭，前面放有一碗饭和一把木勺，边哭边舀饭撒向祭牲，意思是喂祭牲。这时的“哭”和平时哭有所不同，有专门的《哭丧词》，如果自己不会，还得另请人代劳。其实平时的哭也有一定的规矩，有专门的哭词。但平时只要把前面几句固定的开场白哭了以后就可以随便哭。

毕摩念完《献牲经》。孝子开始打杀祭牲。凡祭牲都要用棍棒或斧头敲，敲昏了以后才能杀死。帮忙的寨邻们把牛羊牵到专门的杀牲场地。孝子先在祭牲前下跪，然后举斧头敲击牛的头部，如果牛当场倒下就立即放血。如果没被击倒，就要换另一个人来打，一个人只准打一次。这样一直把牛击倒为止。杀牛的时候，马郎家要来给帮忙的倒酒喝。

转完以后，每家“蹉措”都要带同伴到东家记账处送礼。主客送多少礼金没有规定，根据自己的经济实力来定，但必须带点盐巴和玉米去，不论多少都给记成送玉米一斗，盐巴一秤，这是规矩。同伴们则只送一元两元，送一角两角也可以。每家“蹉措”都是这样。

“转场”仪式大约需要2~3小时，做完这个仪式，一般都到凌晨一两点左右。开始得晚，结束得也就晚。做完“转场”仪式，这天晚上也就没有其他事了。“蹉措”家女的被“招待”带到家里睡觉，男的要在营地守营，围着自己的火堆，主客给伙伴们发烟、倒酒。唢呐手这时又开始忙起来，“蹉措”家带来的唢呐手，会相互比赛，你一曲我一首的，一直坐在火边吹到天亮。火边铺一些稻草之类的秸秆，可以坐在上面，也可以睡在上面。也有的青年人出去唱山歌。这种场合也是彝族社会中男女青年接触的好机会。

十、洒水指路

天亮后，管事会通知孝子做其他仪式。毕摩也开始和准备工作，一是要在祭棚前搭一个象征性的房屋，用四根约一米长，差不多有手指头那么粗，并且上端有分杈的木棍在地上插成长方形，然后用三根同样大的木棍横搭在上端树杈上面，留西面不搭，毕摩要站在里面，面朝西念经书。二是要把一根泡木树砍成木屑，用来表示“金银”。这种“金银”，头天念解冤经的时候也要用。念到一定的地方就要抓一把“金银”扔出去。三是要把第一天杀的那头牛的皮摆放在祭棚右前方，这牛皮必须连有头蹄，牛皮里面裹着大后家拉来上祭的绵羊皮，也一样带头蹄，羊皮里面裹一头小猪，小猪要现场摔昏并杀死。旁边还放有牛心、牛排等。服侍毕摩的人（彝语叫“朝耄”）必须准备好所需的材料。

淤泥乡彝族丧祭中的“洒水”

毕摩开始念《追悼经》，孝媳也开始洒水。在“转场”之前，孝媳要通知自己的兄弟来“引路”，并带两三个年轻姑娘“打伞”，还要准备礼服、几挂鞭炮和一壶酒。礼服是一套两件。亲儿媳和后家要做“蹉措”，后家会准备一切。洒水仪式先要穿礼服。都要到大后家那里由大后家给她们穿。穿衣服只是象征性的，只是做一定的仪式而已。按顺序从死者大儿子媳妇开始，死者小儿子媳妇排最后，中间按家族中男孝的年龄排序。孝媳到大后家营地，“打伞”的女伴给她穿上礼服，“领孝媳”的兄或弟一起与大后家的主客相互跪拜，“领孝媳”的先替孝媳给大后家倒酒，然后大后家给孝媳倒酒，并将三张树叶放在孝媳的酒碗里，是做祭棚的那种树的树叶。孝媳把树叶从左肩往后丢一张，从右肩膀往后丢一张，留一张作洒水用，然后端酒碗起来。“领孝媳”的把事先准备好的伞半打开走在前面，孝媳跟在后面。先到祭棚的后面，那里放有一只大碗，里面装满水，旁边放有约两米长带有枝叶的树枝。“领孝媳”的和孝媳都要到这里跪着，用树枝把大碗里的水往外洒，碗里的水用完了，有孝女在旁边添加。“领孝媳”的再接着把孝媳引到祭棚前面站着，把伞交给“打伞”的，自己去放鞭炮。孝媳先是要哭，哭完后把自己碗里的酒用树叶往外洒，酒洒完后换成水继续洒。所有的孝媳都要这样做，按顺序排在祭棚前，面朝祭棚。家族大的要排成很长的队。

全部排完后，“领孝媳”的要给所有的孝媳碗里倒酒。孝男们站在毕摩的后面，准备好自己的碗装酒。孝女们也在祭棚前面，准备好装酒的碗，等“领孝媳”的来倒酒。“领孝媳”的给孝媳倒完后给男孝女孝们倒。倒酒时相互之间会抢酒开玩笑。

毕摩念完《追悼经》，孝媳们把“$go^{55}to^{51}$”反过来穿，并且要到祭棚后面去跪着把大碗里的水往外洒，再回到原位继续洒水。这时马郎家带同伴拔报天旗，把旗杆推倒。还要撤祭棚，把棺材抬出来，有的地方不仅把棺材抬出来，而且要求马郎家把棺材抬到坟地去。棺材可以先抬到坟地再回来指路，也可以指完路再抬棺材。古代彝族是火葬，现在的埋葬方式已接受汉族的风水思想，基本上与汉族的埋葬方式相同。

指路仪式开始，毕摩接着念《指路经》。因为仪式是接着做的，所以大多数毕摩的《追悼经》和《指路经》是合订本，但大部分毕摩的书名只写《指路经》。指路是要把死者的灵魂指到祖先那里去，根据家族迁徙史倒着指回去，所以要把族谱（也有的叫“根本”）告诉毕摩。彝族人每个家支都有自己的族谱，如果不知道自己的族谱，会被笑话，甚至被小看，或被认为不是正宗的彝族。《指路经》差不多念完的时候，把所有的纸火拿到场地西方，毕摩边走边念到那里，孝子也要去。大约要念10多分钟，等毕摩念道“送者泪淋淋，迎者笑呵呵”时，孝子全部返回，女孝跑到厨房里抢牛肉。说是谁先抢到谁的运气最好，所以大家争先恐后地往厨房跑，厨师们切好几斤牛肉等着她们来抢。帮忙的留下来把纸火烧掉，只留“孝伞”和“排灯”，这两样东西要拿到坟上去。一直插在坟上到腐烂为止。

在“转场坝”里举行的最后一个节目是“回房献饷”。管事扛着大旗领孝子回到家中，在右边房间的火塘边跪一下，然后所有的人大吼一声，从堂屋里的大门出来。孝媳要拿几瓣大蒜在门槛上面捣烂以后再出来，死者的大儿子由两个人搀扶着，在前面边哭边走，一直到祭棚周围转一圈，毕摩念《献饷经》。这个仪式有的毕摩说是到家里接死者灵魂，把这个灵魂接到坟里去。因为这个灵魂还没有为其做过任何超度仪式，所以棺材抬到岔路口，能见到“转场坝”的地方就要停下来，要为这个灵魂斩锁链。毕摩左手拿着一只鸡，右手拿一把杀猪刀在棺材周围转，转一圈把鸡翅膀上的羽毛在棺材上面砍几下。

到此，在“转场坝”的所有活动基本结束。头天晚上进场是大后家在前，今天早上吃中午饭是从小到大，最小的一家最先吃，大后家最后吃。蹉措家吃完饭就可以回家，走到路上能看得见“转场坝”的地方又要停下来，找一棵有叶子的树，把树叶卷成若干个漏斗形的酒杯，每一个杯子里面放一点东家返回的牛羊腿肉，倒一点酒。然后放一串鞭炮，用树枝把树叶杯里的酒肉打倒了。据说是怕鬼魂跟着客人走。

十一、寻灵入筒

彝族人认为人有三魂，有一个被指到祖先那里去，一个在坟里边，还有一个在家里的竹灵筒里。在“转场坝”里所做的一切活动都是为去祖先那里的灵魂而做。埋葬的时候也把另一个灵魂安顿好了，这个灵魂今后还可以为他做一些事。还有在灵筒里的那个灵魂没有安顿好，接下来的仪式就是安顿这个灵魂。

这个仪式可以在“转场坝”做，也可以到家门口去做，彝语叫“$khw^{55}xo^{51}$”，主要是为亡灵献衣，寻找亡灵和追赶“无常鬼”。“朝耄”把祭棚上撤下来的树枝，砍去枝叶，留1.5米左右长，顶端有一个分杈。把树枝两两相距1.5米左右插在地上，在两根树枝上面搭一根横的树枝，形成一道门的样子，共插九道，每道之间相距1米左右，中间要使人能足够通过。布置妥当以后，毕摩念《献衣经》。说是《献衣经》，实际上是两部分内容。一部分为叙述衣服的来历，从蚕种的来历开始，到蚕桑的选择，到织布的过程，一直到做成衣服为止。另一部分为寻找死者灵魂。古代彝族人认为人死了是因为灵魂离开躯体，只要把灵魂找回来就能复活。于是毕摩 和孝子们都做最后的努力，去寻找死者的灵魂，从村头找到村尾，从君长家找到毕摩家。得知是被“细叟”抓去，又通过“暗度陈仓”的办法，用一只鸡的灵魂把死者的灵魂给换了，然后把“细叟”的牢房烧掉。但灵魂是不可能找回来的，说是又不见了，毕摩又继续追，追到刺竹林里不见了，只看见一蔸竹节草（也有的叫“骨节草”）。于是砍刺竹做灵筒，用竹节草秆做“灵偶”（死者灵魂的依附物），这个“灵偶”还要裹上后家拉来上祭的那只羊身上的一点毛，用红绿丝线缠好（男的缠红线，女的用绿线），把“灵偶”放到竹筒里，再放一点盐和米，用一竹片离竹筒口约1厘米处横穿过去封好口就成了祖灵筒。千百年来，彝族人都是这样做，家里供奉竹灵筒。到一定的年代，竹灵筒就放到祠堂里，年代更早的送住深山老林里比较隐秘的岩洞里。

这次毕摩不是站着念，而是领孝子们在插好的树桩里绕来绕去，死者长子端着一只升，跟在毕摩后面，升里面是玉米，竹灵筒插在玉米里，其他孝子也跟着绕，每个人手里面拿着一枝树枝。孝女和孝媳都要哭。这时的哭词内容和毕摩经书的内容关系不大。转几个来回后，在最后一门里，在横梁上吊着一只小鸡，那里还搭了一个象征性的鬼房，亲孝男用弓箭把小鸡射死，放火把鬼房烧了，所有的孝子把手里的树枝放到里面去烧。嘴里还喊“火烧细叟房！火烧细叟房！”意思是救火，实为添柴烧鬼房。

绕的过程当中，还要把升里的灵筒放到九道门下面穿过并“打醮炭”表示洁净。毕摩嘴里念念有词。

如果夫妻俩，有一个已先去世，这时要做合灵仪式。要重新做一个灵筒，把夫妻俩的灵放在一起。男的竹节草有草结，女的竹结草没有草结。

做这个仪式时，寨邻们会每家拿一碗饭和一块鸡蛋饼来供，做完这个仪式后，把饭收了，把鸡蛋饼分给小孩吃，把灵筒放回家中，这个仪式结束。整个这场丧葬活动也基本结束。只剩下一些善后工作。

十二、其他善后事

做完寻灵仪式，时间已基本上到傍晚，如果动手晚的话，到天黑了才结束。这天晚上女孝们要去坟上给死者送饭点“排灯”。第二天晚上还要送饭，但只送到半路，能见到坟的地方就行了。

当天晚上做完各种仪式后，灵筒是放在家里装粮食的柜子里。过了几天后才把它放到屋顶瓦片下，与先辈的灵筒放在一起。以后一般每年一次更换草结、羊毛、丝线、米、盐等，也可以几年更换一次。

事后值得一提的是“回煞”。意思是死者的灵魂会回到家中。“回煞日”根据死亡的时间可以从毕摩的通书中查到，一般都是办完丧事三五天左右。到那天全家人回避，不在家里睡。并且还要在大门脚下用细筛子筛一些细煤灰，说是灵魂回家时会把脚印留在煤灰上，二是变成什么东西，留下的是什么脚印。大门上挂一些荆棘和蒿草。意思是灵魂回到家中后看不到家中的亲人，就认为后人已走了，家里已荆棘丛生，以后再也不会想回家了。

整个丧葬活动全部结束，之后的十多天里，一到晚上就有不少寨邻来做伴，第一次来的人都会带一些酒来，大家边喝酒边聊天，几乎天天如此，家里的人一点也不会感觉到忧伤。

此前一个个案是从毕摩角度来记录的，这个个案的记录角度是从一般的丧祭参与者来记录的，有其自身的文化人类学意义。从彝族丧祭参与者的角度来看彝族的丧葬仪式过程，会有一些新的信息进入，帮助我们更为全面地理解淤泥河的彝族丧葬文化。

盘县淤泥彝族乡丧葬仪式调查报告

调查时间：2006 年 1 月 20 日

调查地点：淤泥乡煤管站招待所

调查人：柳远超、吴秋林

讲述人：金占清

金占清，男，1949 年出生，家住苏座村。老祖辈就是毕摩，金占清能记住祖辈 5 代。12 岁时就跟父亲学彝文，也就是学习做毕摩。到 20 世纪 60 年代，就开始做毕摩了。他有很多彝文经书。

一般的经书有：

1“特书莫”（彝文通书，就是看日子的书，如汉族的历书）。

2“尼木”（祭祖的用书）。

3“列窝接”（又称“清蛇经”，用牺牲时为牲畜解脱的用书）。

4“尼查六珠”（献饭和献酒用书）。

5“尼洗”（另外一种献酒用书）。

6“密吗”（做丧事跑大城用书，这个仪式一般人家做不起，故现今很少做了）。

7“一赫”（是在请水时的用书，也叫“奠水章书”）。

8“莫日”（献祭用牺牲时的用书）。

9“刚刀”（这是用于“禳解”的书，扫屋、解身上扫荡等事时都要用此书）。

专门用于丧葬的经书有：

1“洗一朵”（招亡灵时的用书，冷丧时必用，是冷丧仪式的开始仪式）丧葬的第一个环节用书。

2“木固”（献衣时用的经书，这衣服是老后家拿来的）丧葬的第二个环节用书。

3“舍扯”（牛绕棺时的用书，在招完魂的第二天早上用）丧葬的第三个环节用书。

4“日孬”（为死者解大阴节的用书，解一生所有的事情全部解决）。

5“黑特”（给亡灵开路的用书，在第二天早上，开完路就指路）。

6“窝着莫”（给亡灵指路的用书）。

7“去伙”（解结用书，彝族认为人有三魂，一魂在指路后往西天而去；一魂随棺木去了坟上，一魂的灵在灵筒里，办理“去伙”的仪式后，祖灵筒就可以到家里享受家人的香火了）。

这些经书我们都拍有照片。

金占清能做的事有多种，凡是现今流行的事他都能做。

为人做丧事有两种：

一种是家里一时没有经济能力，不转场，就只请毕摩来看个日子，抬出去山上埋葬便罢，只请毕摩扫一下家，用一个鸡请毕摩念一下禳解经即可，一般不动牲口。这种丧事，有时是请毕摩来做，有时候又是请汉族先生来做。

另外一种是转场的彝族丧葬仪式。“转场”彝族叫“说莫子”。“说莫”在彝语言中是“亡人”的意思，“子”在彝语中是“藏”的意思。“说莫子”字面上可以认为是“这场斋事”，但它的根本意义是把亡灵“藏”起来，不要影响下一代的仪式。

主人家定下来要做转场仪式时，就要请一个人来做“侧摩”，并由“侧摩”去请毕摩看日子，到最后请毕摩来做事时，由侧摩到门口喊毕摩，并下跪、敬酒等。

毕摩什么时候去主家做事没有一定之规。

有时冷丧时和热丧一起做的时候，就要先用“洗一朵”经书，把死了多年的亡灵招回来，并安置在一个纸扎的灵房里。一般是一家人一个灵房，有一家算一家。死

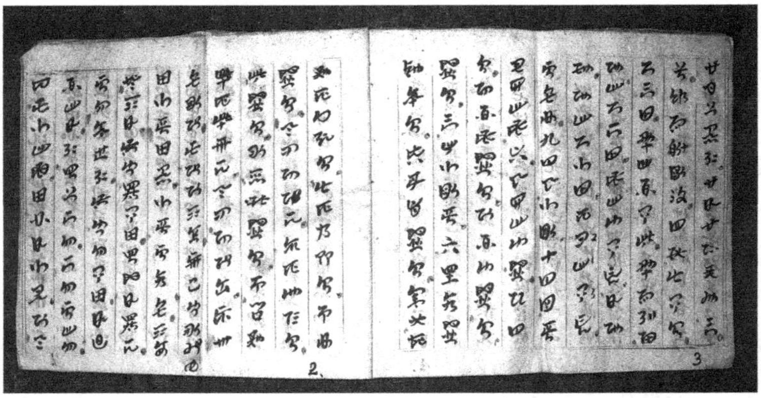

毕摩金占清的经书

了十年以内的亡灵就在屋里举行招魂仪式，死了十年以上的就要到村外的路口去举行招魂仪式。

招魂时用一个条凳，搭上一块丈余的麻布，为搭桥布，一个簸箕放在条凳上，簸箕里放的是这些要招灵魂的祖灵筒。点上香，孝子全部跪在前面。

再用一只鸡做代亡灵鸡。这只鸡不杀，公鸡母鸡都行。

做好这一切，先是毕摩喊魂，一个一个地喊，喊一个亡灵就打一次卦，是“顺卦”（一反一正）就是亡灵来了，如果不是就继续喊，直到出现“顺卦”为止，然后再喊下一个。喊完亡灵，孝子端着簸箕，把亡灵接回家来，毕摩就招亡经，把亡灵安顿在灵房里接受祭祀。

在彝族中，未转过场的灵筒只能放在屋子里的边边上，转过场的就能放在家里神龛的正中，就能享受香灯。

举行招魂仪式一般在夜间23点之后的子时，肃静，人不能随便走动。

举行完招魂仪式后，就是念“木固”经书的仪式，就是给老人亡灵献衣。

最先是给亡灵献酒，毕摩念献酒经。

之后要把老后家拉来的毛羊拉来献祭。献牲时先把羊打昏在地，立即用刀把羊宰杀放血。由帮忙的人用纸钱蘸上羊血，再用羊血沾灵房、鬼房。孝子扛的“哭丧棒”也要蘸羊血，但要孝子自己去蘸。

宰杀完羊就是念“木固”经书。“木固”经书要念两个多小时。

念“木固”经书是男女都可以念的，但“木固”经书主要是对女老人起作用的。

念完经书，用羊肝煮熟献饭。这晚的仪式就结束了。

在原来的规矩中，第一天是“招魂”，第二天才是“木固”，但现今合起来一天做完。

第二天起丧，把棺木抬到转场坝，围着鬼房大转一转，小转两转，然后把棺木停在鬼房外面。这时，把灵房的香灯点上，众孝跪在灵房前，毕摩念“舍扯”经书，意思是把一切不好的东西送到东南西北去，然后才移棺入鬼房。

这时主家要给马郎家献酒，毕摩在一边念献酒经。

之后是牵牛绕棺，这时应该把马郎家拉来的牛献祭了。杀牛时，用生麻皮一边拴在牛角上，一边拴在灵房上。毕摩念献牲经和献酒经。

牛用斧子打倒，割断气管放血。也要把灵房、鬼房各处沾血，肝子也要煮熟来贡。

随后是念为牲畜解结的“列寓接”经书。

这个过程大约需要5—6小时。

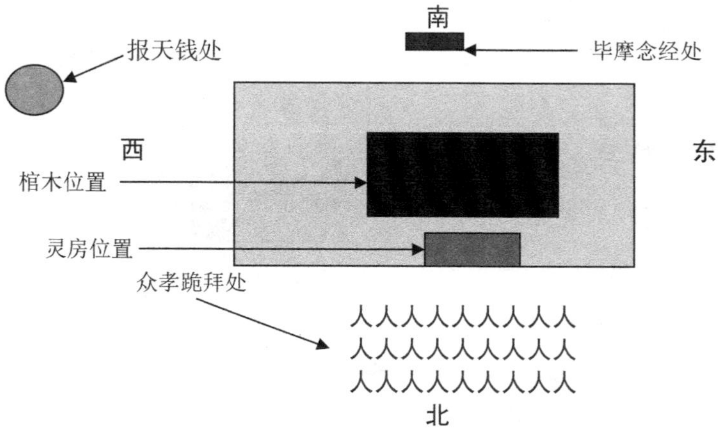

鬼房位置示意图

以后是念“日孬”经书。“日孬”是为死者解大阴节的用书，解一生所有的事情。

念“日孬”经书要用黑鸡、白鸡，或者羊子。念“日孬”经书时要扎制茅草人，一共要扎20多个（习惯上叫“圣人”）。

有叫“洗书”的草人7个。

叫“大将”的草人7个（一个是六只手，一个是四只手，一个是一只手，一个是两个脑袋、两只脚、两只手，一个是扎成鸟的样子“飞鸟之王”，一个是扎成野兽的样子“走兽之王”，一个是扎成条状的蛇王）。

叫“拖木”的5个，一共有5匹马，马上有一个骑马的草人，马下有一个牵马的草人，马上草人和马下草人是一组。

在念“日孬”经书时，把这些草人放在斗上，斗里有苞谷，斗里还放有一个升子，升子里是米。

开始念“日孬”经书时，孝子跪拜，点香、磕头。然后要先请这些茅草人的灵魂到来就可以念经书了。念时讲人生的艰难，并根据死者的生平事迹来念。

念完“日孬”经书，就把茅草人送到北边的路口，在那里杀一只黑鸡、一只白鸡祭祀后就烧掉茅草人。

这以后，来转场的马郎家和后家大致都来到火塘边了，孝子要一个火堆一个火堆地去问吃饭了没有，并给他们送火把。

之后就开始转场。围着鬼房转为“小转”，围着火塘和幡杆转为“大转”，一般都要大转一转，小转两转，只不过东家和马郎家的方向不一样，东家为正转（正时针），马郎家为反转（逆时针）。

在转场时，马郎家来人要又吼又叫，并不断地在地上用脚蹉动，意思为蹉地上的蛆。后人叫“蹉措舞”。

所有的来家都转完，东家开始接牲口（这些牲口是老早拉来关在寨子里的）。

接牲口时也要大转一次、小转两次。最后到灵房交牺牲。这些牺牲在祭杀时，毕摩要念献牲经，姑娘要哭着喂牛草。就在灵房前宰杀。

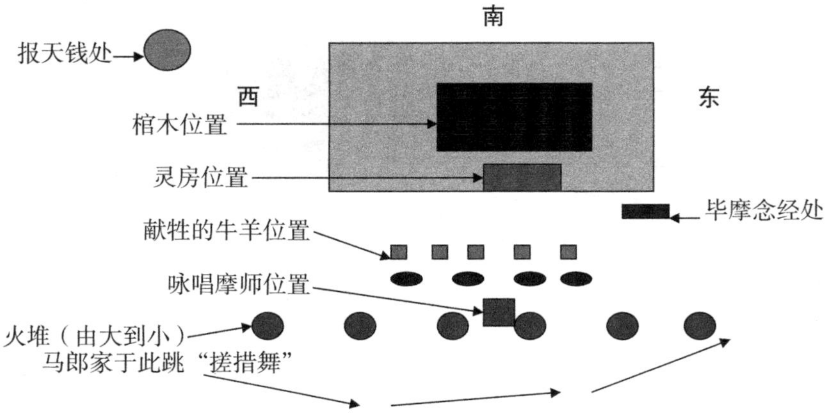

献牲位置示意图

第二天早上，就要给亡灵开路和指路了。开路念的是“黑特”经，这是给亡灵开路的经书。

念完开路经之后，要到死者家的屋里举行“绕列赫”。孝子要在屋里吼叫着出门，长子还要哭着出门。并在鬼房处大转一次，小转两次。这样，就可以指路了。

一般指路前，要把棺木移出鬼房，移往西方。但我们在苏座看到的是一大早人们把棺木抬上山放好，回来才开始指路的。这时马郎家的来人折鬼房和下报天钱。

开完路就指路。指路的经书叫“窝着莫”，这是给亡灵指路的经书。

这种经要念几个小时，念的时候孝媳要在一边洒水献酒，后家人要给她打伞，等等。洒水的孝媳妇要用一个泡木杈垫在脚下，意思是“隔断”，不要让亡灵把她们的灵魂带走。尤其是新媳妇一定要如此。我们在苏座看到的个个如此。还有的用茅草打个结插在头上，也是防止生者的灵魂被死者带走。

洒水的孝媳妇最先洒的是酒，后来加的就是水了。

这些孝媳妇来洒水时有一定的讲究，进场前要由后家给她换上“背搭”衣（俗称“花衣”），由哥哥或者弟弟打着伞送进场，并交给女伴。

指路经的内容主要是家族的迁徙线路和家族的历史等等。

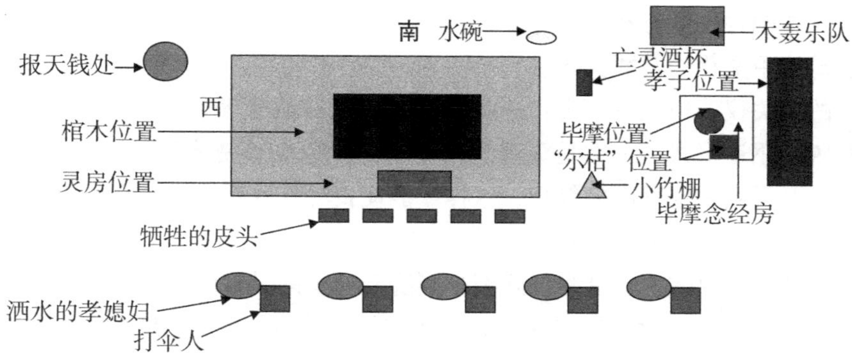

开路、指路位置示意图

在招魂时，有旧的灵筒，但也为新亡的人做一个新的灵筒。在指完路后，又要做一个“去伙”的仪式，也是一种“解结”，即形成一个新的装有夫妻灵魂的灵筒。

灵筒内的灵草用“骨节草”制作，男的用红线捆扎，女的用绿线捆扎，即把羊毛捆扎在草节上。在竹筒内还要放米。

把这两节草放入筒中时，要用鸡或者羊来祭祀，要念“去伙”经。灵筒制作，孝子要在堂屋跪接灵筒，并把灵筒放到家里正堂左边的瓦片下。

在金占清的叙述中，他还讲到毕摩“教门”的问题，他说：毕摩中分几个教门，大的为“尼你”（毕节译为“尼勒”），二的为“习索”（毕节译为“实索”），还有老三为“啊勒”，是更其次者，第四等的毕摩叫“敖比”，是口头念，没有书用的毕摩。

这种差异在毕摩的装饰上就可以分出，“尼你”者就不背师灵筒，如金占清就是；“习索”者要背师灵筒，如坪地的孔小富他们就是如此。

这种区别有长幼的关系意义，有学艺精与不精的关系意义，也有兄弟关系的意义，但总的是“尼你”强，“习索”次之，余者再次之。

这个个案是由淤泥河彝族毕摩口述而来，其丧葬仪式过程与彝文经书的使用完全对应。在这个个案中，我们还特意在口述者的指导下，画了几个彝族丧祭的空间示意图。这个空间示意图我们在现场丧祭的观察中完全可以得到印证，并拍摄有相应的照片。

第三节　盘县彝族甲文化区域其他祭祀个案

我们知道，一个文化体中的某一个环节的仪式，看起来是独立存在的，但是，它的意义体现却直接与相关的仪式关联。也就是说，文化中仪式的举行可以有明确的功能和对象，但其意义却是其他仪式相互关联的。所以，我们在描述了盘县彝族甲文化区域丧葬仪式的种种形态和表现之后，还应该描述与其相关的仪式，这样才能较好地理解盘县彝族甲文化的丧葬文化。

这样的相关仪式应该有两类：一类是死者的灵魂给生者带来麻烦时所用的仪式，多数为解脱和驱逐仪式；一类是祭祀仪式，即在丧葬中“制造”的亡者的灵魂形式，在丧葬之后要得到一定程度的祭祀，这样才能使丧葬仪式带来的意义得以实现。这样的仪式有许多表现，但最为重要的是祭祖。

在彝族的丧葬仪式中，许多仪式都是围绕着死者的灵魂的安顿而出现。在彝族人的观念中，人活着是因为灵魂在身体中健康地存在着，人死了也是因为死人的灵魂走了，离开了他的身体。为死者举行一系列的丧葬仪式，就是让死者的灵魂去到他该去的地方。但是人在身体出现病态的时候，也会被认为其身体中的灵魂出了问题。这种问题也是要“处理”的，否则病人的病就不会好起来。要“处理”人的灵魂出问题的仪式，就是彝族中经常性出现的招魂仪式。

关于招魂仪式的调查，2004 年吴秋林有一个个案，同样也不改变其文本的表述形式。

盘县彝族毕摩招魂、解身上调查报告

讲述人：甘文富（盘县淤泥乡麻郎地村，现年 81 岁，彝族）

讲述地点：淤泥乡麻郎垤村

采录人：吴秋林

时间：2004 年 11 月 11 日　星期四

在盘县彝族中，招魂是一种为个体而做的仪式。一般是为久病之人和得了怪病之人而做“招魂”。这种“招魂”也是要请毕摩来做，也叫“喊魂”。

在什么日子“喊魂”，是由病人的属相来定的，其情形如下：

属虎者——猪场天、蛇场天；

属兔者——马场天、鼠场天；

属龙者——牛场天、羊场天；

属蛇者——猴场天、虎场天；

属马者——鸡场天、兔场天；

属羊者——龙场天、狗场天；

属猴者——猪场天、蛇场天；

属鸡者——马场天、鼠场天；

属狗者——牛场天、羊场天；

属猪者——猴场天、虎场天；

属鼠者——鸡场天、兔场天；

属牛者——龙场天、狗场天。

按照这个规矩，选定了时间，就可以为病人“喊魂”了。

“喊魂”时，把一个簸箕放在堂屋中间，簸箕中放一碗米，米上放一个鸡蛋，鸡蛋上放一根黑线和一根白线，门槛边点一炷香。毕摩先敬酒，然后用彝语说，某年、某月、某日，某某人病了，今日“喊魂”。病人脚不能行路，嘴不能吃饭，无其可奈，今日的年好、月好、日好，请吾为其“喊魂”，魂落在做活路的山上，魂落在砍柴的岩上，魂落在玩耍时的河边，魂落在某地的亲戚家，魂落在野地坟塘……如此等等，一直把这个人一段时间内去过的地方都喊一遍，意思是在各处寻找这个人失落的魂，如果失落的魂一旦找回，这个人的病就会好起来。

找遍各处，这时毕摩就会大声叫喊：

东方新魂喊转来；

南方新魂喊转来；

西方新魂喊转来；

北方新魂喊转来。

毕摩如此“喊魂”时，病人的一家人也要一起喊，声势浩大。

然后就是打卦，如果是顺卦，就表明魂来了。如果不是顺卦就得再喊一遍，一直到顺卦为止，如果8次不是顺卦也得重定日子。

出顺卦后，病人的儿子抬起簸箕，退两步，抬到病人住的那一个房间里，把黑线和白线反搓成一股，绑在病人手腕上。再把鸡蛋煮熟，慢慢剥开，看鸡蛋上显出什么样的纹图，就可以知道病人的魂是落在何处了，比如落在河边就会出现河的样子，落在岩石上就会出现岩石的样子。最后，把鸡蛋给病人吃了，就认为病人的病就会好起来。

卦是新做的，用冬青树及绿叶子的树枝临时做的。用后这个卦就放在病人的床边。彝族毕摩用卦每次都新做，从不保留卦。

这是一般情况下毕摩为病人“喊魂”，与此性质相同的更为厉害的仪式叫“破胎”。

“破胎”是在做了“喊魂”之后，实在不行的情况下才做“破胎”的。

据甘文富毕摩说：“破胎”他们一般不做，因为做“破胎”对毕摩来讲是一种“罪过”，“破胎”时，会危害了另一个人或牛马，对怀孕的妇女和怀孕的牛马危害最大，会让撞着“破胎”的人畜胎儿死亡。另外，鸡蛋也是有生命的，你烧了它，也是有罪的。所以，不到万不得已，毕摩是不会为病人做“破胎”的。

“破胎”的选日子同“喊魂”一样。“破胎”也是在堂屋里举行。“破胎”时，先在大门槛脚铺上一层火灰，毕摩手里拿着一个犁口（一边如“喊魂”一样的“喊魂”，只不过“喊”字变成了“撬”字），一边用犁口在铺在大门边的火灰中用力撬土，一边说：落在河边的新魂撬回来，落在山野坟地新魂撬回来……甘文富毕摩说：这样的撬阴土是很厉害的，如果新魂落在山野坟地里，这里一撬，那里的坟就会炸开。

在大门槛脚各处都撬遍了，毕摩就喊：

东方新魂撬转来；

南方新魂撬转来；

西方新魂撬转来；

北方新魂撬转来。

病人的一家人也要一起喊，声势浩大。

这时，毕摩把一个鸡蛋放在火灰上，用一个蘸满油的纸圈套在上面，然后点燃油圈。这时毕摩又用一把剪刀，在火圈边上不停地剪动，并用彝语说，变成人胎烧儿不烧娘，破儿不破娘；变成牛胎烧儿不烧娘，破儿不破娘；变成马胎烧儿不烧娘，破儿不破娘；变成猪胎烧儿不烧娘，破儿不破娘；变成羊胎烧儿不烧娘，破儿不破娘；变成鸡胎烧儿不烧娘，破儿不破娘；变成鹅胎烧儿不烧娘，破儿不破娘；变成鸭胎烧儿不烧娘，破儿不破娘……变成什么胎都烧儿不烧娘，破儿不破娘。

这样做的目的是把这凶恶的“破胎”有所“隔绝”，不让它随便就烧。

又说：把家中隔完了，别的烧进来。这样一讲，鸡蛋就会破炸开来，这时看鸡蛋汁飞的方向，如果飞出了大门外，这人就没有救了，飞到大门里面，这人的魂就回来了。

这应该是彝族在灵魂观念上的表现，是彝族丧葬仪式灵魂观念的基础，不在一个人生时如此关照他的灵魂，不用这种方式来表现灵魂与死亡的关系，彝族丧祭礼仪是没有建立基础的。

这是人死前对他们灵魂的理解，而在丧祭之后，对灵魂的理解仍然继续存在于一系列的祭祀中。

2004 年，吴秋林在盘县淤泥河采录了一个有关彝族祭祖仪式的文本。

彝族毕摩祭祖调查报告

讲述人：甘文富（盘县淤泥乡麻郎地村，现年 81 岁，彝族）

讲述地点：淤泥乡麻郎地村

采录人：吴秋林

时间：2004 年 11 月 8 日　星期一

祭祖实际上就是换置祖灵筒中内容，让祖先享祭，以及为了让四代以上的祖灵筒进入祖祠而举行的仪式。一般是三年两头祭。

先由家族的族长召集家族中的所有人员，商量祭祖事宜，如准备钱财粮物等。而后请毕摩看日子，一般在农历十月至十一月间举行。

用牲有黑猪、黑山羊、红白公鸡各一只。

如果当年有的人家老人过世，在祭祖前这家人要用一只鸡祭祀，把新亡灵的祖灵筒引入家祠就位。这个过程要念咒语，打除醮，除祟，把一切不干净的、不吉利的东西去掉，让亡灵进入祖祠。

祭祖这天，家族中的每户人家都把祖灵筒拿来，集中在一起。以家族长房最老者为换祖灵筒中内容。先由毕摩念经说：“你是不是‘六慕’（彝族祖先）的后代，是不是龙虎的子孙？是‘六慕’（彝族祖先）的后代，是龙虎的子孙，就请入祖团聚，万事大吉!”

念完这些经文，一位彝族叫“尔枯”(是由家族中请来作为毕摩帮手的外姓，这位叫“尔枯”的人一定是与家族无关的外姓人)的就可以换祖灵筒中的内容了，祖灵筒，装祖灵筒的篾箩，也得由这个叫“尔枯”的人来做，一般不会由家族中人来做。

为什么要用竹筒来做祖灵筒，与一个神话传说相关。说洪水时期，彝族的祖先被洪水所冲，是因为抓住竹子和一种草得以救命，故而彝族人从此感恩此竹，以后就用竹筒装自己的灵魂，以便后人供奉。

祖灵筒中装有米、草节（男有节，女无节。这是一种专门的草，彝语叫“这不流西”，一般种在祖祠前后，上面所说彝族祖先抓住的草就是这种草，意义与竹子同)、羊毛、丝线（男红、女绿)。一般是夫妻共装一个灵筒，如果是一妻者，就用一根有节的草节和一根无节的草节。用羊毛裹住这两根草节，用红绿丝线把草节捆好，装进筒里，筒里再装进米，彝族的祖灵筒就算成了。但一般还要做一个花篾筒放置祖灵筒，而这个花篾筒一定是“尔枯”来做。

毕摩念经后，“尔枯”就可以在村里的某处换新的灵筒了，一家一家地换，换好灵筒，就把这一家族的祖灵筒全部放在一只黑山羊身上。这只羊是用来献祭的，一般要求毛色纯黑，无杂色，无残疾。在村里换好的灵筒要由这只羊驮到祖祠所在地，故这只羊也叫“驮灵羊”。

在祖祠前，要建一个祭祖场。这个祭祖场分为四层:“君长房”“臣长房”“师长房”“寨房”。第一层为“君长房”，用两根丫形树枝支撑一根横棍为“房子”，以弧形排列九个这样的“房子”，以代表君长的九十九幢房子。弧形的中心树枝做一个方形的灵床，以作为祖灵歇息的地方。灵床前面，用三根树枝架起来的门，这样的门一排有三道，共有三排，故君长房前有九道门。

这样的地方就是君长房的地方，是祭祖场的最高的一层。

第二层是臣长房，也用两根丫形树枝支撑一根横棍为“房子”，以弧形排列六个这样的“房子”，以代表臣长的六十六幢房子。弧形的中心树枝做一个方形的灵床，以作为祖灵歇息的地方。灵床前面，用三根木树枝架起来的门，这样的门一排有三道，共有三排，故臣长房前也有九道门。

第三层是师长房，也用两根丫形树枝支撑一根横棍为“房子”，以弧形排列三个这样的“房子”，以代表师长的三十三幢房子。弧形的中心树枝做一个方形的灵床，以作为祖灵歇息的地方。灵床的前面，用三根木树枝架起来的门，这样的门一排有三道，共有两排，故师长房前有六道门。

师长房的前面是第四层的寨房。寨房只有三道用三根木树枝架起来的门，代表十一幢寨房。

其房子的两根立枝，其上是有树叶的，一般家族为青冈树叶，但如果是“黑彝”(贵族）和官家的要加上松树叶。这样的房子高约1.2米左右。所有的门也在80厘米左右，以驮灵的黑山羊能从门下穿过为宜。在每个立柱的旁边，都同时栽有一棵或两棵叫“敖都”的小木桩，这是接受献酒等祭祀的地方。这样的祭祖场（如下图）建好以后，就可以把驮灵羊赶来开始祭祖了。

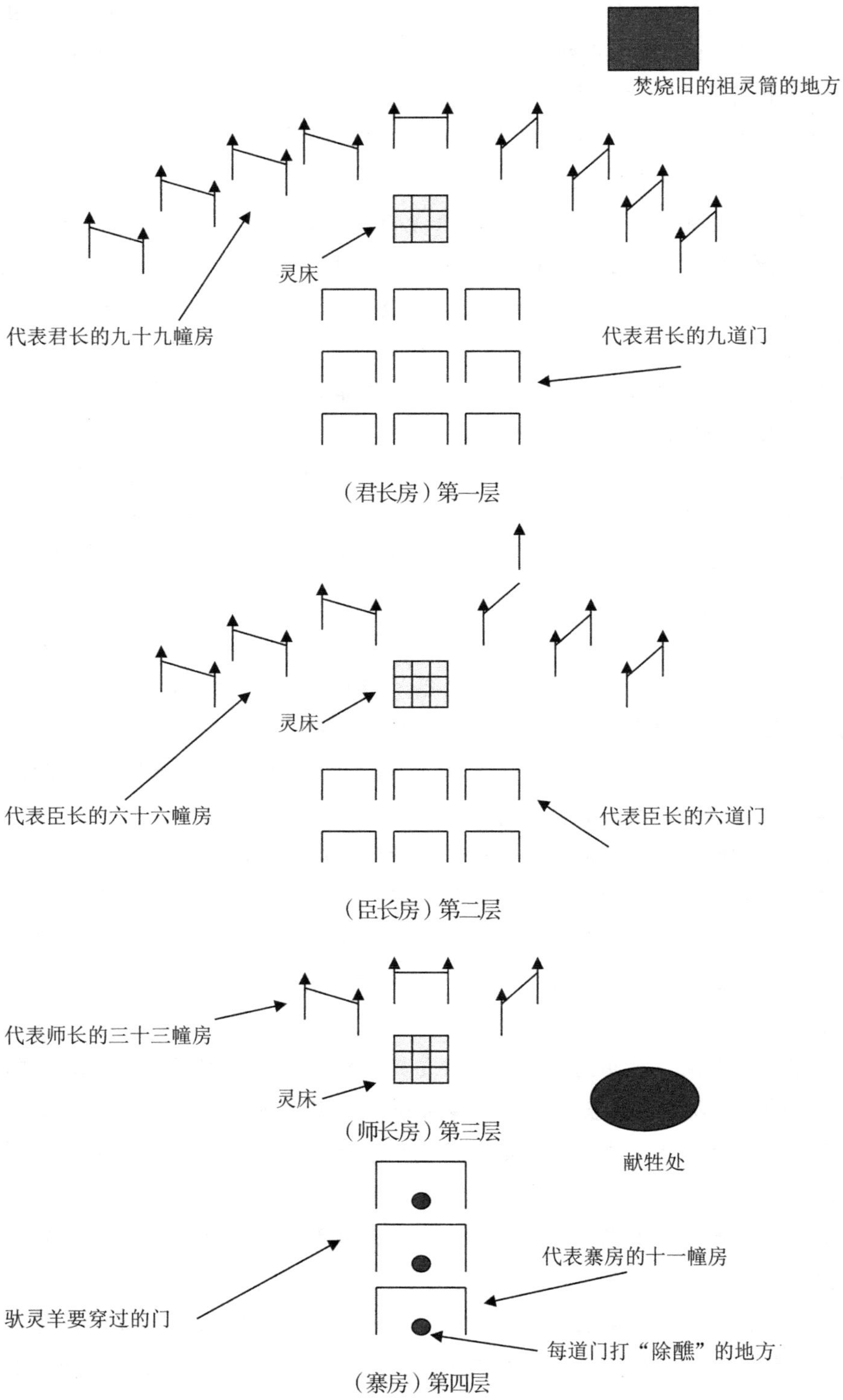

祭祖场示意图

当驮灵羊到达祭祖场后，正式的祭祖活动就可以开始了。驮灵羊在进入寨房门之前，要在门口打“除醮”，即把一块烧红的炭放在门口，毕摩念“一切不洁不净之物去除，一切新好之物进来”，随后把净水泼在红炭上，发出“除”的声音和升腾起一股白色的烟气。这个过程就叫“除醮”。在打“除醮”中，端火盆的一定是那个叫“尔枯”的外姓人，由他把一块块火炭放在门前。打完“除醮”，就可以把驮灵羊赶进这道门了。

寨房有三道门，驮灵羊每过一道门都要打一次“除醮”。过了寨房的三道门，驮灵羊身上的祖灵筒就要取下来，放在一个簸箕里，并把放有祖灵筒的簸箕放在第三层师房的灵床上。这时，这只驮灵羊和另外拉来的一头黑猪（对这头黑猪，也有同驮灵黑羊一样的要求）就可以在献牲处作为牺牲品宰杀了。宰杀时，毕摩要念彝文的《献牲经》，把所献之牲交代给祖灵领受，并祈求祖灵保佑子孙后代。

在这里，献牲的血不洒在灵床处。

献牲毕，牺牲品移到另外之地去处理，这时，装祖灵的簸箕就要准备移到臣长房处的灵床上了。这之前，要在臣长房的灵床前献一只或红或白的公鸡，宰杀鸡牲时，也要毕摩念《献牲经》，并把鸡血滴淋在灵床前或灵床上。这样，就可以把装祖灵的簸箕移到臣长房处的灵床上了。放在臣长房的灵床上，意为让祖灵先休息一会儿，其实这时毕摩也休息了，目的是为了等待把猪羊等牺牲品煮熟成形，以便在君长处的祭供。

待牺牲煮熟成形后，就要开始最后的也是最隆重的献祭了。这时，先在君长房处如在寨房处那样打“除醮”，然后，就杀一只鸡，毕摩同样念《献牲经》，把鸡血滴淋在灵床前和灵床上，把装祖灵的簸箕从休息的臣长房处移到君长房的灵床上。这时就可以把猪羊祭品供在灵床前，向祖灵献酒、献饭。献酒时毕摩要念专门的《献酒经》，献饭也要做类似的交代。

祭祖的诸项仪式完成，毕摩就会用彝语说：“敖都敖打处，敖都如鸡都；毕都毕打林，毕都突舍林……”全部的结束语的大意是：

今年祭了下年不祭，祭了祖灵发达子孙；祭了祖灵不好的不来，祭了祖灵来金银；鹤鹍飞过处，曾被雨浇淋；高山大箐林，虎豹遭雨淋；祭柱祭酒淋，祭柱祭酒淋。

供献完毕，以后的程序是各家请回自家的祖灵筒，四代以下的由自己家带回放置在堂屋的瓦下，四代以上的就留在祖祠中正屋的瓦下，不必带回家了。请回祖灵筒时，同时各家要从君长房等处拿走一枝青冈树叶，并拿回家与祖灵筒放置在一起。拿树叶时，有条件的人家要杀一只公鸡作为奉献，没有条件的也可不杀。是“黑彝”（贵族）和官家的不但要拿青冈树叶，还要加上松树枝叶，一般要杀一只公鸡为奉献。

请祖灵筒毕，“尔枯”就要负责撤除“祭祖场”，并把换下来的旧祖灵筒烧掉。而后是聚餐，这时，“尔枯”所吃的与众不同，被认为是最好的鸡肝、羊肝就由“尔枯”来享用。

第三章　盘县彝族丧祭文化描述与研究（下）

吴秋林

盘县坪地乡在行政区划上是盘县的一个乡，位于盘县北部，与六盘水市水城县接壤。这里有乌蒙山余脉——八担山，坪地乡就在八担山的南面。在这里，坪地乡与附近的四格彝族乡、普古乡以及水城境内的彝族形成一个与威宁、赫章彝族有直接渊源关系的彝族文化片区，其彝族人口近 10 万人。坪地乡彝族丧葬文化表现在这一片区具有普遍意义，但在实际的丧葬文化表现中，不同于小区域也会有一些特定的表现。

在盘县坪地乡这一彝族的文化区域中，其文化表现与威宁、赫章彝族有直接的渊源关系，但由于迁徙至此的时间已经很久，变化较大，并且在其他区域彝族文化的影响下，已经有了自己文化的特定表现，其丧葬文化表现上也是如此。

在盘县坪地乡区域中，彝族丧葬文化的表现是普遍存在的，这里的彝族人死亡，一般是要举行“转场”，即一定会有彝族传统意义上的丧葬仪式举行。

第一节　盘县彝族乙文化区域丧祭文化调查

盘县彝族乙文化区域的丧祭文化调查主要是在坪地乡进行的，其调查方法和方法论与盘县彝族甲文化区域的调查基本相同。

2004 年和 2006 年，我们在盘县坪地乡区域的调查中，采用了采访毕摩，记录毕摩关于丧葬仪式过程的口述，现场观察、记录仪式过程，观看别人拍摄的彝族丧葬仪式过程并记录等一系列方法，做了两个盘县坪地乡彝族丧葬仪式过程的个案。一是《盘县坪地彝族乡街上彝族丧葬文化调查报告》，二是《盘县坪地彝族乡三家寨村彝族丧葬文化调查报告》。这两个报告都有现场观察和毕摩口述两方面的内容，只不过前者是从录像中观察的，后者是直接在现场观察的。

2007 年年底，也就是非物质文化遗产调查中，我们也在坪地乡进行了第三次关于彝族丧祭文化的调查，也形成了一个调查报告。

第二节 盘县彝族乙文化区域丧祭文化调查个案

在盘县彝族乙文化区域，我们形成了三个个案：一是2004年由吴秋林调查的坪地乡彝族丧祭文化个案；二是2005年由吴秋林、柳远超调查的坪地乡彝族丧祭文化个案；三是2007年在非物质文化遗产调查中，以游珍海为主的坪地乡彝族丧祭文化个案。

在这里，我们为了信息量和真实性的考虑，一般在叙述中基本不改变其原来的叙述形式和文本形式。

盘县坪地彝族乡街上彝族丧葬文化调查报告

时间：根据此户人家2004年自己拍摄的纪念性录像带观察记录整理，我们是在2004年的调查中得到此影像资料，并做了一些调查，于2006年1月29日至2月2日整理。

地点：其拍摄地点是坪地彝族乡街上，记录整理在贵阳市区家中

调查人：柳远超、吴秋林

（后来，我们又到坪地彝族乡找到包包寨的毕摩孔小富，他向我们讲述了做一次彝族丧葬所有的仪式过程，以及基本的意义等。）

孔小富是1975年开始做毕摩的，其现年51岁，是1971年跟其三叔学的，在其三叔去世之后，三叔的大儿子是民办教师，出来做毕摩不合适，就由孔小富代替堂哥做了毕摩。在其堂哥退休后，也一起来做毕摩了，故现今他们是一个毕摩班子，堂哥、孔小富、两个侄儿。

他们一年能做七八十次各种事情，而转场这样的大事，一年只有20来次。

他们现今能做的事情有：

1. 祭山、扫寨。
2. 解身上。
3. 叫魂。
4. 祭祖（已经很少搞了）。
5. 解关煞。
6. 退喜神。
7. 为牲畜叫魂。
8. 看日子。
9. 转场。

一、落气、穿衣、入棺

老人要落气时，把老人扶在堂屋里的椅子上坐好，脚下踩个装满粮食的大斗

(意为“丰衣足食”)，等老人落气。老人落气后，用两条凳子搭上木板，把老人平放在木板上，头朝家里的神龛，脚朝大门。由孝子用香柏树枝煮水来洗身子，如果是男性老人由男孝子来洗，如果是女性老人由女孝子来洗。然后穿衣，以前是要穿棉布衣服，现在什么都穿，没有严格要求。男性老人和女性老人都要求穿单数。色彩一般为蓝色，如果死者的上一辈老人还在世，那么这个死者身上一定要穿一件白色的衣服在外面，意思是他（她）将来要为去世的老人戴孝。

在把死者装入棺木时，先要扫棺。这扫棺是由毕摩来扫，祭品为一只公鸡、一只母鸡、火把、柳树枝、桃树枝、救济粮树枝。这三种树枝的含义是：柳树枝——发得快、桃树枝——避邪、救济粮树枝——多子。

在扫棺时，毕摩会念如下咒语（是用汉语念的）：

日吉时良，天地开张，吾今扫时，万事吉昌。扫天堂，扫地堂，扫文堂，扫武堂，扫除千灾难万祸殃。

扫毕，由孝子把老人装入棺木。

二、看日子

看日子就是决定给死办丧事（转场）的具体日子。如果这时候家庭经济状况不好，无力举办丧事，就简单地把老人送上山埋葬，待以后有条件时再举办（转场）丧事。这样的丧事就很简单了，简单地做一个祖灵筒放在家里就行了。一般而言，这个灵魂的“转场”仪式一定要举办的，因为他还没有完成最后的彝族灵魂仪式，还没有回到彝族祖先所在之地，不是彝族祖灵的一分子。

还有，一般情况下，先死的那个老人也是不举办（转场）仪式的，也是简单埋葬，要等第二个老人去世后，一起举办转场仪式。坪地彝族乡街上的这场丧事就是如此，男性老人1985年去世，女性老人2005年10月去世，在女性老人去世后，李家就举办了完整的彝族传统的转场丧葬仪式。

如果家庭经济条件允许，又是最后一个老人去世，就可以举办转场仪式了。

看日子是办理此丧事的第一步，一般用彝族的“通书”，也用汉族的历书，在坪地是两样都用，既看彝族的通书，也看汉族的历书，主要是根据死者的生辰八字来看什么日子吉利。

看好日子，就可以通知马郎家和后家了。通知后家要用一瓶酒。

(下面将孔小富口述的仪式文字穿插在相应的仪式描述中)

此户人家姓李，长子李财兴（妻：安素芝）、次子李天才（妻：吴巧粉）、女儿李玉娥（女婿：陈克华）。他们是2005年农历的十月初六至十月十二日期间，为亡故的父母做了一场传统的彝族丧事。实际的葬礼时间约为四天。应该是初七至初十。

其父亲是农历1922年正月26日酉时生，农历1985年8月初二戌时故，终年63岁。

其母亲是农历1927年5月22日亥时生，农历2005年10月初六未时故，终年78岁。

其父亲是1985年去世的，可能只举办了简单的形成祖灵筒的仪式即可，未进行如今天的转场。这样一来，转场一般是在两个老人都去世后才举办的“转场”仪式。

这场丧事的录像带，一共有三盘，是专业的“CCCD”机子拍摄的，基本上拍摄了所有彝族人认为重要的仪式过程。其带子是从装完棺木，在棺木大头前摆上了死者的画像、供上水碗后开始的，也就是说，这盘录像带里并没有把这位女性死者穿衣、装棺等一系列的过程视为彝族丧葬仪式的组成部分，或者说重要组成部分。

在屋内的大堂停放好棺木之后，第一个仪式是请毕摩……这样，这场为死者（包括新死的死者“母亲”和旧死的死者“父亲”）转场仪式就算开始了。

这场仪式前后算下来举行了四天，能够分解和数得出来的仪式有（按照各天分布）：

第一天

一、接毕摩（在家门口的街上，众孝跪接，时间约在下晚）。

二、献饭（在棺木大头前，众孝跪献，从大到小，从长及幼，时间是晚上）。

三、招魂（毕摩用筛子围棺敲打，时间是献饭后）。

四、祭牲（用的一只鸡，众孝跪）。

（晚上是唱孝歌）

第二天

一、设灵（即在家的门口做一个灵筒，时间是上午）。

二、出堂（把灵请出灵堂，到野外做“破狱”仪式）。

三、破狱（即做一种把旧亡灵从狱中解救出来仪式，在野地里，时间是中午）。

四、为旧死的亡灵（其父亲）做“解结”，让其解脱阴间的一切枷锁。

五、祭牲。

六、走网丝城。

七、祈福。

八、开丧。

九、踩场。

第三天

一、转场出堂。

二、起棺。

三、叫魂（为生者叫魂，意义是要起棺了，生者的灵魂叫回来，不要跟死者去了）。

四、扫场。

五、献饭。

六、接马郎家来转场的人众。

七、晚上大转。

第四天

一、献牲。

二、请师、用指路羊。

三、洒水。

四、献酒、为孝众解结。

五、砍杆、倒鬼房。

六、献饭、指路、上山送葬。

七、钻棺。

八、合灵。

九、请祖灵牌。

至此，整个坪地彝族的“转场”丧葬仪式结束。

第一天的仪式

一、接毕摩

接毕摩是在街上跪接的，全部的孝众参加。毕摩有一定的仪式。这时的棺木已经停在了主家的堂屋。

接毕摩一般在下晚。主家先请两个人到毕摩家去接毕摩，毕摩出门时要在家里给师灵敬酒，意思是要请师灵一起去给这家人做事，敬完师酒才跟主家来请的人一起出门。

到了主家大门外，众孝要在门外跪接毕摩。这时，门外设有一个泡木树枝做的木杈杈门，门里边跪的是孝子，门外边站立的是毕摩。毕摩在这里念经敬神灵，打除醮，请神灵和师灵保佑他做好这堂仪式。

做完这一切，众孝起身，到棺木前献饭，毕摩也到设置在棺木旁边的师灵位献饭。

二、献饭（也叫供饭）

毕摩到家做了一定准备工作之后，为孝家举行的第一个仪式就是“献饭”。

坪地彝族丧祭中的献饭

棺木的停放位置是大头朝着大门，在大头处，有一小桌子，上置死者的彩色相片，旁边放几个水碗，有插香之处。在小桌子前面，是孝子跪拜之处，之后所举行的一系列仪式，基本都要在这里举行。

献饭是在夜间开始的，毕摩在一边念“献饭献酒经”，这是一本专门的经书。献饭时先倒酒，后用筷子挑一点米饭甩在相片前或棺木上。这样既有献酒的意思，也有献饭的意思，但一般都说是献饭或贡饭。献饭时，按照家里的老少、长幼、男女次序来进行。献饭时，毕摩在念经，有人在烧纸钱、点香。彝族的传统的唢呐（彝族称为“木轰”，是一种木管唢呐）乐队在演奏，也有播放“哀乐”录音的。

献饭的意思应该是表示对死去老人的礼敬（这一仪式在后来的诸项仪式进行中反复出现）。

三、招灵

进行招灵的时间应该在“子时”（深夜23点到凌晨1点）。

在举行这个仪式时，所有的孝子孝女也要跪在棺木前。毕摩会拿着一个筛子，在棺木旁边的一个桌子上做一定的手续（念词、做动作）。这个桌子上放有毕摩一行人的一个背箩，里面有毕摩的一切“行头”，旁边有一个大斗，斗里装满了苞谷，斗上有一个升子，升子里装满了米，香和祖灵筒、祖灵牌等一应神圣之物都插在其上，是一个毕摩师灵之位，未来仪式中要用的仪式和境域神圣的东西都要从中取出。

毕摩在举行招灵仪式时，先是在这里用筛子接触什么东西，使筛子有神性后就在“师位”（这个说法不十分准确）把筛子口朝下，用一个木勺敲击筛子的背部，并边敲边念，围着棺木转两圈，又在其他地方也转了转。

这个仪式的时间不长。

招灵仪式是要举行转场的第一步，如果不举行转场就不举行招灵仪式。

招灵是把过去未转过场的灵招来的意思，这些灵都是有一个灵筒做代表的，有一个灵筒就是一个亡灵，这些灵筒放置在一个簸箕里，簸箕放在设灵的桌子上。

在棺木边念“招灵经”，意思是叫喊亡灵归来。然后用一只公鸡（不能用白鸡，最好用红公鸡）杀来祭祀这些亡灵。杀鸡由“侧摩”（这个侧摩就是我们所说的“不穿孝衣者”）来杀，杀了鸡稍微煮熟成形，又拿来供在桌子上。这时毕摩又要供师。

之后是献饭。这一天的仪式结束。

四、献牲

之后，用一只鸡（大概是母鸡）献祭给亡灵。献祭时用一根麻线拴在鸡身上，牵到棺木大头上，表示献给老人。

鸡由一个“不穿孝衣者”（这个“不穿孝衣者”在这时出现，他不是孝子，但扛魂幡、举火把、抱献祭鸡、杀献祭鸡、跪拜亡灵等他都要在前头，而这个人是一个外姓人，是主家用钱雇来的人，我们曾在苏座的彝族转场中，称这样的人为“负灵者”）抱着，毕摩念完献牲经，也是此人杀的鸡。

众孝在棺木前跪着，大孝子、二孝子用手推动鸡身，毕摩在念经，边念边倒牛角中的酒献之。

这个仪式做完，应该是新亡人的祖灵牌是做好了，即这个刚去世的老人就有了要在人间享受香火的“灵魂形式”，即有“祖灵筒”了。

这应该是第一天仪式的中心。

五、唱孝歌

这是深夜一群男人在棺木前唱怀念死者的民歌，称为“孝歌”。这不是一个仪式，而是一个受汉族人影响的民俗表现。但它也是一个过程。

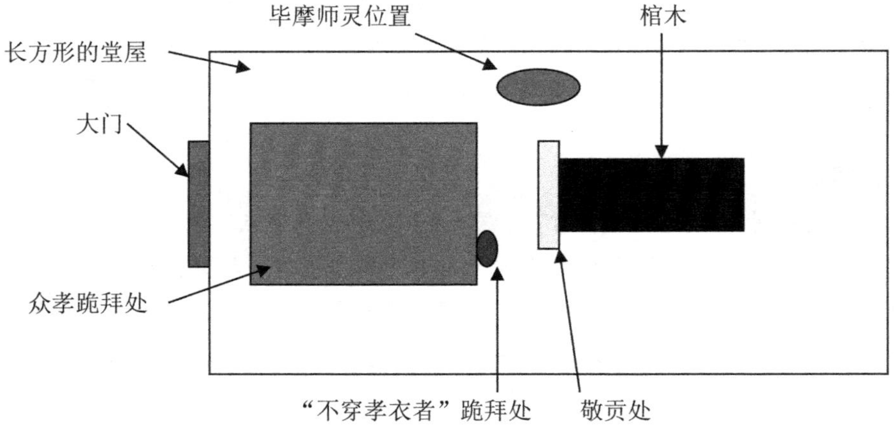

第一天仪式的场域示意图

第二天的仪式

一、设灵

这是在上午的九点多开始的一个仪式。

大概是为死者的老伴举行的仪式，即要把她的1985年去世的老伴的灵魂招回来，为其做一系列的仪式。不过，这个过程当地彝族人称为“设灵”。在实际的仪式过程中，确实有通过这个仪式使一系列的物件具有灵性的意味。

仪式是分别在两个地方举行的，一是在大门口，一是在棺木处。

在门边的陈设是：用两根木棍（削皮的）左右插在两个切开的青瓜上，上放置一根也是削了皮的木棍，形成一个门户。木棍门户后放着一个米升子，上面插有青松枝及青冈枝，插有三炷香，还有做灵筒的小刺竹竹筒，线、羊毛及三个碗等等。

毕摩蹲在门户内，众孝朝门户跪着。

毕摩念经，边念边用线把羊毛捆在骨节草上，捆好后把骨节草塞进一节约有5厘米长的刺竹筒里，用香秆插紧，再把竹筒固定在一块木片上，这块木片约15厘米长，做好后，放置在米升里。

这时，木门户中间放上一块烧红的煤炭。毕摩用水碗里的水淋浇红煤炭，煤炭冒出一股热气，直冲门户顶部，这时，毕摩把米升端起，从门外递进门户内，递一次淋一次煤炭，煤炭冒一次热气，一共两次。随后，把灵筒放在一个水碗上，如此递进两次。之后水碗放在升子上。

坪地彝族丧祭中的灵房

这个用水淋红煤炭冒热气的过程叫“除醮”，有去除污秽，洁净洗礼的意思，也有避邪的意思。这里主要是洗礼，让亡灵的灵魂洁净。

升子递进是灵魂的临时居住地——升子的洁净；水碗上灵筒的递进是死者灵魂的洁净。

打除醮时，“不穿孝衣者”抱着一只母鸡，跪在众孝子前面。

这个升子上的一切仪式做完后，升子就交给大孝子，端到棺木前放好。

这时，门口的木门户被移到棺木的前面，棺木的敬贡处又出现了数根青松树枝和青冈树枝，以及长方形的竹篱笆，还有在树枝上捆的木横挡的树枝等。形成“设灵”仪式的第二个场景。

这时，众孝又齐跪在棺木前，那个升子就放在大孝子的面前。“不穿孝衣者”也跪在自己的位置上，抱着那只母鸡。

毕摩念经，木门户中间又有一块红煤炭，毕摩一只手端着一个碗，另一只手端着那个升子，嘴里念着经，用碗里的水淋红煤炭，红煤炭冒出热气，把升子从门外递进来，如此两次。接着又把那只放着灵筒的水碗端起来，从门户外递进两次，打两次除醮，放回升子里。

这样，这个升子就真正进入“灵魂之门”了。这个升子上的灵魂，将会拿到“破狱”的仪式中作为灵魂的形式被使用。

之后，用一根生麻线拴住母鸡，牵进门户内的棺木上。“不穿孝衣者”杀鸡，杀鸡时，毕摩念献牲经。毕摩用松枝蘸鸡血，逐一扑打靠在棺木上的树枝和篱笆，还有毕摩师灵位处的大斗等处。

毕摩念经，孝子用手推着鸡身。这时的念经是毕摩拿出书来的念经。一个毕摩在念经，一个毕摩在木门户旁继续做仪式。

这时的木门中又出现一个升子，升子上插有一个草标，同时还放有一个水碗，门的中间位置上有一个用井字形木片扎的像木床一样的东西（类似灵魂的床），上面铺有蓝色布，上置有木杈片、竹片、生麻线等物。这个毕摩在做仪式时不停地扯动鸡翅膀，把鸡头按进水碗里让鸡喝水，用手里的刀指点灵床，用刀对鸡脖子做砍击状，随后用那把刀割断大孝子一头咬在嘴里，一头拿在手上的草绳。在二孝子那里也割了一次。两个孝子的草绳都割断以后，把割断的草绳放在烧着的纸钱上烧掉。

此时，毕摩把草标拿下来，用水碗里的水淋一淋草标，好像草标上捆扎有刚才做的灵筒及祖灵木片。毕摩又把它们捆扎一下。

之后是比较长时间的念经。

在最后念经完毕时，由“不穿孝衣者”先行献饭，然后是众孝一一跪拜献饭。这时的献饭处有两个地方，一是棺木处，一是师灵位处。献饭完毕，所有的树枝、升子等，被众人抬着，并同时牵着一只毛羊，围着棺木转两圈，然后把这些所有的物件——升子、树枝等，全部从木门户中递出门外。毛羊也被从门里牵了出来。

这个仪式大致结束。

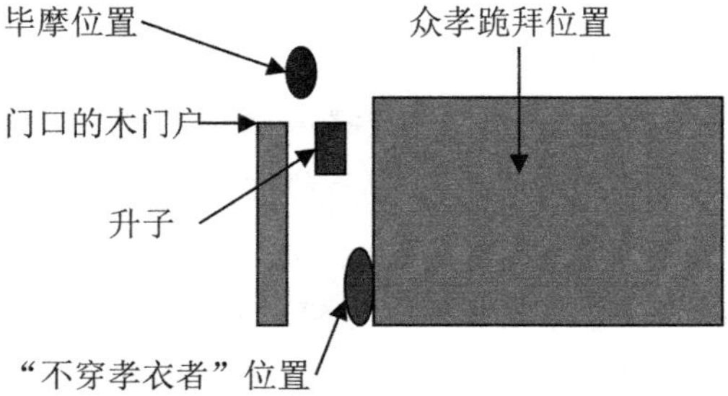

“设灵”仪式的场域示意图一（门口图）

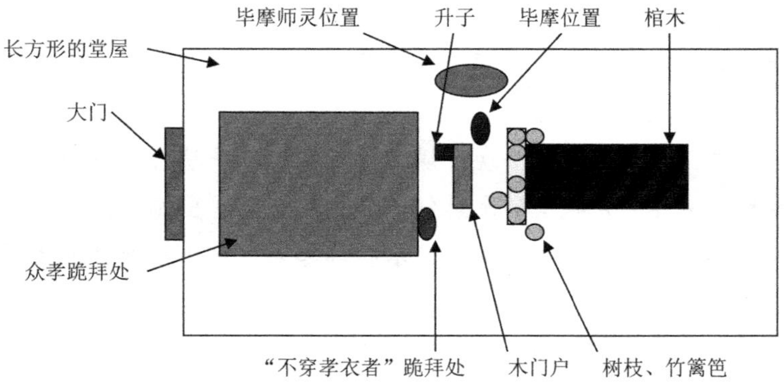

“设灵”仪式的场域示意图二（棺木处图）

设灵是为死者而设置的，即为死者做灵筒及写上名字的木牌。

在门前设置一泡木杈杈门，用“竹秧草”来做灵魂，也有用“骨节草”的。

在门口，毕摩念“设灵经”，边念边捆扎草节。

在木杈门中间打除醮，第一次打除醮把升子从外面递进来；第二次打除醮时把升子及升子上的碗递进来；第三次打除醮时升子、碗、灵筒一起递进来。这时的灵筒没有灵牌，只是一个竹筒。

把念了“设灵经”的灵筒端到棺木前，由侧摩杀一只母鸡（要下蛋的母鸡）献祭。众孝又跪在棺木前，毕摩又念一次“设灵经”，毕摩并给亡灵献饭。

过去在这时要念一次“接寿灵经”，现在省略了。

二、出堂

这个仪式应该是在中午饭之后做的。叫出堂，意思是要带着堂里的灵魂到野外去做一个叫“破狱”的仪式，以为亡灵求得解除。

这个仪式是由“不穿孝衣者”领头，端着筛子，筛子里有扎有灵魂的草标，手里拿着一个火把。

毕摩紧随其后，一只手提一只公鸡、一根青竹竿，一只手里端着一个水碗，后面是由大到小的众孝子列队而围棺绕行。毕摩边走边念边喝水碗里的水，将水从嘴里喷出。各位孝子扛着原来靠在棺木上的那些树枝，男孝手里端着一个碗，边走边用一片树叶洒酒敬献。

这时的毕摩戴师帽、穿师衣、背师灵筒。在棺木处转了几圈，然后出门向野外而去。

出堂就是出去在转场的地方，为新“设灵”的亡灵做仪式的过程。

出堂要用一只毛羊，一只扫场鸡。端起斗、升子，牵着羊、鸡等在火塘边转三圈，之后由侧摩领头，拿着火把，端着装有新灵筒的簸箕，后面是众孝子，围绕棺木转三圈，走到要转场的地方。

到场后，毕摩提着鸡，在场地转一圈，毕摩杀鸡，把杀了的鸡甩得远远的，大家可以把这只鸡抢来烧着吃。

三、破狱

到了野地里，把众孝带来的树枝插在一块空地上，在这些树枝的前面，又竖起一个木门户，筛子也放在门边。这时，毕摩带着“不穿孝衣者”离开众人，向野地外走到十多米远处。毕摩把手里的那只公鸡在“不穿孝衣者”的身上绕两圈，又在自己身上绕两圈，然后毕摩把公鸡杀了，立即远远地甩出去，随即喝一口酒，即喷向手里的刀。

这个仪式有“杀鸡避邪”和祭祀讨好一切野外神灵的意思，也有建立神圣领域的意思。应该是“破狱”的一个前奏性质的仪式。

做完这一切，就在树枝和木门户前面挖一个50厘米长，30厘米深的一个长方形坑，坑上放置一根木棍，木棍前放置两个弓形的树枝形成拱，在木棍和拱上放一个铁犁头，犁头尖朝前面。前面是四五排如网状的木枝阵列，这整个似乎象征一个地狱状态。这个木枝阵列约有30厘米长，15厘米宽。

布置好这一切，毕摩手里拿着一个旧的竹筒（应该是那个男性亡灵的灵筒），蹲在坑边念经，“不穿孝衣者”把手里的一只公鸡，从木门户边的那一头递进犁头下的坑洞里，穿出来，有退回去，往复两次，灵筒也随鸡从犁头坑洞里穿出来，也是两次。

这时，众孝子全部跪在犁头坑边。

最后，毕摩拿着一张记录着死者生辰的纸片念起来，“不穿孝衣者”把鸡放在犁头坑中。

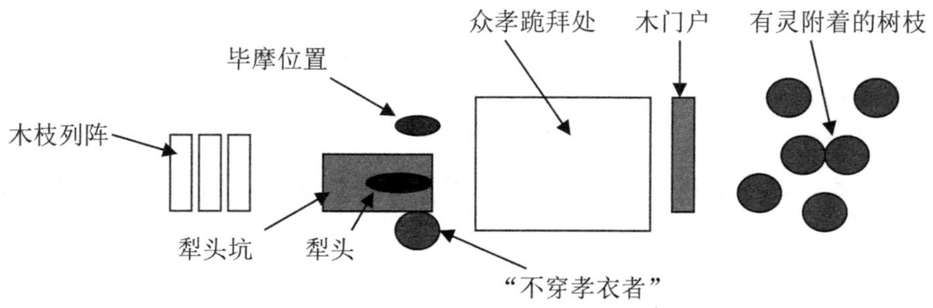

破狱解结场域示意图

破狱中念的是“破狱经”。鸡是用来背菩萨的，即把灵筒背在鸡的身上，从下面穿过三次。

灵筒要在树枝架中穿过三次，树枝架架有三道，每道上都有茅草圈圈，灵筒从茅草圈圈中穿过的时候，毕摩用刀把茅草圈圈割断。

四、解结

这个解结应该是为了那个主家父亲的亡灵的解结。

在做完“破狱”仪式后，旧的灵筒变成了一个新的灵筒。这时毕摩拿着新的灵筒在五排如网状的木枝阵列前，一只手拿着灵筒在木枝阵列中穿行，另一只手拿着一把刀在木枝阵列中前行引导，有刀在前为灵魂开路的意思。

这个过程完毕之后，毕摩又来到木门户前，灵筒就放在升子上，木门户中间放有一块红煤炭。门户里面是那些树枝，树枝前还有一些木杈杈排列。门外跪着的是众孝子。

毕摩用水淋红煤炭打除醮两次，把升子从门外递进来两次。

毕摩随后手里拿着一只鸡念经，并同时用刀做砍鸡头的样子。接着让孝子拿着鸡的翅尖，把此鸡的两个翅尖连毛一起割下来。把鸡的两个翅尖捆扎好，拿到木枝阵列中穿过，最后从犁头坑里穿过，放到一个三角木杈支起的平台上，念经，用水淋之。

整个过程似乎象征一种解救。

割鸡翅尖的过程用汉语无法翻译，彝语叫“略惹”，是一种避邪的仪式。用两个鸡翅尖，与冬瓜、树枝，早上设灵用的鸡卦骨等捆扎成一小把，放在一个小三脚架上，交代神灵不要干扰此次仪式的进行。

五、祭牲

这时的门户里已经用青松枝盖起的小房子，房子的前面是木门户，后面是木杈杈，再后是众孝带来的树枝丛。

祭 牲

毕摩又把装有灵筒的升子在木门户处打除醮两次，递进两次，把灵筒放在小房子里。

从主家拉来的那只羊被拴上一根生麻线，穿过跪着的众孝，拴在小房子上。

毕摩念经后，在毛羊的身上猛喷一口酒，众人把毛羊的脖子割开放血，毕摩用青松树枝蘸血扑打场内的所有树枝。杀死的毛羊被拿到孝子面前，毕摩念经，孝子用手推动羊身，推几次后，把羊身翻过来，又推。

这时毕摩拿出经书来念。

念完经书，先由“不穿孝衣者”献饭，然后是众孝依此献饭。在献饭时，羊子的心脏被用一根木棍穿起，插在木门户中间。最后，毕摩向野外献饭、献酒。

毕摩把经过祭祀后的树枝发还给众孝。“不穿孝衣者”拿着点燃的火把领头，毕摩、众孝随后，准备下一步的“走网丝城”。

把灵筒放在松枝做成的小房子里，那只毛羊作为献祭。念“解结经”，一般要两个小时。

六、走网丝城

这时在场地里用青松树枝和木杈杈布置一个当地彝族叫“网丝城”的境域。仪式队伍呈之字形在场地中行走。毕摩边念经边走，众孝边走边用碗献酒。

这时，走出“网丝城”后，众人又围绕着一丛树枝绕圈子后，点燃树丛，众孝把酒洒向燃烧的树丛。

毕摩在距离火树三米处念经，然后旋转身后退，这一仪式完毕。

网丝城的搭建要用以下的松枝和泡木杈：

用毛羊作为牺牲的就用96棵松枝和泡木杈，用牛作为牺牲的就用106棵松枝和泡木杈。

其图形如下：

■代表一个松树枝和一根泡木杈杈。左边弧形是男性老人的，如果是女性老人则放在右边。

✥✕✥代表两根泡木杈杈和两根泡木棍，走完网丝城，就要把棍架在杈杈上，把灵筒从下面穿过。

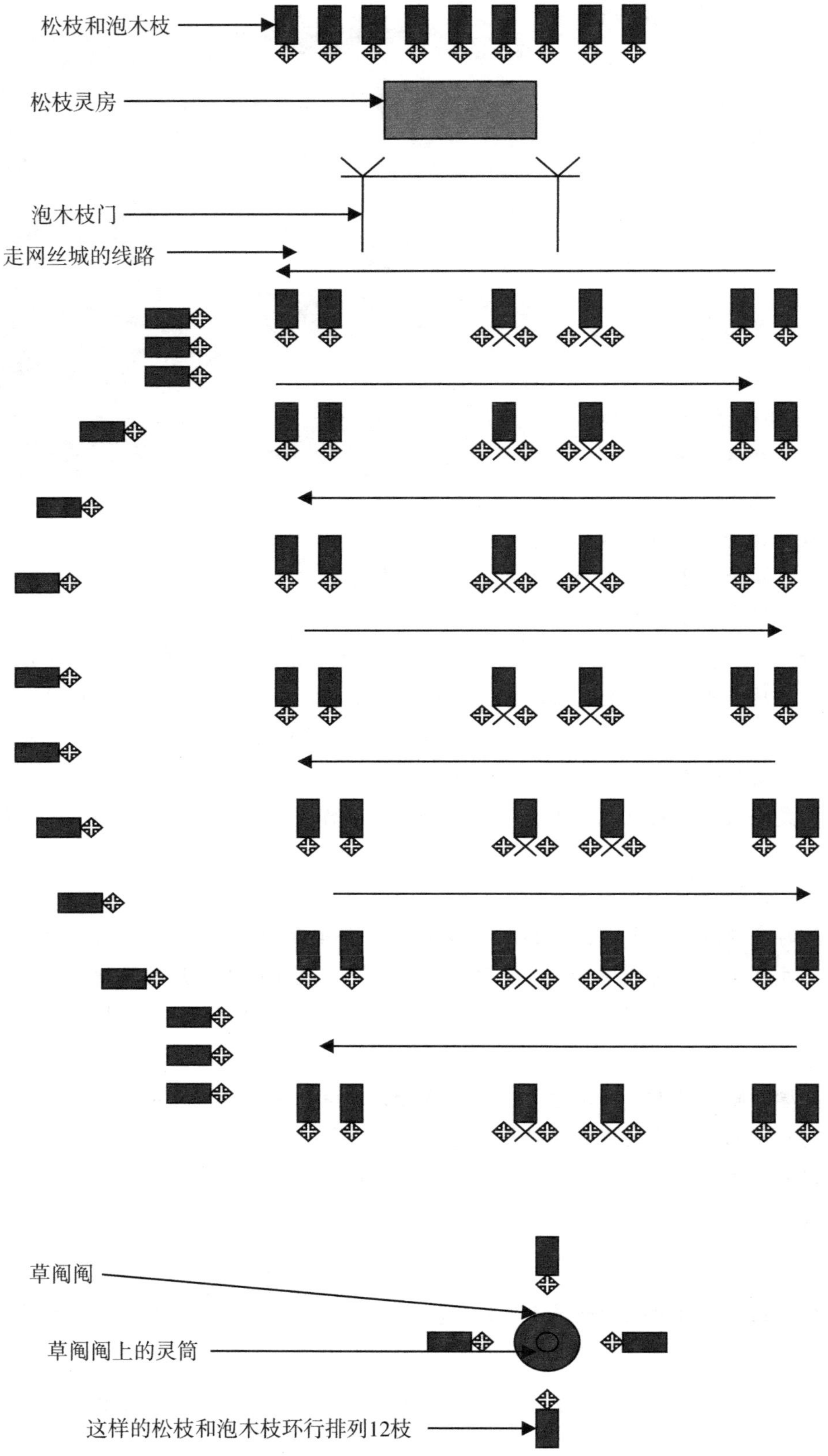

网丝城示意图

在这个网丝城中，总的松枝和泡木枝为96棵。

七、为孝子解结

毕摩在木门户处为两个孝子念经。孝子砍开木片，抛向两边，用牛的腿骨在脖子处绕圈子。有一只碗在木门户边倒扣于地。

这个仪式叫“寄托哀思”或“发福明远”。

这个仪式念的是“接寿经”，整个仪式是打小鬼赐福的意思。

毕摩在放置松枝灵房前念经时，用一碗水，7张青冈叶，孝子含一张青冈叶在嘴里。毕摩边念边指，天上、地下、小灵房、东、南、西、北一共指七次。这时地上有一个倒扣于地的碗，碗上有一个画成人形的小木人，叫“判官小鬼”。孝子手里拿着七根蕣枝杆，毕摩念时指一次，孝子用手里的七根蕣枝杆打碗上的小人一次，并破开泡木枝，然后把一根蕣枝杆和泡木枝朝这个方向甩出。连续七次完毕。

之后是孝子用毛羊前腿骨板在自己的脖子上绕圈子，男的是左手递，右手接，女的则相反。

用泡木枝架一个梁。孝子在用毛前腿骨板绕完脖子后，双手把羊骨板放在梁上。毕摩撒米，意思为赐福。然后拿“箐鸡尾草”来编发辫，毕摩边编发辫边撒米，侧摩在一旁给发辫加羊毛，意为赐福。

这个仪式结束后，新的灵筒就要送回那个招灵时的筛子中，与那些旧的灵筒会合。这时，有人在野地里准备立报天钱的杆和准备搭建鬼房的树枝等等。

八、开丧踩场

开丧踩场的仪式实际上是由两个部分组成：一是踩场，一是开丧。

踩场实际上是把主家准备的纸马等物品送到将来要转场的场中去。把这些东西拿到场中时，要围绕着预先确定的“场”的大小，把整个的场地都走一遍。

开丧仪式主要是建立一个叫灵房的事物。在这个仪式开始前，堂内棺木的大头处放上了一个像塔楼一样的纸扎的房子。一开始先由毕摩念献牲经。众孝在灵房前跪拜，三只毛羊被拴上生麻线，通过众孝头顶，牵到灵房上。

毕摩念经后，就把羊杀了，割羊脖子放血。死羊放到孝子面前，孝子推动羊身，推完一遍，翻过来再推。

然后是献饭，也是由“不穿孝衣者”先献饭，众孝依次献饭。这时的献饭是在给灵房献饭，同时灵房边出现一个纸盒，象征粮仓，献饭时也向仓内献饭。

众人献饭毕，毕摩向师灵位献饭。

献饭毕，做“引钉”仪式。仪式是由人拿来一瓶酒，一把锤子。孝子跪下敬酒，然后孝子拿着锤子轻轻敲击棺木各处，意为“唤醒”亡者沉睡棺中的灵魂，而进入灵房，祖先新的灵魂居所，以准备“转场”。

在敲击棺木时，毕摩会同时念经，并有人在一旁摇动马铃铛发出响声。还有一人在一旁撒泡木枝。这个过程称为“叫魂”，这时众孝是对着门口跪着的。

这时会端来三个穿蓝色衣服的约尺余大小的草人，并被放进灵房里。在放进草人时，还会放一些东西在仓里。

为什么会是三个草人，是因为这个死者一生中娶了两个老婆，一共三个人在灵房里，意为一家子。

这一天的仪式大致完毕。

晚上开丧。先把灵房（纸灵房）放在棺木的前面，一家一个，如果这个转场中有几个家庭，就会出现几个灵房，每个灵房里都会放上一个泡木杈杈，是一个捆扎成十字形的杈杈。

在用“开丧羊”之前，侧摩领头，毕摩和众孝随后，要在主人家的房子周围转三圈，然后回到屋里祭用“开丧羊”。这时用一只羊就行，多用也行。

回熟献饭。毕摩同时献师饭。

其后，毕摩就要扎草人，叫“亡人影身”，并给“亡人影身”穿上衣服和戴上帽子，放在簸箕里。做好“亡人影身”，毕摩就为“亡人影身”叫魂，念“叫魂经”。

孝子用一个盆装上水，拿梳子帕子，做出给亡灵梳妆的样子。这事由女孝子来做，边做边哭。最后把草人放进灵房里。

第三天的仪式

一、转场出堂

“不穿孝衣者”带领众孝在场地转了之后，又来到家里。用一头大猪放在案子上，一根生麻线牵到灵房上，毕摩用碗里的水淋猪头，在灵房念献牲经，用水碗红炭在灵房前打除醮，众孝跪在灵房前，杀猪放血。毕摩用一叠纸钱蘸猪血交给“不穿孝衣者”，“不穿孝衣者”在灵房前焚烧。毕摩端一个有木杈的水碗从猪牲边来到灵房前。

孝子推动死猪身子，毕摩念经，猪还在动。又把猪翻过来，孝子又推之，毕摩念经。

这时候，有人在转场上挂“报天钱”。

这时候，灵房被人从屋里拿到外面来，仓也拿了出来。要准备起棺了。

起棺即把棺木从屋里抬到转场的地方。

起棺没有用木杠，而是众人用绳子兜揽棺底，用手抬到转场地的，孝子在棺木的前面抬，众人在两面抬。在抬的过程中不断换人，最后抬到转场上，将棺木放在两条板凳上。

二、叫魂

把棺木抬到转场地后，用绳子捆好，就要在转场地做“叫魂”仪式。意思是把活人的灵魂叫回来，不要跟死者去了。

众孝在转场地的棺木前跪着，棺木前放着灵房，“不穿孝衣者”把装有灵牌的筛子放在棺木上，毕摩这时在念经，有一个帮忙的人在摇“马绞子”（马铃铛）。念到一定时候，毕摩用一个刷子在棺木上做扫状，孝子用帽子做接状，在扫时，毕摩打卦，看所扫的“魂”回来没有。一个接一个地扫，一个一个地接，一直到众孝都扫完为止。在扫时，毕摩不停地向众孝撒泡木枝。

之后，众孝又回到屋里，面向大门跪着。毕摩念经，并不时地把泡木枝撒向跪着的众孝。然后毕摩端着一个水碗，叫众孝做喝水的样子，像是喝了此水就会忘记什么。

再之后是众孝及帮忙的人一起牵着一只小黑猪在屋子里转圈，边转边大声吼叫，转三圈之后，就把小猪拉出门外，也把斗和升子也一起拿出屋子。

转时，“不穿孝衣者”拿着火把，扛着魂幡在前为先导，随后是毕摩、孝子等等。出门时女哭着出门，最后到转场地。

把棺木抬出屋子后，要为孝子叫魂，用五谷杂粮，一只公鸡一只母鸡，一副马铃铛，一碗米，米上放有一个鸡蛋。叫魂时，把鸡蛋给孝子哈一口气后再叫魂。

出堂时，以后用来扫场的鸡和一只小猪、升子、斗等，由侧摩为先导，在主家的屋里转三圈，又到鬼房边转三圈。

棺木抬到鬼房后面放好后，要念经，念的是亡人一生的经历等等，目的是让其一生的“罪恶”得到解脱。

在念经书的过程中，另一个毕摩就会拿扫场鸡到通天钱杆前献祭，然后扫场，之后把此鸡头用一个碗扣住，放在要放灵房的地方。另一只碗装上水，上面放一块木板，与扣有鸡头的碗摞起来，木板上放灵房。

三、扫场

在抬棺木进入转场地时，有一个青竹子做的拱门，上门挂有一匹白布，棺木进场时要先从青竹子门中过一遍，再绕行鬼房两圈，就把棺木放在鬼房外面。这时毕摩来念经，其斗就放在棺木边上。念完经，把那只小猪的耳朵划破，放出血来，将血沾在鬼房上，并把小猪提着，在鬼房四周转一圈，有意把小猪弄得乱叫唤。

毕摩在鬼房的灵房前放一只水碗，在水碗上画符，甩“手诀”，然后另一个毕摩提着一只鸡，毕摩端着水碗，手里拿着一把杀猪刀围着转场地转一圈，意思为“扫场”。众孝子也跟着转场。最后把棺木移进鬼房，附近的来转场人家的火堆已经点燃。

四、献饭

棺木抬进鬼房之后，就开始献饭了。

毕摩在献饭时念经，众孝跪在灵房前献饭，献饭从“不穿孝衣者”开始，然后是孝家大孝子等等。女的哭，这家此时放了“哀乐”。

众孝献饭完毕，毕摩要给师灵献一次饭。这时的师灵在毕摩房里，毕摩房在鬼房正东约 10 米处，是一个简易的人字形窝棚。

之后，这户人家的“马郎家”（女婿家）和后家（舅家为“老后家”，女婿家为“小后家”）也就会陆续进场了。来的时候，众孝要跪接，来一家跪接一家，这些家人来了之后，要在场上转三圈，一圈大转，是围绕着整个场子转，两圈小转，是围绕着鬼房转。

孝家这三转中的大转一定包含了通天钱杆，外来人家的大转就不能把通天钱转进来。

在该来的人家都来了之后，约在深夜子时，由孝家开始，进行“大转”，即全部的人家一起转。这个时间大约两个小时。这时。各家拉来的羊、牛要在鬼房的灵房前献祭给亡灵，有多少献多少，一个不留。

转完，这天的仪式就完了。

第四天的仪式

一、献“指路羊”

上午，要做的仪式是献牲，即献“指路羊”。其仪式与三家寨丧事中我们看到的差不多，故略。

二、洒水

这个仪式也与三家寨的仪式基本相同，只是在女性洒水时，男孝站成两排用树叶子敬酒，即边洒水边敬酒。洒水的意思是为将要西去的祖灵“洗尘”。

三、解结

基本与三家寨相同，只不过我们看到的解结绳是红、白各一半。

四、倒杆、倒鬼房

也基本与三家寨一样，只是没有三家寨那么激烈的“牛轭”的争斗。

五、指路

这个仪式与三家寨的基本一样，只是毕摩是从白布木杈门中钻过来的，献饭时毕摩用水碗给众孝做喝水状，意义与前面同，而这是三家寨仪式中没有的。

六、上山

指路完毕后就抬棺木上山，“不穿孝衣者”仍然扛魂幡执火把为先导，路上要歇息三次以上，每次都要给抬棺者敬酒，并都是从“不穿孝衣者”敬起。棺木歇息时，就直接放在地上，姑娘和儿婿用白头帕垫在棺木底。在途中，要举行一个“钻棺”的仪式，不用毕摩，众孝从高高抬起的棺木下钻过即可。

这家的棺木也是不立即下葬的，在抬上山后，用水泥砖砌了一个小房子把棺木掩盖起来。

七、合灵

基本与三家寨的一致。只不过我们在这里看到合灵后，草节被塞进竹筒后，在木杈门前打除醮，由“不穿孝衣者”杀了一只公鸡，孝子用鸡血沾了的钱纸烧化给忘灵，同时献饭等等，也是由“不穿孝衣者”先献，大孝子后献。

做完这一切，最后“不穿孝衣者”端着装着祖灵的筛子，往主人家走去。到了主人家，由大孝子把祖灵筒放在屋子的瓦沟下。

盘县坪地彝族乡三家寨村彝族丧葬文化调查报告

时间：2006 年 1 月 18–19 日

地点：三家寨村野外

调查人：柳远超、吴秋林

讲述人：孔令凯（毕摩）等

我们是在 1 月 18 日中午进入三家寨丧葬现场的，而三家寨的这场丧葬的仪式已经过半，故我们直接观察到的三家寨丧葬仪式只是其整个仪式的后半部分。所幸的是，我们在坪地得到另一场丧葬仪式全过程的录像带，以作为间接的观察。由于做这场丧葬仪式的毕摩忙于仪式，我们并没有详细地对仪式过程进行采录，故这个报告只能是观察式的“报告”，并且是结合录像带而来的观察式的报告。

三家寨有80多户人家，全部是彝族，管姓有30多户，是这个寨子的大户姓，其他还有王、张、谢、杜、孔等姓，是明洪武年间来立寨的。管、王、张为最早来的人户，故此村名为“三家寨”。

此次在三家寨举行丧葬仪式的主家姓管，死去的是一位男性老人，叫管绍芝，是2006年1月12日［农历2005年12月（腊月）13日］去世，享年83岁。为其举行仪式时间是腊月的18-20（1月17-19日），前后三天。

做三家寨这场仪式的彝族毕摩叫孔令凯，时年51岁，已经做了20多年的毕摩了。孔令凯的毕摩是跟哥哥学的，是祖传的，据说有30多代了。孔家人原籍山东，到贵州来跟彝族学习毕摩后就成了彝族。他们现居住在包包寨村。这次来三家寨做这场仪式的有孔令凯（主毕摩）、一个兄弟、两个儿子，一共四人，主人家还为其配备了一个叫“侧摩”的人，负责仪式过程中的“引导”，即仪式过程中，毕摩要进行什么仪式，先向“侧摩”说，然后由“侧摩”向主家的人众说和引导。

我们1月18日下午到达三家寨时，其悬挂“报天钱”的幡杆已经竖立起来了，毕摩正在给幡杆做开光仪式。杀了一只鸡，简单地念了几句经即结束。

鬼房和灵房已经建立起来，棺木已经移到鬼房的旁边，但还没有进入鬼房，孔毕摩的弟弟作为孔毕摩的助手正在鬼房边念经。

不久，孔毕摩与他的一个儿子在幡杆前念告，左手拿着一只公鸡，右手拿着一把杀猪刀。念告完毕，拿着杀猪刀围着场子边念边转。这个场在三家寨旁边的一块空地上，是未来“转场”的地方。

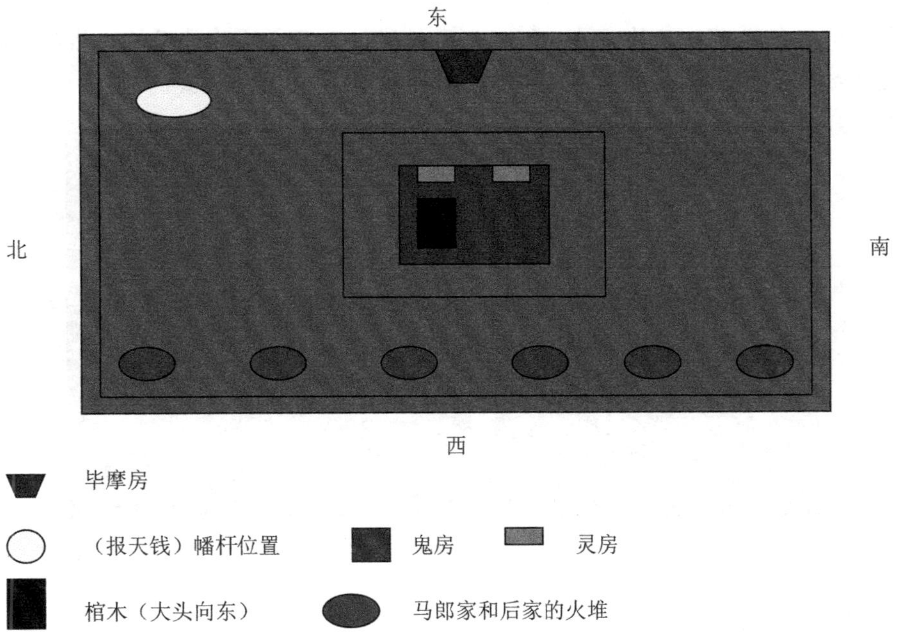

彝族丧葬转场方位分布示意如图

另注明：大的线筐为大转线路，小的线筐为小转线路。不管哪一家来，都要一次大转，两次小转，即大转包括报天钱的位置，小转只围绕鬼房而转。

孔毕摩就是围绕着这个场地来扫场的。他也遵循了一大转、两小转的规矩来扫的场，只不过在场的四个角时，每只角都要转圈，即在四个角转四圈，然后才在鬼房和灵房外面转两小转，扫场才完毕。围着四个角转意义为“建城”，意思是为死者建立起一个为他所用的城域。

扫场结束不久，毕摩主持了简单的仪式，管家的孝子们围绕着鬼房转了几圈，就把棺木移进鬼房。

这时，六个火堆也烧起来了。在场上有六个火堆是因为有三个“马郎”家、三个后家。三个马郎家即老人的三个女儿所嫁之家，大女婿叫李阳所、二女婿已经去世、三女婿叫黄金阳。后家有三个，一为老后家，即舅舅家，叫王家华（这家的女性老人姓王），另外一个老后家姓高。一个小后家，即为儿子媳妇家。

把棺木移进鬼房不久，三女婿黄金阳家来转场的队伍已经到达，众孝子要去跪接，后即中断，因为还没有给老人献饭，又即给老人做献饭的仪式。献饭时，由毕摩念经，众孝子孝女由大到小给死去的老人献饭。

献饭毕，又才去接三女婿黄金阳家的转场队伍。按照惯例，这支转场队伍进场是不合彝族规矩的，马郎家进场的顺序应该是由大到小，即便是先到了也得等待，但这次三家寨管家并没有遵循这一规矩，让三女婿黄金阳家先进了场。进场后，三女婿黄金阳家来人就开始转场，前后转了将近一个多小时，大转、小转都超过了定数。三女婿黄金阳家的队伍人较多，有一个唢呐乐队，有一个马舞队（三人），有传统的纸马、纸象、灯笼等，也有花圈，是来转场的队伍中最为热闹的一支队伍。这支队伍在转场时，队伍行进有一定的意味，即在四角转城时，不断地收紧成结，然后又打开。

在此转场结束后，我们见到在场上出现了叫作“接寿”仪式的棚子（如下图）。

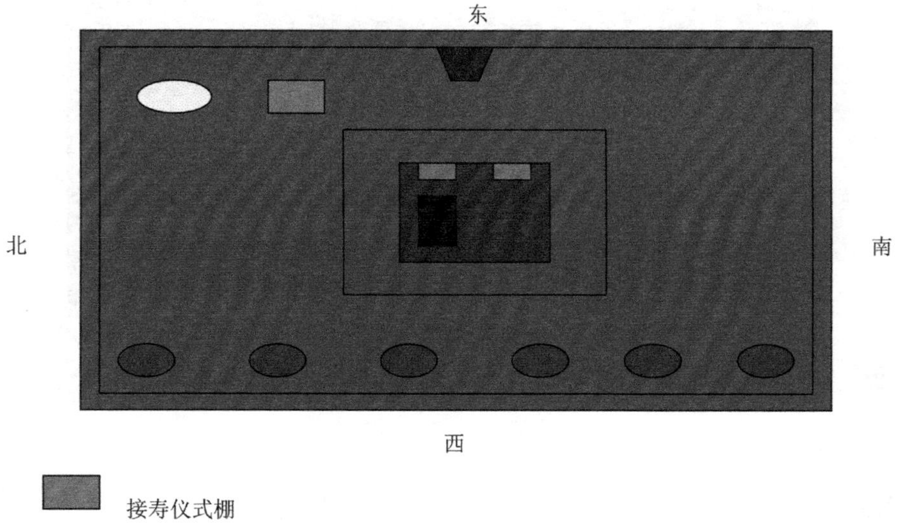

接寿仪式示意图

在这个接寿仪式棚里，斗里有九个酒药、九个鸡蛋，升子里是一盏七星灯。四只角有四只鸡，羊的身上有一个褡裢，两边口袋里装有九个黑石头，九颗松果果，两个草人，一根反手绳（如下图）。

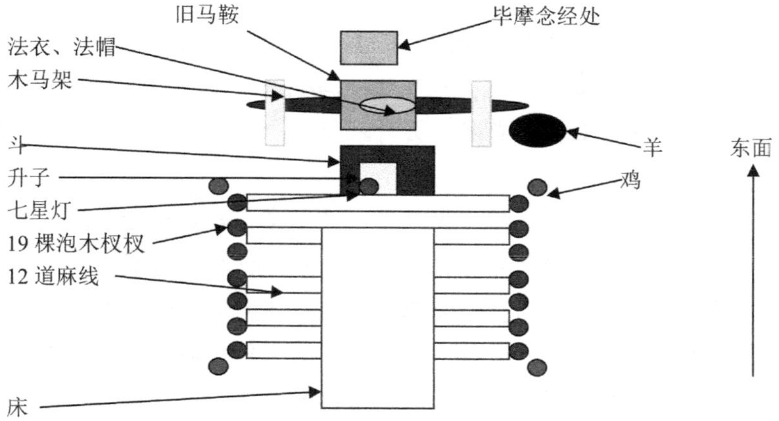

接寿仪式方位分布示意图

不足 60 岁的才做这样的仪式，众孝要在接寿棚处转三圈，在鬼房转三圈，最后回到接寿棚处又转三圈。

在水架（木马架）处喊亡人。

在床上念经书。

送到村边路口的是邪魔。一般是送到结果子的树下。

这个接寿仪式棚是由一个木马（在木马上还放置了一个老旧的马鞍）和一个长方形的用树枝搭建的棚子组成。这个棚子先是用两排树枝对称而立，在其上用麻皮线来回缠绕，一次九道，有一定的定数，意思是用这些麻线把亡人的寿诞接上，或接回来。

在三家寨这个仪式中做这个仪式的前提是管绍芝的一个儿子在 34 岁时去世，按照彝族的规矩，家里的老人还在世，先死去的儿子是不能在死时做“灵筒”的，即不能做有关最后形成“祖灵筒”的一切仪式，也就是不能按照正常的彝族丧葬仪式来埋葬其人，只能简单埋葬了事（有野魂的意义）。但在自己父母都去世时，就要举行这种叫“接寿”的仪式。这个仪式大致有两个意义，一是把他短去的寿用一定的仪式接起来，彝族人认为，人不到 60 岁而亡是短寿，要接够了才能成为彝族人正常的灵魂，做这个仪式就主要是为了这个目的；二是为早亡的人补办一个灵魂资格手续，让这个死了多年一直没有祖灵筒的有一个祖灵筒，以便进入祖灵之列，以享受彝族人间的敬仰。

把麻线缠绕一定的圈数，就用树枝把整个棚盖起来，这个接寿仪式的棚子就做好了。之后，还要在棚子里面放一个新的草垫子，上放置一床被子，做成有人住在里面的样子。

这时候，其他马郎家和后家的人家的就陆续来到，也是要按照规矩进行一大转和两小转。

这种大转和小转在所有马郎家和后家都全部到齐后，就要准备进行“大转”了。大转即由主家起头，然后是所有的来人全部参加的转场，是彝族葬礼转场的高潮。但在三家寨的丧事中，就多了一个“接寿”仪式，即在大转之前，先要做接寿仪式。

三家寨的接寿仪式大约在1月18日晚上11点时举行，做仪式时，树枝棚的四个角上有四只公鸡，公鸡边上放一只碗，碗里放一满碗苞谷；棚子里有被子等；棚里靠木马架的那一头有一只斗，装满了苞谷，另外还有一个篮子，里面放了一定数量的鸡蛋，还有代表灵魂的草结。

接寿仪式开始前，毕摩先在毕摩房里祭师，孝子孝女跪在毕摩房外请毕摩。敬师毕，毕摩从棚里出来，就又钻进接寿棚里，开始做接寿仪式，念经，点亮一个油碗里的三根灯芯。然后出来，在棚前杀一只公鸡，回到木马架处念经，念毕带领所有的孝子和孝女围绕着接寿仪式棚转数圈。最后带领众孝到村外的路口做接灵魂归来的迎接仪式。在村外路口处也要杀一只公鸡，用鸡血沾红一个白布包，白布包是用几根树枝支在一棵树杆上的。孝子们在做此仪式时也是要跪着的。

做完这一程序，接着就是这天晚上的大转了。大转时，毕摩基本没有什么仪式。按照规矩转毕，这天晚上的丧仪也就完成了。我们是在夜里1点多时离开三家寨，回到坪地的小旅馆。

这是我们在1月18日这一天所观察到的彝族丧葬仪式。

1月19日上午9点多，我们回到三家寨的丧事现场。

大概在上午10点钟，毕摩到附近的主家带领一家孝众先在屋里进行祭扫，有驱逐之意。在死者的家里念经，转几圈之后，就向场走来，并牵着一只毛羊（绵羊）和一只小猪进入场，在鬼房外转了几圈之后，就要准备献牲和洒水仪式了。

献牲时，孝众先要到毕摩房把在敬师的毕摩跪请出来。在鬼房和毕摩房之间，用两根木枝架一个门户，上横放一根棍，棍上放一块白布，此白布门户前插有一树枝编的碗，碗里放满了碎泡木枝，旁边插有一枝青松树枝。此树枝前是献牲的羊和猪，再前面就是跪着的孝众，再前面就是鬼房和灵房。

这时，羊和猪都被一根麻线拴住，并从众孝的头上牵往灵房，并拴在灵房上。

在这里，有灵房和鬼房是两个概念，鬼房指的是用松树枝、青冈树枝所搭建的能罩住棺木的房子，而灵房是如同世间房子样的纸扎的房子。这样的灵房是放在鬼房里的。献牲的麻线是拴在灵房上的。

献牲开始，毕摩在灵房边念献牲经，众孝在灵房前跪着。交代清楚，其他人就要杀羊了。杀羊是用棒子把羊打倒，直接用刀从腰间切开一个口，把羊的整个心脏掏出来，不切断，放在羊身上的心脏还在跳动。然后把活的小猪四脚绑在羊的四只脚上。这时，毕摩又到白布门户前来念经，并不断把碎泡木花撒向跪着的众孝。

献牲毕，接着是洒水仪式。毕摩仍然在原处念经，众孝由长及幼给老人洒水，即用一根竹枝点一个架在灵房前的水碗里的水三下，然后把水碗推翻，即洒水毕。

这个洒水的意义是为老人洗尘，有送行之意。

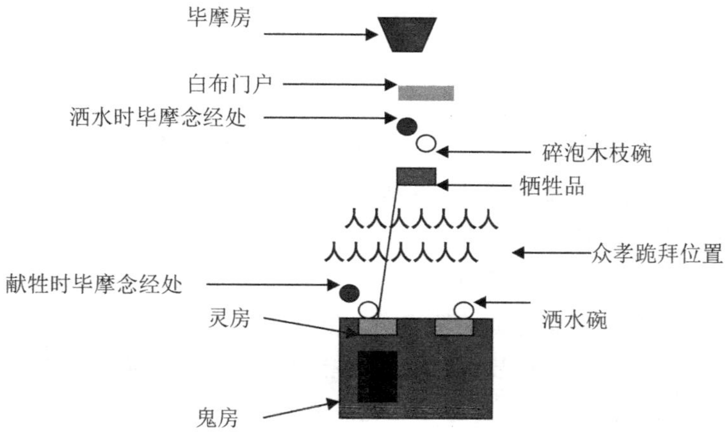

洒水、献牲位置示意图

做完这一程序，就是献酒解结。即在牺牲的边上放一个升子，升子里装满米，米上插一支牛角，升子边的地上插有一个斜口的青皮竹筒。毕摩仍然在念经，他的助手在升子边主持献酒仪式。即孝众由长及幼，由内及外，跪在牺牲边献酒，即把牛角里的酒倒在竹筒里，然后把放在牺牲身上的布结，拿到头上扯开，意思为“解结”，然后又做好一个活的蝴蝶结，让下一个人来献酒解结。一家一家地做完，这个仪式也就完毕了。

这个结是布做的，一半是红的，一半是白的，有生——死的象征意义。

洒水时要由后家的人来换衣服，换背褡，为其打伞等等，过去有一个后家无人的媳妇为此气死后，就不兴这一规矩了。

彝族丧祭仪式中的泡木花

作解结的带子叫“五色带”，严格来说是用红、白、蓝、黑、黄五种颜色的布带做成，后来由两种颜色也能代表了。

以前是先解完带子再敬酒，现在是连在一起来做了。

撒泡木碎片意思是制止邪魔，还有念经中有遗漏的用泡木碎片来补漏。

之后是倒报天钱、砍幡杆，以及倒鬼房等过程。

把报天钱放下来后是孝子用斧子砍断竖立报天钱的木杆。砍杆时，是在距地1米左右的地方砍。杆倒后，马郎家和孝家的人一起抢木杆上的牛轭，如被马郎家抢到，孝家要用酒来赎回来。在现场抢得很认真、很激烈。

倒鬼房是众人一起摇晃树枝，待树枝松动后，一声喊就推倒鬼房。其后是把棺木移到距离鬼房约30米的地方，放好，并把棺木的大头向西，与放在鬼房中的方向正好相反。这时，各家送来的纸羊、马、象，以及纸灯笼等也一起拿到棺木附近排好。无意中，纸羊是排在第一排，纸马排在第二排，纸象也与马排在一起，后是灯笼等。两个灵房放在棺木的前后。这时，花圈被拿到土坎下，没有进入阵列。

摆好这一切，众孝开始献饭，在洒水时用白布门户等，被移到此处，要举行指路仪式了。

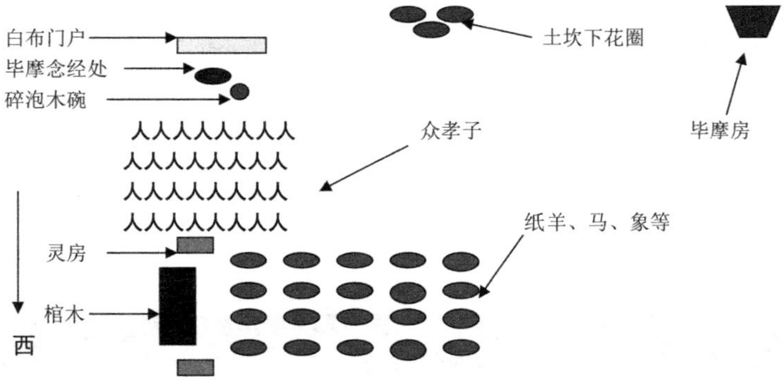

指路仪式位置示意图

在这个丧葬仪式中，彝族毕摩所念的指路经书内容均是这一支系彝族或者这一家族的迁徙路线。故各地的毕摩指路经有长有短。

在三家寨的这场指路经仪式中，毕摩念经开始后，我被告知不得从棺木的西面走过，在念经时有人走过会妨碍死者灵魂的西行，彝族的丧葬仪式做到这里，认为有一个灵魂会在指路仪式中被送到西方的彝族祖先那里。这时候，亡人的一个灵魂在祖灵筒里，一个灵魂在棺木里，这三个灵魂的秩序如果有问题，就会带来灾难。

三家寨的这场指路念经前后近1个小时。

指路仪式结束后，烧掉纸羊纸马等。之后就是众寨人抬起棺木上山。

在上山的途中，至少要停棺三次，每次众孝都要给抬棺人敬酒、放鞭炮。停棺时由孝女甩出三条白布带垫在地上，把棺木放在垫有白布带的地上。

在途中，要举行众孝钻棺仪式，即众人把棺木高高抬起，让所有的孝众从棺木底下钻过去。

到了山上选定的坟地时，就将棺木放在地上。如果是在死者的生肖属相上与葬期没有冲突，就可以马上下葬入土，如果葬期不合，要停一段时间等有好日子才能入土下葬，就要把棺木放在选好的墓地里，待到了好日子才入土下葬。

三家寨的这个亡者就是日子不合，要40天后才是下葬的好日子。故也就砍来松枝，搭一个松枝棚把棺木盖起来，众人就下山了。

这场葬礼中的四个花圈被带上了山，盖好松枝后将花圈盖在松枝上。

应该说从抬棺上山途中的“手续”并不是我们亲眼看到的，而是从坪地的另一场葬礼中看到的。不过，这一带彝族的葬礼表现基本是一样的。

在抬棺木上山的同时，在毕摩房的旁边，毕摩在做一种叫“合灵”的仪式。

这个仪式的意义是把这个亡灵（管绍芝，男性亡灵）与以前去世的妻子的亡灵合二为一的仪式。

其场景是这样的，在土坎脚，插一些约一尺来高的青松枝，在松枝前放上一排木杈（有九棵黄松丫枝、九棵青冈丫枝、九棵炮仗花树丫枝），杈前平一小块地方，上面用木枝做一个一尺见方的小床，小床前面是一个木杈门，门后是一床新的草垫子，草垫子上面是一床被子。在木杈门边是一个装满米的升子，升子里是新亡人和旧亡人的灵筒。合灵仪式开始，先有一个把旧亡灵从阴间“度”过来的仪式，除了毕摩不停地念经外，还把升子里的旧亡灵不停地从木杈“门”的那一边递过来，往复多次。在认为两个亡灵会合后，就把代表两个亡灵的两节“骨节草”由被子边的两个人各拿一个，隔着被子唱彝族传统的调情情爱之歌，并明显地做性爱的言语示意，到人们认为示爱到一定程度时，就把两节骨节草放进被子里，旁边的人拉住被子不停地抖动，表示爱意。此时，众人往往会意味深长的大笑。

（这两节骨节草灵魂是毕摩用一寸长的骨节草，上附一撮羊毛，男的用红线捆扎而成，女的用绿线捆扎而成。）

这种合灵仪式做完之后，两个老人代表灵魂的骨节草就会转入一个竹筒里，表示他们死后又作为“亡灵夫妻”走到一起来了。按照三家寨人俗话说的，是两位老人又结了一次“婚”。

这种仪式在三家寨一般只有成年男性参加，女性和未成年的男性是不见参加的。

如果此亡灵只有一个妻子，就是如此的仪式，如果是两个以上的妻子，祖灵筒中就会放上两个以上的绿线骨节草，即两个以上妻子的灵魂也要与男的亡灵合在一起的。

这个仪式结束，孝子就会虔诚地用筛子把祖灵筒抬回家，放在家里的正屋左边的屋脚的瓦沟里。所有的彝族丧葬仪式的意义就全部凝结在这个祖灵筒上。

合灵之后的旧灵筒要拿到人踩不到的地方烧掉。

这家的棺木入土的时间是2006年2月7日，用的是汉族的下葬方式，也要看向山等等。

到这里，我们所观察到的坪地彝族的丧葬仪式，只有其中的一部分，在立幡杆前的一系列的仪式，我们还得在另外的一场仪式中观察补充。

另一场坪地彝族的丧葬仪式是在2005年10月。

做这样的转场仪式，毕摩的报酬一般不讲，少则几百元，多则上千元。如果去的地方远了，主家就得加路费等等。另外，升子里的米要带回来敬师，称为敬师米。物质的礼数上有一只羊腿、一个羊头、四只羊脚，鸡两只，一公一母。

盘县坪地乡彝族毕摩文化调查

调查地点：盘县坪地乡等

调查时间：2008年1月21-25日

调查人：游珍海、刘精礼、丁娟

盘县彝族主要聚居于鸡场、松河、坪地、四格、淤泥、普古、旧营、马场等乡镇，其毕摩文化由于在仪式具体表现上的不同，以地域为中心大致可以分为三大块：淤泥、坪地和四格。坪地彝族乡位于盘县最北面，与洒基镇、松河乡、四格乡及水城县的云盘乡、云南省宣威市田坝镇毗邻。全乡15个行政村、176个村民组，境内居住着彝族、白族、回族、苗族、水族等11个少数民族，少数民族总人口10910人，其中彝族8059人。坪地彝族毕摩文化表现丰富，在崇信祖灵，祭奠祖灵的同时，信奉天、地、日、月、山、树、水、动物等一切神灵的存在。因此，日常生活中各种小型仪式活动极其繁多。2008年1月20日至2月1日，我们以坪地为中心，对其毕摩文化表现进行了为期10天的调查。由于时间紧，我们重点调查了丧葬、祭树等仪式。分类简述如下：

坪地乡包包寨丧葬习俗

一、坪地乡包包寨基本情况

包包寨是一个彝族村寨，彝族人口占98%，有少量汉族、布依族、苗族杂居，位于坪地乡北部，公路横穿寨中，东连长海子水库，西连上述格村，南与蒋底村相邻，北与格青底村接壤。国土面积约4平方公里，森林覆盖率为42.4%，现有耕地面积520亩，有367户1512人。本村主要种植玉米、土豆，家庭收入主要来源沙场打工和外出打工。

二、毕摩所用道具

1. 经书

由于历史原因，孔氏家族毕摩经书曾遭大量焚毁，现存经书是孔令凯冒着生命危险藏在山上保存下来的，约有20多种，全部是彝文记载。

2. 法帽

法帽形似斗笠，由竹子和羊毛制成。做祭祀活动时戴上帽子表示毕摩神会来保护自己。法帽彝语称“五侯”。

3. 法衣

法衣就是一件披毡，彝语称“脱”或“五侯”，羊毛制成，是毕摩的标志，形似鸟的翅膀，原因是彝族崇拜龙，也像雨天的披蓑。

4. 神筒

神筒只在丧葬期间用，彝语称“碗脱”，用黄松树做成，用黄色或其他颜色掺和串在神筒两头，以便携带方便。一端叫鱼尾，另一头叫鱼头，实际就表示一条鱼。

5. 刀

彝语称“黑”或“活”，所有活动都用，用来制作工具。

6. 牛角

黄牛的角，彝语称“妮曲”，主要用来盛酒。所有祭祀活动时都用。

7. 线

线的颜色主要有：红、蓝、绿、黄、淡红、淡绿，一般用绿、红、蓝线，在丧葬中女性老人用绿或蓝线，男性老人用红线。

三、坪地乡毕摩传承情况

盘县毕摩主要有孔家和张家，孔家最有声望。现从事毕摩的主要有孔氏两兄弟，均能进行大型法事活动：

孔小富：53 岁，从事毕摩 34 年。

孔令凯：68 岁，孔小富兄，坪地最有名望的毕摩，从事毕摩 46 年。

孔氏毕摩靠家族传承，传承至今十五代，中间有过间断。据孔令凯讲述，其家毕摩神因家无传人，遂附体坪地张家，于是张家也世代从事毕摩活动。孔家老祖有心学习毕摩，其家族毕摩神遂回归孔家。不过，其法事仪式是向张家学习后，融合云南彝族毕摩文化特色形成的。

孔氏毕摩活动范围主要在水城周边地区及邻近的云南宣威等地，在方圆 20 公里之内极具影响，每年进行大型法事活动 10 次左右，小型解禳法事活动 30 次左右。目前，孔令凯有三子从事毕摩，孔小富有子，但无人学习毕摩。

我们的调查主要基于孔氏兄弟毕摩的描述。

四、丧葬仪式

（一）沐浴更衣（断气前的习俗和仪式）

人快要断气前，为之洗身，并把事先准备好的新衣、新帽、新鞋穿上。若是突然死亡的年轻人则现制衣。每个孝子必须喝一口沐浴的水以示尊重。穿戴完毕后拿一张四方桌子或一把椅子放在堂屋神龛前，由晚辈将老人扶坐其上，双手放在膝盖上，脚踩在装有玉米的斗里，直至死亡。

（二）出殃杀与停尸

断气后，进行殃杀。在屋顶揭一个洞，把一根 1—2 米长的竹子或木棒横穿在这个洞之间，表示死者灵魂从屋顶出去。在堂屋侧面靠墙放两条长板凳，再放几块木板，之后拿一条羊毛毡（或被子）铺在板子上，将老人放在羊毛毡（或被子）上，用白棉纸做成枕头，将枕头放在死者头部下面。在死者胸口放一个铁犁头，尖部朝死者的头部，并做一个十字架放在犁头之下（十字架用泡木树制成），表示邪魔不敢靠近死者，驱邪之用。接着放爆竹，以示村里某家有事需帮忙。

（三）入殓习俗

第一步：棺材放在堂屋正中央，大头朝门。白纸铺在棺材里，不能少于三层，从大头往小头依次铺开。然后再用对角纸铺一层，铺好之后盖上一块蓝色的布。

第二步：扫材。用桃树、柳树、救急粮树和几根竹子做成火把，边念经边扫“火把”，像扫地一样来回扫八下，表示不让死者把活人、牲畜和五谷杂粮的灵魂带走。

第三步：扫材后，把死者放进棺材，并把棺材边缘上的对角纸折过来盖在死者身上，以此让死者保暖。盖上一层蓝布，然后用白纸对角相折成条形，并相互交错，斜铺在死者身上。

第四步：再进行一次扫材后盖上棺材盖。

（四）棺材盖好后的程序及仪式

棺材盖好后，孝子跪在棺材前（此时孝子不穿孝服，每人系一根麻皮在腰上），由长辈杀一只鸡（公鸡或母鸡）来祭奠，把鸡煮熟之后用鸡头、鸡脚、鸡尾、鸡肝等，与酒、茶、饭一起放在棺材前，每个孝子上前供饭，并且念供饭经。供饭时先献酒，再用筷子挑起一点饭在鸡肉上蘸一下，撒在棺材前，重复三次。

（五）报丧的方式

如果时间早，下午主事家就派人去通知各亲戚，如果时间晚的话，第二天再去通知。派孝子之外的人到后家和马郎家报丧，并告诉超度的日子。报丧的人到后家或马郎家门前时，站在门外，由主人用一瓢冷水放有饭或菜，从门里泼出去，表示让死者吃，不来干扰家庭的安宁。派出去报丧的人方可进屋。

主人一手提鸡，一手拿竹子做成的“响把”，绕火堂三圈之后把鸡拿到岔路上宰杀。宰杀时在宰杀的地点搭一个临时小房子，让死者灵魂暂时居住，小房子前搭一个“净架”，即用两根小木棍插在地上，然后横放一根木棍（如图所示）。

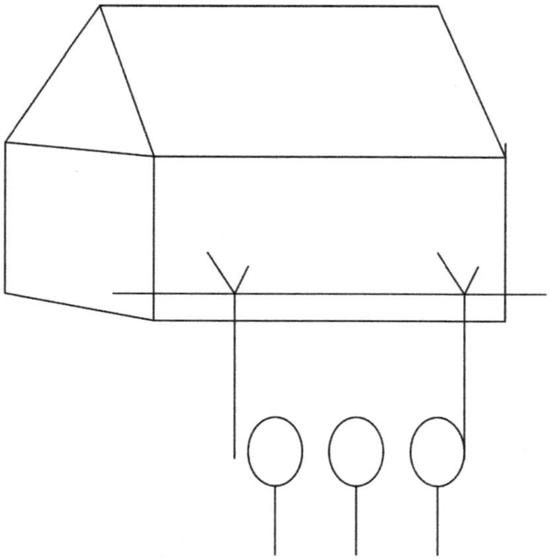

死者灵魂暂时居住处

鸡肉煮熟后，再拿到小房子前祭祀。这时用细木棍串一片叶子成圆斗形，插在“净架”前，做三个圆斗（如上图所示），分别装有酒、饭、肉。这算报丧结束。

（六）迎接毕摩

请人带上酒去毕摩家请毕摩，毕摩在家先用酒祭奠毕摩神，即“请圣”，念请圣经。毕摩到达死者家中是在晚上，到达时，孝子穿孝服跪着迎接，毕摩念请圣经，念完后，回到屋里，孝子跪在棺材前，毕摩念献酒经、献水经，孝子献水、献酒、献饭。

（七）招灵

招灵前在神龛侧面放一张桌子，上面放一个簸箕，簸箕里铺一张棉纸，棉纸上写上亡者的名字，用泡木树扎成的“十字架”压在上面。招灵时，毕摩用木勺敲另一个簸箕，并且念招灵经（招灵表示将死者灵魂招到此处）。招灵之后，献牲。献牲需三个毕摩，分别念献牲经、献酒经、献水经，此时孝子磕头。念完经后杀牲畜（鸡或羊），然后将其煮熟，用来供饭。

（八）解结

解结的材料：用茅草扎一个草人，黄松树六棵，青杆梨树三棵，泡木树削成的人形木块两个。

1. 设灵

用几厘米长的“净竹”（细竹子）作中心，羊毛绕在“净竹”上用花线捆绑（男性老人用红线，女性老人用绿线或蓝线）放在竹筒里，制成“神筒”。设灵时，孝子跪在棺材前，面向门外，地点设在屋檐下。用四块泡木树板围成一个矩形框，框内铺上青松叶，再放上一块白布，然后在白布上放一个用泡木树做成的十字架，最后把“神筒”放在十字架上。设灵完成后，念献牲经，杀一只母鸡（除白色之外），此时孝子脸朝屋内，跪在棺材前，让亡灵入灵位。之后，用鸡肉供饭。

2. 为亡灵驱邪

把一碗水放在装有粮食的升子上，碗底上拴一根麻皮，旁边插上“神童”，把升子放在棺材前，开始驱邪。毕摩抱着一只仔鸡，念经的同时，分别用鸡头、翅膀、尾巴、脚绕“神筒”三圈，每次绕的时候都喊亡人的名字，并且把麻皮的一端给主孝咬着（表示把邪魔去掉）。随后拔一根鸡毛让孝子和麻皮一起咬住，把刀在“神筒”上绕三圈以后，把鸡毛和麻皮分三次割断放在升子里。随后，用黑线扎在草人上，放在“神筒”旁，再绕一根白线在草人上，白线的一头大孝子咬住，黑线的一头给另外一个孝子咬住，念完驱邪经后，黑白线用手拧一次，捆草人一次，这样连续三次，表示邪魔让草人带走。最后点燃火烧了麻皮和鸡毛，将装水的碗倒放在火把上，驱邪完毕。把鸡肉回熟供饭。

3. 出堂

出堂之前找一块地作为丧场，丧场布置如下图所示。

拉羊的在前，其后是斗、升子，毕摩带着众孝（男孝在前，孝媳在后，之后是孝女），围绕棺材和火塘转三圈，亡者是男性老人向左转，若是女性老人往右转。转完之后羊、斗、升子从“净架”穿过，人不能过。接着来到丧场，把升子放在 C 区，

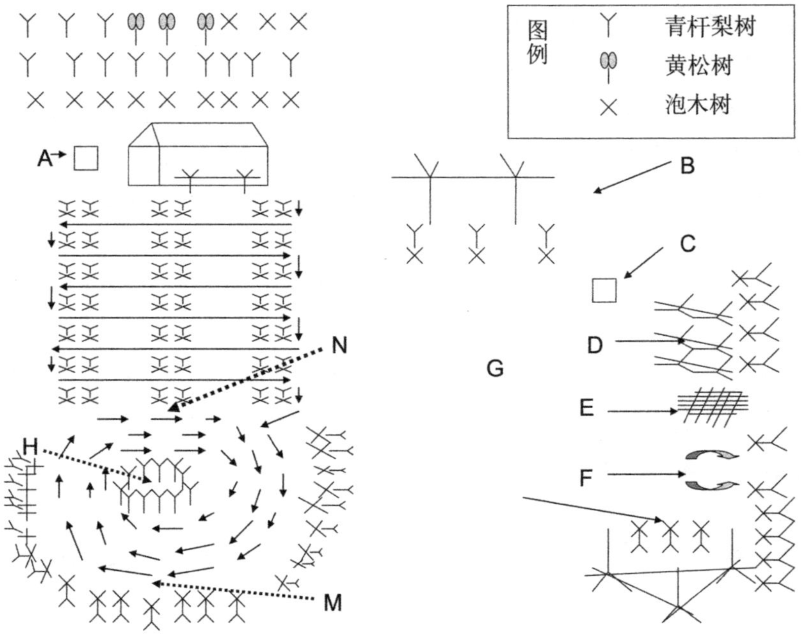

男子解结场地示意图

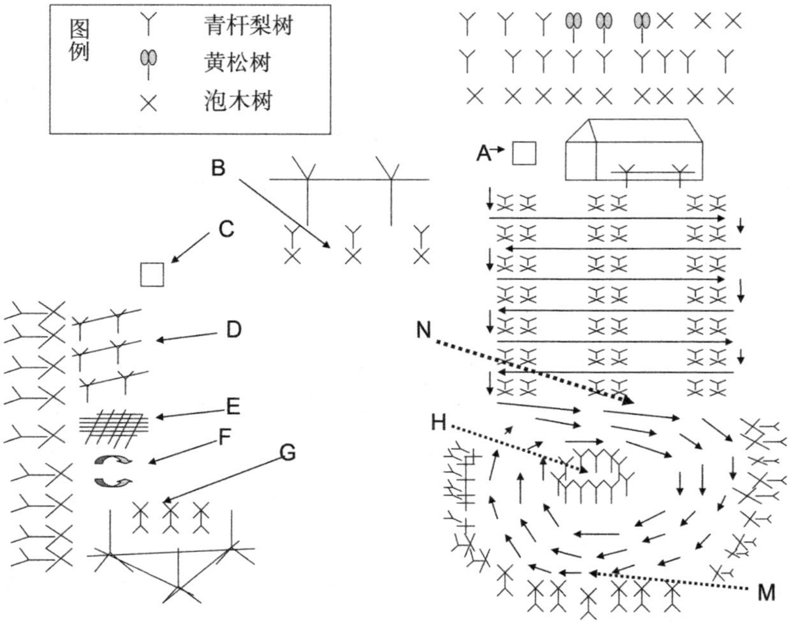

女子解结场地示意图

把斗放到A区，净架插在灵堂前，“神筒”放入灵堂，把孝子扛着的树枝插在灵堂后面。众孝子在净架前磕头，毕摩和“侧摩”（彝语，意思是点火把的人）转到M区，边进场地边念经。在M区请毕摩解阴。毕摩拿着鸡给“侧摩”绕三圈之后，又给自己绕三圈；毕摩返回把法衣、法帽放回背篼存放在A区，转回时的路线如上图所示，死者是男性老人从左返回，若死者是女性老人从右返回。

返回后破地狱（地狱的做法是：用两根木条做成的两个弧形平行插在地上，在弧形中间挖一个坑，坑上放锄头）：把“神筒”用麻皮拴在公鸡背上，毕摩坐在转场场地左侧。念破地狱经的同时用火把由里向外穿过（表示给亡人照亮），从而把亡人从地狱引出，接触火把，把背“神筒”的鸡从弧形里过三次，第三次穿过时口念亡人祖籍，并喊着祖上几代人的名字。

过鬼门关：鬼门关由二十根蒿棍交叉而排成两排，每排两两交叉，拿“神筒”从“鬼门关”穿过，同时念过“鬼门关”的经文。

解神结：用茅草绕成圈，套在“净架”栏杆上，三个“净架”放在D区（如上图所示）。

打“初炭”：用“神筒”从茅草圈里过三次，然后将其绕在“神筒”上，念经文的同时，用刀将茅草圈割断，并用同样的方式割第二、第三个圈 。最后将“神筒”插在C区升子里。

打三次“初炭”：第一次为亡灵净身时用一只黑鸡，一只母鸡，倒挂在净架上；第二次“神筒”与碗通过“净架”；第三次将“神筒”从“净架”穿过。用冬瓜树皮削成一头尖一头秃的木棒插入地里。

驱邪：用一只仔鸡和冬瓜树枝。毕摩捏着鸡翅，孝子捏着鸡翅的硬部，念经文的同时将鸡翅和冬瓜树枝割断，如此割三次。把一截冬瓜树桩劈成两半，把割断的鸡翅和冬瓜树枝夹在树桩内用麻皮绑好。

在解结场地G区把亡灵放在此，毕摩返回念驱邪经和净堂经，将“神筒”放入灵堂。从“神筒”下面十字架上接出一根麻皮到场地H区（表示亡灵牵着羊），毕摩念献牲经后，杀羊之后再供饭。

每个孝子端一个碗，碗中有酒、黄松叶，扛着黄松树、青杆梨树，有两人拿着反手搓成的麻绳团。将“神筒”绑在判官小鬼（两块泡木树板制成的形似人形的木条）上，拿到H区。“侧摩”点燃火把在前，毕摩随后，毕摩之后是众孝（从男到女，大到小的排序），孝子扛树、端着放有叶子的酒碗，并且女孝边走边哭，如上图所示路线进行转场地。每到黄松树边就奠酒，而绕麻线的顺着树杈一个放一个绕。到达A区时，众孝顺时针绕三圈，转完后，绕麻线的两人一个逆时针、一个顺时针分别绕三圈。“侧摩”点火把后，拿上“神筒”和“判官小鬼”从N区返回，并把其拿到灵堂里，每过一次黄松树要将横杆交叉一下。

在毕摩带领下，孝子跪在“净架”前，毕摩念解结经。与此同时在“净架”前用泡木树做一个树杈，在树杈上放一个碗，碗中有七片青杆梨叶：孝子将叶子咬在嘴里，毕摩念经时指向东、南、西、北任何一方，孝子把叶子吐出后再重新咬一片叶子吐向毕摩所指方向。将烧红的木炭放在树杈下，再将碗和水翻盖在木炭上。随后把“判官小鬼”同“神筒”分开，拿出“判官小鬼”横放在碗底上。

大孝子拿七根蒿棍，在毕摩念经指引下将其打落于地，打一下喊一声（如“我爹或娘是你害死的”）。打七次，每一次抽一根，打一次喊一声，然后折断，扔向毕摩所指方向（按东、南、西、北、中的顺序扔出，其中东为两次）。接着大孝子拿刀将第一块“判官小鬼”瓦砚、割耳、分尸（称碎尸万段）；第二块的耳朵削去，打入土中（表示鬼怪永不得翻身）。

赐福禄：将解结用的羊的上肢骨（前腿骨头）给大孝子拿着，左手向后递给右手接，重复三次。在灵堂前用泡木树劈成两半，一根长，一根短，用此搭成架子，毕摩念经的同时用骨头去顶一下低的那头。连续顶三次，每顶一次毕摩撒一次米。接下来，右手递给左手接仍然重复顶架子撒米的动作，次数一样。

接寿元：用公鸡草分成三束，掺和羊毛，让孝子编成辫子，同时毕摩念经文、撒米（辫子越长越好），这标志解结结束。辫子放在灵房前面，将“神筒”放在筛子里端回去，到大门口时打“初炭”，在烟雾上绕三圈后，把筛子放在神龛前。请回“神筒”后，泡水饭在院坝里泼出去。

（九）转场

1. 开丧

开丧表示真正的丧事才开始。开丧之前，灵房安置在神龛角。由点火把的人（彝语称“侧摩”）拿着火把在前面，扛着引魂幡（纸板做成的四方形船帆形状），毕摩端着法水（水里有一个十字架）让孝子洗手，边走边洗。

牵着羊，扛着纸制的鹿、马跟随其后，围绕房子转三圈。死者是男性往左转，若是女性往右转。转完三圈后回到屋里，孝子磕头，毕摩念献牲、献水、献酒经，之后宰羊，仍然将肉煮熟后用来供饭。

2. 招魂

用茅草做成人形（称亡人影身），用布做成草人的衣物，把这些东西放在簸箕里；装一盆水，水里放梳子和帕子。孝子迎门磕头，毕摩念招魂经，招魂开始。每念完一段，毕摩喊一次亡人的籍贯及其祖上的名字。招魂经念完后孝媳给亡人影身梳洗、穿衣，在把其放在灵房里，招魂结束。

3. 招魂献牲

“侧摩”点燃火把，扛着引魂幡，端着法水在前面，其余的人拿着灯笼（排灯），并牵着一头牛或羊，在房子周围转三圈，之后用牲口祭奠，进行供饭。

4. 出堂

（1）抬出棺材

请帮忙的人端着斗、升子，拉着小猪围绕火堂左转三圈，把“净架”扶在门槛上，将小猪、斗、升子从净架递出，送到灵堂边。之后，毕摩按亡者死的日期治改（彝族人称“坑杀”），治改完后毕摩起棺，最后把棺材抬出放在大门口，同时灵房抬出。

（2）叫魂（给孝子叫魂）

这一过程需要一碗米，米上放一个鸡蛋，用一个小簸箕端着五谷杂粮，一只公鸡，一只母鸡，一串马戴的铃铛。

孝子跪在棺材和灵堂前，并每人在鸡蛋上哈一口气，毕摩念经，“侧摩”提着鸡和铃铛。毕摩抓米放在灵房上，主孝接米；棺材上放五谷杂粮，第一次放一堆，用扫帚扫下给主孝接住，第二次放三堆，第三次放五堆，主孝仍然接住。其他的孝子是毕摩撒出让他们接住。接完粮食后，毕摩拿着扫帚，“侧摩”提着鸡，拿着铃铛边走摇，带领孝子回到屋里。孝子面朝门外磕头，毕摩念经，再撒五谷杂粮让孝子接住，孝子又面向神龛磕头，同时毕摩念经撒杂粮（表示魂回到屋里），这一过程完成后，鸡扔在屋里，孝子谁能接住就是谁的，叫魂结束。

（3）出堂

毕摩先安家神，即是在家神前奠酒、念经文。然后，“侧摩”点燃火把，扛着引魂幡，毕摩穿着法衣、戴着法帽，提着扫场鸡，带领众孝在火塘边左转三圈。出门之后，帮忙之人抬着棺材、鹿马、排灯、灵房跟在孝子之后，由“侧摩”带领围绕门口的灵堂转三圈（左转）后，来到丧场，灵房放在灵堂后面，孝子跪在灵房后，毕摩念献牲经，用小猪祭奠。将猪耳朵割破，提起小猪在灵房上蘸点血之后，把小猪四肢绑在一起，用两块竹片架成十字，把猪扣在地上，出堂完毕，毕摩念超度经。

（4）解罪

在小猪旁搭一个斜口竹筒，由管事、做饭、做菜之人各来一个代表，抓米、酒放在竹筒里，表示谢罪，孝子也做此动作。

5. 入灵堂

首先毕摩扫场，即拎着鸡、端着法水、拿着刀围绕场地转三圈，然后在灵堂前将鸡头砍下，在灵堂内挖一个小坑，把鸡头埋入其中，用碗盖上，把法水放在一旁（表示镇场的作用）。毕摩带领众孝再围绕场地转三圈，但一圈比一圈的距离近，把灵房放在灵堂内，最后供饭。

6. 接寿元（给不满 60 岁的亡人接寿元）

在法事堂右侧搭一个水架（如下图所示）。

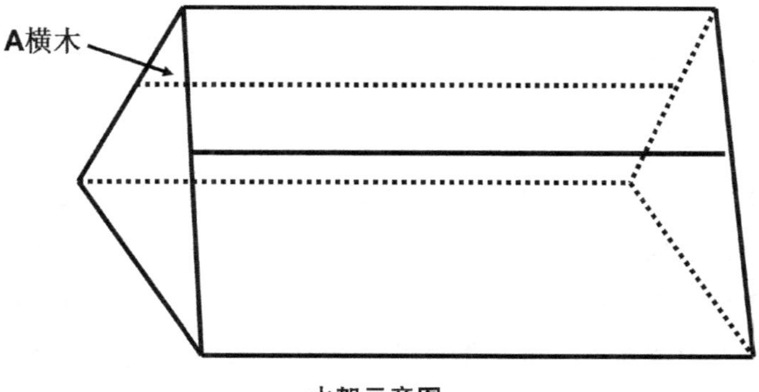

水架示意图

水架每个角上拴一只鸡，水架背面的一根横木上拴一只鸡，顶部的一根横木放一副马鞍，马鞍上放一袋粮食（大概 20—30 斤）。水架前放一个装有粮食的斗，斗上放一个装有粮食的升子，升子里有一个碗，七根灯草放入其中点燃（七仙灯），并放九个鸡蛋，九个酒曲，九条鱼，点燃三炷香；斗的前面放一床草席，草席上放一块布（天冷时放一床被子），毕摩在席上念经，席子四角上分别放一把装有粮食的升子；

席子两旁，一边插十根树枝，一边插九根树枝，用麻绳在其中绕十二道，树枝后面插青杆梨树；在山羊上绑一条口袋（称“搭衣”），放有九块石头，九个黄松果子，两个草人，称为“茅草人”，用一个反手茅草绳给羊驮起；毕摩削一根木棒作刀耙，用针穿一根线。

每个孝子点一炷香拿在手里，跪在法事堂前面，毕摩在水架后念经叫亡人名字，念完一段经后，由“侧摩”点燃火把，扛着引魂幡，引着毕摩和众孝围绕法事堂转三圈（左转），之后，又到灵堂前，再次呼唤亡人，念接寿元经，围绕灵堂转三圈，绕转的同时，用刀在灵堂的每个房角边顶一下，把针从里到外穿出。转完之后，又回到接寿元的法堂再转三圈。接着，孝子跪在水架前，毕摩坐在水架顶部的口袋上呼唤亡人名字，念一段经后，把法衣、法帽脱下放在口袋上，从水架下来躺在水架前的草席上念经。念完经后，主孝点燃火把跪在草席上，把麻线交叉处烧断，烧断一处喊一声自己的父亲或母亲。烧断后，给每个孝子发一根香，其他人拉着羊或拿着鸡，“侧摩”点燃火把，扛着引魂幡，带领着围绕水架三圈，然后把水架翻倒压在草席上，把十九根树枝拔起，送到场地外的果树下。羊驮着的口袋取下挂在树上，针插在树上，杀一只鸡把血滴在树上的东西及木棒上（表示把所有的邪气交代在树上避免干扰，亡人不受打扰），最后把七仙灯放在树下，接寿元完毕。

7. 进场与大转

进场的顺序是大后家→小后家→大马郎→小马郎。

在场地外，孝子跪接后家及马郎家，到达后，必须把孝子拉起。进场之后，来到标有各自名字的火堆旁。马郎家由别人领着围绕火堆及灵堂转三圈（后家不转），转完后，孝子及后家、马郎家到灵堂前供饭。吃完饭后，后家围绕方杆转三圈，再围绕丧场转三圈，随之供饭；马郎家从大到小的顺序围绕丧场绕三圈，不绕方杆，最后到灵堂前供饭。

大转结束后，把后家或马郎家带来的牛、羊等祭礼在灵堂前祭奠念献牲经后宰杀。

（十）指路

天亮后，由“侧摩”点燃火把，扛着引魂幡，拉着指路羊和头天用的小猪，带着孝子围绕火堂转三圈，到丧场内围绕灵堂转三圈，请毕摩念献牲经，由小马郎家打倒羊，用刀从羊的胸部划一个口，掏出羊心放在羊身上，再把小猪绑在羊身上。用一块布条打成结放在指路羊上，请毕摩驱邪。念驱经的同时孝媳洒水（洒在灵房边），并且在灵房前搭一个架子，放一碗水，孝媳用竹叶在碗里把水洒出，洒三次，洒完后，通知后家解邪带，解开后又打结，让马郎家解邪带。

大马郎家砍方杆，中马郎家搬灵堂，把棺材和灵房移到向西的地方，接着孝子供饭。通知马郎家，把扛来的纸鹿和纸马排列在灵房边，孝子请毕摩指路。孝子在法事堂前磕头，毕摩画一碗法水，穿起法衣、戴上法帽把法水喷在孝子身上，为孝子驱邪。随之孝子在灵房前磕头，毕摩在孝子之后，在毕摩前方搭一对净架，放上一块白布，让毕摩从净架穿过靠近孝子，这时毕摩的前方会插一根“指魂棍”，旁边放一个茅草编织的草碗，里面装一些泡木树砍碎的木屑，毕摩念指路经，指路开始。每念一段经文，喊一次亡人的籍贯及其祖上名字，意思是领回原地；并且念几句，撒一些木屑。指路经念完后指路仪式完毕。之后，毕摩把“指魂棍”往前方丢出，棺材移到丧场之外，灵房、方杆上所挂之物、纸鹿、纸马就地烧毁。

（十一）送葬

如果埋葬的地方是毕摩看的，毕摩应该跟着送葬，如果埋葬的地方不是毕摩看的则不用去。

棺材在前，“侧摩”点燃火把，扛着一束纸钱领路，孝子送行，到达埋葬地点之后，毕摩破土；供饭、念破土经。念完后，挖葬坑，因为坑底呈“井”字形，葬坑也称“井”（如下图所示）。

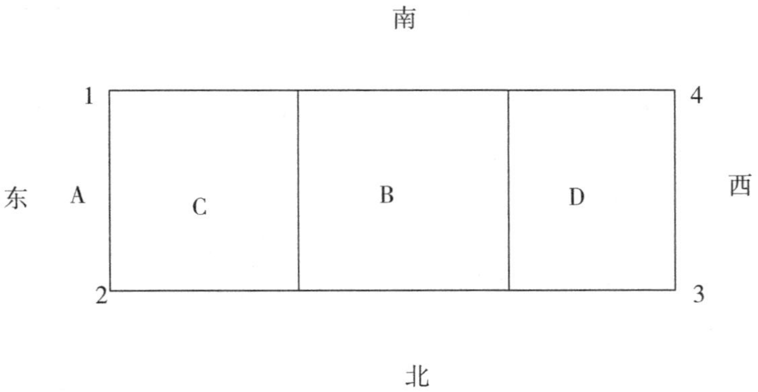

若是男性死者，在B区用米铺成八卦图（如下图所示），若满60岁画完整的八卦，未满60岁画半卦。

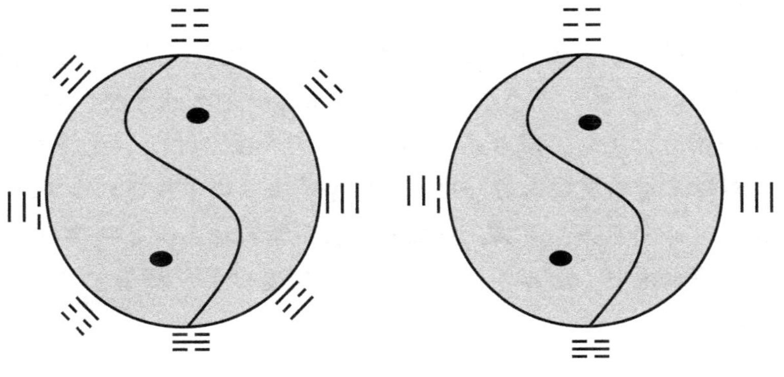

满60岁　　不满60岁

若死者是女性，B区画灵花。大于60岁的画八个花瓣，小于60岁的画四个花瓣。

其中C区与D区写成一副对联。

“井”底图形制好后，用鸡冠在“井”底四角上分别点一下，并念经文。走出

“井”口站在A区念一段经文，把鸡扔在“井”里，如果鸡米，就是吉利的象征。毕摩拿火把、桃棍在“井”扫一下，这叫扫井，为了驱除生魂落入井内之意。

扫完井，把棺材放入葬坑内，之后，用罗盘把相位拨正，毕摩念上土经，孝子盖土。其中盖土之前女孝先用衣袖兜土，男子捧三次土，毕摩再撒“禄米”（五谷杂粮）给孝子接住。盖好土后，把土堆垒高起来，称“垒坟”。

送葬回来的当晚给死者送饭，既是点燃香、纸到坟前供饭；接下来的晚上，在半路送饭、“祝葬”，并烧一个火堆；第三天晚上在家的附近送饭。

三天后，到坟前“服丧”。把原来“扫井”用的鸡宰杀煮熟后供饭，并给坟上土。

（十二）合灵

在场地上方插九棵黄松树，每一棵黄松树前插一根刨木树杈，炮仗花树插在黄松树旁。黄松树前用四块泡木树板摆成矩形框，框里放黄松树叶，然后铺上白布，布上再放“十字架”，框前放马鞍。马鞍前的地上，下面放草垫，然后放毡条，其上放衣服，最后盖上被子。衣服男性放在左边，女性放在右边。扎灵位，米竹秧、羊毛制成灵位，男性用红线扎，女性用蓝线扎。将灵位给两个人拿着，男的拿男亡人的灵位，女的拿女亡人的灵位，毕摩念合灵经，拿亡人灵位的两人互相对话。每对一次话后，将灵位分别放入亡灵的衣服内，行男女之事，这样重复三次。之后，将两人的灵位放入一个竹筒，然后用麻皮的一头拴在用泡木树制成的十字架上，另一头拴在鸡脖子上。毕摩念献牲经，孝子抱着鸡跪在地上，然后割断麻皮、宰鸡，用鸡供饭。再念合灵经，将泡木树板一头削尖，另一头飘带头，上面男左女右写亡人的名字（某某之灵位），然后将神筒绑在有名字那块木板上。在簸箕里装碗米，将神牌插在碗里，由“侧摩”端回。到大门口时，在门槛内打初炭。到神龛前，那一棵青杆梨树和神牌合在一起打“初炭”，并插在神龛旁边。

（十三）扫屋

在堂屋里放一张桌子，上放升子，里面插五种树枝（青杆梨树、刺老包树、五泡叶树）。一根黄松树丫枝、五个茅草人、一碗米。一个人点火把，拿灭害灵（原来用树皮粉末或苦荞面）上前，跟着是拿鸡、端升子和法水的人。先将本家祖神安位，用粉火驱邪。毕摩拿着粉火每人打一次，并将茅草人、树丫枝送到十字路口。在十字路口，毕摩请师，后念咒语、杀鸡，将鸡血洒在茅草人神上，并将鸡头、鸡爪和翅膀用火烧后，放入净水碗中，然后再放一些米在碗里泼出去。扫屋完成，邪魔被驱除，意味着今后平安。

坪地包包寨扫寨、祭树仪式调查

毕摩选树：大小、种类不限，不讲方位，只要树长势好。

参加者：寨内每户一人，一般为男性，长辈有优先权，不在时子可参与。

时间：一般为农历三月三，六月间的猴、虎日也可以，仪式在一天内完成。

准备材料（根据仪式费用分摊各家，由寨内挑一主事者收齐费用购置）：鸡、羊各一只，升子一个，茅草扎的草人两个（用穿过的衣服上的布片做衣服穿上），鸡蛋一个，各种粮食若干，香纸灯（蜡烛或油灯也可以），榛子树、橡树、乌泡叶树、枸骨子树、刺老包树、青杆树六种树的带叶丫枝各一，两寸长六寸宽的木板一块，青竹一根。仪式过程：

一、布置材料

1. 升子布置（如下图）。

2. 青竹。

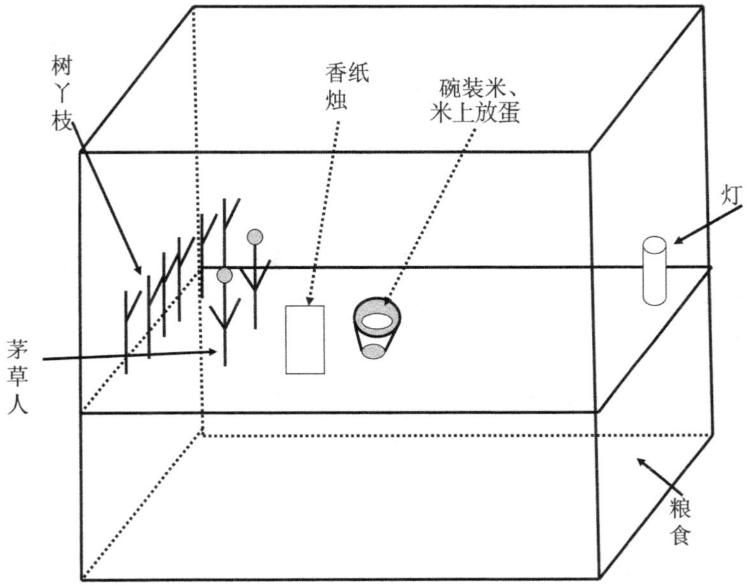

坪地包包寨扫寨仪式示意图

剃掉枝叶，大头划成七丫，手握小头，成为响器。毕摩在整个扫寨过程中使用。

二、打初炭

上述布置完成后，在堂屋上方摆大桌子一张，桌上放水、酒各一碗，初炭放在桌子底下，毕摩左手拿着鸡和木板，右手端着水碗，一边念驱邪经文，一边把水倒一点在桌子下的炭上，把鸡和木板在炭上绕三圈。然后把鸡和木板交给主事人，毕摩念经，主事者以鸡和木板在房子四棵总柱上象征性的碰三次。木板交还毕摩，毕摩用未烧透的树枝在木板上画符，边画边念驱邪经（如右图）。

驱邪经正面图案

驱邪经背面图案

三、为茅草人开光

毕摩先请毕摩神，念经驱邪。

开光用鸡。用鸡前，毕摩要念出鸡的来源。经文大致如下：

此鸡不是非凡鸡，乃是人间报晓鸡。

王母娘娘造下的，下了二十四个铁蛋子，只孵出了五只鸡。

大哥飞到天宫，二哥飞到山中，

三哥飞到箐中，四哥飞到田中。

五哥飞到人间，来到……（主事者）家中。

家有……（不吉）事，用此鸡来做法事，把家中的各种灾难带出去。

念完此段经文，蘸点鸡血涂到茅草人身上，为茅草人开光正式开始。具体程序如下：

开头光——开阴光——开耳光——开鼻光——开嘴光——开手光——开脚光——开五脏六腑光。

每开光一个部位，毕摩念相应的经文，并要在两个茅草人的相应部位点鸡血一次，同时毕摩要端酒，以酒祭祀茅草人。

四、扫寨

开光后，毕摩念经送茅草人。然后，主事者挑选一个人拿火把，一个人端升子，一个人拿鸡牵羊，一个人端水碗，毕摩随后，在主事者家中从左到右转三圈出门，逐户扫寨。每到一家，先安神位，在每家火上象征性地倒点水，意在扫除火星。然后在主家添点水，转三圈。

五、祭树

扫寨完毕，全体参加者一同前往祭树。

神树前布置：先在神树前搭建一小房子，以泡木树做杈，上搭梁，以泡木树做椽，上盖黄松树叶，两侧插上青杆树枝做壁。高约70厘米到1米，中间高，两边低。

升子放在房子左前角，把原来放在升子内的物品转移到小房子内，打初炭后，在小房子正前方放香、灯及酒水各一碗。

此后，毕摩念献牲经文，主事组织杀鸡宰羊，煮熟，把鸡头、鸡尾、鸡脚、鸡肝连同羊肝一起装入碗中献在小房子正前方（如下图）。

此后，毕摩引导全体参加者一起向神树磕头，然后逐人祭祀。祭祀时，祭祀者先奠酒三次，再用双手夹饭，在装鸡肝羊肝等的献牲碗上蘸一次，奠在小房子脚。祭祀中，毕摩念献酒经、献饭经。

参加者全部祭祀完毕后，备齐五样物品：

一小束茅草打成的一个结；

一根六寸长的栗彩树枝划成十二片；

杀鸡时预留的鸡卦；

小房子中的两个茅草人；

手搓的反手茅草绳，要足够绕神树十二圈。

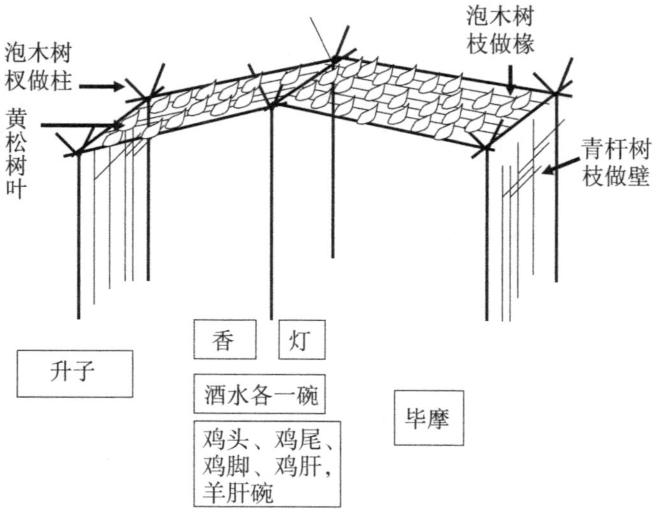

坪地包包寨祭树示意图

主事者在其他人的协助下，用反手茅草绳把茅草结、栗彩树枝、鸡卦、茅草人一起捆在神树约一人高处，捆时要背对寨子绕神树十二圈，茅草结、栗彩树枝、鸡卦、茅草人要正对寨子，据毕摩说，这是祈求树神一年十二个月保佑寨子五谷丰登，平平安安。从升子转移到小房子内的鸡蛋要埋在背对寨子的神树脚下。

仪式结束，参加者拆掉小房子，吃晚餐，共享祭品。

以上是两项重点仪式过程的调查。

调查中，我们发现，无论大小祭祀仪式，坪地所有祭祀对象与其他地区基本一致，由于传承来源的不一致和传承的断层，仪式过程有相异之处，所用经文也有差异。如坪地丧葬祭祀中，每两个环节之间的冷场时段，原本都有蹉措舞蹈作为衔接，因为现在能跳的人已经只有一位70多岁、身体很弱的老人，这一舞蹈已经基本消失。

第三节　盘县彝族乙文化区域周边彝族丧祭文化调查个案

在盘县彝族乙文化区域的丧祭文化描述中，我们除了看到其与盘县彝族甲文化区域丧祭文化的关联外，我们还看到了其与周边彝族文化区域丧祭文化的关联。

如来自赫章的彝族丧祭文化的调查个案。

赫章县是贵州彝族分布的主要区域之一，彝族文化在赫章县表现是比较丰富的，但受时代和周边文化的影响也很大。2005年，我们到这一地区调查了数次，其结果都不太理想。不理想有两个原因，一是相关的丧葬文化表现事象难觅，二是能直接叙述其丧葬仪式的毕摩相对少而保守。于是，我们只好委托赫章县民委古籍办的同志来做这样的调查，最后产生了以下的文本：《赫章彝族的祭祀文化》。这个调查文本不是十分规范，也不太符合文化人类学个案调查的严格要求，但也能反映此地彝族丧葬文化一定的真实信息。在这个综合性质的文本中，我们只取其中关于彝族丧葬部分。

《赫章彝族的祭祀文化》（丧葬部分）

整理者：龙正清、王秀平、苏世成

时间：2006 年 4 月

……

彝族的祭祀主要有“数挣”即斋祭；

“尼姆”即祭祖叙谱分支；

“樾捞”即祭祖先灵桶；

“发替”即祭岩；

“细挣”即丧祭。

……

一、彝族丧葬习俗

彝族民间的丧葬习俗，是从远古时代就以仿照君王庙见诸侯的制度而流传下来的。因此，至今仍然用“尼姆数挣”（庙见诸侯而立宗）这一专有名词。也直接称为“祖能摩节”，意为君王庙祀祭祖的制度。又根据庙祀状况而称“节戛”。“节”指街市，“戛”即赶。“节戛”即赶街市的意思。古时，彝族民间要待君王见诸侯，才能随其首领进入闹市而朝拜君王的机会。因此，“节”也就包含有祭祀道场的意义。民间即依照之而举行祀丧祭祖，凡亲友都要组织起人马队伍，号称军队而前往参加祭悼活动，因此也同样称为“节戛”。然而彝族的丧葬习俗，即分土葬和火葬两种形式，根据彝文古籍记载，崇拜太阳星君的氏族，即以土葬为主；而崇拜太阴星臣的氏族则行火葬制度。其间即有阳极阴生，阴消而阳长的自然科学意向所在。

火葬者，即用十把斧子砍下五棵树后，劈成木爿条后架设成方形的柴楼。人尸按其图腾动物虎、豹、绵羊等皮包裹而侧放于柴楼上面，男性面向左，女性面向右。众人与之瞻仰告别后，即由司祭布耄主持火化。四位福命老人各持一火把，待布耄吟过化尸经后，即从柴楼的四角引燃烈火焚尸，彝语即称“托车”，直译从底点火，引申义为送别。灰烬装入罐器或蜂桶形棺木，即由死者亲属送往吉地埋入土中或置于岩洞内，焚男尸架柴九层，女尸架柴七层。“火焰犹如白马飞奔，浓烟好似黑马腾跃，火花恰像金龙行空。”《指路经》即有这样的焚况描写。明清以后，逐步改为土葬。统一按一指灵气升天进入“天堂乐园”。所谓天堂乐园，即是彝族先民对星象系统的一种认识，认为人自星斗世界降临而生，死后必然要归星座。因此，彝族的祀丧场面即按天象星座格局而设置；二即将灵名列入宗谱，以供后世缅怀祭拜；三则将灵体安葬于墓室而归土，让灵骨固守坟墓与地。此间即有着轻青气为天，重浊物为地，（人名）而居于天地间的科学意向存在。由此而知，彝族的丧葬习俗，即是根据天道、地道与人道三者合而为一的道法行使活动的。因此，人死后要依天道而择选安葬吉日；按照人生的道法即伦理和道德，举行高歌奉德的祭祀活动；根据地道的五行龙脉原理，寻找龙头穴口建造墓室而安置灵体。故此，彝族的丧葬习俗即按守孝、祭祖指路和安葬的程序进行。

1. 守孝收殓

彝族忌人死于地板或床上，当人处于病危时，必须日夜守孝，以防冷尸入棺，内棺称“古”，外椁称“铺”，统称“古铺”。病人接近落气的时候，就把他（她）抬到堂屋扶坐在神壁前的供桌上，双脚踩着五谷粮，以一只鸡在其跟前，与之最后落气的同时用水呛死，用泡木尖穿插在灵柩上端彝语称“觉吼达”，谓“引路鹰”，后杀一只白绵公羊牲作送魂羊。同时用一把尖刀通杀男左女右屋盖，彝语叫“戏锦多”。意为死者的星宿起升，并备一马镫左右交叉于鞍上的坐骑，拴于大门外候着，示意让死者的灵魂骑着骏马而归天。落气后，给予剃发洗面沐浴，装扮成一个出家人的形象而入棺。殓衣忌用斜纱布，穿单不用双，小襟反盖大襟，不用纽扣。用麻线或棉纱按其年龄加天地之数作其系腰，忌用苎麻线。收殓毕，以男左女右置棺于堂屋左右侧。棺木底座不能触地，其底下置一水碗，碗口上平搭一天梯，点一盏油灯于梯上，同时放上死者生前的一双鞋，由亲人用斧头轻敲中柱三下，随后鸣炮三响报丧。差人带上“姆祖”（供粮）一升和白酒一壶拜请布耄择选安葬吉期后，通知部下及亲友届时组队前来祭悼。

2. 祭祖指路

人死后即按布耄所选吉期予以祭祖和指魂归天之路。这一活动的过程，彝语叫“戏挣”，意为祀丧。若家庭条件不好，兴不起礼仪，可待来年条件好转再行补办。条件好的家庭也可举行在生的祭祀。在生祭祀即从开祭之日起名入祖谱，然而必须接受一百二十天的敬供，丧后即免之祭祀。祭祀形式即分官场和民家两种规模。官场祭祀也就是祭祀官员，因此，除其姻亲客家都要组织随从队伍前往祭悼而外，与之邻官好友和其属下的所有大小官家都要组织人马队伍而赴悼。有关赶祭的条件，彝文《孝书》即有详述：

“祭祀的道场（又称行使告别仪式的场所）敞着四道门。依天道部署，按地道布置，自古相传袭。圣师司祭祀，身穿长袍挎神具，头戴法帽手执法器，犹如大鹰高空旋。超戛慕坐镇部署，普吐临场指挥行告别，白事当喜事办，祭祀规仪很程序。祭主的舅甥，亲侄及外侄，亲眷与邻里，亲信与好友，不论官和民，不分主与奴都要赶祭敬献牲热血、牛牲大礼，绵羊牲次之，猪牲再次之，鸡牲为下四级。牲血献神灵，牲肉大众食，诸神乃心欢，众人得安康”。

二、唐时期水西远祖祭祀洛纳阿可君长的盛况

“白子（白彝）三百家，官员三百家，苗人六大队，腊（革）佬七部民，濮人十一部，阿武十二部，阿哪（守士）十八万云集祭场而献牲。打杀的牛牲堆如树上结满的枇杷果，羊牲堆成白石山，猪牲犹如大堆鱼，鸡牲尤如挖翻了的茅草坡，牲血流淌成大河。”

清时水西安坤举行盛大祭祀活动缅怀故祖，谋霸西南而镇压民族的刽子手吴三桂，却以“安坤聚兵盟反”捏奏朝廷，于是朝廷举兵四路围剿，平定了乌撒和水西，彻底毁灭了地方的民族政权。彝族的官场祭祀规模也就随之而中断。而今所见仅是民家的祀丧和祭祖的习俗。即只有姻亲和好友致前祭悼的小型祭祀活动场面。

举行祭丧活动，必须拟造各种禽星的形象已烘托祭主的天威之严。全堂为七十二种，半堂三十六种，一般为十八种。象征着日月和五星的圆形灯笼、十字灯笼、菱形（五星）灯笼、孔雀登柱和黑鸟即玄乌等，作为灵堂的主要佩饰而外，其余的禽星象乾龙、大象、虎、豹、鹿、马等，均旋转于灵堂的周围作配盘。灵堂拟造亭形的小楼阁状，以彩纸剪成细毛贴于竹篾上，其顶端系一朵彩花，制作成“孔雀尾羽”插于阁楼的翘角上，将灵堂饰成孔雀开屏的形象。孔雀之身安置在灵堂前的直竿顶端，彝语谓之“安滋热”，意为孔雀登柱。灵堂四角悬挂球形灯笼，壁柱上画有各种禽星的人格化像，祭幛图，它分为三十六、七十二、一百二十零八幅图案。活像一幅完美的原宗教图画，可同《山海经》中的异象比美，即有六只手的杜尼，独脚野人，九头神鸟，牛头人身，马面人身，蛇身人首，青羊头，人头猪等，载《物始记略》一书。彝语称为“哪始借”，意为阴官星宿。祭程到那史着，即那史归途时，布耄手执五倍子木神杖，来到幛图前，自灵房前逆时针逐一讼解图幛内容，用神杖或香头戳穿而倒转画面，示意诸神返程就位去。凡赶祭亲家的火堂周围也同样布列着各种禽星之象。观之全堂景象画面清新。整个场面灯火通明，五彩缤纷，人流如潮，真如想象中的天堂乐园。“郊社之礼，所以祀上帝也；宗庙之礼，所以祀其先也。”中庸的这段叙述正是彝族的祭祀概括，根据天道行部署，按照地道作布置的彝族祭祀道场。

……

春秋战国时期，军阀割据，形成各君一部的局面。自此凡一切关于政治、军事、宗教、教育和历算等，皆于一祭祖明堂中举行的帝制，开始有了宗派性的分裂。镐亲之明堂即是文王的庙所。文王作后天八卦，即是从先天八卦中派生出来的。后人以立文王为祖的宗派塑鼎而忘祖，切断了后天八卦的来源。先天八卦流派即古夷人中也分文祖派、艺祖派、奉阳派和奉阴派等几大宗教流派。

就彝族先民笃弭时期的武、乍、糯、恒、布、默六部。武、糯、布系奉阳派，乍、恒、默即属奉阴派，其间又有文祖流派和艺祖派之别。文祖为恒始楚，艺祖即告阿娄。后来，乍部（贵州）东境和糯、恒即巴蜀被强邻秦楚所强化。秦始皇时以郡制将西南夷纳入了版图。汉高祖刘邦以巴蜀为基地，建治所于汉中之南郑是为汉朝之始兴。为了便于统一，于元鼎六年划郡置县，彝族的地方政权受到了一定的影响，但文化上的风规礼俗仍然保持着其先世的统一模式，故被统称为西南夷。自此以后，西南夷即成了历代王朝所征讨而强化的重点对象，屯军屯田，封官派员，渗透文化，于是西南地区的古夷文化逐渐受到冲击，产生颇多不伦不类的文化风俗体系。这就是西南夷地区有众多民族成分的根本因素，犹如云南白族，其先世张乐进求（又作张乐尽求）举行庙见九部将领后，即将自己的白子国王位禅让给蒙舍诏首领细奴逻，改白国为大蒙国，当时张乐进求所祀五色鸟即祭祀明堂中的孔雀登柱。细奴逻得位后即开始引入汉文化，致使云南一带的古风夷俗逐步失传。后即以白子而自称白族。所谓白子即是奉阳派的一支，即彝族六祖武部民族。西南的众多土著，均以其部落名称即首为君长之大名作旗号，后又演变为族称。但由于历史的种种原因，失去了自身历史的源头。唯云贵川三省接壤区一带的彝族，世袭流传自己的历史文献。知晓自身历史的来龙去脉，根深蒂固地传承了三代时期的教孝朝风。

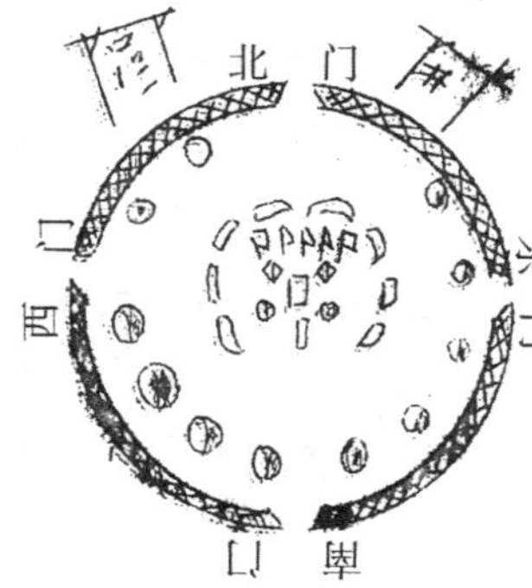

祭祀道场格局示意图

灵堂

图符对照：

灵堂位　十字灯笼　菱形灯笼　圆形灯笼
万旗　彩旗　各种禽星象　篱笆围墙
越戛　主家火塘　友家火塘　冤家火塘
司祭堂　孔雀灯柱

祭祀道场示意图

3. 古风夷俗

丧礼道场的设立。民间的祀表道场，根据各家的实力情况落实场地后，即用荆条编织成篱笆围墙，东南西北各留一门，灵堂设于所围场地的中心点稍偏上，即将停放于堂屋的灵体（柩）、水碗、天梯、鞋及油灯一同移置于灵堂中央（火化者即架柴楼于堂）。并将移柩时所杀祭牲的心子尖头部分，签插于灵柩（体）头端的垂直缝地处，象征东方青木星和西方白金星的标志平插左右，所设灵堂布局象征着死者即将到达的伍弥，即天庭中的五府地，是根据八卦天文历法的推理格局进行拟设的。彝语称“恳恒”，意为瞻仰而行告别仪式活动的大堂。赶祭的客家火堂以即以主家坐堂为起点线，朋友家随后，往下以娘舅为尊，依辈分次序而圆布铺开，即是古时君王庙见诸侯的遗容。整个祭场的仪式格局。彝语即称“恳节”，意为行使告别仪式活动的场所。祭祀的常务指挥部“超夏”象征太阳星座设立于祭场的左上方，照亮死者归天之路的“布节”，即布耄的司祭祀堂位设于道场的右上方（详见祭祀道场图），形成坐北向西南的道场局面。

拜请司祭布耄。布耄司祭祀礼仪不直接抵达司祭的堂位。自寻于果树脚下坐着，身着司祭的龙袍，头戴具有月令之威的法帽，手执法器，背着经书卷集，以示圣师的代理人。孝子即提上一壶白酒至前献上一杯奉请后，一步一叩头拜至祭场兴礼司祭。布耄来到司祭堂即很快搭起神台，放上供品，吟念请师之经，奉拜天师恒始楚、特乍慕、举奢哲、恒阿德等圣师，并将武洛撮时期的国教布耄、恒阿德神象以茅草人为象征置于供粮升子口，以示自己所用的经书是古圣人的真本，司祭堂布置完毕，即站立于高桌上吟诵开祭经，其程序一般分为：即等主（祭献晚饭）、雨斗（解冤）、戏塔把（悼念）、慈谷（献药）、雨补塔（折冤）、赛车（超度）、伍耄（指路）、托车（饯别焚化）、各匹车（安灵进祠）等为序的祭表活动。即是宣布祭祀和瞻仰告别活动的开始，其祭祀程序的每一项工作，既有助手和专职的服务人员相助执事，直至祭祀的议程全部结束。

迎宾。赶祭的客家队伍至距祭场一公里许，以鸣炮三响为报信，主家同样以三声炮响应之，表示已经知道客家的祭悼队伍要来临，准备迎接，于是祭祀活动的指挥人员普吐领着孝子们候于来路口，叩着而以酒敬客主后，普吐即引领客家队伍逆时针绕场一周而入座，吹奏唢呐守火塘，等候瞻仰遗容和高歌奉德的告别歌舞活动。整个祭场灯火辉煌、五彩缤纷，塘点犹如画面清新。

瞻仰遗容。司祭布耄以念经宣布开堂后，主家的总指挥普吐，左手提着象征太阳星的圆形灯笼，右手执杵指挥棒，领着孝子和歌舞队，按火塘顺序逐一以歌舞代言而散发彩带，示意要客家整队等候瞻仰活动。于是各家普吐即把队伍整顿成圆形，灯笼在前，随后是了灯、五星象、兵马队为序的单行队列，以主家队伍排前引路，按坐堂次序随之而举行绕灵瞻仰的保证金活动。绕灵瞻仰可根据人员的多少，行绕“太极图”“半圆拐”“之字拐”三种形式。一般要“太极图”行绕方式，才能摆得开数千人乃至数万人以上的长龙队伍。行绕时即从祭祀场的北门出场，顺时针绕祭场四角四个“太极图”，又复北门进入场内绕灵堂三圈而进堂瞻仰，折回绕三圈后即各就各位。转绕时，唢呐鼓镲、长枪地炮齐鸣，号鸣铃响，吆喝炮应，灯红彩映。绕灵场面犹如金龙盘旋游动（详见绕灵路线示意图）。

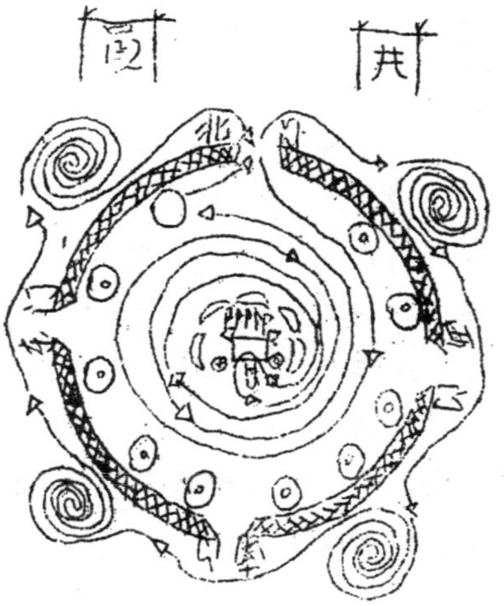

太极图案

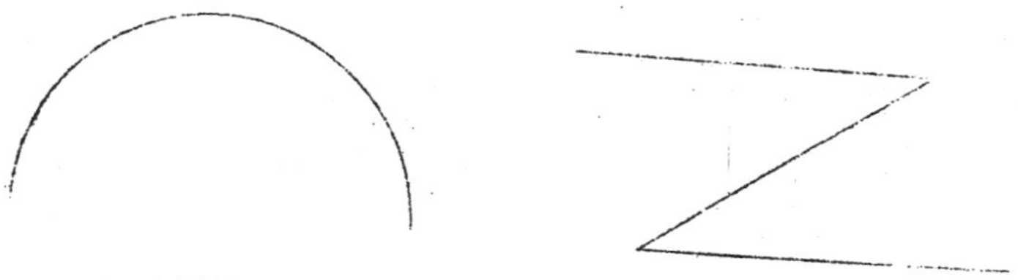

半圆拐

Z字拐

绕灵路线示意图

告别歌舞。瞻仰遗容的仪式结束后，即由主家的舞队开头进行颂赞死者的业绩而歌舞，彝语即称“恳合呗”。各家舞队即按绕灵之序，由扮演东、南、西、北四大天将的舞者，以象征骑马的铃声统一节奏，绕灵堂四周而舞金鸡钻箐林、浪中行渡、登山下崖、翻山越岭、互帮互助、跨沟转轮、垦荒高山等的周旋转战创业的舞蹈。舞蹈即由两名执着花棍（霸王鞭）的舞者统一指挥，另有两名歌师随之而歌颂功绩乐意。其间不时出现两名戴面具的演员，穿插一些引人入胜的精彩场面，歌舞由于来自各地的风采，通宵保持高潮而无冷场。各舞队入场之前，即将铃铛先放在灵堂前的“孔雀登柱”脚下，舞者入场即捡起铃铛排成横列而齐歌，“我们这四人舞友，即从四方会拢来，是否能够舞得齐，各自注意摇铃声”，随歌喉的尾声同时摇铃而起舞。主家舞队以顺时针而舞，客家舞队则逆时针而舞蹈。均舞于“孔雀登柱”的脚下，以背朝灵堂，将撑竿跳的响铃和彩带，随舞蹈动作同时从肩头甩于“孔雀登柱”的脚下，以示与死者告别，凡赶祭的客家都必须兴此礼仪，故祭场的歌舞达旦，热闹通宵。《贵州通志·土民志》中记还说：“丧行前，长筒喇叭为号，至焚所，又有跳脚之俗。……相与携手吹芦笙，歌唱达旦，谓之跳脚也。”在与告别的仪式场合，以代表骑士摇铃而舞的“恳合呗”即告别舞这一专有名词，却被蒙昧之人所避而谓之“跳脚”

或以“毕默赠仰”（自始至终按节奏而舞）和“署合”即告别，与为了增加隆重气氛的鸣炮吆喝之声，生拉活扯连在一起译成“蹉措撵老鸦”之讹称，可想而知，骑马岂能蹉措乎！夜间祭祀哪儿来的老鸦。

祭祀献牲是彝家祭祀活动中必不可少的仪礼，所有至亲孝祭，都要赶一对雄性祭牲献与死者，彝语称为“亩努色”。富有者多以牛牲为头等牲品，白绵羊或山羊次之，猪牲为三级品。贫困者则以鸡牲替之，实为孝意。无论亲疏及贤愚，只要有祭牲，必须于亡人灵柩前逐一打献之，布耄逐个奠酒祝福禄献孝之人。孝子云集，布行饯别仪式，亡人安乐上路程，疾步逍遥归天庭，此举彝语称之“托车”焚户或出殡之前，主孝家特意宰杀一只仔母鸡和一甑米饭，孝子及众亲友以仔鸡肉作为饯行宴菜，逐一跪拜在灵柩前为亡人举行饯行祭奠，把寿罐酒瓶装满后，示意死者带到仙境慢用。同时由布耄将留剩的饭赠给孝子人均三勺饭，即福禄饭。为亡灵吃分离饭，祭别，嘱咐死者到仙境去找其亲友与故祖团聚。彝族人认为，人死后也同生者一样的生活。因此，在丧祭时要奠酒、饭、盐、茶等。祈求死者要吃饱喝足。吃喝不完的要带往仙境去，据文献《献饭辞》曰：“今日儿女们，所有儿孙呀，三亲六戚们，为你（死者）来献饭，献茶又奠酒，吃不完的饭，吃不完的肉，饮不尽的茶，喝不完的酒，一定要带去……”道出了儿女及亲友对死者的生离死别之情，忏悔生前对亡者照顾不周之意境。孝男们伤透了心，孝女们泪湿巾，亲朋好友们悲恸。青山肃立，大地默哀，为亡者送程。指路送别是礼丧活动的最后一个仪程。所谓“指路”即为死者指明去往天庭星座的路线。按赫章县境内的彝文《指路经》所指路径，即从各地所开设的祭场为起点，往威宁盐仓方向，以最高之点一山望一山地指经威宁西梁山，跨过牛拦江而进入东川境，最后抵达“杰苏傅卧”（意为太阳所坠落之山）一带，即今云南与缅甸交界的哀牢山，就是进入仙境的界线了，到了那里，“前来迎接的仙人们即露出喜盈盈的笑容相迎，送程的凡人则满脸是泪水而行告别”。到了天庭后，自寻归座。君以上座，臣为下座，师座在中央，庶士均在两旁。

路径指明完毕，司祭布耄吟诵收场经典，人们七手八脚将各家的祭货收拢捆扎好，以待举行送别的仪式。若行火葬，即将所有祭货聚拢于灵堂前，在化尸的同时将祭货全部烧掉。要是行棺葬，各自把祭货随灵柩运至吉地于坟前烧掉。送别，也就是和死者永别了，彝语称为“觉合”。这即是针对死者的亲属而言。当把灵柩运走的时候，死者的晚辈儿媳们，面向家宅方向并排跪于路的当中哭泣，灵柩即从她们的头顶上越过而送往吉地，孝子则于灵柩前手持火把不时地叩头引路，直至坟山吉地而掩埋灵体棺木。

4. 打井安葬

安葬是死者亲属为死者安排安居之所的一种心愿。安葬的时辰，是布耄根据死者的生死时辰与四柱和命宫结合推算后，特择定的良时吉日，一切祀丧活动都是为这一吉日良辰服务的。因此，打井和安葬即按所择定的日期进行，一般打井的时间都是在黎明以前，丧主家即派几名命宫合亡者相生之人，前往预先订好的吉地按时开挖坟坑称为“打井”。先在所钉井桩线内，以头、中、尾声三个部位，各挖一锄泥土放于一边后，即按照样子而挖好坟坑。掩埋时，先点燃一火把，以烤热好的高度白酒喷于火焰烘热坟坑谓之烧井。放米于正中，将坐棺鸡放入坑内啄食自然飞出，将凤窝铺放于井底，男以九层，女以七层，男自东，女从西，引火烧坑，鸣炮三响而下棺，有克者避之。然后接着入棺撒土，即将开挖坟时所挖放于一边的三块泥土拌合五谷，抓撒五方封赠。孝子反跪于前面，以后衣襟接土受封之后，跪于棺木上呼喊三声后再行掩埋和垒坟。彝语谓之“乌求挣”。即以石料修造成三六九层的圆形基状，字向朝天。明清以后墓形多成鱼尾声形，有向山。当天傍晚，孝子们送凉水至坟前点烟奠酒，次日只送凉水至路途，第三天复往圆坟后，将凉水送往不远处的岔路口，示意逐渐而淡忘。三年内的春节和正月十五日，必须为新坟燃灯通宵。往后每逢清明节都要上坟虔诚祭奠。彝家凡老人去世三年内，每年要用一只雄性山羊祭坟，叫“乌求捞”。若平常时间坟茔有损时，主孝家都择吉日予以修整一新，也叫“乌求周”。仪礼一般以牲品祭之，如前所述，彝人有“三魂说”的祖先崇拜观念，魂各有不同的归宿。即一魂守焚场或坟墓；二魂归祖界与先祖相聚；三魂居高堂祖祠堂灵位。无论哪一个灵魂，其安适与否、清洁与否，以及受到相应的供奉与否，都能影响和左右子孙后代的祸福兴衰。故而彝族民间有祭祀祖坟的习俗，其目的也就是祈求祖灵，保佑子孙，事事顺心，兴旺发达。

……

这个文本名为个案，但实际并不是一个文化人类学意义上的个案，而是对彝族丧葬文化的一种结合于彝族书本知识的描述，但是，它也有文本的意义，因为它在一定程度上揭示了彝族丧葬文化的历史渊源。

这个文本所叙述的东西在很大程度上已经“文献化”了，但这是盘县彝族乙文化区域丧祭文化的源头，我们可以在两者的对比中看到许多有意义的文化表现，只不过这种分析我们集中在下一章中叙述。

第四章 盘县彝族丧祭文化分析研究（上）

吴秋林

在前两章的描述中，我们看到了盘县彝族丧祭文化的所有仪式过程，而且这种描述是以文化人类学的个案调查的方式来描述的。这种文本是以一种基本客观的方式来表述的，在文本进入分析之前，它不会把调查研究者主观的情绪和意识掺杂其中，也不会以主观的臆想来弥补调查缺失的不足。讲述者和记录者，最初的记录和后补的记录，讲述的内容和直接观察到的内容，这一系列的方法论的过程也比较清晰地表现在个案中，让初始的研究者和后来的研究者都不会迷失在材料的迷宫中。

清晰明了地描述盘县彝族丧祭文化的一系列仪式表现，是个案调查方法论总的根本意义，但是，每个个案都会有自己的背景和语境，这些东西对调查和研究也是有意义的。

在盘县彝族丧祭文化的描述中，我们是分片区来进行描述的，但研究和分析时，我们又要把它作为一个统一的文化对象来看待。

第一节 盘县彝族丧祭仪式个案意义

在盘县彝族丧祭文化的调查中，我们形成了六个盘县彝族丧祭仪式的个案，以及相关仪式等。对这些彝族丧祭个案我们可以称为淤泥河 A 个案，淤泥河 B 个案，淤泥河 C 个案；坪地街上个案，坪地三家寨个案、游珍海调查个案等以示区别。

淤泥河 A、B、C 三个案代表的是淤泥河、松河区域的彝族丧祭文化表现，坪地街上个案和三家寨个案、游珍海调查个案代表的是坪地、四格、普古，以及水城一部分地区彝族丧祭文化表现。

为了参照和对比研究的需要，我们还在描述中出现了彝族丧祭的赫章个案，以及相关的祭祀个案等。

盘县彝族丧祭文化的个案调查，其主要的调查对象是主持彝族丧祭仪式进行的毕摩。其方法主要是毕摩口述，调查者记录，然后根据毕摩的口述整理成文本。这主要针对的是仪式的环节和过程，对毕摩口述中的仪式空间，我们记录为示意图，并在画好示意图之后，由毕摩验证确认。所以，在调查中得到的彝族丧祭文本基本上是图文并茂的文本。

对彝族丧祭文化个案的调查，其主持人毕摩自然是关键信息人，而在彝族丧祭文化的调查中，也是非毕摩莫属，但是，我们的调查还不仅于此，虽然是毕摩口述的个案，其信息量和准确性都是没有问题的。我们在调查中还注意用另外的调查来支撑个案的存在意义。第一个是普遍的彝族丧祭仪式适用范围的调查。每一个毕摩都有一定的活动范围，这个范围一般是其毕摩所在的家族系统，更大一点的是家支系统（家支是旧时代彝族亲缘关系的表述，也是建立在血缘关系之上的制度，但现今基本不存在了，至少在贵州省是不存在了，但其概念仍然在民间应用）。那么，这个彝族毕摩所叙述的彝族丧祭个案内容，就适用于这个范围内的彝族人口。有时候，一个区域内有几个彝族毕摩存在，其大的方面基本相同，但也有小的方面的差异性。这也是我们支撑一个个案的必备基本调查，其实我们的每一个个案的形成，都有这样的背景，即我们在调查中尽量寻找所谓的“大毕摩”，即能力强、影响力大的毕摩来作为我们的个案口述对象。也就是说，我们所记录个案的代表性是没有问题的。

有了个案的存在，我们还注重对彝族丧祭仪式过程的直接观察调查，以获得直观的影像，并验证毕摩口述仪式过程的真实性和在现实仪式进行中的表现。这样的调查在盘县两个不同的彝族丧祭文化表现区域都得到了充分展开。

在盘县彝族甲文化区域，我们在苏座直接观察了一次该地区的彝族丧祭仪式过程，并在事后与淤泥河 A 个案的讲述者甘毕摩印证和讨论了整个仪式过程。也就是说，淤泥河 A 个案是在经过了这两个方面的调查之后才最后形成的。我们观察的这次彝族丧祭仪式，不是甘毕摩所为（他因年纪大，早已不出去做事了），但其过程与他们所做的仪式基本是一致的。

在某种程度上，淤泥河 C 个案也是在这种情况下形成的。淤泥河 C 个案口述的毕摩姓金，他虽然文化（主要是指汉族文化的学习）不高，但在淤泥河一带的毕摩中，是很有影响力的，据他口述，他还到云南做过毕摩。应该说淤泥河 C 个案主要是在金毕摩口述的基础上形成的，但我们因为有直接观察调查此地彝族丧祭文化的基础，故而在与金毕摩的交流中，其调查经常是印证式的，这就不可避免地包含了直接观察调查的要素。

盘县彝族乙文化区域中坪地街上个案和三家寨个案也是经过了这两个方面的调查之后形成的，但这两个个案更强调直接观察调查。坪地街上个案的调查是从观看整个仪式过程的录像开始的，即我们不是直接观察丧祭仪式举行的现场，而是通过录像观察的丧祭仪式举行的现场。这个录像资料是用比较专业的“CCCD”摄像机拍摄的，而且拍摄的是全过程，基本没有有意识地组接和剪辑，是按照正常时间关系来拍摄的。所以，资料比较完整，其中的信息损失不大。在这个观察调查的基础上，我们依据录像表现的仪式过程记录了坪地街上个案，并在后来又找到主持这一次彝族丧祭仪式过程的毕摩，再请他口述了一般意义上的彝族丧祭仪式过程。最后通过核对，对坪地街上个案进行了补充。

盘县坪地三家寨个案，也是先观察调查彝族丧祭仪式过程之后，在经过毕摩印证而来的个案，只不过这个个案是直接的现场观察调查，不是录像观察调查，比之录像观察调查要直接和真实得多。为了调查记录这个个案，我们在现场待了三天，又抽空请毕摩回答了一些问题。应该说，这个个案主要是在直接的现场调查中获得的。

游珍海调查个案也是在这样的调查方法下获得的，而且被调查人就是坪地街上个案中的主祭人，所以，它与坪地街上个案有许多东西是相同的，可以相互印证。

在坪地，由于这两个个案的死亡对象性质的差异，其丧祭仪式的过程并不完全一致，即坪地街上个案中举行的仪式在坪地三家寨个案中不一定出现，而在坪地三家寨个案中出现的仪式，也不一定出现在坪地街上个案中。当然，这两个个案也有许多的仪式过程是基本一致的，这些我们都在个案的记录中做了相应的省略和关联。在这两个个案中，也有一些仪式虽然基本相同，但表现形式上也有一些细微差别，这也是有意义的，我们也在个案中有所关注。

总起来说，淤泥河 A 个案、淤泥河 C 个案、坪地街上个案、坪地三家寨个案、游珍海调查个案五个个案都是在这种情况下形成的。一方面，说明这五个个案在资料和方法论上的可靠性和现实性，而不是某些“先生”口中的“传说”。另一方面，说明这两个彝族区域内彝族丧祭文化表现的鲜活程度。也就是说，通过这五个个案，我们可以看到，此地区彝族的丧祭文化至今仍然广泛存在，并且深刻地影响当地彝族文化的方方面面。

在这些个案的调查中，主要是以彝族毕摩为口述对象，即盘县的五个个案都是以毕摩的角度来描述，是他们自己在做或曾经做过的彝族丧祭仪式的口述。为了寻求多角度对彝族丧祭仪式的观察和理解，我们又以柳远超先生自己在家乡淤泥河所经历过的彝族丧祭仪式过程，记录了一个关于淤泥河彝族丧祭仪式的个案，这是从另外一个角度对彝族丧祭仪式的描述，以此丰富我们对盘县彝族丧祭文化的理解。

在调查中，我们还比较注重对图片和影像的采录，几乎所有我们调查和记录的东西，我们都有相应的图片和影像的拍摄和记录，即整个盘县彝族丧祭文化的调查基本上是立体的。也可以说，能够见到图像的地方，我们都有图像佐证之。

第二节　盘县彝族丧祭仪式类型

类型是一种事象多方面发展的结果。在民族文化中，丧祭文化在一定程度上是一个民族“最后”发生变异的文化，但是，它在历史上种种因素的影响下，也是要发生变化的。就彝族丧祭文化而言，它是有一个丧祭文化的本体存在的，但在它的传播中也会发生一系列的变化，会因为理解环境的因素，因为与异文化的交流，还可以因为内部文化的重大事变等等，从而使本来的丧祭文化发生变化。这种变化有时候是一种消亡，有时候是一种发展，但不管是哪一种变化，都会带来类型学上的意义发生。

面对一种文化，我们在深入研究它之前，最先研究的就是它的类型。在比较丰富的盘县彝族丧祭仪式面前，对其类型的探究是非常必要的。

盘县彝族丧祭仪式总体上是比较丰富的，但体现在可以探讨的文本上，我们只有六个文本。这些个文本的意义我们在前一章已经有所叙述，是能够基本反映盘县彝族丧祭文化的。

在这六个文本中，我们根据实际情况把它们分为两个类型：盘县原生一型；盘县原生二型。

我们所说的盘县彝族丧祭仪式中的盘县原生一型，指的是在盘县彝族甲文化区域发生和出现的彝族丧祭仪式，它的适应范围就是我们在前文中所说的彝族甲文化区域。从现今仍然在民族民间广泛使用的彝族丧祭仪式来看，盘县原生一型的形态是相对古老的，并与彝族原始状态的丧祭仪式有较多的联系，所以我们称它为“原生型”。

盘县原生一型的彝族丧祭仪式中，我们看到彝族最初的死亡姿态，看到对亡灵的追祭仪式，看到为亡灵解脱世间一切罪孽的仪式，看到彝族人对三个灵魂的安排，看到对归祖灵魂指路的仪式过程，以及对这一灵魂安排的重视程度，也看到彝族固有的独特的祖先灵魂的形式，看到彝族人丧祭仪式与彝族人祖灵崇拜的关系，等等。也就是说，彝族人固有的丧祭仪式，在盘县原生一型中基本上都有，只有一样他们丧失了，这就是火葬。在盘县淤泥河等地的调查中，当地的彝族也说原来也是有火葬的，但后来就变了，变成了土葬。虽然变成了土葬，却没有汉族土葬“入土为安”等在土葬文化中建立起来的一系列观念。我们在淤泥河的苏座观察的那一场彝族丧祭仪式，其棺木就是抬上山放在葬地，并没有立即入土，而要等待彝族毕摩按照彝族的规矩看好的日子到了才入土。在盘县原生一型的彝族丧祭仪式中，彝族主要的丧祭仪式环节基本未变。

在盘县原生一型的彝族丧祭仪式表现中，实际上也不是完全的彝族原生性质的丧祭文化表现，而是一种在进入新的迁徙地之后，变化发展而来的新的原生性质的彝族丧祭文化。即这支从云南迁徙而来的彝族，在坚守自己的固有的彝族丧祭文化的前提下，吸收了当地的地理环境、人文环境等诸多因素所带来的影响，形成了现今的带有彝族原生性质的彝族丧祭文化。这种丧祭文化在基本精神上与其他地区的彝族丧祭文化没有太大的区别，但在一些形式和内容的表现上却发生了变化。比如它的转场、“跳脚舞”、花衣哭丧、蛋卜寻地等等，就是其他地方的彝族丧祭文化中所没有的，或者说表现形式不一样的。

我们所说的盘县彝族丧祭仪式中的盘县原生二型，指的是在盘县彝族乙文化区域中发生和出现的彝族丧祭仪式，它的适应范围就是我们在前文中所说的盘县彝族乙文化区域。对比贵州其他地方的彝族丧祭仪式来看，盘县原生二型的形态也是相对古老的，它的表现与彝族的原始状态的丧祭仪式也有较多的联系，所以我们也称它为原生型的彝族丧祭仪式。只不过它的文化渊源关系与盘县原生一型的文化渊源关系是不一样的，因为这一支彝族的迁徙线路是从威宁方向过来的。但是，它们在族源上是一致的，都是从彝族的古老文化而来，只不过分支不一样。也就是说，这两个彝族丧祭文化的表现形态最初的源是一致的，但在分支后有了一些变化。后来这两个不同方向的彝族文化在重新相遇之后，又有一些相互的影响和关联。

在盘县原生二型的彝族丧祭仪式中，其形态的表现也是比较古老的，我们在盘县原生一型中看到的彝族丧祭文化表现在盘县原生二型中也基本能看到，也就是说，盘县原生二型也保存了彝族丧祭文化的基本精神。但是，盘县原生二型的彝族丧祭文化表现却更多地与赫章、威宁等地的彝族旧时代记录和经书中描述的形态相似，并同时与盘县原生一型的彝族丧祭文化有一定的区别。

在盘县原生二型的丧祭仪式中，其纸扎的形象就比盘县一型丰富得多，在盘县原生一型中只有以马为主的纸扎形象，其他纸扎形象较少，而盘县原生二型中纸扎形象就丰富多彩，不但有马，还有大象等一系列的纸扎形象。这些形象的扎制在赫章等地的彝文经书中有记载，而盘县原生一型的经书中就没有这样的记载。

在盘县原生二型的彝族丧祭仪式中，其为未进行过指路仪式的亡灵的招魂仪式，得到比较重要的强调。在这样的仪式中，有一种类似“救赎”的仪式，在盘县原生一型的丧祭仪式中就较为少见。这个类似“救赎”的仪式，意思是经过这样一个仪式，把亡失在“地狱”中的灵魂救回来，用来赎魂的是一只鸡，意思是用这只鸡的灵魂把亡人的灵魂赎换回来，以便与新亡的亲人的灵魂一起经过毕摩的指路仪式，回到祖先之地去。

在盘县原生二型的彝族丧祭仪式中，我们还见不到盘县原生一型中的“花衣哭丧”；在盘县原生一型中同样见不到转场时的大量的烟火礼花。在盘县原生二型中有的“孝子钻棺”，以及夜间的纸扎灯笼等，在盘县原生一型中也未见。

这些差异的意义我们在以后的彝族丧祭仪式分析中还要论及。

盘县原生一型一共有三个个案，每个个案都有自己的视野，但基本上都显现了这部分从云南迁徙而来的彝族人在其丧祭文化上的原生形态的表现。

盘县原生二型一共有三个个案，这三个个案由于空间上的距离很近，其所表现的彝族丧祭仪式的过程和性质基本相同，但由于亡灵的差异而又带来了一些仪式的增减变化，所以，这三个文本虽然有所区别，却是可以相互印证的。

这两个来源方向不同的彝族丧祭文化，在其基本的仪式中是可以基本重合的，这也说明彝族丧祭文化的本源，对于这两个可以区别的彝族原生形态的丧祭文化来说，是完全同一的，所以我们才有可能把它们称为“盘县原生一型”和“盘县原生二型”。是这两种至今仍然在这里彝族地区存活的彝族丧祭文化，构成了我们盘县，乃至贵州彝族丧祭文化的最为原生状态的情景。这个说法是根据我们在贵州其他彝族地区一系列的丧祭文化调查得出的结论，因为我们在贵州省的其他彝族地区，基本上没有见到如此原生状态的彝族丧祭文化。

盘县原生一型和盘县原生二型是盘县彝族丧祭文化的主要表现，它基本上可以代表盘县和贵州整个彝族地区的丧祭文化表现。盘县原生一型可以代表直接从云南迁徙进入贵州的彝族部分的丧祭文化，盘县原生二型可以代表从紧靠云南的威宁方向进入贵州后，又向四面八方发展的部分彝族丧祭文化。本来这后一部分的彝族丧祭文化表现应该存留在毕节、大方、赫章等地，但这些彝族文化中心地带的文化变迁比我们想象得要快要大，我们在这样的彝族中心地区已经看不到如此完整的彝族丧祭文化和彝族丧祭仪式了。这样，只有把盘县原生二型作为贵州毕节、大方、赫章等地彝族丧祭仪式表现的代表来看待了。就盘县原生二型所包含的彝族丧祭文化来看，担当此任也是符合实际情况的，我们在毕节、大方、赫章等地的毕摩经书中所看到的，而在当地彝族丧祭文化中很少见到的彝族丧祭文化表现，在其中我们大都能够看到。这里面可能除了火葬的形式之外，我们都可以在其中找到。

这样一来，对盘县彝族丧祭文化的仪式分析和研究，在许多方面就要围绕着盘县原生一型和盘县原生二型的仪式表现而展开了，也只有它们最能体现彝族文化的意义。这也是我们展示盘县彝族丧祭文化类型分析的要旨。

有了我们对盘县彝族丧祭文化的类型研究，我们也就有了进入盘县彝族丧祭仪式内部进行分析的可能。

第三节　死亡形式和前仪式行为

死亡是一种自然的形式，也是一种文化的形式。

一旦一个族人死了，一个建立在共同文化体之上的关于死亡的一系列仪式就展开了。这在彝族也不会例外，况且彝族是一个非常重视死亡文化的民族，因为它的信仰体系形式就是建立在死亡文化之上的。彝族是一个以祖灵筒为形式的祖先信仰的民族，而代表祖先灵魂的祖灵筒，就是在一系列的丧祭仪式之后形成的。

可以认为彝族的丧祭仪式是一个仪式，但这个丧祭仪式又是由一系列的仪式构成的。不同的彝族丧祭仪式可以表现不同地区彝族丧祭文化，相同的仪式不同的表现形式，可以表现不同地区彝族的认知差异。

我们列举的六个盘县彝族丧祭仪式的个案，就表现了这样的意义。

在盘县原生一型的淤泥河 A 个案里，其仪式由以下仪式组成：（一）看“情况”；（二）“绕棺”；（三）“赶水”；（四）新魂指路、“入材”；（五）搭“鬼房”“转场”；（六）念“解决”经；（七）“洒水”；（八）“引魂”、念“指路经”；（九）“解索”。

在盘县原生一型的淤泥河 B 个案里，其仪式由以下仪式组成：（一）除死魂；（二）“赶水”报丧；（三）寨邻分工；（四）入棺装殓；（五）场地布置；（六）抬棺入场；（七）“蹉措”进场；（八）毕摩解冤；（九）转场椎牲；（十）洒水指路；（十一）寻灵入筒；（十二）其他善后事宜等。

在盘县原生一型的淤泥河 C 个案里，没有按照仪式的举行顺序来叙述，而是依所念经书的顺序来排列仪式：（一）（如果有冷丧、热丧一起时）要念“洗一朵”经书举行招魂仪式；（二）念“木固”的经书，意为亡人献衣的仪式；（三）念“舍扯”经书，移棺入鬼房；（四）念献牲经和献酒经，牵牛绕棺献牲；（五）念“列窝接”经书，为献牲的牺牲解冤；（六）念“日孬”经书，为死者解大阴节，解除亡人的一切事情；（七）接下就是转场，转场献牲时念献牲经；（八）念“黑特”经书，为亡灵开路；（九）念“窝着莫”经书，为亡灵指路；（十）念“去伙”经书，为亡灵制作祖灵筒。

盘县原生二型的坪地街上个案，其仪式是分天来叙述的，第一天有：（一）接毕摩；（二）献饭；（三）招魂；（四）祭牲。第二天有：（一）设灵；（二）出堂；（三）破狱；（四）为亡灵做“解结”；（五）祭牲；（六）走网丝城；（七）祈福；（八）开丧；（九）踩场。第三天有：（一）转场出堂；（二）起棺；（三）叫魂；（四）扫场；（五）献饭；（六）接马郎家来转场的人众；（七）晚上大转。第四天有：（一）献牲；（二）请师、用指路羊；（三）洒水；（四）献酒、为孝众解结；（五）砍杆、倒鬼房；（六）献饭、指路、上山送葬；（七）钻棺；（八）合灵；（九）请祖灵牌。

盘县原生二型的坪地三家寨个案，其仪式与坪地街上的基本相同，但坪地街上丧礼中第二天所举行的九个仪式在坪地三家寨个案中就没有，同样，坪地三家寨个案里有的一个叫“接寿”的仪式，在坪地街上的个案中就没有。

盘县原生二型的坪地游珍海个案，其仪式有：（一）沐浴更衣（断气前的习俗和仪式）；（二）出殃煞与停尸；（三）入殓；（四）盖棺仪式；（五）报丧；（六）迎接毕摩；（七）招灵；（八）解结（包括设灵、为亡灵驱邪、出堂等）；（九）转场（包括开丧、招魂、招魂献牲、出堂等）；（十）指路；（十一）送葬；（十二）合灵；（十三）扫屋，等等。

这六个个案的仪式举行情况都是不一样的，都表现了各自的意义，我们在其后就将围绕这些仪式，展开盘县彝族丧祭文化的仪式分析。但是，在分析前，我们还得解读一个与彝族丧祭仪式直接关联的文化事象，即彝族人的死亡形式和死亡告知。

彝族人的死亡形式和死亡告知绝大多数的内容并不在正式的丧祭的仪式中，但它们一开始就使彝族人的死亡形式和死亡告知具有一定的仪式精神。

在世界上绝大多数人的文化中，都有正常死亡和不正常死亡的观念，正常死亡有正常的丧祭仪式，不正常死亡有特定的丧祭仪式，我们这里所说的死亡形式应该指的是正常的死亡形式。死亡形式就是一个人在临终时的表现形式，即以什么样的姿态来进入和面对死亡，这是一个死亡文化的前奏表现。有什么样的文化观念，就会有什么样的死亡形式出现。

彝族人的死亡文化也是死亡形式开始的。

在一系列的个案中，都有彝族人死亡形式的描述。

在盘县原生一型的淤泥河 A 个案里，有这样的文字：

“给新魂指路这过场完了以后，先把死人从死的地方扶坐在一把椅子上，用升子装上米和苞谷，垫在亡人的脚下。扶坐好后，为亡人戴好帽子，为亡人洗脸，洗脸后，就拿酒给他吃，又拿饭给他吃。这样，就可以把亡人抱到堂屋里，按照男左女右的规矩，把亡人安置在堂屋里床上。”

在盘县原生二型的坪地街上个案里，有这样的文字：

“老人要落气时，把老人扶在堂屋里的椅子上坐好，脚下踩个装满粮食的大斗（意为‘丰衣足食’），等老人落气。老人落气后，用两条凳子搭上木板，把老人平放在木板上，头朝家里的神龛，脚朝大门。”

这一系列的彝族死亡形式表述中，除了不同个案中的不同意义表述外，有一个重要的要素是基本相同的，这就是彝族人的“坐姿死亡”。这在以上的个案中，不管把这种坐着死去的形式解释为什么含义，彝族人坐着死亡是他们死亡的基本形式。在现今所谓唯物主义的观点来看，以什么样的姿态进入死亡，意义都不大，但是，在把死亡的形式作为一种文化形式来表述和理解时，又是非常重要的。让死者在死亡时踩着装粮食的斗，是希望死者在未来的世界里有粮食吃，也有给他的后代以足够的粮食的期盼，等等，这些都是可以理解的，并且其他民族文化中也有这样的表现，但为什么要这样坐着来实现这一切呢？为什么会在彝族人的集体无意识中拥有这样的观念，我们可能永远也不能确切地回答，但有一点我们可以肯定，这是彝族人初始文化中带来的古老意识，与彝族人祖先的游牧民族的文化性质直接相关。古代的游牧和狩猎民族，没有什么姿势比坐在马背上更为重要了。根深蒂固地从农业文明中走出来的民族，没有比回到土地中更“温暖”的事情了，同样，从根深蒂固的游牧文明中走出来的民族，没有比永远坐在马背上更有意味的事情了。所以说，盘县彝族丧祭文化中所表现的彝族人的死亡形式，带有浓厚的彝族人原始文化意象的事物。这样的解读有助于我们深刻理解彝族的丧祭文化。

在确立了彝族人的死亡形式之后，彝族人就要做一系列的准备性质的工作，一是为实际的丧祭事务性工作做准备，二是为丧祭仪式的正式举行做准备。这后一种准备也有仪式性质，所以我们称它为前仪式行为。它有“看情况”、引魂、死亡告知等几个方面。

一、“看情况”

彝族人最为看重的死亡形式，所以，彝族人死亡之后，就要请毕摩来“看情况”了。毕摩来“看情况”的意义就是根据死亡者的死亡状态来决定其丧祭仪式的禁忌，以及日期和仪式内容。其中最为重要的是看举行丧祭仪式的日子，所以人们又称为“看日子”。

“在盘县北部和水城南部的彝族中，人死了以后，一般就会请毕摩来为亡人看日子和死者的‘情况’，即根据死者死时的‘表现’，来看死者是从什么地方来的，在他前身的时候是姓什么，都犯了什么罪，是几个人来取他的命，等等。然后通过死人死时的眼闭不闭，嘴闭不闭，看死者死后要投到哪里去，变成什么，让家里的人心里有个数……看完这些，毕摩就可以定下把死人入材（棺材）的日子和‘转场’，以及入土的日子。”（见盘县原生一型淤泥河 A 个案）

“看日子是办理此丧事的第一步，一般用彝族的‘通书’，也用汉族的历书，在坪地是两样都用，既看彝族的通书，也看汉族的历书，主要是根据死者的生辰八字来看什么日子吉利。”（见盘县原生二型坪地街上个案）

这些彝族人的“看情况”的重要依据是看死者的来历和归属，而且尤其是归属，因为其归属会成为一种“犯方”，即这位死者的死会对某一方位的人有影响，会造成这一个方位的人生病。所以，在盘县原生一型淤泥河 A 个案中，我们还看到这样的文字：“毕摩还要说出死者投往何处的标记物。如果有这种标记物的人家知道这件事，就会用一只鸡来祭祀，如果这家人不知道这件事，而没有用鸡，这家人就会生病。”

在这些个“看情况”中，我们已经看到其在不同个案中的变化，有的是彝族人固有的“看情况”的方式，有的是彝族人、汉族人方式都用，有的干脆就只有汉族人的“看情况”，而没有彝族人的“看情况”了。这些反映了彝族丧祭仪式在不同的彝族地区的变化，而且也表明，汉族人的丧祭仪式对彝族人丧祭仪式的影响是从“看情况”开始的。

彝族人的“看情况”之后，一般会有两个结果出现，一个是属相禁忌，即什么样的属相人不能出现在此次葬礼上，因为出现了就会对双方带来不利。这一般会在葬礼现场出现一个明确的告示，标明什么样的不能参加葬礼。另外一个结果是举行丧祭仪式的日期。

二、引魂

“看情况”可以说是彝族丧祭仪式的前仪式行为，是在死者正式的丧祭仪式举行前出现的必备的准备性仪式。这种准备性仪式除了“看情况”外，还有“引魂”这一环节也是正式丧祭仪式前发生的准备性仪式。在彝族人死亡发生时，彝族人认为是这个彝族人的魂魄走了，但是同时认为，这时候要对走了的魂魄做一个正确的引导，否则会对生者不利。这在盘县原生一型淤泥河 B 个案中叫“出死窝”。

“接着用一根长竹竿把屋顶的瓦片捅开，竹竿穿出屋顶。村里懂礼仪的人拿着一只簸箕，簸箕底面朝上，用一只木勺拍打簸箕底并在死者床上转一圈，然后所有在场的人大声齐吼，意思为把‘死魂’轰出去。木勺和簸箕都丢到房顶上，接着砍一棵上端有竹叶的小竹子，靠上端拴一只刚孵出来不久的小鸡（这只小鸡仔可以随便到村里去寻找，不管哪家有都可以去捉，主人绝对不会反对），舀一碗凉饭在一只木盆里，加点冷水，请村里一位会送鬼禳解的人，把小鸡木盆等送到村外岔路口，送鬼人口中念念有词，然后把小鸡打死，连盆一起丢在那里……”（见盘县原生一型淤泥河

B 个案）

“老人一亡故，立即要给新魂指路。给新魂指路，要用一个一斤左右的鸡，放在一个盆里，在老人死去的地方，挖一点泥巴，也放在盆里。把盆端到大门边，把盆里的鸡在大门的两边摔打。鸡摔死后，倒一些开水在盆里，然后把盆端到死者亡故的地方，边洒盆里的水，毕摩边念，老人的新魂要从这里出去，一路洒盆里的水，一路做引导状，意即引导亡灵死后要从这里到哪里，最后从大门出去。”（见盘县原生一型淤泥河 A 个案）

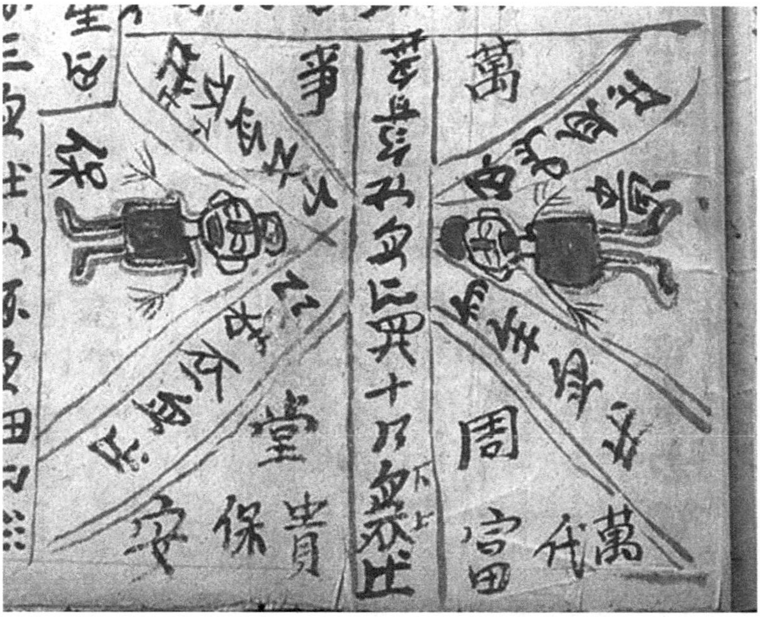

引魂示意图

这个准备性仪式一般都是村里人自己做就可以了，它保证了死人的魂魄在没有正式举行仪式前有一个临时的安抚，不至于对活着的人造成危害。但是有时这样的行为并不能达到效果和目的，这在后来“看情况”中会出现，如在盘县原生一型淤泥河 A 个案中的这个图中，如果出现红点的方位，那就是这个死者的魂魄没有安抚好，就要在正式举行丧祭仪式之前做一个绕棺引魂的仪式。这种仪式是由毕摩来做的。

“做这样的‘绕棺’，彝族人叫‘欠左’，是在堂屋里的棺材边做的事。做‘绕棺’时要先定要绕多少圈，一般是以死者死时多少岁为基本转数，即如果死者死时是 70 岁，就是绕 70 圈，再加上天、地、年、月、日、时的六圈，为这人所做的‘绕棺’就是 76 圈。按照规矩，男性为顺时针转，女性为反时针转。“绕棺”之前，要在棺材的中间位置放一个升子，升子里装米，米里插有一个茅草人，放一个鸡蛋，茅草人是代表亡灵的。‘绕棺’时，毕摩在前为导念‘绕棺经’，孝子一人点一炷香，绕一圈烧一张纸，磕一次头，如此重复完所要转的圈数。尔后，毕摩带领孝子们来到西方的某个岔路口上，把黑白公鸡各一只祭献给亡灵，并念《献牲经》，‘绕棺’完毕。为亡人做了这样的‘绕棺’，亡人在阴间就可以不受罪，去的地方是幸福的好地方。

“‘绕棺’后，亡人的灵魂就各归其位，一魂去了阴间，一魂去了坟塘，一魂在家保佑子孙后代，如果该‘绕棺’而未‘绕棺’，在阴间的那个魂就会‘撞磕’（土语，损害之意）子孙，对后代不利。”（见盘县原生一型淤泥河 A 个案）

这种准备性的仪式在彝族葬礼中是比较重视的，因为这种准备性仪式如果处理不好，会危害村人和家人，尤其是刚死去的魂魄，人们会认为他仍然是有力量的。

这样的仪式在现今许多彝族丧祭仪式中都会以不同的形式出现，把刚死去人的魂魄立即做好妥善处理，是彝族丧祭仪式中重要和普遍存在的。我们以为，彝族丧祭仪式在其他方面可能会减弱和消失，但这一准备性仪式是不会减弱的。

三、死亡告知

在没有进入彝族丧祭仪式之前，彝族还有一个“死亡告知”的过程，即彝族人去世之后，要以一定的方式告知寨邻和相关亲人。

这样的死亡告知有两种：一是自然告知；二是仪式性告知。

“一般情况下家里有年迈的人或病危的人，都要准备火药，人死了一断气就要放地炮，为了和一般的炮声有所区别，死人时，先放一炮，然后连放两炮，接着连放三炮，寨邻们听到这样节奏的炮声就知道有人死亡了，于是大家都来到死者家里，帮助死者家属料理丧事和举行一些仪式。”（见盘县原生一型淤泥河 B 个案）

这就是自然告知，其目的是启动彝族社会中的潜规则——一家有事全寨相帮，即告知寨邻，某家的丧事出现，寨邻的义务要求自然呈现，一个在特定状态的村社文化运行机制被启动，并自动运行起来，准备为他们的死去的寨人办理后事了。

彝族丧祭仪式的运行这时还出现另外一种告知，即仪式性质的告知。婚姻关系把一部分彝族人结成一个有血缘关系的集团，其中任何一个成员的死亡，其家庭都必须通过一定的仪式行为告知这个集团中其他成员，只有这样，彝族丧祭仪式才能够有意义的运行起来。这在彝族的丧祭仪式中叫“赶水”。

“之后，第一件事情就是要派出通知外家和姑娘家的队伍，一般是一家派一个人，哪怕一个寨子有两三家人也不能一人去通知，也要一家派一个人。这样的通知程序彝族人叫‘赶水’，这时候的外家为大，所以派到外家的人要最认真、并最先派出。这些人派出之后，通知到哪家，哪家就得先用一只鸡，用这只鸡得由当地的毕摩来念《献牲经》，并交代给亡故的老人。这只祭献给亡故老人的鸡，用后就给‘赶水’的人和那个毕摩吃。

“接到‘赶水’的人后，外家和姑娘家就会按照规矩，准备去给亡人‘转场’的诸事了。

“一般是外家只拉羊，姑娘家拉羊、猪、牛都可以。姑娘家还要为亡人做新衣服，以及请唢呐队伍。”（见盘县原生一型淤泥河A个案）

“若要‘转场’的话，派人给亲属报丧，当地人叫‘赶水’，一般赶舅舅家（也叫后家，或大后家），女婿家和儿媳妇后家（也叫小后家），这些家都要拉祭牲来上祭。彝语统称‘蹉措’。后家一般牵一只绵羊祭奠，死者为男性就赶舅舅家，死者是女性则赶死者娘家，后家的绵羊很重要，举办一场丧祭活动，非有后家牵来的这只羊不可。女婿家（当地汉语叫‘马郎’）一定要牵一头牛来祭奠，牛的大小可量力而行，但也是非要牛不可。儿媳后家只要牵一只山羊祭奠即可，但也可量力而行，可用猪祭奠，也可以用牛祭奠。

“‘赶水’的过程是这样的，死者亲属要请寨邻帮忙，每家‘蹉措’都要有一家寨邻来接待，彝语叫‘押多’。接待的人要到相应的‘蹉措’家去报丧，一般再约一个人同去。报丧一般都在毕摩确定日期后去。报丧的人到‘蹉措’家门口不能直接进家，先叫主人出来，让主人家舀一瓢水到外面来，主人听到这个话就知道是什么意思，便立即舀一瓢水出来倒掉，然后把客人请进屋里坐下，问明由来后请本村毕摩或会禳解扫送的人杀一只鸡‘给死者’。‘赶水’的人吃完饭，告诉转场的日期和东家（东道主——死者家）的意见后立即返回，不能留宿。‘蹉措’家会在规定的期限内准备好祭牲和所需的东西，如纸马、火炮、酒等。转场之前，东家也要忙于筹办一切必需品，如用祭牲（鸡用的特别多），粮食、酒、纸火等。”（见盘县原生一型淤泥河B个案）

这种带有一定仪式性质的告知，在彝族所有的丧事中都会有这样的环节，但只有盘县原生一型淤泥河A个案和盘县原生一型淤泥河B个案中有明确的记录，也只有这两个个案记录的“赶水”具有明确的仪式性质。其中，不但表现了仪式的意义，还表现了仪式的用牲要求和禁忌，以及血亲成员在未来丧祭仪式中的具体角色要求。

在这样的彝族丧祭仪式前的告知中，还有一种告知，就是请毕摩的告知。在这种告知中，有的彝族地区是自然告知，没有仪式，有的地方是简单的告知，没有或仪式简单，但在盘县坪地街上的个案中，这种告知却得到强调，并成为彝族丧祭仪式前的重要组成部分。

“接毕摩一般在下晚。主家先请两个人到毕摩家去接毕摩，毕摩出门时要在家里给师灵敬酒，意思是要请师灵一起去给这家人做事，敬完师酒才跟主家来请的人一起出门。

“到了主家大门外，众孝要在门外跪接毕摩。这时，门外设有一个泡木树枝做的木杈杈门，门这边跪的是孝子，门外边站立的是毕摩。毕摩在这里念经敬神灵，打除醮，请神灵和师灵保佑他做好这堂仪式。”（盘县原生二型坪地街上个案）

这样一来，彝族丧祭仪式的前仪式行为就基本结束。这时神圣的准备和世俗的准备工作都已经就绪，彝族正式的丧祭仪式就可以开始了。

第四节　神圣空间的建立

在彝族丧祭仪式中，毕摩进入丧祭仪式现场的情形可能各地表现是不一样的，但毕摩一旦到来，准备举行其彝族文化中规定的一系列丧祭仪式时，最先要办的事情就是建立一个可以实施丧祭仪式的神圣空间。在人类的文化中，一切关于灵魂和信仰的仪式，都不会是世俗的活动，都会是一种带有神性的活动，而带有神性的活动的前提就必然要有一个神性的空间来展开，这在彝族丧祭文化中也不例外。在彝族丧祭文化中，人死了就不是一种物质的存在，而是一种灵魂的存在。灵魂的存在，在任何一种文化中都是非物质的，但是在人们要对它进行表述时，就会赋予它一个物质的形式，并存在于一个神性的空间中让物质的人们可以理解。

彝族丧祭仪式的神圣空间就是在这两种动能的驱动下的必然结果。

彝族丧祭仪式的神圣空间的建立有两个方面，一是死人灵魂的物质形式表述，二是祭祀灵魂的场域。

毕摩在进入彝族丧祭仪式建立神圣空间时，第一个就是设灵。设灵又有两种：一是亡灵的设置；二是师灵的设置。

在被村人接来之后，毕摩设置的第一个灵就是师灵。用一个装满谷物的升子，放上一定的象征物代表师灵的存在即可，意义是师灵也在现场保佑这场丧祭仪式的成功。这个师灵原来是背在毕摩身上的竹筒中，并从师灵筒接引到师灵位上，接受世人的敬献。

其后就是亡灵的设置。亡灵的设置一般是一个纸扎的房子，有几层，像一个楼房的样子，里面放上死者的遗像，或者是扎制的穿衣的小人代之，等等。这样的房子就叫灵房。这个灵房在死者入棺之后就放在棺木大头处，在灵房的前面放一个装米的升子以便上香。这便是孝子们敬献的地方。在把棺木移到鬼房里转场时，这灵房也一起移过去。

这个灵房的设置，表明在举行丧祭仪式期间，死者的灵魂就住在灵房里，接受孝子们的敬献。这是神圣空间建立的核心点，因为后来丧祭仪式中的一切献祭，都是在这个灵房前举行的。

在古代彝族社会中，彝族的传统丧祭是火葬，即为死者举行一系列仪式后，就会在火葬场地里，架上井子型的木材，男的九层，女的七层，把死者放置于木材中举行火葬。至今四川凉山的彝族仍然实行这样的火葬，但是进入贵州的彝族却绝大多数都实行土葬了，即在举行了一系列彝族固有的仪式之后，再入土安葬之。所以，在建立彝族丧祭仪式的神圣空间的过程中，又多出了一个“入材”的仪式过程。

“按照毕摩看定的入材日子，就要给老人入材了。入材时，要拿姑娘家给老人做的新衣服穿上。还要用一只鸡，献鸡时亦要毕摩念经。还要用外家拉来的羊来祭，祭

用外家的羊时，儿媳要同时洒水，即为老人献水，儿子要戴白纸帽。”（盘县原生一型淤泥河A个案）

“根据毕摩所择吉日，入棺日期到了，大约六七点钟，炮手会放炮通知。寨邻听到炮声，就会到主人家里来，过不多久，主人家里挤满了人。棺材放在堂屋正中间，棺材一般都用杉木做的，不得已也可用其他木料，整个棺材不许有任何金属。不能用铁钉钉，装殓时禁止金属入棺内，连死者衣服上的封领扣以及金属扣子拉链都要摘下来。人们七手八脚地把白纸铺在棺木内，毕摩用一只鸡‘扫棺’。完了把尸体抬进棺内。死者后家这时候也要到场，把缝制的象征性的麻布衣服装到棺材里。至亲的孝女们（死者女儿及侄女）也把自己缝制的象征性的衣被用点然的香烙一个小孔放进棺材里，表示给亲人盖被子。最后盖上棺盖，以后再也不许打开。这时据毕摩书上确定的情况，死者对哪个属相的人不利，那么这个属相的人就要避开。接着毕摩开始念《献牲献衣经》，孝媳们（死者儿媳和侄儿媳）穿着礼服站在门口排成一横队，手里端着一只酒杯或碗，里面装有水，用一张树叶不停地往外洒水，孝子们（死者儿子和侄儿）要站在一旁，头上包着白纸，手里托着一根哭丧棒（左手托着靠左肩，不能拿错），意思可能是兵器。”（见盘县原生一型淤泥河B个案）

“在把死者装入棺木时，首先要扫棺。扫棺是由毕摩来扫，祭品为一只公鸡、一只母鸡，火把、柳树枝、桃树枝、救济粮树枝。这三种树枝的含义是：柳树枝——发得快、桃树枝——避邪、救济粮树枝——多子。

“在扫棺时，毕摩会念如下咒语（用汉语念）：‘日吉时良，天地开张，吾今扫时，万事吉昌。扫天堂，扫地堂，扫文堂，扫武堂，扫除千灾万祸殃。’

“扫毕，由孝子把老人装入棺木。”（盘县原生二型坪地街上个案）

“第一步：棺材放在堂屋正中央，大头朝门。白纸铺在棺材里，并且不能少于三层，从大头往小头依次铺起。然后再用对角纸铺一层，铺完之后盖上一块蓝色的布。

“第二步：扫材。用桃树、柳树、救急粮树和几根竹子做成火把，边念经边扫‘火把’，像扫地一样来回扫八下，表示不让死者把活人、牲畜和五谷杂粮的魂灵带走。

“第三步：扫材后，把死者放进棺材，并把棺材边缘上的对角纸折回来盖在死者身上，以此让死者保暖。盖上一层蓝布，然后用白纸对角相折成条形，并相互交错，斜铺在死者身上。

“第四步：再进行一次扫材后盖上棺材盖。

“棺材盖好后，孝子跪在棺材前（此时孝子不穿孝服，每人系一根麻皮在腰上），由长辈杀一只鸡（公鸡或母鸡）来祭奠，把鸡煮熟之后用鸡头、鸡脚、鸡尾、鸡肝等，与酒、茶、饭一起放在棺材前，每个孝子上前供饭，并且念供饭经。供饭时先献酒，再用筷子挑起一点饭在鸡肉上蘸一下，撒在棺材前，重复三次。”（盘县原生二型游珍海个案）

把死者装入棺木中，实行棺葬，这肯定是从汉族等外民族引进的习俗，但这也是彝族丧祭仪式中建立神圣空间的一个组成部分。因为棺木也是死者的居所，它虽然属于汉族等民族的葬式，但它的存在也是具有神性的，彝族人也把这种神性和禁忌引入了自己的神性空间的结构中了。

盘县彝族丧祭仪式真正的神性空间的主体是他们自己也称为“鬼房”的建立。在建立“鬼房”之前，彝族人还要举行一个叫“开丧”的仪式，进行比较隆重的献祭，以求在人的心灵中先把这个神圣空间建立起来。

“开丧踩场的仪式实际上是由两个部分组成：一是踩场，一是开丧。

“踩场实际上是把主家准备的纸马等物送到将来要转场的场地中去。把这些东西拿到场地中时，要围绕着预先确定的‘场’的大小，把整个的场地都走一遍。

“开丧的仪式主要是建立一个叫灵房的事物。在这个仪式开始前，堂内棺木的大头处放上了一个像塔楼一样的纸扎的房子。一开始先是毕摩念献牲经。众孝在灵房前跪拜，三只毛羊被拴上生麻线，通过众孝头顶，牵到灵房上。

“毕摩念经后，就把羊杀了，割脖子放血。死羊放到孝子面前，孝子推动羊身，推完一遍翻过来再推。

“然后是献饭，也是由‘不穿孝衣者’先献饭，众孝依次献饭。这时的献饭是在给灵房献饭，同时灵房边出现一个纸盒，大概象征粮仓，献饭时也向仓内献饭。

“众人献饭毕，毕摩向师灵位献饭。

“……”（见盘县原生二型坪地街上个案）

“经过这样的仪式之后，未来要举行‘转场’的神圣空间先在彝族人的心目中建立起来，以后就是物质形式的神圣空间的建立了。

“到了‘转场’这一天，白天要请寨人建一个‘鬼房’，鬼房用新鲜的树枝搭建，主要是冬青树和香樟树枝，还有用青竹挂上招魂幡。这样的鬼房一般比棺材要大、要高，也如棺材一样是长方形的。这样的鬼房彝语叫‘达黑处’，鬼房是汉族对此的称呼。鬼房建好，就可以把堂屋里的棺材移入鬼房了。

“在鬼房的一边，要用几根冬青或香樟树枝建一个毕摩房，即用三根树枝叉住即可。”（盘县原生一型淤泥河 A 个案）

“正式转场之前，首先要在‘转场坝’（一般彝族村寨都有一个固定的做丧祭仪式场所，当地汉语叫转场坝。）正中间搭一棚子（有的地方叫‘青祭棚’，也叫‘嘎房’‘鬼房’等），祭棚是用顶端有枝叶的树条插在地上围成的，主要材料是生长在高山上的一种不知名的常绿桥木和黄松，每棵树枝中部用稻草和茅草把一种不知名的草编在上面，这样既有把所有树条联结起来的作用，也是一种装饰。祭棚的坐向是坐北朝南，即门朝北。形状是长方形，开间大小不定，但必须能放进棺材，棺材前能坐两三个人在那里哭。中间隔成大小不等的两间，大的一间放棺材，小的一间放纸马、孝伞等。

“场地东边离祭棚不远处是毕摩住的地方，也要搭一个窝棚，里面放一张桌子，

"……

"祭棚的右前方栽有一棵较大的树，树上拴一根长竹竿，竹竿上挂有'报天旗'。旗子是用一节一节的筒状纸花连接而成，每节纸花直径约1米，长也是1米左右，旗子的总长由死者的年龄决定，死者有几十岁就有几节花筒。"（盘县原生一型淤泥河B个案）

"打嘎时，看好年利、月利、日利、时利的日子，就可以动土建嘎房了。在起嘎房时，要看利在何方，嘎房的方向就朝向何方。嘎房一般建立在村外的空地上。

"这些'鬼房'的使用材料多数是有意义的。

"彝族'鬼房'的建立是有其象征意义的，即象征在指路经中所指的'翁叩'，是天国之门在地上的形象化。

"'青藤扎翁阁，/铁楔楔翁阁，/温暖如阳春，/莫要松铁楔，/炎夏滂沱雨，/青藤也不断，/要扎好青藤，/要楔好铁楔。'"（毕节县指路经）

"青藤扎翁阁，/别扎断青藤。"（纳雍县指路经）

"走到生藤处，找到了青藤，用青藤扎门；""开翁阁用羊，闭翁阁用牛，青藤绑翁阁，树叶塞翁阁。"（威宁县指路经）

用青藤来扎制"鬼房"是彝族经书中早就规定的，这是地上的彝族要进入天国的一个象征性的"门户"。

这样的空间在物质的形式上被建立起来后，还要有一个仪式来把它从世俗的物质空间中转化为神圣不可侵犯的空间，这就是"扫场"。在盘县坪地，我们目睹的"扫场"是在"鬼房"建立好后，毕摩拿一只鸡，一把杀猪刀，在预定的"转场"范围内边走边念经文，一直要把所有的场地走满三圈，然后把鸡杀死在"鬼房"前，仪式结束。这样的"扫场"仪式在盘县淤泥河还有用牛来"踩场"的。

这个仪式有两种意义：一是驱逐场内一切不好的邪灵，祈求自己的祖灵护佑这个神性的空间，保证这次丧祭仪式的正常进行；二是划定了举行转场仪式的具体空间范围。

经过这样的仪式，这个空间就被从世俗的空间中剥离出来，成为彝族用于自己举行丧祭仪式的神性空间。应该确认，这是一种心理性质的空间，只对彝族有用，是彝族的一种文化表现。这样的空间形成后还要有一系列的禁忌来不断地强调它的神性。

"鬼房"建起之后，就形成了举行彝族丧祭仪式的神圣空间的中心，围绕着它，还有一系列的事物，如"报天钱"、毕摩棚、按照长幼辈分排列的火塘，有的还在拟订要举行转场的范围边缘插上篱笆。再加上在仪式举行时出现的一些临时设置等，就形成了彝族神圣空间的基本表现。

在彝族丧祭仪式中，"鬼房"的建立是基本的，每一场丧祭仪式都必须有这样的具有神性的场域出现，各种彝族人的灵魂意义才能有效地表现出来。可以说这样的"鬼房"扎得好不好，没有说可以不扎的。

这也是非物质的精神的彝族丧祭文化的一种物质形式的表现，要有这样的场域空间，世人和死人的交流、送别、安抚、保佑、祈福等一系列的文化心理功能才能出现。对这种场域空间的理解，我们可参考第二、第三章中的一系列的仪式位置示意图。

第五节 招 魂

彝族丧祭仪式的神性空间建立之后，一系列关于彝族人灵魂的“戏剧”就要“上演”了。

在彝族丧祭仪式中，招魂应该是彝族丧祭仪式中，非常重要又是最先出现的仪式。

在彝族丧祭仪式中，不是每个去世的人都立即给他举行彝族传统的丧祭仪式，一般是要等到夫妻双方都去世之后才做这样一次仪式。这在盘县彝族中基本都是这样。

彝族把人一死就做转场仪式的叫“热丧”，而死的时候只简单地埋葬，或按照汉族的丧礼先安埋，以后有机会在做转场仪式的叫“冷丧”。

这种“冷丧”在举行转场仪式前，就必须举行招魂仪式，把以前游荡在外的死者的灵魂招回来。

在彝族观念里，人是有三个灵魂的，一般是一个灵魂在坟堂，一个灵魂在家里，并以祖灵筒为表现形式，另一个灵魂要回到祖先那里去。在举行一般的葬礼后，人入土安葬，可以说有一个灵魂在坟堂找到了安身之处。这样的葬礼一般也会做一个临时的祖灵筒带回家，放在祖上灵筒的下面。也是彝族人另一个灵魂的临时安身之处。但是，彝族人的另一个灵魂就无法安排了，故这个灵魂就只能自己游荡，不知所以。一般而言，彝族人在家庭经济好的情况下，都会尽快地举行转场仪式，安顿这个游魂，因为他们认为，这个时间间隔得越久，在举行转场仪式时，把他（她）的这个灵魂招回来就越困难。

在彝族人实际的丧祭仪式中，多数是以夫妻为一家，所谓的“热丧”“冷丧”是一起做的，所以一般也都会有招魂仪式出现，并成为彝族人丧祭仪式中的一个相当重要的仪式。

“如果是冷丧还要先招灵，十年以内的冷丧可以在家里招，十年以上的冷丧要到村外岔路口去招。招灵有专门的经书。招魂时要用一条板凳，把一个簸箕放在板凳上，簸箕里放的是要招灵魂的祖灵筒，还要用丈余长的麻布从簸箕里搭出去，意思为搭桥布。点上香，孝子全部跪下，再用一只鸡做代亡灵鸡。这只鸡不杀，公母都行。毕摩要念经喊魂，一个一个地喊，喊一个要打卦测试灵魂是否招回。卦是用形状像牛角的竹根砍成两半做成。卦象是逆卦（是两正或两反），说明灵魂没有招来，还要继续招，继续测试；卦象是顺卦（一反一正），说明灵魂已经被招来。孝子端着簸箕，把亡灵接回家来，毕摩念《招亡灵经》，把亡灵安顿在灵房里接受祭祀。举行招魂仪

式一般在夜间 23 点之后的子时，要肃静，人不能随便走动，否则亡灵不敢回来。”（盘县原生一型淤泥河 B 个案）

“有冷丧和热丧一起做的时候，就要先用‘洗一朵’经书，把死了多年的亡灵招回来，并安置在一个纸扎的灵房里。一般是一家人一个灵房，有一家算一家。死了十年以内的亡灵就在屋里举行招魂仪式就可以了，死了十年以上的就要到村外的岔路口去举行招魂仪式。

“招魂时用一条板凳，搭上一块丈余的麻布，为搭桥布，一个簸箕放在板凳上，簸箕里放的是这些要招灵魂的祖灵筒。点上香，孝子全部跪在前面。

“再用一只鸡做代亡灵鸡。这只鸡不杀，公母都行。

“做好这一切，先是毕摩喊魂，一个一个地喊，喊一个亡灵就打一次卦，是顺卦（一反一正）就是亡灵来了，如果不是就继续喊，直到出现顺卦为止，然后再喊下一个。喊完亡灵，孝子端着簸箕，把亡灵接回家来，毕摩就念《招亡灵》，把亡灵安顿在灵房里接受祭祀。”（盘县原生一型淤泥河 C 个案）

“在举行这个仪式时，所有的孝子孝女要跪在棺木前。毕摩会拿着一个筛子，在棺木旁边的一个桌子上做一定的手续（念词、做动作）。这个桌子上放有毕摩一行人的一个背箩，里面有毕摩的一切‘行头’，旁边有一个大斗，斗里装满了苞谷，斗上有一个升子，升子装满了米、香和祖灵筒、祖灵牌等一应神圣之物都插在其上，是一个毕摩师灵之位，未来仪式中要用的仪式和境域神圣的东西都要从中取出。

“毕摩在举行招灵仪式时，先是在这里用筛子接触什么东西，使筛子有神性后就在‘师位’把筛子口朝下，用一个木勺敲击筛子的背部，并边敲边念，围着棺木转两圈，又在其他地方转了转。

“这个仪式的时间不长。

“招灵仪式是要举行转场的第一步，如果不举行转场就不举行招灵仪式。

“招灵是把过去未转过场的灵招来的意思，这些灵都是有一个灵筒做代表的，有一个灵筒就是一个亡灵，这些灵筒放置在一个簸箕里，簸箕放在设灵的桌子上。”（盘县原生二型坪地街上个案）

盘县原生一型淤泥河 B 个案、盘县原生一型淤泥河 C 个案和盘县原生二型坪地街上个案中，表现的招魂是一般正常状况下的招魂，一般情况下这样做了就可以“在灵房里接受祭祀”了，但是，有的时候仅仅这样的招魂就不行了。比如说这个灵魂在外面游荡得太久，并深陷一些不好的地方，就要举行有救赎意义的仪式了。在盘县原生二型坪地街上个案中，我们不但看到了一般的招灵仪式，还看到了另外的有救赎意义的仪式。

按照惯例，类似这样的仪式只要三天就可以了，但盘县原生二型坪地街上个案却做了四天，其中的一天就是这样的一个仪式，即原有的仪式不变，加进了这样的仪式，多出了一天。多加这个仪式的原因是要招回来的这个灵魂在外面的时间已经有近

20年了，并且在毕摩的“看情况”中，他的灵魂所在之地情况很不好。另外做这个仪式还有祈福的意义，这也是一个原因。

这个仪式一共有九个环节：一、设灵；二、出堂；三、破狱；四、为旧死的亡灵（其父亲）做“解结”，让其解脱阴间的一切枷锁；五、祭牲；六、走网丝城；七、祈福；八、开丧；九、踩场等。

在这些仪式环节中，以“破狱”和“走网丝城”最具有象征意义，是这个仪式的核心。

“到了野地里，众孝带来的树枝被插在一块空地上，在这些树枝的前面，又竖立一个木门户，筛子也放在门边。这时，毕摩带着‘不穿孝衣者’离开众人，向野地外走10多米远处。毕摩把手里的那只公鸡在“不穿孝衣者”的身上绕两圈，又在自己身上绕两圈，然后毕摩把公鸡杀了，立即远远的甩出去，随即喝一口酒，即喷向手里的刀。

“这个仪式有‘杀鸡避邪’和祭祀讨好一切野外神灵的意义，也有建立神圣领域的意思。应该是‘破狱’的一个前奏性质的仪式。

“做完这一切，就在树枝和木门户前面挖一个50厘米长，30厘米深的长方形土坑，坑上置一根木棍，木棍前置两个弓形的树枝成拱，在木棍和拱上放一个铁犁头，犁头尖朝向前面。前面是四五排如网状的木枝阵列，这似乎象征一个地狱状态。这个木枝阵列约有30厘米长，15厘米宽。

“布置好这一切，毕摩手里拿着一个旧的竹筒（应该是那个男性亡灵的灵筒），蹲在坑边念经，“不穿孝衣者”把手里的一只公鸡，从木门户边的那一头递进犁头下的坑洞里，穿出来，又退回去，往复两次，灵筒也随鸡从犁头坑洞里穿出来，也是两次。

“这是，众孝子全部跪在犁头坑边。

“最后，毕摩拿着一张记录着死者生辰情况的纸片念起来，这时，‘不穿孝衣者’把鸡放在犁头坑中。

“破狱中念的是‘破狱经’。鸡是用来背菩萨的，即把灵筒背在鸡的身上，从下面过三次。

“灵筒要在树枝架中穿过三次，树枝架有三道，每道上都有茅草圈圈，灵筒从茅草圈圈中穿过的时候，毕摩用刀把茅草圈圈割断。”（这个仪式可参见个案中的示意图）

这个破狱的仪式过程就是用一只鸡把深陷其中的灵魂赎救回来的意思，然后的仪式就是一些我们在正常的仪式中也能看到的。

这个被救赎回来的灵魂在经过一系列仪式之后，是正常的和纯洁的了，但回归的路途遥远，又有了一个叫“走网丝城”的仪式，以表明回归的艰难险阻。

“这时在场地里用青松树枝和木杈杈布置了一个当地彝族叫“走网丝城”的境

域。仪式队伍呈之字形在场地中行走。毕摩边念经边走，众孝边走边用碗献酒。

“这时，走出‘网丝城’后，众人又围绕着一丛树枝绕圈子后，点燃树丛，众孝把酒洒向燃烧的树丛。

“毕摩在距离火树三米处念经，然后旋转身后退，这一仪式完毕。”（这个仪式可参见个案中的示意图）

经过这个仪式，死者的灵魂回归之路才算完成。

这应该是彝族在丧祭仪式中表现的特定的招魂仪式，但这只是其招魂仪式特定表现的一种，我们在盘县原生二型坪地三家寨个案中还看到了另外一种类型的招魂仪式——接寿仪式。

这个接寿仪式棚是由一个木马（在木马上还放置了一个老旧的马鞍）和一个长方形的用树枝搭建的棚子组成。这个棚子先是用两排树枝对称而立，在其上用麻皮线来回网绕，一次九道，有一定的定数，意思是用这些麻线把亡人的寿诞接上，或接回来。

“在这个接寿仪式棚里，有一只斗，斗里有九个酒药、九个鸡蛋，升子里放一盏七星灯。四只角有四只鸡，羊的身上有一个褡裢，两边口袋里装有九个黑石头、九颗松果果、两个草人、一根反手绳。

“在三家寨做这个仪式的前提是管绍芝的一个儿子34岁时去世，按照彝族的规矩，家里的老人还在世，先死去的儿子是不能在死时做‘灵筒’的，即不能做有关最后形成‘祖灵筒’的一切仪式，也就是不能按照正常的彝族丧祭仪式来埋葬其人，只能简单埋葬了事（有野魂的意思）。但在自己父母都去世时，就要举行‘接寿’仪式。这个仪式大致有两个意义，一是把他短去的寿用一定的仪式接起来，彝族人认为，人不到六十岁而亡是短寿，要接够了才能成为彝族人正常的灵魂，做这个仪式主要就是为了这个目的；二是为早亡的人补办一个灵魂资格手续，让这个死了多年一直没有祖灵筒的有一个祖灵筒，以便进入祖灵之列，以享受彝族人间的敬仰。

“把麻线绕够一定的圈数，就用树枝把整个棚盖起来，这个接寿仪式的棚子就做好了。之后，还要在棚子里面放一个新的草垫子，上面放置一床被子，做成有人住在里面的样子。

“……

“三家寨的接寿仪式大约在1月18日晚上11点举行的，做仪式时，树枝棚的四个角上有四只公鸡，公鸡边上放一只碗，碗里放一满碗苞谷；棚子里有被子等；棚里靠木马的那一头有一只斗，装满了苞谷，另外还有一个篮子，里面放了一定数量的鸡蛋，还有代表灵魂的草结。

“接寿仪式开始前，毕摩先在毕摩房里祭师，孝子孝女跪在毕摩房外请毕摩。敬师毕，毕摩从棚里出来，又钻进接寿棚里，开始做接寿仪式，念经，点亮一个油碗里的三根灯芯。然后出来，在棚前杀一只公鸡，回到木马处念经，念毕带领所有的孝子和孝女围绕着接寿仪式棚转数圈。最后带领众孝到村外的路口做接灵魂归来的迎接仪式。在村外路口处也要杀一只公鸡，用鸡血沾红一个白布包，白布包是用几棵树枝支在一棵树杆上的。孝子们在做此仪式时也是要跪着。

“毕摩在水架（木马架）处喊亡人。在床上念经书。最后把邪魔送到村边路口，一般是送到结果子的树脚。”（这个仪式可参见个案中的示意图）

接寿仪式的意义很明显，是为了那些短寿的亡灵所做的仪式，即招他们来一起指路归祖时，要有这样的仪式把寿命的数接够，只有寿数够的灵魂才是正常的灵魂。

在彝族传统观念中，人的灵魂出现了问题是会得病的，一般的说法是什么病是人的灵魂落在什么地方所致，所以，毕摩的招魂不仅是为了给亡灵招魂，也是为生者中的患病者招魂。

在彝族丧祭仪式中，生者的灵魂在体内，死者的灵魂在祭祀亡灵的境域中，一般情况下问题不大，但是，如果某一个亲人因为太思念自己刚去世亲人，往往会不舍亡灵，跟随亡灵而去不回的情况，这时候，也需要举行招魂仪式，把迷失的活人灵魂招回来。

“把棺木抬到转场地后，用绳子捆好，就要在转场地做一个叫‘叫魂’的仪式。意思是把活人的灵魂叫回来，不要跟死者去了。

“众孝在转场地的棺木前跪着，棺木前放着灵房，‘不穿孝衣者’把装有灵牌的筛子放在棺木上，毕摩这时在念经，有一个帮忙的人在摇‘马绞子’（马铃铛）。念到一定时候，毕摩用一个刷子在棺木上做扫状，孝子用帽子做接状，扫时，毕摩打卦，看所扫的‘魂’回来没有。一个接一个地扫，一个一个地接，一直到众孝都扫完为止。扫时，毕摩不停地向众孝撒泡木枝。

“之后，众孝又回到屋里，面向大门跪着。毕摩念经，并不时地把泡木枝撒向跪着的众孝。然后毕摩端着一个水碗，叫众孝做喝水的样子，像是喝了此水就会忘记什么。”（盘县原生二型坪地街上个案）

接寿仪式也是招魂仪式的一种表现，它的意思很明显，就是通过这个仪式把思念亡灵的活人的灵魂给招回来。扫棺意思是把依附在棺木上的灵魂扫下来；喝水是喝“忘川水”的意思，也就是喝了水就忘记了死者灵魂与活人的关系。实际的意义是通过仪式劝解人们不要为死去的人悲伤了。

第六节　彝族人的“罪”和解洗仪式

彝族人在把某次要为其指路西归的灵魂全部招来之后，就要为这些灵魂进行所谓的解洗（口语称“解决”）仪式了。

解洗仪式一般是在转场仪式的第二天晚上举行。我们在盘县原生一型淤泥河 A

个案中看到解洗仪式是这样的：

“这时毕摩就要开始做‘解洗’这一程序了。‘解洗’的意思是通过这一仪式，使亡人的所有在一生中所犯下的‘罪恶’得以解除，成为一个‘纯洁’的‘人’去与祖先相会。而这个‘罪恶’又不是人们现今理解的一般罪恶，而是一种我称之为‘生存罪恶’的‘罪恶’，即如在山上犁地时犁死的地中的虫虫，砍树时不注意伤害的飞虫，骑马、走路时不小心踩死的蚂蚁，等等。当然，杀人、伤人（当过兵、玩过枪的）、伤害牲畜（如杀牲畜的屠夫）等等，也是这种‘罪恶’的部分。

“彝族人把‘解洗’这一程序叫作‘忍刀’。

“毕摩念‘解洗’经之前，主家要用一个斗，斗中放米（用升子也行，也有下面用斗，斗上再放升子的），并在斗中和升子的米中放上一定的‘利市’（此‘利市’就是钱：或一角二分，或一元二角，或12元，或120元，总之要12的数。中华人民共和国成立前放银子时也是12的数，叫‘月月红’。实际上这就是毕摩的象征性收入，念完经由毕摩收用，对‘利市’的多少，毕摩不能有任何意见，这也是这一行道的‘道德’。在淤泥乡，一般也就是一元二角，或12元的数），在升子或斗上，插四匹茅草扎的草马，每匹马上两个草人骑在上面。米上还要放一些松果，并用一丈二尺长的麻布把斗围起来。这些草人草马是判官和小鬼，由毕摩派遣去帮助亡人解洗‘罪恶’的。做好这一切，就可以念经了。念经时，不是所有的亡人都念一样的经，而是根据亡人的身份，如没有玩过枪，即不可能发生伤及人命及牲畜野兽之命的人，一些解洗经内容就不必念了，如果没有这样的‘罪恶’，念了反而对其亡人及家人不利。

“念经开始时，毕摩要带着孝子在灵房转三圈，每转一圈跪一次，最后回到毕摩房，孝子又到毕摩房跪一次，意为求毕摩为亡人解洗好其‘罪恶’。

“这个念经的过程大约需要五六个小时，从深夜念来，也正好是天亮时分了。念毕，由孝子把茅草人等送到离鬼房不远处的西方，孝子跪下磕头，毕摩念经做交代送走茅草人，解决过程就算完成了。”

在盘县原生一型淤泥河B个案中也有这样的解洗仪式：

“开转之前毕摩一直在自己的位置念《解冤经》，这部书是彝族丧祭经书中最长的一部，从中午过后开始到晚上11点左右才结束。内容不太清楚，但念这部经书的意思是，人生在世时，做过不少错事，有不少罪孽，死了以后灵魂还带有这些罪孽，必须为他解冤。念《解冤经》时毕摩房里面的桌子上有一只装满苞谷的斗，斗上面放一只装满米的升，升上面插有若干的茅草人。这些茅草人有一只手的，有一只脚的，有两个头的，有四只眼的，还有飞鸟之王，百兽之王，蛇王。还有五个骑马的。每个茅草人就是一个神，但具体表示什么神不大清楚，反正解冤必须有这些神才能解脱。”

在盘县原生一型淤泥河C个案中也有这样的解洗仪式：

“以后是念‘日孬’经书。‘日孬’是为死者解大阴节的用书，解一生所有的事情。

“念‘日孬’经书要用黑鸡、白鸡，或者羊。念‘日孬’经书时要扎制茅草人，一共有20多个，(习惯上叫‘圣人’)。

“有叫‘洗书’的茅草人7个。

“叫‘大将’的茅草人7个（一个是六只手、一个是四只手、一个是一只手、一个是两个脑袋、两只脚、两只手、一个是扎成鸟状的‘飞鸟之王’、一个是扎成野兽样子的‘走兽之王’、一个是扎成条状的蛇王)。

“叫‘拖木’的5个，一共有马5匹，马上一个骑马的茅草人，马下有一个牵马的茅草人，是一组。

“在念‘日孬’经书时，把这些茅草人放在斗上，斗里有苞谷，斗里还放有一个升子，升子里是米。

“开始念‘日孬’经书时，孝子跪拜，点香、磕头。然后要先请这些茅草人的灵魂到来就可以念经书了。念时讲人生的艰难，并根据死者的生平事迹来念。

“念完‘日孬’经书，就把茅草人送到北边的路口，在那里杀一只黑鸡、一只白鸡祭祀后就烧掉茅草人。”

这样的仪式在贵州其他的彝族丧祭仪式个案中也有一定的表现，但基本都比较简略，或者说不见了，而在盘县原生一型的三个个案中都有比较完整的表现。

在这个解洗仪式中，有两个特定的文化事象出现，一是关于彝族人的“罪”的概念；二是茅草人的出现。

一个要为亡者进行解洗仪式，就一定要有一个“罪”的认定作为解洗的前提。这在许多类型的文化中都是这样表现的，比如基督教的原罪观念，这个观念中认为人生来就是有罪的，但有的文化中认为人的罪是后天的一些作为造成的，比如杀人、杀动物等等。彝族人在做这样的仪式的时候，也需要以这样的观念为前提。

彝族人的罪的观念应该是后一种，是后天型的罪，但这种罪似乎又有两种表现，一是非常状态的罪，如杀人；一是正常状态的罪，如犁地弄死虫子等等。实际上不管彝族人在世时怎么小心地活着，都必然是有罪的，即人的生存就是一种罪恶的生存，只不过这罪恶是应该打引号的。我们在采访毕摩时专门讨论过这个问题，说这是一种“生存罪恶”，即你生存就是有罪的，淤泥河的甘毕摩是比较赞同这个说法的。这又有些与基督教的原罪观念相似了，只不过一个是后天的生存之罪，一个是先天的生存之罪。但是，彝族人的生存之罪也包括了后天其他的一系列罪恶，并在解洗中一并解洗，而基督教中的“解洗”一般不涉及后天的罪恶。

彝族人为亡人灵魂的解洗是彝族人特定的仪式过程，它要有经书和念经书的毕摩，以及替代和消除他们生存中的一切罪恶的各种茅草人等等。这个仪式过程是一个彝族人虚构的文化过程，而不是现实的审视，要讲这个人一生的事迹和生平，去恶的、扬善的，最后以一个纯洁的灵魂到祖先之地去与祖先们会合。

这是彝族文化中给每一个彝族人的一个心理上的结，希望他们在世的时候不要给自己“制造”不利于进人祖先之地的障碍。这无疑是一种建立于心灵深处的文化教化的功能设置。

在彝族人的解洗仪式过程中，一定离不开茅草人。

在盘县原生一型 A 个案中：“插四匹茅草扎的草马，每匹马上两个草人骑在上面。米上还要放一些松果，并用一丈二尺长的麻布把斗围起来。这些草人草马是判官和小鬼，由毕摩派遣去帮助亡人解洗‘罪恶’的。”

在盘县原生一型 B 个案中：“升上面插有若干的茅草人。这些茅草人有一只手的，有一只脚的，有两个头的，有四只眼的，还有飞鸟之王，百兽之王，蛇王。还有五个骑马的。每个茅草人就是一个神，但具体表示什么神不大清楚，反正解冤必须有这些神才能解脱。”

在盘县原生一型 C 个案中：“念‘日孬’经书时要扎制茅草人，一共有 20 多个，(习惯上称为‘圣人’)。”

在盘县原生一型 A 个案中有四匹马八个茅草人，在盘县原生一型 B 个案中有十几个茅草人，在盘县原生一型 C 个案中有二十几个茅草人。不管茅草人的多少，其功能是一样的，即彝族人的生存罪恶是由这些茅草人在经过毕摩念经之后带走的，所以茅草人存在在这仪式中是非常重要的。

在这样的解洗仪式中，茅草人的多少，扎制的形象如何，如何应用，都与这个毕摩的通神能力有关。有时候，这场丧祭仪式做得好不好，往往与其直接相关。

用茅草人来表示邪灵的形式是彝族自古以来的传统，并且发展得相当的完备，在凉山彝族地区，我们现今还能看到表示邪灵可见形式的茅草人 500 多种。什么样的邪灵往往就会有一个特定的茅草人形象，这是一个彝族认知邪灵的符号系统，所以，在贵州彝族的丧祭仪式中出现茅草人形象，是有其深刻的历史文化渊源的。也可以这样来理解，在不同的个案中出现茅草人的多少以及与仪式的关联程度，完全可以说明这个个案中彝族原始文化意象的浓厚程度，以确定其丧祭仪式的原生状态。盘县的两个原生类型的彝族丧祭仪式也基本是以此来认定的。盘县的几个个案中都在解洗仪式中出现茅草人，说明盘县地区彝族丧祭仪式是比较古老的。

在把经念完，把茅草人送到西方的路口烧掉，并以鸡牲的血为祭，送走茅草人之后，亡人的灵魂就洁净了。

在彝族丧祭仪式中，所有的彝族人都认为在丧祭场是一个充满了看不见的灵魂的境域，所以，长时间在这样的境域中就会与境域中的死者灵魂发生某种联系，而这种联系是不利于在世人的正常生存的，所以在这时候往往要做一种也有解洗意义的仪式，以此来解结这种关系。这也是彝族丧祭仪式中的一种解洗仪式。

“做完这一过程，就是献酒解结。即在牺牲的边上放一个升子，升子里装满米，上插一支牛角，升子边的地上插有一个斜口的青皮竹筒。毕摩仍然在念经，他的助手在升子边主持献酒仪式。即孝众由长及幼，由内及外，跪在牺牲边献酒，即把牛角里的酒倒在竹筒里，然后把放在牺牲身上的布结，拿到头上扯开，意为‘解结’，然后又做好一个活的蝴蝶结，让下一个人来献酒解结。一家一家地做完，这个仪式也就完成了。

“这个结是布做的，一半是红的，一半是白的，有生——死的象征意义。

做解结的带子叫‘五色带’，严格说是要用红、白、蓝、黑、黄五种颜色的布带做成，后来用两种颜色也能代表了。

“以前是先解完带子再敬酒，现在是连在一起来做了。”（盘县原生二型坪地三家寨个案）

在现场，我们看到毕摩在每一位参加丧祭仪式的亲族人的头顶上，用那条布带打一个活结，由这个人自己拉开，以象征结的打开，使解结的意义最后实现。有了这样的仪式，参加这场丧祭仪式中所形成的一切不好的东西都解结了。

第五章 盘县彝族丧祭文化分析研究（下）

吴秋林

这一章仍是前一章对盘县彝族丧祭仪式分析的继续。它着重研究分析的是盘县彝族丧祭仪式后半部分的一系列仪式的意义，以及仪式中一些特定仪式和事象的意义。

第一节 献祭和祭牲

在贵州彝族丧祭仪式中，给灵魂的献祭贯穿整个仪式过程，几乎在每一个环节里都会出现献祭，几乎在任何一个仪式的转换上，都会有新的献祭出现。在仪式中，每一个仪式的开始一般都是以献祭开始的。

我们以盘县原生二型坪地街上个案为例。

在这个为期四天的丧祭仪式中，有许多次献祭。在第一天的仪式中有：

“毕摩到家做了一定准备工作之后，为孝家举行的第一个仪式就是‘献饭’。

“献饭是在夜间开始的，毕摩一边念‘献饭献酒经’，这是一本专门的经书。献饭时先倒酒，然后用筷子挑一点米饭甩在像前或棺木上。这样既有献酒的意思，也有献饭的意思，但一般都说是献饭或贡饭。献饭时，是按照家里的老少、长幼、男女次序来进行的。献饭时，毕摩在念经，有人在烧纸钱、点香。

“献饭的意思应该是表示对死去老人的礼敬（这一仪式在后来的诸项仪式进行中反复出现）。”（盘县原生二型坪地街上个案）

在这一天的招魂仪式之后，又有一次献祭：

“之后，用一只鸡（大概是母鸡）献祭给亡灵。献祭时用一根麻线拴在鸡身上，牵到棺木大头上，表示献给老人。

“鸡由一个‘不穿孝衣者’抱着，毕摩念完献牲经，也是此人杀鸡。

“众孝在棺木前跪着，大孝子、二孝子用手推动鸡身，毕摩念经，边念边倒牛角中的酒献之。

“这个仪式做完，新亡人的祖灵牌做好了，即这个刚去世的老人就有了要在人间享受香火的‘灵魂形式’，即有‘祖灵筒’了。

“这应该是第一天仪式的中心。”（盘县原生二型坪地街上个案）

在第二天的仪式中，其为这位死者的老伴举行设灵仪式时，也有献牲和献饭的仪式。这是为了举行其后的“破狱”仪式而进行的设灵仪式。

“把念了‘设灵经’的灵筒端到棺木前，由侧摩杀一只母鸡（要下蛋的母鸡）献祭。众孝又跪在棺木前，毕摩又念一次‘设灵经’，并给亡灵献饭。”（盘县原生二型坪地街上个案）

在随后举行的“破狱”仪式中，又用了羊和鸡来进行献祭。

“出堂要用一只毛羊，一只扫场鸡。端起斗、升子，牵起羊、鸡等，在火堂边上转三圈，之后由侧摩领头，拿着火把，端着装有新灵筒的簸箕，后面是众孝子，围绕棺木转三圈，走到要转场的地方。

“到场后，由毕摩提着鸡，在场地转一圈，毕摩杀鸡，把杀了的鸡甩得远远的，大家可以把这只鸡抢来烧着吃。”（盘县原生二型坪地街上个案）

这是用鸡的场景。在“破狱”仪式的最后，毕摩要念经把那只从死者家拉来的羊作为献祭。

“从主家拉来的那只羊子被拴上一根生麻线，穿过跪着的众孝，拴在小房子上。

“毕摩念经后，在毛羊的身上猛喷一口酒，众人把毛羊的脖子割开放血，毕摩用青松树枝蘸血扑打场内的所有树枝。杀死的毛羊被拿到孝子面前，毕摩念经，孝子用手推动羊身，推几次后，把羊身翻过来，又推。

“这时毕摩拿出经书来念。

“念完经书，先由‘不穿孝衣者’献饭，然后是众孝依此献饭。献饭时，羊的心脏用一根木棍串起，插在木门户中间。最后，毕摩向野外献饭、献酒。”（盘县原生二型坪地街上个案）

第一天，“破狱”仪式做完后是“走网丝城”的仪式，随后就是彝族丧祭仪式中最为重大的转场做准备的“开丧仪式”。这个仪式的意义是通过一系列的献祭仪式，建立心灵中的神圣空间。在这个仪式中，就有了比较隆重的献祭了。

“开丧的仪式主要是建立一个叫灵房的事物。在这个仪式开始前，堂屋内棺木的大头处放上了一个像塔楼一样的纸扎的房子。一开始先由毕摩念献牲经。众孝在灵房前跪拜，三只毛羊被拴上生麻线，通过众孝头顶，牵到灵房上。

“毕摩念经后，就把羊杀了，割脖子放血。死羊放到孝子面前，孝子推动羊身，推完一遍翻过来再推。

“然后是献饭，也是由‘不穿孝衣者’先献饭，众孝依次献饭。这时的献饭是在给灵房献饭，同时灵房边出现一个纸盒，大概象征粮仓，献饭时也向仓内献饭。

“众人献饭毕，毕摩向师灵位献饭。”（盘县原生二型坪地街上个案）

在开丧仪式中，彝族人规定的是献一只羊就可以了，但这个个案里献了三只羊。

第三天，在这个个案里，出堂时用了一只猪献祭，在扫场时用了一只鸡。

这天下午，亡灵的种种形式已经全部在场上的“鬼房”中安顿好，陆续而来的亲族就会在“鬼房”前陆续献饭、献酒。到了夜间，这些亲族拉来的牛羊等祭牲将全部在“鬼房”前献祭，一个不留。每一次献祭毕摩都要念“献饭经、献酒经”和“献牲经”。

第四天的仪式是为亡灵指路，其第一个仪式就是献指路羊。这个指路羊在亡灵前往祖先之地时是非常重要的，它的皮、骨、肉都要献出来，为亡灵开辟道路，否则亡灵是到不了祖先之地的。

这之后，用牲的献祭也就基本没有了。

盘县彝族丧祭仪式的献祭中，其献祭的对象是十分明确的，主要表现是活人给亡灵的献祭。亡灵的主体就是刚死去的老人的灵魂，以及过去死亡的而未进行过转场指路归祖的亡灵。实际的表现中，主要是这一亡灵的夫妻，比如盘县原生二型坪地街上个案中的那三个“亡人影身”。这个个案中的男主人一生有两个老婆，其最后一个死亡后才为他们一家做转场指路归祖的仪式。以及他们的至亲，比如盘县原生二型坪地三家寨个案中的那位 34 岁死亡的儿子。

在献祭对象中，还有一个特定的献祭对象，这就是师灵，即在献饭、献酒时，也是由毕摩给他们认为的师灵献饭、献酒等，但这不是献祭中的主体，而且献牲时师者是没有份儿的。

从这里我们看到，彝族在丧祭中，一般不会让另外的神灵来分享祭牲的。

在献祭时是有经书的，一般称为“献饭经、献酒经”和“献牲经”，但这样的经书有繁复的，也有简略的。有的经书把什么环节献什么都比较详细地分开来，有的就笼统一点。在实际应用中，可能一些仪式会同时举行，所以念这些经书的毕摩会有多人，一般毕摩出去做事也都是几个人。

献祭的种类在彝族丧祭仪式中并不多，只有献饭、献酒和献牲，以及被彝族强调得很重要的“洒水”仪式中的献水。献饭、献酒是有意义的，但也是一般的世俗意义，即让亡人如活人一样享受吃、喝。献牲也是有意义的，但不是所有的献牲都表现为同一个意义，它根据不同的献祭对象，有不同的功能和意义。这样，在献祭中就会根据不同的献祭有不同的献祭方式和过程，以及对所献之牲也有一定要求。比如在献祭中出现的指路羊，就有明确的指定，即这个指路羊是由外家拉来的羊担任，是特定的，不是随便哪一只羊都能担任的。

在献祭中，指路羊的献祭还表现得比较特别。

“献牲开始，毕摩在灵房边念献牲经，众孝在灵房前跪着。交代清楚，其他人就要杀羊了。杀羊是用棒子把羊打倒，直接用刀从肋间切开一个口，把羊的整个心脏掏出来，不切断，放在羊身上的心脏还在跳动。然后把活的小猪四脚绑在羊的四只脚上。”

这是我们在盘县原生二型三家寨个案中看到的情景，而在盘县其他的丧祭中我们没有见过。这种献祭的方式，其意义还无从解释，但它的意义是特定的。

在盘县彝族丧祭仪式中，所献之牲从数量上来说主要是羊，其次是鸡，再次是猪，再其次是牛，但从尊贵上来说，是牛、羊、猪、鸡，牛是彝族人最推崇的祭牲，这在彝族的“指路经”中多次出现。彝文《孝书》有：“牛牲大礼，绵羊牲次之，猪牲再次之，鸡牲为下四级。”

但在实际丧祭中，羊是用得最多，也是在归向祖先途中最为重要的祭牲，可以说，如果没有羊的祭牲，彝族人的亡灵是很难到达祖先之地的。在这方面，鸡是有灵性的祭牲，牛是尊贵的祭牲，羊是最为重要的祭牲，而猪是最没有地位的祭牲。这实际上反映这些牲畜在彝族历史中的影响力和重要性，其羊无疑是第一位的。这也折射出彝族先祖草原游牧文化的历史缩影。

这些牲畜在实际的丧祭仪式中，血和气被人们用来献祭，但肉却被用作祭祀群体的美食，这是自然的。一般而言，拉来献祭的牲畜是足够供应与祭者的食用，但如果遇见肉食不够时，也有一般意义的宰杀，但这种宰杀都要到亡灵处献祭。彝文《孝书》上也有“牲血献神灵，牲肉大众食，诸神乃心欢，众人得安康”之语。

以上是献祭中的相关意义的表述，表明它的文化事象与彝族文化的关系密切。但在彝族献祭中，还有一个献祭值得一提，这就是它的“洒水”仪式。

这个“洒水”仪式是彝族丧祭仪式中“指路”仪式开始前最为重要的一个仪式，是生者与死者的最后的临别仪式。

“在毕摩念‘洒水’经前，要削四根1.4米左右的带杈的树枝，把其上的皮剥干净，并在其上捆上草，在苏座我看到的是在树枝的中部捆树根草秆代表应捆在其上的草绳，并没有满捆上草。还要削三根1.4米左右的不带杈的树枝，捆草如上。削好以后，四根树枝在长方形鬼房的一头约两米远的地方，插成四方形的一个空间，再在四根树枝的杈上，横放上三根树枝，捆好，这样，三面封闭，一面开放（开放的一面朝鬼房）的毕摩念经房就建好了。

“同时，在鬼房朝毕摩念经房的一头，又斜插上三根两头削得尖尖的直径约两厘米的青竹竿，尖头向着鬼房。问及这是什么？在场的彝族人无法回答，只说是给亡人敬酒的地方，即毕摩在念经时，主家的人要常常给毕摩敬酒，而这个酒毕摩都不会喝，而是酒献倒在这三根竹筒上，说是毕摩献给亡人吃的酒。

“在这三根竹筒的旁边，有一个用两条青竹，交叉两头弯插在地上，形成一个小房子状的东西，可能是代表亡人灵魂居地的地方。做好这个地方之后，有人（这个人不是毕摩）就拿一只鸡来，在鬼房前朝鬼房里面摔打几下，把鸡摔死后，割开喉管，把血滴在这个青竹小房之上。而后就把这只鸡也一起作为祭供之物与祭供的牛羊放在一起。

“在鬼房的一边，头天献祭时剥下的带头脚的牛皮和羊皮被放在鬼房边上摊开，理顺的牛皮和羊皮上放有一个升子，升子里装有米，米中埋有‘利市’，米上被放上一颗完整的牛心。升子的左右放有几个用小木棍劈开，又捆成十字形的十字叉，祭青竹小屋的那只鸡也被放在牛皮旁。这是祭祀活动的正面，儿媳们‘献酒’时就站在这一面。在鬼房的另一面，则有用几根劈开的小木棍捆扎的一个支架，支架上放有一个小盆一样的容器，里面装的是水，盆的上面放有一根鲜活的带叶的香樟树枝，其所谓的‘洒水’就在这里进行。

“这些事物做完，‘洒水’仪式就可以开始了。

“最先，所有的孝子都要到毕摩房前的方桌前站好，毕摩念《献牲经》，把所杀献的牺牲一一交代给亡人，最后所有的孝子一齐跪下，请亡灵领牲。

“这一环节做完，毕摩就从毕摩房来到洒水念经房，开始念经。

“念经时，毕摩进入建好的念经房，那个叫“尔枯”的也戴着一个大篾帽站在念经房里，主家的一个人打着一把伞为毕摩遮太阳。在毕摩念经房的后面，是孝子跪的地方，旁边是姑娘家带来的唢呐队伍。念的经彝族叫《黑铁书》。

“在念经过程中，这家的儿媳（包括侄儿媳）就面对着放着牛羊祭品的地方站成一排，穿着美丽的‘安衣’，站在一个十字木杈（如放在牛皮上的木十字）上（背后站一个打伞的人，为她打伞），手里端着一个酒碗，用一片树叶，随着毕摩念经的声音节奏，不停地往碗外拨酒，名为给亡人敬酒。这样的敬酒彝语称‘泥比’。经念到某个阶段，这些在给亡人‘献酒’的儿媳，就会从大到小按顺序走出来，到放有水碗和树枝的地方，给亡人磕个头，拿起树枝，在水碗里蘸水，然后洒在地上，意为给亡人献水。为什么要给亡人献水？毕摩说是活着的人担心亡人在那边吃不到好水，所以要给亡灵献水。这家的儿媳用树叶敬酒时，会有人不停地给她们碗里加酒，不会让她们碗里无酒。

“儿媳在给亡人敬酒和洒水时，姑娘们就会到已经没有棺材的鬼房子里面哭灵。

“这样的经大概要念两三个小时，在这两三个小时中，外家会用自己的钱买酒来敬给诸位吃。经念得差不多了，孝子们会一个一个地跪在毕摩面前，听候毕摩代表亡人来为一家一家的子孙进行封证，保佑子孙平安顺利。”（盘县原生一型淤泥河 A 个案）

“毕摩开始念《追悼经》，孝媳也开始洒水。在转场之前，孝媳要通知自己的兄弟来‘引路’，并带两三个年轻姑娘‘打伞’，还要准备礼服、几串鞭炮和一壶酒。礼服是一套两件。亲儿媳则后家要做蹉措，后家会准备一切。洒水仪式先要穿礼服。都要到大后家那里由大后家给她们穿。穿衣服只是象征性的，只是做一定的仪式而已。按顺序从死者大儿子媳妇开始，死者小儿子媳妇排在最后，中间按家族中男孝的年龄排序。孝媳到大后家营地，‘打伞’的女伴给她穿上礼服，‘领孝媳’的兄或弟一起与大后家的主客相互跪拜，‘领孝媳’的先替孝媳给大后家倒酒，然后大后家给孝媳倒酒，并放三张树叶在孝媳的酒碗里，是做祭棚的那种树的树叶。孝媳把树叶从左肩往后丢一张，从右肩往后丢一张，留一张作洒水用，然后端酒碗起来。‘领孝媳’的把事先准备好的伞半打开走在前面，孝媳跟在后面。先到祭棚的后面，那里放有一只大碗，里面装满水，旁边放有约两米长带有枝叶的树枝。‘领孝媳’的和孝媳都要到这里跪着，用树枝把大碗里的水往外洒，碗里的水用完了，有孝女在旁边添加。‘领孝媳’的再接着把孝媳引到祭棚前面站着，把伞交给‘打伞’的，自己去放鞭炮。孝媳先是要哭，哭完后把自己碗里的酒用树叶往外洒，酒洒完后换成水继续洒。所有的孝媳都要这样做，按顺序排在祭棚前，面朝祭棚。家族成员多要排成很长的队。

“全部排完后，‘领孝媳’的要给所有的孝媳碗里倒酒。孝男们站在毕摩的后面，准备好自己的碗装酒。孝女们也在祭棚前面，准备好装酒的碗，等‘领孝媳’的来倒酒。‘领孝媳’的给孝媳倒完酒后给男孝女孝们倒。倒酒时相互之间会抢酒开玩笑。”（盘县原生一型淤泥河 B 个案）

在盘县的几个个案中，都有这样的过程，但所献之牲有所不同，盘县原生二型坪地三家寨个案中所献之牲有羊和猪，而盘县原生一型淤泥河 A 个案中就只有没有猪，只有牛和羊，而且不是在进行“洒水”仪式中献杀的，是事前就杀的。为什么要举行这以仪式，盘县原生一型淤泥河 A 个案中说：“毕摩说是生人担心亡人在那边吃不到好水，所以要给亡灵献水。”而盘县原生二型坪地三家寨个案中说：“这个洒水的意义说是为了老人洗尘，有送行之意义。”

我们以为，给亡灵献水的意义是彝族丧祭仪式的本意，而给老人洗尘送行的意义应该是后来引申的意义，理由是我们在贵州彝族的“指路经”中，能看到亡灵在回归祖先之地过程中，在指定的地方喝水的内容。作为有深厚草原游牧文化底蕴的彝族，有什么比水在生存中更为重要的？这是彝族古代历史文化在现今彝族丧祭仪式中的影像表现。这也可能是在盘县彝族的丧祭仪式中如此重视“洒水”仪式这一环节的重要原因。

第二节　指路——彝族人第一个灵魂的回归

“指路”仪式是彝族人丧祭仪式中的最后一个重要的丧祭仪式，可以说，彝族人之所以要举行丧祭仪式，最终的目的就是要通过一系列的仪式把死者的亡灵指引到祖先之地去，以完成最后的回归。我们知道，彝族人认为自己的灵魂有三个，最具有文化根本性质的灵魂就是要被指引到祖先之地去的这个灵魂。在这里，我们可以把它称为彝族人的第一灵魂。

在献祭洒水完毕之后，死者的棺木要从“鬼房”中移出来，移到转场地的边缘地，重新摆布好，即要在原来转场的地方衍生出新的神性空间，以便由毕摩为其指路。

这个新的神性空间的摆布也是很有讲究的，我们在盘县坪地三家寨个案的仪式现场，就看到了这样的神性空间。

“倒鬼房是众人一齐摇晃树枝，待树枝松动后，一声喊就推倒鬼房。其后是把棺木移到距离鬼房约30米的地方，放好，并把棺木的大头向西，与放在鬼房中的方向正好相反。这时，各家送来的纸羊、马、象，以及纸灯笼等也一齐拿到棺木附近排好。无意中，纸羊是排在第一排，纸马排在第二排，纸象也与马排在一起，最后是各色灯笼等。两个灵房放在棺木的前后。这时，花圈被拿到土坎下，没有进入阵列。”

这里的“花圈被拿到土坎下，没有进入阵列”，非常有意思，即这些属于汉族丧祭文化的事物，由于是外族人的丧祭文化表现，不能进入去彝族祖先的路上，只能摆在一边。我们后来注意到，这些花圈被放到了彝族人的坟堂上。这是一个绝好的丧祭文化归类。

在为其亡灵指路前，还会做一个“引魂”的仪式，即把死者的灵魂从家里再次引出来，归于棺木前的灵房，之后就要开始举行指路仪式了。这时，在场的人会一声呐喊把“鬼房”一齐掀起倒地。

“这时，毕摩就开始为亡人念《指路经》，即告诉亡灵，我们彝族及你们这一支系是从哪里来的，祖先的灵魂都在发祥地里，到那里就可以与他们相会。故而，这样的彝族指路经一般由两个部分组成，一是‘指路总经’，一是与死者相关的‘指路支家经’，即前一个指路经家家都念，都是一样的，后一个指路经各家不同。

“念指路经时间一般不长，念完指路经，就可以把孝子头上的白纸帽、为亡人扎的纸马、鬼房等一应物品，全部拿到‘报天钱’处烧掉。”（盘县原生一型淤泥河A个案）

“指路仪式开始，毕摩接着念《指路经》。因为仪式是接着做的，所以大多数毕摩的《追悼经》和《指路经》是合订本，但大部分毕摩的书名只写《指路经》。指路是要把死者的灵魂指到祖先那里去，根据家族迁徙史倒着指回去，所以要把族谱（也有的叫‘根本’）告诉毕摩。彝族每个家支都有自己的族谱，如果不知道自己的族谱，会被人笑话，甚至被小看，或被认为不是正宗的彝族。《指路经》差不多念完的时候，把所有的纸火拿到场地西方，毕摩边走边念到那里，孝子也要去。大约要念10多分钟，等毕摩念道‘送者泪淋淋，迎者笑呵呵’时，孝子全部返回，女孝跑到厨房里抢牛肉。说是谁先抢到谁的运气最好，所以大家争先恐后地往厨房跑，厨师们切好几斤牛肉等着她们来抢。帮忙的留下来把纸火烧掉，只留‘孝伞’和‘排灯’，这两样东西要拿到坟上去。一直插在坟上到腐烂为止。”（盘县原生一型淤泥河B个案）

“第二天早上，就要给亡灵开路和指路了。开路念的是‘黑特’经，这是给亡灵开路的经书。

“念完开路经之后，要到死者家的屋里举行‘绕列赫’。孝子要在屋里吼叫着出门，长子还要哭着出门。并在鬼房处大转一次，小转两次。这样，就可以指路了。

“一般指路前，要把棺木移出鬼房，移往西方。

“开完路就指路。指路的经书叫‘窝着莫’，这是给亡灵指路的经书。

“这种经要念几个小时，念的时候孝媳要在一边洒水献酒，后家人要给她打伞等等。洒水的孝媳要用一个泡木杈垫在脚下，意思是‘隔断’，不要让亡灵把她们的灵魂带走。尤其是新媳妇一定要如此。我们在苏座看到的个个如此。还有的用茅草打个结插在头上，也是防止生者的灵魂被死者带走。

“洒水的孝媳最先洒的是酒，后来加的就是水了。

“这些孝媳来洒水时有一定的讲究，进场前要由后家给她换上‘背搭’衣（俗称‘花衣’），由哥哥或者弟弟打着伞送进场，并交给女伴。”（盘县原生一型淤泥河C个案）

“摆好这一切，众孝开始献饭，在洒水时用白布门户等，被移到此处，要举行指路仪式了。

“在这个丧祭仪式中，彝族毕摩所念的指路经书内容均是这一支系彝族或者这一家族的迁徙线路。故各地的毕摩指路经有长有短。

“在三家寨的这场指路经仪式中，毕摩念经开始后，我被告知不得从棺木的西面走过，在念经时有人走过会妨碍死者灵魂的西行，彝族的丧祭仪式做到这里，认为有一个灵魂会在指路仪式中被送到西方的彝族祖先那里。这时候，亡人的一个灵魂在祖灵筒里，一个灵魂在棺木里，这三个灵魂的秩序如果有问题，就会带来灾难。

“三家寨的这场指路念经前后近1个小时。

“指路仪式结束后，烧掉纸羊纸马等。”（盘县原生二型坪地三家寨个案）

以上是我们在六个个案中看到的关于彝族丧祭仪式中的指路仪式的记述。在盘县原生一型中有三个个案，在盘县原生二型中有三个个案，

在贵州彝族丧祭仪式中，指路仪式的举行是以彝族的《指路经》为主要依托的。在毕节地区，人们翻译了七个彝族人的《指路经》，分别来源于赫章、毕节、大方、威宁、纳雍等县的毕摩，但我们在现实中却很难见到其指路仪式的举行了。这个现象也是值得我们注意的。

彝族人的灵魂经过这样的指路仪式，就可以回到祖先之地。这是一个什么样的灵魂的安居之所呢？这个问题我们在田野作业中多次提及，但许多毕摩并不能回答这个问题，反而是我们在上述的七个《指路经》中能找到这样的答案。

……/为君的死后，/向着太阳行，/归宿于宫殿；/为臣的死后，/向着月亮行，/就得其归宿；/为师的死后，/向着星星行，/就得其归宿；/为民的死后，/归附于沽（天君地王名）好；/归附于尼（天君地王名）好。/要有归宿，/才有发展。/在高高天上，/给死者归宿处。/子归附于父，/孙归附于祖，/曾孙归附曾祖，/媳归附公婆，/死有死归宿。/首领靠权令，/权令靠传达，/传达靠执行，/执行要见效，/见效有结果，/结果靠师人，/靠师人指向天。/上天有九层，/为尊的死者，/你在九重

霄，/你有住处了。/有位就有势，/依匹武吐（天君名）生存。/有了归宿处，/点化人间。/升上了高天，/不冷又不热，/死者享福禄；/庄稼自生长，/地里禾苗壮，/人长生不老，/寿长而康宁，/无不足之处。/依靠匹武吐，/要寿就有寿，/要福就有福。/为尊的死者，/父能见子面，/子能听父声，/媳能见公婆，/公婆能听媳声，/高高兴兴的，/喜笑颜开的。/有了归宿，/就能有发展。/给死者归宿，要解除愆尤，/清清白白的，/干干净净的，/责令全照办。（据毕节县龙场营区左垅彝族乡三官村陈作珍老先生的祖传善本翻译。《彝族指路丛书·贵州卷一》，第53—58页，贵州省毕节地区彝文翻译组，四川民族出版社1997年版。）

为师讲得明，/翁靡地方，/既舒适，/又温暖，/路虽长，/地方好。/归于沽位好，/归于尼位好，/回归了根本，/就是这样的。（据毕节县龙场营区洛烘彝族乡陈泽均老先生处购买的手抄本整理翻译。《彝族指路丛书·贵州卷一》，第93页，贵州省毕节地区彝文翻译组，四川民族出版社1997年版。）

天君住九重，/一层住亡灵。/到此之后，/属君则爱民，/属臣则英明，/属师则高洁，/民属另层次。/君逝世之后，/由此去日宫，/归宿于赤叩（天君名）；/臣逝世之后，/由此去月宫，/归宿于毕以（天臣名）；/师逝世之后，/由此去星辰，/归宿于实楚（哎哺时代的毕摩）；/庶民去世后，/由此去云端。/归宿于沽（天君地王名），/归宿于尼（天君地王名）均好。/有了归宿，/就昌盛发达；/无论男和女，/都望有福禄，/你有福禄，/有了富贵，/有了归宿，/兴盛又发达。/世间和翁靡，/人神有区别。/重新获福禄，/重新获富贵。/从前有爵禄，/今仍给爵禄。/死者去世了，/所有在生者，/个个尊敬你。/死者为尊，/你死得其所。/……/去翁陡，/立门户，/我为你指路，/给你归宿处。/从此以后，/你有福寿，/有富贵，/一切都顺利。/你的子媳，/你的孙辈，/你要保佑。（据大方县搜集的手抄本整理翻译。《彝族指路丛书·贵州卷一》，第159—164页，贵州省毕节地区彝文翻译组，四川民族出版社1997年版。）

在这些归宿的描述中，不管详略，君王死后要归宿于太阳，臣死后要归宿于月亮，师死后要归宿于星星，而一般的民众死后要归宿于云端。并且有明确的第一个君、第一个臣、第一个师、第一个“天君地王”，后续的死者都能明确地归位。

在归宿的地方是幸福无比的地方。不过，这幸福的地方又要看世间人们的理解而定。

上述的第一个《指路经》里说是一个“不冷又不热，/死者享福禄；/庄稼自生长，/地里禾苗壮，/人长生不老，/寿长而康宁，/无不足之处”的地方。

在第二个《指路经》中是一个“翁靡地方，/既舒适，/又温暖，/路虽长，/地方好”的地方。

在第三个《指路经》中是一个“有了归宿，/就昌盛发达；/无论男和女，/都望有福禄，/你有福禄，/有了富贵，/有了归宿，/兴盛又发达。”

从这三个死者的归宿描述来看，第一个好在长生不老、庄稼自长，不劳累、不冷不热；第二个好在舒适和温暖；第三个好在能够富贵发达。

在归于太阳天君、月亮天君、星宿天君、云端天君上，大家都没有什么异议，但在归宿的地方如何好，就靠毕摩的世俗的想象力了。

这是彝族人的彝族式样的“彼岸世界”，朴实自然而高洁，既有蓝天白云的草原文化的想象力，也有农耕文明的和谐与自然，也有外族人的富贵福禄的思想。

指路经和指路仪式所指引的就是这样的地方，这样的彝族人的永居之地。而这个永居之地的具体地理位置，就在云南大理的苍山，是这座山峰承载了世世代代彝族人的灵魂和梦幻。

这就是彝族人第一灵魂的归宿。

第三节　祖灵筒——彝族人的灵魂形式

在彝族丧祭仪式中，第一任务当然是把彝族人的亡灵指路归宿于祖先之地去，但同时它也要在相关的仪式中产生祖灵筒来承载彝族人的另一个灵魂。如果说指路归祖的灵魂是彝族人天上的灵魂，那么，彝族人祖灵筒中所承载的灵魂就是世俗社会中的彝族人的灵魂，它在彝族人的家中接受献祭，同时保佑家人的平安幸福，是地上的灵魂。

这个灵魂也很重要，因为死者指路归祖走了的那个灵魂，在以后就很少与家人“打交道”，而祖灵筒中的灵魂就要天天和家人在一起了，某种意义上它是彝族灵魂的主体。并且这个灵魂是具有形式感的灵魂。灵魂是心灵的，也是虚无的，但彝族人给这个灵魂一个明确的物质形式，让人们的灵魂生活一下子明确起来。

彝族人的这种灵魂形式是在一系列的彝族丧祭仪式中出现的，不管哪一种形式的彝族丧祭仪式都会出现一个灵筒，是祖灵筒的肇始。在正式的彝族丧祭仪式中，会给彝族人的第一灵魂指路，也一定会有一个祖灵筒出现，但在另外简略的丧祭仪式中，就可能只有祖灵筒的出现，而没有指路的出现，即彝族的一些简略的丧祭仪式可以简略掉指路的那个灵魂的安排，但一定要得出一个祖灵筒来安排在世俗社会中的这个灵魂。

这个祖灵筒一般是在彝族丧祭仪式的最后出现，在为与祖先会合的那个灵魂“走”了以后，彝族人就要举行一个专门的仪式来“做”这个祖灵筒了。

在盘县原生一型淤泥河A个案中，这个仪式叫“解索”。

“‘解索’是解开系在亡人脖子上的绳子的意思，彝语叫‘去火’。彝族人认为死者的灵魂是判官、小鬼用绳子系住的，要经过念经才能解开，解开脖子上的绳子灵魂才是得解脱的灵魂。

“做‘解索’时，要搭一个与祭祖时一样的祭场，也要有祭祖时一样的君长房、臣长房、师长房等等。同时还要搭一个如转场时一样的鬼房。扎六个茅草人，分别是：

“1. 一个茅草人有六只手，彝语叫‘吸所那所把’。

“2. 一个茅草人只有一只手、一只脚，彝语叫‘接发屁’（半边人）。

“3. 一个茅草人有九个脑壳，彝语叫‘儿屋哥的’。

“4. 一个茅草人是天上的仙鸟，彝语叫‘木姑达拿入’。

“5. 一个茅草人为木条草人，彝语叫‘克西拉西得’，要用小木条来做。

“6. 一个茅草人有四只脚，两只如兔子一样的大耳朵，彝语叫‘逃顿’。

“要做一支弓箭。

“还要用木条做两个拿人的小鬼，彝语叫‘细数说数’，意思为‘拿人的小鬼’。

“这些东西准备就绪，就由大儿子扛着弓箭，其他孝子背着茅草人，如果孝子多，茅草人不够背，其他孝子就扛上青冈树枝。这一行人要在毕摩的带领下，先到死者的屋里每个房间里扫一次。一个房间一个房间地扫，每出一个房间门，都要打卦，如是‘顺卦’，证明此屋已经扫除，如是‘阴卦’或‘阳卦’就说明此次扫除无效，得重来，如果打了8次都不见‘顺卦’，那这天的‘解索’就不能进行了，需另择日来进行，因为毕摩认为，卦打了8次之后就不灵了。

“扫除完屋子，就来到鬼房。鬼房里放着一个升子或斗，升子中有米，把‘细数说数’插在升子的米上，在鬼房里挂上一个用绳子捆扎起来的灵筒，里面装的就是祭祖时所说的那些代表灵魂的东西。同时鬼房里还挂着一只小鸡，那六个茅草人被毕摩念经分配到鬼房的四周守卫。

“毕摩在鬼房前念‘去火经’。念毕，大孝子就拿那支弓箭射鬼房里的小鬼和小鸡，意思是把小鬼射死，让它不知道小鸡已经替换了亡灵，而射死小鸡就是要它做亡人的替身。然后把祖先的那支新灵筒拿出来，鬼房、被射死的小鸡等就由‘尔枯’拿出去烧掉。

“这样，祖灵筒出现了，但这只灵筒仍是被绳子捆着的。这时，要在事先搭好的祭祖场里，用一只羊，或用一只鸡祭祀，如祭祖时的过程来进行一遍，就可以在君长房的灵床边解开捆扎其上的绳子，并说：为做农活时死的虫子解罪，为放高利贷解罪等等一系列话语……

“这样经过‘解索’的灵筒就可以挂在堂屋里的瓦沟下了。有的人家穷的，做不起‘解索’这道环节，也可以直接做一个祖灵筒挂起就行，但不能挂在堂屋里，而是要挂在偏房里。

“男女老人的死总有先后，在两个老人都死了的时候，就要为之合灵。合灵时，要用一个簸箕，里面装上稻谷和荞子，意思为一个认不得一个，把捆上男红女绿丝线的代表男女祖灵的两根草节，放在簸箕里筛，在男女两根草节被筛成一顺，靠在一起时，就顺势拿起来，捆扎在一起，就可以装在一个祖灵筒里。这样，男女两个老人的灵魂就合成一家了。有多个老婆的也一样处理。”（盘县原生一型淤泥河A个案）

在这个个案的仪式中，已经加进了太多的异样的观念，但仍然是彝族人使祖灵筒出现最完备的仪式了。

这个仪式过程也有救赎的意味，它首先认为亡灵受困，所以“做”祖灵筒的过程也是把死者亡灵救赎回来的过程。但这个过程不是强势的，而是计谋式的，即用小鬼和小鸡的灵魂换回死者的灵魂。

这是彝族祖灵筒出现较为正规的仪式，但是不是必需的仪式，它同时也承认另外比较简略的仪式也能产生祖灵筒，只不过用堂屋和偏房的挂放地点来区别它的“级别”差异。

在盘县原生一型淤泥河B个案和盘县原生一型淤泥河C个案中，也有这样的描述，盘县原生一型淤泥河B个案里还有为何要以竹筒来做祖灵筒的传说。

“彝族人认为人有三魂，有一个被指到祖先那里去，一个在坟里边，还有一个在家里的竹灵筒里。在转场坝里所做的一切活动都是为去祖先那里的灵魂而做。埋葬的时候也把另一个灵魂安顿好了，这个灵魂今后还可以为他做一些事。还有在灵筒里的那个灵魂没有安顿好，接下来的仪式就是安顿这个魂。

“这个仪式可以在转场坝做，也可以到家门口去做，主要是为亡灵献衣，寻找亡灵和追赶‘无常鬼’。‘朝耄’把祭棚上撤下来的树枝，砍去枝叶，留1.5米左右长，顶端有一个分杈。把树枝两两相距1.5米左右插在地上，在两棵上面搭一根横的树杈，形成一道门的样子，共插九道，每道之间相距1米左右，中间要足够人通过。布置妥当以后，毕摩念《献衣经》。说是《献衣经》，实际上是两部分内容。一部分为叙述衣服的来历，从蚕种的来历开始，到蚕桑的选择，到织布的过程，一直到做成衣服为止。另一部分为寻找死者灵魂。古代彝族人认为人死了是因为灵魂离开躯体，只要把灵魂找回来就能复活。于是毕摩和孝子们都做最后的努力，去寻找死者灵魂，从村头找到村尾，从君长家找到毕摩家。得知是被‘细叟’抓去，又通过‘暗度陈仓’的办法，用一只鸡的灵魂把死者的灵魂给换了，然后把‘细叟’的牢房烧掉。但灵魂是不可能找回来的，说是又不见了，毕摩又继续追，追到刺竹林里不见了，只看见一蔸竹节草（也有的叫‘骨节草’）。于是砍刺竹做灵筒，用竹节草秆做‘灵偶’（死者灵魂的依附物），这个‘灵偶’还要裹上后家拉来上祭的那只羊身上的一点毛，用红绿丝线缠好（男的缠红线，女的用绿线），把‘灵偶’放到竹筒里，再放一点盐和米，用一片竹片离竹筒口约一厘米处横穿过去封好口就成了祖灵筒。

“这次毕摩不是站着念，而是领孝子们在插好的树桩里绕来绕去，死者长子端着一只升，跟在毕摩后面，升里面是玉米，竹灵筒插在玉米里，其他孝子也跟着绕，每个人手里面拿着一枝树枝。孝女和孝媳都要哭。这时的哭词内容和毕摩经书的内容关联不多。转几个来回后，在最后一门里，在横梁上吊着一只小鸡，那里还搭了一个象征性的鬼房，亲孝男用弓箭把小鸡射死，放火把鬼房烧了，所有的孝子把手里的树枝放到火堆上去烧。嘴里还喊‘火烧细叟房！火烧细叟房！’意思是救火，实为添柴烧鬼房。

“绕的过程当中，还要把升里的灵筒放到九道门下面穿过并‘打醮坛’表示洁净。毕摩嘴里念念有词。

“如果夫妻两个，有一个已先死的，这时要做合灵仪式。要重新做一个灵筒，把夫妻两个的灵放在一起。男的竹节草有草结，女的没有草结。”（盘县原生一型淤泥

河B个案）

“在招魂时，有旧的灵筒，但也为新亡的人做一个新的灵筒。在指完路后，又要做一个叫‘去伙’的仪式，也是一种‘解结’，即形成一个新的装有夫妻灵魂的灵筒。

“筒内的灵草用‘骨节草’来做，男的用红线捆扎，女的用绿线捆扎，即把羊毛捆扎在草节上。在竹筒内还要放米。

“把这两节草放入筒中时，要用鸡或者羊子来祭祀，要念‘去伙’经。做好灵筒，孝子要在堂屋跪接灵筒，并把它放到家里正堂左边的瓦片下。”（盘县原生一型淤泥河C个案）

在盘县原生一型的个案中，“去伙”的仪式叙述很完整，但“做”夫妻祖灵筒的“合灵”仪式并没有叙述。我们在盘县原生二型坪地三家寨个案中看到并有相应的记录。盘县原生二型坪地街上个案中也有同样的记录。

“在抬棺木上山的同时，在毕摩房的旁边，毕摩在做一种叫‘合灵’的仪式。

“这个仪式的意义是把这个亡灵（管绍芝，男性亡灵）与以前去世的妻子的亡灵合二为一的仪式。

“其场景是这样的，在土坎脚，插一些约一尺来高的青松枝，在松枝前放上一排木杈（有九棵黄松丫枝、九棵青冈丫枝、九棵炮仗花树丫枝），杈前平一小块地方，上面用木枝做一个一尺见方的小床，小床前面是一个木杈门，门后是一床新的草垫子，草垫子上面是一床被子。在木杈门边是一个装满米的升子，升子里是新亡人和旧亡人的灵筒。合灵仪式开始，先有一个把旧亡灵从阴间‘度’过来的仪式，除了毕摩不停地念经外，还把升子里的旧亡灵不停地从木杈‘门’的那一边递过来，往复多次。在认为两个亡灵汇合后，就把代表两个亡灵的两节‘骨节草’由被子边的两个人各拿一个，隔着被子唱彝族传统的调情的情爱之歌，并明显的做性爱的言语示意，到人们认为示爱到一定程度时，就把两节骨节草放进被子里，旁边的人拉住被子不停地抖动，表示爱意。此时，众人往往会意味深长的大笑。

“（这两节骨节草灵魂是毕摩用一寸长的骨节草，上附一撮羊毛，男的用红线捆扎而成，女的用绿线捆扎而成。）

“这种合灵仪式做完之后，两个老人的代表灵魂的骨节草就会转入一个竹筒里，表示他们死后又作为‘亡灵夫妻’走到一起来了。按照三家寨人俗话说的，是两位老人又结了一次‘婚’。

“这种仪式在三家寨一般只有成年男性参加，女性和未成年的男性是不能参加的。

“如果此亡灵只有一个妻子，就是如此的仪式，如果是两个以上的妻子，祖灵筒中就会放两个以上的绿线骨节草，即两个以上妻子的灵魂也要与男的亡灵合在一起的。

“这个仪式结束，孝子就会虔诚地用筛子把祖灵筒抬回家，放在家里正屋左边屋脚的瓦沟里。所有的彝族丧祭仪式的意义就全部凝结在这个祖灵筒上。

“合灵之后的旧灵筒要拿到人踩不到的地方烧掉。”

彝族人的祖灵筒就是在以上的各种各样的方式中形成，成为彝族人世俗生活中和灵魂生活中不可缺少的一个组成部分。

在彝族人的祖灵筒中，为什么要用刺竹筒来做彝族人的祖灵筒，一般有两种说法，一是一次洪水中，彝族人的祖先因为抓住了竹子才获救，故要用竹筒来做装自己灵魂的容器。二是如盘县原生一型淤泥河 B 个案中的那段神话，说是彝族人的这个灵魂是在竹林中找到的，竹筒就自然成为彝族人灵魂的容器了。我们以为第二个说法更接近彝族人灵魂文化，更符合彝族人的灵魂的基本性质。

在彝族人的祖灵筒中，有草、羊毛、红线、绿线、米等，也许各地的祖灵筒中放置的东西不尽一致，但上列的几项是必备的。草、羊毛、红线、绿线、米等这几样东西在彝族人的祖灵筒中都是具有象征意义的。

草——彝族人灵魂的标志物，由它来代表彝族人的灵魂。这在盘县原生一型淤泥河 A 个案中说得清清楚楚，是在彝族人找不到其灵魂的具体形式后，使用它来代表彝族人的灵魂，彝族人把它叫作“灵偶”。为了表示它存在的特别性质，故这种草一定是某种特别的草，彝族人称为“骨节草”，也有称“百花燃草”的。这种草在各地叫法有所区别，但一般都会说这种草有公、母之分，公的有节，母的无节。在选择骨节草时，视亡灵男女而定。

羊毛——是彝族人“衣”的概念在祖灵筒中的体现。彝族人现今大多数都已经进入所谓的农耕文明状态，牧业的成分已经很少了，但最初的游牧时代“衣”的概念仍然是羊毛，也可以说彝族人形成“衣”这个概念的物质基础是羊毛，而这种既定的概念在物质基础变化之后也不会有多大的变化。彝族人要把祖先的灵魂安置在这个竹筒中，这种象征“衣”的羊毛就是必需的了。要不，想象中的祖先灵魂就没有衣服穿了。

米——是彝族人“食”的象征。我们以为最初的“食”不一定是米，而可能是别的，但后来演化为米了。这个时间应该是彝族人基本走向农耕文明状态的时候，不会早于这个时间。有羊毛为象征的“衣”，有米为象征的“食”，就是有吃有穿的了。

红线——是男人性别的象征，说“红男绿女”就是性别的象征。

绿线——是女人性别的象征，这样来划分祖灵筒中灵魂的男女，也有原始彝族人阴阳概念在色彩上的具象化意义。

在祖灵筒中，还有放茶叶和酒的，意思也是“喝”的象征，是让亡灵在那里有“喝”的。还有给灵筒灌血的，这也是有献牲、有“肉”吃的象征意义。

实际上，在彝族人的祖灵筒里放什么，都是有意义的。

在祖灵筒形成后，尤其是在举行了“合灵”仪式之后，这个祖灵筒就有了一个灵魂的家的概念，即死后一家人住在灵筒里。在这样的“家”到达一定数量之后，就会出现一个包括一个家族在内的有数个家庭组成的“灵兜”，会把这个大家族的所有的祖灵筒都放在这个“灵兜”里，以代表一个家族的单位。在过去更为久远的时间里，彝族人就会把数个“灵兜”一起放在一个大木桶里，称这个木桶为“灵桶”。在这个“灵桶”里，一般会放上金碗和银碗，放上代表支锅石的小石头，放上一些工具和日常生活用具，放上这个家族支系的族谱，等等。一般到这个时候，这支彝族人就会把这个灵桶送到悬崖绝壁上的山洞里深藏起来。在送到山洞里时，会有一定的仪式，但以后就很少进行祭祀了，因为这时候彝族人的家里会有另外的老人的祖灵筒了。但是，现在彝族人中已经建立起了自己的家祠，来放置这些老的祖灵筒，一般不再往悬崖绝壁上的山洞里送了。这样的“灵兜”“灵桶”，我们在毕节地区还能看到清代的实物，和现在放在人们家祠中的“灵兜”和“灵桶”。这个“灵兜”是一个竹编的小筐，“灵桶”是一棵整木段挖空后制成的。

正是这个祖灵筒的出现，建立了彝族人灵魂的物质形式，让我们能直接从某种物质的形式中理解彝族人灵魂的意义。

实际上，这个彝族人的灵魂形式表现如何，可以直接显现彝族文化的基本特性，也可以作为衡量一个文化的标志。从这个角度看，彝族人的祖灵文化是普遍存在的，但在深度和广度上却是有很大区别的。在盘县的两个类型的彝族文化中，祖灵文化是十分浓郁的，其原生状态也很明显，但在六枝和大方，却已经失去了形成祖灵筒的主要仪式，也没有神性空间的依托，只好在汉族式的坟堂上扯草来做祖灵筒即可。这个变化表明彝族丧祭文化的根本性失落，也能进一步说明，盘县彝族的丧祭文化，在贵州彝族丧祭文化的表现中是有范式作用的。当然这只是彝族丧祭文化与汉族等丧祭文化融合发展后的彝族丧祭文化的范式。地道的仍然以火葬为主的凉山彝族的丧祭仪式，才是彝族人最为古老的丧祭文化表现。

第四节　坟堂——彝族人第三个灵魂的居所

在贵州彝族丧祭文化中，土葬带来的坟堂是彝族人的第三个灵魂的居所。彝族人的三个灵魂，一个被指路经指路去了祖先之地，一个以祖灵筒的形式住在家里，最后一个灵魂就要在坟堂里来安身了。

土葬是世界上农耕文明民族的基本葬式，因为土地成为他们基本的生存条件时，回归土地就没有比这再自然不过的事情了。有深厚游牧文化基础的彝族人，在什么时候把土葬文化融合到自己的丧祭文化中来的我们并不十分清楚，但这个时间应该并不久远，应该是在彝族先民大规模向贵州、四川迁徙之后的事情。在四川，彝族人居于凉山，在贵州，彝族人居于乌蒙山，这两处在地理环境上有惊人的相似，都是高寒山区，有大面积的高山牧场，牧业至今仍然是当地经济的组成部分，而在河谷低洼地带都有农业经济的存在，这是地理环境。在人文环境上，在四川省凉山，汉族杂居者少，而在贵州的乌蒙山，与汉族及其他少数民族杂居的多。在四川凉山，地理环境使凉山彝族也有自己的农业经济，有了“土葬”文化出现的基础，但它却没有如贵州乌蒙山的人文环境，所以它至今仍然基本保持了来源于游牧文化的火葬文化。而在贵州的彝族人，由于有这两种环境的原因，慢慢地就把以汉族为主要影响源的土葬文化融合到自己的丧祭文化中来了。也就是把自己的灵魂分一个出来，安居在土葬的坟堂里。

不过，盘县彝族人在融合土葬文化的时候，只是一种有限的融合，并没有让土葬文化全面地进入彝族人的丧祭文化，而是把土葬文化“化”为彝族人丧祭文化的一个组成部分。

“11月9日我们在苏座看到的彝族丧事，一大早主家就把鬼房中的棺材抬上了山，但这具抬上山的棺材在墓地并没有埋藏，而是放在那里即是，因为在看日子时认为不能在此日子里埋葬，而是要等到冬月间（也就是农历十一月间的某一天）才能埋葬。”（盘县原生一型淤泥河A个案）

“棺材放在屋正中间，棺材一般都用杉木制作，不得已也可用其他木料，整个棺材不许有任何金属。不能用铁钉钉，装殓时禁止金属入棺内，连死者衣服上的封领扣以及金属扣子拉链都要摘下来。人们七手八脚地把白纸铺在棺木内，毕摩用一只鸡‘扫棺’。‘扫棺’完成后把尸体抬进棺内。死者后家这时候也要到场，把缝制的象征性的麻布衣服装到棺材里。至亲的孝女们（死者女儿及侄女）也把自己缝制的象征性的衣被用点然的香烙一个小孔放进棺材里，表示给亲人盖被子。最后盖上棺盖，以后再也不许打开。这时据毕摩书上确定的情况，死者对哪个属相的人不利，那么这个属相的人就要避开。”（盘县原生一型淤泥河B个案）

“指路仪式结束后，烧掉纸羊纸马等。之后就是众寨人就抬起棺木上山。

“在上山的途中，至少要停棺三次，每次众孝都要给抬棺人敬酒、放鞭炮。停棺时由孝女甩出三条白布带垫在地上，把棺木放在白布带上。

“途中，要举行众孝钻棺仪式，即众人把棺木高高抬起，让所有的孝众从棺木底下钻过去。

“到了山上选定的坟地时，将棺木放在地上。如果是在死者的生肖属相上与葬期没有冲突，就可以马上下葬入土，如果葬期不合，要停一段时间有好日子才能入土下葬，就要把棺木放在选好的墓地里，待到了好日子才来入土下葬。

“三家寨的这个亡者就是日子不合，要40天后才是下葬的好日子。故也就砍来松枝，搭一个松枝棚把棺木盖起来，众人就下山了。

“这场葬礼中的四个花圈被带上了山，盖好松枝后就盖在松枝上。”（盘县原生二型坪地三家寨个案）

“指路完毕后就抬棺木上山，‘不穿孝衣者’仍然扛魂幡执火把为前导，路上要歇息三次以上，每次都要给抬棺者敬酒，并都是从‘不穿孝衣者’敬起。棺木歇息时，就直接放在地上，姑娘和儿媳用白头帕垫在棺底。在途中，要举行一个‘钻棺’

的仪式，不用毕摩，众孝从高高抬起的棺木下钻过即可。

“这家的棺木也是不立即下葬的，在抬上山后，用水泥砖砌了一个小房子把棺木掩盖起来。”（盘县原生二型坪地街上个案）

在以上个案中记录的关于土葬的一系列状态中，其个案中的土葬只是彝族丧祭的一种附属，在其中基本上没有土葬的仪式行为，只在盘县原生一型 B 个案中有“献衣献牲经”的仪式出现，但这个经都是彝族丧祭仪式中的一般经书，也是其一般化的仪式，即在土葬的装棺这一环节里使用了彝族人的丧祭仪式。总的来看，在盘县的个案中，基本上没有关于土葬的独立仪式行为出现，而是在一系列的彝族丧祭仪式中有尸体装棺埋葬的“土葬”，不是我们理解的一般意义上的土葬，而是彝族人在自己的丧祭中借用了土葬处理尸体的形式，其彝族人固有的丧祭文化基本未变。

不管各地的彝族丧祭文化中土葬文化的表现如何，贵州彝族丧祭文化已经普遍的使用了土葬，这是不争的事实。盘县彝族人已经在很早的时间里就把自己的另一个灵魂安置在坟堂中的，已经成功地把土葬的一系列的文化因素化为彝族丧祭文化的一个组成部分。

彝族人是在什么时候把自己的第三个灵魂安置在坟堂中的？在选择汉族式的坟堂安置彝族第三个灵魂之前，彝族人的灵魂是几个呢？如果是三个，那原来是如何安置这第三个灵魂的？是随火把第三个灵魂送上天了吗？如果不是三个灵魂，这第三个灵魂是因为实行了土葬才“制造”出来的新灵魂，拿到至今仍然实行火葬的彝族丧祭文化中，就不会有三个灵魂的观念，就会只有两个灵魂的观念。这在自己的丧祭仪式中实行土葬，一定有自身文化的发展需求和外来文化的影响，彝族人是什么时候接受这种土葬文化的影响的？这些我们很难比较完整地回答，但对此方面的深入研究可以展开彝族文化的许多方面，并且会使我们更为深入地理解彝族文化。

第五节　丧祭仪式中的经书和《指路经》

一个文化体中的丧祭文化是由一系列的神性仪式和一系列的世俗过程共同构成的，当然，这后面还有一系列的精神观念的支撑等等。在这个构成中，其仪式是其文化的主体部分，是这个部分决定其丧祭文化的基本性质。在人类的丧祭文化中，其仪式的表现又是多种多样的，彝族人的这种以基本经书为凭的丧祭仪式，就是人类多种多样的丧祭文化表现的一种。

在彝族人的丧祭文化中，经书在其中有很重要的地位。

现今彝族人的经书基本上是手写本，完全是用彝族自己的文字写成的。在彝族人还拥有自己的民族地方性国家的时候，这种彝族文字是他们的官方语言文字，在失去自己的制度文化构建之后，这种文字就回归到民间，成为一种在民间流传，并具体由毕摩来应用和传承的文字。

毕摩是彝族文字的民间应用和传承者，每位毕摩一生都会抄写许多经书，我们在调查中就直接看到许多这样的经书。

在盘县淤泥乡米妥村，我们在康毕摩家看到近20多种经书。这经书由于后继无人，已经停用多年，但在淤泥河地区，康毕摩是非常有名的一位毕摩。

在淤泥乡麻郎垤村的甘毕摩家中，看到的经书有总经、尼喜（献酒经）、莫日（献牲经）、喜一多（喊醒亡人经）、欠左书（绕棺经）、木故经（外家祭悼经）、忍刀（解罪经）、黑铁书（洒水经）、祭祖经（指路经）、果比果射（替身经）、甘家尼木经（祭祖经）、透书（黑书“阴书”）、汉译透书（黑书“阴书”）、地母经、灶王经等10多种。

这里的“总经”是一大本订在一起的经书，应该是多种经书的合订本。

尼喜（献酒经）是盘县彝族人做一系列仪式献酒时所念的经，既在丧祭仪式中使用，也在一般的祭祀中使用。

莫日（献牲经）是盘县彝族人做一系列仪式献牺牲品时所念的经，既在丧祭仪式的多个环节中使用，也在一般的祭祀中使用。

喜一多（喊醒亡人经）是盘县彝族人做招魂仪式中所念的经，主要在丧祭仪式中使用，也在一般的治病招魂仪式中使用。

欠左书（绕棺经）只在盘县彝族丧祭仪式中使用的经书，而且只有在为亡灵绕棺仪式时才用。

木故经（外家祭悼经）是盘县彝族外家来祭悼时所念的经书，也是彝族丧祭仪式中所用的经书。

忍刀（解罪经）是盘县彝族丧祭仪式中为亡灵解洗罪过的经书，是盘县彝族丧祭仪式的专用经书。

黑铁书（洒水经）是盘县彝族人给亡灵做敬水仪式中所念的经书，也是其丧祭仪式的专门经书。

祭祖经（指路经）也就是盘县彝族的指路经，在彝族丧祭仪式中，要给亡灵最后指路，把他的灵魂指往西边的祖先之地去的经书。

果比果射（替身经）是在做死者灵筒的仪式中所念的经书。那个仪式是用鸡作为替身把亡者的灵魂替换回来的仪式。

甘家尼木经（祭祖经）是纯粹祭祖时用的经，如给祖先换灵筒的时候，就要念这样的经书。这一经书虽然与彝族的丧祭仪式有关，但应该不属于彝族丧祭仪式中使用的经书。

透书（黑书“阴书”）是彝族人的“看日子的书”，应该是以彝族人自己的方式来看日子的经书。它在彝族丧祭仪式中使用，也在一般的仪式中使用。

汉译透书（黑书“阴书”）是汉族人的“看日子的书”，应该是彝族人借用汉族人看日子的经书。在彝族人实际的应用中，实际上是两种方法都参照起来用。

地母经是受佛教影响而来的经书，不过它不可能在盘县淤泥乡的彝族丧祭仪式中使用。

灶王经也是受佛教影响而来的经书，不过它也不可能在盘县淤泥乡的彝族丧祭仪式中使用。

在盘县淤泥乡，我们还在一个姓金的毕摩那里看到他所拥有的经书。

金毕摩一共有 16 种经书，一般的经书有："特书莫"（彝文语音，下同）"尼木""列窝接""尼查六珠""尼洗""密吗""一赫""莫日""刚刀"九种。

金毕摩所解释这九种经书的用途为："特书莫"是彝文通书，就是看日子的书，如汉族人的历书；"尼木"是祭祖的经书；"列窝接"，又称"清蛇经"，用牺牲时为牲畜解脱的经书；"尼查六珠"是献饭和献酒时的经书；"尼洗"是另外一种献酒时的经书；"密吗"是做丧事跑大城经书，这个仪式一般人家做不起，故现今很少做了；"一赫"是在请水时的经书，也叫"奠水章书"；"莫日"是献祭用牺牲时的经书；"刚刀"是用于"禳解"的经书，在扫屋、解身上和扫荡等事上都要用此书。

金毕摩说专门用于丧祭仪式的经书有："洗一朵"（彝文语音，下同）、"木固""舍扯""日孬""黑特""窝着莫""去伙"七种。

金毕摩所解释这七种书的用途为："洗一朵"是招亡灵时的经书，冷丧时必用，是冷丧仪式的开始仪式经书；"木固"是献衣时的经书，这衣服是老后家拿来的；"舍扯"是用牛绕棺时的经书；"日孬"是为死者解大阴节的经书，解一生所有的事情，全部解决；"黑特"是给亡灵开路的经书，在第二天早上。开完路就指路；"窝着莫"是给亡灵指路的经书；"去伙"这也是一种解结经书，彝族人认为人有三魂，一魂在指路后往西天而去；一魂随着棺木去了坟上，一魂的灵在祖灵筒里，办理"去伙"的仪式后，祖灵筒就可以到家里享受家人的香火了。

在甘毕摩的经书里，应该说只有地母经、灶王经和祭祖用的尼木经，其余的经书都与彝族的丧祭仪式有关。

在金毕摩的经书里，除了尼木祭祖经之外，也基本与彝族丧祭仪式相关。其实，尼木这样的祭祖经中的祖灵筒，也是从彝族丧祭仪式中得来的，这样，宽泛地说尼木祭祖经也可以是彝族丧祭仪式的经书之一。

这样看来，现今在民间流传的毕摩经书，几乎完全是彝族丧祭仪式的经书，或者说毕摩的经书基本上都是为彝族丧祭仪式而服务的。

在彝族丧祭仪式的所有经书中，被人们最为看重的经书应该是"指路经"。在彝族丧祭仪式的结构中，指路仪式是其丧祭仪式的归结，其指路经也是其一切经书的归结。人们在指路仪式和指路经出现前，其所做的一切仪式和所念的一切的经书，都是为了指路仪式的展开和指路经书的念诵。指路经不但蕴含着彝族人灵魂归属的一切，也包含一系列的彝族历史文化和历史影像。这样的指路经，彝族人不看重它反而是奇怪的事情。

在彝族丧祭仪式的经书中，被人们翻译成汉语的经书只有"指路经"，而且翻译的是七个不同地区的指路经文本。

毕节县有两个文本，威宁县有两个文本，大方县有一个文本，赫章县有一个文本，纳雍县有一个文本。这七个文本由四川民族出版社于 1997 年正式出版，名为

《彝族指路丛书·贵州卷（一）》。

这个翻译是毕节地区的彝文翻译组所为，毕节县的翻译底本分别来源于毕节县左垠彝族乡和洛烘彝族乡，威宁县的翻译底本分别来源于龙街镇和长海乡等地，而大方县的翻译底本则是一个无明确来源地的搜集本，赫章县的翻译底本来源于珠市乡，纳雍县的翻译底本来源于黄家屯乡。

在《彝族指路丛书·贵州卷（一）》一书的前言中表述指路经的功能时说：

“指路是在死者的住地进行的。规定必须由布摩（又称毕摩）主持。先说死者的功绩和福气，一切都安排得很妥帖。死者为尊，活着的人都尊敬死者。对亡灵安慰了一番之后，就请享用祭品，出灵堂到斋场，穿戴甲胄，拿起武器，跨上骏马，赶着牺牲，经火化场，然后开始起程。由布摩按照祖宗迁徙的路线指引亡灵返回故土，说明沿途歇息地点，山川险阻，猛兽肆扰，种种困难，然后一一指点排难解危的方法，把亡灵指引到达目的地。并告诉亡灵到达目的地之后，要按自己所属的家族去找自己的位置。各个家族亡灵的归宿地都有不同的标志，告诫亡灵要辨认清楚，不可有误。最后，布摩向亡灵告别，指路的事就算完成。”［《彝族指路丛书·贵州卷（一）》，第5—6页，四川民族出版社，1997年版。］

在各地的指路经中，不管简繁，都要有这样的经历才能到达祖先之地。另外，指路经中所指之路并不是神话的虚构，而是彝族历史上实实在在的迁徙之路。

这样的指路经在某种意义上已经不是一般的灵魂处置和安排的意义，不是纯粹精神的虚拟，而是实实在在的历史表述，所以，人们认为它有着多方面的价值。在《彝族指路丛书·贵州卷（一）》一书的前言中人们就是这样来评价它的：

“无疑，本书具有民俗学、宗教学、历史学、地名学、考古学等彝学多学科研究价值，特别是书中的场面描写、景物描写、人物刻画，生动形象栩栩如生。……此书还有文学上的价值。它从一个侧面反映了彝族先民在使用自己的语言文字上的独特风格，显示了彝族先民驾驭语言文字的高超技巧。”

对彝族丧祭仪式的指路经中表现得更为深刻的意义，我们将在以后的章节中展开。

第六节　圣师和一个可疑的“负灵者”

在彝族丧祭的整个仪式过程中，彝族的毕摩都是其丧祭文化的焦点，在仪式中表现的一切，就是彝族丧祭文化一个又一个的节点。毕摩是彝族丧祭文化的运行者，只有他的存在和运行，彝族丧祭文化才是一种活形态的文化。

在彝族丧祭仪式中，毕摩是一个举足轻重的角色，实际上只有他的良好存在，彝族丧祭仪式才能正常开展，彝族丧祭文化才能正常的运行。彝族人的毕摩无疑是彝族人精神文化的重要方面，在彝族人其他文化结构缺失的情况下，在民间状态的毕摩显得尤其珍贵。

毕摩是彝语的音译，过去的史书、方志书籍上有许多不同的译名，如西波、西坡、浠波、鬼师、白马、贝马、白摩、比目、笔母、布摩、鬼主、毕摩、阿毕等等，但现今多译为“毕摩”。毕摩在彝语中有经师、教师之意。

毕摩认识传统彝文（指“老彝文”），通晓彝文经书，识掌故，拥有彝文典籍。

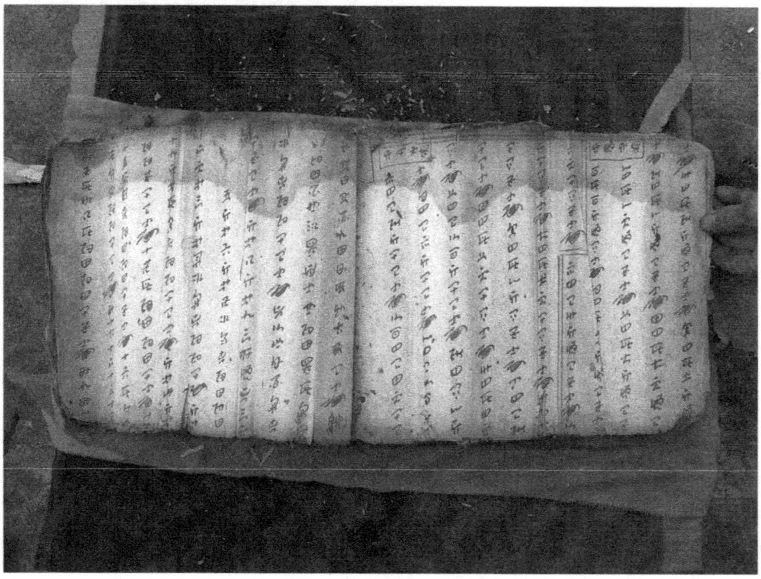

彝族毕摩经书

毕摩能“通神”，也能“通鬼”，能占卜、画符、咒鬼、驱鬼、咒人、镶解、神判等等，但他的根本职责是为家支、家族安灵、送灵、指路、招魂、做斋、祭祀等等。毕摩还是彝族人知识的传播者，有的毕摩还能治病。

在彝族中，能通灵的与彝族人信仰文化有关的人还有一种，叫苏尼（也称苏涅、苏里、苏额），苏尼只能施行跳神、捉鬼等巫术，也能占卜，但不能参加为家支、家族举行的安灵、送灵、指路、招魂、做斋、祭祀等活动。苏尼还不识彝文、不懂彝经，更不可能拥有彝文经书。他们是彝族的通灵者，是巫师，但不是毕摩。

毕摩在彝族中被视为“智者”和“知识最丰富”的人。有彝族谚语说：“调解人的知识上百，兹莫（兹为彝族部落头人，莫为副手、协助者）的知识上千，毕摩的知识无数计。”

在我们对盘县彝族毕摩文化的调查中，彝族毕摩的安灵、送灵、指路、招魂、做斋、祭祀等主要功能仍在，治病的也有，传播知识的功能就很微弱了。也就是说，信仰的主体功能仍在，附加功能减弱。还有，毕摩的社会地位的重要也只限于精神领域了。

在我们的调查中，对于这些人，在盘县，彝族人称“毕摩”，在六枝称“补摩”，在大方称“百幕”。

盘县彝族甲文化区域中毕摩有甘文富、金毕摩、康毕摩等。甘文富，盘县淤泥乡麻郎垤村人，2004年时81岁，彝族。其毕摩为家传。其祖上原来也不是毕摩，在老祖这一代，从岔米（附近彝族村寨）的吴家学来的。到他父亲这一辈，其父亲把毕摩传给了哥哥（只传长子），甘文富是二子，并未得传，但在帮助哥哥做毕摩的过程中，跟哥哥学会了毕摩。

盘县的毕摩——甘文富

盘县彝族乙文化区域中毕摩有孔毕摩等。

现今在民间状态的毕摩，基本上只在以丧祭为主的仪式活动中发挥影响力，其他的社会生活方面并没有太大的影响力，但是，毕摩的来源在彝族中却非常古老。

祭祀中的彝族毕摩

在彝族文化中，毕摩文化是古老而辉煌的，它是彝族人一种古老的信仰文化。在彝族的毕摩文化形成之前，彝族先民的信仰是一种“多灵”信仰的状态，其信仰的灵并没有形成一定的中心。在毕摩作为一个阶层出现后，彝族以祖灵信仰为中心的多灵信仰才形成。在彝族中，毕摩文化是一个特殊的文化概念，因为在其毕摩文化形成之后，就一直居于彝族文化的中心，对其后来的彝族文化发展变化发生着主导地位的作用。

彝族毕摩文化是什么时候形成的呢？应该是彝族文化历史发展进程中的产物。对于彝族毕摩文化产生于什么年代？何耀华先生认为：“毕摩历史渊源极为古老。它起源于彝族原始社会末期，父系氏族公社时代，是彝族原始宗教发展到较完备阶段的产物。”①在具体的年代推测上，有的彝族学者认为在公元前1000年。据彝文史书记载，彝族最早的祭司（毕摩）系彝族先民部落首领密阿迭（亦写作宓阿叠、宓阿典）。他曾“教人做斋，以供奉祖先”。如是，则记载于史书的毕摩起源已相当久远。不过，这也许并不是后来的“兹（君）、莫（臣）、毕（师）三位一体”时的毕摩文化，而是一种彝族氏族社会中的部落首领与毕摩不分化的毕摩文化。笔者以为，毕摩文化有一个前文化的阶段，毕摩也有一个前毕摩的阶段，“密阿迭”就这个前毕摩阶段的毕摩。真正的毕摩文化的形成应该是有一个标志的，这就是毕摩作为一种“独立的力量形式”存在的时候，这就是彝族社会步入阶级社会，并确立了“兹”（君）、“莫”（臣）、“毕”（师）三位一体的政权的时候。这个时候的特征是：“君施令，臣断事，师祭祖”。这个时候大约在汉族“三国”时期之前。

这个真正的毕摩产生之后，即“兴祭奠，造文字，立典章，设律科，文化初开，礼仪初备”①，从而标志着毕摩文化的形成和诞生。

彝族文化的这一变革，必然在汉族的历史文献中有所反映。

晋人常璩《华阳国志·南中志》说：“夷中有桀黠能言议屈服种人者，谓之耆老，便为主。论议好譬喻物，谓之夷经。今南人言论，虽学者亦半引夷经。”

唐人樊绰《蛮书》：“东爨乌蛮‘大部落则有大鬼主，百家二百家小部落，亦有小鬼主。一切信使鬼巫，用相制服’。”

《宋史·黎州诸蛮传》说：“夷俗尚鬼，谓主祭者曰鬼主。”

在两晋时期，已有相当一批“夷经”可供学者引述。仅从文艺理论和哲学方面来看，目前翻译成汉文的彝文典籍，在这一时期先后成书的主要著述有：布摩举奢哲（者）著的《彝族诗文论》，布独布举著的《纸与写作》、举类布佗著的《诗歌写作谈》及哲学著作《宇宙人文论》，等等。据发掘者和学术界一些学者根据有关资料考证，布摩举奢哲与刘勰约为同时代的人，《宇宙人文论》约成书于唐朝中叶至北宋末年之间。②

以这些彝文典籍的出现，左玉堂先生认为，三国至宋代（220-1279），是毕摩文化繁荣、崛起的时代。③同时，左玉堂先生还把明代（1368-1644）定为彝文大发展的时期。“也是毕摩文化最鼎盛的时期。主要标志是大量的彝文金石铭刻和大批的彝文经典的著述。彝文金石铭刻，今存世的有：贵州毕节地区大方县的‘成化钟’（铜钟面铸有彝汉两种铭文）、《水西大渡河建石桥记》《千岁衢碑记》和云南禄劝县的《镌字崖》，武定县的《凤诏碑》等等。”④

但是，徐铭先生在其《毕摩文化概说》一文中说：“公元15世纪，在今贵州毕

① 李延良：《彝族哲学著作〈宇宙人文论〉初探》，载《中央民族学院学报》1979年第4期。
② 《毕摩文化论》，〈中国西南彝族毕摩文化〉，左玉堂，云南人民出版社，1993年版，第3页。
③ 《毕摩文化论》，〈中国西南彝族毕摩文化〉，左玉堂，云南人民出版社，1993年版，第3页。
④ 《毕摩文化论》，〈中国西南彝族毕摩文化〉，左玉堂，云南人民出版社，1993年版，第3页。

节地区和云南武定地区形成和发展起来的彝族毕摩文化，是彝族社会历史上的一次大变革。它促成了贵州、云南彝族社会向封建社会转化，也促成了这一地区在意识形态领域的巨变……彝族在14世纪形成之后的第一个一百年中，为确立毕摩文化体系而出现的一切思想文化活动，都紧紧围绕着对彝族祖先的追溯和赞颂，它使彝人逐渐摆脱氏族部落的传统观念，开始在各个领域形成毕摩文化的心理结构，从而标志着毕摩文化的诞生。”①

徐铭先生的观点与左玉堂先生的观点明显不同，徐铭先生认为彝族毕摩文化的形成是在15世纪，而左玉堂先生则认为这只是“毕摩文化最鼎盛的时期”。

左玉堂先生认为，毕摩文化的渊源是很久远的。“究其大端，主要有三个方面，一是来源于原始巫术，二是原始自然崇拜，三是汉族地区道教，儒学文化的传入。这三支文化源流的交汇、融合，逐渐发展成毕摩文化。”②

这前两种毕摩文化的因素是彝族文化中固有的，也应该是得到应有发展的文化，后者则明显是外来文化。左玉堂先生认为正是这三种文化的“合流”而形成了彝族的毕摩文化，并且其毕摩文化很快在此基础上发展到鼎盛。不过，这种鼎盛时期并不长久，在16世纪就走向了衰落。

在16世纪，可以说是贵州、云南彝族地区毕摩文化的繁荣时期。这一时期毕摩文化有两个主要特征。一是毕摩文化的繁荣区域，主要集中在它的发源地——水西地区和武定地区。虽然四川凉山、云南的南部毕摩文化已有发展，但主要为水西、武定毕摩集聚影响所致。这一时期著名的彝文典籍和金石文献基本出自水西地区和武定地区，大规模的巫术热潮也屡屡发生在这一地带。二是这一时期的毕摩文化，是以宣扬“为善荣庆”“行善寿长”“君长万世其昌”“祖烈而昭来世，可以观孝与慈”，杂以“木刻竹简”“杀猪作祭，以鸡鸭破土，解除冤愆”为其主要内容的原始宗教活动。③

“16世纪是毕摩文化的鼎盛期，同时也是其衰落的起点。随着佛教、道教、儒学在彝族地区广泛传播，毕摩文化的内容日渐杂芜，与早期毕摩文化相去越来越远。16世纪后期，彝学兴起，出现了大量的农业、伦理、历史、文学、医药、律历等彝文典籍，它逐渐脱离毕摩文化而独立发展。”④

从这里看，16世纪彝族毕摩文化的衰落是一种历史的必然，它似乎有两个动因，一个是毕摩文化的内在动因，即毕摩文化从以信仰文化为主体的毕摩文化向知识和科技性毕摩文化发展了。这个从“以信仰文化为主体文化的毕摩文化”发展而来的“知识和科技性质的毕摩文化”，在很大程度上来说，它已经不是一般所理解的毕摩文化了。所以说，人们称它为“彝学”，正是这个“彝学”的彝族文化时代的到来，使传统的毕摩文化衰落了。这是彝族毕摩文化衰落的内在原因，但是，彝族并没有因此而迎来彝族新的文化时代，这就与彝族毕摩文化衰落的外在原因直接相关了。16

① 徐铭：《毕摩文化论》，〈毕摩文化概说〉，云南人民出版社，1993年版，第21页。
② 徐铭：《毕摩文化论》，〈毕摩文化概说〉，云南人民出版社，1993年版，第23页。
③ 马学良：《明代彝文金石文献中所见的彝族宗教信仰》，载《西南民族研究彝族研究专集》第199页，四川民族出版社1987年版。
④ 徐铭：《毕摩文化论》，《毕摩文化概说》，云南人民出版社，1993年版，第27页。

世纪之后，相继明、清两代的“改土归流”的政治，直接“破坏”了彝族的“兹（君）、莫（臣）、毕（师）三位一体”中的“兹（君）、莫（臣）”。三位一体中去掉了前两位，彝族的社会组织结构“跨”掉了，同时经济基础也不存在了，而经济基础的消失，属于上层建筑的意识形态，也就没有存在的基础了。这时候，对毕摩来说，就只能重新回到民间。这样，曾经鼎盛一时的毕摩文化也就不可避免的衰落了。同时，彝族社会经济基础的消失，也不可避免地使彝族文化内在动因发展起来的“彝学”亦消失了。

这样，曾经走向过“兹（君）、莫（臣）、毕（师）三位一体”的毕摩，在彝族制度文化瓦解之后，三位一体的毕摩不见了。同样，曾经走向彝学的毕摩，在其经济基础消失之后也不见了。在这两个状态下不见了的毕摩，不是消失了，而是变化成了今天的毕摩。

这就是历史上的毕摩和毕摩文化。不管其现今的状态如何，都可见其历史渊源和文化的根基是极其深厚的。

在现今彝族的毕摩中，除了为人做丧祭仪式之外，他们一般都还能做诸如祭祖、祭山神（彝语为：“尼木木”）、扫火星、招魂、扫屋、占卜、看日子、看风水等等。

彝族毕摩是彝族人的圣者，至今如是。

在盘县彝族丧祭仪式中，除了毕摩之外，我们还能看到一个重要的角色——负灵者。这是我们给他取的一个名字，各地的彝族丧祭仪式中有不同的称呼。我们以为，这个角色很“可疑”，因为对这角色的文化功能我们并不十分清楚，但他在几乎所有的丧祭仪式中都有出现，而且在整个的丧祭仪式中都很显眼。

“念经时，毕摩进入建好的念经房，那个叫‘尔枯’的也戴着一个大篾帽站在念经房里，主家的一个人打着一把伞为毕摩遮太阳。”（盘县原生一型淤泥河 A 个案）

“封证完子孙，毕摩在前，‘尔枯’扛起一个‘招魂牌’随后，唢呐队伍也跟上，一行人从鬼房出发，到亡人死去的地方去‘引魂’。”（盘县原生一型淤泥河 A 个案）

在淤泥河，这个人被称为“尔枯”。

“主人家还为其配备了一个叫‘侧摩’的人，负责仪式过程中的‘引导’，即仪式过程中，毕摩要进行什么仪式，是先向‘侧摩’说，然后由‘侧摩’向主家的人众说和引导。”（盘县原生二型坪地三家寨个案）

“杀鸡由‘侧摩’（这个侧摩就是我们所说的‘不穿孝衣者’）来杀。”（盘县原生二型坪地街上个案）

“鸡是一个‘不穿孝衣者’抱着的，毕摩念完献牲经，也是此人杀的鸡。”（盘县原生二型坪地街上个案）

“这时，众孝又齐跪在棺木前，那个升子就放在大孝子的面前。‘不穿孝衣者’

也跪在自己的位置上，抱着那只母鸡。”（盘县原生二型坪地街上个案）

“在最后念经完毕时，由‘不穿孝衣者’先行献饭，然后是众孝一一跪拜献饭。”（盘县原生二型坪地街上个案）

“布置好这一切，毕摩手里拿着一个旧的竹筒（应该是那个男性亡灵的灵筒），蹲在坑边念经，‘不穿孝衣者’把手里的一只公鸡，从木门户边的那一头递进犁头下的坑洞里，穿出来，又退回去，往复两次，灵筒也随鸡从犁头坑洞里穿出来，也是两次。”（盘县原生二型坪地街上个案）

“最后，毕摩拿着一张记录着死者生辰情况的纸片念起来，这时，‘不穿孝衣者’把鸡放在犁头坑中。”（盘县原生二型坪地街上个案）

“念完经书，先由‘不穿孝衣者’献饭，然后是众孝依此献饭。”（盘县原生二型坪地街上个案）

“毕摩把经过祭祀后的树枝发还给众孝。‘不穿孝衣者’拿着点燃的火把领头，毕摩、众孝于后，准备下一步的‘走网丝城’。”（盘县原生二型坪地街上个案）

“然后是献饭，也是由‘不穿孝衣者’先献饭，众孝依次献饭。”（盘县原生二型坪地街上个案）

“毕摩用一叠纸钱蘸猪血交给‘不穿孝衣者’，‘不穿孝衣者’在灵房前焚烧。毕摩端一个有木杈的水碗从猪牲边来到灵房前。”（盘县原生二型坪地街上个案）

“转时，‘不穿孝衣者’拿着火把，扛着魂幡为前导，毕摩随其后，后面是孝子等等。出门时孝女哭着出门，最后到转场地。”（盘县原生二型坪地街上个案）

“棺木进入鬼房之后，就又开始献饭了。毕摩在献饭时念经，众孝跪在灵房前献饭，献饭从‘不穿孝衣者’开始，然后是孝家大孝子等等。”（盘县原生二型坪地街上个案）

“指路完毕后就抬棺木上山，‘不穿孝衣者’仍然扛魂幡执火把为前导，路上要歇息三次以上，每次都要给抬棺者敬酒，并都是从‘不穿孝衣者’敬起。”（盘县原生二型坪地街上个案）

“在木杈门前打除醮，由‘不穿孝衣者’杀了一只公鸡，孝子用鸡血蘸了的钱纸烧化给亡灵，同时献饭等等，也是由‘不穿孝衣者’先献，大孝子后献。”（盘县原生二型坪地街上个案）

在坪地的两个个案中，这个在坪地彝族人中称为“侧摩”的人，几乎在所有的献祭情节中都有他的身影，他不是毕摩，也不是孝家的人，因而在丧祭仪式中既不穿孝衣，也不穿戴与毕摩相关的“行头”，所以我们在个案中称他为“不穿孝衣者”。这个“不穿孝衣者”在整个的丧祭仪式中扛魂幡、举火把、抱献祭鸡、杀献祭鸡、跪拜亡灵等他都要在前头。一般而言，这个人是一个外姓人，是主家用钱雇佣来的人，我们曾在苏座的彝族转场中，称这样的人为“负灵者”。

为什么在彝族丧祭仪式中会出现这样的“负灵者”？它的意义是什么？也许我们还得看看他在盘县淤泥河彝族祭祖仪式中的表现。

“念完这些经文，一位彝族叫‘尔枯’（是由家族中请来作为毕摩帮手的外姓，这个叫‘尔枯’的人一定是与家族无关的外姓人）的就可以换祖灵筒中的内容了，祖灵筒，装祖灵筒的篾箩，也得由这个叫‘尔枯’的人来做，一般不会由家族中人来做。”（盘县淤泥河彝族祭祖仪式个案）

“但一般还要做一个花篾筒放置祖灵筒，而这个花篾筒一定是‘尔枯’来做。”（盘县淤泥河彝族祭祖仪式个案）

“毕摩念经后，‘尔枯’就可以在村里的某处换新的灵筒了，一家一家地换，换好灵筒，就把这一家族的祖灵筒全部放在一只黑山羊身上。”（盘县淤泥河彝族祭祖仪式个案）

“在‘打除醮’中，端火盆的一定是那个叫‘尔枯’的外姓人，由他把一颗颗火炭放在门前。打完‘除醮’，就可以把驮灵羊赶进这道门了。”（盘县淤泥河彝族祭祖仪式个案）

“清祖灵筒毕，‘尔枯’就要负责撤除‘祭祖场’，并把换下来的旧祖灵筒在指定的地方烧掉。而后是聚餐，这时，‘尔枯’所吃的与众不同，被认为是最好的鸡肝、羊肝就由‘尔枯’来享用。”（盘县淤泥河彝族祭祖仪式个案）

在这个个案中，几乎所有接触灵魂事物的事情都是‘尔枯’来做的，他一定为此要承担什么。

在这个彝族祭祖个案中，以及综合以上个案中关于“负灵者”的种种表现，这个“负灵者”有几个基本的特征可以确定：一是他是一个外姓人；二是在彝族人的一系列祭祀中，所有接触有灵事物的事情都由他来做（各地的还有一些附加，但这是基本的）；三是他会在仪式中得到礼敬（比如鸡肝、羊肝等等）。这是面上的特征，关于这个人在彝族丧祭仪式之后会怎么样，就不大有人提及了。我们在调查中注意到了这问题，故在调查中追寻过这个“负灵者”的本源意义。最后得到的说法是，这个人一定要由外姓人来担当，因为彝族人认为在丧祭仪式和祭祖仪式中，如果接触了这些有灵的事物，祖上的灵魂因为认识你，就会来到身上，给人带来灾病。还有在这个过程中会有许多邪灵出现，有他在前，找也只找他，即有这个人来“承负”仪式带来的一切邪灵。在彝族的古代，这个人一般是一个奴隶。在彝族古籍《西南彝志》中就有彝族人用人来祭祀祖先的记录。在没有奴隶的时候，彝族人一般用钱去买一个

“叫花子”来做“负灵者”。在彝族人的观念中，这个人在参加了彝族人的丧祭等仪式之后，一般会因为身上“承负”了邪灵，会慢慢死去。现在，彝族人的丧祭等仪式还有这样的“角色”，但一般是花钱请外姓人担当，“死亡”也只是观念上的。我们称这样的人为仪式中的“负灵者”，也依据于此。

在彝族丧祭等仪式中，有这样的角色，我们以为是彝族古代人祭的原始影像遗存。也可以说，有这样原始影像遗存存在的彝族丧祭仪式，其形态是比较古老的。

第六章　盘县彝族婚姻文化描述与研究

游珍海

婚姻是为一定社会制度所认可的男女两性的结合方式，既是一种社会制度，也是一种民间味很浓的文化表现。婚姻是建立家庭实现人类自身生产的前提，它确定夫妻关系以及由此产生的父母子女间的权利和义务，建立双方亲戚间的姻亲关系，它不仅涉及性，而且涉及经济、法律和政治等多种因素，因此，任何民族不仅视婚姻为人生过程中的重要环节，而且看作涉及众多社会关系的大事，必定要按照习俗举行一系列的仪式，向世人郑重宣告婚姻的缔结。

在漫长的历史发展中，地处西南的彝族，其婚姻制度以其丰富的历史文化积淀，形成了自己独特的风貌，随着时代的变迁，也发生了一些变化。

第一节　盘县彝族传统婚姻文化形态

一夫一妻制是盘县彝族基本的婚姻制度。在中华人民共和国成立以前，也存在一夫多妻的现象，但一般只在少数富人或统治阶层流行。普通百姓中出现这种情况，主要是彝族婚姻习俗规范的结果。由于彝族转房的规矩，丧夫的寡妇必须转嫁给亡夫的亲人（“兄终弟继”，或者是“弟死兄接”，甚至改嫁给亡夫三代之内的长辈或晚辈）。由于转房对象往往已经娶妻，转房的寡妇作为第二妻而形成一夫多妻。同时，由于家族继嗣上的原因，原配夫妻如无法生子，则纳妾来传宗接代。在彝族过去的婚姻中，这种原因造成的一夫多妻情况最多。随着时代的变迁，这种情况早已消失。现在，盘县彝族的婚姻文化形态基本上延续着彝族的传统原貌，但同时也鲜明地透露出了新的时代气息。

彝族传统的婚姻是由父母包办的，彝族谚语说“恋不恋是自己的事，婚不婚是父母的事”，与汉族传统讲究“父母之命，媒妁之言”如出一辙，儿女在婚姻的缔结上基本没有选择权。

（一）婚姻缔结方式

1. 包办婚

彝族传统婚姻绝大多数取决于“父母之命，媒妁之言”，从提亲、订婚到出嫁的每个联姻环节，无不体现父母全权包办婚姻的意志。彝族的少年男女往往在恋爱社交之前已被父母做主包办订婚。

（1）指腹为婚。在双方孩子尚未出生以前，父母就根据自己的意愿为孩子订下婚约，如果生下一男一女，则按传统成婚，如生下为同性，就结为兄弟或姊妹。

（2）怀抱亲。孩子还在婴儿阶段即订下婚约。

（3）童子亲。这种形式在过去最多，男孩七八岁到十来岁，父母就开始为儿子说亲。谁家姑娘15岁没找婆家，就会惹人非议。

此外，少数未订婚的成年男女，也多由父母包办。

2. 抢婚

彝族过去盛行抢婚，直到中华人民共和国成立前夕，这种婚俗尚存。主要有以下几种形式：

（1）男女双方父母私约抢婚。姑娘不愿嫁给男方，男方取得女方父母同意，组织人抢婚。

（2）男女私约抢婚。姑娘小伙私下相约成婚，在女方的默许下，男方抢婚。

（3）趋吉抢婚。按照习俗，认为明媒正娶不吉而抢婚。

（4）强抢。只要被男方看中，不管女方是否已有所属，男方将姑娘抢回家中，再通过当地有影响力的中间人调解成功后，再举行结婚仪式。

3. 转房婚

为了确保家族财产的所有权，彝族对寡妇的再婚，实行严格的转房婚，寡妇只有在不能转房时才能改嫁别家。转房时，不必征求寡妇娘家和寡妇本人同意，只需原夫家庭与转房对象协商即可。选择转房对象要依据辈分和亲疏，先在平辈中选择，如果平辈中没有合适的人，除姑表婚以外，还可转房给三代以内的长辈和晚辈。其秩序大致为：丈夫的兄弟—近亲—远房兄弟—三代以内的长辈和晚辈。转房后，原夫财产由女方掌握，交给儿子继承，没有儿子继承时，如果有女招赘，则由女儿继承，否则，财产由家族吃绝业。

4. 招赘婚

俗称“上门”。没有儿子的人家，为了老有所依，留一个中意的女儿招婿上门。过去愿意上门为婿者，一般家庭条件很差或家中儿子较多，父母难以负担。上门后夫妻所生子女随母姓，享有财产继承权。在彝族传统社会中，对上门女婿并不歧视。

5. 自由恋爱

自由恋爱缔结婚姻在彝族传统社会中所占比重很小。一般情况下，男女双方各方面条件都不与习俗规范冲突，感情发展到能够互定终身。此时，男方可托人到女方提亲，征得女方父母同意，按习俗成婚即可。

（二）通婚规则

1. 内婚原则

彝族传统的内婚原则是指彝族只能与本民族的人通婚，外族禁婚是彝族奉行的普遍原则。“黄牛自是黄牛，水牛自是水牛”“黄牛不入水牛围，水牛不同黄牛数”以及“汉族是山羊，彝族是绵羊”的谚语意即指此。

2. 等级原则

漫长的阶级社会给婚姻关系打上了深刻的阶级烙印。中华人民共和国成立前，黑彝只能与黑彝开亲，白彝只能与白彝开亲，同等级的只能在同等级内通婚，绝不允许跨等级通婚。

3. 血亲原则

主要体现在姑舅表兄弟姐妹优先婚和姨表堂兄弟姐妹忌婚上。

舅舅家子女称为姑舅表兄弟姐妹，姨妈家子女称为姨表兄弟姐妹。彝族把姨表兄弟姐妹看作根据父系计算的嫡堂兄弟姐妹一样，是同一家支的人，因而姨表堂兄弟姐妹忌婚。把姑舅表兄弟姐妹之间的婚配看作“亲上加亲”，舅舅家的儿子有娶姑妈家女儿的优先权，姑妈家的儿子也有娶舅舅家女儿的优先权，姑舅下一代之间亲上加亲。当姑、舅双方的子女们年龄相当时，只有在男方表示不愿娶的情况下，女方才能另嫁他家。

4. 家支外婚原则

家支制度是维系彝族生存文化的支柱，表现在婚姻家庭关系上，就是它确立了家支外婚的规范。彝族各个支系的成员不得在支系内部开亲，违反这一规范被看作乱伦行为，为人唾弃并要受到家族的严厉处罚。

（三）婚姻关系的建立

在彝语中，未婚夫和已婚丈夫都称为“苏雨”，妻子和未婚妻都称作“妻”，因而，考订传统彝族婚姻关系的建立，我们似乎可以视为从订婚开始，婚姻关系就已经建立。但这样理解显然是有问题的。彝族传统上订婚普遍较早，有时孩子尚未出生或在襁褓之中即已订婚，尽管称呼为“苏雨”“妻”，都不可能有婚姻之实。彝族人普遍认为姑娘小伙到15–17岁为合适的实际结婚年龄，此时举行婚礼，即宣告了婚姻关系的建立并能得到彝族社会的普遍认可。

（四）婚姻礼仪

1. 缔结婚姻的过程

（1）提亲与定亲

男方父母看中姑娘后，请媒人到女方家提亲。如果是自由恋爱，男方在得到父母同意后，由父母请媒人前往女方家中提亲。整个提亲过程一般要经过多次正式上门才能达成。初次上门提亲，女方家一般会以“孩子小，不会服侍”之类的话来推辞。

如果估摸着应该能成功，媒人就会多去几次，直到女方家点头为止。

提亲成功之后，要请毕摩根据男女双方的生辰八字，确定命宫是否相合，是否适宜联姻。同时，双方要确认双方联姻是否符合古制，是否违反通婚原则，如果诸事顺遂，就举行订婚仪式。

至双方约定的订婚日，男方的父亲或者母亲、兄弟等由媒人带领，带着事先准备好的一只公鸡、火腿和若干礼物去女方家举行订婚仪式，女方要请族中长者来家里，请吃宴席，公开亲事。这顿宴席中的鸡肉，是用男方家带来的公鸡和女方家的一只母鸡做的。吃鸡肉时，要请长者或毕摩看鸡腿骨卜卦，判断婚事的顺遂吉凶。看完后用红绿彩线或不同颜色的布缠好，男女双方父母或长者各持一对，作为已经订婚的婚证，双方不得反悔。

（2）定婚期

请毕摩按男女双方属相及父母命相推算婚期，毕摩推定婚期后，男方家请媒人带上酒、鸡等礼物将娶亲日期送交女方家，双方就结婚中的一些准备工作进行交谈，达成一致。

（3）聘礼

聘礼的多少由男女双方家协商议定，根据男方家境而定，女方陪嫁物会与之相匹配，聘礼多，陪嫁物相应也多。一般情况下，嫁外人索要会多些，新开亲的也要多一些，亲上加亲则会少一些；同时，不同等级间在聘礼数目上也有明确的规制和差异，不可逾越。

（4）婚礼服饰

婚礼服饰是由结婚女孩在婚前亲手缝制的。女性传统的婚礼服饰一般由以下几个部分组成：长衣、包头、围腰。结婚时，视天气情况穿上两三件长衣，长衣袖口、领口、下摆均绣有花边，下摆开衩，头缠包头，盖头帕，下穿肥大裤子，女衣右衽。颜色搭配以黑、蓝、灰为主色调。新娘一般戴戒指、手镯，手镯上镶三个小铃铛。新娘出嫁前，都会请属相相合、福气好、寿元好的老人来为她梳妆打扮。男性服饰则更显简单，男上衣中间扣纽，上穿“擦尔瓦”，少有或没有装饰，下穿长裤即可。

婚礼上，对客人服饰没有特别要求，一般只要是本民族认可的服装即可。

（5）婚礼的过程

依次包括接亲、迎亲、回门等程序。

① 接亲

姑娘出嫁那天，家里已经做好了接待客人的准备。收拾一间专门的房子或者在家门口搭一个简易礼棚，摆上咂酒，接待宾客，在寨内请一位德高望重的人作为知客士，坐镇指挥接待事宜，在女方族人中请一位最受信任且精明能干的人接收财礼，安席和安排客人住宿。

男方接亲人来到女方家要经过酒礼歌的盘问才能进入室内。如果酒礼歌唱得不好，或是女方不满意，还要被用烟锅灰涂抹或被冷水浇淋，接亲人不能还手，只能忍让。好不容易进入新娘家里，被请上席面后，姑娘的同伴们还是不轻易放过，用酒礼歌纠缠，有时直到长辈出面进行调解方止。

当天晚饭后，新娘开始哭嫁。哭嫁内容是新娘以往在娘家撒麻、除草、收麻、积麻、织布、缝衣整个生活过程的再现，同时哭诉父母养育之恩和姐妹离别之情。接近选定的发亲时辰，新娘要边哭边到亲人们面前敬酒告别。即将上马时，女伴们包围新娘，边哭边挽留惜别。接亲人往往要费力抢过新娘，由新娘兄弟背上马，出门时，女伴们痛哭相送，场面感人。

② 迎亲

男方请毕摩用两棵青竹扎成门形的“青竹门”，新娘才骑马并俯身通过竹门。然后男方家请只结过一次婚并多儿多女的妇女为“牵手人”引新娘跨过马鞍，踩破大门槛处木勺盖着的鸡蛋进入男方堂屋，据说这样新娘就会忘记娘家，安心地在男方家生活。进门后，新娘进“洞房”片刻，由伴娘把新娘从小门牵出。毕摩选好一棵树，树下设坛祭祀，然后，毕摩用秤钩将新娘的盖头揭开，伴娘将新娘牵至堂屋拜堂。

第二天，客人送礼，送亲者与男方家互叙亲情，新郎新娘向送亲者和亲朋敬酒。晚上，男女青年唱歌、跳舞、嬉闹，热闹至天亮。

③ 回门

第三天吃早饭时，婆婆将新娘从洞房接出等候新娘娘家人接新娘回门。吃完饭后，新娘向长辈拜别，并赠给长辈一双鞋，一是见面礼，二是展现自己的手工技艺，长辈这时也会给新娘一些钱作为回礼。临行前，新郎家要给送亲人酒、钱、肉，谓之草鞋钱，另外给新娘家半扇猪肉作为回门菜。回门时间可长可短。

（五）婚姻的解除

由于解除婚姻涉及两个家族，因此，彝族对于离婚是很谨慎的。除非是男方抓住了女方不轨的真实把柄或是女方不能生育，或是男女双方确实难以相处，否则不会离婚。

过去彝族解除婚姻的方式很简单，男女双方在离婚时关系是不对等的，一般是男方主动要求离婚。男方只要有充足的理由，征得家族同意，可以直接赶走妻子，但无权退回聘礼。如果离婚的理由不充分，则有可能引起家族之间的冤家械斗。妇女则少有主动提出离婚的，纵使提出离婚，也不会得到家族同意或是遭受男方武力抢婚，剩下的只有逃婚，而逃婚则以后不敢抛头露面，而且往往会给家族带来极大的不安宁。

解除婚姻后，孩子的抚养权一般归男方。

以上是根据文献和 2008 年 1 月的调查材料对盘县彝族传统婚姻文化形态的简要描述。从上述可以看出，这种婚姻文化是与彝族传统的社会经济制度相适应的。直到中华人民共和国成立前，彝族社会经济是以血缘家支为基本单位的自给自足的村寨经济。我们知道，家支是由一群有着一个共同男性祖先的人组成的，在彝族人的生活中，家支和家庭占有十分重要的位置。家庭和家支非常注重男性继承权，因而在婚姻上实行转房制，而出于继嗣的需要，又允许一夫多妻存在，同时，在千百年的发展中，逐渐形成同族内婚、等级内婚、家支外婚、姑舅表优先婚和包办婚等婚姻制度，并辅之以一定的习惯法防范和控制，因而在婚姻中，凸显家庭和家支对婚姻主宰地位。由于家支与自给自足的自然经济是相适应的，所以婚姻文化也呈现出与之相适应的文化形态。

第二节 盘县彝族当前婚姻文化形态及其对传统的坚守

中华人民共和国成立后，新的社会制度的确立和新婚姻法的推行，对盘县彝族传统的婚姻文化造成了较大影响，同时，由于20世纪80年代以来改革开放带来的巨大社会变迁，盘县彝族婚姻文化呈现出既遵循传统而又逐渐被强势文化影响的变革状态。

盘县彝族主要分布在盘县境内的淤泥、鸡场坪、松河、坪地、四格、普古等乡镇，为使调查更接近实际，我们分别以淤泥乡麻郎垤村、鸡场坪乡坪子村、松河乡垤坞村、坪地乡箐口村、普古乡塘边村为调查点，侧重于婚姻礼仪，对盘县彝族婚姻文化进行了调查。

个案一

调查地点：盘县坪地乡箐口村

调查时间：2008年1月22日

调查人：游珍海、刘精礼、丁娟

讲述人：吴大荣（男，彝族，1954年出生）、高忠明（男，1972年出生）

（一）择偶方式

此地彝族青年找对象的主要方式是自由恋爱，年龄在17岁以后就允许谈恋爱。在春节和火把节等重大节日或其他节日以及农闲时，男女青年聚集在一起，找准自己看好的对象对唱情歌，通过此方式达到相互了解，增进感情的目的。但是也有父母包办的交换婚、近亲婚、转房婚等形式。

（二）缔结婚姻的程序

1. 提亲

男女双方确定恋爱关系后，男方向父母说明情况，由父母请媒人（男方家信得过的，说话有威望的，并且经验丰富和协调能力强的人）。媒人第一次到女方家要带上酒或糖，说明来意，并询问女方生辰八字（如果与男方不合，则“说媒”失败），如果女方第一次没有答应，那么要去多次，直至女方答应为止。

2. 定亲

提亲成功后，男方家请毕摩选择日子（用双数）到女方家定亲，此时日子的选定没有严格规定。前往定亲的人员有：媒人，男方的父亲或母亲中的一个以及兄弟或其他堂、姨表弟（接亲时，也必须去）共三人。前去定亲一般选择在下午，必须带上酒、一只红公鸡、带尾巴的火腿，米、布、香、纸、钱。香纸、红公鸡、火腿、酒用来祭奠女方家的家神，其中，酒用来待客，火腿带尾巴表示有余有剩，或子孙兴旺。

到达女方家的第一天晚上，姑娘亲自打一盆清水给男方父亲或母亲洗脚，并给一双布底鞋，对方也相应给姑娘适当的红包。

第二天早上，吃完早点后。主人家首先烧红一块石头，并且放在家神面前，然后用一碗清水浇这块石头，这个过程叫“打除醮”。接着用水将鸡头鸡脚洗净，然后将鸡在石头上绕三圈，拿着鸡对着家神作三个揖后，再将鸡杀死，同时要杀女方家的一只母鸡（杀鸡这一过程向祖宗报告孙女已许配给他人），再用男方带去的纸染上鸡血，在家神面前烧完。

早饭做好后，把猪肉、鸡肉、饭各一碗，酒一杯放在盘子上或筛子上，端着这些在石头上绕三圈，表示把祭品洗干净，表示清洁。然后用小木勺，在每个祖宗牌位前祭饭、酒各三勺，并且每一勺饭、酒在鸡肉和猪肉上蘸一下。祭祀的同时，口中念道祈求祖先保佑全家老小平安、子孙后代不断延续的一类词语。接着由新郎带来的兄或弟在祖宗牌位前磕三个头，这时就可以开席吃早饭了。

吃饭时，要请族人和寨上的亲朋好友，这是向他们表示男女双方确立了关系，并且通过媒人将钱、物交给女方家，并告诉女方结婚的日子（期间日子已经过双方同意），饭后定亲的人回家。定亲后，男女双方可以来往，以密切关系。

（三）婚礼仪式的程序

1. 接亲

男方家接亲队伍由姐夫或妹夫或表兄弟中的任意两个人、媒人和去定亲的那个年轻人组成，其他的不算是正式接亲的，可以叫作帮忙拿东西的。现代社会，交通的发展，人员的组成有了变化，拉马的变成开车等。接亲的队伍一般带上香、纸、酒（离娘酒）、一套衣服（新娘装）、一匹马（现在一般是车）和相关的财礼。接亲的出门前，要由新郎端马料和牵马边走边喂马，绕火塘三圈，从正门将马牵出，然后骑一段路后，再将马交给接亲的人（定亲的那个）。现在用车接亲，有所改变，主要有大同化、现代化的趋势，外来文化的影响是主要原因。

接亲队伍到新娘家门口时，必须要经过一些考验才能进新娘家的大门。一般在接亲队伍到新娘家外院门口前，新娘的伴娘会在外院门等，接亲人一到，她们就开始唱歌，让接亲的人对。歌唱的内容大致是问来做什么的、从哪里来到那里去、带的够不够等，这叫“拦门歌”。对完歌以后，接亲的队伍进外院的门，伴娘会用水泼向接亲的人，最后事先躲藏在门后的新娘还会泼出一盆水。进入大门后，接亲的在新娘家的家神前磕三个头，然后就等着吃晚饭。

吃饭有许多讲究，吃饭时的座位有上座和一般座位之分。这天晚上，上座是让最尊贵的客人坐的，并且会被敬酒。具体的座位如下图所示（1、2 表示珍贵座位）。

吃完饭后，新娘家摆好桌子，亲戚朋友围坐在桌子周围，长辈坐上席，有时也会

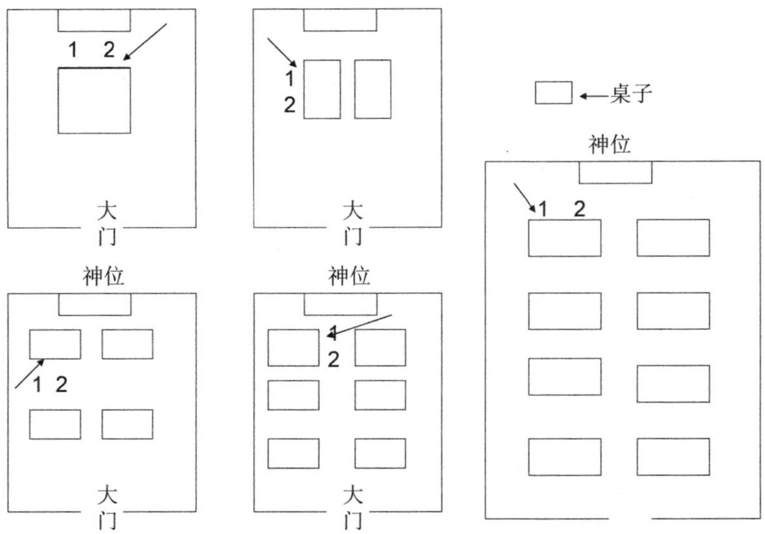

堂屋座位示意图

变成其他较尊贵的人。接亲的把带去的香、纸放在家神上，同时点上灯，拉马之人先在新娘家的家神前磕三个头，然后再向新娘的长辈磕头。接下来，由娶亲人倒离别酒给现场的人喝，并由新娘的长辈一个一个地引见给娶亲人，介绍他们的身份，每介绍完一个就敬上一杯酒。这天晚上，亲戚朋友要送礼，有送物品的、有送钱的，多少不论。送礼的多少根据关系的亲疏、送礼人当时的经济情况来定。敬完酒后，就开始唱酒令歌、跳酒令舞。唱歌的有新娘、伴娘、新娘的小伙伴、接亲的人。唱歌的内容和形式多样，涉及离别、嬉笑、调笑作乐等，表达的感情有褒有贬，整晚都是欢乐、喜庆的。晚上睡觉时，有严格的规定，接亲人必须睡在堂屋，这是表示对他们的尊敬。

第二天早上，新娘要在毕摩事先推定好的时间和位置化妆，化妆时新娘的方位由当日的天干地支决定，并且必须穿新郎家带来的嫁妆。帮新娘化妆的必须是健康、多子女并男女双全的，属相与结婚当日相配的成年妇女。新娘在这天不能穿裙子，化妆的时间也要控制在规定时间之内，一切都有讲究的。这天早上，新郎家会另外派人来同接亲的一起抬嫁妆，但路程较远的也可以头天晚上与接亲的一同来。

吃完早饭，接亲人向新娘家的家神前磕头后，就到门外等候。在新娘出门的吉时之前，新娘要先到家神前磕三个头拜别，再向在场的长辈磕头告别。到吉时，新娘由其哥或弟背出门并扶上马。接新娘的马，首先在马鞍子头上放一条裙子，新娘上马后，戴上披到腰的黑盖头（有在路上辟邪和防止坏人的作用，因为历史上有抢婚的习俗等）。新娘到新郎家要有人送去，这就需要送亲人。送亲人由舅叔等长辈、送亲婆（姑妈或姐姐等平辈或长辈）、哥或弟等人构成。送亲的人可以骑马，但必须找一个小孩牵马。伴娘和其他人一般送到半路就返回，路程近的一直到能看到新郎家才返回。在路上，娶亲的两个站在新娘骑的马的两边，保护新娘路途中的安全。送亲的在路途中唱歌、嬉闹，接亲的往往会被抹花脸。

2. 迎亲

女方到新郎家门口时，新郎家准备迎亲。

毕摩事先用两棵青竹扎成门形的“青竹门”，上方挂上倒钩刺和丝线（红色和蓝色或者红色和绿色）。毕摩用盘子端酒、鸡蛋（一个）、纸钱三份（一份三张）、三炷香。首先在青竹门脚边点香、烧纸，其次念经，最后将鸡蛋从青竹上扔出去。此时新娘才骑马并俯身通过竹门，其他人不允许通过，这一过程叫“退喜神”。通过青竹门后，由其中一个娶亲人把新娘抱给另一个娶亲人背进门。进门时，在门槛里倒放一个碗，碗放一把木勺，背新娘的娶亲人跨门第一步就要把碗与木勺踩烂。这是希望新娘忘记娘家，建立自己的新家，安心地在新郎家生活。进门后，将新娘背进“洞房”。稍停片刻，由伴娘（男方的婶婶等）把新娘从小门牵出。毕摩选好一棵树（必须是常青树或者结果多的树，这是象征吉利），树下放一张桌子，桌子是放盘子，装有三份纸、三炷香和半个猪头（这是从新娘家带来的）、酒、秤钩。毕摩先点香和烧纸，然后用酒祭奠，念关于新娘情况的经，念完经，毕摩用秤钩将新娘的盖头揭开（此盖头可以保存好留给别人用）。彝族新娘的盖头不是由新郎揭开而是毕摩揭开的。伴娘将新娘领回洞房。之后，伴娘再将新娘领至堂屋，新郎也由伴郎（新郎的叔叔）领至堂屋。在伴娘和伴郎的陪同下，由主婚人主持拜祖宗，磕三个头之后，再拜男方长辈。拜长辈时，新郎和新娘只需单膝着地，同时双手着地，拜完，返回洞房。

第二天早上，前来吃喜酒的客人送礼、粮、布等礼物，这时新郎家摆下宴席款待客人，到了晚上，男女青年唱歌、跳舞、嬉闹，整个家里家外充满喜庆的气氛。这两天新娘都在洞房，并且由伴娘陪着，就连吃饭也在洞房。

3. 回门

第三天吃早饭时，婆婆将新娘从洞房接出，这主要是互相认识，为以后相处打下基础，吃完饭后，新娘要“拜鞋”。所谓“拜鞋”就是向长辈拜别，并给长辈一双鞋，一是见面礼，二是展示自己的手工技艺（手巧、心灵等），长辈这时也会给新娘一些钱作为回赠。

回门当天，新娘家会有人来接，新郎不同新娘去，新郎家给送亲的人酒、钱、肉，以表示感谢，另外给新娘家一个半扇猪肉作为回门菜。新郎选时间去新娘家将其接回家，新娘在娘家住的时间由新郎和新娘双方的具体情况而定，可长可短。去接新娘时，需带去一些糖、酒等礼物，并由丈母娘或岳父把新娘送回来，这样新娘和新郎就可在家共同生活了。

在过去允许一夫多妻的时候，若无男孩，也可以再娶，直到有男孩，这要根据家庭的经济情况和男人的思想而定。

（四）离婚习俗

一般情况下，离婚的不多，但允许离婚。离婚没有什么正式的手续，只要征得家族同意后，由长辈协调离婚，财产平均分配。离婚主要是因为，首先是无生育能力引起，其次夫妻不能和谐相处等。若是男方提出离婚，财产各一半；若是女方提出，财产全归男方；但有孩子后就不允许离婚。

（五）其他婚姻方式

（1）再嫁和填房

寡妇可以再嫁，孩子可以带到男方家，也可以不带，一般情况，公公婆婆是不允许把孩子带走的。有些允许寡妇重新“招”一个男人进门，但这个男人必须履行做儿子的职责。

（2）转房

此种婚姻允许，但只准大哥娶弟媳，弟不准娶大嫂。如弟有儿子的话，财产归侄儿子所有，若无儿子有女儿，那么事先规定，女儿长大后，找女婿进门，那么财产归女儿；如果不招女婿，不继承财产。

（3）倒插门

只有女孩，无男孩，为了延续香火，招女婿进门。有了孩子后，孩子随母亲姓，三代之后，恢复父亲的姓，这叫回宗，不归宗也可以。倒插门中的婚礼仪式和娶媳妇大体相同。

（六）财产分配

儿子继承财产，平均分配。若其中一个死后，有子女的话，子女继承，若无子女，归其他弟兄所有。

个案二

调查时间：2008 年 1 月 23-26 日

调查地点：盘县鸡场坪乡坪子村、淤泥乡麻郎垤村、普古乡塘边村

讲述人：杜少权（男，彝族，52 岁）、李顺明（男，彝族，32 岁）、支美琴（女，彝族，36 岁）

调查人：李相兴、郭辰利、杨三山

一、对歌

这是彝族婚俗的第一个环节，也是男女青年相互认识的主要方式。传统上不能在家内唱情歌，多选择离家一定距离的风景优美，又具有一定隐蔽性的山坡山洼来对唱。双方通过对歌的形式表达情意，其情歌样式多种多样，多为即兴演唱，只要能传递真情实感就行。如“郎在山前山后山左山右种葡萄，妹山前山后山左山右绣荷包。郎的葡萄酸酸甜甜辣辣苦苦合妹嘴，妹的荷包唏唏唰唰唰唰唏唏挂郎腰。”“郎有心来妹有心，哪怕山高水又深。山高还有人修路，水深还有渡船人。”就这样，男女双方都用情歌来表达自己的真诚，倾诉心中的爱意，逐渐加深感情，确定自己的意中人。歌声是心灵的倾诉、心灵的沟通，富有灵性的歌声逐渐把两个年轻人的心拴在一起，手拉在一起，彼此相伴走完漫长的一生。

二、请媒人

虽然彝族人的婚姻多为父母之命和自由恋爱相结合，婚姻恋爱比较自由，但是媒人（彝语为“莫左”）提亲的习俗还是比较普遍的。通过媒人提亲，一是向外界说明他们已经是恋人了，别人不要再来请求提亲了，媒人在这里起到了公证的作用，一旦

婚姻发生什么变化，媒人就要站出来说话评判。请媒人说亲时一定要带足最少十斤酒，一只公鸡，一定数量的白砂糖和烧纸。所选择的媒人无论是男是女，必须能说会道，在村里有一定的威望，懂得人情世故，并可明辨是非，熟悉对方的情况，一旦遇有什么特殊情况以及突然变化，媒人则通过自己的巧嘴说服对方，打消对方的顾虑和猜疑，保证婚姻的顺利和成功。

三、吃订婚酒、押八字

押八字就是吃订婚酒，是决定双方婚姻大事的重要环节。按照彝族人古老的宗教礼教及族规寨礼，男女青年在确定婚姻关系后必须要合八字。看看双方生年生月生日生时的五行天干属相之间是否相生，如合适就正式订婚，也有不用合八字的，如淤泥乡的一些彝族同胞就没有押八字这一环节，直接就进行订婚的。

正式订婚就是彝语中的“尼阿克”，这一环节是由媒人、男方的父亲或者母亲、弟弟、表哥、姐夫等组成的一行人，带着事先准备好的火腿一只（猪脚用红纸包裹，以示喜庆气氛，火腿必须是带尾巴的，以示“后继有人”），公鸡一只，人民币若干（根据家境情况有几百元上千元至万元不等），两壶烧酒（最少12斤，代表“好事成双”），九炷香（也用红纸包裹，意为“地久天长”），三对蜡烛（意为“六六大顺”），当然也带如大米、粑粑、布匹、衣物之类，这要根据男方家境来定。正式为两个相爱的青年合八字的过程中，通过算属相合八字，确定男女之间的命是否相冲相克。如果八字合不在一起，是相冲相克的命，那么这场婚事就不能确立，双方关系便欢欢喜喜的自行解除。如果男女青年双方执意要成为一对夫妻，那就要请毕摩为他们做法事，解除相冲相克的八字命。如果两个青年真是天生的一对，一合即成，女方则高高兴兴地抱出一只母鸡，连同男方带去的公鸡在女方家堂中祖先的灵位前一同宰杀，作为主祭品，连同其他事先准备好的供品，一一供奉祖宗，男女青年在祖先灵位前磕头祭拜。然后双方决定结婚事宜，先由女方开出条件，如男方家给女方多少数额的人民币，多少套衣服，以及如何赡养老人，等等。接下来就请毕摩定下来一系列日子（普古乡只需要定结婚日子，淤泥乡最为简单，不注重八字，鸡场坪乡就较为复杂，要定开剪、安床等日子），开剪日子即做服装、买服装的日子，安床日子包括应找什么八字、属相的人来安床，以及要什么属相的人来缝被子、铺床等等。按照宗教礼俗缝被子的时候要在被子的四角塞入糖果、花生、五谷等物品，边缝边念些如“早生贵子、白头到老”一类的吉利话，祝福两青年一生甜甜蜜蜜、和和美美、财谷丰盈、早生贵子、兴旺发达。接下来就是在女方家摆酒招待客人，以女方家亲戚即村里德高望重的人为主，男方家也要有代表参加，至少四人，如男方的父亲或者母亲、弟弟（哥哥不能去）、老表、姐夫等。男方家代表到女方家门外要先放鞭炮，女方家亲戚也要鸣炮回敬。开饭前要先点香、烧纸、供饭，以示对祖先的敬重与崇拜。席间即把本家姑娘婚配的事告知大家，女方各家亲戚商议好谁家送些什么家具什物。

四、成亲

婚礼的第一天在女方家办，这天新郎（彝语为“阿乌七”）不到场，只是接亲人去（接亲的包括新郎的弟弟、妹妹、表弟、姐夫、堂兄弟、表嫂、媒人及其几个帮忙的人，但是亲哥嫂不能去。人数为6人、8人、16人不等，但一定要双数，女方送亲的人数一般是男方接亲人数的两倍，一般是新娘的叔叔、舅舅、兄弟、老表以及伴娘，伴娘一定要是结过婚的新娘的长辈，最低也是同辈分的人，而绝对不能是小辈。）接亲时要带上一对粑粑（用簸箕装，上贴大红“喜”字）、三炷香、三对蜡烛、红糖、最少两瓶酒、60斤肉、火腿（各个乡的风俗均有差异，如淤泥乡火腿要带尾巴的，表示样样齐全，后代绵延。鸡场坪的又嫌带尾巴的拖后腿，要前膀。普古乡的带不带尾巴都无所谓）、同时还要给新娘（彝语为“阿麻七”）准备好红伞、镜子、香皂、化妆品、盐巴等。去接亲时淤泥乡的风俗是新郎的弟弟要戴竹篾雨帽，普古乡又有所不同，新郎的姐夫要穿雨衣、戴草帽，都是为了防备新娘家人泼水。古时新娘出嫁要骑马，新娘的坐骑由男方家提供，有的地方至今还保留着这样的习俗，有的地方则改为坐车。快到女方家门口时先放鞭炮，女方家的人则准备好泼水。到门口要先唱调子，对歌，不然不让进门，进门时要被泼水，在淤泥乡，新郎的弟弟要先到女方家堂里磕三个头。然后吃饭、喝酒，唱《酒令歌》《苦情歌》。当晚，新娘及她的姐妹同伴们（彝语为“么错”），把男方带来的粑粑和糖果分给参与此次婚事的人家，接受礼物的人家每家回送新娘一小支麻匹。接亲的人安排住在新娘家，住不下的可到邻居家住。

普古乡则在进门时就要先唱《酒令歌》，男方家先起头在门外唱，女方家在门内和，一唱就是一两个小时，需专门请擅长唱歌的人前去帮忙唱，否则难以支撑下去。唱完后接着吃饭，吃完再唱，边唱边跳，乐此不疲，直到天亮。

第二天早上，大家先喝酒，吃早饭时，女眷给接亲的人劝饭，在碗底埋辣椒面、盐巴、肥肉，逼着他们吃下，把肉和菜串成串偷偷挂在他们衣服后面。吃完饭后，用煤油和锅烟灰加上酒拌成糨糊，给接亲人抹黑脸，表示新娘家有脸面。

出门前，新娘必须梳妆打扮，淤泥乡的新娘是由亲大嫂来梳妆，普古乡的新娘则由专门请来的八字相合的妇女来梳妆，边梳边对新娘说些安抚、吉利的话。在淤泥乡，梳完头后，新娘的哥哥或弟弟要准备一个小木箱（里面装的是新娘吃的食物，因为当天新娘到婆家不吃饭），用红布包好挎在肩上，和新娘一起跪在家神前，新娘给来吃酒的人按照从长到幼的顺序敬酒，受敬的人要回送新娘红包。新娘父母教新娘到婆家要孝顺，为人要好，做个好媳妇……家人劝新娘要开开心心地去，常回家来看看……这时大家相互拥抱在一起哭泣、诉苦、安慰、祝福、告别，唱起《哭嫁歌》：“大山倒了无人撑，妹妹去了没人留，哪个留得妹妹转，日头倒出水倒流。”这就是所谓的“哭嫁”。按照普古乡的风俗，接亲的队伍在起身前，新郎的姐夫要到女方家堂神位前点香、磕头，新娘也要在列祖列宗面前拜别。

到了预先订好的良辰吉时，由梳头的人为新娘盖上头帕，在淤泥乡，起身时新娘要先戴上新郎弟弟带来的竹篾帽，再包上包头，顶上黑色的纱帕（彝语为“苏破”）。胸前挂一面镜子，意思是让身上的镜子射走娶亲路上可能遇到的鬼魔或邪气，保佑新娘新郎清吉平安，生儿养女顺顺利利。由新娘的哥哥、弟弟或姐夫背着新娘上马或上车，上马后又要喝一次酒，新娘喝完后把酒碗往身后扔，使之砸碎，表示把碗砸碎后，新娘会慢慢忘记对家乡的思念，专心建立这个新的家庭。在出嫁路上，新娘绝对不允许下马或下车，也不能回头望。陪嫁的东西（两箱、两柜、拜鞋等）全部由接亲的人负责运送到男方家，当时谁接谁就要负责到底，不允许半路分给别的人运送，送亲的人是不负责拿东西的。

到新郎家村口或门口时，要由婆家找两个八字好的人来扶新娘下马。要请个毕摩来退喜神（彝语为“色嘞”），意思是将他们在路上可能遇到的鬼神邪气赶走，留在屋外，让新娘新郎平平安安、幸幸福福的生儿育女过日子。具体做法是先设一神案，神案为一张方桌，上面摆放一个猪头、一只鸡、一把斗（装玉米、一对粑粑、一瓶酒、一包利市），用两棵青竹搭成一个拱门，用新娘的红伞遮住神案。毕摩点香、烧纸、供茶酒，然后宰杀鸡，沿着桌子滴血之后，将鸡丢到路下边。然后朗声念道：“日吉时良，天地开张，新人到此，车马回乡，娘家车马请转去，婆家车马出来接……”或者念：“以前所有不吉利都扫出去了，以后吉祥如意了……”念毕，再由婆家找个八字相合的人来拉着新娘钻过竹门，最后由毕摩推倒竹子，整个仪式就算完成了。

到男方家门口，燃放鞭炮以后，淤泥乡有个有趣的仪式，新娘扫身之后，把自己所戴的篾帽往男方家屋顶上甩，以此来观察判断新娘能否在婆家站稳脚跟，天长地久，如果第一次帽子掉下来了，就接着再甩，直到稳住为止。而普古乡则在大门口摆设七星灯（在一个盆里放置七盏油灯、七支筷子、一把梳子），新娘从七星灯上面跨过去，意为避免把邪魔鬼怪带进家门。然后由新娘的哥哥带其到家堂，新娘新郎一起拜祭祖先，礼毕再由伴娘带新娘进入新房。淤泥乡只有新娘的兄弟和伴娘能进新房，一般人不能进，之后新娘回门（以前是7天，现在是3天）之前都不出新房，不露面，由伴娘陪着她在新房里吃兄弟从娘家带来的食物，其余送亲的人也都不再出来露面，各自在旁边的小房间里吃饭。而在普古乡，新娘进入新房后，新郎新娘就要抢新房（抢床头坐），这是当地彝族婚礼中很受人们关注的场面，很有趣味性和娱乐性，它是对新郎新娘才智的高低，头脑是否敏捷，手脚是否灵快的考验。抢新房时抢到床头一边的就掌权，坐另一边的就得顺从对方，不过当地大多数妇女都表现出特别贤惠的一面，往往主动把床头让给新郎。同时，新娘进入新房后，送亲的人就被请到堂屋喝“下马酒”，新娘由伴娘陪伴，到吃饭时才出来和接亲的、送亲的人一起吃饭。普古乡人豪爽热情，邻里关系十分和睦，遇有婚事都不请自到，并且要送礼钱、毛毯、被子、电器等物品，以示祝贺。晚饭过后开始闹新房，参加的人一般是新郎的姐夫、妹夫、老表以及新婚男女各自的好朋友。闹新房的主要内容有喝交杯酒、咬苹果、点烟等，闹完后新娘给这些人每人送一双鞋垫，让他们分享自己新婚的喜悦。

第二天，普古乡和鸡场坪乡的就兴回门。早上，新娘给公婆送上自己做的布鞋，公婆则回送她一定数量的礼钱。回门前，由一位长者指挥新人磕头，大家酒足饭饱后就出发。带上十二对糯米粑粑、三块肉、两瓶酒，鸡场坪乡还要带上猪肋巴骨。给送亲的人发放礼物，如袜子、衬衫等。到娘家，磕头、吃饭之后，若距离不远，就在当天返回，如果距离较远，就等到第三天才返回。返回时，再由新娘的父亲送他们回来，从此两家就成为一家人。

在淤泥乡，第二天继续置办酒席，送亲的人一天要安排吃四餐饭，其他的则只吃两餐，酒水由亲戚朋友备办。直到第三天，在院坝摆酒席，每桌最少有半只鸡。吃过早饭后，新娘才出新房，与新郎一起在堂屋跪拜公婆，同时拜认男方的主要亲戚，并一一奉上拜鞋、烟酒，受拜的人给新娘回送礼金。拜认完毕就开始起身回门，由新娘的哥哥或堂哥牵其上马，新娘和在场的所有人都要喝酒。喝毕，新娘把酒碗扔向身后砸碎，其他人往身前砸碎，表示彝人的风格：干脆！届时，还要把当顿待客的好菜饭各装一点在木箱内，带回娘家给她的父母吃，并给每个送亲人随身携带的酒葫芦斟满酒。家境稍好的人家，还要准备一些用纱帕做的腰带，给送亲的每个人系上一条作为礼物。到娘家后，新娘要住七天，再由新郎接回去。至此，整个婚礼宣告结束。

个案三

调查地点：盘县石桥镇果榔村（果榔村是一个彝族寨子，主要是彝族，只有六七户汉族。）

调查时间：2008年1月22—26日

调查人员：周冬梅、洪花、金垒、陈洪龙、唐本兴

讲述人：谢敬学（男，彝族，72岁）

传统的婚俗是乳亲（娃娃亲），表亲开婚。

孩子二三岁时，请媒人打招呼。买酒和糕去，要去三次，三次以内要得到明确的答复。

婚定下来以后，二月八、十二月八（农历）定亲要吃定亲酒，吃定亲酒一般都不请客。大到十四五岁，可以结婚。

大了以后，婚前发八字，男方要准备二升米、一斤酒、一只鸡、一只火腿给女方家。给多少衣服，要经过协商。单独给女方母亲的钱，叫奶母钱（有感谢之意）。女方家请发八字的人吃饭，整个家族内每家每户要请发八字的人请饭。之后，女方家要请家族的人和发八字的人吃饭。以剩下的鸡爪为凭证。

彝族有男子不过门（新郎不接门——新郎不上新娘家去迎娶新娘）的习俗。

结婚的时候要派两个人去接新娘，那两个人必须是姐夫或妹夫，小叔子中的一个和新郎自己的亲兄弟或堂兄弟。

两个接亲的人到了女方家以后，女方的家人往外泼水，意为羡慕他们得势了。然后把他们接进屋里面，女方的玩伴打盆水给接亲的人洗手洗脚。但是这时候接亲的人要给钱，若不给钱，吃饭吃鸡时就用鸡爪来抓他们。吃完以后要杀两只鸡（男方家拿来的），然后烧纸，接亲的人要磕头。

第二天起亲，新娘的兄弟背新娘上马（男方家带去的两匹马）。一匹是新娘骑的，一个是送亲的人骑的（一般是女方的姑妈）。两个接亲的人牵马。

快到达男方家的时候，就可以看得到用三个竹子搭起的竹门（搭三道），通过竹门的时候要杀鸡，要把新娘的名字夹在咒语中念出来，这样表示驱邪（也叫退车马）。

到男方家后，送亲的人把新娘背下马，背到门槛前，门槛里面有个倒放着的碗，碗上面放有木勺。送亲的人把新娘背到门槛后，再由婶娘（如果没有婶娘就由长嫂来替）背到床上去。

拜堂时，要请长辈（叔叔）带着拜堂，按男左女右的顺序站好。新娘要给男方家亲戚（叔、伯、婶等）送礼物，同时收到礼物的人也要回赠。新娘给的礼物一般都是鞋等小礼物。新娘到新郎家的第二天，背他进屋的人请新娘和送亲婆吃饭，并带新娘看挑水和砍柴的地方，告诉新娘周围的环境。

新娘出门之前，在床上放上帕子（里面有钱）或者贵重的东西。男方的姐妹要进去拿帕子里面包着的东西。然后，在原地方放礼物回赠（一般是钱）。

到新郎家的第三天要回门（回娘家），男方可以去也可以不去。二月八日（农历），才能接新娘回男方家。新娘回门的时候向公婆行跪拜礼，公婆要给礼物。到了该去接新娘回男方家的时候（二月八必须接回来），要带上火腿、酒去。岳母或者岳父送新娘回男方家。男方家族每家都要请送新娘回来的人吃饭。最后男方请家族所有人和送新娘回来的人一起吃一顿饭。男方家还要送礼物给送新娘回来的人换一套新行李。

个案四

调查地点：盘县松河乡垤坞村

调查时间：2008 年 7 月 23 日

讲述人：沙金权（男，46 岁）、沙正权（男，44 岁）、杨国成（男，77 岁）

调查人：李相兴等师生六人

垤坞村彝族人的婚姻习俗一般有以下几个环节：认识、说媒、定亲、过聘、迎娶、回门。

1. 认识

垤坞村彝族小伙子和姑娘的认识方式，在中华人民共和国成立前后有着不同的方式。在 1949 年以前，这个地方的婚姻多以父母包办为主，或者是以定娃娃亲的形式存在着。小孩两三岁时，孩子的父母就以娃娃亲的形式把小孩的婚姻说定了，等到孩子长大到十六七岁时就正式成亲，定娃娃亲的双方父母多是朋友、有着经济往来或者有一些因缘联系的两家，以父母的意愿联姻以示亲上加亲。他们在十七八岁结婚的较多，有钱的人家在孩子十四五岁时就成亲。中华人民共和国成立后，随着社会的进步及观念上的转变，父母包办婚姻的较少。但这种习惯形式的婚姻在一定程度上还存在着。直到改革开放后，这种父母包办的婚姻形式才逐渐消失，而以婚姻自主、恋爱自由为主。

在过去的父母包办婚姻的年代里，自由恋爱的形式也有存在，但较为少见，一般都以唱山歌的方式结识，大多都是父母做主。定了娃娃亲的青年男女，到了成婚年龄时，有的父母也会尊重他们的意愿来看能否结婚，但一般都以父母说定了的时间为准，到了时间就必须完婚，因为在定娃娃亲时双方父母已向左邻右舍，亲朋好友及村邻的人告之自家的女儿已经许配给人家了，是不能另找他人的。这样，孩子长大后，就没有同龄人的追求和寻找他人的权利了。年轻人的认识是通过男女青年走亲串戚，赶集和传统的节日等活动中体现的，情歌对唱、相互交往成为主要形式。选中意中人，男女双方有了一定感情基础后，双方告知父母。如此经过多次密切交往，双方就约定时间，回去告诉自己的双亲。待老人许可后，择定一个良辰吉日，由男方家请一位长者，背上一坛米酒，前往女方家去说亲。现在随着社会的发展进步，青年人认识的方式就越来越多样化了，如读书、上网、游玩、亲朋介绍、外出打工等等。

2. 说媒

男女双方认识后，一般男方家请媒人到女方家去说媒，通常媒人是双方家都认识或有联系的人来充当，也有专门请能说会道的专职媒人去说媒。当媒人向女方家说明来意后，还会向女方家介绍男方家的具体状况及男方本人的情况，以供女方家参考。如果女方家答应，那就友好款待前来提亲的人，并叫其择良日去下彩礼。如果不同意，也会盛情款待，也允许男方家以后再来提亲。男方家如果真有心，就会几次三番地再请人来提亲。几次三番之后，女方家被其诚意感动之后也就答应了，如果还是不同意，就只有作罢了。说媒成功后，媒人和女方家说好选择一个好日子，男方来女方家取女方的八字，把两家联姻的喜事公布出来，让全村的人知道，自家女儿找到了婆家。

所谓发八字，就是请毕摩先生根据男女双方的生辰八字来看两人是否相配。发八字这天，男方要请人带上一套衣服、酒及一些礼钱，随同媒人到女方家。女方家要设宴款待男方家前去取八字的人，女方家还特意邀请本族有威望的长辈到家中一起吃饭，起一个见证的作用。

3. 定亲

这一天媒人同男方的哥、弟、朋友一起去（人数为双数），带上几十坛子酒（双数），酒坛口用红布封住，正式到女方家定亲，带的酒不得少于十斤（若路途遥远，男方来定亲的人在女方家住一夜后，第二天才返回）。到女方家时，要打献酒，即用男方家带来的酒分敬给女方家请来的亲戚朋友，让这些亲戚朋友喝酒，意为喝了这些酒，也就男女双方的婚事说定了。

4. 过聘

指在定亲时说好的男方家给女方家的彩礼。彩礼除了礼钱外，还有一些衣物糖果及生活用品，聘礼由媒人清点给女方家的长辈及亲戚，财礼要与定亲时说好的彩礼一致，以示对女方家的重视和尊重。

5. 迎亲

迎亲是婚礼中重要的环节。在婚嫁期间，男方请毕摩（彝族先生，彝族文化的传承者，在民间有很高的威望）掐算结婚的日子（要根据男女双方的生辰八字和当年的干支推算），日子定下以后，再通知女方。

男方迎亲的人数，以女方家陪嫁物品来定，人员组成一般是双数。家庭条件好的抬轿子迎亲，其次是骑马，家庭条件不好的就只有走路，这主要视男方的家庭经济状况而定。迎亲人数不得少于八人，带火腿一支，正菜八个，十斤火酒，新郎可去可不去，但男方的一个兄弟必须去。迎亲队伍中多为新郎的亲朋好友，也请了能说会道或会行酒令的人一同去。当女方家闻知男方要到自家门口时，新娘的姐妹和至亲好友早就准备大量的水，专等男方家接亲的人一到门口，一瓢瓢、一盆盆清水劈头盖脸泼来，被泼的人一般是新郎的兄弟。一般来说，迎亲时泼的水都是清水，就是十冬腊月也不能免去这一仪式。彝族认为，给迎亲者泼的水越多，将来的婚姻越幸福。等到迎亲的队伍进入女方家中以后，女方家帮忙做菜的人还要用锅灰抹其兄弟的脸，被抹之后，不能马上洗去，要等到回家之后，才可洗去。在这个过程中，新郎不能回头，要一直走到女方家大门口。进门之后，新郎的兄弟要到女方家神龛前跪拜，这时，女方家的年轻人特意去扯他的脚，活跃气氛。

新娘的打扮多由堂姐妹完成，不请外人，新娘要穿上新郎定亲时送来的衣服，耳朵上、手上都戴上银饰，右手中指和无名指要戴上盖箍，意为成双。新娘出门时，不吹号，只是在进门和出门时放鞭炮。出门之前，新娘要在神龛面前跪拜，然后才由其哥哥或弟弟背上轿子或马，然后其哥哥或弟弟亲自牵马到新郎家里。送亲当中有一个送亲婆，送亲婆必须是新娘的大姑妈（且必须是双全），若无大姑妈，则是大姨妈。除此之外，送亲人中还要请有与爷、叔、自己同辈的三代人一起送亲。新娘骑马走在前面，送亲婆走在后面（回门时则相反）。迎亲途中若遇到其他娶亲队伍或不吉利的情况，只管前进，无其他仪式。

进入男方家寨口前，男方家要在路口用青竹搭建一座迎亲门，新娘停马门前，布摩先生在竹门内口念经文后，将一只鸡蛋抛越迎亲门，以驱鬼除邪（退喜神）。完毕，牵马的人从竹门侧边穿过，不得与新娘一起从竹门内穿过。在新郎家门前，新郎家的人要把草帽甩到房顶上，直到甩上去放平为止，表示新娘有心成为男方家的人。然后，新娘由送亲婆带到堂屋，随同新娘来的人也一同到堂屋中休息，开始准备拜堂。

拜堂时，如果新郎礼数没做好，就不能同新娘一起拜堂；如果新郎礼数做得好，就可以同新娘一起，在堂屋的中柱下进，男女双方的长辈并排坐在神龛面前，接受拜堂。长辈的座次是男左女右。男方家请人在男女双方的长辈面前放一块草垫，新人从左至右依次向长辈跪拜，这时，新娘将自己制作的鞋垫敬献给长辈，长辈给新娘红包，多少不定。拜完后，进入洞房。

6. 回门

回门一般是新婚后的第三天。回门的时候，新郎还要带酒到新娘家，新娘家要请人到村口迎接，还要设宴招待。路途近的，当天即回新郎家；远的，则两三天再回。

在第一个个案中，箐口村彝族与坪地包包寨彝族有着盘根错节的亲缘关系，箐口部分彝族人是由包包寨迁入的。据水城彝学会坪地联络员吴大荣考证，包包寨直到1680—1720年间始有人迁入，最先进入的是一家叫“阿故”的彝族人，居住在莫西里，即现在的打石场上，而后有一位叫“啊撒”的彝族人迁入包包寨，此后，才逐渐源源不断地有人从沾益州（即今云南宣威）迁来坪地。因此，其文化表现毫无疑问会打上传统彝族文化深刻的烙印，这在此地毕摩文化中表现最为明显，本地毕摩孔令凯、孔小富也自认为其毕摩法事源于云南。其他乡镇的彝族也自有其迁徙来源，或从云南直接进入贵州，或从威宁方向经纳雍、水城而进入盘县，但无论这几个个案中的彝族来源何处，我们可以明显地看出，在今天，彝族婚姻文化仍然遵循传统古制。

首先表现在婚姻仪式程序的共同性上。

彝族是有深厚历史传统的民族，其婚姻礼俗是千百年沿袭下来的古制。上面四个个案中，其缔结婚姻的程序都遵循了传统的古制，我们可以看到，其内在的逻辑程序是相同的，提亲——定亲——婚礼——回门这个程序框架，没有哪一个个案能够突破，尽管我们可以明显地看到其细节的差异。譬如，在定亲环节中，男方家所带的定亲礼物中，香、纸、火腿以及红公鸡是四个个案共有的，但箐口个案和淤泥个案中，火腿一定要带尾巴，表示后代绵延，而鸡场坪则一定不能带，带则拖后腿，一般要前腿。我们无法考证谁的做法更为传统，但细节的差异并不表明他们偏离了对传统规范的遵循。

同时，在仪式程序的每一个步骤上，都体现了家族的力量，也尽力地维持了男女双方的利益均衡。上述四个个案在整个婚姻缔结的过程中，男女青年作为婚姻的主体，在除去新婚拜堂之外的几个重要的步骤中，基本没有出场。媒人是由父母去请的，订婚是由家族长者或父兄去订的，甚至在接亲时，新郎也不能出场。前面我们已经说过，彝族缔结婚姻的传统模式主要是父母包办，在现今，这种形式虽然已经不可能行得通，但传统的退让只是把第一个环节由父母看中而提亲让位于双方的自由恋爱，但在操办婚事的过程里，传统上唯长者意志为尊的形式却依然贯穿始终。

其次表现在婚姻仪式宗教活动的共同性上。

彝族的毕摩文化有深厚的历史积淀，不在婚姻缔结的过程中显现是不可思议的。从上述四个个案中我们可以看到，从定亲开始，每一个环节上都活跃着毕摩的影子。从婚姻过程中每一个有决定意义的日期和时辰的择定（订婚日、结婚日、送亲时辰等），到新娘进门时的净身仪式（退喜神、祭树神等），再到新人在祖宗前身份的明确（祭祖），都可以感觉到毕摩文化对族人的宗教关怀。

作为民俗信仰的实施主体，毕摩在四个个案中的出场几乎是一致的，他的作用不可替代：

（1）毕摩推断订婚事的吉凶。根据男女双方本人及其父母的四柱与命宫，推断订婚姻的吉凶，吉则诸事顺利，不吉则做法事禳解，有时甚至直接导致婚事的破灭。

（2）毕摩排定婚姻进程的时间表。什么时候定亲，什么时候婚礼，什么时候接亲甚至发亲、拜堂的时间都由毕摩安排好，不可逾越。

（3）毕摩主持婚姻进程中的扫除仪式：

> “毕摩事先用两棵青竹扎成门形的‘青竹门’，上方挂上倒钩刺和丝线（红色和蓝色或者红色和绿色）。毕摩用盘子端酒、鸡蛋（一个）、纸钱三份（一份三张）、三炷香。首先在青竹门脚边点香、烧纸，其次念经，最后将鸡蛋从青竹门扔出去。此时新娘才骑马并俯身通过竹门，但是不允许别人通过，这一过程叫

‘退喜神’。通过青竹门后，由其中一个娶亲人抱给另一个娶亲人，将新娘背进门。进门时，在门槛里倒放一个碗，碗上放一把木勺，背新娘的娶亲人跨门第一步就要把碗与木勺踩烂。这是希望新娘忘记娘家，建立自己的新家，安心地在新郎家生活。”（个案一）

“到新郎家村口或门口时，要由婆家找两个八字好的人来扶新娘下马。要请个毕摩来退喜神（彝语为‘色嘞’），意思是将他们在路上可能遇到的鬼神邪气赶走，留在屋外，让新娘新郎平平安安、幸幸福福的生儿育女过日子。具体做法是先设一神案，神案为一张方桌，上面摆放一个猪头、一只鸡、一把斗（装玉米、一对粑粑、一瓶酒、一包利市），用两棵青竹搭成一个拱门，用新娘的红伞遮住神案。毕摩点香、烧纸、供茶酒，然后宰杀鸡，沿着桌子滴血之后，将鸡丢到路下边。然后朗声念道：‘日吉时良，天地开张，新人到此，车马回乡，娘家车马请转去，婆家车马出来接……’或者念：‘以前所有不吉利都扫出去了，以后吉祥如意了……’念毕，再由婆家找个八字相合的人来拉着新娘钻过竹门，最后由毕摩推倒竹子，整个仪式就算完成了。”（个案二）

“快到达男方家的时候，就可以看得到用三棵竹子搭起的竹门（搭三道），通过竹门的时候要杀鸡，要把新娘的名字夹在咒语中念出来，这样表示驱邪（也叫退车马）。”（个案三）

“进男方家寨口前，男方家要在路口用青竹搭建一座迎亲门，新娘停马门前，毕摩先生在竹门内口念经文后，将一只鸡蛋抛越迎亲门，以驱鬼除邪（退喜神）。”（个案四）

民俗学者王娟曾把婚礼仪式分为“分离”“通过”和“再进人”三个阶段，“通过”阶段即指新娘由娘家到夫家的过程，并认为“通过”仪式这一阶段是危险的：新娘既有可能被伤害，也有可能伤害别人。所以，上述四个案中，毕摩主持的这一净身仪式实际是“再进入”的前提，没有这一宗教活动，婚姻仪式的顺利完成就是不可思议的。

最后表现在娱乐活动的共同性上。

这一共同性首先是歌，常常达到以歌代言的地步。这歌主要分为两类，一是酒礼歌，二是哭嫁歌。订婚要唱酒礼歌，接亲要唱酒礼歌，新娘要唱哭嫁歌，回门要唱回门歌。这些歌，或诙谐，或沉重，都与场合紧密契合，贯穿每一个环节。如箐口村的哭嫁歌，包括迎亲歌三首、骂亲歌三首，织布歌八首，送亲歌三首，其精华部分在织布歌八首，它把新娘在家挖地、耕地、播种、撒麻、砍麻、剥麻、煮麻、洗麻、晒麻到纺线、织布、制衣的整个过程全唱出来，词调凄切哀怨，非常感人，既展示了新娘的勤劳能干，又教育了后来者要保持传统美德。

其次是舞。如在送亲这一环节中的送亲舞，这种舞蹈虽动作简单，却非常应时。在哭嫁歌“百鸟送雁巢，蝴蝶送蜜蜂，兄弟送姊妹……”的节奏中，这种类似于刨地的简单动作的不停反复，刚好营造了不忍离别的凝重氛围。

最后是闹。在四个个案中我们都可以看到，接亲人因为要“带走”父母的女儿、女友的玩伴而遭受的惩罚：或被水淋，或被抹黑，或被捉弄，虽是戏谑，却不乏严肃，如果接亲人缺乏大度而不愿忍让，后果可能会不可开交。洞房中对铺床时特意放置的糖、花生等民俗吉祥物的争抢，也在嬉闹中营造了喜庆气氛。

第三节　盘县彝族婚姻仪式歌——酒令歌

在盘县彝族的婚姻文化表现中，除了以上诸个案表现的婚姻过程外，它还有一个称为“婚姻仪式歌——酒令歌”的文化事象。这个“酒令歌”实际上是彝族的一种民间古歌，这种酒令歌不但为现存的婚姻寻求“古理古规”，还在一定程度上述说彝族人的历史和文化。这种古歌性质在盘县的彝族人中还有人在唱和会唱，但多数在婚姻礼仪中只是一种形式了，所以，我们在以上的四个个案中都没有见到实实在在的内容呈现。但这种在彝族人婚姻礼仪中出现的古歌，不但对彝族人的婚姻文化有意义，对彝族人的其他文化也一样意义重大。为此，我们在20年前搜集整理“盘县三套集成歌谣”中找到了彝族的“仪式酒礼歌”，正好与上述的彝族婚姻礼俗对应，亦是盘县彝族婚姻习俗文化的一个重要组成部分。于此，我们特列一节来叙述和研究分析它。

《酒令歌》

演唱：甘秀英，女，25岁，彝族，文盲，盘县依泥河乡大簸米村农民

翻译：柳忠义，男，26岁，彝族，中师生，盘县依泥河乡团委书记。翻译还另有3名彝族老人。

录音：卢树维，余朝政，文化馆工作员。

整理：卢树雄，男，27岁，汉族，大专。

搜集时间：1987年6月于依泥河乡大簸米村。

（按）《酒令歌》是盘县普古、舍烹两区彝族婚嫁的仪式歌，其形式为男女双方多人对唱。歌台设在新娘家，接亲人马来至，由送亲女伴起唱，于是双方你来我往，歌声通宵达旦。《酒令歌》是一首叙事古歌，男女双方对唱需要两三个晚上才能唱毕。本篇只是其中的一部分，汉文为直译。

歌声开始了，
话从缅宝来——
九十九年前的今天，
她的辫子有九十九根，
一天要理九回辫。

缅宝呵，
穿九十九件衣，
穿九十九条裤，
穿九十九双鞋，
裹九十九层裹脚布，
一共裹了九丈布。
缅宝穿好身，
缅宝裹完脚，
她往山那边走去，
露水打湿了她的脚，
她去找她那棵梨柴树，
她要给它留下言：
缅宝要走了。

木杯做九个，
倒酒满九杯，
接亲进堂屋，
木杯做六个，
倒酒满六杯，
接亲进左屋，
木杯做三个，
倒酒满三杯，
接亲进花屋。
山上会出花，
花不开（男子）不找，
花要开，山也会怨恨啊！
心头的话要讲，
心头的情要诉，
讲不完就不嫁，
诉不完就不去。
可是讲又多流泪，
要诉又诉不清。
我嫁娘要穷，
我不嫁娘不穷；
我嫁娘伤心，
姑娘终是外家人。
管不得娘伤心不伤心！

酒令啊酒令，
酒令歌声起，
酒令唱九声，
九声啊九声，
要唱九套衣，
要唱九条裤，
要唱九双鞋，
穿起往外游。

哥弟都恨我，
恨我缅宝不嫁人。
大姐出嫁了，
二姐过来人，
三姐也是婆家人。
缅宝得走了，
不走也不行，
房子留给哥嫂住。
缅宝到官家，
官家歇一夜，
借问官家有女否，
有女嫁不嫁？
有女女不嫁。
嫁也不唱酒令！
没有唱歌的场坝，
没有睡觉的地方。
缅宝又走啊，走……
缅宝走到笔磨（毕摩）家，
笔磨家里歇一夜，
借问笔磨有女否，
有女嫁不嫁？
有女女不嫁，
嫁也不唱酒令。
为什么不唱酒令？
没有唱歌的场坝，
没有睡觉的地方。
缅宝走啊，走……
手指指着天，
天要黑了，今晚睡哪里？

办法会有的，
不行歇（睡）地上。

离家九十九天了，
缅宝一人孤单行，
想起过去的往事哟，
二姐也悲伤，
缅宝更悲伤。
啊，缅宝要离开娘了，
白天想也愁，
晚上思也忧，
苦心的事时时在床周。
二姐也悲伤，
缅宝更悲伤。

小雀啊小雀，
缅宝多么想你哟，
你是官家的儿子吗？
你若是官家的儿子，
我们得像树丫一样分开。
你要明白哟，
穷人不唱酒令不嫁人，
我们该分手了。
小雀啊小雀，
我多么想你哟，
你是笔磨家的儿子吗？
你若是笔磨家的儿子，
我们得像树丫一样分开，
你要明白哟，
穷人不唱酒令不嫁人，
我们该分手了。

缅宝要九十九两银，
九十九两银你带来了吗？
你若带来了，
缅宝嫁给你。
缅宝要六十六两金，
六十六两金你带来了没有？

你若带来了，
缅宝嫁给你。
缅宝要三十三块钱，
三十三块钱你带来了没有？
你若带来了，
缅宝嫁给你。

缅宝要出嫁了，
缅宝就要离开房子了，
六天六夜，
伙伴们为我高兴，
我的脸红心又跳，
我多不想离开她们，
我多么想像她们一样啊。

缅宝去挑水，
缅宝到井边，
人家说我挑水人，
命中注定要挑水。
缅宝伤心哟，
为什么这样苦，
为什么这样说。

新笋叶壳做鞋样，
找也找不着，
老笋叶壳做鞋样，
找也找不着，
新的难得找，直接找不着。
老的难得找，直接找不着。
坎脚媳妇做鞋子，
缅宝装着去借针线，
偷偷拿了一张笋叶壳，
横比不够肥（宽），
直比不够长，
多困难啊，
男人的鞋。

大舅犁荒地，
一天犁九块，

实在不行了，
九天犁一块。
舅母挖荒地，
一天挖九块，
实在不行了，
九天犁一块。
大哥犁荒地，
一天犁九块，
实在不行了，
九天挖一块。
大嫂翻荒地，
一天翻九块，
实在不行了，
九天翻一块。

远方来了一个癞老头，
他周身疙瘩皮皮翻，
众人白天去犁地，
他夜晚来把地踩平。
阿宝要打癞老头，
年轻人阿宝，
你为什么要这样呢？
阿吴要杀癞老头，
年轻人阿吴，
你为什么要这样呢？
阿森不给阿宝打，
阿森不给阿宝杀，
自己去把老人请进寨。
原来癞老头是玉皇爷所变。
他是来告诉地上的人——
你们不要白犁地了，
你们不要白翻地了，
世间要换新人了，
洪水要淹天了。
年轻人阿宝，
你若要打人，
让石头做你的床，
洪水来了给你沉下去，

年轻人阿吴，
你若要打人，
让铁桶做你的床，
洪水来了给你沉下去，
好心的阿森哟，
就让枫木树做你的床吧，
洪水来了让你好逃生。

缅宝的床，
人家不用，我也不用，
不过在上面乱睡一夜罢了
人家不用，我却用它。
上磨啊上磨，
上磨在房中，
下磨啊下磨，
下磨在山腰。
高大的山腰，
缅宝在山腰，
山腰有裤带，
缅宝有裤带。
高大的山腰，
缅宝在山腰，
高山有裤带，
缅宝有裤带，
葛藤做裤带。

山上的马是你的，
那是你的马，
你为什么不要去？
去了多管事，
不去才高兴。
山上的绵羊是你的，
那是你的羊，
你为什么不要去？
去了多管事，
不去才高兴。
坡上的山羊是你的，
那是你的羊，

你为什么不要去？
去了多管事，
不去才高兴。

上崖有个洞，
洞口有块堵洞石，
堵洞石啊堵洞石，
石重我难逃，
石轻我要走。
为什么不走呢？
下山去多事，
不走才高兴。

夜间当白天，
玩了九十天，
九十九家玩得好，
唯有九家玩不来。
他不理我，
我也不理他，
他不向我，
我也不向他。

石磨有，
簸箕有，
家具齐全样样有，
你为什么不去呢？
去了多管事，
不去才高兴。
多好的田坝，
多好的家，
你为什么不去呢？
去了多愁怨，
不去才高兴。

老公要洗脸，
老公要洗脚，
倒水给老公，
木盆找不着。
不得可以做，

没有难得找。
上屋进，
下屋哭，
找也找不出。

离家又是多少天，
缅宝一人打孤单，
过去的事情涌心上，
叫我缅宝多心凉。
二姐过来人，
二姐命已定，
缅宝独自离家门，
心想找个彝家汉，
可是伤心的事，
时时围绕在床周。
二姐过来人，
缅宝独自行。

鸡蛋孵小鸡，
十四（天）出来的。
小鸡多好看，
毛色真美丽。
平地布依女，
衣服像小鸡，
高山苗家女，
耳环像鸡眼。

远方的阿哥，
得个又白又胖的小儿子，
好像一只大蜜蜂，
人人见了都说好，
你为什么不去呢？
去了招人嫌，
不去才自在。
远方的阿哥，
得个又黑又丑的小娃崽，
好像一堆老生姜，
你为什么不去呢？

不去就不去，
永远也不去。

玉皇老大爷，
养个哑巴儿，
生死要做我的郎，
生下六个崽，
话都不会讲。
玉皇老大爷，
六个哑巴儿叫我怎么办？
你扛根竹子去等着，
你做个芦笙去等着，
锄头木缸全做好，
我叫他们各讲一种话。
竹子划一节，
变成布依族，
扛着锄头山脚走，
去做平地人；
竹子划两节，
变成彝家人，
背起木缸坡上走，
安家住在半山梁；
竹子划三节，
变成苗家人，
抱着芦笙崖上走，
去做高山人。

头上戴的帕子你带来了吗？
你若是带来了，
我就嫁给你，
身上穿的衣服你带来了吗？
你若是带来了，
我就嫁给你；
手上挂的镯头你带来了吗？
你若是带来了，
我就嫁给你。
脚上用的裹脚布你带来了吗？
你若是带来了，

我就嫁给你。

在这首只有部分内容的古歌里，我们可以粗略地看到以下内容：一是嫁娘的苦情；二是洪水神话故事；三是多民族同源神话。

彝族人的姑娘在成年后，出嫁是伤心的，因为要离开生养自己的父母亲，以及与自己一同长大的朋友伙伴，还有同胞的兄弟姐妹，但出嫁是必然的，成年后的彝家已经不可能再有自己的“床”了。

为什么不唱酒令？
没有唱歌的场坝，
没有睡觉的地方。
缅宝走啊，走……
手指指着天，
天要黑了，今晚睡哪里？
办法会有的，
不行歇（睡）地上。

这样的酒令歌曲折地表现了彝家女出嫁的无奈。在这样的酒令歌中，彝家女的伤情表现得凄凉哀婉，也十分动人。这样的酒令歌，在彝族人的歌唱艺术中，具有很高的地位和价值。但是，真正具有更大意义的是酒令歌中的表现洪水神话的歌唱。

原来癞老头是玉皇爷所变。
他是来告诉地上的人——
你们不要白犁地了，
你们不要白翻地了，
世间要换新人了，
洪水要淹天了。
年轻人阿宝，
你若要打人，
让石头做你的床，
洪水来了给你沉下去，
年轻人阿吴，
你若要打人，
让铁桶做你的床，
洪水来了给你沉下去，
好心的阿森哟，
就让枫木树做你的床吧，
洪水来了让你好逃生。

洪水神话是许多民族的共有神话，但彝族的洪水神话中一是包含了善恶的表达，二是在洪水中求生的是木床。这前者与世界上洪水神话中得生者的性质是一样的，自然灾难只惩罚恶人。而后一个生者的形式只有一个木浮于水的象征了。

这些表述已经大大超出了酒礼歌的范畴，成为彝族历史文化的一种口头叙述和“集体无意识”的传播过程。

在酒令歌中，表现民族同源的歌唱也颇为珍贵。

玉皇老大爷，
养个哑巴儿，
生死要做我的郎，
生下六个崽，
话都不会讲。
玉皇老大爷，
六个哑巴儿叫我怎么办？
你扛根竹子去等着，
你做个芦笙去等着，
锄头木缸全做好，
我叫他们各讲一种话。
竹子划一节，
变成布依族，
扛着锄头山脚走，
去做平地人；
竹子划两节，
变成彝家人，
背起木缸坡上走，
安家住在半山梁；
竹子划三节，
变成苗家人，
抱着芦笙崖上走，
去做高山人。

在这样的歌词里，彝族人、布依族人、苗族人都是同源同祖的，但后来某种意志的安排，“变”成了不同的人。在这里，每一个民族都被一种标志性的事物来表明。布依人——变成布依族，/扛着锄头山脚走，/去做平地人。彝族人——变成彝家人，/背起木缸坡上走，安家住在半山梁。苗族人——变成苗家人，/抱着芦笙崖上走，去做高山人。

各民族同源的神话故事在各民族的神话传说中都有，但各不相同，都有自己的视野和视角，这里的各民族同源的神话故事也表明了彝族人在这个神话传说中的自己的特有的方式。

总的说来，这些酒令歌是彝族人婚姻习俗文化的重要背景，只有在这样的酒令歌中的彝族婚姻礼仪，才能表现彝族婚姻礼俗的深厚的文化底蕴。

第四节　盘县彝族当前婚姻文化对传统的变革

文化变迁是一切社会的永恒现象，当一个小区的外部社会环境或内部的生态环境发生了改变的时候，特别是当两种不同模式的文化相互交融彼此影响的时候，原先的一些文化行为为适应环境必然会发生某些变迁。

婚姻文化也是如此。在上面的描述和分析中，我们已经看到了盘县彝族婚姻文化在时代变革中对传统的坚守，但显而易见的是，它也不可避免地被强势文化冲击，为时代所改变。

盘县彝族乡镇的社会环境和中华人民共和国成立前相比，发生了根本性的变化是毋庸置疑的。特别是 20 世纪 80 年代以来，先进的科学技术以及与之完全不同的文化观念和生活方式的冲击，促使盘县彝族传统的婚姻文化不得不在传统与现代之间寻找到一个平衡点，以其富有生机的内在体系荡涤糟粕，吸收精华。

前面我们已经说过，传统婚姻制度是与落后的自然经济相适应的，经济基础的变化必然会带来婚姻制度的变化。中华人民共和国成立后，随着社会主义制度的确立和党的民族政策的贯彻执行，彝族等级制度土崩瓦解，彝族与各民族间、彝族内部各等级间确立了平等的人际关系，同时，维护旧婚姻制度的一些习惯法也逐渐被社会主义新的婚姻法所代替，这带来了传统婚姻制度的瓦解。特别是由于改革开放和市场经济的冲击，社会生活的各个领域都发生了重大变化，同时，电视把内地汉族地区的流行趋势迅速传播到彝族地区，各种报纸杂志和广播通讯向他们传递大量现代化信息，外出打工的姑娘小伙在返乡时带回各种新观念，等等，这些促进了盘县彝族婚姻观念的转变和婚姻行为的变革。这种变迁主要体现在以下几个方面。

一、族际通婚的突破和通婚地域的扩大

由于彝族在贵州境内长期自视为血统高贵的民族，族内婚原则曾是彝族亘古不变的祖制。在我们的调查中，几乎所有的彝族老人都给我们传递了相同的信息，那就是中华人民共和国成立前，彝族人是不会与其他民族的人通婚的，有也是极少数“没出息的”。现在的盘县四格乡彝族甚至还有部分中年人持此观念。但在包包寨和箐口村，我们随机调查了十来户，对于他们的子女或自己本身，族际通婚已经不再是障碍。

由于对族际通婚的认可或无奈认可，大大扩大了他们的通婚范围，他们的通婚半径已经逐步由周边寨子、周边乡镇、扩大到水城甚至其他省份。有些青年男女在出外

打工或外出求学的过程中，结识了其他地域、其他民族的青年，因而女子外嫁、男子在外乡成家的情况已经不少，本地杂居的少数民族之间的通婚更是司空见惯。前文提到的孔小富毕摩，他们这一家族已经多代从事毕摩事业了。孔毕摩一直希望有一个儿子来学习毕摩，但其儿子不愿意，后来考上了贵州大学。当我们问他，如果儿子不愿回来，要娶一个其他民族的女子在外地成婚，他怎么看待这件事情时，老人只讲了一个愿望，就是不管什么民族，只希望女孩子好，老人说的“好”的含义是什么无须深究，至少这表明了他对于下一辈跨民族通婚的态度是鲜明的。

二、择偶方式和择偶条件的改变

“此地彝族青年找对象的主要方式是自由恋爱，年龄在 17 岁以后就允许谈恋爱。在春节和火把节等重大节日或其他节日以及农闲时，男女青年聚集在一起，找准自己看好的对象对唱情歌，通过此方式达到相互了解，增进感情的目的。但是也有父母包办交换婚、近亲婚、转房婚等形式，不过少见。”（个案一）

“这（对歌）是彝族婚俗的第一个环节，也是男女青年相互认识的主要方式。传统上不能在家内唱情歌，多选择离家一定距离的风景优美的又具有一定隐蔽性的山坡山洼来对唱。双方通过对歌的形式表达情意，其情歌样式多种多样，多为即兴演唱，只要能传递真情实感就行。如‘郎在山前山后山左山右种葡萄，妹山前山后山左山右绣荷包。郎的葡萄酸酸甜甜辣辣苦苦合妹嘴，妹的荷包唏唏唰唰唰唰唏唏挂郎腰。’‘郎有心来妹有心，哪怕山高水又深。山高还有人修路，水深还有渡船人。’就这样，男女双方都用情歌来表达自己的真诚，倾诉心中的爱意，逐渐加深感情，确定自己的意中人。歌声是心灵的倾诉，心灵的沟通，富有灵性的歌声逐渐把两个年轻人的心拴在一起，手拉在一起，彼此相伴走完漫长的一生。”（个案二）

从上述择偶方式看，现今盘县彝族择偶时已经把自由恋爱作为了主要方式，过去父母包办的情况已经一去不返。在择偶条件上，他们首先考虑的是双方感情，其次才看经济状况和地域条件，只要生活条件优越，品德好、有能力，就不愁找不到自己的意中人。因此，过去的包办婚、“亲上加亲”等婚姻形式已经退出市场，年轻人已经基本上可以主宰自己的婚姻。

三、婚礼程序的变化和婚姻消费的时尚化

婚礼程序的变化是适应时代节奏的必然结果。现今彝族人在婚姻礼俗的每一个环节上都有简化的趋势。在上述个案中，由于择偶方式的改变，一般青年男女都是在看中对方并有了深厚感情后再请媒人订婚，这显然已经弱化了过去媒人在婚姻缔结过程中的功能，请媒人只是婚姻过程中一种必不可少的外在形式，因而，对于媒人的选择和严肃的订婚过程，都比过去简单。同时，过去的仪式中，打鸡卦是一个非常重要的过程，但在上述四个个案中并没有出现。我们可以理解为由于男女双方意愿在缔结婚姻中已经占主导地位，婚姻本身已经有了预期的结果，打鸡卦本身对于婚姻的缔结失去了可资参照的价值，因而在整个婚姻礼仪程序中出现了合理的弱化。甚至净身仪式

也有简化的趋向，以退喜神搭竹门为例，就表现了由繁趋简的变化。在上述四个个案中，除个案三要搭三道竹门外，其他三个个案都只搭了一道。历史学家庞朴曾把文化分解为由外而内的三个层面，文化心理状态即价值观念、思维方式、审美趣味、道德情操、宗教情绪、民族性格等是核心层，并认为这一层面最为保守，是文化形成类型、具有独特内涵或个性的灵魂，文化形态的变化往往最先在物质层面表现出来。盘县彝族婚姻礼仪中宗教仪式的外在变化也许刚好注解了这一理论。另外，附载在回门这一环节中的许多民俗意蕴，也已经失去了存在的土壤，作为传统的遗存，盘县彝族人对它的要求已经十分宽松。不过，包产到户这些年来，家族力量越来越被看重，婚姻对于家族力量的依赖也有变大的趋势。

婚姻消费时尚化是社会进步的必然结果和标志之一，以聘礼、嫁妆和新婚家具的组成来看，这种趋势非常明显。聘礼中，实物聘礼所占比重越来越小，而现金聘礼所占比重越来越大，少则一千二百元，多则几千元，家庭条件好的甚至一万元或几万元。嫁妆的购置也有了很大的变化，过去姑娘出嫁前，要花很长时间织布、缝衣、做鞋等作为陪嫁，有时连自己的母亲还要帮助“赶工”，但现在，最多只准备少量几套，其余都是上街购买，其他物品也以购买为主。嫁妆和新婚家具中，组合家具、电视机、冰箱、电磁炉等已经成为新婚必需的大件，为结婚花费上万元已经不足为奇。同时，有些结婚消费已经不再是双方家人的负担，特别是外出打工的这一部分年轻人，多数在贴补家用的同时，也积攒了一部分钱作为结婚时的花费。

盘县彝族婚姻的变迁是多方面的，以上对盘县彝族婚姻变迁粗浅的表象分析是远远不够的。现象的变迁是观念发展的产物，因此，只有深入分析蕴含在现象背后思想观念的变迁，才能深刻了解盘县彝族婚姻文化传统与现代杂糅的复杂形态。

总体来看，盘县彝族的婚姻行为变化主要表现在通婚圈的扩大、择偶方式和择偶条件的改变、婚礼程序的变化和婚姻消费的时尚化等方面，但其婚姻文化的核心并没有被改变，也不影响家族和社会的稳定性。

第七章　盘县彝族歌舞文化描述与研究

杨三山

盘县地界很早就有人类居住繁衍，据史料记载，汉代以前，这一地区在内的滇黔桂交界区已出现了几个当地民族建立的区域性地方政权。汉代，来自中原的汉文化也传入这一地区，使得这里成为氐羌、苗瑶、百越、华夏各族系先祖交汇的地区，各族系在保持自身文化特性的同时也相互交流，呈现出各民族文化百花竞放，同时又有多元一体特点的现象，彝族歌舞文化就是其中的一例。

歌舞是盘县彝族人民抒发感情、传达情谊、交流沟通、娱人娱神最常见的形式，是盘县彝族一个重要的文化因子，对当地彝族文化的发展起很大的推动作用。本章将在盘县彝族歌舞文化调查的基础上对彝族歌舞文化的丰富文化内涵进行系统科学地描述，在此基础上，进一步分析彝族歌舞的特点和文化功能，最后对彝族歌舞的现状和未来走势作初步的探讨。

第一节　盘县彝族民歌文化描述

一、基本概况

盘县彝族歌文化在民间受到推崇，表现出色。其中位于盘县北部的以鸡场坪乡为中心，包括普古、淤泥河、坪地、四格等民族乡在内的彝族聚居区的民歌艺术十分出色，而淤泥乡和普古乡尤为突出。

淤泥乡，全称为淤泥彝族乡，位于盘县北部，距县人民政府驻地红果 88 公里，东临保基，南接羊场，西接鸡场坪、松河，北依普古。占地 175.2 平方公里，居住着彝、白、苗、布依、汉等民族，共 2.8 万余人，彝族占总人口的 61%。2000 年被省文化厅、六盘水人民政府命名为“歌舞之乡”。

普古乡，全称为普古彝族苗族乡，位于淤泥乡北部，总面积 150 平方公里。距县城红果 110 公里，境内居住着汉、彝、苗、水、蒙古、布依等民族，少数民族占 62.4%。

淤泥乡和普古乡境内多民族杂居，民族文化历史悠久，文化积淀很深，人杰地灵，山清水秀，是人文和风景十分有特色的民族乡。特别是被称为“歌舞之乡”的淤泥彝族乡，自古以来，这里的彝族人民在生产生活中，用自己的智慧，创造出了许多脍炙人口的彝族民歌。歌声悠扬婉转、余音绕梁，歌词内容感情真挚、生动感人。他们歌唱家乡，歌唱劳动，歌唱爱情，歌唱身边的故事，歌唱生活中的一切。以歌传情，以歌会友，用民歌来表达心中的情感，倾诉内心的喜与悲。

调查中我们得知，淤泥乡、普古乡在20世纪五六十年代以前不会唱民歌的人，找不到媳妇，结不了婚，可见其民歌文化在彝族婚姻文化中的地位和作用。在我们的访问中时任淤泥乡文化中心副主任的兰爱菊告诉我们，她和丈夫王武林的婚姻就是民歌做媒，相对于流行歌曲而言自己也偏爱民歌。随着我国改革开放的深入，人们思想观念的改变，彝族地区大部分彝族青年的婚姻恋爱不直接是通过唱民歌的形式进行，但民歌仍是彝族地区人民娱乐、沟通的有效途径。特别是欢庆各种节日，举办民歌演唱大赛是少不了民歌的。

彝族民歌随着社会的发展也在不断的改革进步，以适应当地民歌文化的发展。在普古乡的调查中，普古乡党委委员甘进琴（1958年出生，女，彝区著名的民歌手）告诉我们，中华人民共和国成立前，只有能唱民歌的男人才娶得到媳妇。对女方来说，唱不过对方的就必须嫁给对方，这样的习俗使得人人都会唱民歌，并且人人都唱得好。20世纪70年代以前人们唱民歌都在野外。20世纪80年代以后，人们的婚姻恋爱观有了很大转变，不会唱民歌的人同样可以娶媳妇，所以学习唱民歌人减少了。现在，唱民歌的功能发生了变化，主要是为了是消遣娱乐，所以唱歌的地点没有具体的规定，达到了在任何时间、地点中“想唱就唱”的地步。而且唱歌还可以不分辈分，想和谁唱就和谁唱。她还说，她和她儿子高兴的时候还在家里对歌。彝族民歌在如此宽松、和谐的氛围中延续了下来。

彝族民间歌手甘进琴

普古乡彝族民间歌手甘进琴20世纪70年代曾到北京演唱过彝家民歌。

二、基本类型

根据我们调查的情况，我把彝族民歌分为山歌、酒礼歌、丧礼歌三大类。从演唱的内容来看，将山歌分为情歌、叙事歌，以及一般意义上的山歌；酒礼歌又分为劝酒歌和酒令歌。

1. 情歌

彝族青年男女的传统婚姻恋爱都是以歌为媒，他们从相识、探情、相恋、表心等都用唱歌来表达自己对对方的爱慕之情，因此叫作情歌。以前彝族情歌不能在家中或寨子中唱，要求到专门的歌场或者山野中唱，因此也可以叫山歌。随着社会的进步，人们思想观念的改变，现在已经形成“想唱就唱”的新氛围。

彝族情歌多以对唱的方式表达男女双方相互倾慕的心意，有韵有脚，韵律很美，曲调婉转。形式相对固定，多是七言四句形式，讲究押韵对称，但歌词是现填现唱，比较口语化。感情真挚，情意浓郁，多是即景生情，有感而发，以物寓情。另外，也有独唱形式的苦情歌，这种独唱的苦情歌主要是唱出自己的不幸和心中的哀怨，倾诉深埋心中的或忧郁或憧憬的心情。

淤泥乡和普古乡彝族情歌大同小异，作为抒发情感的一门艺术，它是人类精神的某种表达，是感情形态的最佳对应物，以发声的形式表达自身的丰富感情。使这门艺术成为人们的一种主观自由和心灵倾诉，拨动人们内心最深处的琴弦。在演唱时表现得自由流畅，似是随手拈来，却又表现得淋漓尽致，给人以情的启迪和美的享受。普古乡情歌与淤泥乡情歌在唱腔上略有差异，但在内容形式上基本一致，都是以情歌对唱的方式来联络男女之间的纯真感情，表达对美好生活的向往。

《情歌对唱》

男：今天本来不唱歌，走到半路来会着，
不着不意唱两首，晓得声音和不和。
女：郎的声音好声音，多多唱首给妹听，
多多唱首妹学会，情妹回去传你名。
男：郎是远方来的雀，飞到妹山不敢落，
飞高只怕枪来打，飞矮又怕网围着。
女：小情哥来小情郎，来得早来去得忙，
好花不得一朵戴，好酒不得一杯尝。
女：青菜绿来白菜绿，哪天得你住一屋，
哪天得你一屋住，吃匹酸菜当吃肉。
男：鸡嘴不得鸭嘴黄，别人不得妹嘴香，
哪天得妹亲个嘴，吃口冷水像蜂糖。
女：郎想妹来凭嘴说，妹想郎来眼泪落，
眼泪滴在石板上，石板脚下淌成河。
男：早出热头挨晚落，心中好比快刀割，
眼泪好比飞毛雨，不想情妹想哪个。

这样的情歌对唱，直率、真切，又通俗简明，有彝族人火一样的性格和情感表达。

当这样的情感在受到挫折时，彝族人情歌就又表现为另外一种情歌，这就是

"苦情歌"。

《苦情歌》

昨晚挨打去跳河，走到河边遇着哥，
手扒树桠脚踩水，样样苦情向哥说。
昨晚睡觉好冷心，无人拉衣盖妹身，
枕头掉了无人捡，梦中说话无人听。

人类的情感有悲喜两种形式，但两种形式都是情感的宣泄，只是方式不同，追逐异性是一种美的表现，是喜悦，离异了异性也是一种美的表现，是悲情，而且在悲情中表现的美更为动人。彝族"对歌"和"苦情歌"正好表现了这两种爱的情感形式。

2. 叙事歌

叙事歌就是以说唱的形式来介绍各种地方风物、美景、记述历史传说、民间故事等。是彝族人民用歌声来赞美劳动，表现劳动，歌颂生活以及党和国家方针政策的一种叙事性的民歌。这些民歌都是人们从日常生活中提取的素材，经过即兴创作加工，上升为一种艺术的表现形式，是一种诗化了的口语。这种民歌形象鲜明，情景交融，极富诗情画意，带有浓重的生活气息和乡土风味，也表现出其较高的概括力和艺术魅力。这种民歌旋律起伏较小，结构简单，大多为一两个乐句的无限反复，只有少部分曲子是旋律较强的多乐段结构。叙事歌按照内容与题材的不同，又可细分为记事歌、农事劳动歌、山水风物歌等。其中很多关于劳动、风物主题的又都是结合了男女爱情而构成的，所以也可算是情歌的一种形式。

(1) 记事歌。这是以记述当地重大事件、历史变迁，歌颂党和国家为主题的。如《歌唱党的政策好》这首民歌。

《歌唱党的政策好》

男：改革开放二十年，人民群众心里甜，
　　全靠党的政策好，彝家儿女能挣钱。
女：政策放宽忙又忙，好田好地莫放荒，
　　各种产业在调整，生意场上摆战场。
男：哄妹说来哄妹说，外面不如淤泥河，
　　党的政策这样好，不如开发淤泥河。
女：不要讲来不要说，从小生在淤泥河，
　　党的政策这样好，外商会来淤泥河。
合：淤泥河来好地方，欢迎外商把家安，
　　工农并举底子稳，彝乡处处好风光。

这些歌都是典型的民歌调，但在宣传时事政策方面，却比口号更能深入彝族人的心灵。

(2) 农事劳动歌。这类民歌是彝族地区流传最广泛，最通俗易懂，随口就唱的口头文学与音乐相结合的产物，它是以农家日常的生产生活方式、劳动场景、农时节令为题材，用以物寓情的手法，结合男女之间的爱情而创作出来的一类歌曲，既成为联系爱情的情歌，其中又囊括了大量的日常生活信息，可从中窥见当地彝族人民的风土民情。

《绣花歌》

正月绣花绣起头，绣朵杏花给哥留，
杏花有情妹有意，有心跟哥到白头。
二月绣花正春分，绣了南京绣北京，
南京走到北京转，哥妹二人一条心。
……

《放羊歌》

正月放羊正月正，放羊之人要起身，
赶起羊儿往前走，奴家收拾随后跟。
二月放羊百草青，百草发芽满山青，
羊儿不吃高山草，要吃河边杨柳青。
……
腊月放羊满一年，放羊之人好可怜，
三十晚上算一账，身上不得半文钱。

《挖煤歌》

男：挖煤哥哥好寒心，挖一锄来哼一声，
挣得银钱拿给妹，把郎挣得血奔心。
女：挖煤哥哥莫寒心，煤炭发展步步新，
机器操作挖得快，不要锄头不用哼。
……

《歌唱十二月》

男：正月正来是新春，哥到妹家去拜年，
一拜爹娘双全在，二拜我俩早团圆。
女：正月正来是新春，耕田耕地早动身，
哥们年轻有力量，一年之计在于春。
男：二月里来百花开，百草发芽满山青，
满山青草有心长，哥想同妹一条心。
女：二月惊蛰又春分，丢下花园把田耕，
活路忙时会妹少，一人没有二样心。
……

《吃烟歌》

吃烟要吃烟芽芽，吃米呀吃米夹夹，
吃酒要吃头席酒，连妹要连小黄花。
吃烟要吃柳叶烟，采花要采朵朵鲜，
好烟越吃越有味，好花越采越新鲜。

《小豆歌》

小豆结籽结通尖，玉米出土叶朝天，
你要跟哥跟到老，莫像阳雀叫半年。
高坡摘豆豆叶黄，摘张豆叶来遮凉，
摘张豆叶来折起，折个记号送小郎。

（3）山水风物歌。是以当地自然环境、山水风光和身边事物为歌唱对象来唱的，同时也融入了男女爱情，体现了生活的丰富多彩和人民群众崭新的精神风貌。

《高山歌》

高山撒荞荞不结，平地栽豆豆落叶，
栽棵玉米是滑竿，连个情歌是花客。
高山撒荞不用灰，小郎讨妻不用媒，
抓把泥巴当灰点，撒把苦荞也当媒。
高山犁地灰堆多，芹菜韭菜种一窝，
郎吃芹菜想着妹，妹吃韭菜想着哥。
……

《斑鸠歌》

三个斑鸠飞过弯，两个成双一个单，
两个成双云里去，一个孤单困在山。
斑鸠吃水把头抬，情妹见郎把脸歪，
哪天小郎得罪你，把话说明郎走开。

斑鸠吃水叫咕咕，郎有妻子妹有夫，
只要郎心合妹意，郎丢妻子妹丢夫。
斑鸠吃水把头低，郎害相思妹来医，
走近郎边说句话，医得小郎快穿衣。
……

《板栗歌》

板栗好吃三层壳，鲤鱼背上起鳞壳，
聪明情妹把话讲，说得天合地也合。
板栗好吃要剥壳，情妹说话不拐角，

拨开浮萍见清水，情妹捧水给郎喝。

《火笼歌》

送郎送到火笼边，火笼堂堂四角尖，
火笼堂堂四块瓦，扯了一块不团圆。
好个火笼缺块砖，小郎年小不心宽，
站在人前装笑脸，站在人后泪不干。

《剪刀歌》

一把剪刀两面光，一面阴来一面阳，
劝妹莫学剪刀样，剪刀有口无心肠。
绫罗绸缎摆长街，剪刀不快也难裁，
好久不来相会妹，水滩石板起青苔。

这些情歌均是“比兴之歌”，以某物比兴起意，以表达情感。这是民间情歌的一个最基本的表述方式，在彝族情歌中被分为“山水风物歌”，在既表达了彝族地区的风物的同时，又传达了彝族青年男女的深情。

3. 山歌（一般意义上的山歌）

山歌，顾名思义，就是彝族人民在山间劳动时所唱的民歌。盘县彝族同胞生活在八担山脚下，开门见山，所以人们的一切活动都与山有着密切的联系。彝族山歌艺术就是在这样的自然生态环境中发展而来。这类歌曲纯粹是休闲娱乐性的歌曲，可在各类场合演唱，气氛较为轻松随意。以对唱的形式，相互盘问、挑逗为乐。有很多种调子，歌词是靠充分发挥应变能力，现对现唱。

《盘问歌》

问：你说你唱歌唱得高？
　　你认得牛儿几根毛？
　　你认得箩筛几个眼？
　　你认得黄河几孔桥？
答：我说我唱歌唱得高，
　　我只认牛儿不认毛，
　　我只认箩筛不认眼，
　　我只认黄河不认桥。
问：什么下蛋白茫茫？
　　什么下蛋双成双？
　　什么下蛋奔田埂？
　　什么下蛋奔长江？
答：蚂蚁下蛋白茫茫，
　　斑鸠下蛋双成双，

田鸡下蛋奔田埂，
鲤鱼下蛋奔长江。
……

《对对歌》

金豆藤来银豆藤，爹娘管妹玩不成，
前门锁起黄铜锁，后门拴起九股绳，
床前撒起石灰面，铺上挂起响铃铛。

金豆藤来银豆藤，爹娘管妹玩得成，
钥匙打开黄铜锁，小刀割断九股绳，
扫把扫开石灰面，轻轻拿着响铃铛。

不要逗来不要逗，好比鲤鱼跳干沟，
干沟无水枉自跳，妹们无心枉自逗。
不要逗来不要逗，妹的丈夫在后头，
左手拿起大烟斗，右手拿起大石头。

4. 酒礼歌

彝族是爱酒的民族，水拌酒是彝家婚庆和待客必不可少之物。酒礼歌就在这样的条件下应运而生。它又分为酒令歌和劝酒歌两种。酒令歌是彝族民间古歌。其形式为男女双方多人对唱。一般在婚庆上才演唱；演唱时歌台设在新娘家，接亲人马来至，由送亲女伴起唱，于是双方你来我往，歌声通宵达旦。由于酒令歌是一首首叙事古歌，所以男女双方对唱需要两三个晚上才能演唱完毕。

敬酒歌是彝族日常待客之时所唱的歌。他们有句俗语："彝家有传统，待客先用酒。"热情好客的彝族人向来以酒待客，酒席间相互劝酒，唱起劝酒歌尽量让朋友盛情难却，多喝几杯。

盘县松河乡垤坞村彝族青年唱敬酒歌迎宾客

《酒令歌》

女：（彝语）“歌切歌落扑，呢跌不咧咧，歌落不咧呢，喏日七哪左，喏日付哪左。”

（汉语）“九十九样东西，我就值那么多钱，你给得起就背那么多东西来……”

男：（彝语）“歌切歌落扑，窝跌不咧咧……”

（汉语）“九十九样东西，我都背来了……”

女：（彝语）“出切出落扑，呢跌不咧咧，歌落不咧呢，喏日七哪左，喏日付哪左。”

（汉语）“六十六两银子……”

男：（彝语）“出切出落扑，窝跌不咧咧……”

（汉语）“六十六两银子，我都背来了……”

《淤泥乡敬酒歌》

彝语：“果迪果迪阿节克，几急打格直嘞，乃族乃族大谷多，几图大把多嘞，那且阿格直，阿格直，直谷俄多嘞，那且阿把多，阿把多，多谷俄多嘞。”（白：直阿多阿！）

汉语：“亲戚朋友在一起，饮杯酒助兴嘞，民族大团结，饮一杯酒快乐嘞，请你喝一杯，喝一杯，喝了就快乐嘞，请你喝一碗，喝一碗，喝了就富有嘞。（直阿多阿！）”

敬酒

《普古乡敬酒歌》

彝语："捏喂唆俄喏卡多，跺落过落吗一多，阿谷左西俄，以土忙夺以跺。"

汉语："远方的客人来彝寨，未先端杯人先醉，彝乡山美，彝乡水美，我们可爱的彝乡山水分外美。"

这样的酒礼歌热情洋溢，带着彝族人对远方客人的美好祝福，没有不令人动情的。

5. 丧礼歌

丧礼歌又称为祭祀歌，一般是在送葬、悼念死者和祭祖等宗教祭祀活动中演唱的歌。这类歌类似汉族的孝歌，它是以一人领唱，众人合唱的形式。这种歌曲调简单，多属说唱式。有的曲子仅为一个乐句的反复，比较哀伤婉转、深沉悠长。其中蹉措歌是丧礼歌的典型。另外，还有彝族毕摩先生在祭祀仪式上演唱的歌，其旋律起伏小，近乎吟诵。

《蹉措歌》（在蹉措舞中由孝子们演唱）

前奏：（彝语）"唆喂——唆啊——唆诶哟喂！——哄哎！哈哎！"

彝语："枯枯嘿聂枯，切聂枯麻，切聂枯麻呢，才打枯捏呢。"

汉语："一年有十二个月，今年这个年头最好。"

彝语："火火且聂或，切聂或麻，切聂或麻呢……"

汉语："一年十二个月中，这个月的三十天最好。"

彝语："捏捏且聂捏，切聂捏麻，切聂捏麻呢……"

汉语："一年有三百六十五天，今天日子最好。"

结尾："唆喂——唆啊——唆诶哟喂！——哄诶！哈诶！"

第二节　盘县彝族舞蹈文化概况与种类

盘县彝族的舞蹈文化源自彝族民间，流传于彝族民间，带有明显的彝族文化特色。它是彝族地区自然生态环境、社会历史背景、民间舞蹈群体的民族心理和审美心理等方面综合作用的产物。其种类和内容比较丰富，主要用于节日庆典、纪念祭祀、丧葬礼仪、喜庆娱乐等场合。

一、盘县彝族舞蹈文化概况

盘县彝族舞蹈文化主要集中在淤泥乡、鸡场坪乡、四格乡一带的彝族聚集区。淤泥乡在前面的内容中已做介绍，这里不再赘述。其中的鸡场坪乡，全称鸡场坪彝族乡，位于盘县北部，距县人民政府驻地（红果）69 公里，东与淤泥、旧营乡接壤，南与滑石乡相连，西抵柏果镇，北邻松河乡，土地总面积111.039平方公里，境内居住彝、白、苗等民族，总人口40488人，少数民族人口占全乡总人口的38%（少数民族主要分布在塘子边村、白龙洞村和椅棋村，其余各村均有部分）。而四格乡，全称四格彝族乡，位于盘县最北端，素有盘县“北大门”之称，海拔较高，山地凸出。东与水城县云盘乡相接，南与坪地乡毗邻，西与云南田坝隔河相望，北与水城县鸡场乡相连。全乡彝族人口占总人口的60%左右。

根据我们调查的情况来看，鸡场坪乡的舞蹈文化最为丰富。总的来说，淤泥乡的蹉措舞、鸡场坪乡的海马舞和羊皮鼓舞、四格乡的跳脚舞（又名铃铛舞）都各有千秋。

1. 蹉措舞

主要流传于贵州盘县彝族地区。它是盘县淤泥、鸡场坪、普古、滑石、松河等地彝族在举办丧事的过程中跳的一种舞蹈。目前，这种文化现象在淤泥河、普古乡等彝族地区保留得相对多一些，因此，我们把调查主要地点放在淤泥乡和普古乡。据调查此舞蹈运用于丧葬礼仪中，其原始动机在于驱赶来吃亡者身体上蛆虫的乌鸦。同时以说或唱的形式回顾亡者生前的美德业绩、忏悔孝子们对亡者生前的不孝等。

2. 海马舞

主要流传于贵州盘县、水城县等彝族地区。它是盘县鸡场坪乡、松河乡等地彝族、水族、汉族在举办丧事的过程中跳的一种舞蹈。据了解，这种文化现象在鸡场坪表现出色，因此，我们主要以该乡作为调查点进一步展开。据盘县鸡场坪乡的海马舞传人李顺明（1975年出生，男，彝区海马舞著名艺人）介绍，海马舞的传承到他这一代，已经有300年多年的历史，一般以家传形式来传承。近年来此舞蹈也在一般的节日和庆典中作为娱乐性民间舞蹈演出，增添节日气氛。

3. 羊皮鼓舞

主要流传于贵州盘县的淤泥、鸡场坪、松河一带的彝族地区。舞蹈的族属是彝族和汉族。该舞蹈生存的背景在盘县彝族地区，然而表演者为汉族。一般在火把节、元宵节等节日里表演，以示喜庆。此外，在彝族、汉族、布依族的丧葬祭祀仪式中，或者在平时也会被请到家里表演，以此达到驱邪除魔的目的。羊皮鼓舞，类似于地戏、傩戏，历史上称为傩舞。起初的目的在于借模仿动物动作的舞蹈来“驱邪纳祥”，这种歌舞形式应属于一种原始的宗教舞蹈。后来逐渐在节日喜庆活动中参加表演，增加节日的喜庆气氛。现在逐渐形成舞台表演艺术，一般是大型活动中由政府请去演出。根据羊皮鼓舞的领头人钱少宽（1947年出生，男，汉族）老人介绍，到他儿子一代，羊皮鼓舞已经在他们钱家传了九代，而他自己是从8岁开始就学跳了。现在，村里共有二十来个人会跳，老人的四个儿子都会跳，他们分别是：钱兴胜（大儿子）36岁、钱兴旺（老二）34岁、钱金榜（老四）31岁、钱剑榜（老五）28岁。平时，钱老人出门表演都是他的五儿子跟着一起去，五儿子已经跟着他父亲学了十年。羊皮鼓舞的传承还有个独特的规定，那就是只传男不传女，以父传子的方式，祖辈相传。

“火把节”之夜的彝族达体舞

4. 跳脚舞

主要流传于盘县坪地乡、四格乡以及云贵交界的彝族地区。该舞蹈主要在丧葬期间和火把节时表演。以前只有男性才能跳此舞蹈，后来也有很多女性参加，并有专门的女装。由于受汉文化、外来文化的影响，以及本民族生活习俗的改变，大多地方已不存在跳脚舞了。

5. 斗牛舞

主要流行于盘县鸡场坪、松河等彝族乡，该舞蹈主要在丧祭、年节、婚仪、寿辰等场合表演。

二、盘县彝族舞蹈文化细部描述

（一）“蹉措”（又称“搓蛆”）舞

关于“蹉措”的由来，淤泥乡麻郎垤村支书杜少权（1955年出生，男，彝族）告诉我们：古时候有位彝族祖先去世后，由于天气热，在下葬前尸体腐变生蛆，蛆成群地从棺口爬出来并往四处扩散，孝子们为了不让蛆将亡人的“魂”带走，就手挽手排成队低着头蹉措。而且为了安慰亡魂安心地守候于它该在的地方，孝子们一方面陈说亡者生蛆的原因，另一方面忏悔生前没好好孝敬亡者，再者就是对亡人歌功颂德。

在淤泥乡麻郎垤村，亡者丧礼主要由报丧（赶水）、入材、开丧、转场、解结、下葬、指路、招魂等程序。而蹉措主要是在开丧和转场两个环节中才有。

1. 开丧过程及第一次蹉措

开丧（彝语为“不谷”），是整个丧事过程中比较隆重的环节，一般需要进行五六个小时，正式经文要念两个半小时。做法事时，毕摩穿法衣，戴法帽，一共敬奉99个山神。鸡场坪乡在打羊开丧之前还要先用一只雄鸡进行“扫场驱邪”，把东、南、西、北、中各个方位的孤魂野鬼赶走。到晚上，先把后家（姑娘家和外家）牵来的一只毛羊（绵羊）拴在大门外，用一根麻线把羊和棺材旁的灵房系在一起，点亮长明灯（煤油灯），点香烧纸，用一升米摆放香案，内放利市（请神的钱）。把羊交给亡人，并交代他春夏秋冬怎么用羊，请求天地神灵不要和亡人抢羊。开丧专门有一本经书，来交代毛羊、麻布衣的用法，以及人的生死。开始唱《献酒歌》和《祭祀歌》，然后开始打羊，放炮。打羊的人选在做菜的人中寻找确定，然后孝子先扛一根用白纸包裹的小棒，象征性的轻打一下，再由打羊的人来打。打羊前要先下礼谢罪，交代打杀它不是自己的罪过，一只羊同一个人不能打两次，一次打不死就得换人。把羊打昏放血后，由毕摩用青叶子蘸羊血在灵房上点血，再把两只羊角之间的一块带毛羊皮剐下来，剪一块裹棺麻布，把这块带毛的羊皮缝上去，并规定只能由大姑娘跪着缝三针，并洗漱。打完羊后，要供饭（彝语为“租西”），之后每进行一次祭祀，就要供一次饭。在供饭时，头戴法帽的毕摩要念《供饭经》，大意是：“现在孝媳、孝女、孝子、孝婿给你供饭了，你想吃就吃三口，不想吃也吃三口，以后保佑子孙平安顺利。”同时孝媳在门外洒水，意思是怕亡人听毕摩念经时口干。

第一次蹉措就是在打羊的同时，参加丧礼的男人在野毕摩（毕摩的助手）的指挥下集体进行“蹉措”。边舞边念：“能用文就用文，能用武就用武，这些东西都是给亡人用的，任何鬼神都不能来抢。”以此来保护给亡人用的东西，同时以说唱的形式回顾亡人的伟业丰功。

开丧环节是在当事人家的堂屋门内外进行的，棺置于正堂之正中，而绵羊拴和打都在院门口，中间有麻线、麻布或白布将羊和棺相连，而孝子们则在毕摩助手的指挥下做各种仪式，打羊时孝子们在院子里面朝棺的方向开始蹉措，蹉的时间长短也由毕摩助手来定。而领头说唱的一般是年长的孝子或家族中相对有威望的男人，其他男孝子边舞蹈边应和。

2. 转场过程及蹉措

开棺后的第二天凌晨三四点钟，要早早地给死者供一次饭。天亮后，安排起棺，属相不合的人不能来。起棺时主人家要抱出一只掌棺鸡拴在棺材上，连同棺材一起抬到转场的地方（从堂屋一直抬到村里专门用来转场的场坝中搭建的鬼房）。马郎家、外侄家、死者的姐妹家要拉牛来，主东家也要预备八九只鸡。马郎家必须要拉牛，条件不好的最低也要拉羊，不然就是不孝。牛羊拉来后，要绕灵房转三圈，再用麻线拴在灵房上。用牛从大马郎家开始，念一段经文后将牛打死，同时孝子们要在灵房前“蹉措”。

用完牛，又由毕摩主持给亡人“解结”，时间也较长。

到天快黑的时候，客人聚拢，每家在转场坝各自燃起一笼火为死者守灵，火笼越多，预示子孙越旺，火笼最低要烧三笼，多的达到七十多笼。马郎家到齐后放炮，然后开始转场。在淤泥乡，转场前做个纸马，在前引路，表示死者骑着马，走向西方极乐世界，其余所有的人跟在后面为他送行。毕摩先清鬼房，念《清房经》，这个过程彝语称“和或”。念完后把纸做的灵房移进鬼房，毕摩制作代表死者灵魂牌位的竹筒（也称灵筒），竹筒是用刺竹制成的，内放盐、米、用红线或绿线捆扎的绵羊毛，男的还要放骨节草。这个竹筒在祭祀完成后要挂在家堂左上方，是死者以后长久的灵魂居所，供后人用来供奉的。

之后，开始转场。进场后，主东家、老外家、小后家正转（顺时针方向），马郎家反转（逆时针反向）。转的顺序是先围着棺材转，再围着鬼房转（小转），最后围着整个大场坝在每笼火之间交叉转（大转）。马郎家按照一家接一家的顺序，小转、大转各一圈，凡经过鬼房时就要跪一次，其他后家小转。

洒水进场，孝媳（儿媳、侄媳）要披上披肩（彝语为“阿几”），背上祭祀时才能用的背搭（彝语为“过朵”），按从大到小的顺序排列进场，孝媳反转一转后开始洒水。孝女倒水，孝媳洒水，孝媳迎着棺材的方向洒水，毕摩洒向外，用鸡、用牛、用羊都要洒水。洒水的规模大小是用来表现这家孝子多不多，人丁旺不旺。

在鸡场坪乡，还要念《开路经》，接下来外管事把唢呐匠、乐师带进来，大孝子用大蒜在门口敲一下，意为从此要和亡者阴阳相隔，彼此分离，各打各的“算”，这时悲伤气氛开始，哭丧声起。

转场结束后，又用牛，同时孝子们再次“蹉措”，供饭。

总之，蹉措是当地彝族丧礼环节中的一个内容，它并不单独成为一个环节，也不由主祭的毕摩主持，但意义深远。因此，盘县将这一项目单独列出来作为一个非物质文化遗产项目之一。经过两三年的挖掘和适当的艺术加工，目前，淤泥河乡麻郎垤村组织了一支业余的由当地彝族干部群众组成的蹉措舞表演队。该表演队参加过县里组织的表演，平时也为来村里考察观光的学者或游客们表演。2008 年 1 月 26 日，这支业余表演队专门为我们调查小组进行了表演。他们身穿彝族服装，头裹包头，年龄大约从 20 多岁到 50 岁左右。负责组织的是村支书杜少权，而领唱的是红白理事会副会长沙金伟。

表演的动作基本一样，不复杂，基本舞步极似东北大秧歌，但舞蹈速度要比秧歌舞蹈慢得多，跳时站成横排，边说边唱而且脚不停踩动表示蹉措，全排的人手拉着手一起挥动，时唱时吼表示驱赶乌鸦，使乌鸦不要来吃掉亡者尸体上的蛆虫。当天的表演没有歌功和忏悔的内容，表演者为 9 名男性，唱腔哀伤婉约，气氛也极沉寂凝重。

表演时需要的乐器有“萨拉”即唢呐、钹、鼓钗、锣、大鼓、小鼓。据麻郎垤村红白理事会副会长沙金伟介绍，他们穿着跳舞的彝族服装和头上的包头是用他们自己纺织的麻布做的，一般在表演节目时才穿。

虽然此舞蹈只有男孝子才能参加，但是由于长期生活在这种文化环境之中，当地彝族女性也会唱和跳。2008 年 1 月 28 日上午普古乡文化站的甘进琴女士就为我们边舞边唱了一段。与淤河麻郎垤的男子群舞合唱相比，甘女士的歌舞更加细腻哀婉，短短一分钟左右的一曲一舞已让我们调查组的四个人眼中都噙着泪。当然，这样的故事，这样的背景中产生出来的民间艺术哪有不打动人的！

“蹉措舞”作为非物质文化遗产我们认为其分量很重。

盘县淤泥河麻郎垤村彝族男人表演“跶措”舞蹈

（二）海马舞

海马舞是彝族的一种民间叙事性舞蹈，相当于彝族的史诗，起源于三国时期“孟获渡江”传说故事。鸡场坪乡坪子村的著名海马舞艺人李顺明告诉我们：相传三国时期有一支外敌要来侵犯彝区同胞的领地，英勇的彝族首领孟获为了保护彝族同胞的领地，率领着彝区的年轻人去应战反击。在孟获率领将士们赶路的途中，遇到了一条大江，江水十分湍急，根本无法顺利渡江，但此时战事紧急，必须快速赶过去。于是孟获急中生智，命令部队砍伐了一些江边的竹子，用这些竹子扎成一匹匹的竹马，利用竹马顺利渡过了大江，一举击败了敌人，取得了战争的胜利，成功保护了彝族同胞的生命财产安全，捍卫了彝族人民的疆域。此后，彝族人民为了纪念战争的胜利，歌颂伟大的民族英雄孟获，就模仿当年这场战役，扎竹马来跳舞，以跳海马舞的形式来充分体现彝族人民的英勇善战和勤劳智慧。到现在海马舞已逐渐演化为彝族丧葬舞蹈或节日欢庆舞蹈。舞蹈整体风格欢快奔放。

舞蹈主要是以下几个过程：

1.“奔马进场”。万马奔腾状，每人骑一匹马，每对“海马”都要有一个手拿两朵花来“引花”的人，所以最少要有三个人配合，最多达十二个人。这些动作的意思是要打仗了，集中兵马应战。

2.“马饮水”。表现孟获带领部队来到江边饮水时的疲惫情景。

3.“过河”。向前三尺，向后三尺，表现江水的湍急。

4.“高速抢花、低速抢花和马搭桥”。表现将士骑马渡江的情景，在波涛汹涌的江上，战士们用马搭桥上岸。

彝族海马舞表演（本图片来自《贵州民族志》）

5.“高速转圈、低速转圈”。转圈布阵准备开战，表现孟获带领队伍把敌人战败的战略战术。

6.“摇钟摆尾、马打滚”。表现战士们既高兴又疲惫的状态。

7.“战马凯旋”。表示战士们已经战马凯旋，胜利返乡，表达他们对战争胜利的喜悦心情。

鸡场坪坪子村二组“海马舞”编导表演者李顺明制作的“马头”

现在，该舞蹈一般是在办丧事时，马郎家（死者的姑娘、姑爷家）请去跳，像火把节之类的也会跳。另外，也有政府请去在舞台上表演的情况。所表演的形式不固定，多种多样，跳舞时有唱歌的也有不唱歌的，过去以唱山歌的形式比较多，如《海马歌》：“郎骑白马上北坡，风吹马尾向绫罗，绫罗好看要钱卖，马儿好看要钱多。”有时会以对唱形式来唱，如果没有人对唱时，就随意，想唱就唱，不唱也可以。独唱一般是触景生情，想唱什么内容就唱什么内容。

海马舞以鸡场坪乡的最具有特色，表演时一般需要 3 人到 12 人参加。需要的器具有：“海马”（最低要有一对，可用多个）、各种动物的面具、锣鼓、唢呐、马铃铛、叉、麻布包头等。这些道具一般都是自己设计制作的，所谓的“海马”就是用竹篾编扎成马头状的框架，外面裱上白色的纸或布，并用鸡蛋壳做马的眼睛，显得活灵活现，成为很形象的马头，又因为纪念孟获渡江所用的竹马，所以称为“海马”。以前主要是靠马铃铛起配合作用，每匹纸马上要配十七八个铃铛，近些年来为了热闹加了锣、鼓等器乐。服饰不做具体规定，以前是穿长衣服，现在穿短袖也可以，大型活动需要统一服装，需要用麻布包头。

盘县鸡场坪乡坪子村的海马舞队经常被邀请到丧葬仪式中表演，因为它有驱邪的作用。当地的彝族、汉族、布依族等都会请舞队去跳。在彝族的丧葬过程中舞队由马郎家请，在丧葬转场的环节中里跳。工钱是每人每天 60 元到 80 元。做这样的演出，大部分的人可以有一年半载的时间都在外面跑。

（三）羊皮鼓舞

羊皮鼓舞是盘县鸡场坪乡的特色舞蹈。一般在火把节、元宵节等节日表演，表示喜庆。此外，在彝族的丧葬祭祀仪式上，或者在平时也会被请到家里表演，以此达到驱邪除魔的目的。表演时需要的道具有：羊皮鼓一面、小铜锣一面、镲一个、木质面具（自己制作）五张、牛角（演出开始的时候用来吹，是一只黑色的两面刻着龙的军用牛角）一只。面具共有五张，分别代表着不同的角色，有红色的带长胡须的“土地”，黑色的带马尾胡须的“判官”，红色的头上有天眼的“和尚送喜”，面相慈善的“观音送子”，黑色的气势威武的“彝王孟获”。一般是做什么类型的法事就戴相应的面具表演。

羊皮鼓舞中的牛角

羊皮鼓舞表演者要求至少不低于两个人，一般是三个人，多则达十多人，在舞蹈中各自担任一角色，人数的多少视具体情况而定。现在，表演的服饰没有特殊的要求，一般是请去跳的人家或政府安排他们的衣装，跳的地点也是临时选的，没有固定的跳舞场所。

在表演的过程中，表演者各有分工，打鼓、敲锣的要边敲边舞，边唱边跳，其余的也戴上面具边唱边跳。五个面具出场是有一定的顺序的，先是“判官”亮相，接下来是“和尚送喜”与“观音送子”同时上场，往后才到“土地”和“彝王”。羊皮鼓舞的舞步基本上都是模仿各种动物的动作创作演变而来的，被钱少宽总结为《跳二十四婆》：“大其星，小八字，小开门，以蹉连，鬼儿刨坑，一步三点，鹊雀登枝，北斗吊北，金线提银灯，黄龙摆尾，白马悬蹄，仙人接脚，枯树盘根，癞牛搔痒，黄莺晒翅，犀牛望月，罗汉打盹，母猪搔痒，羚羊厮打，苍蝇蹉脚。”

鸡场坪乡钱少宽老人在他家门前演示羊皮鼓舞

跳的同时还要念词，所念的词是用汉语念，主要有《龙神》《耍龙》《开船》《上香》《祭孤》等章节的内容，这些内容均被钱少宽老人收集整理在他十几万字的手稿《羊皮鼓舞文集》一书里。这些段章主要是歌唱一些历史名人，如祝英台、周瑜、秦宝叔之类的历史人物故事，如《开船调》：“正月开船正月正，谋朝夺位老黄君，黄君夺位十八载，太子落难十八春……三月开船三月三，三人结拜在桃园，此处本事桃花源，还需何处访神仙。四月开船四月八，一对龙船顺水划，大船划过梁山伯，小船划过祝英台……”

平时如果哪家有需要跳羊皮鼓舞来“驱邪纳吉”的，可以直接通过电话请钱家带舞队去做法事。据钱老人的五儿子钱剑榜介绍说，钱家每六年要举行一次大祭祖，需要三天的时间，他们就在家里跳羊皮鼓舞做法事驱邪。在彝族丧葬转场仪式中，马郎家会请舞队去跳，主要是为了热闹场面，也有一定的“驱邪”之意，工钱一般按每人每天 40 元计算，多的时候也有每天 80 元的。别人请到家里做法事“驱邪”的，工时费每人每天也是 40 元到 80 元。政府请去搞演出的，每人每天 25 元到 30 元，作为误工费。

钱少宽家的面具据他说都是由他雕刻的，锣是祖传的，至少已有八代了。关于钱家的家世，我们也看到了他家的家谱，里边讲到他家祖上曾在明时随王冀等征伐鹿川有功，被封到今威宁一带负责镇守，由于出了点差错后南下到盘县定居，羊皮鼓舞可能就是由明时“军傩”发展而来，其中的“彝王”角色也可能是在威宁一带才进入剧目的。

钱家在鸡场坪乡坝上村 6 组有很多家，平时一般都是钱少宽父子出去做法事或表演，但政府组织的表演则需要组织村里宗族中的一些中青年人共同参与。由于这个舞蹈具有一定的家族性，当地也把此舞蹈叫作钱家舞。在乡县的大力挖掘推介下，目前该舞蹈在市内外有了些名气，一些文化企业曾请钱家去当师傅教授，2007 年上半年，28 岁的钱剑榜就被请到红枫湖旅游区给当地的文化表演队当老师，专门教授该舞蹈。

羊皮鼓舞所使用的面具和道具

从接待我们普查小组的钱少宽家老屋中的内部环境来看，他家并不富裕，是一幢三间的土墙覆瓦式的传统建筑，修建年代看上去也至少有 20 年以上，屋内被黑烟熏得很黑，屋内自然光照明也不是很好，但其房间内外无不透出其职业的气息：三间房门的门楣上都钉有红布，正屋神龛“天地君亲师”牌位，两侧有许多看上去年代久远的道教诸神印画，神龛前上方的楼楞上则挂满了由红布和各色纸做的新旧相杂的“旗幡”。他家的道法具（面具、红布、经书、牛角、锣等）则放在厨房靠墙一侧的柜子里，都用红布包着。

我们去的前一晚，钱少宽和其五儿钱剑榜去了淤泥河一户人家做法事，我们等了两小时他们才赶回来。明显喝了点酒的钱少宽老人对我们的造访既兴奋也有些担忧，开始对业内之事讲得不是很主动，显得勉强，但后来知道我们的来意后，他又念又唱又跳，非常主动和活跃，还让我们看了他家的家谱，拍了相关道具的照片，并与我们合了影。

（四）跳脚舞

该舞蹈主要是男性参加，至少需要 4 人参加。跳的时候首先站成横排，然后逐渐围成圆圈，并由两个拿铃铛的领跳，一个在排头，一个在排尾。丧葬期间，从死者进棺材的那晚直到埋葬的前一晚都要举行，大概在晚上 11-12 点开始。需要 1 个多小时的时间。在跳之前和之后，主家必须给所跳的人，每人发一支烟给他们抽，并且倒一碗酒给他们喝，这是表示请和谢意。

棺材没有进入“嘎房”之前，在门外跳完之后，再到屋内围绕棺材跳，但棺材进了“嘎房”，就围绕着嘎房周围跳。

在“转场”这天，跳脚舞有一个秩序：首先是本家先跳，其次是后家，最后是姑娘家；本家跳时从左至右围绕“嘎房”跳完三圈后，再到侧面跳，他们会得到一定的报酬。与该舞蹈有关的歌词主要是悼词，主要是关于死者在世时的为人及其作为，并祝其亡灵到阴间后能过上好日子。歌词是以口传的形式流传，无歌本。

跳舞时每个人戴一顶黑色并有一角翘起的黑色帽子，绣有花纹的白色对襟上衣。该舞蹈是一种唱、跳合一的舞蹈，动作多以跳、转为主，脚、手的动作弧度大，体现豪放、庄肃，尤其在丧葬活动显得神秘庄重。伴奏乐器有小鼓、唢呐、锣。

传统上只有男性才跳此舞蹈，发展到近几年有很多女性参加，并有专门的女装。随着经济的发展和现代文明的冲突，丧礼礼节的简化，跳脚舞很少举行，只有火把节时才有表演。

当然，盘县彝族的舞蹈不仅只有这些，以上列举的舞蹈类型由于历史发展悠久，蕴含的彝族文化内涵要丰富得多，所以特意一一列举。近年来人们为了使舞蹈的内容和形式更加多样鲜活，在20世纪80年代还创造了斗牛舞，舞蹈的动作类似于我国民间的舞狮，在具体的细节上又有不同，特别是“牛吃草”的动作，表演得栩栩如生。

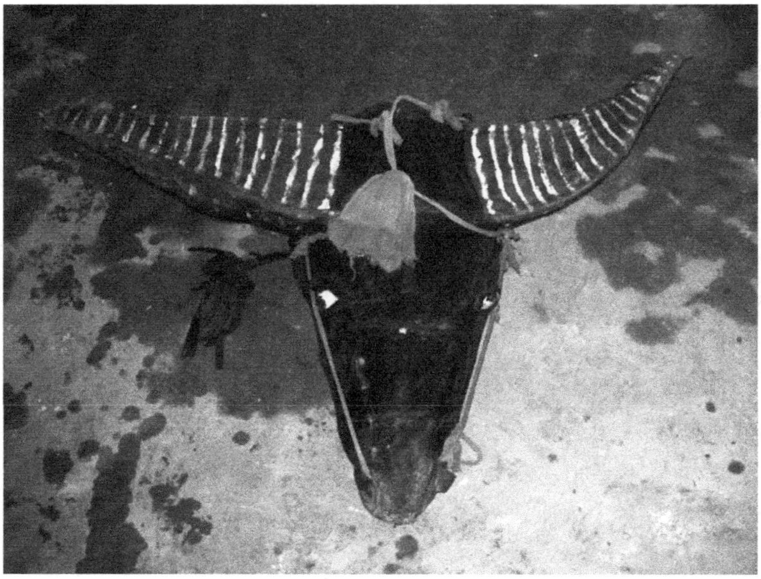

鸡场坪乡坪子二组斗牛舞创编者李顺明制作的“牛头”

第三节　盘县彝族歌舞文化的特点与功能

盘县彝族歌舞文化由于其生存的特殊自然环境和人文环境，所以表现出来的文化特点和功能与其他民族也会有所不同，同时也由于该地区为多民族杂居，所以在具体的文化表现上又与其他民族有相互融合的地方。特别是彝族山歌和羊皮鼓舞，可以说是彝族文化与汉族文化融合的结晶。据此，在对这种文化特殊性与共容性进行分析的基础上，我们将对盘县彝族歌舞文化的特点与功能进行适当的归纳与分析。

一、彝族民歌文化的特点与功能

根据调查的情况，我们将盘县彝族民歌文化特点做如下概述：

1. 使用的语言。彝语和汉语。其中彝族语歌大多为纯彝族乐调，汉语歌大多为汉族山歌乐调。

2. 演唱形式。独唱、两人对唱，也有集体齐唱和简单的二声部合唱。

3. 歌种流传沿革情况。祖辈传下，口头传唱。一般是保留大体，临时应变，自由发挥，没有固定的歌词或模式。

4. 歌种功用。主要在恋爱、婚嫁、丧葬、务农、迎客、节庆、劝酒、叙事等情景中演唱，并根据情景表达相应的情感思想。

5. 歌词结构。衬词衬句，有韵有脚。

6. 演唱要求或禁忌。情歌传统上不能在家里唱，要在家外找个人少的地方来唱，并且要与同族不同家族的同辈人唱。直到现在，一些老人仍然很忌讳在家里或寨子边唱情歌，有的老人甚至不准在家里放歌碟（只要不在一些传统的老人面前，年轻人可以自由演唱）。而祭祀歌传统也只能在举行祭祀仪式的场合来唱，平时不可以随意在家唱不吉利的歌。

7. 关于山歌场的变化。在彝族聚居地带，过去都有一些特定节日时的民歌场，如普古乡政府后的山坡每年正月上旬都有男女青年在那里聚会对歌。淤泥河乡八担山一带也有类似的民歌场。最近几年偶尔也有年轻人在此对歌，不过越来越少了。现在出现了一种由政府和民间联合组织的民歌展示平台，如淤泥乡麻郎垤村、盘县红果镇等地都成为民歌手及爱好者们的新场地。

总体来看，彝族山歌的歌词结构和韵律特点均与贵州汉族山歌一样，这应该说是彝族文化与汉族文化相互交融与渗透的结果，只是其存在的土壤为彝族传统文化区，所以其更多彰显的是彝族民族民间文化的风韵。

彝族民歌主要是在恋爱、婚嫁、丧葬、务农、迎客、节庆、劝酒、叙事等情景中演唱，这就意味着彝族民歌涉及彝族生产、生活的方方面面。彝族民歌发展至今，它的功能作用是显而易见的，传统上应有交流沟通即媒介作用、娱乐、娱神、传承彝族文化等功能。

据我们的调查，40 岁以上的彝族男女大多都是通过山歌对唱来发展恋情的。如情歌《郎有心来妹有心》，寓情于物，彝族青年就是通过这种淳朴发自内心的表达，最终收获到了“幸福”的种子。其歌词情真意切，对痴情的男女青年应该是很有穿透力的。

《郎有心来妹有心》

男：郎有心来妹有心，隔山隔海喊得应，
郎有心来妹无义，隔堵篱笆喊不应。
女：郎有心来妹有心，不怕山高水又深，
山高还有人修路，水深还有渡船人。
男：郎有心来妹有心，好比花线配花针，
妹是花针朝前走，郎是花线随后跟。
女：郎有心来妹有心，二人都是有心人，
有心不怕路程远，无心哪怕门对门。
男：郎有缘来妹有缘，我俩前世都有缘，
我俩都是有缘分，不如今晚来团圆。
女：郎有缘来妹有缘，二人今世都有缘，
二人都是有缘分，早日成双到年老。

在婚嫁中的接亲环节里，当接亲队伍到达女方家门口时要唱酒令歌，晚饭过后接亲的人还要继续和新娘的女伴对酒令歌。按传统习俗还会唱上几天几夜，现在一般唱一个通宵。婚姻是人生的头等大事，在彝族社会里，结婚必须唱酒令歌，可见彝族的酒令歌在彝家人婚嫁中占有重要的地位。在结婚时唱酒令歌既可以热闹场面，男女双方伙伴又得到了一次情感交流的机会，而酒令歌题材还涉及爱恋、历史、生产生活等诸多方面，这对年轻人也是一种濡染的机会，他们可以通过这种平台习得本民族文化以及生产、生活的一些技能性常识。

丧礼歌在丧葬仪式中是超度亡魂和节日仪式上的祭祖活动里不可或缺，毕摩先生通过丧礼歌与亡灵对话，取悦各路鬼神，通过演唱丧礼歌可以让亡灵顺利归天，让祖宗享受节日的快乐同时也保佑活着的人平平安安，健健康康。开丧和转场时孝子们的蹉揹舞以及转场时马郎家、外家请来的舞蹈队，边唱边跳也是同样的道理。这些我想都与彝族人民的宗教信仰有关，对此我将在下文对舞蹈文化功能的分析时做具体的论述。

我们每到一个彝族村寨，饭桌上总是能听到这样的歌声：“远方的贵宾，四方的朋友；我们不常聚，难有相见时；彝家有传统，待客先用酒；彝乡多美酒，美酒敬宾朋。请喝一杯酒呀，请喝一杯酒！”这就是彝族的劝酒歌。热情好客的彝族人总是以酒待客，酒席间相互劝酒，唱起劝酒歌，尽量让朋友盛情难却，多喝几杯。

传统的彝族社会里，田间地头唱起劳动歌的情景随处可见。春耕季节人们唱起《栽秧歌》：“大田栽秧窝对窝，今日郎妹来对歌，站在田中开口唱，情也合来意也合。大田栽秧密又密，二人唱歌不投机，郎有情来妹有意，一同唱到日落西。大田栽秧行对行，郎一行来妹一行，前头那行郎丢妹，后头那行妹丢郎。大田栽秧栽四角，恰恰栽了四百窝，两边栽起胡椒眼，中间栽起凤凰窝。……”一曲甜美的劳动山歌，使得在劳动中的人们既可以消遣娱乐，又促进了少男少女恋情的发展，同时也消减了劳动带来的疲乏，这样的劳动方式使劳动成为一种享受。随着人们生产生活方式的改变，现在自发的在山野劳作唱起山歌的情况比较少了。

迎客、节庆、叙事等情景中要唱歌也是必不可少的。每年农历六月二十四日，彝族会举行盛大的火把节，在这期间各种节日歌、劝酒歌、叙事歌都会唱响彝乡。

松河乡垤坞村彝族青年在2008年“火把节”上演唱彝族迎宾歌

从我们调查情况来看，彝族民歌的交流功能，特别是山歌对唱发展男女恋情的媒介交流功能正在减弱。在20世纪50年代以前，由于情歌对唱的好坏关系到个人的婚姻问题，所以人们都会唱，都唱得好。随着彝族地区社会的不断发展进步，人们的思想观念也在不断地更新，男女发展恋情的媒介不断增多，情歌对唱在男女婚姻爱情中的媒介功能已经淡化。即使一点歌曲不会唱的人，外出打工，结识外面的女性朋友同样可以发展恋情，伴随社会的发展这也将会是人之常情。加之现代社会通信设备如此发达，年轻人谈恋爱可以直接通过手机、座机电话甚至网络，这些都可以成为现代年轻人恋爱的媒介。

现今彝族民歌大多具备的功能我认为主要是娱乐、审美、娱神以及传承彝族文化等功能。彝族丧祭文化底蕴深厚，丧礼歌作为丧祭文化的组成部分，仍有着较大的发展空间。但是随着丧葬礼节的削减，丧礼歌也有可能逐渐消失，因此，它的娱神功能也会随之减弱。

淤泥河乡麻郎垤彝族村民用鼓和唢呐、钹等乐器演奏“迎宾曲”

我想，将来彝族民歌的娱乐和审美功能会逐渐增强，现在节庆日子里人们举办的民歌大赛就是为了娱乐和竞赛。另外，通过举办这些大赛彝族民歌将会从村走到乡，从乡走到县，从县走到市，从市走到省，从省走到全国，甚至从全国走向全世界。这时候一种纯娱乐性质的民歌大赛将会演变为一种世界性的舞台艺术，更多彰显的就是它的审美功能，如《山歌出在淤泥河》就被改编成颇具影响力的民歌，在盘县100多万人中，很多人多少都能哼上几句。当然，通过民歌大赛的举办，彝族文化也会得以更好地整合与传承。

二、彝族舞蹈文化的特点与功能

根据我们调查的内容来分析，我们把上一节描述的几类舞蹈的特点分别做如下介绍。

（一）蹉措舞

1. 舞蹈风格特点。表演的动作基本一样，不复杂，基本舞步极似东北大秧歌，但舞蹈速度要比秧歌舞蹈慢得多，跳时站成横排，边说边唱而且脚边不停踩动以示蹉措，全排的人手拉着手一起舞动，时唱时吼表示驱赶乌鸦，使它不要来吃掉亡者尸体上的蛆虫。表演者均为男性，唱腔哀伤婉约，气氛也极沉寂凝重。

2. 服饰。在丧葬中着装不正式，但必须得用长麻布包头。而在政府组织的大型活动中，表演时身穿着相对统一的彝族服装。

3. 伴奏音乐。表演时需要的乐器有唢呐、钹、鼓、镲、锣、大鼓、小鼓。

4. 表演人物。在丧葬仪式中为祭祀者，主要是孝子。在对外表演中对表演者身份没有明确规定。

5. 表演内容。孝祭人集体跳舞。

（二）海马舞

1. 舞蹈风格特点。舞蹈整体风格欢快奔放，舞蹈时有唱歌的也有不唱歌的，过去以唱歌的形式比较多。

2. 服饰、道具。平时表演服装不是很正式，大型活动时需要统一服装，戴麻布包头。道具为“海马”（最低要有一对，可用多个，有时也用一根两头系有樱花的杆代替）、各种动物的面具、锣鼓、唢呐、马铃铛、钹、麻布包头。

3. 伴奏音乐。锣鼓、唢呐、马铃铛、钹。

4. 表演人物。表演时一般需要3人到12人参加，由男性表演。

5. 表演内容。“奔马进场”“马饮”“过河”“高速抢花、低速抢花和马搭桥”“高速转圈、低速转圈”“摇钟摆尾、马打滚”“战马凯旋”七个方面的内容。

（三）羊皮鼓舞

1. 舞蹈风格特点。舞步基本上都是模仿各种动物的动作，敲鼓、敲锣，边敲边舞，边歌边跳。

2. 服饰、道具。羊皮鼓一面、小铜锣一面、镲一个、木质面具（自己制作）五张、牛角（演出开始的时候用来吹，是一只黑色的两面刻着龙的军用牛角）一只。表演的服饰传统上穿麻布长衫，现在没有了特殊的要求，一般是请去跳的人家或政府安排他们的衣装。

3. 伴奏音乐。羊皮鼓、小铜锣、镲、牛角吹奏。

4. 表演人物。面具共有五张，分别代表着不同的角色，有红色的带长胡须的“土地”，黑色的带马尾胡须的“判官”，红色的头上有天眼的“和尚送喜”，面相慈善的“观音送子”，黑色的气势威武的“彝王孟获”。人数至少为两人以上，一般是做什么类型的法事就必须戴相应的面具表演。

5. 表演内容。该舞蹈的主要传承者钱少宽师傅总结为“大其星，小八字，小开门，以蹉连，鬼儿刨坑，一步三点，鹊雀登枝，北斗吊北，金线提银灯，黄龙摆尾，白马悬蹄，仙人接脚，枯树盘根，癞牛搔痒，黄莺晒翅，犀牛望月，罗汉打盹，母猪搔痒，羚羊厮打，苍蝇蹉脚。”

盘县坪地彝族乡村铃铛舞表演队（游珍海摄）

（四）铃铛舞

铃铛舞是四格乡、坪地乡等地的彝族特色舞蹈，一般是在丧葬活动中跳，节日期间为了活跃气氛也进行演出。

1. 舞蹈风格特点。以跳、转等技巧为主，脚、手的动作弧度大，演跳的时间较长，一般也为边歌边舞。

2. 服饰、道具。舞者每人戴一顶黑色的翘角的帽子，衣着为白色的绣有花纹的对襟上衣。道具为一串铃铛和红色布条。

3. 伴奏音乐。小鼓、唢呐、锣。

4. 表演人物。至少4人表演，以前只有男性表演，现在有很多女性也参与表演，并有专门的女装。

5. 表演形式。首先站成横排，然后逐渐围成圆圈，两个拿铃铛的领跳，一个在排头，一个在排尾。

从调查的情况来看，我们认为彝族的舞蹈更多是源自宗教祭祀性活动，也就是说彝族的这些舞蹈一开始大多数可能是为了娱神而形成的一种祭祀神的舞蹈。其原初形态可能以巫术信仰为内核，许多舞蹈的动作也可能源自原始社会巫师在做法事的时候所完成的一些动作。

通过以上的特点介绍，我们可以看出这些舞蹈的动作大多比较简单，有些动作循环进行，而且每一种舞蹈都是在丧葬或祭祀活动中跳，由此可以看出其舞蹈与彝族社会的宗教信仰活动密切相关。只是随着彝族地区社会政治、经济、文化的发展，其舞蹈才逐渐发展到今天这种娱神功能和娱乐功能并存的状态。除了羊皮鼓舞外，蹉措舞、海马舞、跳脚舞均用唢呐伴奏，我们都知道传统上盘县彝族的乐器唢呐一般是用于丧葬仪式中的，特别在婚庆中不能演奏。从服饰上来看传统舞蹈服装大多为长衫，制作原料为麻布，海马舞和羊皮鼓舞表演时还头戴面具，舞蹈的宗教神秘色彩浓郁。只是现在随着时代的变化，其舞蹈文化的娱乐功能加强才使得人们在衣着上没有太大的讲究。

关于羊皮鼓舞的由来，我们在调查世代传承该舞蹈的钱家，从他家的家谱里知道，他家祖上曾在明时随王冀等征伐鹿川有功，被封到今威宁一带负责镇守，由于出了点差错后南下到盘县定居，羊皮鼓舞可能就是由明时“军傩”发展而来，其中的“彝王”角色也可能是在威宁一带的彝族地区才进入剧目的。在舞蹈一开始先用牛角吹奏，这应该是当时明王朝出兵打仗时所用军号角的象征。前面我们也提到“傩”的起源非常古老，可以说是我国各民族先民史前信仰的集大成者，在汉族中称为傩，在满通古斯民族中称为萨满。羊皮鼓舞的舞步，还模仿各种动物的动作。可见，羊皮鼓舞纯属一种原始宗教舞蹈。

彝族舞蹈最初是宗教祭祀性舞蹈，那么它的一个重要功能就是娱神的功能。我们从前面一节对各种舞蹈的种类划分当中得知，彝族这些舞蹈大多在丧葬活动的转场环节由马郎家、外家请去演出。根据这些舞蹈者的介绍，在转场时跳这种舞蹈最主要是为了驱邪纳祥，当然也有马郎家、外家比排场的成分。这些舞蹈的娱神功能在现代彝族社会的体现就主要是在“转场”这个环节，在平时祭祖和给病人驱邪的时候主家也会请舞蹈队到家里演出，就是到家里去做法事。

这些舞蹈发展到今天已经不再是以前那种纯娱神性的舞蹈了，它的功能随着彝族人民生活方式的改变也随之增加，也就是娱乐功能。以前的彝族社会，这些舞蹈是在一个神化的空间中生存、发展，人们之所以跳这些舞蹈是表演给神灵看的而不是给人看的，也就是说它是一种神性舞蹈，最终目的是为了取悦神灵，保佑人们平安幸福。所以，只有在丧葬、祭祀等场合才表演。在我们的调查访问中，这些舞蹈者告诉我们现在除了丧葬仪式外，在节日庆典中人们同样要演出这些舞蹈。那么，这些舞蹈除了娱神外还有娱人的作用。可见，盘县彝族舞蹈正处于一个娱神、娱人的中间发展阶段。概括而言就是，彝族舞蹈由神性舞蹈发展到今天，形成神性、人性共同发展态势。

从20世纪80年代以来这些舞蹈的娱乐功能就在不断地加强，火把节和其他节日里人们载歌载舞共同感受节日的欢乐。各种舞蹈的审美功能也在不断地增强。这些舞蹈队陆续的被政府部门请去在舞台上演出，他们除了自带乐器以外，在服装上由政府部门统一制作，表演的人员还要进行化妆。因此，舞蹈的审美功能在进一步强化。特别是近年来各地举行的民间歌舞大赛，舞蹈的审美性更加突出。彝族舞蹈正开始从神性向人性转化。

第四节　盘县彝族歌舞文化保护传承的意义

经过调查组的深入调查和探讨，认为盘县北部以鸡场坪乡为中心，包括普古、淤泥、坪地、四格等民族乡在内的彝族聚居区的民歌文化，集中在淤泥乡、鸡场坪乡、四格乡一带的彝族聚集区的舞蹈文化，将其申报为非物质文化遗产对该地区彝族歌舞文化的传承发展有重大的现实意义。

彝族的歌舞文化作为该地区的一种民间文化，从民间发展至今对该地区彝族人民的政治、经济、文化的发展起到了一定的推动作用。因为有了歌舞才使得人们的生产、生活更加丰富多彩，使得人们的精神文化更加充实。

在过去，由于社会生产力水平低下，人们从事的生产劳动十分繁重，体力消耗大，在生产劳动时人们为了调适和放松自己的心情，提高劳动生产的效率，于是创造了山歌这种民间音乐。随着社会生产发展的进一步提高，人们的生活内容也在不断丰富，所以对彝族山歌的内容要求越来越多，于是根据具体的需要又将山歌发展为专门以歌唱男女恋情为主的情歌，叙述彝族地区人民美好生活的叙事歌，一般意义上的在山野演唱的以盘问、逗乐的山歌；在酒席间演唱的酒礼歌；为娱神或悼念亡灵的丧礼歌则应早有其存在的空间。

彝族山歌表演

从舞蹈的发展来看，彝族舞蹈早期更多是为了娱神，发展到后期，特别是现当代，由于人们精神文化生活的需要，许多丧葬仪式中的舞蹈也适时地改变，逐渐演化为节日娱乐性质的舞蹈。根据当地彝族同胞的介绍，彝族舞蹈的每个文化事象，都有好几百年的历史积淀，有的甚至有上千年的历史。在几百年甚至上千年的历史考验中，彝族舞蹈文化经历了社会历史的筛选，一直保存至工业文明的今天，足以证明其舞蹈文化的价值所在。

松河乡垤坞村彝族青年 2008 年 7 月 26 日在村里举行的火把节上表演彝族舞蹈

彝族歌舞作为一种民间艺术，它的出现对该地区彝族人民生产、生活有很大的促进作用。首先，歌舞的交流作用，人们通过对民歌演唱的进一步了解，特别是情歌对唱更促使了男女恋情的发展；而在节日中通过舞蹈，人们洋溢着喜悦的心情；在丧葬仪式中通过舞蹈达到神与人交流的目的，人们可以对祖先或亡灵表达哀思、悼念之情。其次，歌舞的娱乐作用，在火把节中人们载歌载舞尽情地享受节日的快乐。再次，歌舞还有娱神的作用，在丧礼活动中人们唱起蹉措歌，跳起蹉措舞，娱乐神灵使得自己的内心更加的安宁，哀思得到寄托。当然，彝族歌舞的价值还有很多，如通过彝族歌舞传承彝族文化的功能。

无论是情歌、叙事歌、山歌（为广义山歌的小分类）、酒礼歌、丧礼歌，还是蹉措舞、海马舞、羊皮鼓舞、铃铛舞，作为彝族民间特有的艺术，在当地彝族人的心中有相当的分量。但是，在我们的调查中，该地区的民歌文化群体趋于在中老年人中流行，在年轻人中很少有人能把一首民歌唱得完好，也很少有人能将一曲舞蹈跳得完美。可以看出作为盘县民族文化的组成部分的彝族歌舞出现了衰落的现象。

据分析认为主要有以下原因：

（1）彝族地区的社会进步和经济文化发展是主要原因。

历史上的彝族为西北氐羌系游牧民族，到了汉代或更早彝族就已经迁徙到盘北这块广袤的土地上。由于该地区地势陡峭，到处是崇山峻岭，彝族先民只好从“逐水草而居”过渡到“定牧定耕”，明清以后大量汉族移入彝族地区，彝族地区农业得到发展，大量开垦田土，牛耕得到推广，形成了犁耕和锄耕为主的经济文化类型。我国改革开放以前彝族地区大部分地区都还处于这种定居的自给自足的农耕经济生活方式，在这种封闭的生存空间中，使该地区文化成分比较单一，聪明的彝族人民在这样的状态中创造了丰富的歌舞文化。歌舞的交流、娱乐、娱神等功能在这样的人文环境下得到充分的认同，也就是说，彝族歌舞文化在那段历史过程中适应了该地区的经济文化发展的需要。

彝族歌舞发展到今天，为什么在年轻人中逐渐被淘汰，原因是多方面的，从它的整个文化系统的内部结构来分析，主要原因应该是由于整个彝族地区经济文化发展、社会进步，其社会文化结构发生变迁的缘故。

随着社会经济文化的进步，今天的盘县彝族聚居区，人们的生产、生活方式已经发生了很大的变化，就盘县本地而言，盘县是一个产煤大县。我们调查组在调查淤泥乡的山歌文化时，一路上都能目睹到拉煤大卡车来来回回，在快到淤泥乡政府前的一段路还看到了一座停放着 20 多辆拉煤卡车的煤炭加工厂正冒着浓烟。可见当地的煤炭业已经有相当的发展，为了有更高的收入和更好的生活，人们就纷纷涌入煤炭行业，于是很多人由山间的农民变成了工厂的工人，甚至自己承包工程当老板，商品经济意识增强。随着改革开放的进一步深入，我国东南沿海一带经济也有了相当的发展，另一部分年轻人也纷纷流入沿海。

这些转变使得人们的经济生活方式由封闭状态的自给自足的农耕生活方式转变为以市场开放、竞争为主导的商品经济生活方式。人们的经济意识随之越来越强。而我们的彝族歌舞文化主要在自给自足的传统中起作用，我想这是导致彝族年轻人淡化本民族歌舞文化的一个主要因素。

（2）外界文化的传播和取代。

任何事物的存在和发展都是由于它有着存在的价值意义，彝族歌舞能发展到今天也有它存在的价值意义。前面提到彝族歌舞的主要价值的时候，我们把彝族歌舞归结为交流、娱乐、娱神等功能。如果有其他的文化也能提供这些功能或其他的文化使人们的兴趣爱好转移，那么歌舞文化模式就会被其他文化形式冲击甚至取代，只是这个取代需要一个时间过程。从现在的境况来看，彝族歌舞文化在年轻人中不再流行，应该就是一个正在被其他文化取代的过程。

随着我国改革开放和市场经济观念的深化，处于相对封闭落后的彝族山区这些年在经济贸易、交通、通信、教育等事业等方面都得到了很好的发展，生活水平也在不断地提高。现在大部分的彝族人家生活已经达到了“楼上楼下电视电话，村委学校电脑”的水平。

随着现代通信技术和大众传播媒介的发展，使得文化传播和信息交流变得十分方便。以前人们谈恋爱交流感情都是通过山歌传情。现在通信技术设备的进步，手机、电话的普及，加之人们的生活节奏也在逐渐地加快，年轻人谈恋爱可以直接通过打电话或发手机短信的方式。这些方式也更加适合年轻人传情达意，彝族山歌的感情交流功能退居二线，彝族山歌的丰富性在减少。淤泥、普古两地传统的山歌场已经退出了历史舞台。现在主要是政府联合民间组织的特定的场地，如前面提到如淤泥河乡麻郎垤村、盘县红果镇等地。这些山歌场主要是在节日活动中，政府组织的山歌演唱比赛才用到。

彝族歌舞伴奏的音乐极其单纯，内容形式都比较单一，可以说是原生态的彝族山区艺术。但是，随着大众传播媒介的迅速发展，各种各样带有动感、悦耳伴奏的爵士音乐、摇滚音乐、乡村音乐通过电视、电影、VCD、DVD 等媒体铺天盖地的在彝族地区传播开来。从 2005 年度湖南卫视的超级女声栏目，在中国大陆地区创造了极高的收视率的事实，可以从一个侧面反映了中国年轻人的娱乐观和审美观的改变，彝族地区的年轻人也不例外。

彝族歌舞文化作为彝乡人自编自创的民间艺术，是盘县民族文化的一朵奇葩。然而，歌舞文化的丰富内涵发展到今天，在彝族地区广大的年轻人中，其地位逐渐衰退，因此，有被主体文化的汉文化传播取代的可能。从文化变迁的角度来看这是文化发展的规律，但从民族文化保护的角度来看应该采取相应的措施。因此，我认为盘县彝族歌舞文化列为非物质文化遗产的行列，得到政府的帮扶和当地彝族人民的重视，才能提高他们的文化自觉，最终将彝族歌舞有效地加以保护传承并发扬光大。

注：

1. 本章所有文字素材均来自贵州民族学院民族文化学院“盘县非物质文化遗产调查组”调查资料和盘县文体广播电视局的有关文字资料。

2. 除个别注明者外，所有照片均由贵州民族学院李相兴提供。

3. 本章主题所涉及的调查对象主要有：

杜少权，1956 年出生，彝族，盘县淤泥乡麻郎垤村党支部书记；

李顺明，1976 年出生，彝族，盘县鸡场坪乡坪子二组；

兰爱菊，1976 年出生，彝族，盘县淤泥乡文化中心副主任；

金光权，1958 年出生，彝族，盘县鸡场坪乡椅棋四组毕摩；

甘进琴，1961年出生，彝族，盘县普古乡党委委员；
杜永周，1976年出生，彝族，盘县松河乡文化中心主任；
彭志毕，1981年出生，汉族，盘县普古乡文化中心主任；
李朝州，1975年出生，汉族，盘县鸡场坪乡文化中心主任。
特此致谢！

第八章　盘县彝族服饰文化描述与研究

李相兴

盘县彝族服饰既有与彝族其他支系服饰相同的一面，也有其独特的一面。它与周边的威宁型、滇东型比较接近，但其个性特征也是十分明显的。在一些方面，其服饰特性仅其所独有，因此，将盘县彝族服饰列为彝族服饰一大类型是完全有道理的。

本章旨在描述该县彝族服饰，并在此基础上探讨其历史渊源，突出其特性，同时对该地服饰的流变做一些简单的探究。

盘县彝族传统服饰

第一节　盘县彝族传统服饰描述

盘县彝族传统服饰系统比较齐备，婴幼儿、少年、中青年、老年等各年龄段的服饰都具有特色，婚服、丧服特点也鲜明，特别是丧仪服饰在整个彝族中独树一帜。

一、婴儿服饰

1. 长辈为婴儿准备的婴儿用衣饰

（1）多啰。在盘县北部的松河、鸡场坪、淤泥、普古、坪地等彝族家庭中，如果有60岁以上老人（女性），会专为未出生的孩子准备一个正方形的包布“多啰”，用来包裹刚出生的婴儿。“多啰”的布料传统上以羊毛织的布为主，辅以棉布。但随着定居农业的普及和绵羊养殖的减少，转为以棉布为主。

（2）逼迪。彝族家庭中，孩子的外婆在得知自己的姑娘怀孕后，会为孩子准备一个绣花的背带“逼迪”。“逼迪”以黑底为主，也有蓝底的，绣花平绣、堆绣兼有，多以花草为主题，也有寓意的蝠、鹿、兽、喜鹊等图案，象征孩子福、禄、寿、喜齐全。有的也有龙、凤图案，比喻龙凤呈祥。

2. 婴儿母亲为未出生的孩子准备的衣饰

孩子的母亲会在自己怀孕后为孩子准备帽子、衣服、裤子、鞋袜等东西，过去一般都是自己缝制，布料以棉或毛为主，除了帽子外，一般不绣花（原因是孩子长得快）。现在多在商店里购买。过去，当地彝族一般不为孩子准备口水兜、尿片之类的东西。

二、孩子服饰

孩子渐渐长大，孩子的衣服过去大多都由母亲缝制，也有孩子的姑姑、姨、外婆、奶奶等缝制，式样方面，小女孩的多以右衽姊妹装为主，男孩以对襟衣、直筒裤为主。也有的家庭给孩子做当地的彝族服饰，但据说没有成人的多。

过去，孩子上学时，他（她）的妈妈会为其缝制一个小书包，女孩子的书包绣花，男孩子的书包以素面为主。

三、少年服饰

18岁以前的少年时代服饰。

（1）过去，女孩子到了八九岁就开始跟自己的母亲、奶奶、外婆或村中的姐姐或其他妇女学着做针线活，到了十二三岁，在母亲的指导下，已经能为自己做衣服了，她们一般会精心地为自己做右衽镶绣花边的上衣，会为自己做缀有许多璎珞或其他金属、塑料饰品的“帽子”。会做直筒的有镶花边的裤子，也有做百褶裙的。平时不穿，只有在赶街、节日时才穿。

（2）过去，男孩子衣服以对襟上衣和直筒裤为主，布料多为麻，颜色以灰白为主，有的人家还会为孩子做一件麻布坎肩。

（3）青少年的民族服饰曾经一度中断，大家都穿汉装或普同化服装，现在，随着民族文化意识的觉醒，许多人家都备有从云南等地买来的彝族服饰，年节或大型活动时穿着。

四、婚礼服

1. 新娘服装

（1）头装

A. 黑色纱帕“苏铺”。纱帕长度一般都有 5 米左右，宽约 20 厘米，其来源是婚前自己用蚕丝织就，更多的则是去购买。用时，先将头发盘成髻，由其嫂子或姑、姨、姐等按其传统的方式一圈一圈地缠上去。

B. 红色纱帕。彝族人一般不用红色纱帕，但也有在黑色纱帕上再蒙一层类似汉族民间“盖头”类的红纱帕，在出嫁的当天由舅舅把她扶上马时盖在黑纱帕上。

有的村在新娘的黑纱帕上再戴上一顶篾帽，其用意是“不让老天看到新娘成婚”。

C. 彩色绣花头饰。这类头饰的特点是，先用棉布做一个较厚的与自己头大小相同的底衬圈子，然后做一个尺寸与底衬外缘相同的绣花壳包上，再在绣花壳上缀上用彩线穿起来的珍珠、玉片、金、银、铜等饰物，其下缀以微型铃铛或各色璎珞。

（2）首饰。耳饰方面，一般戴银圈耳环的直径一般比较大，基本上能与肩接触，所以特别显眼，一般没有项饰；有银手镯“拉主”，偶尔也有戴玉手镯者；戒指“喇低”一般在中指和无名指上各戴一个，质地为金和银。

（3）衣服。传统上是长及膝盖的黑、蓝色长袍，立领，右衽，布扣，下摆处两侧有开衩，布料一般是棉布，颜色多以黑色为主，在领口周围及袖口、襟沿、下摆边缘皆有各色绣饰。

（4）围腰。腰上还要系一块围腰，主色也是黑、蓝两色，面料一般是棉布，形状为立式长方形，一般有横排绣花。

（5）直筒裤。直筒裤也是新娘服饰中常见的，颜色以黑、红、白色为多，一般于膝部和裤管口加上绣片。

（6）百褶裙。百褶裙传统面料为羊毛，过去多用人工织就，颜色以黑、白、红色相间者为多，也有其他颜色相间者，做一个百褶裙要用很多面料，一般都要一丈五只以上的面料。由于羊毛重量重，所以一个百褶裙少则重一斤，多则四五斤。幅宽也很大，最大者从两侧上提可达头部，形成一个大圆。

（7）绣花鞋。鞋子是自己做的绣花布鞋，袜子系买来的。一般有自己绣的鞋垫，除花草外，上绣“喜”字，或“百年好合”等字样。

2. 新郎服装

（1）头装

A. 毡帽。最传统的彝族新郎头饰是用羊毛制作的毡帽，颜色以黑色为主，其来源主要是当地毡匠处。其形状据描述有无檐的，也有四檐的，形状如当今礼帽或牛仔帽样式。

B. 黑纱头饰。彝族地区曾一度流行黑色纱帕为主的头饰，这类纱帕长度亦有 15 米左右，宽 20 厘米左右。过去，彝族男子普遍蓄长发，所以用纱帕时，也必须先编好辫子绾成髻后才可以缠绕纱帕于头上，其方法也是在前额交叉，其纱帕之尾部缘部必须从右耳上边从下向上地突出，其末梢要高出绕纱主体部分一寸余。在前额的纱帕交叉处，有钱人家会饰以或红或黛的玉石和宝石，有的则饰以金、银饰片，大多一般饰以圆形的红布。

C. 有“英雄结”的套饰：这类头饰具体也说不清楚出于何时，但现在已经取代了其他形制的头饰物。过去，一般是新郎家自己制作，布料以棉布或毛织品为主，也有从其他民族那里购来的锦缎绸绒之类，一般不用麻布料。其形状与前述的黑纱头饰无太大区别，主要特点只是多了个长度为八寸左右的“英雄结”。颜色也是以黑色和红色为主，个别也有用白绸做的。在“英雄结”的顶端，人们都饰以玉石或金银饰物，也有的在以黑、白为主色调的帽结上，饰以红绸，或结上红布，以示喜庆。

（2）首饰

彝族新郎首饰并不复杂，头上一般只是穿耳戴上银质大耳环，一般只有左耳戴，也有左右耳皆戴的，戴的目的主要表示成年，或更明确地表示已婚。

脖颈上一般男子过去都戴银项圈，而且只戴一个。

腕上过去也有新郎佩戴金银手镯的。

身上，过去彝族新郎都要挎一个由类似褡裢演变而来的包，包带上饰以各类玉石金银，或虎骨兽牙，包面绣以虎兽图案，新婚时包内装火镰、粮果之类。平时也装烟草和小刀等物件。

（3）上衣

A.“擦尔瓦”。擦尔瓦就是披毡，一般由羊毛制成，其面料是一块边长各一米五左右的方形布，制作时在选为脖颈那一边做成一个可以穿绳子的洞，当搭在肩上穿上绳子一紧，就可遮风挡雨了（毡质地的斗篷一般都不进水）。在肩的这一边，一般还会绣上花，或直接将绣好的花边缝上去。

在方形布料的正中，也会缝上绣有“虎头”或“火”“太阳”等图案的圆形绣片，在肩和正中图案的中间部分还会镶上绣饰或璎珞。在擦尔瓦的下摆部分也缝有绣花的花边以及各色璎珞。

彝族地区冬春较冷，所以新郎的擦尔瓦是必备的，即便是夏秋，彝族地区也较凉爽，因此结婚时新郎也穿擦尔瓦。

擦尔瓦的布料颜色以黑、红、灰白三色为主，以羊毛为主，近年来也有用绒布做的。

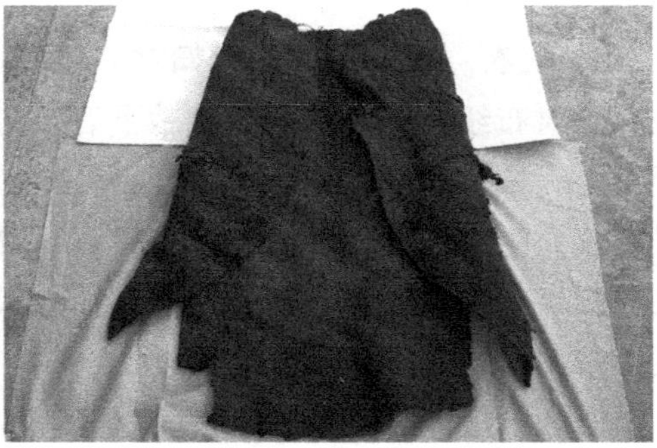

坪地彝族毕摩孔令凯家用了几代人的“法衣”——羊毛（擦尔瓦）披毡

B. 左衽衣。新郎左衽衣一般以黑色布为底料，直领，领口、襟边、下摆有绣饰，长度一般只到肚脐，也有长及膝的右衽衣。纽扣多为布纽，也有用银、铜等做成的。

C. 黑色大管裤。传统的大管裤布料多为黑色，每个裤管都比较大，周长在一米左右，一般拉起左右裤管的一侧，可以与肩平，形成一个大的半圆。裤管的下缘处一般也绣有花边。

D. 直筒裤。是新郎服饰中常见的，颜色以黑、红、白色居多，一般于膝部和裤管口加上绣片。

E. 毛边底鞋。所谓毛边底鞋，指的就是鞋边四侧有棉线末梢的布鞋，这种鞋一般在定亲后由新娘缝制然后送给新郎，新郎于娶亲当日穿上。鞋帮颜色以蓝色居多，缝的线则以白色线为主，所以对比鲜明。据说毛边象征波浪，姑娘们希望自己心爱的人穿上这样的鞋，就像航行于大海中的水手，勇于搏击风浪。

F. 棉毛袜和绣花鞋垫。很久以前，一般家庭中的彝族男青年平时一般很少穿靺子，但在结婚当天是一定要穿的。新郎的袜子多为其母亲用棉布或毛织品缝制，一般不绣花。颜色以黑色为主，也有灰白色的。过去人工缝制的布鞋鞋底由于用较粗的麻线加固，粗麻线“针脚”突出底面，穿时总会磨脚，所以都要在鞋里垫上鞋垫，鞋垫一般由新郎的姐妹或嫂子缝绣，也有新娘亲自缝绣的，新娘缝绣的往往还会绣上一些字样或有寓意的图案。

五、婚后男女传统服饰

1. 妇女传统服饰

（1）头饰

彝族老年传统妇女头饰以黑纱帕“苏铺”为主，也有戴其他素色纱帕的。

（2）首饰

耳饰主要有金银耳环；无臂饰；项饰有金、银项链，偶尔也有玉、玛瑙等挂件；腕饰以金银手镯为主，也有戴玉镯者，一般无手链，另外金银戒指也较流行。过去，妇女们还会挎一个自己绣的针线包，里边装着针、线、顶针等东西；无腰饰和脚饰。

（3）衣裙

A. 上衣。传统上，彝族妇女一般以上穿长及膝盖的右衽直领衣为主，在直领处有三对布纽扣，右胸两对和腋下有三对布纽扣。在下腰处的两边分别开衩，以便于行走和做活。颜色主要以蓝色、黑色和白色为主，一般都是素面。也有在衽、襟、衣角边等处饰以素纹的，纹样以云纹和橛纹较多见。有的右衽衣后长及膝，前只齐腰，这一类基本无绣饰。个别的在领、襟、衽等处缝有预绣的花边，少则一层，多则三层到五层。

B. 裙子和裤子。裤子以直筒居多，皆素面；裙子亦以素裙为主，色调以黑色为主。

C. 鞋子。有绣花布凉鞋、绣花鞋、素面鞋三类。

绣花布凉鞋有三布耳，前耳、右耳和左耳，耳与鞋底相连，一般有半寸左右宽，蓝面白素花，凉鞋后跟处最为讲究，一般都绣有彩色花鸟图案，鞋底过去以自纳的布底为主，现在多以现成的胶底为主。

绣花鞋也有两类，一类为前绣式，一类为全绣式。前绣式一般题材仅用一种花，配以花枝叶，显得单纯素雅。全绣式在前、中、后三处皆有不同题材的花，其中前面为单一一朵，中间和后边两边对称各一朵。绣花底色布以蓝色、黑色为主。

素面鞋以黑素布为主，兼有蓝素面，一般无图案，如有也仅以固定式的角纹为主。

2. 已婚男人服饰

（1）头饰

已婚男人很久以前夏秋两季喜欢留长发，平时一般也不怎么打理，就让它自然地长，自然的披着，彝族人的头发天然卷的比较多，因此天然的曲美彰显无遗。冬春两季较凉，所以男人们或缠黑帕，或戴有“英雄结”的帽饰；过去，大多数男人在成年时就要穿耳，穿耳后都要戴上或大或小的耳环，所以男人脖颈以上最显眼的是卷曲的长发、朝天的“英雄结”（也叫天菩萨），再就是银光闪烁的大耳环了。

（2）上衣

已婚男人的上衣有右衽衣、对襟长袖衣、马褂、“擦尔瓦”斗篷等几类。

过去，普通人家男人的右衽衣一般都是素衣，布料为棉布或毛织品，无花边、无绣饰。但有钱人家的在衽沿边都镶有花边，扣子也多为金、玉、银、铜等制成。右衽衣齐及肚脐，因这种衣服无包，所以一般与绣花的斜挎包相配套而穿，挎包内放有烟草、酒壶、烟斗、小刀之类。也有的右衽男衣长及膝的，且底料以黑色为主，有些人家的还镶有花边。

马褂，彝家马褂布料多为麻，也有用火草棉制作或毛织品制作的，有直领对襟和无领对襟两种式样，其特点是在衣的下半沿处设计有一圈向上敞开的包，彝家纺的麻布、毛布幅面不宽，做衣服时一般要用六幅布才够，所以褂上的包每幅上一个，前后加起来是六个。除这组包以外，左胸处一般也有一个包。马褂有全素褂也有绣花褂，前绣花者花主要在襟部及包部。另外，也有的马褂在后心处绣有火纹、太阳或虎头图案。

对襟长袖衣布料较杂，有棉、麻、毛等种类，现代又加进了种种化纤或混纺的布料。这种衣服的特点是直领、布纽扣，对襟、窄长袖。一般在左胸有一敞口小袋和下半部分左右也各有一个敞口衣袋。颜色以蓝、白、黑色较普遍。纽扣较密。

披毡“擦尔瓦”如前已述。

（3）裤子，主要是大管裤和直筒裤，如前已述。

（4）鞋子，如前述。

六、亡人及丧礼服饰

1. 亡人服饰

（1）头饰

亡人头戴黑色纱帕，一般是戴结婚时就用的，也有新制的，缠绕方式与生时的方式一样。人亡故后一般都要先剃头，然后才缠上黑纱帕，也有人家只洗而不剃的。嘴里不含任何东西。如果亡人的父母还健在，或其中一个还健在，亡人头上必须先缠上麻制的白色孝帕，之后才能缠上黑色纱帕。

（2）衣裤

穿黑色右衽衣，用布纽扣，衣服只能穿单件数，如一、三、五、七件，男女都如此。裤子、鞋、袜都要穿黑色，全身不能有金属扣，只能用布扣子，线、扣等都不能打结，以免亡人必要时解不开。也不能有金属首饰金银耳环、金银手镯等之类。

亡人去世时，一般要放点钱在其双手中，表示给其路费盘缠，之后由其长子取回。

棺底先用 5 米左右的新麻布垫底，可以不论颜色，其上再垫扯掉线的棉絮之类。

2. 尽孝者服饰

（1）孝子服饰

头戴白纸，身穿麻布对襟衣，脚蹬草鞋，以示重孝。

（2）孝女服饰

头戴麻质孝帕，打孝帕时，将孝帕末梢一端 20 厘米左右留于脑后垂下，另一端隐藏。身穿右衽麻布白色孝衣，并系白色围腰。

（3）孝女婿服饰

头戴麻质孝帕，打孝帕时，将孝帕末梢两端 20 厘米左右都留于脑后垂下。身穿白色对襟麻质孝服。

（4）孝媳服饰

头戴白色孝帕，身穿右衽麻质孝服，肩披彩绣网格状“阿几”和黑色肩搭“欧其”，腰挎彩绣包状“锅多”。

A.“阿几”。是有绣饰的网格状饰品，一般在新娘出嫁前就准备好了，也有的是婚后才准备的，其结构由四部分组成，最上面部分为“颈饰”部分，一般有一条幅宽 10 厘米左右的绣带组成，其下是有 15 个到 19 个左右的单体菱形绣片组成，其下是一组四瓣花或四片叶状的绣片组成，在其下是由各种铃铛、璎珞、串珠、玉片等组成的缀饰。所有部件都用串珠作为经络。

“阿几”中最体现水平的绣饰集中在颈饰部分和菱状部分之中。颈饰部分绣样以角纹和外放式花纹为主，其中也有些寿字纹样。菱形绣部分，每个菱都有独立的绣物，绣物题材有寿字纹、万字纹、福字纹，花鸟草虫纹等。是整个“阿几”中最亮丽的地方（见下图）。

“阿几”饰品

B. “阿其”。为纯黑色，状如围腰（如下图所示）。

“阿其”示意图

C. “锅多”。是袋状的绣品，但它绝对不是袋，只是在丧事时才穿。其结构分为带、主体和串珠缀璎铃三部分。一般的带都或多或少有装饰，这种装饰要么是买来的花边，要么是自己绣的花纹。主体部分主要由一个完整的菱状绣物和六个有绣花的三角形组合而成。串珠缀璎铃铛部分主要是为了衬托主体部分（如下图所示）。

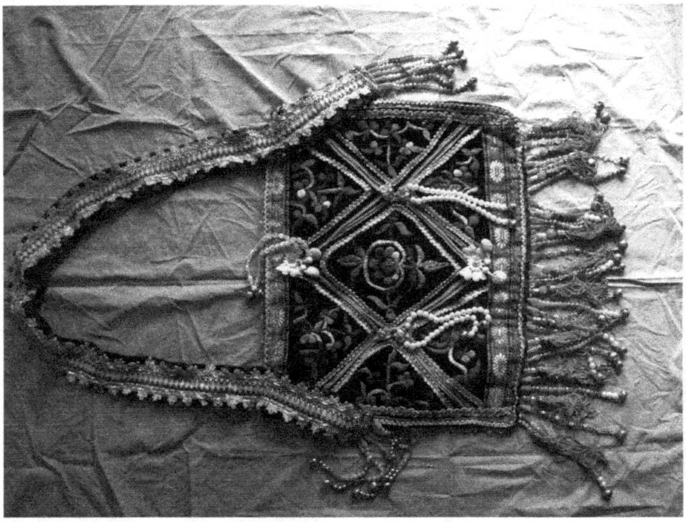

『锅多』示意图

孝帕、孝服基本上都有统一格式，其中孝帕长达6米左右，宽12厘米左右。用完后并不焚烧或做其他处理，一般都放在自己家中，以备宗族中遇到丧事时再用。平时也不能洗。

3. 主持丧礼的毕摩“法衣法帽”

（1）法帽

毕摩法帽都用绵羊毛毡制作而成，其形如礼帽状，黑色居多。其构成有浓厚的民族宗教信仰色彩。如其衬架必须用当地的刺竹来制作，而这种刺竹在当地彝族传说中曾救过病重的彝族祖母；其衬架与帽毡缝合的线也是当地的一种藤，这种藤也有着某种传说在里边；另外，每次丧家打羊祭祀时，毕摩都要拿点绵羊角间的毛放置于帽顶，以增强法力的“灵性。”法帽不能洗，下图中的“法帽”是当地毕摩杜进福的，据他说已传了六代人了，从未洗过（见下图）。

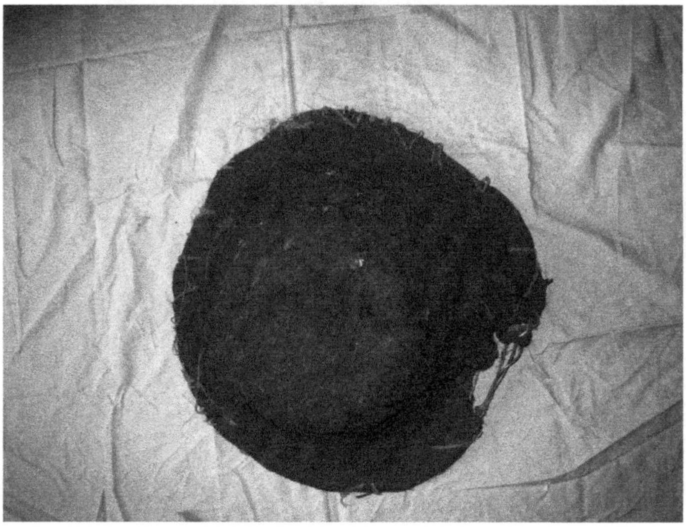

毕摩杜进福的『法帽』

下图为松河乡垤坞彝族毕摩杜进福家祖传六代的法帽内衬。

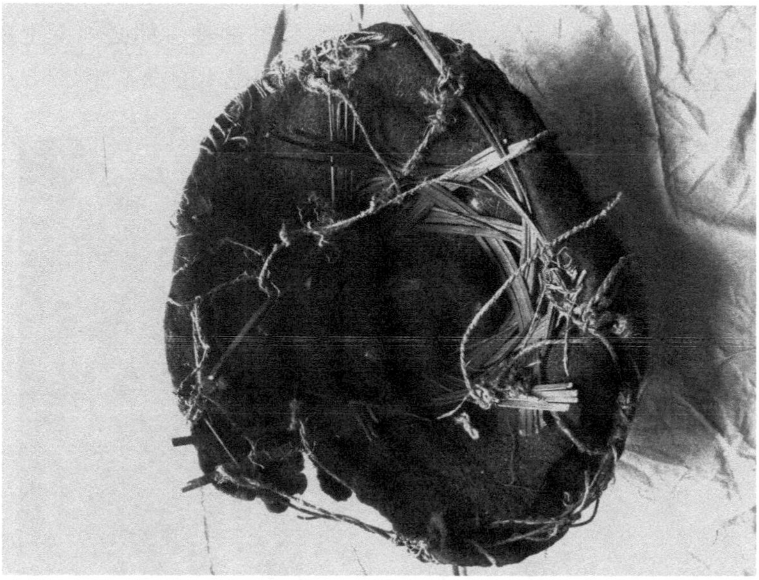

毕摩杜进福“法帽”的内衬

除法帽外，毕摩在做法事时按照世代传下来的规矩以及出于对亡人的尊重，也头缠白麻质布孝帕。

松河乡垤坞彝族毕摩杜进福做法事时戴的孝帕。

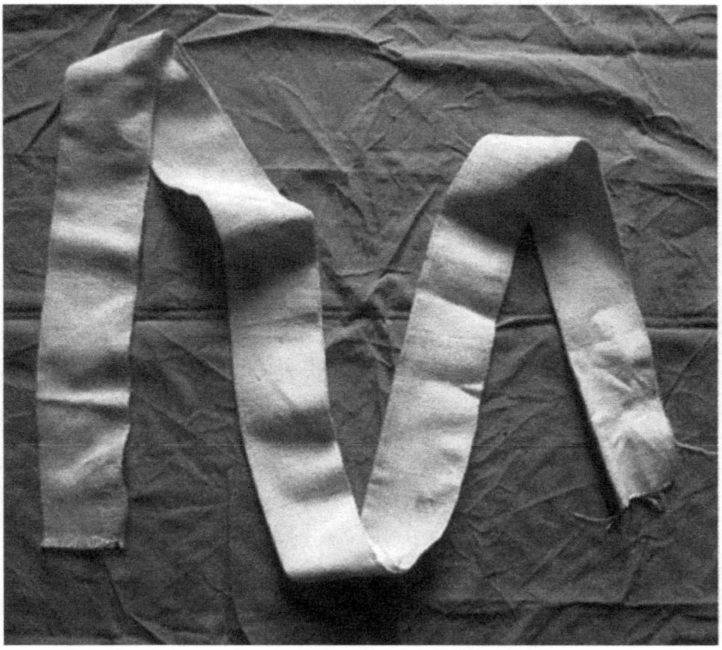

毕摩杜进福做法事的孝帕

（2）法衣

法衣也是麻质，其类型属于对襟长衣，其长度一般都到膝盖，法衣不设扣子，但有布带子可以让两襟合拢。法衣上面也有具有寓意的部件，如必须缝上或系上红色、蓝色等线，而这类线都是在亡人筒中必放的线。法衣也不能洗不能补。

毕摩杜进福做法事的法衣

松河乡垤坞彝族毕摩杜进福法衣上的蓝红线象征祖灵筒中的灵线。

着法衣法帽的松河乡垤坞彝族毕摩杜进福以及他的彝文经书。

毕摩杜进福及彝文经书

第二节　盘县彝族服饰的历史渊源及用料

一、历史渊源

盘县彝族先民何时迁来当地已不可考，但根据彝族世系推算，至少在汉代以前，已有一些彝族的先民在此定居。据学者们研究，夜郎古国就是以彝族先民为主体建立起来的地方政权。夜郎古国的中心区域大抵也包括今天的盘县地区。而据司马迁《史记·西南夷列传》载：“夜郎民族与滇、邛都等地民族一样在头饰方面有‘魋结’习俗，今天彝族的‘英雄结’（或‘天菩萨’）应该与‘魋结’习俗有承继关系。”

云南昭通东晋霍氏墓壁画中的“夷汉部曲图”上也有彝族先民披披毡的形象，盘县彝族与云南昭通、贵州毕节等地彝族先民都出自“六祖”，因此霍氏墓“夷汉部曲图”中的披毡习俗在当时的盘县也应该是存在的。

唐代前后，据樊绰《蛮书》载，乌蛮地域，邑落相望，牛马披野，生活条件较好，而习俗上“妇女以黑缯为衣，其长曳地”，彝族尚黑的习俗可见一斑。

宋代，在今贵州兴义、盘县、云南罗平、富源等为中心的地区，形成了一个彝族地方政权“自杞”国。其衣饰习俗在《文献通考·四裔考·蕃部》中有一段描述，自杞“其人多深目长身，黑面白牙，以锦缠椎髻，短褐徒跣，戴笠披毡，佩珥刷牙，金环约臂骈束麻索，以便乘马”。同时，在广西市场上就有披毡等彝族地区产品，周去非《岭外代答》中说“蛮马之来，他货亦至，蛮之所赍，麝香、胡羊、长鸣鸡、披毡、云南刀及诸药物”。

元代，彝族的披毡作为上贡王朝的贡品，大德元年才被免除。这件事在《元史·本纪》中有记载：“大德元年甲寅，罢亦溪不薛贡马及毡衣。”李京《云南志略》中则说“罗罗即乌蛮也，男子椎髻，摘去须髯”，或剃去两鬓发，“男女无贵贱，皆披罗甸毡跣足”。

明代，贵州彝族地区曾为征云南梁王军队提供大量披毡，《安氏家传序》载“（洪武）十三年，大军征讨云南，……（霭翠）备毡一万领”。能为明军备毡“万领”，可见其生产规模之大。明人田汝成《炎徼纪闻》中有一段文字颇与《文献通考》中的“自杞”人相似：“（罗罗）其人深目长身，黑面白齿，椎髻跣足，荷毡戴笠而行，腰束带索，左肩拖羊皮一方，佩长刀箭服，富者以钏约臂。”

纵观历史上史家们对彝族服饰的描述，不外乎头上“椎髻”、缠锦或剃去两鬓发、戴笠、耳挂串珠、臂箍金镯、腕戴玉镯、披毡或搭羊皮、赤足、尚黑等方面。这些习俗今天除臂饰和赤脚少见外，其余都多少有些保留。

二、彝族传统服饰用料

盘县彝族传统服饰的用料来源主要有自制及外来两类。历史上，自制的服饰用料主要是羊皮、羊毛和麻，偶尔也用葛藤。外来的主要是棉布及金银饰品。

（一）羊皮原料

今天，盘县一带用羊皮原料做的衣饰已很少见，但过去也是较流行的，主要用来做羊皮褂。据回忆，羊皮褂的制作工序是这样的：羊皮剥离下来后要把羊皮绷挂于墙上晾至八成干，之后取下用脚蹬、用手搓揉，确定较柔软泛白后，就可缝合了。缝羊皮褂的“线”也要用羊皮做成，这样才不伤皮革，以保证耐久。一般来说，一件羊皮褂的制作不管其长短都要用两只羊的皮才够。穿时，有羊毛的一侧朝里，泛白的革面朝外。有的为了更耐久，在革面上反复抹上油晾晒，这样加工出来的羊皮褂子革面较黑，但其防水性能要强并且可以穿很长时间。

过去，人们也喜欢用羊的皮革制作成装旱烟的烟袋，据说这样的烟袋既有防潮保鲜的作用，同时也是显示一定地位的装饰物。

（二）羊毛原料

历史上，彝族先民曾大量地牧养绵羊，并食其肉，将其皮和毛制成衣服和毛织品。每年春末至秋初，人们将绵羊毛剪下来洗净晾干备用，其用处一是擀毡做成披毡“擦尔瓦”或垫毡、普鲁（毡帽），二是捻线织布做衣裙。

1. 披毡的制作

披毡系由绵羊毛擀成。披毡的制作工序为：先将干净的绵羊毛撕松平置于擀毡工具“芭扎”上，用弹弓弹绒，之后将弹好的绒毛均匀地铺在竹帘上，喷上温水，用力卷起竹帘子，边卷边用手搓揉。如此反复三遍后，绒毛粘结成毡，再放在“芭扎”上，中夹两根竹竿互搓，搓紧后加褶串领索，最后用两块木板夹毡缠紧，十多天后解开木板即成（参见《贵州省志·民族志愿军》上册，第450页）。

披毡大多染成青色，用的染料多以麻桑树皮、核桃果皮等天然植物制成。

2. 毡帽的制作

今天在盘县彝族地区，戴毡帽好像成了毕摩的专利，但历史上应该是流行过的，因为彝族地区冬天较寒冷，在没有其他帽子传入前，毡帽无疑是御寒的最佳选择。

据介绍，毡帽有无架衬和有架衬两类。

无架衬毡帽主要是为了防寒，帽檐部分较窄。毡的厚度要比披毡稍厚。加工也有随意加工和模具加工两种，随意加工出来的毡帽没有固定的式样，有的圆形有檐，有的有前遮阳檐，有的则无檐。模具加工的则有圆形的四檐，加工时只要将预制的厚毡套压于帽模上，然后反复加热冲压最后去边成圆形即成。

有衬架的毡帽构件主要有两样，一为毡，二为竹编支架。毡的制作如上述，竹编支架的制作主要是起到支撑毡构件的作用，所以没有很大的技术难度，只是对篾的削制方面要求较高，因为支架直接与头皮接触，所以篾的外侧都要求无棱柔顺。竹架毡帽是大檐帽，主要用途是防雨。但今天各地毕摩保留的法帽基本上都属于这一类。这种巧合，松河垤坞彝族毕摩杜进福自己有合理的解释：彝族先祖母生病，仙人托梦其子说十一月的刺竹笋可治之，其子找到了刺竹笋并治好了妈妈的病，从此彝家法帽要有刺竹衬架，死后的灵筒也要用竹筒。

3. 羊毛织品的加工及用途

羊毛织品的手工加工在今天的盘县已见不到，但当地彝老们肯定地说曾经有过。其加工方法是先将干净干燥的羊毛弹绒，然后纺成细线，之后排线进织机纺织即可。羊毛织品原色多有白色或灰色，如果需要其他颜色则用植物浆染，一般染的色以红色、深蓝色等居多。羊毛织品一般用来做妇女头饰、男女上衣，妇女百褶裙等。

松河乡垤坞村彝族妇女甘代妹和她种的火麻

（三）麻原料

千百年来，彝族有着自己独特的一套纺线、织布、印染的工具和技术。尽管现代的纺织品广泛运用到各边远少数民族地区，但在很多地方至今仍保持着中国最为传统的男织女耕式的生活方式，这套古朴的技艺仍然以顽强的生命力经久不衰地保存下来。在盘县淤泥乡我们都还能寻到原始纺织技术的踪影，领略到浓厚的历史韵味，古老的纺车与织布机，向我们展示了尘封在现代文明之下的古老纺织文化，也让我们看到了彝族文化精彩的一面。

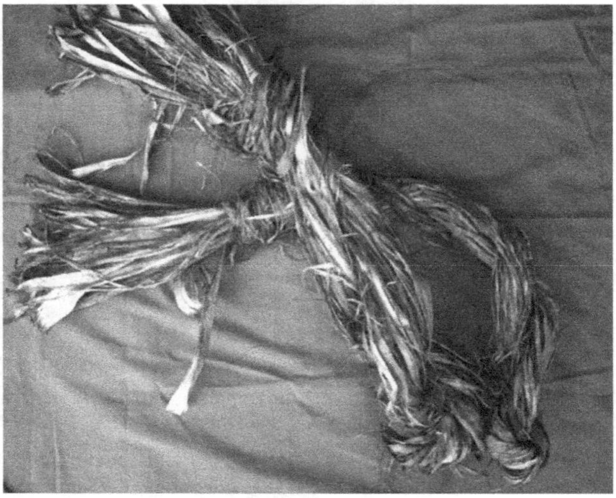

麻原料

从种麻到纺织的基本过程如下：

1. 种麻

过去，大多数彝族人家都种麻，种麻的时间基本上与种苞谷的时间差不多，即在“立夏”节令前后，种麻有许多规矩，如不能施太多的底肥，因为如果施底肥太多，麻秆枝节就会太多，这样会影响麻皮的质量。同时，撒麻种时必须讲究密度，保证其成长后四面株距在四厘米左右。否则太密会使麻秆太细，太稀又会使麻多生枝节。麻地里，不能套种任何其他作物，种下后一般也不用护理。

2. 制麻

大片的火麻成熟后，采割晒干，再用水浸泡，剥成麻匹，再晾晒，接着就是绩麻，绩出的麻线条等着上纺车纺成线轴后，就用草木灰水加猪油反复煮洗，直到变成白色，捞出晒干，用绕线机绕成线团后，就可以直接上织机织布了。

3. 纺线

纺线是织布前必须进行的一道工序，纺线要在专门的纺车上进行。淤泥乡彝族同胞使用的是古老的脚踏式纺车，比起苗族同胞普遍使用的手摇式纺车更加便捷、实用，略显先进。脚踏式纺车为木质结构，已具有简单机械的雏形，驱动力为皮带传动，相当于钟表机械上的齿轮带动。纺线时人坐到稍高些的地方，双脚不停地踩动纺车上的一根锥形木棒（驱动源），带动水车形的转轮沿同一方向快速运转。同时纺线者一手捻线，一手用一根竹片挑线，悬挂式支架的横木上装有三个线轴。脚踩驱动木棒，木棒带动转轮，纺线轴飞速转动，就使线越捻越长。如此反复进行，伴随着吱吱呀呀、一扬一顿的纺车声，在来回往复的上下踩动中，三根线轴就渐渐变成了三个纺锤。

纺　线

4. 绕线

绕线工具是临时组装起的，构造简单，在一个起固定作用的松木桩支架上面搭两块长条形木板（长约 2–3 米），相互交叉呈十字状。绕线时，先调整固定好木板，把纺出来的麻线在上面绕成一个个麻线团，用来织布。

绕 线

5. 织布

当地长期使用的织布工具，坦白地说不能称为织布机，是由很多散件临时组合而成。架构较庞大，大体由两根木杠和四根木柱作为框架，上面装有林林总总的很多木板、木棒和绳索。一般是在各家的堂屋或者宽敞的地方，两端先各自固定两根支柱（高约 2 米），柱子之间各有一根横杠，用来固定纬线，柱架上面搭两根椽子（长约 4 米），椽子之间也有一根可自由来回滑动的横杠，横杠上悬挂着四根粗绳，绳子是用来固定下面的两块经线梳理板的，梳理板下端用绳索连接着脚踏板。

织布

织布前先把麻线固定在两端的横杠上，使纬线分上下两排绷紧。织布时关键要掌握织布机上的梳理板、梭子、脚踏板等部件。调整固定好各个部件后，织布者站立在织机一侧，一手持木梭，脚踩在脚踏板上。当纬线从一分为二交错成一个平面的经线中间穿过去一次，就踩一下牵动线板的脚踏板，返回来再穿过一次，再踩一下脚踏板。两只手在上面忙碌于穿梭接梭，右手穿梭，左手接住。穿过梭子之后，右手要去拉中间活动的那块梳板，将它拉过来，撞击几下刚织过的布面，好让它们结结实实地细细密密地织在一起，压紧后，再重复。如此循环编织，经、纬线扣紧，就织出布来了。

这种织布机是彝族人独特的织布机式样，与贵州省汉族和其他民族的民间传统织布机大不一样，应该说它在形态上更为古老，并且与彝族人古代的逐水草而居的游牧生活方式有关。

6. 印染

织出来的布，大多数不用再印染加工，而直接缝制成白色的麻布衣裤，有的由于特殊需要和个别爱好，则需要印染加工。一般采用纯植物提取的染料来印染，比如蓝靛叶，也有其他植物提取的染液。植物的汁液提取出来之后，用一个大缸，把布匹或线团放入其中浸泡，浸泡十来个小时之后，取出、晾干、漂洗，如颜色深度不够，则再浸泡，晾干后再次浸泡，如此反复染到自己满意为止。

第三节　盘县彝族传统服饰的特点及其现代流变

一、盘县彝族传统服饰的特点

由于特殊的历史地理等因素，使其服饰文化与周边的彝族服饰类型有些不同，这种特性被学者们冠以“盘隆型”（盘县和广西隆林县）的称谓，进而与贵州彝族“乌蒙型”等服饰类型区分开来。它的特性主要表现在以下几个方面。

（一）服饰的年龄界限特点

盘县彝族传统服饰的年龄界限特点处于一种半明晰的状态，这在中国众多的民族中是相对突出的．按照彝族古老的传统，成年服饰和结婚服饰是两个分水岭。成年前（十四五岁之前），男孩子和女孩子都穿直筒裤，女孩子不穿裙子，男孩子也不穿大管裤子。成年后在服饰上的标志之一，最鲜明的特点就是女孩子穿上百褶裙，头顶绣花方巾并将发辫绾于方巾前半段；男孩子则穿上大管裤，同时可以穿上马甲衣，头戴英雄结，英雄结锥状部分在头的左边并直指蓝天，多数男孩子还要穿耳坠大银环。已婚妇女的头饰以缠黑色或白色纱素帕为主，一般不再绣花；衣裙部分绣花、素面均可；已婚男性则以头缠黑色纱为主，戴英雄结者则将锥状部分稍向前倾，不再直指头顶。

盘县松河乡垤坞村未婚男女青年服饰

淤泥、松河一带已婚彝族男女服饰

近现代以来，成年的仪式中断，成年的界限模糊，因此衣饰也没有了明显的界限。不过婚前后的衣饰差别还是延续了下来，只是不再如先前那般严格了。

（二）丧服的礼性及丧仪中素装、绣装的并存性

1. 盘县彝族丧服的礼制

盘县彝族老人过世后，在丧服的使用方面有一套特别的礼制，这种礼制主要表现在孝服的子嗣间孝帕打结或用料等的不同。

孝子服饰，头戴白纸，身穿麻布对襟衣，脚蹬草鞋，以示重孝。孝女服饰，头戴麻质孝帕，打孝帕时，将孝帕末梢一端 20 厘米左右留于脑后垂下，另一端隐藏。身穿右衽麻布白色孝衣，并系白色围腰。孝女婿服饰，头戴麻质孝帕，打孝帕时，将孝帕末梢两端 20 厘米左右都留于脑后垂下，身穿白色对襟麻质孝服。孝媳服饰，头戴白色孝帕，身穿右衽麻质孝服，肩披彩绣网格状“阿几”和黑色肩搭“欧其”，腰挎彩绣包状“锅多”。

盘县彝族孝帕

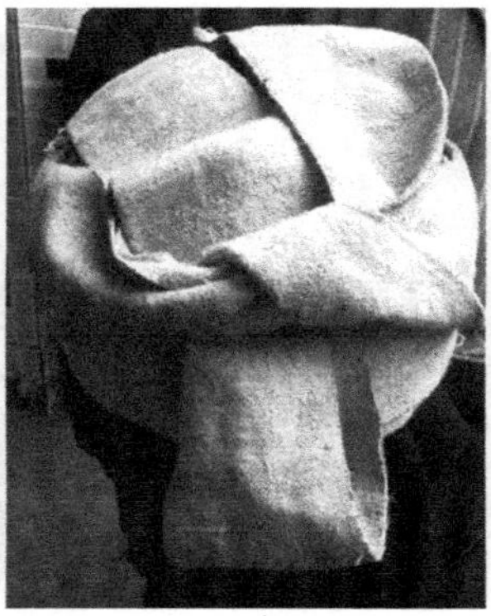
孝女孝帕式

孝女婿孝帕式

以上图片由松河乡垤坞村毕摩杜进福为调查组示范。

从以上的描述中可以看出，盘县彝族丧用孝服在孝子、孝女、孝女婿、孝媳之间是有区别的。用料方面，除了孝子头上用白纸之外，其余皆用麻布；而孝帕的包缠方面在孝女、孝女婿两者之间有较严格的不同；鞋方面只强调孝子着草鞋，其余并没有明确要求；孝媳方面则多了彩色的绣饰。

盘县彝族孝媳在丧仪中为亡魂“洒水”（本图片由盘县淤泥乡文化中心提供）

彝族孝服的这种特点，与汉族历史上的“五服”礼制有些相似。所谓“五服”，就是死者亲属在居丧期间穿的五种丧服，即斩衰（音展崔）、齐衰（音资崔）、大功、小功和缌麻。

“斩衰”是用刀剁成的不缝边的很粗的生麻布做成的丧服，意思是最亲的人死了，无心讲究，也来不及讲究，仓促而就，服3年，儿子、未嫁女对父；曾孙、重孙对祖父；妻妾对夫。

“齐衰”是用熟麻布做成的缝了边的丧服，服3个月至3年，儿子、未嫁女对母（含继母）三年；已嫁女为父一年；孙为祖父母一年；重孙为曾祖父母5个月；玄孙为高祖父母3个月。

“大功”是用稍细的熟麻布做成的丧服，大功期一般9个月，具体为堂兄弟、未嫁的堂姐妹；已嫁的姑、妹；已嫁女为母亲、伯叔父、兄弟而服。

“小功”是用较强的熟麻布做成的丧服，本宗为曾祖父母、伯叔祖父母、堂伯叔父母、未嫁祖姑、堂姑、已嫁堂姐妹、兄弟之妻、从堂兄弟及未嫁从堂姐妹、外亲为外祖父母、母舅、母姨而服。

“缌麻 ”3个月，用细麻布做成，本宗为高祖父母、曾伯叔祖父母、族伯叔父母、族兄弟及未嫁族姐妹，外姓为中表兄弟、岳父母等而服。

盘县彝族与古代汉族丧仪孝服的共性主要体现在根据亲疏而定丧服式样上，但两者也有明显的不同。首先，古代汉族的“五服”规定了各“服”的服制期限，多则3年，少则3个月，而盘县彝族在这方面没有具体的规定，一般在丧仪“转场”结束即可脱下，而转场一般也就几天的时间。其次，古代汉族的五服制，涉及宗、亲各五代人，每一代人对逝者都有其特别的丧服规定。但盘县彝族中显然没有那么复杂，宗族同辈兄弟之间、宗族同辈姐妹之间、宗族同辈女婿之间的孝服都基本一致。最后，古代汉族孝服用一次后是否能再用并没有见诸文字，但盘县彝族中，据松河乡垤坞村毕摩杜进福介绍，孝服、孝帕作为礼服可以反复用。

2. 盘县彝族丧仪中素装、绣装的并存性

一般来讲，无论哪个民族，在丧仪中服饰都是素装，孝子们当然着孝服，来帮忙或看望的人们也必须着素装。但在盘县北部的淤泥、普古、鸡场坪、松河等地彝族丧仪中，孝媳在丧仪过程中在服白麻布孝帕和麻布右衽孝衣之外，还必须着彩绣饰物。这种彩饰不是衣服，也非裙非裤，而是一种叫“阿几”和“锅多”的七彩披挂件。“阿几”系在脖颈上，其主体部分搭在胸、背和肩上。“锅多”，则是一个包状的绣饰，将其套在胸肩上，主体的包状部分从后背至臀。

在当地彝族丧仪过程中，孝媳们有一个专门的环节——“洒水”，必须集中在一起共同完成，因此几人甚至十几人形成的孝媳“队伍”具有了一定的规模性，在丧议过程中尤其显眼。

关于“阿几”和“锅多”的制作是专为丧仪准备还是儿媳们的盛装，彝族老人以及毕摩们的意见并不统一，有的认为是丧仪礼服和年节盛装兼用，有的则认为只是丧仪专用，年节时是否穿并没约定俗成的“规定”。制作的时间，有的姑娘在出嫁前就开始绣制“阿几”，婚礼当天就穿上了，但也有的婚后才制作，如鸡场坪乡椅棋村金元汉的夫人是婚后第二年做的，现在已经有30多年了，由于使用频率不高，看上去依然较新。

穿着“阿几”和“锅多”的彝族妇女们（中间图片由盘县淤泥乡文化中心提供）

关于丧仪中孝子与孝媳在服饰上的这种反差的来历，彝老们并没有一个令人信服的解释，普遍的说法是：孝子们在丧仪中要唱蹉措歌，跳蹉措舞。为了寻求平衡，孝媳们就想出了在丧仪中穿上这种绣饰的招数。这种解释具有一定的猜测或牵强的意味，不过在当地彝族中它确实是一种几近“共识”的观点。学者们私下的议论则认为，它很可能是历史上不同支系彝族姻亲关系的遗留。关于其真正的起源，确实值得人们深入探讨。不过需要说明的是，不管是孝子们的蹉措歌舞，还是孝媳们的亮丽衣饰，都不影响丧仪的庄严和哀伤，从某种程度上说，这些特点本身就是当地彝族丧仪文化最肃穆的组成因子之一。

（三）与异质文化的交互并存性

在盘县彝族的传统服饰中，既有明显的体现其民族传统的一面，也有吸收异质文化特别是汉文化的一面。吸收异质文化的特质主要体现在：衣饰的用料上锦、棉、缎、丝等，突破了彝族传统用料上以皮、麻、毛为主的框架；绣饰方面，加进了汉文化系统的“寿”“双喜”等汉字式样，突破了以彝文或花鸟虫草为主调的彝族纹饰。

盘县彝族传统绣饰

盘县彝族服饰这些特点的形成是有其历史原因的，早在汉代，这一地区就有汉民居住，如普古一带就有汉墓被发掘出来；三国两晋时，也不断有异文化介入，如北来的蜀汉文化，东来的晋汉文化；唐时勉强为彝族南诏政权的东部藩障，彝族文化意识有所强固；宋代，尽管当地属于自杞彝族地方政权实管，但汉文化已在当地彝族上层中传播，普古彝族土司龙天佑已为自己立了碑刻了汉字，同时，彝族首领龙光进带人到开封贡献文物，并作歌舞交流；明代时，大量移民实边的内地汉民进入盘县区域，此后官办民办书院、私塾等兴起……所有这些，都使盘县彝族包括服饰在内的文化不可能孤立存在，必然自觉不自觉地受汉族文化及周边苗族、布依族等文化的影响。因此彝族服饰体系自然呈现出与外文化调适的一面。

彝族艺人金元汉剪纸『海马舞』

鸡场坪乡椅棋村彝族艺人金元汉的剪纸“海马舞”中的彝族头饰明显像宋代以来的官方帽式样。

『羊皮鼓舞』中的人物面具『彝王』

盘县鸡场坪乡汉族“羊皮鼓舞”中的人物——“彝王”面具，其反映的当是明清时期彝族男性头饰的风格。

（四）盘县彝族服饰文化的寓意

各民族传统服饰中的一些因素都代表着某种特别的文化含义，如地位、年龄、职业、信仰、图腾、性别等等，彝族也不例外，服饰中也有许多特定的文化含义，盘县彝族是彝族众多支系中的一支，其服饰文化寓意也是非常丰富的。

盘县彝族服饰文化的寓意可以从多角度分类，如从头、上身、下身、脚等部位的服饰进行分类，从色彩的角度进行分类，从绣饰的角度进行分类，等等。

1. 身上不同部分服饰文化的寓意

（1）头饰方面。如“英雄结”朝天指表示男性未婚，朝左前方向略倾表示已婚；女性带发辫外盘的顶帕一般表示未婚，戴黑色纱帕且每圈在前额部交叉成“人”字形者表示已婚；现代彝族中带有竹衬架毡帽且有红蓝带子的是半宗教职业者“毕摩”；头饰缀以金属铃铛的寓意为辟邪——取“金”克邪之意。

坪地一带彝族已婚妇女头饰和毕摩头饰——法帽

（2）上衣方面。现代彝族中，披毡“擦尔瓦”是男性的专利（古代彝族男女皆有披披毡之俗），“阿几”“锅多”是彝族妇女在丧仪中必须佩戴的服饰。男女服饰上衣扣子多为奇数，左右扣之正好是偶数，寓意“好事成双”，男人衣、褂角边饰毛边表示腾达等等。

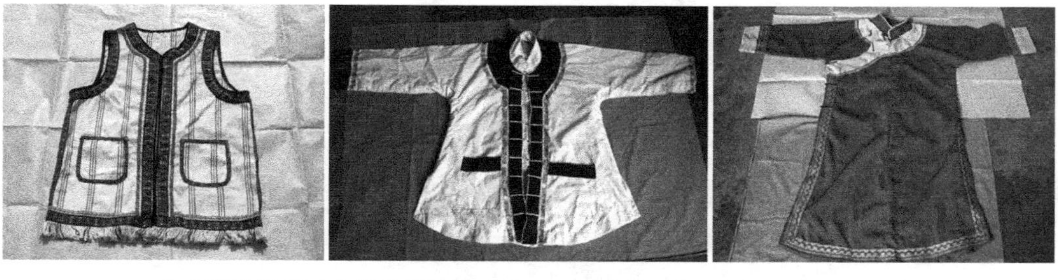

寓意腾达的坪地乡彝族男子毛边褂子以及寓意“好事成双”单排扣子

（3）裙裤方面。过去，彝族有自己的成年礼仪式，男孩子穿上大筒裤、女孩子穿上百褶裙都是成年的标志，意味着从此可以谈情说爱了。

（4）脚饰。彝族男性毛边底鞋也是寓意飞黄腾达；至于未婚姑娘送给男子鞋垫，本身就是一种爱的表达，这在过去是很普遍的，有的直接就绣有“双喜”“永远”等字样，寓意都很直白很具象化。

2. 色彩的文化寓意

在彝族传统文化系统中，黑色代表高贵、典雅，所以中年以上男女服饰中基本上都有黑色的衣饰。彝族人崇拜火，所以红色在彝族中也非常盛行，特别是青年男女服饰中，红色很多，也有许多的红色剪裁“火”纹拼饰，象征热情、青春。

盘县彝族服饰中的黑色纱帕、黑色男性服饰、红色“火”字纹及红色男衣裤

3. 绣饰的文化寓意

彝族绣饰寓意非常丰富，如绣鹿表示“禄”；绣“蝴蝶”喻“福”；绣“寿”字表示长寿；还有“双凤护花”“两龙护宝”“金鸡报晓”“虎虎生威”“石榴多子”等。彝族服饰绣品中绣饰最多的是“阿几”，因此，“阿几”中的文化寓意也最为丰富。

鹿寓意“禄”

蝴蝶寓意“福”

双凤护花寓意吉祥

双龙护宝寓意富贵

金鸡报晓寓意平安

虎寓意图腾或威风

石榴寓意多子

鞋底绣寓意“登云”

（五）盘县彝族服饰与周边彝族服饰的联系和区别

过去，有些学者通过观察将盘县及广西隆林等地的彝族服饰叫作“盘隆型”，而其北、其东临近的水城、威宁、赫章、普安、六枝、云南宣威等地彝族服饰叫作“威宁型”，其西包括云南石林、卢西、弥勒、邱北等地的彝族服饰叫作“石林型”或“滇东型”。

这些划分是有据可依的，但学者们的“据”多在服装的外在色彩和个别的样式差异上，这种差异划分的依据有时显得很模糊，如有人认为“盘隆型”最大的特点在于服饰颜色的“浅”字上，认为这一区域的彝族服装以白色为主调，这种看法是片面的，实际上，至少盘县当地彝族服饰蓝、黑、白等色都兼有，并没有哪种色更具统治地位。因此简单地以颜色论彝族服饰的差异性有些牵强。

简单地讲，滇东、滇东南彝族服饰以简洁为特征，男性帽装很少，上衣以对襟长袖衣和马褂为主要特征，基本无右衽衣。女性服饰方面，头饰中银饰较多；上衣以右衽为主，长及膝或只达脐部的上衣均有；下衣以筒裤为主，百褶裙并不多见。绣饰以刺绣为主，特点细腻，无剪裁拼图案，绣花以花草为主调，夸张的螺旋纹很少见。

滇东型石林女装

滇东型弥勒女装

滇东型弥勒男装

威宁型传统男性彝装头饰明显；上衣右衽居多，过去披毡广泛使用。女装方面，头饰用布料较多，叠加层外露明显。上衣以右衽长衣为主，长及脚踝；右衽短装多与百褶裙搭配，厚实而有分量；饰物方面，剪拼与刺绣兼有，外形豪放，大量地使用螺旋纹；服饰中很少用银饰。

盘县彝族男女日常服饰在特点上介于“滇东型”和“威宁型”之间，如女性右衽长衣一般只及小腿或只及膝盖；剪拼饰件很少，基本上没有剪拼的螺旋纹、蝴蝶纹或花纹，一般只有剪拼“火”字纹，在同一件衣服的各种纹饰中，剪拼纹的比重较少。另外，盘县右衽盛装长衣必须与其他的饰件如“阿几”“锅多”“欧其”等搭配，否则无法单独穿着，这也就是右衽盛装长衣只在衽边及衣裾边有绣饰件而中间大片空白的原因所在。

威宁型水城女装
长右衽衣

威宁型剪拼图及螺旋纹

威宁型女装叠加层明显的头饰

盘县彝族服饰的特点，一方面，与当地独特的气候有关，当地的气候正好介于滇东、滇东南与黔西北之间，特别是冬春两季，这种分野更为明显，滇东南、滇东一带整个冬春艳阳高照的时间达80%左右；而威宁及其以东，冬、春两季晴天可能只占40%的时间，两地气温差达10℃左右。盘县彝族地区的四格、坪地、松河等地冬春两季日照时间应该达60%左右，温和的气候对衣服的长度和厚度要求自然有其自己的度，所以其衣服既不长及膝，但同时短的右衽衣也不多见。另一方面，盘县日常衣饰的特点兼有滇东、滇东南和威宁型的特点，这可能也与其历史有着某些联系。据当地彝老陈述，他们的先祖最早在今云南会泽、东川一带，后来往南迁徙，之后才折向东到达今天的居住区域。但威宁、水城等地的彝族是直接从会泽、东川向东迁徙的。这种说法，正好可以解释服饰中的这种兼有性。

当然，盘县彝族服饰与周边彝族服饰最大的不同点在于丧仪服饰上，如孝帕的种类分为礼制上的不同，法衣寓意上的不同，以及仅盘县彝族所独有的“阿几”“锅多”上的不同。

从整个彝族服饰系统来看，从云南迪庆州、丽江市到四川凉山州到云南昭通市、再到贵州毕节一线，不管人们将这一区域的服饰分成多少式，但有一点是基本相同的，那就是简洁、实用、色彩深沉而相对单一，银饰少而豪放，各种绣饰也不是很多；而彝族分布的南区域从临沧、普洱、大理南部、楚雄南部、红河到玉溪一线，服饰中配件很多，绣饰、银饰物也非常丰富，色泽深浅均有，但浅色居多。中间的一些地区正好介于这两地之间。这种分布，可能与古代彝族迁徙的时间以及从牧业向农耕的转变先后有关，南区最先进入农耕生计，北区要稍后，所以在服饰上也有所体现。这种区别在饮食上也是明显的，北区古朴而简洁，南区则细腻而繁杂。盘县彝族服饰乃至饮食甚至整个文化是不是就是这两地文化中的过渡？这个问题很复杂，有待学者们慢慢研究。

（六）盘县彝族服饰的祖先信仰至上性

盘县彝族传统上信仰万物有灵的原始宗教，过去他们也扫寨、也祭山祭树，偶尔也祭水井，但在各种纷繁的信仰中，对祖先的崇拜更为突出，其他各种信仰多数是偶然的、抽象的，在当地彝族地区，基本上没有看到山神、龙神、树神、土地神等固定的崇拜物，但对祖先的崇拜则很具象化，如固定的神龛，固定的祖灵筒摆放地，固定的祠堂，烦琐而又规范的丧葬仪式、规范的祭祖告祖祈祖活动等等。所以，祖先崇拜是盘县彝族的核心信仰，而围绕着这一信仰的服饰必然也是核心的至上的服饰。

过去丧礼“转场”算是盘县彝族地区最大的以家族、亲族为核心的集体聚会活动了，一次丧仪活动，参与者多则上千人，最少也数百人。所以从另一侧面来说，“转场”也有在众人面前展示服饰的功能，但这只是一种次要功能，对传统、对祖先、对新逝去人的尊重更是丧仪服饰的重要功能。

按照彝族毕摩的介绍，丧仪活动开始时，通过信香和经文的“请示”后，宗族内的历代祖先之魂都会被召唤而来，迎接新逝去人的“三魂”（据说，彝族人去世后都有三魂，其中一魂回祖源地，一魂在埋藏的坟墓里，还有一魂在祠堂里或祖灵筒里）之一魂踏上回归祖源地之路。所以，参加仪式活动的人面对的是丧家众祖先，服饰上不能有一丝的马虎。

当地彝族丧仪中的服饰至上，首先体现在毕摩服饰的严谨性和历史性上，其次体现在服孝的孝子们的服饰礼制上，同时也体现在亡人服饰上。

毕摩是彝族中通晓古今的百科全书式人物，在其众多的职司活动中，至高无上的、令人敬畏的就是主持丧仪。而家族式的职业内传，使其从衣饰、法器到仪式主持都具有绝对权威性。毕摩在主持丧仪时，无论逝者与其亲疏与否，他都要按古礼缠上白色的麻质孝帕，这一行为无疑受到了人们的普遍尊重。而头上几百年相传的法帽、身上几代毕摩穿过的法衣都会让人们有一种神圣感、肃敬感。而那神秘莫测的沾着历代毕摩汗渍和祭祀鸡血的羊皮封面的经书，没有人不会不相信其中的“灵”性。

毕摩羊皮封面经书

松河乡垤坞村三组彝族毕摩杜进福每年除夕都要用鸡血祭经书，这使得他的法衣法帽和经书都有很大的神秘性和神圣性

如前所述，用绵羊毛制作的“法帽”映射着祖先们的传统牧业生计方式，世代还在戴上它，目的只是想告诉自己祖先们从前的衣食所依所据。用刺竹编的法帽衬架述说着当地彝族女祖先一次重病而用刺竹治愈的故事，每次丧仪家“打羊”从绵羊两角间拔下的几根羊毛放置于法帽中的事实，使人们有一种在毕摩法帽中内聚有众多家族祖灵魂的猜测。法帽上和法衣上系的红色、蓝色线也是与当地彝家祖灵筒中拴在祖灵“芭茅”草上的线相对应的。

总之，毕摩的法衣法帽等衣饰中保留着彝族祖先们的大量信息，这种历时性的积淀，使得法衣法帽站在了当地彝族服饰的最顶端，它最强烈地彰显着服饰在彝族核心信仰中的至上地位。这种彰显是在人们最悲痛的时刻，所以在人们的心中印记是会长久留存的，而且远亲近邻老人们的陆续去世，都会使人们对法衣法帽的印象更加深刻。

服孝的孝子们的服饰礼制已如前述，这种礼制虽没有文字规定，但约定俗成的人们世代相传，在凝重纷繁的丧事事务中，人们从来都不会淡忘。而孝媳们在“洒水”

环节上必须穿的“阿几”和“锅多”，其上绣的花纹可以说是媳妇们缝绣技艺的最好水平展示。因为它规定只有祭祀亡灵时才必须穿，所以它也与祖先信仰有了必然的联系，而且是使用至上性的联系。

对亡人服饰传统的尊崇也是信仰服饰至上性的表现之一。

“人去世后，孝子先把死者扶坐起来，用柏枝树叶熬成的汤水为其净身，然后给死者换上寿衣，包上包头，脚下垫上一升大米或玉米。晚辈轮流给死者洗脸（用麻布蘸酒洗），礼仪性的给死者喝水喂饭。然后按照男左女右的方位，在堂屋里给死者铺好床铺，把死者放在床铺上，盖好被子，塞上‘口含钱’，用帕子把死者下巴托起，供上香灯纸火，灯一直不能熄灭。

“……

“入棺材前，后家要缝一件麻布衣，马郎家和后家缝好被子（用三尺或一尺二的红布，或者直接用毛毯）。到了吉时，毕摩打开棺材进行‘扫魂’，口念：‘生魂出，死魂入。’扫棺的目的是把邪魔鬼怪扫干净，保后人平安。然后在棺材底垫上麻布、草烟、白纸，再铺好被子，由孝子或侄儿子把死者装进去，盖上被子（被子的层数不固定，但必须是单数）。盖上棺盖之后，把棺材摆在堂屋，棺木要用白色麻布包头整体包裹，包头由死者所有的侄女及后家提供，死者家人带来的要直裹，其他的横包，一直到下圹才能解开。

“……

“晚上，先把后家拉来的一只毛羊拴在大门外，用一根麻线把羊和棺材旁的灵房系在一起。专门有一本经书，来交代毛羊、麻布衣的用法。打羊的人选在做菜的人中寻找确定，孝子先扛一根用白纸包裹的小棒，表示性的轻打一下，再由打羊的人来打。把羊打昏放血后，由毕摩用青叶子蘸羊血在灵房上点血，再把两只羊角之间的一块带毛羊皮剐下来，剪一块裹棺麻布，把这块带毛的羊皮缝上去，并规定只能由大姑娘跪着缝三针，并洗漱。

“……

“用完牛，毕摩要用茅草扎八个茅草人，四匹马，香案上放置升斗，内盛大米或玉米，升子上供点将台（各路神仙的牌位），斗外用占据东、南、西、北四个方位骑着马的茅草人守护。斗四周用麻线缠绕，亡人有多少岁就绕多少圈，男的按顺时针方向绕，女的反之。还要准备一把锄头、一把伞、一杆秤，这些都是准备‘解结’用的，意思是亡人在生前从事农耕、做生意或者为官等各种交际场合中可能犯下一些过失，人生在世，不管做什么都有罪过，要通过“解结”来解除以前的冤孽。‘解结’时，毕摩念经，用一只白鸡和一只黑鸡，两个‘尔枯’（是死者的亲戚，一般是老表）把绕在斗外的麻线剪断，把茅草人、麻线等全部拿到一个岔路口焚烧，这样就算把死者生前的所有罪过解决了。”

……

以上所引用的这一大段话是盘县淤泥乡麻郎垤村的彝族毕摩甘腊贵为我们调查组介绍的，他是一个颇有经验的毕摩，介绍起当地彝族丧仪来非常娴熟，我们在这里引用的“……”是删节部分，引用的目的，只想说明当地人对亡人服饰礼仪一丝不苟的严谨性。这种近似烦琐的严谨，正好诠释了当地彝族人民服饰在核心信仰方面的至上性和崇高性。

改革开放以前，盘县彝族地区没有集体性的“火把节”“歌会”等活动，因此，丧仪“转场”成了最热闹的去处，而丧家各路亲戚好友都请表演队前来帮衬，所以丧葬仪式中的丧服、表演服、外宗族看热闹的年轻人的盛装等齐聚“转场坝”，丧葬仪式地成了彝族服饰的集中展示平台，而这种平台实际上就是彝族人对祖先和亡人的尊崇。

盘县彝族人民既重丧葬仪式的服饰，以示对亡人及先祖们的哀思，同时对生者重要服饰的制作也要告知先人，让其保佑后代们的衣服或其他诸如被子、床单等等都能大吉大利。彝族人重舅权，所以过去孩子出生前，产妇的亲妈妈要为孩子准备一个背孩子用的“背带”，这个背带在孩子出生后才带到孩子家，在孩子满月时，东家要杀鸡祭祖。在点好香化完纸后，主祭的东家要面对神龛的方向告诉先祖，外家给孩子带来了“背带”等孩子衣饰物，希望先祖同意接纳。

在婚事商定后，当地彝族人要选定吉日“开剪”制作婚礼服饰和制床及铺床，这几件事，一般人家过去都要杀鸡祭祖先所附的神龛，有的还要看鸡骨占卜，看到底开剪或制床铺床时间吉利不吉利？祖先们同意不同意。婚礼当天，接亲的男青年到达女方家后也要脱下篾斗笠和雨衣，并整理衣饰后才能跪拜女方家祖先神龛，而新媳妇接回后也要先整理好衣饰后才能拜堂……

所有这些，都说明服饰在核心信仰方面的至上性。

二、盘县彝族服饰的现代流变

我国是一个统一的多民族国家，彝族尽管是一个有着悠久历史和灿烂文化的民族，但也是中华民族大家庭中的一员。彝族尽管有自己的文字，但仅在毕摩中使用，所以文字并未能起到规范全民族文化的作用。彝族有自己的语言，但由于长时间的散杂居状态，也使方言众多。唐时曾建立过南诏地方政权，但其统治规范性的框架基本上模仿中原王朝的模式，并没有很鲜明的彝族特性。

因此，尽管作为一个民族其自身有许多的个性，但作为主流文化下的一个亚文化，无论哪个方面都不可能不受主流文化的影响。特别是盘县一带，自汉代以来就不同程度地受到中原文化的渗透，所以其文化中主流文化的因素随着历史的演进而不断加强。今天彝族文化中的一些特色因素可能也是历史上主流文化或其他文化因素在彝族地区的遗留，近代以来主流文化的一些时代性因子至今还在彝族地区保留就是依据，这在彝族服饰中是也是有充分体现的，所以作为统一的多民族国家中的一员，彝族服饰在每个时代都是有主流文化的时代印记的。在经济全球化、文化趋同化的今天，彝族服饰趋向“普同化”的趋势越来越明显。

另一方面，现代中国提倡各民族平等，多元文化的共存共荣，这也使民族文化出现从自在向自觉的方向转化的趋势，或者说出现了从盲目模仿它文化向文化的自视和内省转化的趋势。在这种趋势下，各民族在保证国家“大一统”的前提下，纷纷整合或着力打造自身的民族文化，一些其他民族的学者、从政者也从对人类文化负责的角度，积极关心民族文化的保护和发展问题。彝族服饰文化也在这样的氛围中得到重新审视和打造。

盘县彝族服饰文化就是在以上看似矛盾的两个方向中发生着流变。

（一）彝族服装材质及加工的现代流变

盘县彝族最传统的服装材质是麻、皮革和羊毛，历史上从其他民族那里学会了用棉，近几十年来，化纤、混纺等工业品布料被普遍使用。出现了用料的多样化趋势。

加工方面，盘县彝族传统上的布料加工及服装加工都是分散的加工方式，从种麻、纺线、绵羊养殖、剪羊毛到织成布制成毡都是家庭手工作坊完成的。今天自给自足的情况基本不存在。拿麻纺织和麻质服饰加工来说，我们调查的淤泥乡麻郎垤村三个村民小组中也只有两三个老年妇女在从事此项工艺，该村三组甘世梅家的织机的一部分（织布机）置于堂屋，一部分（纺线机）则放在离正房较远的低矮的小房子里，里边只能容纳一个人，甘世梅给我们演示时还要低着头进去，而且里边光线非常不好，虽然是下午 4 点，我们给她拍照时都打了闪光灯。

据我们调查，彝族地区还零星存在此项工艺，主要是彝族民间还有一定的需求，需要的织品主要是孝帕，盘县淤泥乡、普古乡、鸡场坪乡、松河乡等地彝族在丧事时孝子们用的孝帕一般不用机织的白布，还多依赖于手工织的麻布。我们看到的甘世梅老人正在织的也是用于这方面的，布的幅宽只有 10 厘米左右。除此之外甘世梅织的布也有部分做成男装，我们看到的主要有褂子和对襟直领长袖衣两种，由于成本高，一件褂子要 80 元以上，而对襟直领长袖衣价格要在 150 元左右。购买者是个别政府部门人员或到此调研的国内外文化工作者，普通彝族百姓几乎没有人购买。松河乡垤坞村的情况也差不多。

传承方面，据我们调查，目前中青年人中几乎没人去从事此项工艺，原因是本高利小。

现代盘县彝装加工方面除个别中老年妇女的素装外，也基本没有全手工完成的了，许多女性的绣花镶边都是机绣品，缝制也用上了缝纫机，甚至自己不动手而是到毕节或云南石林、昆明等地定做。

就连丧葬仪式中必穿的“阿几”绣饰也多为机绣，现在 40 岁以下的妇女很少用人工刺绣的。

（二）彝族服饰与普同化服饰的交互使用

盘县彝族中，除了很少的老年妇女外，平时很难遇得上穿彝族服装的人了。有的虽然穿，但裤子、鞋又是在现代市场上购买的普同化服饰。或者外衣是民族服饰，但里边穿的也是现代城市的工业化服装。只有政府组织的歌会或类似“火把节”那样的传统节日以及婚丧仪礼时，才能见到组织者、表演者或当事者穿着彝族服装。

头戴彝族纱帕，身穿右衽衣和牛仔裤，脚穿皮鞋的坪地彝族中年妇女表演婚嫁舞蹈

（三）盘县彝族民族服饰意识的觉醒

改革开放以来，盘县也和全国的其他民族地区一样，注重民族文化的保护和开发，县里组织有彝学会，该学会与省内外的各级彝学会也保持着密切的联系，时常交流本民族文化的开发、利用、传承等问题，并协同县委县政府组织的彝族年、火把节、彝族山歌比赛、多彩贵州大赛选拔赛等工作。近几年来，随着非物质文化遗产普查工作的展开，彝族地区人民文化意识逐渐觉醒，他们意识到了民族文化的重要性，于是，他们组织起来到云南、四川等彝族地区去参观、学习，带回来了不少经验，并创造性地将“火把节”等民族节日办在了村里，宣传在到了省内外。如淤泥麻郎垤村、松河垤坞村都成为彝族文化展示的中心点之一。2008 年火把节，垤坞村举办了该村第二届火把节，省、市、县相关领导及附近彝族乡的彝胞们都前往参加，产生了很大的反响。特别是村委会为这个节日活动设计的会徽标志很有特点，深受好评。而舞台背景布上也扫描上了该村身着民族服饰的彝老们的照片，彝族地域性服饰文化内容充分彰显了出来。这样的行为，对提示、整合彝族服饰文化意识有一定的意义。

垤坞村彝族火把节标志图案

垤坞村火把节舞台背景布上的彝老们

类似的活动，无论是表演需要，还是迎宾之需，还是做客需要或主题需要，许多人都穿着了民族服装，与会的服装有凉山型、水城型、石林型和盘县型等，在争奇斗艳的服饰文化中，当地人不会看不到自己区域性服饰的优越性。如果将来当地彝族文化展示与主要生计结合起来，那我们完全有理由相信，盘县艳丽和庄严并重的彝族服饰会像云南石林的彝族服饰、西双版纳的傣族服饰、大理的白族服饰，贵州雷山西江、郎德的苗族服饰等那样，再一次得到改造、普及和光大。

注释：

1. 本章调查材料系贵州民族学院民族文化学院“盘县非物质文化遗产调查小组”以及盘县文化局相关人员调查所得。

2. 除注明者外，本章所用的图片大部分为李相兴所摄，少量为游珍海所摄。

3. 本章调查被采访者包括以下人员：

杜少权，1956 年出生，男，彝族，盘县淤泥乡麻郎垤村党支部书记。
沙金伟，1975 年出生，男，彝族，盘县淤泥乡麻郎垤村前民兵连长。
李顺明，1976 年出生，男，彝族，盘县鸡场坪乡坪子二组。
兰爱菊，1976 年出生，女，彝族，盘县淤泥乡文化中心副主任。
金光权，1958 年出生，男，彝族，盘县鸡场坪乡椅棋四组毕摩。
甘进琴，1961 年出生，女，彝族，盘县普古乡党委委员。
杜永周，1976 年出生，男，彝族，盘县松河乡文化中心主任。
彭志毕，1981 年出生，男，汉族，盘县普古乡文化中心主任。
李朝州，1975 年出生，男，汉族，盘县鸡场坪乡文化中心主任。
甘世梅，1951 年出生，女，彝族，盘县淤泥乡麻郎垤村三组。
张能仙，1958 年出生，女，彝族，盘县鸡场坪乡椅棋四组。
金元汉，1957 年出生，男，彝族，盘县鸡场坪乡椅棋四组。
杜进福，1963 年出生，男，彝族，盘县松河乡垤坞村三组毕摩。
沙正权，1966 年出生，男，彝族，盘县松河乡垤坞村三组。
甘代妹，1949 年出生，女，彝族，盘县松河乡垤坞村一组。
甘腊贵，1961 年出生，男，彝族，盘县淤泥乡麻郎垤村一组，毕摩。
康芬仙，1953 年出生，女，盘县松河乡垤坞村七组。
特此致谢！

4. 调查时间：2008 年 1 月 21-29 日；7 月 22-28 日。

第九章　盘县苗族文化描述与研究

吴秋林

盘县苗族因为有马场的民间艺人王连兴，在贵州省是赫赫有名的，在贵州省，很多人不一定知道盘县有苗族，但一定知道盘县马场乡滑石板村有一个大师级的苗族民间直箫音乐家。

苗族盘县的人口在1980年前很少，在1982年前后，以及后来的“民族识别”中，才上升至盘县少数民族人口第三位的，但是，盘县苗族中的文化表现却十分丰富，在盘县的非物质文化遗产中有自己特殊的地位。

第一节　盘县苗族文化概况和调查

在盘县的38个乡镇中，民族乡有11个，其中苗族民族乡有：旧营白族彝族苗族乡、马场彝族苗族乡、羊场布依族白族苗族乡和保基苗族彝族乡四个，在这四个民族乡中，只有保基苗族彝族乡以苗族为主，而在其他三个乡中都次之。但在其他非民族乡，也有一些苗族聚居的村寨。

盘县苗族在中华人民共和国成立前（1949）是极少的，据县志记载民国31年（1942）时，盘县的苗族仅有28户。1985年时，盘县的苗族人口已增至9889人，其主要原因就是受当时“民族识别”的影响所至。在2000年第五次全国人口普查时，盘县苗族人口已达25428人。

现今，盘县苗族主要由两部分组成：一是人们所说的“喇叭苗”支系，二是大花苗支系，并且这两个支系的来源是不一样的。另外还有所谓的“白苗”等一些其他支系的苗族。

对盘县苗族文化的调查是这样来进行的，盘县马场乡滑石板村的“大花苗”，我们于2007年年底的非物质文化遗产普查性调查中，进行了比较全面的调查，并且在这前后，我们还搜集了关于马场苗族的一些文献资料。

对于格所、保基等地称为“喇叭苗”支系的苗族，我们的调查点并没有安排在盘县的格所和保基等地，而是统一的安排在普安、六枝、水城等地，因为这支称为“喇叭苗”的苗族，在北盘江两岸形成了一个人口众多、文化表现高度一致的文化共同体，而格所、保基等地的苗族，就是这个文化共同体的一个组成部分。所以，其他地方所搜集的资料，也能代表他们的文化表现。故盘县的“喇叭苗”支系的苗族非物质文化遗产描述，我们基本采用的是其他地方的调查资料，其中主要是来自普安龙吟镇的“喇叭苗”文化调查，这一区域的“喇叭苗”在地域上直接与格所、保基等地的“喇叭苗”临近。

至于“白苗”的调查，我们在水城的陡箐乡也有一个调查点的资料可以借用，因为他们在文化上也是一体的，虽然不属于一个行政区域，但地理文化的联系十分密切。

对于这些苗族的族源，我们在一些资料上看到：“我县格所、保基的苗族，旧称”“喇叭苗”，明洪武初年由湖南武冈、城步调北征南应征入黔。当年攻打补纳山时，山上推下磐石，“喇叭苗”头顶竹笆冒石上攻，故人称“攘笆苗”，现境内的“喇叭苗”就是当年攻打补纳山的后裔。（见《苗族民族风情》，《盘州风韵》第193页，贵州民族出版社，2007年）

《盘县特区志》上称：“花苗”和“白苗”的苗族，基本上是由“水西”迁徙而来的。

对于这些苗族的族源，我们在相关的调查文本上也有不少文字。

在对“喇叭苗”的调查中有：

“在位于水城、六枝、晴隆、普安四县交界处的北盘江两岸，有一支被外界称为‘喇叭苗’的苗族，这支苗族，在水城县境内分布于龙场、云盘、花嘎、猴场等乡镇，在六枝分布于中寨等乡镇，在晴隆分布于中营、长流、二塘等乡镇，在普安分布于龙吟等乡镇（也包括盘县的格所和保基）。这支苗族在这些相邻地区也有一些零星分布，总计约有近20万人。

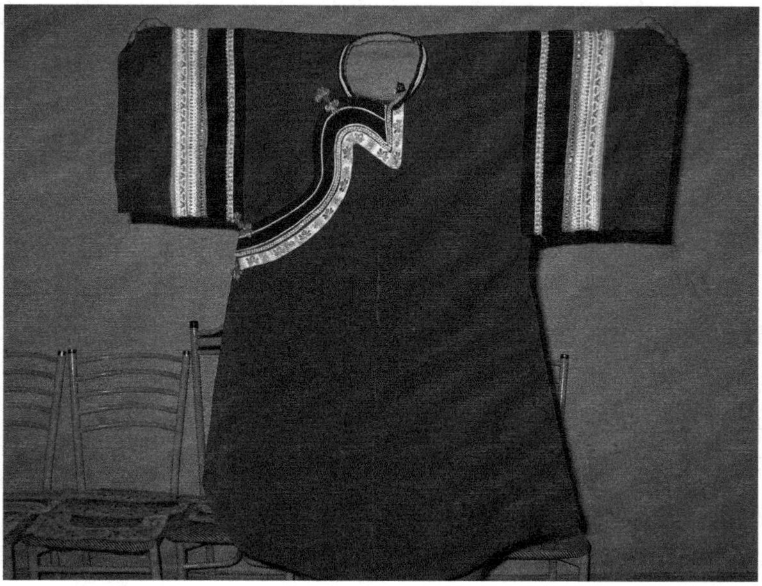

『喇叭苗』妇女服饰

“这支苗族的族源与在北盘江流域的一场战争有关，据说在洪武年间，为镇压当地的一次民族起义，当朝把他们从原籍湖南征调而来，他们在湖南原籍时就是湖南当地的苗族。在完成了任务之后，就被朝廷留在了北盘江流域，并且与当地的民族发生了血缘和文化的广泛融合，从而形成了一个新的文化共同体。这个新的文化共同体既不是原籍地的湖南苗族，也不是当地的某民族。在20世纪发生的民族识别中，有的被识别为苗族，有的被识别为汉族，直到1982年后，才基本全部识别为苗族，但这支苗族与贵州省西部苗族、中部苗族以及东部苗族都没有什么直接的文化渊源关系，是一个独立性质的文化存在。

“这支苗族被人们称为‘呐叭苗’，有一个说法，即当年来打仗攻山时，其用竹子做的民间称为‘榔笆’的竹篱为掩护，成功地攻上了山岭，故民间呼其为‘榔笆苗’，最后变化音为‘喇叭苗’。”

我们在普安龙吟的调查，其关于“喇叭苗”的渊源，就有这样的调查文字：

据一些老人说：“这里的‘喇叭苗’是明洪武二年（1369）朱元璋时期，普安龙吟、晴隆中营一带发生少数民族（主要为红苗、仡佬苗）起义，明政府派兵进行镇压，将土著居民的男人全部残杀，明军士兵娶土著居民的女子为妻，在这一带定居下来，繁衍而成的。

“其具体过程是这样的，明洪武年时期，八大军区的司令之一——黄迁仕，他因和朱元璋有些过节，看不起朱元璋，认为朱元璋出生卑微，又当过和尚。当时还有一种观念就是女子就应该裹小脚，不裹小脚的嫁不了好人家，他说朱元璋的夫人——马夫人是大脚板，并称为‘马大脚’。黄迁仕还在正月十五向皇帝进献灯谜时，用灯谜来讽刺皇帝和马皇后的出身卑微。于是，朱元璋就派朱道特（地理家）作为钦差大臣视察此地，看到普南山（补纳山）地势怪异，插有标杆等，认为地形像猛虎，具有造反起义的迹象，汇报朝廷后，朝廷就派黄迁仕带兵南下镇压。黄迁仕带兵到此地后就派人挖地，但是地挖后又会恢复，用了千军万马都是白费心机。据说，又打了3—4米长的铁钉，扎了十几根到地下，地下又会冒血（实际上是埋在地下的冰和豆豉的混合物）。就以这样的人海战术（蒗芭战）打了一段时间，但由于地理环境不熟，攻不上去。后来是朱道特内部的一个人潜到了普南山上，摸清了地形后，用鸣号的方式，报出了通道的秘密。军中的人明白了号的大概意思是‘前面陡陡岩，后面大路来’，于是就用树枝搭了高架，攀缘上了普南山，打败了造反的苗族。攻下后，他们就到朝廷去报喜，于是，皇帝下文开辟建设该地区。由于黄家、邓家和郭家属于兄弟，不通婚，‘喇叭苗’是黄迁仕带来的兵和仡佬族女子联姻的后代。

“这个他称也基本得到这支苗族人的认可。”（见《普安龙吟苗族文化调查报告》）

这支苗族，在1982年民族识别以前，他们一直是汉族的民族成分，一般自许为

"湖广人"，在许多方面与汉族文化的表现相同，但一直都自己独特的族群文化表现。1982年以后，通过民族识别，就全部成为苗族。这个支系的苗族群体现今已经是盘县苗族中人口最多的群体。

在盘县马场乡，我们对苗族的族源作了一定的调查（在引述中有删节）。

在盘县马场乡，当地苗族就是西部苗族中的一支——大花苗。大花苗有着特殊的民族文化风情，也有着与其他民族不一样的历史渊源。马场乡苗族主要分为几个大姓：王、杨、李、罗、熊、陶等姓氏。

王姓家族历史（讲述者：王友光）

王家的历史最远只能追溯到距今前10代人。王家的老祖先生活在黔西大定，以工艺品制作为生，后来搬迁到今关岭县境内。那时王氏在关岭拥有一定的田地，但仍以商贾为生。某次因需远离家门经营生意，王氏便将自家的地契交给了当地一个地主保管。但地主对王氏的地产动了霸占之心，后来当王氏行商回来时，地主便借口家中有事请王氏到地主家的竹林中砍一竹子来编制工具，从而进一步诬陷王氏所砍竹子是其竹林中的竹王，并说王氏的行为将造成其竹林的毁灭，强行要求王氏拿自家的地契作为赔偿，王氏无奈，最终只能选择妥协退让，用一箩筐将其两儿一女挑着来到了今马场乡马场村岩脚组所在地，后又搬至三家寨，最后又搬至今滑石板村定居下来。

李姓家族历史（李兴仁讲述）：

李氏家族的太祖由佬生活在黔西大定，至今可追溯历史有9代。不知出于什么原因，后来太祖母带着自己的两个儿子来到今盘县马场乡的沙庆一带，在沙庆定居下来，但由于大儿子不适应这里的生活，后主动返回到黔西大定居住。太祖母和小儿子由佬就在这里生活了下来。太祖母和其二儿媳（由佬的媳妇）死后，由佬就搬迁到今天的马场村岩脚组，从此定居下来。时至今日，马场乡苗族中的李姓总共约有60余家，大约250余口人。李氏的最早祖先现今只能追溯到黔西的老太祖，传至今日。

熊姓家族历史（熊大方讲述）：

熊姓老祖也是生活在黔西大定，可溯历史至今只有6代。熊家老祖外号叫熊扛牛，据说是因为其力大扛得起一头牛到自家田中犁地而得名。熊扛牛年轻时生活在黔西大定，后搬至今普安县青山龙塘口，生有一子叫佑玛。佑玛长大后搬至火石山的官家坟，生了佑俩，佑俩长大结婚后又搬至火石山，佑俩之妻庞俩在火石山生有佑裸，佑裸之妻庞裸生了佑数即熊大方本人，后来由于熊大方爹娘都去世较早，熊大方便搬到今滑石板村来投奔了其姐夫、姐姐。熊大方之妻舌生了佑护，佑护又生有熊发林。（《盘县马场乡苗族文化调查报告》）

在这个调查得出的情况，完全与"花苗"和"白苗"的苗族，基本上是由"水西”迁徙而来的说法相同。其“大花苗”的称呼我们值得注意，这是一个容易混淆的称呼，因为在六盘水地区，称为“花苗”的苗族支系有“大花背苗”“小花苗”，而盘县马场滑石板村的苗族自称为“大花苗”，是有意义的，就是为了与其他称为“花苗”的苗族区别开来，故我们以为，应该称他们为“大花苗”为妥。

这些苗族应该都属于黔北苗族的范畴，在文化上有着鲜明的贵州省西部苗族的特色。

第二节　盘县苗族“喇叭苗”支系的非物质文化遗产描述

在调查中，“喇叭苗”的服饰属于工艺艺术类非物质文化遗产。现今，盘县、普安一带的“喇叭苗”，其男人的服饰基本没有特定表现，其妇女的服饰在服色和形制上与安顺地区的屯堡妇女相似，但她们没有屯堡妇女的腰带，却特别讲究其头饰。这个头是一个高高如独角的发髻，并包上白布，留两尾于后。这应该是“喇叭苗”人最外在的标志了，也可以称为“族群标志”。

这个以妇女头饰为“族群标志”的来源，如果历史真如口述中的那样，这个“族群标志”可能就与在“补纳山”被攻击中的“红苗仡佬”妇女有关，即这个头饰源于“红苗仡佬”妇女，原本是“红苗仡佬”的“族群标志”，后来被整合到“喇叭苗”文化中，成为“喇叭苗”的“族群标志”。

“喇叭苗”妇女穿青、蓝布衫（长及膝），袖短口大（1.2尺），衣领和怀面排领、袖口等均用红、蓝等色布条镶边。订花边或绣瓜米心、狗牙辫、万字格、水波式花纹、系青布或蓝布腰带，结前尾后。穿青布裤（裤脚宽1.2尺），无花边，用白布或蓝布作裤腰（现在青年妇女一般都改穿小裤脚），脚穿勾心花鞋，有线花，满脸花、鼻尖样。戴耳环（有吊吊环、竹节环、扒扒环等）；手戴银制、骨制或玉石手镯，银戒指。儿童戴狗头帽，留两尾于后，帽前额镶有瓜米心式花边和“福、禄、寿、喜”罗汉小人头银饰。女青年包白布帕，长发垂于背后，以区别未婚。

“喇叭苗”有比较独特的刺绣，主要绣在背带上和妇女的绣花鞋上。花纹和花样惊人的一致，尤其是背带上的花样都基本一致，在各地都一样。这样的花样都是纸样的堆绣，浮雕感强烈，但式样、色调缺少变化，也是其民族刺绣的一种特定表现。

在近代，有一些绣样绣法也融入“喇叭苗”妇女服饰中，并在一些物件上有所表现，如我们就在一些背带上看到了“十字绣”。

应该说，“喇叭苗”妇女的服饰是其文化中最具有传统色彩的部分。

“喇叭苗”的习俗类非物质文化遗产主要表现在婚姻等方面。

《普安县龙吟镇“喇叭苗”婚姻文化调查》

调查时间：2008年1月18日

调查地点：普安县龙吟镇

讲述人：由当地民委的同志组织多人讲述，故这是综合多人的讲述而成的文字

调查者：吴秋林、杨春艳、郎丽娜、张斓

“喇叭苗”婚俗

“喇叭苗”婚俗是传统的媒妁之言。具体成婚过程是这样的：第一次，男方家如果看上了哪家的姑娘，就请媒人到姑娘家探口气；第二次，问姑娘的生辰八字，按子、丑、寅、卯等来算；第三次，认周（认亲），认周时要带东西，双方家的叔叔、伯伯都要去，要走八次；第四次，送日子。送日子时，要定下女方家要的礼，如手镯、耳环、银项圈，多少套衣服、多少双鞋等彩礼；第五次，成亲。成亲的过程中，活动很多，内容非常丰富。接亲时，男方家要把送日子时定的彩礼准备齐全，挑到女方家，其余还有酒（酒上封有红纸，上面有喜字）、十二封红封、肉等。到女方家后，首先是开坛，由女方家请来主持酒席的总管来开坛，然后是典礼，主要是核对送日子时定的彩礼和婚礼上男方家必带的礼，如酒、肉、红封等。在典礼中，如果男方家有什么东西没带，就要拿押礼先生的衣服或者包头等随身物来抵。最后是派盒，就是男方家要给女方家的伯伯家、叔叔家、姨父家等内亲一家送一盒礼，送礼的人家，要送女方嫁妆。红包里一般有酒、有肉（两片肋巴骨），这其中少一样都不发亲，少的话，也要脱押礼先生的衣服来抵。盒礼一般都是两次，送日子时一次，成亲时一次。两次的盒礼都要一样，如果第一次送的东西，第二次没送的话，这家亲戚就要去闹亲，要惩罚押礼先生，脱他的衣服，扯他的包头。

“喇叭苗”的婚礼一般要举行三天：发担、正酒、回门。发担这天，男方家要吹唢呐、敲铜鼓、提灯笼等去女方家。在男方动身去娶亲时，要挂红（一般二丈四），有挂红客，要摆挂红酒（挂红时，舅家要挂家神的左边）。吃完饭后，男方要在自己堂屋给祖宗磕头，要磕四礼八拜，然后出门。男方家要抬着轿子去接新娘，在轿门上写有“嫦娥离月宫，仙女下瑶池”，横批“翰林院景风”的对联。迎亲队伍到女方家时如果遇到安席，要等，不让进屋。进屋后，伴郎用彩布（红、蓝）挂在女方家大门的门廊上。押礼先生要给总管和厨师红包，磕头时要给红包，得红包的那个人找草垫子给新郎垫着磕头，不给红包，没人给草垫。磕头也要磕四礼八拜。安席时，伴郎和押礼先生要把典礼红包给女方家总管。新郎只能在岳父家，不能去别的人家，晚上只能睡在堂屋里的家神面前。

出亲前的程序有上头、安席、磕头。上头时，新娘要讲究坐方，请来上头的人也要看属相，要选属相适合新娘的。安席，新郎和伴郎押礼的座席安置在堂屋的右边，用的碗筷都是新的，走时碗要带走，而且不能打破，象征新娘的财物。磕头，也是四礼八拜。磕完头后，如果没有因彩礼不齐等而闹亲的话，就出亲。出亲时，新娘家要把一把菜籽从新娘的后脖颈撒到新娘的衣服里，意思是随遇而安，象征顽强的生命力。新娘要由属相合的哥哥、叔叔、姑爹、侄儿背到轿子上，一般都找多子的。背的

时候新娘不能落地，落地是不好的象征。出亲时，新娘要哭，但哭的时间不能太长，也不能太短，太短了对女方家不好，哭太长了对男方家不好。女方家要请送亲客，送亲客是叔叔和婶婶、姑姑和姑父、舅舅和舅妈，也要看属相，新娘所有东西的钥匙要由送亲客中的专人保管。

在接亲的路上，如果闯亲（指有两家人同时在一天娶亲，是在一条路上从两个方向来的两家撞在了一起）的话，要由双方送亲客互换礼物，通常是一块手帕之类的东西以示友好，以前还有换新娘的习俗。如果要是白事、红事在同一天举行，那就得提前打招呼，避免撞在了一起，这样是很不吉利的。

迎亲队伍到男方家时，看亲的人很多，非常热闹。新娘轿子抬到新郎家时，由拉亲的人把新娘从轿子里拉出来，拉亲也要看属相。拉亲时非常有特色，在新娘跨轿杆时，男方家的人要使劲把轿杆压低，象征新娘以后听婆婆的话，婆婆强过媳妇；女方家的送亲客，要使劲把轿杆抬高，象征婆婆听新娘的话，媳妇强过婆婆。下轿后，男方家要给女方一杆秤，一把锁。秤意味着新娘当家要会盘算，做人要称职；锁是要锁住新娘的心（锁给女方这边时是开着的，由送亲客接过按下后扔掉，意思是已经锁住了新娘的心）。在新娘进屋前，要“退喜神”，在对着大门的一侧安神桌，请先生念书，意思是逢凶化吉，把好的东西带到新郎家。

新娘进男方家堂屋后，要给其祖宗行礼，行礼后就入洞房。入洞房的第一件事就是坐床，新娘和新郎要扯对方的衣服来坐，谁的衣服在上面就意味着在以后的生活中谁强。他们要喝和气酒，也叫交杯酒，只不过和汉族的交杯酒不同，他们喝酒时手不交叉。

闹洞房在这里也有，但是只能是弟弟，比新郎小的可以去，有一个说法就是“长兄如父”，媳妇在“八亚哥”（男方的哥哥）、公公面前必须是轻手轻脚。

还有一个说法是新娘到婆婆家三天不吃婆家饭，三年不穿婆家衣，要吃穿娘家带来的。

喜酒要喝三天：

第一天：发担。

第二天：正酒。

第三天：满三天，这一天，新娘要早起，起来后做家务，扫地，擦家具，然后，拿上新毛巾，新脸盆，让老人和客人洗脸（按照从小到大的顺序来），每个被洗脸的人都是要给钱的，长辈就直接把钱给新娘了，有的晚辈则捉弄新娘把钱扔到洗脸盆里，如果新娘子去脸盆里捞，就会被人笑话，所以有时候就把水连带钱给泼出去了。新娘子吃的饭和用的碗（就是刚出嫁时从娘家带的碗）都是从娘家带来的。这天，还要吃和气饭，就是用娘家带来的碗盛娘家带来的东西或带来的米做的饭给家人吃，以表示两家和和气气。

回门：第七天，是新娘子回门的日子，回门时走的路必须和嫁过来时是同一条路，在娘家要待两天或四天，带的礼物就是自家做的粑粑，以前还有的拿一个鸡蛋。

拜年：新婚夫妇要去娘家拜三年的年，要拿上酒、粑粑、肋巴骨，送肉一般是给内亲，拜年的时间要从初二拜到十五，轮流给长辈拜（从大到小）十五才要返回婆家，拜年时还要放鞭炮，一般都是在内亲和辈分大的亲戚家放。

“喇叭苗”的习俗还有礼仪、禁忌、饮食等方面。

不吃狗肉和牛肉是“喇叭苗”特有的习俗，传说很久以前，狗用尾巴夹了三粒谷子，通过大海的艰难历程，给“喇叭苗”先人带来了谷种，才有今天的五谷，为了报答狗的劳动，每年三十夜和吃新节，都要以大米饭和肉先敬狗吃。牛死了也要埋起来，如果吃牛肉，就会得罪玉皇大帝，传说牛是玉皇大帝派来为人类种地的，对人有功。

“喇叭苗”一般以稻谷、苞谷为主食，稗子、小米、高粱、荞麦等。年节好打粑粑，好饮家酿低度米酒和苞谷酒。

“喇叭苗”的信仰文化主要表现在丧祭中，但也敬祖先和山神。

《普安县龙吟镇“喇叭苗”丧葬文化调查》

调查时间：2008 年 1 月 18 日

调查地点：普安县龙吟镇

调查者：吴秋林、杨春艳、郎丽娜、张斓

（这是综合多人的讲述而成的文字）

“喇叭苗”丧葬

“喇叭苗”信仰佛教和道教。

如果老人病危，必须赶快抬回家，死在外面是不好的，死了后就不能进家了。老人死了后，将尸体放在堂屋的左边临时铺的床上，关上房门，只能让信得过的亲人帮忙办后事，不能让闲人进来，怕别人使坏，在棺材里放针这些不吉利的东西。老人落时要烧落气钱（一般是三斤六两，只能多，不能少），落气钱要全部烧完。丧家要在大门外挂报天钱，在堂屋挂陪棂钱。

给死者穿的衣服是三件或五件，最多七件，一般是逢单穿，如果是白发人送黑发人，外面的那一件必须是白色的。

入殓后，家人要打起伞来看死者最后一面。如果是女性老人的话要请外家人陪着入殓。入殓后要放落气炮，要放十二炮，并且要三炮三炮连着放。

办丧事，要去请阴阳先生，要看风水、看地和做道场超度，做道场一般在堂屋左边，棺材是头朝里，脚朝外，孝子穿孝服，戴孝帕。

请水：先生有专门的助手后勤人员——香主，先生让拿什么就拿什么，香主也不能回家，先生要守佛台，孝子不能睡高床，不能洗脸，只能吃素，不能吃荤。

第一晚上：开路，就是先生给死者向西方指路。

第二天：砸山门（砸灵堂）灵堂上写着对联“饮酒贪荤休来殿”。

第三天：大台法事，也要请水，要去大水井去请。孝子要披麻戴孝，腰上要系草和麻线。祭台上摆有各式菩萨的像，菩萨按照从大到小的顺序排着，一般要做五天五夜，还有的做七天七夜，最多的做九天九夜。如果是做四天法事的，第四天要漂香，所有的纸做的纸人、纸马、纸象等纸动物和纸金山银山这些象征性的东西都要带去漂香。漂香人很多，有 100 多人，要到寺庙请求脚夫来帮忙将丧者收到的钱送到西天，让死者到阴间有钱用。漂香时要选路、请人，去的时候和来的时候不能走同一条路。

请人的话要接席，要安排时间，按时到每一家去接，不能误时。接席时先生也要去，先生要念经，孝子要下跪。

设山门、起灵房：女子要披下头发，先生用草和麻帮助系好，请水回来，把死者牌位摆在灵房内，上面用黑帕子罩上，还要在灵房内放鞋子（女的放花鞋，男的放的鞋没有要求），如果死者是一个杀猪的，屠头还要拿其刀摆起，用白纸写挽联，来表达对死者的哀悼，还要请工艺老人制一些纸杂，女的要用纸糊一顶轿子，如果死者是男的则要糊一匹马，老人过世后，孝子要吃素，吃菜油。

破狱：破狱的时间大约两三个小时，要去山上扛芦苇，用之编成十八层地狱，像迷宫一样。先生要用竹子把地狱打破，解救死者，让其灵魂超生。如果是女性老人的话，在十八层地狱里要用红墨水象征性地弄一层血河。

送葬：抬灵房时，送葬时，逢沟坝，孝子要跪，女的要哭。下葬还要看时辰能否下葬入土，不能下葬，就要丘起来，待到合适的时日再下葬。晚上，亲人送祭葬和贡品来，如果有亲戚送猪来祭的话，丧家也杀猪陪猪祭，但亲戚要把送来祭的猪和猪脚带回去。

送饭：死者抬上山后要接着送三天的饭，第一天送到墓地，第二天送到半路，第三天要送到半路后退一点的地方。

拜年：一般丧家要从老人去世的那年起，到逝者的墓上去拜三年，三十晚上要去亮灯。拜年是正月初一到初三，初一带上供品到墓上祭拜，也有亲戚朋友来拜的，主家要在墓上烧火接待客人，客人也带有供品和鞭炮等，在墓上祭拜后，主家就请客人们到家里吃饭、喝酒。第二天和第三天是来祭拜的客人们在主家玩、吃饭、喝酒等。拜到第三年时，主家要给外客发孝衣。也有拜六年的，拜六年的第四年要立碑，是每年的初二拜。

一般孝子在办完丧事后，要吃七天的素，才开荤。开荤时要拜椂，做“八大碗”，也就是做好菜好饭来供，要请老人来陪坐，但不能动碗筷吃饭，只是一种仪式而已。

丧家三年内不能贴红联，第一年贴白联，第二联贴黄联，第三年贴绿联。孝子要三年在酒席上不能坐上席，不能和有口角的人吵架。

“喇叭苗”在节日文化上也有一定的表现。

《普安县龙吟镇“喇叭苗”节日文化调查》

调查时间：2008 年 1 月 18 日

调查地点：普安县龙吟镇

调查者：吴秋林、杨春艳、郎丽娜、张斓

（这是综合多人的讲述而成的文字）

“喇叭苗”节日文化

“喇叭苗”有自己的传统节日，一年中主要的节日如下：

除夕。“喇叭苗”非常讲究团圆饭，外出的人都要赶回家。三十晚饭是一年最好的晚饭，至少都是八菜一汤。这天吃饭相对较早，都尽财力把家里最好的东西拿出来办年晚饭。吃饭时，先要给祖先敬酒，然后把饭和每样菜夹点放在一个盆里喂狗

(这里有一个传说，在灾荒年代，是狗给他们保留了最后的种子)，最后人才能有饭吃。一般的礼仪是老人做上席。晚上要亮灯，张灯结彩，还要烧一笼火，老人要守夜，第二天还要早起去抢新水，把水熬开后，泡茶来敬祖先，还要油炸一些圆粑，象征一家人团团圆圆。

初一。这一天不能吃荤，要吃素。还不能把水掉在火里以免出门办事不力，不能扫地，不能吹火，以防出门遇到风雨折磨。这天还有打太岁的习俗，一年中有一个姓氏属于太岁，这一天如果太岁的人从村子里经过，就会被人用水泼，还有这一天，太岁不能串门，也不能睡觉，不能和女人说话，要尽量避开。

初二。这一天要打牙祭，把所有不好的东西驱走，让家里平平安安，万事如意。一般十五以前不干活，串亲戚，十五元宵节，家家张灯结彩，户户吃猪脚，

正月十六。这一天是祭土神，不能挖土，要叫小孩去扯冬青树叶子来烧，别人问干什么，他们就说："耗子嫁姑娘。"问"嫁到哪里去?"答"嫁到河那边布依族家里。"那边的人就会说："不要嫁过来，我们受不了，他们会害人。"

二月二。这一天是龙抬头，不能上山干活，以免得罪了龙，还要扫寨子，其实是扫火星，以免烧着寨子，要斗钱，斗米，请先生，还要杀公鸡，在海拔最高的地方，让童男抬水上山，在山上，将鸡和米在山上煮熟，一家派一个人去吃，要吃完。

三月三。这一天是祭山，要杀牛，祈福避害。

清明。要给祖坟扫墓、挂纸。如果安坟的话，要请先生。这一天，人们还有带柳条的习俗，有句俗话："清明不带柳，死后变黄狗。"

端午。人们吃汤圆，主要是为了纪念屈原。将大蒜和雄黄泡在酒里，不仅用来吃，还要将其洒在房子的周围，防毒蛇猛兽。还有句俗话说雄黄酒"人喝除百病，虫子不挨边"。

六月六。是祭田日，祭山，这一天要杀鸡，在自己最大的一块田里杀，用树枝搭一个粮仓，还用白纸粘在竹子上做成田标，田标上再沾上鸡血，再将田标插在每一块田地里，在每一块田里都要烧香和纸钱，表示对田神的真诚，企求无病虫害和五谷丰登。

七月半。即鬼节，从七月初一就把自己的先人请来供在家里，即为"接祖"，七月十四烧包，包里面放着纸钱。供的有马，是用玉米和辣椒插好的，表示对祖人的尊敬。在烧包时按老幼排序，烧完后用报纸类的东西把烧剩的纸灰包成两包，还有就是准备好路上的饭、茶叶、盐，用担子挑上，然后点上一把香，沿路一直往前插，一直到香插完，就把包扔掉。

九月九重阳节。要打粑粑，俗话说"重阳不打粑，老虎要他妈"，还要做重阳酒，这个时候，气温适宜，做的酒很香，储藏时间长。

立冬。要打粑粑，还要把打好的粑粑挂在牛角上，因为牛辛苦了一年，这是对牛的一种犒劳。

腊月二十三。灶神菩萨上天，这天要打扫干净灶，再做好粑粑和豆腐，来祭灶王爷，请他到天上去说好话，祈求平安。

惊蛰。和一般汉族的差不多。

第三节 盘县苗族“大花苗”支系的非物质文化遗产描述

这一节的“大花苗”主要指的就是马场彝族苗族乡滑石板村一带的苗族文化，这个地方应该是盘县最早从“水西”等地迁徙而来的苗族定居点之一。在盘县苗族中，“大花苗”的人口不算多，但在民族文化的影响力上是最大的。他们从20世纪50年代起，其苗族的音乐歌舞就在贵州省很有名声。

滑石板村的苗族很早就以乐器制作和演奏闻名于世，所以，我们在2008年年初的调查中，对他们的芦笙、大筒箫、口弦等制作工艺做了调查。

芦笙制作工具：镰刀、钻子、锯片、刻刀。

芦笙制作程序：

1. 选材。选取合适的芦笙竹和楸树作为材料，用水或油煮透晒干，以防止干裂，出虫。然后在竹子的另一端约5厘米的地方挖一个长约2厘米、宽约1厘米的长方形孔，装上铜簧片。出气筒共有六根，有长有短，主要是根据芦笙的六个音阶来确定的，竹筒越长，音阶越低沉，反之就越高亢。

2. 修整。截一段约20厘米的楸树作为芦笙共鸣器的材料，然后先用镰刀将其修成一个梭形物，用钻子挖空，再在上面钻出六个上下对称的孔，作插入芦笙管所用。此梭形物中间最大直径一般约4厘米，长约12厘米，一端直径约1厘米，长约1.5厘米，另一端直径约2厘米，长约7厘米。

3. 组装。将修好的竹筒按顺序插进用楸木做成的共鸣器中，装有簧片的位置一定要放在共鸣器内部，用木槌敲紧，然后用编织带捆紧即可。

大筒箫制作工具：镰刀、钻子、锯片、刻刀等。

大筒箫制作程序：

1. 选材。选取一根长约1.1~1.3米，外直径约6厘米、内直径约4.5厘米的水金竹，大体修整后将其架在猛火上烘烤至九成干，然后再放到一个阴凉避风的地方让其自然风干，以避免竹筒开裂，自然风干后的水金竹便是大筒箫的初始材料。

2. 钻孔。等到竹筒完全风干后，就在顶端钻一个长约1.5厘米，宽约2毫米的吹气孔，然后在距最顶端约5厘米的地方刻出一个长约3厘米、宽约1厘米的地方，但实际只有靠上1.5厘米的位置是空的出气孔，再用钻子等工具把竹筒除顶端以外的竹节掏空，再在相应的位置钻上孔，第一个孔距顶端40厘米，其余五个孔依次往下相隔10厘米，最后一个孔离底端约18厘米，但必须注意的是六个孔不能在一条直线上。

3. 修整。钻好孔后，就要对大筒箫进行修整、擦抹等善后处理，之后一个完整的大筒箫就算完成了。

口弦制作工具：镰刀、钻子、锯片、刻刀。

口弦制作程序：

1. 取材。首先要选取一块厚约1毫米的黄铜片，截成7厘米的长1.5厘米宽的矩形，然后再截成长锥形。

2. 刻制。将簧片中间划出一个底长约3毫米、高约3.5厘米的等腰梯形，再用刻刀按照划出的等腰梯形纹路将簧片刻穿。然后用指头轻弹，使簧片沿刻刀的刻痕分裂开。

3. 用锯片将黄铜片上的铜锈刮掉即可。

在滑石板村的苗族中，最为精彩的工艺类非物质文化遗产表现在其服饰文化中。在这方面，很早就引起了人们的注意。我们在曾先生的《苗族民族风情》一文中有这样的文字：

"居住马场乡一带的花苗，女上装为蜡染绣花衣，花色多以红、黄、白三色相间，色彩醒目，对比强烈。衣领和服饰，右开襟；刺绣以平绣和挑花为主，领口、袖口和襟沿均镶花边。胸、背部镶菱形花边。下装有的穿布裤，有的在布裤外又穿各种花纹的蜡染百褶裙，腰系黑色镶边围腰和白布底绣花彩带。在头饰上，少女一般梳辫；妇女则较特殊，内缠真发，外盘假发于前额上方，向后蓬起成大包头，有的还插一把弯梳。耳戴银质圆形耳环。苗族女装的制作费工费时，一套盛装需一年半载方能完成。男装，穿蜡染绣花和罗裙者已为少数；多数外穿右开襟长衫，下穿布裤，腰系白底或黑底绣花彩带，头上为黑色盘状包头。随着时代发展，大多数青年人已改穿时装。

"蜡染为苗族世代相传工艺。我县民族蜡染主要在马场乡滑石板村。蜡染方法，先用蜡绘花于布上，后加染；染后去蜡，则花现，底蓝花白。蜡染花纹，有波浪、菱形、圈点、三角形等及用此图形组成的各种图案。工艺要求做到刀法'点''勾'均匀，'圆''线'流畅，色泽分明。

"蜡画工具主要有蜡刀、画板和化蜡锅。蜡刀由铜匠专门制作，刀刃为红铜制成，刀板用竹制作。蜡刀按刃口宽度分为大、中、小号。大号刀宽约1.5厘米，用以画粗长线条；中号刀宽约1厘米，用以画短线条及锯齿花；小号刀宽约0.5厘米，用以画精细图案。画板用长83厘米，宽50厘米的木板制成。蜡画颜料为黄蜡，用熬蜂蜜剩下的渣汁和白石蜡合制而成。染料是将蓼蓝叶经水浸泡一个月后过滤，加入生石灰浆混合后，再过滤制作成糊状液体，即靛，这就是染色的主要原料。

"挑花是苗族制作服饰采用最多的一种传统工艺。以往多以自织白布和青布为底，现在也用市场的各种颜色布料。根据图案需要，准确计算纺数，统一安排构图。挑刺时，针针压纱，先用深色冷色，后用浅色热色，逐渐明朗，直至各花纹缀满布面，挑花讲究准、齐、严、匀、直、巧，即数纱准、针脚齐、图案严谨、用力均匀、镶边直、配色巧。喜用朱红、玫红、桃红、粉绿、深绿、墨绿、橘黄、姜黄、鹅黄、紫、白等鲜艳花线，所挑图案多种多样，有星宿花、九曲江河花、蝴蝶花、石榴花、凤凰花、狗爪花、金钱花、田螺花、锯齿花……图案多来自苗族人日常生活，构图简单明快，代代沿用，有悠久历史和浓厚文化内涵。如星宿花，含有纪念北斗星在逐鹿之战时为苗族祖先蚩尤指路之意。苗族挑花多用于裙身、带帕、鞋面、围腰、背扇、披背等，而以挑花手法制作的披背，堪称精品。披背由左花幅、右花幅、花领、花三角牌坊四块组成，每一块皆是精美挑花绣品。

“刺绣亦为一项苗族民间传统工艺，有平绣、绉绣、绒绣、嵌布绣、盘线绣等多种手法。撤线分瓣平铺，花瓣错针相连是苗族刺绣的特点。

“挑花刺绣是苗族姑娘那一身漂亮服饰中最引人注目的亮点。她们的衣服、围腰、头帕、裙子、鞋面、背带上都有七彩丝线绣成的各种精美图案。据说一套好的绣服是苗族妇女从懂事以来到结婚用十余年心血完成的，因此说她们特别爱护，除结婚及重大庆典外，平时不轻易穿一次。

“……

“刺绣花纹直线构成的几何形图案，由近二十种基础图案组成各种类菱形、矩形、圆形、台形、三角形等连续花形。制作时可连环穿插，任意组合，变化无穷。常用的基础图案有独脚、鸡冠、火镰、花心、花开、虎爪、弯拐、羊奶、星星、螺蛳、转底、火焰、转角、鸡眼、方田、稗米、鸡爪、三岔等，既用于刺绣，也用于蜡染和纺织。这些高度抽象的几何形图案，大都来源于生活，由实物变形后概括提炼，又以民族审美的需要而变化衍生，代代相传，具有一定的象形表意性，蕴含着一定的纪念与象征意义，是研究苗族历史文化较为珍贵的‘活化石’。

“纺织系苗族又一项古老工艺。边远苗族地区，至今仍有用纺锤纺出火麻和萱麻纱再编出细麻布的工艺。苗族妇女，多用此种麻布制作衣裙。有的还用织机编织花纹图案，称‘提花’，在织机上以纱线作经线，黑白毛线作纬线，按预先设计的图案，决定黑白毛线穿插线路，织出精美图案。”（曾贤湘《苗族民族风情》，《盘州风韵》第 193 页，贵州民族出版社，2007 年）

盘县马场乡苗族织锦

曾贤湘先生的这些描述很精彩，也非常到位，但他可能没有完全理解这些在贵州苗族服饰文化中的意义。在马场乡滑石板村的苗族中，其服饰文化上，蜡染、挑花、刺绣、织锦四种经典性工艺他们都有，而且表现都比较出色，这是在贵州省苗族服饰文化中比较少见的。

这里还有几个非常关键的地方。

一是滑石板苗族的蜡染，这个与贵州西部所有苗族的蜡染一样，在经过了特定的处理之后，一般是不褪色的，而黔东南等地区的苗族、侗族，以及其他民族的蜡染却没有这样的工艺，他们的蜡染褪色很厉害。

二是曾贤湘先生的描述注重了其服饰的美学意义，殊不知其文化意义更重于美学意义。

三是曾贤湘先生说到的织布机上的提花，实际上就是人们所说的“织锦”，但为什么没有被视为“织锦”，这是很奇怪的事情。

在滑石板村，其服饰文化表现是非常突出的，但它的音乐和歌舞也是远近闻名的。

这方面我们分两个部分来叙述，一是音乐；二是歌舞。

其音乐主要是其器乐上的表现。滑石板苗族的乐器主要有芦笙、直箫、大筒箫、口弦等，其芦笙是一般苗族中都有的乐器，不是什么特别的事物，滑石板“大花苗”中的芦笙也没有更为特别的东西。滑石板“大花苗”中的口弦是特定的男女之间爱情游戏的乐器，这在其他苗族和其他民族中也比较多见。滑石板“大花苗”中的乐器最为突出的是直箫和大筒箫，这是滑石板“大花苗”特有的乐器，并且，在20世纪50年代前后，由滑石板“大花苗”中的王连兴，把它发展成为苗族音乐中器乐演奏水平最高一种乐器。

这个乐器在其他苗族支系中也有，但不像滑石板“大花苗”那么看重直箫这件乐器。在滑石板“大花苗”中，我们还能见到这样的关于直箫的传说。

《直箫由来的民间传说》

古老的苗族直箫是怎样传下来的呢?

相传在很古的时候，有一对亲如兄弟的朋友，小宣和小湘。小宣吹得一手好直箫和芦笙，小湘不会。

一天，小湘来到小宣家，小宣的妻子告诉他，小宣突然得急病死了。这突如其来的打击使小湘十分悲痛。为了悼念死去的朋友，小湘带上小宣平日喜爱的直箫和芦笙，备了酒饭，洗脸水，到小宣的坟上祭扫。小湘把供品、箫笙摆好，跪拜亡灵。过了一阵，坟墓发出响声，渐渐摇晃起来；小湘立即躲到树后。突然坟墓一下裂开，只见小宣飘飘逸逸地走了出来，先洗脸，后吃饭，然后拿起心爱的直箫开始吹奏。小湘见此情景惊呆了，情不自禁地跳出来一把抱住朋友小宣，要跟他走。小宣说“我是死了的人走得了，你没死走不了”。小湘紧紧抱着小宣不放，小宣劝阻不住，只得带着他，带上芦笙、直箫一起走了。

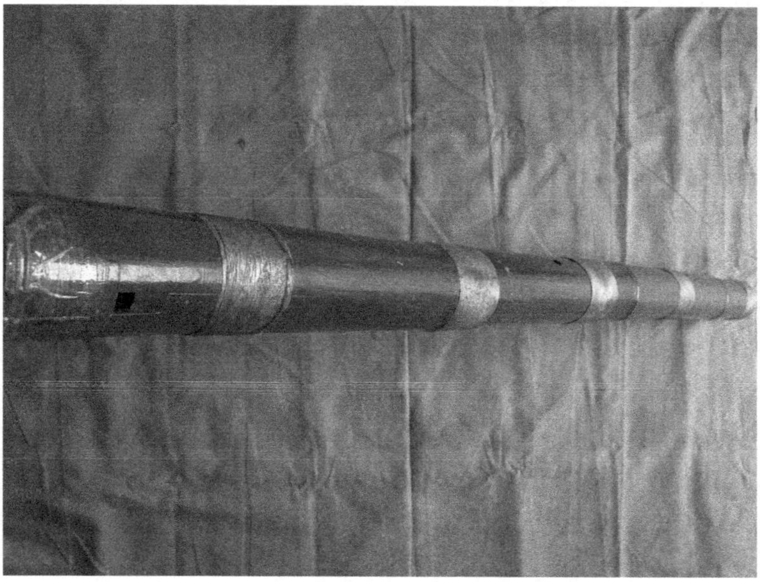

马场乡苗族大筒箫

走在路上口渴了喝田里的水，小湘喝不着。小宣说“你没死喝不着，我代你喝”。于是小宣代小湘喝了三捧。走着走着遇到了虎石山。虎石拦着路，张嘴要吃小湘，小湘吓得哭了。小宣变成一只虎对小湘说：“不要哭，你揪住我的尾巴拉稳，我跳过去。”小湘揪住小宣的尾巴，小宣一用劲，跳过了虎石山。两个朋友你搀我扶往前行，走了一程又遇到了龙石山。张牙舞爪的石龙挡住了去路。如过虎石山那样，小宣又把小湘带过去了。

经过一路艰辛，闯过重重难关，他们终于来到黑松林。小宣砍树盖房。二人在此居住下来。

白天小湘守屋，小宣干活，到了晚上小宣就出去玩。小宣见到长得很漂亮的姑娘，回家对小湘说：“我看到后边山寨有好姑娘，去说来给你做媳妇吧。”次日他们来到这个寨子，小宣吹起随身携带的直箫，那悦耳动听的箫音一会儿宽厚柔美，一会儿明亮欢快。美丽多情的苗家少女纷纷从四面八方围拢过来，小湘见到非常高兴。特别是走在最后的那一位更是婀娜动人。小湘走过去一把拉住姑娘的手，向她表示爱慕之情。然而小湘只是拿着直箫不会吹，无法用箫音向姑娘倾吐心声，姑娘最后遗憾地离他而去。过了些日子，两个朋友再次一同外出。小宣又用悠扬的箫音吸引来翩翩起舞的姑娘们。小湘走过去向他的意中人求爱，又遭到了姑娘的拒绝——因为他仍是手拿直箫却吹不出美妙的音乐，不能用箫音来表达自己的爱情。小湘苦恼极了。他下决心向小宣学习吹箫。小宣为自己亲密朋友的决心而高兴，立即把吹奏直箫的技艺教给他。从此小湘天天起早贪黑地苦练，嘴唇磨破了还不肯歇息。这样苦练一段时间，小湘熟练地掌握了直箫的演奏技巧。

当风和日丽的一天，小湘带着直箫兴高采烈地去找他心爱的姑娘。他那醉人的箫音使姑娘们简直着了迷。踏着欢快的舞步，心爱的姑娘主动来到他的身边，聆听他一首首动人的心曲。姑娘的心醉了……直箫成了他们相爱的见证，离不开的伙伴。他们成亲了。小宣向他们庆贺，为他们祝福。

一天，小宣对小湘说："你有个好妻子，有了美满的家庭，我可以走了。你们好好过日子吧。"小湘依依不舍，小宣却变成一只虎独自走了。

以后，小湘常常吹起小宣教他的直箫曲，寄托他对朋友的思念之情，抒发他对妻子的爱，对美好生活的向往。

后来小湘有了孩子，便向孩子传授吹直箫的技艺，并把直箫做媒才娶了孩子妈妈的故事讲给孩子听。聪明的孩子不多久也学会了吹直箫。过了几年孩子长成了一个勇敢英俊的苗家小伙，直箫吹得更加得心应手，甚至超过了父亲。他的箫音吸引了美丽多情的苗家姑娘……

就这样，苗家直箫一代一代传了下来。

这个故事把这里苗族的直箫音乐与苗族的灵魂形式和世俗生活的意义结合了起来，说明了苗族直箫在日常生活中的重要性。在这种性质的直箫音乐中，王连兴又是一位最为引人注目的民间音乐大师，他把黔西北苗族的直箫音乐，发展到了一个很高的阶段。

对王连兴，在《中国器乐集成·贵州卷》中专门有他的一个小传，引述如后。

《王连兴小传》

王连兴（1925—1992），男，苗族。出生于贵州省盘县马场乡滑石板村。著名苗族直箫音乐家，集创、编、奏于一身，还善吹芦笙、口弦、唢呐，又是民间歌曲的创编、演唱能手。

关于王连兴的身世，我们进行了多次采访和录音，现根据录音摘要整理如下：

> 王连兴说："我老外公住在青山，叫熊玉清，他的箫吹得很好，又会拉二胡、吹唢呐。我三岁的时候，就被寄养在老外公家，我去搞（玩）他的直箫，他叫我不要搞。他说：'我吹箫给你听。'我听了，很喜欢。那时我还小，外公把我抱在他的腿上，手把手地把我的小手蒙（按）在箫眼眼上……当我五六岁时，就开始跟外公学吹直箫，到八九岁就哪样（什么曲子）都会吹了。
>
> "12岁时母亲去世，父亲把我送到了土坪大伯家，到大伯家后，我就出去帮工、卖药、卖艺，到处流浪，主要在贵州省的兴仁、贞丰、关岭、安龙等县，也到过广西的半坡，云南的昆明、文山，最远去过中缅甸边境。
>
> "18岁那年，我又回到大伯家，有一天看到人家去采花（青年男女社交集会）。自己没衣服穿，就在大伯家门口的青石上，又蹲、又睡，想自己的心事，就编了一首歌《没有爹、没有娘》。（说完就唱）
>
> "这个曲子开始叫《智努思嫩，之马纳，之马智》，汉译为《自己讲自己没有爹、没有娘》。

“1979年参加调演，杨正云根据歌词的意思，取了《孤儿》这个名字。”

王连兴所到之处，居住着白苗、小花苗等苗族的不同支系及其他兄弟民族，这里民族民间艺术之花品种繁多，特色各异，真可谓争芳斗艳；聪明好学的王连兴浪迹在这民间艺术的百花园中，得天独厚，他如饥似渴地向当地艺人学习，逐步掌握了百余首苗族、布依族、彝族的歌谣与乐曲，且能把所学融于自己的创作与演奏中，丰富与发展了本民族的音乐文化。比如他创作并吹奏的直箫曲《男拐女》，就是他多方求学并自己乐汇的贵州白苗音调与云南文山的白苗音调融为一体的一首乐曲。

王连兴的艺术活动与民间的民俗活动融为一体，无论是婚、丧、嫁、娶，无处不见王连兴，既要吹直箫，也吹芦笙、唢呐，还唱歌跳舞。每一次礼仪活动，他都自始至终相伴，并相应地吹奏不同活动内容的乐曲，如卷中收入的婚俗活动的一组曲子。他的创编乐曲内容十分广泛，几乎涉及人类生活的方方面面，除各种伴随民俗活动的乐曲外还有反映男女青年的社交、爱情生活的《小飞调》《采花调》《直箫的由来》；也有反映男女青年追求婚姻自由的《男拐女》《女择男》这样的乐曲；反映封建礼教婚姻制度下妇女悲剧生活的“婆婆虐待媳妇”；还有记叙他的流浪生涯《从盘县到云南》以及一些生活抒情小曲如《河水》《竹林》《桃花》《李花》等。

王连兴的直箫，音色甜美，演奏技巧娴熟，其乐曲的器乐化程度较高，极富感染力。我国著名作曲家朱践耳听过王连兴的演奏后，为深邃的情思与质朴的乡土音韵所感动，在其交响音画《黔岭素描》中，以王连兴的生活为原型，以其吹奏的直箫曲为素材，写下了《吹直箫的老人》这一乐章，为乐坛传为佳话。

王连兴的直箫音乐，其旋律风格也多姿多彩，但以《孤儿》为代表的乐曲风格，应视为王连兴直箫音乐的代表性风格特征。王连兴创编的直箫曲，从旋律发展手法上讲，大约可分以下几类：

第一类是在原编创民歌的旋律基础上，(我们把这种段落叫“吹歌”——下同)，插进若干段类似歌曲作品的间奏一样的段落（我们称为“器乐段”），但它与歌曲间奏的本质区别在于，这个“器乐段”不仅篇幅上可与“吹歌”段平衡，且是发挥乐器演奏性能最多彩的、器乐化程度最高的段落，也是情感抒发在“吹歌”意境上的高度升华；事实上，它反而已成为与歌曲同名的器乐曲的核心乐段。以其代表曲目《孤儿》为例，“器乐段”先在以F为宫的一种特殊调式上进行，速度、节奏都很自由，只能以虚小节线大致按气口断句，这一段有很长的两小节。紧接着以上五度调，即以C为宫的，保持着一种特殊的五声调式上“吹歌”(3-8小节)：相对而言，节奏较规整。在采集过程中我们曾做过这样的试验，放着《孤儿》的录音，凡到该唱的地方（即“吹歌”处）都请王连兴跟着唱。试验证明，基本吻合（因为直箫在歌唱的骨干音基础上，稍有加花），接下去的6-12小节又回到特殊F调式的“器乐段”，13-23这10小节便是第二次“吹歌”(即原歌曲的第二段词)，24-25这长长的两小节又是“器乐段”，26-29

是“吹歌”的第三次出现，30-33小节“器乐段”第四次出现，34-37“吹歌”第四次出现，（并结束全曲）。全曲曲式可看成由“器乐段”与“吹歌”段组成的两段体的四次变化重复。

近似风格的乐曲，如《小飞调》。虽然，旋律构成的方式类同《孤儿》，但它反过来，直截了当地从“吹歌”开始，然后仍以上五度旋宫的手法进入“器乐段”，直至结束，明明白白的两段体。有趣的是，最后9小节，却出现了调与调式的再现，这就形成了一种颇为特殊的情况：即在一个两段体的乐曲中，却有着调与调式上三段体（ABA）的安排。类似的曲子还有《女择男》《往事》等。

第二类基本上就是吹原编创的民歌，如《亲爱的朋友》（一）原调四句，苗语的词不容易像汉词那么方整的翻译过来，就是王连兴的大弟子，也是当地汉文化最高、汉话讲得最好的杨正云也翻不成，只能作意译。所以，他们说《亲爱的朋友》（一）只四句词。可观其曲，却怎么也划不出像汉族民歌那样的方方整的四句，不过，叙述性的旋律语气仍显而易见。此类曲子还有《请来的媒人说的》等。

第三类是王连兴在浪迹卖艺生涯中广收博采各地、各族民间音乐素材、融为自己的音乐语言后创编（组装）而成曲，以《男拐女》最为典型。乐曲分两大部分，第一大段，1-19小节（虚小节线）。20小节（即1=108处）是一个转折，从21小节起至结束为第二大段。第一大段又可以一个极富特色的短句“6532　125　612　35”为标志，划分出5个小段落。据王连兴和杨正云介绍，这个《男拐女》叙述的是一对自由相爱的男女青年相约私奔的故事。词义为：男的没媳妇，女的从小由父母亲许配给了别人。他们俩相爱了。男的说，娘老子（方言，即父母亲）不给（即不准他们相爱），我们也没办法。女的说，我们一起跑吧，去到新的地方住下来，门口贴起对子（对联），即使父母许配的那家人看到了，还以为是城里的人，就离去了。因为苗家结婚不贴对子，只有城里人才兴。因此，曲子是欢快、光明的。前一大段音乐是贵州境内，主要是盘县周围苗族（俗称白苗）的调子；而后，节奏较规整的这一大段是云南文山苗族（亦白苗）的音乐。这首曲子，旋律风格、调式特征都不同于第一、第二类乐曲。

第四类以《采花调》为例，它并非来自某一首民歌，但它是根据当地民族音乐的旋律、调式特征，由王连兴自由创编、吹奏而成。它反映的是苗族传统节目的情景。杨正云介绍说：“传说每年的正月初一、初二、初三和十五是我们苗族的最大节日，苗语叫‘欧嫁’。‘欧’汉译为‘庆’，‘嫁’汉译为‘大年’。”

“采花调”反映的就是这样一个民族的民俗节日。此类曲子还有《跳花场》等。另外还有一些生活小曲如《月亮》《河水》等均属此类编曲法。

1949年，中华人民共和国成立后，王连兴多次参加盘县、六盘水市以及省里的民间文艺调演，受到了各级文艺部门的表扬与鼓励。（张中笑撰稿）

这个稿件是我省著名的民族音乐研究专家张中笑所写，其中不乏赞誉之词。并且还在“小传”的后面留下了一段深情的“附言”。

从20世纪80年代起，贵州的民族音乐工作者们，对王连兴的直箫音乐进行了采录。除采录他的直箫乐曲之外，还涉及他的身世，比较重要的乐曲的创作、演奏背景及经过；在他晚年生活贫困，病魔缠身的时候，贵州省群众艺术馆还派出办公室主任寿天舒与张中笑及盘县文化馆的李代玉等到王连兴家，对他进行慰问，并送去了慰问品，同时对他进行采录。张中笑还向盘县文化局、民委以及盘县所在的六盘水市民委阐述了王连兴直箫音乐艺术的社会学、人类学价值以及抢救王连兴，送他到省城治病的必要性。后得到这些部门的支持、出资，由王连兴的儿子王有芳，大徒弟杨正云护送到贵阳医学院治疗月余。这一个多月中，在王连兴治疗的间隙，便是这个小组对王连兴的直箫音乐艺术进行难以数计次数抢救采录的最后岁月。当王连兴告别贵阳返回家乡时，把他最珍贵的、也是一生中最后的一支直箫，赠送给了张中笑（现存编辑部），以作永远的纪念。

苗族直箫音乐的一代宗师王连兴，带着他的直箫音乐走了，没有留下一个，哪怕就只是一个能及师傅的弟子。

这是一个永远的，历史的遗憾。

这些也一起成为盘县苗族非物质文化遗产的一个组成部分。

对于王连兴的直箫音乐艺术，在《中国器乐集成·贵州卷》也有专门的评价，引述如下。

《苗族箫类乐曲》

直箫分为“小箫筒”（苗语称“奖”）和“大筒箫”（苗语称“奖不都”）。主要流行于贵州省六盘水市和毕节地区的苗族地区。

直箫由通节竹管制成。小箫筒长800—1150毫米，上端插入一节切有斜口的木塞使削去处与管内壁之间形成进气道，木塞下方20毫米处开一方形发音孔，管身正面设六个按孔。气流从气道经发音孔边棱激发气柱发音，音色明亮圆润。大筒箫长1250毫米，箫身粗壮，六个按孔不在一条直线上，演奏时置于地，最下面两音孔用脚拇趾按，（据王连兴的大徒弟杨正寅介绍，无论是“小箫筒”还是“大筒箫”，其形体大小实无定制，视制作构料的大小而定。以上所说尺寸，只是当时见到的乐器。）其声音低沉浑厚。

直箫与当地人民生活息息相关。反映男女青年爱情生活的直箫曲占有相当大的比重。无论从“直箫的由来”传说中，还是现实生活中，都反映出直箫与爱情生活有密不可分的关系。直箫吹得如何成了青年人聪明才智的体现，姑娘择偶的条件，直箫成了苗族青年男女爱情生活的媒介和信物。

六盘水一带苗族民间婚礼非常隆重，礼仪复杂而多彩。在送亲、接亲、三天后新娘回门拜会父母的整个礼仪过程中，直箫一直相伴，吹奏相应的《接亲曲》《敬亲调》《过街调》《夜曲》《劝妈妈调》《离娘调》等等。

在该地苗族一年一度盛大的“采花节”（采花节是以青年男女社交、娱乐为主要内容的，以吹笙、吹直箫、唱歌、跳舞为活动形式的民俗节日）中，直箫演奏与芦笙乐舞是节日跳花坡活动的主要节目，吸引着四面八方欢乐的人群，编织着人们的社交娱乐活动画卷。

另外，还有不少反映人们社会生活其他方面的直箫曲。如反映旧时比较普遍的婆媳关系的社会现象《婆婆虐待媳妇》，反映往昔苗族少年悲苦生活及其对理想追求的《孤儿》，等等。

直箫曲与贵州其他民间箫笛乐相比，在乐曲内容、演奏技巧和乐曲编创等方面，其器乐化程度最高。综观多姿多彩的直箫曲旋律，大致可归纳为如下几种：

（1）吟诵性（叙述性）曲调

这类乐曲的原型，多从民歌移植过来，线条多为级进，平稳而贴近语言，朴实无华。根据语言声调而产生的典型乐句中“3”音的反复出现很有特色，它赋予旋律暗淡而忧伤的色彩。如《婆婆虐待媳妇》《孤儿》等代表性曲目中的叙述片段。

（2）抒情性曲调

这类曲调主要在于内心情感的抒发，乐曲情感细腻，旋律秀丽优美。如抒发青年人对家乡、对生活、对爱情的赞美与追求之情的《小飞调》及舒缓、柔美的《夜曲》，以及其《孤儿》中的器乐化段落等。

（3）舞蹈性曲调

多见于表现青年男女社交与爱情生活的乐曲。如《跳花场》《采花》《女择男》《男拐女》等等。这类曲子音调高亢，音域宽广，多富于舞蹈性，欢快、明亮而热烈。

直箫曲短小者结构单一，由一个主题乐句多次变化重复连缀而一气呵成，玲珑剔透。长大者多为对比性结构，可有二部、三部曲式或较复杂的变奏等。

……

直箫曲多以旋律的加花或对比的手法（节拍节奏、调式调性、音区等的变化对比）抒发情感，赋予乐曲较丰富的内涵，也体现了直箫曲创作与演奏上较高的器乐化发展水平。

贵州直箫音乐代表人物是盘县马场乡滑石板村的已故著名苗族民间音乐家王连兴。

堪称苗族直箫音乐一代宗师的王连兴，吹奏的几十首乐曲中，最具典型意义和特色的，也是确立其音乐之典型调思维模式的乐曲当数他创作、演奏的《孤儿》。这首乐曲是王连兴孩童时代清苦、贫困生活的写照，原词三段。据他介绍，7 岁前父母相继去世，他被寄养在外祖父家，一边做小长工，一边随外祖父学吹直箫。在一个明月秋夜，他一个人坐在门前的青石板上，想到自己寄人篱下的悲惨生活，随即编唱了一首叫《没有爹、没有娘》的歌，倾吐自己苦涩的心声；后来直箫学成，便在这首《没有爹、没有娘》歌曲的一头一尾及段落间加进了一些炫技性、高度器乐化了的精彩旋律段落，组成了一首后来被王连兴的大徒弟杨正寅根据词意取名叫《孤儿》的乐曲，那些加进的器乐化段落事实上成了《孤儿》的精华。其巧妙之处在于，这些器乐化的段落在与原歌曲的旋律（且叫“本体段落”）的交替进行中，调性、调式也随之变化。可谓“乐随意走，调随乐变”。

可视为前奏的前两句，总体上是在F宫上运行，但是每句内又含F宫与上五度一种特殊C宫的交错融合，继而以徵降角音这个特殊的C宫转入“本体段落”，直叙乐曲/原型歌曲《没有爹、没有娘》之词意；当然这里省去了歌词，是以乐代歌了。同时，又可看出这种特殊C宫调式，完全是语言声调所使然，很有特色。接着是可以看作三句的间插段落，再回到F宫上运行，且仍以F宫与特殊C宫的交错手法再现。当本体段第二次出现时，由于第二间插段末尾的C宫进入F宫，一种五度旋宫的色彩，仍有新鲜感。当音乐进入第三次间插段，再回到F宫时，曲调在F宫（一句）与特殊C宫（一句）的交融进行中，既熟悉亲切，又别致新颖。本体乐段第三次出现时（也可视为歌词的第三段），仍是那个徵降角特殊的C宫调式。最后七小节，可视为本曲的结束部，不仅旋律音调再现了前述之两种性格、两种风格的特点，即使调性调式的进行，也如前述之两种模式的再现，使这最后七小节具有了“总结”全曲的意义。总之，这是一首典型的以C为徵（F为宫）和C为宫的1 2 3 5 6特殊调式组合而成的乐曲。这种旋律进行手法和调式结构的样式，成为王连兴直箫曲最主要的特色。

又如《婆婆虐待媳妇》这样由若干短句一气呵成的单乐段曲子，其调式则是建立在一种特殊的四声音列角调式上的（音列为3 5 6 1），也较有特色。

另外，也有的曲子如《直箫的由来》，则侧重强调旋律的走向及特色，调性调式都比较模糊的现象。主体段曲调十分强调“2 3”的七度进行，似乎在渲染角调式的色彩；全曲起音在“2”长音上，终止又稳定地停在“5”长音上，又好像在强调商徵综合调式的调式支架。这首由引子+主体乐段+间奏+主体乐段+尾奏五个部分构成的乐曲，可以看作徵商综合调式与角羽综合调式的交替进行。

总之，在贵州的民族民间器乐曲中，以王连兴的直箫曲为代表的直箫音乐，在旋律、调式特色方面，特别是在器乐化程度方面较为突出，占据除芦笙音乐外最有特色的、最显眼的地位。

从上文不难看出，盘县滑石板村“大花苗”直箫音乐在贵州省苗族中的地位。现今，盘县滑石板村“大花苗”直箫音乐在本地已经有了一定的传人，但距离王连兴时代的高度却比较远。

在盘县滑石板村“大花苗”中，芦笙演奏和歌舞都有一定的表现。

这些都与盘县滑石板村“大花苗”的节日民俗——采花节有关，可以说“采花节”是盘县滑石板村“大花苗”音乐歌舞的一个平台。这个节日民俗文化我们后述。

在盘县滑石板村“大花苗”中，也有一些民间传说故事，但这不是最为引人注目。

在盘县滑石板村“大花苗”中，习俗中的婚俗已经有了较大的变化，但是基本的传统婚姻礼俗还在。

《马场乡苗族婚姻礼俗调查》

时　间：2008年1月23日

地　点：马场村岩脚

讲述人：李兴仁，男，苗族，67岁

采录者：罗盛海、徐明燕、党伟

马场乡苗族婚姻礼俗有着悠久的历史，但由于时代的改变，20世纪80年代以来已渐失传。现今按照苗家传统婚俗结婚的现象几乎没有了。

如果某家男子喜欢上某家的女子，男方家就会请两个媒人到自己家中，用一个仔鸡看卦。杀仔鸡的方式很独特，一般是媒人提着鸡绕灶三圈，然后面对堂屋中的家神用当地苗语念道："往天没有路，仔鸡在仔鸡，往天没有礼，仔鸡在仔鸡。今天有礼，拿仔鸡来宰起。不图仔鸡的肉吃，不图仔鸡的汤喝，只图仔鸡的鸡骨和鸡卦。鸡舌弯弯像麻丝，讲得媳妇转回家，鸡舌弯弯像杵皮，汉族先生会看（文书），苗族先生不会看，看鸡骨和鸡卦；汉族先生会看，苗族先生不会看，看鸡卦和鸡肝。"在此过程中，媒人将鸡捏死，念完后，主人家将鸡煮熟分食，若鸡骨发黑，鸡卦不好，则重新杀鸡，直到鸡卦为双数，鸡骨发亮为止。

当鸡卦算好后，两个媒人便准备出发去女方家提亲。出门之前，要求婚的男子要向媒人磕三个响头，意为拜托媒人一定要将女方讲成。

媒人一般是在晚间出发，其中一人背上一把倒立的红伞，一个边走边吹着一支名叫"梗香"（当地苗语音译）的芦笙曲子往女方所在的村寨行进。当走到女方家门前的时候，女方家便会召集一些人在门前拦住并关上大门，这时男方的媒人就会站在大门口开始唱歌，歌词大意是："一对媒人在九天路程，爹娘那一边，打马去迎亲，一对媒人在八天路程，爹娘那一边，打起骡子去请得媒人到家，一桌酒肉媒人也吃得，一桌酒肉媒人也喝得，布伞也得背，晌午也得背，一对媒人来，来到爹娘这一边，不看见什么，看见一笼藤，窜有九股，九股走九边，有一股撑得好，撑到爹娘大门口。龙门是龙门，龙门是船竹门。开到父母这一边，给一对媒人得落脚。"若女方家同意，则马上开门，若不同意，男方媒人还会在第二天晚上继续来唱，直至第三天唱完为止，如再不同意，男方媒人只得放弃，另寻人家。

如果女方家觉得有商量余地，媒人进门后，挂伞时还唱，大意是："进门看见一个铁匠，铁匠师傅打得好，打得一把好斧子，爹娘这一边，请得一个好木匠，巧木匠又来起房子，起得一幢好房子，九柱落脚，八柱落地，大梁配小梁，爹娘合得好。爹娘这一边，这里就是媒人的挂伞处，大梁扣小梁，小梁扣得好，此处就是媒人挂芦笙处。"开通的父母就招呼媒人坐下来，热水给媒人洗脚，并唱道："冷水要人挑，热水要人烧，负累父母这一边，打一盆洗脚水，媒人洗了得安身。"

第二天早上，媒人给女方家说："有米多做几升，有菜多篾几抱，我们要去请亲戚来到；有菜多篾几抱，有米多做几升，我们要去请亲戚庆亲。"之后就带着叶子烟到女方舅家等所有亲戚家去通知他们到女方家聚合，去到亲戚家时给亲友散发叶子烟，并在亲戚家堂屋中唱道："老龙在老龙，太阳晒老龙，老龙抵不住，老龙要下水，今天喜酒要连累舅爷家；老龙在老龙，太阳晒老龙，老龙抵不住，老龙要下汤，今天喜酒要到舅爷家。”（这一段到每一个亲戚家都可以唱，只要将对亲戚的称呼改一下即可。）

通知完所有亲戚后，媒人即转回女方家。

媒人回到女方家中后，又唱：“犁地的犁要滑利，开地的犁要滑开，犁地犁了三犁红泥土，栽烟采得烟来烤；犁地的犁要滑利，开地的犁要滑开，犁地犁了三犁黑泥土，栽烟采得烟来裹。”“赶得亲戚来很多，装不起亲戚一皮黄叶烟，赶得亲戚一大堆，装不起亲戚一批青叶烟。多承又负累，给爹娘这一边商量又去问，商量又商量，要给媒人金花一朵，银花一皮，媒人拿戴在头顶，越戴越亮，插在系腰上，越插它越亮，媒人两个要转回身，给双方父母安心又安身，媒人两个要回脚，要给双方父母安心又安乐。”

唱完后，女方家便会请媒人吃饭，在席间，如果女方舅、姑等亲戚向媒人酒杯中放入花瓣、瓜子、木棒等东西，则表明女方家已答应这门亲事，反之则证明说媒不成。女方同意后，男方家媒人便要向女方家长辈磕头，感谢他们愿意将女儿下嫁到男方家。

“桌子是龙桌，龙桌有四块方，四个媒人站四方，龙桌是龙桌，龙桌有四支脚，四个媒人站四角。斟酒斟酒时一对媒人来斟酒，斟酒斟酒要斟满碗，给我两个媒人站在那边又好站，站在那边好行礼；斟酒斟酒时一对媒人来斟酒，斟酒斟酒要斟满斤，给我两个媒人站在那边又好站，站在那边也安心。”

唱毕，跑媒和坐媒四人开始讨论礼金（抚养费），一般是折小棒表示，一根小棒代表 1000 元，四个媒人可以根据各自情况酌定。当礼金谈好后，跑媒便要返回男方家，这时媒人背上背的伞就会是正立的，以向男方家表示女方答应了，做媒成功。

之后男方家就必须赶一头猪到女方家宰杀，请女方家的亲戚家门吃饭，订婚，确定结婚日子。礼金一般在结婚前两天才送到女方家，送亲客一般为单对，以五对、七对或九对为宜。

打理银子，订婚结束后，男方家就要在堂屋中间摆上三张长桌，请媒人和自家的亲朋好友来作证。席间的位置一般是媒人坐上席，并且大家必须先喝三盅酒后才能说话，一般是媒人首先提出来拉牛出来看。男方家就必须把准备好的牛牵出来给亲朋好友看，看完后男方家就拿着哨鞭将牛往女方家赶，在赶牛之前一般要将牛脚包起来，以防牛脚在行走中受伤。

当得知男方家将牛往女方家赶时，女方家也要把自家最亲的人都聚拢来，和男方家一样，在堂屋中间摆上三张桌子，等着男方家牵牛过来。男方家的牛赶到女方家时，就将牛交给女方兄长，男方家随身带来的伞业会被女方家的某直系小辈收起来。女方家就请跑媒坐上席，坐媒在侧旁陪坐。在座的人也是每人先喝三盅酒，坐媒就首先提出来将牛拉出来看，这时男方就得给女方爷爷奶奶“看孙费”，给女方兄长“验收费”，给媒人劳心费，给背酒的小伙子“劳心费”，给哨鞭费等，但哨鞭费女方家一般不收，而是退回给男方家。吃饭过后，男方就用一个红包（一般是 1.2 元钱）

从女方家收伞的小孩子手中把伞赎回来。之后男方就要返回，其间，跑媒必须在女方家堂屋中面对女方家神，坐媒则面对大门外，都喝两盅酒后，跑媒就从左向右转出门，门口会有与跑媒异性的女方家的邻居或亲戚拿着黑灰抹跑媒的脸，并说道“给你一块脸”，以表示感谢媒人以及给媒人面子。媒人就会带着黑脸自豪地赶回男方家，向众人表示做媒成功，凯旋到家，直到男方家让家人看好后，媒人才能也才会洗掉脸上的黑灰。

结婚时一般都是三天，第一天是送礼的亲朋好友在主人家吃一天，第二天就是送亲客，第三天就只剩下隔壁邻居帮忙的人吃饭了。在这三天之中，只要是吃鸡肉时一般都是男人吃鸡头，女人吃鸡翘，意为“龙头凤尾”，并且在鸡头或鸡翘上面还会插一些像花之类的小东西，以示娱乐喜庆。当送亲客返回家时，如果有带小孩的妇女，主人家还应该给其小孩在回家路上的一些晌午费。

我们知道，婚姻习俗的变化会直接影响一个民族服饰文化的变化。

在盘县滑石板村“大花苗”中，婚姻礼俗变化不少，但其丧祭习俗却得到比较完整的保存。它的存在也深刻地影响盘县滑石板村“大花苗”其他文化的演绎。

《马场乡苗族丧葬习俗调查》

1. 洗身、剃头、穿衣、含钱。在死者落气前后，死者家属必须为死者洗身、剃头、穿衣和含钱。其中洗身在死者落气前后均可，就是将死者全身清洗干净。剃头必须在落气前，男的剃光，女的则只将头部前额剃光后留下后脑上的头发编好绾在头上，剃下的头发一般是放在一个避风避雨的阴凉处。无论男女，只要落气，头发就不能再剃。当地苗家的逝世老人所穿的衣服和阳间穿的衣服必须相反，即死者穿上衣时为左衽，裤子反穿，穿鞋子也反穿等。在死者落气时，一般要烧落气钱，如果暂时没有也可以不烧。死后要在死者口中放入银子（今已改成纸币），直到死者入棺前才将银子（纸币）从其口中取出。如果死者死时肢体不直，则必须用绳子将其不直部分固定，使其与身体平行。

2. 背鼓。死者家属一般在死者去世后，就要到李兴仁家借夫妻鼓中的雄鼓（20世纪90年代以来滑石板村则使用本村的公共鼓）。借鼓者必须带上一瓶酒，然后用新围腰将鼓包上带走。背鼓者走到三岔路口时要击鼓三回，每回三下，以通知寨邻家中老人已过世。将鼓背到家时，挂在堂屋前堂右侧，中柱以下。

3. 砍竹。死者家属在死者去世后要请“子花给”（苗语，汉译为“先生”）上山砍四根水金竹。砍竹子时不能一根一根的挑选，第一眼看中哪根就砍哪根；若有三根并排的，一般得砍中间的而不砍两边的。这四根竹子有一根用来做卦、虎伞、龙伞（音译），虎伞用来堵住老虎的嘴，龙伞就用来堵住老龙的嘴巴，以免它们在阴间路上吓到死者。剩下的三根竹子用来做趁新（音译），每一个趁新上挂三把“花吃”（音译）做的长约15厘米的木剑，用来驱逐恶鬼恶神。

4. 上路。一切准备工作就绪后，“子花给”先用苗语念一段长约一个半小时的话语，大体意思包含以下内容：先点死者的名字，然后讲述其父母从谈情说爱开始，到结婚生子，死者出世，怎样生活，经过哪些地方，遇到过什么困难，遭遇过哪些恶神恶鬼，并嘱咐死者天晴要躲在什么地方，下雨要躲在什么地方，遇到豺狼怎么做……死者要吃苦水后才能达到天堂，最终遇到玉皇大帝。上天必须经过九道楼梯，才能遇到家族中已故的先人，而必须经过一道门，嘱咐其一定要给把门将军说好话，然后才能上天随苗家的老祖人去。

5. 丧事是当地苗家比较看重的大事，为了让丧事办得井井有条以及全家安康，主人家还必须请“子花给”丢卦定“子白吐”（音译，意为男管事）、“那白吐”（音译，意为女管事）、“子竹楞”（音译，意为买马给死者骑的人或为死者牵马的人）、“子哈扣”（音译，意为打草鞋给死者穿的人）。

6. 入棺。首先要拿一对公鸡、一只羊、一头猪给死者，由“子花给”打卦，如为顺卦，则表示死者已接受了这些东西，于是便将猪、羊、鸡杀掉。之后就要将死者抬进棺木，抬死者入棺者必须都是死者的亲人，棺木中一般不放东西，若棺木太大，或用白纸垫着，或在底部或两侧装灰，避免尸体晃动。死者的女儿、儿子、儿媳在死者入棺前不能哭，入棺后才能哭。

7. 设灵堂。灵堂设在堂屋之中，棺材顺梁柱摆放，即为横放，头朝堂屋右侧。大儿子身上背弩，手拿一把尖刀或宝剑，表示驱除神鬼，赶走老虎，让死者好过路；寨邻扛着“趁新”，吹响牛角，先从房子左边转三圈，再从右边转三圈才可进屋。进屋后，死者的大儿子把尖刀和弩摆放在棺材下面。像这样在房子周围转圈每天早晚各一次，直到第三天上祭。

8. 上祭。吃过早饭后，死者家属就请“子花给”通过仪式把一只羊、一头猪交给死者，然后就把猪羊杀了招待客人。上祭者必须为死者的亲家、老表家、姑爹家、舅舅家、侄女家、姑娘、孙女等亲朋好友。前来上祭者要请芦笙师、鼓师、歌师各一名，背一斗或五升玉米，若是死者为女性，还要带纸扎的轿子，若是男性则带纸马，每一家都是如此。上祭者到来时，死者的儿媳妇要前往迎接，儿子则必须跪在棺材旁，其他子孙面向大门磕头，直到上祭者将其扶起，他们才能再转过来对着棺材磕头。前来上祭者要倒酒给“子花给”“那白吐”“子白吐”，一共三杯，“子花给”将上祭者带来的物品交给死者，此时“子花给”要拿子母卦来占卜，若是卦象为一正一反顺卦，则表示死者已经接受了这些物品。

9. 敬酒。到了晚上，孝子要在堂屋中、面向大门向来上祭的亲戚敬酒，敬酒结束后才开始摆酒。

10. 摆酒。打牛的人家（若死者为女性，舅舅家打牛，若死者为男性，则由姑妈家打牛）摆在第一个位置。所摆的酒席与棺材垂直并排列在棺材的头尾两端，即以棺材两端为端点竖排在堂屋中。之后打牛的人家就要请“子花给”“那白吐”“子白吐”“子竹楞”“子哈扣”六人去喝酒，但喝酒之前也得算卦，出现顺卦才能向死者敬酒，之后就先把第一杯倒入死者的聚宝瓶，第二杯才能喝。

11. 数堂屋。摆酒完后，主人家所请的鼓师就开始数堂屋里所有的东西，芦笙师也就开始跳着芦笙舞吹唱“梗地庞”，边吹边跟着数。等最后数到鼓的时候就开始唱歌，唱歌以“梗纠洽”鼓曲收尾。主人家的鼓师、芦笙师数完后，打牛的那一家的鼓师和芦笙师就接着数一遍。数完后其他前来上祭的亲戚家的鼓师、芦笙师又接着数，直至数到天亮为止。

12. 转场。天亮后，棺材就要抬出堂屋，停放在附近比较宽敞和平坦的空地上转场。主人家一般都是预先请人在那里搭建一个用杉木做把，用苞谷草、细树棒做盖的伞形“公略”（汉译为灵房），同时摆放在堂屋中的鼓也随其背到“公略”下面挂起来。之后死者大儿子背上刀和弩，儿媳点火把，姑娘背衣服，鼓师背鼓，芦笙师吹芦笙，其他人分别吹牛角，扛趁新，拉牛，抬棺材（棺材后面有亲戚家门中的妇女跟着哭）依次走向“公略”。棺材靠近“公略”时，就要抬着棺材先从左绕“公略”转三圈，再从右绕“公略”转三圈，之后才能将棺材抬入伞形“公略”下面。

13. 打牛。“子花给”先算卦，直至出现顺卦，“子花给”就命人打开棺材盖，把拴着牛的牛绳一端塞到死者手中，之后“子花给”就要给打牛者倒一杯酒。打牛者就接过酒杯拿起斧头到人群中有打牛经验的人（其实一般是预约好了的）面前敬上酒，递上斧头，请其为自家打牛。打牛人接过斧头后，就向死者跪磕三个响头，以示向死者赔礼道歉。之后死者大儿子就端来一升苞谷、一个鸡蛋、一把弓、三支箭、一把菜刀或尖刀等物品用具，用尖刀逆向刮牛毛三次，每一次都要扯下一撮牛毛放在苞谷上，然后用弓向牛背的东、南方各射一箭，打牛者就正式开始打牛。打牛时一人拉牛，一人用斧子捶击牛的脑门，直到将牛打晕，“子白吐”就请打牛的人喝酒。同时，将鼓放在棺材的右侧，在棺材的两侧放鸟的模型（据说是两只燕子），东西各一只，表示送信看开井。

14. 将牛打晕后就要当场杀牛，之后芦笙师和鼓师就请四至八个人去要牛肉，一般要三次，要得后交给“子花给”供奉死者，剩余的有二人芦笙师和鼓师收下，然后用踢鼓舞曲的最后一段“梗纠洽”收尾。

15. 招魂。“子花给”念歌招魂，就是呼喊死者，叫死者保护好活人的灵魂、寨邻、五谷、六畜等。

16. 送上山。送死者上山的时间大约为下午三四点，孝子向所有来帮忙的亲朋和寨邻磕头致谢，死者女婿向寨邻敬酒，有几个女婿就要背几坛酒上山。行进顺序一般是大儿子背着弩，拿着尖刀走在最前，儿媳点火把，女儿背衣服，芦笙师吹芦笙，鼓师击鼓等依次排列，最后是人们抬着棺材走在后面。

17. 开井。首先要买地，用三截两头都是削尖的竹子，一个装水，一个装酒，一个装饭菜，插成一排。孝子绕地转三圈，表明此地已被自己的亲人使用，其他人不能用。接着就是扫井，“子花给”手拿三根刺草（即茅草），在坑中扫三次，表示将前来的这些人的灵魂、五谷、六畜扫出来不被死者带走，接着将棺木放入井中，“子花给”站在棺上用苗语念一段话，抓三把泥土撒在棺材上，意为盖上死者的眼睛，让其死得瞑目，走的安心。然后死者的儿子和女婿便将土填埋好，“子花给”给死者定好时间，第一天早上送饭到坟地，第二天送到三岔路口，第三天在家做好饭，再给死者敬酒，最后把捆棺绳、芦笙、衣服、锄头、簸箕等拿回家，第三天再去理坟，也叫“复三”，用石块从泥土周围垒起来，垒好后在坟头上面栽一把刺草，草越长得好越说明死者的子孙越兴旺发达。若是刺草死掉，则只需重新栽一丛即可。

18. 招灵。在死者去世后一个月即可举办招魂仪式，有的人家由于子女在外工作，也可以延长时间，但是每一家有老人去世都必须要招灵，因为在苗家人看来，若人死后不给他招灵，他的灵魂便会留在人间不会离去。

首先，主人家要请“子花给”上山砍金竹。在砍竹的时候，“子花给”一眼看到哪根就必须砍哪根，不可以一根一根慢慢地挑选，若是三根并排的竹子，则只砍中间那根，边上的不要砍。把砍来的竹子削开，绕成一个三脚架，绷在一个簸箕上，用死者生前所穿戴的上衣和头帕包裹在上面，“构弯”（苗语音译）就宣告制成。

招灵这一天，主人家要先杀一只开叫的公鸡做“开路鸡”，这只鸡在死者去世那天就买好，若在招灵仪式举行前死掉，只需重新买一只即可，但主人家不能吃这只鸡，只能分给前来参加招灵仪式的亲朋和寨邻们。

招灵仪式开始后，死者的儿媳点燃一把稻草引路，若儿媳不在身边，就请一位女性代替；芦笙师吹响芦笙，其他人跟随其后直到焚烧死者衣服的三岔路口为死者招魂。此时，死者的同辈将竹子做成的子母卦丢在簸箕中，一正一反为顺卦，两正为阳卦、两反为阴卦。之后，将煮好的鸡肉分给大家食用。然后将簸箕抬回家。

到家后，鼓师就开始打鼓，众人先把簸箕抬到死者以前的床铺的位置，吹一段芦笙，再抬到堂屋正中央，再继续吹四段芦笙，结束后，就到吃中午饭的时候了。吃饭之前要先供饭，由“子花给”打卦，念一段长约一个半小时的苗语经文，意为招魂话语。念完后就先供酒，再供饭，一般供饭用鸡头、鸡肝等好的东西。吃好饭后，大家就喝酒划拳，直到下午再继续。

下午仪式开始，首先要给死者把人的灵魂要回来，先从主人家要起，一个人一个人的开始念，再念寨上所有亲朋、打鼓人、吹芦笙的、“子花给”（念经者）、子供（唱孝歌者）、五谷、六畜，然后请“子花给”丢卦，同辈人将簸箕抬出，送到三岔路口。待放好簸箕后，子供就开始哭，芦笙师也开始吹奏芦笙，人们把碗里装的饭菜倒在地上，把酒洒在地上供死者食用，然后将簸箕中的三个糍粑分给六个人，分别是：男女管事、唱孝歌者、念经者、芦笙师、鼓师，每人半个。之后人们就在路旁站成两排，由一个人往他们中间丢簸箕，簸箕要丢三次，丢到谁的面前谁就用脚踩住，然后丢簸箕的人就和他喝酒，喝酒时他们会先行礼，双方先向左侧蹲一下，再往右侧蹲一下，最后再面对面蹲一下。若簸箕为反，则表示死者的灵魂已经离开人间，若是正的就是表明他还没有走，丢簸箕的人就倒一杯酒，表示陪他玩耍。

后面大家划拳喝酒玩一会后，再放一两串鞭炮，晚上回到主人家吃过晚饭后整个丧葬仪式就算完成了。

在盘县滑石板村“大花苗”中，节日文化中的“采花节”是其节日文化中最为重要的组成部分。

《马场乡滑石板苗族“采花节”调查》

时　间：2008年1月23日

地　点：马场村岩脚

讲述人：李兴仁、王友光

采录者：罗盛海、徐明燕、党伟

盘县特区马场乡滑石板村是当地苗族举行采花节活动的村寨，是盘县大花苗支系聚居比较集中的村寨。滑石板村距离县城45公里，该村东侧山腰有一山洞，洞口北向，为半圆拱形，拱形跨度约14米，高约3米，洞深60余米，洞内钟乳石发育完整，奇形怪状，无奇不有。

每年正月初一到十五，邻村邻镇邻县的数千苗胞（主要是大花苗支系）聚集于此，一起唱情歌，吹芦笙、直箫，边吹边歌，歌舞相伴，人头攒动，场面相当恢宏。不少男女青年还会以这种方式谈情说爱，寻求对象，故名“采花洞”。

生活在盘县马场乡滑石板村的苗族同胞，在农历正月初一、初二、初三、十五过“采花节”的传统习俗，每逢农历正月初一至初三都要举行大型的民族民间活动——“采花节”，这是苗族同胞的传统节日。

据介绍，滑石板村苗族同胞很早以前过“采花节”的地点并非此地，最早是在马场乡滑石板村箐丫口的一座山上，称为“采花山”。但被当地的恶霸地主发现后曾经行多次破坏，捣毁了他们的场地并且不让他们在那里过节。于是当地苗族同胞们便把场地迁到了滑石板村大水井的一块坪子地，但最终却仍然逃不过恶霸地主的魔掌，一直不得安安心心地过节。最后，苗族同胞找到了滑石板村的这个山洞，取名“采花洞”。“采花节”场地迁到了采花洞后，苗族同胞们从此得到了安宁。于是每年农历正月初一至初三、十五苗族同胞们便在这里过“采花节”，“采花山”也变成了“采花洞”。

农历正月初一，苗族同胞们便会从四面八方聚集到“采花洞”，老人们背着包袱、带着干粮，青年男女穿着美丽的盛装，来到“采花洞”，开始准备着过节的一切事宜，享受着过节的美好时光。

正月初一这天，苗族同胞们聚众在洞口立一棵树，树枝上挂满五颜六色的花(不能有白色的花)，称为“采花树”，它象征着吉祥如意，意为能给人们带来好运。此树是苗族同胞的许愿树，因而先前立此树是由一家没有子女的人家出资，原因是如果他家立了此树，在过“采花节”这天对着“采花树”许下希望能生得一男半女的愿望，便能够实现自己的愿望。据当地的人们说这种方式是很灵验的，于是每年都会有一家人出资来立此树，这大概就是当地很多当前没有子女的人家乐此不疲的原因，每当“采花节”这天，人们便纷纷来到树前许下自己的愿望。采花树立好后，节日活动算是拉开了序幕。

正月初二是正式过节的日子，是最热闹的一天，苗族老人们三三两两围坐在山坡上或洞内拉家常、吃酒，听着悦耳的歌声，观看青年男女跳芦笙舞。穿着盛装满面喜悦的苗族青年们则围在“采花树”的周围跳起欢乐的芦笙舞。小伙子双手捧着自制的芦笙，吹着粗犷、奔放的芦笙调，姑娘们手拈自绣的精美的绣灵角，迈着轻盈的舞步，跟着小伙子们跳芦笙舞。采花节是姑娘们展示手艺，小伙子们展示才华的时候，姑娘、小伙子们的精彩表演常常得到人们的称赞。在跳芦笙舞的过程中，小伙子们和姑娘们会在众多的青年中挑先自己的意中人，当小伙子看中姑娘后，他就会主动到姑娘身边，用芦笙调子传递着对姑娘的爱慕之情，如果姑娘也中意就会给这位小伙子的芦笙上挂上自己的绣灵角，然后随着这位小伙子的芦笙调袅袅地跳起芦笙舞。此时小伙子也会送一件礼物给姑娘，表示定情信物。

每年的农历正月初一、初二、初三、十五，滑石板村的苗族同胞都会聚集到“采花洞”吃酒，唱歌，跳芦笙舞，吹口弦等，同时也是来许下自己的愿望，希望明天会更好！

现在每当到了过“采花节”的日子，不仅是苗族同胞，还有汉族、彝族等各族同胞都会来“采花洞”，与苗族同胞共同欢度这一传统节日。

以上是对盘县“大花苗”非物质文化遗产的描述，这是岛状的小聚居民族文化表现的一个典型。

在盘县，处于小聚居状态的还有被外界称为“白苗”的苗族，但由于种种原因，我们没有对他们进行调查，但我们在水城的类似调查中，却对“白苗”有一定的调查，这个调查也能反映盘县“白苗”的一些文化情况，因为他们都是一个族群文化的表现。

我们对水城陡箐乡“白苗”人的调查是在2007年11月30日进行的，产生了以下的调查报告，“白苗”是这支苗族的自称和他称。

《水城县陡箐乡蜂子岩村“白苗”文化调查报告》

时间：2007年11月30日

地点：蜂子岩村

讲述人：熊正科（男，83岁）

调查人：吴秋林、郎丽娜、刘婷婷

熊正科苗族老名叫“由色”，其父亲的老名叫“由班”，老人儿子的老名叫“由娄”。

熊正科说他们这支苗族是明洪武年间来的，叫“穿族”。原来他们是从河南来的，叫河南苗。是先到的四川的龙川营，也就是龙姓。

他们这支苗族的根由在四川省，后来搬到镇雄，从镇雄搬到记绕岩头上，又搬到松林坡，又搬到帕恰的毛石窝，最后搬到蜂子岩这地方，搬到蜂子岩已经有200多年了。

搬到蜂子岩还有一个经历，说这个叫蜂子岩的地方是因为这里有一堵数百米高的悬崖绝壁，其上有许多野蜂，所以叫蜂子岩。这个地方最早是纳雍彝族（可能不是彝族）沙家的地方。他们的祖先看到这块地方不错，又听说蜂子岩下面的地方也是沙家的地方，只要了八担租子（粮食）就给了一群现称为“小花苗”的人们耕种（这个地方现在叫“夹岩”，仍然是“小花苗”在这里居住）。于是就找到沙家的人说要住在这块地方，最后沙家只要了他们四担租子。这里的耕种条件是不如崖下的“夹岩”，但僻静。

熊正科说他们这种民族祖先原来是“无名号”的，只有老名，这个老名要在结婚生了长子（一说长女也行）之后才取的名字。取名字时，要请一桌客，把村里家族中的有名望的人请来做见证人，以后大家就会叫他的老名，在他去世后指路归祖也就叫的是老名。在未取老前，这人会有一个小名。

一、白苗人婚礼

称为“白苗”的这支苗族婚礼是这样的。

在以前，男女的婚姻70%~80%都是父母包办，即由老人做主去请媒人说亲，两家老人说定了这门婚姻就算定下来了。这当中去说亲有一定礼数，但当时熊正科老人并没有详细介绍这方面的情况。

待这门亲事的日子定下来，男方家就要去接亲了，接亲的人应该是单数。送亲的人不管多少。

新娘出门前，要在堂屋里拜见父母。之后由哥哥、弟弟背出门，如果没有亲哥亲弟，堂哥堂弟也行，背出门就自己走了。走时新娘不能转脸看家人，否则不吉利。

新娘在路上会有一个伴娘，到了男方家又会有六个女伴。

新娘来时，一般会打着一把伞。这把伞很讲究，在到了男方家时，要用伞尖平平对着大门收起来，并且要好好保存这把伞，意思是使儿女将来有个“躲荫凉”的去处。

男方家这时会在门外摆三张桌子接亲。第一张接的是媒人，第二张接的是新娘家的送亲人，第三张接的是帮忙的人。

把新娘接进家来后，一般是先吃饭，吃了饭后就是认亲的仪式。

仪式是在堂屋里放上一张桌子，新娘坐在堂屋的正中，其头要正对屋子的中梁柱的中间位置，手对两边中柱，意思是新娘将来作为家里的顶梁柱。新娘的旁边有伴娘和男方家的六个女伴相陪。认亲首先是认爹妈，随后是男方家的一应亲戚。

晚上就是拜见来参加婚礼的客人了，招待客人的食物一般有果子、核桃、板栗、酒等等。众人就围着火唱酒令歌。

三天之后，新娘就要回门了。回门时，男方家要用一根棍子穿上一块肉，放到一个背篓里，叫新娘的兄弟背着跑出门，这边男方会大叫，背起跑了，背起跑了，并做追赶状，新娘的兄弟要跑，但不能跌到，否则不吉利。

回门时，两个媒人回去，新娘家的一应人等也回去，男方家的人也跟着去，目的是把新娘又接回来。到了新娘家，男方家要通过唱苗歌的方式把送过来的用木棍穿起来的那块肉赢回来。

把新娘重新接回来后，新娘就要在堂屋里扫三下地，都是往门外扫，这样，就代表新娘要在这里“当家”了。

待小孩出生后，若是男孩就会抱一只公鸡，若是女孩就会抱一只草鸡（母鸡）去新娘家报信。然后就是取老名。

二、白苗人葬礼

在白苗人的老人成神（当地人的说法，即去世）时，其棺木是顺着中梁停放的，并且是棺木的头分男左女右。

装棺时，最好穿上原来的麻布衣服，脚上一定要穿上草鞋，要不然走不了去会合祖先的路。

老人去世一般要打一头老牛。如果去世的是男性老人，就需要大伯、小叔家的人来打，如果去世的是女性老人，就要外家的人来打。打的时候要做一个仪式。仪式是在外面放一张桌子，上面放一个水碗，水碗上搭有一个十字形的木架。桌子上还有一把斧头，一把尖刀，并且桌子上还有一个杀好洗干净的约二三十斤重的小猪。

为什么要打牛？是为了给死去的人指路，还有一个故事，说原来的指路是鬼师念经来指路的，但有一回，鬼师念经时半途有别的事把经书放起来，回来后不见了经书，只见牛在那里动嘴巴，知道是老牛吃了经书。鬼师要老牛赔他的经书，老牛说，吃都吃了，如何赔，你就把我杀了，用我的皮蒙成鼓来敲打，就可以知道死者要走的路了。

摆桌子唱的就是这个歌。

摆好这一切就唱歌，讲述各种事物的根由，把打牛的事通过仪式交代给打牛者，以及为什么要打牛，等等，最后打牛者交1.2元钱给主人家，主人家就拿一件孝衣给打牛者。

打牛时一般要用九棵或者说十一棵竹子搭一个嘎房，把要打的牛拉来围着嘎房正转三圈，反转三圈。由孝子拉着转。

打牛时要吹芦笙，不定谱数。

打牛白苗人用锤，一般一锤就倒，如果一锤不倒不能补，只能硬拉倒牛来放血了。

打牛后是指路，这里的白苗人已经没有鬼师了，只有寨上的老人来为亡者指路。

指路时一般要问死者的“衣胞地势”（意思是这个死者的根源，即死者从哪里来的，是哪里的人等等），以便为其指路。一般指路都会先把死者的灵魂指到一块大石头上，因为所有的死者都会来这里歇息，并吃晌午（中途吃饭加餐休息）。吃完了又会上路，一般又会是来到一个有三条路的路口，这是指路的终点，指清楚走哪条路，指路一般就完毕了。这三条路上那一条路上马脚印多，是客家人灵魂走的路，白苗人去不得，去了找不到自己的祖先。下面的这条路是彝家人灵魂走的路，也有许多马脚印，也去不得，只有中间这条路是白苗人家灵魂走的路，因为这条路上没有马的脚印，只有草鞋脚印，从这条路去就可以与祖先会合了。

丧事一般是三天，三天后就要把老人抬上山了。上山时要滚簸箕，簸箕滚来盖起就吉利。

做丧事有做九天和十三天的，做长了就要杀猪等，杀猪时也要到嘎房里去转，程序和打牛一样。

用土埋了棺木，土堆上要栽上一丛茅草，如果茅草发得好，说明一家人就顺利。后来也就在年节时到坟上看看，不一定要如汉族一样挂清。

“白苗”人也有自己的服饰，在刺绣上有一定程度的表现，其服饰文化在其中仍然存在。

“白苗”人的文化表现与盘县地区的“白苗”人应该基本相同，因为盘县“白苗”人在地域分布上与水城“白苗”人分布基本上是在一个区域的。

第四节　盘县苗族非物质文化遗产分析研究

盘县苗族大致由三个部分组成，一是“喇叭苗”；二是“大花苗”；三是“白苗”。以“喇叭苗”的人口最多，并且在文化上有成片的分布，但“大花苗”的文化特色最为显著，是岛状文化中“小聚居”文化的典型范例。“白苗”人也保存和发展了自己的民族文化，但在特色上没有“大花苗”那么鲜明。

我们叙述和研究盘县苗族的非物质文化遗产，要分为三个部分来论述：一是“喇叭苗”非物质文化遗产；二是“大花苗”非物质文化遗产；三是“白苗”非物质文化遗产。

一、“喇叭苗”非物质文化遗产

“喇叭苗”非物质文化遗产首先受其族群性质的影响。这支称为“喇叭苗”的苗族，与所有进入贵州的其他苗族的性质不同。黔东南地区的苗族、黔东地区的苗族，以及黔西北地区的苗族，他们不管是如何迁徙到贵州来的，都是以战败者的身份进入贵州的，是以弱势文化群体的身份进入的。但“喇叭苗”却不是这样，他们在明代进入贵州，实际上是以征服者的身份进入的。他们的祖先可能是地地道道的湖南苗族，但他们的群体进入贵州，实际上是明代屯军的一个组成部分，只不过他们负责的战争对象是比较偏远的“补纳山”的反抗者。

历史上，“喇叭苗”曾经作为明军的一个部分，与汉族为主的军队长期为伍，自然也深受其文化影响，在现今，我们为什么在其妇女服饰的形制和服色上可以看到与安顺“屯堡人”一致的东西，原因就在于此。但是，这些来自湖南的苗族人，在其他的文化上也保持了自己的特色，并没有完全与“屯堡人”等同和融合。实际上，在取得战争胜利之后，这些湖南的苗族在战争地住了下来，与当地的地理环境因素和民族文化因素发生了文化和血缘的融合。经过这样的整合，才呈现了我们今天所见的“喇叭苗”文化。

在这几百年中，“喇叭苗”的文化身份实际上一直处于不确定的状态中。在外界，人们以其某一种作战用具的特色称其为“榔笆人”，但他们却自称为“湖广人”。在当地人中，人们以为他们是明军的一部分，视其为汉族人，而他们也在一定程度上认同于这个称呼，也在很长一段时间里视自己为汉族人，但他们自己的文化特质又包含了太多的来自湖南苗族的东西，最后也没有成为如“屯堡人”一样的“老汉人”。再加上与他们的战败者“红苗仡佬”族群的血缘融合后，使他们的文化身份就更为复杂化。

20世纪50年代，“喇叭苗”的民族识别是汉族，但他们又得不到“老汉人”的认可，并不是真正的汉族。所以，20世纪80年代，最后识别为苗族，并成为贵州苗族的一个组成部分。在他称和自称的双重作用下，“喇叭苗”具有了特定的意义，一方面它是这支苗族区别于贵州其他苗族支系的一个称呼，另一方面也是其族源文化的一个认定。

“喇叭苗”是湖南苗族原裔，融合了“红苗仡佬”等其他民族血缘，并在湖南苗族文化、汉族文化、“红苗仡佬”文化，以及地域文化诸因素整合下成为新的文化共同体。这个文化共同体的产生年代约在500年以前，在那个时代，今天我们称为“喇叭苗”的新的文化共同体就已经基本成形。

在这个称为“喇叭苗”的文化共同体中，存在着三个不同来源的文化，一是湖南苗族文化，二是汉族文化，三是所谓的“红苗仡佬”文化。在这三种文化中，汉族文化与“红苗仡佬”文化最为重要，而湖南苗族文化在很早的时间里已经基本与汉族文化融为一体了，也就是说，这里的汉族文化，也在一定程度上包含了湖南苗族文化。

我们所说的“喇叭苗”的汉族文化，在“喇叭苗”非物质文化遗产中，主要反映在其丧祭仪式和婚姻礼仪，以及相关的习俗中。

在“喇叭苗”的丧俗礼仪和婚姻礼仪中，本来是其非物质文化遗产的重要方面，但这样的夹杂着民族习俗的汉族文化表现，在汉族等民族中有大量的表现，所以，这样的非物质文化遗产在这里就只有着一般意义上的平台呈现了。

我们所说的“喇叭苗”中的“红苗仡佬”文化，这个文化源头对于“喇叭苗”非物质遗产的意义非凡。

在“喇叭苗”口传史述中，“喇叭苗”人并不忌讳说他们“喇叭苗”人是他们与被剿灭的“红苗仡佬”妇女的后代。这个血缘融合的方式是符合古代战争惯例的，但是，这种融合不仅是血缘的融合，实际上也是文化的融合。如果我们把文化分析为男性文化和女性文化，那么“喇叭苗”的男性文化是湖南汉族的，而女性文化则是“红苗仡佬”的。这也非常符合现今“喇叭苗”的文化现实。问题是，这个“红苗仡佬”的女性文化是什么？它的基本性质是什么？她给“喇叭苗”带来了什么样的文化？

“红苗仡佬”这个称呼似乎带有两个族性，苗族和仡佬族。这个在500多年前被明军剿灭的族群是苗族？还是仡佬族？或者是两者的结合？这里可以呈现出三种观点，但我以为是仡佬族，这可能是仡佬族人在贵州本土的最后一次民族战争了。我们以为是仡佬族的理由有：黔东南的苗族不可能在这里举事，黔西北的苗族一是不可能举行这样的战争，举行了也不可能没有彝族的参与，因为在黔西北，苗族基本上是彝族人的属民。而这一带处于彝族势力的边缘，也是黔中地区仡佬族人势力范围的边缘，故而，“红苗仡佬”很可能就是贵州仡佬族。

如果这样的推论成立，称为“红苗仡佬”的仡佬族中的女性文化这一部分，就自然参与了“喇叭苗”人文化的整合，并在后来成其为文化的一个重要组成部分。

这也给“喇叭苗”文化带来一个民族学和文化人类学上的特定意义，即“喇叭苗”的文化中包含了贵州仡佬族一些原生态的文化，如服饰文化，我们在贵州已经很难找到仡佬族妇女的服饰，而我以为，“喇叭苗”妇女的某些服饰是可以作为参照物来理解的。

这个组成部分包含了什么呢？我们以为包含了部分服饰文化，部分歌舞文化，部分的语言文化，还有部分的婚姻礼仪文化，等等。

这样一来，独特的妇女头饰，绚丽多彩的刺绣，就构成了“喇叭苗”非物质遗产非常重要的一个组成部分。

这也是“喇叭苗”非物质文化遗产中最为重要的部分。

在“喇叭苗”的刺绣中，图案并不是很多，而且图案形式在贵州省十数万“喇叭苗”中基本一致，图色也基本一致。其色彩上比较倾向于桃红，花瓣为基本图式，刺绣一般都用堆绣，有较高的浮雕感，但总体上的图式单纯，变化少。这样的刺绣在贵州省的民族刺绣中我们还看不到与其类似的表现，所以非常独特。

这些刺绣多见于妇女衣服、背扇、女鞋上，但其中背扇的图案变化最小。

二、“大花苗”非物质文化遗产

“大花苗”非物质文化遗产是盘县苗族中最为丰富多彩的，表现在以下几个方面：一是音乐艺术类的非物质文化遗产；二是服饰技艺类的非物质文化遗产；三是歌舞节日类的非物质文化遗产。

“大花苗”基本完整的丧祭文化为芦笙音乐文化提供了一个平台，加上一般习俗文化，“大花苗”在音乐艺术类非物质文化遗产表现最为突出。“大花苗”的音乐文化主要表现在其器乐上，这里又分几个组成部分，一是它的芦笙乐；二是它的直箫乐。它的芦笙乐主要显现在其丧祭和“跳花节”上，是比较传统的表现。芦笙的表现直接与其传统文化中的信仰文化相关，既是神器的表现，也是乐器的表现，既传达深刻的文化信息，也有娱乐和审美的表现。但是，其芦笙这一乐器表现虽然比较突出，但在贵州西部苗族的芦笙中，它就不是最突出的了。“大花苗”在器乐上最突出、最引人注目的是其直箫器乐。这个器乐的主要社会功能我们在其相关的传说中看得很清楚，是“大花苗”青年男女爱情交往的器乐，是“大花苗”青年男女传达感情的信物。只有直箫中的美妙音符，才是“大花苗”的真情的声音。

这种直箫在贵州西部其他苗族支系中也有，但唯有“大花苗”中的直箫最具有特色。这其中的主要原因应该是“大花苗”直箫音乐大师王连兴的出现，而王连兴的直箫音乐之所以成为贵州西部苗族直箫音乐的代表，又因为王连兴把一件带有灵性爱情的乐器演奏，发展成为表现苗族人生活情感方方面面的审美世俗化的乐器演奏。也就是说，这个乐器原来是“大花苗”青年男女特定的“爱情器乐”，而王连兴把它发展为“大花苗”世俗审美的“生活乐器”，大大拓展了其音乐的表现空间和影响力，使直箫从狭小的表现空间中跳了出来，成为“大花苗”最具有代表性的乐器。

这些，在王连兴的直箫乐曲我们可以很深刻地体会到。

在“大花苗”的直箫音乐中，其主体是直箫，但现今在外形上和演奏形式上最引人注目的是其“大箫筒”，但这只是“大花苗”直箫音乐的一个组成部分，而不是一个独立的器乐构成。

在“大花苗”的器乐艺术中，还有口弦演奏，这也是其器乐的一个组成部分。但这种乐器在贵州省的许多民族中都有表现，它也就是一个组成部分而已。

随着这些音乐的出现，其乐器的制作也是其非物质文化遗产的一个组成部分，但这已经不属于音乐艺术类别，而是非物质文化遗产中的工艺类表现了。这种工艺在“大花苗”中也是重要的，在一定程度上构建了“大花苗”的传统工艺和知识。

在“大花苗”中，最有影响力的非物质文化遗产当数音乐类，其直箫器乐艺术就是这种影响力的主要构成。因为这是独一无二的、独具一格的，芦笙、口弦等其他器乐艺术，我们在其他苗族支系中还可以看到和听到，但直箫却永远属于“大花苗”的，属于盘县马场乡滑石板村“大花苗”的。

服饰技艺类的非物质文化遗产是“大花苗”历史文化背景最为厚重，蕴涵最为丰富，技艺水平最高，但并没有得到应有的重视和研究的非物质文化遗产。

在前面的文字中，曾先生的文字中对此有许多的赞美之词，但他是从一个美术工作者审美的角度而来的词汇，是一种很好的解读，但这只是“大花苗”服饰文化艺术的一个组成部分，它更为重要的是，“大花苗”服饰的图案中的深厚的文化观念蕴涵、历史文化的蕴涵。虽然历史久远，但这是我们理解和研究苗族文化和历史的一片天地，而这方面我们是重视不够的，它美的外形是大家都看得见的，但美的外形里面的文化却是更为重要的。因为苗族有把“把历史写在衣服上”的习俗，而“大花苗”的服饰文化也不例外，也许它们的包含更为独特。

除了其服饰中的文化意义外，“大花苗”的服饰在技艺上表现也是十分突出的。首先是它的蜡染，“大花苗”的蜡染也与其他的苗族蜡染一样，有一个独特的现象，即基本上不褪色。而这个独特的工艺水平的意义却很少有人注意，实际上是我们原始蓝靛染色工艺的一个了不起的进步。在黔东南等地，苗族、侗族的原始蓝靛染色一直没有实现不褪色的愿望，成为此地传统染色工艺的一大遗憾，但这个问题在贵州西部的苗族中早就解决了。“大花苗”的原始蓝靛染色就是这样的一个代表。

在“大花苗”的刺绣上表现也是丰富多彩的，这在曾先生的描述中早就注意到了，也许十余年做出来的衣服不一定在工艺水平上是最好的，但所包含的内容应该是最丰厚的。并且，这个世间长度也是绝无仅有的，它至少说明“大花苗”妇女在服饰技艺上的投入是惊人的。有这样投入的民族服饰，其在工艺水平上的表现应该是不言而喻的。她们的服饰不仅有挑花、刺绣，还有织锦，而且这里的织锦技艺表现是最难的一种——图案织锦，即按照图案的需要，在织机上织出所需要的图案来。我们在田野中看到，她们的织锦很细致，初一看我们以为是刺绣，但一问才知道是织绣的。在某种程度上，“大花苗”妇女把织花和绣花融合起来，这是一个非常独特的表现。

在“大花苗”中，不管是蜡染中的画蜡图案，还是挑花、刺绣和织锦中的图案，基本上都是相同的。

在贵州少数民族服饰文化中，有的族群擅长刺绣，有的擅长挑花，有的擅长蜡染，有的擅长织锦，而在“大花苗”中，四者皆有，而且技艺都不错，这应该是一个少有的表现。因为长期以来，这里实际上是一个“岛状文化”，他们在实现迁徙之后，就把这种服饰上的传统技艺带了来，顽强地保存在“岛状文化”里，这不能不是一个奇迹。这也说明，这四种苗族的传统服饰技艺其状态是比较原始的，这对于我们研究苗族的服饰工艺文化是很有意义的。

歌舞节日类的非物质文化遗产在“大花苗”中也是一个重要的组成部分。在一个文化共同体处于某一种“岛状文化”分布时，它会激发出一定的新的文化机能，帮助他们实现文化与血缘的交流，跳花节中的花场等，就是这样的文化事象。“大花苗”中的跳花节、跳花洞等等，也是这样的事物。如果说他们的丧祭等是神性的仪式和聚会，而跳花节就是他们世俗的聚会，前面的聚会是一个平台，可以展示很多的文化事象，后面的聚会也是一个平台，同样也可以展示很多的文化事象。

每年的春节，“大花苗”这一族群的青年男女就会聚集在某一特定的地方，在坡上称为“花坡”，在洞里就称为“花洞”，“大花苗”有称为“花坡”的时候，也有称为“花洞”的时候，不管是“花坡”还是“花洞”，性质都是一样的。在这样的采花节中，它最重要的功能是吸引外地的同一族群的青年男女，为本地的青年男女提供一个特定的场域，以利于族群文化和血缘的交流。马场乡滑石板村是一个典型的小聚居村落，周围并没有自己的族群共同体，故每年的采花节对他们来说是最为重要的。只有这样的机能出现，才能在一定程度上打破地域上的隔断，不同的小聚居状态的同一族群的人们才有机会聚会在一起，实现以上的两种交流。

在这个特定的场域中，血缘交流的基本形式是他们的婚姻，这也构成了他们婚姻礼仪的一个组成部分。但在这一场域中，文化的交流也是其重要的部分，音乐歌舞在这样的场域中往往是主角。“大花苗”的歌舞多数是在这样的环境中出现的。在“大花苗”的采花节中，其歌舞由两个部分组成，一是仪式性的歌舞，这是既定的，每年都要有这样的内容，以表述花场的特定意义。二是不既定的歌舞，即多数由个体或小群体表演的歌舞，它们的目的不是仪式，而是个人的情感叙说。“大花苗”歌舞多数就出现在这样的情景中，而采花节的非物质文化遗产的意义也就在这里。

“大花苗”非物质文化遗产主要由以上三个方面组成，它在盘县的苗族的非物质文化遗产中分量很重，也是盘县非物质文化遗产中最有特色的部分。

三、“白苗”非物质文化遗产

在“白苗”非物质文化遗产中，可以圈点的东西是比较少的，可能在其服饰文化上有一定的表现，因为服饰仍然是这一族群的标志，但更多的服饰文化意义可能就不多了。当然，这可能与我们没有展开全面的调查有关，不过，以水城“白苗”的情况来表述盘县的“白苗”非物质文化遗产状态，也是有一定理由的，因为此地的“白苗”在地域上是一片的，而且其迁徙的族源方向也是一致的。

第十章 盘县羊场布依族文化描述与研究

杨春艳

盘县布依族的分布应该不仅是羊场乡一带，他们在盘县的其他地方也有分布，但羊场一带的布依族却是盘县布依族的主要代表性群体，所以，我们这里所说的盘县羊场布依族，在一定程度上代表了盘县布依族的文化情况。在六盘水市的布依族，主要是沿北盘江两岸分布，有多种表现，羊场的布依族就是这种分布的一种表现。在北盘江两岸，有水城湾子布依族，有水城花嘎布依族，有水城猴场布依族，有六枝拢脚布依族，有六枝毛口布依族，等等，他们都有自己不同的文化表现……盘县羊场布依族与六枝毛口布依族在文化表现上最为接近，但由于受到羊场地区彝族文化的影响，又表现了自己独有的特色。

第一节 盘县羊场布依族文化概述

一、羊场布依族居住区域和分布

1. 羊场乡基本情况

羊场乡位于盘县东北部，群山林立，纵横交错，距盘县城关镇 42 千米，距盘县政府所在地红果 72 千米，总面积 136 平方公里，东与普安县窝沿乡隔河相望，西与淤泥乡接壤，北与保基乡相依，南与旧营乡相邻。水盘东线、英柏公路在境内交叉而过，现辖 16 个行政村，235 个村民组，149 个自然村寨，居住着布依族、白族、苗族、彝族等民族 10475 户，36406 人。其中少数民族人口 15924 人，占总人口的 43.74%，布依族人口有 4024 人，境内少数民族民间文化悠久而丰富，古朴典雅的民族风情，丰富多彩的民间艺术，隆重热烈的民族传统节日独具魅力，2001 年 8 月，羊场乡举办的布依族歌节，向外界友人展示了羊场布依族民族文化风情。

2. 羊场布依族居住区域和分布

在羊场境内居住着布依族、白族、苗族，他们交错杂居，各族人民和睦相处、团结友爱。总体上来说，布依族在境内分布呈大杂居、小聚居的状态，在赶场坡村化家庄、赶场坡村坪地组和张家寨村罗潘组这些村寨布依族分布相对集中，因此我们的个案调查也集中在这些村寨展开，据调查的结果显示，这些村寨的文化事象基本就能概括整个羊场的布依族文化事象，这些选点的调查资料同时也表明了其布依族文化的丰富性和完整性。笔者认为，把羊场归类为布依族文化区域，也正是因为其文化事象保留相对完好与丰富，能作为盘县布依族文化的代表。

二、羊场布依族丧祭和婚俗概况

1. 一个文化共同体文化的运行的核心是其信仰文化，而信仰文化又是通过一系列祭祀性质的仪式组成的，这在布依族的文化运行中也不例外。像贵州省大多数少数民族的信仰文化表现一样，布依族的信仰文化也主要是表现在其丧祭文化中，即他们通过丧葬仪式来表现自己的信仰文化。

羊场布依族的丧葬祭祀最精彩的部分是其“转场”仪式活动。其中的“转场”又分两种形式，一种是家庭经济情况宽裕，在老人一去世时就办“转场”仪式的，称为“办热丧”，反之，家庭经济情况一时周转不过来，要等到老人过世几年后才办“转场”仪式的，称为“办冷丧”。在调查中得知，就是在现今人们的经济状况下，人们大多还是为亡人办冷丧的多。基于此，以下丧葬过程的描述是按照办冷丧的程序而言。

在老人去世之前，女儿和儿媳妇都会为老人准备好老衣，数量至少有三套，如果只有一位老人去世，那么穿的老衣就必须是单数，若是两位老人都已经去世，那么后去世的老人所穿老衣数就必须为双数。这里有穿老衣数量的讲究。

老人去世后，就得严格遵照一系列的礼仪程序了。

(1) 放地炮，通知寨邻和死者的女儿家来赶丧。(2) 按照天干地支结合死者的生辰八字，算出适合装棺的时辰，把死者装入棺材中。(3) 按照天干地支结合死者的生辰八字，算出适合下葬的时间，在家停棺数日不等。(4) 一两年后，等家庭经济宽裕的时候，选择适合给亡人办“转场”的时间，给亡人办冷丧，也即“转场”。(5)“转场”第一天有以下程序：请师、云歹（布依语）、改邦（布依语）、第墓考（布依语）、仲师（布依语）、董周（布依语）、祖朝（布依语）。“转场”第二天有以下程序：堂祭、祖朝、达卫（布依语）、第墓容益（布依语）、改邦建邦、容检（布依语，意为背主人家），祭薨、很邦欢（布依语）、祭揆（布依语）、祖埃（布依语意思是供早饭）、土歹（布依语），这个仪式由4个人来主持，送亡人从天门去，就不要让其亡灵再回来，同时在场的人要说些让人害羞的话，使亡灵听到后就不要再回来。第墓考（布依语）、肖笃斑（布依语）：这个时候要盖瓦且念咒语，意思关上天门。脱考（布依语）：先生用一升米、三杯酒、三炷香、纸钱及瘦肉汤，放在簸箕里面，将簸箕放于屋口，意思通过做这场法事，从现在开始可以吃荤。改外夹（布依语）：法事结束后，将灵房掀倒。建朗（布依语）：先生要用一升米且口中念咒语，帮在场的所有人及牲畜的魂喊回。(6) 送各种纸火到亡者的坟上。整个丧葬仪式结束。

羊场布依族这些丧葬仪式至今仍然是活形态的事物，受到周边民族的影响，与当地彝族丧葬仪式有相似之处。

2. 恩格斯在《家庭、私有制和国家的起源》一书中提出了“两种生产理论”，即“根据唯物主义观点，历史中的决定性因素，归根结底是直接生活的生产和再生产。但是，生产本身又有两种。一方面是生活资料即食物、衣服、住房以及为此所必需的工具的生产；另一方面是人自身的生产，即种的繁衍。”羊场布依族婚俗最终目的也即围绕着种族的繁衍，生发了一系列的文化和习俗，使其日常生活变得与众不同和丰富多彩。与其他各民族青年缔结婚姻一样，羊场布依族传统婚俗也要经过一些特定的程序。(1)相识，通过对歌的形式相识。(2)相互送定情物，继续发展恋爱关系。(3)男方家请两位媒人去女方家谈亲事。(4)亲事定下后，男方家会选好日子，去女方家向族人宣布亲事，称为“定聘酒”。(5)男方家去女方家“发八字”，即取得女方的生辰八字。(6)男方家选一个好日子，通知女方家，某月某日将派人来进行“合衣裁帐”。(7)办喜酒。(8)新娘在夫家住上三天后，于第四天早上回娘家，称为“回门”。这是婚俗的过程，但据调查者的讲述，在当地也有传统布依族的婚俗——不落夫家的习俗，即吃完回门酒后新郎就回到自己家，而新娘则留在娘家生活，其间逢年过节或农忙时，新娘会回到夫家过节、帮忙，直到新娘怀孕后，男方派人将媳妇接回家，过完年后，就将常住在夫家，一般情况下不再回娘家常住。

婚俗和丧俗是羊场布依族习俗文化的主要构成部分，但在他们日常生活中，还有一系列的其他习俗文化存在，如一般礼俗、节日民俗等等，但其婚俗和丧俗应该是其习俗的主体。

三、盘县羊场布依族艺术文化概况

羊场布依族盘歌是其艺术文化中璀璨的明珠。婚丧习俗中，处处都可见由盘歌主导形成的浓烈的文化氛围。青年相恋由盘歌而起，是歌场上展现身手和吸引异性的展示方式；婚礼中的盘歌师展示男女双方各方面实力的代表，盘歌问得好了，会“奚落”来娶亲的人，盘歌对得好了，会减少在屋外“受罪”的惩罚；丧礼中用盘歌的形式歌唱亡人的生平，那如歌如泣的声调，怎不能打动人?！在调查结束之际，调查组还搜集到当地布依族人用汉字记音的方式流传下来的70余首盘歌资料，有这样整理爱护盘歌的民间艺人，羊场布依族盘歌必定会唱响他们的美好生活。

在羊场布依族人民当中，流传并演绎着许多舞蹈，织布舞、绣花包舞、转场舞、海马舞或是源于日常生活，或是从祭祀仪式中演化而来，构成了羊场丰富多彩的艺术文化。

此外，在羊场布依族中，还流传着很多富有哲理的民间故事和传说。《滴水岩的故事》《铜鼓的故事》《插花田的故事》向人们揭示了诚信的重要，向人们展示了封建时代下追求自主婚姻的凄美爱情故事。

第二节　盘县羊场布依族丧祭文化

一、调查和两个丧祭个案

在对羊场布依族进行非物质文化遗产调查的时候，总有一个问题困扰着调查组的成员，是对各非物质文化遗产名录进行直截了当的调查，还是需要对其文化事象生长的环境做一个全面深入的了解，以便在说明非物质文化遗产名录的时候，不仅知道遗产名录是什么，还让人知道其为什么会生发成如此的文化事象。在这样的想法促动下，调查其婚丧习俗就变得必不可少。在一个民族的各种文化事象中，丧葬仪式是最不容易随着外界环境的改变而改变的，如果一个民族连这片民族文化的“保留地”也受到侵蚀的话，那很有可能这个民族的灵魂也就走到了没落的尽头，这样的民族就根本谈不上是一个有自己特色的民族，而只是一个有躯壳而没有灵魂的民族了，这样变得面目全非的民族文化景象，还会有人来认同吗？答案是否定的。于是就有了以下两个个案的描述。

个案一

讲述人：罗照恒（男，72岁，布依族，未读过书，务农，中共党员。其在本族中有较高的威望，懂得布依族的婚丧嫁娶的规矩和礼节，常成为本寨和邻近村寨家办丧葬中的主管，为主事家操办一切大小事务。）

采访地点：盘县羊场乡赶场坡村化家庄

时间：2008年1月21日　天气：阴

采录人：杨春艳、马秋晨、徐玉挺、余朝政、姜兆龙

布依族丧葬习俗中有打牛的习俗，对此有一个传说。古时候，在布依村寨中，老人将要去世的时候，儿女会将其杀死，把老人的肉分给全寨的人吃，他们认为老人没有劳动能力，只能成为家庭的负担，但村寨中的一个男子，不忍心将父亲的肉分给其他人，又不愿意打破寨中的规矩，在父亲死后，将父亲的尸体装入棺材，请先生来超度，并下葬，之后用牛肝和猪肝来换别人的礼，这样的习俗从那时就改变过来，一直流传到现在，因此现在就要宰牛来换老人的礼。随后又改为行孝，也产生了祭礼。

老人落气时，家中要由女儿和儿媳妇准备好老衣，数量至少三套，如果只有一位老人去世，那么穿的老衣就必须是单数，假如是两位老人都已经去世，那么后去世的老人所穿老衣数就必须为双数，根据家庭经济状况，办丧事可分为热办和冷办。不管丧事热办还是冷办，“转场”是必不可少的。“转场”的日子要根据最后死亡的老人的生辰八字来确定。在“转场”时所用的幡杆树是有讲究的，同辈人不能共用一棵幡杆树，长辈和小辈可共用一棵幡杆树，但男女亡人必须分开，幡杆树要预先选好，去砍时要带上糯米饭、酒、刀头肉、香蜡纸烛，用这些东西来祭树，将树砍倒后，树要从根部往顶部

剔枝条，避免打断树尖，把幡杆树拿回后，孝子和孝女要请人吹着唢呐去路上接。在砍幡杆树的同时，还要让一些人去扯茅草，并带上糯米饭、酒，这种茅草要生长在平时人们和牲畜不能到的地方，先生念经并用找来的茅草做好茅草人，用茅草人到寨口去招灵，招灵回来后先生就去接幡杆树，在招灵的过程中要打铜鼓，惊动南天门，让老人的灵魂从南天门升天。

栽幡杆树有讲究，幡杆树上的“耳朵”是根据亡人的生辰八字确定的，幡杆树的位置大体上是男左女右，栽好幡杆树后先生就开始做法事。

在“转场”的第一天晚上，大马郎家要请两个人来服侍先生，第二天早上，大马郎家要带上猪、牛及纸火来东家上祭。大小马郎到的时候要吹唢呐。

马郎家拉来的是公牛，东家送给马郎拉回的牛则是母牛。

羊场布依族人的神祭之处

个案二

讲述人：岑立国，62 岁，男，布依族，布依族先生，退休教师，以前从事教育事业，寨中大小事情，他往往充当管事角色。退休之后，开始跟随老人学“先生”，熟知布依族的丧葬习俗。

岑德权，82 岁，未读过书。一直是布依族先生。所有的经书经文全凭记忆，在四方乡邻中很有威望。

采访地点：盘县羊场乡赶场坡村坪地组

时间：2008 年 1 月 23 日　　天气：阴雨

采录人：杨春艳、马秋晨、徐玉挺、余朝政、姜兆龙

2008 年 1 月 23 日，在岑副乡长的带领下，我们走进岑副乡长老祖的家中。岑副乡长家的几代人都是毕摩。从老祖到爷爷到叔叔已经有三代人都从事布依族人认为神圣的事业。事实上布依族人也对这些人充满了敬意。之前，岑副乡长就交代我们，叫我们在他们家不要“乱讲话”，以免“得罪”了几位老人，说好要问他们祭祀方面的问题，就去离家不远处的学校讲述。我们听从岑副乡长的交代，同时也从他们对祭祀文化的禁忌上感觉到了他们对亡人灵魂的神圣态度。我们也带着一种神圣的心情随着岑毕摩们的讲述慢慢地走进了布依族丧葬文化的最核心。几位老人给我们讲述的丧葬文化主要集中在

“转场”的过程中，而“转场”是羊场布依族丧葬文化中必不可少和最精彩的部分。

“转场”第一天的仪式过程：

请师。用新石灰从水井取水涮泡，水必须是新水，此外还要求取水是三条沟水交叉处的水，用新水煮饭供奉亡灵。接下来就是挂铜鼓，铜鼓要挂在堂屋左手边的中柱上，打开堂屋左手边的门（此门平日不开，意思是天门，亡人灵魂的去向），要打十二折铜鼓曲。如果亡人是男老人，堂屋上有几根杆就要开几片瓦片，开瓦片也就是为亡人开路，男老人的灵魂要翻过房梁到前面。

云歹（布依语音译）。准备一个竹箩，竹箩里用白纸垫在底面，在垫的时候要念咒语，竹箩里放一升米、一瓶酒、罗盘、历书（历书上要正月大，腊月也要大）、先生的法衣，若是男性老人“转场”要放尖刀，若是女性老人就要放剪刀或者镰刀、人民币或者纸钱、稻穗、一尺二寸的白布、麻，放这些东西是表示亡人什么都有了。

土歹（布依语音译，意为供师傅）。孝男、孝女、先生和送亡灵的人身上的任选一样东西放在竹箩中。

解邦（布依语音译）。就是用竹箩中的东西和一只鸡来将亡人犯的煞解除。

第墓考（布依语音译）。这时先生要念咒语，念的时候声音小，先生不可以活动，要一直站着，念了以后，先生要肩扛着宝剑，看鬼路。先生念的过程中外面要竖幡杆，孝子跪在先生的旁边，做出用手托起先生脚的样子。大概40分钟左右，孝子倒上两杯酒，请先生将自己的父亲或母亲超度上天，先生喝完孝子敬的酒后，还要回敬孝子，说道：“给你老父亲伴着会白事，以后就百事百顺千子千孙。”意思是给孝家讨口封，家中平安无事。

仲师（布依语音译）。家族中有威望的人在幡杆树下念经，这个时候寨邻、送亡灵的人、孝男、孝女都在，孝女要背上棉帽、饭盒、一杯酒置于饭盒上，意思是给亡人背晌午，背饭给他们吃。

董周（布依语音译）。先生依据亡人的姓氏，念经书，经书中要说到该亡人的姓氏起源和该家族是怎么搬迁来此处的。先生照经书念30分钟左右，这个时候要用一只母鸡绑于幡杆树下且将其敲死，这样让亡人享用晌午。

祖朝（布依语音译）。这个过程开始是给亡人供晚饭，之后请帮忙的人吃饭。

天黑后，大马郎开始来到幡杆树下跳脚，大马郎家请来跳的人至少是6个人，6个人要围成圆圈，其中一个人敲锣，这样是送亡灵升天，跳转场的人要三步走，先走一步，再走两步，然后再走三步，做出揭酒盖的样子，将酒倒出，敬酒要先从前面到后面，然后再到左右，有着很明显的方向，然后又将酒盖盖好。随后从大门进，再从左手边的门进入火塘边，围着火塘跳，也要做出敬酒的样子，还有劈柴生火的样子。当跳转场的人停止后，主人家和马郎家要各请两个人正式用酒来敬跳脚的人，向他们表示感谢，先生来到铜鼓边，念12折铜鼓令，随后开始给大马郎找住处，管事要带跳转场的人来到店家（主人家周围的邻居），跳转场的人同样要在大马郎家所借住的地方跳转场，所跳到动作和前面在幡杆树下跳的一样，待跳完之后，主人家和大马郎又要给跳脚的人敬酒，大马郎回到店家后，要请两个男人（但是表示的是一个男人和一个女人）来帮忙主人家做菜饭，将幡杆树上的鸡做熟，剖开，用一根竹竿将其穿透，一分为二，放到灵房中，还要用三叉锅煮饭，将煮熟的饭放在每一棵幡杆树下，饭上要用纸盖上，如果亡人为男性老人，就要用红色、黄色的纸，如果亡人为女性老人则要用红色、绿色纸做成八角碗盖，碗里要装满饭，然后将饭放到灵房的点灯处，鸡也要放在点灯处。大马郎回到店家时，管事就用两瓶酒来安客，且唱酒令。唱酒令的人为大马郎，首先唱到他们找到一个好的店家，又唱到管事拿来的酒水是如何的好，再唱到去世的亡人找到一个好的房子，等等。

天黑的时候先生就开始念经书，由两个先生念，一个先念道，接下来的另一个先生要重复前一个先生所念的经书，主要是讲述亡人的一生，一直要到天亮。

“转场”第二天的仪式过程：

开祭、堂祭。等到天亮时，东家就开始杀猪，清洗猪内脏，取一根小肠（将其用嘴吹胀）放在盛好糯米饭的碗上，将其放在灵堂前的桌子上，在灵堂上要放两块钱于装满米的升子上，这两块钱表示利市钱，同时要在升子上写上亡人的名字，有几个亡人就要写上亡人的名字。

孝女要给亡人带来糯米粑并由请来送亡灵的妇女分，糯米粑要视去世亡人而言，如果只有一个亡人就要拿 10 个大点的糯米粑，如果去世的亡人是第二个，那么所带的糯米粑就是 9 个大糯米粑和 1 个小糯米粑。

大马郎家请来跳转场的人和大马郎不能同时住在一户人家，大马郎家请跳转场的人要在寨口就开始跳，直到要天黑时才到场，这样是为了让寨邻看清楚跳转场。

祖朝（布依语音译）。招待帮忙的人、大小马郎、大小外家，大外家属于亡人的外家，外家和马郎家所吃饭的地点是有区别的，东家要请人在火塘边和堂屋里摆桌子，用来招待他们。火塘边的桌子外家坐，马郎坐堂屋里的桌子。坐好后，先生要念咒语且东家要请两个人依次从灵房、小马郎、外家位置走过，最后要来到大马郎的位置，在堂屋的四处都有先生，来到大马郎处，大马郎口中也要念咒语，又来到外家面前，最后返回堂屋，然后在堂屋的桌脚和屋外的幡杆树上滴两滴酒，这时不用念咒语。

大马郎要请六个人将灵房和灯送到屋中，灯要与灵房相向，然后两个人送“汗”（布依语，意思是鸭子和鹅），当送完灵房和灯之后，大马郎又回到店家，管事让人拿酒到店家，这时候，大外家要送 13 块钱到店家，代表各个都有。

第二天晚上 12 点以后，为堂祭，这里所用的先生可以是汉族先生。

达卫（布依语音译）。第二天堂祭之后，主人家和大小马郎家都要准备一只母鸡，主人家杀了母鸡留着自己用，大小马郎家要将鸡头翻扭，先生开始做法事，同时敲鼓，将鸡带走，但是不能让鸡发出声音，这时主人家还要准备两个鸡蛋（一生一熟），生鸡蛋表示将亡人的灵魂招回并由马郎带走。

第墓容益（布依语音译）。第二天晚上凌晨先生做法事。“改邦建邦”，一直到天亮，这时候要来招待帮忙的人、马郎家及跳转场的人。

容检（布依语音译，意为背主人家）。先生在幡杆树下做法事，孝子、孝女要跪着，一棵幡杆树下放一只公鸡，管事用一张白纸包好，孝子将盐接过来喂鸡，意思是给自己去世了的父母亲喂盐，这时候孝子反身跪在地上，解下草绳系在腰部，管事用锣、镲相互敲打并走进丧房，这时将鸡杀了，意为杀“替身牛”，将鸡拿到屋里。

祭薨、很邦欢（布依语音译）。先生在灵房前做法事，母鸡由主人家享用，当先生做完法事后，先生就叫大小马郎拉牛在门外等候着，母鸡是由先生杀，杀鸡时要用一个装满水的碗和一双架在碗上成十字形的筷子。之后还要杀牛，杀好的牛先把前腿牛肉放在大门口的草垫上，先生做“祭揆”的法事。

祭揆（布依语音译）。马郎将牛（该牛要求必须是纯色的大黄牛，不能有花纹）拉去，先生就替在场的人喊魂。

祖埃（布依语意思是供早饭）。用一个簸箕将饭菜、碗筷置于其中，先请亡人吃饭，然后大家才开始吃早饭。

土歹（布依语音译）。(1) 嗷阿；(2) 且高；(3) 送阿；(4) 改高改卫。这个仪式由4个人主持，送亡人从天门去，就不要让其亡灵再回来，同时在场的人要说些让人害羞的话，使亡灵听到后就不要再回来。

第墓考、肖笃斑（布依语音译）。这个时候要盖瓦且念咒语，意思关上天门。管事把各外家安排于堂屋的左上角，先生安排在堂屋的右上角做法事。

外家唱酒令，孝男孝女要将身上的孝帕从火上过一下。

脱考（布依语音译）。先生用一升米、三杯酒、三炷香、纸钱及瘦肉汤，放在簸箕里面，将簸箕放于屋口，意思通过做这场法事，从现在开始可以吃荤。

改外夹（布依语音译）。法事结束后，将灵房掀倒。

建朗（布依语音译）。先生要用一升米且口中念咒语，帮在场的所有人及牲畜的魂喊回。大马郎用牛肉招待客人，随后来到幡杆树处，先生做法事，马郎家拿一瓶酒和糯米饭从栽幡杆树留下的洞上跨过。

大马郎回家后，东家要送还马郎的纸火钱及利息（一般为12元）。待完事后，主人家还要准备两桌饭菜，一桌是为先生准备，另一桌是为主人家及管事准备，先生要吃两席饭，第一席吃了之后，主人家就要用酒来敬谢先生，然后又上一桌饭菜给先生吃。

二、两个丧祭个案的文化分析

从两个调查个案的结果来看，第二个个案要比第一个个案丰富得多，因此，对羊场丧祭文化的分析主要集中在第二个个案上，兼顾对第一个个案的分析。从第一个个案开始我们可以看出羊场布依族人孝道产生的渊源，其传说内容的真实性我们已无从考证，但此传说绝不是空穴来风，在我们对六枝陇脚布依族的文化调查中，我们也听老人讲起这样尽孝的说法，从中我们也可以推测出在远久蛮荒时代出现过的食人现象，布依族人意识的从“食人”到尽孝的转变，反映了人们意识形态领域的进步，在人们精神领域发展的进程中具有里程碑的意义。另一个值得关注的文化表象是过世老人穿老衣的件数，在很多次调查中，我们得知的都是过世老人穿衣的讲究是穿单不穿双，但在布依族人中是例外，他们讲究的不是单数为大的概念，而是后过世的老人的老衣会穿成双数。这其中蕴含的文化意义我们暂时还不能解析，在请教布依族先生的时候，也不能得到一个确切满意的解释。

在第二个个案中在给亡人“转场”请师时要去取新水，且有一定的要求，煮成饭供奉亡人，此处的新水具有消灾祈福，表现了新水的禳灾寓意。铜鼓是布依族人神圣的礼器，正如苗族一样，“生之芦笙，丧之铜鼓”是祭祀仪式中必不可少的礼器。铜鼓在平时禁止敲击，只有在特定的场合经过一定的仪式把铜鼓请出来才能用，我们可以说这里的铜鼓不仅是一种器具，而是一种可通达另一个世界与神灵相沟通的声音。第一天“祖朝”后的仪式活动是整个丧祭仪式中的一个高潮，不管从形式上还是内容上来说，这样的场面颇为壮观，从全村寨帮忙的人来吃饭到大马郎家上祭跳脚，参加人数之多可为之叹然。从中也反映了在村寨中的互助非常多，要办好“转场”丧祭，消耗的财力与精力都需要村寨，尤其是家族中大家的齐心协力。这是从场面的宏观来看，另外这一晚上大马郎家的活动丰富地表现了羊场布依族人丧葬文化中的礼节往来与跳脚舞的娱神娱人的功能，跳脚舞现在他们命名为“转场舞”，大马郎家来上祭的时候必须跳的一种舞蹈，这种舞蹈的兴起应该是受到彝族丧葬过程中跳的舞蹈的影响。这样认为的原因：一是彝族在丧葬过程中跳舞的习俗由来已久，且不断的发展变化出很多种舞蹈，纵观布依族的丧葬习俗中跳舞的只有少数分支，不是整个布依族人的共同行为，由此我们认为这是受彝族影响的结果；二是布依族人深受道教的影响，没有“围尸而跳”的可能性，一般认为，围尸而跳的习俗与整个民族的不断迁徙有很大的关系，而布依族族属百越民族，很早就在依山傍水的谷坝地区定居下来，从这一点来看，羊场布依族的转场舞是受周边彝族的影响而发展演变而来，只不过在具体的运作与文化要素的重构中更多的遵从本民族的文化观念。

盘歌是这晚的另一活动主题，现在演唱盘歌者还是用布依语，对于其中的音乐美我们无法探析，但就其中显现双方的机智敏捷是值得赞叹的，在一问一答的盘歌中，就彰显了马郎家的实力，这种“挣面子”的表现往往在民间中会受到大家的尊重，现在会唱盘歌的人越来越少，而唱盘歌成为传统民俗活动中不可或缺的一项内容时，受传统文化观念影响，这些会唱盘歌的人深受老一辈人的尊重。我想在民族文化走向回归的时候，这些体现民族智慧的文化绝不会被抛弃，反而会在扬弃中熠熠生辉。

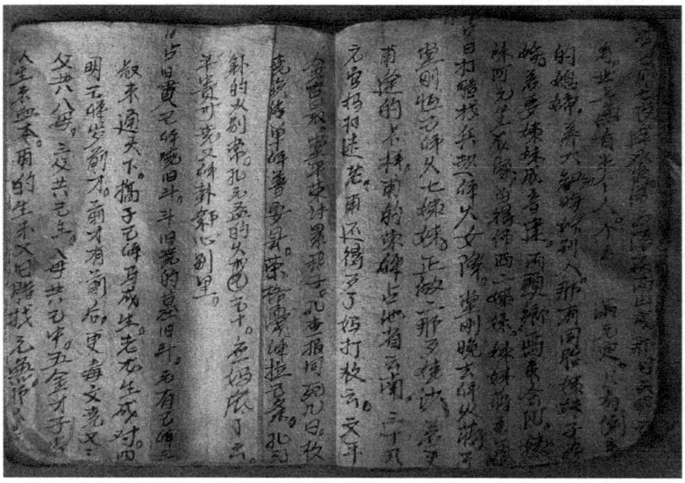

羊场布依族人的『盘歌』歌谱

在第二天的堂祭中出现了汉族先生，说明了文化的相互融合性，但在讲述人的讲述中，他们用了一个词——可以用，这样的限制条件就决定了在很多的场合是不能用汉族先生来为布依族亡人超度亡灵的，出现这样的限制条件，也才使得布依族的丧礼具有本民族的特色，虽说这种文化的融合是历史之必然，但有这样的限制条件，也让本族人民乃至文化研究者感到欣慰，至少在文化同一性发展的大势下，仍然能坚守住本民族的文化准则，不仅反映了该文化要素强大的生命力，也体现着羊场布依族人在祭祀认识上与汉族根本不同的价值取向。

通过以上对羊场布依族丧葬文化的简单分析，可以看出其丧葬文化对发展本区域内非物质文化发展的意义。在丧葬文化中体现最突出的是人们的世界观与哲学观，很多方面展现着本民族的文化观念。站在无神论者的立场，这一切的花费都是不值得的，但为什么他们固执地坚守着要办这一场法事呢？要举行“转场”这样规模宏大的仪式，经常是主事家要准备很多年为老人办这场法事，这不仅是孝子尽到孝道的一种最有效的心理安慰方式，也是每个族人非常看重的一件事，开堂屋房顶上的瓦片和法事尾声的时候重新把瓦片盖上，他们认为亡灵可以升上天，升天了之后就不要再回来打搅现世人的生活。要是不办这场法事，亡灵升不了天，就无处皈依，亡灵这样的结果是现世和后世人所不愿见的。所以无论花多大的代价都要把这场法事办了，至于让这场法事花费减少到力所能及的范围，他们有一个折中的办法：把几代乃至数代老人的“转场”仪式合在一起办，届时依据各亡人的生辰八字在院中栽幡杆树代表亡人，各亡人的外家来上祭即可。由此派生出来的世界观直接影响着其他文化事象的生成。如在“转场”时就产生了很多的舞蹈，这些舞蹈产生之初更大的功用我认为还是为了娱神，而神这样的观念存在，也才会有相应的仪式出现。这是一个很简单的例证，换句话说，也就是在建设非物质文化遗产项目的时要充分认识到羊场布依族人的这些文化观念，尊重本民族人民的意愿，使人们积极参与非物质文化建设，最终实现文化的自觉。

三、盘县羊场布依族的丧祭文化与周边民族的丧祭文化

1. 与彝族丧祭文化的对比

提出对比羊场布依族与周边彝族丧祭文化的命题，缘由有二：一是在羊场布依族居住的区域内也居住着彝族，在两个民族文化的相互交流与融合中，互取所长为己所用是人们追求进步的自然心理，而在实际的调查中，我们也发现羊场布依族人的丧祭仪式与彝族有某些相似之处。二是从云南方向进入盘县的彝族人，他们在进入这片土地上时就有一种文化强势的优越感，文化的涵化现象就势不可当，不管其文化事象是逆涵化还是顺涵化，导致的结果是两种不同民族的文化在自己的文化体运行中不断地调适，最终适应了本民族文化的发展。

《盘县淤泥彝族乡丧葬仪式调查报告》

调查时间：2006年1月20日

调查地点：淤泥乡煤管站招待所

调查人：柳远超、吴秋林

讲述人：金占清（男，1949年出生。老祖辈就是毕摩，金占清能记住的祖辈有5代。其12岁时就跟随父亲学彝文，也就是学习做毕摩。到20世纪的60年代，就开始做毕摩了。他有很多彝文经书。）

（在引用时有删节，全文请参见本书第二章）

为人做丧事有两种：一种是家里一时没有经济能力，不“转场”，就只请毕摩来看个日子，抬出去山上埋葬便罢，只请毕摩扫一下家，用一只鸡请毕摩念一下禳解经即可，一般不动牲口。这种丧事，有时是请毕摩来做，有时候也请汉族先生来做。另外一种是“转场”的彝族丧葬仪式。“转场”彝族叫“说莫子”。“说莫”在彝族语言中是“亡人”的意思，“子”在彝族语言中是“藏”的意思。“说莫子”字面上可以认为是“这场斋事”，但它的根本意义是把亡灵“藏”起来，不要影响下一代的仪式。

主人家定下来要做“转场”仪式时，就要请一个人来做“侧摩”，并由“侧摩”去请毕摩看日子，到最后请毕摩来做事时，由侧摩到门口喊毕摩，并下跪、敬酒等。

毕摩什么时候去主家做事没有定规。

有冷丧时和冷丧热丧一起做的时候，就要先用“洗一朵”经书，把去世多年的亡灵招回来，并安置在一个纸扎的灵房里。一般是一家人一个灵房，有一家算一家。去世十年以内的亡灵就在屋里举行招魂仪式，去世十年以上的就要到村外的路口去举行招魂仪式。

招魂时用一个条凳，搭上一块丈余的麻布，为搭桥布，一个簸箕放在条凳上，簸箕里放的是这些要招灵魂的祖灵筒。点上香，孝子全部跪在前面。

再用一只鸡做带亡灵鸡。这只鸡不杀，公母都行。

做好这一切，先是毕摩喊魂，一个一个地喊，喊一个亡灵就打一次卦，是“顺卦”（一反一正）就是亡灵来了，如果不是就继续喊，直到出现“顺卦”为止，然后再喊下一个。喊完亡灵，孝子端着簸箕，把亡灵接回家来，毕摩就招亡经，把亡灵安顿在灵房里接受祭祀。

在彝族中，未转过场的灵筒只能放在屋子里的边边上，转过场的就能放在家神龛的正中，就能享受香灯。

举行招魂仪式一般在夜间23点之后的子时，肃静，人不能随便走动。

举行完招魂仪式后，就是念“木固”经书的仪式，就是给老人亡灵献衣。

最先是给亡灵献酒，毕摩念献酒经。

之后要把老后家拉来的毛羊拉来献祭。献牲时先把羊打昏在地，立即用刀把羊杀死放血。由帮忙的人用纸钱沾上羊血，再用羊血沾灵房、鬼房。孝子扛的“哭丧棒”也要蘸羊血，但要孝子自己去蘸。

杀完羊就是念“木固”经书。“木固”经书要念两个多小时。

念“木固”经书是男女都可以念的，但“木固”经书主要是对女性老人起作用的。

念完经书，用羊肝煮熟献饭。这晚的仪式结束。

在原来的规矩中，第一天是“招魂”，第二天才是“木固”，但现今合起来一天做完。

第二天起丧，把棺木抬到转场坝，围着鬼房大转一转，小转两转，然后把棺木停在鬼房外面。这时，把灵房的香灯点上，众孝跪在灵房前，毕摩念“舍扯”经书，意思为把一切不好的东西送到东南西北去，然后才移棺入鬼房。

这时主家要给马郎家献酒，毕摩在一边念献酒经。

之后是牵牛绕棺，这时应该把马郎家拉来的牛献祭了。杀牛时，用生麻皮一边拴在牛角上，一边拴在灵房上。毕摩念献牲经和献酒经。

牛用斧子打倒，割断气管放血。也要把灵房、鬼房各处沾血，牛肝也要煮熟来供。

随后是念为牲畜解结的“列窝接”经书。

这个过程大约要5–6小时。

以后是念“日孬”经书。“日孬”是为死者解大阴节的用书，解一生所有的事情。

念“日孬”经书要用黑鸡、白鸡，或者羊。念“日孬”经书时要扎制茅草人，一共有20多个，(习惯上叫为“圣人”)。

有叫“洗书”的草人7个。

叫“大将”的草人7个（一个是六只手，一个是四只手，一个是一只手，一个是两个脑袋、两只脚，两只手、一个是扎成鸟样子的“飞鸟之王”，一个是扎成野兽样子的“走兽之王”，一个是扎成条状的蛇王)。

叫“拖木”的5个，一共有马5匹，马上一个骑马的草人，马下有一个牵马的草人，是一组。

在念“日孬”经书时，把这些草人放在斗上，斗里有苞谷，斗里还放有一个升子，升子里是米。

开始念“日孬”经书时，孝子跪拜，点香、磕头。要先请这些茅草人的灵魂到来然后就可以念经书了。念时讲人生的艰难，并根据死者的生平事迹来念。

念完“日孬”经书，就把茅草人送到北边的路口，在那里杀一只黑鸡、一只白鸡祭祀后就烧掉茅草人。

这以后，来“转场”的马郎家和后家大致都来到火塘边了，孝子要去一个火塘一个火塘地问吃饭了没有，并给他们送火把。

之后就开始“转场”。围着鬼房转为“小转”，围着火塘和幡杆转为“大转”，一般都要大转一转，小转两转，只不过东家和马郎家的方向不一样，东家为正转（正时针)，马郎家为反转（反时针)。

在“转场”时，马郎家来人要又吼又叫，并不断地在地上用脚蹉动，意思为蹉地上的蛆。后人叫“蹉措舞”。

所有的来家都转完，东家开始接牲口（这些牲口是老早拉来关在寨子里的）。

接牲口时也要大转一次、小转两次。最后到灵房交牺牲。这些牺牲在祭杀时毕摩要念献牲经，姑娘要哭着喂牛草。牛就在灵房前宰杀。

第二天早上，就要给亡灵开路和指路了。开路念的是“黑特经”，这是给亡灵开路的经书。

念完开路经之后，要到死者家的屋里举行“绕列赫”。孝子要在屋里吼叫着出门，长子还要哭着出门。并在鬼房处大转一次，小转两次。这样，就可以指路了。

一般指路前，要把棺木移出鬼房，移往西方。但我们看到的是一大早人们把棺木抬上山放好回来才开始指路。这时马郎家的来人折鬼房和下报天钱。

开完路就指路。指路的经书叫“窝着莫”，这是给亡灵指路的经书。

这种经要念几个小时，念的时候孝媳要在一边洒水献酒，后家人要给她打伞等等。洒水的孝媳要用一个泡木杈垫在脚下，意思是“隔断”，不要让亡灵把她们的灵魂带走。尤其是新媳妇一定要如此。我们在苏座看到的个个如此。还有的用茅草打个结插在头上，也是防止生者的灵魂被死者带走。

洒水的孝媳最先洒的是酒，后来洒的就是水了。

这些孝媳来洒水时有一定的讲究，进场前要由后家给她换上“背搭”衣（俗称“花衣”），由哥哥或者弟弟打着伞送进场，并交给女伴。

在招魂时，有旧的灵筒，但也为新亡的人也做有一个新的灵筒。在指完路后，又要做一个叫“去伙”的仪式，也是一种“解结”，即形成一个新的装有夫妻灵魂的灵筒。

灵筒内的灵草用“骨节草”来做，男的用红线捆扎，女的用绿线捆扎，即把羊毛捆扎在草节上。在竹筒内还要放米。

把这两节草放入灵筒中时，要用鸡或者羊来祭祀，要念“去伙经”。做好灵筒，孝子要在堂屋跪接灵筒，并把它放到家里正堂左边的瓦片下。

从这个个案中，我们可以看出羊场布依族丧祭仪式中与彝族最大的相同点就是“转场”仪式，但其中的文化寓意有所区别，彝族中“它的根本意义是把亡灵‘藏’起来，不要影响下一代的仪式”。羊场布依族中是让灵魂升天的仪式。我们也可推测出在羊场布依族借鉴周边彝族的丧祭仪式时，不是盲目地移植，囫囵吞枣地全盘接受，这是民族文化在外来文化的影响下自主选择时体现的民族智慧。从一系列的仪式过程和表达的文化含义上，我们也可看出这个彝族丧祭个案中呈现的两者的区别。彝族丧祭文化中含义最深厚的是祖灵筒信仰，这是彝族在早期的不断迁徙中形成的祖先灵魂的居住地，在彝族人心目中是很神圣的。一系列的仪式活动也是围绕着祖灵信仰展开。而羊场布依族丧祭仪式中没有也不会出现这样的文化表象，深层次的原因：是与民族的文化根底性相一致的。

2. 与扁担山地区布依族丧祭文化的对比

在扁担山布依族丧俗和丧祭中，人们对死者寄予哀思，往往要举行一系列的仪式。这一系列仪式，概称“白事”（白喜）。

大凡正常死亡者，临终前，尽量不使之气绝于床箦上。将其置于神龛前。就原盖垫铺设于地，顺梁仰卧。孝子恭身长跪身旁，或席地陪坐，不得离开，并将一个银圆放在亡者嘴里（牙齿外面）待落气身亡，即将银圆取出，以白纸裹盖头脸。神龛及两扇大门，亦用白纸贴上。孝家亲房人等，把主家原专留在一边的糯谷，置石碓里反背舂成大半碗糯米，孝子持三炷香，一叠纸钱和一个硬币去买水，焚香化钱于井边，硬币掷井内，用瓦罐反背舀一碗水（估计能煮熟那舂好的半碗米，水多少只舀一次，不准倒回，也不准增舀，米饭煮熟与否不论）。途中不得与人搭言。于院里或房后（忌家里）煮好糯米饭，盛于碗中，用一双竹筷交叉竖插于上，名曰“侑食”（好考孝），放在亡人枕边（故布依族平常最忌交叉筷插饭碗），待出丧后置于院落高墙上。亡人枕边安桌；桌上置白纸封好的一升稻谷，插上香；亲朋好友吊丧，先在升上燃香插烛，以表哀悼。点上（菜油）长明灯，给亡人换上新装和寿衣，不论上下衣（裙），外一件须反穿，有铁器（如风纪扣）及其他金属，均应弃掉；给亡人洗倒脸，梳倒发（女）或剃倒头（男），换上专用（一寨最多只有一两床）刺绣花灵被，等待装棺入殓。

孝家托亲族携酒去外家报丧，报丧人将酒举过头顶，默跪于外家（男女亡人舅家）堂前，不准讲话。别人询问亦不答言，待外家将孝帕系于自己头上，方可起来说明原委。

亡人落气后，孝男女日夜守灵，披麻戴孝穿芒鞋，禁上楼，意在下辈不能高于上辈亡人：尚需上楼拿东西，除非与亡人同班同辈或长辈方可。

守灵之孝男女，每餐前先敬亡者汤饭（饭里掺水。有些地方直接用干饭）。左手执筷，右手端汤饭碗，对亡人做喂饭状说：“爹（妈）呀，请吃饭吧！要少吃多留。”每个孝男孝女均如此喂三口汤饭，尔后众孝男女席地用餐，不可上桌，吃罢才准他人就餐（有些地方也不行此礼）。

执事者备办猪头一只，以草绳拴住猪头，另一端置于亡人手中（男左女右），请报摩（先生）“又考”（布依语）做赴阴间献礼品，名“垫身钱”。直系孝男女忌食“又考”供肉。晚上守灵，不论开路伴灵已否，都要打粑粑夜宵，数量据守灵人数而定，宜双忌单。糯米一斗二或二斗四。蒸糯米弃盖，先以碗装3个粑粑敬亡人。再分给孝男孝女，哀丧哭泣完毕后，才分给众人，不论男女老少，见者有份。

装棺入殓时辰由先生择定，孝子跪于棺前，棺底置泡桐木三根（小指粗细），分脚、腰和头三个部位横放。取天地人“三才”兆，用细竹篾编掌大床箦垫腰，铺上长钱，以白纸包石灰做枕，抬尸入殓，忌金属入棺。吊墨适中，盖上入殓布，入殓布只偏重于孝女孝媳，每人一丈二寸，白、蓝、青色均可，装棺者当场撕下二指宽布条给原主，其余盖尸，所有孝女孝媳都应送入殓布，否则将视为不孝，或不会当家，连区区入殓布都拿不起，会遭世人白眼和成为别人家的笑柄。最后盖上百寿图（或以红绸书写亡者姓名，西逝年月代替）。盖棺，横梁停柩。大头朝上，小头朝外，支以长凳，棺上仍盖刺绣花灵被。

装棺入殓前后，孝子跪敬装棺者三杯酒，前为壮胆，后为感恩。盖棺毕。众孝男女举哀，实乃无情板隔断阴阳界所致。

自亡人气绝至出丧。停在家中守灵，或于家内开路伴灵，均称“停丧”，停丧期，分单殁和双殁两种；单殁只逝夫妻中一方。停气三夜或五夜单数；双殁则夫妻先后已逝。停两夜、四夜或六夜双数，停丧时间长短，依天气和孝家家底而定。

开路伴灵绕棺会，并非家家均办，从前只有大户人家才办得起，现在大家的经济条件都好了，此仪式几乎遍及农家。大凡死人，谈鬼色变，一些人未免起鸡皮疙瘩。但只要绕棺伴灵，螺号一吹，锣鼓敲响，先生诵经调一拉，那断肠裂肺的哀思和愁云惨淡的景象就变了。人们也就挤满孝家，尤其现今文化普及，只要识字者均可充当“先生”，所以几乎每个村寨都有一帮人马，无偿帮人办斋凑热闹。

开路、替亡者开通冥路，脱离魑魅魍魉纠缠，畅通阴间大道，到达极乐世界。

伴灵绕棺，凡亲堂孝男女都参加，同族门中孝媳要盛装赴会，缝裙绣花衣。如同出门做客一般，孝媳数量亦依据单殁双殁，多多益善。

伴灵绕棺会。安九头十八升（也可用升代斗，用碗代升），安神位，设五方。孝子扛引魂幡，上书亡者姓名、住址、生辰八字和大限八字。拄哭丧棍。“父丧取扶竹、母丧取扶桐”——分别用竹子或泡桐树做成哭丧棒。孝婿双手捧定插满香火的亡灵牌位升。事毕，升内稻谷归女婿享受。凡新来参加绕棺伴灵者，首先应在亡灵牌位升上插香炷，不免熏得姑爷双眼泪流，众人才觉得欣慰。

绕棺与会者，徐徐围灵柩绕转。每到正堂，须虔诚鞠躬烧纸化钱，先生边唱边奏乐，众男女孝媳不停地转圈，这样基本上要花四个小时才完成，先生吃夜宵不动荤。众人夜宵完毕，还要对道场念经。诸如“三元赦罪”“报恩”“十王”“香山”“雪山”，诸位先生办大斋，七七四十九天所念经书，均不重复，披袈裟、戴法冠，立三案，皆言生前忏悔，祈福引渡上西天，荐拔亡魂早升极乐世界，他们继承佛教衣钵，信仰释迦牟尼。

出丧下葬，出丧要孝媳引路（称送丧），基本是会绕棺的孝媳，人数也分单殁和双殁，亦要盛装上路，亲孝媳及孝女、孝男三班人，每类两人各背一壶酒和糯米饭盒，到目的地后分给众人吃，只留直系孝男、孝媳两盒糯米饭回家置于神龛上，三朝再开食，抬丧所需绳索现搓，用糯米谷草搓成，但不准用木墩擂打，只准以谷草击石使其柔软，抬丧一路放鞭炮，撒买路纸钱，送丧者人人持纸钱冥香，孝男扛幡柱棒，两位亲堂弟兄两边搀扶，上坡下坎走狭路及过桥，孝子均应叩跪，众孝媳频频回首，吹唢呐、敲锣鼓。

出了寨门到三岔路口，烧亡人原盖垫，如席、草、旧衣物等。只留好的被子和床单给亲孝女洗净拿去，亡人原睡床，铺上新被、垫单，晚上安排人住宿，不准空床。

出丧到达坟地，先生先破土。并留土饼最后放置坟顶，定坐向、拉中线，匠人挖塘、砌塘；先生又以朱砂、雄黄于塘内中部画八卦。用公鸡扫井，以芝麻秆（烧火）暖井，再以白酒喷井，铺上长钱，鸡冠血点井，最后用公鸡跳井，下塘时辰以跳井鸡自动跳出为正点下塘吉时：当然若跳井鸡在规定时辰内仍不跳出，可用鸣爆竹方法迫使其跳井。跳井鸡若能在塘内屙屎，亦为真龙吉穴。预兆主家日后发吉。

灵柩下塘，校正中墨，盖上三块或五块石板当房顶，四周泥上灰渣，外围以石头砌成坟墓，先生分男左女右放一根引魂竹签，一则接引亡魂回家隐坐高堂，二则引出送丧众人生魂出墓穴，以保众人清吉平安。

孝子以后衣襟兜住原来破土留下的碎土，于坟盖上走三趟，徐徐将碎土倾倒于坟上，名曰“背土”，孝子背完土，众人来添土。匠人砌坟边，安碑脚，等待吉时立碑，碑文与汉文相同。中行书大字。字数按“生老病死苦”推合“生”字。故一般只写六个字，两边书核桃字，右书写明亡人出生年月日和立碑日期。左书孝男、孝女、孝孙等，有的还镌刻对联及横批，杀鸡鸣炮，将鸡毛粘在碑头碑脚，众孝男女全跪于墓前，先生接着“伏龙”。

伏龙先诵谢五方，孝子背地契绕坟三圈，每到一方牌位前，均跪祝词：“买地葬父（或母）!”一长者执锄尾其后挖一锄喊“买明!”三圈后回墓前，向山而跪，先生读地契文，杀鸭宰羊，将羊鸭头及脚蹄化地契与之埋于坟尾泥中，最后先生登坟撒禄米、撒粑粑、插纸幡。

所有姑舅亲朋，凡备荤素供桌，此时则可摆设坟前，由先生奠祭。祭桌具办者恭跪坟前，先念具办供桌姓名，住址、与亡者关系；孝子亦同跪。先生呼叩，上香化钱。歌《诗经》中“蓼莪诗”“侑食章”，《四书》中的“讲书”“说礼”等。最后按每碗花样供献，一唱几和，调子凄凉，内容确也使人断肠，致众等声泪俱下。有时歌者触景生情，往往有痛不欲生之感。

事毕，人人回家，不走原抬丧路径，孝子最后执魂签，途中不与人言语，到家将魂签放在神龛上，三朝安神时火化。

这样一个以扁担山地区布依族为调查个案的丧葬仪式，调查的侧重点与我们在羊场布依族丧葬仪式有些区别，这里展现的是布依族丧葬中的一个完整过程，对于其中的仪式过程只是清晰地描述。其中透露给我们的信息最多的是扁担山地区的布依族信仰佛教，信仰释迦牟尼，操办这场法事是让亡者到达西方的极乐世界。其中的很多信仰观念与汉族的相差无几，但不能说没有一点本民族文化的特点。其中的托亲族去外家报丧的细节，报丧人充当了孝子的角色，按理说报丧人是主事家请去帮忙报信的，用不着在外家面前下跪，但这里的礼节确实如此，理解这一行为也不难，在很多民族的丧礼中，外家往往是最尊贵的客人，他们往往有权利问责老人的去世原因，以及生前对待老人的情况，要是有虐待老人的现象，老人去世以后来上祭时一定会向孝子讨个说法，虽说这种虐待老人的现象在布依族中很少出现，但作为有发言权的外家还是要谦逊地对待，所以也才有了报丧人下跪这一细节，他很可能是在家分不开身的孝子的替身。在这里我们看不到隆重的场面，只是追悼亡人的那种淡淡的哀思，这就是两个不同区域的布依族不同丧祭文化。给我们的启示是文化的生成与地域和环境密切相关的，还有与不同民族的交往产生的文化融合现象。

四、羊场布依族其他祭祀文化

在羊场乡张家寨村罗潘组每逢正月十五都会在固定的地点举行祭土地神仪式，届时男女祭祀分开，寨中男性在村东面的保鸡篼（布依语音译）的黄阿阿树下，在凌晨夜深人静的时候，带上鸡到那里进行祭祀，等天亮后全寨男性族人带上酒、饭、菜、香、纸钱进行供奉，在树下设有供奉的土地公公，原来有木制的土地公公的神像，但现在已经不存在了，现在将树下的一块石头作为神像。女性则在村中亚兵棒（布依语音译）的凉亭中进行供奉，原来亭中放有土地公公的神像，但现在已经不存在，祭祀用的东西与男性所带的相同。

在过去该村中有三棵金沙郎树（布依语音译），分别在村中上水井（位于村的最高处）、下水井（村的西面）、保鸡篼三处（村的东面），形成一个三角形，据讲述人潘方林说，这三棵树是全寨的保护树，保护着整个村寨，被寨邻们奉为镇村之树，但随着时代的变迁，由于各方面因素，这三棵树现今都已经不存在。

每年农历三月三，全寨老少都会一起出动，在村西面的一个地方举行活动，必须杀猪祭“禾苗”，农历六月二十四会祭山神，必须宰一头牛，以表达对山神的供奉，让山神保佑全寨平安。

我国民族学工作者以中华人民共和国成立初期各民族的经济文化状况为基础而整理的中国经济文化类型中，布依族被归类为农耕经济文化类型的丘陵稻作型，由此我们可以知道布依族对土地的依赖，所以在羊场还能见到这种祭拜土地神的习俗，可以说土地神掌控着一家的吃穿用度，没有土地神的保佑，得不到土地神的恩赐，基本的温饱问题就会给大家带来麻烦。正月十五供奉土地神，也蕴涵着新一年的春耕播种马上要开始了，人们祈福消灾的心情是这场祭拜土地神仪式的目的，至于寨上男性与女性要分开来祭祀，可以说是人类早期男女劳动分工的遗存，况且在很多场合女性是不能参加祭祀的，如狩猎，我们把这种现象理解为男性与女性在各自的祭拜土地神时祈求不同的保佑。

镇村树是村寨的风水树，这种堪舆意识在每一个民族人们的心目中根深蒂固，在侗族地区，风雨桥的功用之一也是保住村寨的好风水。但在“破四旧”的时候，这些观念被打破了，在潘方林等人的讲述中，我们体会到了他们深深的惋惜之情与那时候寨上有这三棵位置极佳的保寨树，人们心理是多么的自豪和安定。这就是一种信仰的力量。

在三月三、六月二十四这样的民族节日里，羊场布依族人依然围绕着“祭禾苗”

和“祭山神”而展开的祭祀活动。这些仪式活动也如前所述，是农耕民族向山神、土地神祈福的一种体现。

第三节　盘县羊场布依族婚姻习俗文化

一、调查和婚俗个案

在羊场的田野调查中，我们采录的婚俗个案主要来源于罗照恒老人的讲述，这样的一个婚俗个案基本上是羊场布依族婚俗文化的整体描述。此外，在《布依族的文化习俗》一文中高野对布依族婚俗有一个简单的描述，参照综合这些资料，基本上可以把羊场布依族婚俗文化展现出来。

讲述人：罗照恒（男，72岁，布依族，未读过书，务农，中共党员。其在本族中有较高的威望，懂得布依族婚丧嫁娶的规矩和礼节，常成为本寨和邻近村寨家办丧葬中的主管，为别人家操办一切大小事务。）

采访地点：盘县羊场乡赶场坡村化家庄

时间：2008年1月21日　天气：阴

采录人：杨春艳、马秋晨、徐玉挺、余朝政、姜兆龙

盘县羊场乡赶场坡村化家庄布依族在婚姻上，男女青年一般到18岁后，通过对歌情歌等方式相互认识，如果双方相互都比较感兴趣，就继续交往，相互赠送礼物，如姑娘会给小伙子送花草鞋或花荷包，以表达她的爱意，双方之间的关系逐步发展，直到小伙子向姑娘提出结婚的要求。这些说明布依族青年采用自由恋爱的方式，寻找自己的伴侣。假如男青年看上了某个女孩儿，男方的父母就会请媒人到女方家谈婚嫁之事，一般是两个媒人一同前去（对媒人有一定要求，要明事理、能说会道，大老婆还在，父母都还健在），媒人带上三斤或五斤酒到女方家谈亲事，按老话说是“成不成是酒三瓶”，女方家答应亲事后，媒人回去将意思转达给男方家，即证明双方父母同意这门亲事，在此媒人起到了见证人的作用，如果事后女青年反悔，不愿意嫁给这个男青年，无论女青年跑到哪儿去，都要找回来，接受家族的惩罚（架“蓬柴火”来烧），长辈要极力劝说女青年嫁给那位男青年。

亲事定下后，男方家会选好日子，派人带上12斤酒、一只公鸡、一只母鸡到女方家，女方家将摆酒招待他们及寨中邻里，向大家宣布双方的婚事，这称作“定聘酒”。

之后，男方家会请寨中有威望的老辈人选好日子，带上12斤酒，至少20斤糯米舂的糯米粑（粑粑的大小、薄厚，可以体现出男方的脸面）以及糖、饼，还有一定的钱（多少没有固定的说法，看男方家情况而定，如果男方家给了5000元，那么女方家就要回给男方家6000元~7000元，也就是说一定要多于男方家），这次到女方家

的目的是“发八字”，即取得女方的生辰八字，为她过世后下葬确定时间及“转场”时何时为她举行仪式，女方家仍然摆酒款待，并请来家中亲戚，一同庆祝双方的亲事，男方家要送来的酒女方家亲戚每家一瓶，并将男方家送来的糯米粑分发给亲戚，这样向亲戚们宣布男女青年的婚事。

然后，男方家会选一个好日子，通知给女方家，某月某日将派人来进行“合衣裁帐”，到了那一天男方家派4—6位家中的妇女来到女方家，并带上一只鸡、12斤酒、一块菜，女方家会派出相应数量的人员迎接，共同为女方制作嫁妆，一般情况下要做两床被子，两床被面，两套衣服，两套帐子及其他嫁妆，数量一定是双数，男方家派来的人一直到将所有嫁妆做好，才能离开，在此期间女方家要招待她们的食宿。同时，女方家还会请木匠打一些家具。

最后，就是办喜酒，喜酒要分别在男女双方家各办一次，先在女方家办，请来女方家的亲戚朋友及寨中的百姓，男方家也会派人前来，并带上70斤糯米粑和24斤酒，女方家会在进寨到进家门的路上设置四道拦门酒，男方家的人要通过对歌的方式，一一通过。

一般对歌的内容，在第一道男方家说我们是从哪里来，一路上怎么来的，女方家回答道你们带来的东西还在路上，还没有到。

第二道男方家说带来了什么东西，女方回答你们带来了这么多，这么好。

第三道男方家说感谢女方家的各位亲戚来庆祝他们的婚事，感谢招待，女方家回答这样的热情是因为你们的脸面重，你们家人品好。

第四道男方家说感谢亲家对岳父岳母的尊重，感谢你们的热情款待，感谢让我们进到堂屋来，女方家回答这样做是因为我们已经是亲家，是应该的，进入堂屋后对歌仍然继续，一直到将男方家送来的彩礼打开，展示给大家看，同时来吃酒的女方家亲戚朋友也会送来彩礼，如绣花枕头、箱子、被子等，以表示祝贺。

在吃酒的过程中，还会唱酒令，并会持续很长时间，甚至通宵达旦，表示大家高兴、愉快的心情，酒席散的时候，来吃酒的每个人都会分得一份粑粑和酒，媒人得到两坨粑粑、一斤酒、两块猪肋骨。第二天一早，之前定好的时间，男方家派来的人把女方带回家，并带上10斤糯米饭和四条猪肋骨肉回去，到男方家后，肉给男方的父母，以表达女方家父母对他们的尊重，糯米饭分发给来帮忙的人和小孩子们，将女方的嫁妆放入房中，男女青年向祖先、父母、天地拜堂，正式确立夫妻关系，男方家也同样请来亲戚朋友，摆酒庆贺。

新娘在婆家住上三天后，于第四天早上回娘家，称为“回门”，女方家会派亲戚朋友来接，并带上男方家给的40个糯米粑、12斤酒和4条猪肋骨肉，同时新郎也会一同回去。到娘家后女方家又会办“回门酒”。吃完酒后新郎回到自己家，而新娘则留在娘家继续生活，其间逢年过节或农忙时，新娘会来到夫家过节、帮忙，直到新娘怀孕后，男方家派人来将媳妇接回家，过完年后，就将常住在夫家，一般情况下不再回娘家。

生了孩子后，姑娘的头饰将会从原来的披肩发变为盘头，标志着从姑娘变为了妇女。

高野对布依族的婚俗做了一个简单的介绍，原文如下：

在布依族的民俗中，青年男女的恋爱与婚姻也很有特点。中华人民共和国成立后，消灭了封建婚姻制度，提倡自由婚姻，自由恋爱。布依族青年男女的恋爱婚姻，都是利用赶场天，或走亲访友，或节日集会等场合寻求心上人，相识后，再约相见。见面后，交流感情的一种方式是对歌，有情者在歌词中可互吐爱慕之心。对歌时不能手舞足蹈，不许唱污言秽语，或蹲或站需相隔一定距离。

“抛绣球”，或叫“丢花包”，是产生爱情的主要途径。每年的正月初一到十五，是男女青年最欢快的日子，他们聚集在村寨的空地上一起“抛绣球”，抛来抛去，男女双方情投意合便互赠礼物。所赠礼物拴在绣球上抛给对方，对方有意后又互赠信物。互赠信物是双方感情升华的表现，随后相约到僻静地方，窃窃私语，互定终身。

感情发展到这一阶段，还不能说一对情侣到时候就可以结为夫妻，还要履行“提亲”、送“走路糖”、倒“火笼酒”、发“八字”等礼节才能结婚。结婚中的礼仪就更加丰富有趣。

二、婚俗个案的文化分析

花包可谓是男女青年恋爱相识的重要媒介物，姑娘看上对歌对得好的小伙，便把绣的花包抛向他，在这一来一往的互传信息中，成就了自由恋爱的羊场布依族青年。每年正月十五，可谓是布依山寨歌的海洋，整个村寨也随着年轻人的交往而变得欢快活泼。由此羊场布依族还衍生出了一种舞蹈审美艺术——绣花包舞。这种自由恋爱的结合，不允许男女双方任何一方反悔，一般情况下都是家族人一起努力说服，把事先达成的婚约如期履行，在劝说不能有效阻止女青年毁约时，家族的严厉惩罚不得不使用了。由此我们可以看出羊场布依族对这种既定婚约的严肃态度，这种传统的心态有利于村寨之间的团结和睦，同时潜意识里表明了对婚姻认识的神圣性。在接下来的程序中，我们采录的一个环节有男方家要派人去女方家“合衣裁帐”，这在其他民族中很少有这样的文化事象，一般来说，嫁妆都是女方家置办，男方家把置办嫁妆的彩礼钱送到女方家即可，但在这里是男方家和女方家共同来做“铺笼帐被”，是不是可以推测经过这一帮忙做嫁妆的过程，更加肯定了这桩婚姻的牢固性。盘歌同样是婚俗中必唱的，男方家去接亲的人中必须有会唱盘歌的，女方家会在进寨到进家门的路上设置四道拦门酒，双方以唱盘歌的形式问答，要是接亲的人盘歌唱得不好，答不上来，不仅要多喝酒，而且拦在路上也不准进女方家，这样的比赛需要男方家安排一个会唱盘歌的人前去接亲。在办完接亲酒，吃完回门酒后，新郎回家，新娘却不一起回，这种现象在布依族婚俗中普遍存在，学术上称为“不落夫家”，在羊场布依族的婚俗中也有这样的遗存，这种不落夫家的习俗，最初主要考虑到男女双方的年纪较小，婚姻是父母之间商定的，中华人民共和国成立后，婚恋大多由男女青年自主选择，但这种习俗还在婚俗中有所遗存。生完小孩，妇女的头饰发生了变化，这种变化，是人生角色的一种转变，这种现象被仪式研究者特纳称为“阈限”，虽然我们无法见证这种阈限阶段神圣的仪式空间，但这样一个简单头饰的变化，却是阈限前与阈限后女人地位和身份发生变化的标志。

三、盘县羊场布依族婚俗文化与周边民族婚俗文化比较

1. 与陇脚布依族乡月亮河流域布依族婚俗文化的对比

在六枝境内的陇脚布依族乡月亮河流域，这里的布依族人口居多，沿月亮河两岸居住着10多个布依族寨子，周边只有少数汉族分布，与这样的布依族支系做一比较，可以看出其中布依族婚俗的流变。

月亮河流域布依族的婚姻，主要是父母之命，媒妁之言，多是娃娃亲，且是“亲上加亲”的较多。针对“父母之命，媒妁之言”的婚姻形式，于是又出现“逃婚”“抗婚”的现象。前者婚嫁仪式隆重，后者无仪式可言。现就“父母之命，媒妁之言”的婚姻简述如下。

根醪进道（音译，喝转堂酒）。男孩三五岁则根据其“八字”（出生年月日时辰）请算命先生测定，能与什么“八字”相配后寻找，适合对象两人以上者，自然选择与父母亲近的人家（特别是侄女随姑妈为首选），故出现“亲上加亲”。选定后，请媒人带一壶酒到女方家提亲，名曰：“根醪进道”。

剁醪（音译，倒酒）。提亲成功后，则选定吉日，选请两人（婚姻成功美满者）挑两小坛酒（15斤左右），一只大公鸡（19世纪30年代后增加一只猪肘），一对大蜡烛，一串爆仗前去定亲，名曰：“剁醪”。自此，每年节庆（大年或小年）须经常带酒（有的还加糖）前去拜亲，名曰：“念疃”（音译，拜亲）。

要八字。选请两人，挑两小坛酒，一只大公鸡前去要生辰八字。

送日子。待索取八字后，请先生择好吉日，则选请两人带两壶酒，挑两袋扪央（音译，糯米炒面一斗二升），将娶亲日子送给女方，并商定娶亲主要财礼具体数量。

接亲。婚姻礼仪中最隆重最复杂的一个程序。

男方方面：

备酒邀请本寨（每户都得请到）前来商讨选派接亲的人数，审条件、定人员。男士接亲者有包夜老（音译，大歌郎）一名，包夜皅（音译，二歌郎）一名，两人除具备婚姻美满成功条件外，必须是会唱酒令歌者（至少能唱一天一夜）；根醪嗯（音译，吃清白酒）一名。女士接亲者一名，称为雅夜（音译，女客或老女客），与包夜条件相同。

财礼有：猪一头，名曰：谋根醪嗯（音译，其意吃清白酒猪）；奶母钱，一般以月月红“十二”为数，名曰：钱挪躺（波米，音译，其意父母骨肉钱）获嫁妆者，还要送“钱温凹”（音译）。此外，还有酒两小坛，烟，鸡2–5只，蜡烛两对，炮仗两串等小礼品。

女方方面：

备酒菜邀本寨（每户都得请到）前来商讨选定招待、陪客人员，条件是婚姻美满成功或无离婚史者，男女陪客满一桌为准，男女招待员各两名，伴娘一名（送亲客）。

娶亲。一般为一天一夜，娶亲队伍从进寨到走出新娘家，所行各项礼节，几乎都以歌诗对答。晚餐后，来宾分别与男女接亲客对唱酒令歌（男女对唱）直到天亮，有时也有男女来宾对唱，一般常有三五对男女对唱，所有歌词，均是传统的古歌盘歌。

哭嫁。从接亲客进寨，歌唱一直延续。当嫁娘听到即将离去的歌词时，别父母、兄弟姐妹，别同龄好友，以致别情人时，一时动情号哭。动情的歌词，甚至感动着临场的人，尤其是妇女也不知不觉地随嫁娘号哭。

背嫁娘。姑娘是在哭声中离开父母的，由自己的亲兄或堂兄将其背走的。若途中有河，则背过河后才放下嫁娘步行，若途中无河的，只要看不到娘家房屋，就可以将嫁娘放下步行。

吉时方进家。新娘进家，需按先生择定的时辰进家，吉时未到，则另搭一帐篷让其休息，直到吉时方进家，进家必须走堂屋大门。

大糍粑送新娘。结婚只是履行结婚仪式，一般当天回娘家，男方家现时打一对大糍粑，准备两小坛酒，请人挑着随新娘送去，女方家早已吹唢呐途中迎接。若有伴娘，也得另挑一对糍粑送伴娘。

婚后三年方“坐家”。

结婚请酒，只是举行结婚仪式，并非实际意义的结婚，因为民族习惯，结婚时年龄尚未到婚龄，就举行婚礼，原因是让高龄的爷爷、奶奶吃上孙子的喜酒。举行婚礼后，新娘根据她的嫁妆决定是否在婆家住宿。一般没带铺笼帐被的，当天走到婆家，一只脚跨进门槛后，就返回娘家。往后，男方家借农忙或自家的亲属以及村寨有事之机，则叫人去把媳妇接来家做农活或做事情，第一次要成年妇女去接，且需带两壶酒。头一次一般三两天媳妇即回娘家，回去时，男方家要打一对大糍粑送。娘家那头，得请人（有的还吹唢呐）来半路接回，大家共同分享姑娘带回的糍粑。这种往返丈夫家与娘家一直延续三年（也有七八年，不等），这期间被人们称为“不坐家”。到第三年的最后一次去接，需要送去一条猪腿，几块肉（根据娘家亲戚户数而定），几壶酒，所谓“接新媳妇过年”，此后不再叫人去接了，即开始“坐家”。媳妇打扮最后改变，即改变少女头式，将发辫顶帕头式，改为盘发式或戴“假角”头式。名曰：“将高”（音译）。

从根醪进道（喝转堂酒）到接新媳妇过年最后送一对大粑粑，方算完成结婚的整个过程。时间上，一般至少要三年，这段时间称为妹巴呗炎（音译，媳妇走路）。这就所谓的“不坐家”。

这个个案中表达的信息有三：一是这种婚俗是建立在婚姻双方的年纪比较小，而为他们操办这场婚姻大事的主要是父母。这在月亮河流域布依族的婚俗中很普遍，而且很多婚姻关系是“亲上加亲”，特别是“侄女赶姑妈”的现象比较普遍。二是遵照一定的婚姻程序，说亲、发八字、送日子、接亲等，一个环节都不能少。三是这里的“不坐家”习俗在婚俗中表现得更加突出。这与双方的年纪都比较小有很大的关系。此外，在这支布依族支系中，对毁坏婚约的惩罚更加严厉，大人做主的婚姻办得隆重，而对于那些逃婚、抗婚者却可以不举办什么仪式，这种情况是被人们所不齿的，所以，有选择长期不坐家的行为，但违抗媒妁之言，父母之命的却很少出现。

与羊场布依族婚俗情况比较，这里描述的布依族婚俗更加偏重于娃娃亲，所以呈现的婚俗文化事象也比较古老。在程序上两者相差不多，但最大的区别我认为在羊场布依族中接亲是真正意义上的结婚程序，新郎、新娘要拜祖先、父母、天地，而陇脚月亮河流域的布依族在这方面的文化事象没有一点体现，新娘来男方家只是表明有了一个夫家，见过健在的长辈就行了。在新人进家的时间要求上很严格，为了迎合这样的良辰，还必须为新娘在外面搭一帐篷让其休息，这种休息一般都是指的要在屋外住宿一夜，合适的时辰一般都是在第二天比较早的时间。总体而言，这两者的比较，在大的环节上基本趋于一致，但在细节方面，两者有些差异，这些与婚俗的变迁，与周边其他文化的交流融合都是分不开的。

2. 与毛口布依族婚俗文化的比较

羊场布依族的服饰与毛口布依族的服饰有相似性，这种服饰外在表现具有相似性的布依族，在婚俗上的表现是否也有一定的相似性呢？

毛口布依族婚姻习俗是这样来表现的：布依族婚姻是一夫一妻制，同姓不通婚，但姑舅家、姨妈家可以开亲，还有兄死弟继转房的习俗。男女青年寻找伴侣，多是利用节日活动和走亲串戚的机会，通过聊天、唱山歌、讲故事等形式先相识，然后再请人搭桥，约定时间，各找三五人做伴，到一个偏僻幽静的地方去对唱山歌（情歌），以进一步了解。又经过三五次对唱山歌，双方情投意合，不存在布依族所忌讳的东西（迷信方面的），就可互相赠送信物，然后禀告父母由男方家请媒人到女方家求亲。

父母大多对子女自由恋爱不加干涉和阻止，但定亲必须通过父母，只要双方老人没有什么过不去的地方，这种婚姻多半是能圆满的。当然也有极少数是由“父母之命，媒妁之言”包办，以至损害青年男女纯真感情的。至于筹办儿女婚事，布依族人经济情况再困难，都很讲究礼信，特别是待客热情是布依族人的特点，整个婚礼过程都要贯穿人们喜爱的“唱酒歌”。

按布依族的习惯，男女成婚前必须经过“行聘”，这一过程一般需要一年左右时间。行聘分以下几个步骤进行。

第一步是“请行媒”。即是男女青年相互有了感情后，男方就要禀告父母，请媒人去女方家撮合，经过三番五次得到女方家同意后，男方家就要择个双月双日（取其成双成对之意），设宴招待媒人，并请女方家内亲族中每家各来一人做客，同时请本寨中近亲族人作陪。席间摆家常，互敬酒，主要是感谢媒人说亲辛苦和女方叔伯等的关怀帮助促成了这门亲事。如果女方家相隔太远，也可将宴客礼物带至女方家邻近亲族中找一家设宴亦可。“请行媒”实际上是初步认亲。

第二步是请“座媒酒”（订婚）。即行媒后女方家已认可这门亲事，男方家就要选择一个双月（习惯是二月 、八月、因布依族有二月、八月是“乾坤月”之说，意即求婚吉日），由女方父母确定地点（按旧习一般定在她哥或弟家、如无亲兄弟，就定在堂兄弟家），请四个男子（其中一个带队的称“押礼先生”）带上传统礼品，到那里去“定亲”祭祖，也就是说公开宣布某姑娘已正式许配某青年了，这时女方兄弟家要杀猪宴请招待，所有亲族都要来作陪，经过这一手续，这门亲事就算定了。此外，在定亲的十天半个月内，女方家族中还要每户拿两个煮熟染红的鸡蛋集中放在一坛子里，请两个人送去男方家，男方家就把鸡蛋分给全寨中 8 岁以下的小孩吃，表示对下一代的关心爱护。对送鸡蛋的客人，男方的内亲族人要分别办席招待，来客一家家都要吃到才能回去。

第三步是“讨八字”。即定亲后男方家要择吉日请六人（由一德高望重且能吃酒的人带队）带上礼品到女方家去讨姑娘的“八字”，礼品中必须有糯米炒面和酒。在快到女方家门口时，要先放一柄火炮，表明“讨八字”的客人来了，女方家族中父老就要出来迎接。男方家要将酒分送到女方家亲族，每家一斤，糯米炒面则请在场的人品尝，每人三两左右。随即女方家开始杀猪，鸣炮祭祖。在宴席上主人要带头敬酒，依次再由家族中叔伯及其他亲人劝酒，一直要把客人劝醉方休。第二天清早，煮稀饭拌炒面做早点，从午饭开始，就由寨中女方家亲族，按准备的先后，接客人到家中做客，每家一餐是不可少的，每餐全寨父老都要来参加敬酒，也一直要将客人劝醉。一家如此，家家一样。吃完了家家席，最后由主人待客，这一席就是“讨八字”了。姑娘的生辰八字事先请人写好在一张红纸上的，有趣的是女方家并不明显地将“八字”交给男方家来的“押礼先生”，而是将“八字”置于酒碗底，主人端出两碗酒请“押礼先生”猜，如猜错了，不仅取不到“八字”，而且还要喝尽这碗酒，后又再猜，如此反复，要直到猜准取得生辰八字为止。另外，主人家族仍还要每家拿两个染红的熟蛋交客人带回分给男方家族中的小孩。

“讨八字”后，行聘就算完成，男方家就可择定结婚吉日，一般的都定在次年，也有当年结婚的，反正得事前通知女方家，以便做好一切准备。在临近结婚前，女方家要通知男方家来缝结婚用的帐子、被子等，男方家接到通知后，要立即请四至六位心灵手巧、善于做针线的妇女到女方家赶制。按布依族的习俗，做帐子、被子的布，要选在正月十五或七月十五开始牵纱、梳理、织成。这一过程中，寨上还不能死人，否则就认为预兆不好，布不能用，还得另选这两天重新织，男方家来的人要一直把帐子、被子做好后才能回家。

布依族结婚时新郎不迎亲，由新郎家请六个歌郎和一个接亲婆带上礼物到新娘家去接。在去接亲的头天晚上，歌郎与接亲婆来到新郎家，要在堂屋正中和右侧各摆两张八仙桌，桌上放两匹青菜叶，在叶上各放十粒黄豆，倒上两杯酒。据民间传说，这两杯酒是祭祀歌仙姑娘，以求保佑对歌得胜。酒杯、菜叶和黄豆要待吃了“下马饭”（即新娘接到家开始吃的那顿饭）后才能移动。接亲人是第二天凌晨卯时出发。快到女方家时就开始放鞭炮。女方家主人出来迎接时，门前要摆一张方桌，将毡子折成四方形放在桌上，毡子上还放有两杯酒。接亲歌郎来到桌边，由大歌郎开始唱“开门歌”，并边唱边把毡子四角折卷，用手指蘸酒向天上、地下和大门弹去，意即祭奠天、地和门神。进入堂屋后按规矩入席就座，仍由大歌郎用手指蘸酒从左右耳朵边向后弹去，表示敬酒后，男家歌郎就开始唱“认亲歌”，但主人请来陪客的歌手们这时一声不吭，直到大歌郎连唱几首“求情歌”后，方哄堂大笑，气氛也才缓和下来。这时女方家大歌郎就唱“盘问歌”了，诸如“你们这些路客从何处来?”“欲往何处去?”等等，一问一答，主客活跃，笑声朗朗。午时交礼物，男方家要唱“交礼金歌”，女方家要唱“谢金歌”。然后由主人家的兄弟设午宴款待客人，大歌郎要在席上献辞，就餐时还要对唱几首“酒歌”。饭后，同桌人都要手持筷子，听大歌郎唱“外游歌”，唱完大家才把筷子放在桌上，外出散步聊天。

下午3时左右，男方家大歌郎又带回原班人马来到新娘家，主人要准备两坛水拌酒摆在桌子面前，坛口插有手指大的青竹饮酒秆。这时女方家大歌郎要代表外公认亲，同男方家接亲婆对唱“认亲歌”，女方家女歌手们也代表大姨、小姨来与男方家二歌郎认亲，对唱“认亲歌”，女家男青年歌手们又代表大舅、小舅来与接亲婆认亲，对唱“认亲歌”。不管对歌中胜或负，主家都要送客人叶子烟一把（一两），聊表认亲见面礼物。

认亲完毕，歌郎们歌兴正发，于是就同唱一些布依族传统的古歌、酒歌，有时要唱四五个小时才能停下吃饭。

晚上，女方家的内亲家族要各拿两斤酒、两碗黄豆（炒熟的），请歌郎和接亲婆“宵夜”。斟酒时是一斤一碗，每斟一次酒，大歌郎就唱一首“谢酒歌”，内容不外对酒的质量和品味进行一番称颂和褒扬。酒喝得差不多了，女方家大歌郎就唱一首“交替歌”，于是两家男女青年歌手们就去互找对手对酒歌，一边饮，一边唱，通宵达旦，酒意酣然。

第二天凌晨，新娘在其姐妹的帮助下，梳好头，穿好嫁衣，带上遮羞帕和父母为她特制的一套叶子烟具——包括烟杆、烟盒、烟坠、烟扦等，带着难舍的惜别之情走出家门，由接亲婆带路，一路敲锣打鼓，吹起唢呐，步行到新郎家。出发时接亲歌郎们虽然唱了一天一夜的酒歌，但还得打起精神应付在寨子外路口边提着酒拦路要与他们对“拦路歌”的姑娘们，歌郎还要给姑娘们赠送礼品，对不上“拦路歌”的，要罚喝一碗酒才能放行。

把新娘接到家，男方家要放火炮迎接，二歌郎要去洞房把帐子挂好。接着就唱开帐歌，并撒“粑粑果”让小孩捡，表示吉庆多子。入洞房前，新郎家要用一个簸箕，装上小饭团糯米饭和一个煮熟的红鸡蛋，摆在去洞房的路中，要求大歌郎帮新娘新郎取名字。大歌郎用刀将鸡蛋划成两块作卦，叫一声顺丢下去，接着便按荣华富贵的含义取个名字。要等歌郎们吃完“下马饭”才安席招待其他客人。这天晚上，堂屋中烧一炉大火，近亲族人围火饮酒，唱歌助兴，一直玩到深夜才开始吃夜宵鸡稀饭。

在婚事上，布依族和其他民族最大的不同点是新娘到新郎家不拜堂，新婚之夜不同宿，婚后上至三天（个别的就在当天）男方家就要请三五个女伴和一两个小伙带上传统礼物送新娘回娘家（即“回门”），半路上如遇着娘家来迎接新娘回门的男女青年，双方就要“打箭草籽”玩耍。一般来说，新娘回娘家后当年就不再回婆家，要在娘家过完年，等到第二年过大年时夫家才按传统习惯携带礼品接新娘回去，从此就不能在娘家过大年了。有的新娘结婚后，要在娘家住上两三年才回夫家。这段时间新娘的基本任务是在家挑花刺绣，自制大量的配套服装，起码够她穿大半辈子。

从这个个案中，可以看出毛口布依族与羊场布依族在婚俗上有很多相同之处，男女青年相识的过程就很相似，是以对歌的方式赢得对方的爱慕，这种传统的相恋方式在两个地方都有生成的地理环境因素，在正月与走亲串戚的日子里，是农闲时节，这种氛围的形成是以从事农耕为主要生计方式的必备条件。唱盘歌可以说是两个区域布依族都遵从的习俗。盘歌穿插在婚俗中，增强了婚礼过程中的娱乐性，也是男女双方斗智斗勇的民俗活动。之后的程序“请行媒”“座媒酒”“讨八字”等只是在冠名上与羊场布依族有所区别，但含义都一样。毛口布依族婚俗中也出现了“在临近结婚前，女方家要通知男方家来缝结婚用的帐子、被子等，男方家得到通知后，要立即请四至六位心灵手巧、善于做针线的妇女到女方家赶制”这一情况，这样的案例佐证说明了这一习俗不是单独存在羊场布依族中。同时也说明了这两个区域布依族婚俗与服饰表现具有的一致性。

第四节　盘县羊场布依族艺术文化

一、羊场布依族服饰文化

在羊场乡瞿家寨我们调查组访问了陆大秀等人。我们一行到达的时候陆大娘正在织布机上织布。随后在我们的交谈中得知，在这个寨子中，40 岁以上的妇女都会织布，以前从纺线到制成衣服，都是手工，现在因为买棉线比较方便，故棉线一般都从市场上购买，我们看到陆大娘织布时用的棉线就是在集市上买的。

纺线时忌人从线上跨过，正月十五和春分这些日子忌动针线，也不纺线织布。

正月十五以后、七月、冬月、腊月这些农闲时节，寨中每家都会染布。特别是六七月，此季节染布天气好，染布不仅容易晒干，而且容易上色。用的蓝靛也是自己种的。陆大娘还带我们看了染布用的蓝靛。一匹布要染七八天，每次染布时间持续一个小时。染布一个小时，要把布在染缸边晾起直到滴干水，又把布放回染缸染，这样一天反复染五六次。

陆大娘的织布属于丢梭织布，有 580 根经线，有 1.5 尺左右宽。织布长的有几十丈，一般长度在 20 丈左右。

问起陆大娘现在家庭经济情况、交通条件都好了，为什么还自己织布，老人笑笑说，自己织的布是纯棉的，两位老人习惯穿纯棉质地的衣服，另外每年也要给家人织布做一套衣服，也算是老人的心意。

羊场布依族服饰上的刺绣工艺主要集中在女式上衣胸前的衣服上，呈人字形绣花图案。鞋的前面、背篼、花包、枕头、帐檐等处。属于剪纸贴花绣，绣的图案主要有蝴蝶、花、草等，具有民族风格和地方特色。现在的绣线较以前鲜艳得多，主要以大红、水红为绣色。绣花的手法是平绣。

现在羊场零星从事刺绣的女性在人数上还算较多，大多数女性都会剪纸绣花，从我们访问的人来看，这家的祖孙三代还会这些工艺，但每家制作衣服的数量并不多，每人有一套，多者有过世时穿的那几套就不再多做了。因此，这种刺绣工艺目前仅存留在做本民族服装的过程中。从羊场布依族服饰的整体上看，绣花并不华丽与变化多样。

羊场布依族妇女服饰绣片

我们说羊场布依族的服饰文化，主要是说在市场经济的强烈冲击下，这里的人们还保留着织布、染布、手工制作服饰的工艺，这是我们在羊场乡政府所在地的村寨见到的情况，交通条件、经济状况都算是好的村寨还保留着这些传统的手工艺，而且这种手工艺不仅存在老年人中，年轻的人也都会传统的服饰制作，保存这样好的服饰制作工艺，可见传统服饰的功用并没有被同化，反而在婚丧嫁娶和传统节日中，都要穿上民族服饰。可以说现在民族服饰的基本功用如保暖已经消失，但作为布依族的审美认识，他们还是觉得民族服饰更有特点。在瞿家寨也有少部分人正在将民族服饰的制作转化为商机，目前虽然还没有很大的市场效应，但作为一种市场需求，不仅有利于保护传承民族服饰的制作工艺，也有利于发展民族经济。

二、羊场布依族盘歌与吹木叶

1. 盘歌

盘歌在红喜事中常用，接亲时必唱盘歌，女方家认为，来接亲的男方家盘歌唱得满意了才能把新娘接走，否则的话就千方百计地为难来接亲的人。在羊场布依族人们的心目中，对布依族的盘歌非常看重，歌师有自己用汉字记布依语音的歌谱，在平时的一系列民俗活动中经常习唱。如在婚俗中，男方家专门要安排两三位“歌郎”前去女方家接亲，接亲这一程序中与汉族不同，新郎不用前去，考验的是歌郎们的能歌善变。

对于盘歌内容的梳理，由于语言功底的欠缺，我们无法对整理的 71 首汉字记音的布依盘歌进行分析，只能从盘歌的功用分类上对其作简单的概述。在日常生活中，盘歌运用得多的地方有三个方面：一是青年相识的时候，双方追慕爱情的时候回忆盘歌的形式表达；二是在婚俗中，特别是去女方家接亲时盘歌的对唱表现得淋漓尽致，有时可能持续通宵达旦；三是在丧葬活动中也要唱盘歌，主要表达对亡者的哀悼，对生者的安慰之情。现在在节日里，他们还把盘歌搬上了舞台，实现了民间音乐与舞台艺术的结合。

在传统的民俗活动中，盘歌发挥着巨大的作用。盘歌造就了一批民族文化人，据潘方林老人的讲述，盘歌中的内容包含了盘古开天地、人怎样来、怎样结婚的来由，还有以前的老古历是十个月为一年，后变为十二个月为一年，这些都编成歌来唱，而盘歌的传承在民间艺人中全凭口传心授。在婚俗中的盘歌，增添了喜庆的娱乐氛围。

目前，羊场布依族盘歌已经申报为省级非物质文化遗产。保护盘歌的意义可以从以下方面来理解：国务院办公厅 2005 年 3 月 26 日作出《关于加强我国非物质文化遗产保护工作的意见》，正如在《意见》中指出的“随着全球化趋势的加强和现代化进程的加快，我国的文化生态发生了巨大变化，非物质文化遗产受到越来越大的冲击。一些依靠口授和行为传承的文化遗产正在逐渐消失，许多传统技艺濒临消亡，大量有历史文化价值的珍贵实物和资料遭到毁弃或流失境外，随意滥用，过度开发非物质文化遗产的现象时有发生”，因此，将布依族盘歌列为省级非物质文化遗产名录是社会发展之必然，也只有把这些民间文化提升到政府引导保护的高度，布依族盘歌的保护传承也才落到了实处。何星亮在《非物质文化遗产的保护与民族文化现代化》一文中这样强调了保护非物质文化遗产的重要性：“保护非物质文化遗产，有利于民族文化创新。文化多样性是创新和创作的源泉。它表现在两方面：一是文化创新或某种新文化的创造，在许多情况下是在不同文化的交流中产生的，有不少是在异民族文化的基础上或吸收了其精华而创造的。古今中外许多著名舞蹈、音乐、绘画、工艺等，都是在不同文化的交流中产生的。二是许多民族的各类创作，如文学艺术等，都根基于本民族的文化传统。离开本民族的文化传统，创作出来的作品也就不会有鲜明的民族特色。”我想羊场布依族盘歌的保护意义也在于此。

2. 吹木叶

木叶吹奏是布依族青年男女追求爱情的方式之一。吹木叶在布依族民间流传着一个感人的故事，相传在很久以前的一个布依族村寨，住着两个青年男女，但是女子出身于富裕家庭，男子则出身于穷人家。那时候，布依族的婚姻讲究门当户对，正是这样男子的婚事就搁浅，双方不能见面，一天男子在院子里用一张叶子吹，吹出动人的音调，被关在家里的女子听到之后也用木叶来吹，一唱一和。他们的举动感动了天上的神仙，托梦给男子让其到寨里的树林里就会见到思慕已久的女子，后来美梦成真果然如此，他们的行为感化了女方的父母，最后两个年轻人走到了一起。

吹木叶流传至今，不仅在布依族村寨吹，而且吹出布依村寨，吹出国门，被国外的演艺人尊称为“东方魔叶”。成为羊场乡布依族人民的骄傲。

高野这样描述羊场布依族的吹木叶：吹木叶是布依族青年一项专长，一片树叶放在嘴上，便能吹出优美动听的曲调。所吹曲调多以表达对情人的恋情和心中的感慨，还可以模拟各种鸟的叫声。羊场乡赶场坡村布依族青年罗文军，一片木叶吹出了名气，吹到了省城，吹进了北京，还被选调到贵州民族歌舞团成为木叶演奏员，并随团出访很多国家，他的木叶演奏均获好评，1989 年罗文军随贵州民族歌舞团赴美国演出，他的木叶吹奏被美国演艺界人士称为“东方魔叶”。许多人都没想到，这“东方魔叶”的演奏者是我县羊场乡的布依族青年。

一片树叶，放在布依族小伙的嘴上便能成为一首婉转动听的歌，这木叶歌声不仅打动了美貌的姑娘，还吹遍了祖国，同时还获得世界友人的好评，这是羊场布依族人的骄傲！事实上他们的表现也确实证实了吹木叶的成绩，在羊场乡中学岑范老师即兴就给我们吹奏了几首曲子。岑老师告诉我们，现在学生中也有很多会吹木叶，只是在吹奏水平上与木叶大师罗文军存在距离。这说明了羊场布依族青年吹奏木叶后继有人，这是一件让人感到欣慰的事。

三、羊场布依族舞蹈文化

1. 布依族织布舞

穿插在绣花包舞蹈当中，主要是模拟织布时的动作。

2. 布依族绣花包舞

羊场乡布依族的“绣荷包”，绣“荷包”以前人们将其称为“糠包”，袋子里面装的是糠渣。随后又将其叫作“荷包”，后来叫作“花包”，现在人们都叫“荷包”。通过绣荷包表达了布依族青年男女自由恋爱和布依族人民的辛勤劳作，从而展示出布依族人民的含蓄性格。绣荷包成为一种舞蹈形成于 1977–1979 年代甘塘，是由布依族罗文军、罗跃兴、罗奇福等人发起而创作的布依族特色舞蹈。

3. 转场海马舞

在布依族中丧葬活动中，马郎家来人上祭，跳脚活动进行过程中，当跳脚的跳累了，就会表演一场海马舞，由三人来跳，两个人骑海马，一个人甩金箍棒，场下有锣、钹、唢呐队伍助兴。舞时舞海马者将马臀用绳系于腰后，手执马头、足踏唢呐、鼓、钹节奏、按旋律随着指挥的花棍做前进、后退、跳跃、翻滚等舞蹈动作。舞蹈中常模拟马的各种动作，以腾、闪、跳、挪见长，有“甩尾蹶蹄”“二马相亲”“双马抢宝”“骏马腾空”等造型。舞蹈热烈生动，端庄激昂中时透诙谐欢快，极富生活情趣。因此，布依族毕摩都说他们的海马舞是跳脚过程中的一个小插曲，算不上祭祀舞蹈。

从这些舞蹈的命名来看，它们都来自布依族日常生活，可以说，是勤劳乐观的羊场布依族人在舞蹈中融合了看似琐碎的生活，但这种取材于生活的舞蹈艺术，在劳动人民中间流传具有强大的生命力。恩格斯提出了“劳动创造了人本身”的论点，在这里我们也可以说是劳动产生羊场布依族舞蹈的源泉。布依族善于从日常生活中提炼出舞蹈素材，融合民族特色，通过适当的加工，最后搬上舞台，给人们生活增添了乐趣，还强化了这些舞蹈的审美艺术。

四、羊场布依族民间故事

调查组在赶场坡村坪地组采录的民间传说故事有三个。

1. 滴水岩的故事

传说滴水岩，从老人到羊场落户的时候，这里人烟稀少，遍地荒芜，林木茂密，滴水岩神通得很，远近几里地哪家办红白事，都去滴水岩洞口借碗筷用具，去借用具时，只要拿一只鸡去，鸡杀了就丢进岩洞口去，里面就知道来人是借器具的，碗碟等什物就从洞口漂出来了，去还东西时，要是哪家不小心摔坏了碗碟而换其他碗碟的还回去，不是滴水岩的就会在洞口上面漂起而不收回去。后来某些人家动了心眼，去借东西时拿死鸡、死狗、死猪等往洞口堂子里丢，企图骗过里面的那路神仙，一次、两次，里面还照样漂出某家要借的器具，后来里面再也不漂出要借的器具了，不管以后人们再拿鸡去借东西，也借不到了。

2. 铜鼓的故事

过年的时候，寨子里就要挂铜鼓，铜鼓有三只耳朵，铜鼓上面有一条龙，这铜鼓上的龙，一有空就跑去找滴水岩的那条龙打架，两相较量，铜鼓上的龙打输了就回来，打赢了就在滴水岩做神仙了。有一年过年，罗家挂起的铜鼓不见了，到处找，最后在滴水岩找到了，但铜鼓嵌在滴水岩洞口怎么拔也拔不出来，在滴水岩的洞口就成了一面铜鼓状的画面。以后大家敲铜鼓的时候就只敲铜鼓的一只耳朵免得它又跑去滴水岩找那条龙打架。

3. 插花田的故事

在羊场乡，有这样一个感人肺腑的布依族民间故事。这个故事就是羊场乡人们所熟知的插花田。

插花田位于羊场乡赶场坡村与杨家寨村的接壤处，水盘东线边陲而过，面积约为两亩，呈长方形。

故事发生在洪武年间，这里有一个布依族姑娘和同寨里的一个年轻小伙子暗暗相爱，双方产生了爱慕之情，两人私订终身。姑娘长到 16 岁，其家中非常贫寒，就将她送给邻寨一户富有的人家做儿媳妇。姑娘无法摆脱封建婚姻制度的束缚，被迫来到婆家，虽然人在婆家心却是在外，几次试图想逃跑都被抓了回来。她受尽了人间的折磨，但是姑娘致使追求着人生的自由。一天她又要准备外逃，婆婆见事情不妙，头中闪出了个坏主意，姑娘一天能插完这两亩地的秧苗，就给她自由，姑娘为了心爱的郎君，就答应了婆婆的条件。

天刚刚拂晓，姑娘在婆婆的监视下来到稻田里，插啊……插啊……莫说吃饭，就连喝口水的时间也不停留，姑娘追求自由的精神感动了天上的仙女，天女们相约下凡帮助姑娘来插秧，这样使姑娘早日获得自由与幸福。仙女们迅速地插秧，把站在田外的婆婆给看得眼花了。

太阳落山了，姑娘插完最后一株秧苗的时候，她心里非常高兴，自由与幸福的美好前景，霎时就要展现在眼前，然而当她刚想挺直腰杆时，突然眼前一阵发黑，一下子就倒在了稻田里。

四面八方的布依族姑娘被这个插花女的精神所感动，纷纷将自己准备送给情人、亲人的花包送到这块田地来，有的姑娘特意用纸叠成小花送来，表示对插花女的思念，以后每年都如此，时间久了，大家商量以后就永久性按时祭奠插花女，仪式由邻村邻寨选出一对青年夫妇来做祭祀，专门负责编织祭奠用的花环。待到插秧时节，就将这些花环插在大田里，以后年复一年地沿袭下来，一直至今，“插花田”就由此而来。

在多元价值取向下，随着农村电视的普及，几乎所有的年轻人对民间流传的故事、神话、传说的认识与老一辈人的认识理解发生了重大的偏差，可以说，老一辈人的童年是伴随着长辈的说故事、“摆古”而度过的，而就是这些不起眼的民间故事传说，却影响着他们人生观、价值观的形成，至少在童年的记忆里留下了真善美的记忆。在羊场乡赶场坡村坪地组我们采录的这几个民间故事，只是在布依族中流传的许多故事中的极少数。其中《滴水岩的故事》和《插花田的故事》就很有教育意义。在人们心目中奠定了诚实、坚贞的价值取向。在很多民族地区，很少发生过刑事案件，这些与人们的道德意识密切相关。民间故事朴实的语言，有些还不乏怪诞，但却蕴含着丰富的哲理性，处处闪烁着向往真善美的光芒。

第十一章　盘县汉族工艺文化描述与研究

郎丽娜

工艺文化是人类文化中的一个中间性质的文化，它既与物质的形式关联，又与精神和观念的文化关联，也与制度文化关联。在实际的生产和生活中，它与人类的许多生产方式关联，采集、狩猎、渔猎、游牧、农耕，包括现代工业等等，但它似乎又独立于这些生产方式，拥有自己独立的意义。在古代，战争的双方一般都是不杀死对方艺人，而是收为已用。这一部分人是最早脱离“制度形式”的人群，这也说明他们和他们工艺及工艺文化的独立意义，它超越了阶级和阶层的制度意义，成为人类共同需要的一种实际存在和具有人类共同利益的事物。在人类文化的发展过程中，某一生产方式的先进和落后，在一定程度上是从其工艺的水平来体现的，也就是说，工艺水平的高低，是反映生产方式发展程度的一种标志。我们以为，这就是工艺文化的基本性质。我们研究人类的工艺文化就应该从这里入手，研究盘县的汉族工艺文化也是如此。

盘县的汉族工艺文化是一个特定的概念，即指在盘县地域内的属于汉族的工艺文化。在盘县，工艺文化有着比较丰富多彩的表现，但其他各民族工艺文化的描述和研究，我们归属到民族文化区域来统一描述和研究。

第一节　盘县汉族工艺文化描述

在盘县，汉族工艺文化是盘县工艺文化的一个重要组成部分，可以说是影响盘县地区传统工艺文化的决定性因素。

在一般的传统工艺文化中，关联人们生产和生活的方面有衣、食、住、行、文化、工具、用具等。衣的相关工艺在盘县少数民族中有比较明显和突出的表现，而在盘县汉族中就不那么明显，因为这方面的工艺在比较发达的商贸中基本消失，因为汉族人的衣基本是通过商业贸易来解决了。食的工艺在民间性质的汉族中，也基本普同化，没有特定的表现，或者说我们没有对其进行特定的调查，故我们也不能有一定的描述。住是人类生活的重要因素，尤其是农耕文明状态下的人类，这一点最为重要，而这也是盘县汉族工艺文化的重要部分。这个重要性要从两个方面来理解：一是住是农耕文明中最重要的工艺事物，农耕文明的文化影响其他形态文明的文化也就是从这里开始的；二是盘县汉族住工艺文化是盘县整个住工艺文化的主体，因为我们在盘县看到，不管什么样的民族，它在其他文化方面有自己的特定表现，但住工艺文化则完全受汉族住工艺文化的主导。行的工艺主要就是车的制造，而这一方面表现比较少，它基本融合在了住工艺（木匠）中了。文化用具的工艺是盘县汉族工艺中最为突出，也是最有意义的一个组成部分，具体而言就是它的造纸术。工具和用具的工艺在汉族工艺文化中也有比较突出的表现，传统的农耕生产和生活中它们有比较广泛的影响，但这些工艺在民间比较分散，我们在这方面所做的调查也比较少。

在这些汉族的民间工艺中，一般在群体性上都形成了一定的行业，在个体性上都形成了不同的匠人系统。比较经典的有木匠、铁匠、铜匠、银匠、篾匠、石匠，以及某某师傅等等。前者是根据材料来区分的匠人，而后者则是某种综合性很强的工艺中关键技术掌握者的称谓，如盘县老厂造纸的抄纸者就称为师傅，而不称为某某匠。在盘县，木匠、铁匠、铜匠、银匠、篾匠、石匠等，我们最多见的是木匠、铁匠、篾匠、石匠等，而铜匠、银匠少见，至少我们没有调查到。在木匠、铁匠、篾匠、石匠中，可能各民族的匠人都有，但最多的还是汉族。

木匠是这些匠人中最为重要的，也是在汉族传统工艺中历史最为悠久的工艺。在这个工艺中，造屋是他们最终极的任务，在中国古代，木匠与石匠是“营造”的主体。在今天，盘县的“营造”虽然有了很大的变化，但传统的“营造”工艺还在。在木匠的传统工艺中，还有一些家具等生活用具，以及一些生产工具的制造。但总的来看，传统的木匠工艺基本已经边缘化了。

石匠在盘县汉族工艺文化中也是一个重要部分，这些工艺，一部分转向了现代水泥、砖石的建房上，一部分凝固在墓葬石碑的制作上。它们也还在一定程度上影响到人们的生产和生活。

铁匠在盘县还存在，但主要是为传统的农业工具和用具服务，影响力已经不大，但基本的工艺仍存在。

篾匠的主要材料是竹木，因在其工艺上比较简单，会做的人比较多，但会精细篾编的人不多，故而多数不能形成工艺的影响力和工艺性商品，其产品只在小范围内流通使用。

在盘县，汉族工艺文化中，最值得我们描述的是传统的造纸工艺和传统木质造屋工艺，以及石制工艺。

在盘县的造纸工艺主要出现在老厂，以及羊场、英武等乡也有造纸工艺出现，并且在几百年前就形成了工艺传统，其工艺产品远销国外，其工艺影响力是很大的，至今仍然影响老厂人的生产和生活。我们在 2008 年 1-8 月，对盘县造纸工艺做了数次调查，其综合描述如下。同样，我们也于此不改变原始调查的风貌。这个综合调查报告以我们2008年6月的田野调查为主，综合了我们2008年1月的调查和8月的调查，以及相关的资料等等。

《盘县老厂造纸工艺文化综合调查报告》

时间：2008年6月、2008年1月、2008年8月

地点：盘县老厂镇等地

讲述人：朱彬修（男，汉族，68岁，退休干部）、朱大国（男，汉族，老厂镇科技文化服务中心工作人员）、董荣慈（男，70岁，董姓人家对老厂的造纸工艺贡献最大）等人

采录人：杨春艳、吴秋林、谢丽红、郎丽娜

老厂造纸历史（主要为朱彬修老人讲述）

在老厂，相传造纸的家族历史上有钟姓家族，在清初期、中期雍正和乾隆时期来到老厂，在钟姓家族以前的历史，现在已无从考证，钟家已无传人。

其次就是袁姓家族。现在还有几家传人。

现在从事造纸业的是董姓家族，同时也是董姓人把以前更古老的造纸术进行了某些方面的改革。董姓家谱上有这样的记载："弃耕从艺蔡伦术。"他们去宣威出售纸时发现不如其他纸畅销，事后，他们勤于思考，对原来的造纸术进行了一定的改良。

最初造纸的原料是构皮树，后来大量发展为草纸，原料为竹麻，此外还添加一些麦秆和茅草。原始竹子为刺竹、水竹和华竹，这些竹种在董姓家族从四川引进灰竹、金竹后，现存已不多。现在的竹种为灰竹和金竹，四川人称为斑竹，书面语为毛竹。用这些竹子作为造纸的原料，相比以前，提高了造纸的产量。现在老厂的竹林面积已达3万余亩。顺着山沟和山坡，向周围延伸，长宽各4.5千米，20余平方千米的竹海面积。

一直以来，老厂的造纸都运往曲靖销售，以前大多是曲靖商人来老厂收购、运回出售。现在因为老厂造纸的产量大不如前，有几户在曲靖代销。

1960年前后，老厂由盘县轻工业局管理，有五个造纸企业。每年出口纸产品500余吨，占全县外贸出口贸易总额的80%左右，这种贸易状况一直延续到1983年前后。老厂造纸产量最高时可达到5000吨竹麻作为原材料造纸。所以在老厂镇的深山竹海中，会出现居委会的建制一点也不为奇了。

现在老厂纸产品每年出售的产量为一两百吨，影响造纸产量下降的原因主要有以下几个因素：1. 年轻人大多外出打工，相比之下，外出务工比造纸有更多的经济收入。2. 受煤炭价格的影响，直接增加了造纸的成本，目前盘县至老厂的交通条件也有待改善，这些客观因素都影响着造纸户数的减少。3. 技术上存在的缺陷，如手工小作坊、纸的质量不如宣纸，但引进技术又不成功，受市场经济的影响，是挫伤人们生产造纸积极性的重要因素。

老厂造纸历史和工艺（主要为董荣慈老人讲述）

（注：在进行访谈前，我们了解到董姓家族在老厂的造纸历史渊源，得知董姓家族是老厂公认的最早从事造纸业的，因此，选择董荣慈老人为我们讲述董姓家族的情况与造纸历史有特定的意义。）

据董荣慈老人的讲述，董家是从云南迁来的，刚来的时候老厂这里还是深山密林，最开始在董家坪子住下，后搬到现在的居住地（老厂仓库后面），前人在挖厕所的时候发现一个废弃的白纸窑孔，董姓家族人受到启发，用野生的土皮草开始造纸，有称为刺竹的竹子，不能作为造纸的原料，董姓先人打发下人去四川，背回来两小棵竹子，从此在这地方繁茂生长，从那时候算起，董姓家族造纸的历史估计有两三百年了。但猜测竹子（灰竹）引进之前，主要造白棉纸，白棉纸在老人年幼时还见到老辈人在生产。到目前为止，董姓在此地已有12代人，据董姓家谱上的记载，最早来老厂的董姓先祖是董耀先。

根据董老人的经验，他觉得造纸工序中要讲究的地方有：

老厂踩竹麻

1. 砍竹麻的时节，竹麻砍老了纸里面有红筋，砍嫩了，造出来的纸会成纸小团，俗称“白纸连”。

2. 捂浆把时不能在太阳下暴晒，这样的话石灰颗粒浸不透竹节。

3. 不能“打清”，即石灰浆不能太清（石灰浆的浓度不够），打浆把后的竹麻表皮不能有青皮出现，如果有青皮出现，做成的料子会成黑皮，影响造纸的颜色。

4. 踩竹麻时，要踩得竹麻成麻丝一样。

5. 做料子时打碓要打得细，卫生也要讲究，窑池等地方要经常保持清洁，用水也要用干净的水，这样才能保证造纸的色泽光亮。

6. 抄纸时评判纸是否抄得好看有没有“滴水眼”。

董老很自豪地和我们谈起他家祖上董德光在曲靖卖纸的质量，一般一百打纸会高出同行造纸12元钱。买家也会认准“福恒隆”的字号造纸来购买。

在人民公社时期，派人去四川、浙江等地学习过造纸术，后来也请过师傅来教，1967年前后派人去学习宣纸的制作方法，但引进当地都没有成功，董老猜测说，是老厂温度低的原因造成其他地方的造纸技术引进老厂不能成功。

中华人民共和国成立初期，老厂有几百家窑孔，发展到现在，几乎家家都会造纸，但目前随着市场经济的发展，纯粹的手工抄纸作坊只有两三家了。机器造纸引进到老厂，已经发展有七家了。

在中华人民共和国成立之前，有对造纸的祭祀活动。过年时杀猪、杀鸡后拿猪头、鸡、饭、香火纸钱在窑口和槽房里供蔡伦。当抄纸先生在压纸时老是破的时候也会用鸡来供蔡伦，但现多已不信。

老厂造纸工艺过程（主要为朱彬修、朱大国讲述，以及综合其他调查和资料，还有现场观察补充等）

1. 砍竹麻

工序内容：砍竹麻没有特定的禁忌，但有讲究。砍细留粗、间密留稀。砍竹麻在夏至时节前后，具体竹子长到竹丫三枝到尖的时候，否则，竹麻变老在煮竹麻时就比较费事。

使用工具：类似割草的镰刀，但比割草的镰刀短，刀背比普通用的刀厚，刀身比普通用的刀重。暂定名为砍麻刀，在其他地方没见到有这样的刀。另外还有斧头，用来砍倒大棵的竹麻。

2. 剔丫枝

工序内容：把竹子的枝叶剔去。

使用工具：砍麻刀。

3. 腰段

工序内容：把整根的竹麻砍成七尺左右长的一段段的竹节，这样便于背运和上窑，一般的煮竹麻的窑直径在4米左右，腰段的长度亦为了方便上窑的尺寸。

使用工具：砍麻刀。

4. 划篾

工序内容：把竹子破成篾片，用来给竹麻打捆。

使用工具：砍麻刀。

5. 捆竹麻

工序内容：把剔好的竹子绑成捆，一捆约有百余斤。

使用工具：竹篾片。

6. 系竹麻

工序内容：把捆成捆的竹麻做个背系带，便于运送竹麻。

使用工具：竹篾片。

7. 背竹麻

工序内容：传统中把竹麻用人工背运到煮麻窑旁。

8. 散捆

工序内容：在纸窑边用刀解开成捆的竹子。

使用工具：砍麻刀。

9. 破竹麻

工序内容：把竹子用斧头或碓等工具敲破。打破竹节，作用是浸泡竹麻时使石灰水进入竹节中。在调查访录过程中，我们见到有三种敲竹麻的方式：一是用碓敲破竹节，这时至少需要三个人合作，一人上竹麻，一人踩碓，一人取竹麻。二是用斧头直接捶破，用这种方式只需要一个人就可以完成这道工序，而且也适合敲破细小的竹麻。三是人用力直接摔破竹麻，称为板竹麻，大的竹麻适合用这种方式，简便快捷，但因为需要人手臂用力，比较耗费体力。

使用工具：斧子、碓等。

10. 划扎篾

工序内容：把竹子破成篾片，用来给竹麻打捆。

使用工具：砍麻刀。

11. 扎浆把

工序内容：把敲破了的竹麻又重新捆成捆，只捆一头，每捆约30斤左右，以便用扬镖上窑。

使用工具：竹篾片。

12. 发石灰

工序内容：在扎浆把之前一个月，就把预备好的生石灰放在纸窑附近的浆塘发好。1.5万千克竹麻需要1500—2000千克的石灰发成的石灰水。

使用工具：专门用的浆塘，一般的浆塘长2.5米左右，宽1.5米左右。最长的可达到4米左右，宽3米左右。浆塘的设置要视窑孔的大小和周围场地的具体情况而定。

13. 拱浆

工序内容：主要是把石灰用拱耙搅和起泡，使其均匀。

使用工具：拱耙。

14. 打浆把

工序内容：把捆好的竹麻放入石灰水中浸透。水要淹过浸泡的竹麻约半分钟，把捆扎成浆把的竹麻浸泡透。

使用工具：扬镖（用一根长约六尺的竹竿，一端套上一铁制的梭镖头即成）。

15. 下把子

工序内容：把浆把竖在浆塘边，大致沥一下竹麻的水分，也利于石灰水进一步渗入竹麻中。

使用工具：扬镖。

16. 捂浆把

工序内容：把浸透的竹麻呈梯形或三角形堆放在纸窑的附近，一般要捂一个星期左右。捂浆把的作用是使竹麻不从竹节断开，提高产量和纸纤维的质量。

使用工具：扬镖。

17. 购窑锅

工序内容：锅在窑底用来盛水煮竹麻，每次煮竹麻的时候都要预备一口锅。

18. 把锅弦

工序内容：把锅弦即在窑底装锅，并在锅的边缘上用水泥或石灰砌一个高约20厘米的锅边，这就叫“把锅弦”。

使用工具：普通的泥瓦匠工具。

19. 做黄眼

工序内容：在锅底处有一个通水口，呈锥形，里大外小。做黄眼就是用黄泥、布条堵住这个水口，但要堵得好，不漏，又容易捅开。

使用工具：木棍、竹棍等。

20. 安四方把

工序内容：锅边比窑底高20厘米左右，四方把高于锅把一个把子。但现场观察到的实际情况是高出许多，约40厘米的样子，并且视窑的大小，安四方把、三方把均可，我们看到的是安三方把。

使用工具：扬镖。

21. 放楞锅木

工序内容：用一般树木杆三棵或四棵搭载四方把上，使竹麻与锅上形成一个空间，主要作用是支撑竹麻的重量，不使竹麻沉下来压坏锅，因为竹麻在煮的过程中会塌缩下来。

22. 放锅草

工序内容：在锅底放满草，什么样的草都行，现场看到的是就近割来的青蒿草。目的是为了保护锅，不至于石灰水滴在锅里，形成锅垢粘在锅上，这样温度升不上来，容易把锅烧坏。

23. 放锅水

工序内容：先在锅里放满清水，使在上窑过程中竹麻上的石灰水不滴入锅内。目的是为了使锅里不结锅垢，保护锅，不把锅烧坏。

使用工具：水桶。

24. 上窑

工序内容：把竹麻横竖架起上窑，长短搭配，一层层地铺实，上满至窑顶高出一尺都可，具体看原料多少而定。

使用工具：扬镖、胶手套等。

25. 放窑水

工序内容：在窑中放入五分之三到四分之三的水，依据经验使竹麻能煮透的水为合适，通常情况下，放入水多了，不易升温，升温慢，且多花费原材料（如煤炭）；水放少了，则竹麻不易煮透。

26. 封窑

工序内容：用浆塘里沉淀下来的石灰渣封在窑面。

27. 煮竹麻

工序内容：有分支性质的几个部分：(1) 备煤，4万斤的竹麻煮两次需要花费7吨左右的煤。(2) 运煤到纸窑。(3) 杵煤做煤粑，依纸窑直径做成煤粑，一般做成圆形、重5公斤左右、中间留一孔的煤粑。(4) 发窑火。容量能装4万斤左右竹麻的纸窑，煮竹麻时要25天左右的时间。煮竹麻时每天需要加一次火，保持火力。

使用工具：木棍、锄头等。

28. 钩竹麻

工序内容：把煮好的竹麻从锅中钩出来。

使用工具：钉耙（以长约3米的竹竿为柄）。

29. 踩竹麻

工序内容：请踩竹麻的工人，两人为一堂（在实际的观察中，一般为四人一组，以一根长横木为扶持，穿上钉子鞋，把已经煮好的竹麻踩成丝状物。我们看到的老厂"黑土坡"踩竹麻处有20多人，两人抓竹麻，10人踩竹麻，4人打竹麻，4人洗竹麻）。一般5万斤以上的竹麻需要12人踩竹麻，习惯上一般一天就踩完（"踩竹麻"在老厂形成了一个专门的队伍）。

使用工具：民间制作的特制钉子鞋、胶鞋等等。

30. 敲竹麻

工序内容：在踩竹麻的人踩好竹麻之后，后面的人接着用锄头等工具敲打，叫敲竹麻，目的使竹麻细碎。

使用工具：锄头。

31. 捡筋筋

工序内容：把敲好的竹麻里较粗糙的竹麻捡出来，这样制作出来的纸就会没有明显的粗纤维（俗称"麻筋"）。但现今一般不会出现这一道工序了，因为现今所造的纸多不用于书写，质量要求一般即可。

32. 洗竹麻

工序内容：把竹麻用清水在水池里冲洗，一般要冲洗6次，也有冲洗8次的，但现今所做的纸多用于民间丧祭用纸，并不用于书写，等等，所以要求不高，冲洗三四次就可以了。

33. 洗纸窑

工序内容：把原先用于泡煮竹麻的窑洗干净，好重新把洗好的竹麻放回窑去，用碱水浸泡，加火煮之。

34. 踩泡窑

工序内容：把洗好的竹麻放回窑中，与最初放置竹麻一样，同样放四方把等等。

35. 再放楞锅木

工序内容：与前面的放楞锅木程序一样，目的也是保护锅弦不被塌缩的竹麻压住，但这次放楞锅木有一点不同，即在放楞锅木处要安置一根空心竹子至锅中，并一直通到窑面，高出竹麻1米左右，主要作用是把锅里的碱水喷出来，浸透整个窑里的竹麻。

36. 烧灰

工序内容：在传统造纸工艺中，所使用的碱是用荞秆或辣椒秆烧成的草木灰中得来，故一般要有烧灰这样一道工序，即把买来或者收集来荞秆或辣椒秆（主要是荞秆，旧时，老厂由于高凉，大量种植荞子，每年都有大量的荞秆）烧成灰，以为造纸所用。

37. 铺荞秆

工序内容：在窑里放好洗净的竹麻上面，先铺一层荞秆，使荞灰与竹麻之间有一个隔断，以便后来起灰时不染指竹麻。而且在加热过程中荞秆也会渗出碱水，亦有利于提高纸的质量。

38. 铺灰

工序内容：把烧好的荞秆灰铺在铺好的荞秆上，一般要铺30厘米左右，而且铺得越多越好，灰多，碱水的浓度就大，有利于分解竹麻纤维，提高纸的质量。

39. 淋水

工序内容：把水淋在荞灰上，多少视竹麻和草木灰的多少而定，把荞灰浸透为好。在这个过程中，竹筒会因为锅里加热而往上喷碱水，水再浸入荞灰，再淋下碱水……如此往复是一个浸泡竹麻的过程。

40. 化碱泼料

工序内容：（如果是用“化学碱”的话，就没有前面的四道工序，而是直接到达这一道工序，现在老厂的造纸基本已经是这样了）能装1.5万千克竹麻的窑需要300千克左右的纯碱和100千克左右的烧碱化水直接泼在竹麻上，随后煮之即可。放烧碱的作用是要加快竹麻的腐蚀，减少煮的时间。一般这样大小的纸窑，煮竹麻的时间大概需要半个月。

41. 泡料

工序内容：整个过程需要半个月左右的时间，等竹麻逐渐腐蚀，以轻轻捏竹麻容易断时为标志看竹麻是否泡料过程完成，泡料成功，成纸的原料基本准备就绪，称为“料子”，未成之前称为竹麻。

42. 备煤、买滑

料子一形成，就可以做纸，先做如下准备工作：

备煤、买滑（一般是罗汉松树根，本地没有出售，要到水塘、民主、马场等地去买。实在没有时，用仙人掌的汁也可做滑水）。

43. 洗滑

工序内容：把买来的罗汉松树根洗干净，去除杂质。

44. 棒槌滑根

工序内容：用棒槌把洗干净的罗汉松树根打破，以利于根中汁水的渗出。

45. 泡滑

工序内容：把打破的罗汉松树根放在大缸里浸泡，以捞起滑根水成线状为好。

46. 抓料

工序内容：把纸窑中泡好的料抓上来，搭在窑上的木料上，把料子放在上面沥干。

使用工具：钉耙。

47. 捏料

工序内容：把抓上来的料用手捏干水分。

48. 打碓

工序内容：把料子背运至碓房，用特制的碓打料，使料子更为细腻。放满碓窝和碓盘为一孔料子，打时一般要打3个回合6翻才能达到基本要求。一孔料一般可以抄500张纸。每天要抄多少纸，就打多少料。

使用工具：碓、拔碓耙。

49. 踩料

工序内容：把打好的料在碓旁用脚踩，踩到料变色成浆就可以移了。一般需要10多分钟。

50. 下槽

工序内容：把当天踩好的料子撮进抄纸的水槽子。这个水槽子2.5米长，1.2米宽，下窄上宽，成梯形。以前多为木质，现在基本为水泥加木板制成。

使用工具：撮箕。

51. 放水搅料

工序内容：在水槽中放水（一般是从山间直接引来的山泉水），用一种叫拱耙和响棍的工具在水中搅动，使料子充分在水中分解为浓度长度适中的造纸纤维，以在水中纸料成絮云状为好。

使用工具：拱耙和响棍，前这为木制，后者为竹制。

52. 撤槽水

工序内容：在搅料完成后，先把泄水口用树枝、草等物堵住，起过滤作用，既要使水能流出去，又不要使料子跑掉为好。然后拔掉泄水口，放出槽水，使料子在槽内沉淀而结成块状物。这个过程一般要一个夜晚。

53. 架槽水

工序内容：第二天一早，抄纸师傅要在放干了水的槽子里重新放满水，并在槽子里面放一个木架，成十字状，以便放置抄纸的抄纸架。

54. 起料

工序内容：在槽子里用搅料的拱耙轻轻地把水底料子搅起适当的量，并在水中搅匀就叫起料。

使用工具：拱耙。

55. 上托板

工序内容：在抄纸的水槽边放置一个比纸张大的托板，以便把抄好的纸放置在上面。一般是先放好一细竹丝编织的竹帘，在其上先抄上几张厚纸为垫即可。

56. 下滑搅匀

工序内容：从泡好滑水的缸里（一般就在水槽边）把滑水舀进水槽，用响棍搅匀。在有料子的水里放进滑水，抄的纸才能一张一张地分开。

使用工具：响棍。

老厂磕竹麻

57. 抄纸

工序内容：搅匀后架上帘架，就可以抄纸了。其过程是把抄纸架放入水槽中，在水中适度捞起水中的料子，再抬出水面，在水中把竹帘上的料子漂荡匀称，不多不少，不厚不薄，然后再起水，把帘架放在水槽架子上，取下竹帘，翻过来放在托板上，再揭起竹帘，这样，那一张薄薄的纸就放置在纸托上，随后把竹帘放回帘架，进行另一张纸的抄制……

造纸作坊纸的质量如何，在料子一样的情况下，师傅的抄制技术就是最为重要的了。据老厂的老人们说，100 个师傅抄制的纸有 100 个样，是老厂传统造纸中最具核心的地方。

这样的抄纸一般一天少的话可抄纸五个滑，一个滑可抄三刀到五刀纸（一刀纸为 100 张）。

使用工具：竹帘、帘架（竹帘用极细的竹丝做成，需要多宽多长的纸幅，就用多宽多长的竹帘；帘架是用木料做成的架子，以放置活动的竹帘）。

58. 挪纸坨

工序内容：在抄制的纸达到一定数量后，所抄制的纸在托板上成厚厚的一纸坨。抄纸的竹帘上有固定的纸张尺寸，这道工序要把固定尺寸以外的纸坨挪掉。料子好的话，纸坨容易成块挪掉。

59. 榨纸坨

工序内容：在托板边上，一般有一个木制的架子（榨方），一根很重的木料，架上，系好鞍绳，就可以榨纸，目的是把纸坨中的水分榨干，以利于晒纸。开始榨时不用力，使其在自然状态下榨干水分，最后用力。

使用工具：榨方。

60. 烤纸坨

工序内容：在灶口烤纸坨，一般要烤一个小时左右，先把纸坨抬在纸板上，用苞谷核搓毛，只烤纸头。

61. 搓纸坨

工序内容：在纸坨的一边搓出毛起纸角，便于取纸。

62. 挪纸角

工序内容：把成型的纸角挪一遍，起了松散纸张的作用，便于下一步工序取纸。

63. 抬纸

工序内容：把起了角的十张一抬，然后上墙晒纸。

64. 上墙晒纸

工序内容：从事晒纸工作的一般都是妇女，她们把十张一抬的纸抬起，贴近火墙，用嘴一吹，纸自然贴在火墙上，随即晒纸者把纸顺势用刷子刷在墙上，以此类推，刷完手中的一抬纸，火墙也就到头了。一般而言，一个坯房的火墙的长度就是十张一抬纸的长度，上一排下一排。

使用工具：刷子。

65. 揭纸

工序内容：纸在火墙上很快就会被烘干，干了的纸就要揭下来。揭纸就是把晒好的纸从火墙上揭下来。

老厂抄纸

66. 合纸

工序内容：把十抬纸 100 张合为一叠为一刀纸就叫合纸。

67. 分件、捆纸

工序内容：按照出售的需要和要求，对成品纸进行捆扎成件，至此，纸就可以按件来出售了。

老厂的造纸有72道工序，应该是一个概数，言明其工序繁多和工序的重要性。

在盘县，羊场、英武一带还有用传统工艺造白棉纸的，这在老厂也有，我们于2008年7月2日，对盘县老厂镇喇谷村三组的白棉纸造纸人——纪德邦进行了简略的访谈。

纪德邦，男，30岁，汉族，造白棉纸有15年了，该手艺是从贞丰学来的。

经过访谈，我们了解了造白棉纸的大致工序，较老厂造抄纸而言，工序要简单一些，加上近年引进一些新技术，使白棉纸造纸的周期较短，产量要高一些。

造白棉纸所用的原料是楮皮，要用到石灰、碱、滑等等。

我们见到的要用到的工具有帘子、帘架、晒纸架、淘具。

造纸要在三个大的空间里操作，即纸窑煮料、槽房抄纸、坯房晒纸。

纪德伟家做白棉纸一年要用楮皮原料四吨至五吨，据他讲述，以后随着抄纸技术的引进，竹帘上一次可抄出三张纸，他预计一年要用八吨到十吨的楮皮原料。

楮皮原料买回来，先泡半天到一天的时间，接着用石灰打好，在纸窑煮上一个星期后，捞出来洗一次，再放进纸窑煮，这次煮的过程中加碱来蒸，三天到四天后捞出来洗第二次，这时就可成料子了。以前打料是用碓打碎，三年前引进机器粉碎料子。把一天抄纸可用的细料放进淘具里再清洗一遍，就可下槽抄纸了。目前用的竹帘是一次性可抄出两张纸，这样一天下来可抄出1800多张纸，以后用的竹帘一次性可抄出三张纸，这样一天下来就可抄出3000张纸左右。料子放进槽子，就要加滑，根据纪德伟的经验，认为滑用得多抄出来的纸就要光滑些。

抄出的纸榨干，在坯房晒干，白棉纸就做成了。

在整个抄纸过程中，配料和下滑水要特别讲究一些，这样依据每个人的经验，造出来的纸也会各有差异。

在造纸工艺的诸环节里，任何一个环节出现问题，都会影响纸的质量和成品。

在盘县汉族工艺文化中，以木匠为主的营造工艺也是一个重要的组成部分。这里所说的营造工艺指的是木匠工艺文化，又以造屋为主。对于盘县汉族传统木匠工艺文化的调查我们开展得较少，因为这一工艺文化在民间太普遍了。木匠以造屋为主的营造术是这一工艺文化表现的中心，这一传统工艺在技术上的细节我们基本没有调查，但在许多文献中我们可以看到这样的东西，所以，在盘县汉族以木匠为主的造物营造工艺中，更多注意的是流传在此工艺文化中习俗和观念的表现。

在工艺技艺和文化中赋予神性，是中国工艺文化的一个特定表现，但表现得最突出的就是木匠的营造。我们在盘县20世纪80年代搜集的民间歌谣里就看到了这样的表现。比如：《法里修造》中就说：

弟子手提一把锤，

此锤不是非凡锤，
鲁班对我赐金锤。
金锤一响透动天，
天门土地得知闻。
金锤连响透动地，
地脉龙神得知闻。
山神土地都得位，
请在腔贤去安身。
有堂归堂有殿归殿！
无堂无殿，
各自方圆天下起，
天煞归天地煞归地，
年煞月归，
日煞时煞，
一百二十。
凶神恶煞，
若有邪师邪法，
弟子一锤打你万丈深。

（口述：张家义；搜集整理：左相平；流传：盘县保田乡；搜集时间：1987年）

在木匠工艺行业里，鲁班是他们的祖先神，一切关于木业的神性就是从他那里得来的，鲁班的出现实际上就是神圣营造的出现，是他的出现使我们中华农耕文明中有了一个最为重要的构成，这就是居所。鲁班的技艺是神性技艺，他的后人的技艺也就充满了神性。人们相信，没有这样的神性，居所的建筑是不可靠的。所以，在整个房屋的营造中，每一个关键的过程都有一定的神性仪式来强调这一点。在造屋之前有这样的“吉语”《修房盖房》：

小小房子四角方，
良二巧匠建华堂；
前边朱雀把水戏，
后有凤凰鸣朝阳。
一进主家喜洋洋，
高兴修座好华堂。
前有青龙玉白虎，
后有朱雀配凤凰。
一座房子亮堂堂，
朱雀玄武在中央。

天上盖的玻璃瓦，
地下又是石板镶。
左修库来右修仓，
其龙地上起华堂。
左脚踩门生贵子，
右脚踩门状元郎。
主家修座好华堂，
两边砌的封火墙。
鲁班师傅来发墨，
八洞神仙来踩梁。

（口述：张家义；搜集整理：左相平；流传：盘县保田乡；搜集时间：1987年）

这是开始建造房屋前的仪式中必定要出现的“吉语”，它表现了修造房子的神性寄托，这对于木匠技艺和造房子的主人都是重要的。

在房屋的修建过程中，许多地方都是有神性表现的，但其中的一个环节最为重要，这就是上梁。我们在以下的关于上梁仪式的祈祷性词语中，也可以理解这一环节的重要性。

在要上梁时似乎有以下几个重要步骤：一是祭梁，二是起梁，三是上梁。

在上梁前，首先要祭梁，祭梁仪式中有祭词《祭梁吉利》：

紫梁紫梁，
你生在何处长在何方，
生在青龙背，
长在紫金山上，
鲁班师傅见了，
拿你做根好栋梁，
二十四个小徒弟，
抬在东家摆中堂，
砍掉头撂放不尘，
砍掉两头剩中间，
两头刻起鱼尾标，
推得路路放豪光，
紫色鸡来紫色鸡，
你是王母娘娘抱下的，
今日落在我弟子手，
拿你来做点梁鸡，
一点梁头，

子辈儿孙住高楼，
二点梁尾，
子辈儿孙做指挥，
三点梁腰，
子辈儿孙步步高。
（口述：余顺成，30岁，小学文化，汉族；搜集整理：高吉俊、余云腾；流传：盘县亦资区范围；搜集时间：1986年）

只有经过这样祭祀过了的梁木才是永固而可靠的。
之后，在开始起梁的时候，亦有这样的祭祀性词汇：

十全十良，天地开张，鲁班到此，大吉大昌！白鹤仙人，择就吉期，吉时立华堂！

弟子手提一只鸡，祖德头高尾又低。头戴红花朵朵在，身穿五色花花衣。从前世间无啼叫，而今世上有鸡啼。唐僧西方去取经，带回鸡蛋转回程。带了三双零六个，蛋放袈裟里面存。昆仑山上抱鸡子，凤凰窝里出鸡儿。寅年出个银鸡子，卯年出个卯鸡儿。

大哥飞在天上，好似凤凰，二哥飞在海上，好似龙王，只有三哥飞得好，飞在弟子手上。良工在此，鲁班在位。弟子一演，天煞归天，地煞归地，年煞月煞一百二十！凶煞恶煞！弟子随路鸡子。一路行，迎请姜太公在此，诸神回避，恭喜东主，富贵荣昌。

师傅问："主人家，花红利市有没有?"

众答："有！有！有!"

师傅说："起！说起就起荣华富贵今日起!"

（口述：张家义；搜集整理：左相平；流传：盘县保田乡；搜集时间：1987年）

在起梁之后，就是最后的环节上梁了。在纯粹的工艺过程中，就是把做中梁的那一根木料放置在立起来的屋脊上，但在这一过程中，却表现了丰富的习俗文化内涵，有专门的仪式过程和专门的祭词《上梁吉利》：

脚爬云梯步步高，
脱掉蓝衫换新袍，
上了一台又一台，
子孙出来做秀才，
上了一档又一档，
子孙出来做丞相，
上了大椽又二椽，
子孙出来做高官，

上到三椽上，
子孙出来做宰相，
上到瓜柱口，
子辈儿孙代代有，
上到大梁中，
后代儿孙在朝中。

小小斗儿四角方，
金银财宝满当当，
金银财宝当当响，
有钱有势行四方，
一撒东方天长久，
二撒西方地天长，
三撒南方大富贵，
四撒北方儿满堂，
五撒五子登科，
六撒六畜兴旺，
七撒天上七姊妹，
八撒神仙吕洞宾，
九撒九龙来吸水，
十撒状元转回程，
十一撒个摇钱树，
摇钱树来聚宝盆，
日落黄金夜落银。

三月撒秧四月栽，
五月六月稻花开，
七月八月稻结籽，
九月十月收进仓，
一道脱壳白如金，
二道脱壳白如银，
巧手女匠请一对，
打成粑粑飘大梁，
大的做成对，
小的做成双，
做给主家来飘梁，
一飘东方甲乙木，
富贵荣华天赐福，

二飘南方丙丁火，
雪里梅花开两朵，
三飘西方庚申金，
红花赛过小阳春，
四飘北方壬癸水，
子孙出来做外委，
五飘中央戊已土，
出文出武出知府。
东土唐朝去取经，
上梁正遇紫微星，
前山撒两把，
后山剩几根，
前山盖得高，
好挂乌纱帽，
后山挂得矮，
好挂紫龙袍，
九代为臣子，
十代不分家，
拉把椅子当堂坐，
赛过前朝百万家。

新房新屋新柱头，
赛过前朝五凤楼，
前有犀牛来吸水，
后有狮子滚绣球，
滚进不滚出，
金子满堂屋，
堂屋装不下，
滚去买田坝，
上头买到云南省，
下头买到北京城，
买块长田好跑马，
买亩团田好喂鱼，
鱼儿喂起千斤重，
马儿喂起进京城。

（口述：余顺成，30岁，小学文化，汉族；搜集整理：高吉俊、余云腾；流传：盘县亦资区范围）

在上完梁之后的营造日子里，大门的制作中也表现了类似的重要性，在这个环节里，做好了大门，也要举行一定的仪式，也有祭祀性祭词《鲁班师傅竖大门》：

当木匠师傅把大门立好，让一个人把主人家备好的东西用托盘端起到大门外拍着门说：“鲁班师傅开财门！”

里面的师傅问：“外头来的是哪样人？”

“财帛星！”徒弟答。

师傅问：“你带起些哪样礼物来？”

答：“珍珠玛瑙样样有，南北田庄也带来，绫罗缎匹带得有，山珍美味也带来！”

问：“你头戴哪样子？”

答：“头戴顶子！”

问：“你身穿哪样！”

答：“我身穿袍子？”

问：“你脚穿什么？”

答：“我脚穿高底靴子！”

问：“你是走水路来还是走旱路来？”

答，“水路也来，旱路也来！”

问：“旱路有几十几道弯？”

答：“旱路有九十九道弯！”

问；“水路有几十几道滩？”

答：“水路有九十九道滩！”

问：“哪道滩上栽杨柳？哪道滩上栽牡丹？”

答：“道道滩上栽杨柳，道道滩上栽牡丹！”

进门时说：

师傅差我下凡尘，
来把东家造财门。
造起阴阳门两扇，
日管阳来夜管阴。
早上开门金鸡叫，
晚上关门凤凰声。
门前有棵梭罗树（传说是月亮里的树），
日落黄金夜落银。
三日不扫堂前地，
散金碎银有腰深。

开门时师傅说：

"人之初，性本善，我开一扇关一扇！"

徒弟说：

"孟子见娘还会忘，两扇开开又何妨？"

师傅说：

财门财门大大开，
财帛星君进财来。
请在堂前吃杯酒，
春秋美味样样有。

东家递酒后，财帛星说：

吃了东家一盅酒，
珍珠玛瑙样样有！

东家又递茶，财帛星吃后说：

喝了东家一杯茶，
儿孙代代享荣华！

东家再递糕，财帛星吃后说：

吃了东家一块糕，
儿孙代代不离朝。

［讲述：李吉文（木匠）；搜集整理：左相平；流传地区：盘县忠义区；搜集时间：1987 年］

这是"启门"性质的仪式，意思是从此以后就可以开门了，它意味着房屋营造的最后完成。这种仪式在民间中演化为一种"开财门"的仪式，意即通过此仪式可以打开财富之门。所以，在这种"启门"性质的仪式之后，比较重视自己这些房屋营造的主家，还可能进行一种称为"踩门"的仪式。

《踩门吉利》

正月踩门是新年，
荣华富贵天赐金，
荣华富贵天赐宝，
子孙荣华万万年。

二月踩门百花开，
福禄天官送财来，
左手端的金元宝，
右手端的万年财。

三月踩门是清明，
粉壁白墙画麒麟，
麒麟多生麒麟子，
荣华富贵贵府门。

四月踩门栽早秧，
爷儿父子买田庄，
上买良田千百亩，

下买谷地万里庄。

五月踩门是端阳，
腊肉下酒太好尝，
老年吃了活百岁，
少的吃了福寿长。

六月踩门热秧秧，
鱼虾鹅鸭满池塘，
鸡猪鹅鸭无其数，
金子银子用斗量。

七月踩门秋风凉，
贵府公子进考场，
一观文章多如意，
一笔点个状元郎。

八月踩门月正明，
送过狮子与麒麟，
麒麟生的麒麟子，
世代儿孙在朝廷。

九月踩门是重阳，
重阳造酒桂花香，
今郎吃了三杯酒，
百年夫妻得久长。

十月踩门小阳春，
夫妻相配是同庚，
龙配龙是凤配凤，
好似牛郎织女星。

冬月踩门冬至冬，
今郎打马在朝中，
文武百官来朝贺，
一笔点个状元公。

腊月踩门得一年，
二十四节已周全，
自从今日踩过后，
荣华富贵万万年。

我还礼来你作揖，
叫你开门你开门，
左手开门金鸡叫，
右手开门凤凰鸣。

金鸡叫来凤凰鸣，
金银财宝滚进门，
二位先生路上来，
身穿朝衣缎子鞋，
头戴红绫乌纱顶，
金银财宝你送来。

小小盘子四四方，
一对元宝里面装，
自从今日装过后，
富贵荣华保安康。

二位先生一样高，
你作揖来我弯腰，
迎锋得把回锋转，
二位先生把酒交。

老先生来老先生，
前朝礼义要少行，
前朝礼义要少讲，
弯路拿作直路行。

主家财门修得宽，
又踩财门砌金砖，
自从今日踩过后，
金银财宝万万千。

主家财门三尺六，
内有金来又有谷，
自从今日踩过后，
世代儿孙做都督。

鲁班先师造新门，
今日正遇紫微星，
夫妻和睦家长顺，
不到一年添新人。

一进财门掉四方，
珍珠玛瑙在中央，
左边二龙来抢宝，
右边凤凰在朝阳。

手执方盘到席前，
众位亲朋请个安，
又有茶来又有酒，
烦你脚步到此间。

席上美酒色色新，
又有银来又有金，
吃不了来用不尽，
荣华富贵万年春。

好张桌子四四方，
张班吊线鲁班装，
四角打起龙凤眼，
四方定起万年桩。

八个盘子上面放，
四对杯子摆四方，
秀才举人排左右，
财帛星君坐中央，
招财童子前边站，
送宝郎君坐中堂，
平生酌献三杯酒，
祝福鲁班众神王，
自从今日踩门后，
富贵荣华大吉昌。

早不早来迟不迟，
正遇主家造门时，
开门正遇孔夫子。
进门正遇黄道日。

这道大门立得高，
千水万水都来潮，
正正立在龙头上，
贵子贤孙穿紫袍。

这道大门宽又宽，
荣华富贵在此间，
自从今日踩门后，
子子孙孙做高官。

这道大门新又新，
来了文武二曲星，
左手带来十年宝，
右手招来财帛星。

把守财门你不开，
紫微太白下凡来，
主家一见仙人到，
忙请门匠把门开。

这个师傅果有能，
造道大门赛过人，
左边造起摇钱树，
右边造起聚宝盆。

摇钱树来聚宝盆，
早落黄金晚落银，
富贵荣华天赐你，
落在人间一满门。

请个师傅果有能，
造道大门赛前人，
子孙当朝为宰相，
科举门第点翰林。

新造大门面向东，
山清水秀似真龙，
吉人坐在吉地上，
名登虎榜做富翁。

新造大门面向南，
老的清静少的安，
从此富贵无人比，
儿孙世代做高官。

新造大门面向西，
今日踩门好良机，
自从今日踩过后，
荣华富贵数第一。

新造大门面向北，
富贵荣华从此得，
高楼大厦无其数，
世代儿孙显贵客。

进了大门来正堂，
金银财宝里面藏，
荣华富贵年年盛，
贵子贤孙伴君王。

师傅原是有名人，
造的大门赛过人，
主家今日把酒敬，
阳雀过路把名传。

敬了师傅敬主人，
主人满脸笑盈盈，
自从今日把酒数，
荣华富贵万年春。

这个师傅果有能，
文武双全赛过人，
说的尽是好四句，
送的尽是金和银，
男子见了你的宝，
金银财宝晃眼睛，
女的见了你的宝，
一夜夸你到五更，
夸你师傅才学好，
阳雀下山来传名。
踩门秀才苦用心，
特为主家踩财门，
应该写帖来请你，
应该来人抬起行，
应该桌子门前放，
装烟端茶迎你门。

秀才举人来踩门，
两手明珠亮晶晶，
左右男女偷眼看，
睡在梦中笑出声，
秀才踩门主富贵，
日落黄金夜落银。

鲁班造门三尺一，
主家大小得清洁，
自从今日踩过后，
牛马喂上几千匹。

鲁班造门三尺三，
又不窄来又不宽，
自从今日踩过后，
子子孙孙做高官。

（口述：余顺成，30岁，小学文化，汉族；搜集整理：高吉俊、余云腾；流传：盘县亦资区范围）

在盘县的汉族木匠类的工艺文化中，除了这起房造屋外，也还有一些其他的木艺工艺，如家具、木制神器、玩具等等。对这些，我们有一定程度的调查。

在水塘乡有名的木雕艺人唐年春，今年30岁，初中文化，他的手工艺技术有一部分是从其舅舅那里学的，但很大一部分是靠自己的钻研和不断吸收新的工艺而练就的。唐师傅会雕许多种木雕，或飞禽走兽，或花鸟鱼虫等。

普通的木雕制作一般是先选材料，选材料是有讲究的。一般来说，材料的木质和其他材料相比起来更坚硬，而且材料的纹理结构也更好，一般呈网状。然后根据自己的需要先把图画出来，再把图描在木板上，用弯弓锯将木板上画出的图样锯下来，再用刨子把木板上凹凸不平的地方刨平，用大小凿子雕成雏形，再用雕刀进行雕刻，最后用雕针雕刻出来，刷上适当颜色的漆（通常刷成红色），这样一个木雕就完成了。

供桌的制作和一般的木桌制作差不多，它的特别之处在于其长、宽、高与一般的不同。有一种说法是，长尾数要是供桌高的值末尾要带 6，长度末尾要带 9，具体是高 1.16 米，长 2.06 米，厚 50 厘米。1 是有余的意思，年年有余，6 的意思是顺，事事顺利，9 的意思是长久，天长地久。

根据供桌腿的不同可以将供桌分为五类：直腿供桌、象腿供桌、圆腿供桌、方腿供桌和椭圆腿供桌。

供桌的木料不是很讲究，主要讲究的是供桌的木雕。做木雕时要先用电锯或是木柄锯把材料下好，用刨子或是电刨子把木口刀（两种）拉好槽，用电凿和木柄凿打好孔，但是不把它组装起来，而是把它先放着。制作木雕花费时间最多。但值得一提的是，供桌上的木雕的图画和平时的木雕不一样，平时的木雕以花草树木鸟等常见的自然物为主，而供桌上的木雕则是以生活中不常见的动物为主，像龙、麒麟、凤凰、鹿等吉祥物，还有生活中常见的竹。

木雕制作出来之后，把木雕和先前做好的供桌其他部分组装起来，刷上漆就可以了。通常用红漆来刷，因为红色象征着喜气。

供桌放在堂屋的神龛前面，是用来供奉自己祖先的。

在盘县水塘，民间还有制作格螺、打格螺的习俗。这里有“树叶青放风筝，树叶落打格螺”的民谚。制作格螺和打格螺通常在秋冬季节。因为秋冬季节是农闲季节，树在这个时候已经不再生长了。树叶飘落，树的水分减少，砍出来的格螺就容易干，好打，而且打起来会发出嗡嗡的声响。

格螺有两种，一种是圆锥体似的，另一类是尖旦格螺（也即是两头尖的）。格螺的材料一般用是樟树、花椒树、桃树、野香树等。尤其樟树是制作格螺的上好材料，这种树的材料制作的格螺打起来会发出嗡嗡的声音，它的尖不容易损坏，打的时间也要长些。制作格螺的树最大的一般也只有碗口般粗，用的是大一点的树的枝丫，而不是树的主干。有的还特别到山里去砍来树的枝丫，有的就地取材，用自家附近的桃树枝。取树枝回来之后马上就可以制作格螺，格螺的制作较为简单，先用菜刀或是镰刀削去树皮，再用斧子把树的一头砍尖，之后用锯子锯下来或是用斧子砍下来，用镰刀和其他刀把它修理光滑就可以打了。尖旦格螺的另外一头也是要砍尖的，同样将它修理光滑，格螺就做成了，有的还要在格螺的尖部钉钉子。

在盘县汉族工艺文化中，石匠业的工艺在一些地方是比较兴盛的，除了一部分的石匠还在给人盖石质的房子外，大部分石匠都在建造石质的墓碑，并且表现了其非凡的工艺性，有的石雕石刻匠人在墓碑的雕刻中显示了极高水平。

在盘县汉族工艺文化中，一种被人们称为“扎纸火”的竹木纸扎工艺也有一定的表现。

《盘县“纸火”扎制工艺调查》

调查时间：2008 年 1 月 21 日下午

调查地点：盘县城关镇人民东路二小旁

调查内容：民间纸扎工艺

调查人：吴秋林、郎丽娜、匡中英

被采录人：李正凯的儿子

我们调查的这一家人都会做纸扎工艺，主人叫李正凯（时年 61 岁），据讲述人说，他们是 20 多年前从干沟桥乡的吴官屯村（距离盘县城关 6 千米）搬来的，在城里以扎制“纸火”（纸竹扎制的丧葬用品）为生。

纸　火

据李正凯的儿子说，他父亲同时也是能做道场的先生，说信仰道教，把太乙真人作为自己的老祖。

做道场的先生必须要经过一个步骤就是“渡职”。渡职时必须要有三个师傅，办一个经历五天的大道场。这样，渡职就需要有许多人一起筹足做道场的费用，一般要二三十个人，每人出钱 2000 元，才能筹足渡职道场的费用。渡职完毕后，师傅会发给法衣、帽子、书，还要起一个法名。这样，渡过职的人就可以自己独立地去做道场和法事了。

李正凯就是这样渡过职的人。他经常出去做道场，扎纸火主要是其妻子的事。

李正凯出去做道场一般是 5 天，5 个人去，每个人可以拿到 300 元左右。

办丧事时，用的纸扎是很有讲究的，如果是父亲或母亲去世，姑娘家要送狮子、马（扎一个马可以卖到 40 元钱，需要扎两天）、驴，还有大象，这些是必须的，如果家庭经济条件好，还可以扎一些羊、乌鸦等 24 孝的内容都可以（自古就有羊羔跪乳，乌鸦反哺的传说），如果是女性老人去世了还要扎一些轿子、花、草之类的东西，现在随着经济的发展，纸扎的花样也变得了起来，像冰箱、彩电、洗衣机等。如果是双亲都去世了，那么姑娘家要扎金山和银山，这也是有说法的，金山和银山象征岳父和岳母。只有父亲或母亲去世是不能扎金山银山的。

最常见的是“报天钱”，最基本的有四道：象征天、地、娘、爷，一道象征12岁，而且是只能单不能双。比如一个人只活了35岁就不在了，那么就需扎五道，加上最基本的四道总共就是九道。还有一个特殊的地方就是，如果一个人不在了，但其父母还在，那么报天钱就只能做成白色的，如果自己要是有了孙子，父母还在也可以做成彩色的，在其上面有一个盖子，男性老人是骑白鹤，女性老人则是观音坐莲台。

花 圈

据讲述人说，使用纸扎的一般是汉族，少数民族一般很少，彝族人等的纸扎主要是以各种各样的灯为主，有扁的、圆的、方的。

纸火是赚不到钱的，但花圈可以赚一些钱。一般花圈可卖到60元至120元，最大的花圈直径可达到3米多，要三四个人才能拿起来，最多可卖到500元。

在盘县水塘和城关镇的汉族工艺文化中，还有面塑、纳鞋底、做老枕等值得一提。

面塑即用面粉上色，做成各种各样的动物，作为祭品祭祀祖先，有金鱼、牛、马、猪、羊等等。

纳鞋底主要由妇女来做。

唐本梦是水塘乡妇女中纳鞋底纳得最好的，她今年59岁，农民出身，没有读过书。她说鞋底制作不是很复杂，有其自己的工序，首先，选用一些较大的笋叶，将其洗干净、压平、晾干，然后按鞋样裁剪，剪好后再粘。一般鞋底由两大部分构成，即上层和下层。上层是由两张棕（一种树的皮）和五张笋叶组成，棕放在笋叶的中间，是为了滤水，但如果是老鞋（去世人穿的鞋）的话，不能放棕，如果放棕的话就意味着他的下一代很老实，这就不好了。把棕和笋叶粘好后，在外面粘一层白色的弹布，然后包上边。上一层做好后，就做底下那一层，把白布按着鞋样剪出十多层，然后把它们合在一起，大致按形状钉好，最后把上、下两层合在一起，准备工作做完后，这时就正式开始打（制作）鞋底了。打鞋底要打花针，就是一般的交叉针，（对齐的话不好看）打好的正面是交叉花，后面是麦穗花。做的过程中，手指的用力非常讲究，一般都是中指和无名指用力，中指要戴顶针，这样做的原因一是好使劲；二是可避免针伤到手（这是多年制作过程形成的经验）。

做一双鞋底一般要花费三天左右时间，鞋底做好后，再做鞋帮，做法是，先用布壳（用旧布粘成的一块相对较厚的布）按鞋样剪好，然后把毛边绲好（包好）就行了。一般女子的鞋做大口，男子的鞋做小口，这只是为了好看。最后就把做好的鞋帮合在鞋底上缝起来，这样一双鞋就做好了。

布底鞋有两种类型：一种是普通的鞋，一种是寿鞋。普通的鞋底用布一般十多层，至少十层，现在多为十五层，鞋帮的选布为棉布、澄草绿，颜色可鲜可素；寿鞋，鞋底用布是：女性老人九层，男性老人十一层（意思是：久长久远、多余多善），鞋帮的选布为绸子，上面有龙、凤等吉祥图案和寿、福等吉祥字样，颜色男性老人多为黑色，少许蓝色，也有咖啡色，女性老人大多数是蓝色。缝鞋底的线很特别，要用细线背，一般要由十二股细线背成，像背绳子一样，但最前面只要两根，因为细，才好穿针眼。缝鞋底用的用具有剪刀、针、顶针等。

老枕，即去世人靠的枕头，老枕式样像“凹”字形，下面一方要留个口，用时再在里面装柏枝树叶（有香味），但要炒干，有的用纸花（用白纸剪成的纸条）。

老枕主要用布壳做成，用布壳剪成后，在外面糊一层蓝色棉绸子，上面绣着“福寿”二字，每条棱边都要打“狗牙边”，就像一般的衣服的锁边，这只是为了好看。线的颜色也不讲究，搭配好看就行，老枕的两侧，还绣有鱼和莲花、竹叶等吉祥图案，也有绣普通花草的。

老枕像古代的枕头，体现出古代的传统风格，也是古代传统的保留。

第二节　盘县汉族工艺文化基本特点

以上的盘县汉族工艺文化描述只是几个主要的方面，但它基本展示了盘县汉族工艺文化的面貌。就以上的盘县汉族工艺文化而言，它显现了其文化的诸特点，我们认为其特点主要有以下几个方面：一是盘县汉族工艺文化与汉族工艺文化比之的边缘性；二是对盘县地区传统工艺文化基本构建性；三是盘县汉族工艺文化的丧祭色彩。

盘县汉族工艺文化是盘县地区工艺文化的主体，也是我们所说的汉族工艺文化的一个组成部分。汉族是中华民族的主体民族，它的工艺文化一般而言均是中华民族工艺文化最为先进、表现最为精致化的工艺文化，我们所说的盘县汉族工艺文化就是来自这个源头。但是，盘县汉族工艺文化只是在中原文化的传播和发展中留存在其文化边缘的一种文化，它带有浓厚的中原汉族工艺文化的印迹，并在其边远地区的文化环境中调适和发展，保有一定程度的自有色彩。这就是我们所说的盘县地区汉族工艺文化边缘性，按照文化人类学传播学派的理论，边缘地区的文化一般比中心地区的文化要陈旧和古老，是中心文化过去时的反映，盘县汉族工艺文化表现也正好印证了这一理论。盘县汉族工艺文化虽然在该地区的少数民族工艺文化中是比较先进的，但它却比中原地区的汉族工艺文化要落后得多、陈旧得多。

盘县汉族工艺文化比之汉族工艺文化其边缘性是很明显的，但是，这个构成中的各个部分所表现的文化边缘性又是不一样的，表现丰富多彩。

在盘县汉族工艺文化中，木艺、石艺、铁艺、造纸四项是最为主要的部分。木艺的传入应该是最早的，因为它本身就是中华工艺文化中最早出现的工艺。木艺的最早功能性应用一定是房屋的建造，而这个时代正是以巫文化为文化主流的时代，所以，这个工艺的出现就一定被视为神性的工艺，是神性的力量造就了木艺的出现。这个木艺的出现就像是“神农”的出现一样，农艺也是神性工艺，只不过在后来的人文化的进程中的“信仰祖先化”时，被认定为某一个祖先神，神农如此，鲁班也如此。

至于木艺在盘县地区的传入情形则无法描述，因为这需要在更大的区域中理解的事物，现今我们只能说这一地区在进行农耕性质的开发时，木艺就进入了这一地区，因为木艺是中华农耕文化的伴生物，一定要有农耕文化的表现，木艺的工艺文化表现才有意义。我们不能确定木艺传入盘县的时间，但它的传入则可以肯定是最早的。

木艺传入之时，肯定带有浓厚的神性色彩，我们在以上木艺过程中一系列的仪式中就可以看到，并且一直流传到现在。这在非物质文化遗产保护中具有非凡的价值，我们将在下一节中论及。

盘县汉族工艺文化比之汉族工艺文化的边缘性，是针对所有的盘县汉族工艺文化而言的，但是，最能体现其边缘性的则是木艺的边缘性。木艺是最早传入该地区的汉族工艺文化，也是最早处于这个边缘的边缘文化，也是最为陈旧的边缘文化。

石艺、铁艺应该是比较晚来的工艺文化，这在盘县地区也曾有比较广泛的分布，因为此地的小农生产方式为这样的工艺流行提供了基本的基础，但现今这个基础正在发生变化，因而石艺和铁艺也在发生变化。小作坊式的铁匠铺越来越少，基本上退缩到边远地区的乡村。制作的主要是农业生产中的手工劳作性质的工具，铁制的生活用具的制作基本被现代工业的制作品替代，所以，铁艺的传统工艺只能在一个很小的空间里生存，如果一旦这样的需求消失，铁艺的传统工艺也就会消失。

石艺传统工艺在过去的时代一般在两个领域里被人们应用，一是盖房子，二是墓葬建筑物。在现代，前一个石艺的传统工艺基本被现代建筑所替代，完全意义上石艺盖房子已经很少了，但这技艺在后一个用途中却得到发扬甚至彰显。现在盘县的石艺传统工艺主要表现在墓葬的碑刻上，并且越来越艺术化、精致化。这样的发展也可以认为是石艺传统工艺的发展。

这两项传统工艺，应该说有部分内容是可以直接转化为现代工业工艺内容的，成为现代工业工艺的一个组成部分。

盘县的汉族工艺文化中，造纸是一个非常重要的组成部分。它的传入在老厂的民间口述中也就是300年左右，但这是以竹麻为原料的造纸，而以楮皮为原料的造纸在这里早就存在，所以这才称为“老厂”。在口述中，是老厂的董家派人到四川学习造纸，并从四川带回了灰竹和金竹的竹种，才在老厂兴起了一直延续到今天的老厂造纸术和造纸的工艺文化。在调查中我们发现，盘县老厂造纸术是在本地的气候和原料基础上逐步形成的一整套完整的造纸工艺，与外地的各种各样的传统造纸工艺不完全等同，有自己的特色。也就是说，盘县老厂的造纸工艺比较适应于老厂地区的气候和原料，只有使用这种方法，才能在这里造出纸来。在20世纪70年代，老厂曾从安徽省引进过先进的传统工艺造纸技术，但均以失败而告终。

木艺、石艺、铁艺、造纸这四个方面主要的传统工艺，应该讲都是从某一个文化的中心点传播而来的事物，这个中心点就是我们今天所说的中原。是这个文化中心最早生发了这些个工艺文化，并传播到盘县这样的地方，不管这种传播的动因是什么？途径如何？我们今天已经难于辨识。我们今天唯一能肯定的是，这样的事物在这样的边缘地区凝固了下来，成为比中心文化区域更为陈旧和古老的文化事物。

边缘在这里有两个方面的意义表现，一是地理位置的边缘，无疑，中原地区是中华工艺文化的中心，遥远的西南地区肯定是这个地理状态的边缘。二是时间的边缘，中原地区的工艺文化是在时间中不断发展变化的事物，而传入地理边缘的文化不但在位置上会凝固下来，而且在时间上形态上也会凝固下来，处于某一个时间的边缘中。盘县汉族工艺文化无疑就是这样的事物。这种在地理位置上的边缘我们很好理解，即这一文化事物处于一个文化中心的边缘地区，其变化和发展与中心区域的同一文化事物有着很大的不同，随着距离的远近，其变化和发展呈递减状态，也就是说，边缘中的文化事物距离文化中心越远越没有发展变化的动能，越保守、越陈旧。这样的情形也一并会在时间性上显现出来。

一、盘县地区传统工艺文化基本构建性

盘县汉族工艺文化是一种地道的边缘性质的工艺文化，但针对盘县地区而言，正是这种边缘化的工艺文化构建了盘县地区的工艺文化，成为盘县工艺文化的主体，即盘县工艺文化是由一种汉族边缘性质的工艺文化构成的。

古代盘县可能曾经有过一定的文明历史，但没有留下明显的工艺文化遗迹，而现今在盘县区域内表现的工艺文化主要是外来性质工艺文化。从木艺、石艺、铁艺、造纸等来说，都是中原文化系统内的工艺文化表现。可能在纺织工艺中，彝族人有自己独创的纺织工艺，他们的织机和纺织方法与中原的“平机”纺织是完全不一样的。但关于这一工艺文化表现，我们都留给了各民族文化非物质文化描述和研究的相关章节，这里我们不进行过多的表述。

正是这些木艺、石艺、铁艺、造纸等构建了盘县地区工艺文化的天空，很长一段时间内，人们均是在这样的工艺文化水平中生产和生活的，它们在一定程度上决定了此地日常生活的意义。

以这样的工艺文化建立起来的工艺文化整体，其边缘性质就是第一位的，是一系列相对中原文化而处于边缘状态的工艺文化构建了盘县地区的工艺文化，主要是盘县地区的汉族工艺文化。边缘性质的工艺文化构建了一个地区的工艺文化，一开始就把自己的工艺文化处于了该文化的边缘了。但是，这种相对于中原工艺文化处于边缘状

态的工艺文化，在进入盘县地区时，相对于盘县地区的工艺文化却不是一种落后的工艺文化，而是一种最为先进的工艺文化，而且这种工艺文化的进入大大促进了此地文化的进步和发展。

这就是我们对于盘县地区传统工艺文化基本构建性的基本理解，一方面是边缘的，一方面又是最为先进的。

二、盘县汉族工艺文化的丧祭色彩

盘县汉族工艺文化在盘县的历史文化发展中，起到过非常重要的作用，但时过境迁，今天盘县汉族工艺文化发生了很大的变化，其作用和重要性正在一步一步退缩。在以前，盘县汉族工艺文化主导过此地的基本生产和基本的生活状态，但现今，在生产上只有一小部分特定的手工工具的制作，生活必需品上也只有部分的制作需求了，它们已经大量为现代工业的生产和生活制作品所替代。故而，盘县汉族工艺制作多转向了为丧祭服务，制作丧祭用品。本来，这也是汉族工艺文化中历来都要涉及的事物，但现今变成了其工艺文化赖以生存的主要方面了。这就使盘县汉族工艺文化带有浓厚的丧祭色彩，在一定程度上丧祭的需求主导了盘县汉族工艺文化的意义和走向。

在列举的木艺、石艺、铁艺、造纸等几项工艺中，木艺的变化主要转向了木质家具的制作，转向丧祭的意味最淡；石艺则基本上转向了石质墓葬的制作，并在向石刻等艺术化方向发展；铁艺没有在丧祭上的应用；造纸则基本上是为了满足丧祭的要求而进行生产的，盘县老厂、英武、羊场等地的造纸很少有用于书写的，用于包装的也极少，主要是用于丧祭，按照当地老百姓的说法是“迷信用纸”。还有在竹编工艺中，也有部分竹编用于丧祭，称为“扎纸火”。

在这个特点上，实际上反映了盘县汉族传统工艺文化的衰落。

第三节　盘县汉族工艺文化在非物质文化遗产上的意义

在非物质文化遗产的概念中，工艺文化是一个非常重要的类别，盘县汉族工艺文化亦是盘县非物质文化遗产中的一个重要组成部分，我们在以非物质文化遗产的这个角度来理解和分析盘县汉族工艺文化时，这种重要性也就更为突出。

在非物质文化遗产保护中，我们要保护的是具有历史价值、文化价值、科学价值的一系列无形文化，并不是以它在我们生活中的需求和重要性来衡量的。盘县汉族工艺文化，就其工艺文化而言，是中原地区同类工艺文化最边缘的状态，更为重要的是，这种边缘性的工艺文化千余年来一直是盘县地区主流性质的工艺文化。从工艺水平上而言，它不会存在任何先进性，但正是这种凝固了时间和空间的边缘性，是非物质文化遗产保护最为关注的要点，因为我们在中原两千年前出现的工艺，在中原地区的发展中会很快被新发展出来的工艺所替代，而这些旧有的工艺却会随着时间的推移，传播到边缘地区，并留存下来，成为我们今天非物质文化遗产保护的重要对象。

盘县汉族传统工艺文化的边缘性中，就表现了大量的这样的文化事物。这是盘县汉族工艺文化在非物质文化遗产保护上的第一个方面的意义。这就是我们所理解的盘县汉族工艺文化的文化价值。

盘县汉族传统的工艺文化在一般意义上的肯定是落后的，但其并不是僵化和一成不变的。文化是现代的，也是传统的，这在技艺性文化中也有这样的表现。即我们在认识盘县汉族传统工艺文化时，也要看到其变化的一面，它的一些工艺文化的技艺是可以融入现代技艺，成为现代技艺的一个组成部分的。如石艺中的走向雕刻，就可能在民间中发展为现代意义上的民间雕刻艺术，并成为现代意义中的工艺文化构成。

这应该是盘县汉族传统工艺文化在非物质文化遗产保护上的第二个方面的意义。这也就我们所理解的盘县汉族工艺文化的科学价值。

我们所说的盘县汉族工艺文化的科学价值是指它在现代技艺中的适用性，但并不是说没有适用性的工艺文化就没有非物质文化遗产保护上的意义了，我们在非物质文化遗产价值界定中还有一个历史价值的概念，即所有历史上出现过人类文化运行和遗留下来的文化事物都是有意义的，我们在这里把它标定为“历史价值”不一定准确，但也标明了它的重要性。

在人类文化的大厦中，没有那一块砖是多余的，非物质文化遗产保护的底线就是要保护每一块砖的完整性。还有，人类文化保护就如保护我们的基因结构一样，没有一样文化是可有可无的，我们今天保护的可能是我们现今以为“无用”的东西，也许在未来就会主宰我们的文化生活。

这也是盘县汉族传统工艺文化在非物质文化遗产保护上的第三个方面的意义。

第十二章　盘县水族铜鼓文化描述与研究

吴秋林　郎丽娜

2008年1月23日，我们与柏果镇的一行人员来到柏果镇羊场坝村，目的是调查该地的水族铜鼓。在这之前我们知道，这里有一支水族，他们有一种比较古老和独特的文化——铜鼓演奏。水族是贵州省特有一个少数民族，基本分布在黔南的荔波、三都两县，黔东南的榕江县也有少量分布，而在盘县有数千人的水族群体，这是我们闻所未闻的。如果这里真是水族的铜鼓遗存，那意义非凡。但进入羊场坝后，我们得知，这是一群说布依语的“水族”，其铜鼓文化的表现也与布依族的铜鼓文化表现很相似。没有了关于水族文化的期望，但在深入其铜鼓文化表现中之后，我们又进一步兴奋起来，这即便是布依族的铜鼓文化，也是布依族铜鼓文化的一个特定的表现，并且有它独特的意义。

我们这一次调查主要为了其单项的文化，就是为了调查其铜鼓，这样把它们单独作为一章来描述研究，似乎较单薄，但就其独特的意义本身，也是值得的。

第一节　盘县柏果镇水族概况

在我们的调查中，在其概况上有一个调查报告，我们不改变它的基本形式。

《盘县柏果镇羊场坝铜鼓文化调查》

调查时间：2008年1月23日

调查地点：盘县柏果镇羊场坝

调查内容：铜鼓及演奏

调查对象：陆新良

调查者：吴秋林，柏果镇一行人员，郎丽娜、胡燚（柏果镇文化中心主任）

在柏果镇的猛者住着一支特殊的水族，他们的语言属于布依语，可是族别却属于水族，他们从迁到这里就被叫作水族。据陆新良介绍，他们的鼻祖是在洪武七年，从江西迁来的，一起从江西迁来的有九兄弟，知道的有五支，分别在贵阳，云南的东川、法耳、花嘎和柏果镇。

他们刚迁到这里（以前叫土城）时，居住在山上，后来被苗族赶到了山腰，在山腰也没待多久，就又被赶到了山底，从此他们就住在了山底的水边，靠打鱼捕虾为生，有句俗语就道出了他们的情况，“高山（苗）族水边家，不高不矮是彝家”，在柏果镇像这样的水族约有2000多人，分布在朱卷门（有50户，与汉族杂居，姓氏有和、潘、杨、陆、吴），大坪地（有30多户，也是杂居），磨打嘎（有200多户），羊场坝（有30多户），磨打嘎和羊场坝这两个寨子纯粹都是水族。在鸡场坝、花池（大劫）也有这样的水族，在整个盘县有不到3000户，像他们这样的水族也有鬼师（布依族叫毕摩，布依语叫“得收”），陆新良先生就是他们的“得收”。他们至今仍然有“得收”用的经书，陆新良先生为我们拿出了最为重要的四本经书，我们一一拍了照片，顺序为：1. 招魂；2. 请师；3. 解决；4. 指路四本，这也是水族丧祭时的使用顺序。这四个环节也是任何一次丧祭中都不能少的。他们的丧祭信仰文化也是丰富的，但我们没有进行相关的采录。

这支水族还有自己传统的服饰，但它们的服饰形式和花色及其工艺与水城弯子、鸡场一带的布依族服饰基本相同，但也有一些变化。

绣花集中在袖和胸口，以及背下边，绣花有“辫绣”针法和一般的刺绣，具有浮雕感。

新式的衣服在式样上与旧式相同，但花已无绣花，全是用买来的绣花带缝上去的，但部位和大小尺寸相同。

衣服的下面是宽边的百褶裙。

在这里，铜鼓的演奏最为引人注目，是这支民族最为外在的表现。并且铜鼓的演奏涉及水族的方方面面，丧祭、婚姻习俗、节日民俗等等。

铜鼓演奏

每年从除夕起就把铜鼓挂起来，然后拿茶、酒、饭、刀头等来祭祀铜鼓，祭完后接着有“得收”陆新良先生来是开鼓，要打三槌，看铜鼓最后转向哪个方向，转向的那个方向今年就是最吉利的（铜鼓悬吊时悬空的，一打就要自由转动），之后，人们就可以演奏铜鼓过节了。一直要挂到二月初二才收鼓以待来年。

此外在婚礼和丧葬时也打铜鼓，平时一般是不打的，打鼓分十二个月，打鼓的人不固定，在以前只要会背鼓文，每个人都可以打，现在大多数人都不会打了，有几个人又打不全，只有陆书记的哥哥陆兴华能打全了。

在丧事中是只打铜鼓，不打皮鼓，其他铙、锣、镲也没有，打鼓的月数也是按死者的年龄来打的，只有百岁老人才打完12个月，主要是为了对死去老人的哀悼和怀念，现在这支水族还有两面铜鼓，猛者有一面，别外在马过河村还有一面。

在喜事中铜鼓和皮鼓都打，还要有铙、镲、锣等配音，是要打完12个月，还要跳铜鼓舞。

柏果镇水族铜鼓演奏

据他们说打鼓时是没有什么忌讳的。还有一个特别之处就是他们打铜鼓时，是要和皮鼓搭配起来的，而且是两手交叉打的（皮鼓是打鼓心，铜鼓是打鼓心和鼓边），有一种现代打架子鼓的味道，打鼓时还有锣、镲、铙等乐器的配音。有两种舞蹈的形式，独人舞和集体舞，还有民歌，铜鼓传承到现在已有 10 代了，铜鼓的鼓文是其鼻祖迁到这里编的。

我们在现场问演奏者陆兴华演奏铜鼓的表现意义，他说：

一月：新开年，新的一年来到；正月十五闹元宵。
二月：新年到，二月龙抬头，新年新气象。
三月：祭山，保一年平安顺利。
四月：春播。
五月：芒种。
六月：天热了，下雨了，出门带雨伞。
七月：七月半，祭祖的时候到。
八月：秋收大忙。
九月：重阳节。
十月：秋收秋种忙，鼓声最长。
十一月：天冷了，制备冬衣。
十二月：准备过年了。
铜鼓十二月就是根据十二月的农事和生活来演奏的。

据悉，铜鼓十二则是贵州省布依族有名的演奏形式，历来为学人重视，但这里的铜鼓十二月演奏所显示的学术意义更大。

另外，我们在羊场还拍摄到羊场布依族铜鼓十二月的鼓经，此也可以作为参照。

从这个调查报告中我们看到，这支称为水族的人在盘县有不到 3000 户，约万余人，这是一个不小的族群。

据2000年第五次人口普查，盘县水族人口5164人，居盘县少数民族人口的第七位。主要分布在拖长江两岸和鸡场坪坝子。其中，拖长江岸的柏果镇猛者（原猛者乡）水族人口最为集中。2000年至今已经过去8年，万余人只是一个概述。

从他们的基本文化表现和族源关系上来看，他们肯定不是所谓的“水族”，而属于地道的布依族族群。理由有四：一是族源关系表现上他们不是水族；二是服饰文化上他们与周边的布依族服饰表现一致；三是像铜鼓这样的核心文化表现也与周边的布依族铜鼓文化一致；四是语言一致。

在族源关系表现上，我们在以上的调查报告中就可以表明这一判定。“据陆新良介绍，他们的鼻祖是在洪武七年，从江西迁来的，一起从江西迁来的有九兄弟，知道的有五支，分别在贵阳，云南的东川、法耳、花嘎和这里的一支。”在这一口述中，他们明确表示与以上的五个分支为同一族源，别的不说，就花嘎而言，他们的族别就是布依族，而且在布依族文化表现上，此地的布依族文化特色显著。

在服饰文化上，据我们调查，这里所谓水族的服饰与我们前不久调查的水城发耳湾子布依族的服饰基本一致，而这里与柏果镇就隔着一座“八担山”。如果用性别来区别和研究文化的话，服饰文化属于女性文化，如果服饰文化上表现一致，那这一族群在原始的文化整合中，女性的血缘族群就是一致的。

在其铜鼓文化上，其意义更为关键，因为这是一个族群的文化核心构件，它在一定程度上决定一个族群文化的基本性质。在其铜鼓文化中，它与丧祭仪式紧密相连，是其丧祭文化的重要组成部分，也可以说是这里所谓水族人的信仰观念的表征物。而这个铜鼓文化的表现与布依族的铜鼓文化表现也基本上是一致的。在贞丰、册亨等地的布依族铜鼓演奏中，称为铜鼓十二则，而这里也称为十二，但不是则，而是十二月，形式基本一致。

在盘县羊场乡，有不少布依族人，在他们中间也有铜鼓这一文化表现，他们也称为铜鼓十二月，并且还有鼓谱。

在语言上与布依族是一致的，这个称为所谓水族的人，其民族语言基本上就是布依语。

这里的水族应该是布依族，但为什么会出现这样的“误读”呢？我们认为有两个原因：一是民族自身的原因，即这一支系在长期的分隔，以及与苗族、彝族的交往中，自身的民族身份的迷失，以为住水边的就是水族。布依族人是习惯住在水边的民族，实际生活中布依族人确实大都住在水边。在布依族中，住在水边是一种民族优越性的表现，因为水边一般都有好田，出产大米，是好地方，有能力的民族才能住在好地方，等等。但这一观念在柏果镇的水族中，却正好做了相反的演绎。“他们刚迁到这里（以前叫土城）时，是居住在山上的，后来被苗族赶到了山腰，在山腰也没待多久，就又被赶到了山底，从此他们就住在山底的水边，靠打鱼捕虾为生，有句俗语就道出了他们的情况，‘高山（苗）族水边家，不高不矮是彝家’……”从这段话中，我们看到的是，这里的水族人不是因为选占好地方来到水边的，而是相继被苗族人、彝族人撵到水边来居住的，他们认为的好地方是山上，而不是水边，这正好与布依族的观念相反。也许就因为这个原因，在20世纪50年代的民族识别中，自认为是水边的人就是水族。而正好，贵州省内就有一个称为水族的民族称呼存在，也符合民族的自我认定，但是，贵州省在黔南存在的水族，与盘县柏果的所谓的水族所理解的水族人和水族文化不是一回事。这个民族自身“误读”的原因我们在现在的采录中还能体会到，他们至今仍然认为，住在水边的就是水族。

这种“误读”的第二个原因当然是我们管理部门的事了，不过，这已经是往事了。

我们在其非物质文化遗产的描述和研究中，论述这样的问题不是为追寻往事，但经过这样的表述，使我们清楚柏果镇铜鼓文化的基本性质，以对其非物质文化遗产有一个清醒的认识。

第二节　盘县柏果镇水族铜鼓文化

盘县所谓的水族铜鼓文化是一个特定的表述，实际上它应该被称为布依族铜鼓文化，但我们得维持原来的称呼，因为现实中柏果镇水族人也不反对其水族的民族认定。

我们在柏果镇羊场坝调查的主要对象就是他们的铜鼓文化，所以，我们在这里要对他们的铜鼓有一个专门的描述和研究。

铜鼓舞鼓经的翻译

在采访结束后，我们得到盘县柏果镇陆满堂、胡燚2005年11月搜集整理的一个关于鼓经翻译的文稿，在此基础上，我们对2008年1月的调查情况进行了整理，特此说明！

水族铜鼓舞起源于很久的古老时代，当时因族人太少，住地人口稀少，一到夜间就会感到孤独和寂寞使人害怕。因此，族人常用锣鼓等乐器来驱邪壮胆，当时水族有个祖先在朝廷做官，知道这件事后，特向朝廷申请铸造了一个铜鼓。相传是按照十二行星仿铸，鼓面有花纹，中间有太阳，边上有星星，样子像个大钵，敲起来声音十分响亮悦耳，用起来也特别方便。

随着时代的变迁，水族人一直把铜鼓一代一代传了下来，开始是用来驱魔避邪，后来经过民间艺人的编排，配上优美的民族民间舞蹈动作，形成了当今的铜鼓舞。如今每逢过年过节，庆祝丰收年景，以及丧祭活动中，都要打起铜鼓跳起舞蹈来表示庆祝和怀念。

每年的除夕之夜，族里有资历的老人便要举行“启鼓”仪式。其先将鼓用绳索悬挂在空中，摆上酒、茶、水饭、肉等祭品，烧香、烧纸后，老人念请祖先神灵保佑，然后用力击鼓三槌，表示开鼓，即今年可以打鼓了。打了这三槌之后，众人还要看这鼓的朝向如何，东、南、西、北四方，朝哪个方向今年那个方向就是吉利的方向。

初一时，族人就会欢聚一起打铜鼓，跳舞共同欢庆过年。

为了预祝全年的好运，铜鼓舞的调式定为十二个月的音调，每个月的音调各有所不同，其鼓音抑扬顿挫，铿锵有力，能够激发人们的热情，鼓舞人们的斗志，激励人们向往美好的生活。有铜鼓歌传播：

> 不知是在哪一代，古老铜鼓传下来。
> 铜鼓本是传家宝，世世代代传下来。

（以上是陆新良、胡燚二人的原稿）

我们在 2008 年 1 月也对其做了一定的调查。

这个铜鼓是一对，被当地村民称为一公一母。另一只鼓在另外一个寨子存放。

这对铜鼓是由黄铜铸成，一面重 17 千克，高 27. 6 厘米，另一面重 15 千克，高 26. 6 厘米。两面铜鼓鼓心凸出，鼓面布满各种弦文，四个扁耳置于鼓腰之间。两面铜鼓据文物部门考证，一雌一雄，为南宋时期铸造。

这里的水族认为，铜鼓是识别水族与其他民族区别的重要依据，是水族的标记，水族视铜鼓为天生之物。传说，铜鼓声上可惊天堂，下可动地府，威力无比，水家人十分珍惜。每当摆谈铜鼓，他们都是敬而颂之。

铜鼓分公母，本身在制造时就赋予了它一种生命灵性的意义，这种现象在拥有铜鼓的地方并不罕见，是铜鼓原始意义的赋予，也就是说，柏果镇水族的铜鼓一开始就具有神性意味，就是作为一种神器来看待的。这在后来的调查中得到证实，比如在这里水族人的丧祭中，这个铜鼓就是主要的“角色”。在其丧祭中敲击铜鼓，有“唤醒”与祖先神灵交流的意义，即利用铜鼓达到人与神交流的目的。

这是水族铜鼓最根本的用途，但其铜鼓的神性还体现在春节活动的打击中，这也是其铜鼓神性体现的一个方面。在水族丧祭中敲击铜鼓是为了与祖先神灵交流，但在春节的铜鼓敲击中，其交流的对象变了，这时其交流的对象主要是自然神灵，是自然中不同时期影响水族生活和生产的诸多自然神灵，所以，这时的铜鼓主调是“铜鼓十二月”。

在苗族中有谚语：“芦笙不响，五谷不长。”其实，在这里的水族人中，也有“铜鼓不响，五谷不长”的神意，只不过这里的人们不太提起这样的蕴涵而已。也就是说，这里的水族人敲击铜鼓，与苗族人吹奏芦笙一样，其原始本意都是如此。

这里水族人的铜鼓首先是一件神器，然后才是一件乐器。所以，围绕着铜鼓出现许多禁忌是非常正常的事情。而且，这里水族人的铜鼓是神器为一种根本的性质，它的乐器性质是后来派生的，这个理解对于我们正确看待铜鼓非常重要。

对于这里水族铜鼓的神性，在其民间就有这样的解释：

> 关于铜鼓的来历，还有这样一个故事流传，很早以前，在昆仑山下有一水族

村寨，寨中住着一位以砍柴为生的老人。一天老人上山砍柴，时值盛夏，天气炎热，劳累过度的老人坐在松树下，瞬间入睡。突然一声霹雳响彻天空，老人惊醒，抬头一看，天空坠下一物，老人上前观之，乃是一面铜鼓。为了不使这天赐的铜鼓丢在荒郊，老人小心翼翼地将铜鼓背回家中收藏。不久，老人去世，家族都来守灵。好心的族人不甘灵堂的冷清，于是把老人收藏的铜鼓抬出来敲打。正当击鼓人将鼓槌敲在铜鼓上时，随着一阵低沉而又洪亮的声音，一股青烟从响声之处冉冉升起，只见老人在青烟中袅袅升空，直达九霄。从此，水家人认为，铜鼓能超度亡灵上天，视铜鼓为天生之物，水家之宝，十分珍爱。

这里的水族在把他们的铜鼓作为神器对待的同时，也自己衍生了其铜鼓的乐器应用，如在这里的水族中，他们就有一种“铜鼓舞”，就是其乐器性质的应用。

铜鼓舞在水族丧葬和节日期间必跳。跳此舞时，一般八人登场：一人执槌敲铜鼓，一人击钵，一人击三镲，一人执羊皮鼓，一人击小镲，一人执铜锣，二人舞手帕。击铜鼓者居中，其余七人站在四周，以铜鼓敲击点子，各种乐器分别配合，并迈出舞步。铜鼓敲一槌，舞者唱一句，真可谓是载歌载舞。

当然，这样的铜鼓舞也不是纯粹的娱乐性舞蹈，是神性舞蹈与娱乐性舞蹈两者均有之的事物。

如这里水族的铜鼓和铜鼓演奏，在布依族中是比较普遍存在的。在贞丰、册亨、黔中等地的布依族中，都有布依族铜鼓和铜鼓演奏，他们也称其为“十二则”，也是以“十二月”为主题来演奏的。这也是证实其与布依族有关联的一个重要方面。

在这样的调查和研究中，我们在陆新良、胡燚二人提供的原稿基础上，对这里水族“铜鼓十二月”的鼓经做了整理和翻译。

击鼓方式：

击鼓时鼓师双手并用，右手拿铜鼓槌，左手拿皮鼓棍，双手交叉击打。

（我们这只说的是鼓师击鼓部分，其演奏是还有锣、钹等乐器一同演奏。）

一、皮鼓棍

1. 汉字的“登”音——用皮鼓棍击皮鼓中心。

2. 汉字的“独”音——用皮鼓棍击皮鼓边。

3. 汉字的“多”音是“独”的轻音。

4. 汉字的“几”（也为“鸡”）音——用皮鼓棍击铜鼓边。

5.“鸡”为“几”的轻音。

6.“记”为“几”的短音。

7. 汉字的“卦”音——用皮鼓棍击皮鼓身。

8.“瓜”是“卦”的轻音。

二、铜鼓槌

1. 汉字的“道”音——用铜鼓槌击铜鼓中心。

2. 汉字的“零”（也为“烈”音）音——用铜鼓槌击铜鼓边。

3.“月”是“零”的轻音；“烈”是“零”的重音。
4.“啊”为鼓面拖音。
三、其他
1. 汉字的“克”音——用皮鼓棍击铜鼓槌身。
2.“K”是“克”的轻音。
3. 汉字的“明”音——用皮鼓棍击铜鼓心。

正月

道！
道！
道！
独零道，
几登道，
独零道，
几登道！
几登道！
道登道。

道！
道！
道！
独零道，
几登道，
独零道，
几登道！
几登道！
道登道。

道！
道！
道！
独零道，
几登道，
独零道，
几登道！
几登道！
道登道。

二月

道啊几几，
道啊几鸡几。
道啊几几，
道啊几鸡几。
道啊几几，
道啊几鸡几。
登独，
月道啊几。
道阿道几鸡几，

几登独道道，
几登道独道！

登登独零道，
登登道烈独，
几登独登道；
道，
几登独登道啊几，
道，

登登道；
登登道！
独零道，
独零道，
几登道，
独零道，
几登道
几登道，
道登道！

三月

卦啊瓜瓜，
瓜道瓜，
啊道道。

卦啊瓜瓜，

瓜道瓜，
啊道道。

卦啊瓜瓜，
瓜道瓜，

啊道道。

道，
瓜登独道道。

四月

道啊几，
道啊几鸡几。

道啊几，
道啊几鸡几。

道啊几，
道啊几鸡几。

几道几啊道道，
道啊几登独。
道！

几登独道几。
登独道道，
几登道独道，
登登独零道。

五月

卦啊卦登卦，
卦登月道啊独，
卦登独道道，
卦啊卦登卦，
卦登独道啊月，
卦登月独月，
卦啊卦登卦，
卦登月道啊独，
道登独道，
独登道独，
卦登独道道，
卦登独道，
登登独零道。

六月

道啊卦瓜独，
道啊卦瓜道啊独。

道啊卦瓜独，
道啊卦瓜道啊独。

道啊卦瓜独，
道啊卦瓜道啊独。

卦登独道啊月，

独登独道卦独，
啊道登卦瓜独，
独登独道道，
卦登道独道。

七月

卦啊独卦，
卦道独，
卦登独道道，
卦啊卦瓜独，
独道，
登，
卦登登独登，
卦啊瓜卦，
独道独，
卦登独道道，
卦登道独道，
登登独零道。

八月

克啊克 K 克，
克明克啊明，
克克明克，
克明克明独，
独道道独，

克啊克 K 克，
克明克啊明，
克克明克，
克明克啊明独，
独道道独，

克啊克 K 克，
克明克啊明，
克克明克，
克明克啊明独，
独道道独。

道啊几登独道道，
几登道独道，
登登独零道。

九月

独，
道，
道，
独，
卦啊卦瓜卦，
卦独卦，
卦独卦，
卦登月道独，
月，
道，
独，
独道道独。

道啊卦登独道道，
卦登道独道，
登登独零道。

十月

独啊道多瓜卦，
道啊独多卦瓜卦。

独啊道多瓜卦，
道啊独多卦瓜卦。

独啊道多瓜卦，
道啊独多卦瓜卦。

卦瓜独道，
卦瓜道独，
卦登独道啊道多，
卦瓜卦，
卦登独道，
卦登道独，
卦登独，
道啊道多卦瓜卦。
卦瓜独道，
卦瓜道独，
卦登独道啊道多，
卦瓜卦，
卦登独道，
卦登道独，
卦登独，
道啊道多卦瓜卦。

卦瓜独道，
卦瓜道独，
卦登独道啊道多，
卦瓜卦，
卦登独道，
卦登道独，
卦登独，
道啊道多卦瓜卦。

卦登独，
道啊道多卦瓜卦，
登卦独道，
登卦道独。

卦登独，
道啊道多卦瓜卦，
登卦独道，
登卦道独。

卦登独，
道啊道多卦瓜卦，
登卦独道，
登卦道独。

十一月

记啊几鸡记，
登道记，
道独记，
记登独道道。

记啊几鸡记，
登道记，
道独记，
记登独道道。
记啊几鸡记，
登道记，
道独记，
记登独道道。

记登道独道，
登登独零道，
登登道烈独，
记登独登道多登登道，
独零道多独零道，
几登道多独烈道，
几登道，
几登道！
道登道。

十二月

道！
道！
道！
独零道，
几登道，
独零道，
几登道！
几登道！
道登道。

道！
道！
道！
独零道，
几登道，
独零道，
几登道！
几登道！
道登道。

道！
道！
道！
独零道，
几登道，
独零道，
几登道！
几登道！
道登道。

道！！！
道！！！
道！

这个鼓经的翻译基础是其水族人在民间流传的一个手抄本，是用汉字音记录布依口语音的鼓经，只有用布依语才能完整地读出其意义。这是贵州省少数民族用文字记录自己文化的一个通例。

附录一：建立“八担山彝族文化生态保护区”刍议

吴秋林

“八担山”是乌蒙山的一条重要支脉，在贵州西部地理环境上占有重要地位。是贵州省和云南省地理和气候的一条分界线，也是其人文精神的一条分界线。在这块土地上，孕育了贵州省西部最为重要的民族之一——彝族。我们知道，文化的发展受来自内外两个因素的影响，内即是族群文化的原始内在结构，外即是地理环境的因素。在两千多年前，有着浓厚“游牧民族”文化情结的彝族先民，为逐高山牧场而东进贵州西部，在不断地演化和发展中，成为中国彝族的“贵州部分”，并且在16世纪前后，成为彝族文化历史中最为辉煌的部分而载入中国彝族文化历史发展的史册。也是贵州少数民族历史文化中最为重要的部分。中国彝族的“贵州部分”在历史文化上的发展成就，就是在上述内外两个因素中形成的。我们在这里论述“八担山彝族文化生态保护区”，地理环境的因素就是今天话题的主要部分。

一、关于建立“八担山彝族文化生态保护区”的起因

在贵州省黔西北的彝族文化历史和文化区域分布我们不用赘述，它基本上是以乌蒙山的山势和山形来分布的。在乌蒙山北面的黔西、大方、毕节地区，历来是彝族文化的中心区域，贵州省彝族文化在历史上很长一段时间内都是其彝族文化贵州部分的策源地，而位于今天六盘水地区的乌蒙山支脉的“八担山”地区，历来就只是其文化的边缘地区。但随着历史文化的发展，特别是“奢安事件”之后，贵州彝族的制度文化被打碎，其彝族的政治文化被“民间化”和“边缘化”之后，其彝族的文化发展就走向了“彝学化”和“文献化”，属于彝族传统文化的许多方面逐步流失和散佚。

在前几年，我们对黔西北彝族传统文化中的核心文化——丧葬文化做全面调查时发现，黔西、大方、毕节地区，包括“威宁、纳雍、赫章”地区，其彝族丧葬文化消失得非常厉害，而这是一个民族文化的根中之根，即它是信仰文化的最后一块领地，如果丧失了它，这个民族的信仰也就最后丧失了，它的文化就会受到“结构性”的毁坏。

但是，这样的调查在“八担山”地区，特别是“八担山”南坡的盘县彝族地区，我们却得到了重大的收获。在这里，不但见到了彝族丧葬文化的基本形式，也见到了它的多样性发展状态，并且在其所依托的彝族其他文化的发展变化中，也显得异彩纷呈，是彝族传统文化的活形态的表现。

我们多次对“八担山”地区彝族文化进行了深入调查之后，有了一个基本的共识，即“八担山”区域，主要以“八担山”南坡地区盘县为主的彝族文化，是贵州省彝族传统文化保存最为完好的文化区域，是贵州省传统彝族文化最后一块净地，许多意象古老的彝族文化仍然在这里人们的日常生活和精神观念中存在，并且深刻地影响这里的文化、习俗和风情。

我想，这就是我们要提出建立“八担山彝族文化生态保护区”的起因。我们认为，这对彝族是一件非常重要的事情。

二、建立“八担山彝族文化生态保护区”的基本理由

我们讲建立“八担山彝族文化生态保护区”主要是从环境文化人类学上而言的，体现在以下几个方面：一是它与彝族贵州部分民族文化发展演化直接相关；二是这种发展演化在彝族族群中构成了它的重要组成部分；三是贵州部分彝族在明清两代的“改土归流”的历史文化演变中，其中心部分地区的彝族文化逐渐“彝学化”和“文献化”后，能够保存其民间活形态彝族文化的地区转移至“八担山”区域。

我们就从这三个方面来论述建立“八担山彝族文化生态保护区”的基本理由。

第一方面，“八担山”地区是贵州彝族的一个特定地区，它的存在与彝族贵州部分民族文化发展演化直接相关。这种认识是基于彝族文化在贵州省境内的发展演化而言的。在世纪初，彝族东进，彝族的“六支”中有两支进入了贵州境内，并且以乌蒙山为中心，建立了最后的区域性民族国家，使彝族文化得到了巨大的发展，一度成为中国彝族文化的发展中心。这个中心基本形成之后，其文化在一定区域中就有了一定程度的扩张，其乌蒙山支脉的“八担山”彝族地区的形成，就是这种文化扩张的结果。这种表现在“八担山”北坡尤为明显。在“八担山”北坡和部分南坡地区，其彝族人的族群明显来自威宁、纳雍一带，是彝族文化在乌蒙山地区经过文化整合以后带有明显新文化色彩的彝族文化类型。这个文化类型在经历了地理环境的“洗礼”后，最后形成了今天“八担山”彝族文化的一个重要类型。这个类型与黔西北地区彝族文化一脉相承，但又有自己的地区色彩。这一部分也被以黔西、大方、毕节为中心的彝族文化所看重，是其文化的一个重要组成部分。

第二方面，在“八担山”南坡，还有一个重要的彝族文化构成，即在主流的彝族人东进之后，一部分直接从云南境内过来的彝族人进入了“八担山”的南坡地区，即今天的淤泥、鸡场坪、松河、普古……一带，成为“八担山”区域内重要的彝族文化构成。即这一部分的彝族族群，没有经过乌蒙山的彝族迁徙后文化的整合阶段，是从云南的彝族中分离出来，直接与“八担山”地理环境融合之后产生的新的彝族族群，是“八担山”地区彝族文化的另一个类型表现。这个彝族文化类型由于不是

黔西北彝族文化扩张的直接结果，所以，长期以来，似乎对这个彝族文化类型并不十分看重，这可能反而有利于这一文化类型的传统文化保存。

从以上的分析中，“八担山”地区彝族文化应该是贵州彝族文化的一个重要组成部分，因为它很早就参与了彝族贵州部分的文化构建。

这以上的论述，也基本包含了以上论说的第二个部分，即这种发展演化在彝族族群中构成了它的重要组成部分。从文化类型上来说，“八担山”地区的这两种文化类型是贵州彝族文化的重要表现，实际上，我们今天从文化人类学的角度上来研究彝族文化时，我们能够参照的活形态的文化主要就表现在这一地区。

第三方面，即以“黔西、大方、毕节”“威宁、纳雍、赫章”为中心的彝族文化，在历史的演进中发生了重大变化，而处于边缘的“八担山”地区并没有受到这种变化的影响，或者说影响很小，其传统文化的诸事象并没有发生根本性的变化。这使得原本边缘中的文化在传统文化的保存中上升到一个极有影响力的地位。我们在原来彝族文化中心区看不到和不经常性看到的文化表现，我们反而在“八担山”地区的彝族中能够看到。在文化传播学派的观点中，在边缘地带反而会保存比较古老的文化，“八担山”地区的彝族文化表现就证明了这一点。

这就是我们在“八担山”地区提出建立“八担山彝族文化生态保护区”的基本理由。我想这个重要性不用太多的表述，因为我们在贵州省境内，只有一个这样的活形态彝族文化的表现区域了。它的存在对于彝族文化的传承和发展，应该说意义是重大的。

在中国，彝族文化基本由三部分组成，一是彝族文化云南部分；二是彝族文化四川部分；三是彝族文化贵州部分。这三部分在历史的演化中已经发生了重大变化，形成了不同的类型，并且这三部分的彝族文化保存在文化人类学和彝族文化上的意义都是不一样的。

在贵州，彝族文化的“文献化”可能是最为突出的，也是最有特色的部分，但是，彝族传统文化中的民间文化可能也是保存最不完善的一个部分，即民间中消失的彝族传统文化太多了。这样，处于贵州彝族文化边缘的“八担山”彝族文化就变得越来越重要了。

三、“八担山彝族文化生态保护区”的基本概念

“八担山彝族文化生态保护区”的基本概念我们认为要从基本概念、基本性质、基本范围、基本功能、基本作用等几个方面来界定它。

1. 基本概念

“八担山彝族文化生态保护区”的基本概念，是一个以“八担山”为区域性概念的彝族传统文化生态保护区。

2. 基本性质

“八担山彝族文化生态保护区”的基本性质，是对区域内的彝族传统文化进行区域性质的文化保护。这种保护强调的是区域性的整体性保护。

3. **基本范围**

“八担山彝族文化生态保护区”的基本范围，在地理环境上包含了整个“八担山”，我们认为应该有两个概念：一是大区域的“八担山彝族文化生态保护区”；二是小区域的“八担山彝族文化生态保护区”。大区域的“八担山彝族文化生态保护区”包含了水城的玉舍、扬梅、法耳、鸡场、云盘一线，我们可以称其为“八担山”北坡地区，以及盘县坪地、四格、淤泥、鸡场坪、松河、普古、羊场等地，称为南坡地区。小区域的“八担山彝族文化生态保护区”就是指“八担山”南坡地区的彝族文化区域。大的“八担山彝族文化生态保护区”自然包含了“八担山”地区彝族的两个文化类型，但小的“八担山彝族文化生态保护区”概念也包含了“八担山”地区彝族的两个文化类型，因为坪地、四格等彝族文化实际上就是源于黔西北彝族文化中心区域的一种文化类型，而淤泥、鸡场坪、松河一带则是贵州省彝族文化的另一个类型，所以，我们在小区域的“八担山彝族文化生态保护区”中，也能看到比较完整的贵州彝族文化表现。

在“八担山彝族文化生态保护区”内在的文化范围中，它包含了区域内彝族文化的方方面面，从精神观念到习俗、风情，以及语言、工艺、传统知识等等，都是“八担山彝族文化生态保护区”所要保护的基本对象。

4. **基本功能和作用**

“八担山彝族文化生态保护区”的基本功能和作用，是在区域保护概念的推进下，促使区域内的政府机构和民众对区域内的彝族传统文化有一个新的认识，在所有针对彝族传统文化的传承和发展上有一个全新的概念，使区域内的彝族传统文化的发展和演进有一个良好的生存发展的区域性环境。

具体的运作我们认为是：

（1）要建立这样的文化生态保护区，一定要有一个机构来牵头，六盘水市的彝学会是最合适的机构。

（2）建立这样的文化生态保护区，最好作为项目性质的事物来展开，申请长期的项目经费。

（3）建立一定的文化生态保护区机构。主要从事研究和保护，以及该地区彝族文化的建设和旅游开发等事项，为当地政府的区域性社会经济文化发展提供决策依据，等等。

（4）最好能够申请地方性的保护区立法。

（5）建立“贵州省八担山彝族文化博物馆”。

（6）配合国家非物质文化遗产保护政策，也可以建立“八担山彝族非物质文化遗产生态保护区”，寻求更大程度上的支持。

附录二：盘县彝族文化建设初探

杨春艳

在现代化的进程中，彝族文化正经历着巨大的震荡，民俗文化的表现形式和文化内涵也发生着巨大的变迁。回顾昨天盘县彝族文化建设取得的成绩和展望明天彝族文化建设有待开发的空间，总结经验和不断探索，促进盘县彝族文化建设朝着健康有序的方向发展。

一、盘县彝族文化建设的意义

1. 盘县彝族文化的区域界定

盘县彝族主要分布在乌蒙山支脉的“八担山”地区的山南。根据实际田野调查的分析，盘县彝族在文化区域上似乎可以划分为两个组成部分：一是直接从云南进入贵州的彝族部分；二是从威宁方向经纳雍、水城而进入盘县的彝族部分。前一个组成部分主要区域大致在淤泥、鸡场坪、松河一带，后者的区域主要在坪地、四格、普古一带，这一区域的彝族文化表现与水城龙场、玉舍一带的彝族山水相连，文化表现上呈一体状。

2. 盘县彝族文化资源

文化人类学家泰勒首次把文化作为一个中心概念提出来，并对它的内涵做了如下表述：“文化就其广义的民族学意义来说，是作为社会成员的人所习得的包括知识、信仰、艺术、道德、法律、习俗以及任何其他能力和习惯的复合体。”相应的我们认为，彝族的文化是彝族人们在长期的社会生产生活实践中，所习得的知识、信仰、艺术、道德、法律、习俗以及任何其他能力和习惯的复合体，是彝族先民在处理其与自然、社会和其他民族关系的历史活动和过程中，创造出的独具特色的文化。

盘县彝族蕴含着丰富的民族文化，依据实地调查的结果，对盘县彝族文化资源整合如下：

（1）服饰文化

彝族有自己的民族服饰，我们这里所说的彝族服饰文化还包括制作民族服饰的过程。千百年来，彝族有着自己独特的一套纺线、织布、印染的工具和技术。尽管现代的纺织品广泛运用到各边远少数民族地区，但在很多地方至今还保持着中国最为传统的男织女耕式的生活方式，这套古朴的技艺仍然以顽强的生命力经久不衰地保存下来。在盘县淤泥乡还能找寻到原始纺织技术的踪影，领略到浓厚的历史韵味，古老的纺车与织布机，向我们展示了尘封在现代文明之下的古老纺织文化，也让我们看到了彝族文化精彩的另一面。

(2) 饮食文化

盘县彝族地区有独特的饮食文化，最富民族文化情感的是饮“水拌酒”与“咂酒”。彝家人喜好饮酒，不仅是喜饮常见的白酒，更善于饮他们自己酿制的水拌酒和咂酒。水拌酒是直接用糯米煮熟加酒曲发酵后再加入凉开水搅拌，在地窖中储存一段时间而成，其味清香甘甜。传说这种水拌酒在远古时候曾被当作彝族贡品，送往京城供皇帝品尝。水拌酒在彝家生活中居家必备，少说也有数百年历史了。客人来了，二话不说，首先以水拌酒相待，用大碗盛上，一人一碗，主陪客饮，好客的主人定要你饮个痛快，这才罢手。咂酒为彝家传统佳酿，主要原料为玉米、荞麦，配上适量酒曲，装入坛内月余即可饮用。“临饮时以温水沃糟，用竹为筒，宾主环坐，迎相咂饮”。史料记载的如此饮法，在今天还可以看到，彝族的传统节日，尤其是火把节期间的迎宾仪式上，这种传统的咂酒场面必不可少，只不过不是宾主环坐，而是围着酒坛站立环饮。

(3) 节日文化

民族传统节日是民族文化的重要组成部分，是民族群众喜闻乐见的文化艺术活动和竞技活动，它与天文、历法、农耕、宗教、社会、历史、音乐、舞蹈、饮食、服饰、传说、体育等有密切相关，是民族意识的个性化表达。盘县彝族的传统节日主要有六月二十四的火把节、彝年，是彝族同胞欢聚一堂的盛会，举行各种娱乐活动，现在的彝族传统节日不仅是本民族的节日，还吸引着越来越多的游人参与其中，体验彝家的民族风情。

(4) 歌舞文化

“不会跳舞的只有老牛，不会唱歌的只有木头。”彝家儿女不论男女老少，人人能编会唱，山歌既是一种艺术，也是彝家人生活中的一部分，在淤泥彝族地区，村村寨寨无节不歌，无节不舞，在每个角落都有歌舞的存在，在这个地区有百分之六十以上的人都会唱山歌。他们歌唱家乡，歌唱劳动，歌唱爱情，歌唱身边的故事，歌唱生活中的一切。以歌传情，以歌会友，用山歌来表达心中的情感，倾诉内心的喜与悲。

彝族山歌有情歌、叙事歌、劳动歌、祭祀歌、劝酒歌、酒令歌、节日歌等。逢大事小事都要唱歌，每年还举行赛歌会。歌种功用主要有恋爱、婚嫁、丧葬、务农、迎客、节庆、劝酒、叙事……演唱语言使用彝语和汉语。歌词结构和韵律特点均与贵州汉族山歌一样。演唱形式有独唱、两人对唱、群体对唱，也有集体齐唱和简单的二声部合唱。

《酒令歌》是盘县普古、舍烹地区彝族婚嫁的仪式歌，其形式为男女双方多人对唱。歌台设在新娘家，接亲人马来到，由送亲女伴起唱，于是双方你来我往，歌声通宵达旦。《酒令歌》是一首叙事古歌，男女双方对唱需要两三个晚上才能唱毕。

蹉措舞是盘县淤泥、鸡场坪、普古、滑石、松河等地彝族在举办丧事的过程中跳的一种舞蹈，目前，此种文化现象在淤泥、普古等乡彝区保留得相对多一些，据调查此舞蹈的原始动机在于驱赶来吃亡者身体上蛆虫的乌鸦。同时以说或唱的形式回顾亡者生前的美德业绩、忏悔孝子们对亡者生前的不孝等。

海马舞是彝族的一种民间叙事性舞蹈，相当于彝族的史诗，起源于三国时期孟获渡江的传说故事。相传三国时期有一支外敌要来侵犯彝区同胞的领地，英勇的彝族首领孟获为了保护彝族同胞的领地，率领着彝区的年轻人应战反击。在孟获率领将士们赶路的途中，遇到了一条大江，江水湍急，根本无法顺利渡江，但此时战事紧急，必须快速赶过去。于是孟获急中生智，命令部队砍伐了一些江边的竹子，用这些竹子扎成一匹匹的竹马，利用竹马顺利渡过了大江，一举击败了敌人，取得了战争的胜利，成功保护了彝族同胞的生命财产安全，捍卫了彝族人民的疆域。此后，彝族人民为了纪念战争的胜利，歌颂伟大的民族英雄孟获，就模仿当年这场战役，扎竹马来跳舞，以跳海马舞的形式体现彝族人民的英勇善战和勤劳智慧。到现在海马舞已逐渐演化为彝族丧葬舞蹈或节日欢庆舞蹈。舞蹈整体风格欢快奔放。海马舞以鸡场坪乡的最具有特色，表演时一般需要 3 人到 12 人参加。

羊皮鼓舞是盘县鸡场坪乡的特色舞蹈。一般在火把节、元宵节等节日里表演，表示喜庆；此外，在彝族丧葬祭祀仪式上，或者在平时也会被请到家里表演，以此达到驱邪除魔的目的。羊皮鼓舞，类似于地戏、傩戏，历史上称为傩舞。起初的目的在于借模仿动物动作的舞蹈来“驱邪纳祥”，应属于一种原始的宗教舞蹈，往后逐渐在节日喜庆活动中参加表演，增加节日的喜庆气氛，现在逐渐形成舞台表演艺术，一般是大型活动中由政府请去演出。

跳脚舞是唱、跳合一的灵活舞蹈，动作多，以跳、转等技巧为主，脚和手的动作幅度大，体现豪放、庄严，尤其在祭祀活动中，更显得神秘庄重。领跳有排头和排尾的双重身份，整个舞蹈变化多端。铃铛声音响亮，并有节奏，使整个舞蹈看起来气氛更加浓重。

（5）婚丧文化

盘县淤泥乡、鸡场坪乡、普古乡彝族婚俗和葬礼都具有较为浓郁的地方和民族特色。婚俗仪式繁复而不杂乱，从恋人相识到成婚，依次要经过提亲、定亲、接亲、迎亲、回门等多道仪式程序；彝族由于支系的不同，丧俗也不尽相同，但总的来说都需要毕摩出面主持整个葬礼。毕摩俗语称“经师”，彝族人的生老病死以及生产生活中每一个细节都离不开毕摩，毕摩与彝族生活息息相关。在丧葬法事中，毕摩身穿用麻布和棉布制成的白色法衣，头戴法帽，给死者念《献酒经》等十八套经文，为死者超度，让死者的灵魂早日升入天堂。丧葬习俗中的“迎宾”和“转场”仪式、洒水仪式、建灵筒仪式不仅有很强的观赏性，还蕴含着彝族文化的各种含义，具有较高的科研价值。

（6）毕摩文化

毕摩文化包括以下的内容：“转场”（彝语为：“说摩子”），即办丧事；祭祖；祭山神（彝语为："尼木木"）；扫火星；招魂；扫屋；占卜；看日子；看风水。

祭祖实际上就是换置祖灵筒中内容，让祖先享祭，以及为了让四代以上的祖灵筒进入祖祠而举行的仪式，一般是三年两头祭。先由家族的族长召集家族中的所有人员，商量祭祖事宜，如准备钱财粮物等。而后请毕摩看日子，一般在农历十月至十一月之间举行。

在盘县的彝族中，招魂是一种为个体而做的仪式。一般是为久病之人和得了怪病之人而做"招魂"。这种"招魂"也是要请其毕摩来做，也叫"喊魂"。

在盘县的彝族地区，祭山和扫寨年年都要举行。祭山和扫寨是以寨子为单位来举行的，费用由寨子的人家分户承担，比如，今年是5户人家承担，明年由另外的5户人家承担。时间一般是每年的农历三月间举行，具体时间各寨不尽相同，如麻郎垤村就是在三月的羊场天扫寨，猴场天祭山。

3. 盘县彝族文化建设的重要性

施维达在其《民族文化学》中指出："考察民族生活中的诸因素，民族共同体内最显著、最持久、最稳定的联系是文化。可以说，文化是民族的标志，是此一民族区别于彼一民族的特征。一个民族可以散居于不同地域，也可以彼此之间完全没有经济上的联系，或被卷入不同模式的经济活动中，但绝不可丧失自己独特的文化。如果丧失了自己独特的文化，那么一个民族也就消失了。"民族是创造、传承、展现文化的主体，文化则是民族的最重要、最核心的标志，是一民族区别于他民族的根本标识。

彝族人民在悠久的历史中创造出宝贵的文化遗产，种类之繁盛，形式之多样，内容之丰富，在世界上都是少有的。在当今物欲横流的时代，建设好彝族文化，就是在建设彝族人民的精神家园和保留彝族人民的历史文化记忆。此外，对于增强本民族的自信心、自豪感，增强对本民族的认同感、归属感，促进经济、社会、文化的全面协调发展，构建社会主义和谐社会都将起到重要作用。

具体说来，我们可以从彝族的毕摩文化和歌舞文化来看彝族文化建设的重要性。选择这两个文化事象来说明建设盘县彝族文化的重要性，具有典型的代表意义。

（1）毕摩文化是彝族文化的重要组成部分，从某种程度上说，毕摩文化也称为狭义的彝族文化。最珍贵的是其中的信仰文化。我们可以从彝族人的现世生活中找寻到彝族信仰文化的力量。在祭祖和祭山神的活动中，有凝聚族人的作用，能强化民族认同感和增进人们的感情。这种集体活动的一直延续，是对本民族优秀文化的弘扬。

在盘县境内多种多样的歌舞文化是构成盘县彝族文化的重要组成部分。歌舞文化有教育的功能，在彝族地区歌舞本身就是老一辈言传身教的好方法。这些歌舞涵盖了彝族各方面的优秀传统，如孝敬老人，纪念先祖，用山歌的方式寻求意中人，等等。同时歌舞文化又有很好的审美、娱乐、社交的多种功能。

从以上两方面的文化事象我们可以管窥到建设彝族文化的重要性，不管从本民族自身的发展来看还是对繁荣整个中华民族文化的重要性来说，彝族文化建设是一项长久持续的战略目标。

（2）当前保护文化多样性已经成为一个热门话题，文化多样性是人类文化发展、繁荣的基础，对人类来说，文化多样性像生物多样性一样重要。有的甚至认为，文化多样性可能是人类这一物种继续生存下去的关键。因此，保护文化多样性、保护各民族的文化，符合当代世界的客观现实的要求。彝族文化是文化多样性的一个重要组成部分，彝族的风俗、礼仪、饮食、居住、服饰等，构成了独具魅力的人文风景。因此，建设好彝族文化是对建设文化多样性的贡献。

二、当前盘县彝族文化建设的成就

1. 已经对该县的彝族文化资源摸清了家底

2008年年初，在当地文广局的大力支持下，贵州民族学院民族文化学院的二十多位老师和同学在各乡镇文化服务中心工作人员的带领下，深入彝族分布的各村寨，基本对境内的彝族文化遗产摸清了家底，这样就为下一步建设盘县的彝族文化奠定了基础，通过这一步骤，也才能进一步探讨建设当地的彝族文化的对策，否则对境内有哪些文化资源心里没底，却高喊“建设”的口号，最终只能徒劳无功。

2. 部分彝族文化资源的开发利用已经编辑成书，有一定的成果出版

把当地的文化资源转化成文字材料向外人宣传介绍，不仅是对境内彝族文化发掘的一种成果肯定，也是向外界宣传的一种有效方式，在贵州有很多文化资源都是“养在深闺中”，等待外人去发现，而把丰富的彝族文化资源整理编辑成书，是对认识传统文化资源方式的一种转变。盘县除了支持修地方志、民族志以外，近年来，正在积极策划出版盘县文物与风情丛书，《盘州风韵》的风光民俗篇里就有不少介绍盘县彝族风光和民俗的篇章。此外，县里还支持将民歌演唱制作成民族风情片向外界宣传介绍丰富多彩的彝族歌舞文化。

3. 基础设施建设取得一定的成就

盘县有丰富的文化资源，在全省兴起旅游热潮的背景下，开发盘县各民族丰富的文化资源，发展旅游业是增强县域经济的有效途径，在这样的情况下，基础设施建设显得尤为重要，特别是交通的发展是拉动旅游业发展的首要条件。目前，县内的交通条件大有改善，特别是从羊场通往淤泥、鸡场坪一带的交通设施进一步完善，对促进彝族地区的文化建设发挥着巨大的作用。

以上列举的只是近年来盘县在彝族文化建设取得的成就方面的一小部分，从政府各部门领导到基层干部，他们为彝族文化建设付出了辛勤的汗水，浇灌了彝族文化建设的广阔田地。

三、彝族文化建设可开拓的空间

1. 转变角色，使彝族文化的传承发展成为彝族人们的自觉行为

（1）加大宣传力度，让彝族人自己了解到本民族文化的优势与不足之处，克服民族文化保守主义和民族文化虚无主义的观点，增强对本民族文化的自信心。随着汉文化的强势入侵，自然有部分人会对本民族文化的认识出现偏差，或是全盘接受汉族文化，或是全盘否定本民族的文化，这都是不可取的，彝族文化经过历史的发展，很多文化内涵已经自成一套思想体系，有很多合理的因素仍然在社会运作方面起着积极的影响作用，当然，社会时刻在发展，彝族文化中也存在着某些与社会进步节奏不合拍的文化因素，因此，做好彝族文化建设的工作，首先要调动彝族人民文化建设的积极性，就得把弘扬彝族哪些文化因素，抛弃彝族哪些文化因素，使彝族人民在建设本民族文化的征途中不骄不馁，不断增强对本民族文化的自信心，而这一切都得依靠做好思想工作，在建设彝族文化的过程中，转变彝族人民在这其中的角色，使建设彝族文化的重任成为一种自觉行为，而不是一种任务指标，这样的彝族文化建设才会充满生机和活力。

（2）改善彝族毕摩文化发展的人文环境，培养出彝族毕摩文化的优秀传承人。如前所述，彝族毕摩文化是彝族文化的重要组成部分。一般说来，毕摩是精通彝族文化的人，保护好健在的毕摩在一定程度上来说是在抢救彝族的优秀文化，随着国家对非物质文化遗产保护的重视，在保护传承人方面也出台了一些政策，当地政府有责任和义务做好这项工作，依据实际情况，商讨出保护毕摩的具体措施，如对他们给予一定的物质补贴，使他们有能力继续传承和发展好毕摩文化，还可以为他们从事毕摩工作提供相应的条件，如鼓励祭祖和祭山神的活动定期举行等。同时要做好“后继有人”的工作，在民族地区的很多地方，都面临着传统文化技艺后继无人的现象，出现这种状况是多方面的原因，要避免这种现象重蹈覆辙就要从现在起做好继承人的培养工作，引导热爱本民族文化事业的年轻人从事接班人的工作。

2. 开发彝族文化资源成为旅游资本的时候做到尊重彝族文化的内涵，而不是一开发就变味的做法

在市场经济的调节下，对彝族某些文化事象进行商品包装是必要的，如服饰的商品包装、传统手工艺的创新改造，但在开发彝族核心文化的过程中，一切以经济利益为指挥棒就会改变原有彝族文化的内涵，开发出来的文化资源只能是一架没有灵魂的躯壳，对彝族文化的长远发展是很不利的。可以这样说，把文化资源开发利用好了，能吸引住人，就是把文化资源引上了良性发展的道路，不仅可以带来长远的经济效益，还可以发展出文化产业，使传统文化恢复活力；反之，结果只能事与愿违。

3. 整理县内的彝族文化资源，适当的时机可以建立彝族文化博物馆

对民族文化有活态形式的保护方法，也可以利用博物馆的方式保存彝族传统文化的历史记忆。存放进博物馆的彝族文化资源包括境内的彝族文献资料、有形的物质文化，如服饰、传统手工艺的流程复原等，通过这样的方式保护彝族文化，是对单靠民间自主保护的一种补充，有了彝族文化历史博物馆，年轻一代有了瞻仰前辈创造出的丰富文化的平台，可以时常加深对本民族文化的认识与理解，促进民族自信心与自豪感。同时，这样的博物馆也是向外界集中展现彝族文化的场域，可以达到“百闻不如一见”的效果。

4. 批判地继承和发展彝族文化

对于彝族文化传统应该批判地继承，因为任何一种文化都是时代的产物，总会受到历史的局限，所以任何一种传统，即便是优秀的传统，也应该不断地更新。但是传统是不能割断的，对传统文化的创新发展，是建立在对历史文化的深厚理解基础之上，一旦民族文化发展失去了根基，一切的创新也就无从谈起。在珍惜优秀传统文化的同时，在继承的基础上努力去创造新文化。传统文化如果不加以创新和变革，也就没有生命力，也就无法与当代社会相适应，并将逐步失去功能。创新的目的是使传统文化恢复活力，提升传统文化的质量，并使之成为与当代社会相适应的高一级文明。彝族文化的永葆生机，离不开批判地继承传统文化，离不开不竭的创新动力，离不开海纳百川的博大胸怀。

5. 组织民间艺术团或文化交流团演出或展出

任何一种民族文化的发展需要开阔的视野，而不是在故步自封的境界里发展文化，民间艺术团或文化交流团代表着一个民族文化的走向，因此，多组织民间艺术团或文化交流团参加演出或展出，是文化交流与学习的有效途径。目前，在"多彩贵州风"活动的影响下，盘县各乡镇海选出很多优秀的融民族文化与舞台艺术为一体的歌舞类节目，这对建设彝族歌舞类文化是一个好的启示。盘县彝族有大量的歌舞类文化，有条件的各村寨可以组织歌舞比赛，提高人们参与本民族文化的热情。同时也可以从民间歌舞中吸取舞台歌舞的创作源泉，把优秀的彝族歌舞进行加工搬上舞台，给人以美的享受。

6. 整合资源，加强与黔西北地区彝族文化研究的交流与合作，一起做好贵州的彝族文化建设

黔西北地区有大量彝族文化的历史留存，彝族学者在该地区对彝族历史文献资料的研究与彝族文化的考古发掘中都颇有成就，盘县境内的彝族与黔西北地区的彝族文化有区别但也有联系，加强与该地区彝族文化研究的交流与合作，不仅是一个学习的机会，也是利用研究资源的一种方式，看到区别与联系，借鉴前人的研究成果，可以减少盘县境内彝族文化研究所走的弯路，同时这样整合资源的做法，也是做好贵州彝族文化建设的必然之路。

当然，以上的初步构想只是建设盘县彝族文化的一些基本出发点，在具体实施建设境内彝族文化的措施上，还有待进一步的细化和依据当地彝族的具体情况，探讨出一些建设彝族文化的好模式，这项工作需要长期的实践和不断的经验总结，可喜的是，盘县从县里的领导部门到各乡镇的文化服务中心，都很重视民族文化事业的发展，他们把全县的文化建设事业开展得生机勃勃，有声有色，在这样的大好形势下，相信彝族地区的文化建设一定会更上一层楼。

参考文献：

[1] 吴秋林著. 众神之域——贵州当代民间信仰文化调查与研究 [M]. 北京：民族出版社. 2007，6.

[2] 盘县文物风情丛书编委会编. 盘州风韵 [M]. 贵阳：贵州民族出版社. 2007，6.

[3] 陈兰香. 试论彝州传统民族文化的现代化转型 [J]. 楚雄师专学报. 2000,(10).

[4] 陈世鹏. 彝族文化在黔西北旅游资源开发中的地位 [J]. 毕节师范高等专科学校学报. 2004,(3).

[5] 白兴发. 论西部大开发中彝族传统文化的建设和保护 [J]. 楚雄师专学报. 2003,(10).

[6] 柳远超. 彝族丧葬文化保护与旅游开发 [J]. 贵州民族学院学报. 2005,(6).

[7] 何星亮. 非物质文化遗产的保护与民族文化现代化 [J]. 中南民族大学学报. 2005,(5).

后 记

后记是一本书的尾巴，没有可能不会有什么大碍，但它真就是一条尾巴，没有，有时候一只猫和其他什么动物真的也会摔跟头，所以我们就确定要一条尾巴，写一个后记。

2008 年，是中国多灾多难的一年，也是我们希望“多难兴邦”的一年，有许多的事情发生，也有许多事情在过去，也有许多希望在出现……

在这一年初，中国南方凌冻灾害最为严重的时刻，我们贵州民族学院民族文化学院师生一行 20 余人，与盘县文化体育广播电视局，以及盘县各乡镇科技文化中心的数十位干部，对盘县非物质文化遗产进行了普查性调查，事后有了一个丰厚的收获——盘县非物质文化遗产调查报告。

这是贵州民族学院民族文化学院师生、盘县文化体育广播电视局，以及盘县各乡镇科技文化中心的数十位干部的心血。我们从贵州省文化厅接受任务到完成，此事有了圆满的结果，但是，盘县文化体育广播电视局的领导看的和想的比我们要远，经过努力，又促成了现今《盘县非物质文化遗产描述与研究》一书的出现。此书虽然局限于盘县非物质文化遗产的描述对象，但研究视野却没有局限于此，它论述和涉及的问题，在某种意义上说，也是中国非物质文化遗产保护上的问题。

此书的写作是集体智慧的结晶，许多老师、同学都参加了最后的写作，作为总编撰者，我要最衷心地感谢他们。这本书的调查和写作，没有任何报酬可言，但他们都投入了最饱满的热情，无以言谢，只有这几粒文字为感。

“中国文化志愿军”，是我们这些调查者和写作者的自许，我想，在许多人在为几粒文字和几句歌词在争论版权的时候，我们能为中华民族新文化精神的崛起做一点我们能做的“小事”，就是我和我所有的“同仁”最为欣慰的事情了。

吴秋林
2008 年 9 月 15 日

吴秋林文集

第五卷

月亮河流域布依族文化

序 言

蒋承云

六枝特区民族与宗教事务局、贵州民族学院民族文化学院开创的“贵州西部民族文化研究文丛”，以田野实证的方式，描述和研究贵州西部不同区域中各民族民间的文化，以及同一民族不同支系的文化，取得了显著成绩，在继“贵州西部民族文化研究文丛”（2007）的《蒙恰苗人文化研究》之后，又推出了“贵州西部民族文化研究文丛”（2008）《月亮河流域布依族文化研究》一书。

布依族是中华民族大家庭中历史悠久的民族之一，自新石器时代起，布依族先民就在贵州繁衍生息。在秦汉以前自称“濮越”，东汉六朝称“僚”，唐宋称“蕃蛮”，元明清至中华人民共和国成立前称“侬家”“布笼”“布那”等；除自称以外，不同地区布依族间互称“布侬”“布土”“补笼”“布央”等。1953 年国务院统一命名为布依族。

在漫长的历史进程中，布依族广大群众在生产和生活实践中，以自己的辛勤劳动和智慧创造了丰富灿烂的物质和精神文化，为伟大的中华文化增添了绚丽的光彩。

由于区域分布不同，布依族文化异彩纷呈，而在六枝特区，布依族就有三个不同的文化分布区域，是贵州省布依族文化多样性表现最为丰富的地方。

《月亮河流域布依族文化研究》一书，从民族学、人类文化学的角度系统地研究六枝特区月亮河流域布依族文化，旨在让读者朋友在文化空间上有所启迪，共同推动民族文化大发展、大繁荣。《月亮河流域布依族文化研究》一书的出版，对促进六枝特区民族民间文化、经济社会的发展与进步具有十分重要的意义。

在《月亮河流域布依族文化研究》一书的编撰中，我们的专家学者不辞辛劳，走村串寨，详细调查，其务实精神值得学习，值得赞许。为此，我欣然为此书作序，并与大家共同拜读此书，增长见识！

2009 年 3 月 8 日

导论——四个意义

2008年，一小群民族学、文化人类学工作者来到中国贵州一个称为“月亮河流域”的山沟里，开展了一系列的民族学、文化人类学的田野调查。这个“月亮河流域”是这一小群民族学、文化人类学工作者对这里的称呼，在他们到来之前，没有人这样称呼过这里。

这条河起源于一个叫“龙山”的小山脉。从龙山下来，这条河就“奇妙”地由东向西流淌，这在中国人的河流印象中显得很奇怪，因为中国大地上的河流基本上都是由西往东流的。这在当地也是这样，因为当地民间也有一些对于这条河为什么要由东向西流的传说和故事。

这条河有40多千米，在上游叫月亮河，中游叫捞河，下游叫河尾巴。这条河从东往西一直流了30多千米之后，就出现了一个由北向南的几乎90度的折转，再经约数公里的流淌，从一个峡口，奔泻进入了峡谷中的北盘江，进入了珠江水系。在那个由北向南的折转后，这条河和又接收了一条约有20千米长的叫一字河的小河流，这样，就实实在在形成了我们今天所说的“月亮河流域”。这个称为“月亮河流域”的河流应该有数百平方千米，在地理上说它是一个小型流域是不会有疑问的，但这个称呼出现在一小群民族学、文化人类学工作者口中，就不仅是地理学意义上的事情了。因为他们发现，在这个被他们称为“月亮河流域”的地方，几近完整地分布着布依族人的一支。在这个“月亮河流域”中，这支布依族在语言、习俗、文化上自然保持着与其他地区布依族一致性的色彩，但同时也有自己的明确的语言、习俗、文化上的特征。在“月亮河流域”附近地区，我们还同时观察到了另外两个布依族文化区域，一个是扁担山地区的布依族文化区域，一个是北盘江两岸的布依族文化区域，他们也与“月亮河流域”的布依族一样，在语言、习俗、文化上既保持着与其他地区布依族一致性的色彩，同时也有自己的明确的语言、习俗、文化上的特征，而且这三个地区毗邻。

这样的“月亮河流域”就不仅是地理意义上的“月亮河流域”，而且也是民族学、文化人类学意义上的“月亮河流域”了。所以，我们的这本小书的基本名称就确定为《月亮河流域布依族文化研究》。这一研究对象的确立不但确立了我们的研究对象，也直接产生了我们这一研究的基本意义。

我们以为它至少有四个方面的意义：

一是从地理环境文化人类学的角度研究的意义。在人类文化的表现中，流域文化是其文化的主流形式，而一般意义上的流域文化范畴太大，把握起来相当困难，而我们在这里却看到了一个基本完整的，又可以把握的小型的流域文化标本，并且有明确的确立时间的标本。

二是区域性文化研究的意义。在贵州省，文化的分布由于历史上政治和地理环境的原因，呈现了极其“破碎”（这是我们赋予贵州省文化区域分布的一个特有名词）的分布，所谓“十里不同俗”就是其极为通俗的说法。这个方面，过去人们有许多认识，“小聚居，大分散”是一种说法，“千岛文化”也是文化分布状态的一种说法。也就是说，贵州省文化多样性的分布有其自身的文化意义和特色，这种意义在民族学、文化人类学上也有其重要意义，但我们过去对这种区域性文化描述的多，认真地从独立角度的研究少。

三是民族支系和个案研究的意义。在过去，我们对于从民族角度理解的文化多样性可以接受，即一个民族一个文化表现，但是，我们对于一个民族中的多种文化表现，就不大愿意承认其亦是一种文化多样性的表现，以为这会导致民族的分裂和不团结，但这绝不是一个民族问题，只会是一个学术性的问题，只是文化多样性表现的一个方面，只会更深入地研究和理解我们的民族文化，进而促进民族文化的发展。

四是个案研究的意义。我们从“月亮河流域”的布依族文化来说，我们在其中的分述是一个又一个的个案，但对于“月亮河流域”布依族来说，实际上它总体上也是一个个案型的研究。个案型的民族学研究，就是民族学文化人类学化的具体体现，它可以使我们摆脱过去肤浅的概述型的民族学研究，使民族学研究更上一层楼，也使文化人类学研究与中国的民族学研究相互融合，并且逐步走向文化人类学中国化的道路。这是方法论上的意义。

也许，在后来人们的认知中，还会生发出另外的意义来，但这是文化研究的自然延伸了。

我们在2008年的调查中，对于月亮河流域布依族文化的调查是尽量地全方位展开的。大致有一般意义上的民族学、文化人类学的调查，也有比较专业的语言学调查和民族音乐学调查。我们的基本观点是，与其大而不当的想当然的描述，不如一个个案、一个个案地描述清楚我们眼前的文化事象，使它具有明确的时间概念和空间概念，民族学、文化人类学的历时性意义和共时性意义在这里都能得到准确的体现。

丧祭文化的调查是其一个重要方面，它可以体现一个文化体的基本性质，也是一个文化共同体的文化基础。在月亮河流域布依族文化的调查中，我们充分地注意到了这一点，而且在调查中我们也获得了预期的文本，证明月亮河流域布依族文化在很大程度上还保持了其浓厚的原始文化基础和意义，仍然是当今月亮河流域布依族文化的根。

在人类的文化中，生死是文化的两极，死所联系的多为精神性的未来性的文化，而生多是现实性的世俗性的文化，婚姻礼仪就是这种生的文化的重要表现，故在月亮河流域布依族文化的调查中，婚姻礼仪文化亦是其调查的重要方面。在月亮河流域布依族文化的调查中，我们看到，传统的月亮河流域布依族的婚姻礼仪，实际上是一系列仪式的过程，这个过程包含了太多的文化意义，几乎是由此而来就可以展开月亮河流域布依族文化的一切了。

对月亮河流域布依族文化的调查，我们还展开了“服饰文化”“建筑文化”“生存技艺文化”“民间文学”“节日文化”等方面。

在人类的文化中，语言文化是一个关联最多又十分专业化的学问，一般的民族学、文化人类学调查和研究很少直接进入或者说组合进入，但我们这一次有幸地动员了一位语言学博士的加入，月亮河流域布依族文化的调查有了语言学调查的这一重要方面，使月亮河流域布依族文化的调查和研究上升到一个更为完备的高度。

在人类的文化中，音乐是一个大家知道，但大家都不会很专业的文化分类，它的调查和研究也需要比较专业的学养，有幸的是，于此也有专业人士进入，并有相应的调查成果。

在调查中，我们是分片区性质的调查，月亮河的上游以拢脚大寨为主，月亮河的中游以捞河片区为主，月亮河下游河尾巴借助我们另外的调查资料，这是月亮河流域布依族文化的主要区域，我们的调查和研究主要就在这里。其次的一字河地区的红岩片区和猴场片区，也是月亮河流域布依族文化的一个组成部分，但我们这次没有组织专门的调查，而是借用了另外的调查资料。

我们在完成了分片区调查之后，大家又分头按照专业方向来对它进行研究，最后在基本完整的个案调查报告，以及独立的研究性文字组合下形成章节。

参加这次调查的有：

吴秋林，贵州民族学院，民族学教授；

李相兴，贵州民族学院，民族学硕士、副教授；

龙海燕，贵州民族学院，语言学博士、副教授；

游珍海，贵州民族学院，民族学硕士、教师；

曾雪飞，贵州大学艺术学院，民族音乐学硕士、教师；

杨春艳，贵州民族学院，民族学硕士生；

龚德全，贵州民族学院，民族语言文学硕士生；

杨三山，贵州民族学院，民族学硕士生。

六枝特区民族与宗教事务局参加此次调查的有：刘廷和、刘安康、肖英。

分头撰写各章的有：

吴秋林：导论——四个意义；第一章　月亮河流域布依族文化概况。

龚德全：第二章　月亮河流域布依族信仰和丧祭文化调查与研究。

杨春艳、游珍海：第三章　月亮河流域布依族婚仪文化和诞生礼仪调查与研究；第九章　月亮河流域布依族民间文学调查与研究。

李相兴：第四章　月亮河流域布依族服饰文化调查与研究；第五章　月亮河流域布依族传统生计方式调查与研究。

游珍海：第六章　月亮河布依族节日文化调查与研究。
杨三山：第七章　月亮河流域布依族建筑文化调查与研究。
龙海燕：第八章　月亮河流域布依族语言文化调查与研究。
曾雪飞：附录。
统稿：吴秋林。

第一章 月亮河流域布依族文化概况

流域是一个表现自然环境的词语。它首先是一个地理学上的名词，但它同时也是一个民族学、文化人类学上的重要名词，有许多自然地理的研究是从这里切入的，也有许多民族学、文化人类学的研究也是从这里切入的。我们今天所说的“月亮河流域布依族文化研究”，也是从这个词汇切入的。在贵州，很少有族群在一个基本独立的地理流域上形成一个基本独立的文化区域，也很少有人以一个独立的流域文化区域来称呼，或者说是命名和研究一个族群文化，而我们正好遇上了这样一个机会。在导言中，我们看到了对于这个文化区域的描述。

第一节 月亮河流域

在地球上，一般的山谷中都会有河流出现，并且以小溪、小河、大河、江等等，形成自己的水系，以这些水流过的地方，人们就会称为“流域”，而我们人类的文化有许多就是依存于这样的流域，并且深受“流域”状态的影响，或者说受“流域”状态中自然资源的决定和影响。

本来，在环境人类学中，流域就是一个被研究者不断提及的词汇，因为它在环境人类学中太重要了。一般而言，人类在走出依存于山洞的文明形式之后，最先来到的就是江河，不管是建立什么样的文明样式，水是一切的一切，农耕文明的兴起，海洋文明的兴起都会与之密切联系……在人类的文明史中，最有名的文明都是在河流边发生的，“尼罗河的埃及文明”“两河文明”“印度河、恒河文明”“黄河文明和长江文明”等等，可以说，人类最为精彩的文明故事都是在江河边发生的。有大江大河就有大文明，这已经是不可争辩的事实，江河给予人类无数的便利之后，也把流域的地理环境意义深刻地嵌进了人类文化基因组合的链条中，成为一种形式因素。我们面对的所谓的“月亮河流域”，是不是如上所言的文化因素呢？这是这一节一定要回答的问题。

月亮河它首先是一条地理意义上的小河流，它如同所有的能够发源水流的山峰一样，有一个叫龙山的山峰。在龙山上，这条河源发端后，就随着山势往山下流淌，但它的山脉是一个北南向的小山脉，水流淌下来后不是像中国大地上的河流那样向东流淌，而是向西流淌。它流淌到今天称为拢脚的地方，已经有了一般山谷间小河的模样了。再往下，它就进入了一条不浅的山谷，在中段形成今天称为捞河的一段河流。我们今天说它“进入”了一条山谷也许不准确，也许其真像是数万年它自己开辟了一条由东往西流淌的，与众不同的河流。再流淌了近 30 千米之后，这条“叛逆”的河流终于流淌不下去了，于是在这里出现了一个由北向南的折转，向南，冲过一个峡谷，“跌进”贵州省境内最重要的河流之一的北盘江，汇合到由西向东流淌的“河流真理”中去，接受了江河的“招安”。

在月亮河刚刚完成折转不久，有一条称为“一字河”自西向东的比月亮河更小的小河流汇入了这条小河。这条叫“一字河”的小河是从另一个山峰上流淌下来的，有 10 多千米长。

这条河在上游时称为“月亮河”，在中游时称为“捞河”，再下称为“阿志河”，又过了一个峡谷，在下游处称为“河尾巴”……也许，在这条总计只有 40 多千米的小河上，历史上还有其他的名称。

这条河流加上“一字河”，其形状犹如一个“丫”字，只不过丫字上面的两笔很长。加上“一字河”的流程，这条河约有 60 千米的流程，在这 60 千米的流程中，也许还有不少的山间伏流水（民间称为“阴河”）与其相通。

这 60 千米的流程的两岸水系，就是我们所说的地理上的“月亮河流域”。

在月亮河流域两岸，有许多的河坝田、山田和梯地，山上有许多的森林资源，至少曾经有过丰富的森林资源。

在月亮河流域两岸，水资源很丰富，土地也很肥沃。有的小环境的自然条件是非常好的。如拢脚一带，说它是鱼米之乡一点也不为过。

月亮河流域的拢脚片区

在这条河中，虽然它的流程不长，但是它在不同的河段却生长着不同的鱼类，这也是这条河的资源之一。

这就是我们所说的地理学上的月亮河流域状态。

一般意义而言，有什么样的自然地理环境，就有什么样的经济生产和生活，也自然就有什么样的文化。

在月亮河流域，布依族种植的主要作物有水稻、玉米、小麦、油菜、黄豆、高粱等。

在月亮河流域的布依族地区，每个家庭的成员都能自制一些日常生活用品，如酿酒、普通的竹编、纺织、刺绣、印染、普通家具的制造、烧石灰等等。

在月亮河流域的布依族地区，家禽的饲养有鸡、鹅、鸭等等，家畜的饲养有牛、马、猪、狗、猫、羊等等。

对于在月亮河流域自然地理环境中表现的经济生产，在第五章中有比较详细的表述和研究。在这一章中，我们是以“生计”为切入点来论述的。在这一章的开篇里说：“布依族的生计主要包括粮食作物的种植及家庭手工业、家畜家禽的饲养等类别，每一类别下都有许多的生计种类，……这一小节中，我们主要描述月亮河流域布依族主要作物的栽培及收获、家庭手工业、家禽家畜的饲养等内容。由于种植粮食作物和饲养动物的主要目的是为了生活，所以这一节中我们也将对食物加工烹饪、食物结构与餐桌礼仪进行一些描述。”

在月亮河流域，一些地方的地下还有大量的煤炭资源，这些资源在以前对该地的区域文化影响力较小，但随着对地下煤炭资源的开发，对流域的经济和文化发生了越来越大的影响力。

总的来说，月亮河流域与贵州崎岖山地的自然环境并没有什么本质性的区别，它就是贵州山区的一个组成部分，但我们以一个流域的分布来划分了它。这种划分在地理学上的意义就是流域，即便上升到流域经济的状态上来说，它的意义也不大，因为它在地理学上来说太小了。但把它流域内的文化和族群分布做一番调查和论述的时候，我们就会发现它的意义了。

第二节　月亮河流域中的布依族

月亮河流域实际上就是北盘江流域中，一条在初始时与北盘江反方向流动的一条小支流。

这一段的北盘江在历史上被称为牂牁江，并且在《史记》《汉书》《华阳国志》等汉族历史典籍上均有记载。这些记载都表明，此地域是古代夜郎国的中心地区，或者说是重要地区。在所谓的夜郎国灭亡后，有许多的族群进入了这一地区，汉族的群体、百越族群的群体、氐羌族群的群体等等。这些族群的进入，自然会在该地区

"上演"自己族群文化的历史，但有一点可以说是不变的，即百濮族群的直接后裔古老人（就是在 20 世纪 50 年代被国家称为仡佬族的族群）是这块土地上最早的原住民。

这就是这段江河的历史文化背景，也是我们所说的月亮河流域的历史文化背景，因为这段我们称为古代夜郎国重要的江河也包括了所谓的月亮河流域。

在现今的月亮河流域中，居住的民族是布依族，他们的族源和进入这一地区的时间我们在后面表述。

在现今的月亮河流域中，如前节所述，有 60 千米的流程，流域面积约在 300 平方千米，在这个区域内，约有 100 个左右的布依族自然村寨。它们大致可以分划为六个片区，处于月亮河上游的称为"拢脚片区"，处于月亮河中游的称为"捞河片区"，再下的称为"阿志河片区"，处于月亮河下游的称为"河尾巴片区"，处于一字河流域的可以分为"猴场片区"和"红岩片区"。猴场片区和红岩片区属于水城县管辖，其余四个片区属于六枝特区管辖，其拢脚片区属于六枝特区拢脚乡，余下两个片区属于六枝特区中寨乡。

在这六个片区中，总的文化的趋同性是没有问题的，但在一些外化的最容易变异的部分，却是有一定区别的，也就是说，这六个片区也存在小的细微的文化差异。比如说在妇女的服饰上，在一些最容易受周边其他民族影响的习俗上，这六个片区都会有一定程度上的区别。

在这个流域内，有一些其他民族的村寨存在，如"阿志河片区"的彝族人就不少，也有一些其他民族的人口与布依族杂居，但都不是这个区域内人口的主体。也就是说，月亮河流域的布依族文化是这个流域的"主流文化"，也可以说布依族人在这个流域内形成了自己相对独立的文化集团，形成了一个相对独立的文化场域，并运行了自己的文化。所以，我们称它为"月亮河流域布依族文化"。我们之所以如此称呼它，因为它的存在可以在我们面前展示两个外延：一是从总的布依族来说，它的存在与其他地区的布依族族群文化存在着一定程度的差异，可以在许多方面把它从布依族文化内部与其他的布依族文化区别开来。或者说"月亮河流域布依族文化"在布依族文化中有着与众不同的东西。二是它作为一个文化存在，在与周边的各民族文化的对比中，更显现出它明确的文化边际。而且我们在调查中发现，这个边际清晰的民族文化集团和文化场域及运行，基本上是分布在这个我们称为月亮河流域内的。在这个布依族文化集团和文化场域外面，也有其他的布依族族群和文化分布，但与它们有明显的区别。另外，我们在附近地区也没有发现与月亮河流域布依族文化一类的布依族文化，也就是说，它们的文化影响力也没有扩展到其他地区。

这个区域是怎么形成的？是在什么时候形成的？为什么会与其他的布依族文化有如此的差异？这些都是我们的调查与研究要回答的问题。

在第一个问题上，肯定月亮河流域的布依族人是后来移入的，他们不是月亮河流域最早的原住民，这在调查中可以证实。在所有的调查中，这里的布依族人都说他们是后来迁徙过来的，原来这里住的是仡佬族。不过，这个小流域内也不是所有的河段有仡佬族居住，有大量的河段是后来的布依族自己开垦的。这个移入的时间基本上都指向了明代，并且是明代洪武年间。但是，在民间口述中，基本上都不可能有明确的年代表述，但是有一点是肯定的，就是明代洪武年间的那次针对云南王的军事行动，“搅动”了贵州的一切，也搅动了这一支布依族的先民。要在今天说明具体的原因是不可能的，但有一点，这支布依族在进入这一流域时是一种强势文化的状态，它肯定促成了另外的原住民的退避，也就是这两方面的原因，使这支布依族相对完整地占据了整个的月亮河流域，并且在新的地域内发展了自己的族群文化。

这个区域原来属于百濮人的直接后裔仡佬族人，这是肯定的，在调查中这里的布依族也承认，这里的地方原来是仡佬族人的。并且说，在旧时代，每年的吃新节，居住在山上的仡佬族就会下到河边来顺田边摘取一些稻谷，并且成为一种习俗，为这里的布依族人所理解。

在族源的根本上，他们在本体上是以布依族为主体的，这个方面没有什么问题，我们从语言学的调查中可以证实这一点，以及信仰中的原始巫意识，也可以证实这一点。在这里的布依族语言表现中，其语言与其他地区的布依族人的语言区别不大，基本上是一个语言文化系列中的族群表现。在原始巫意识中，也保留了布依族人原始的巫文化意识。另外，它在歌唱习俗上还保留了布依族在歌唱上最为古老的习俗，这也能表现布依族人的最原初的根本。但是，在信仰习俗、婚姻习俗、民间文学、服饰文化上，它却表现了异样的色彩。他们一定在明代前后的迁徙中，产生了我们民族学、文化人类学上所说的重构，或者说整合，一定有新的文化因素进入了新整合的文化中。这个文化我们不能有明确的学术上的表述，但意向性的理解是可以成立的，即在这样的迁徙中，他们第一受到的影响就是当时汉族文化的影响，因为他们的祖先可能就是当时作为强势文化影响贵州地区的一个组成部分，只不过他们的群体的主要构成是当时

月亮河流域布依族妇女

的“布依人”。既然作为当时强势文化的一个组成部分，就不可避免地要受到当时汉文化的影响。这从其民间文学中就可以看出，月亮河流域布依族开天辟地神话，实际上就是汉族开天辟地神话的布依化的结果，是完全的借用。按理，这一部分应该是一个族群最为核心的构建，原始的布依人是有这样的部分存在的，但这支布依人在迁徙时为什么会出现这样的“借用”呢？是丢失了原来的神话？还是在他们的父系中本来就有这样的文化因子？也许两者的可能性都存在！不管怎么说，有属于汉族的文化在这种新的整合中进入了月亮河流域布依族文化，则是肯定的。这方面在其节日文化中也可以得到印证，月亮河流域布依族节日中，最看重的是春节，而春节是地道的汉族的节日。

在月亮河流域布依族信仰文化中，有许多类似于苗族鬼信仰文化的事物。本来，在布依族中也是有鬼信仰文化的，但月亮河流域布依族鬼信仰却与一般意义的布依族鬼信仰表现有很大的差异，反而与苗族的灰信仰近似，其中的“羊差鬼”形式，就类似于苗族的“蛊”。

在月亮河流域布依族婚姻习俗中，有一个比较特殊的表现，这就是其中的婚后的“不落夫家”。这种习俗普遍意义上认为是人类原始婚姻习俗的遗迹，是人类重视种的延续的重要婚姻标志，即在婚姻制度上肯定种的延续高于一切的原则。这样的表现在旧有的布依族中也是普遍存在的，但月亮河流域布依族在这方面表现的形态上却与众不同，它在意识的强烈程度上，以及形式表现上更接近于苗族人在这方面的习俗。所以，我们认为，在这次发生于明代的迁徙中，苗族文化因素也有进入这种整合的可能。

在月亮河流域布依族服饰文化上，我们也可以看到这样的文化整合的证据。在贵州省最主要的布依族地区——黔西南、黔东南自治州的布依族地区，其布依族人的服饰基本上就是原始状态的素色，没有“花色”的意识和表现，但在黔中地区的布依族和北盘江，尤其是古称牂牁江的北盘江地区的布依族，这种在服饰上的表现就大相径庭。在镇宁、关岭、六枝特区三县的扁担山区域内的布依族，有蜡染、刺绣、挑花、织锦，在月亮河流域布依族服饰文化中也有刺绣、挑花、织锦等，但基本上没有蜡染，而在毛口一带的北盘江布依族中，只有刺绣、挑花，没有织锦和蜡染。我们认为，属于百越族群的布依族人，其文化中心自古就在南方，它们的文化在历史上是由南向北推进和演进的，所以，在属于更为靠近南面的黔西南、黔东南自治州的布依族地区，素色的布依族服饰文化是最为接近中心文化的事物，也就是说，素色的服饰文化是其布依族在服饰文化上的本色，而各种形式的花色则是布依族服饰文化的变异，或者说发展。这在月亮河流域布依族文化的比较研究中还有论述。

从这里我们也可以看出，在明代的那次迁徙中，有比较注重服饰色彩的他族文化因素进入月亮河流域布依族文化整合中。这个族群文化因素肯定不是汉族，我们以为是苗族，还以为是属于西部方言区的苗族。这种服饰色彩的影响有可能是婚姻的交流带来的，也可能是一般意义上的文化交流带来的。不管怎么说，它肯定影响了月亮河流域布依族在服饰文化上的表现，使月亮河流域布依族文化在一定程度上区别于其他地区的布依族文化。在这个地区，人们习惯称呼月亮河流域布依族人为“喜鹊布依”，就因为她们在服饰上有大量的喜鹊图案。实际上，这个方面是可以和婚姻习俗上的表现相互印证的。

就是这些文化出现在月亮河流域布依族的历史中，使月亮河流域布依族在新的文化境域中发生发展了自己有别其他民族的文化，也有别于自己与其他民族支系的文化，拥有了自己独立的文化表现和品格。但是，这个独立的文化表现和文化品格为什么会以月亮河流域布依族文化来命名？回答是这个文化体的初始时，有意无意地选择了水系的地理环境。这又是百越族群的共性表现。百越族群是典型的南方族群，南方多水，而南方的族群自然喜水，多“逐水而居”，生活中没有比水是更为重要的事情了。这是他们根性上的自然选择，就如北方的游牧族群“逐水草而居”一样，没有什么比牧场为他们更为重要的事情了。在贵州的一个地方，历史上曾经真实地演绎过一件事情，即在这里，苗族人原来住在山上，布依族人住在山腰，相安无事，后来，彝族人寻牧场而来，把苗族人赶到了山腰，因为山顶上是可以作为牧场的好地方。于是，苗族人就从山上下到山腰，把布依族人赶到水边，自己居住了山腰，布依族人居住了水边。最有意思的是，在这里彝族人文化意识是主流，于是文化意识就有了住在山上牧场的族群是高贵的，住在山腰的次之，住在水边的再次之，而这种意识被这群布依族人接受了。因为这群布依族人人数很少，是当地的最为弱势的群体，久而久之，就失去了自己的族群意识，20 世纪 50 年代的民族识别中被识别为“水族”，理由就是他们居住在水边的自我民族认同。

月亮河流域演奏唢呐的男人

来源于百越族群的月亮河流域布依族人，这种自然文化本性是强烈的，在迁徙中，他们族群的各个部分自然地散布在这个流域中，并且在文化上保持着一种看似自然的联系。布依族这种事例在贵州省的其他地方随处可见，如说在安顺市西秀区的浔江河两岸，也大概在明代，也有另外一批布依族人迁徙于此，也是逐浔江河水而居，形成了“浔江河十三寨”一个也可以称为“流域文化”的地区。

这种文化的自然选择，完成了月亮河流域布依族原始分布，接下来就是他们文化场域的构建了。文化场域的基础是语言，这在月亮河流域布依族中是没有问题的，因为在迁徙中可以经过文化的整合完成新的文化构建，但语言这个基础则没有任何变化。它依靠了另外一个文化机制的运行，保持了这个基础，即婚姻。

在这个流域内，六个片区的布依族人约有 3 万余人，而且在最初始的时候就形成了一个相对独立的婚姻集团。在这个集团中，他们缔结婚姻关系的顺序一般是这样来安排的：月亮河流域本族原来有姻亲关系（表亲）——月亮河流域本族有一般姻亲关系的（远亲）——月亮河流域本族其他婚姻小集团——附近地区其他布依族婚姻集团——附近地区汉族——附近地区其他少数民族——远处的其他。这种婚姻集团的建立，其文化场域的确立就一切近在不言中了。

这就是月亮河流域中的布依族人。它在来到月亮河流域后，文化上有了许多变化，因而在今天被称为月亮河流域布依族人，但它的布依族人的基本性质没变，仍然是布依族人，或者说是布依族人色彩比较鲜艳的一个组成部分。

第三节　月亮河流域布依族文化概况

在《导论——四个意义》中，我们叙述了我们调查月亮河流域布依族文化的经历和调查方法和方法论，我们的调查也在预期中取得了不俗的成果，也在这些不俗的成果中，进行了比较认真的研究，使我们对月亮河流域布依族文化有了一定程度的认识。

在月亮河流域布依族文化里，我们可以分以下几个部分来叙述：

一是信仰文化和丧祭文化；
二是婚仪文化；
三是服饰文化；
四是物质生产方式及文化；
五是节日文化；
六是建筑文化；
七是语言文化；
八是民间文学和音乐艺术文化。

我们于此进行的月亮河流域布依族文化的概述，完全是在实际的田野调查和初步的研究中展开的，我们不敢说这个地方是民族学、文化人类学田野调查的绝对处女地，但以全流域的文化视野为调查的基本建构，应该是绝对开创性的。我们所有的叙述，除了民间文学部分有借用别人调查成果之外，其余全是以我们自己的调查文本为基础的。

一、信仰文化和丧祭文化概况

月亮河流域布依族文化中的信仰文化是一种原始巫意识极浓的信仰文化。在调查中我们看到，月亮河流域布依族信仰文化主要表现在它的一系列的民间仪式中。这些仪式中一般有群体性的仪式和个体性的仪式，群体性的仪式如祭神树、祭铜鼓、扫寨等等，个体性质的仪式有解关煞、扫家、祭水口等。

祭神树一般是由几个寨子的人集体出资举行敬祀神树的活动。敬神树时一般要用一头500斤的大猪，祭神树时要由10家人带头，参与的寨子都要有人来帮忙。猪的内脏用来煮稀饭，由参与的人吃掉。剩下的猪肉拿来平均分，不过称，一家一堆。这样的活动妇女不参与，一户人家派一个代表，有小孩的人家可以带上小孩一起去吃饭。另外，除了杀猪以外，人们还要杀鸡、鸭、羊等家畜等以祭神树。

这样的群体性祭祀在20世纪80年代举行过，以后该地区就很少举行了。

在月亮河流域布依族中，除了丧葬仪式外，铜鼓只能在正月和七月敲打。在敲打铜鼓时，都要有一定祭祀。祭祀活动中一般在寨老家举行。用一斤酒、一支香、一打纸钱、一只鸡、一块白布来祭祀铜鼓，并有许多讲究。

在月亮河流域布依族中，每年二月间，都要扫寨一次，认为要保护村寨清洁平安、无灾无难、六畜兴旺、五谷丰登，必须要在年初把寨子里的鬼魅扫除干净。一般是扎个纸轿或龙船，在寨子口把龙竹两根插在路口两旁，两竿顶上用一根稻绳连接，中间系一木刀，请毕摩公来驱邪扫寨。……最后，到河边烧掉龙船，杀狗，每户一人自带酒饭在河边畅饮。

鬼灵草人

个体性质的仪式典型的是解关煞、扫家、祭水口，前两个个体仪式都是驱逐性仪式，后一仪式为祈祷性仪式。解关煞有设坛、解煞、回熟后解煞等过程，其意为在先生的帮助下闯过人生的某个关口，求得平安吉祥。扫家与扫寨的意义相似，但更具有象征性。祭水口一般在农历五月的第一个虎场天，先打好糍粑，祭献祖宗，然后各家分别祭水口（又说是“祭田边”）：拿糍粑若干、公鸡一只，到田边献牲。据说祭祀后田地不生虫，不招鸟雀，田土有水。祭品拿回家吃掉。

在这些信仰仪式中，其神灵有自然神灵，如神树、田神等，这是万物有灵思想在月亮河流域布依族人中的反映。这样的自然神灵他们要敬畏，神树只是他们信仰观念中一个代表。在月亮河流域布依族人中，这样的神灵还可以是拟人化的，比如说在婚姻礼仪中的仪式性歌唱里，就有大量的来自自然山川的名为“仙女”的女性自然神灵，在月亮河流域布依族人的观念中存在。这样的神灵对他们的生存有巨大的影响力，但它有正面的，也有负面的。

在月亮河流域布依族信仰中，专门给他们带来负面影响力的是鬼。鬼是一种影响他们生存的力量形式，所以，月亮河流域布依族要在许多的仪式中，不断地驱逐他们，个体的，群体的，等等。在月亮河流域布依族中，还创造了一种称为“羊差鬼”的鬼形式来表现某些人与鬼的直接关联。

在月亮河流域布依族信仰中，自然神灵的信仰和鬼信仰是其信仰的主体，人文性质的祖先信仰有一些观念，在月亮河流域布依族人的家中，也有祖先的神龛，婚姻习俗中也有表现祖先信仰的仪式，但在其信仰中不是主体。

在月亮河流域布依族信仰中，其原始巫意识是相当浓厚的，而且他们也深信一系列象征性仪式，是有一定的巫术力量的，是能够达到他们预想的目的的。这在第二章的两个个体仪式中体现得最为直接和充分。而且这两个仪式就发生在我们调查的时间中，是我们调查人员亲历的事件，也就是说，这种信仰中的巫意识至今如是。

月亮河流域布依族丧葬仪礼在其自身的基本存在的基础上，吸收了汉族和彝族丧祭文化的诸多因素，形成了比较繁缛的仪礼程序。我们在调查中了解的丧葬仪式的自然程序有：

（1）沐浴、小殓、吊唁

（2）祭奠

丧家将死者入殓后，即请毕摩公举行“开路”仪式。用布依语念或唱“开路书”。所谓“开路书”就是一系列的经文，这种经文是用汉字来记录布依语的发音，因而一般的布依族百姓是不会读的。一般要做三天，稍富裕的家庭可做五至七天，甚至十三天的也有。

举行完“开路”仪式之后，丧家要准备“砍牛”以祭奠死者。“砍牛”是整个丧葬仪礼中最为隆重的环节，亦称为“砍嘎”或“打嘎”。

（3）出殡

出殡日期的选择是由毕摩公根据死者的生辰八字推算出来的，大概于“砍牛”之后。出殡前要准备好一个用竹子扎成的棺罩，并在上面捆上扎好的礼花。出殡一般选在清晨，由亲朋和邻舍中的几个青壮年帮忙将灵柩抬出大门外，族亲和邻里们都要前来送葬。

（4）安葬

月亮河流域一带布依族多实行土葬，丧家事先要请风水先生择吉地，布依族之风水先生多由毕摩公兼任。吉地的方位是根据亡者的生辰八字而确定的。

二、婚仪文化概况

月亮河流域布依族文化中的婚姻习俗，应该是一个变化得比较多的文化方面，实际生活中的月亮河流域布依族人的婚姻，已经有了很大的变化，旧有的娃娃亲、父母包办婚姻已经很少了，但是，这里布依族旧有的对歌找情人，变成了一般意义的自由恋爱，然后才是父母的说亲仪式，即有许多传统的婚姻观念还被人们遵守。新的婚姻形式有，半新半旧的婚姻仪式也有，完全的旧时传统的婚姻仪式人们也有记忆，并且还能够完全地复原。

旧有的婚姻仪式一般有“定娃娃亲”“拿八字”“说彩礼”“接亲”“送亲”“回门”等过程。在这个过程中，看鸡卦、回门不落夫家等是比较重要的环节。

我们在调查中，有幸看到了这样的传统婚姻仪式。在这样的婚姻仪式中，布依族人的歌唱决定了一切，所有的仪式是歌唱，所有的表达和回答也是歌唱的，月亮河流域布依族人的信仰、知识和智慧，在其中都一一表达出来，集体无意识的文化场域功能还十分完备。

整个的婚姻仪式问礼问俗的多，问才的少，问财的更少。

整个的婚姻仪式基本上是两个姻亲集团的“文化仪式”，而新婚的男女只是仪式的表演者，轮到这对新人露面的仪式过程极少。

婚姻仪式中的“不落夫家”是其传统婚姻的重要一环，现今已经很淡化了，但在不远的过去，这是非常重要的一个婚姻仪式过程。

由于在婚姻仪式中有强烈的“不落夫家”意识，其与婚姻直接相关的人的诞生仪式，在月亮河流域布依族中，被看得很重。在这个仪式中，有求子、解煞、接生、办酒、满月五个过程，不一定每一个过程都有仪式出现，但它整个的过程都有仪式的含义。

三、服饰文化概况

月亮河流域布依族的服饰文化是文化中最为外化的一个部分，它常常成为一个族群的外在标志，月亮河流域布依族被外面的人们称为“喜鹊布依”就源于它的服饰文化。

月亮河流域布依族服饰共有两大系统，布依族传统服饰系统和普同化服饰系统。

普同化服饰系统与现今的一般服饰相同。

布依族传统服饰系统分为婴幼儿服饰、未婚青少年服饰、已婚至中年服饰、老年服饰以及婚丧服饰几大类。

1. 婴幼儿服饰有帽子、包布、小衣服、小裤子、袜子、背带等等。背带要由外婆家准备。

2. 未婚青少年服饰又分未婚男子服饰和未婚女子服饰。

男青少年的衣服都较简洁，上衣多穿对襟直领长袖蓝色上衣，袖子很窄，袖长及腕关节；衣长及脐，较紧身……裤子以低裆宽直管为特点，色亦多为蓝色，衣、裤多用当地土布为料。赶场或过年节时脚穿布鞋，农活时不穿。布鞋多为母亲或姐姐等缝制。

少女服饰有头饰，有衣、裙、裤。有夏秋装（或称为便装），为右衽短衣，类似于汉族地区的姊妹装。其特点是直领、右衽、窄袖、宽摆、布纽扣。与右衽短上衣相配套的是裤子，这类传统的手工裤子 20 世纪 80 年代以来就不再做了。

也有冬春装（或盛装），未婚少女冬春装的上衣以几层叠加成一整体的套件组成，说是“一整体的套件”，是因为这些上衣成彼此之间用线缝合在一起，一般来说有三层、四层、五层衣服，五层以上的不多见。这类衣服的具体特点为：最外层是黑色的有绣花或织锦镶边的肩搭褂子，说它是搭褂是因为它与普通的褂子有区别，具体表现在两边腋下部分的前后是基本分开的，只用窄窄的绣花带子联结着，这一特点在其他民族服饰中是很鲜见的。

冬春装还有围腰、带及裙。

围腰：主料一般为黑底多色花缎，长度依人的身高而定，系上时长及踝骨以上，只围人的正面腰腿部分。围腰主料四周都镶有自绣的花边，花边上绣的主要是花藤串联起来的鸟、鱼和蝴蝶等图案，绣花花边由四片组成，每片一边，其中左右两侧及下边的三块在底料颜色以及所绣图案一般都一样，而上面的则自成一体，与其他三方形成色泽和图案上的鲜明对比。

腰带：六枝特区中寨一带布依族春冬服饰都配有一根宽两寸左右，长达三米左右的腰带，这根腰带的主要作用是将上衣及裙、围腰的相接部分盖住。

百褶裙：百褶裙分主裙和配裙两件。主百褶裙一般长及脚面，面料由浅黑色深红色布料对接而成，其中浅黑色部分占三分之二左右，深红色部分占三分之一左右。

婚礼服是未婚男女服饰的重要组成部分。传统的新郎服饰主要有对襟上衣及筒裤套件和右衽长袍及筒裤套件两类，布料以蓝色为主，但有条件的人家也可以买其他颜色的绸缎做料子。

新娘从娘家出门到进入新郎家之前，新娘的服饰与未婚姑娘的服饰一致，但在进入新郎家大门前，要换成已婚妇女的盛装服饰。

月亮河流域布依族妇女的胸饰

3. 月亮河流域布依族已婚男子服饰与未婚青年或新郎服饰基本相同。已婚妇女服饰有现代装、传统装以及便装三类。

4. 老年布依族男女服饰特点在妇女身上体现得较多一些，而且又主要体现于头饰上。一般来说，老年妇女头上一般都包一块黑色的帕子。老年妇女衣服方面也有便装和盛装之分。便装上衣为右衽短衣，也可以是长袍，腰上系黑色围腰，一般都不加任何装饰配件。

月亮河流域布依族的服饰文化中的基本工艺有刺绣、挑花、织锦等，其图案丰富多彩，有花草类图案主要有八角花、六瓣花、四瓣花、三瓣花、牡丹花、菊花、荷花等；动物类图案主要有鱼、凤、鸟和蝴蝶、喜蛛五类；几何图案主要是角纹和雷纹，折纹和直纹也较多。月亮河流域布依族服饰图案还有“卐”字纹、字纹、灯笼纹等等。

四、物质生产方式及文化概况

月亮河流域布依族文化中的物质生产方式和文化，主要表现在种植、饲养和手工工艺三个方面。月亮河流域布依族夏秋主要以水稻种植为主，辅以玉米等旱地作物，冬春则以种植小麦、油菜为主。饲养耕牛、鸡、鸭等家禽，多数人家也喂养狗。手工工艺主要有酿酒、竹编、纺织、刺绣、印染、普通家具的制造、烧石灰等等。以及造纸、制香、烧瓦等等。

五、节日文化概况

月亮河流域布依族传统节日一般有以下七个：

1. 大年（年三十到正月十五）。
2. 小年（正月最后一天到二月初二）。
3. 三月三。
4. 四月八。
5. 虎场天（五月内、插秧后第一个虎场天）。
6. 七月半（过七月十四）。
7. 新米节（九月初九）。

其中最为隆重的节日是大年、小年、虎场天和七月半。在这七个节日中，最有自己文化色彩的是小年、五月虎场天的祭水口。大年明显受汉族节日文化的影响，三月三是自然信仰文化中的具有普遍性质的节日，在贵州许多民族中都有这样的节日，其主要内容就是祭祀山神或者树神。四月八、七月半这两个节日在其他民族中也有过的。

在月亮河流域布依族的节日文化中，还有与汉族共庆的三个节日：清明节、端午节、中秋节，其内容也基本一致。

“六月六”是布依族代表性的民族节日之一，但月亮河流域布依族不过六月六。

六、建筑文化概况

在月亮河流域，当地布依族村寨一般都依山傍水，房子也依山势而建，面临从深远的山谷遇山越坎而来的月亮河。这里的布依族人聚族而居。族是由若干个有相近或相连血缘的房族构成的，房族又是由若干个有血缘关系的家庭构成的，大体上一个房族一般居住在一个共同的地段内，形成一个相对独立的功能单位。在月亮河流域，布依族建筑有传统的杆栏式建筑，近代以来多有平房、楼房，楼房又分为半边吊脚楼又叫作台楼；全部吊脚楼又叫作半楼或满楼。传统杆栏式木楼一般为三层，一楼主要是用于喂猪、牛等家畜，一楼通常是 2 米高。二楼是堂屋、侧房和伙房，用于住人，堂屋通常是 4 米高，搭建的伙房通常是 2 米高。三楼是天楼用于搭建粮仓存储粮食或直接堆放杂物，不住人，通常也是 4 米高。从整个的建筑结构来看基本上是五格间，中间由三根中柱支撑，每根中柱两侧分别为两根跨柱也叫瓜柱、两根二柱、两根三柱、两根檐柱支撑。檐柱与二柱、三柱之间分水，有特定的比例。这就是人们常说的“五柱四瓜”（即五根落地的长柱和四根悬在穿枋上的短柱也称为瓜）结构。

七、语言文化概况

在月亮河流域，我们的语言调查是以石头寨为调查点的，在行文中说的是石头寨的语言文化情况，但它实际上可以表达为整个月亮河布依族的语言情况。在这里，布依族人除了个别幼儿和老年妇女不大会说汉语外，都能运用本族语和汉语两种语言进行交流。但是，这两种语言使用的频率和场合大不一样。居民内部交往普遍使用布依语，只在对外交往，如赶集或接待来访客人时，才使用汉语。布依语是其主要语言，汉语只是一种备用语言。

这种在和汉语的竞争中仍占绝对优势的民族语言，保留了本族语传统语音的基本特征。

这里居民普遍具有双语能力，这同当地“大杂居，小聚居”的居住环境是分不开的。

在这一部分，我们对月亮河流域布依族语音系统、语法系统、日常的语言表现进行了比较专业的研究。

在调查中，我们按照中国民族语言调查的规范，采录了其语音资料，并单独列为一节，供学界参考。

八、民间文学概况和音乐艺术概况

在月亮河流域布依族民间文学中，没有成形的民间史诗、叙事诗、布依戏。有儿歌、民谣、谜语存在。

在月亮河流域布依族的民间文学中，它有两样民间文学表现最为突出：一是用歌唱的形式而来种类繁多的诗词、诗歌；二是民间故事。

我们在此把他们的歌唱的诗称为“歌诗”。这样的歌诗，在月亮河流域布依族民间文学中，一般可以分三类：按照布依语称为：“温盘古”（或“温念勒”）；“温甲子”；“温友”（或“温罗”）。

“温盘古”实际上就是这里布依族的开天辟地歌，主要有《温左扪》（布依语音，意造天歌）、《温左嫩》（布依语音，其意造泥土歌）、《温左棚》（布依语音，其意造地方歌）、《温左漾》（布依语音，其意造水歌）、《温左碑左蕴》（布依语音，其意造年造月歌）等等。

“温甲子”就是用时序和方位来唱的歌诗，有金、木、水、火、土等。

“温友”就是情歌，也包含部分山歌，是其歌诗中数量最大的部分。

月亮河流域布依族的歌诗与其民俗活动关系密切，有许多歌诗基本上就是其民俗活动中的仪式歌。比如在其婚姻礼仪中，几乎每一个环节都是用歌唱仪式来完成的。

这样的礼节歌有：

进寨门时，唱《进寨门歌》；
入院子时，唱《进院门歌》；
入户时，唱《进门歌》；
放下担子（挑礼物的挑子）时，唱《放下担子歌》；
坐桌凳时，唱《坐桌歌》；
客人不相识，唱《盘查歌》；
盘查完后认亲，唱《亲家歌》；
客人分烟时，唱《分烟歌》；
群众讨烟时，唱《讨烟歌》；
桌上原备有瓜子与炒豆并用碗将其盖住，客人须唱《开豆歌》；
将糍粑分大家吃，须唱《切粑歌》；
向主人递交奶母钱，须唱《送银子歌》；
吃午饭时，须唱《要午饭歌》；
吃完午饭时，须唱《放下筷子歌》；
娘家送嫁妆，客人要先唱《谢蚊帐歌》；接着唱《谢被盖歌》；
离开时唱《出门歌》；
新娘的亲友，在寨门堵住寨门不让走，唱《截寨门歌》；
……

在月亮河流域布依族民间文学中，其民间故事也是丰富多彩的，有神话，有传说，有风物故事、人物故事，有动物故事、寓言等等，其中以《月亮哥阿龙与茅妹阿香》《瓦鞅申》《金花银花》《儿卡故屋》《阿敏智杀狐狸精》《神汉破大案》《老虎跟水牛争当大哥》《月亮河“月朗平桥”的故事》《丢花包打鸡毛的传说》《月亮河·陇脚的来由》等故事，最能显示月亮河流域布依族在民间故事方面的精神和才华。

在月亮河流域布依族音乐艺术文化方面，我们也做了一些调查。他们的音乐艺术文化一部分表现在其歌唱上，一部分表现在其唢呐演奏上。在月亮河流域的布依族中，有专门的唢呐班子，我们也专门对其进行了采录，但由于时间的关系，没有对其展开一定的形态分析，只记录了一部分唢呐谱，附录于后，作为参考。

第二章　月亮河流域布依族信仰和丧祭文化调查与研究

我国著名的民俗学家钟敬文先生曾指出，民间信仰是在长期的历史发展过程中，在民众中自发产生的一整套神灵崇拜观念，行为习惯和相应的仪式制度。严格地说，民间信仰渗透于民众日常生活中的方方面面，如衣食住行、婚丧嫁娶的行为遵从都受到民间信仰力量的制约。因此，民间信仰存在于一个特定族群文化结构的深层和根底，为相当多数的群众所普遍信仰与遵行。我们所调查的月亮河流域布依族民间信仰是丰富多彩的，这些信仰承载着当地布依族的文化价值，为当地人提供了精神的皈依和灵魂的指掌。下面是我们在调查时所了解到的具体的民俗事象，在这些民俗事象的展演中，我们可以很真切地感受到月亮河布依族民间信仰的深层文化意蕴。

丧祭文化亦是月亮河流域布依族与信仰和灵魂密切关联的一文化组成部分，在其文化的基本运行中，这是一个基础性的建构性质的部分。我们打开一个文化共同体的“盖子”的时候，我们就可以看到其丧祭与这个文化共同体的关联，有时候，文化解释的终极也就在丧祭之中。这在月亮河布依族文化中也不例外。

在具体的叙述中，民族民间信仰和丧祭我们是分为两个部分来叙述和论述的，但在许多时候我们难分彼此。

第一节　两场关于信仰文化的仪式

我们在月亮河流域的布依族调查中，主要运用的是以点带面的调查方法，用一些个别性的具有典型意义的点上的事物来代表整个流域的布依族文化表现。在文化中，信仰文化属于内隐性质的文化，内隐于生活的方方面面，所以，面上的信仰文化调查是其主要方面，但我们亦注意了不是生活常态的关于祭祀内容的仪式信仰文化的调查，以下的两个仪式，就属于这样的内容。

在我们调查过程中，巧遇了当地两户布依族人家所举行的两场仪式，一场仪式是为孕妇解生煞，另一场仪式为扫家仪式。从这两个仪式中，我们可以看出月亮河流域布依族民间信仰的深层意蕴与文化价值。

在我们表述月亮河流域布依族民间信仰基本表征之前，将两场仪式内容实录如下（为了最有效地保存原有的文化信息，我们不改变原来的调查报告基本格式）。

个案一：《六枝陇脚乡大坝村纳梗组布依族解关煞仪式调查》

调查时间：2008 年 8 月 10 日

调查地点：六枝陇脚乡大坝村纳梗组。该组共有 28 户，115 人，全部为布依族。此地交通条件极为不便，不通公路，全需步行，距离交通条件便利的补雨村约有 1 个小时的路程。

调查内容：布依族解关煞仪式

过关人基本情况：赵雪，女，23 岁，布依族，花德村新田上组人；韦康，男，27 岁，布依族，大坝村纳梗组人。

仪式主持人：法师王怀玉，男，52 岁，布依族，居住在陇脚乡补雨村石头寨，做法事已有 20 余年，在当地是一个非常有名望的先生。本寨及邻近村寨经常邀请他去做法事，包括过关、解关煞、扫家、婚礼庆典、丧葬等仪式内容。据王怀玉先生介绍，一般正月间、七月间做法事的机会最多，而七月专门驱鬼，正月或其他月份为人看日子、择良辰的情况也较多。

天气：晴

2008 年 8 月 10 日上午，我们随补雨村石头寨王怀玉先生到大坝村纳梗寨子采录孕妇解生煞仪式。这个寨子在群山之中的一个山顶上，到最近的公路也要走约半个小时山路，而这半个小时山路还要赤脚四次蹚过同一条小河。这里共 28 户，115 人，韦姓占百分之九十以上，全部为布依族。

王怀玉先生是当地布依族中较有名望的先生，每年要为当地人进行上百场法事，他举行的法事在当地认可度很高。这次解生煞的对象为韦康、赵雪夫妇。赵雪是花德河村新田上组人，23 岁。四年前去浙江绍兴打工，与韦康（27 岁）相识相爱，怀孕后随韦康回到纳梗寨子。此时，他们已经在当地政府拿到了结婚证和准生证，但并未举行结婚仪式。这次的法事是以赵雪娘家为主、男女两家父辈共同操持的。韦康的父亲一大清早就跋涉了一个多小时，到石头寨接王怀玉先生，这是他为解生煞一事第二次到石头寨了。

在我们到达韦康家前，双方父母已经做了充分的准备，韦康家已经买回了法事需要的香蜡纸烛，献牲（鸡、鸭、鹅各一只）已经准备好，家里打扫得干干净净，韦康的伯伯、叔叔们也到他家里等着了。赵雪的父亲领着她的几位伯伯、叔叔也到了韦康家，赵雪的父亲买了办法事需要的一个猪头，在家里抓了两只小鸡带来。据先生说，这两只小鸡是用来陪伴将要出生的孩子，一定要喂养到孩子出生，纵使成熟也不能杀掉。赵雪的伯伯、叔叔们分别准备了一点钱，在法事进行时要交给夫妇俩作为礼性。

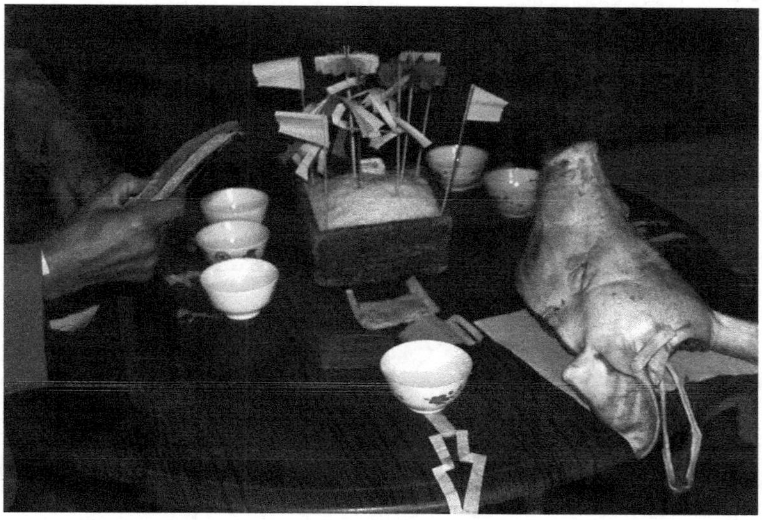

在纳梗所做的“解生煞”仪式

王怀玉先生的解生煞过程分三个步骤描述于后。

一、设坛

王怀玉先生在韦康一个伯伯的帮助下，用红、黄两种纸剪成黄、红色的花各两朵，黄、红色的小旗各三个，黄、红色的神钱各三个，全部用约30厘米的竹签支起，黄、红色的小孩背扇各一个。坛设三个：

1. 主坛（所有酒碗下压神钱，装少许酒）如下图：

主坛示意图

2. 中柱坛如下图：

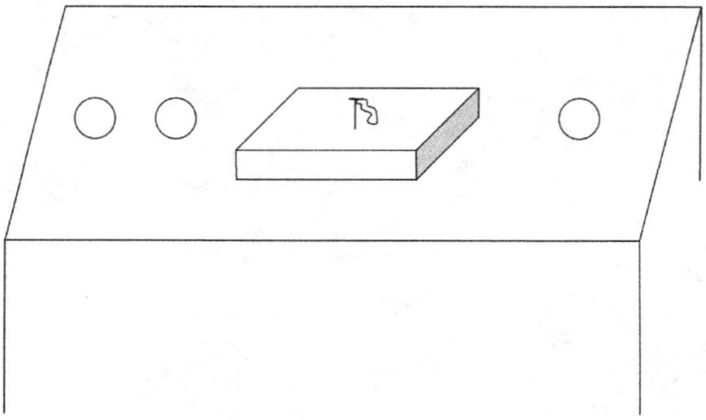

先生位

中柱坛示意图

3. 孕妇房间专设一坛，如图下：

中 柱

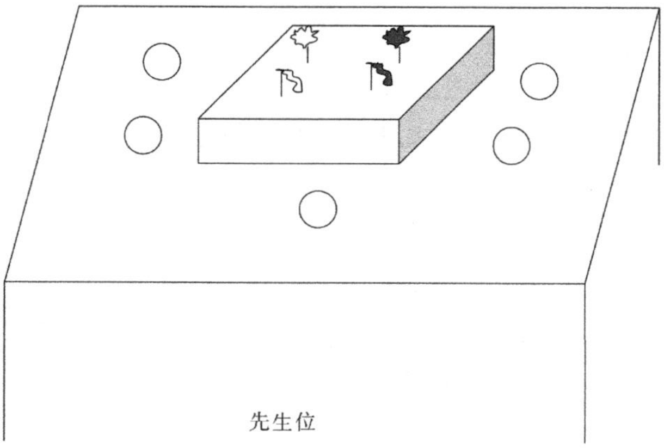

孕妇房间坛示意图

二、解煞

先生做法顺序为：主坛——中柱坛——孕妇房间坛。

先生立主坛前，面向神龛，烧纸钱，燃香三炷插在升子上。默念请师经文，烧纸放净水碗中。韦康伯父抱一开叫了的公鸡立主坛旁，鸡脚缚白布带。先生念经，卜卦，烧纸钱于猪头上。

献公鸡：先生以指掐少许鸡冠，放净水碗中，滴鸡冠血于净水碗中，交鸡给韦康伯父，缚鸡于主坛桌子脚。先生晚上虚画符，做手诀。

先生端净水碗、拿香一炷、纸钱、卦转中柱坛。先生烧纸，燃香一炷插在升子上，坐坛前，念解经、卜卦，献鸡于孕妇房中坛前。献鸭、鹅中柱坛。然后，将所有献牲拿到主坛前地面上，先生烧纸，念解经。

韦康家叔伯整理献牲，将一块肉放猪头处，将猪头拿走煮熟。将整理干净的鸭、鹅翅各一块放中柱坛上。所有剩余的鸡、鸭、鹅全部回熟。

三、回熟后解煞

先生做法顺序为：孕妇房间坛——中柱坛——主坛。

孕妇房间坛：坛上放回熟鸡肉一碗，先生端净水碗，烧纸，念解经，以背经文的袋子绕坛一圈，卜得胜卦，将升子上白神钱拿出放主坛上。

转中柱坛：坛上放鸭、鹅肉一碗，先生将净水碗放坛上，以背经文的袋子绕坛一圈，念解经，卜得胜卦，将净水碗中少许水浇中柱坛前。收走坛中纸扎，花、神钱放主坛前。男方叔伯端走余物，鸭、鹅翅以竹签串好放在一边。

转主坛：以背经文的袋子绕坛一圈，念解经，念咒语，卜得胜卦，放下袋子，收走所有黄色纸扎，边念经边将黄色纸扎烧掉。

先生收好桌上的红纸扎，将坛上旁边三个酒碗转到神龛方，主家在主坛与神龛间地上摆上一张条凳，女方两位叔伯面向主坛并排坐下，每人抱一只女方父亲带来的小鸡。在先生主持下，韦康和赵雪向两位叔伯各敬一杯酒，两位长辈分别将小鸡和一些礼钱交与韦康夫妇，并祝愿他们早生贵子，这些礼钱要用红纸包好，放在新娘箱子底下，直到孩子生下来才能用，而且只能用来给孩子买生活用品。然后，韦康和赵雪退至主坛前，向两位长辈和祖宗磕头，两位长辈分别赐予夫妇俩各一杯酒。先生拿红纸扎念咒，然后交与赵雪公婆，在公婆的引导下，夫妇俩回到房间。

先生将净水碗中余下水洒在主坛右侧，主家收拾主坛余物，坛上放猪头处放置的一块猪肉连同已经串好的鸭翅和鹅翅收在一起，加上坛上所有人民币，这都是给先生的礼信。

解煞至此结束，所有参与者一起吃饭。吃饭也是有规矩的：献牲时的鸡只能由解煞的这对夫妻吃，旁人不得享用；鸭、鹅、猪头只能他人享用，解煞的这对夫妻不得享用。夫妻俩要给所有参与的长辈敬酒，长辈们要给夫妻俩适当的礼钱，这礼钱夫妻俩也只能放在箱子底，等小孩出生后给小孩买东西。吃饭时，所有食物必须吃完，否则只能倒掉。

个案二：《六枝陇脚乡补雨村石头寨布依族扫家（驱鬼）仪式调查》

调查时间：2008 年 8 月 6 日

调查地点：六枝陇脚乡补雨村石头寨

调查内容：布依族扫家（驱鬼）仪式。在六枝布依族人的观念中，一般主人家梦见老蛇进屋，牙齿脱落以及房屋倒塌等情况，都代表鬼已经进家，需要举行扫家仪式。

仪式缘起：事主家的 9 岁小男孩被疯狗咬伤，而患狂犬病，由于没有得到及时治疗而死亡。为了避免死去小孩的亡魂来作祟家人，也为了与亡魂彻底划清界限，主人家邀请法师王怀玉来到家中主持扫家仪式。

仪式主持人：法师王怀玉，男，52岁，布依族，陇脚乡补雨村石头寨人。做法事时间已有20余年，在当地是一个非常有名望的先生。

天气：晴

一、所设祭坛及所用仪式道具

本场仪式共设有主坛、中柱坛、厨缸坛（厨柜和水缸）三个祭坛。现将各坛所用仪式道具分别列举如下。

在补雨所做的“扫家”仪式

1. 主坛

首先在事主家堂屋屋顶上吊一根白粗线，用此白粗线拴住一把已经撑开的蓝色雨伞（据王怀玉先生的解释，本来应该用红色雨伞，但因为主人家找不到红色雨伞，所以只好用蓝色雨伞来代替。因为要请祖师协助先生完成本场法事，因此就用雨伞为祖师遮挡太阳，防止雨淋，体现出了对祖师的一种尊重），在伞杆上用一根绿线拴住一把没有秤砣的秤（秤是用来称银子办法事的，送钱给神、鬼、祖师、祖宗，意为管家的东西全交给他们），再在秤钩上钩一个项圈、两个耳环，伞柄里面放了一些豆子。

在蓝色雨伞的下方是一个小桌子，桌子上放了一个大簸箕，大簸箕内摆放了一抽屉稻谷，在一抽屉稻谷之上又放了一升子米（大约2.5—3千克），米中放有利市钱。大抽屉的四个角分别插上两面小白旗（代表阴间的邪魔力量）、两面小黄旗（也代表阴间的邪魔力量），升子米的四角也同样分别插上两面小黄旗和两面小白旗，升子米的正中间里又插上一杆神钱。升子的后面到前方分别摆有一把剪刀、一把师刀（斩杀邪鬼之作用）、一对阴阳卦。抽屉右侧的稻谷上先放几张纸钱，纸钱上面摆有粑粑、豆腐、猪肉，抽屉左侧的稻谷上放两个鸭蛋，抽屉左右两侧各放三个小碗（碗内装有酒），碗的左边有一个小竹笛，小碗下各压一张纸钱。抽屉前方摆一页纸钱，放一碗净水，净水碗前放一个镲，镲的旁边有一包小孩衣服。簸箕右侧放一把捆有三根茅草的剑，桌子腿上用绳拴一只公鸡。桌子的右前腿有一簸箕（里面装满锯末粉，相当于火药的功效），升子的正前方摆放祖师灵位，桌子前方地面上有竹片、蓑衣，还有两个拴有茅草绳的小木棒、一棵新鲜的桃树枝（上面必须有叶子），以及若干根茅草绳，上面附有神钱，几个干竹片。

2. 中柱坛

相对于主坛而言，中柱坛的仪式用具比较少。共摆放了一碗米（碗内放有利市钱）、五个小竹杯，竹杯下面各压五张白色神钱、一个中等大小的簸箕、一把杀狗刀。

3. 厨缸坛（厨柜和水缸）

厨缸坛置于主人家的另外一间屋子，屋中有厨柜和水缸，因之称为厨缸坛。在厨缸坛摆有一个小筛子，小筛子的上面用了一块碎花布包住了整个筛子。碎花布的上面摆放了一个装满米的碗、米中上插一杆神钱、并放入利市钱，米碗的前面摆放了七个小竹杯。筛子正前方、碗柜前放一个用桃树枝搭成的三脚架，上面放一碗锯末，锯末上插一杆神钱，三脚架的三个角分别插上小白旗，厨柜上方摆放两个小竹杯下压神钱。

二、布依族扫家仪式过程实录

王怀玉法师背着一包衣服（死去小孩家人的衣服，全家人每人一件）首先来到主坛前，他将主坛上面的香拿出三炷点燃，之后分别插在主坛的升子米上和其他两个坛的米碗上面，将主坛上的纸钱三张点燃之后放于主坛桌子底下燃烧。之后，又拿出三张纸钱将其点燃放于净水碗里面，王怀玉法师将净水碗端起，将纸钱放在碗中，口中默读咒语（请师默咒，只让先师听到，不让外人听到），以此将净水作为“神水”，这样即可请来祖师及各界神灵，协助其完成本场法事。随即主人家抓来一只公鸡（公鸡代表对神灵的尊敬）并递给王怀玉法师，法师先将鸡毛在师刀上面绕三圈，然后扯下几根鸡毛粘在纸片上（法师们每次做法事时都要扯下几根鸡毛留作纪念，王怀玉法师的纸片上已经有厚厚的一层鸡毛了，足以证明其做法事的次数之多与经验之丰富）。之后王怀玉法师用手掐破鸡冠滴血在净水碗中，一边默读经书，一边手抓鸡头在净水碗中左右晃动。随即将以前已经做好的黄色符标放于祖师灵位和净水碗之间的簸箕里，并将其摊开，再用鸡冠的血滴在符咒上面。之后，王怀玉法师手捧经书开始诵读经文，诵读毕，将淋有鸡血的符咒放在鸭蛋的旁边。接着王怀玉法师喝了一口净水碗中的水，随即将水喷在草绳上面，并大声说：“好啦，回家啦。”这时，有两个小孩和装扮成找鬼的一个人从门外走到主坛前，找鬼的那个人将蓑衣倒披在身上（倒披蓑衣代表是从天上下来的仙人，与常人不同），并将小竹笛带出堂屋，之后，王怀玉法师随即将门关上（屋内没有开灯，因而漆黑一片）。

外面反穿蓑衣的那个人在门外喊开门，法师高声喊问：“你是什么人?”回答：“我是天上下来的人。”法师又问：“你来做什么?”回答：“我是打鬼的，我来帮主人家找犯人（鬼）”。对话之后，王怀玉法师即将门打开。反穿蓑衣之人拄一木棍，吹着竹笛，弯腰弓背地进来找鬼。他先在堂屋左侧厢房里找鬼，旁边有人吆喝“好好找，一定好好找”。不一会，反穿蓑衣之人就在左侧厢房里找出一个茅草人（王怀玉法师事先已经做好并藏于此），并交到王怀玉法师手里，王怀玉法师随即将此茅人放在中柱坛桌子底下。后面又有一个人高声喊问：“还有鬼没？”答道：“还有。”另外一个人说：“有你就好好找。”于是，倒披蓑衣之人又走到厨房去找鬼，他在厨房里面又找到一个茅草人，并交到王怀玉法师手里，王怀玉法师又将其放在中柱坛底下，和前一个茅草人放在一起。在场众人高喊：“是两口子鬼”（一男一女两个鬼扰乱事主家安宁）。

接着，王怀玉法师将地上的干竹片分别交给了两个人，这两个人就一起用主坛上的红蜡烛点燃竹片。在点燃竹片的同时，倒披蓑衣的那个找鬼的人将蓑衣脱下并走出了屋间。众人分别将献牲拿进屋内，有一只鸡、一条狗和一只鸭。而王怀玉法师把桃树枝拿起来并交给了另外一个人，而他本人却右手提剑扛在肩上，左手端净水碗和师刀立于主坛旁。

此时，众人分别拿着仪式用具纵向排成一列，在屋内巡走，第一个人用桃树枝在屋内的地上扑打并不停说：“打鬼。”第二个人手持点燃的竹片不停地说：“烧鬼。”第三个人将锯末撒在点燃的竹片上并说：“撒鬼。”（其他人在后附和“打鬼、除鬼”），第四个人拿鸡，第五个人提那条狗，第六个人提鸭，第七个人打镲，王怀玉法师跟在众人后面，仪式气氛凝重、紧张。整个队伍的行进路线是先绕堂屋左面的厢房，再绕堂屋一圈，再绕厨房一圈，再绕其他的屋子（包括关牲畜的屋子），之后王怀玉法师将整个队伍全部带回堂屋。

之后，王怀玉法师又重新回到主坛前诵经，间歇时刻，把抽屉稻谷上面的符咒拔出来并交由一人贴于各门窗之上。王怀玉法师在坛前继续诵经，一边诵经一边卜卦，共卜了三次才得出胜卦（卦片为一阴一阳）。诵经并打出胜卦之后，王怀玉法师让其他人将各种献牲抬进堂屋之内。首先将鸡杀掉，用一只碗接鸡血并放在主坛的大簸箕里。随即王怀玉法师又端起净水碗转向中柱坛，再次诵经卜卦（卜了一次），接着众人用斧头和钩子打狗，先将狗打昏，再用杀狗刀给狗放血。王怀玉法师从中柱坛上面取下一支香在狗身上点了一下（用香在狗身上点一下，代表已经交给了神灵，如若不点，神灵是得不到的）。接着王怀玉法师又转到厨缸坛，他将搭在肩上的装有事主家人衣服的包在香上环绕了一圈（意为全家人都已经被解过凶煞了，所以不会再有鬼魂纠缠，阴阳彻底划清界限，人人得到安宁），并又一次诵经卜卦（一次），卜卦之后，众人又将鸭子杀掉，并将盛鸭血的碗放在厨柜上两个小竹杯中间。王怀玉法师又从厨缸坛上取下一支香在鸭子身上点了一下（用香点在鸭子身上代表已经交给了神灵，如若不点，神不可以得到），并将鸭子丢在主坛前的那一堆绳索旁。

之后，王怀玉法师吩咐众人将堂屋中的草绳分别挂在有门窗的门檐和窗条上，门和窗在同一面墙上的就用草绳将门窗连在一起（将草绳连在一起，能起到使外神野鬼不得进入家中的目的）。附有茅草绳的两根小木棍，上面附有神钱，众人将其插在院门两边（这样做可以阻止野鬼闯入家中，作祟于家人）。

接着，众人将所有被宰杀的动物洗净稍煮一下，砍下鸡腿、鸭腿、狗腿。王怀玉法师先把鸭腿和鸭血放在厨缸坛上，又烧了三张纸钱，然后将装有全家人衣服的布包在厨缸坛上环绕了一圈，之后诵读经文，诵读毕，又将鸭血倒回锅中。这时，进来一人将筛子里面米碗中的钱（人民币）交给先生，并将其余的所有祭品都放在了小筛子里面。王怀玉法师把净水碗和竹卦拿走，转向中柱坛，有一人端起筛子中的所有物品（刚才的祭品）跟在王怀玉法师后面。王怀玉法师来到中柱坛后，首先净水碗和阴阳卦放在中柱坛的簸箕里面，用狗肉和狗肝献祭，又烧了三张纸钱，之后诵读经文，诵读毕，又将净水碗和阴阳卦收好，而先前端筛子的那个人又将中柱坛里面的米和利市钱（人民币）交给王怀玉法师。随即王怀玉法师又转到主坛前，用鸡腿和鸡血献祭，之后诵读经文，诵读毕，把仪式所用法器全部收拾好，端筛子的那个人再将主坛上的米和利市钱（人民币）交给了王怀玉法师（通过上述的程序可以看出，撤坛的顺序正好与立坛的顺序相反，即立坛时是主坛—中柱坛—厨缸坛的顺序，而撤坛时却是厨缸坛—中柱坛—主坛的顺序，而这样的顺序设置在其他的法事仪式中也是一致的）。接着，事主家将蓝色雨伞、大米和钱、一个粑粑、一块豆腐、一块肉、桌子底下的公鸡全部交与法师王怀玉。事主家只将秤和银饰收好，其余的祭品（五个小竹杯，八面小黄旗，一杆神钱）一律放在筛子里面。

然后，众人将先前已经煮熟的两个鸭蛋放在一个盆子里，再将鸡、鸭内脏，几片狗肉也放于此盆中，由一人端盆，另一人端着筛子，在法师王怀玉的带领下送到附近的岔路口（意为献祭于过路的神灵及野鬼，希望他们不要干扰家人的正常生活），而留在家中的人将屋内主坛前的桌子扳倒（意为事主家已经什么都没有了，希望邪神野鬼不要再来作祟于他们的家人了）。

最后，所有参与本场扫家仪式者要一起留在事主家吃饭，吃饭时不用桌子，只能用簸箕反扑地上，其用意是事主家连吃饭的桌子都没有了，请邪神野鬼就不要再来干扰事主家人了。众人所吃菜肴只有刚才献牲时的鸡、鸭、狗（菜肴置于反扑的簸箕之上），而吃剩下的饭菜必须全部倒掉，然后还要用草灰将碗洗干净，意为家中的邪神野鬼已经被彻底清除，打扫干净。至此，此次布依族扫家仪式就全部结束了。另外，需要说明的一点是，做此场法事时只能由家族内部的亲属参与，其他人不得参与，而且做法事时没有参与的人三天之内不得进入事主家的屋子内，否则就需要重新再做一次扫家仪式，而办法事所需的经济费用将由擅自进入事主家屋的人承担。

这两个仪式的表述，说明以下问题：一是我们所面对的月亮河流域布依族民间信仰文化，至今仍然是一种鲜活的存在，而不是一种过去式的资料记录，说明我们在这里所表述的研究的月亮河流域布依族民间信仰文化，在现实生活的广泛存在。二是在学术研究上它也有一定的意义，也进一步确证我们在以下叙述中的月亮河流域布依族的民间信仰。

第二节　月亮河流域布依族民间信仰的表征

月亮河流域布依族民间信仰表现在我们的调查中呈现为自然性、民间性，并且融合在民族民间的习俗中，再加上禁忌的强化，是一种内在文化运行机制表现的信仰文化。一般而言，它由以下几个部分构成：一定的群体性的祭祀仪式和个人祭祀仪式；习俗和观念行为；禁忌，等等。在一般的文化共同体中，我们可以看到其许多的特定的形态。在月亮河流域布依族文化中，我们在上面的调查中看到的民间信仰文化的表征大致有以下九种。

1. 祭神树

20 世纪 80 年代以前，月亮河流域布依族每年都有敬神树的传统。一般是几个和睦相处的寨子共同祭祀。20 世纪 80 年代已酉寨和岩脚寨就在已酉寨的后坡上举行过祭祀神树的活动。“文化大革命”期间小河寨的神树和已酉寨的四棵大枫树被砍掉了，因此，20 世纪 80 年代祭的神树是移栽到已酉寨后坡的榔树。而一般祭的树应该是三个人以上能环抱的枫树。

据杨胜洪老师说他小的时候参加过一次小河寨、箐脚寨、岩脚寨、已酉寨举行的盛大的祭神树仪式。那是大约在 20 世纪 60 年代。小河寨、箐脚寨、岩脚寨、已酉寨几个寨子的人共同到小河寨去祭大神树，那棵大神树能被三个大人环抱，树上还有老鹰在做窝，在树下的人都能听到有很多小鹰的叫声。

几个寨子的人要集体敬神树，那么就由大家共同来出资金来完成这个活动。在敬神树的过程中要排成五队，人们要有序的排列组织来敬神树。敬神树时一定要用一头 500 斤的大猪，几个寨子联合一定要有 10 户人家带头，参与的寨子都要有人来帮忙。猪的内脏用来煮稀饭，由参与的人吃掉。剩下的净肉是拿来分，不过秤，但是一定要统计有多少户人家，大致做到每户平均的数量。在保证数量一样的前提下，主事的人，比如说先生之类的人物，就有权往猪的后部分拿，而其他的人就朝猪的前部分拿。

这样的活动妇女不参与，一般是一户人家派一个代表，有小孩的人家可以带上小孩一起去吃饭。另外，除了杀猪以外人们还要杀鸡、鸭、羊等家畜，杀好后挂在神树上，以祭神树。

2. 玩龙习俗

月亮河布依族有玩龙的习俗，直至今天，逢年过节、喜庆之时，全村寨的人都要举行盛大舞龙。在当地，一般初三开始玩龙，正月十五闭龙，以前是只可以在陇脚十二寨玩龙，20 世纪 50 年代的时候捞河也请去玩龙，但后来这个寨子就遇到了猪瘟、马瘟、牛瘟，很多事不顺利。因此，后来其他地方都不敢玩龙了。动手起意玩龙就要玩三年，也就是说，哪年决定要玩龙，就必须在接下来的三年中都要玩龙。请龙的时候要先生去请，念四句（只有老毕摩会念）。玩龙的时候串到每家门前，每家会拿东西出来供。玩龙的主要目的是娱乐，届时其他寨子的人都会来看热闹，妇女都会穿上漂亮的服饰前来游玩。

3. 祭铜鼓

布依族认为铜鼓是有生命的，并且把它分为公、母铜鼓。公铜鼓和母铜鼓形状相同，但公铜鼓小得多。母鼓一般四十来斤重，而公鼓只有十来斤。据说布依族在秦始皇时代就制造了铜鼓。相传古代用铜鼓做战鼓。现在铜鼓作为乐器使用。除了丧葬仪式外，铜鼓只能在正月和七月敲打。

在这里还有一个故事，传说有一户专门保管铜鼓的人家，把公铜鼓放在有谷子的楼上，谁知道公铜鼓居然有生命，带着家里的谷子到河里和龙王打架去了。主人发现公铜鼓和谷子不见了，以为是被人偷走了，往后几天也没看到。可是打了好几天铜鼓还是打输了，于是没能在河里称霸，于是又回到了主人家。在某天的早上天刚亮，主人家来到楼上发现公铜鼓和谷子都完好地保存在家里的楼上。后来人们为了让公铜鼓不再出去找龙王打架，于是把“公鼓”背在“母鼓”身上（鼓面）。这样公铜鼓就不会下江或河潭去和龙王争斗了。此外，关于铜鼓在当地还流行着另一种说法。传说月亮河流域的铜鼓是秦始皇时由政府封赏下来的。铜鼓代表国家对本民族的最高奖赏，打仗时用铜鼓有“暗号”的作用，依据铜鼓的鼓点来发号施令。铜鼓一般是在打嘎、春节时用，是作为最高尚、神秘的礼器来用，而平时是不能随便用铜鼓的。

一般是一个村寨有一个铜鼓。不过，由于“文化大革命”的十年浩劫，箐脚寨只有小阿志保留有一个母铜鼓。现在月亮河一带的上游、中游、下游只有五面铜鼓了。以前老人说每面母铜鼓要配一面公铜鼓的，但是现在只有箐口乡下麻翁村赵氏家族还保存有一面公铜鼓。人们打鼓时，只打母铜鼓，它发出的声音震天，而公铜鼓只是放在一边作陪。传统上布依族每年的正月初一还有祭祀铜鼓的习俗，以保佑来年风调雨顺，五谷丰登，六畜兴旺。

在祭祀活动中一般在寨老家举行。用一斤酒、一支香、一打纸钱，一只鸡，一块白布。在祭祀中要杀鸡来供，另外还不能让铜鼓见天，因为怕铜鼓会跑到河里去。要用布来盖好。妇女的裙子在准备供铜鼓之前不能碰铜鼓，否则会变哑。

供完之后倒酒在铜鼓面上看图样，如果为龙形表示那年要涨水，如果是虾样就没事。春节期间，祭祀铜鼓是吊住它的右耳，悬吊着的铜鼓要用槌棒重打三槌，3~5分钟后铜鼓会停下来。铜鼓的口子朝哪个方向，哪个方向的人家就会有白喜事。如果口子对准主家神龛，主家这年将会有白喜事。那么，第二年就不会在寨老家来祭铜鼓，要相隔三年后才能又回到寨主家来祭铜鼓。

在当地，以前是每个寨子都有铜鼓，现在花德河、木玉、捞河大致有三面铜鼓。正月间，拿出来打。此外，办大斋的时候才能用，神鼓在其他时间不能用。传说月亮河湾塘这里还有一面鼓。要是其他时间拿出来打，会跑去打架，故拿出来打时都要用酒、肉、粑粑去供。一般都是先生请神鼓。在明代洪武调北填南的时候，神鼓是战鼓，敲鼓作号令。铜鼓有十二圈，故有十二种不同的声音。在此地流传下来。正月初一的时候做饭供铜鼓，把铜鼓请出来，可以打过正月间。

来人请鼓时，通知保管的那家主人（大寨保管铜鼓的是韦开义家）就行，背鼓时要用红布裹好，不能见天，路上可歇气。打鼓有不同的调子，以前是有先生教，鼓点的打法在经书上有记载。现在为了发展生态园的旅游打的六十六面铜鼓的鼓点是由学校老师教的。

4. 洋差鬼

布依族民间还有类似于苗族“蛊”的鬼神传说。一旦认为哪一家人是“洋差鬼”，那么，其他非洋差鬼的人家就不能和那家人通婚。如果哪个寨上有“洋差鬼”的人家，寨上闹瘟疫或有人家有人生病的话，就要在傍晚用石头去砸“洋差鬼”人家的房屋，据说这样就可以消灾。

月亮河流域鬼具象化为纸符

关于“洋差鬼”，据说是以蝴蝶来衬托他们的命运，意思是说“洋差鬼”的灵魂是附在蝴蝶身上的。当地的布依族认为，在“洋差鬼”家中的酒坛子里养有蝴蝶，这些蝴蝶专门靠吃甜酒而活命。因此，在“洋差鬼”家中要天天都有甜酒供应那些蝴蝶。家中有几个人就有几只蝴蝶。蝴蝶存活，这家人才能存活。一旦他家中的蝴蝶往外飞就会被寨里其他不是“洋差鬼”的家庭用开水浇灌，蝴蝶死亡，相应的他家中会死掉一个人。

根据调查，我们了解到“洋差鬼”的人家在中华人民共和国成立前受到压制，现在，历来被认为是“洋差鬼”的人家，孩子爱读书，在外比其他非洋差鬼的人家要有本事得多。然而，人们和“洋差鬼”的家庭仍不开亲，即使到了“洋差鬼”家里可以吃他家的东西，但不能在他家住。因为人们怕沾到汗液，惹鬼上身。即使在办酒席，人们只能买“洋差鬼”家的东西，送的一律不接收，如果接收的话人家就会认为主家和“洋差鬼”有亲戚关系。

据说大寨也有“洋差鬼”，只是后来在舆论的压力之下已经搬走了。据说在小阿志寨和新华寨现在还有几家被认为是“洋差鬼”的家庭。

5. 弥拉

传统上布依族过月半节时，晚上人们会在院坝场上举行放“弥拉”的娱乐活动，有放女“弥拉”的，也有放男“弥拉”的。“弥拉”在布依族语中是没有结婚的人死后的鬼魂，特别是指那些年轻早逝的人。在特定的时间和场合里，它可以附在活人的身体上。一旦在特定的仪式上被“弥拉”附体的人，就能扮演不同的角色唱歌。奇怪的是这个人本身不一定会唱歌。放“弥拉”也是在20世纪80年代以前的事情了，现在我们在采访调查中只能感受当年人们放“弥拉”的情景，然而，“弥拉”的神奇魅力我们已经无法亲眼看见。

6. 卜鸡卦、木卦

在我们所调查的月亮河布依族社区中，保留着许多种方式来计算时辰、卜卦吉凶。其中占卜鸡卦、木卦就是最为典型的两种。如布依族在婚礼重大的活动仪式中，有杀鸡看卦的习俗。鸡卦，也就是鸡大腿至鸡身上的那一节骨头。看卦，就是看卦骨上的骨眼。当地的布依族还说“我们布依族是鸡卦为大，汉族是鸡头为大”。

首先，月亮河流域布依族男女通过“浪哨”的社交活动相互认识。这个活动就是布依族青年男女在特定的节日和村寨特定的场地通过对歌的形式，男女相互认识。如果双方中意，父母也认为可以开亲之后，便由男方请媒人到女方家说媒提亲。到女方家必须拿一个未生蛋的本地鸡。在饭桌上人们就当着全家人的面看鸡卦骨上的骨眼。如果是双眼即是顺的，如果是单眼表示不顺。

除了占卜鸡卦外，还有占卜木卦的。木卦是把一块小木头削成与牛角尖相似的形状，再剖成两半，就成木卦了。使用时将卦往地上一抛，落地时如两块是扑的称为“阴卦”，说明邪已经除尽。两块是仰的称为“阳卦”，表示不吉利。一块扑一块仰的称为“顺卦”，表示家事六畜顺利。此外，还有剪卦、竹卦、骨卦的说法，他们可以用在看病、丧葬、结婚、立房等多个方面。

7. 扫家、扫寨

月亮河流域布依族有扫家、扫寨习俗，这更能体现出其民间信仰的诸多特征。在当地，一般每年二月间，都要扫寨一次，他们认为要保护村寨清洁平安、无灾无难、六畜兴旺、五谷丰登，必须要在年初把寨子里的鬼魅扫除干净。关于扫寨的做法，各地布依族地区的做法是不相同的。在六枝特区月亮河流域的布依族一般是扎个纸轿或龙船，在寨子口把龙竹两根插在路口两旁，两竹竿顶上用一根稻绳连接，中间系一木刀，请毕摩公来驱邪扫寨。毕摩公身穿法衣，头戴八卦帽，手执宝剑和捅铃，口念咒词，在前面开路，后面跟着一帮锣鼓手，有两人抬着轿子或龙船和一只活狗随后，敲锣打鼓到每家驱鬼，这时每家各置一碗米，一块腊肉，供在门边，等待毕摩公带领众人进屋。毕摩公念动符言咒语，用大刀指东画西，喷了几口净水，然后在卧室及大门贴上符签，再用两扇木卦从空甩下，两扇都扑地为阴卦，表示邪已经驱尽；如一扇仰一扇扑为顺卦，表示主家顺利，六畜兴旺；若两扇都仰为阳卦，表示主家有不祥之兆。若得阳卦，毕摩公要反复念咒，再把卦甩出，直到得到阴卦或顺卦为止。临离屋时又把门边的米、腊肉倒在他们所带的竹箩内抬走。如此家家做完后，在路口龙竹上挂上符签，表示全寨清扫完毕。最后，到河边烧掉龙船，杀狗，每户一人自带酒饭在河边畅饮。

8. 立“挡箭牌”与拜保爷

在月亮河流域布依族地区，过去曾流行为小孩立“挡箭牌”的习俗。若小孩成长的过程中经常生病，就要请布依族毕摩公为其解“关煞”。经毕摩公推算，是受“阴箭”所伤的，其父母就要在村中岔路口设立“挡箭牌”。一般牌高两市尺左右、宽一市尺五寸左右，其上端横写“挡箭牌”或“指路牌”三个大字，在横排的大字下面，刻有小字，如“上走×××，下走×××”，石牌左边刻写“信士×××”的落款。若毕摩公认为是小孩命不好，就要找“保爷”，一般有两种方法：一种是拜山神、石神、树神为保爷，每逢重大节日，大人要带小孩前来供祭；另一种是拜人为保爷，方法是通过在路上相遇或在神龛上放置水碗，谁先碰到谁就是保爷。若是生了几胎都未能成活，常要给小孩取贱名，如“小狗”“小猫”“小猪”“小牛”“板凳”之类，有好养活之意。若是经毕摩公推算，需要做“桥”的，还要为之做“保命桥”。桥分为两部分，置于卧室的是用竹条编织的长方形方筐，固定于墙壁上，周围贴上一张张手脚相连的人形图案剪纸；另一部分则放于室外，在通往外婆家的路上横挖一条沟，用两块长方形石块拼搭于沟之上，使其与路面相平。逢年过节，孩子的父母都在家里和村外的桥上供上酒肉，祈求“桥公桥婆”保佑孩子健康长命。

9. 日常生活中的禁忌

日常生活中的禁忌也是民间信仰的重要组成部分。月亮河流域布依族的禁忌事项是比较多的，虽然许多禁忌在现代生活中已经消失，但它对当地布依族的影响却是长久的、弥散性的。如在“过大年”时，初一忌晒衣服、忌扫地、忌吵闹、忌借钱、忌米下锅，不能往屋外倒洗脸水、洗脚水。初一至初三不动土，阳雀初叫不出工；十五不动刀，不干农活，不做针线。正月初一至十五不准媳妇上楼，不准在房屋周围晒洗衣服、蚊帐等物品。腊月和正月不准外人在家里哭。接回家过年的祖宗亡灵未送走前，不准妇女上楼，不准往堂屋地上倒洗脸水、洗脚水。此外，在腊月三十晚上，家中所有的坛坛罐罐，一律用钱纸封存起来，新年三天要吃的饭菜全部做好备用，这期间牛马饲料一齐备好。“四月八”忌动土耕种；“三月三”“九月九”扫寨时，在路上设各种形式的标记，如树枝、草绳上挂木九和纸钱等，不准外人进寨；扫寨的三天之内，不准拿水、火及其他东西出寨；“三月三”除老年人在村内祭社神外，其余的人全部上山躲山；敬山神不准说话，只用手势，在村内不准作声，否则认为山神会放狼来害人畜。

以上我们列举了曾经或当下仍然存在于月亮河布依族地区的九项民间信仰的文化表征，这些民俗事象是布依族信仰、意识乃至无意识的一种文化折射，它们深深嵌入于当地布依族民众日常生活之中，成为布依族行为遵从的一种内隐性力量。

第三节　月亮河流域布依族民间信仰的文化价值

民间信仰作为一种“草根”形式的文化，属于小传统。它与人们的日常生活息息相关，是人们认识世界的另一个视野。虽然在现代社会中，许多民间信仰的外在表征已经消逝或正在消逝，但是作为某个地区特定族群文化的内核部分却具有极强的生命力。因此，在当下语境下来探讨民间信仰的文化价值，是一个极富意义的命题。

上面我们列举了月亮河流域布依族民间信仰的九项文化表征，需要指出的是，这九项表征只是布依族信仰文化的一个非常小的组成部分，但是这并不妨碍我们理解当地布依族民间信仰的文化意义。这九项文化表征在精神诉求方面有共通之处。如月亮河流域布依族有祭神树的习俗，它的主要目的就是希望神树能够保佑民众的生活，同时这也是布依族万物有灵观念的一种反映。而这种对树木的崇拜与祭祀，在客观上起到了规约人们行为，爱护自然、禁止乱砍滥伐的效果，虽然当地民众可能并未从主观上意识到他们祭神树行为所起到的保护自然生态的重要功效，但在客观上此种信仰却着实促进了人与自然的和谐。

在月亮河流域布依族社区，玩龙习俗也已经十分久远，现在玩龙主要是出于娱乐目的，为了烘托节日的喜庆气氛，表达民众欣喜的心情，而在传统社会中玩龙习俗还有祈求来年丰收的期盼。而在月亮河流域布依族村寨普遍存在的祭祀铜鼓的习俗，也是为了保佑来年风调雨顺，五谷丰登，六畜兴旺。而像扫家、扫寨这样的习俗，也是为了使村寨清洁平安、无灾无难、六畜兴旺、五谷丰登，把寨子里的鬼魅扫除干净。立“挡箭牌”与拜保爷，则是希望儿童能够健康成长，虽然此种习俗并不具有真正的实际功效，但是在心理上却起到了镇定与安慰的作用，因此，对于维持人与人、人与自然、人与社会之间的和谐是有一定的作用的。综上所述，我们可以解析出月亮河流域布依族民间信仰所蕴含的一些共同精神诉求，即“生存、安居、乐业、财富、健康、消灾、避祸”，这样几个有限的词组，就足以概括月亮河流域布依族民间信仰的精神诉求。而这样的一些精神诉求，与当下国家所提倡的建构和谐社会的诉求是相一致。从中我们可以看到小传统与大传统的内在关联。

布依族民间信仰中所蕴含的这些精神诉求，在现代语境中具有十分重要的文化价值与多种社会功能，具体来说，可归纳为以下几个方面：

1. 文化教化功能

文化教化的主要目的，就是灌输给人们一种符合特定族群文化的一种伦理，让人们寻找到一种生活的依据，从而培养出一种健康的人格。我们所谈到的月亮河流域布依族民间信仰正是具有这样一种价值。在我们前述的月亮河流域布依族民间信仰的九种文化表征中，有好几种是对超自然力量的一种崇拜，如祭树神、立“挡箭牌”、扫家扫寨、祭铜鼓即是如此，虽然在形式上有一些神秘的色彩，但它正是通过这种行动的象征方式，真真切切地表达出了人们的生活理念与行动标准，并渗透到当地人的思想之中，使之成为人们行动的指南，从而调整人们的行为，起到教化民众的实际功效。我们在村寨的实际调查过程中，很真切地感受到了这些布依族古老的民间信仰对当地民众生活以及所起到的文化教化意义。

2. 社会控制功能

除了制度化控制以外，布依族民间信仰的力量也是对布依族社区进行控制的一种重要力量。民间信仰的力量是一种内部控制，是布依族社会文化通过各种影响在其成员内心建立起来的控制机制。民间信仰的力量所实现的社会控制之手段是多种多样的，比如说它可以通过超自然的力量来实现。前述在月亮河流域布依族民众生活中的一些禁忌以及对超自然的一种崇拜，都起到了对当地人的一种规约作用。在我们所调查的各个村寨中，就很少有破坏树木的行为发生，这其中就有民间信仰的规约力量在起作用，是民间信仰的社会控制功能的一种展现。

3. 民族认同功能

民间信仰是特定族群的一种文化边界与文化标志，不同族群一定存在着不同的民间信仰。因此，民族信仰通过外在的文化表征，将其宣传的理念深入人心，形成根深蒂固的文化心理和习惯。也就是说，民间信仰成了有别于他者的“文化场景”。前述的九种文化表征，不仅是布依族区别于其他民族的一种标志，也是月亮河流域社区布依族的一种地域标志，如当地民众中有许多禁忌在其他布依族地区是没有的。由此这些民间信仰就有了增强当地布依族民众认同感的一种功能。

民间信仰是任何一个社会、任何一个社区都有的文化现象，它是民众日常生活的一种依据和准则，具有多重文化价值。然而，在现代语境下，民间信仰的多元文化价值却没有被人正确地认识，因此，这就迫切需要我们重新来审视民间信仰在村落社区内所起的巨大作用，以及它自身与大传统之间的内在关联。我们所调查的月亮河流域布依族民间信仰所展现出的文化价值，对于拥有这套价值体系的文化主体来说，是具有重要意义的。上面对布依族民间信仰的分析即可真切地说明这一点。当然，通过上面的描述，我们也可以看到在月亮河流域布依族民间信仰中所存在的一些落后的和消极的东西，为此，在未来对布依族民间信仰的保护中要加以剔除或修正，积极引导当地人们改变思想观念，自觉放弃那些陈旧的、不合人文精神的文化因素。

第四节　月亮河流域布依族丧祭仪式述略

在月亮河流域布依族信仰文化中，还有一个独特的存在，这就是其丧祭。我们说在月亮河流域布依族人的丧祭中包含了月亮河流域布依族人的信仰文化，也可以说月亮河流域布依族人信仰文化的核心是建构在其丧祭中的。我们在月亮河流域布依族地区，是把这两个部分作为相对独立的部分来调查的，但实际上在其信仰文化的表述中是很难有明确界限的。

在这一个部分，我们仍然分为两个部分，这里是第一个部分：叙述。

《月亮河流域布依族丧仪调查》

调查时间：2008 年 8 月 6-7 日

调查地点：六枝特区陇脚乡月亮河村大寨。月亮河村（原来的陇脚村也合并于月亮河村）位于陇脚乡西北部，村所辖面积为 9.6 平方千米，距离乡政府所在地 9 千米，“凉都·月亮河夜郎布依文化生态园”的“腾龙中国”部分景点分布在月亮河村。全村共有 9 个自然村寨，分别为：大寨、崖脚、小寨、高潮、阿内、弯塘、木陇、纳奎、腾家寨，共有 192 户，1854 人，布依族占总人口的 90% 以上。在月亮河村的 9 个自然村寨中，大寨人口最多，共 93 户，452 人，全部为布依族，韦姓占 95%，其他还有姚姓、王姓、杨姓。当地主要种植水稻、辣椒、西红柿等农作物及经济作物。

调查内容：布依族丧葬仪礼

调查方法：以实地调查、访谈为主

讲述人：韦洪雷，男，布依族，80 岁，在当地是一位很有名望的毕摩公，周边寨子有婚丧嫁娶活动时，都要请他来主持相关仪式，因此对丧葬习俗中的仪礼十分精通。他是从 39 岁时开始跟随他的父亲韦和仙学习此项技艺的。另外还有一位对本民族文化有一定理解的布依族老人韦开壁也参与了访谈。在讲述中，以韦洪雷为主，韦开壁时有补充。

天气：阴转晴；阴

采录人：龚德全

布依族的丧葬仪礼在后世的发展过程中受到汉族文化的诸多影响，形成了比较繁缛的仪礼程序。而且各个布依族地区由于地理、人文环境的不同，其丧葬仪礼程序也各有不同，从中我们可以了解一个特定区域内部的布依族社会、文化、生活等方方面面的内容。笔者于 2008 年 8 月 6 日、7 日于六枝特区月亮河村大寨韦洪雷先生家里进行了访谈，了解了月亮河流域附近布依族丧葬仪式的自然程序，现整理记录如下：

1. 沐浴、小殓、吊唁

月亮河流域布依族对老人送终十分重视，老人病危之时，子女都要在身旁日夜守护。如果是 60 岁以上的老人病危，一般家里先要杀一只羊还愿，意为用羊代替老人去死，看能否帮助老人渡过这一劫。如若没有成功，在老人落气以后，家人马上为之烧“落气钱”（冥币），全家围坐哭丧，并在院落之中放三响铁炮（即火药炮），意为老人已寿终正寝，全寨之人听到谁家放了三响铁炮以后，都会来到事主家里帮忙。接着丧家会在屋顶竖起一根挂有白纸幡的长杆，门上贴着用白纸写有“当大事”的横批，表示家里有了丧事。此时，儿女们均需换上白布孝衣孝帕，开始忌荤吃素，并由家庭内部成员共同商议具体安置事宜。另外，还要将死者生前垫床的茅草或破布衣物拿到村寨外的三岔路口烧掉。若是女性老人去世，孝子需带上孝布，拿一斤米酒、黄豆和一匹孝布到外家报丧，外家人见到孝布就会了解个中情况，立即派人随同孝子来到丧家商量具体的丧葬事宜。

接着，死者的大儿子用艾叶等植物煮水为死者沐浴，男性剃头刮胡子，女性要梳妆打扮，并在老人嘴里放一小块银片垫舌尖（忌用其他金属，亦忌放其他金属入棺，否则会影响下一代的运气），并在死者双手各放一些钱，意为让老人到阴边买田、买地，过幸福生活，安心在阴间生活，不再干扰生者的正常生活。为死者穿寿衣的件数，要依据夫妇一方是否健在的情况而定，如果夫妇一方健在，则穿单数，一般为三件或五件；如果夫妇双方都已去世，则需穿双数衣服，四件或六件。衣服鞋帽（衣不能有扣，鞋不能用皮底）多由家里自织的土布缝制，也有用绸缎的。女性死者上着和尚服（衣不能有扣），下穿百褶裙，头戴黑纱帕。如老父老母犹在，死者要戴白头巾，以示戴孝入棺。沐浴、穿衣已毕，尸体须停于堂屋之中，躺于木板之上，儿媳各拿一条床单盖住整个尸体。

家里安置妥当后，需派一人带上酒、烟和点心之类的东西到布依族毕摩公家里，延请毕摩公择定入殓、开吊及发丧日期。毕摩公到事主家以后，先要根据死者的"八字"推算老人落气的日子是否犯冲，如果犯冲，就需要用鸡、狗、鸭、刀头肉（一块猪肉）来"解煞气"。之后，就可以将死者入殓。入殓前，毕摩公要用七根茅草象征性地打扫棺内室，意为驱除棺内邪恶，边扫边念"寿木寿木，死者老房屋，死者要来住，邪恶赶快出"等咒语。还要用熟石灰、草木灰及碎炭等垫棺底，再铺上一层麻布（麻布由家中媳妇带来，每人2米长），在封殓之前，还要由孝子孝女象征性地给老人喂饭，并口念"吃少留多"。入殓时，凡与死者生肖有冲犯者，均须回避，不得在场。

在盖棺前，由毕摩公高声叫喊"生魂出不出?"在旁众人齐声回答"出!"之后，毕摩公口念"生魂出，死魂留棺中"，意为生魂与死魂彻底划清界限，死者不再干扰生者。之后，毕摩公口念"闭殓咒"，众人在门外鸣放爆竹后，乃掩棺盖。灵柩不可落地，要用长凳垫于两头置于中堂，因为按照当地人的说法，"亡人见土如见金"，落地会对家里带来不吉利。摆放时须顺梁摆放，即家中灶在哪边，脚就朝向哪边。安放的位置以堂屋中柱为界，男性老人在中柱以上，女性老人在中柱以下，意指男管家，女辅助。灵柩前设坛祭祀，立一牌位，摆上猪头、酒、粑粑等供奉，烧香焚纸，并在灵柩下点一盏长明七芯灯（只限于菜油），棺上用一条被单覆盖。孝子孝女们日夜守灵，并特别注意防止黑猫、黑狗从灵堂经过，否则被认为死者的鬼魂将不会得到安息。停灵时间是毕摩公根据死者的生辰八字推算出来的，短则两三天，长至七八天。也由毕摩公测算祭奠和埋葬的吉日。不可乱祭乱葬，否则会冲犯神鬼，致使家宅不安。

至开吊之日，寨中亲友们会前来吊唁，孝子要到大门口去迎接，若是外家舅父到来，孝子还要拄孝棍到灵柩前跪迎。亲友们纷纷送来现金、酒肉、果品等向丧家表示慰问，丧家女婿则须送猪、羊、糖食以及祭幡、纸马、亡伞等物，来祭时，所穿孝服与孝子相仿。来吊孝者在灵前跪拜、烧纸，以示哀悼，孝子亦要在灵旁陪祭。来吊孝的女性至亲，还要到灵柩旁哭泣，丧家女亦陪哭。吊唁之后，丧家会准备酒席招待吊唁的亲友。祭祀一般为三天，子孙每天早、中、晚跪拜三次。居丧期间，孝子头垂麻丝服丧，不能回屋睡觉，每晚用稻草铺在灵柩旁，坐其上陪同死者，以为尽孝，俗谓之“守棺”。

2. 祭奠

丧家将死者入殓后，即请毕摩公举行“开路”仪式。布依族认为人死后要进入冥界，希望死者在冥界能过上好日子，且将来能够投胎转世。为能顺利到达冥界，就要请本族毕摩公为死者诵经超度，将死者送至极乐世界或祖先那里，此谓之“开路”。开路前，丧家要先敲九声铜锣，再将六根精竹（其中有三根精竹根部朝天，三根精竹根部朝地）捆成一束，之后由毕摩公端来一碗静水施法术将其化为“神水”，并口含“神水”将其喷洒在这一束竹子之上，再用这一束竹子将灵堂房顶的瓦捅开两块，露出一个洞，作为死者灵魂升天之出口。然后布依族毕摩公带领众弟子面棺而坐，用布依语念或唱“开路书”。

所谓“开路书”就是一系列的经文，这种经文是用汉字来记录布依语的发音，因而一般的布依族百姓是不会读的。经文的数量繁多、内容庞杂，有讲述死者生平事迹或成就的，有意在解除死者生前为人所不知的罪行的，如此等等，不一而足。如《南无观音救苦经》（死者为男性）、《血盆经》（死者为女性）和《小经》等经文，都是替死者陈述生前的苦难和善行，以求神灵保佑亡魂顺利步入冥界。再如《解结科经》，意在解除死者生前为人所不知的罪行。该经共列出20条罪状，每念一条，孝子跪灵前解引魂幡结一个（“引魂幡”是由毕摩公用一块白布上写死者诞辰忌日、地点、死因并挽结12个，称作“引魂幡”），至解完为止。继由毕摩公当众将引魂幡烧掉，象征把死者生前的罪孽全部消除。经此仪式，亡灵即可顺利抵达冥界，并免遭刑讯煎熬之苦。此外，还有《引路经》《开坛歌》《荡秽歌》《功草竭》等等经书。整个“开路”仪式可以大致分为立幡、取圣水、绕坛、点主、破狱赎魂、闭殓大祭、砍幡送鬼等多个场面，气氛浓重悲哀，催人泪下。“开路”仪式进行的时限依据各家情况的不同也不尽相同。一般要做三天，稍富裕的家庭可做五至七天，甚至十三天的也有。

月亮河流域布依族丧祭经书

举行完“开路”仪式之后，丧家要准备“砍牛”以祭奠死者。“砍牛”是整个丧葬仪礼中最为隆重的环节，亦称为“砍嘎”或“打嘎”。关于布依族的这一习俗，史书中多有记载。如民国的《贵州通志·土民志》：“凡祭祀，贫者用牛一头，富者数头牛，亲戚族友，各携鸡酒致祭，绕牛而哭。祭毕，屠牛。”记载了布依族的这一风俗。月亮河流域布依族丧葬仪式中所屠之牛一般先由女婿家送来，等整个丧葬仪式结束后，丧家还要回赠给女婿家一头大牛。砍牛前丧家先在村寨中找一处宽敞的空场地，继而在场地之中立一木桩，将牛拴于木桩之上。族亲和朋友都要前来参加此仪式，尤其是出嫁了的女儿或孙女，还须带上鸡和糯米饭奔丧，俗称“赶阴场”。众人敲响铜鼓，吹起唢呐，鸣放鞭炮或铁炮，声音震耳欲聋。毕摩公在空场地拴牛之处开始念《砍牛经》，孝家子女围牛哭泣致哀。接着由毕摩公带领死者子女及媳婿等晚辈，先绕牛正转三圈，再反转三圈，随即迅速跑开，此仪式行为代表阴阳彻底分隔，互不干扰。正转代表活人带亡人赶“阴场”；而反转则意味着阴阳分开，也有迷惑亡魂之意，使亡魂永不再干扰阳间人的生活，安心在阴间。然后由女婿家请来的砍牛人手持大刀向牛颈上猛砍，三五刀之内把牛砍死。此时围观之人不可越位趋前，否则亲友认为不吉。将牛砍倒以后，由女婿割下牛头带回灵堂祭于棺前。此时，铜鼓、唢呐等乐器仍不断演奏。毕摩公在棺前向死者祝读后，即告结束。结束之后，丧家设席并备大碗米酒以款待客人，称为“饮老人酒”，众客不食“砍牛”之肉，由丧家自行处理。由于“砍牛”仪式花费巨大，且需要众多人手帮忙，而目前大寨中的许多年轻人都外出打工，所以近几十年以来，整个六枝特区布依族地区已经很少有人家在丧葬仪式中举行这一仪式了。

3. 出殡

出殡日期的选择是由毕摩公根据死者的生辰八字推算出来的，大概于“砍牛”之后。出殡前要准备好一个用竹子扎成的棺罩，并在上面捆上扎好的礼花。出殡一般选在清晨，由亲朋和邻里中的几个青壮年帮忙将灵柩抬出大门外，族亲和邻里们都要前来送葬。抬棺木时一定要使棺木中死者的脚在前，头在后，而且一路都不准调头，其象征意义为死者彻底离开家里，与生界隔绝，不再干扰生者的正常生活。设若脚在后，寓意死者不愿走，会干扰生者的正常生活，使一家人不顺利、不平安。棺木用长树木两根缚棺，上盖一幅红帐，并立一只雄鸡（用绳子拴好）。等棺木被抬出家中堂屋之后，家里留下来的媳妇要先在堂屋放一挂鞭炮，再彻底打扫一番，并将脏物全部烧掉，以此表示与亡魂彻底划清界限，阴阳分隔，互不干扰。

抬棺木者主要有四人，其他人协助，一路上，不得让棺木着地，否则视为对死者的极大不敬。在发丧队伍中，孝女头戴斗笠，手拿一把冒着烟的稻草和一盏油灯在前面引路；有一老者提竹一根紧随其后，途中散发纸钱，谓之“买路钱”；孝子手执孝棍走在棺木前，其他送葬亲友棺后扶丧（生肖与死者相冲相克者不得送葬），并拿着祭幛、纸幡、纸人、纸马、纸伞，吹着唢呐，敲锣打鼓，护送着灵柩到达墓地。如逢路口时，孝子均须跪拜；遇河（桥）、沟时，孝子须在棺底“背”棺而过，表示背老人过河。如途中需换抬棺人时，孝子也要跪下迎候。当发丧队伍路过另一寨子时，要走寨脚（田坝头），不得从寨中穿过，因为在布依族观念中，冷尸过寨会给整个寨子带来不吉利、不安宁。假若必从寨中经过，则需鸣放爆竹以“冲煞气”。整个送丧队伍簇拥缓行，一路之上鞭炮声、铜鼓声、唢呐声、恸哭声连成一片，气氛凄凉悲哀，催人泪下。

4. 安葬

六枝特区一带布依族多实行土葬，丧家事先要请风水先生择吉地，布依族之风水先生多由毕摩公兼任。吉地的方位是根据亡命的生辰八字而确定的。选墓地是一件非常重要的事情，布依族最重风水，不惜重金购买坟地，他们认为墓地是能给子孙带来幸福的宝地，如果选择不对，将会给子孙带来灾祸，那么亲人就要另寻墓地，再进行安葬。

众人将灵柩送到由风水先生事先勘察的坟地后，六枝特区一带的布依族一般不在出殡当天埋葬，要先将棺材放在墓地一段时间，然后再择吉日安葬。安葬日期也是由毕摩公根据死者的生辰八字测算出来的，而且要避开孝子孝女的生辰八字。否则，亡命会干扰生者，将会给生者带来麻烦与不吉利。一般要选在天道、福道、人道时，而不能选在地道、鼠道、鬼道时，因此安葬日期不是固定的，当年甚至几年以后安葬的情况都有。

在破土、挖井前，先由毕摩公诵吟“破土咒”及“开路咒”，再举行“扫杀”仪式，即杀一只公鸡（公鸡代表对神灵的尊敬），并将公鸡血淋四周，意为扫除邪神野鬼。之后，毕摩公首先“破土”，在“东、西、南、北、中”五个方位各挖一锄，并诵读“五方龙神一起拥，恭喜主人家富贵双全”之类的祝福话，之后大家才共同挖井。挖完后，毕摩公要在井底烧“万年柴”，并吟诵“化钱咒”。“万年柴”主要有三种原料构成，即引子杆、“千里马”、粑粑。即将喜鹊鹊窝（引子杆）、穿过的草鞋（左只，因为以左为主，右为客）（“千里马”）和粑粑这三种东西合并在一起，放在井底来烧，称为“暖井”。再抓一小撮大米，撒入墓穴，之后，毕摩公用朱砂在墓穴里画一个八卦图，并诵吟“跳井咒”，然后放一只雄壮的公鸡（此鸡只能在十三夜晚上杀，而且只能全家人吃）进墓穴吃米，称为“跳井”。若鸡飞出井后大声啼叫，说明此坟葬后必利子孙。随后，众人将棺木抬进墓穴。

孝子先用酒喷洒棺木，喷洒棺木时要全部将棺木淋湿，这样可防止蚂蚁、虫、蛇、鼠之类的小动物进入。再撒雄黄、石灰，将棺木盖满。这时，由四个人纵向站成一排，第一个人拿一把锄头在前，第二个人为孝子背地契（地契的内容由先生书写），第三个人牵一只羊，最后一个人提锄头。先由第一个人喊“卖地”，后面的孝子回答“买地葬父（母）”，接着第三、第四个人喊顺利。四个人边喊边走，正转坟三圈，之后在坟尾挖洞（男左女右），然后杀羊，并将羊血淋在洞内，孝子将所背地契在洞内烧掉。接下来先由孝子撮起刚才由毕摩公挖出的那五锄土撒在棺木之上，随即众人共同撮土垒坟，毕摩公又须吟诵“端棺咒”“下塘叫魂咒”及“掩盖咒”。在众人为坟墓培土的同时，孝子将茅草放入坟土中，并将死者生前的部分用品在坟前焚烧，之后在坟前插纸钱吊杆，并点燃三炷香、两支蜡烛，谓之“长明灯”，表示亡魂不会遇到黑暗。待孝子再次跪祭之后，众人把手洗净，点燃一堆柴火，跨火而过，表示与死者阴阳相隔，便可回家。埋葬后第二、第三天，孝家到坟上祭祀，摆上供品猪肉、鸡肉等，并烧化祭幡、纸马、香亭等，称“覆山”。如果事主家庭条件好，也可当时立碑。

安葬结束后，丧家会在家里神龛下一放置一张桌子，供奉死者牌位及女婿送来的金童玉女，供奉100天，然后将牌位移至神龛上与老祖宗同祭，称为“洗孝”，丧事才告结束。孝子仍需守孝三年，三年内仍戴孝帕，不办红喜事，不贴红对联，三年后除服，才一切恢复正常。

以上所记述的布依族丧葬仪礼程序适用于有儿孙及女婿的老年死者，若是年轻人或小娃死者，就没有如此隆重了，去世即抬上山安埋了事。另外，对于溺水、车祸、落崖、自缢、难产、他杀、传染病等非正常死亡者，尸体不可抬进家中，所谓“冷尸不进房”。丧事也甚为简单，有的只用木板临时拼成棺材装殓，有的用草席包裹，抬到山上焚烧，然后用瓦罐拣尸骨埋葬，不垒坟，不祭供。

除了土葬习俗外，历史上的六枝特区布依族也和其他地区布依族一样，在不同历史时期还有其他丧葬习俗。如明代郭子章《黔记·仲家》中称：“葬以伞盖墓，期年而火之，祭以枯鱼。”可见当时盛行二次葬。清乾隆时爱必达《黔南识略》仍记录这种习俗，但说是“葬不用棺”，“等三年之后，视尸腐烂，举火焚之，以瓦缸捡灰埋窖。”表明布依族也曾经实行过火葬。到了清代中叶以后，才逐渐改为棺葬，不做二次葬，垒土为坟，有的还立墓碑。从这些材料可以推断，六枝特区布依族也曾实行过火葬，后实行土葬，也有实行二次葬的。

第五节　月亮河流域布依族丧祭仪式分析

丧葬仪式作为围绕死亡而展开的一整套行为体系，有丰富的文化意蕴，这其中既有社会功能的因素，也有处于人们的信仰、意识层面的文化意义。美国解释人类学家格尔兹（Clifford Geertz）曾指出“所谓文化就是这样一些由人自己编织的意义之网”，因而“对文化的分析不是一种寻求规律的实验科学，而是一种探索意义的解释科学”。上述我们对月亮河布依族丧葬仪式进行了描述，从中可以看出仪式行为本身是冗长复杂的，但当我们对这些繁缛的行为符号进行文化意义的阐释时，就可以透析出布依族人观、神观、宇宙观等意识结构的诸多层面。

1. 信仰中两个世界的并存

在布依族的观念信仰中，相信有另一个生命世界的存在，因此，死亡并非是永远地寂灭，而是到另一个世界生活。在此信仰观念的引导下，丧家将死者入殓后，即请布依族毕摩公举行“开路”仪式。而举行此仪式的目的就是要将死者顺利地送至极乐世界或祖先那里。《开路书》是由一系列布依族经文组成，其内容既是在讲述死者生平事迹和解除死者生前的罪行，也是在引导死者返回祖先居住的地方，与死去的祖先们团聚。而返回祖先居住地就是进入祖先世界——与生界相对的另一世界的过程。

祖先世界的存在，又构成了布依族传统信仰中的主要内容——祖先崇拜。而“开路”仪式本身便具有了帮助死者回到祖先居住地那里的意义。

举行完“开路”仪式之后，丧家要准备“砍牛”以祭奠死者。“砍牛”是整个丧葬仪礼中最为隆重的环节，亦称为“砍嘎”或“打嘎”。那么，布依族为什么要在丧葬仪式中举行“砍牛”仪式呢？下面我们将简要分析一下“砍牛”的目的，从中亦可以看到布依族对另一世界的具体构想。由于布依族是典型的农耕民族，且农业耕作具有悠久的历史，而农耕生活，特别是进入犁耕农业阶段后，耕牛在农业生产中的作用就显得尤为重要。因此，布依族砍牛的目的就是希望牛的鬼魂可以跟随死者的灵魂到另一世界，为死者服务。而死者如果在另一世界里没有牛来耕种田地，就不能很好地生活，于是布依族的先民就发明了砍牛祭奠亡灵的办法。由此可以看出，砍牛仪式的指向也是与生界相对的另一世界，即祖先的世界。在此情境下，牛就成了达成这一目标的一种媒介与工具。此外，在丧葬初期，丧家为死者沐浴之后，要在死者双手各放一些钱，意为让老人到彼界买田、买地，过幸福生活，安心在阴间生活，不再干扰生者的正常生活，这些行为就表达了布依族对两个世界并存的信仰。在吊唁死者期间，亲友们会送来祭幡、纸马、亡伞等物，这些物品的备置正是潜存于人们内心的另一世界生活的反映。

由于在布依族观念信仰中存在祖先死者所居的另一世界，因此，死亡便可以被理解为一种回归，即生命进程向生命起点回退的一种过程。这一过程也是出发的过程，即向着另一世界——祖先世界的出发。为此，在布依族丧葬仪式中，我们可以看到许多旨在发送、引领亡人离开此域前往它界的各种设施。如前述仪式过程中，在出殡的发丧队伍中，孝女头戴斗笠，手拿一把冒着烟的稻草和一盏油灯在前面引路；有一老者提竹棍一根紧随其后，途中散发纸钱，谓之“买路钱”；孝子手执孝棍走在棺前，其他送葬亲友棺后扶丧，并拿着祭幛、纸幡、纸人、纸马、纸伞，吹着唢呐，敲锣打鼓，护送着灵柩到达墓地。如逢路口时，孝子均须跪拜；遇河（桥）、沟时，孝子须在棺底“背”棺而过，表示背老人过河。如途中需换抬棺人时，孝子也要跪下迎候。这些仪式行为和仪式物品都具有引导、协助亡灵前往祖先死者世界的意义。在布依人的想象中，通向死者世界的路途多是长远而且凶险的，而这些事物也正是为此而设置。此外，在丧葬初期将棺木停放于中堂，要在灵柩下放长明七芯灯；或是在安葬时，丧家要在坟前插纸钱吊杆，并点燃三炷香、两支蜡烛，谓之“长明灯”，表示亡魂不会遇到黑暗。这些仪式行为也都具有引导亡灵顺利到达祖先世界的意义。

2. 两个世界的相对存在与相互通达

布依族丧葬仪式中所显现出的人们信仰观念中的两个世界的并存，以及将死者由生界送达另一世界的过程，并不能理解为两个世界就已经完全断绝隔离。其实，它们之间有着密切的交涉与渗透。这样，两个世界的相对存在与相互通达就成了一个辩证的统一体，即相对存在中有渗透与沟通，相互通达中又力图保持两个世界的界限之分明。这也是布依族传统文化乃至中国传统文化中最深刻、普遍存在的文化图像。

在月亮河布依族丧葬仪式中，首先彰显出来的是生者意欲摆脱与死者关联的企图。比如在盖棺前，由毕摩公高声叫喊“生魂出不出?”在旁众人齐声回答“出!”之后，毕摩公口念“生魂出，死魂留棺中”，就隐含着生魂与死魂彻底划清界限，死者不再干扰生者之意义。之后，毕摩公诵读“闭殓咒”，众人在门外鸣放爆竹后，乃掩棺盖。灵柩不可落地，要用长凳垫于两头置于中堂，因为按照当地人的说法，“亡人见土如见金”，落地会对家里带来不吉利，这里面也有把死者与家中土地相隔离的意味。下面我们再以仪式中最为隆重的“砍牛”仪式为例说明这一点。如前所述，在举行“砍牛”仪式时，族亲和朋友都要前来参加此仪式，尤其是出嫁了的女儿或孙女，还须带上鸡和糯米饭奔丧，俗称“赶阴场”。众人敲响铜鼓，吹起唢呐，鸣放鞭炮或铁炮，震耳欲聋。毕摩公在空场地拴牛之处开始念“砍牛经”，孝家子女围牛哭泣致哀。接着由毕摩公带领死者子女及媳婿等晚辈，先绕牛正转三圈，再反转三圈，随即迅速跑开并将外衣脱下。在这些仪式行为中，我们要注意以下几点。围牛转场时先是正转三圈，再反转三圈。而且正转时，唢呐、铜鼓齐奏，鞭炮齐鸣；而反转第三圈时，参加转场的人要争先恐后，迅速跑开，并将外衣脱掉。此时，唢呐、铜鼓、鞭炮声也随即停歇。这一系列行为其实都反映了布依族惧怕亡灵返回生界的观念。具体来说，正转时是要制造出一种热闹的场面，送亡灵到另一世界去安心生活，这可以理解为是一种送别的场景；而又接着反转三圈，则是有意迷惑亡灵，使它找不到归途，而众人转至第三圈迅速跑开并将外衣脱下的目的，则是避免亡灵跟随自己。将外衣脱下的仪式行为就更能凸显意欲和亡人划清界限的目的。

在进行完“砍牛”仪式后，丧家将请布依族毕摩公根据死者的生辰八字来推算出殡日期，在出殡时，众亲友抬棺木一定要使棺木中死者的脚在前，头在后，而且一路都不准调头，其象征意义为希望死者彻底离开家里，与生界隔绝，不再干扰生者的正常生活。如若脚在后，寓意死者不愿走，会干扰生者的正常生活，使一家人不吉利、不平安。等棺木被抬出家中堂屋之后，家里留下来的媳妇要先在堂屋放一串鞭炮，再彻底打扫一番，并将脏物全部烧掉，以此表示与亡魂彻底划清界限，阴阳分隔，互不干扰，从而避免亡人对活人造成伤害。此外，安葬仪式快要结束时，待孝子再次跪祭之后，众人把手洗净，点燃一堆柴火，必须跨火而过，表示与死者阴阳相隔，便可回家。众人跨火而过的行为也是旨在于生死之间画出一条界线，将死者隔离于活人世界之外。

总之，通过这些仪式细节的分析，我们可以很真切地看到月亮河布依族丧葬仪式中生界之人意欲和亡者彻底划清界限的企图。但是，无论如何人与鬼、生界与他界之间的联系是难以割断的。因为死者要享受后辈人的香火、供奉；而生者又希望得到死者的保护。在此情境下，就需要在两界之间保持适度的沟通与交流。而此种沟通与交流总是与具体的时间、地点和途径相关联的，即需要具备一定的条件，并非是无条件的。首先，并非人人都具有通鬼神、达祖先的能力，沟通两界的职能通常由专职来承担。在布依族丧葬仪式中，此类人被称作“毕摩公”或“先生”。通过上述对整个仪式的描述，我们可以看到，在整个仪式过程中，布依族毕摩公的作用是相当大的，他们负责沟通两界，在生死、人鬼之间起到了媒介的作用，如果没有他们的参与，仪式是无法进行的。如为死者"解煞气"，举行"开路"仪式引导亡灵到达祖先世界，以及出殡日期的选择，墓地的选择等一系列程序，都需要有毕摩公的主持或参与才能得以完成，才能实现两界的沟通与联系。

月亮河流域仪式中的献牲

除了沟通人神的使者——布依族毕摩公外，土地（墓地）在沟通两界中也起到非常重要的作用。布依族是一个非常重风水的民族，尤其是丧葬大事中，丧家必先要请风水先生（由毕摩公兼任）择吉地，甚至不惜重金来购买坟地。因为在布依族的观念信仰中，墓地是能给子孙带来幸福的宝地，如果选择不对，将会给子孙带来灾祸，那么亲人就要另寻墓地，再进行安葬。吉地的方位是根据亡命的生辰八字而确定的。布依族的此种重风水观念与汉族的传统民间信仰其实有暗合之处，从中我们可以看到大传统与小传统之间的内在关联，以及他们是如何相互作用、相互影响的。因为按照中国的传统宇宙观，自然万物以及人事、人生都是被纳入宇宙大循环的，人与自然有着许多切近直接的沟通关系。而墓地位置、朝向的选择虽然与活人的生存没有直接的关系，但是它却能够通过死者达成自然与人的关联。因此，在布依族的观念信仰中，才有了死者即祖先在自然中的位置与生存环境影响着后世子孙在现世的活动与命运。在前述的月亮河布依族丧葬仪式中有一些仪式细节是需要我们注意的。在破土、挖井前，先是由毕摩公诵"破土咒"及"开路咒"，再举行"扫杀"仪式，即杀一只公鸡（公鸡代表对神灵的尊敬），并将公鸡血淋四周，意为扫除邪神野鬼。之后，毕摩公首先"破土"，在"东、西、南、北、中"五个方位各挖一锄，并诵读"五方龙神一起拥，恭喜主人家富贵双全"之类的祝福话，之后大家才共同挖井。挖完后，毕摩公要在井底烧"万年柴"。这些仪式行为都足见布依人对墓地的重视程度，而这些都是因为在布依族的信仰观念中，相信对墓地的安排好坏，是直接与生者的现实生活质量相挂钩的。另外，在众人将棺木抬进墓穴后，还要有"买地"仪式环节。即由四个人纵向站成一排，第一个人拿一把锄头在前，第二个人为孝子背地契（地契的内容由先生书写），第三个人牵一只羊，最后一个人提锄头。先由第一个人喊“卖地”，后面的孝子回答“买地葬父（母）”，接着第三、第四个人喊顺利。四个人边喊边走，正转坟三圈，之后在坟尾挖洞（男左女右），然后杀羊，并将血淋在洞内，孝子将所背地契在洞内烧掉。这些仪式行为是用象征的手法与神灵、社神达成某种协议，即此块坟地已正式归入丧家名下，以后丧家可定期到此祭祀，同时也希望得到祖先死者们的护佑，在此情境下，也就实现了两界的沟通与联系。

3. 生与死的转化变异

在布依族的观念信仰中，两个相对并存的世界不仅是联系贯通的，而且有着转化变异的关系。也就是说，在布依族丧葬文化中，是将丧葬仪式置入整个人生仪礼的过程中来认识的。我们知道，在人类学中通过是将人生仪礼视为“通过仪式”。法国人类学家阿诺尔德·范根纳普（1873–1957）曾对人生通过仪礼进行过深入研究。他认为，“通过仪式”是“伴随着地点、状态、社会地位和年龄的每一次变化而举行的仪式”；一切通过仪式的结构都可以析解为相同的和基本的三重模式：即分离、过渡（或阈限）与融合。英国人类学家维克多·特纳和埃德蒙·利奇等人也曾对通过仪式进行过深入探讨。如利奇曾指出：“大多数宗教仪式与从一种社会地位到另一种社会地位（从活人到已死的祖先、从少女到妻子、从有病和肮脏的到健康和洁净的等等）的社会界限跨越运动相联系。有关的仪式具有表现地位变化和用巫术导致这种变化的双重功能。”由此我们可对发现，通过仪礼经常有象征死亡与再生的仪式来表现身份地位的转换与变异，即标志着告别旧的存在状态而进入新的人生阶段。而在月亮河布依族丧葬仪式中，这种生与死的转化变异观念也有十分明晰的体现。

如前所述，月亮河布依族的丧葬仪式是有着十分浓重的气氛与繁复严格的仪式化过程的，造成此现象的最为基本的原因之一就是由于在人们的意识浅层中，死亡仪式是与生存直接相关的，它将决定着死者在另一世界的生存境遇，以及子孙后代的盛衰兴亡。也就是说，布依族繁缛的丧葬仪式虽然是围绕死亡而进行的一整套行为体系，但它最终是指向“利生”的。为了达到此利生的目的，除了追求仪式的准确、完备地实施外，在布依族丧礼过程中还要尽量避免一切不利于生的因素，这也是丧葬仪式中禁忌的最为重要的原因。就拿布依族丧葬仪式中给死者的穿戴来说，衣服鞋帽都是很有讲究的。如前所述，衣服不能有扣子，鞋子不能用皮底，而是多由家里自织的土布缝制的。这是因为扣子与“抠子”谐音，这是很不吉利的；那又为什么不能穿皮底的鞋子呢？据当地布依族老人介绍，这是因为“人是不生毛的，只有畜类才会长毛，因此，给亡人穿皮底的鞋子，他来世就会变成牲畜的。”诸如此类的仪式在布依族丧葬文化中还有许多，这些都充分地说明了月亮河布依族丧葬仪式是指向“利生”的。这样，由生到死，由死到生，就构成了一个圆形的生命过程，亦即生死的转化变异，它彰显了布依族人观、神观、宇宙观的多个层面。

在探讨布依族丧葬仪式中生死的转化变异时，我们要区分两种情形，即正常死亡与非正常死亡。正常死亡指那些老而寿终，经历过人生的几个重要阶段的，并留下子嗣的老人，这意味着一个完整的生命周圈。而非正常死亡者则意味着在人生过程中夭折，因此，在月亮河丧葬中，对待非正常死亡的仪式行为与正常死亡的仪式行为是截然不同的。与对待正常死亡老人所举行隆重、繁复的仪式行为相比，一般年轻人或小娃死亡，即抬上山安埋了事。另外，对于溺水、车祸、落崖、自缢、难产、他杀、传染病等非正常死亡者，尸体不可抬进家中，所谓“冷尸不进房”。丧事也甚为简单，有的只用木板临时拼成棺材装殓，有的用草席包裹，抬到山上焚烧，然后用瓦罐拣尸骨埋葬，不垒坟，不祭供。之所以会产生不同的处置方式，这也是与布依族的观念信仰紧密相连。因为布依族相信夭亡凶死者的灵魂是不得安宁的，他们会化成厉鬼，寻找替身、向人索命，使得生者亦不得安宁。因此，为避免凶死者灵魂对活人的侵害，布依人就采取了决然不同于正常死亡的处置方式对待凶死者。更进一步说，非正常死亡者不能享有正常的“通过仪式”，因为他们不会在彼界护佑此界活着的人。

以上我们对月亮河布依族丧葬仪式进行了描述与分析，虽然只是选取了整个繁复仪式中的一部分行为进行文化的解释，但从中我们仍然可以看出布依族丧葬仪礼中所体现出的布依族意识结构的诸多方面。这其中既有布依族的个性特点，也有与其他民族，甚至是整个中华民族共有的特征。从中我们亦可以感受小传统与大传统，以及不同类型小传统之间的内在关联与相互影响、作用。其实，短暂与永恒、有限与无限的困惑是整个人类都将面对的冲突，它迫使人们在此冲突的困境中进行选择与挣扎。而在布依族丧葬仪式中所蕴含的布依族信仰中的两个世界的并存、相互贯通与转化变异，是布依族人观、神观、宇宙观的深沉折射，是布依族对彼界生活的确信与对永生的渴求。

第三章 月亮河流域布依族婚仪文化和诞生礼仪调查与研究

婚姻文化是人类文化的一个重要组成部分，要解读一个文化的意义，解读其中的婚姻文化是必不可少的，这在月亮河流域布依族文化中亦是如此。作为表现月亮河流域布依族文化的重要一环，月亮河流域布依族文化中的婚姻文化的重要性不仅具有普遍存在的意义，亦有其更为深刻的意义。在月亮河流域布依族文化中的婚姻文化，比之其他文化中的婚姻文化，更注重它的仪式性，更注重其仪式在婚姻礼仪中的呈现。另外，月亮河流域布依族文化中的婚姻文化，还有一个独特的现象，即歌唱是其婚姻仪式的重要外在形式。布依族是一个爱歌唱的民族，这在月亮河流域布依族中也不例外，但把歌唱的外在形式用于婚姻礼仪，在月亮河流域布依族文化中表现最为突出，所以，我们把月亮河流域布依族的婚姻文化称为“婚仪文化”就是基于此。

在这一章里，我们还论述了月亮河流域布依族文化中的诞生礼仪，它既有自己的独立的人生礼仪的意义，也可以说是婚姻礼仪的一种延续。

第一节 月亮河流域布依族婚仪文化调查

2008 年 8 月，调查组深入月亮河流域的陇脚、捞河两地调查，经过访谈采录，共收集了三个婚俗方面的个案；2008 年年末，调查组一行重访月亮河流域的捞河己酉寨和箐脚寨，目睹了一场按传统仪规举办的婚礼，这样他观的婚仪过程的描述，拓展了我们研究月亮河流域布依族婚仪的视角。这里表述的四个月亮河流域布依族婚俗文化个案，三个是根据讲述人的讲述整理而成，一个是调查组成员的观察描述。这些个案多方面、多角度反映了月亮河流域布依族的传统婚仪的基本情况。

在对于月亮河流域布依族的婚姻文化的描述中，我们基本保持原始文本的叙述，包括民间口语化的叙述。我们于此以为，口语化的叙述也是民间文化真实信息的重要部分。

《月亮河流域布依族婚俗调查个案一》

访谈时间：2008 年 8 月 8 日

访谈地点：六枝特区拢脚乡补雨村岔河组

天气：雨

讲述人：韦开书（男，布依族，55 岁，补雨村岔河组人，接亲中的伴礼先生）

采录者：游珍海、肖英、杨春艳

据韦先生知道的情况，一般布依族的传统婚俗是在男女双方还是小孩的时候，达成婚姻关系，由父母包办，通过老人的关系，谈成婚姻，双方一般是有亲戚关系。小孩两三岁的时候，男方家请个媒人去女方家讲：请你家姑娘去给某某家老人挑水喝等等。

其婚姻圈有一定的限制，即同姓不开亲。请的媒人有一定的条件，要夫妻健全，能说会道者。男方家父母带一瓶酒去请媒人。女方要是同意，男方在过节时去女方家拜访内亲，届时给女方家每家内亲家带上一瓶酒和一封糖。

男方家要派人去女方家至少两三次，女方家才会松口答应这门婚事。

1. 第一次去女方家带瓶酒，试探性地问，媒人回到男方家，说女方家有点口气。过一段时间，请先生选择个好日子，男方家再请两位本家族中的男性去女方家认亲，要带上两封糖，12 斤酒，两只鸡（一公一母），两串鞭炮，两对红蜡烛，这两位男性要求是能说会道者。男方家事先和女方家说好，某日要来你家坐坐。这样的话，女方家会有一定安排，主要是请女方家的内亲都要到场，带去的酒、鸡就当天吃了，大家坐在一起，知道有这回事。男方家去的两人必须当天返回，走时留下话，我们回去访个好日子，改天再来你家坐坐。

2. 第二次来女方家定亲，要带上带尾的猪腿、两只鸡（一公一母）、两根肋巴骨肉给女方家。给女方父亲的亲兄弟们也要准备肉、两串鞭炮，12 斤酒和两对红蜡烛。寨上的其他每家一斤酒、一封糖。客人进女方家放一串鞭炮。等鸡肉做好，供桌子的时候再放一串鞭炮，以示大家吃饭。去的人是能说会道、能喝酒者，同时也是家族中的人或寨邻上的人。双方“吃酒”。这一次是让知晓一对年轻人婚事的范围扩大。男方家去的两个人坐桌子的顺序是坐在桌子的左边（背向神龛）。

坐桌子的人分鸡八块，有鸡头、两个鸡卦、鸡肝、鸡素包、鸡肠、两个鸡爪，女方掌头的人得鸡头，在座的老人得鸡内脏、余下的再依次分。

看卦，杀一对公鸡来看卦相，一客一主吃完后对，双方的卦都有两个眼，而且平整，是顺卦，双方就都比较高兴和满意；要是遇到卦相不好，双方也就不拿出来说什么，各自拿着带回家。一般是“左手拿卦右为准”，表达的含义是双方代表各拿一个鸡卦，左代表女方家代表拿着的鸡卦，右代表男方家代表拿着的鸡卦，最后鸡卦好坏的决定是看男方家代表手中的鸡卦。要是鸡卦不好的话，双方就把鸡卦收起来，也不多说什么。要是鸡卦好的话，就拿出来给大家看。但不管鸡卦如何，都是说好，“好不好是男方家”，有这种意味在里面，是大人们相中的姻亲关系，不好也算是好。男方家代表把两个鸡卦拿回来一起保存，女方家不留鸡卦。

看完鸡卦，男方家去女方家定亲的人当天就返回。

3. 第三次去女方家是去“要八字”。男方家请先生看一个好日子，通知女方家，派能说会道和能喝酒的人去，带上两只鸡、两串鞭炮、两对红蜡烛、12斤酒、一块二的礼钱、两支笔、两瓶墨汁和一张红纸。其中环节一样如前，坐桌子。男方家的伴礼先生先发话，把这次来的主要目的表明，女方家的代表会故意推托，不轻易地把八字拿给男方家的伴礼先生，等到酒过几轮后，把该说的话都说了，女方家请来一人写女方的八字，两支笔、两瓶酒和礼钱归写八字的人。男方家派去的伴礼先生要说很多客气的话，喝很多的酒，费很多的周折才会拿到女方的八字。在要八字的过程中，伴礼先生提出要八字，首先自己要喝两杯酒，代表“双双有喜”。接着女方家要斟两杯酒让伴礼先生喝，代表“四季发财”。接八字的时候，是考验伴礼先生机智程度的时候，女方家派来送八字的人会耍滑头，拿一张空白八字给伴礼先生，要是伴礼先生不及时发现，以为是真的八字，顺手塞在兜里的话，那么男方家还要重新组织一次去女方家要八字，这样的话，折了男方家的面子，也浪费了男方家的物质，押礼先生难免也会不好意思，这样去要八字回来时是空白八字的话，就还要去第二次，直到在女方家讨到八字为止。一般情况下，去要八字的这次伴礼都是不醉不归，女方家拿八字给伴礼先生时，会把八字压在手中的碗底，懂得这样道理的伴礼先生会把酒碗连同八字一起接过来，否则的话，伴礼先生酒只有多喝酒了。伴礼的接过八字，要拿鸡卦给女方家看，女方家拿红线把两个鸡卦捆好，交给伴礼先生带回男方家。

拿回女方八字选择结婚的日子，男女双方的属相是否相合是当初大人在决定缔结姻亲关系时就已经考虑过了。在拿回女方八字的近期要是有合适的日子婚期就定下来了，要是近期没有适合的日子，就往后推，直到有合适的日子。

4. 送日子。这次去女方家带的礼品如前次去定亲时，只是这次去女方家的人较前次有所不同，不能是前三次去过的人了。这次去的人其中一人要能代表男方家长的意见谈礼金的事情。去女方家坐桌子吃饭的时候，女方家族的人来谈结婚的具体事宜。

女方家先提出要哪些东西，都要多少，菜、30千克肉，6千克酒，礼钱［是对女方家做“铺笼帐盖”（床上用品）的补偿，以前男方家能送360元都算是家庭条件很不错的，现在随着人们生活水平的提高，远不止这一些］、一斗二升米、猪油（斤数要逢双）。奶母钱（一般12元至24元）。以前是拉一头猪去作为奶母钱。结婚时外家欲给姑娘额外置办一些礼物，随外家的心意。男方家代表当天晚上返回家。

5. 接亲。先和女方家说好，把先前说好送的东西准备好，在婚礼举行的前一天把东西送到女方家。请三个男的，一个女的去女方家办礼接亲，其他人数依照女方家嫁妆的多少而定，接亲的这天主要需要四个人。一般是早上出发去女方家接亲。具体的情况视两家的实际距离而定。

男方家办酒请亲戚来吃酒。

进亲是看好时辰的，要到进亲的时辰才让新娘进亲。外家陪嫁的嫁妆才能进家。

男方早上去接亲，在女方家交接好奶母钱，杀鸡吃好饭时就转回男方家。去的四人当中起重要作用的是带礼先生，要带烟，另外的一个人带两只鸡，还有一人带围腰去捆帐笼被子，女方家的主要任务是接亲。他们在女方家吃饭时要唱酒礼歌。

到进亲的时间，新娘从安顿处朝前走进屋，接亲的跟在后面，新娘在堂屋桌子的坐东向西的位置，但具体坐哪个位置，要根据她的生辰八字来定。送亲的是新娘的姐妹，挨着新娘坐。坐好了，大家一起喝甜酒。摆两张桌子，女方家的来人坐一桌，男方家的人坐一桌，桌上摆着瓜子、黄豆，边聊天边吃东西。稍坐一会，新娘进新房把外面的衣服脱了，带礼先生把笼帐被子搭好、铺好，还要唱歌，放装有鸡蛋、水果糖、花生、葵花子的四个盘子在铺上，家族中小孩们来嬉闹争抢着把这些东西分了。

等到男方家把饭菜做好了，主人家喊家族中老人来坐席，带礼先生也陪着坐，新媳妇出来敬酒，新郎在前面给长辈们发烟介绍，长辈们送给新媳妇礼物，有衣服、帕子、裙子等，送什么随长辈们的心意。新娘送亲的姐妹在后面帮忙收好男方家长辈送的礼物，并带回女方家。之后大家吃饭，新娘随意吃一点，男方家安排人送新娘返回娘家。男方家同时要准备三对粑粑、一吊肉、一壶酒，其中的粑粑新娘的姐妹得一对，余下的是新娘家的，包括肉和酒。与此同时，还要准备带舌头的猪下巴给媒人送去，以表示对媒人的谢意。

送新娘返回娘家的时候是新郎的姐妹去送，人数不少于 6 个人。女方家也会安排吹唢呐的队伍来半路迎接，女方家的人会劝送新娘来的姐妹们喝酒，姑娘们怕喝酒，一般在相互接送处把东西扔给女方家的迎接的队伍，就跑回去了。要是姑娘们送新娘到家的话，女方还要给姑娘们一点礼钱，姑娘们一般都知道这样的礼节，为了不让女方家破费，把新娘送到半路就回来了。这样的婚俗他们称为“新娘不坐家”。三五个月后，农忙的时候男方家就会找个机会去接媳妇，名义上是来帮忙做农活，实际上是接媳妇过来增进感情。第一次媳妇来帮忙做活路时当天就回去了。第二、第三次来的时候可能会住下。但一般直到成年，媳妇才来夫家住。

男方家来接亲时女方家的情况是女方家请客，寨邻们都来帮忙，亲戚朋友来吃酒，新娘的姑妈们送衣服、裙子给新娘，去送亲的只有新娘的姐妹中的一个。新娘的兄弟背她出门，一直到寨门。外家不能哭，怕被男方家说是新娘嫁过去在夫家过的日子不好等。

哥嫂把新娘回来时男方家送来的粑粑切了分给大家，还要做饭菜给亲戚们吃。

新娘从男方家回来，称为“回门”。

要是男女青年对对方的情况认为不满意，双方在媳妇没来夫家住下之前都可以自由“赶表”，也可以通过唱山歌的形式另寻意中人。但不管怎样，最后还得回夫家。以前的说法是“小辈的婚事是老人的事情”。中华人民共和国成立以来，情况有所变化，自由恋爱的情况增多。

经过接亲仪式后，若女方在外“赶表”，有了身孕，会被认为是一件不好的事情，以后回不回夫家常住，要看夫家的态度，不要此媳妇也行，不用赔偿任何的礼金，要是男方能接受也可以回夫家常住。

《月亮河流域布依族婚俗调查个案二》

访谈时间：2008 年 8 月 10 日

访谈地点：六枝特区拢脚乡补雨村石头寨

天气：晴

讲述人：杨盛玲（女，布依族，时年 55 岁，补雨村石头寨人，经常为别人家接新媳妇）

采录者：杨春艳

第一次媒人拿两瓶酒去女方家讲，传统的婚俗一般在有亲戚关系的两家说定，所以女方家一般都会同意，但女方家也不会在媒人去说第一次的时候就爽快答应，女方家会考虑男方家底等情况，要媒人去说好几次，才会答应。女方父母会委婉地答应：“你都走了这么多趟，看在你的情分上，也随你们了。”这就说明女方父母同意了，媒人来男方家说。之后定个时间去定亲。定亲的时间或者请先生看个好日子，根据男女双方的生辰八字，或者就在四月初八、腊月初八这两天去定亲。

女方家初步同意了这门婚事，媒人和男青年的家长再去说一次，要带两瓶酒，男方家长说：“虽然我们家条件不好，但不管这些了，我们老人的意思想请你家姑娘来给我们挑水喝。我们选个日子来你家定亲。”

女方家的内亲都来坐，故意讲一些客气话，一般都是当天去，当天回。要是在农忙时节，就晚上去，第二天早上回。

定亲是另请两个人去女方家定亲，要带两只公鸡，一只母鸡，两坛酒（能装两斤左右的酒坛），两对红蜡烛，两挂鞭炮。到女方家，三只鸡都要杀，坐桌子吃饭，男方家去的一人坐上席，女方家喊一个人来陪，另外一个人坐对面，其余的六个人是女方家的人，而且要求年纪比较大、夫妻成双成对的人。“这个好日子，给我们家添一个人，得一个好媳妇。”由主人家的人来分鸡卦，主人家得一个，客人家得一个，坐在上席的两个人得鸡卦，其余的人分鸡内脏等。鸡卦的好坏是看鸡眼整齐与否和个数。

吃完饭，看完卦，女方家煮两个红蛋放在男方家送过来的酒坛里，男方回到家中，喊家族中的内亲来吃饭，“我们家得媳妇，来我家吃饭”。一对鸡卦拿给家族中的人看，看好与不好。

再过一段时间，去女方家发八字。这个日子同样是要请先生看好的。去两个人与前次定亲的人一样，要求能说会道，懂礼节，夫妻健全，儿女双全的人，有时候这样的人有儿子而且多子也是必备的条件之一。带去的东西与上次的一样外，另外还要加上两支笔和两瓶墨水。到了女方家，女方家的人会说：“你们来得快啰!”男方家的人接着回答：“我们八步八步地接连走。”女方家听得这样说，就明确了男方来人是来发八字的。进一步双方交谈：“我们这次来就是来问姑娘的八字。”“喔，还以为你们来找歇处或者是来买牛呢。”“我们接姑娘回去喝一口冷水或甜酒水去服侍老人家呢。”看鸡卦，请写八字，男方家要给写八字的人一元二角的礼钱。写好八字，拿给男方家。女方家把八字扣在碗底，男方家懂礼的人才拿得到。有时男方家第一次去拿不到八字，还要去发第二、第三次八字的情况都有。

定亲、发八字的人都不能在女方家歇夜。

接下来的程序是送日子。送日子随便请两人去。带两瓶酒去即可。到外家和他们讲：“我们哪天去讨他们的酒，接她回去喝点甜酒水。”女方家接着要男方家送多少礼钱给女方家。最后的礼钱依据双方的具体情况而定。

在这一带的布依族人当中，只有看日子接媳妇的道理，没有看日子嫁姑娘的说法。男方家说好哪天接媳妇，女方家都得同意。

接媳妇，最少去三个人，一般去五个，四个男的，一个女的。要带烟、两挂鞭炮、两只鸡、两坛酒。酒坛上要有两匹叶子烟。男方家先做一顿饭吃。女的走在前面。纸烟五个人各带一条。

到女方家，堂屋摆两张桌子，安两桌吃饭，男女各坐一桌，女方家安排四个人等着，等到男方家接亲的女的到了，坐在上席的两个人中间，左、右两边各坐一个穿裙子的小姑娘（未结婚的），接亲的先倒酒给他们喝，抬给他们：“婆婆，喝酒。”“我们的亲家来了，我们喝亲家的酒。”大家喝酒，发烟给每个人，每人两支。两个小姑娘同时往接亲的人碗中倒酒，后各从两边给桌子上的人倒酒。女方家拿出花生、葵花子、黄豆等放在桌子上，一个碗倒扣在黄豆上，接亲的人唱歌，女方家人说：“亲家拿来了，拿葵花子、黄豆给我们吃，接亲的男的发烟。女方会唱歌，安排男的来和接亲的女的唱歌，安排女的去和接亲的男的唱，哪一方唱输，要拿烟出来发给对方，桌子上另外分烟，一个人两支烟，或两皮叶子烟，烟不够还要现去买。

奶母钱给新娘的母亲，一般给 120 元，之后会有人唱歌。接亲的人要拿 16 条烟分给洗碗、做菜的厨房师傅们，一般每人给两包。事毕，休息，第二天一早起来杀鸡，吃饭。开始出门的时候，倒酒给在座的人喝，堂屋点上一对蜡烛，放鞭炮，然后出发。一般都是在男方家的院坝里搭棚住一个晚上，第二天早上五六点钟的时候进亲。

要是路远，新娘就当天来到男方家，但需要在男方家外面搭一棚子，让新娘暂时在棚子里面休息。天不亮的时候，大致在五六点钟的时候进亲。进亲的时候，安两桌，男方家的内亲坐一桌子，新娘按先生算的位置朝东或西面坐。男方家的亲戚来给新娘礼钱。等早饭熟了，这两桌先吃饭。吃完饭，新娘进房间把穿在外面衣服脱下放在床上。接亲的人把礼钱交给新娘，新娘就转回娘家了。男方家准备三对粑粑，两对送给新娘带回去，一对送给伴娘。男方家亲戚给伴娘礼钱。一只鸡、一吊肋巴骨肉，猪的下巴和一瓶酒送给媒人。要安排四个或者六个人去送新娘。接亲的主要六个人得肉，要不就折合成钱 10 元或者 12 元。

一般腊月办的喜酒，二月初过小年后就去接新媳妇来夫家。

新娘第一年在农忙的时候来夫家帮忙的时候不栽秧。有这样的一种说法，要是新娘来夫家第一年栽秧的话，新娘以后的心就不定在夫家。

这里的布依族，经过完整婚姻程序的每个人一生中只能经历一次。

《月亮河流域布依族婚俗调查个案三》

调查时间：2008 年 8 月 5 日至 6 日

调查地点：六枝特区中寨乡捞河地区箐脚村己酉寨

调查人员：李相兴、曾雪飞、杨三山、卢主任

调查对象：杨喜富、杨胜洪、王正秀、杨喜梅、王春梅

调查报告撰写：杨三山

传统的布依族婚俗要先通过定娃娃亲，从我们的采访中了解到己酉寨 20 世纪 60 年代以前都非常流行定娃娃亲。随着社会的进步和人们思想观念的改变，该寨出生在 1990 年以后的男女青年基本上没有定娃娃亲的案例。从我们的调查对象王春梅（1989 年出生）处得知，她一岁多就定了娃娃亲，男方家是本寨姓卢的人家，主要原因是上辈有亲戚关系。另外一对年轻人杨喜梅和卢明涛，两人均出生于 1985 年，也是从小定的娃娃亲，后来由于两人恋爱交往，情投意合，在 2007 年已经正式订婚，两家确定了姻亲关系。

以下的婚姻程序是对传统婚姻礼仪的描述。

1. 定娃娃亲

定娃娃亲又叫“开小亲”，一般是在小孩几岁甚至几个月的时候大人就为他们定亲了。中华人民共和国成立以前定了娃娃亲是不能毁约的，20 世纪 80 年代以后的青年，虽然定了娃娃亲，如果没有恋爱基础，发展到后来不愿意的也可以毁约。这里的布依族同姓不开亲，传统上盛行姑表亲、舅表亲，表示亲上加亲，20 世纪 90 年代以来这种观念逐渐得到改变。

定娃娃亲的第一步是先请媒人去说。媒人没有具体的要求，可以是平辈或长辈，男女不分，一般是请跟女方家关系好的人去做媒。这个阶段去说媒主家只需要拿一斤酒就可以了。如果女方家没有异议，第二次就由男方家父母带一壶酒到女方家去，使姻亲关系进一步确定下来。

等到孩子几岁以后，就要有一个正式的定亲仪式。这时，男方家父母需要带上一坛酒、两只鸡到女方家，一只公鸡，一只母鸡，通知女方家的家族及其外婆家。

2. 十几岁压八字、拿八字

等双方小孩长到十几岁的时候，要拿女方的出生年月看八字，定吉日完婚。男方家要带上几十斤酒，基本上保证女方家族一家一瓶酒。另外，拉一头猪、两只公鸡，两只母鸡。一进女方家的门就要放鞭炮，有驱邪的目的。当天杀猪、杀鸡，点蜡烛。女方的姑妈家也要来，要吃压八字酒。另外，女方家必须杀一只未生蛋的本地鸡来看鸡卦，在饭桌上人们就当着全家人的面看鸡卦骨上的骨眼。如果是双眼即是顺卦，如果是单眼表示不顺，不顺就必须重来。

看两人的生辰八字，没有相冲相克的才请媒人去说媒，去拿八字。一般要请能说会道，能喝酒的人。拿八字要带彩礼钱，如买蚊帐、被单的钱。男方家要买两只毛笔、两瓶墨汁，用于写女孩的八字，也表示好事成双，所以都是双数。女孩的八字要写在红纸上，表示喜庆。拿八字来回可能要十天半月的时间，因为去拿八字时从男方

家出发必须为双日才代表是吉日，同时必须要等到双日才能拿女孩的八字回男方家。有些时候人们为了留住媒人喝酒，还故意拿假的八字给媒人。一般是女孩的伯母、婶婶或嫂嫂拿八字给媒人。拿回来的八字要放在主家神龛的八仙桌上，表示让祖宗看一眼，之后就锁入柜子里。

3. 说彩礼

拿好八字，就可以根据女方的八字，看当年能不能出嫁。如果能出嫁还必须要看女方家是否同意，如果同意了，男方家才能选择吉日完婚。同意之后，双方家族就要商量彩礼钱。一般要钱、酒、肉、粮食。现在的彩礼一般都是礼钱。肉、酒临近办酒的时候才拿去，粮食要提前拿。粮食的多少由外家定。男方家来人多少也由外家定。

接亲前，接亲方先派十几人，选择好良辰吉日到外家剪被子，剪被子的人八字要和新娘、新郎相生，才可以去。被子的数量必须是双数，包括蚊帐、枕头。

4. 接亲

接亲的人一般是6个男的，一个女的去接。一般是早上去，去晚了女方家会不给饭吃。新郎不去接。去接的人首先要会唱酒令歌，第一个人和第六个人必须是能唱得好的，甚至能唱几天几夜的。接亲队伍到新娘家之后，进大门就要唱歌，边唱边进大门，随后，按从大到小的顺序坐下，头一个是年纪长者，必须会唱酒令歌。白天唱有关布依族历史的内容，晚上唱有关布依族婚姻爱情的情歌，晚上一般是男女对唱。姑娘家会有5个或3个人和接亲队的人对唱，首先要从接亲队的开始。

第二天早上，新娘在选择好的吉时离家。

5. 送亲

新娘在走之前必须要哭半个小时。新娘穿着布依族传统服饰，这些服饰是在新娘还只有几岁的时候母亲就开始给她准备的。新娘出门是哥哥或堂哥背出寨子门口，接亲队的一位女性走在前面带路。送亲的人一般是双数，二、四、六都可以，一般为新娘同辈的男女。在路上不能听到炮声、尖叫声、雷声等。如果遇到就要躲开。如果遇到同一天结婚的，新娘就要相互将带在身上的针交换使用。如果遇到丧事，就要让走另一边。由于结婚不能听到打雷，所以一般人们都会避开夏季结婚。

新娘到新郎村寨门前就要放鞭炮。新娘进门的时候新郎要避开，等新娘坐好后才能出现。到了新郎家，新娘有固定的座位，由男方家管事的人安排新娘的坐向。接亲的女伴一直伴随。这时到场的人，所有的都要喝甜酒汤，祝福新人生活甜蜜。

外家拿来的被子、床单、蚊帐要挂好。挂蚊帐的时候要唱《蚊帐歌》，歌词大意是唱蚊帐的做法，以及祝福新人早生贵子等吉利之言。之后，新娘象征性地脱一条裙子或衣服在床上，吃好饭就回娘家。新郎家要打两个大圆粑粑、一吊肉送给新娘带回去。

6. 回门

新娘回娘家后，一般要三天甚至一个月之后，新郎家才派姐姐或妹妹去接。新娘一般到新郎家半天时间又再回娘家。然后这样反复来回接送，持续时间长的有几年之久。最后直到新娘怀孕才会常住夫家。

《月亮河流域布依族婚俗调查个案四》

时间：2008 年 12 月 29 日至 31 日

地点：六枝特区中寨乡捞河地区箐脚村己酉寨、箐脚寨

人物：新郎卢胜诚（己酉寨人，男，28 岁），新娘王丽（箐脚寨人，女，24 岁），红娘赵开绿（己酉寨人，女），男方歌郎（大歌郎杨喜安、二歌郎卢胜荣、三歌郎韦德清、四歌郎卢江），女方家歌郎杨毅胜（男，52 岁，水城猴场乡小坝田村六组人）

采录人：吴秋林、李相兴、刘安康、杨春艳、杨三山、张杰

这个个案是对一场婚礼的描述，整个婚礼前后历时四天（以男方家为准），以下婚仪程序的描述按时间顺序呈现。

12 月 29 日，男方家。我们到达己酉寨的时候是上午 11 点多，男方家主要的帮忙人员（家族内成员）都已到场，做一些相关的准备工作。男方家杀了两头大猪，以备酒席和送外家等。妇女们有的忙着蒸糯米、打粑粑，有的做一些琐碎的准备工作，如炒辣椒、做辣椒面等。这一天的主要任务就是家族内成员帮忙做好准备工作——杀猪和做粑粑。杀好的猪要分出带猪尾巴的八块肋巴骨肉预备着送给外家，要把带猪舌头的猪下巴肉预备着送给媒人。粑粑也是做好预备送给外家，一共四个，每 15 斤米蒸好打成糯米粑粑。做粑粑时防止粑粑粘在簸箕上，用蛋黄先擦一遍簸箕平面，这样做出来的粑粑就不会粘在簸箕上了。

帮忙的人忙着贴喜联（在女方家我们没有见到贴喜联），两个大红的“喜”字贴在堂屋的门上。家里一派喜事临门的景象。同时要派帮忙的人去接歌郎和红娘。歌郎和红娘是布依族婚姻仪礼中的重要人物，他们担负着接新娘的任务。这次派人去接他们是为了尽到一定的礼数，其实在先前的时候，男方家就已经和他们说好，带着酒去请过他们一次了。一般情况下，歌郎和红娘都会欣然前往。他们懂得婚姻程序中的各种礼数，而且会唱大量的布依族古歌、情歌等。这次男方家请了四位歌郎，分别是大歌郎杨喜安、二歌郎卢胜荣、三歌郎韦德清、四歌郎卢江。晚上 7 点多的时候四位歌郎和红娘到齐，他们一起进家（先到的歌郎在邻居家等候着）。红娘带着一套接亲时要换的衣服进家。男方家安排数位人员在进家的台阶上迎接，双方互致问候语。他们在堂屋依照一定的顺序坐定，大歌郎坐在神龛下桌子的正中间，二歌郎在大歌郎的左手边挨着坐下，三歌郎和四歌郎坐南朝北挨着二歌郎，红娘在他们的对面坐下。之后摆席，宴请接亲队和红娘。帮忙弟兄吃饭。

晚上 8：40 分左右，主要由四位歌郎和红娘分扎礼烟和分封红包礼钱，神龛下面两张桌子拼凑成一长桌，桌上铺上毛毯。大歌郎、二歌郎和红娘坐在神龛下面面朝大门，三歌郎和四歌郎坐南朝北。大歌郎和二歌郎主要负责分封红包礼钱，一共要分封 12 个红包，其中三个大红包，里面封着 120 元；9 个小红包，里面封着 2 元。红娘负责理清烟叶，三歌郎和四歌郎负责把烟叶分扎成两叶烟叶一束，用棕叶破成的丝带状捆扎，意即常青。大致把红包和礼烟分封好，要在一个大红包上面捆扎四束烟叶，这

个红包是给女方母亲的礼钱，称为“奶母钱”。另外两个大红包上捆扎两束烟叶，分别是他们去接亲时吃的两顿饭的礼钱。为了方便携带，再把分好的烟叶每20束为一堆用细棕叶捆好。他们在分封礼烟和礼钱的时候，还要边唱布依古歌。

分封礼烟和礼钱

一小时后，礼烟和礼钱分封好，红娘及歌郎们坐下，摆上酒碗，大歌郎、二歌郎、红娘开始唱歌，这之中也有红娘和歌郎们的对歌，主要的目的是事先练习、互相磨合，以备明日去女方家接亲时的对歌。对歌有一定的调式，在特定的场合和时候就用特定的调式唱歌，其中的歌词可以随个人填进调式里，对歌中时时体现出对歌者的智慧、临场反应及对歌词的驾驭能力。

12月30日，主要婚仪程序集中在女方家。

男方家安排接亲队伍吃过早饭，就可以前往女方家接亲了。男方家的接亲队伍是由红娘和四位歌郎组成的。红娘带着一包要换的衣服，手拿一把伞；大歌郎空着手；二歌郎背着一包礼烟（条装的纸烟）；三歌郎挑着礼炮、红烛和礼烟；四歌郎挑着一块肉和一瓶酒。

女方家一大早就开始布置相应的准备工作，在堂屋的神龛下摆上一张床，床前是两张桌子拼在一块，其中一张桌子要比另一张高一点，在堂屋进门的左手边的偏房里同样安放两张桌子，桌上摆放酒碗和酒壶，以迎接男方来接亲的人。新娘和陪红娘的几个人在房中打扮，穿着传统的服饰。

还要把父母陪嫁给新娘的嫁妆都放在屋前门口的台阶上。以显示娘家的体面。

到了女方的寨门，大歌郎要唱一首开寨门歌，请求女方守寨门的人把寨门打开，守寨门的人愿不愿意打开寨门，就得看大歌郎唱歌了。进了寨门，到女方家的房前，先等红娘换上带来的衣服，她就直接进家，到偏房的特定位置坐下，她坐在上席的正中间，两边分别是女方家请来陪红娘的人，还有七位女客也都在桌边坐好。依照传统，席上的其他七位应该分别是女方家的女亲戚，如姑妈、姨妈、舅妈等。歌郎们还要在后面颇费周折，才能进家。大歌郎先来到放嫁妆处唱开院门歌，意即寨门已经为你们接亲的人开了，这次是开院子的门，要对开院门歌，对得上了，你才能进家，对不上的话，就不能进家。大歌郎边唱边奠酒。这一关过了后，就要上一个高高的石台阶（这是布依族特有的石质干栏式建筑基本式样的房子），来到堂屋门前，这时还不能进门，又要唱开门歌，因为大门是关着的。大歌郎来到要唱歌讲明来意，说是哪家来接亲的，请主人家开门，同样大哥郎要在门口奠酒，事先这里就摆放了桌子和酒碗。唱完这首歌，大歌郎就进入堂屋神龛下的床上坐着，他坐在堂屋进门的右手边的那张桌子的里边，面朝大门，与女方家请来的歌郎在神龛下面的正中间。神龛下面专门为大歌郎和二歌郎准备了床铺，晚上他们两人就在此处休息。大歌郎进屋后，轮到二歌郎带着三歌郎和四歌郎从石阶处上来到堂屋里，他先也要在放嫁妆处奠酒、唱歌，然后唱着歌来到堂屋门口，一样的他也要在堂屋门边奠酒，唱进门歌，进门歌的大意是他们是挑着礼信来这里接亲的，唱着歌把挑来的礼信都交代清楚，把礼信挑进门。唱完后背着礼信来到堂屋神龛下的特定位置坐下。二歌郎紧挨着大歌郎坐下，面朝堂屋大门。三歌郎和四歌郎坐在堂屋进门右手边的两个位置，他们把礼烟放在床上，把肉挂在墙上。

婚礼中接亲路上

坐定，大歌郎开始和女方家的歌郎互唱相识歌。即使双方认识，也得走这样的程序，大歌郎说明来意，介绍自己，女方的歌郎就故意把话茬在一边，如：

大歌郎：我们是对面寨子的，来给卢家的好青年来接亲。

女方的歌郎：哦，不是吧，你们是生意人，来买牛做生意的吧。你们来到集中歇歇脚，只怪我们主人家的条件不好。

大歌郎：是真的，我们走了好远的路，来接这家的好姑娘去给卢家的老人担水喝。

女方的歌郎：要真是这么回事，我们主人家的姑娘还这么小，她都还在吃奶，什么事都不会做，这件好事情还是等些时候再说吧。

……

大歌郎只好唱好听的话，围绕着这次的目的说女方家的阔气，说姑娘的好话；女方家的歌郎尽量地避开这样的话题，故意把话题拉远。这样一来一去的相识歌要唱很多个回合，女方家的歌郎才会松口。这时相识歌、迎亲歌才告一段落。

接下来开始交礼钱——奶母钱，大歌郎把带着有四束烟叶的礼钱准备好，新娘的父亲来接过了礼钱。不管谁来接这份礼钱，要唱一首感谢内容的歌。

休息片刻，双方的歌郎开始唱对唱布依族古歌。古歌的大致内容是从盘古开天辟地开始唱起，人是怎么来的，中国的各朝各代，唱封建社会的凄苦，唱新社会的美好。这一段对歌要进行一两个小时。

古歌唱了一部分，双方稍做休息，大歌郎开始唱谢媒人歌，大致内容是感谢媒人为男青年介绍了一位好姑娘，女方家是怎样好之类的奉承话。

婚礼接亲时歌郎唱进门歌

唱完这一段谢媒人歌，大歌郎接着唱祭祖歌，代表男方祭奠女方家的先人，二歌郎把红蜡烛和礼炮递给女方家的歌郎，由他安排旁边坐着的人把红蜡烛放在神龛上，把礼炮交给帮忙的人拿到外面去放。祭祖歌的大致内容是“今天我们（歌郎们）来接亲，菩萨要保佑我们所有的人平平安安，要保佑男女双方办喜事的这两家”。这时候，女方家帮忙的人按照分工种类来向男方的歌郎们要礼烟，如做饭的拿着饭勺来要礼烟，切菜的拿着菜刀来要礼烟，炒菜的拿着锅铲来要礼烟，挑水的拿着扁担来要礼烟……这样直到帮忙的人都来要齐了礼烟，大歌郎再唱一首开饭歌，并把其中的一个大红包交给女方家的歌郎，经过这样程序，女方家帮忙的人员才安排堂屋的这桌和偏房里的那桌的饭。这时候，都已经是中午2点左右了。而这之前，女方家的亲戚早都安排了酒席，亲戚朋友们都吃过了。屋外鸣炮，一方面表示他们现在开始吃饭，另一方面告知其他帮忙的人这些程序进行到现在告一段落。

红娘的那一桌人在堂屋歌郎们唱歌交接礼数的时候，就一直坐着等候，或闲聊，或喝酒。

在堂屋里歌郎们开始唱歌的时候，女方家安排人在两处的桌子上和桌底放上一片菜叶，菜叶上随意放上一把黄豆。之所以这样做是有缘故的，据老人们讲述，自从男方歌郎们来到女方家接亲开始唱歌时，天上、地下的精灵鬼怪（布依族人一般称其为“仙女”）都来看热闹，他们充斥在整个堂屋的房梁上以及各个角落。他们看歌郎唱的守不守规矩，是不是尽到一定的礼数，而评判这样的标准，就是以菜叶是否蔫了为准，要是菜叶在持续的这么长的时间里没有蔫，还是放时的老样子，说明大歌郎唱的有所闪失，这样的话就得罪了各种精灵鬼怪，大歌郎唱不走他们，他们就兴许作怪，使得歌郎们感觉有些不舒服之类的，如唱得声音嘶哑，严重的会使歌郎当场晕倒，出现这样的情况，会给主人家带来不好的预兆，也暗示着这桩婚姻的不美满，另外还要请专门的人来“解煞”。

吃完中午饭，这两桌人的碗筷还不能像平常吃饭时吃完就可以把碗筷收拾好，大家把筷子放在碗上面，等大歌郎唱一首谢宴席歌，大家才把筷子从碗上拿下放到桌上。谢宴席歌的大致内容是夸赞女方家的帮忙炒菜人的厨艺，女方家安排的菜好与多，是很有脸面的人家等一些夸赞的话。

婚礼中男女双方歌郎唱仪式歌

吃完饭，两桌人可以离座休息一会，但歌郎们出去活动要和女方家的歌郎打招呼，说好休息的时间，确定好什么时候再上座，否则的话，到下一轮重新入座的时候，女方家的歌郎及陪坐的人肯定会有意无意找他们四位歌郎的差错，罚酒让他们唱。以避免不必要的“麻烦”，他们必须处处“谦让”与“小心”。红娘趁中午休息的片刻，把衣服重新换回来时路上穿的那一套。

帮忙人员把事先准备好的两坛咂酒分别放在堂屋和偏房两桌席位的前面，也即大歌郎和红娘坐的位置的正对面。咂酒坛上还要放一个用高粱秆编扎成的小水车。

下午14点半左右，双方复坐。启动接亲嫁女仪式、唱闹堂歌及驱邪降魔歌。大歌郎唱闹堂歌和驱邪降魔歌，意即唱了这首歌，请各种邪魔远离他们，以保佑大家顺顺利利，只有唱了这首歌，魔鬼才永远不能阻碍他们，大歌郎唱这首歌的时候，四位歌郎要把带着的红布挂在左肩上。

据观察，接亲嫁女的仪式如下描述：大歌郎唱完一首歌后，二歌郎和三歌郎唱着歌离座慢慢走到堂屋的侧门，即由堂屋进红娘坐着的那间屋子的门边，在门边继续唱几分钟的歌，慢慢回转到大歌郎坐着的正对面，两人手把咂酒的竹竿，手下握着一毛巾。唱完，饮一口咂酒，口中称赞着回到原座位。桌席上大家闲聊几句。女方家的歌郎说一句：“各位亲戚大家要来行礼数的，就抓紧时间来。”话一落音，来了两位妇女，依照二歌郎和三歌郎的样子，手把着咂酒的竹竿，手握一条毛巾，来找大歌郎和二歌郎对唱，这两位妇女是代表新娘的大舅妈来向他们讨礼数，要烟的。唱完一段，大歌郎站起回唱一段，拿出四包纸烟和四束叶子烟交给两位妇女。接着又来了两位妇女，来找二歌郎和三歌郎对唱，二歌郎和三歌郎站起身来，来的两位妇女如前状，手把咂酒竹竿，手握一条毛巾，她们是代表新娘的二舅妈来向二歌郎和三歌郎要烟的。如前状，二歌郎回唱了一首，拿出四包纸烟和四束叶子烟交给她们。接下来依次还来了两对人，两位妇女，代表新娘的姨妈来向三歌郎要礼烟；两位姑娘，代表新娘最小的姨妈来向四歌郎要礼烟，情景如前状，只是三歌郎和四歌郎分别要唱一首歌回应。这样就完成了接亲嫁女的仪式过程。女方代表唱的内容大致是新娘不容易长大，可是一转眼就要出嫁，男方父母要多担待新娘的年幼不懂事等。歌郎们夸赞一番新娘的话语。

堂屋的程序进行完了，一些男性又去找红娘对歌，向红娘要礼烟。情形与在堂屋进行程序的一样。只是这些男性代表着新娘的不同亲戚。如舅舅、姑父。

这一程序完成，大歌郎接着要唱答谢外家的美酒歌，大致内容是美酒是怎样做成的，这其中的艰辛，以及对美酒的夸赞。

接下来是新娘的兄嫂、弟妹分别与接亲人及红娘相认并对歌，其中女性来和歌郎们对歌互相认识，男性和红娘相认并对歌。这其中少不了歌郎和红娘要喝酒和分发礼烟。

一定的仪礼结束，双方歌郎又要开始对唱布依族古歌。哪方唱得好，唱得时间长，就为哪方挣得了“面子”，也体现了自己的机智善辩。

这些程序依次结束，已经是傍晚18点过了，二歌郎开始唱求外家杀猪做饭菜歌。以请求外家帮忙弟兄摆开宴席，准备晚饭。同样要交大红包的礼钱、礼炮，给各路的帮忙人员的礼烟发送到手，二歌郎喝毕外家递来的酒后，表示已经同意了开始摆宴席吃饭，他要唱一首谢酒歌，等到帮忙弟兄开始上菜时，二歌郎唱谢外家摆设宴席歌。

婚礼中二歌郎唱“揭开盐豆碗歌”

宴席摆好时，二歌郎唱祭祖歌。点蜡烛、鸣炮、就晚餐。就餐后依照不能把筷子丢在桌上，要等大歌郎唱谢一首外家热情款待歌，唱完后才能把筷子从碗上拿下放在桌上。

散席，休息片刻。

四位歌郎先于女方家的歌郎及陪坐的人上席，免得遭受他们的“找茬”。外家房族各户向接亲队及红娘敬酒，每一次唱，都要唱一次谢酒歌。同样是女性向四位歌郎敬酒，男性向红娘敬酒。

双方歌郎唱布依族古歌转折曲，唱完这一首转折歌，意即在婚礼仪式中该唱的礼节性的歌到此完成，众人、青年男女可以自由对唱情歌。和这首转折歌相对应的还有一个仪式性表现，即二歌郎和红娘分别与女方的代表对唱“揭开盐豆碗歌”，这一程序的完成，标志着礼节性、既定性的礼歌结束，接下来的对唱可以随意、自由，而不特别限定对歌的内容与调式。

唱“揭开盐豆碗歌”的大致情形如下：女方帮忙的妇女准备四个碗，一个碗里装盐豆、一个碗里装煤渣、一个碗里装葵花子、一个碗里装花生，四个碗上分别再用一个碗倒扣上，这样的四个碗要两套。用小筛子装好。先请两位妇女抬着一套碗，从堂屋外面开始唱歌，慢慢抬着碗来到歌郎们坐的桌前，把小筛子递到二歌郎的面前，二歌郎起身对唱这首歌，双手揭开成斜对角的两个碗，二歌郎首先揭开的是一个装煤渣和花生的碗，后才揭开装盐豆和葵花子的碗。这首歌唱完，大歌郎顺手把煤渣倒掉，招呼大家来抓吃盐豆、葵花子、花生。

再请两个男青年抬着另一套碗从堂屋门边开始唱歌，慢慢抬到红娘坐的那一桌前。唱完歌，把四个碗递到红娘的面前，红娘回唱这首歌，双手揭开成斜对角的两个碗，红娘先揭开的是一个装盐豆和葵花子的碗，后才揭开装煤渣和花生的碗。这首歌唱完，她招呼大家来抓吃盐豆、葵花子、花生。

女方代表唱的这首歌的大意是从种豆开始唱起到盐豆的形成，这期间怎么挖地，怎么除草，怎么长成，怎么做成盐豆，等等。二歌郎和红娘唱的内容大致是回答种豆怎么挖地，怎么除草，怎么长成，怎么做成盐豆，等等。

四个碗装的不同物样，主要是看二歌郎和红娘是否能第一次就能揭开装有盐豆的碗，要是首先揭开的是煤渣的碗，会被认为是没出息，不是眼疾手快的那类人，会遭到大家的笑话。这其中的含义表面上透露出来的只是娱乐的性质，实际上有对此次婚姻影响力的预测，有“巫”含义蕴藏其中，至于表现出来的更深次的文化内涵，还待进一步分析。同时，这个送盐豆的过程是一个由严肃对歌到自由对歌的转折点，表明布依族古歌已唱完，进入众人自由找歌郎们和红娘对唱情歌、酒歌等。

至此，已经晚上 10：30 分左右了。

外家派人分别与歌郎们和红娘进行布依情歌对唱，这一晚，布依情歌、酒歌对唱通宵达旦。在王家，分成三处场合分别对唱情歌，一处是堂屋，大歌郎坐在先前坐的位置与来对唱的女性对唱；一处是红娘先前坐的那一桌席位，留下红娘和陪坐的，和女方来对唱的男性对唱；一处是堂屋进门右手边的偏房，三歌郎和四歌郎与来对唱的女性对唱。

大家对唱歌的热情和兴致很高，晚上的对歌主要是三歌郎和四歌郎的任务。大歌郎和二歌郎可以在劳累之下在堂屋神龛下的床铺稍做休息，三歌郎和四歌郎要应付前来对歌的，这一晚他们没有休息的地方，红娘也是如此。

12 月 31 日，主要的仪式程序有女方家的发亲，男方家的进亲，新娘回门等。

早上 9 点钟左右，女方家准备发亲。男方家请来接嫁妆的人也已经到了。女方妇女们帮忙在堂屋进门的左手边的角落摆上长凳，把陪嫁的帐笼被子摆上，再摆一长凳，上放酒碗，二歌郎和三歌郎面朝酒碗和大门，唱谢外家的嫁妆歌。唱完，奠酒，喝酒。回到神龛下面的桌上，大歌郎唱求外家做饭菜歌，把封好的九个小红包交给女方家的歌郎、陪坐的六人，端酒壶倒酒的两人。意即他们陪着歌郎们坐了这么久，歌郎们都把他们的衣服弄脏了，拿礼钱作为一点补偿。给端酒壶倒酒的礼钱是他们辛苦，给礼钱表示心意。

交接完毕，帮忙弟兄摆上宴席，歌郎和红娘两桌人吃饭。屋外，男方家帮忙来抬嫁妆的人在捆扎嫁妆，做一些相应的准备工作。

在歌郎们还没有吃完的时候，女方家的歌郎先来向红娘敬酒，唱一首歌，红娘回唱一首，端起酒杯喝完，从她站起的右手边出来到堂屋门口；新娘由她的哥哥拉着从房间出来经过偏房的侧门，经过堂屋，到堂屋门口。红娘和新娘及送亲的人先走到院坝里。

堂屋的那一桌吃完饭，大歌郎站起身，开始唱分别歌，并把红布搭在左肩上，从女方家的歌郎开始，一一和在座的人告别，二歌郎跟在后面，把酒碗端起给在座的人，三歌郎提酒壶倒酒，四歌郎跟在三歌郎后面，大歌郎唱出堂屋门，他拿起伞，一直唱着歌，直到院坝里；二歌郎和三歌郎拿起新娘挂蚊帐的竹竿，四歌郎挑起一块肉和一瓶酒走到院坝里。

鸣炮，发亲。红娘拿着伞走在前面，新娘的哥哥一手拉着新娘，一手拿着一把伞送新娘到寨门口，后面是送新娘的两位姑娘和两个小伙，送亲队伍后依次是歌郎们、背被子的人、抬家具的人。

大歌郎一路唱着歌到男方家。

男方家安排十几个人的队伍在门口迎接新娘的到来。在男方家的院坝里红娘和男方安排的十几个人为新娘换装，为新娘换装的人要求是缘分好的人，夫妻双方都健在，家庭和睦，儿女双全。新娘换上四件套的上衣，四条裙子（这种装束我们在水城猴场打把村调查时，他们把这四件套的衣服称为四等装，衣服以一套的多少可分为五等，在红喜事中穿四等装是最能体现家庭的富有与身份的高贵；在白喜事中以穿五件套的五等装最为荣耀）。新娘头饰也有相应的变化，戴上专门作为新娘的银饰帽，帽子是用手工织成的布制作而成，上面有银饰装饰，如汉族人中的凤冠。

婚礼中新娘换装

这种换装，一般意义是，在路上行走时是行装，而在进入男方家时就要换成表现身份的礼装了。这是新娘角色转变的换装。

等新娘换装好了，鸣炮进亲。红娘走在前面，新娘在后面一起来到堂屋坐北向南坐着，这样一直坐着直到开始祭祖。

等新娘在堂屋坐好，被子等嫁妆由堂屋门口进，经过堂屋的侧门放进新房中。送亲的四个人在邻居家坐着等候。帮忙人员抬来热甜酒，在堂屋舀给新娘及众人喝。

新郎的母亲及嫂子等为新娘挂蚊帐、整理床铺，把陪嫁的被子叠在床上。

挂蚊帐、整理床铺完毕后，二歌郎唱挂蚊帐歌。床上放着糖果和花生，等二歌郎唱完，众人纷纷去抢糖果和花生吃，这里的糖果和花生带有格外的喜气。

鸣炮祭祖。新郎新娘点香、烧钱纸后，向祖宗叩拜。歌郎们进到堂屋的席位上。

摆三桌席，歌郎们的接亲队为一桌，红娘陪新娘及送亲的四人为一桌，新娘的公婆、兄长坐一桌。新娘吃一点饭表示意思，就和新郎一起向长辈敬酒、认亲。长辈们给新娘礼钱，其中新娘的婆婆一定要送给新娘自己手工织成的布。新娘的姨妈也在一边，帮新娘收着这些礼信。

男方的长辈女性代表还要给送亲的四人一定的礼钱。

敬酒完毕，新娘来到新房中，脱下新装，放在床上，新郎的长辈把新娘脱下的一个手镯挂在帐顶的一处，新娘放下蚊帐的一角，即出门回娘家。

新娘出门后是一阵小跑，跑出不远处才停下来等待回门的众人，这样做的意思是有意表明新娘不一定特别想在男方家，以显示自尊和高贵。许久，送新娘的两个姑娘和小伙跟着出门，男方家安排两人送糍粑、两人抬八根肋巴骨的猪肉，一人挑着带猪舌头的下巴骨和一瓶酒去送。红娘的一块红布也要交给新娘带回女方家。

有一种说法，新娘在返回娘家时要尽快地走，免得遭到男方这边的人笑话。

外家组织唢呐队伍及人群到半路接新娘回门，新娘到人群中时（鸣炮），外家青年小伙接过新郎家送来的糍粑、酒、肉等，其他人用事先准备好带来的水向新郎家送新娘回来的人泼去。你泼我躲，相互打闹。男方家送糍粑的人赶紧躲闪。放下糍粑、肉等赶紧往回走。

接女子到家后，新娘和送亲的四人来到堂屋神龛下的桌边坐下。众人饮甜酒，恭祝兵女婚姻成功。等把新郎家送来的肉回熟祭过祖之后。给新娘及送亲的人摆席吃饭。

成年女子用刀切新郎家送来的糍粑给众人分享。亲戚朋友寨邻每家都会分到两块糍粑。

外家做好饭菜招待众人就餐。女方家的酒席至此结束。帮忙弟兄帮助收拾东西，整个婚礼就结束了。但是男方家这天才正式来客、办酒。

过几天，女方家派人把带有猪舌头的猪下巴骨和红布送到媒人家，带有猪舌头的猪下巴骨表示媒人的能说会道，牵线成了一桩好姻缘。

这四个个案就是整个月亮河流域布依族婚姻礼仪的基本表现，也许在其婚姻礼仪的表现细节上，月亮河的上游和下游，以及一字河片区的布依族婚姻礼仪中会有一些的差异，但其基本的框架是不会变的，因为月亮河流域布依族婚姻圈就在月亮河流域内，这种婚姻礼仪在月亮河流域是基本通行的。

第二节　月亮河流域布依族婚仪文化研究

在种种形式的文化研究中，具有历时性和共时性的表述是重要的，这也是所有研究的前提，如果我们连自己面对的文化事象都说不清楚，那我们的研究性表述从何说起？应该说我们上述的文化事象的表述是认真而清晰的。但是，也不是所有说清楚了事物都是有意义的，而能够进行研究性表述却必须是有意义的。月亮河流域布依族婚姻礼仪是有非常意义的文化事物，自然是月亮河流域布依族文化研究中，值得我们大书的一个方面。

在月亮河流域布依族婚姻文化中，我们拟从四个方面来认识或者说研究它，一是月亮河流域布依族婚姻文化的本来性质；二是月亮河流域布依族婚姻文化的仪式和歌唱；三是月亮河流域布依族婚姻文化平台与月亮河流域布依族文化的结构性；四是月亮河流域布依族婚姻文化的变迁。

在以上的四个月亮河流域布依族婚姻调查个案中，其婚仪程序与汉族人的问采、问名、纳吉、纳征、请期、亲迎六礼有许多共同之处，但在月亮河流域布依族婚姻实际中，它具体表现为问亲、定亲、拿八字、接亲、送亲、回门六个程序，与汉族的“六礼”又不尽相同，而且其中的文化内涵也相去甚远。

礼仪婚姻是人类性关系文化表现的重要方面，人类的生产有生物性的一面，是以男女间性结合为前提的，但是，人类的生产还有文化性的一面，这就是婚姻的礼仪，故而，人类文化中，婚姻礼仪的文化性如何，在一定程度上决定其婚姻文化的发展程度。能行礼仪的婚姻，肯定比不行礼仪和少行礼仪的婚姻文明程度要高，能行比较符合社会道德伦理和比较符合人性的婚姻礼仪，亦肯定比不怎么符合社会道德伦理和人性的婚姻礼仪，文明程度要高。

这就是我们认识月亮河流域布依族婚姻文化本性的重要前提。

在月亮河流域布依族婚姻礼仪中，问亲是它婚姻礼仪的第一步。一般的问亲为问礼、问财、问才等等。月亮河流域布依族婚姻礼仪的问亲中，有问礼，这是起码的礼，即布依族人所说的“礼数”，这在所有的婚姻礼仪中都是一致的，但在月亮河流域布依族婚姻礼仪中，却很少问财，也比较少的问才，而主要问的是“亲”和“命”，即月亮河流域布依族婚姻中多为以亲缘婚姻为重，民间俗称“亲上加亲”，这是他们婚姻起问最为初始的动因。所以，月亮河流域布依族婚姻从族群的角度来看，是以族内婚为大框架的近亲或者说类近亲婚姻。这是山区相对封闭状态下族群自存发展的基本表现，尤其是强调自己的族性和语言的民族尤为如此。这不是月亮河流域布依族婚姻的特别表现，而是山区封闭状态下的普遍存在，在此地的其他民族中，其婚姻状态亦是如此，比如说其附近地区的仡佬族就是。

婚姻礼仪之后，一般的婚姻问亲就可以问才或者说问财、问才了，但月亮河流域布依族婚姻中并不问财或者说问才。问财即问双方家庭财产的等级，问才即问男女双方的品行和才华，这在一般的婚姻问亲中是很重要的，但在月亮河流域布依族婚姻中这方面也问，但不是最为重要的。它这里出现了一个我们称为问“命”的东西，即具有神卜性质的“看鸡卦”，即看鸡腿骨上的颜色和洞眼来判定此次婚姻的前程和基本命运，有时候，在鸡卦上显示的结果就直接导致婚姻的终结。一般在此次婚姻缔结启动前是有所准备的，即“八字”的预测，即两人的“命相”在所谓的“八字”中是否相克，如有相克，这些拟订的婚姻缔结过程就不会启动，但是，它最后的预测是在“看鸡卦”中，是它最后决定此次婚姻缔结是否继续。

在月亮河流域布依族婚姻中，这看鸡卦一般是在女方家同意这门婚事，在定亲的环节中来做的，这也是一种问，但问的是神意。

这是旧有的月亮河流域布依族婚姻习俗，今天仍然存在，但已经不可能如过去那样具有决定性意义了，在旧时代，它是可以从根本上决定此次婚姻的。现今，这种神性预测仍然可以对婚姻造成影响，但基本上不能最终决定婚姻了。也就是说，这种神卜是可以逾越的，这是月亮河流域布依族婚姻文化在近代变化造成的。在周边的苗族中，这种神卜力量依然是不可逾越的，鸡卦的好坏依然直接影响到婚姻的成败。

在现代，月亮河流域布依族婚姻文化中，鸡卦一定是要看的，但多是一种参考了，好鸡卦就宣扬，不好的鸡卦就不讲了。在以上的个案中就有这样的文字。

看鸡卦在贵州西部是一种最为重要占卜形式，卜占有多种，并且在各地表现不同，但贵州西部的各民族最看重的是鸡卦卜，它深入他们生活的方方面面，而在婚姻的缔结中看鸡卦是这种神卜的最为重要的表现形式，可以说，在贵州西部，各民族缔结婚姻没有不看鸡卦的，至于对鸡卦的神性认知程度就不尽相同了。

在月亮河流域布依族婚姻文化中，看了鸡卦，且不管鸡卦如何，该婚姻缔结过程都要继续进行的，之后的就是定亲了。定下一门亲事要有一个标志性的事物出现，一般是礼金或者说礼物，民间称此为“聘礼”，下了聘礼和女方家收了聘礼，定亲的标志就出现了，标志的出现就证明此次婚姻的缔结正式开始了。在这个环节，最能体现一个族群在婚姻缔结中包含的文化意识了。

月亮河流域布依族婚姻文化中，这个聘礼在最初始时一般是礼牲，即以牲畜为聘礼，比如说一头牛等等，现代基本换成了礼金，但是可以看到，在月亮河流域布依族婚姻中，这个聘礼基本上是象征性的，并不注重在婚姻缔结中聘礼的实际价值，在他们的婚姻文化意识中，更为重要的是亲情和男女双方未来的生活意义。

在个案中有这样的文字，我们具体来解析它们，就可以看出它们的意义了。

“女方家先提出要哪些东西，都要多少，菜、30 千克肉，6 千克酒，礼钱［是对女方家做‘铺笼帐盖’（床上用品）的补偿，以前男方家能送 360 元都算是家庭条件很不错的，现在随着人们生活水平的提高，远不止这一点］、一斗二升米、猪油（斤数要逢双）。奶母钱（一般 12 元至 24 元）。以前是拉一头猪去作为奶母钱。结婚时外家欲给姑娘额外置办一些礼物，随外家的心意。男方代表当天晚上返回家。”

《月亮河流域布依族婚俗调查个案一》

“拿好八字，就可以根据新娘的八字，看当年能不能出嫁。如果能出嫁还必须要看女方家是否同意，如果同意了，男方家才能选择吉日完婚。同意之后，双方家族就要商量彩礼钱。一般要钱、酒、肉、粮食。现在的彩礼一般都是礼钱。肉、酒临近办酒的时候才拿去，粮食要提前拿。粮食的多少由外家定。男方家来人多少也由外家定。”

《月亮河流域布依族婚俗调查个案三》

这些所谓的聘礼并不是严格意义上的聘礼，而是一种对女方家出嫁姑娘所花费用的补偿。当然，这里的礼金包含了在未来婚礼过程中的一系列“红包”性质的花费，但这不是我们所说的聘礼，而是婚姻仪式过程的花费，不是一个概念上的事物。

在所谓的聘礼上，月亮河流域布依族婚姻文化中非常强调一个叫“奶母钱”的事物。这个奶母钱是给女方母亲的，也是一个象征性的聘礼，也是可以用一头猪的礼牲来代替的。可以说，它的象征性意义大于它的实际意义，母亲在女儿出嫁时的给予大大超出这个所谓的“奶母钱”。月亮河流域布依族婚姻文化中强调这个，主要是儿女报恩教化意义在这种“集体无意识”中的传承。

在接下来的接亲、送亲、回门的实际婚姻缔结中，月亮河流域布依族婚姻就正式进入了一种仪式化的过程。在这个时候，月亮河流域布依族的歌唱和种种仪式就要在其中呈现，作为文化平台的功能性也会出现，并且在这个平台展示月亮河流域布依族文化的方方面面，从而参与月亮河流域布依族文化的结构。

在月亮河流域布依族婚姻文化中，一旦启动一个婚姻缔结的过程，一开始就不是婚姻男女双方的自主行为，而是男女双方亲缘集团之间互动关联，主角在一定程度上男女双方亲缘集团，而不是婚姻男女双方。这样的婚姻缔结关系，必然就不会是一系列的实际婚姻关系的具体表现，而是一系列的集体性质的仪式。在问亲、定亲、说彩礼的过程中，有一定的仪式出现，如“看鸡卦”，但真正的群体性的仪式却在婚礼的过程中。

在男方家的接亲队伍来到女方家村寨外时，月亮河流域布依族婚姻文化中的群体性质的仪式开始了，这时候，要唱“开寨门歌”，女方家会有妇女歌手在寨门处拦门敬酒，男方家的大歌郎唱对了，女方家寨子的寨门才会打开。接着是唱“开院门歌”，最后是在女方家大门处唱“开门歌”。进得门来，坐在神龛前的床上，旁边的女方家歌郎你并不认识，故一开始要唱“歌郎相识歌”。在交上“奶母钱”后，就要唱布依族古歌、谢媒人歌、祭祖歌，中午吃过饭后，唱闹堂歌及驱邪降魔歌，这是婚礼的仪式歌。接着又是男女双方歌郎对唱布依族古歌，最后有一个叫“揭开盐豆碗歌”，这是一个转折歌，说明婚姻中当天的仪式性歌唱结束。这时一般是夜间了，之后就是一夜的布依族男女间情歌自由对唱了。

在月亮河流域布依族婚姻仪式中，蕴含了许多含义，一次次的拦门歌和歌郎相识歌，实际上都是两个亲缘集团的文化和智慧的较量。在仪式中也有为两个集团争取最好未来前景的意义，因为婚姻的缔结也许是力量的相加，也许是力量的相减和不可知。当然，也有为未来婚姻男女争取主动权的意义。

在月亮河流域布依族婚姻仪式中，我们还强烈地感受到其来源于久远年代巫的含义。

在唱婚姻仪式歌的时候，女方家的人会在歌郎的桌子上放上两片青菜叶和几粒黄豆，这里的布依族人认为，在举行这种婚姻仪式的时候，周围环境中的天、地、森林、河流……会有许多仙女（这里的布依族称呼）的女性精灵鬼怪来到歌唱现场听歌，歌郎要有能力对她们进行安抚，把她们安排在合适的地方去，这样才显得歌郎有能力和神性。其标志就是在歌郎唱了一段时间后青菜叶蔫了下去，否则，“说明大歌郎唱的有所闪失，这样的话就得罪了各种精灵鬼怪，大歌郎唱不走他们，他们就兴许作怪，使得歌郎们感觉有些不舒服之类的，如唱得声音嘶哑，严重的会使歌郎当场晕倒……”

这是一个非常美丽的文化想象。

这种巫的含义还表现在唱“揭开盐豆碗歌”这一仪式中。

在唱“揭开盐豆碗歌”的仪式中，要由二歌郎交叉性地先揭开四个碗中的两个碗，这最先揭开的两个碗里有什么，既有此次婚姻仪式的预测，也有巫的含义表达。“女方帮忙的妇女准备四个碗，一个碗里装盐豆、一个碗里装煤渣、一个碗里装葵花子、一个碗里装花生，四个碗上分别再用一个碗倒扣上，”

这四个碗里的四样东西都是有含义的，而且含义都与生育有关。

在月亮河流域布依族婚姻仪式中，可以说它的仪式和象征随处可见，每一个环节你都可以看到含义，可以看到语言和行为在其中的仪式和象征的表现。这是月亮河流域布依族文化的重要组成部分，但实际上，月亮河流域布依族婚姻文化的最为重要的不是这些，而是它作为一个文化平台对于布依族的结构性作用。

在月亮河流域布依族婚姻文化中，从婚姻的缔结过程开始，它的文化平台作用就出现了。这个过程很复杂，包含的内容也极多，但我们在月亮河流域布依族婚姻文化平台上，看到的最为引人瞩目的是以下四个部分：一是它的服饰；二是它的歌唱；三是它的“集体无意识”教化；四是传授知识。

在婚姻文化的平台上展示一个族群的服饰，是一个族群最为常用的形式。服饰文化无疑主要是一个族群的女性文化表现，它的展示有几种状态，一是常态，在民间和学界我们称“生活装”；二是节日的聚会，一般都会着美服，在民间和学界我们称“盛装”；三是做客，也要着美服，而婚礼中着美服，是做客最为重要的表现。

在婚礼中，借用这个平台作用，月亮河流域布依族把最好的美服也展示了出来，而且比别的时候展示得更多，也是最为认真的。我们在新娘与红娘的门口换装中就可看到。还有在月亮河流域布依族婚姻文化中，有两样服饰是在其他场合不会出现的东西，一是等级服装，二是新娘冠冕。这些在月亮河流域布依族婚姻文化中都是赋予了一定含义的。

在月亮河流域布依族婚姻文化中，歌唱是其所有仪式的外在形式，在婚礼仪式中，几乎没有一样不是用歌唱的形式呈现的。布依族是一个最爱歌唱的民族，表达爱情用歌唱，传授知识用歌唱，讲述故事用歌唱，宣泄情感用歌唱，举行祭祀仪式用歌唱……前几种歌唱在一般的地方我们可以见到，但在举行仪式的时候仍然用歌唱，则少之又少。

在月亮河流域布依族婚姻文化平台上，这个民族所有的歌唱都有所呈现，仪式歌、古歌、情歌、叙事歌等等，许多歌唱的形式也在这个平台上出现，盘歌、对歌等等。

如果说月亮河流域布依族的服饰文化在这个平台上得到充分的展示，一点不为过，但这个平台也同样展示了月亮河流域布依族最为丰富多彩的歌唱。

在月亮河流域布依族婚姻文化平台上，还有一个“集体无意识”的教化作用。在这个平台上，月亮河流域布依族的道德观念和伦理观念得到了充分的展示，尊老、爱幼、互敬、讲究村寨社区的互助友爱精神等等。在月亮河流域布依族中，一个人的事就是大家的事，一家人的事也是村寨所有人的事。这些在月亮河流域布依族婚姻文化这个平台上无处不在。

在月亮河流域布依族婚姻文化的这个平台上，传授知识也是一个重要的方面。在其古歌中不用多说，就是在一般的歌唱中，知识性的内容都是大量存在的。讲到天，就要说明天是怎么来的；讲到地，就要说明地是如何形成的；讲到人，就要说明人是怎么产生的；讲到布，就要讲棉花和麻是如何种出来、线是如何纺出来、布是如何织出来的，等等。

在月亮河流域布依族婚姻文化这个平台上，除了以上的意义外，还有一个更为重要的意义，就是这个平台对月亮河流域布依族文化结构性的影响。也就是说，月亮河流域布依族文化的构成，在一定程度上受到平台性质的影响。即有什么样的平台文化，也就会有什么样的文化表现，因为文化平台也是一种文化因素。而且，月亮河流域布依族文化中的婚姻文化平台，其影响力是比较大的。

在月亮河流域布依族婚姻文化中，还有一个表现十分突出的文化现象，就是在婚姻仪式中看到的强烈的生育意识。

在月亮河流域布依族婚姻文化中，其生育意识的表现主要在“回门”中。

“新娘回娘家后，一般要三天甚至一个月之后，新郎家才派姐姐或妹妹去接。新娘一般到新郎家半天时间又再回娘家。然后这样反复来回接送，持续时间长的有几年之久。最后直到妇女怀孕才会常住夫家。”（见《月亮河流域布依族婚俗调查个案三》）

“新娘从男方家回来，称为‘回门’。

“要是男女青年对对方的情况认为不满意，双方在媳妇没来夫家住下之前都可以自由‘赶表’，也可以通过唱山歌的形式另寻意中人。但不管怎样，最后还得回夫家。以前的说法是‘小辈的婚事是老人的事情’。中华人民共和国成立以来，情况有所变化，自由恋爱的情况增多。

“经过接亲仪式后，若女方在外‘赶表’，有了身孕，会被认为是一件不好的事情，以后回不回夫家常住，要看夫家的态度，不要此媳妇也行，不用赔偿任何的礼金，要是男方能接受也可以回夫家常住。”

一般意义的“不落夫家”习俗解读的是“试婚”，是妇女婚姻生育能力的“测试过程”。一般而言，不论婚姻文化表现如何重大，但最重要的都得有一个生物性的果实——生育后代，这是人口生产的基本要求，在月亮河流域布依族婚姻文化中，表现得超然的强烈，这种强烈性我们可以在月亮河流域布依族文化诞生礼仪中看到。

第三节　月亮河流域布依族诞生礼仪调查与研究

人的一生可以分为许多不同的阶段。早期著名的民俗学家范·热纳认为，人一生中从一个阶段进入另一个阶段，都需要借助特定的仪式来实现他在不同阶段应有的地位和角色，这些仪式就是平常我们所说的“人生礼仪”，由于仪式的总目的是标记，或帮助人们成功，或顺利地度过这些关键时刻，完成人生角色的转换，所以又称“通过礼仪”。

诞生礼仪是人一生的开端礼，在人生诸礼仪中占有重要地位，而且持续的时间也较长。从内容上看，大体包括求子、孕期和庆贺生子三个阶段，而以第三个阶段为中心部分。诞生礼仪的功能在于只有通过诞生礼仪，才能获得在社会中的地位，被社会承认是一个真正意义上的“人”。

一、月亮河流域布依族诞生礼仪的基本表现

我们采录了两个个案，大体上可以反映月亮河流域布依族诞生礼俗的文化表现。

《月亮河流域布依族诞生礼仪个案一》

调查时间：2008 年 8 月 6 日

调查地点：六枝特区拢脚乡补雨村叉河寨；月亮河村大寨

访谈对象：补雨村叉河寨，卢余志，86 岁；韦洪康，73 岁；吴典秀，68 岁

月亮河村大寨：韦洪雷，81 岁

调查报告撰写：游珍海

月亮河流域布依族不举行成年礼仪，过去普遍的认识是孩子长到十五六岁，可以成婚了，即标志孩子已经成人。如以参加浪哨为标志，则更早至十一二岁。但即使如此，小孩的出生则是非常看重的，这从孕妇的诸多禁忌都可以看出。月亮河流域布依族有一句俗语：“钱财归姑娘，田土归儿子。”因此，无论过去还是现在，重男轻女的思想都极为严重，从为得到儿子所采用的诸种变通方式中也可以看出。

（一）求子

月亮河流域布依族夫妇如果成婚两三年还不能怀孕，女方家中长辈就会张罗请先生举行求子仪式了。他们不像汉族，充当送子娘娘之类角色的神仙菩萨很多，布依族没有专门负责子嗣的鬼神。先生一般会根据新娘新郎的四柱（八字）来测到底是何方的鬼或是四柱中缺了什么，然后选一个日子，到男方家举行仪式，根据不同的四柱，或驱鬼，或祈求，或为四柱修补搭桥。

如果仪式举行完还不能求得子嗣，还有两种非常实际的变通方式，条件好的，讨小；条件不好的，过继兄弟的儿子。现在这两种情况依然存在，只是前者已经有了些

许变化，过去讨回家，现在不讨回家，有点借腹生子的意味。

（二）解煞

姑娘怀孕后，有些禁忌是颇为科学的，譬如，孕妇不能攀高爬低；夫妇不能同房；不能涉水过河等等。

娘家在姑娘怀孕期间也是极为关注的。按照月亮河流域布依族习俗，姑娘怀孕后，娘家父母就会请先生根据姑娘的生辰八字，并结合怀孕时间推算姑娘是否犯煞，如果犯了，就要请先生解生煞。娘家父亲买一个猪头，抓两只小鸡，姑娘的亲叔伯会带点礼钱，在先生选定的吉日到男方家，男方家准备鸡、鸭、鹅各一只，家族中男性亲人全部参加这个解煞仪式。先生在堂屋中间设一主坛，中柱旁设一中柱坛，在怀孕女子夫妇房中专设一坛，念经作法，解除生煞。现在，部分姑娘未婚先孕，月亮河流域布依族对此极为宽容，姑娘可到男方家住下，仪式照常进行，孩子生下满月后，姑娘回娘家，男方按照习俗补办婚礼。

（三）接生

接生一般在寨内请有经验的接生婆，现在有条件的人家也有送往医院接生的。

小孩快出生时，家里人都会预备一锅热水。小孩一生下来，即用此水把小孩洗干净，然后用老辈人或小孩父母穿过洗净的旧衣服包好，男孩用男人旧衣，女孩用女人旧衣。杀一只鸡敬告祖先，鸡肉不能给小孩的兄弟姊妹吃，据说他们吃了，将来会和刚出生的这个小孩不和睦。

（四）办酒

小孩出生的第三天，用热水把小孩洗净，请先生看一个好日子，男方家派一人，带一只鸡（男孩带公鸡、女孩带母鸡）、一瓶酒到外家请客。所选日子一般为十六、十八或十九，小孩满月与否均可，一般在满月前。

到约定请客日期，外婆家带来鸡蛋、猪腿、糯米及小孩衣被、背扇等用品来祝贺，一般来三到四桌人。男方家会准备汤圆做早餐，中午才备办酒席。外婆家近，一般当天回，隔的远，则第二天回。男方家根据女方家每一件礼物送一个糯米粑粑的原则给外家亲戚回礼。

（五）满月

根据先生推算，小孩满月当天（有些要60天甚至120天），妈妈背着小孩，带一瓶酒、一只鸡，有小姑子的一般带着小姑子一起回娘家。去时，一定要带一把伞，还要用一棵茅草编成环状放入小孩背篼。临行，还要家人或请人念一段咒语，大意为：三棵茅草共一根，保护魂魄三天到黑，保护魂魄三天到晚。住几天返回时，外婆一定要送小孩一个煮鸡蛋。

（六）其他习俗

由上述可知，月亮河流域布依族小孩出生没有明确的三朝、满月和周岁等礼俗，但有非常明确的敬告祖先、通知亲友寨邻等明确小孩身份的内容和佑护弱小灵魂的保护措施，这些体现虽明确却不繁复，从其中的其他习俗也可看到。

小孩如果三天内抱出来见过阳光，则以后可以随便抱出，只有三天内没见过阳光的，才请先生选个日子抱出门。

命名随意，只要不和外家长辈同名即可（俗说同名则小孩不长）。

办过出生酒后，除非以后解生煞才请客，否则不用再办酒。

《月亮河流域布依族诞生礼仪个案二》

调查时间：2008年8月5日

调查地点：六枝特区中寨乡捞河地区箐脚村己酉寨

调查人员：李相兴、曾雪飞、杨三山、杨胜洪

调查报告撰写：杨三山

调查对象：杨喜富

妇女怀小孩三个月以后，依照布依族的传统要买鸭子，请先生做一个法事，为该妇女解除身上不好的东西，让小孩顺利平安地生下来。做法事的时间也要选吉利的日子。

为什么要进行这样的仪式，据说是因为来投胎的人，他的灵魂还在河边捞鱼虾。所以妇女怀小孩三个月后要请先生来做法事，用一只公鸭子，在主家的水缸旁边祭，在水缸边放一盆水，水上放一个用高粱篾编织的小排，排上做一个小人的模型，在他旁边还放一个小渔网。另外，在水缸边还要放一张桌子，桌子上摆放六个竹筒杯，东、南、西、北、中每个方位放一个，里面装上米。一切都准备好后，先生就开始在水缸边和灶边点香，然后倒酒，一边烧钱纸，一边念驱邪经，念完经就把鸭子杀掉，煮好，砍成肉块，就供放在六个竹筒杯面前，供放的时候也要先生念经。最后，这只鸭子所有的女性不能享用，只有男性可以享用。这样做表示先生要把在水边捞鱼虾的灵魂唤回来。最终目的是为了保胎。根据孕妇的生辰八字的情况，少数人家在孩子还没有出生之前要做两次这样的法事。

布依族在小孩出生前没有做衣服的习俗，出生后用布包好，一般是临时做一件，或用高寿者的衣服给小孩穿。小孩出生用温水给他（她）洗澡，洗好后由接生的人抱出门见天。如果是男孩就用笔拿在他手上，祝他成秀才；如果是女孩就用钱、线放在她手上，希望她以后成为一个心灵手巧的女孩。

新婚夫妇的第一个小孩出生三天之后，一般由孩子的奶奶去孩子的外婆家报喜。如果是男孩就抱一只公鸡和一升米，如果是女孩就抱一只母鸡和一升米。而外婆家的人要根据出生孩子的八字，请先生看好良辰吉日，在好日子那天去看外孙。一般是由外婆家拿一只鸡，公母不讲究，小孩的背搭、花帽，另加一升米和酒去外孙家。女婿也会在该天宴请亲戚朋友。宴请一般在白天举行，所有的亲戚都会闻风而来。大家有的送钱，有的送米，有的送鸡和鸡蛋，有的送衣服，有的送毯子，等等。

请客一般不放鞭炮。主菜是猪肉，不杀牛。请客的当天要定时的给家神供饭，在神龛下摆放八仙桌，桌上放煮熟的猪肉、酒、饭。要烧香烧纸，小孩的父亲要跪在神龛面前烧，还要磕三个头。

办这样的宴席最多的家庭可达几十桌甚至上百桌，最少的人家也有三四十桌。一

般要杀一头大猪。客人送来的东西一般不做登记。如果是第二个孩子出生的话，外家来的时间也不固定，不举行典礼，不宴请宾客。

二、月亮河流域布依族诞生礼仪的主要类型

民俗学家凡·遮耐普认为，人生礼仪依据其原理可以分为交感礼仪、传递礼仪、直接礼仪、间接礼仪、积极礼仪和消极礼仪六类。交感礼仪是建立在相似、相反、接触过的局部和整体影像与真实事物互动关系的信仰上的礼仪；传递礼仪是建立在认为某种具有魔力的“灵物”可以通过身体或意念的接触而传递能力；直接礼仪是不需要通过第三者来进行沟通，人们用语言或行为直接作用于对方的礼仪；间接礼仪则是要经过第三者的传达，或举行特殊的仪式来达到与灵界沟通的目的；积极礼仪是通过主动举行或参与某些仪式活动而希望事情能向预定的方向发展；消极礼仪主要指的是禁忌，即为避免受到伤害而拒绝做或说什么事情。

根据这一理论，月亮河流域布依族诞生礼仪基本涵盖了上述六种类型，并呈现出复合形态。在箐脚村己酉寨个案中，妇女怀孕三个月以后，依照布依族的传统所买鸭子即是具有魔力的“灵物”，它可以为该妇女解除身上不好的东西，让小孩顺利平安地生下来。通过鸭子传递能力的礼俗形式即为传递礼仪。请法师举行的所有仪式均可视为经过第三者传达的间接礼仪。求子时的各种祝词、对刚出生的小孩的祝福语属于直接礼仪。孕期及小孩出生后的各种禁忌是消极礼仪的表现。要注意的是，这些礼仪形式在任何一个仪式中都非单一出现，而是复合纠缠在一起。如在解煞仪式中，就有交感礼仪、传递礼仪、积极礼仪糅为一体。

三、月亮河流域布依族诞生礼仪的结构分析

人生礼仪的内在结构包括三个阶段，即分离阶段、通过阶段和再进入阶段，每一个阶段所举行的各种仪式都可归结为分离仪式、通过仪式和再进入仪式。以月亮河流域布依族诞生礼仪的结构为例，站在母亲的角度，她经历了分离相对单一的妇女、妻子角色，通过生子阶段，以妻子、妇女、母亲的更为符合的身份再进入群体的过程，围绕这一社会角色的转换，也举行了相应的仪式。但由于诞生礼仪的主体是孩子，因此在怀上孩子以前为之举行的仪式中，她是主体，一旦怀上孩子，主体马上就迁移到孩子的身上，她变为从属性的。我们站在小孩的角度，简单分析一下诞生礼仪的结构。

（一）分离阶段

在母体中，孩子实际上已经具备了自己的社会身份，他与父母所在的社会环境紧密地联系在一起，可以说，父母在给予他生命的同时，也赋予了他原初的社会关系。但由于孩子尚未出生，许多自然的、社会的属性尚不明确，父母所在群体都以期待的眼光等待其降临人间。血缘和社会关系越紧密，这种期待越迫切。因此，在一定的社会关系半径内，会举行一系列的仪式，以促使其顺利的从母体分离出来。这些仪式就

属于分离仪式。在月亮河流域布依族中，其解煞仪式是分离仪式的代表性组成部分，这个仪式的主要期待就是母子顺利。其过程我们可以在附录于后的《大坝村纳梗寨孕妇解生煞仪式调查报告》中见到。

（二）通过阶段

王娟认为，通过阶段是指被分离出来的人们需要经历一段时间的考验或训练，然后才能进入下一个阶段。这期间，人处于两个阶段的中间状态，因而是“危险”的；既有可能被别人伤害，又有可能伤害到别人。所以，一般情况下，他们都会被隔离起来。当人们认为他们已经能够经受足够的考验，或失去了危险性，或证明了自己的能力之后，才会允许进入下一个阶段。

人们普遍认为，刚出生的小孩对群体其他成员不具备危险性，他更可能受到可知和不可预知的伤害，礼仪的举行主要是为其拭去不洁，清除危险。危险性主要来自孕妇，在某种程度上，她是不洁的。因此，孕妇和婴儿都要被隔离起来，直到危险解除。在月亮河流域布依族地区，人们的做法也是如此。对孕妇，他们有许多的禁忌，如上楼不得高于神龛神台，其丈夫不得参加任何祭祀活动和婚丧仪式等，其避开不洁的目的显而易见。在上述两个个案中，我们都可看到，对孩子的保护是极其周密的。布依族在孩子出生前没有做衣服的习俗，刚生下来时，用老辈人或孩子父母穿过洗净的旧衣服包好，期待借助祖宗的神力或父母的力量保护孩子顺利渡过这一危险阶段。在禁忌中也有同样的表现，如未择定吉日前，孩子不准抱出屋外。选定吉日也要先请祖宗护佑，方可由德高寿长的女长辈抱出门。

（三）再进入阶段

如果说通过阶段时孩子的社会身份尚未得到群体的普遍认可，我们认为是有理由的，因为，我们有理由认为出生头一个月是检验新生婴儿在群体、祖宗力量的护佑下，是否能够通过来自不可知力量的考验。一旦通过，即可进入再进入阶段，其社会身份将会得到群体认可。它的现实表现是随母亲走亲戚，即满月第一次去外婆家，此时的保护也是必要的。去时，“一定要带一把伞，还要用一棵茅草编成环状放入小孩背篼。临行，还要家人或请人念一段咒语，大意为：三棵茅草共一根，保护魂魄三天到黑，保护魂魄三天到晚。”这些礼俗，是为了保护孩子远离路途中的各种邪祟。在月亮河流域布依族中，他们没有周岁礼俗，实际上是省略了对孩子社会身份的再次确认，而在满月之时完成了这一步骤。

综上所述，我们可以明确这三个阶段的时间节点，即脱离母体之时是分离阶段，分离至满月为通过阶段，满月为再进入的时间标志。在每一阶段的仪式中，它所宣告的主题是保护与确认。

钟敬文主编的《民俗学概论》指出：“每一个人所经历的人生礼仪，决定因素不仅是他本人年龄和生理变化，而且是在他的生命过程的不同阶段上，生育、家庭、宗族等社会制度对他地位的规定和角色的认可，也是一定文化规范对他进行人格塑造的要求。因此，人生仪礼是将个体生命加以社会化的程度规范和阶段性标志。人生仪礼与社会组织、信仰、生产与生活经验等多方面的民俗文化交织，集中体现了在不同社会和民俗文化类型中的生命周期观和生命价值观。”据此，结合月亮河流域布依族诞生礼仪的具体表现，我们认为，月亮河流域布依族诞生礼仪的主要仪式是家族增添新成员的标记，其他相关成员社会身份变迁的标记，更是诞生者走入新世界、融入社会生活的标记。

第四章　月亮河流域布依族服饰文化调查与研究

2008年8月4日至13日，我们月亮河流域布依族文化调查小组一行七人，对六枝特区月亮河流域地区的布依族文化进行了全面的调查，获得了许多该区域布依族文化第一手资料。2008年12月29日至2009年1月1日，调查组部分成员再返月亮河流域布依族聚居的箐脚村，对以往的调查资料进行完善和补充。本章将结合两次调查的服饰材料，对当地布依族传统民族服饰做一详细的描述，并在此基础上做一些分析研究。

月亮河区域涉及的布依族村寨较多，该区域的布依族传统服饰风格又基本一致，因此我们主要选择了中寨乡箐脚村己酉寨的布依族族服饰作为个案，它基本可以代表整个月亮河流域布依族的服饰文化。本文所提及的“月亮河”服饰均为该寨服饰，作为与该区域服饰研究相关的布依族其他土语区的服饰，文中都会特冠以所在区域的具体地名，这一点在行文之前必须要特别加以说明的。

己酉寨距离中寨乡政府所在地约15千米左右，距离六枝特区政府所在地平寨近40公里，全寨共有60多户人家，全部是布依族。由于当地煤储量较大，为了开采和外运煤矿，当地政府于1972年修了一条简易公路把寨子与特区政府所在地连接了起来。

己酉寨布依族服饰共有两大类，即本民族传统服饰类和普同化服饰类，由于本次调查主要是以当地布依族传统文化为主，所以服饰方面也只对其传统服饰进行访谈和记录。记录手法主要是文字笔录以及照片记录两种。为便于操作，我们在调查时分了婴幼儿服饰、未婚青少年服饰、已婚至中年服饰、老年服饰以及婚丧服饰几类。

第一节　月亮河流域布依族服饰描述

一、婴幼儿服饰

己酉寨布依族在孩子出生前都要为孩子准备衣物，如帽子、包布、小衣服和小裤子、袜子以及背带等等。

孩子出生前，帽子、包布、小衣服和小裤子、袜子等衣物主要由产妇自己准备，背带则由孩子的外婆准备。

1. 帽子

帽子是孕妇为自己未出生的孩子最先准备的东西，一般在孩子出生前三个月左右就动手准备布料、线、绣花底样等做帽子必备的材料，布料主要是柔软的棉布，做一顶全新的帽子需要五六尺布，但如果帽子的里层用旧衣棉布裱的话，外层（包括顶绣片及围片）只需两尺就够了。做孩子衣服的布料如果要用裱布，那么黏合的料不能用山上的植物黏剂，只能用麦面调的黏合剂来粘，这主要是为了防止孩子对有些植物过敏，而且把裱布做的里衬与顶绣片、围片缝合之前，要反复搓揉裱布部分，直至确定裱布绵软为止。

顶绣片是婴儿帽子上绣饰最多的部分，因此在各部件制作过程中费时和费的心思都最多，也是婴儿服饰中最体现“准妈妈”针线技艺的部件，所以无论从其格调、式样、绣色搭配、寓意等方面，制作者都给予了高度重视。顶绣片上绣的题材主要是花卉植物，一般不绣蝴蝶、鱼、鸟、龙、虎等动物。在已西寨我们见到的没有缝好的帽子顶绣片有三块，完整的帽子有一顶，四片绣片其式样一致——都呈椭圆状，且以前额部分为中心共有七个弧形，其中中间弧形稍大，左右各三个弧形较小。绣饰内容的组合，多是里外几个似方又似圆的“回纹”结构。核心花一般都是宝相花纹，核心宝相花外围基本上都有向外走向的角纹与外围绣饰内容隔开。

除了顶片有精致的绣饰内容外，还有预绣的左右帽耳绣饰，这两块绣片是通过折纸一剪两相向的原则剪出的相同的“月牙”状绣片。图案内容主要是几何角纹或叶纹，与围片缝合时“月”弯向上。

围片最下端的绣饰是我们见到当地婴儿帽绣中的第三部分，从仅只一例的绣样内容看，图案是一株以藤叶为主题的红色基调的波状纹。

过去，有的人家在孩子的帽子缝好后，还要在前额一侧的围片腰部缝上一串或银质或锡质的锥状饰物，而且不论男孩女孩都可以。如果是女孩子，在帽子的后脑部分一般要饰上彩线或其他的缀饰物。

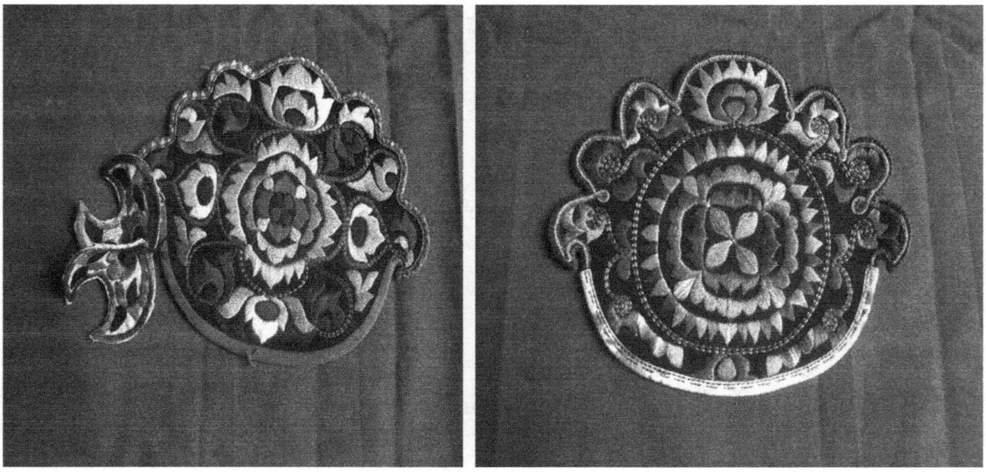

图 4-1-1　月亮河流域布依族婴幼儿帽子顶部绣片

孩子满月后，帽子就可以戴上了，由于那时孩子头脖颈较柔，在母亲的背带里，他（或她）的头总是偏向一侧，所以帽子上的顶绣最引人注目。

当地的布依族妇女介绍说，一顶精心制作出来的帽子“一家的孩子都可以轮着戴，直到他们都长大”。20 世纪 80 年代以来，一对农村夫妇只能生育两个孩子，这种帽子到小孩子上小学都戴不坏。

图 4-1-2　月亮河流域布依族婴儿帽

2. 包布，小衣服和小裤子、袜子

包布是孩子满月前要用的一块必不可少的内衣外的衣物，其作用主要是定型及保暖，当然在炎热的月亮河谷地，如果是夏、秋之际出生的孩子一般可以不用它，但其他时候是非用不可的。传统上的自制包布是用多层柔软的棉布制成的，一般没有装饰什么图案，形状是方形，大小在一平方米左右，据介绍，以前当地的包布由婴儿的母亲在孩子出生前准备，或者由孩子的外婆准备，在孩子出生后送来。有的用从县城（以前在离寨子 30 多千米的郎岱）买来的上好棉布做成，有的则是用自织的素锦面料做成。现在，一般都用商家卖的棉毯式做包布了。

小衣服制作时有个原则，主要是要便于换下或穿上以及用料柔软，所以多以右衽衣或对襟衣为主，一般也是素衣，小裤子为便于处理孩子大小便也以开裆裤为主，尿布或便布过去基本上都以大人的破旧衣服经过开水洗烫后做成，式样上也无多大讲究。袜子主要是购买，在市场上销售之前，当地也不自制袜子。

3. 背带

婴幼儿用背带也是当地婴幼儿服饰中最亮丽的部分之一，一般都有绣饰，制作精细，外形美观，而且很实用，孩子满月到两岁左右都要用，而且可以延用几个孩子。

背带一般都是孩子的外婆制作，在看到自家姑娘怀孕后，就开始备料、剪样、绣花和缝制，在孩子出生三天后或满月时送到姑娘家。

背带由护背、托垫、带子三部分构成，其中护背部分是核心部件，主体绣饰集中在这一块上，使用时这一块也是尽露无遗的部分，所以制作者在这一块上下的功夫最大。

护背的功能主要是起到支撑、保暖和护背的作用，所以要有一定的厚度，无论过去或现在，当地人在孩子的背带上都不用海绵，除绣片外，护背的垫主要还是由裱布做成，裱布之外再缝上绣片和里衬。这样既保证了保暖需要的厚度，也给护孩子身体提供了支撑力，而且还保证了安全。

托垫部分是整个背带中的最素的部分，其功能主要是遮护住孩子大小便，由于孩子在背的状态下这部分有托的外观感觉，所以我们暂且把它叫作“托垫”。

带子部分虽名为“带 ”，但它从护背的过渡地段看并非“带”，为了减小应力以及与护背部分配合，所以这一段实际上是与护背部分融为个整体。带子很长，从两边肩头算起各长两米左右，实际总长达四米左右，用时，两边带子在胸前交叉，然后返回后面托住托垫的孩子臀部再到前腰交叉打结。带子部分也是有许多装饰性绣物的。

护背上的绣饰题材也是多种多样的，一般都有核心绣物，其他都是配饰，所以主题感强，如图 4-1-3 前图中核心部分是以“卐”字纹为主题，其他外围的寿菊、凤、簪、盘长、缨等都是配饰，都向着由“卐”为主题的核心。

图 4-1-3　月亮河流域布依族婴儿背带上的绣片及织锦花片

月亮河流域布依族服饰上最常见的绣饰物是蝴蝶，这在背带上也有充分的体现。蝴蝶常围绕着核心饰物“花”，其触须又特别似花茎嫩芽，看上去非常生动和谐。

图 4-1-4　用背带背着孩子的月亮河流域布依族妇女

二、未婚青少年服饰

1. 未婚男子服饰

20世纪70年代中期以前，未婚男孩子还穿本民族的传统服饰，但现在基本上没有人再做这种衣服了。

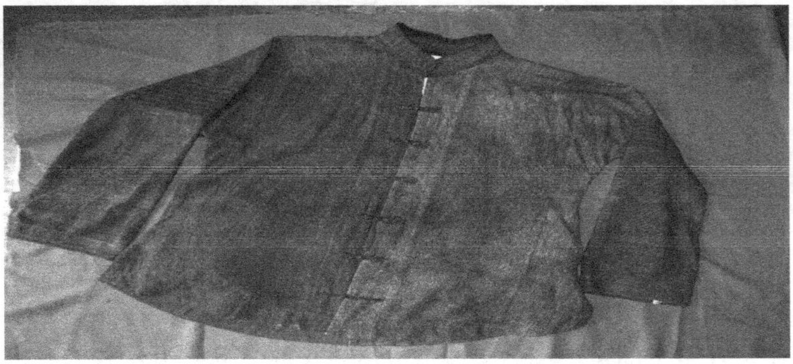

图4-1-5　卢明政30多年前穿的直领对襟衣

据布依族寨老们描述，男青少年的衣服都较简洁，上衣多穿对襟直领长袖蓝色上衣，袖子很窄，仅勉强让手从袖子里伸出去，袖长及腕关节；衣长及脐，较紧身，能充分展现胸肌的发达程度；衣纽和扣系布缝制而成，一般都是单对，以七对、九对居多。裤子以低裆宽直筒为特点，色亦多为蓝色，衣、裤多以当地土布为材料；发饰方面，男孩子从不蓄长发，平均一个半月左右要剃一次头，剃头以长辈给晚辈剃为主，小辈替长辈剃的往往被视为不符合规矩，但长辈主动要求晚辈帮助剃的还是允许的；青年人平时不戴帕，"赶表"时才戴，颜色以浅白色为多。赶场或过年节时脚穿布鞋，农活时不穿。布鞋多为母亲或姐姐等缝制；布鞋鞋帮多为蓝色，鞋底为手工纳制，纳鞋底的线为粗麻线，鞋纽和扣都用布缝制。以前很少穿袜子。

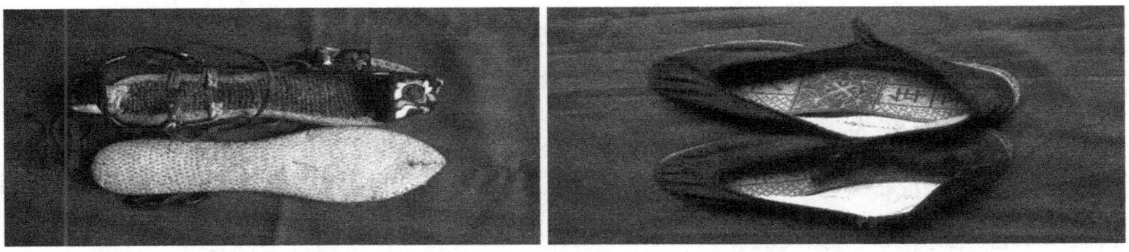

图4-1-6　月亮河流域布依族男性的花凉鞋和有爱情寓意的鞋垫布鞋

2. 未婚女子服饰

（1）头饰

未婚女孩子头饰主要由绣花方巾、金属圆锥饰固定带、假发固定带三件组成，其中绣花方巾是主要饰件，其他两件是配件，主要用来固定方巾，同时也起到装饰作用。方巾和绒线质地假发可以配成套使用，金属圆锥状固定带也可以单独与方巾一起配成套使用。其中，金属圆锥状固定带单独与方巾一起配成套使用者一般年纪要小些，而方巾和绒线质地假发配成套使用者年龄更接近成婚年龄。

图 4-1-7　月亮河流域布依族未婚姑娘的头饰

方巾布依语叫“包真”，主要由两部分构成，靠前额半段一般以深色布做成，不绣花，主要用来让带子固定。额后半段占方巾总长的三分之二左右，底布一般以白色布居多，主要是绣饰，上绣图案以蝴蝶、鸟以及花三样内容最为常见。而且绣饰基本上都由三部分组成。

方巾一般由四层至五层布组成，各层在额一侧均齐，但后侧则是错位的，最上层最短，第二层次之，第三、第四、第五层依次加长，因此从后边看层次感明显，各层边上都用彩线几何纹锁边。各层之间用线固定在一起，但后半段可以层层上翻，因此，有的姑娘方巾的这个位置上的各层都有单面绣饰。这是一种很少能让人看得见的绣片。

圆锥形金属饰件的带子布依语叫“色捏”，带子宽一般就 4 厘米左右，但长度则有近 4 米长（我们量过两套，一套长为 3.68 米，另一套长为 3.98 米）。金属部分，有钱人家过去用的是银质地，但一般人家则用锡等质地。买时数量在二十对左右，但一般是用单数，如三十九个、四十一个等，据杨胜洪讲，要留一个不用的原因是表示“年年有余”，同时单数代表“阳”，可起到防邪气之功效。每个圆锥体的底圆直径在 1.8 厘米左右。这类饰件过去有专业的匠人来走村串寨制作，现在多在市场上购买。

假发辫布依语称为“多莫”。过去，人们都用真发辫固定方巾，但后来人们发现，真发固定既伤发质，又不是很稳，所以发明了假发，假发辫有编成辫状的，也有直接将绒线用毛线绕牢做成的。

固定绣花方巾时，先用有圆锥形金属饰件的带子固定，带子压在方巾的前半段，到脑后发下交叉后又回到前面打结，然后将带子的两个末梢从头顶往方巾正中向后理，起到再饰作用，带子的两末梢中装有钱币，所以使用时有下坠感。绒线做的假发带除了进一步固定方巾之外，还可以遮住圆锥形金属饰件的带结三件套同时用时，前额部分因圆锥金属饰件而吸引对面目光的重视，后面又因方巾的绣饰而吸引后跟者的目光。

当地年轻姑娘虽穿耳，但婚前很少有配耳饰的，一般也不佩戴项饰。

（2）衣、裤、裙

当地布依族未婚姑娘传统衣裤一般有夏秋装和冬春装两类，由于夏秋装较简洁，所以也是便装，而冬春装比较华丽，因此可归入盛装之列，两类服装在季节上也不是规定得那么死板，冬装在其他季节时也可以穿，尤其是年节或重大活动时一般都要穿。

A：夏秋装（或便装）

上衣：月亮河流域布依族少女夏秋装上衣主要是右衽短衣，类似于汉族地区的姊妹装（如图4-1-8所示）。

图4-1-8　月亮河流域布依族年轻女性的右衽上衣

其特点是直领、右衽、窄袖、宽摆、布纽扣。另外衣领周围、袖口、衣摆以及衽边多有花边，有刺绣花边，也有剪拼花边。传统布料多为自织自染的“土布”，传统颜色主要是青色，但随着现代工业织品的普及，各色碎花布料成了少女服饰的主调。特别值得一提的是此类上衣的下摆与汉族地区有很大的不同，那就是衣摆较为宽大，且具有一定的曲度或波卷风格，可以显现出少女的活泼与灵动气息。另外，在此类上衣中，有的在胸前用花边缝制成外围腰的格式，这种创艺性的立体化改制使它进一步突显了布依族民族特性，这在其他民族中，甚至布依族的其他土语区并不多见。据老人们回忆，如果用布依族自织的“土布”做这种衣服，在不包括袖子面料的情况下，一般需要两幅布才能拼接成一件衣服，所以过去的老式传统服装会有一个中缝（两幅布的缝合处），但现代工业布料的幅宽，使得这种中缝的款式发生了变化。

裤子：与右衽短上衣相配套的是裤子，这类传统的手工裤子20世纪80年代以后就不再做了，所以现在已经见不到了，但好心的己酉寨布依族老人们还是给我们作了描述：这种裤子一般用两幅最宽尺寸的“土布”，最宽的“土布”尺寸一般在一尺二寸左右，这样做出来的裤子裤管一般比现在的西裤稍大一点，裆为中裆，腰口再叠加一层一寸宽的布，没有裤腰袢，但在裤腰右上方缝有紧裤腰布带装置（布带子），裤管长短依人的身高而定，颜色大多是靛蓝色或浅蓝色。

鞋子，夏秋一般穿自制凉鞋，赶场或节庆时穿弯口的布鞋，布鞋底系用袼布纳制，鞋帮传统颜色多为蓝色，一般都绣有花草纹或鸟、蝴蝶等图案。

B：冬春装（或盛装）

上衣：未婚少女冬春装的上衣以几层叠加成一整体的套件组成，说是“一整体的套件”，是因为这些上衣彼此之间用线缝合在一起，一般来说有三层、四层、五层衣服，五层以上的不多见。

这类衣服的具体特点为，最外层是黑色的有绣花或织锦镶边的肩搭褂子，说它是搭褂是因为它与普通的褂子有区别，具体表现在两边腋下部分的前后是基本分开的，只用窄窄的绣花带子联结着，这一特点在其他民族中是很鲜见的。最外层的第二个特点是领边和襟边以及衣摆和腋缘部分有绣饰片，从正面看绣片部分似云雷纹，褂子背面腋下及下摆的绣片几乎成一整体，如马蹄形。最外层的第三个特点只有一对布纽扣。第二层一般用两色布料做成，两种布料分占衣服的上下部分。上半部分包括袖子，其中袖子的肘关节部有一较长的与第一层褂子颜色相呼应的布料装饰，两袖口则饰以较大面积的绣饰。第三层及里边各层在领子和襟边的颜色上与最外层褂子上的绣饰相呼应，同时在衣长和袖口长度方面与外两层相互也要一致，其他方面由于穿时不可视所以没有特别之处。

以下是六枝特区中寨乡箐脚村己酉寨未婚女子杨喜梅的七套冬春装（盛装）上衣介绍。

第一套连同褂子是三层，其中褂子底色为黑色，第二层底色可视部分为白色，袖子肘关节部分为黑色。褂上领口襟边的绣饰为三列，所绣图案内容为花鸟；下摆和腋下绣片两边对称，内容为花鸟。背部马蹄形绣片部分花纹也是以花鸟为主；第二层的袖口部分亦为对称的花鸟（见图 4-1-9）。

图 4-1-9 杨喜梅冬装上衣（一）正面

杨喜梅冬装上衣（一）背面

第二套也是三层，其中褂子底色为黑色，第二层底色可视部分为白色，袖子肘关节部分为黑色。褂上领口襟边的绣饰为织锦，图案为花鸟有云雷纹、角纹和几何形波折汶；下摆无袖片，腋下绣片两边对称，图案为花。背部马蹄形绣片部分花纹也是花；第二层的袖口部分亦为对称的花（见图 4-1-10）。

图 4-1-10 杨喜梅冬装上衣（二）正面

第三套连同褂子是三层，其中褂子底色为黑色，第二层底色可视部分为淡蓝色，袖子肘关节部分为黑色。褂上领口、襟边的镶边为织锦，图案为几何纹；腋下绣片两边对称，图案为织锦。背部腋下绣片部分花纹也是几何织锦；第二层的袖口部分亦为对称的几何织锦（见图 4-1-11）。

图 4-1-11 杨喜梅冬装上衣（三）正面　　　杨喜梅冬装上衣（四）背面

第四套连同褂子是三层，其中褂子底色为黑褐色，第二层底色可视部分为浅蓝色，袖子肘关节部分为黑色。褂上领口襟边的绣饰为三列，所绣图案为花鸟和几何纹；收腰放摆呈开放样式，无摆绣。腋下绣片为几何对称织锦，背部腋下绣片部分花纹对称织锦；第二层的袖口部分是对称的以黑色绲边的绿色布（见 4-1-12）。

图 4-1-12　杨喜梅冬装上衣（四）正面

第五套连同褂子是三层，其中褂子底色为黑褐色，第二层底色可视部分为浅蓝色，袖子肘关节部分为黑色。褂上领口襟边的绣饰为四列，图案为波浪纹；收腰，但放摆开放度无第四套明显，无摆绣。腋下绣片为几何对称十字绣，背部腋下绣片部分花纹与前腋下部分相同；第二层的袖口部分是对称的菊花形织锦（见图 4-1-13）。

图 4-1-13　杨喜梅冬装上衣（五）正面

第六套连同褂子是三层，其中褂子底色为黑色，第二层底色可视部分为白色，袖子肘关节部分为黑色。褂上领口襟边的绣饰为三列，图案为波浪纹、云纹、枫叶纹等组成的织锦；近下摆处有同色布拼接，无摆绣。腋下绣片为几何对称花草纹，背部腋下绣片部分花纹与前腋下部分相同；第二层的袖口部分是对称的以角纹等纹饰绲边的菊花形织锦（见图 4-1-14）。

图 4-1-14　杨喜梅冬装上衣（六）正面

第七套连同褂子是三层，其中褂子底色为黑褐色，第二层底色可视部分为白色，袖子肘关节部分为黑色绸缎。褂上领口襟边的绣饰为三列，图案为螺旋纹、波浪纹及鸟绣；摆绣部分鸟蝶纹。腋下绣片为对称鸟纹，背部腋下绣片部分花纹与前腋下部分相同；第二层的袖口部分是对称的菊花瓣绣饰（见图 4-1-15）。

图 4-1-15　杨喜梅冬装上衣（七）正面

这种套装型的服装，在水城县猴场乡打把村（属于月亮河流域的一字河片区，也是月亮河流域布依族的一个组成部分）被赋予了一种等级内涵，即层多者为贵，且在婚礼和葬礼上体现。如某某年纪去世的老人可以穿几层（三等装、四等装、五等装等等）。

围腰、带子及裙子：未婚姑娘围腰主料一般为黑底多色花缎，长度一般依人的高矮而定，一般系上时长及踝骨以上，只围人的正面腰腿部分。围腰主料四周都镶有自绣的花边，花边上绣的图案主要是花藤串联起来的鸟、鱼和蝴蝶等，绣花花边共由四片组成，每片一边，其中左右两侧及下边的三块在底料颜色以及所绣图案一般都一样，而上面的则自成一体，与其他三方形成色泽和图案上的鲜明对比。

系围腰时，为了保持其整体形状以及保证不下掉，同时采取了颈挂和带系的措施，这两部分本可以用普通的带子，但当地布依族妇女创造性地在它们上边做了艺术加工，使整个围腰的三大构件成为有机的整体。

颈挂部分为一条宽一寸半左右的绣花带子，带子由两层布料缝合而成，其上的花纹图案基调与围腰四周图案相配套，也多为花鸟虫鱼之类，其长度加工前就根据个子高矮而进行了裁定，并将两端缝合在了围腰的上边绣片上，带子两头缝合处的间距一般在五寸左右，这样挂在颈项上，两条带子就平行地分布在了上衣绣襟的两侧，使围腰的这一固定配件与上衣有机地协调了起来。

带系部分主要是一头固定于围腰上侧绣片一端，另一侧则是预留的多条丝带，系时与围腰上侧绣片的另一端的多条预设丝带打结就可以了。系带宽也是一寸半左右，由双层布料缝合而成。为了美观，系带上也绣花上了花、草、鸟、蝴蝶等图案。在系带的正中，与系带垂直地缝上了三组六根绣花或织锦垂带，每组两根，面料和所绣的内容一致。垂带的宽度要比系带略宽。每根垂带的长度与围腰主体部分相当，系带的下侧有种种质地的缨系的缀饰片（见图 4-1-16）。

图 4-1-16 中寨一带布依族女青年（妇女也用）的缎面围腰

腰带：六枝特区中寨一带布依族春冬服饰一都配有一根宽两寸左右，长达 3 米左右的腰带，这根腰带的主要作用是将上衣及裙子、围腰的相接部分盖住。过去带子以蓝色或白色的棉布料居多，现在颜色多样，而且多选有图案的绸带（见图 4-1-17）。

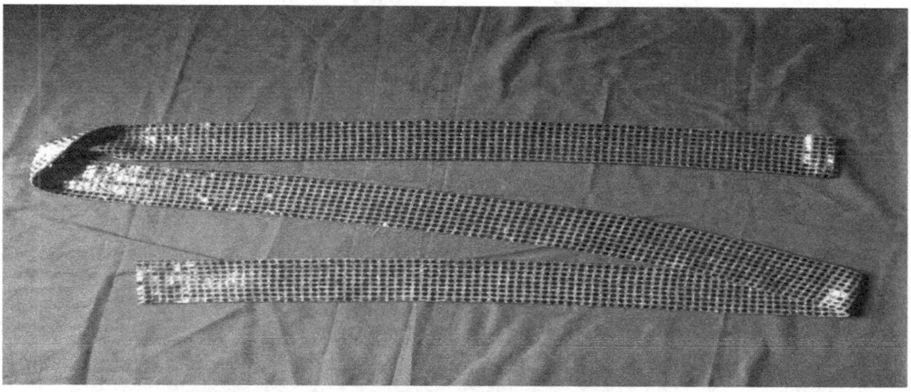

图 4-1-17　月亮河流域布依族妇女服饰上的腰带

百褶裙子：百褶裙子分主裙和配裙两件。主百褶裙一般长及脚面，面料由浅黑色深红色布料对接而成，其中浅黑色部分占三分之二左右，深红色部分占三分之一左右。成品百褶裙浅黑色部分居上，红色部分居下，同时黑色部分上边固定有一根长约两米的带子用来穿时固定（见图 4-1-18）。

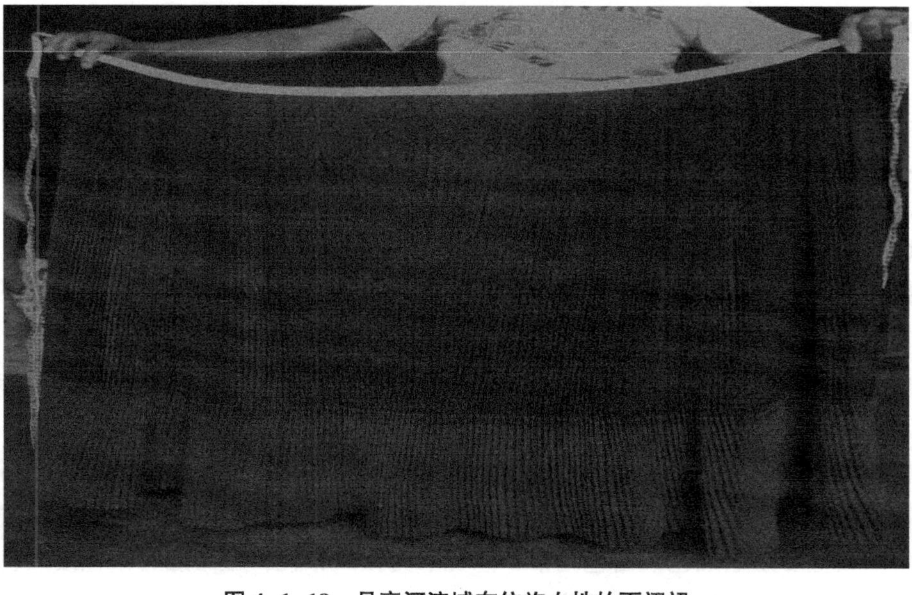

图 4-1-18　月亮河流域布依族女性的百褶裙

在中寨乡箐脚村己酉寨一带布依族人家，做百褶裙的布料无论浅黑色或红色都是自己织的，她们织出来的布幅宽最宽为 35 厘米左右，最窄为 4 厘米左右，做百褶裙的幅宽一般在 27 厘米左右。百褶裙中的红色部分其实只是主色，还有较少的黑线有规律地相间，所以它是黑红相间的素锦。己酉寨布依族姑娘杨喜梅的百褶裙腰宽 69 厘米，长 85 厘米，红黑相间素锦部分宽 25 厘米。除去拼接部分 2 厘米，布的幅宽为

27 厘米。我们把褶子部分拉伸量了布的总长度，为 486 厘米。浅黑色部分也是自织的，该裙所用的“土布”每幅宽为 27 厘米，共用了 17 幅布料。

中寨乡布依族姑娘百褶裙还有百褶配裙，配裙长度只有主褶裙的三分之一左右，长度与主裙一致，色调以黑色为主，没有主褶裙似的不同颜色布料拼接。固定带较长，达两米多。配裙主要是系在身后以覆盖主裙系上时后腰部分留出的缝隙。

图 4-1-19　月亮河流域布依族女性用于盖住百褶裙围缝的小配裙

由于一套未婚姑娘衣裙盛装件数较多，所以穿时是有步骤的，一般来说在内衣裤的基础上，先系主百褶裙，然后是系百褶配裙，之后是上衣，上衣之后是围腰，最后系腰带。

未婚姑娘一般穿绣花的弯口布鞋，过去在冬天也穿自制的棉袜子。

三、婚礼及婚后男女服饰

1. 婚礼服

据中寨乡箐脚村己酉寨的布依族老人杨喜富介绍，婚礼服主要是新郎新娘服饰以及押礼先生的服饰比较讲究。

传统的新郎服饰主要有对襟上衣及筒裤套件、右衽长袍及筒裤套件两类，布料颜色以蓝色为主，但有条件的人家也可以买其他颜色的绸缎做料子。头饰方面，一般结婚男青年都要事先理好发，但不剃光头。结婚当天头上要缠上蓝白相间的方格长帕子，带子末梢留在左耳一侧，当天可以饰上一些缀饰物。如果穿的是长袍，按照习惯，新郎腰上要系上红色或白色绸带子。鞋子为弧口布鞋，鞋帮底为蓝色或黑色，有的鞋底上饰有毛边，里边垫有绣花鞋垫。

传统的新娘服饰在婚礼当天有变化，从娘家出门到进新郎家之前，新娘的服饰与未婚姑娘的服饰一致，只是用料及做工更为讲究。如绣饰比自己姑娘时代的要多。各种质料的缀饰都可根据自己爱好结合传统来搭配。但到进新郎家大门前，必须找个地方并在新郎家已婚妇女的帮助下穿上从新娘家带来的服饰，这是一种标志已婚的服饰，头饰上不再有外露的发辫，外衣样式与已婚妇女的盛装相同，用料考究、图案鲜艳而精致，并且饰有更多的银饰。耳朵上戴上了新的银耳环，项上戴银质项圈，项圈由主件和固定件构成，并有四个螺旋纹。胸前也挂上了象征吉祥和富贵的银饰。图 4-1-20 为六枝特区中寨乡箐脚村箐脚寨布依族姑娘王丽 2008 年 12 月 31 日与已酉寨布依族青年卢胜诚结婚当天换装前后的情况。图 4-1-21 和图 4-1-22 为布依族新娘装中常见的几件银饰。

图 4-1-20　布依族新娘王丽结婚当天进新郎家前后服饰的变化（杨三山摄）

图 4-1-21　中寨乡布依族银耳环

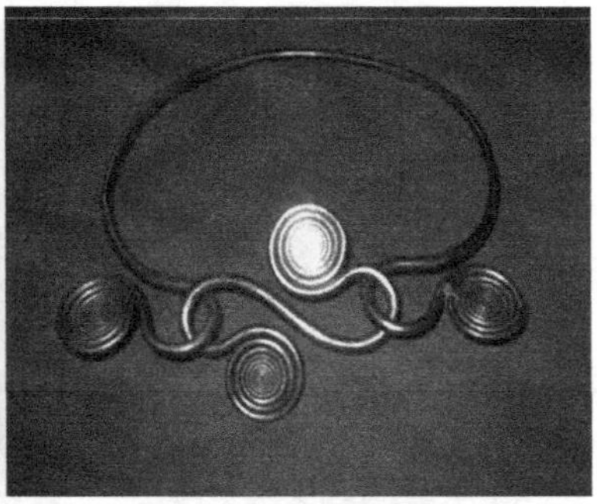

图 4-1-22　中寨乡布依族银项圈

上衣为无领无扣长袖衣，布料为棉或绸缎等，主色调以蓝色或黑色居多。穿时上衣两襟交叉，其中左襟在上，左襟上的预设带子与右腋下的预设带子打结。裙子、腰带、围腰式样与少女基本相同，只是色泽上以及做工和绣花鞋更为考究一些。脚穿尖口船形中筒绣花鞋。腕上也戴银手镯或铜手镯，除拇指外，其他 8 个手指上皆戴有银戒指。

图 4-1-23　银手镯

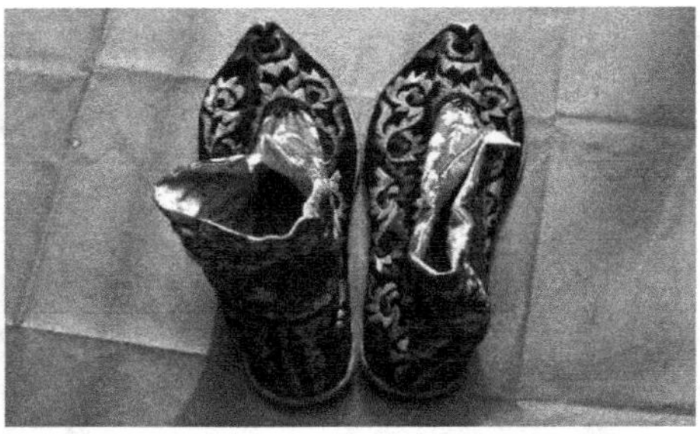

图 4-1-24　新娘尖口船形中筒绣花鞋

押礼先生一般是四人至六人，以已婚男子为主，穿的衣服与新郎风格差不多，但不求新，只需整洁、干净即可。

2. 婚后男女服饰

（1）已婚男子服饰

月亮河流域布依族已婚男子服饰与未婚青年或新郎服饰基本相同，平时可以不戴头帕，但庆典或被请做押礼先生去接亲时必须戴。当代布依族男子平时已很少见穿民族服饰的了。在 60 户左右的大寨里，平时偶尔见个别人穿。不过年纪稍大的人都有一些传统衣服存放着的。

图 4-1-25　月亮河流域布依族男子头饰和衣服

（2）已婚妇女服饰

已婚妇女服饰有现代装、传统以及便装三类。

已婚妇女现代装上衣、腰带及裙子均与未婚姑娘相似，但在头饰上则有区别。一般来说，婚后在未曾生育孩子前，新媳妇仍然可以戴未婚时的有假发的“帽子”，但生育后就不能再戴了（现在已没有严格规定）。取而代之的是一种有精美绣饰但又无假发相配的头饰，这种头饰的特点是能充分将妇女的头发缩起，并有效地收在这一头饰之中，因此做此类头饰时既要考虑到戴在头上的稳定性，也要考虑它的美观性，在这指导思想下，这种头饰给妇女们的长发保留了足够的空间。戴在头上时，头饰的前视面状如大写英文字母“A”。传统的固定方法是在头顶做一固定带，戴时从耳侧向后下，最后在后脑发下相交打结。现代已直接设计有松紧带通过头发来固定头饰。

而且在前额、固定带上以及后两角上都饰上了许多精美的人工或机绣饰片，同时装饰一系列的金属质地或塑料质地的缀饰物（见图 4-1-26）。

图 4-1-26　月亮河流域布依族已婚妇女头饰

已婚妇女传统装实际上就是新娘装，当然布的质料颜色也会有所不同。图 4-1-27 所示的就是传统妇女服饰上衣，传统的新娘上衣也即为此种风格。其特点是布料考究，一般为四层或三层衣，其中外边一层为主衣，领口与襟边为一体，襟边不及下摆，无扣，为了固定衣服，故在对襟下角各系一些布带，以便穿时交叉后于腋下的固定的布带打结。袖中有手工袖或织锦饰件，袖口有较大面积人工绣饰片。

图 4-1-27　月亮河流域中寨乡箐脚村己酉寨布依族妇女传统服装上衣

便装方面就有些特色了，具体体现于头饰、上衣、挂围腰、系带围腰等方面。

首先便装的头饰物一般为一自织的格子锦方巾，其状若四方形，颜色为绿蓝白相间。戴时先将整块方巾对折成三角形置于头上，然后将前两角收起，再将后一角收起最后用针线或发夹固定即可。

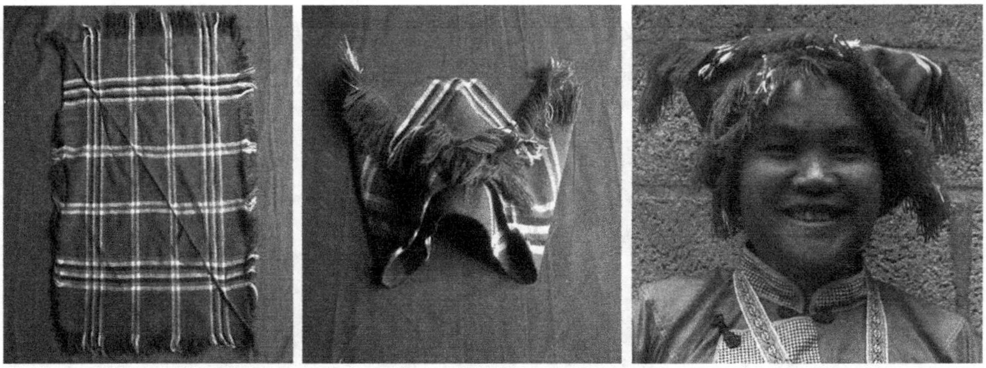

图 4-1-28　月亮河流域中寨乡箐脚村己酉寨布依族已婚妇女便装头饰

图 4-1-29　月亮河流域布依族妇女便装

已婚妇女便装上衣类似未婚姊妹装服饰，如直领、右衽、摆宽、四对布纽扣以及袖上装饰都与未婚装基本相同，但在具体风格上又有所不同，主要是这种上衣用两色布作夸张的拼接使其与其他同类样式服装明显地相区别。如图 4-1-29 所示，该妇女的上衣很明显的是两种截然不同的布拼接起来的，这种拼剪使两种布都可以通过布纽扣使衽边有对接的机会，而大胆地大幅度下剪使这类服饰给人一种洒脱大方不拘一格的韵味。

挂领围腰、系带围腰。挂领围腰类似前面介绍过的未婚姑娘围腰，但也有不同点，首先，这种围腰围的位置与前述的不同，前述的围腰主要在腰以下，而这一类围腰的主体部分却在腰以上，同时这类围腰在造型上也不似前一类，绣饰方面也有所不同。另外在腋下还分别有一带子往后腰打结以定型（见图 4-1-30）。

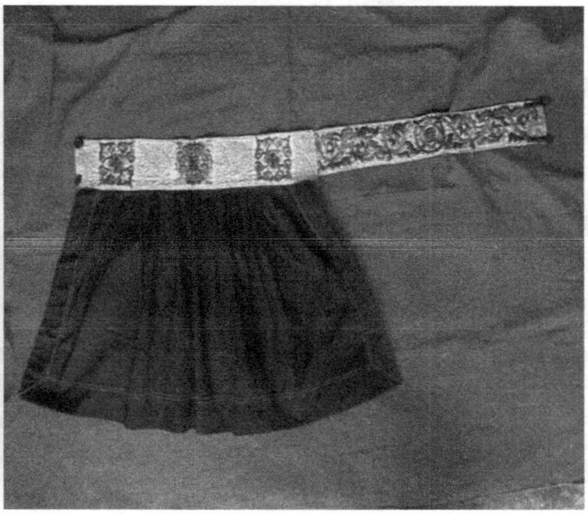

图 4-1-30　月亮河流域布依族便装中的挂领围腰和系带围腰

系带围腰也是便装配件之一，一般只在带子上刺绣，主体部分多为素色，也有镶边绣片或织锦片的。

便装裤子为直筒裤，裤管大小中等，无绣饰。鞋为素帮鞋，也可穿弯口绣花鞋。

四、老年服饰

在中寨乡一带，老年布依族男女饰特点在妇女身上体现得较多一些，而且又主要体现于头饰上。一般来说，老年妇女头上一般都包一块黑色的帕子，这一块帕子除了个别人在顶上正中部分饰上一珠形装饰物外并没有其他任何饰物（见图 4-1-31）。

图 4-1-31　头戴黑素帕的月亮河流域中寨乡箐脚村己酉寨布依族老年妇女

老年妇女衣服方面也有便素装和盛装之分。便装上衣为右衽短衣，也可以是长袍，腰上系黑色围腰，一般都不加任何装饰配件，因此显得格外素雅。盛装方面，由于布料考究，如果再配上耳饰和项饰，就显得更加雍容华贵，气质不俗。

老年男装与婚后的其他男装没什么区别。

图 4-1-32　月亮河流域布依族老年服饰

五、丧服

据中寨乡箐脚村己酉寨杨喜富、杨胜洪等介绍，当地布依族老人在 60 岁左右就开始为自己准备寿服了，寿服的布料一般都以黑色为佳，头帕、长衫、裤、鞋最好都是黑颜色。老人去世后，如果是男性老人要给他洗澡理发，女性老人也要洗澡梳头。入棺前，要在棺内垫上草纸，枕头是用白布包草纸做的。衣服多可多穿，少可少穿，但衣服上、头上、脚上都不能有金属带进棺内，扣子为布纽扣，只能打活扣。女性去世后要穿尖顶鞋，而且要给她裹脚，裹脚时只能反裹，表示她已去了另一个世界。祭奠后，家里儿媳要拿六尺麻布盖在其公公身上以示最后的孝敬。

外家奔丧队伍一般由多人组成，并结队而来，一为表示隆重，二有“问责”之意。按习惯其中必须有两名妇女，她们可以穿金戴银，进入当事人家时要走在最前面。

出殡时，棺上要盖上床单一块，下葬开棺验尸时还要用这块床单遮住阳光。女儿中最主要的一个要头戴草帽、提糯米饭篮子，出殡回来后草帽和篮子要挂在房外，吃完饭后自己带回家。

孝子的孝服白布或麻布由其舅家准备，一般是一丈二尺，孝女的由主家准备，孝女孝媳丧期可以穿各种本民族服装。丧仪做完后，孝布可用作衣料，但不能做鞋子，也不能染成其他颜色。如果亡人是正月间去世的，那其孙辈要在手上拴上红毛线，男孩子拴在左手，女孩子拴在右手。之所以要这样做“一是为了表示敬重老人，其次是为了保护自己”，己酉寨的杨喜富先生如是说。

先生必须穿长衫，戴白布做的法帽。

六、其他饰物：花包、绣球、沙包、背袋、帐饰等等

花包是布依族小姑娘赶场随身所携带之物，一般放钱包、镜子、梳子之类。花包一般都有一主体饰物——手工绣饰，题材多为蝴蝶或鸟或花。包底布料多为黑色。包带绣有各种花纹。

绣球是过去女孩子送给心意的男孩子的定情之物，因此一般都做得相当精细精巧。在月亮河一带，绣球一般都做成钻石形状，外绣各种花纹，各角缀有美丽的各色璎珞。其中间则一般包有八角等各种香料，也有全包布的。

沙包也是从绣球发展而来，但后来专门用来做体育道具，因此沙包一般无绣饰，为纯色居多，也有间色的。中间一般包有细沙。

背袋为妇女们平时装针线什物的工具，一般以方格织锦为主布料，背带部分以及袋品口沿部分一般为蓝色，有用白线缝的素饰。袋底两角饰以单色素线缀物。

图 4-1-33　花包

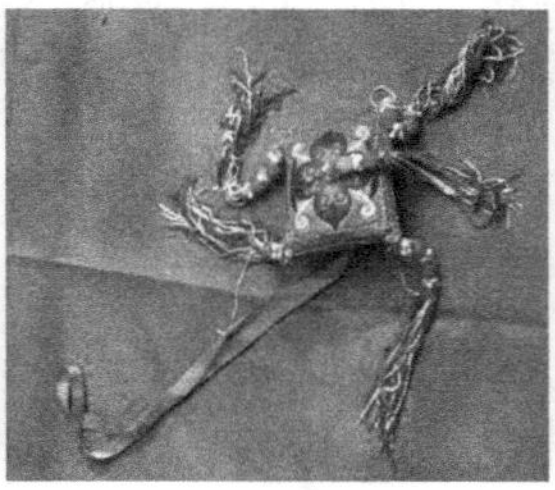

图 4-1-34　绣球

图 4-1-35　沙包

图 4-1-36　背袋

帐饰即蚊帐上的装饰物，一般由新娘出嫁前自己绣制，题材一般以吉祥物为主，如龙凤图案、双喜双鱼、富贵盘长等等。绣饰长度必须与帐架长度相当，结婚时或婚后由新娘搭在婚床帐架上沿蚊帐之外（图 4-1-37）。

图 4-1-37　月亮河流域布依族中寨乡箐脚村己酉寨卢明政支书家儿媳做的帐饰

第二节　月亮河流域布依族服饰图案

一、图案内容

1. 花草类图案：花类主要有八角花、六瓣花、四瓣花、三瓣花、牡丹花、菊花、荷花等，花的品种并不固定，如果说有风格的话，那么多元就是特点，当然在各种织锦和人工绣饰品中，八角花似乎要多一些，这些花在头饰上、襟饰上、下摆饰上、两腋下、袖下、围腰镶边、围腰挂带和腰带、腰带上的飘带上、鞋帮上、儿童背带上等部位都有所体现。草类其实主要是被简化了的叶，一般都是三叶组成一个小单元的图案，这些"草叶"图案主要在绣花鞋上、围腰镶边上等部位。

2. 动物类图案：动物类图案主要有鱼、凤、鸟、蝴蝶、喜蛛五类，鱼纹绣饰主要在衣襟、下摆及围腰各部位上。另外布依族妇女传统耳环的坠片也有四条头相向的鱼纹，古老的手镯上也有明显的鱼图案；凤纹饰几乎体现在身上的所有饰片上，从头饰、衣领襟、下摆、腋下、下摆、围腰镶边绣饰、围腰挂带及腰带、袖口饰、鞋饰上都有所体现，这类纹饰在当地布依族古老的银手镯上也随处可见到；鸟纹绣饰和蝴蝶绣饰也较多见，其分布也与凤纹绣饰相同，可以说布依族服饰上的这些小动物纹饰使当地的银饰有了动感和灵性。

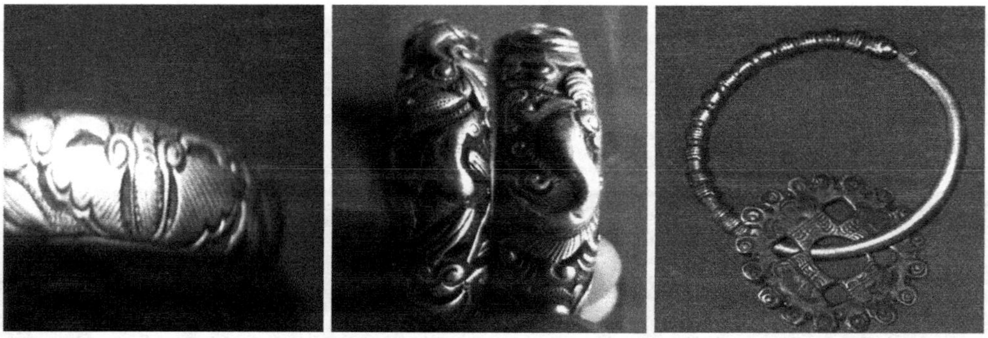

图 4-2-1　月亮河流域布依族中寨箐脚村己酉寨首饰上的蝴蝶、鸟、鱼图案

月亮河流域布依族服饰中的这种动物图案，在其保留的铜鼓上及年代久远的木皮鼓上都见得到。图 4-2-2 中的第一幅图是箐脚村小阿志寨杨家保留的铜鼓上的鱼纹，图中的鱼纹只是片段，在该鼓的鼓面上的外围圈，这种图案呈矢量分布，图中体现的是鱼在波涛汹涌的江河中露出可爱的人性化的笑脸，并展示其灵动的身和尾。这面铜鼓类似北流型铜鼓，其铸造年代至少是明代初期。因此，鱼纹在布依族生活器物以及服饰上的运用年代久远。图 4-2-2 第二幅图中的蝴蝶纹饰是刻在当地的木皮鼓上。无论是铜鼓还是木皮鼓，在当地无非就是用于信仰活动以及娱乐活动的工具，当然这并非一般意义上的工具，至少铜鼓是作为布依族传统文化的物化物这一点已被学者以及广大的布依族同胞所认同。提出这一点，我的目的是要说明，布依族服饰上的鱼、虫图案其意义是深远的，来源也并非偶然，这与其传统核心文化有着必然的联系。

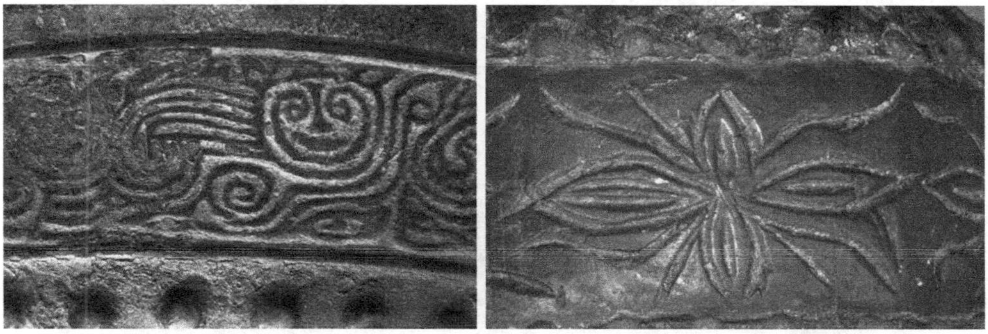

图 4-2-2　月亮河箐脚村布依族铜鼓上的鱼纹以及木鼓上的蝴蝶纹

喜蛛是布依族民间对蜘蛛的一种称呼，蜘蛛之所以能作为服饰中的绣饰，主要在于蜘蛛的习性：它们总是尾带着丝从树上或天花板上悬下来，似快乐的荡秋千的孩子一样在空中摆荡，因为它的这一特点有了“喜从天降”的吉祥寓意，所以月亮河流域布依族妇女们绣在了服饰上。在布依族服饰上，喜蛛一般也是呈矢量状分布，而且主要绣在围腰的挂带及围腰带后面的坠带上，这正好应了蜘蛛坠的“喜从天降”寓意。图4-2-3 中的第一幅图是围腰带后的下坠饰带，其上有矢量喜蛛绣饰，这一组形似神也似，可以明显地看出是蜘蛛；第二幅图和第三幅图是挂领围腰带上绣的喜蛛，这类喜蛛明显地进行了加工，已往神似方向发展了；图 4-2-3 中的第二幅图的布依族妇女围腰挂带上也有喜蛛纹。

图 4-2-3　月亮河箐脚村布依族服饰上的“喜蛛”纹

3. 几何图案：几何图案主要是角纹和雷纹较常见，同时折纹和直纹也较多。

角纹主要是对主体绣饰的装饰，一般都以绲边的形式出现，如图 4-2-4 所示，该绣片是衣下摆中的一个单元绣饰，图的主体内容是飞鸟和鱼，在主体绣饰的三边都有三角纹作为绲边。从角纹在布依族服饰中的这一特点来看，它并没有充当主角，似乎不太起眼，但如果没有这种装饰，那主体图案就无法衬托出来，因此，角纹尽管只是从属性的地位，但它又是非常必要的。图 4-2-5 是剪纸纹样，即绣片母本，其主体花似宝相花图案，其三边均为角纹。

图 4-2-4　月亮河流域箐脚村布依族服饰上的角纹

图 4-2-5　月亮河流域箐脚村布依族服饰绣片母本——剪纸纹样中的角纹

雷纹也是月亮河流域布依族服饰中较为常见的一种纹饰，这种纹饰图案的运用使服饰显得古朴、悠远，显得很有文化深意。一般都以对称的形式出现。图 4-2-6 是月亮河流域布依族姑娘杨喜梅上衣（第二套、第三套，其全景图示见图 4-1-10 和图 4-1-11）上的两种雷纹绣饰，它们都作为衣襟的主体图案，并由折纹连接起来，形成了二方连续的矢量图。

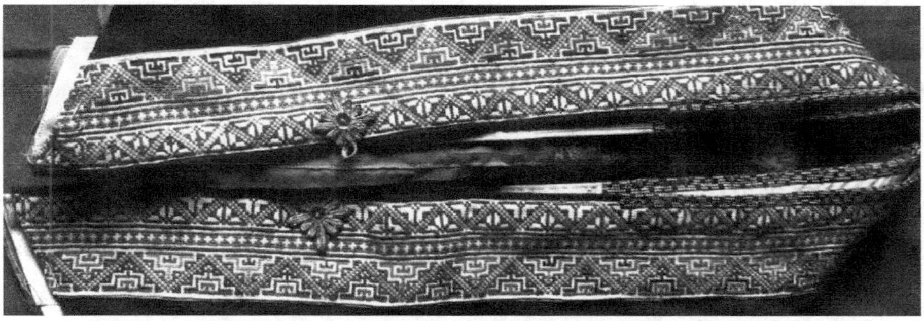

图 4-2-6　月亮河流域箐脚村己酉寨布依族姑娘杨喜梅两件上衣上的雷纹装饰

这种雷纹还在当地布依族服饰上的其他饰件上有体现，有矢量分布的，也有一图自成单元的，图 4-2-7 中的雷纹是当地少女头饰上的纹饰，这类雷纹有简化意象，而且并没有成为连续的矢量图，在这里只是作为头饰上簪子图的“配件”。这种非矢量的雷纹在其他民族中很少见。

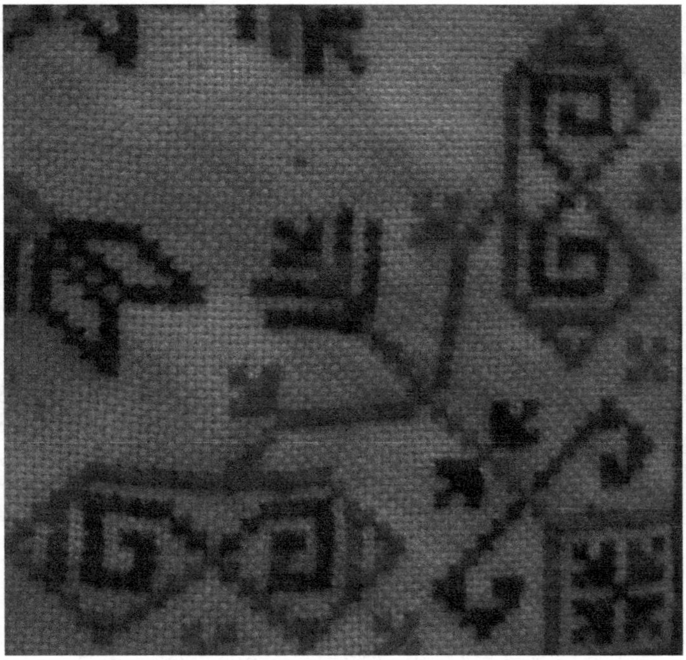

图 4-2-7　月亮河流域布依族少女头饰上的非矢量雷纹

雷纹在中国历史上是一种古老的纹饰图案，在商周青铜器上就有大量的雷纹，在汉民族中服饰传统中也偶有雷纹装饰，但并不是很多，这种纹饰主要是用于礼器上。在南方百越族群的各类型铜鼓上也有雷纹的踪影，这说明百越族群的雷纹与北方炎黄系礼器上的雷纹是并行的，并非是“传播”或“借用”的结果，从图案发生学的角度来看，也是符合逻辑的，南方多雨多雷，因此雷纹进入类似于“礼器”或“祭器”铜鼓上就不难解释了。贵州布依族地区的铜鼓主要是北流型、麻江型和遵义型，而在六枝特区一带发现的主要特征是北流型形制，六枝特区中寨乡箐脚村小阿志杨氏所保管的一面铜鼓就非常接近北流型，其上的太阳纹芒是十二芒，在太阳芒外就是一圈矢量雷纹（如图 4-2-8 所示），这一铜鼓的年代已如前述，大概在明代前后，但其所继承的前代铜鼓特点还是十分鲜明的，因此布依族服饰上的雷纹与鼓面上的雷纹是对应的，或者说雷纹在布依族传统文化中是具有某种信仰的意义的。它不仅是一般的审美装饰，而是其传统精神文化的一种具象化表征。

图 4-2-8　六枝特区中寨乡箐脚村小阿志布依族杨氏保留铜鼓上的雷纹

除角纹和雷纹外，其他如折线纹、直线纹、菱形纹等几何纹饰也较常见。折纹主是连接一具体单元的图案，使一具体内容的图案成为二方连续的矢量纹，以增加重复的视觉冲击效果。

直纹有直线纹和几何化花纹直纹两种。直线纹一般是主体纹饰配件，而花纹直化则是一种特殊的艺术图案表达方法。

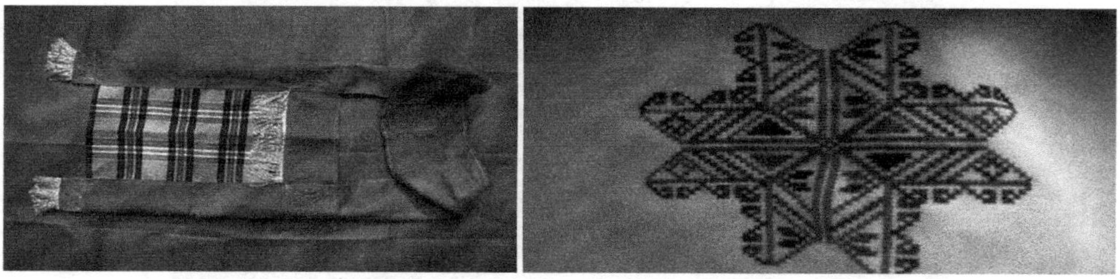

图 4-2-9　布依族织锦背包上的直形、菱形、直线形几何图案

4. 其他（如灯笼、字）

除了以上一些图案内容外，月亮河流域布依族服饰图案还有“卐”字纹、字纹、灯笼纹等等。

“卐”字纹主要见于婴儿背带主体绣片或织锦片上，同时在未婚少女头饰绣片上较常见。“卐”字寓意万寿，或寓福寿绵远之意。图 4-2-10 中前两图是婴儿背带上的“卐”绣片，后图是未婚少女头饰上的“卐”变形图案。

图 4-2-10　月亮河流域箐脚村布依族服饰上的“卐”图案

字纹主要在鞋垫上以及帐饰上有所体现，有字鞋垫一般都是未婚姑娘所绣制，绣制的目的是送给自己中意的未婚男青年，因此其内容多反映表示姑娘心迹的文字，或者是期望鞋垫接收者能对爱情坚贞不移。图 4-2-11 所示的第一幅图鞋垫上绣有“花开万年亲、永远不变心”字样，充分表达了姑娘对爱情永恒的期望，第二幅图“双凤衔喜”纹饰是新婚帐饰上一个局部图案，表达的是婚后夫妻的甜蜜爱情生活。

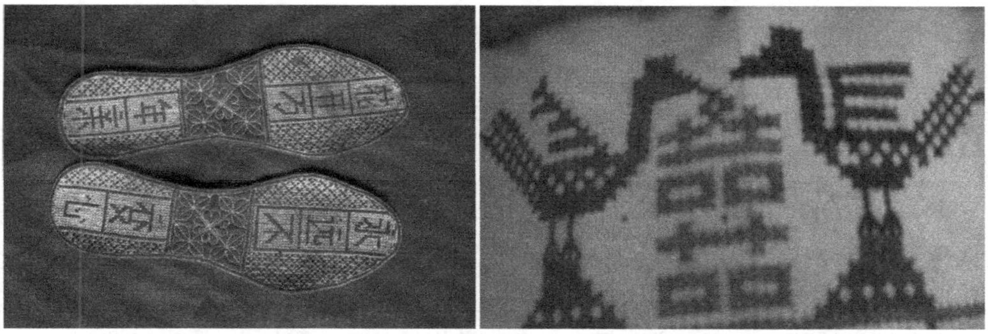

图 4-2-11　月亮河流域布依族姑娘绣制的有字图案

二、图案构成形式

月亮河流域布依族服饰图案构成特点主要有对称与均衡、适合纹样与角隅纹样的多样性、二方连续和四方连续的普遍性、动静相宜（节奏韵律）、简化与省略、添加与组合、反复与条理、概括与归纳、提炼与夸张、变化与统一等方面。

1. 对称与均衡

月亮河流域布依族服饰图案的第一大特点是对称，如头饰左右角纹的对称、上衣左右襟饰片的对称、腋下纹的对称、左右下摆饰片的对称、左右衣袖图案的对称、围腰左右下角图案及左右两边图案的对称等等，同时在具体的花色图案上也讲求对称原则。这种图案分布的特点符合人的视觉习惯，使服饰透出一种审美直观感。

与对称相应的是图案均衡特点，对称可以不是均衡，如左右襟对称的饰片可以一边多一边少，一边大一边小，但均衡指的就是左右或上下的权重一致，左右或上下的中间都有一个看不见的坐标轴心。这种均衡体现于服装的整体格局上，也体现于饰片使用的每一个地方。

2. 适合纹样与角隅纹样

所谓适合纹样，指的是一个绣制或编织的图案在一个固定的几何体框架之内，这个几何体框架中的图案特点受到几何体形状的限制，因此尽量去适应几何体框架的图案形式。如圆形适合纹样、方形适合纹样、三角形适合纹样、多边形适合纹样等。月亮河流域布依族服饰中这样的适合纹样比比皆是，如鞋帮纹样必须适合鞋帮的整体弯曲构造特点，在图案选择或设计时，就要考虑到这种弯曲并设计或选择出相应的适合纹样。婴儿背带主体方形特点也规定了其适合纹样在方形框中展开的特定性，而婴儿帽子顶饰的圆形也只能选择适合在圆中绣的图案题材。

适合纹样也讲求对称、均衡等特点，而对称适合纹样中又可以依据几何框架的特点而选择生长式、放射式、向心式、旋转式等题材的图案。

角隅纹样就是在衣饰中角上的图案纹样，角隅纹样也是适合纹样中的一种，各种民族服饰都有角，而各民族对服饰的“角”都不是给予等量的重视，大多数民族虽然都有在衣角上做出这样或那样的样式，但有些民族只是偶有为之，或在其服饰中的某一种样式上对角进行加工。但月亮河流域布依族女性服饰盛装上却非常重视角饰，同时由于盛装上大量使用绣片，这些绣片上又产生出了许许多多的“角”，这些角不能让其空白，必须充分地进行利用和处理，角隅纹样的多彩性成为月亮河流域布依族的又一大服饰亮点。

图 4-2-12 所示的前图是少女头饰上的后部之一角，首先它选择了适合角隅特点的三角形来填充这个角，使角得到了充分的利用。同时在这个三角形中又选择了适合三角形框架的蝴蝶图案，蝴蝶图案的运用使这个三角形的每一个角都得到了填充，其中两个角被蝴蝶的翅膀所充满，另一个角又被蝴蝶的尾巴所填充，而三角框中的其他空白部分则再用蝴蝶的触须来弥补。

图 4-2-12 中的第二幅图是妇女围腰带上的一组装饰图案，在这一方单元格中，选择了一个圆形的花纹图案来“适合”，为了完整，圆中套圆，在圆的最外圈与方格四边接触后，又巧妙地选用了四片叶子从花下展出最终触及四个角，这样图案也有了完整性，也充分地适应了四边框的规定性。

图 4-2-12　月亮河流域布依族服饰图案中的适合纹样

3. 二方连续和四方连续

二方连续纹样指的是在一分隔形图案（可以是曲线、直线或其他长形的图案）的两边反复排列对称或均衡图案的装饰手法。其最显性的特点是连续、递进、缓慢、回旋，给人的视觉印象深刻，有安详、稳健、完美、对称均衡的感觉。二方连续纹样常被截取一段使用，也能形成无限延长的花边适应需要。既有单独成为主体形象之长，又能做到配合主体而只起衬托作用的辅助形象出现。

月亮河流域布依族服饰中二方连续图案技巧的运用是相当普遍的，几乎一半以上的服饰上的图案都有这种特点，特别是边饰、襟饰、带饰中运用得最多，或者可以这样说，月亮河流域布依族服饰的边饰、襟饰、带饰全都是二方连续图案。图 4-2-13 为襟上二方连续图例，在这一图中，共有三组二方连续的左右襟边对称的图案，其中襟两组题材一样，对称中轴都是花藤，而藤的一方为小鸟，另一边为藤上长出的花苞及枝叶；中间一组为对称的二方连续螺旋纹。

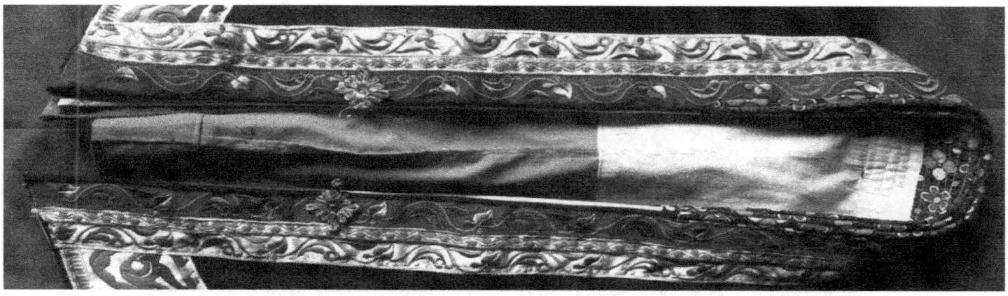

图 4-2-13　月亮河流域布依族服饰中襟饰的二方连续图案

图 4-2-14 所展示的是月亮河五个少女襟饰及围腰挂带上的二方连续图案，五个少女中，衣襟全系由三组二方连续的饰带组成的图案，其共同特点都是以波状形的花藤为平衡轴，波两边饰以相同或不同的图案。五个少女中二方连续的花纹都不一样，有花有鸟有鱼，即便题材相同但色彩或表现手法不一样。五人的围腰挂带在衣襟的外围，也全为二方连续图案，题材也不相同，即都以鸟和花、鱼为主调，但表现手法也各不相同。

图 4-2-14　月亮河流域布依族少女服饰襟边及围腰挂带上的二方连续纹样

四方连续纹样是指四个有着共同题材的纹样在布料上连续展示的图案样式，其特点是可以连成大面积使用面，有环绕往复绵延不尽的艺术效果。四方连续图案在月亮河手工绣品中很少见，但它们选取的现代工业印花布料中却有不少，虽然并非当地人所创制，但女性围腰黑底缎料中都选四方连续花样这一现象说明了当地布依族的图案审美趋向（见图 4-2-15）。

图 4-2-15　月亮河流域布依族服饰挂领围腰上的黑缎四方连续图案

4. 动静相宜

服饰的动静感主要是通过线的不同表现形式及色彩的浓淡等形式来体现的，直线意味着静，曲线意味着动；浅色意味着动，深色意味着静。在月亮河流域布依族服饰中，这种动静相宜的节奏韵律感是无处不在的，如曲线作为二方连续的骨架被广泛地运用，使得有这种图案的服饰充满着动感。而布料的明暗搭配、彩线绣图时的浓淡选择配置，也都使布依族服饰体现出强烈的节奏韵律感。以布依族少女的盛装（冬装）布料配置举例，月亮河流域布依族少女的盛装基本上都是三色以上布料组成的，外罩的褂子底料基本上黑色，褂子下露袖的底色一般是白色或浅蓝色，肘部为了与褂子颜色相呼应而用了黑色，而袖口的大片绣饰的颜色又介于黑色的褂子和浅色的露袖衣之间（见 4-1-9、图 4-1-10、图 4-1-11、图 4-1-12、图 4-1-13、图 4-2-14）。

5. 简化与省略

月亮河流域布依族服饰图案的又一大特点是简化和省略，通过细心的观察，我们发现，在当地妇女服饰上的大多数图案，都是追求一种神似，在具体描绣一个物象时，并没有胶着于这一物象的每一个杂乱的细节，而是大胆地加以简化或省略，把注意力集中到欣赏事物的形态及其神韵上。

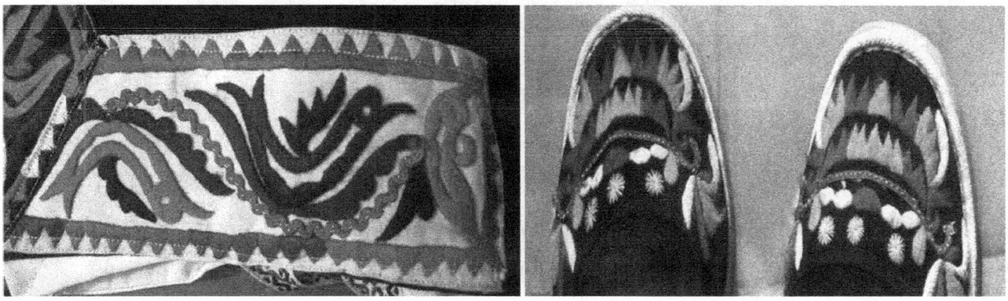

图 4-2-16　月亮河流域布依族服饰图案简化与省略的神韵

图 4-2-16 第一幅图中，二方连续中的骨架是曲线隔开，图案主体题材体现飞鸟，但鸟并没有注重描写羽毛、脚等细节，只是将其形体轮廓绣了出来，其飞用了两个元素来体现，其一是绣了一扬起的翅膀突出表示飞，其二是鸟身下简洁的云纹突出表示鸟在天上。

图 4-2-16 第二幅图中为鞋纹样，这一图案纹样表示穿上此鞋可以跋山涉水。前面两行角纹表示崇山峻岭，中间带状的绣饰为江河，后面是似石又似丛林的图案，最后是三朵花。此图中的简化省略手法是相当突出的。多瓣的花似菊，但这不重要，绣者要表述的是草地，但没必要将花草的全部都绣上去；那似石似树的图案由于简化，因此给人一种模糊的想象空间；江河也没有一定要用几条波纹来表示，仅仅用了一条红色的饰带；而山也只用绣出形，不必考虑山上的花草树木或怪石。总之，这一作品用整体的组合效果来突出了其图案主题，如果分开来单独表现，其意义是完全不同的，但这些简洁的线条或图案组合在一起，图案要表达的意图就显现无遗了，加上它又是在鞋前帮上，其寓意更加昭然。

6. 添加与组合

添加与组合是服饰图案中最常见的手法之一。添加分为寓意添加和装饰添加两种。寓意添加是指在特定形象内添加与其有关象征意义的图案形象。而装饰添加是从装饰和审美的角度考虑，其寓意并不强烈。月亮河流域布依族妇女服饰上这两类添加也有很多，布依族妇女盛装布料大多选择印花黑缎，而在这些锦缎上再添加上一些绣片就有了“锦上添花”的美好寓意。当地许多布依族妇女服饰上的二方连续图案以波形纹为骨架，在骨架两边不断添加矢量的鱼纹，表示“连年有鱼”。而蝴蝶纹中有很多以凤作为蝴蝶翅膀的图案，这种图案表达了布依族人心中的“凤朝福叠”愿望（见图 4-2-17）。

图 4-2-17　月亮河流域布依族添加与组合纹饰图案，寓意“凤朝福叠”

图 4-1-3 是月亮河流域布依族婴儿背带上的一个大型的图案组合绣片，这一绣片的核心部分是“卐”字纹，其他寿菊、凤、簪、盘长、缨等都是配饰，都向着“卐”这一主题核心。这一用作婴儿背带的添加与组合图案有许多文化寓意，首先双凤图案表示孩子出生后“有凤来仪”，寿菊与“卐”纹表达孩子能“万寿”，簪是成年女性甚至古代的男性成年都要使用的标志性物件，象征期望孩子顺利健康成长的愿望，盘长与“卐”字纹组合也是寓意生命乃至子孙连绵不断之意。

图 4-2-18 是月亮河妇女衣饰上常见的一种组合图案，其表现的主题是花和蝴蝶，这种组合目的既是装饰，同时也具有某种文化的寓意。从装饰的角度来说，主要是克服了单独以蝴蝶或花草为主题的那种单调。蝴蝶的动与花的静使这一图案更具鲜活性。从寓意角度来说，蝴蝶与花之间组合的本体意义为蝴蝶采花蜜，用于服饰上的进一步意义则寓意蝶恋花，完全变成了人间的爱情主题了。

图 4-2-18　月亮河流域布依族图案组合与添加——蝴蝶和花

7. 变化与统一

服饰图案取材于自然界的客观事物，但其表现于服饰上就不能简单地摹写或工其实形，而应当将自然界中的物象艺术化或适当地加以提炼和抽象，使之从“神”上体现自然物，或者经过对自然物的提炼加工使其具有人的文化灵性。

月亮河流域布依族服饰中图案的组合运用中既强调其形似，更重视主题纹样的神似；既强调对立，更讲求图案之间的有机统一。形神的统一、对立与统一规律的科学搭配运用是月亮河流域布依族服饰图案的又一大亮点。

图案形与神的统一问题我们在以上的诸多讨论中都多次涉及，简化与省略的指导原则就是保留神似，而众多的文化寓意图案其素材也不需要讲求实相，而是能通过形与神有机结合来体现其寓意主题。

关于图案的对立统一，主要体现在图案的以小托大、以短显长、以窄求宽、曲直相应、刚柔相济、起伏连绵等特性中。同时还体现在空间关系上的以宾烘主、以虚显实、聚散并用、呼应有法、开合有度等方面。另外在色彩关系上，还体现在明暗对应、冷暖相随、浓淡有别、强中显弱、轻中有重等手法上。

8. 诗情与画意

月亮河流域布依族服饰上的图案取材于生活，来源于它们对现实生活的观察和提炼。就拿蝴蝶纹来说，衣饰上大量的蝴蝶不是简单的图案上的历史传承，一代代布依族妇女反复用这类图案，它们的灵感来源于春夏秋三季都可以在田边地角看到的不同类型的现实中的蝴蝶。2008 年 8 月 8 日中午，笔者用不到半小时的时间，就用相机捕捉了月亮河边松果菊菊花上飞旋的十多种蝴蝶倩影（见图 4-2-19）。

图 4-2-19　月亮河边的蝴蝶

而恰恰就是类似的蝴蝶一次次地进入布依人民的视线、进入他们的心里并变成了流淌在脉管里的一部分，然后又通过针尖和绣线流布到了各式各样服饰图案中。

月亮河流域布依族少女服饰衣袖上的多彩配饰，据当时的布依族老人说并不是偶然的装饰，而是与当地一个古老的“香哥与茅妹”爱情传说故事有关。传说很久以前，月亮河的上游陇脚一带住着一位年轻貌美的布依族小伙子香哥，月亮河的下游茅口一带住着一位年轻貌美的布依姑娘茅妹，有一年到郎岱“赶表”时他们相识并相爱了，但双方家里都反对他们进一步交往，甚至反对他们见面。这一对青年男女相爱得很深，他们不愿意分开，又不能违背长辈们的意愿，于是双双投井殉情。他们投井后不久，那口井里冒出了七彩的烟，这些烟升到天空中就变成了绚烂的彩虹。当地的小姑娘们看到了这一景色，于是就在衣袖上绣上了一道道多彩的绣带，以示纪念，也表示对美好忠贞爱情的无限向往。这个故事的意蕴被附着在了衣饰上，于是这类衣服就多了几分甜蜜与辛酸，也多了许多向往和诗情画意。听了这个故事，看了这样的服饰，任何人也会从心里升起一种抹不去的暖暖情感。

第三节　月亮河流域布依族服饰个性特点及比较研究

月亮河流域布依族服饰有其独特性，这种独特性主要体现在服饰的自然特性和社会特性两个方面。

一、月亮河流域布依族服饰的自然特性

布依族服饰（主要是女性服饰上的区别）的类型一般与布依族土语区的类型相对应，即分为第一土语区类型、第二土语区类型及第三土语区类型。月亮河流域布依族服饰属于第三土语区服饰类型，但细究起来，月亮河流域布依族服饰特别是女性服饰的个性还是非常鲜明的。这些个性主要体现在色彩、用料、式样、图案取材、加工设计等诸多方面。

一是在色彩方面。月亮河流域布依族男性服饰色彩与其他布依族地区的颜色相同，传统服饰头饰方面主要是戴黑灰相间的方格帕，衣裤布料颜色主要是蓝色。但女性服饰颜色方面则有鲜明的个性特点，那就是以黑为主色调，这与其他地区的蓝为基调的颜色特点具有了明显的区别。在月亮河流域布依族妇女头饰的底布料百分之九十以上都是黑色，只有个别的是深蓝色；盛装上衣中最外层的褂子或长袖外衣也是黑色，我们几次观察都没有发现有其他颜色的外衣布料；下身的百褶裙都是两段式，其中黑色占三分之二，红黑相间的织锦占三分之一，盛装围腰主体布料底色也是清一色的黑色。

二是用料方面。个性特点主要体现在基本上每一套盛装都有锦、有缎、有棉等布料。而其他地方的布依族服饰中，并没有听说缎料大量使用的报道。

三是式样方面。月亮河流域布依族服饰在式样上与其他土语区的服饰有明显的区别，即便是与属于同一土语区的镇宁等地区布依族服饰也有很多的不同。如妇女上衣衣襟方面，整体上与镇宁的很相像，但在左右襟的颜色搭配上则是完全的不同的，镇宁布依族服饰左右襟的颜色不一，而月亮河的则是左右襟颜色完全相同、图案也相同。盛装围腰方面，镇宁布依族妇女的挂领围腰的主体上段呈弧形，而且弧形部分达胸口部位；而月亮河妇女盛装上的挂领围腰的主体上段是平直的，使用时也仅齐裤腰。在未婚姑娘的盛装（冬装）方面，月亮河的上衣有褂子，而且穿时褂子与里间外层的衣袖颜色必须有呼应，即褂子的黑色与褂子里边长袖衣的衣袖肘部部分装饰的黑色有呼应。这种情况在其他地区的布依族服饰中并没有发现。在上衣的层数方面，月亮河流域布依族妇女的盛装都有多层性，这些层是一个整体，平时并不因冷暖而有所增减，一般来说，当地服装都有三层到四层，层与层之间是缝合的，这种现象在其他地区的布依族服饰上也没听说过，更没有在公开的刊物上见到过。已婚妇女头饰方

面，镇宁一带的布依族妇女戴的假壳“更考”，在月亮河虽有类似的头饰，但并没用笋壳作衬，其后部也并没有翘起，恰恰相反，当地的头饰的后部分是下折的，名称上也没有“更考”或假壳的说法。百褶裙方面，镇宁等地区的布依族妇女百褶裙底布是经过蜡染的，但月亮河的则没有蜡染。后掩裙在其他布依族女性服饰中也从未听说过，但月亮河流域布依族女性盛装服饰上是必不可少的。

四是图案取材方面。月亮河流域布依族妇女盛装上的图案取材非常独特而明确，那就是鱼、鸟、蝴蝶纹的普遍运用，每一套盛装上都有这些图案要素。而其他区域的服饰并没有这种集中的普遍的图案取材特性。

五是加工设计方面。月亮河流域布依族服饰中很少有蜡染加工，在当地的衣、裙、头饰中一点都没有体现，只有类似于手帕的长形蜡染巾，但也并没有必不可少的配件的意象。不似附近镇宁布依族服饰那样蜡染非有不可。妇女右衽筒装的设计则完全个性化，如图 4-1-29 中所示，这类服饰完全由两种颜色不同的布料拼接而成，而且拼接的艺术特性十分强烈，其中一色布料从领口直下到心口又朝左直转，这种样式可以说在人类服装史上都是绝无仅有的。

二、月亮河流域布依族服饰的社会特点

月亮河流域布依族服饰的最大特点是体现出一种秩序，这种秩序主要表现在长幼人伦、舅权余韵、礼俗有别、整齐规模、闲情寄愿、民族身份等方面。

1. 长幼人伦特点

长幼人伦秩序是以年龄作为标准的，但在古代，人类各族群都有以服饰的年龄特点来加以关照或对应，如古代汉族中成年礼后，男的有了冠，女的插上了笄，就与未成年的孩子有所区别，而婚后妇女在发饰、首饰等方面又有了新的规定性。这种文化现象许多民族中都已消失，但在月亮河流域布依族中，这种以年龄为基准的服饰上的秩序规定性还有许多痕迹，如从婴儿到少年、到青年、到婚后、到老年等都有这样或那样的规定性，尽管现在这些界限出现了一定的模糊，但其脉络还是相当清晰的，文章的第一节描述的就是这种服饰在年龄上的区别。

2. 舅权余韵特点

舅权是人类母系社会妇女权利至上性的表现，这种权利在母权时代是至高无上的，进入父权制社会后，还通过舅权的方式保留了下来。月亮河流域的布依族舅权还是存在的，而且通过服饰的一些环节也能表现出来，如丧礼中用的孝帕，男子用的一般都是外家（即舅家）送来的白布或麻布（甚至盖新房用的大梁也是外家送的——不管外家住得远或近）。另外，外家来奔丧时都是结队而来，大有问罪之意，在外家的奔丧队伍中，有两名穿金戴银的女性作为外家的形象大使，她们并不受主家丧事在服饰方面的约束，以盛装打扮的“彩”对丧家素装孝服。这种鲜明的对比表示舅家尽管知道主家确实有人去世了，也为外甥准备了白色的孝布，但来奔丧的队伍中，两名盛装女性表示并不知情，在奔丧队伍到达当事人家大门口时，这两名盛装女性可以“尽情”地问责前来迎接并跪着的孝子们。这种仪式及服饰特点说明了舅权在当地布

依族民间的权重分量。

出殡时，女儿中最主要的一个要头戴草帽、提糯米饭篮子，出丧回来后此帽和篮子要挂在房外，吃完饭后自己带回家。这一现象也说明母权在当地的影响，戴草帽是不是表示重孝中的最重者？为死者提糯米篮子是不是孝男孝女中的特权？用完后为什么不放在自己娘家而非得带回婆家？这些无疑与舅权或母权遗留不无关联。

3. 礼俗有别特点

礼俗有别也是中国传统社会的传统之一，这种区别主要体现在精神层面，是一种根深蒂固的心意文化。但心意文化必须有外在的物化物来表现，物化的东西很多，如礼器，等等。服装也是礼和俗之间一种具象物。现代城市中，通过服装表示礼节的习俗已不浓厚，但乡村还是随处都有其踪影。月亮河流域布依族服饰在日常生活中也体现出这一特点。如婚礼中押礼先生必须穿古装，到新娘家后，新娘家根据是否着古装来判别谁是押礼先生，迅速判定后就迎到堂屋的尊凳上就座，以便夜筵时唱酒令歌或行使各种礼节。这就是服饰中在特定场合的礼的规定性。前述的丧服服制也是一种礼性服饰，与平时的俗有很大的区别。布依族妇女盛装与平时便装的区别在于，盛装主要在节日或迎客等重大活动中才穿着，这也是"礼"在服装使用上的不成文的规定。2008 年 8 月初在得到我们调查组要去调研的消息时，己酉寨布依族女性们自动穿上了盛装，等待我们的到来，这是一种没有丝毫功利性质的自觉行为，不像一些旅游开发区的民族着装是为了吸引游客的光临及给观光者留下深刻的印象。在其他族群那里，早已没有了便装和盛装的区分，有些民族甚至早已忘记了自己民族服饰的风格样式。但在月亮河，至少在己酉寨那样的布依族寨子里，每个女性都有几套老式或新式的民族传统服饰，前述王喜梅就有至少七件这样的服装，她说"一年中尽管自己更多的时候都不穿着，有的服饰可能一年中只穿一天，但自己还是很喜欢，也希望随时见到它们，所以要把它们挂在床边"。这是一个刚有二十出头的现代布依族女孩的话，她平时也穿着时髦的现代西化的牛仔裤和各种品牌服装，但节日时以及迎宾待客时，一定会穿上心爱的本民族服饰。

4. 整齐规范特点

客观地说，月亮河流域腹地的布依族地区是一个朴实感极强的地区，那里并没有太多的高楼大户遗迹，也没有年代久远的名桥古庙，就连分布在山边道旁的古坟都显出平实感，因此如果说做盛装是为了斗富那是没有丝毫旁证的。但是，看过她们的服饰总会让人有这样的疑问：为什么每一个人身上的服装面料都那么的华贵？为什么人人都要用成本高昂的人工绣品装饰自己的衣服？为什么每一套女性上衣都至少有三层？为什么一件百褶裙要用布料二十几幅（一丈六七左右）？为什么每一个成年女性要做多套盛装……在那里生活一段时间后，答案自然就有了，即是以宗族为主要特点的传统社区的文化规范使然。几千年的以宗族为基本单位的社区造就了许多不成文的约定俗成的规范。衣服的样式的统一也正如其他有形和无形的社会规范一样，是一种世代延续的传统秩序，也是一种出自人性心灵深处的追求平等的声音或体现平等的观念。除服饰外，类似的有形规范还有建筑、家具等方方面面。就建筑来说，当地布依族传统建筑为半楼（干栏式的一种样式），过去家家都是瓦顶、木架、竹墙敷泥。这些年来，箐脚一带的一些人家尽管使用了如水泥、钢筋等一些新材料，但建筑样式还是半楼，其内部结构也基本与传统的格局无异。或许这就是传统的村寨规范化文化影响使然。

5. 闲情寄愿特点

闲情也体现出一种秩序，一种与传统生活方式相对应的秩序，在现代价值观念如此多元、人类生存依靠如此多样化的条件下，仍能保留有一种闲来缝衣刺绣的情致，不能不说是一种超然。在今天的己酉寨，孩子们要么上学，要么到外地打工，留守寨里的主要是中年及老年人。农田的承包使他们可以自己安排生产，而农业税的减免又使他们减少了负担，这些中老年人除在播种和收获季节有些忙碌外，其他时间男人们护理庄稼，而妇女们则有了更多的时间来料理不是太繁杂的家务，家务之余，有些人排起了线织起了锦，有些则戴上顶针选好剪样绣起花来，如果连花都不想绣，就干脆到附近的集市买来机打绣片和布料，拿回家寻思着如何组合成衣服，组合后的缝合是可以不用手工的，因为家家几乎都有缝纫机，把设计好的样式压到缝纫机针头下，不多时就可以做成一件传统样式的服装了。由于家家都会做、家家也都在做，所以把服饰当成商品是完全不可能的，而且这里又是平静得十天半月都见不到一个外人的世外桃源，所以要盼外人来作为旅游购物带走几件也绝不可能，当地的人也从未这样想过。所以，妇女们或不愿到外地打工的小姑娘们就从质量上下功夫，也开始讲究起面料的质地来。这样，绣片越来越精美，也越来越无功利化（少女头饰中四五层布料层层都有绣饰物，除了最外层，里边几层的绣花是外人看不到的），面料也选择了高级的绸缎来。这样的闲情，这样的超然，打造出了月亮河那别样的服饰文化。

闲情下的愿是什么？最大的愿当然是希望家人平安、幸福与长寿了。但这样的心意活动，被妇女们搬到了她们乐于天天经营的服饰上来，特别是搬到了各种各样的服饰手工绣饰物中。前文列举的那种种的寓意图案就是她们天天操劳的结果，这是一种有成就感的快乐的操劳，是一种创造美的操劳。

6. 民族身份特点

月亮河流域是个多民族聚居的地方，主要有布依族、汉族、苗族和彝族，这些民族都有其独特的文化，表现在服饰文化方面也各有各的特点，布依族的服饰无论在用料、色彩、图案，还是式样等方面都有自己的特色，可以说，当地布依族的独特服饰就是其独特的民族身份最显性最外在的标志。

注释：

1. 本章资料全系李相兴、杨三山、曾雪飞三人调查小组调查所得。

2. 本章所涉及的月亮河流域布依族服饰等相关资料，主要由六枝特区中寨乡箐脚寨的杨喜安、杨胜洪、卢明政、杨喜富及其家属等提供（口头）。

3. 本章所使用的80余张照片全部由李相兴拍摄。

第五章　月亮河流域布依族传统生计方式调查与研究

所谓生计方式，指的就是人们赖以为生的主要生产生活形式。一般来说，人类生计方式主要有以游牧为主的生计方式、以农作为主的生计方式、农牧相兼的生计方式、靠采集和渔猎为生的生计方式、农商相兼的生计方式、手工业及与其相关的买卖活动生计方式、纯商业生计方式等等。

关于对生产活动的描述，很多人也许会认为那是没有价值没有必要的，是大多数人都知道的常识。我们认为正是常识才需要尽我们的可能来加以详细地描述，因为不这样做，这些本是常识的事情都要被我们淡忘了。人们赖以生存的生产活动过程，虽为常识，但从文化的角度讲，由于它直接与人的生存有联系，所以生产生活活动也是最重要的文化，或者说是最大的文化。英文“culture”（文化）一词的本原意义就是“耕耘”，而“耕耘”的意思每一个中国人都会懂，指的无非就是附着在土地上的劳动。具体来说“耕耘”的“耕”就是借助犁和牛将土壤翻动，而“耘”则是在耕的基础上借助锄等生产工具将大的土块弄碎。所以在古代的欧洲，“culture”既是与人类生存直接相关的普通的生产活动，也是一种有着非凡意义的文化。西方人之所以将文化的本意用耕耘来表述，目的就是看重蕴含着许多的智慧的维系人类生存的生产活动。

在传统的自给自足的农村社会里，一个家庭要掌握许多作物的栽培技术，掌握许多动物的饲养经验，还要自制许多家用工具、家具，制作许多营养丰富的食品，懂得各种食物或粮食的储存，懂得这些全方位的生存技能，这些都是不平凡的。现代化把我们训练成了某一方面很有专长的技术人员或专家，但却也蒙蔽了我们祖先能获得并一生拥有和享用的全方位的生存经验。所以描述一个区域的生产活动，实际是我们了解传统社会以家庭为单位的综合文化的需要，也是了解几千年来一直占我们总人口百分之九十以上的国民生存状态需要，更是我们解读人类自身、了解不同社会发展阶段人们的生存方式或文化结构的需要。在以自给自足为特点的社会里，这样的经验也是每一代人留给其下一代的最大的文化遗产。

布依族主要生活于我国的贵州、云南、四川、广西等省区，他们一般都居住在平坝或河谷地带，气候相对炎热，水源也比较充足，因此他们以农业为主要生计，而且以水稻种植为主，兼种旱地作物及饲养家禽、耕牛及狗。月亮河流域布依族生活在月亮河流域，这里平坝相对较少，大部分布依族同胞都居住在河谷地带，农作物一年可熟两季，夏秋主要以水稻种植为主，辅以玉米等旱地作物，冬春则以种植小麦、油菜为主。与其他地区的布依族同胞一样，月亮河流域的布依族也饲养耕牛、鸡、鸭等家禽，多数人家也喂养着狗，在种田及家禽家畜喂养的同时，还有一些与生产生活紧密相关的手工业，平时也上街购买一些生产生活必需品。本章将重点描述月亮河流域布依族的生产及生活活动，并在此基础上做一些分析研究。

这一章对于我们写作整本书的本意来讲，也是基础性的一个章节，因为正是月亮河流域这种传统的生产方式给各种特别的文化提供了经济基础。

第一节　月亮河流域布依族传统生计方式描述（上）

月亮河流域布依族的生计主要包括粮食作物的种植及家庭手工业、家畜家禽的饲养等类别，每一类别下都有许多的生计种类，由于篇幅等原因，我们只挑选一些较有代表性的进行描述。对每一种生计的描述，由于经验等原因，我们也无法面面俱到，只能是框架性的或概念性的做一些罗列。这一小节中，我们主要描述月亮河流域布依族主要作物的栽培及收获、家庭手工业、家禽家畜的饲养等内容。由于种植粮食作物和饲养动物的主要目的是为了生活，所以这一节中我们也将对食物加工烹饪、食物结构与餐桌礼仪进行一些描述。

一、主要作物的栽培及收获

月亮河流域布依族种植的作物主要有水稻、玉米、小麦、油菜、黄豆、高粱等。由于其中的黄豆和高粱只是少量的伴种植性质，下面的介绍中就不再展开了。

（一）水稻的栽培过程

1. 选种

每年秋天稻谷熟时，先将最饱满、每棵籽粒最多的稻穗选出来，脱粒、晒干后贮藏起来，贮藏的地方不能潮湿，如果放在潮湿的地方种子容易发霉或出芽。也不能放在火塘边或其他温度较高的地方，那样的地方容易生虫。所以贮藏种子的地方是所有粮食贮藏最为关键的地方。在箐脚一带，晒干后的谷种一般都是放在老式半楼的通风的二楼上的竹箩里。秋天收藏后，要等到次年春夏之交才下种，所以在半年左右的时间里要时不时地去观察，看种子有没有发生诸如生虫或发霉等意外。

2. 育秧

每年开春后的惊蛰节令里，己酉寨一带的人们就要开始准备育秧的田了，育秧的田必须具备灌水排水方便、土质较肥沃、便于人们操作等条件。下种前要对秧田里的田土进行反复的加工，即挖田、碎土、加底肥，然后放水于田，并再次反复拌土松土，如果是早秧，至春分节令后几天时，就必须下种了。大多数人家一般都到清明节令时才撒种育秧。下种时，秧田里不能有太多的水，水太多了会使撒下的稻种漂起来，不利于秧苗长出后的均匀度，但也不能没有水，因为撒下种后不能用人工翻盖种子，那样做难以把握深浅以及秧苗长出后的均匀度，所以撒种时，秧田土的上面须有一层薄薄的水。撒种也是有讲究的，撒下的种子必须非常均匀，否则会影响长出的秧苗的质量。为此，一般人家都是让家里最有经验的人去撒种。

种子撒下后，也要时常去看是否缺少水分，如果田太干了，必须要加些水进去，如果下雨太过量而导致秧田里的水太多，也必须及时将水排出。“三干三水”是己西寨一带布依族人育秧时把握秧田水分的经验总结，七天加一次水，共加三次。每次加水之前的两到三天，都可以让太阳晒晒秧苗。

底肥一般都是牛粪，也可以用大粪——人的粪便发酵后的粪水，底肥不是越多越好，如果加的肥太多了，秧苗会很好，但将来移栽后会导致稻禾太高，出穗后就会倒。但底肥也不能太少，如果太少了，将来移栽后一般都不会发枝，进而影响产量，一亩的秧苗以浇 200 斤左右的大粪水为宜。秧苗长出后，也要看是否营养不良，如果苗黄表明还要追加肥料，如果需追加也要讲究均匀度。

秧苗长出后 30 天至 40 天就可以移苗了。

3. 移苗及插秧

（1）插秧前对田的处理

插秧前，田要处理好几次，一般都要做到“三犁三耙”，首先是犁板田，秧田里的谷种撒下后，就可以在其他的田里开始这道工序了。板田犁过来后放入水泡两天到三天，然后就耙一次，这是一犁一耙。这之后是放“秧青”，所谓秧青指的是放入水田里的从山上割来的嫩树叶或各种嫩山草，这些嫩叶或草要在水田里浸泡很多天（7 天到 15 天左右），直到泡出黑水来才犁第二道，犁第二道的目的主要就是将泡透掉的秧青翻到土里去，犁后再浸泡两天到三天才耙，这就是二犁二耙。二犁二耙后要对田埂进行扶护，当地人叫作“扶田埂”，主要做法就是将田埂加固，以便于田里蓄水，田埂厚度也是有讲究的，太薄了容易漏水，也不便于平时护理稻田时行走。而太厚了又占了太多秧田的面积。一般来说六寸到八寸为宜。二道犁耙及护好田埂后，再犁耙一次就可以插秧了。

（2）拔秧移苗

拔秧苗时主要是不能太用力，太用力容易使秧苗折断，拔出来的秧苗根要对齐，一般拔出小碗口大的一捆时就用稻草绑上，捆的目的主要是为了便于移动和插秧时分放于田中。

移苗一般都是将秧苗放在竹篮中挑到要插秧的田边，然后再一捆捆地轻轻分放在田中。

秧苗拔出到插下去的间隔时间不能太长，一般都不能超过五天，如果放在外面的时间太长，秧苗会因得不到足够的营养而变得细长，这样的秧苗插下去后也会先天的不足而导致根系不发达及根上发不出新的枝。

（3）插秧

插秧时可以不分男女，但女性插秧的时候要多些。插秧时，田里的水的深度以一寸为宜。插秧者从田的一端开始，然后边插边退。插秧时三四棵秧苗为一组（株），组（株）间距在五寸左右，组（株）的前后左右都要力图做到行和列对齐。

插秧的季节一般都在立夏和小满节令（农历的四月中下旬，个别河谷地带在谷雨期后段就可栽了）。

4. 追肥和薅秧

秧苗插下去半月左右，可以追一次肥。过去都是追加大粪水，追肥时，先将稀释的大粪挑到田边，然后用瓢均匀地浇到田水里，浇时尽量不能将粪水浇到苗上，如果那样做，粪水会烧伤秧苗。近些年来，人们也用磷肥、氮肥和大粪肥水（氨水）一起浇。肥料也不是越多越好，多了也会使秧苗过高而不结籽粒，或者结了籽粒但不会成熟（或籽粒不会饱满），即便是能结太多的籽粒也难免后期会使谷穗折断。

薅秧，在秧苗栽下后一个多月时进行一次，主要是除去田里的杂草。出穗以前再除一次杂草和稗，稗禾与稻禾的颜色基本一致，但其根要更加翠绿一些，平时也长得要比稻苗要高一些，扬花也早，所以在稻子扬花前要除掉稗，否则其籽粒饱满后比稻先熟，稻还没割稗的种子就落到田里了，所以不及时清除，来年就会长出更多的稗苗来。

薅秧一般用薅锄，一种类似于钉耙的金属工具，但比常见的用来除农家肥的钉耙要小得多。有些人家也不用薅锄，除草全用手工。稻扬花后就不能再进入田里了，如果进入不利于稻子授粉，进而会影响产量。

另外，在稻扬花前后，要对田埂上的杂草进行清除，清除方法大多用镰刀。

5. 收稻、晾晒及贮藏

稻子成熟后就必须收割了，月亮河一带，脱稻粒的办法一般有三种，一种是将收割的谷子搬回到院子里，然后在两个“木马”架起的木板上人工脱粒，这种方法的优点是谷子损失小，打下来的谷子马上就可以在院中或器物中进行晾晒，但不方便的地方是稻草太多，院子周围无法晾晒那么多。第二种脱粒方法是用竹篾编或木板做的“打斗”来脱粒，打斗轻便，可以收割到哪里移到哪里，同时也可以及时将稻草放在田边晾晒，但不足之处是，脱粒时容易使谷子到处飞，撒到田里的谷子无法再捡起来。第三种是用脚踩的半机械脱粒机脱粒，这种方法比较节约时间，但脱粒时谷子到处飞损失大，同时机械脱粒的时候机器温度高，脱下的谷子装袋后如果不及时搬回家晾晒，容易导致发霉。

脱粒后，要用粗筛将谷子筛下来，之后再用风簸箕扬去细小的稻碎叶碎秆，之后便可收装袋运回家晾晒了。

图 5-1-1　月亮河流域布依族家用筛子

谷子的晾晒是一道必不可少的工序，晾晒要有专人看管，可以在三合板或水泥地板上晾晒，也可以在竹编的席子或大簸箕中晾晒（见图 5-1-2 左图），晒时要时不时地翻动，以便于均匀地除去水分。如果秋收时天气好，三天到五天就可以全部晒干了，但如果下雨天多，那还得采取其他办法进行处理。

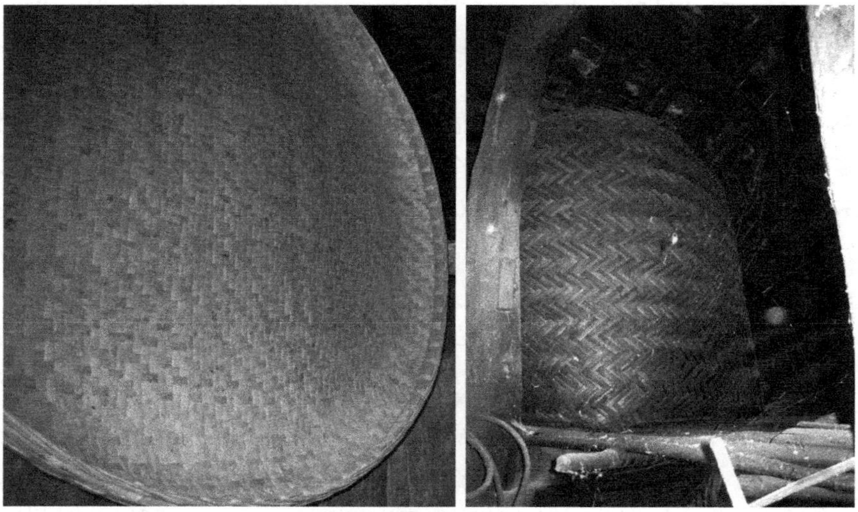

图 5-1-2　箐脚村大寨布依族家用大簸箕

完全晒干后，就可以贮藏了，箐脚一带的布依族人家一般都在自家老式的半楼的厨房上边做有一个很大的木粮仓，这个预设的粮仓可以分成几格，分装各种种类的谷子或其他粮食（见图 5-1-3）。有些人家则有用竹篾编的巨大的囤箩（见图 5-1-2 右图），一个囤箩可以放谷子 750 千克到 1000 千克谷子，这样的囤箩也是放在通风的厨房上面的楼上。过去，每家每户都有一些麻布或葛布做的口袋，平时用来储粮食，交公粮时作为运输粮食的工具。大的口袋每只可以装 75 千克左右的粮食。

图 5-1-3　箐脚村主任卢明政家的谷仓（其中的一格）

6. 品种

月亮河流域最早是种植红谷，红谷是一种米粒颜色为红色的谷子种类，据说吃起来很香，但产量不高，一般亩产也就五六百斤。

20 世纪六七十年代开始，外地的水稻品种逐渐被引进来，现在种的都是产量较高的杂交稻，红谷已经没有人栽种了。布依族喜欢吃糯米，尽管糯米产量也不高，但每家每年都要栽种一些糯米，多数人家一般一年栽种 200 千克左右。

7. 稻草的管理

稻草是牛的主要饲料之一，因此脱粒后稻草也要晒干并妥善保管起来。一般来说，脱粒后，稻草要捆住脱掉谷子的一端，然后将另一端分散开支在田边或田里，等确定晒干或风干后，选天气晴朗的时候收放起来。如果下雨时收回堆放的稻草多半会发霉或发酵，牛是不会吃的，这样就白白地浪费掉了。

（二）玉米

1. 选种

玉米种子的选取也是一项很重要的工作，选了好的种子就意味来年可能丰收，如果选不好，那么就只会减产。选种子一般都由家里最有经验的成员进行。

选玉米种子，首先要看玉米棒子有没有满头，不满者一般都不用，满头的也要看头上玉米粒饱满与否，如果不饱满也不用。其次要看整个玉米棒子上的玉米籽是不是很规则而又严实地排列，如果稀松的排列，也不能用，因为那样意味着会遗传给下一年，“规则”主要指玉米粒排列得很整齐，如果排列不规整，又不严实，那一个玉米棒子上也长不了多少的玉米粒，也会遗传到下一代，影响来年的收成。另外，月亮河流域选玉米种子还要看玉米粒是不是很扁，如果很扁，那就最好。

做种子的玉米粒的脱粒是比较讲究的，不能用棒打脱法，也不能用“连枷”（一种脱粒的工具，两根木棒的一端系一寸多长的绳，用时手握一根，另一根通过手握的那根而左右轮着摔打谷物），更不能用电动机器脱粒，因为用这些方式脱粒都有可能影响种子内部的结构而导致来年种下后不发芽。为了保险起见，人们都用人手剥离种子。

种子选好后，要放到离火炕稍远但又能感受到一定恒温的地方挂着，等炕（或晾）干后，种子可以脱下来放到囤箩里，然后放在干燥而又阴凉的地方。不能潮也不能直接放在火炕上头或火炕边上。

种子贮藏后，平时也要看是否生虫或因潮湿而发芽，还要防鼠。玉米种子也要贮藏半年左右才用。

2. 下种

玉米的下种有两种方式，一种是先用牛将有小麦根或油菜根的地犁一遍，犁时深浅要适度，犁得太深了，会把生土犁翻上来，不利于种子出芽后足够的营养（只有熟土里才有大量的微生物和微量元素，而生土里却没有）。犁得太浅了也不行，不利于将来玉米根系的发达，玉米会因此长不高或经不起风吹。犁完后，先用锄头挖坑（打塘或打窝），在坑底垫上牛粪或猪粪，在粪上放上种子，然后盖上熟土。

种庄稼是要抢节令抢时间的，种早了或种迟了都会影响收成。而上一季的成熟或长或短会影响到这一季的最佳种植期，或者天气不适合下种也会使种庄稼的节令过时。如果遇到这样的时候，就要抓紧时间种地，就来不及打塘下种了。这种情况直接在犁过的土沟里放上底肥然后下种再盖上土。

下种时一般一塘下两颗种子。同时，塘距也要很好地进行把握，月亮河流域布依族地区的经验是，塘距以一尺左右为最佳。

3. 薅玉米

薅玉米要进行两次。

第一次是在玉米禾苗长出后一个月左右，所谓薅，实际上是松土，所以有些人更习惯说是挖苞谷。这一次松土时带有一些其他连带的任务，一是要看玉米都长出来没有，如果有些地方没长出来，要么补点种子，要么移栽上禾苗。第二个任务是要看有些地方是不是太密，如果太密就必须拔出其中的一些，如果不拔除，将来会影响到玉米收成的产量。

第二次薅玉米的时间在玉米穗长出之前，主要目的一是除杂草，二是松土，三是培根，即将周边的熟土挖来护在玉米根上。

月亮河流域布依族聚居的个别地方，在第一次薅过后，要追一次肥料，没有化肥前，一般是浇粪水，也有的将牛粪直接培在玉米根上的。化肥被广泛使用后，追的肥主要是尿素，一般在玉米苗株之间两寸的地方放上适量的尿素颗粒，之所以不能直接放在根上是因为尿素有杀伤力，会危及玉米苗的生命。太远了又起不到增加营养的作用。

4. 收玉米及炕干晾干

收玉米的时间一般在农历的八月，玉米成熟的标志是其枝叶枯黄，玉米外包的皮也呈枯黄渐干，玉米粒外露部分明显看得出饱满有光泽。收玉米也叫掰苞谷，掰苞谷时不在玉米秆上直接剥皮，也不在地里直接剥皮，一般都是用挑篮挑回家里才剥皮。

20 世纪 50 年代到 80 年代初，生产队收苞谷后，将苞谷分散到各家各户去剥皮和晾晒，由于不是同一天分散，而是今天在他家，明天又到另一家轮着来，所以村里的人们都要在一起剥皮，人们边剥皮边聊天，讲笑话，很是热闹。包产到户后，多数人家都是自己剥皮，偶尔也有邻居或亲戚来帮忙剥皮。

图 5-1-4　月亮河流域挑玉米用的挑篮

剥皮时小的全剥掉，大的玉米要留下三四匹叶子。全剥掉的玉米天晴时直接放到院子里的地板上晾晒，如果天阴那么剥了皮的苞谷就直接运送到厨房楼用竹子搭的楼上。留有几匹包叶的大的玉米要二三十包结在一起，形成集团式的挂子玉米，挂在楼上或屋檐下通风防雨的地方，有的也挂在厨房炕楼上的预设的梁上。

种子的选择及晾干方式已如前述。

玉米苞谷叶也要晾干或晒干，干后收到贮藏室作为牛的饲料。地里的玉米秸秆的处理方法有两种，一种是连根砍断后就地用镰刀砍成短短的放在地里作为下一季庄稼的养料，另一种处理方法是将玉米秸秆连根砍断后一堆堆地集中在地边进一步风干，以作为牛饲料及作为牛圈里的垫草。

5. 脱粒及贮藏

玉米的脱粒方法是，作为种子的玉米用手工剥离，其他的或以“连枷”打，也可以用棒子打，现代也有用机械脱粒的。除了手工脱粒的不用扬碎屑外，其他方法脱粒的都要处理，处理方法一是用风簸，二是用簸箕，三是用筛子筛。

（三）小麦

1. 选种

地里的麦子成熟以后选择那些穗长粒饱满的，拿回来挂在院子里，待晒干后抖落筛好再晒干，一般要晒三天到四天，然后放在通风阴凉的地方即可，麦种如果保存的地方温度不适合，也会起白蛾或发霉，所以贮藏后要常去观察照看，以免发生意外，进而影响下一年下种。

2. 下种

每年玉米和稻子收割后，就要准备种小麦了。种之前，要先将田或地犁翻过来，然后家里有经验的人开始撒种，撒种要均匀适度，不能这里多那里少，所以无论谁撒种，都要特别专心和细心，别人也不会在这时候去与撒种的人说话拉家常。一亩地下的种子 10 千克左右，下种的时间都是在每年农历的九月。撒完种后就要立即用锄头来碎土盖种了，如果上一季种的是玉米，那么碎土时要将玉米根挖出抖掉土，然后丢到地边。多数人家这一季都不施底肥，但也有个别人家施肥的。

3. 薅草

小麦由于是撒种的，长出后比较密，不像北方的套种成垅，可以适当松土。但杂草是要除的，除草的方法是到地里扯，将麦田里的杂草扯来喂牛或做猪食。扯草是轻便活，也非技术活，所以大人、小孩、老人都可以去做。但小孩子去扯时大人一定会嘱咐孩子要注意不要把麦子给踩倒了。麦子出穗扬花后，一般都很少再进麦田，因为那样会影响麦子授粉，进而影响其产量。

4. 收割及脱粒

月亮河流域小麦的生长期是 150 天左右，当然，河谷谷底的麦子成熟要早一些，半山或高原台地上的要晚一些，在陇脚一带的小麦生长期在 160 天左右，而箐脚一带则只需 140 天左右就可以收割了。

收割麦子要选天晴的日子，不像收玉米和收水稻可以不是很在意天晴与否。收割麦子用镰刀，收时只是将麦秆拦腰割断，而不是从麦秆根上割断，割一把麦秆要用麦秸绑起来，然后放在后边，也可以不绑直接把麦穗头尾一顺规则地摆放好。这样利于边割边晒。当天割完的要当天就运送回家，以免晚上下雨，运回家里的可以在院子里用“连枷”击打脱粒，也可以搬到堂屋里用“连枷”甩打脱粒（月亮河传统房子正中那间为堂屋，都不设楼，因此用“连枷”脱粒很方便，即便是盖的钢筋水泥房，当中的一间中空仍然留得很高，有 5 米左右）。确定麦粒都从穗上脱了后，就用手工反复抖动麦秸，以便使麦粒落下来，抖好后将麦秸扔在一边，再用筛子将麦粒筛一遍，再用风簸扬一遍就基本将麦粒脱离出来了。

现在有很多布依族人家已经用电动打麦机器了，这样的机器几千元一台，省时省工，但成本高。

4. 晾晒和贮藏

清明谷雨期间，月亮河河谷一带气温已经比较高了，所以晒干麦子比较快，晒时也要将麦子放在直径在两米左右的大簸箕里，并有专人看管，一方面是防鸡鸭去吃，另一方面是晒一段要去翻转搅拌，以确保晒得均匀，同时也为了下雨时及时进行处理。

晒干后的麦子要搬到厨房楼上，放到透气好的大竹箩里或者放到楼上专门的粮仓里。

6. 麦秸、麦根的处理

脱完粒的麦秸牛不是很喜欢吃，但偶尔也吃一点，所以可以作为牛饲料。也可以作为猪圈垫草。地里的麦根还留下一尺左右，有的人家在种大春前焚烧后做肥料，有的直接犁翻埋进土里。过去也有个别人家将这一段麦秸连根拔起抖掉土，以作为盖厕所等屋顶用。

（四）油菜及其他作物的种植和收获

油菜的选种也要求要饱满的，种植时间和平时护理也与小麦大同小异，但收获时间要比小麦早一些。脱粒方法与传统的谷子脱粒法相同。晾晒方式也与麦子一样，只是贮藏没有其他粮食那么麻烦，因为菜籽一般不会生虫。

黄豆种在玉米地里，在玉米成熟前就可以收回来了，收时可以连根拔回，也可以用镰刀收割。脱粒的办法多用“连枷”打。晾晒和贮藏也没有特别之处。

其他瓜豆之类也都可以种在玉米地里，也可以单独种，由于都是自产自销，所以种的不是很多，够自己一家吃就足够了。

另外，家家都有菜园，菜的品种也较多，而且随着季节更替，种植的菜的品种也不一样。个别人家有时会在田里种点慈姑。

第二节　月亮河流域布依族传统生计方式描述（下）

一、家庭手工业

传统的家庭手工业是为了满足自己家庭需要的副业，也是一个族群主要生计方式之一。在月亮河流域的布依族地区，每个家庭的成员都能自制一些日常生活用品，如酿酒、普通的竹编、纺织、刺绣、印染、普通家具的制造、烧石灰等等。当然其中也有一些技艺较好的相关手工业制造者，他们在农忙之余，尽量多做一些自己擅长的工艺品，以便满足社区里其他人户的需要，如造纸、制香、烧瓦等等。这些年来，由于现代工业品不断进入月亮河流域，家家都是全方位“手工业主”的情况有所改变，一些人家开始用现代工业品来替代了，但有些行业如酿酒、制香等还是在许多普通的人家里流传了下来。

（一）酿酒

过去月亮河流域的布依族人家都会酿酒，现在有许多人家虽会这一工艺，但已经不再酿酒了，不过每个村还是有一些人家在从事古老的酿酒工艺，有的人家酿酒完全是自己家里喝，而一些人家成了半专业户，酿酒的目的主要是为了拿到每周一次的市场上去买。

在己酉寨一带，酿酒用的酒曲是自己用草药做成的（见图 5-2-1），有的人家的酒曲用几十种山上采的草药制作而成。据说用这样的草药做的酒，曲酿出来的酒，一是香，二是具有保健作用，三是出酒率较高，可以节约不少的成本。

图 5-2-1 月亮河流域箐脚村己酉寨卢家用几十种草药做成的酒曲

在酒曲备好后，就可以煮酒饭了，酒饭的原料可以是小麦、玉米、大米，也可以是高粱。煮酒饭意思就是将洗好的以上原料在锅里煮，煮熟后，将这些原料放在竹编的大簸箕里晾着，等凉了就放上酒曲，然后反复搅拌均匀。在确保均匀后将这些和着酒曲的酒饭放到缸里并封上口发酵（见图 5-2-2）。发酵时间越长越好，最短也要一个月，多者可半年，甚至几年均可。

图 5-2-2 月亮河流域箐脚村己酉寨发酵酒饭的大缸

酿酒有专门的灶和蒸酒饭的蒸锅，己酉寨卢家的蒸酒锅盛水的锅底为一口大生铁铁锅，其上的甑为一固定的预设水泥甑，水泥甑上半部分有一小口，是专门让酒蒸气出去的（见图 5-2-3 图）。烤（酿）酒时，先在锅底加上足够的水，然后放入甑底（木胎竹底）之上置发酵了几个月的酒饭，然后在水泥甑口放上一个密封的木盖，盖的四周用湿布等进一步密封好。再之后就可以烧火加热了。

图 5-2-3　月亮河流域箐脚村己酉寨卢家酿酒用的蒸锅及灶

加热后，等锅里的水开后，甑里就会产生蒸气，含有酒的蒸气从水泥甑里预留的孔中的管里流出，然后进入冷却缸，管子里的酒蒸气遇冷后凝成酒，冷却缸是个双层的缸，蒸气管经过缸里的冷水后其管口被接入缸的夹层，未冷却的蒸气进一步被冷却为酒，酒在夹层缸缸底部的预设管里流出，最后接入到外边的储酒容器里（见图 5-2-4 左图）。过去，储酒器一般都用陶瓷罐（见图 5-2-4 右图），现在多数人家都用塑料桶储酒。

图 5-2-4　月亮河流域己酉寨卢家酿酒用的冷却器、出酒及古老的陶瓷储酒罐

这种传统酿法酿造出的酒精度一般在35度-45度之间，酿造出酒后不管度数高低，勾兑时都只能用自家酿的酒勾兑，绝不放工业勾兑剂。所以当地人酿出的酒也很好销售，价格也较为便宜。一斤酒的价格不会高过5元。

在箐脚的布依族人家，家家都酿米酒，其酿法与上面所言的酿酒法基本相同，所不同的只是不通过蒸馏。而是直接拌水饮用。有的人家在招待客人时也用这种酒与蒸馏酒一起兑着喝，其味道很特别、很爽口，清凉中带着一丝丝的香味。

（二）竹编工艺

在月亮河，基本上家家都有竹编工具的经历，一般人家主要编一些简单的挑篮、篱笆、撮箕、竹耙等用具。工序较为复杂的工具如簸箕、竹凳、提箩、提篮等则要有技术较好的篾匠来编，需要的人可以与这样的篾匠去订购。也可以到每周一次的集市上去购买。

中寨乡箐脚村大寨的卢胜举就是一个当地闻名的篾匠艺人，他主要编一些布依族生产生活所用的竹篾工具。卢胜举生于1948年，今年已经60岁了，据他介绍，他14岁开始学竹编技艺，现在已经编了40多年了，但他并没有把这个工艺当作唯一的职业，农忙时是不编的，他会编的篾具有几十种，如竹凳、提箩、粗筛、细筛、簸、挑箩、花篮、孔箕等等。

2008年8月9日，我们专门采访了卢胜举，并拍照了他编的一些篾具（见图5-2-5、图5-2-6）。

图5-2-5 卢胜举编的日常生活用具

图 5-2-6　卢胜举手拿编的竹品站在家门前（左图）；卢胜举编的提箩（右图）

提箩一般装糯米饭，布依族家家都必备一个。前述丧葬仪式出殡时孝女提的装着糯米饭的提竹箩就是这种。所以这样的提箩文化含义是相当丰富的。

图 5-2-7　月亮河布依族竹编甑盖（左图）；金竹做的过滤米汤的“孔箕”局部（右图）

图 5-2-8 月亮河流域布依族竹筷笼（左图）和竹凳子（右图）

在己酉寨，几乎家家都有这种轻便的类似于马扎的竹凳子。

（三）制香

香是月亮河流域布依族家家都不可缺少的用品，每年春节、清明、五月虎场节、尝新节、七月半节、中秋节、重阳节、冬至节等都要点香，另外祭山、扫寨、孩子出生、安家神、开财门、上梁、丧仪等信仰活动也必须用香，所以香是一个重要的信仰中介工具。

在中寨乡箐脚村纳早寨，几乎家家都会制香。他们平时制香，场天背到集市上去卖。

图 5-2-9 靠水制动的月亮河磨香机械及磨香水泥板

制香的基本程序，先磨香面、然后做成香团、裹香、晾香，最后绑香。磨香指的就是将做香的木材磨成粉，可以做香的树木主要是枫香树，其他易燃的如山枣树等也可以磨成香粉。在箐脚一带，磨香粉都用水制动的特殊机械磨制，这种机械要依赖较大的水源，纳早寨附近有一条溪流，每年雨季都可以带动磨香机械，但到了冬春两季，就不行了。图 5-2-9 就是纳早寨的水制动磨香机械。磨出的“香面”实际是浆状物，磨出后先沉淀在磨石后的水塘里，磨得差不多时，就用人工捞出过滤，等到半干时制成香团，香团一般有大碗口那么大，干后一般有 250 克左右重（见图 5-2-10），一台水制动的香车一天可以磨 20 个左右的香团，即可磨出 5 千克左右的干香粉。

图 5-2-10　纳早寨布依族人家做的香团

香团晒干后，要将发叶（一种树本植物）水和香，然后才能制。制香也叫“擀香”，一般都是人工“擀香”，男女都可以擀，没有什么禁忌，一年四季香都可以擀。擀香的基本工具为一张桌子，一块擀香的木板，擀香时先用手将湿香面裹在竹制的香把上，然后用木板擀匀即可（见图 5-2-1）。

图 5-2-11　箐脚村纳早寨的布依族妇女正在擀香

擀好香后要及时地拿出去晒或晾干，如果天气晴朗，三天左右就可晒干，如果是连绵的雨天擀香，就只能将香放在火炕头上烘烤。纳早寨韦德卫家晒香是将几支香捆成一束然后分开成八字状，之后卡在竹竿杆上（见图 5-2-12）。

图 5-2-12　箐脚村纳早寨布依族制香人韦德卫家院子里晾晒的香

绑香是最后一道工序，在月亮河，人们都按传统形成的习惯将五十炷香绑成一捆，卖的时候一元五角一捆。

前述的发叶，其作用主要在于黏合香粉，另外这种发叶粉焚烧时还会散发出一种特殊的香味，所以一举两得。是制香各种用料中的点金之物。发叶只采叶，采回后也要晒干打成粉末才可以和香粉，在月亮河，这种发叶可以到山上去采，但也有人将山上的发叶树移回栽在自家田边的，韦德卫家就栽有几棵这样的发叶树（见图 5-2-13）。

图 5-2-13　纳早寨韦德卫家栽的发叶树

（四）纺织、印染和刺绣

几十年前，月亮河流域布依族服饰所用衣料中的大部分都是靠手工一点点地织起来的。现在，尽管现代工业布料已经充斥着月亮河的每一个乡村门市，布依族服饰中的大部分布料也用了这种工业制品，然而，出于文化依赖的原因，还是有许多人在继续着传统的织布活动。

织布用的原料，有买来的棉纱，也有自己种的火麻纺的线。20 多年前，野生的构皮树皮也被加工能纺成布料的线。

种火麻的时间与种玉米的时间差不多，即在“立夏”节令前后，种麻有许多规矩，如不能施太多的底肥，因为如果施底肥太多，麻秆枝节就会太多，影响麻皮的质量。同时，撒麻种时必须讲究密度，保证其成长后四面株距在 4 厘米左右。否则太密会使麻秆太细，太稀又会使麻秆多枝节。麻地里，不能套种任何其他作物，种下后一般也不用护理。大片的火麻成熟后，采割晒干，再用水浸泡，剥成麻匹，再晾晒，接着就是绩麻（见图 5-2-14），绩出的麻线条等着上纺车纺成线轴后，就用草木灰水反复煮洗，直到变成白色，捞出晒干，用绕线机绕成线团后，织前再将线团排线就可以上织机织布了。

图 5-2-14　己西寨纺绩麻纺纱机

构皮树是野生的，在月亮河，这种野生的树随处可见，据已西寨布依族老人们回忆，割构皮的时间都是在秋庄稼收割后，选这样的季节主要是因为一为农闲，有时间处理各种各样的家庭手工业，更为关键的是秋后的构皮的纤维更加有韧性，用这个时节的构皮线织出的布更耐磨。

割构皮时，要选没有枝杈的那一段，有枝杈的皮无法加工成好线。割的长度一般在 1.5 米左右，割时不能将一棵树割的那一段周边全部剥掉，那样会导致该树死去。都要留三分之二左右的皮于这一段树本上，以利于其成活。当然，对新发出来的直径在 10 厘米左右的构皮树可连根斩断，其皮基本上可以悉数利用。剥下皮后先晒干，然后在石灰水中浸泡几天，之后拿出来用木棒反复捶打，直到将皮肉全部打掉，剩下的纤维就可以当麻了。麻做成线的工序基本与火麻相同。纺成线后为便于使用，要先将线绕成团。而织布前又要将这些线团上的线进行排列，如果要织的是几色素锦，也要在排线时按规则配置好（见图 5-2-15）。

图 5-2-15　己西寨布依族妇女牵纱排线（红线和黑线）

图 5-2-16　前为月亮河流域箐脚村己西寨布依族妇女织锦（左图）和织出的麻布（右图）

排线的长度决定织出布的长度，线排好后就可以上机织布了，图 5-2-16（左图）为己西寨布依族妇女正在织锦（红黑两色），图 5-2-16（右图）为己西寨布依族妇女织出的麻布。图 5-2-17（左图）为己西寨布依族妇女织出的黑、白、红等色织出的素锦，图 5-2-17（右图）为己西寨布依族妇女染出的浅蓝色棉布（土布）。

图 5-2-16　月亮河箐脚村已酉寨布依族妇女织的锦（左图）和织的和染过的“土布”（右图）

现在，织出的锦主要用于做头帕、百褶裙脚、婴儿背带（背扇）等，麻布主要用于做孝布或制作麻袋。纯色棉布主要做衣服（已不多见）。

在月亮河流域布依族村寨现在到底还有多少人家在织布，我们没有一一去调查，但在有 68 户人家的已酉寨，现在还有 14 户人家在织布，占全部户数的 20%，这个比例还是很大的。

染色主要用植物蓝靛，如果要染成深蓝色，就在靛缸中多浸泡几天，如果要染成浅蓝色的就少浸泡几天。另外月亮河流域布依族妇女也用蜡染布，但不经常染。在整个月亮河服饰系统中，从头到脚都没有蜡染配件配饰。只是偶尔有作为手帕的一小方蜡染巾。

刺绣也是月亮河流域布依族妇女的一项闲时的工作，她们的刺绣物主要用于头饰、上衣襟饰、袖饰、腋下饰及衣摆饰、围腰带饰、围腰边饰、鞋帮饰等等。刺绣有十字绣、剪纸底样绣（见图 5-2-17）、心绣（无参考十字坐标，也无纸样，全凭心中的想象来绣）等等。绣的图案主要以花、草、几何纹、鱼、鸟、蝴蝶等为主。剪纸底样是无色彩的，图案上配什么色全靠绣者的喜好。

图 5-2-17　月亮河箐脚村已酉寨布依族刺绣剪纸底样

图 5-2-18　己西寨布依族妇女正在绣花

（五）家具

月亮河流域布依族人家的传统家具从材质上来说，共有三类，其一为木质家具，其二为竹质家具，其三为石质家具。

木质家具是各种材质家具中最多的一类家具，如桌、椅、凳、床、柜、升、盆架、磨盘架等。

传统的桌子主要有八仙桌和长条桌两类，所谓八仙桌就是桌的四边各供两个人就座的桌子，当然也可以坐更多的人。在箐脚村己西寨、大寨的布依族人家中，实际上八仙桌共有三类，小的可以围坐四五个人，中等的八人左右，大的可围十一二人。传统木料主要以香樟和榉木为主。也有椿木或其他木质的。大型、中型的八仙桌高在80 厘米左右。

图 5-2-19　八仙桌和小椅子是月亮河区域布依族人家必备的

在月亮河还有一种长形的案桌，这种案桌平时主要放在厨房里当切菜切肉的案桌用，杀猪时则作为处理猪的案桌用，这样的桌子长 1.4 米左右，高为 85 厘米左右(见图 5-2-20)。

图 5-2-20　布依族人家中的案桌

椅子主要是小椅子，一般座高都在 30 厘米左右，过去主要是配小八仙桌的（小八仙桌高 60 厘米左右），现在主要是平时闲坐或围回风炉“桌”四周用。条凳是大、中型八仙桌的配件，一个八仙桌配四个条凳。

过去，在月亮河流域一带盛行一种名为“尊凳”的长凳子，这种凳长度在 2 米左右，高度为 50 厘米左右，宽度在 45 厘米左右，这样的凳子据说每家都要有一对，平时置于堂屋的左右两侧，家里有重大礼仪时要让相关的客人或主人就座。在己酉寨，我们调查组还见到了三个这样的长凳子，但都已闲置不用了（见图 5-2-21）。图 5-2-21 中的“尊凳”上边有铭文“中华民国十六年……安文光”等字样，说明这个“尊凳”制作于1928年前后，制作者可能就是当地的彝族木匠安文光。这样的信息也告诉我们，至少在80年前，月亮河流域曾盛行过这样的凳子。

图5-2-21　月亮河流域箐脚己酉寨布依族人家中的“尊凳”

月亮河的床直到现在都是自己打制的，所使用的床基本上都是双人床，制作新床一般都在孩子婚前。在箐脚一带，大部分床都有与床整体配套的帐架，床三边框架与帐架部分喜欢用矢量回形木拼或盘长图案，既实用又美观，而且寓意深刻。

图5-2-22　月亮河流域布依族地区传统木质床架及边框木构纹饰

柜子主要有碗柜、衣柜、组合柜等，这些在月亮河也是大多数人家都必备的，图5-2-23就是己酉寨布依族人家中的碗柜、衣柜和组合柜。

图5-2-23　己酉寨布依族人家中的碗柜（左图）、衣柜（中图）和组合柜（右图）

粮食加工工具中的风簸也是木质的，也可以算作家具，因为这也是农业社会中几乎家家必备的“家具”。图 5-2-24 中布依族妇女正在使用的就是这种扬细糠、滤粗糠、出精粮的风簸（也叫风柜）。

图 5-2-24　月亮河流域箐脚村己酉寨布依族妇女正在使作风簸

木质家具还有很多，其中用来量粮食的升过去也是家家必备的木家具之一，升主要有 2.5 千克升和 5 千克升两种，同一种等量的升其尺寸都是一样的（见图 5-2-25）。

图 5-2-25　月亮河流域布依族人家过去量粮食的升子

以上所提到的这些木家具不是人人都会做的，特别是像风簸、升等这类技术含量较高的家具，只有大家认同的木匠师傅制作出来的才能被普遍接受，木匠师傅除了做这些各式各样的家具外，还负责木构建筑的制作。一般来说，每一个寨子都有几个既能做家具又能起木构房的木匠，他们是社区中的半职业者，农忙时专事自家农事，农闲时则被请去做木工活。所以木匠的家中除了要有全套的农具外，还有一整套做木工活的工具（见图5-2-26）。

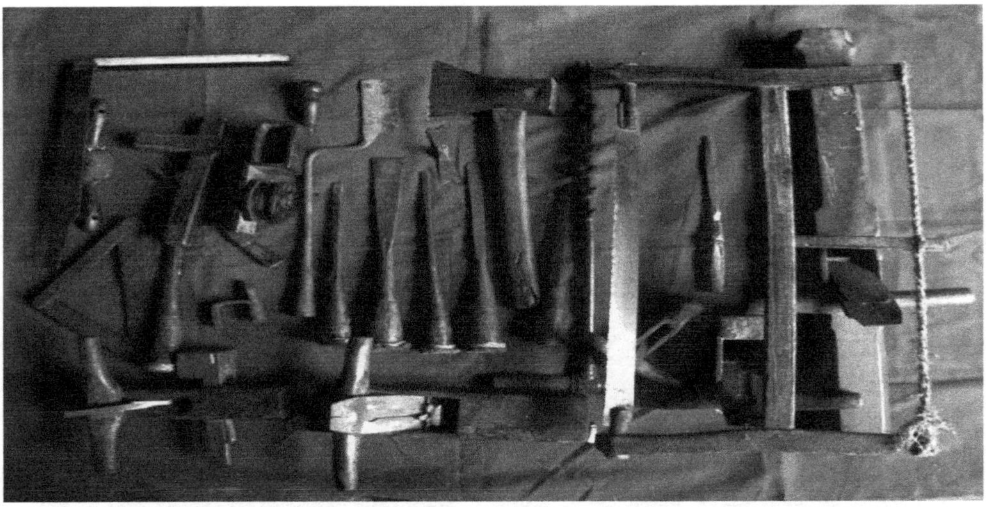

图5-2-26　月亮河流域箐脚村己酉寨布依族木匠卢如昌的部分工具

竹质家具主要有竹凳、竹孔箕、竹簸、竹席、竹篮、竹箩、竹筛等等，这些前面已叙述，这里不再赘述。

石制家具主要是食物加工工具，主要有石磨、石碾、石粑槽、石盐臼等等，现在石磨、石碾等已不再使用，石粑槽、石盐臼还在普遍使用的（见图5-2-27）。

图5-2-27　月亮河流域布依族人家的石磨和石盐臼

三、家禽、家畜的喂养

家禽、家畜喂养是生计的重要组成部分。一方面，家畜、家禽的肉、蛋是人类营养补给的重要来源，它们的有机粪便也是作物的主要营养；另一方面，牛、马还是生产工具或交通工具，对人类的生产生活有多重的意义。

1. 鸡鸭的喂养

过去，因人口稀少，荒地多，所以人们都在早晨给鸡鸭喂适量的粮食后便放它们出去寻东西吃，黄昏前这些鸡鸭会自己回到主人家，主人们又给它们喂点东西，之后它们就自己回圈里了。传统喂养的鸡鸭从小鸡鸭孵出到长至两斤需要半年左右。

母鸡都有专设的窝，一般都设于较高的半墙上或鸡圈的楼上，要下蛋时这些母鸡会自动地前往蛋窝里。母鸭则将蛋下在圈里。孵蛋开始到出壳，无论鸡或鸭都要 20 多天，孵蛋期间，这些母鸡每天只下地一两个小时，其他时间都专心地孵蛋，直到小鸡破壳而出为止。鸭一般是不会孵蛋的，一般要由母鸡代劳。

鸡鸭的粮食主要以玉米、小麦、大米等为主，现在圈养的鸡还喂一些碎的菜或其他植物。圈养后，鸡鸭的食物全部由人供应，所以量更大。现在大多数人家都只养鸡，鸡的圈一般用竹子搭建，而且几乎都搭在主人家主体建筑的一侧墙上（见图 5-2-28）。

图 5-2-28 月亮河布依族人家圈养的鸡

2. 牛、马、猪、狗的喂养

（1）牛、马的喂养

过去，月亮河流域的布依族家庭几乎家家养牛，牛的品种主要是水牛，只有个别人家养黄牛。养牛的目的主要是，一方面，为了积蓄有机肥，为一年两季的粮食作物提供营养保障；另一方面，是为了耕地。当地人均土地有一亩多，个别地方达到两亩左右，在 20 世纪计划生育展开之前，当地布依族每家人口平均在七人左右，每户人家的水田和旱地加起来近 10 亩左右，因此农忙时无法与其他人家借耕牛，要保证不误农时只能靠自家的牛去耕种，这样，家家都要养至少一头水牛，养得多的人家有六七头。

传统水牛的喂养主要是以放养为主，即每天午饭后将牛赶到田边、地角或荒坡上让它们自觅草吃，下午五六点钟赶回来，过年过节或天冷、雨大时则关在圈里喂草，草料主要以稻草、玉米外皮、玉米秸秆等为主，有时也喂些粮食。现在，养牛的人家已不是很多，由于劳力缺乏，所以关在圈里喂草料的时候多些。

过去，马的饲养没有牛那么普及，但每个村寨还是有一定比例的人家喂养着马匹，养马的目的，主要是为有机肥的积蓄，同时也是为了运输上的方便。平时马以放养为主，圈养为辅，圈养时，马主要吃粮食。近些年来，有些人家已不再养牛，代之而起的是养马，因为马既可积肥，又可运输，同时也可以耕地。

（2）猪、狗的喂养

在月亮河流域，猪基本上都是圈养，放养的情况已很少见。一般人家都要同时养四头左右的猪，其中大的两只、小的两只。有的人家养的猪多些，最多的达 10 多头，但大多为小猪，5 千克多时，这些小猪仔就会被寨里的人家买了去。

猪的饲料主要是猪草和粮食，猪草又有两类，一类是玉米地里、麦地里或油菜地里的一些杂草，另一类是专门种在菜园里的猪菜或人食用的蔬菜。粮食类以玉米为主，也可以喂其他任何粮食。一般来说，猪草拿回家后都要用刀剁碎，然后放在锅里煮，煮时适当地加上点或粗或细的面粉，以加强猪的营养。猪草剁碎后也可以直接拌上或粗或细的面粉，然后“生喂”。猪分年猪和一般的猪。一般的猪或是为了买卖的猪仔或是未来的年猪，每年年猪杀后到次年夏秋，“年猪”与普通的猪同食同住，但夏秋之际，年猪要单独住并吃“上等”的食物，所谓上等，也就是比普通的猪多吃些精粮。多的程度据我们观察以及当地布依族老乡介绍，要比普通的猪多五倍左右，即普通的猪如果平常每天每头猪吃半斤的面粉的话，那么每头年猪每天要吃两斤半左右的粮食。

在月亮河流域的己酉布依族寨子里，我们发现所有的人家都喂养着狗，有些人家养着两三条，最少的是一条。养狗的目的，主要是为了热闹，按照当地老乡们的说法，寨子里必须有鸡有狗，这样子才更像个寨子的样子，“早上醒来听不到狗叫声和鸡叫声，生活就觉得不自在”，有位布依族老人如是说。第二个目的，是因为“狗好养，吃得不多，除了人饭后喂它们一小点食物，平时不用管它们”。第三个目的，是为了在冬至节吃上狗肉。至于说看门，老乡们说，“那个不需要，我们布依族地区安全得很”。

正如老乡所说，狗的喂养是最为方便的，人们在每顿饭后喂点少量的饭菜就行了。

四、食物加工烹饪、食物结构与餐桌礼仪

（一）食物加工烹饪

1. 大米、糯米的加工烹饪

在月亮河流域的大多数布依族地方，包括糯米在内的大米的脱壳过去都是通过水

碾进行的，每个寨子都有一个甚至是几个用水作动力的碾坊，人们将谷子挑到碾坊，将谷子放到碾槽中，然后打开水闸，水冲击木桨，木桨带动轴，轴又带动石碾杆，碾杆带动石碾就可碾米了。确定碾完谷壳后，或就地或挑回家用簸箕簸出米糠，再用米筛筛出米来就可以食用了。现在人们多用电动碾机加工，但仍用风簸处理谷糠。

传统的大米的烹饪方法主要有两种，一种是用锅直接煮和烘，另一种是先煮然后控干水分再在甑里蒸熟。

糯米烹饪方法也有几种，其中两种与上两种相同，还有一种是先用水浸泡半天或一天，然后煮熟，之后拿到粑槽中用木槌反复打压，直到将米饭打融在一起才拿出做成粑粑然后食用。这种打制一般在节日或婚庆才进行。

糯米也常用来做甜白酒，特别是有孕妇的人家都要备这样的糯米甜白酒。其制作方法是先将糯米浸泡一天，然后蒸熟。之后放在簸箕中凉透并加上甜酒曲，再在缸中发酵几天即可食用。

2. 玉米加工烹饪

玉米的加工主要是将玉米磨成面粉，传统的磨面粉方法主要是用水碾和家里的石磨，水碾的方法与碾米的方法差不多。过去家家都有石磨，石磨一般都要双人推，磨玉米时，每次放一把玉米粒，然后顺时针推 25 圈左右。磨 5 千克左右的玉米粒要半个多小时，磨完后，用细筛筛一遍，粗的部分喂鸡或猪，细的部分食用。食用烹饪方法主要是将玉米粉用温水和一下，然后蒸熟即可食用。也可以将玉米粉用温水和成馒头状蒸熟了吃。

3. 小麦加工烹饪

小麦加工成面粉的方法与玉米相同，烹饪方法主要是用凉水和面，之后做成细的颗粒状然后蒸熟食用。或将面粉用凉水和面，然后加入甜酒汁发酵半天，然后再做成馒头蒸熟了食用。另外当地也将麦面用凉水和成稀浆，然后倒入烧热的煎锅中烙成饼食用。再者就是加工成面条。

4. 菜油加工

传统的菜油是用人工榨出来的。榨机一般都是将一棵直径在一尺多的青冈栗树的树心挖空成圆形，然后做一些直径与榨机中空的圆一样大小的榨油挤木扁，同时备一些楔子。榨油前，先将要榨的菜籽在热锅里炒熟，之后用麻布包好，放到榨机的木扁之间，之后再在木扁之间加入木楔，人不断地用锤子击打木楔，对木扁之间的菜籽包进行挤压，菜籽受挤压后就会出油了。

5. 杀年猪及猪肉的腌制

月亮河流域所有的布依族人家每年都要杀年猪。年猪从出生到杀一般都要喂养两年以上，但确定作为年猪而催肥一般都是杀前半年左右才开始的，催肥的办法主要是给年猪开小灶——每天多喂一些粮食。杀年猪几乎都在腊月。杀猪的当天要请一些人帮忙，杀猪也不是人人都下得了手，所以有的人家也要请会杀猪的人。杀猪前要把年猪的四只脚捆好，将嘴也捆好以免伤人。杀时要一刀见效方为吉利，如果补刀意味着主人家可能会有些不测的小意外，所以小心的杀猪者会在刀捅进猪两肩胛之后搅动刀子，直到猪血大量涌出为止，但这样做难免将猪的心脏搅碎，开膛后别人发现这种情况会笑话杀猪者。

猪杀死后要用开水烫，目的是将猪皮层的汗层油渍结构解构，然后用菜刀刮毛，刮后再用稻草烧掉猪皮上的毛根（现在一般都用汽油喷灯烧），之后再刮。刮完用清水洗净猪身后开始下猪头、下脖颈肉。之后开膛取出内脏，取出内脏与肋腔之间的板油，然后下前腿、里脊、肋条和腿。内脏的处理方面，洗肠翻肠洗肠，洗胃翻胃洗胃。

腌制猪肉主要是用盐，有的人家也有同时在盐中加入其他各种香料粉的，如加入茴香粉、花椒粉、辣椒粉、八角粉等等。腌制时对每一块肉都要用盐细心搓揉，否则天热了会招蚊蝇。小肠洗净后当天就用开水洗烫几遍，然后切些肥瘦的肉塞进去做成香肠，香肠做好后，挂在厨房灶头上边即可，也可以与猪肉一起专门熏。

猪肉用盐搓揉后要放到缸里醃制十天半个月，然后才能拿出放到火炉上边（或灶上边）的炕肉架上熏，熏肉用的柴有讲究，要用香樟树或柏枝树叶，绝不用煤熏。

6. 打狗及狗肉加工

打狗指的就是杀狗，杀狗有两种方法，一种是直接用绳子将狗勒死，另一种是将狗放血致死，然后用开水烫皮去毛，去毛后再用火烧尽未褪尽的毛，狗肉一般都是煮了吃，煮时只放姜和盐，熟后放入薄荷，味道就更好了。吃时，蘸水另做，边吃边蘸，其味更不一般。

7. 鸡鸭加工

鸡鸭加工方法与其他地方无异。

（二）食物结构

月亮河流域的布依族主食主要以大米为主，辅以玉米或小麦。肉食以猪肉为主，过去一般都是腊肉，其他辅以鸡、鸭、鱼肉，狗肉只有特别的节日才吃。四时栽种各种蔬菜并腌制酸咸菜佐以主食。

月亮河流域布依族一般每日两餐到三餐，农忙时早起吃点面条或其他食物就下田，中午1点左右回家吃正午饭，晚上六七点钟再吃一餐。农闲时则于早上9点左右吃一餐，晚六七点再吃一餐。

（三）餐桌礼仪

月亮河流域的布依族也与其他地区的布依族及其他民族一样，有着丰富的餐桌礼仪，就座时，要让先让长者入座，长者的位置一般都要在能面向门的一边，如果在堂屋，就是背对神龛的那个位置。在长辈动筷子前，其他人都不能先动筷子。吃饭时切忌大咀大嚼，喝汤时避免发出大的响声。夹菜时忌在菜盘里翻来翻去。给人加饭时忌反手给人加，要正手添。喝酒时要先敬长辈和客人。吃完饭时要将碗里的东西全部吃干净，否则认为不爱惜粮食或对主人不尊敬。逢年过节要先敬祖才能吃，等等。

第三节　月亮河流域布依族传统生计方式分析

一、月亮河流域布依族传统生计方式的特征

以往的论述者在谈及人类自然经济时代的生计方式时，总是一句“自给自足”或“男耕女织”就加以了结。确实一句“自给自足”已经道出了自然经济特点的主要轮廓，“男耕女织”也基本揭示了自然经济条件下社会分工的基本概貌。马克思主义认为，经济基础决定上层建筑，有什么样的经济基础就有什么样的上层建筑，自然经济这种经济基础之上的上层建筑有其特定的内涵。本着这样的理念，这一节我们将对月亮河流域布依族以自给自足为主要特色的传统生计方式的特点做些探讨。

（一）月亮河流域布依族生计方式的本原特征

人类生计的本原，是指原初人类依赖自然的本原及依赖土地依赖动植物的自然天性，以维持人类自身及人类社会的本原，这种本原的时代具体可包括人类几百万年的攫取型经济时代及包括人类附着在特定区域的土地上和山川上，以维持生命体和社会、种的繁衍的本原。当然也包括人类自然的和谐的社会分工的本原。

人是有着生物性和社会性两种属性的特殊的高等动物，人的生物性也即人的自然属性，这种自然属性的根本性就在于人是一个个的生命体，必须有规律地进食以维持其生存的状态，并通过自然的男女结合以延续种的繁衍。在人类最原初的时代要保证有规律地进食的前提是自然界必须能提供足够的天然的食物，如足够的野果、野菜、野生动物等等，几百万年的人类蒙昧时代，以及野蛮时代的大部分时期，人类就是靠的这种天然的食物供给以维持自身的生命体和保证种的繁衍的。

大概到了野蛮时代的后期，也即进入新石器时代（距今一万年前后），或许是地球上环境的变化，或许是人类人口的增加，导致了靠攫取已不能满足人类生存的需要，当然也可能是人类渐进地发现了种植和养殖对人类自身生存的便利，于是出现了传统的农业、牧业和手工业，于是原始的男打猎女采集的分工向着了男耕女织的方向发展。

布依族的先民属于古代的“百越”“百濮”族群，“百越”族群的活动区域在长江以南、珠江流域以及整个东南半岛的广大地区，由于“百越”种属众多，支系繁杂，所以史家们用了“百”字以述其多，“百濮”族群活动的区域主要在今湖北西部、湖南西部、重庆、四川、贵州、云南、广西等地区。现代史家多认为，布依族是百越中的“骆越”和“濮人”混合了其他一些族群（如汉族）以后形成的。

“骆越”“百濮”是进入文明时代以来汉文系统的史籍对这些族群的称谓或记载，至于这些族群史前蒙昧时代和野蛮时代的情况只能根据考古资料来做一些探究。百越人活动的地区，旧石器时代（攫取型经济时代）遗址还是很多的，如马坝人、大荔

人、柳州人、顶效人、大洞人、桐梓人、西畴人等等，当今布依族应该与这些“人”中的一些有着直接或间接的血缘上的承继关系，但凭现有的考古学、生物学或人类学资料这是难以具体确定的。而他们原初的生产（自然攫取）生活情况，人类学家、历史学家都有许多的推理性描述，由于人类无法跨越时空回到当时的场景中去，所以学者们推理性的描述基本上是一致的，即旧石器时代，人们依靠男人们以石器、木器等猎取来的动物、女人们用相关的工具采集来的野果或植物块根以维持生命，火的发明利用，老人和孩子看家守火种……包括骆越、百濮等古代族群在内的祖先们的旧石器时代的本原生计大概就是这样。磨制工具的出现、陶器的制造和使用，以及动物的驯养、植物的种植是新时代时期的主要标志。至今已发现的百越族群新石器时代的遗址已经非常之多，而考古学家们一致认为，百越族群新石器时代的主要器物是有段石锛、有肩石斧和几何印纹陶。在贵州这类器物也被不断发现，仅贵州省博物馆就收集有30多件的有段类和有肩类石斧和石锛等石器，最近贵州省考古所正在发掘的贞丰百层新石器遗址中也发现有一些这类的石制工具。几何印纹陶也在贵州平坝的飞虎山遗址中被发掘了出来。另外在贵州、广西、云南毗邻地区所发掘的新石器时代遗址中，都或多或少地发现了碳化的谷物以及家禽、驯养动物骨化石等东西，这些应该也与今天的布依族有渊源上的关系。

没有人能将当今世界上各式各样的族群与石器时代的文化遗址对应起来，这主要是因为石器时代离现在太久远，那时候又没有文字，即便出现了文字，人们也不会系统地为后世各式各样的需要目的而记载当时各方面的情况。布依族自己没有古老的文字，有文字的民族介入后也没有有意识地对这个民族的先民做详尽系统的记录，因此，对于这个民族的过去的梳理就更加的困难。但通过考古、汉文记述、口碑及现存的该民族的一些仪式性的信息，我们还是多少能勾勒出他们过去历史轨迹的基本框架的。撇开考古资料不论，月亮河流域布依族的来源，据从其婴儿诞生礼中的仪式里将水缸、水井等模拟成江河、并将婴孩从“江河中引出”的细节来看，他们来源于可行船的江河流域——月亮河本身不能行船，在月亮河流域保留的铜鼓中也有帆形纹，也说明在这个族群的记忆里曾记录有其先民曾在江河里流动的事实，综合周边的水流山川判断，这样的河只能是珠江流域的一些河段。另外在月亮河杨姓、卢姓等宗族口碑传说中，他们的先民是来自“江西”（他们肯定就是现在的行省江西），这说明这个族群中混有从今天江西一带迁移来的族群的血统，从历史上文字记载中的民族迁移信息来看，这部分“江西”来的人应该是明代进入的月亮河流域并通过婚姻等形式融入先期进入那里的“骆越”人中。这种融合群体的主体还是骆越人，因为直到今天，这一流域族群内的交流仍然用的是布依族语言，而明代江西的语言应该是汉语方言了。除语言外，建筑样式、信仰体系、服饰、饮食、生产工具和食品加工工具等文化特质中的主体部分也是有鲜明的布依族民族性，这些特质中汉文化渗入程度并不大。

月亮河流域布依族生态文化的本原意义也即被人们普遍运用的民族文化“原生态”意义，这种本原除了以上梳理的一些本原性的线索之外，还在于以下一些方面。

月亮河在的源头部分地名中有“拢脚”，而中间一段又被称作“捞河”，“拢”“捞”是不是“骆越”之“骆”的同音异写，因为记载这些字的文字是汉字系统，本族群没有文字。而“骆越”之“骆”一是指地理区域，《唐书·地理志》说今天的北盘江“俗称郁状江，即骆越水也，亦名温水，古骆越地也”。其二是因垦食“骆田”而得名，《水经注》引《交州外域记》里有“交趾未立郡县之时，土地有骆田，其田随潮水上下，民垦食其田，因名雒民”，布依语称山间谷地为“洛”，而“骆”“雒”“拢”“捞”同音或音近，应该就是一个意思，即既有山间谷地之意（参考贵州地方志编撰委员会编，贵州民族出版社，《贵州民族志》上卷第 152 页），也有垦食“雒田”之意。在月亮河的“捞河”段，即中寨乡箐脚一带，似“雒田”的稻田也是有的，大寨、已酉等寨的田的一部分就有随潮水上下的特点。其余半山连绵的也都是“畲山为田”的稻田，这是一种延续了千年的“本原”习俗。

布依族的先民喜食糯米，因此现在月亮河流域的布依族家家户户每年还要种一部分糯米以延续这种文化，之所以只种一部分，据当地寨老们介绍，仅仅是因为现在人多田少，糯米的产量少了才不得不做出这样的选择，这也是生计的本原习惯之一。

月亮河传统生活对土地的绝对依赖及一些日用产品的加工来源于本土也是其生计文化的本原特征。包括蔬菜在内的食物的来源依赖土地，衣饰织物及染料来源于土地，信仰用的芭毛草、竹香炉、人造纸、香来源于本土，传统建筑用的瓦片、石灰、竹木来源于本土，酿酒原料、竹编原料依托本土等等。

另外，男耕女织、对生物的季候性依赖、自给自足、绿色环保等方面都是具有文化的本原性特征。

（二）月亮河流域布依族传统生计方式的人文特征

1. 传统的生计方式使家庭、家族及寨的人文特点凸显

人文即人类社会的文化，以人为本的文化，与信仰相对应的文化……这里我们只取与信仰相对应的文化来讲月亮河流域布依族的人文文化。

月亮河流域布依族传统生计方式的主要特点是自给自足的自然经济，与这种自给的自然经济相对应的人文文化也有其独特的一面。如与生计紧密相关的生产组织单位家庭及其外延宗族和“寨”、社会化特点、礼品的交换、家庭分工及一定的寨内分工、生产周期间的调节、婚姻圈等等。

在月亮河流域，人们往往聚家族而居，很多都是以一个姓或几个大姓为主的寨子，这样的宗族聚居，因共同血缘的关系，一方面方便生产和生活上的互相帮忙，另一方面也便于以宗族为单位的共同的祭祀活动。当然几姓人家同聚居一寨的情况也不少，但这种现象并不影响彼此之间的和谐相处，按照传统的习惯，每个姓都有自己宗族内的德高望重者，不同宗族的德高望重者共同组成了寨老，寨老与现代的基层行政组织一起共同商议和组织碾坊、道路等公共设施的修建，商议和组织寨内婚丧大事及建房等事宜，商议和组织寨内共同的“扫寨”仪式，商议和组织寨内水源的维护田水的分用，商议和组织寨内的迎宾活动，商议或组织参加联寨的庆典活动或文体活动，等等。在己酉寨，共有卢、杨、王、赵、韦等几姓人家，由于卢姓和杨姓的人户最多，所以寨内的重大活动一般都由这两大姓的寨老们牵头组织。

家庭是生产和生活的基本单位，像己酉寨这样的布依族寨子中，四世同堂、三世同堂是最普遍的家庭形式，全寨 60 多户人家中，这样的大家庭占了一半以上，其余的多为两代人组成的核心家庭。家庭内部一般由男性家长分派工作，但不专断，很多问题上也充分听取老人、妇女及子女们的意见。平时农忙时，不分男女都下地干活，粮食收回来后也一同加工保管。农闲时妇女们在家纺织刺绣，男人们则忙于一些寨内的公共设施，或对自家的房屋进行局部的修缮。

2. 生计方式的社会化人文特点

所谓社会化是指一定区域内的族群不断接受社会文化的过程，社会化的过程从婴幼儿就开始，直到人老死离开这个世界才终止。社会化的目的主要是使孩子在其成长过程中不断地接受已经基本被认同的社会文化，使成人不断接受社会变革所带来的观念、知识或技术等新文化。

在没有国家的氏族、部落时代，一个族群（氏族或部落）内部的社会化过程，就是其成员不断学习和接受该族群全部文化的过程，外界的文化与该族群基本无关，因此，是否学习外界的文化并不是那么重要。人类有了国家之后，族群内外的社会化内容也随着国家社会发展程度的不同而有别，在以自给自足为主要特点的前资本主义社会里，一方面人们要通过族群内的社会化活动习得本族群的文化，另一方面也要通过族群外的社会化活动习得国家文化或主流文化。在市场经济高度发达的社会里，一个国家的文化基本同一化，所以在这样的国家里族群文化淡化，族群社会化也就显得无足轻重，而国家高度的社会化就显得重要起来。当今世界，全球化浪潮越来越汹涌，因此社会化活动已超出了国界，愈来愈显出其国际化的特点。

中国虽然是个有着悠久历史的大一统国家，但由于政治或商业带来的文化趋同现象并不普遍，甚至可以说，整个封建时代包括汉民族各大方言区在内的各族群文化趋同现象还很微弱，因此，在漫长的封建时代族群内部的社会化活动还是整个中国社会化活动的主流。辛亥革命后到 20 世纪 80 年代末期，在广大的农村，中国的自然经济仍然是中国乡村经济的主流，这种自给的经济导致其亚文化（乡村文化）的社会化也在村、寨聚落中完成。月亮河流域布依族文化就是在这样的背景下，在贵州的其他异族群夹缝中构筑起自身的文化体系，并通过世代的社会化活动传承着其相对独特的文化。

一个族群通过社会化以教育或培养其社会成员的内容，是体现在这个族群文化的方方面面。具体来说，族群社会化的内容主要包括伦理文化、道德文化、世界观人生观文化、礼仪文化、人际交往文化、生计文化、信仰文化、历史文化、婚恋文化、族群政治文化等等。

月亮河流域布依族的生计活动无疑具有很强的社会化文化功能，它通过各种生产生活活动，一方面用以维持族群的生存和发展，另一方面用以教化自己的社会成员，通过生计活动让孩子们习得自己的业已成熟的各种生产或生活经验，让未成年人通过社会化进入到秩序性很强的族群社会生活之中，让成年人通过进一步学习生产生活过程以推动族群的进步。

就拿播种来讲，儿童时代孩子们就看着家庭中的长者在播撒种子，等自己成年了，听多了、见多了，同时长辈们也不能再下地了的时候，他们就会试着用以前长辈们的方式亲自播种，当然长辈们也会在一旁指点，这样实践得多了，自然也就有了经验，长出来的庄稼也不会因太挤而苗不壮产量低，也不会因为苗太稀而浪费了地力。同样的道理，房子的建造、季节和气候的观察、纺线制衣、织锦刺绣、制香酿酒、养牛喂猪、食物储存与加工等生计方式的习得也靠不上书本，因为月亮河流域布依族（甚至所有中国农村人）在书本上根本找不到这一类的经验，一代代的月亮河流域布依族从儿童到少年，然后到青年时，试着从事这些生计活动并最终掌握生计技能。这样的过程就是社会化过程，就是生存技能和经验的获得过程。

3. 传统生计方式下邻里关系、亲戚关系的维系

前文已经提及人类的传统生计方式共有以游牧为主的生计方式、以农作为主的生计方式、以农牧相兼的生计方式、以采集和渔猎为生的生计方式、以农商相兼的生计方式、以手工业及与其相关的商业生计方式、以纯商业生计方式等类型。月亮河流域布依族的传统的生计方式是农、畜、禽、手工业等相兼的生计方式，也即以家庭为单位的基本上生活方面全方位可以自给的生计方式。这种自给型生计方式决定了族群内每一户人家的生活圈都很小，如果其生活圈的中心是房子，那么其外的就是同寨的同宗族或异姓人家，之外是菜园及农田，这之外是林木地或荒坡地，再之外就是另外村寨的生产生活圈了。一般来说，走出生活圈的活动有两种可能，一种是去到他地赶集，另一种是走亲访友。但即便是这两种“走出去”的活动，其离自家房子的距离一般也不会超出人步行一天的距离。所以自然经济下的生活半径是有规律的，也是可丈量的。我们把以寨子为中心包括农田和森林或荒坡的范围权且称作有效生活圈，把远距离的赶集或走亲访友之地称为外延生活圈。

月亮河流域布依族的有效生活圈内的邻里关系，主要通过生产上的互帮互忙、信仰上的同宗共祭或同寨协同办大事来维系，同时以礼品作为长久联系的纽带。生产上的互帮互忙是经常性的事情，每个季节都会发生，如哪家先插秧，全寨的男女都会去帮忙，哪家起屋盖房、哪家杀猪等等，邻里们都会来帮忙，这是生产上的维系。生活上的维系也是由经常性的具体事象来发生的，如给去世的祖辈立碑、祭祖、老人去世、宗族内的青年人结婚等等，都是同寨同宗协同活动的机会，也是加强宗族认同和凝聚力的活动。同寨有不同宗的同姓或其他姓的情况下，生活上户际关系的维系也可通过婚丧帮忙、全寨举办文体活动、全寨实施信仰活动（如扫寨）等等来加强联系。

外延生活圈是因为婚姻关系所形成，或是同宗的近支原因而得到维系。自然经济下婚姻圈的半径总是很小，这种半径至多一两天的路程，更多的婚姻关系都在邻村之间缔结——如果邻村是不同姓的话。像己酉寨那样有不同姓的家族在同一寨，就可以在同寨内开亲，如卢、杨两姓之间就是世代开亲的姻亲关系。同宗族的人家一般都在同寨，但也有同宗不同支的在其他寨子的情况，由于有些不在同一寨子的同宗是近支，因此平时因祭祖、修家谱或其他与宗族有关的活动都要互相走动，所以同宗近支之间如果距离适当的话，维系还是频繁的，关系是紧密的。

不管是有效生活圈还是外延生活圈，不管是同宗还是近邻的它姓人家，人户之间还有一种具有文化和经济双重属性的联系媒介，这种媒介就是“礼”，这个“礼”不是中国传统意义上的礼，它是一种物化的“礼”，但绝对不是礼物那么简单。“礼”或以钱的形式来表现，也可以以物的形式来表现，物主要有床单、被面、盆、衣服、肉、蛋、糖、酒、烟、米等等。“送”礼的平台或机会主要有“开财门”、给老人做寿、婚、丧、孩子满月等等。这种“礼”虽名为“送”，但送方将来有上述的平台或机会，受“礼”的一方是要还的，所以当事人家在接受别人“送”的礼时，要用一个本子请专人记下来，以便当下的送礼人将来有类似的机会或平台时能如数，或者说加码还上。这样的“礼”是邻里、宗族或其他亲友之间维系关系的重要途径之一，还“礼”的时间可能是半年，也可能是数年或十多年，所以它在受礼人的心中一直是一个情结，或者是一个经济账单。直到将礼还了才释怀。但这样的“礼”在任何一个时段上都是交互的、多向的。所以它成了传统村寨中的一张特殊的关系网，而且是一张持续时间永无止境的经济网、文化网，久而久之，这样的网也是情感网。

（三）月亮河流域布依族传统生计方式下的信仰特征

在具体探讨月亮河流域布依族传统生计方式下的信仰之前，我们有必要对人类信仰发展的基本情况做一些回顾，因为这样的回顾可以使我们在全人类的视野下更加理解和洞见月亮河流域布依族传统生计方式下的信仰行为。

根据目前研究的成果显示，人类的信仰有一个从信仰多神的万物有灵阶段向信仰一神的方向发展的趋势，或者说信仰有这么一种从多神信仰向一神信仰发展的规律。

古埃及上下埃及统一的过程中确实有从多神信仰向一神教发展的势头。古希腊虽然那些有血有肉的众神普遍地受到人们的膜拜，但还是有了主神。犹太人从亚伯拉罕到摩西，则奠定了“雅赫维”（上帝）的一神教的地位。传说中的耶稣的基督教只不过是对犹太教做了适时的改革，他们继承了基督教的一神教的传统。由穆罕默德创建的伊斯兰教也叫穆斯林们只信安拉真主一神。除此之外，其他各地的各种信仰中主神的地位却不是那么明显。起源于南亚的婆罗门教、佛教、印度教、耆那教、锡克教，中亚一带的所罗亚斯德教，东亚中国的道教、北亚阿尔泰语系满-通古斯语族等之下的“萨满教”、日本的神道教等等都有多神信仰的传统。大洋洲和美洲，除了大洋洲塔希提岛土著波利尼西亚人有了一神教势头（“马那”神）外，其他的各族群更是处于众多神灵统治的时代。非洲各部族在欧洲殖民者介入之前的情况也比大洋洲和美洲的情况好不到哪去。

这种信仰的多神和一神的差异性，一般都认为与社会的发展程度有关联，从人类学中的进化论学派开始，学者们好像比较认同信仰发展的这样的公式：万物有灵——图腾崇拜——祖先及多神信仰——一神信仰。但这样的规律性公式在许多地区无论从史书还是田野中都找不到任何证据。即便在欧洲，万物有灵和祖先崇拜这样的例子都很鲜见，至少没有人肯定过这两种信仰形式或信仰阶段在欧洲信仰史上能有什么意义。在农业文明高度发达的东亚，祖先崇拜的痕迹一直都与其他“众神”信仰相始终。同样的农业文明较为发达的南亚，却又找不到祖先信仰、图腾信仰的普遍证据。所以公式之“公”看来还是值得探讨的。

不过一神教兴起和普及的地方，无论是地理环境、经济方式，还是历史上的政治特点都与多神信仰的地方有所不同。从地理与生计的角度来看，以灌溉农业为主要特点的西亚两河流域和北非尼罗河流域的周边都被一块块纵横的沙漠所环抱，而沙漠之间，古代则有着一块块的草场，所以定居的冲积平原上有利于一神教的形成，而流动的游牧民族也有利于将多神往一神方向整合。从经济上来看，环地中海周边的北非、西亚以及东南欧，自古又是商业较为发达的地区，商业的一大副产品就是在统一度量规则的同时也有意或无意地使包括信仰在内的文化相互影响甚至得到自然地整合，几千年的商业往来，北非的埃及与西亚、东南欧一带的文明确实有互相借鉴的证据，如树立高大坚固的神庙供奉信仰对象就是最好的例子。这种影响甚至波及其统治中心在中亚西部边缘的古代波斯。从政治军事的角度看，古代埃及统一后就建立高大的神庙，连国王以及各级军政要员都要在神庙里的“阿蒙”神下匍匐。犹太教的神殿一再被毁，但即便只剩下一堵墙，人们还是认为那里仍是信徒们离上帝雅赫维最近的地方，而当初确立这种信仰的人正是犹太人的政治和军事领袖摩西等人。伊斯兰教穆罕默德从麦地那到麦加后，就与政治和军事结合在一起，成为世俗与宗教难舍难分的统一体，这样的结合，导致政治与军事的势力所及必然使一神教的安拉信仰也达到哪里。基督教最初起始的三百多年间命运不是很顺利，但得到罗马帝国认同后，在强大的罗马帝国政治军事一统的平台上，它迅速地成为大多数欧洲人信仰，在之后的一千多年的“黑暗”统治中，基督教在各国国王们的保护下建立起了辉煌而又可“通天”的哥特式或拜占庭式教堂，在几十届政府和军队的组织下，历时几百年对异教徒的“东征”中，更加认同了自身的信仰体系。所以一神教的出现有地理上、经济上以及政治军事上的许多机缘。

南亚的传统信仰体系（不包括后来介入的伊斯兰教）虽然与以中国为代表的东亚的信仰体系比较有相同之处，但在具体表现上以及宗教种类的繁杂上，南亚都比较复杂，这里就不展开讨论了。由于要梳理月亮河流域布依族传统生计之下的信仰，所以我们在回顾西亚、北非、欧洲的一神教信仰基础上，重点要搞清为什么五千年来文明一直未中断过的中国民间会有那么多的多神信仰传统。

为什么中国没有一神教传统？中国民间到底有多少种不同的信仰？各民族民间的信仰有什么共性和个性？这些问题的回答是很有利于我们理解月亮河流域布依族民间传统生计下的信仰行为的。

史前时代的中国各地信仰情况，我们从山顶洞人的骨头旁边的赤铁矿粉、仰韶文化半坡遗址的氏族公共墓地、红山文化牛梁河遗址的神庙及女神塑像、凌家滩遗址的“八卦”、良渚文化的玉琮、三星堆的祭祀坑和神秘面具等等中都可见多元的面貌。进入文明时代后，无论从考古实物还是后世的史籍都有许多证据。夏代是一个疆域仅局限于今山西、河南、湖北、陕西等省交界地区的一个有史籍可考的中国文明起始性的政权，关于其信仰问题，从考古及其后的商代的信仰可见一斑。商代的疆域比夏代稍大，“大”的区域主要是河北的南部、山东的大部以及苏北的部分地区，王族的信仰情况可以从河南安阳小屯发掘出的十几万片甲骨得到说明，周代官方的信仰一方面延续了以骨相定吉凶的传统（周原等地发掘出的甲骨为证），同时，祖先信仰、鬼神信仰等都被规范化，周的后期——东周，以及其后的战国及秦都没有一神教的踪迹，民间的信仰也没见记载，但这一段上敬天、法祖以及相信各种“鬼神”应是官方和民间的主要信仰形式。汉代以降，儒家思想渐渐成了半以人为本半“天人感应”的官方主体思想，但官方同时也允许民间包括佛教、道教等思想的存在。有些地方性政权甚至崇佛或极力的崇道，力图使其成为官方的主体信仰并以此影响民间，如张鲁政权、北魏、北周和唐“三武”的灭佛崇道、大理地方政权的崇佛等等。汉代在“独尊儒术”的前提下，汉武帝还亲自带队到泰山祭天，后来的历代宫廷皇族在崇拜祖先的前提下也同时信仰着这样或那样的神灵。比如清代的宫廷，一方面是全方位的地学习和接受以儒家为主轴的中原汉文化，另一方面又保留有其传统的“萨满”信仰、祖先崇拜、道教信仰，还要到天坛祭天、地坛祭地、日坛祭太阳、先农坛祭农神和谷神……所以中国民间各民族信仰的多神不是信仰边缘化的表现，而是皇族的榜样使然，因为历代中原皇族就没有过一神教的传统。

造成中国从皇宫到地方、到边地各族群都有多神信仰的原因又是什么呢？我们认为，一方面历史上中国虽然有游牧民族的不断南下，但从没有使中原及其以南广大地区的文明受到过毁灭性的打击，即使像元代那样的草原民族入主中原，其以“长生天”为主的多神信仰到中原后也不排斥中原固有的传统信仰，而中国传统的信仰体系也十分大度地允许国内外各种信仰体系进入并互相并存互相尊重。另一方面同时也是最重要的一点，那就是中国从皇族到民间尽管有这样那样的种种信仰，但比信仰更高的文化却是以人为本的思想，即在中国有史以来，人文主义一直是中国文化的主旋律，历史上儒、释、道“三教”虽然被人们普遍认同为国家文化的核心思想，但儒家思想是入世的世俗为主的思想，其“天人感应”，或“心学”，或与佛教结缘的禅学思想，官方和民间都没有从宗教的神秘经验方面加以解释或主导人们去体验，而是把这些思想世俗化以服务于人本思想。佛教、道教的情况也如此，普通的人们之所以对这两个宗教有感情，是因为认同了它们的宗教伦理或世俗化的意义，如认同道教的崇尚自然的天性，认同佛家的善恶道德教化伦理，所以普通的百姓并不是十分关心佛经中以及道家隐居修炼的本原，这一点是与一神教有着根本的区别的。正因为如此，秦始皇的江山一统，汉武帝的“开边”，唐、宋、元、明、清的盛世，虽然可能有比古罗马帝国还要强劲的专制权力和武力，但从不在城市或人口稠密的地区以官方的名义公开修建道教宫观及佛教寺院——尽管历代皇族暗中也信仰或支持着这样或那样的宗教信仰。

中国传统农业社会的博大涵养了多神信仰的空间及其各族群子民，而历史上几乎没有受到过境内外一神教的政治军事威胁也是历代王朝在信仰上不过多地着墨的原因，同时中国市场一统导致包括信仰在内的文化普同的现象历史上没有形成过，即便是今天，市场化已进入中国的各个角落，但对仍在农村生活的各族群的多元信仰冲击不是很大。所以中国历史上的官方只关注税收劳役的正常运行，关注境内及相邻国家中政治上或军事上有没有异己的力量。至于信仰，除了信仰伊斯兰教的民族外，官方与其统治下的“民”并没有什么区别，都在神龛上、祠堂里、家谱上、家族墓地或在心里供奉着祖先，都关注着天地等神灵是否赐福给国家或自己，人们关注着四季的征候，常常将自然的变化与人事联系起来，并适时的进行祭礼或感恩。汉族如此，大多少数民族也是如此。

分布于西南的布依族也一样，自秦始，他们在政治上拥护国家的统一，并服从中央王朝委任下的地方官或土司们开明的统治和管理，经济上中央直接统治的地区他们上交合理的捐税，土司统治地区则只对土司负责税役。至于信仰，一方面布依族信守着自己的传统信仰体系，同时对外来的信仰体系他们也兼收并蓄，并不一味地盲目地加以排斥。月亮河流域的布依族是布依族中的一支，在经济文化上与其他地区的布依族有着共性的同时，由于他们身处高原峡谷的特定条件，也发展出了有一定个性的文化。就自给自足的传统生计方式下的信仰来说也有其独特的地方。如在稻穗刚出的时候要实行象征性的“尝新”仪式并将稻穗供在神龛上，每年要祭山以祈求土地神或山神、林神赐福给族群内的群众，特定的节日时要给耕牛以优待（如给牛洗澡、给牛喂传统的食品——糯米粑粑等），伐木前、架码砍木建房前都有相关的祭祀仪式，婚姻仪礼中新郎家要给新娘家送自家喂养的猪火腿以及送自家种和打的糯米粑粑，出丧时孝女要用竹箩装上自家种的煮熟的糯米饭到墓地上仪式性地给亡人“吃”，中秋要仪式性地到别人家的地里“偷瓜”，除夕时要将生产用的绳索藏起以免得罪“神灵”而来年多见蛇，要将新米撒在水里以祭龙神，祭祀时要用传统的竹杯、土酒、土纸钱、土香、自家的粮食和“刀头肉”（一块方形的猪肉）及鸡鸭，扫寨时要用自家找来的芭茅草编成辫状挂在门头……所有这些，都是传统生计方式下的产物，这些信仰或仪式服务于“世俗”的生计方式，其祭具、祭品也来自生计劳作成果的范围。或者说，各种信仰（包括天神、土地神、林木神、水神、祖先神、喜神等等）本身就是自给自足的传统生计内容的一部分。

（四）月亮河流域布依族传统生计方式下的科技特征

“科技”是科学技术的简称。科技又分为传统科技和现代科技两大门类。

传统科技泛指西方资本主义工业化、现代化普及之前的整个人类发展史上的科学技术，包括农业、手工业、畜牧业、建筑业等行业中的一切世代相传的、有一定规律或章法可循的技术。传统科技的特点主要有以下一些：一是，一国之内或一地区之内（如相当于现代的省一级的地区）某工种制造的非精确定型化，即没有现代意义上的标准件。在传统科技领域里，同样类型的手工业品即便在同一手工作坊内生产，其形制在大小、高矮、各项尺寸方面都可能存在着差异，而人们也认同这样的差异存在。二是，在小的区域范围内，一方面，有些物件的加工、制作有一定的规制或者说有一定的相对固定的模式，在这一区域中生产出来的相同物品可能在大小、高低等方面的各项指标基本相同，如建筑形制、如用传统模具生产的小手工业品、织布机及其各种布的幅宽、香的长短、砖头等在小区域内可能都会相同；另一方面，有些同类用品的制作在大小尺寸等方面，又会因匠人们的不同而具有一定的随意性或无指标体系的不定性，如各类竹编的器具、凳子等家具就都有这种特点。传统科技的这种特征是由于自给经济造成的，由于市场和社会分工的局限它不需要更多的跨地域的交流与合作，一件物品如果不需要跨地区的合作完成分部件，然后再进行组装这一事实，说明现代意义的"标准件"在传统社会里没有任何意义。三是，对天象、四时的把握以及作物的栽培上，传统社会里的各族群也有自己一套成熟的行之有效的办法。总之，在自给自足的传统社会里，在一个国家内或一个大的地区内，科技并没有整齐划一的种种硬性规定，任何一文化区域内的人们完全可以按照族群或区域习惯延续自己在制作某一物品或种植某一作物时的习惯。

现代科技是资本主义社会化大生产的产物。由于社会化大生产，社会分工越来越细，同一件商品的零部件需要不同的制造商完成，这种不同的制造商可能在不同的城市、不同的国家，而某种商品的部件尺寸又必须完全符合组装商品的需要，这就产生了"标准"件。所以现代科技最显性的特征之一就是标准化、量化。这在农业方面也是有体现的，如一亩地要下的种子的具体量化、要追加的化肥的量化、一亩地洒农药的量及水、比例配置等，在禽、畜的饲养方面也讲食料的精度配置等等。

月亮河流域布依族传统生计的主要特点是自给自足，因此其科技完全是传统生计方式下的科技，这在作物种植、禽畜饲养、家庭或社区手工业、食物加工、食物结构配置等方面都有所体现。

主要农作物水稻、玉米、小麦、油菜的选择是基于布依族对当地气候、土壤、水文等的科学判断后得出的选择，而不是因为他们食物结构的"传统文化"需要使他们选择这些作物（当然长期种植和食用这些粮食，也会从中生出一系列的相关文化，而人们也会对这种相对固化的作物有所依赖）。良种的选择和储藏、下种的时间选择、施底肥数量的尺度、水田和旱地翻土的深浅、撒种的密度、秧苗的培育、苗间距的把握、田水淹苗根的高度、除草及培根的时机、粮食成熟的判断等都是要有一定的科技常识的，这种科技常识不是来自书本，而是一代代人通过观察摸索出来的经验。

禽畜的饲养方面，也必须了解各种禽、畜的生长的自然秉性，为其进食、生长及使用时间有一个基本的准确判断，以此来满足家庭或家族的需要。以猪的喂养来说，什么季节买多大的猪，养到什么时候添加养料，到某一个春节前猪应长到什么程度，每一个养猪家庭的当事人都是心里有数的，这个心中的"数"就是基本懂得了猪的生长规律，就是掌握了朴素的养猪科技常识。

手工业方面，月亮河流域布依族地区种种手工业品的制作主要是为了满足生产和生活的需要，而这些手工业品的大小、形制，一方面是为了使用时的方便，另一方面也是为了传统文化的需要，但不管为了何种目的进行制作生产，都把握着各项科学的维度，如建房可以建成是十一根柱的、九根柱的、七根柱的或五根柱的，这种房屋的大小尺寸本身并不说明什么问题，顶多只是反映当事家庭的财力或基于建房地点的大小做出的适当选择。但房屋的牢固、耐久、内部格局的有效使用、通风、采光、防水、防火、层高与视觉的关系、此建筑与其他建筑的配置、与寨内其他人家的交通联系等维度的考虑就是科学的考虑，这种全方位周密预设，由于它充分地考虑到了实用与安全两大因素，因此说它是“朴素”科技都是不公平的，实际上它已经是完全实证，也是逻辑符合科学道理了。建筑材料中瓦的制作烧造是科技含量很高的手工工业，首先适合做瓦的土质选择就是一件科学的工作，然后筛土踩泥、摇模制瓦、窑中瓦的摆放、点火连火、观色停火、插水凉窑无不需要科学的经验。月亮河流域布依族传统建筑的墙体主要由竹胎和外敷的“三合土”两部分构成，其中竹胎部分是墙体的骨架，其编制及相互联结都十分讲究，而外敷的“三合土”部分的“三合”指的是石灰、砂土和松浆，三部分的比例搭配也是有“度”的，“三合土”上竹墙时的湿度也讲求一定的原则，竹墙体与“三合土”紧密结合又是需要考虑的一大关键性问题，而为了保证“三合土”之间的联结还需再加上草“筋”，筋的多少选择更是考验每一个建房当事人的智慧。每一个建筑的建造都需要调动人的许多智慧，从这一点上看，任何一项手工业都不是寻常的事情。

月亮河流域布依族中体现食物加工的科学理念也是多方面的，如利用水碾脱谷壳就充分地运用了以水动力代替人力的理念，而手推磨则是有效地运用了杠杆原理，脚碓脱壳或打粑可以比用手更省力，用盐腌制腊肉是为了防腐变质。在食物配置方面月亮河流域布依族也有许多科学的创造性，如蛋白质与纤维素食物结构的搭配、油腻食品与助消化类食品的搭配、色香味的搭配等都有自己的民族特色和区域特色。

总之，月亮河流域布依族传统自然经济条件下人们的生计方式的每一个侧面，都隐含着一定的科技信息，这样的科技在现代都市人看来似乎显得微不足道，因为都市里生存的每个人都懂得一项其赖以生存的技艺。但是，我们有没有想过在传统的生计方式下，人们生存依赖的不仅是一项技艺，每一个家庭甚至每一个人一生中都必须掌握一个技艺群才能使自己的生活有效地运转起来。传统的月亮河的每一个布依族家庭或者每一个成年人就是这样掌握着一些“科技群”，使自己的庄稼有模有样地生长和增产、使自己家的禽畜按照自己的期望生长、使自己的房子温暖而舒适、使自己和家人穿上自织自制的衣裳、使自己和家人用上环保而又实用的家具、使自己和家人吃上自家种植的绿色放心安全食品、使自家祭祀节日的神龛上香烟袅袅……

每一种文化都有其存在的合理性，都有其存在的理由，一定时代一定地区一定族群的文化在没有被外界文化的干扰或打破的前提下，其运行一定有一套合理的机制，人们对幸福感的评判肯定也有自己的一套标准。或许传统生计方式下的月亮河流域布依族曾经就有过那么一套机制和那么一套标准，否则，为什么今天它还有这许许多多的表现呢。

（五）月亮河流域布依族传统生计方式的美学特征

美学这个词人们更多的是运用在对文学、绘画、歌舞、服饰等“艺术”的审视上，其实美无处不在，只是我们不去细心的品位罢了。美是一种内心平衡或愉悦的心态，从这个角度来讲，人人都可体会美，任何行业也无不体现着美，美没有高下之分，只是审视美、体验美的人类群体有审美角度上的区别而已。生计方式是人们赖以为生的主要生产形式，一定的生产形式反映的就是一个族群的全面生活，而生活本身是无时不体现着美的。生计方式首先满足的是人作为生物的存在，这一存在也是其他各种存在的基础，为了维持人生物性的存在，就必须为生命运动提供一定的能量保障，这些能量是通过衣、食、住、用等途径得以实现的。衣服可以防风防寒，食物可以为生命不断提供能量，房屋为人们提供安全的场所，生产、生活工具是加工转换生产能量的条件。因此生计方式要解决的是衣、食、住、用等维持人自然生命的必需品，并充分发挥其物质性的、具体实用的功能，从而为人的生存创造更好的条件。但人们从事这些事的过程又不是机械的、枯燥的，而是融入了许多美好的情感和追求，并愉快地完成一项项生产及生活活动，在完善自己人生的同时也满足亲人们各方面生存及生活上的需求。

月亮河流域布依族传统生计方式体现出的生活美是方方面面的，如四季充实美、多元生计和谐美、自食其力的放心美、技艺传承的内涵美、传统社区的礼仪美等等。

自然经济的特点之一就是四季充实，在月亮河，春节一过，人们就开始准备各种农用工具，如检查犁铧是否还能用，犁把是否需要更换，耕绳是否要重新做，耙齿是否齐整，肥料是否已备足，过去烧瓦烧石灰者多在这个季节进行，妇女们则纺织刺绣缝衣，等等。到了二月底三月初开始备秧田并育秧，秧苗长出后要天天观察秧田干湿情况，同时在其他田里准备放入田水，加入肥料。旱地作物小麦、油菜于三月中旬左右开始收割、晾晒并储存。之后种玉米种瓜豆，培护田埂和插秧，五月中旬玉米长出几片叶子后要给苗松土，田里也要去除杂草。六月是间隙，人们在家做一些手工。七月下旬，开始陆续收获，八月中下旬到九月初，收完庄稼，同时又种下小麦和油菜。十月、冬月和腊月又是间隙，人们一般都从事盖房、砍柴火、做家具或其他手工业，备年获、轮流杀猪等等。四季中看似忙碌，但看着自家的庄稼及禽畜生长，看到丰收，人们活得充实而自在。在劳动过程中人们总是互相帮忙，有说有笑，谈论着自己看到或听到的奇闻乐事，生活就在这样的充实中度过。

月亮河流域布依族的生计并非仅依赖一种作物的种植或一种手工品种的加工，其生计是依靠着多种作物、多种蔬菜水果、多种经济林木的培植，以及依靠各种手工业品的自制和加工。这样的特点体现出了生计方式的多元和谐美，每个家庭都不误农时种着各种粮食作物和蔬菜，同时饲养着各类禽、畜，对自家的房子进行关照，对自家的各种家用工具进行添置、更换或修理，对自家的粮食进行加工和储藏，到市场上换回自己家里用的肥皂、盐或各种烹饪调味品。人们习惯在埂豆与玉米间种瓜，习惯麦绿与菜花黄的交响，习惯于狗绕主人膝雄鸡报天晓，习惯于男耕女织，习惯于山间的碓响碾歌，习惯于房前屋后果黄伴椒红，习惯于晨烟对朝霞、晚晴伴山歌，习惯于桃红柳绿时飞燕绕梁旋、酒醇菜香时蝴蝶随风舞……这是一种人与自然间的和谐，也是月亮河流域布依族民众释放出的生命欢歌。

自食其力是传统生计方式的一大特点，人们消费自己亲自栽培或加工的产品时，有一种成就感、自在感和放心感，在消费时不会有任何疑虑，如不用担心水果、蔬菜、粮食中农药是否超标，不用怀疑自己的手工业品的质量问题，不用担心房屋的持久性。这样的心理在现代都市或高度社会化、市场化的乡村是难找到的，也是不可能存在的。但月亮河流域布依族寨子中，我们可以在每个布依族人的脸上读到这样的自在信息。

传统生计艺术的传承并没有任何可读可视资料，它是通过一种濡染的方式对其成员进行社会化教育活动。在月亮河流域，从事任何生计活动都是开放的，孩子在襁褓里就能感受长辈们从事生计活动的节律，儿童们可以到田边、织机旁、各种生计的现场自觉不自觉地观察成人的劳动，年龄的增长过程也是族群生计经验在青少年身上不断增长的过程，青少年哪天上岗不需要任何的学位或上岗证、培训证等资质，那种生命中被反复濡染的“经验”会教给他如何从事生计活动，并且随着年龄的增长会使这种生计活动本能升格为一种艺术式的创造。所以传统生计方式技艺的习得反映出了一种涓涓细流渐成川海的美感。

人际关系是人们普遍关注的永恒话题，人类伦理方面传统和现代的最大不同就是现代社会人情味的流失、礼仪的淡化。但在类似于月亮河流域这样的传统社区里，由于人们生活圈的相对固定性，使得礼仪礼节无处不在。同一社区的人们彼此都是熟人，人与人之间要么是同一家族，要么又是亲族，所以辈分是分明的，称呼是明确的，礼仪是规范的。这种规范体现在生产和生活的任何领域，在这种亲情的关系网络里，人们的心随时都被焐热着、被感动着，同时也被这种秩序涵养着、滋润着。孝敬老人成为一种自觉的美德，关心下一代的成长成为一种热心的责任，迎接新生儿成为社区共同欢乐的节日，给某家老人送终成为一寨人的悲哀，为村寨引水修路成为义不容辞的职责，某家的客人也是举寨所有人家共同的客人。所有这些都是我们在像己酉寨那样的布依族寨中感受到的。这是一种中国传统社区才有的无瑕的仁爱，一种至善的美德。

二、月亮河流域布依族生计文化的现代变迁

月亮河是一个有着相对独特文化的区域，这种文化既与其他民族文化有区别，也与同一民族其他地区的文化有所不同。这种特殊文化的造就主要是两个方面的原因，一是这个区域布依族文化本身的独特性，二是当地特殊的地理环境保护了这个区域布依族文化的传统性。但无论如何，这个区域文化的特殊性都只是相对的，我们在这一章中一再强调“传统”二字，就是要将当地布依族的传统文化与现代的一些文化因子相区分，也就是说，在当下月亮河流域布依族文化中，既有体现其传统文化的因素，也有许多的现代因素。所以这里需要介绍一下这个区域中传统生计文化的变迁情况。

应该说，月亮河传统生计方式的变迁是全方位的，它以涉及当地布依族生产生活的方方面面。以下就建筑、生产工具、食物加工、收入来源、服饰、多能与专业化等

方面的变迁情况做一些简要的介绍分析。

建筑方面的变迁主要是由于传统建材的缺乏。现在当地很难再采伐到传统建筑需要的木材，到外地去买又会增加建筑成本。瓦也因木柴燃料和煤燃料价格的上涨导致成本大大上升，人们不再烧制。所以过去的木架竹土墙瓦顶板楼结构的干栏式建筑，向现代的钢筋水泥和砖相配合使用的现代干栏式建筑方向转变（详见月亮河流域布依族建筑文化的调查与研究一章）。

生产工具方面，电动打麦机、半自动化打谷机、玉米脱粒机渐渐替代了传统的手工形式，这样的变迁尽管购买机器需要一定的资金投入，但一旦使用，可以大大节约时间，进而提高劳动生产率。化肥渐渐取代了禽畜肥。食物加工工具也采用了许多现代的电动工具，如碾米机、磨面机、制粉条机、压面机、打饵块机等，这些也大大地节约了时间。食物结构中也加进了许多本地不产的食物品类。

收入来源方面，过去主要是靠卖点粮食、禽、蛋、猪或家庭小工业品以换取盐或其他的工业日用品，现在收入主要来源于个别家庭成员到附近煤矿挖煤或个别家庭到外地打工。

服饰方面，棉花基本上没有人家再种植，火麻的种植者也很少，人们织布用的纱线都是现代标准化工业产品。男人的日常服饰百分之九十九的时间穿的都是夹克、西装等现代普同化服饰，妇女们特别是中年以下的布依族女性穿的也有许多现代普同化服饰。这样的变迁主要也是受到现代效率观念及现代工作着装方便观念的影响。

家具中，现代的组合柜、电视柜、席梦思、视听设备、沙发等也随处可见，座机或移动电话大多数人家也进行了安装配置。

……

过去以户为单位的多能现象正在受到冲击，有些外出打工的人已不再会熟练地掌握生产技艺，有些人家甚至举家迁往了打工地，如已西寨 68 户人家中就有 9 户迁往打工地，完全脱离了传统的生计方式，甚至远离了故土。

文化的变迁是社会发展的必然，而且现代文化的变迁也是社会发展的标志，但急剧的变化也使许多人感到不适，如前述建筑材料的变化使许多人因没有足够的经济实力，既无法按照传统的方式建造木构房，也无力建构起钢筋水泥房，在中寨乡箐脚村的许多布依族村寨中，用现代材料建造的房子很少，而传统的又无力修缮，所以每个寨子都有许多斑驳的木构瓦顶房，有些人家虽然勉强修起了砖混房，但从外形上看，建筑面积显然比以往的木构房要小得多。现代生计方式的变化也使家人团聚的时间减少，许多村寨的年轻人要么求学，要么出去打工，寨子里只剩下老人和孩子。所以期盼合家团圆也成了现代月亮河流域布依族许多人家的最大愿望之一。

对生计方式的现代变迁，我们采访到的月亮河流域布依族同胞们尽管在个别方面感到无奈，但总的来说还是理解的，也抱着比较乐观的态度，大多数人认为这都是社会进步使然，都相信“日子会进一步好起来的”。

本章被访者：

六枝特区中寨乡箐脚村己酉寨卢明发，1952 年出生，56 岁。
六枝特区中寨乡箐脚村大寨卢胜举，1948 年出生，60 岁。
六枝特区中寨乡箐脚村纳早寨韦德卫，1952 年出生，56 岁。
六枝特区中寨乡箐脚村己酉寨卢如昌，1949 年出生，59 岁。
六枝特区中寨乡箐脚村己酉寨卢明政，1956 年出生，52 岁。
六枝特区中寨乡箐脚村己酉寨杨胜洪，1955 年出生，53 岁。
六枝特区中寨乡箐脚村己酉寨卢明先，1954 年出生，54 岁。
另外，本章所用照片全为李相兴拍摄。

第六章　月亮河流域布依族节日文化调查与研究

一般认为，节日文化是民俗文化中功能最强大、特色最浓郁、文化积淀最丰厚的文化现象之一，是文化认同的旗帜和标志。在月亮河流域布依族人中，他们的文化认同感非常强烈，这种认同常常外显为“是否穿和他们一样的服装”“是否说同样的话”以及“是否过同样的节日”等，稍有差异，甚至只隔着田间地头，都会被他们视为他族。在调查中，我们发现，补雨寨对门隔河相望约 1 公里的一个寨子就被他们分为东、西两部分，西边半个寨子是布依族，东边半个寨子是汉族，就因为东边半个寨子和西边半个寨子“有些事情做法不一样”。鉴于这种强烈的自我认同，我们选择了补雨、岔河、大寨这三个纯布依族寨子作为调查点，重点调查了岔河寨的节日民俗表现，以此作为月亮河流域布依族节日文化的基本描述。

第一节　月亮河流域布依族节日文化基本描述

岔河寨共 78 户，360 余人。其中王姓 5 户，杨姓 2 户，卢姓 6 户，王姓和卢均为 20 世纪 50 年代从捞河搬来，杨姓据说从陇脚搬来约四代人的时间了，以前是苗族，后来被识别为布依族。寨内其余 65 户均为韦姓，布依族。在调查中，我们发现，其祭祀对象、寨神、神箐均指向陇脚，这与他们自述先辈是从陇脚寨子搬迁而来是一致的。岔河基本上包围了这个寨子，寨内人出外除了走后来开出的一条小路之外，就只有涉水过河了。由于交通的闭塞，受外界干扰较少，他们的传统保存得相对完整，并与周围的另外六个寨子在节日表现上基本一致。

一、月亮河流域布依族的传统节日

都说“六月六”是布依族代表性的民族节日之一，但月亮河流域布依族以前是不过六月六的，过六月六是月亮河夜郎布依风情园建园之后，在当地政府和旅游部门的引导下开始的。他们的传统节日主要有以下七个：

大年（年三十到正月十五）；小年（正月最后一天到二月初二）；三月三；四月八；虎场天（五月内、插秧后第一个虎场天）；七月半（过七月十四）；新米节（九月初九）。

其中最为隆重的节日是大年、小年、虎场天和七月半。
与汉族共庆的节日主要有以下三个：

清明节；端午节；中秋节。

布依族与汉族共庆的三个节日及七月半，在内容上基本与汉族一致，不再赘述。传统节日分述如下：

（一）过大年

过大年，从农历年三十到正月十五，是月亮河流域布依族最为隆重、持续时间最长的节庆。与汉族一样，所有在外的人都会尽可能地在过大年时赶回家团聚。

1. 节前准备

在岔河寨，从农历腊月二十四就开始忙年了。二十四这天，家家户户打扫卫生。从腊月二十四到腊月二十八这几天，寨内年猪必须杀完。杀年猪是严肃而和谐的集体活动。杀年猪前，先要选日子，家长属猪的在猪场日不能杀猪，属猪日也要避开。因而，在这几天内，每天都有人家杀年猪。杀猪日，家里如有刚过世的老人，主人家要买上香蜡纸烛到坟上去请回老人的魂灵，分享猪肉，要连续请满三年，如不是新过世的老人，只在神龛上请回老人的魂灵即可。猪一定要抬到堂屋里去杀，据老人们说，只有这样，祖宗们才能得到猪肉吃。杀猪时，寨内亲友一起参与。杀完猪，祭过祖，大家一起吃杀猪饭。猪肉晾冷后，腌入缸内，准备熏腊肉。由于年猪杀得晚，大年期间这里基本吃新鲜猪肉，加上节日吃肉多，只有猪杀的人家才能真正熏点腊肉留下来。到腊月二十九，家家都根据自己的实际情况备办过大年所需的物品。

2. 除夕

这一天，岔河寨上的人家基本上都是这样安排的：

上午打粑粑。把糯米蒸熟，用碓或舂碾成软团，捏成粑粑。先用两个小粑粑敬奉祖先，再捏一个筛子般大的粑粑放置，其余捏成小粑粑供家人食用。大粑粑要到正月初三早上切下一部分，用甜酒水煮好，祭祀祖先后才能食用。

下午准备年夜饭。讲究丰盛，只要家里能做得出来，在年夜饭上都要端出来。不过，不能用狗肉。卢余志老人说，远古黑羊大地的时候，布依族先人们没有庄稼，是一条狗跑到掌握种子的神那里，在五谷种子上打了几个滚，在尾巴底下的毛上粘了一粒种子回来，经过先人们的精心培育，才有了庄稼。因此，狗是布依族的恩人，不能杀狗，否则，先人们会发怒的。所以，在吃新时，布依族都是先给狗吃，再祭祀祖先，最后才是人吃。端上桌的所有菜肴必须先摆上供桌祭祖，然后放炮三响或是燃放爆竹，再阖家吃饭。年夜饭必须在子时前吃完。

晚上请铜鼓。家家户户都在火塘烧上一堆大火，吃完年夜饭，家人围坐火堆边，聊天闲谈，或者年轻人串寨，老年人守夜直至子时。

岔河寨的铜鼓在“破四旧”时被政府收走，已经多年没有请鼓了。据卢余志老人说，存放铜鼓的人家在年三十夜，把铜鼓刷洗干净，抬到神龛下，请鼓时，先用两碗菜、两碗酒放在纸钱上祭鼓，然后请寨中长者先打三下，再请懂鼓调的人打一调吉祥调，此后寨中人就可以去打了。只要哪家虔心供鼓，就可以把鼓抬到哪家去打。鼓只能打到正月最后一天，然后存放起来。存放铜鼓的人家必须是已经做过殡亡法事即家中老人已经成“神”的人家。

当我们追问铜鼓的来源时，卢余志老人说，老一辈人告诉他们，布依族原本是没有铜鼓的，后来布依族中有一个人做了皇上，即秦始皇，他统一天下后，就给每一个布依族寨子送了一个铜鼓做念想，于是布依族就有了铜鼓并传承至今。

岔河寨布依族原本是有寨神的，在陇脚包包山，中华人民共和国成立前，每年的年三十夜都要带上香蜡纸烛、放地炮三响去祭祀，但这个活动在中华人民共和国成立后反封建反迷信中失落掉了。现在有一棵神树立在寨头，但寨民不以为然，因为这也是月亮河夜郎布依风情园建园后指定的，他们并不去祭祀。

3. 正月初一、初二

年三十夜鸡叫时，月亮河流域布依族即认为已经跨进了新的一年，此后直到正月十五，是不能随便往外倒水的，只能往墙洞或放低了往外慢慢倒；也不能把衣服晾在外面，据说会招惹大风灾；不能干农活，也不能干针头线脑之类的活儿，否则会招来耗子小鸟，影响新年收成。

新年第一件事是家里不限男女，要派一个人到外面拿一棵或背一捆柴回家，寓意新年进财；主妇鸡叫时要拿三炷香、三张纸钱到井口祭祀井神，然后挑一担水回家，岔河人叫“买新水”。然后用背回的柴和买回的新水做早饭，祭祀祖先。此后，寨内串寨、打包、丢花包等各种集体娱乐活动就开始了，这些活动一直持续到正月初二。

吃饭喝酒也是极具布依族特色的。在初一祭过祖先后，每家做几个菜，拎一瓶酒，集中到一家或几家，围坐在一起“打平伙”，无论男女老少，都以饮酒划拳为乐，能在主家醉倒，主家尤为高兴，用他们自己的话说，就是“喜欢这种热闹”。哪家若在当年添了新媳妇，这家一定要接寨内每家到自己家吃一顿饭，以向寨邻展示新媳妇的厨艺；新媳妇也会被寨邻争先恐后的接到家里吃饭，寨内户数众多而且都有盘根错节的亲戚关系，新媳妇往往只在每一家稍微动动嘴，吃完每一户也撑得不行了，但不去吃是不行的，人家会认为你看不起他们家，伤了寨内人的和气。

4. 正月初三

姑娘媳妇们在这一天可以走亲串友了，在走前，必须先把杀年猪时接回的祖先送回去。

清早，把大粑粑拿出来，切一块，用甜酒水煮熟，连同其他供品摆在神龛上；在室外摆一小供桌，放上酒、肉和其他菜肴，在堂屋角放一扁担，主人用小供桌请来“叫花子”或“奴隶”的魂灵替先人挑上神龛上的供品，然后燃香、烧纸、放炮，躬送先人回府。

送走先人后，男子留在家中接待客人，姑娘媳妇们就开始走外家亲戚。

5. 正月十五

全家包括外嫁的姑娘都要回家到祖坟送灯上香祭祀。

此后，大家开始准备做“活路”（干农活）。

（二）过小年

月亮河流域布依族是在正月的最后一天和二月初一、初二过小年的。

正月的最后一天，家家户户起早炒油团粑。每年二三月间，寨子里的妇女们会采回一种当地叫作“染饭花”的植物晾干，到过小年时，放入水中，用火煮成黄红色，沥出“染饭花”，在“染饭花”水中放入两成粳米、八成糯米，浸泡一至两小时，把水沥干，用碓或舂打成面，捏成湿团，放入锅中，用油炒熟即可。现在，染色油团粑已经少有人做了，只做白的了。

油团粑炒熟后，先用盘子装好一盘放在神龛上祭祀祖先，然后大家食用。

关于油团粑的来历，几位老人给了我们一个不太完备的说法，简单整理附于后。

传说油团粑以前叫马屎粑。

很早以前，有一个布依族“皇帝”与另一个不知什么国的“国王”打仗（吴典秀老人说是一对师生。采用卢余志老人说法，以下分别简称为皇帝、国王），皇帝打败了，被国王追杀。皇帝逃回寨子，找到妈妈，对妈妈说：“妈妈，我渴了，给我一杯水喝。”他妈妈没给他水，而是给了他一碗米汤，他喝了一口，朝天上喷出去，立刻变成了大雾，把整个寨子都遮盖起来，敌人找不到他了。据说，如果他妈妈给的是水，就会变成海洋，把敌人全部淹死。过了两个时辰，雾散了，敌人抓住了他，把他的头砍了下来。他的头还能说话，就问他的妈妈：“妈妈，头被砍了，还是人吗？”他妈妈说：“头被砍了，就不是人了。”于是，他就真的成不了人了。出于对他妈妈两次犯错的恼怒，头说：“以后你死了，我就用马屎祭祀你。”

后来，人们出于对皇帝的尊崇，就用米做成马屎的样子来祭祀祖先并在布依族地区流传开来。

韦洪康老人的版本则不一样。

皇帝在出门之前留了三袋豆子在其母处，嘱咐其母无论如何不能炒来吃了。哪晓得其母看到豆子多，认为炒点吃也不要紧，就把每个袋子里的豆子各炒了一碗吃了。当皇帝被追杀回到家里，要其母拿出豆子来，朝天撒出时，原本可以撒豆成兵的，这次只撒出了一支没有头的军队，皇帝问其母：“没有头是人不？”其母回答说：“没有头就不是人了。”于是，皇帝的军队动不起来，皇帝被杀头了。出于对他妈妈犯错的恼怒，头说：“以后你死了，我就用马屎祭祀你。”

吴典秀老人说是一对师生，结局与卢余志老人说法一致，但前面加上了一段神奇的开头：有一对师生，学生非常聪明，常和老师斗智斗法。有一天，学生在回家的路上睡着了，老师偷偷地把学生的一只鞋藏了起来，他只好光着一只脚回家。回家后，学生用黄蜡做了同样的一只鞋穿在脚上。由于做鞋熬夜，第二天上学要迟到了，于是，他就朝太阳挥了一个后退的手势，太阳立马就退到了山边。到学校后，老师责骂他迟到，他说："老师，我没有迟到，你看，太阳不是刚出山吗?"老师看到他的黄蜡鞋，又想了一个主意，把他的鞋扔到开水里融化了，据说，他后来被杀当不成皇帝，就是被老师烧掉了黄蜡鞋的缘故（下同卢余志老人说法）。

晚上，打完最后一谱铜鼓，用酒肉祭祀，烧纸钱，然后收鼓存放，直到第二年再请出。

二月初一和初二，是姑娘姑妈们走外家拜年的时间，一般带一包糖、一瓶酒、一只鸡作为礼物。以亲家门为单位聚餐吃饭。如果时间安排不过来，拜年可以持续到二月初五、初六。

（三）过虎场天

虎场天是月亮河流域布依族极为隆重、活动繁多的节庆日。在插秧后第一个虎场天过，但日期只能是五月。

先打好粽粑，祭献祖宗，然后各家分别祭水口（又说是"祭田边"）：拿粽粑若干、公鸡一只，到田边献牲。据说祭祀后田地不生虫，不招鸟雀，田土有水。祭品拿回家吃掉。

以前，各家祭完水口后，大家会集体前往陇脚祭祀神箐，但近些年已经不再举行了。以前祭祀时，卢余志老人说，"千千有个头，万万有个尾，寨邻中有个老寨"，选定这个"老寨"后，寨子会给这个"老寨"一份田，到祭祀神箐时，各家分别凑点钱、米，以"老寨"家为主祭祀。"老寨"家负责请一位先生，购买鸡、鸭、猪各一，酒一缸，全寨人齐聚神箐前，先生念经交牲，祈求山神护佑。仪式毕，鸡鸭肉各一块连同猪头酬谢先生。然后，在"老寨"的主持下，制定规约，对寨内可能会发生的偷盗、抢劫、乱砍滥伐等行为制定赔偿与惩罚措施，盟誓执行。此后，用米、牲整饭，吃完即回。

过完虎场天的第二天，姑娘们会回娘家走动串门。

根据上述三位老人的描述，其他节日由于文化表现没有超出上述节日范畴，或是与汉族基本一致，不再细述，其饮食表现、禁忌、祭祀对象和具体活动简要列表如下：

	特异饮食	祭祀与否及对象	特殊禁忌	特殊民族娱乐
三月三	茅香粑	祖先	无	随意
清明节	无	祖先	无	祭祖
四月八	"牛滚团"	不明，或说一少女	忌用牛整田； 女忌针线活	无
端午节	粽粑	屈原	不明	无

续表

	特异饮食	祭祀与否及对象	特殊禁忌	特殊民族娱乐
七月半	无	祖先	无	无
中秋节	月饼	祖先	无	偷老瓜
新米节	新米粑粑	祖先	不吃狗肉	无

以上是对岔河寨子调查结果的简述，为印证调查典型性，将箐脚调查报告附后。

《箐脚村布依族节日文化调查报告》

调查时间：2008 年 8 月 5 日至 12 日

调查地点：六枝特区中寨乡箐脚村己酉寨、大寨

调查人员：李相兴、曾雪飞、杨三山、杨胜洪

调查对象：杨喜富、杨喜安、杨胜洪、卢如明、卢明发

调查报告撰写：杨三山

（一）春节

1. 杀年猪以及年猪的使用情况

春节为布依族的传统节日，与其他民族一样，布依族在春节期间有杀年猪的习俗。腊月十五以后布依族各家各户就开始杀年猪，有的家里兄弟很多可以同时杀，之后大家一起享用，也可能岔开杀的，一般是几兄弟一起杀，表示一家人热闹和睦过大年。本命年的不杀猪。如果确定某天要杀猪的话，那家人必须早早地起来，准备好一切，在杀猪之前先要在家里的神龛上摆上 3 杯酒，烧上香纸，表示先通知祖先。猪杀好后要用最好的部分煮熟用于敬奉祖先。另外，主人家必须先吃掉猪的内脏（部分）和猪脖子之类的，因此，在杀年猪请寨上亲戚朋友的时候就可以拿来享用。一般是当天杀就当天请。

年猪杀好之后就准备灌香肠、做腊肉、做血豆腐，这些都是布依族年节的特色佳肴。

一是香肠的制作。直接用当天杀好的猪，用一部分瘦肉，量根据主人家做的需要而定。作料主要有花椒、八角、酒、盐等，与肉掺和搅拌好，用小斗滤之类的将拌好的肉灌入猪肠子里，边灌边用小花针刺破肠衣使通气。然后根据需要用小绳捆成若干节。灌完后放在火塘边烘烤。节日期间客人来访即可做成美味佳肴招待客人。

二是用年猪做腊肉。先将肉切成条块，然后放上盐，将肉条搅拌均匀，放入瓦缸里，放 7 天至 20 天后取出。之后烧火烘烤肉，开始先用香樟树生叶子，烧成烟子熏烘，大约要熏一个小时。之后就可以一直放在火塘边烘烤。节日期间客人来访同样可做成美味佳肴招待客人。

三是血豆腐的制作。用年猪的新鲜血当天做。作料主要有花椒、八角、茴香、酒、盐等，与肉馅、猪血掺和搅拌好，最后捏成半圆形。有太阳的天气直接拿到太阳

下晒干，没有太阳就在火上用炭火烤干。一般烤一个星期，烤得太干味道不好。做好的血豆腐一般是洗好蒸着吃。

四是干豆腐的制作。干豆腐是用制作腌肉的盐水浸泡。成块浸泡，水要盖住豆腐，泡制7分钟左右就可以捞出晒干，一般是用火烤干。这次在我们的调查中尝到了布依族的香肠、腊肉，还有干豆腐，味道非常好。

正月三十要吃年猪蹄子。年猪的五脏和耳朵、舌头一定要在清明节时拿去供祖先，大年三十吃的东西和清明节一样。另外，猪尾巴要到吃新节的时候才吃，尾巴末梢的毛要留着表示年年有余。

2. 从除夕到正月十五

除夕夜，村寨各家各户要“抢水”，就是各家要把水缸里以前剩下的水倒掉，重新到井边挑新的水，以前村寨里没有自来水当天到井边挑水的人络绎不绝，现在人们直接将自来水管接入屋内换上新水即可。布依族为什么要在腊月三十那天“抢水”呢，因为当地有一个习俗就是在大年初一、初二、初三不准挑水。如果那几天去挑水的话就必须到水井边去烧香和纸，表示用钱去买水。这样老祖辈才为自己赶走井边不干净的东西。这天人们要把家里的绳索都收藏起来，以防虫蛇。另外还要剪白纸马贴在所有的农具上，到正月十五再取回纸马，这样表示下一年使用的农具是安全的。初一在神龛上放两块大的糍粑，在家里各种衣具里放小块的糍粑，到正月十五要全都收回来煮成粥让全家老小喝，这样做的目的是为了在新的一年里家里的小孩会更聪明，大人会更健康。三十这天还要把老祖辈（指他的亡灵）接来供饭。

初一、初二要给老祖辈供饭，一般是供早饭。要用四个碗，四对筷子。两个碗装饭，两个碗装酒。有什么好菜都一律供上。初二晚上要供猪大腿、一吊肉、鸡蛋，酒、饭等等，这样大祭供的目的是因为以前老辈太苦，没有什么好肉好菜，现在生活好了特来孝敬。到初三要送老祖辈回去，首先也是要先供饭、酒，之后送出去就要在家门口放炮，表示欢送老人。

大年初一到初三布依族妇女不能做菜，因为在这期间人们要做一种叫豆腐、大蒜剁肉末的菜。担心妇女碰了会有不洁净的鬼神。豆腐、大蒜剁肉末的菜来历有一个故事（卢如明口述）。很早以前，布依族有三兄弟，大哥学做生意、二哥学手艺、弟弟学武术；两个哥哥一个做生意，一个学了手艺也自己做生意，于是都比弟弟有钱，分家的时候都能吃上好肉好菜，弟弟没有什么吃的就只有上山打苦蒜吃。没过多久两个哥哥觉得只吃肉没什么味道，不好吃，觉得弟弟吃的苦蒜很香，于是三兄弟便创制了豆腐、大蒜剁肉末的菜。味道十分鲜美，再往后就成了布依族春节期间的家常菜，从三十夜的十二点过后就可以做了，只由男性来做。

在整个正月妇女不能梳头、剪头发、挂东西、洗东西等，据说在正月妇女挂东西可能会起很大的风。

到了正月十五，各家各户又要去接老祖辈来为其供饭，这次是拿鸡亲自到坟地去接，时间大约是下午的三四点钟。回来之后就把鸡杀了，并放礼炮表示欢迎。弄好之后就先用鸡在饭桌上供饭，大家才能用餐。

（二）五月端午，布依族又称“小年节”（虎节）

布依族的小年节是在每年的农历五月的虎场天过，一般是两天的时间。为什么要在虎场天过，据说是因为古时当地有很多的老虎会出没把人们的猪咬死，所以为了避免虎再来伤害牲畜和人，人们就在五月的虎场天过这个节日。而在水城一带的布依族则是在五月的猴场天过这个小年节，可能也跟当地有猴子出没，影响人们生产生活有关。

当天人们要包粽子，不过粽子是为了去祭山和水，粽子是用苞谷叶、竹子叶或高粱叶包的，共有四个小角，上面是三个角，下面是一个角。有甜、咸两种口味。在小年节的头天包好，用水煮或蒸。

小年节第一天用粽子去祭山和水。以寨为单位进行。祭山布依语叫作“旺己”，主要是为了避免庄稼的各种病虫害，以前还为了避免老虎再来咬猪等家畜。祭山就是在山上的古树旁，请当地布依族先生做法事。寨中的各家各户要出猪、羊、鸡、鸭拿到山上给祭山的先生做法事，还要一边念经，点香烧纸，做完法事再做成大餐集体享用，用饭箩自带米饭和粽子。吃不完的肉，就平均分到各家各户带回家享用。全寨的男性都参加，而女性要在家整理内务，不能参与。另外，还要带鞭炮到山上去放，表示庆贺。

祭水布依语叫“微茵麻”，就是在小年节这天到水田的水口处做法事。做这个法事需要拿公鸡、粽子、酒、三炷香、几张纸钱、两根鸡毛和粽子叶、1米高的树丫。做这个法事需要把鸡杀了，还要一边念经，以便让田里的害虫走光使庄稼长得更好。杀好的鸡拿回家煮食，鸡腿要留到第二天给家里的小孩吃。

小年节的第二天是打狗，吃狗肉，要留狗腿给家里的小孩吃。这个活动布依语叫作“根进达”，意为过河的年，一定要让小孩到河边去，小孩才聪明、机灵。一般也是以寨为单位进行。如果当天的天气晴朗，各家各户就领着小孩，用饭箩提着煮好的鸡腿、狗腿、米饭等到河边去吃饭，大人不吃饭，小孩吃饭。大家男男女女还可以一起在河里游泳，整个场面热闹非凡。如果下雨也要带雨伞去，雨停之后小孩就可以吃饭。

（三）吃新节

吃新节是农历六月的第一个龙天。在第一个龙天过吃新节，因为龙能保佑风调雨顺。这天要用稻谷叶和苞谷叶敬奉祖先。具体是用稻谷叶、苞谷叶各两把放在米饭上一起蒸熟用于敬供祖先。蒸好的饭和煮好的肉放在神龛下的八仙桌上，这时把年猪的尾巴供在上面，猪尾巴上的几根毛象征着谷物丰收。敬奉的时候要烧香和纸。敬奉仪式完成后，分别在神龛上放上一把稻谷叶和苞谷叶，在粮仓上也要分别放上一把稻谷叶和苞谷叶，以示丰收。

供神龛的饭和肉要先喂狗，看狗是先吃饭还是先吃肉，当地人有这样一种说法，如果狗先吃饭的话当年的米就贵，如果狗先吃肉的话当年的肉就贵。先喂狗还有个说法就是，布依族有一个神话传说，认为是狗把粮食带到了人间。因此，当地的布依族还在田间地头为自己家的狗留了一小块田地，专门为狗种植粮食。而且当地的狗会有感应，稻谷出穗的时候它还会到自己的那块地方打转转，表示高兴。

（四）七月半，又叫月半节

七月半有的过农历的七月十二，有的过农历的七月十三、十四，或十五这几天。这主要是看这支布依族是广西籍还是江西籍（布依族认为他们的老祖辈来自广西和江西）。布依族民间还有“官十三，农十四”的说法，也就是说广大的布依族同胞历来都是农历的七月十四日过的月半节。现在布依族一般是过十四或十五日，而汉族、苗族一般是过十三。

农历的七月十四这天，布依族村寨各家各户会杀鸡，只杀公鸡。供饭是在下午吃晚饭之前进行。主要是用鸡、米饭、酒供，还要点香烧纸。饭菜摆在神龛下的八仙桌上，供饭的时候要喊父母、老祖辈都来吃饭。供饭的仪式结束，全家人才能够共享晚餐。吃完晚饭后家里的小孩要点香在自家的房屋周围、墙角等处一根隔着一根插上，据说这样做是为了防虫蛇等动物不要跑到家里来危害人。

传统上布依族的月半节，晚上会在寨子的院坝举行一个叫作放“弥拉”的活动。放“弥拉”的人一般为女性，布依族把这个会放“弥拉”的女性叫作“仲牙坚”。“弥拉”在布依语中意思是没有结婚的人死后的鬼魂，特别是指那些年轻早逝的人。办“弥拉”的人一般为年轻的女性，她被用黑头帕盖上脸，什么都看不到，周围的人捂住她的耳朵，这个女孩坐在众人中间，等“弥拉”来附她的身体后，她就开始动起来。不一会就开始唱歌，周围的人也会与其对唱，而被放“弥拉”的这个姑娘平时虽然不会唱歌，可是这时她却能代替不同的角色与众人对唱。只要有人参与她还能一气跟别人唱到天亮。如果没有人和她对唱，她自己也可以扮演不同的角色并发出不同的男、女声，与自己对唱。在这个过程中一个很好玩的说法，就是在周围的人一定不能放屁，否则会冲到被放“弥拉”的姑娘。如果有人绊倒她，那么必须要请先生来解救。

被放“弥拉”的人不会自动停止下来，所以该到时间的时候，周围的人就用飘带丢到她的面前说：“蛇来了！”她才会醒过来。

据说，在20世纪60年代以前，还有放男“弥拉”的习俗，一般是放给男性青年，不过，这个习俗的难度系数大，不易显灵，也有放不出来的时候，往后就基本上没有了。

这样的神奇活动据说20世纪80年代初，当地的布依族同胞还经历过。不过随着生产的发展、科学技术的进步，在布依族社会里这样的传统文化已经逐渐地被淘汰了。因此，我们在调查中也没有看到这样的活动仪式，或许我们永远也不会再看到他们所描述的当年月半节的神奇一幕，不过可以相信在电视机、VCD、DVD等媒介未广泛传播到布依寨之前，放“弥拉”的活动确实增添了节日的热闹气氛。

（五）中秋节，不供饭，属于国家传统节日

（六）九月初九重阳节

早上打糯米粑粑，下午杀鸡。农历的九月初九这一天，布依族家家户户打糯米粑粑供祖先。因为布依族觉得糯米的味道好，适合这时候拿来供老人。重阳是夏季末尾，收好庄稼放入谷仓里，所以在过重阳节的时候还要供庄稼。下午杀鸡，全家做上好饭菜欢聚一堂。

第二节　月亮河流域布依族传统节日的基本特征

纵观月亮河流域布依族节日，主要包含这样几类，一是与宗教祭祀有关的节日；二是围绕农事活动产生的节日；三是围绕群众性的文艺、体育及社交活动而展开的节日。与汉族共同过的节日则是对重要的历史事件及历史人物的纪念活动相关的节日。其基本特征主要体现在这样两个方面：

（一）浓厚的祖先崇拜意识

在对布依族节日文化表现的调查中，我们发现，在所有的节日中，都有一个共同的程序，那就是祭祖。过大年时祭祖更是不厌其烦。杀年猪时，如果有逝去未满三年的先人，家人要带着香蜡纸烛等祭品到坟头把老人的魂灵接回，把祖宗魂灵接到家后，放鞭炮庆贺，在堂屋神龛下的桌子上放置供品，以年猪肉祭祀，边祭边念祭词："保佑全家平安，六畜兴旺，五谷丰登。"大年期间，几乎逢饭必祭。送走先人时，更是考虑周到，把供品收装在挑箩内，请好挑夫——死去的乞丐或奴隶的魂灵，化钱鸣炮，送祖先回府。正月十五日，已出嫁的姑娘也要回娘家团聚，与家人一道祭祖。过去在节日期间举行家宴时，要为死去的祖先留着上席，在上席为祖先置放酒菜，并示意让祖先先饮过酒或进过食后，一家人才能开始饮酒进食。现在虽有变化，但仪式性的步骤也是必不可少的，先要在祖宗牌位前摆放各种祭品，请祖宗享用之后，家人才可以开始吃饭。这种表现在清明节和月半节中表现更为集中。

祖先崇拜非月亮河流域布依族独有，产生的原因也应该具有相似性。

一是，祖先崇拜产生于自然崇拜之后，布依族广泛的自然崇拜为祖先崇拜的产生奠定了基石。在调查中，我们发现，月亮河流域布依族现今都有许多自然崇拜的遗存。他们祭祀树神、神箐（山神）、水口（个人以为水神）等，在此基础上，他们坚信祖先是有灵魂并且能够干预人事，给后人带来吉凶祸福的，只有在祖先的保佑下，才能人畜安康，五谷丰登。作为后人的保护神，如果奉祀不周，祖先发怒，就会给后人带来灾难，同时，真有祸患发生时，他们也需要祖先神灵的拯救。

二是，月亮河布依人认为，生命是一条不干涸的河流，祖先的血脉在布依后人的身体里流淌，自己的生命是祖先生命的延续，祭祖也正如荀子在他的《礼论》中所言："祭者，志意思慕之情也，……事死如事生，事亡如事存，……"即以生的方式去对待死者，是"志思慕之情"。其所追求的是死者的"终始俱善"和生者的情感满足。

三是，祖先具有丰富的社会和生活经验，考虑问题细致周全，行事果敢老练，是子孙后代着力效仿的榜样。同时，后人生活在先人们开辟的社会生活场域中，先人们为后辈创下了基业，值得后人缅怀。这种向祖先认同的思想，强化了祖先崇拜的意识。因此，节日期间，家家户户都立有祖宗神龛和先祖灵牌来进行供奉，先民们祭祖的仪式渐渐凝固为节日礼俗保存下来。

（二）鲜明的农耕文化特征

学者们认为，中国传统节日产生、传承、发展的根源在于农耕文明。具体的支撑表现之一是服务于农业生产的历法为节日刻画出具体的时令节点。“农事”“祈福”“驱邪”“祭祖”“团圆”是节日的主要元素。布依族是典型的农耕民族，其节日文化也毫无疑问会带上这些特征。

布依族节日与农时有着紧密关系，带有很强的农耕文化意向，其时间节点清晰地刻画出农事生产一年中的轨迹。过大年正值农闲之时，表示新年已过完，就要进入春耕大忙季节了。小年则可以看作农忙之前最后的狂欢，此后，人人都要以活路为重。虎场天在插秧后进行，农忙季节中的短暂小憩。新米节在收获后进行，酬谢天地牲畜带来丰收。牛是月亮河流域布依族人主要的畜力，这里的布依族人民把“四月八”称为“牛王节”。每逢这天，人们要款待“牛王”，并让耕牛休息一天。他们认为耕牛很辛苦，在每年农忙开始的时候过“四月八”，是对耕牛的慰劳。

在生产力极为低下的情况下，人们要获得粮食的丰收，必然要与种种自然灾害作斗争。他们在与自然的斗争中，心有余而力不足，便自然而然地想到“神”的威力。先民们认为农业的丰收既取决于祖先的意愿，也与神的保佑有关。所以，节日中祭树神、山神等，以一种虔诚、感恩、敬畏甚至恐惧的心理面对大自然，渴望获得大自然更多的恩赐，祈福驱邪的用意显而易见。

三、月亮河流域布依族传统节日的文化功能

（一）传承传统文化

雷夫金曾说过：“时间带着口音发言，每个文化都有一套独特的时间纹路。了解一个民族，就是在了解居民看待时间的价值。”节日是传承民族文化的重要载体，强化着民族文化传统的记忆。

1. 传承饮食文化

月亮河流域布依族饮食文化极具特色。以前平时以食红米为主，现在以食白米为主，糯食为优特食品，只有节庆日或有贵客到来才食用。以糯米为原料，可以制作出多种染色糯米饭、油团粑、甜酒等多种地方饮食。采集方式在这里也有保存，山头田边许多植物的根茎叶花和昆虫等都可以制作成美味佳肴。过去，由于生活清苦，少有肉食，一年到头就只有那头年猪，因此，以猪肉为原料，这里的布依人充分利用猪的每一个部位，形成了一个猪肉特色食品的独特体系。布依族节日大多是

群体性的活动，食物讲究丰盛，这就为传承饮食文化提供了一个极好的平台。

2. 传承服饰文化和手工技艺

月亮河流域布依族服饰独具一格，古朴典雅，简洁端庄，所用的布料大多是自种棉花、自纺棉纱、自织土布，染成青、蓝、灰色。男装稍显简单，女装却极具特色，有协式服装、栏杆衣服、素装、裙装等多种，图案精美，色彩丰富。更兼服装上常有形态众多的喜鹊图案而被称为“喜鹊布依”。银饰主要有手圈、项圈、银练、银扣、银梳、头圈、插发针、耳环等，通常是以龙、鸟雕为主要图案，非常讲究。由于都为手工制作，费时费力，现今已经有许多人不愿再做了。但在节庆的日子里，他们还有穿戴本民族服饰的传统，每户人家都至少保留一套以上的布依族服饰，节庆为服饰文化和手工技艺的传承所起的作用不可忽视。

3. 展示传统艺术

传统艺术的功用在于在节日期间娱人娱神，每一个民族皆是如此。月亮河流域布依族的传统艺术主要表现在民歌、舞蹈以及唢呐、铜鼓等器乐上。平常日子，他们是不会展示这些艺术形式的。特别是鼓和唢呐，更是在特定场合才使用。铜鼓只在正月敲响，唢呐只在丧葬吹奏。歌舞也一般只在节日才会得以展示。

4. 传承传统道德、伦理

传统节日原始宗教具有无法割舍的联系。原始宗教的基本功能就是解决人与自然、人与人之间的关系问题。在构建人类自然伦理观与社会伦理观的过程中，传统节日发挥了十分重要的作用。月亮河流域布依族的山神崇拜、水神崇拜、树神崇拜等在节日中通过不同的仪式，反复了强化敬畏自然、尊崇自然的伦理观。祖先崇拜的祭祀活动也不断强化他们的家族意识和崇宗敬祖意识，因此，节日在强化人际关系方面所发挥的作用也不容忽视。

（二）规范社会生活

人类生活是一种社会生活，它必须保持一定的秩序规范。而这种秩序规范在少数民族地区往往需要习惯法来维持，这就需要特定的场合来制定并需要不断地修改、完善和反复的强化执行。节日是群体性、周期性活动，它刚好满足了上述场合和时间反复性的需要。在前述过虎场天中，祭祀神箐后，要在“老寨”的主持下，制定规约，对寨内可能会发生的偷盗、抢劫、乱砍滥伐等行为制定赔偿与惩罚措施，盟誓执行就是这样表现的。

《孔子家语》谈蜡祭时说：“百日之劳，一日之乐。”节日适应人们定期精神调整的需要，通过祭祀娱乐的节俗进行精神调剂与休闲，为人们相处提供更为轻松和谐的环境。特别是，节日给家族甚至民族成员提供了周期性的聚集机会。家族伦理关系与社会伦理关系通过传统节日得到周期强化，使民族内部社会生活和谐发展。

四、月亮河流域布依族传统节日的变化

（一）汉族节日对月亮河流域布依族传统节日渗透

和汉族文化相比，布依族文化的弱势是不言而喻的。在月亮河流域，近些年来，随着跨文化交往的频繁，其节日文化受到汉族节日文化渗透的趋势愈益明显。其实，尽管这里相对闭塞，这种情况的出现也由来已久。据当地人讲，他们的老辈已经开始过好几个汉族节日了。

这种趋势主要体现在两个方面：

1. 汉族节日登堂入室

以岔河为例，在月亮河流域布依族主要的10个节日中，就有清明节、端午节、七月半、中秋节四个节日与汉族一致，虽然七月半与汉族在具体表现上尚有差异，其他三个节日已经基本一样了。中秋节偷老瓜（南瓜）的习俗更是比现今的汉族过中秋还来得地道。

2. 本地节日逐渐汉化甚至他民族化

民族文化的变迁首先是在物质层面开始的，当这种变迁深入到精神层面的时候，这种文化就已经彻底被同化。在岔河的调查中，我们在不同的节日中，可以清晰地感受到这一变迁的律动。以过大年和汉族春节为例，其外在的物质表现如杀年猪、放鞭炮、挂灯笼、部分饮食的采购与制作等均与汉族一致。信仰层面的祭祖也只有形式上的差异，本民族独特的如“买新水”正在慢慢地得到年轻人的认可。同时，由于与周边民族的联系日趋紧密，其他民族的节日习俗也正在慢慢融合进来。

3. 节日活动参与者群体和活动内容的变化

过去，月亮河流域布依族地区的封闭，节日群体规模往往局限在周边小环境里，参与人群有限，族别成分相对单纯。但近些年来，随着旅游业的兴起，在地区各级政府的组织下，节日规模不断扩大，参与人群日益复杂。以前多是一个或邻近的几个村寨，现在已经扩大为多民族、多个小群体共同构成的大群体。节日的开放性日益突出，只要你愿意，任何个体都可以参与进来。前面已经述及，月亮河流域布依族以前是不过“六月六”的，在当地政府的引导下，为配合月亮河生态园开园，使月亮河符合布依第一村寨的实际，当地人也开始热热闹闹地过“六月六”了。这一节日，规模之大，人数之多，早已不局限在月亮河流域的几个村寨，超越夜郎甚至超越贵州了。

4. 节日观念不断变化

布依族节日产生的一个重要原因在于宗教意识，敬神祀鬼的节日是其自然崇拜、神灵崇拜的记录。岁时节日、农事节日以及由此衍生的各种与农业生产有关的传统节日，如牛王节、吃新节等等，是农耕观念的反映。但现在，由于社会飞速发展，月亮河流域布依族人的观念在不断调整更新。反映在节日上，显而易见的表现有两个方面：

首先，宗教意识正在淡化。

科学知识的普及让人们失去对鬼神的敬畏，祭祀仪式中的神圣性已经消减，祭祀程序被简化或被取消，甚至先生们做法事时也逐渐失去应有的庄重而流于形式化。在岔河，其位于陇脚的神箐大年期间已经多年未曾祭祀，村旁的神树也已长久没有享用香火了。

其次，功利意识正在增强。

在市场经济下，月亮河流域布依族人的经济观念、市场意识明显加强，表现在节日上，即是其功利意识日益显现。从他们对待“六月六”的观点可以看出这一点。在当地的旅游开发中，他们以更为开放的态度接纳了这一外来者，配合政府做了大量的努力，不排除节日本身在娱乐方面对他们的吸引力，但内在的经济利益驱动也是不可忽视的内在动力。

文化变迁是永恒的，节日文化也不能脱离这种规律，问题在于，在社会发展的进程中，文化既要适应时代的变迁而变迁，同时又要保持作为民族认同的本真性。月亮河流域布依族的节日文化变迁正在发生，唯愿在变与不变之间，如月亮河东水西流一样，能真正有属于自己的道路。

第七章 月亮河流域布依族建筑文化调查与研究

为了使我们对布依族建筑文化调查与研究这一课题的田野调查视野和理论视野都更加宽泛，我特意看了麻勇斌老师写的《贵州苗族建筑文化活体解析》这本书。（贵州人民出版社 2005 年版）由于他懂得苗族语言，就把苗族对房屋的各种建筑部件的称谓，同汉族的称谓进行比较，结果发现：苗族对房屋构件的称谓大多数是汉语，只有少数部件的称谓是苗语。从这一点说明了苗族传统建筑文化受汉族传统建筑文化的影响比较大。在做田野调查的过程中，我也试图想从布依族语言的角度来看布依族文化，可惜我是侗族，只懂得些简单的侗语。不过，从布依族房屋营造习俗的“祭鲁班仪式”所念的咒语，以及“上梁”仪式和开财门等活动中所念的颂词均能用汉语了解到，布依族传统建筑文化与汉族传统建筑文化的交流和碰撞。汉族作为我国的主体民族，其分布在全国各个地区。就我们贵州而言，自古是古荒蛮之地，开发较晚，直到明代由于受政治因素的影响，贵州入住大量的、文化相对优势的汉族，并造成了少数民族相对较多的贵州产生了一个文化的“解构和重构”现象。最后，导致各少数民族同胞对汉族建筑文化的吸收和借鉴是在所难免的。就像美国著名女人类学家本尼迪克特所指出的：“人们对文化的选择是符合自己目的的。”所以，它又不是一个完全的文化移植和同化。事实上，由于受到历史文化和生态环境文化的限制，月亮河流域箐脚村大部分寨子的布依族建筑文化仍保留着很多自己的传统文化特色，在下面的小节中我们将用比较详细的调查资料的描述加以证明。

我们之所以说箐脚村“大部分”布依族寨子建筑文化仍保留着很多自己传统的文化特色，强调“大部分”这个词是因为我们所居住的布依族村寨的建筑材料上已经发生很大的转变。整个寨子大约三分之一的人家已经或正在使用现代化工业企业生产的砖头、水泥、钢筋等作为建筑材料。换句话说，就是他们建筑材料这一物质文化因子发生了变迁。按新的民族学研究前沿理论分析，就是出现了一个所谓的文化“解构与重构”的问题。经过调查我们认为与已酉寨产煤和当地就业（指非农业）人口比较多有很大关系。由于有煤，当地有一部分人通过挖掘煤炭发家致富，另外当地上班（指在当地政府、学校、医疗等机构工作的人员）的人家也比较多，这部分人有稳定的经济收入，要购买现代工业建筑材料建造房屋在已酉寨这个地方有一些人家还是力所能及的。除了以上说明的这些，还有一些人家通过其他的方式赚钱，比如有特长的木匠、泥瓦匠、石匠，他们通过自己的技术赚钱；一些有资本的人则在捞河集市以做小买卖为生。就整个己酉寨的发展来说，政府的帮扶也是一个重要的原因。根据当地布依族的介绍，从捞河集市的公路旁通向己酉寨的220米长的水泥小路及寨上修建的新厕所，政府都投了不少的资金。总而言之，最主要的原因就是由于经济的相对宽裕，使得己酉寨能摆脱当地自然生态环境资源的限制，而选择形成今天己酉寨布依族建筑文化模式，即传统与现代的有机结合建构模式。

第一节　月亮河流域布依族建筑文化田野调查过程

一、第一次访问己酉寨

2008年8月5日在六枝特区民宗局的安排下，我们调查组一行三人以六枝特区月亮河布依族文化调查组成员的身份，到六枝特区中寨乡捞河区的箐脚村做一个名为“月亮河布依族文化”的调查。由于没有具体的分工，我们对该地区的布依族文化的各个有必要的点均进行了访问调查。一开始我们先对该地区布依族文化的基础资料进行调查，算是一个背景资料的搜集，比如当地布依族的丧葬、婚礼、信仰。接着，通过对其背景资料的了解，进一步就对当地布依族具体的文化事项进行了专项的调查，如当地文化内涵丰富的布依族服饰、建筑、音乐、手工艺等等。由于我对少数民族建筑文化的兴趣，所以每到一个布依族村寨或汉族村寨，我们对建筑都有特别的关注。

在中寨乡政府的帮助与协调下，我们首先到箐脚村己酉寨落了脚，并与己酉寨的布依族同胞们同吃、同住，度过了我们8天田野调查的日子。在整个田野调查行程中，是中寨乡住箐脚村干部杨胜洪和箐脚村卢明政主任一直为我们调查组做入户访谈调查的协调和沟通工作。首先我很敬重他们两人的沟通和协调能力，其次我也很感动当地布依族群众对本民族文化工作的热忱配合。

感觉整个己酉寨比其他寨子似乎要富有，因为他们大约三分之一的房子都是混凝土砖房，厕所也是分男女修建，房屋和厕所的卫生条件都还好。表面上看该寨子的现代气息比较浓郁，但是通过几天的走访调查，事实上并不是我所想象的那样，我还是感受到了该地区布依族传统建筑丰富的文化韵味。

与我调查过的苗族、侗族建筑的建筑仪式过程一样，该村布依族所采用的建筑营造过程都是从“敬鲁班仪式”开始，由掌墨木匠主持。这里我所说的木匠不是我们现代工业化环境下培养出来的建筑技师，他和该寨子普通的民众一样，需要从事农业生产，只是他有着比其他人更多的布依族传统建筑知识和建筑仪式的经验。从营造的环节上看，各民族基本相同，不过，在具体的细节上布依族有自己的特色（布依族建筑营造的方式在文章的第二小节将有一个民族志的描述）。

对布依族建筑文化这一文化事项的专门调查事实上只有一天的时间，加上当地的掌墨木匠师傅对建筑仪式文化中所谓“神秘”部分，或者说他认为非科学部分的“省略”，使我的调查减少了些色彩。他可能也是出于自己的考虑，所以我觉得是可以理解的。好在我对布依族建筑文化的调查总保持兴趣，所以每到一个布依族寨子，即使做的调查项目不一样，我们调查组都会用照相和观察测量的方式，记录单体房屋的内部结构以及附属建筑的搭建方式。

己酉寨布依族建筑的单体造型，有很多传统和现代结合的因素。虽然三分之一左右的人家为混凝土砖房，但是大部分房屋结构形制与其传统形制是一样的，为半楼或满楼，下层仍为猪、牛的圈舍，上层住人。我想这是布依族自给自足的传统农耕生计方式影响的结果。大寨、箐脚等布依族寨子仍保留传统建筑木楼较多，这些木楼所具有的特点是：第一，该地区传统建筑建造的时间大约都有几十年的历史，没有一栋用木料新修建的传统木楼。第二，其房屋的壁板，特别是三楼板棚上的围栏，用当地最经久耐用的“箐竹”编织成墙胎，然后在墙胎的里外均匀地糊上采用当地传统工艺精制的石灰或牛粪，起到冬暖夏凉的作用。

这样的建筑形制应与当地建筑材料的生产有关。由于古老的建筑形制均为木质结构，而随着社会的发展，人们对森林资源乱砍滥伐的原因，该地的木材日渐减少。几十年前该地区用于起房建屋的杉木数量就已经不是很多了，因此，木材的价格比较昂贵，对于那些没有其他经济收入的普通农民家庭来说，也只能靠采用当地的竹料作为墙胎。为了保暖人们就糊上石灰或牛粪。而该地区传统建筑建造的时间大约都有几十年的历史，现在没有一栋用木料新修建的传统房屋。我想原因有很多，在这里就从我们观察和访问的情况来分析它的客观原因。以上谈到的林木逐渐地减少是一个主要的因素。当然，现今国家处于保护生态环境资源的需要，出台了限制砍伐林木的政策。传统房屋的瓦片制作成本也非常高，主要表现在没有木柴只有靠大量的烧煤来制作瓦片，而煤的成本很高。这就导致了瓦片价格的上涨，使人们的购买力下降，最后不得不停产。这样一来，对那些没有其他经济收入的普通农民家庭来说，要建造一栋传统的新制的木楼还是一件比较困难的事情。要建造现代意义上的混凝土砖房同样要花大量的钱财购买建筑材料，因此，大部分人家还是保持房屋建筑的现状。

对布依族建筑文化的正式调查是在 8 月 10 日的下午，地点是己酉寨卢明先家里。被采访的掌墨木匠名叫卢如昌（1949 年出生），他当然不是建筑技师。不过，当时我所看到的这个木匠师傅是一个全能手，因为他除了能建房子以外还会打制各种各样的家具。我们调查组找到他的时候，他正在卢明先家里打家具。事实上，他已经很久没有机会在木房建造工艺上显身手了，也难怪他要朝打家具这个方向发展。这为我第三节的内容，布依族建筑文化的重构研究，提供一个调查研究的证据基础。

访问卢如昌木匠师傅布依族建筑营造过程的时候，我们调查组请求他把“祭鲁班仪式”的咒词秘诀，以及上梁、开财门的颂词一一告诉我们。可能是由于多年没有了建造木房的经验，他说，具体内容有些已经记不清楚了。或许是由于一些历史原因，出于这些因素的考虑，他有意识的忽略了一些神词咒语的描述。

总的来说，我们的调查很顺利。这天除了卢如昌木匠师傅以外，在座村民只要对其文化内容有所了解的也都积极地向我们提供信息，这使我们很感动；只是人多说话有些杂乱，使得我们的记录工作不太好做。主家卢明先用丰盛的晚餐招待我们，也让我们更加体会到了当地布依族人民的热情好客。

8 月 9 日，在布依族民间编织工艺项目的调查采访中，我们调查组得到了大寨组竹编艺人卢胜举、唢呐手卢如明的帮助，他们也为我讲授了宝贵的布依族建筑文化知识。

二、二次访问己西寨

2008 年 12 月 29 日，跟随我们“布依族传统婚礼礼俗”拍摄组的成员一道，我再次到了六枝特区中寨乡捞河箐脚村己西寨。在这场婚礼当中，新郎是我们调查组曾经造访过的己西寨卢明先师傅的儿子卢胜诚，新娘则是箐脚村王家的姑娘。这次的调查我有幸观看了布依族“升级版”的传统婚俗的全过程。其实，我的主要目的是去补充一些当地布依族建筑文化知识，以加深我对当地布依族建筑文化的认识，更进一步丰富我写作的思路。

我们先是到了新郎的叔叔卢明进家里休息，他们两家就是邻居，相互走访十分方便。把行李安放好后，我们就到隔壁的新郎家，只见新郎家帮忙的人进进出出，忙得不亦乐乎。见到李老师和我这张老面孔，大家都很亲切地打招呼，大叔、阿姨们都笑着对我说：“你来了！”很朴素的一句话，但却很真实很亲切。由于第一次的田野调查工作和己西寨的村民混熟了，我们的第二次造访，当地的布依族同胞已经不再像以前那么拘束了。

当天新郎家杀了两头有 400 多斤的大猪。当然，要娶新媳妇高兴嘛。寨上的阿姨配合几个年轻后生，为新娘回门准备了四个大圆糍粑。年轻小伙打好的糍粑，妇女们捏制糍粑时，手和小簸箕上涂抹一层蛋黄，这样打好的糍粑就不会粘连了。不同的是，我们侗族大部分是用蜡黄，烧化成油，用于涂抹盛放物和手。这天还有很多的活动，如接红娘及接亲人；宴请接亲及红娘；分扎礼烟及分封红包礼钱。在这里我不是要描述和研究布依族传统婚俗礼仪，所以不再赘述。

晚饭过后，我们围炉而坐，大家烤火聊天，享受新郎家新婚喜庆给我们带来的欢乐。那时，大约晚上 10 点了，我导师眼睛一亮，告诉我说，门外那位就是我们要找的木匠师傅卢如昌。我迅速出门将他“逮住”，有一种如获至宝的感觉。由于上次的田野调查和他已经有了交情，所以，这次见面首先是和他寒暄了一会儿。接着，我说明了来意，想从他那里补充一些布依族传统干栏式建筑文化知识，希望得到他的支持。

这次卢如昌告诉我，由于他妻子的去世对他打击太大。他对于那些建房仪式所念的神词咒语及颂词之类已经失去了兴趣。以前笔录的资料也不知道哪里去了。听了他的述说我深表同情，当然也有一丝遗憾。但还剩下两天，我没有放弃自己的任务。

2008 年 12 月 30 日，我跟随接亲队以及我们的拍摄成员吴老师，从己西寨新郎家出发，一路冒着冬日不大不小的雨滴，去了箐脚村的新娘家。到了新娘家先是来到她家宽敞的院坝，接着往上是两级阶梯，直通她家的堂屋门口。第二级阶梯为她家主体楼层的一楼，用石头砌墙，用来圈养牛。圈门用几块木板围栏起来。上到第二级阶梯就来到了堂屋的大门口，我发现新娘家的门上也挂有一面镜子。在已酉寨，几乎家家门上都挂有某样东西。有的人家挂镜子；有的人家挂包上五色线的用筷子构架的十字形小架；有的人家挂上草绳子；有的人家挂上五穗谷；还有些人家什么东西都挂。对于门上这些挂物的解释，人们各有各的说法，有的说，挂镜子是为了招财；有的说挂绳子是为了避虫蛇灾害等等。总的来说，我觉得就是为了趋利避害，求吉利、保平安、发财发富、五谷丰登。

箐脚村的厕所用木板搭建，有的厕所有门，有的厕所没有门。有门的厕所也是四面来风，从厕所的各个角度都能隐约地看到里面的人。我们外人进去会有不安全、不干净的感觉。不过，这是箐脚长期以来一种文化适应的结果，在此我不便于做什么评论。相比之下，已酉的厕所我倒是适应了，毕竟它确实要干净整洁。已酉寨的厕所分男女修建，听卢主任说是政府给了每个蹲位150元的补贴，但每个蹲位所需要的经费还是远远不够的，因此寨上的人再自已补贴经费进去。可以一家修一间，也可以两家合伙修一间。这样的安排得到了全寨人的同意，所以厕所改造工程首先在已酉寨动工了。现在已酉寨三分之一的人家是一家修一间厕所，三分之二的人家是两家合修一间厕所。整个寨上厕所的修建有一个原则：厕所的位置必须坐落在房屋侧边，忌讳修在对着大门的位置。

下午，我跟随已酉寨的一个阿姨和两个姐姐一同回去了，目的是晚上能有机会和木匠师傅交谈，并希望从他那儿取经。或许是因为在已酉寨待的时间长些，对那里有了感情，回到已酉寨我有一种特别亲切、舒适的感觉。

晚饭过后，我在新郎家等候木匠师傅的出现。到了晚上10点还没有看到他的人影，我心里有些失落。于是，我找到卢明政主任，并告诉了他情况。他马上放下了手头的活，帮我去卢师傅家看究竟。回来的消息是卢师傅已经喝醉了。后来，我同大家在新郎家院坝上的火笼围坐闲聊，到了晚上11点多，决定放弃对木匠的采访。

2008年12月31日早上8：30分左右，我再次找到卢主任，他带我到了卢如昌师傅家里。我花了约一个小时的时间在他家做了一个入户访谈的个案。进一步了解了现代平顶房建造的基本情况，与传统干栏木楼的修建情况也有了更好的比较。

口述人：卢如昌，布依族，1949年出生，木匠

地点：已酉寨卢如昌家

记录人：杨三山

问：卢师傅请问现在你们砌房子所用的砖有几种？

答：有大砖和小砖两种。大砖中心是空心的，大砖又有两种类型：一种一块大约重30来斤，另一种一块约重40来斤。而小砖一块约5斤重。大砖主要原料是水泥，小砖主要原料是黄泥。因此，房子又有大砖房和小砖房之分。

问：砖头是在哪里购买呢？

答：小砖一般到郎岱或凉水井购买，离我们这里大约40来里路。有时候也去中寨购买。

问：石头呢？

答：一般就在捞河购买，拉到我们已西家门口，一方石头大约30元至40元，100多平方米的房子也要100多立方石头才能够砌好地基。

问：平房下基也请先生吗？要用公鸡祭祀，并烧香烧纸念咒语吗？

答：是的，要请先生。还要杀一只公鸡。这个仪式过程大约要花一个小时。先生是要说一些咒语的。

问：你知道是说什么吗？

答：不知道，这要问先生。

问：您家的房子大约多少平方米？

答：130平方米。

问：全部做下来，包括您屋里屋外贴的瓷砖，需要多少钱呢？

答：5万多元。

问：100平方米的两层的平顶房贴上瓷砖大约需要多少钱？

答：1万多元吧。

问：楼下养猪吗？

答：是的。

问：您家的鸡养在哪里？

答：在楼上的敞廊上。

问：做门窗的木料是自己家的吗？

答：是的。

问：这里建平顶房做大门也要开财门吗？

答：是的，请会说四言八句的。

问：您是木匠可以自己开？

答：我多年不做这个了，现在也不想做了。

问：为什么要建平顶房呢？

答：平顶房好住。木房一年翻一次瓦，太麻烦了。

……

另一些关于当地布依族建筑情况的零散问题，在这里我就不再一一赘述。到此，我对已西寨的第二次造访可以说结束了。

第二节　月亮河流域布依族传统民居建筑文化描述与研究

在这里我所谈论的布依族建筑文化主要是指布依族传统民居建筑文化。当然在布依族生活的地区，他们的传统建筑形式除了干栏式木楼以外还有石板房，根据调查的地区范围和当地的实际情况，我把布依族民居建筑局限于传统干栏式木楼的描述与研究中。

远古时代的布依族先民曾采用什么样的住房形式，由于目前民族学、考古学资料没有为我们提供有关这方面的足够证据。另外，布依族没有本民族文字（现代的文字是中华人民共和国成立后创制的）加以记载，因此，到今天为止我们仍不能考证。关于布依族干栏式建筑的记载在一些汉文文献中有零星的记述。不过，“干栏”一词直到南北朝时期才在史籍中出现，之前都说“巢居”。布依族源于我国先秦时期的百越人（“布依族”这一名称是中华人民共和国成立后才确定的）。20 世纪 50 年代末至 70 年代初，考古学家在浙江、江苏、江西、湖北、广东、广西等原百越民族的发祥地和分布地，陆续发现了最早 7000 多年以前古越人的一些建筑遗址。从结构特征上看，与后来的干栏建筑极其相似。同一时期在云南、湖北等地发掘的青铜器时代的遗址和器物上，也发现了干栏建筑的遗址和铸型。说明了干栏式建筑，是古越人典型的居住形式。对干栏这种建筑形式的记载，最早见于春秋时期的著作，当时称为“橧巢”“巢居”，或“构木为巢”。特别是晋代张华著的《博物志》记载：“南越巢居，北朔穴居，避寒暑也。”这样就一语道破“巢居”这种建筑形式是南方越人的典型居住特征。而“干栏”一词直到南北朝时期才在史籍中出现，“干栏”又称作“干阑”“杆栏”“阁阑”“高栏”“葛栏”“麻栏”等。《魏书》（第 101 卷）记载，僚人“依树积木，以居其上，名早‘干阑’，干阑大小，随其家口之数。”

从上面零星的历史文献资料可以看出，布依族先民曾经有过巢居的历史。这次的调查采访，捞河布依族地区流传的一个《阿乡与茅妹》的传说故事也能说明这一点。阿乡和茅妹的故事是月亮河布依族动人凄美的爱情传说。据说阿乡是今天月亮河源头陇脚一带的年轻小伙，茅妹是今月亮河下游一带的姑娘。阿乡和茅妹两人通过“浪哨”即赶表（布依族婚前择偶习俗）认识。之后，相互产生爱慕之情。通过进一步的交往，感情升华，最终决定要在一起。然而，由于家长不同意，要为他们各自包办婚姻。当地的官老爷对漂亮的茅妹也眼红，所以极力反对并干涉他们的婚姻问题。于是两人决定私奔。那时布依族人还没有房子住，人们都是居住在用一种叫作“芦茆”的植物做成的小篷里，类似于斑鸠做窝，阿乡和茅妹就到坡上造起了鸟窝状的房子。最后，还是在家长和官老爷的压制和阻挠下，两人无法在一起。于是，他们相约来到月亮河的水井，双双跳井殉情。当然这只是一个传说故事，然而，从这个传说中，我们确实可以看到或也能领略到布依族巢居的历史文化。

随着社会的发展，各民族也得到交互发展。特别是文化相对优势的汉族的涌入，从生产生活上对各少数民族产生了一定的影响。自明代以来大量的汉族入住，很多少数民族不断地改造自己，吸收其他民族的先进之处。这样使本民族有了更好的发展。在民居建筑文化上的反映就是他们的“祭鲁班仪式”各个环节所念的颂词均用汉语。即使很多人不知道鲁班是谁，只觉得他是鲁班仙人，拥有无边的法力。然而，布依族是一个文化自觉较高的民族，他们对异族文化的吸收借鉴不是全盘接受，而是有目的、有选择的接受。

一、布依族传统民居建筑文化简述

当地布依族村寨一般都依山傍水，房子也依山势而建，面临从深远的山谷迂山越坎而来的月亮河，布依族人聚族而居。族是由若干个有相近或相连血缘的房族构成的，房族又是由若干个有血缘关系的家庭构成的，大体上一个房族一般居住在一个共同的地段内，形成一个相对独立的功能单位。比如，我们居住的杨支书家，他家周围就是他的兄弟居住。而卢主任家周围也都是他们卢家几兄弟。看来，聚族而居是布依族民居凝聚力的主要力量。贵州民间流传着这样的俗语，“高山苗、水仲家（即指布依族）、仡佬住在岩旮旯”就是这几个民族生存环境的真实写照。布依族建筑历史上称为干栏式建筑，如《赤雅》中所说：“人须栖其上，牛羊犬畜其下。”近代以来，多居住平房、楼房，楼房又分为半边吊脚楼，又叫作台楼；全部吊脚楼，又叫作半楼或满楼。楼房是布依族传统的民居建筑。楼房的一楼通常长 10 米至 12 米，满楼通常宽 8 米，台楼的宽通常 4 米。平房从建筑材料上看，感觉是现代民居建筑的移植。事实上它与布依族传统民居文化有很多相呼应传承的地方。结构上，平房结合传承木楼的结构方式，受现代城市民居建筑的影响不大。人们仍然把房子做成了半楼或台楼的结构形式，只是在建筑材料上不再是布依族以往传统社会中能自给自足的木、竹、瓦、石灰等原料，而是需要到市场去购买的水泥、砖头、石头、钢筋等。这种形制的房子人们通常用老房子拆下来的瓦片盖伙房，便于烤干或风干粮食。根据主家的需要和地形的宽度，堂屋的双合门灵活制作，通常情况下，老式的双合门高 1.8 米至 1.9 米，两扇门的宽分别是 0.6 米至 0.65 米。新式的双合门一般是 2 米高，两扇门的宽分别是 0.8 米。新式的门比老式的门要宽一些，大门通常要正中间开。

传统木楼一般为三层，一楼主要是用于喂养猪、牛等家畜。现在己酉寨的布依族家庭很少养牛了，通常只养猪。根据当地布依族人的介绍，该寨子可能只有十来户人家养牛。他们认为养牛太耗时间和精力，因此，有的家庭购买小牛到对面的野鸡坡寨去养，到了牛耕时节免费拉回来耕作；经济更宽裕一点的家庭到了牛耕时节，就直接花些钱请人拉牛到自己田地耕作。这也从一个侧面反映了该寨子布依族经济的发展。一楼通常是 2 米高。围墙用石头修葺，圈门用木板栅栏安上。如果为平地楼猪舍则安在房屋侧边。二楼是堂屋、侧房和伙房，用于住人。堂屋通常 4 米高，搭建的伙房通常是 2 米高。三楼是天楼用于搭建粮仓存储粮食或直接堆放杂物，不住人，通常也是

4米高。从整个的建筑结构来看，基本上是五隔间，中间由三根中柱支撑，每根中柱两侧分别为两根跨柱，也叫瓜柱、两根二柱、两根三柱、两根檐柱支撑。檐柱与二柱、三柱之间分水，有特定的比例。这就是人们常说的“五柱四瓜”（即五根落地的长柱和四根悬在穿枋上的短柱也称为瓜）结构。最低下的楼柱为了避免被猪、牛的屎尿侵蚀使木柱变潮发霉，需要垫上2.5尺高的石头。圈养猪、牛的下房是6尺高（大约2米），所以下柱一般也只有3.5尺高。根据房屋地基的宽度，选择走廊的长度，如果地基不够宽就只在堂屋门口做一小块走廊。

在调查布依族的竹编工艺时，所调查的大寨组卢胜举师傅家，仍是布依族当地传统的木、竹构造的房屋。我们对他家的房子做了一个简单的测量，堂屋高为3.3米，两侧房高是2.08米，堂屋长6.06米，宽3.82米，两头的侧房分别宽3.46米，屋外的坎檐宽0.98米。整座楼房的深度是7.64米（即为堂屋深度加坎檐的宽度）。他家的天楼我们也测量了一下，跨柱高1.1米，中柱高大约6米，楼口的高度是1.54米，中柱与跨柱之间是0.95米。由于经济的原因，所以房子是小了点。从我与卢师傅的交谈中，能体会到布依族人民对自己民居建筑的美好渴望，就是追求更实用、更安全、更美观。

卢师傅家的房子外围都是用竹篾编织成的墙胎。再在外层糊上石灰。第一次用煤灰搅拌糊上，第二次就用他自己在山上烧制成的石灰糊上。他家的房子已经建了许久，所以能看见脱落石灰后露出来的竹篱笆“墙壁”。卢师傅还说像这样的一栋房子需要瓦片2万张左右，3年到4年翻新一次。根据房屋坐落的具体地理位置不同，翻新次数又不一样。有的房屋坐落的地方风力大，可能1年到2年就要翻新一次。在调查中还可以看到有的人家用牛粪糊墙壁。大寨组卢如明师傅家里的竹篱笆墙就是用牛粪糊上的。由于他家的房子也有一段岁月，所以也看到墙上脱落的牛粪块。不过，根据他的介绍，用牛粪糊上的房子不经久耐用，但有冬暖夏凉以及防虫的功效。

从建筑材料上看传统木楼，楼顶的“船皮”为楸树，柱子为枫香树或杉树，中梁为外家带来的杉树或楸树。瓦片有盖瓦和沟瓦之分。瓦片一般是自家烧制，需要11天左右的时间。屋脊和脊梁两端翘起的瓦堆起到美观的作用。房屋的坐向要根据主家的属相、八字来确定。

一栋木楼的修建当然需要很多工具。我把它归结如下，可以作为对布依族建筑知识描述介绍的一个方面。木匠需要的主要工具是：二推刨：总长约1.2尺，主要用于推毛料。轻刨：总长约2尺，毛料推好后，用于过细。净刨：用于清边。二轻刨：与净刨长短不一样，但作用都是用于清边。单槽刨：镶板子和镶“鼻斗”用的。起台刨：镶门条用的。夹刨：装房子、合板子、镶板子用的。光刨：用于装“鼻斗”。线刨：用来拉站枋。槽刨：用于“背削”的清理。曲尺：尺蹲长10寸，尺梢长短不一。斧头：用于砍、剃粗木料。锯子：用于锯板子。大锯子：用于锯大木料，包括锯柱子之类的。槽锯：用于“背削”。二分锉、三分锉、四分锉：用于打眼。洗锉：打好眼之后，用于清理多余的木渣。薄锉：用于洗眼子。锉子：磨锯口用的。两根是一样的。墨斗：用于弹墨、画线。由墨斗嘴、墨签、斗身、斗柄组成。油桶：通常是装菜油，用于擦锯子、推刨，使其润滑。马嵌：用于推、抵板子。

二、布依族传统民居建筑的营造习俗

1. 架码

所谓架码指的就正式开工加工建筑用的木料，架码的当天要杀一只土公鸡，这是用来祭祀鲁班的。首先要敬鲁班先师和木匠自己的师祖、师傅，这就是所谓的“祭鲁班仪式”。这时候木匠师傅口中念念有词，比如“此鸡，此鸡不是平凡鸡，头戴红冠子，身穿红袍衣；日在昆仑上山叫，夜在昆仑山下啼；别人讲你无用处，弟子讲你是个‘架码鸡’”“我是某某的弟子，……用雄鸡点血，今天大吉大利”。当然还有很多师傅认为带有神秘迷信色彩的言辞没有一一念出，我们也不便追根问底。然后，掌墨木匠弹墨开工。这天用的柱子有一定的讲究。砍伐的时候，树的倒向一定是往山坡头上倒放而不能往山坡脚下。如果不慎树往山下倒了，就不再采用。因为往坡上倒的树是吉利的象征，而往山坡下倒的树则是不吉利的象征。这种架码的树可以先砍好，但是必须在一年之内用上。从正式的“架码”那天开始，两天之内所有的大柱要打好洞眼。在打洞眼的时候，有些树很大，所以掉入柱眼里面的木渣都要取出。大人的手掌太大不易取出，于是便放铜钱在柱眼里，让小孩子去捡里面的铜钱，顺便把洞眼的木渣捞出来。当然，这样做也是为了祝愿主家起房能大发大富，顺利把房子建起好。

2. 立柱前晚请酒

立柱前一晚要请酒，后家、外家要来做客。他们还从本寨带来唢呐队，场面热闹非凡。按照传统的习惯，请酒的当晚，主人家要准备一两银圆给木匠师傅。用一丈二尺布、一个红公鸡、一张席子、一个猪头摆放在堂屋神龛的八仙桌上，在桌旁捆上一把红纸伞，并把伞撑开。一吊新鲜肉钉在架码上。实行这些礼节的原因，当地人也说不清楚了。不过，我认为最直接的目的是：第一，主人家要准备一两银圆给木匠师傅是作为慰劳，并希望第二天立柱的工作能做得尽善尽美。第二，敬神龛。这是理所当然的，这么重大的喜事当然要先通知祖先，取得他们的保佑。至于钉一吊新鲜肉在架码上的意义，我没有亲眼看过他们的操作过程，在所调查的个案中也没有相关祭祀礼节的经验感受，所以不敢妄自猜测。请酒当晚主家要杀猪招待客人。其实，除了建房以外，布依族在春节家家都要杀年猪，婚礼、丧礼等也要杀猪待客。年猪的某些部位要到其他的节日时间才可食用。如正月三十要吃年猪蹄子。年猪的五脏和耳朵、舌头一定要在清明节时拿一部分去供祖先，这个意义是很重大的，因为大年三十当地的布依族吃的荤菜就是这头年猪的这些部位，意味着过年过节他们没有忘记自己的祖先。猪尾巴要到吃新节的时候才能吃，尾巴末梢的毛要留着表示年年有余。我之所以把猪在该地区布依族中的重要地位提出来，因为布依族建筑文化与他们养猪这一生产生活习俗有紧密联系。

外公家要带二分之一梁前来。做梁的木料一般是杉树或椰树。抬梁的外家先来之后，其他外家才能进入主家的寨子。抬梁的外家如果太远，可以事先在主家的附近买一棵梁树，就近安排。主家听到梁客已经到，便到寨门口去迎接，接梁时必须要跪着接，同时还要敬酒。外家也带酒来祝贺主家大吉大利，并会热忱地赞颂自己的女婿和姑娘有本事。他们说道："姑娘、姑爷有出息，能盖华宅。"并敬酒表示恭喜祝贺。外家敬酒时杯底下还藏有钱，要一并送之。之后，所有人在外等候，人到齐就一同与各家自带的唢呐队，边吹边进寨。

客人们送红布，一般是 2.8 尺长，主要用于"挂红"。外家的红布是 1.88 丈（大约 6 米左右）长，中间还要结成一朵花。抬梁来时红布要一直全部包缠在梁柱上的。除此之外，各种当天祭供的东西通常也要外家准备一些，这可能是一种回礼方式。

3. 请师立柱

吉日良辰，天地开张。在立柱之前主家就请先生先看好时辰，立柱的仪式过程就按照师傅给的时辰开始。这个过程有一个重要的工作，就是要杀一只红公鸡请师傅驱煞。请师即请鲁班师傅和木匠自己的师祖、师傅。驱煞即师傅说一些咒语赶走一切不吉利因素。这个过程主要就是木匠念咒语，最后祝愿立柱大吉。如"此鸡，此鸡不是平凡鸡，头戴红冠子，身穿红袍衣；日在昆仑上山叫，夜在昆仑山下啼；别人讲你无用处，弟子叫你做个请师鸡。"于是，就直接用于驱赶凶神恶煞。我想这是由于此鸡本来不是平凡鸡，现在又吸入了掌墨木匠师傅们的仙气，所以就可以直接用于做驱煞的仪式工作。这个时候木匠师傅接着念的是："一扫东方甲乙木，二扫南方丙丁火；三扫西方庚辛金，四扫北方壬葵水；五扫中原戊己土。"接着，师傅就用锤碰击一根树柱脚大声喊道："发锤！"然后，师傅念颂词道："日吉时良，天地开张。今年好年期好时辰，百无禁忌大吉大利。起六历，杨氏将军齐起立，料料是神，鲁班先生化为神。我斧不是非凡斧，我斧是鲁班弟子请造斧，打一锤来千斤重，打二锤来万万力，快快发来快快起。"紧接着，大家齐声说"起！"于是众人立柱。

4. 开梁口、包梁、上梁

传统上外家要用 12 元钱请师傅开梁口。师傅把右柱立好后，要上到堂屋两头的中柱上。量好柱之间的距离以及隼口，然后才来开外家送来的中梁柱上的铆。开梁口时师傅又念念有词道："日吉时良，天地开张，鲁班到此选栋梁，此梁身在何方，身在何处，坐在昆仑山前，长在昆仑山后，胡人才能砍得断，何人将之砍得断，斧得知。说是东家是主，请到张郎先人，大斧砍了一个月，小斧砍了半年多。砍了头，断了尾，砍了两头用中间。"

包梁即在梁正中间用红布包上金银珠宝，以保佑主家富贵。师傅并念颂词道："梁翁梁翁，一尺红布定当中。一定财源广，二定五谷丰，三定人生贵，四定六畜兴。一根金线下来黄龙欲滴笔迹墨，左墨溅线出贵子，右墨溅线出状元。"包梁的地点在主家的堂屋。

之后外家把水果等祭品拿到梁前，主人家要祭两对粑粑。另有切好的小块粑粑放在八仙桌上，同时上供一升米，点香烧纸，供猪头，主人家还要放一些硬币。在上梁之时主人家还要准备酒和水。上梁的时候另派两个人跟在木匠的背后，拿两块大粑粑，一起上楼。上楼之前师傅就开始念上梁的颂词：“日吉时良，天地开张，一不早二不迟，正是主家上梁时，上了一步，发财又发富；上了二步，步步登高出；上了三步，三元开泰；上了四步，四季发财；上了五步，五子登科；上了六步，步步高升；上了七步，七星配北斗；上了八步，发财发富；上了九步，九龙归位；上了十步，状元红。十步楼梯我上齐，步步大吉……”这个过程是念一步经，上一步梁。主家在梁上放有一只公鸡，它能够一直站在梁上不起飞。念完颂词，上好梁，主人准备的小块粑粑、硬币和酒、水就从上好的梁上撒下来。撒粑粑的时候木匠要边撒边说祝愿道：“要把粑粑撒出去，听我说月出方：正月、二月犁田；三月撒秧；四月、五月栽秧；六月、七月割草；九月、十月谷满仓。挑来到打米厂，打得粑粑来成双。一撒东方甲乙木，二撒南方丙丁火；三撒西方庚辛金，四撒北方壬葵水；五撒中原戊己土。粑粑落地齐忙忙，老人拾得寿缘长，亲人拾得添福寿。……”由两个人抬上去的大圆粑粑，必须要主家接住。这表示接到金元宝，有财发。之后外家和匠人对口词，说吉利的话语，场面十分热闹。

5. 开财门

一切都做好之后，主家要做大门、装大门。大门装好之后就有一个开财门的仪式。这个仪式过程也是由掌墨木匠来完成的。需要杀鸡来供奉祖先。鸡脖子上的鸡毛扯几根搭在门的两边，表示吉利顺利。开财门是主家在门里面，外家在门外面，在门外的外家要讲四季大吉大利，发大财之类的话语。他们还需要挑水、挑柴来，以恭贺主家开财门发财发富。第一个要扛柴，第二个要拿一甑子的饭，第三个要挑水，第四个拿一个盛有两个圆粑粑的筛子，两块粑粑中间压有硬币等钱物，以表示主家进财。

外家到门外首先要说：“开门开门！”主家在里屋道：“你是什么人？”门外的亲戚道：“我是天上的财北星来开财门。春季财门，春季开，金银财宝滚进门；大门大大开，金银财宝滚进来！滚进不滚出，滚进满堂屋；堂屋装不下，拿来买田坝；上头买到云南省，下头买到北京城；自从今日开过后，主家发财又发富。”

从以上的描述可以知道月亮河流域布依族人对鸡的重视。当地的布依族除了建房、结婚、丧葬、过年、过节需要用鸡祭祀、招待以外；就是平常的日子如果是贵客到了家里，杀鸡招待也是非常盛行的礼俗。在我们走访调查的家庭中，发现几乎家家都养鸡，有院坝的人家就放在大门前的院坝，用足够大的长方体鸡笼饲养；没有院坝的人家就放在堂屋某个角落饲养。无论是居住传统木楼的人家，还是新建了平房的人家都会在房屋的某个位置留出一定空间来养鸡。不过，鸡不会像猪、牛那样被放在一楼饲养。

6. 烧瓦和烧石灰

房屋的基本构架弄好后，要准备架船皮，盖瓦片了。否则风雨侵蚀会把立好的木柱腐蚀。通常情况下立房之前人们就要把盖房屋所需要的瓦片准备好。传统上，瓦片直接可以在当地烧制。由专门的瓦匠烧好，就地销售。一个能烧出 3 万块瓦的瓦窑，大约要 10 吨煤。如果是现在烧制的话，按现在煤价一吨煤 400 元，10 吨就要花费掉 4000 元的成本费用。据我们调查现在当地没有人再烧制瓦了，煤的成本太高应该是一个主要原因。瓦片的市场几乎没有了，除了伙房或平房房顶上搭建的粮房以外，已经不再需要瓦片了。然而，这些附属建筑物盖顶所用的瓦片，通常是从旧的木楼上拆下来的旧瓦。

根据调查的资料，我把制瓦的过程做一个简单的介绍。首先在山上找黏性好的黄土，除去石头。然后就地挖一个塘，把泥巴放入塘中用水搅拌，拉水牛在塘里踩，普通大小的塘要踩 4 个到 5 个小时才使泥土黏合。

制瓦用瓦桶是用木条做的，圆形，在外层包一层纱布，便于制成的瓦块脱落。瓦桶是活动的。制瓦还需要竹条。用瓦桶制出来的瓦片就可以“上堆”了，直到制出的瓦片足够一个窑子，就可以放入窑中烧制成可以直接用于盖房子的瓦。

烧瓦就是把制好的生泥瓦片放入瓦窑里烧，一窑通常能烧 3 万张瓦片，需要三天三夜的时间才能烧好。窑洞是两层，往上的里层是放瓦的，下层是放煤的，煤底下还要放些柴火以引火燃煤。大量的煤燃火才能烧制瓦片。烧的过程中所有有口的地方全部封死，包括两个烟窗，顶盖上的透光口以及洞门。烧好之后要封洞窑三天。封洞窑的三天要从顶上的窑衔（即放水的槽）倒水浸整个窑洞，直到窑洞不再吸收水就说明瓦片没有足够的热量了。三天后就可以打开窑洞门，大约两天时间，就可以直接取出来瓦片销售了。

石灰的制作也是就地取材。首先人们要到山上开采石灰石，用铁锤打成吃饭的小碗这么大块。河边的石灰石浸水，一般不去河边采石。接着到山上开采可以烧制石灰的煤，由于多年没有烧石灰的经验，这种煤叫什么人们也记不清楚了。这样的煤要找有经验识货的人去开采才行。因此，只有专门去挖过这样煤的人才知道名称，一般的人也不了解。有的人家先把煤通过复杂的工艺提炼成焦炭，才用于烧制石灰，所以整个烧石灰的程序就更复杂了。过去农户可以自由地去当地的上山挖煤，所以用于糊墙的石灰是自给自足的。由于拌煤工艺较为传统、复杂，所以煤团从制作好到晒干，时间也比较长，大约需要一个星期。煤团的大小，当地人比喻说，通常像现在小学生节日欢庆时戴的腰鼓那么大。一个星期后煤晒干，晒干后的煤就可以用来烧制石灰了。烧石灰同样要用干柴引燃煤，烧石灰的时间大约是 5 天至 7 天。最后烧好的石灰要放在空旷的地方，让它的热气完全蒸发了才可以直接用于糊制房屋的墙体。石灰的放置时间大约要 20 天，否则有引发火灾的危险。

出于对整个地区煤矿资源的合理开采，政府早在 3 年前就规定中寨乡没有开采证的人一律不能开采煤。因此，现在只有开采证的人才能开采煤，农户不能随便开采。现在一吨煤要 400 元，而按传统的工艺 100 平方米的房子大约要耗费 3 吨煤，才能烧制足够的石灰糊墙。

现在我们所看到的房子大多都有五六十年的历史。当时生产力比较落后的条件下用这样的方法，烧制出的瓦片和石灰确实算是一种先进了。

第三节　月亮河流域布依族传统民居建筑文化变迁与重构

以己酉寨的调查为例，己酉布依族自称为“柏犹”，全寨总人数为319人，共68户，现在在家务农的有60户，250人，男性137人，女性113人。是一个纯粹的布依族寨子，主要姓氏有卢、王、赵、韦、杨五姓。据说是老一辈人调北征南，从江西到月亮河一带。今天捞河这一带首先来的是卢姓，那时到处荒无人烟，人们也不知道有条河，所以先在捞河坡上落了脚，后来又和前来的杨、王家打成亲家，把山林分给卢、杨、王等几家。

这一小节我为什么要以己酉寨为例呢？首先，己酉寨有大约三分之一的平房，还有大部分的传统的干栏式木房。它的平房结构与传统的结构一样，最大的不同就是材料的不同而已。其次，我的居住地是己酉寨，相对走访过的与其他的寨子而言，我有很多了解其民族文化的时间。因为建筑文化不是孤立的一种文化现象，它与布依族生产生活有密切的联系。布依族现代的建筑文化是根植于传统建筑和整个布依族文化系统的基础之上的，因此，它既有传统的，又有现代的文化因素。这对于我所研究的这个主题“布依族传统民居建筑文化变迁与文化重构”非常适合。

什么是变迁？词典里的解释是，“情况或阶段的变化转移”，在这里我们所要讨论的变迁是布依族文化中民居建筑文化所体现的文化变迁。那么，什么是文化变迁，“文化变迁就是指或由于民族社会内部的发展，或由于不同民族之间的接触，因而引起一个民族的文化的改变。”① 从这个概念可以知道民族文化变迁的原因，而我所调查的己酉寨建筑文化的变迁更多是由于他们社会内部发展而产生的变迁。而一个社会的发展进步，根本原因是源于它的经济发展。在前面曾经论述过，己酉寨曾经大量产煤，在中寨乡当地工作的人也很多，该寨的木匠、砖匠、石匠从事这些工作的人，在捞河场开小卖部的人，都有一定的收入来源。而隔捞河与己酉寨形成对面位置的大寨，除了捞河小学周围教工区有几间平房以为外，基本上都是传统的木楼，由于当地早就不产煤了，主要靠从事农业为生。而根据现今居住在捞河小学的杨喜安老师介绍，建造一栋新的木楼大约需要4万元到5万元人民币，而平房（2层）也需要2万元人民币才可能修建。与盛产林木的黔东南相比较这种情况刚好相反，建木房比平房便宜。

著名的文化人类学家斯图尔德认为，文化之间的差异是由于社会与环境相互影响的特殊适应过程所引起的。越是简单的早期人类社会，受环境影响越直接。前一句话说明了文化受人文环境和自然环境的制约限制，而后一句话更加直接地说明了这个问

① 《文化人类学理论方法研究》，广州：广东高等教育出版社，1998年1月第2版，209页。

题。纵观人类历史的发展，难道不是这样吗？人们常常说的“一方水土养一方人”，也是强调了文化对环境的适应。如果环境发生了变化，人们的文化也就随之发生变化。当人们无法适应这种新的变化，就只有保持现状。就像我们调查的两个不同的布依族寨子已西寨与大寨。已西寨的村民有更多的经济收入，于是，可以在当地无人再烧制瓦片和石灰，没有足够多的木料的人文环境和自然环境的制约限制下，解构出了既保留传统结构，又结合现代建筑的优点建成传统与现代比较完美结合的新式建筑。已西寨90%的人家也相应地进行了这样的改建。

之所以说它传统与现代比较完美结合，有以下几点原因：第一，平顶房，摆脱了传统人字形瓦房建房时必须要烧制瓦片的限制。经过我们的调查访问，传统上一个能烧出3万块瓦的瓦窑，大约需要10吨煤。如果是现在烧制的话，按现在煤价一吨煤400元，10吨就要花费掉4000元的成本费用。建一栋三隔间的木房，大约需要1.6万片瓦，可见建造传统木楼，瓦片的费用就很高。第二，仍适应当地布依族农耕田间稻作文化的需要。由于房屋的结构仍为上、下两层，第一层仍可以养猪、养牛，第二层住人。而且每家留有一定的院坝空间，可以用于存放鸡笼养鸡。相比较之下，很多传统的木楼的人家没有修建院坝，鸡笼直接摆放在堂屋的某个角落，而人们吃饭的地方就是在堂屋内，这样就很不卫生。当然这是人们的文化适应的一种体现，没有必要加以评论。第三，它能减少火灾，传统木楼由于是木竹结构，一不小心就很容易引发火灾，并很快殃及池鱼。已西寨历史上曾经就遭此大难，才从对面坡的火烧寨搬到现今的住地。据说中华人民共和国成立前，火烧寨坐落的那片坡，有煤引子，能发火，燃了好几年。后来搬到今天的住地，人们认为火烧寨这个词不吉利，于是改名叫作已西寨。第四，从采光的效果来看，传统木楼在卧房修的是万字格窗，面积比较小，采光效果相对较差。而平房修建的窗户不仅面积宽大些而且为玻璃窗，采光效果好。第五，平房相对传统木房而言比较清洁，易于打扫。既然不是十全十美，总有它的不足，如夏季来临平顶没有任何隔热措施的话，就非常热。而木楼的人字顶隔热效果要好得多。

就大寨来说，当地布依族介绍说，他们那里很久前就不产煤了。可能外出打工的人也没挣到什么钱。因此，主要靠从事农业为生，没有其他的收入来源。他们居住的房子至少都有30多年的历史了，有的甚至有五六十年左右的历史。我们可以看见糊上石灰或牛粪的墙壁很多石灰或牛粪已经脱落，或有的正在脱落。在大寨唢呐手卢如明师傅家做采访调查时，他告诉我们：就是太困难了，房子又旧又破，也没有钱建新的。走进他家的堂屋，我环顾四周，房屋确实是有些简陋。现在由于木料缺乏以及对煤矿资源的限制开采，如果非要修一栋新木楼的话，需要的成本费用比修一栋平房的成本费用还要高。在这样的情况下，人们要建一栋木楼，显然不合算。但要修一栋平房，其建筑材料的价格对于这些没有其他经济收入的农户来说也是一件难事。因此，在不适应这种环境变化带来的影响下，人们只有保持生存的现状，继续接受传统民居建筑的文化模式。

关于其民居建筑文化的变迁除了以上的主要原因外，当然也是受到中心文化即城市文化的一定影响。

随着社会经济文化的发展，人类可以逐步地摆脱环境的束缚向前发展。己酉寨选择的建筑文化模式，是己酉寨布依族人为了追求更安全、更舒适、更卫生的生活的体现。这是人类社会发展的规律，我想也有可能成为当地布依族民居建筑文化的发展方向。

我国著名的民族学家林耀华先生在他的名作《金翼》里提到，生活的常态徘徊在平衡与非平衡之间，简单无序的过程未必就导致结构的解散。己酉寨的建筑文化就是这么一个常态。当地的平顶式民居是该布依族地区的一种新兴房屋建筑形式。从建筑材料的使用上来看，它与传统的干栏建筑没有直接的承袭关系，完全是一种外来的现代建筑风格。但是，从房屋的内部结构以及房屋的内部空间的使用来看，却仍继承布依族传统建筑的特点。首先，房屋结构仍然是上、下两层，第一层养猪、养牛，第二层住人。侧屋的伙房或平顶房上的搭棚，仍是用以前老木房拆下来的未被损坏的瓦片盖顶的人字形小房。直接说明了当地布依族充分利用建筑材料，一切从节约出发的特点。其实这主要是跟贵州湿润的山地气候有关。由于农户生产出来的粮食要保持它的干燥以避免发霉变质，需要很好的通风条件才行。在这种长期湿润的山地气候条件下，这种人字形的附属搭建物更适合粮食的炕干储存。其次，祭祖的空间不变，堂屋的空间与传统木楼所占空间差不多，通常都是 4 米左右的高度。而都市文化中，我们知道小区居民楼的高度一般是 2.8 米到 3 米的高度。所以它不属于城市文化的移植。房屋家具的摆放，倒是有些城市文化的影子。典型的是客厅周围摆放有沙发，而电视就摆放在沙发对面。不同的是客厅设在侧房，不设在堂屋。堂屋除了摆放一张八仙桌和一条或两条长凳以外，通常不放什么东西。对着堂屋大门的墙面，在其中心偏上的位置要搭上一块长方形木板；在木板上放上香钵，过年或节日中烧香烧纸，摆放供品，供奉祖先。再次，从窗户的位置安排来看，两边卧房都有窗，平顶房的堂屋门枋上另加一小块宽约 20 厘米，长度与门的宽度一样的玻璃窗，起到采光的作用。

我之所以用动态平衡理论来解读我对己酉寨布依族民居建筑文化，是想说明：布依族建筑文化虽然发生了这样的变迁，但是它源自布依族传统民居建筑文化，与其是一脉相承的关系。新式建筑虽然在材料上已经发生很大的变化，并没有打乱当地布依族社会建筑文化的结构。该住人的地方住人；该养猪的地方还是用养猪；该养鸡的地方还是用来养鸡；该用来供奉祖先的地方还是用来供奉祖先；门上该贴符咒驱鬼纳祥的还是要贴符咒驱鬼纳祥；伙房上该架粮仓的还是要架粮仓。而从整个布依族文化结构来看，更是没有受到什么影响，他们日常生活交流仍使用布依族语；布依族该过什么节还是过什么节；婚姻、丧葬礼俗也基本上是那套（由于各种礼节的删减，相对传统变化了些）；盛装服饰也还是那款（由于材料上的多样性选择和国家现代化工业生产的快捷方便，服饰在具体的制作和选材上发生变化）。也就是说，己酉寨虽然在建筑材料上已经发生了变迁，但是它的整个建筑文化系统仍较多的与传统呼应。如果你是个陌生人，对该寨没有任何了解，也没有任何人引见介绍的话，第一眼看去你会认为是一个汉族寨子。事实并非如此，或许可以用比喻散文的“形散神不散”，来说明己西寨建筑文化的变迁。

我所强调的布依族建筑文化的重构，是指表现在布依族传统建筑材料的重构上。建筑材料发生了变化当然会引起布依族民居建筑文化中很多文化现象的解构甚至消失。这种文化的重构，我理解为一种文化的次生模式。这个模式是多维性的，要说明的是，这个次生模式是经过了文化的碰撞与选择，通过文化主体内部逐步的调适和适应的结果。也就是说它不是简单的文化适应，而是经过了一个文化调适的过程。

捞河区布依族传统建筑材料主要是杉树或楸树，附加材料是瓦片、石灰、箐竹等材料。在十几年前捞河这些材料都是能够自给自足的。历史上由于该地区产煤丰富，所以可能也不是盛产杉树之地，随着当地生态环境的变化，现在已经没有了可以用来建造传统木楼的足够杉树。与我的故乡黔东南比较，情况却相反，那里历史上盛产杉木。生态资源曾经有过一段时期的破坏，在政府及时正确的指导下，没有造成严重的破坏，所以至今森林覆盖率仍很高。因此，从建筑材料上来看，房屋的建筑形制除了乡镇中心区域有一定范围的变迁外。其他村舍建筑基本上没有什么变化，即使是现在新的建筑大多仍以传统木楼为主。主要原因是人们可以就地取材，树木的价格又不是特别的昂贵。加上黔东南州大部分地区正在实行旅游开发，政府有意帮扶少数民族发展传承少数民族文化，传统建筑文化被列为其中的一个项目，也是当地传统木楼继续修建发展较多的一个原因。我们调查的捞河还没有受到旅游开发的影响，所以该地区少数民族文化的发展还没有政府指导干预。当然，己西寨的基础设施建设，有很大一部分是政府的帮扶才得以建成，但这主要是政府从经济与政治的角度考虑而做出的决定。所以，该地区布依族传统民居建筑文化的重构，更多的是其文化主体自身对解构的文化调适与整合的结果。

物以稀为贵，在木料相对稀少的捞河，建房用木料当然很贵。当地煤炭资源日趋枯竭的发展态势，导致烧瓦、烧石灰所用的煤炭资源价格上涨。瓦片、石灰的成本费用增加，而价格昂贵的瓦片生产出来不知道它的销路在哪里，于是当地瓦匠也就停止了瓦片的生产。石灰虽然可以自己烧制，但是需要大量的煤，农户没有开采证，也无法挖煤。而且烧石灰的煤是有讲究的，需要产热量极高的煤，不是什么煤都可以用来烧石灰。所以自己烧石灰也变得更加困难。这样一来，要建造一栋新的干栏式木楼，大量的木材很多人家已经不能自给自足。而这些材料当地也无法购买得到，因此，运费又是一笔很大的开销。总之，传统干栏式木楼的重新修建不太科学也不太可能了。我第二次访问己西寨的时候，当地不少的布依族村民告诉我，他们认为平顶房比木房好得多。一是，不用翻瓦。卢木匠告诉我，以前他们家的老房子要1年至2年翻一次瓦，很麻烦。二是，经久耐用，相对木楼安全舒适得多。对于当地布依族建筑文化这样的变迁，90%的布依族持接受的态度。

从以上的现象分析，布依族传统建筑文化解构，似乎成为历史的必然趋势。由于传统干栏式木楼解构，也使得己西寨目前唯一出师的木匠卢如昌师傅从造木房转到打制家具。在这样的情况下，布依族建筑文化必须适应生态环境的变化和人们思想观念的变化而变迁。变迁当然就要导致文化的重构整合，文化重构必须先经历一个文化解构的过程。

写到这里我不得不提一个人，他就是法国著名的思想家雅克·德里达，是解构主义思潮的创始人。其核心概念“解构”，广泛渗透到艺术学、语言学、人类学、政治学以及建筑学等领域内。而他的这一概念在我国的民族学、文化学也有适当应用，在建筑学中已经广泛应用。解构主义（deconstruction）是20世纪60年代兴起于法国的一种哲学思想，最早是德里达在1967年系统阐述而形成的理论体系，这一哲学思想是从结构主义理论中演化而来的，但是打破了结构主义的基本特征，并就其局限性进行完善。解构主义实质是对结构主义的破坏和分解，从文化研究的角度来说，我认为它是把传统社会的文化结构打破和分解，但在整个文化系统结构中又是有机、有序列的“解构”。

“解构”这一概念最初运用在哲学研究的领域里。在这里，我想在说明己酉寨布依族民居文化变迁现象的基础上，试图通过文化现象中的文化“解构”来解释其文化的变迁与重构，因为，文化的解构总是伴随着文化的重构。关于“解构”一词的具体定义，首创者雅克·德里达在他临终前也没有说明。我阅读过他的翻译作品《解构与思想的未来》（吉林人民出版社2006年5月，第1版），从文化的角度来说，我觉得“解构”不是一种对传统文化单纯的否定，而是按照传统内在发生的法则，摈弃陈腐，吸收外部先进力量，撑开它内部的张力，重新唤醒其活力。

当然，文化的“解构”不是凭空产生的；我所说的月亮河流域布依族传统建筑文化的“解构”，也不是凭空产生的。我想人类技术的进步是这一文化现象发生“解构”的主要原因。平顶房需要的钢筋、水泥、砖头、玻璃等材料，如果人类的技术没有进步，仍处于原始的农耕社会状态，现代工业技术没有发展，以上列出的物质材料也不可能生产出来；所谓的传统木楼“解构”，现代平顶房的重构，我想也不可能。文化的重构也不是凭空产生，特别是经济条件落后的农村，从传统木楼向现代的平顶房的重构，是靠强有力的经济基础作为支撑的。如果没有钱，建筑材料就无法购买，人工服务费也无法支付。

随着社会的发展，当地布依族建筑文化总会在一个不断的变迁、解构、重构的过程中整合、过滤自己的民族建筑文化。或许有一天，就是我们所调查过的布依族寨子，大寨、箐脚，只要当地人的条件成熟，他们也会盖起平顶房，并在房子的里外都贴上漂亮的瓷砖。

第八章　月亮河流域布依族语言文化调查与研究

我们此次对月亮河流域布依族语言文化的调查研究，选择六枝特区陇脚乡补雨村石头寨来作为调查点。该村寨是月亮河流域布依族语言文化很有代表性的一个村寨。它地处六枝特区中南部月亮河畔，距县城约40公里，有月亮河村至县城公路从寨中穿过。住户有50多户，人口超过200人，均为布依族。寨中除2户韦姓、2户卢姓人家外，均为王姓，这体现了布依族一贯“聚族而居”的居住习俗。该寨所属的补雨村，号称“中国布依第一村”，目前正在打造“月亮河夜郎布依文化生态园”，以推动乡村旅游事业的发展，已初见成效。但目前整体经济发展状况还显落后。

第一节　月亮河流域石头寨布依族语言使用状况

一、居民普遍具备双语能力，但本族语的使用仍占绝对优势

据我们调查，石头寨除了个别幼儿和老年妇女不大会说汉语外，大都能运用本族语和汉语两种语言进行交流。但是，这两种语言使用的频率和场合大不一样。居民内部交际普遍使用本族语，我们未见其使用汉语；只在对外交际，比如赶集或接待来访客人时，才使用汉语。因此，可以说布依语的使用在本寨占绝对优势，是本寨的主要语言，汉语只是一种辅助语言。

下表是我们调查的一个典型布依族家庭使用语言的现状。

家庭成员	年龄	文化程度	职业	语言能力	语言态度	使用语言的场合	备注
爷爷	62岁	小学	务农	具备双语能力，本民族语水平高于汉语水平	更愿意说本民族语	日常交际多用本民族语	母语是本民族语，入学后才开始习得汉语

续表

家庭成员	年龄	文化程度	职业	语言能力	语言态度	使用语言的场合	备注
奶奶	61岁	初中	务农	具备双语能力，本民族语水平略高于汉语水平	更愿意说本民族语	日常交际多用本民族语	母语是本民族语，入学后开始习得汉语。曾做过多年小学民办教师
父亲	42岁	初中	厨师	具备双语能力，但本民族语好于汉语	更愿意说本民族语	在家使用本民族语，外出打工使用汉语	母语是本民族语。常年在外打工
母亲	40岁	初中	打工	具备双语能力，但本民族语好于汉语	更愿意说本民族语	在家使用本民族语，外出打工使用汉语	母语是本民族语。常年随丈夫在外打工
长女	16岁	高二	学生	具备双语能力，本民族语和汉语都说得好	“谈不上更喜欢哪种语言”	在家说本民族语，在校说汉语	母语是本民族语，后来“自然而然”地就学会汉语
长子	13岁	初二	学生	具备双语能力，自己觉得本民族语说得更好	更喜欢说本民族语	在家都说本民族语，在校汉语说得多一些	母语是本民族语，但在入学前也会说一点汉语
次子	11岁	小五	学生	具备双语能力，自己觉得本民族语说得更好些	更喜欢说本民族语，但也喜欢说汉语	在家都说本民族语，在校汉语说得多一些	母语是本民族语，但在入学前也会说一点汉语

由此可知，石头寨居民最先习得的语言都是本民族语，居民的本民族语水平都高于汉语水平，在语言态度上也都更喜欢说本民族语。据曾多年从事小学教学工作的杨盛玲老人介绍，小学一年级、二年级阶段，教师必须用布依语、汉语两种语言进行教学，否则教学无法进行。

图 8-1-1 语言调查现场

这种在和汉语的竞争中仍占绝对优势的民族语言，它所保留下来的本民族语传统语音特征相对也多。主要表现如下：

1. 石头寨有 ʔ、ʔb、ʔd；pj、mj、vj、ʦj、tj；pw、sw、ʦw、tw、kw 等声母。

喉塞音声母、带先喉塞浊声母以及腭化、唇化声母是早期布依语声母系统的重要成员。这样的声母石头寨都保留下来了。如：

汉义	读音	汉义	读音	汉义	读音
午饭	ʔe^{11}	母	mje^{24}	肚脐	pwaŋ^{35}ʔdɤ^{33}
耳	ʔba^{33}ji^{11}	交叉	toŋ^{11}vjat^{35}	洗（脸）	swe^{55}
房间	ʔda^{33}jo^{24}	边，旁	ʦwat^{35}ʦjai^{24}	装	ʦwe^{33}
错	pjau^{33}	绳子	tjau^{11}ʦa^{53}	蓝靛	twə^{53}
系，扎	kwat^{35}				

2. 石头寨送气清塞音声母所属的字很少，又多为汉语借词，而且音位地位不稳定。

石头寨有 p'、t'、k'3 个送气清塞音声母。① 它们管辖的字很少。如（“/”表示又读）：

汉义	读音	汉义	读音
踢	tən^{33}t'i^{11}	橡皮	ɕaŋ^{35}p'i^{31}
靠	ko^{33}/k'o^{33}	削	t'et^{35}/tet^{35}

① 另外还有 ʦ'、ʨ' 两个送气清塞擦音声母。

有学者认为，原始侗台语没有送气清塞音声母。① 从以上语言材料看，这几个例字要么是汉语借词，要么送气、不送气两读；这些都说明送气清塞音声母进入本民族语系统一定是很晚近的事情。

3. 石头寨布依语完整地保留了6个辅音韵尾：-m，-n，-ŋ，-p，-t，-k。如：

汉义	读音	汉义	读音	汉义	读音
围	$həm^{53}$	种子	$hau^{33}van^{33}$	缸	$ʔda^{33}jaŋ^{33}$
十斤	$tɕ'ep^{31}kan^{33}$	鸭子	$tu^{11}pit^{35}$	灌肠	$tek^{24}poaŋ^{55}$

二、石头寨语言使用现状决定于当地的居住环境

石头寨居民普遍具有双语能力，这同当地“大杂居，小聚居”的居住环境是分不开的。一方面，石头寨居民“聚族而居”，整个寨子几乎就聚居着一个家族（除个别外姓），彼此皆为亲属，内部联系密切，相处十分融洽，这使得他们在一定程度上能够保持自己的相对独立，留存自己的语言和其他文化事象。另一方面，为了同汉族居民打交道，他们不可避免地要学习、使用汉语。石头寨附近有多个汉族村寨，长期的相处使得他们结成了和睦的邻里关系，不仅在生产劳动、商品交换中彼此有联系，连婚丧嫁娶等重大活动都是相互参与的，因而汉语必然会成为石头寨居民重要的交际工具。

石头寨布依语在同汉语的接触中，能完整地保存下来，并且在日常使用中还占优势地位，除了上述社会环境外，同当地的自然环境和经济条件也是分不开的。石头寨地处偏僻的山区，远离城镇（距县城约40千米），经济发展速度缓慢，人口流动还不频繁，这些都决定了本寨居民同外界的联系总是限制在一定范围内、一定程度上。这些因素客观上起到了对民族语言的保护作用。

三、儿童习得汉语的时间提前

虽然目前布依语的使用在石头寨仍然占绝对优势，居民的第一语言仍然普遍是本民族语，但儿童习得汉语的时间已大大提前。这主要取决于两方面的因素：

1. 近些年各种传媒迅速普及。随着电视机、录音机、VCD越来越多地进入布依族家庭，人们用不着走出家门，就可以接触到汉语，也必须接触汉语。学会汉语，已成为儿童习得语言的必修课。事实上现代儿童学会使用汉语的时间已大大提前了。据调查，本寨中、老年人居民一般在七八岁时，也就是在进入学校接受学校教育后（少数从未接受过学校教育的老年人，七八岁以后，随着活动范围的扩大、与外界交往的增多，也会逐步习得汉语），才开始学习汉语。而现代儿童大多在学龄前就会说汉语了。我们尝试着用汉语同三四岁的儿童进行交流，发现他们是能听懂汉语的，只是汉语水平要低于本民族语水平。

2. 年轻一代父母为了让子女能很快地适应学校教育，大多有意识地提前让孩子学习汉语，平时，同孩子说话尽量使用汉语。所以，实际上现代很多儿童习得本民族

---

① 梁敏，张均如：《侗台语族送气清塞声母的产生和发展》，载《民族语文》1993年第5期。

语和汉语的时间，是相差无几的。

儿童习得、使用语言的现况，预示着石头寨未来语言使用的方向。我们认为，石头寨布依语、汉语两种语言并存还将长期存在下去，但在各种因素的制约下，尤其是随着经济社会的发展，汉语的使用将越来越频繁，影响将越来越大。

四、青年人同老年人发音上的差异

我们在调查中，发现青年人同老年人在发音上存在某些差异。这表现在：

1. 同一个汉语借词，青年人发音的准确度明显高于老年人，即更接近汉语读音。

如，“民族”的“族”，老年人读 tɕ'u^{31}，青年人读 tsu^{31}；“靠”，老年人读 kau^{24}，青年人读 k'au^{24}；“支撑”的“撑”，老年人读 tsən^{33}，青年人读 ts'ən^{55}。

2. 某些音类在青年中有合并的迹象，而老年人仍然保持分立。

以声调为例：

石头寨布依语有 3 个平调：11，33 和 55。青年人把老年人的部分 33 调读作 55 调。如：

例词	青年人读音	老年人读音
称（叫、喊）	jau^{55}	jau^{33}
缸	ʔda^{33}jaŋ^{55}	ʔda^{33}jaŋ^{33}
茅草	kue^{33}ȵa^{55}	kue^{33}ȵa^{33}
倦、累	ne^{55}	ne^{33}
牛肩峰	tu^{11}lɤ^{55}	tu^{11}lɤ^{33}
耽误	lo^{55}	lo^{33}
梦话	nəŋ^{11}loɤ^{55}	nəŋ^{11}loɤ^{33}
崩塌	laŋ^{55}	lam^{33}

在其他声调上，我们未发现青年人和老年人存在差异。这种差异预示着石头寨的 33 调有可能并入到 55 调。

再以辅音韵尾为例：

在青年人口音中，韵尾-m 并入到-ŋ，韵尾-p 则分流到-k、-t 之中。如：

例词	青年人读音	老年人读音
盖（房子）	haŋ^{33}	ham^{33}
戴	tsaŋ^{33}	tsam^{33}
舂米	taŋ^{33}hau^{53}	tam^{33}hau^{53}
泥土	naŋ^{24}	nam^{24}
崩塌	laŋ^{55}	lam^{33}
忘	ləŋ^{31}	ləm^{31}
凉	hak^{35}	hap^{35}
切（菜）	tsɤk^{24}	tsɤp^{24}
蚊帐	kɔŋ^{33}jet^{35}	kɔŋ^{33}jep^{35}

指甲	jet^{31}hoŋ^{11}	jep^{31}hoŋ^{11}

3. 语流音变也有差异。

比如“箭”，老年人读 ʔdoŋ^{33}nɤ^{35}，青年人读 ʔdoŋ^{33}ŋɤ^{35}。显然，后一音节的声母 n，在老年人中没有发生音变，而在青年人中由于受前一音节韵尾-ŋ 的影响，同化为-ŋ。

第二节　月亮河流域石头寨布依语语音系统

一、声母（36）

p	ts	t	tɕ	k	ʔ	pj	pw	tsj	tsw	tj	tw	kw
p'	ts'	t'	tɕ'	k'								
ʔb		ʔd										
m		n	ȵ	ŋ		mj						
w												
f	s		ɕ		h		sw					
v		l	j			vj						
ø												

说明：

1. 零声母音节只见于 a^{33}。音节 a^{33} 只出现在量词或名词之后，在这种语言环境下它才表示“一”，单说时并不表示“一”。而且它还必须和前面的音节连读，中间不能停顿。如一间（房）vaŋ^{55}a^{33}，一把（刀）va^{53}a^{33}，一次（鸡啼）pok^{35}a^{33}，一根 san^{35}a^{33}。

2. 声母 n、l 与韵母 oɤ 组合时，口腔里的阻塞显得非常轻、短。

3. 声母 j 在一般条件下摩擦并不明显，但逢 55 调时，明显是一个强摩擦音。

4. 声母 t 和 t'，k 和 k' 在某些词里是自由变体。如，削 tet^{35} = t'et^{35}，靠 ko^{33} = k'o^{33}。

5. 腭化声母 pj、tsj、tj、mj、vj 和唇化声母 pw、tsw、tw、kw、sw 中的腭化音 j、唇化音 w 也可记成元音 i 和 u，并不影响意义的区分。

二、韵母（68）

a		o			e	ə		ɤ	i	u	ɯ	ʅ
ai	uai			ɛi	ei		ue		ie	ui		
au	iau	oɤ				əu						
am				ɛm	em	əm		ɤm	im			
an	uan	on	oan	ɛn	en	ən	uən	ɤn	in			

aŋ	uaŋ	oŋ	oaŋ	ɔŋ	ɛŋ		əŋ	ɤŋ	iŋ	uŋ
ap					ɛp	ep		ɤp	ip	up
at	uat	ot			ɛt	et	ət	ɤt	it	ut
ak		ok				ek		ɤk	ik	uk
ɣ										

说明：

1. 长短元音不能区分意义，所以不记音长。

2. 元音 a 单独做韵母时，一般读央元音 A；在 i、m、n、p、t 之前，一般读前元音 a；在 u、ŋ、k 之前，是后元音 ɑ；当前接声母 ʔb、ʔd 及在韵母 oan 中一律为后元音 ɑ。oan、oaŋ 两个韵母的主要元音是 o，a 的音值模糊而短促。

3. 韵母 oɤ 的主要元音是 o，ɤ 的音值不很清晰。

4. 韵母 e、ei 中的 e，比标准元音 e 开口度稍大，与 E 相当。

三、声调（10）

调类	1	2	2’	3	4	5	6
调值	33	11	31	35	53	55	24
	$ʔbin^{33}$	na^{11}	$sən^{31}$	na^{35}	na^{53}	sai^{55}	ta^{24}
例字	飞	田	溅	脸	舅	官	河
调类	7	8	8’				
调值	35	24	31				
	jip^{35}	jak^{24}	hap^{31}				
例字	挑	偷盗	咬				

说明：

1. 有 7 个舒声调，3 个促声调，共计 10 个声调。

2. 相比其他地区布依语，第 2 调分化出一个新调类 2’ 调，第 8 调分化出 8’ 调。目前还不清楚其分化的条件。

四、石头寨语音与标准音的比较

习惯上把贵州省黔西南州望谟县的布依话作为布依语的标准音。为了更清楚地认识石头寨布依语的语音特点，现把它同望谟布依话做一比较。比较用的望谟布依话材料来自《布依语调查报告》（中国科学院少数民族语言研究所主编，科学出版社，1959 年）。代表点是望谟者香。

（一）声母比较

望谟者香布依语有 34 个声母。它们是：

p	t	tɕ	k	ʔ	pj	kv	tv
ʔb	ʔd				ʔj	ʔv	lv

m		n	ȵ	ŋ		mj	ŋv	tɕv
f	s		ɕ		h		sv	ȵv
v	z	l	j				zv	ɕv
								jv
								ʔjv

经比较，发现石头寨、望谟者香两地声母系统有以下共同点：

1. 从数量上看，两地声母大致相当。

2. 声母系统都由双唇音、唇齿音、舌尖前音、舌尖中音、舌面前音、舌根音、喉音以及腭化音、唇化音构成。

3. 双唇音和舌尖中音都有清塞音和带先喉塞音。

4. 纯鼻音声母都有 4 个：m，n，ȵ，ŋ。

5. 双唇、舌面前擦音都存在清浊对立。

两地声母系统的差异有：

1. 石头寨有送气声母 p’，ʦ’，t’，ʨ’，k’，而望谟者香没有。

2. 石头寨舌尖前声母有塞擦音 ʦ，而望谟者香没有。石头寨的 ʦ，望谟者香以 ɕv 或 ɕ 与之对应。如犁，石头寨 ʦai^{33}，望谟者香 ɕvai^{13}；等候，石头寨 ʦa^{35}，望谟者香 ɕa^{33}；辣（味），石头寨 ʦet^{24}，望谟者香 ɕaːt^{33}；讨要，石头寨 ʦaŋ^{33}，望谟者香 ɕaːm^{35}。

3. 望谟者香布依语舌尖前擦音声母有清浊之分（s、z），而石头寨只有清音 s，没有浊音 z。望谟者香的 z，石头寨以 j 对应之。如屁，望谟者香 zat^{35}，石头寨 jat^{35}；剪，望谟者香 zat^{33}，石头寨 jat^{24}；知道，望谟者香 zo^{31}，石头寨 jue^{53}。

4. 石头寨有个别零声母，而望谟者香一个也没有。

5. 在腭化、唇化声母的类别上，两地音系也有差异。

（二）韵母比较

望谟者香布依语有 88 个韵母。它们是：

a		o	ɔ	e	ɛ	i		u		ɯ	ɿ
aːi	ai	oi								ɯi	
aːu	au			eu	ɛu	iu				əu	
	aɯ						ie			ɯə	
aːm	am	om	ɔm	em	ɛm	iːm	im	uːm	um	ɯːm	
aːn	an	on	ɔn	en	ɛn	iːn	in	uːn	un	ɯːn	ɯn
aːŋ	aŋ	oŋ	ɔŋ	eŋ	ɛŋ	iːŋ	iŋ	uːŋ	uŋ	ɯːŋ	ɯŋ
aːp	ap	op	ɔp	ep	ɛp	iːp	ip	uːp	up	ɯːp	
aːt	at	ot	ɔt	et	ɛt	iːt	it	uːt	ut	ɯːt	ɯt
	ak		ɔk		ɛk	iːk	ik	uk	ɯːk	ɯk	

通过比较，发现两地韵母系统有两个共同点：

1. 两地都有 6 个辅音韵尾：m，n，ŋ，p，t，k。

2. 两地元音系统都有 i，e，ɛ，a，ɔ，o，u，ɯ，ɿ 这 9 个元音。

两地韵母系统的差异有：

1. 望谟者香有长短元音之分，而石头寨没有。这是两地韵母系统最大的差异。因此，两地韵母的数量相差悬殊。

2. 石头寨韵母系统有 ə，ɤ 两个元音，而望谟者香没有。

3. 石头寨有特殊韵母 y，望谟者香没有。

（三）声调比较

石头寨、望谟者香两地布依语声调上的差异较大。这表现在：

1. 调类数量不同

望谟者香布依语共有 8 个声调，含 6 个舒声调，2 个促声调。各个调类的调值如下：

调类	1	2	3	4	5	6	7	8
调值	13	11	33	31	35	53	35	33

而石头寨共有 10 个声调，含 7 个舒声调，3 个促声调。

2. 调值差异较大

除第 2 调、第 7 调调值相同外，其他调类的调值都不相同。

3. 声调分化的层次不一样

在原始闽南语 4 个声调的基础上，望谟者香布依语只经历过清浊分调；而石头寨布依语在经历过清浊分调之后，又有过分调，虽然我们目前还不知道第二次分调的条件是什么。

第三节　月亮河流域石头寨布依语语法

我们此次对石头寨布依语语法的调查，主要考察了它的几种短语类型、几个特殊的句法现象以及部分词类。因此，下文所有的句子或语词我们都按这几个方面来分列。研究中我们注重把石头寨布依语同望谟者香布依语、[①] 汉语进行比较。每一个句子我们都列出了汉语、石头寨、望谟者香三种说法。无论是布依语同汉语，还是布依语内部说法上出现差异的，我们对其出现差异的原因做了探讨；研究中我们也总是把探索石头寨布依语共时和历时语序特征、语言接触对语法的影响放在重要的位置。

在制订调查大纲时，我们参照喻世长《布依语语法研究》（科学出版社，1956 年。下文简称“研究”），选取部分有代表性的句子来作调查材料。本文对石头寨布

① 这里所说的望谟布依语以望谟县城语音为依据。

依语短语、句子、词类的分析法，大体也采用《研究》的说法。

一、主从语

石头寨布依语由中心语和修饰语组成的主从语有两种类型：第一类以名词、量词、被饰代词为中心语，修饰语是形容词、指示词、人称代词、数词、名词、动词、方位词；第二类以动词、形容词为中心语，修饰语是副词或助动词。

（一）做主语或宾语的第一类主从语（“/”前为石头寨说法，“/”后为望谟者香说法,① 余同）

1. 我的房是瓦房：ʔda^{33} jɛn^{31} kəu^{33} tai^{33} jɛn^{31} ŋua^{53} / zaːn^{11} ku^{24} tɯk^{11} zaːn^{11} ŋua^{31}

2. 这水是甜水：jam^{53} nei^{53} tai^{33} jam^{53} ŋa^{24} / zam^{31} ni^{31} tɯk^{11} zam^{31} vaːn^{24}

3. 酸菜生，不能吃：pak^{35} sam^{35} ʔdip^{35}，kən^{33} me^{11} ʔdai^{53} / piak^{35} doŋ^{24} dip^{35} mi^{11} pan^{11} kɯn^{24}

4. 你这只是大的：tu^{11} məŋ^{11} nei^{53} tai^{33} tu^{11} lo^{53} / tu^{11} mɯŋ^{11} ni^{31} tu^{11} laːu^{31}

5. 这个是我的：ki^{33} nei^{53} tai^{33} ki^{33} kəu^{33} / kaːi^{35} ni^{31} tɯk^{11} kaːi^{35} ku^{24}

6. 红的是吃的：ki^{33} ʔdiŋ^{55} tai^{33} ki^{33} kən^{33} / kaːi^{35} diŋ^{24} tɯk^{11} kaːi^{35} kɯn^{24}

7. 我住下村，你住上村：kəu^{33} ju^{33} ʔbɛn^{53} la^{35}，məŋ^{11} ju^{33} ʔbɛn^{53} kən^{11} / ku^{24} ʔiu^{35} baːn^{31} la^{53} mɯŋ^{11} ʔiu^{35} baːn^{31} kɯn^{11}

8. 中指长，食指短：lɤk^{24} pwaŋ^{24} kaŋ^{33} jai^{31}，lɤk^{24} huŋ^{31} tən^{33} / ȵaŋ^{33} tɕaːŋ^{24} zai^{11} ȵaŋ^{33} vi^{31} tin^{53}

9. 关外门，开内门：ʔɤp^{35} təu^{33} jue^{53}，he^{33} təu^{33} ʔda^{33} / xap^{35} tu^{24} zo^{33} xaːi^{24} tu^{24} daɯ^{24}

10. 盖了上房就盖下房：ham^{33} ʔda^{33} jɛn^{31} kən^{11} liau^{53} tɕi^{33} ham^{33} ʔda^{33} jɛn^{31} la^{35} / foŋ^{11} leu^{31} zaːn^{11} kɯn^{11} ɕi^{33} foŋ^{11} zaːn^{11} la^{53}

11. 上面那个青，下面这个红：ki^{33} kən^{11} tje^{33} van^{53}，ki^{33} ti^{35} nei^{53} ʔdiŋ^{55} / dan^{24} kɯn^{11} te^{24} jiu^{11} dan^{24} la^{53} ni^{31} diŋ^{24}

12. 里面的是我的，外面的是你的：tu^{11} ʔda^{33} te^{33} ki^{33} kəu^{33}，tu^{11} jue^{53} te^{33} ki^{33} məŋ^{11} / tu^{11} daɯ^{24} tu^{11} ku^{24} tu^{11} zo^{33} tu^{11} mɯŋ^{11}

由材料 1—12 可知，布依语第一类主从语做主语或宾语时，中心语在前、修饰语在后。这种语序在石头寨、望谟者香两地没有差异。值得注意的是材料 10 助词“了”的位置。石头寨“了”（liau^{53}）的位置是：动词+宾语+“了”，望谟者香“了”（leu^{31}）的位置是：动词+“了”+宾语。在这一点上，我们认为石头寨保留了本民族固有用法，而望谟者香吸收了汉语用法。

① 本文中望谟布依语材料主要来自喻世长的文章（个别材料为笔者调查所得，也有个别句子在喻世长文的基础上略有改动）。

（二）修饰主语或宾语的第一类主从语

13. 这棵树的果子好吃：ko^{33} ve^{53} nei^{53} te^{33} lɤk^{24} ma^{55} ʔdɛi^{33} kən^{33}（常用①）或 lɤk^{24} ma^{55} ko^{33} ve^{53} nei^{53} ʔdɛi^{33} kən^{33}（不常用） / ma^{35} ko^{24} fai^{31} ni^{31} di^{24} kɯn^{24}

14. 女孩晒小孩的尿布：lɤk^{24} ʔbɤk^{35} ta^{55} pok^{24} niu^{24} ʦwai^{33} ȵe^{33} / lɯk^{11} bɯk^{35} ta^{35} buk^{35} ʔe^{31} ɕa^{11} laːn^{24}

15. 他偷了我家的鸡：tje^{33} jak^{24} tu^{11} kai^{55} jɛn^{31} kəu^{33} liau^{53} / te^{24} zak^{11} tu^{11} kai^{35} zaːn^{31} ku^{24} leu^{31}

材料 13 显示，由于受汉语语序的影响，石头寨布依语固有语序出现异变，即第一类主从语充当修饰语，不是出现在中心语之后，而是放在中心语之前。但这种语序上的变异又是不彻底的，其不彻底性表现在两个方面：一是新说（如材料 13 的常用说法）与旧说（如材料 14、15 及材料 13 的不常用说法）并存；二是当一个大的第一类主从语内又套有一个小的第一类主从语时，语序出现变异的是大主从语，而小主从语语序不会发生变化。这种语序变异的不彻底性，说明两种语言接触所引发的语法渗透是以渐变的方式进行的。另外，值得注意的是，材料 13 中大的第一类主从语在借用汉语语序时，同时也借用了汉语结构助词“的”（te^{33}）。但据我们观察其他材料，此类语序的借用并不总是伴随着结构助词“的”的借用。如石头寨：hoŋ^{11} swe^{53} ti^{35} ʔei^{33} ȵap^{24} fəŋ^{33} ɕiŋ^{33} a^{33}（左腋夹一封信），“hoŋ^{11} swe^{53}”（左手）和“ti^{35} ʔei^{33}”（腋窝）之间就没有借用“的”来连接。

（三）做谓语的第二类主从语

16. 五天后这个桃就红了：ha^{55} wan^{11} ma^{33} laŋ^{33} ma^{35} to^{31} nei^{53} ʨi^{33} ʔdiŋ^{55} liau^{53} / xa^{53} ŋon^{11} laŋ^{24} dan^{24} tau^{11} ni^{31} ɕi^{33} diŋ^{24} leu^{31}

17. 第二个最小：pɤ^{53} ta^{11} ŋe^{24} ʦwe^{24} ȵe^{33} / dan^{24} ta^{31} ȵi^{33} ne^{35} kɯ^{33}

18. 我不肯叫他去：kəu^{33} me^{11} ʦəu^{53} ha^{35} tje^{33} pai^{33} / ku^{24} mi^{11} ɕu^{31} xaɯ^{53} te^{24} pai^{24}

19. 那个人不舒服（好在）：pɤ^{53} tu^{11} vən^{11} tje^{33} me^{11} ʔdɛi^{33} ju^{33} / pu^{31} xun^{11} te^{24} mi^{11} di^{24} ʔiu^{35}

20. 你不要请巫师：məŋ^{11} me^{11} ʔau^{33} ja^{33} pu^{11} te^{33} / mɯŋ^{11} maɯ^{53}② ɕiŋ^{53} pu^{31} ɕaːŋ^{33} mo^{24}

由材料 16、18、19、20 可知，时间副词“就”、否定副词“不”修饰动词或形容词时，石头寨、望谟者香都是副词在前，动词或形容词在后，与汉语一致。在材料 17 中，程度副词“最”修饰形容词“小”，两地布依语位置出现差异，石头寨程度副词在前，形容词在后；而望谟者香形容词在前，程度副词在后。石头寨显然是受了

① “常用”表示该说法经常使用，下文的“不常用”表示该说法不常使用。余同。

② maɯ^{53}（不要），显然是由 mi^{11}（不）和 ʔau^{24}（要）两个词合成的。

汉语的影响。它同时还借用了汉语副词“最”（tswe^{24}）。两地布依语语序上的变异说明，早期布依语程度副词修饰形容词，一定是形容词在前，程度副词在后。

二、补足语

石头寨布依语由被补足成分（动词）和补足成分（补语）组成的补足语，根据补足成分的不同，可分为七类：（一）形容词补足动词；（二）“得”“不得”补足动词；（三）趋向动词“去”“来”补足动词；（四）趋向动词“去”“来”和方位词组合起来补足动词；（五）形容词补足动词和度量衡数目；（六）动词补足另一动词和它的宾语；（七）“成”和它的宾语补足动词。下边逐一进行考察。

（一）形容词补足动词

21. 我和他说好了：kəu^{33} laŋ^{33} tje^{33} nau^{11} ʔdɛi^{33} liau^{53} / ku^{24} di^{31} te^{24} nau^{11} di^{24} leu^{31}

22. 菜晒干了：pak^{35} ta^{55} hɤ^{55} liau^{53} / piak^{35} ta^{35} xɯ^{53} leu^{31}

23. 你直说：məŋ^{11} nau^{11} soɤ^{24} / mɯŋ^{11} nau^{11} so^{33}

材料 21、22、23 中，形容词“好”“干”“直”补足动词，表示动作的结果，均置于动词之后。石头寨、望谟者香两地语序没有差异。但是，在表达材料 23 这样的意思时，汉语语序与布依语语序出现差异：汉语把形容词“直”放到动词“说”前面。汉语的“直说”，其语义关系是：“直”，修饰“说”，做状语，对“说”提出要求；而石头寨的“nau^{11} soɤ^{24}”（说直），其语义关系是：“soɤ^{24}”（直），补充说明“nau^{11}”（说），做补语，表示“nau^{11}”的结果。两种语序、两种语义关系之所以能表达出相同的意思，关键在于：这两种说法，一个是形容词要求动词，一个是形容词补充动词的结果，而对动作行为的要求和对动作行为结果的期望在这里刚好是吻合的。这也反映了汉族、布依族两个民族不同的思维习惯。

（二）“得”“不得”补足动词

24. 盖起房子住不得：ham^{33} ʔda^{33} jɛn^{31} liau^{53} ju^{33} me^{11} ʔdai^{53} / taŋ^{53} leu^{31} zaːn^{11} ʔiu^{35} mi^{11} dai^{31}

25. 树高爬不得：ko^{33} ve^{53} sɛŋ^{33} pin^{33} me^{11} ʔdai^{53} / fai^{31} saːŋ^{24} pin^{24} mi^{11} dai^{31}

26. 柿子涩我吃不得：ma^{35} ʔdai^{33} kwat^{35} kəu^{33} kən^{33} me^{11} ʔdai^{53} / ma^{35} dai^{24} vɯːt^{35} ku^{24} kɯn^{24} mi^{11} dai^{31}

27. 明天去得去不得：wan^{11} tswe^{53} pai^{33} ʔdai^{53} me^{11} ʔdai^{53} / ŋon^{11} ɕo^{33} pai^{24} dai^{31} mi^{11} dai^{31}

“得”“不得”，做补语，补充说明动作行为的结果，置于动词之后。这种语序，无论是汉语还在石头寨、望谟者香都没有差异。但是，如果是像材料 27 一类的选择疑问句，布依语同汉语的说法就有差异了。汉语的“去得去不得”，布依语说“去得不得”，“不得”前省去动词“去”。从这种说法来看，布依语比汉语要简练。

（三）趋向动词“去”“来”补足动词

28. 我带到街上了：kəu^{33} ʔau^{33} pai^{33} kaŋ^{33} ke^{33} liau^{53} / ku^{24} tɯ^{11} pai^{24} ʨaːŋ^{24} ʨe^{31} leu^{31}

29. 吃来吃去，本钱少了：kən^{33} pai^{33} kən^{33} ma^{33} pən^{33} ʨ'ɛn^{31} ɕu^{35} liau^{53} / kɯn^{24} pai^{24} kɯn^{24} ma^{24} kok^{35} ɕen^{11} siu^{53} pai^{35}

30. 有一人背鸭蛋来：ju^{55} pɤ^{53} a^{33} ʔam^{33} kai^{55} pit^{35} ma^{33} / li^{31} pu^{31} xun^{11} deu^{24} ʔɯ^{24} ʨai^{35} pit^{35} ma^{24}

31. 拿一张字来我看：ʔau^{33} ʔba^{33} se^{33} a^{33} ma^{33} kəu^{33} je^{31} / tɯ^{11} baɯ^{24} sɯ^{24} ma^{24} ku^{24} nen^{33}

32. 这孩子从天上取名字来了：lɤk^{24} ȵe^{33} nei^{53} tai^{33} kən^{11} ʔbən^{33} ʔoɤ^{33} ʦwe^{24} ma^{33} liau^{53} / ɕuəi^{31} ni^{31} ʔo^{35} ɕo^{33} tai^{35} kɯn^{11} bɯn^{24} ma^{24} leu^{31}

趋向动词“去”“来”补足动词时，置于动词之后；如果动词还带有宾语，趋向动词则置于宾语之后。这是石头寨、望谟者香共有的一种语序。材料 32 中，动词及其宾语还被一个介宾短语（“从天上”）修饰，对于这种语义关系，石头寨的语序安排是：介宾短语+动词+宾语+趋向动词；望谟者香的语序安排是：动词+宾语+介宾短语+趋向动词。望谟者香的这种语序，应该是布依语的固有语序；石头寨把介宾短语放在动词之前，应该是受汉语影响的结果。

（四）趋向动词“去”“来”和方位词组合起来补足动词

33. 升上来：hən^{35} ma^{33} kən^{11} / xɯn^{53} ma^{24} kɯn^{11}

34. 升上去：hən^{35} pai^{33} kən^{11} / xɯn^{53} pai^{24} kɯn^{11}

35. 降下来：joŋ^{11} ma^{33} la^{35} / zoŋ^{11} ma^{24} la^{53}

36. 降下去：joŋ^{11} pai^{33} la^{35} / zoŋ^{11} pai^{24} la^{53}

37. 抬进来：jam^{55} ma^{33} ʔda^{33} / zuaːm^{24} ma^{24} daɯ^{24}

38. 走进去：pe^{55} pai^{33} ʔda^{33} / piaːi^{53} pai^{24} daɯ^{24}

39. 想出来：ne^{11} ma^{33} jue^{53} / diːp^{35} ma^{24} zo^{33}

40. 说出去：nau^{11} pai^{33} jue^{53} / nau^{11} pai^{24} zo^{33}

41. 燕子飞上去了：jok^{24} jɛn^{33} ʔbin^{33} pai^{33} kən^{11} liau^{53} / zok^{11} ʔen^{35} bin^{24} pai^{24} kɯn^{11} leu^{31}

42. 卷衣服上来过河：pin^{35} kɔŋ^{33} pu^{24} ma^{33} kən^{11} kwa^{33} ta^{24} / fen^{31} pɯə^{33} ma^{24} kɯn^{11} kua^{35} ta^{33}

43. 请你进来：ʨ'iŋ^{53} məŋ^{11} ma^{33} ʔda^{33} / ɕiŋ^{53} mɯŋ^{11} ma^{24} daɯ^{24}

44. 我们进去就见：jau^{11} pai^{33} ʔda^{33} ʨi^{33} jɛn^{33} / zau^{11} pai^{24} daɯ^{24} ɕi^{33} zan^{24}

趋向动词“去”“来”和方位词组合起来共同补足动词时，石头寨和望谟者香都把它们放到动词后边；如果动词带有宾语，趋向动词和方位词则置于宾语之后。这种语序与汉语相同。和汉语不同的是，两地布依语都把方位词放在趋向动词之后。比如汉语的“上来”“上去”，布依语说的是“来上”“去上”。语序不同，相应的语义关系也就不同：汉语“上来”“上去”中的“上”，表示动作行为的方向（这里把“上”看作方位名词，修饰动词。动词“上”，实际上是由名词“上”派生出来的）；而布依语“来上”“去上”的“上”，则表示动作行为的目的。一个先交代方向，再交代即将发生什么样的动作行为；一个则先交代即将发生的动作行为，再交代动作行为的目的。在这里，动作行为的方向和目的恰好是吻合的，所以“上来”与“来上”“上去”与“去上”语序不同，但表达的意思却是相同的。

石头寨（包括望谟者香）有一种“趋向动词+方位名词”的结构，与汉语“方位名词+趋向动词”的结构对应不起来，即当趋向动词后接“ʔda^{33}”（内）、“jue^{53}”（外）这样的方位词时。比如石头寨的“ma^{33} ʔda^{33}”（来内）、“pai^{33} jue^{53}”（去外），汉语说的是“进来”“出去”。汉语虽然没有使用方位名词，但“进”“出”这样的趋向动词本身就含有“向里”“向外”的意思。所以，“进来”与“来内”“出去”与“去外”还是能够对应的。

（五）形容词补足动词和度量衡数目

45. 这只猪有五十斤重：tu^{11} mɤ^{33} nei^{53} ju^{55} ha^{55} ʨ'ep^{31} kan^{33} nak^{35} / tu^{11} mu^{24} ni^{31} li^{31} xa^{53} tiau^{33} nak^{35}

46. 那个人有六尺高：pɤ^{53} tu^{11} vən^{11} tje^{33} ju^{55} jok^{35} ʦ'ɿ^{31} sɛŋ^{33} / pu^{31} xun^{11} te^{24} li^{31} zok^{35} çik^{35} saːŋ^{24}

47. 这条绳有一丈二尺长：tjau^{11} ʦa^{53} nei^{53} ju^{55} ʦaŋ^{24} ŋe^{24} jai^{31} / teu^{11} çaːk^{33} ni^{31} li^{31} çaŋ^{33} ȵi^{33} zai^{11}

石头寨布依语形容词补足动词和度量衡数目时，放在动词、度量衡数目之后。其语序是：动词+数词+量词+形容词。这一语序与望谟者香布依语和汉语都没有区别。但是，在表述像“一丈二尺”这样的“一+量词1+数词+量词2”形式的复合数量时，布依语和汉语有区别。布依语可以把“一丈二尺”说成“丈二”，如石头寨的“ʦaŋ^{24} ŋe^{24}”，望谟者香的“çaŋ^{33} ȵi^{33}”；即把“一+量词1+数词+量词2”简化为“量词1+数词”，省去“一”和“量词2”。这种简化并不会影响对意思的理解。因为石头寨布依语里数词同量词搭配时，唯独只有数词“一”可省（有时量词后接音节“a^{33}”，用以表示“一”），“二”以上的数词都不能省，所以“一+量词1”省去“一”不会造成混乱；“量词2”是比“量词1”低一级的单位词，前者可以从后者推知，因此“量词2”的略去也不会造成混乱。这种简化模式还适用于“一+量数词1①+数词+量数词2”这样的复合数量，它可以简化为“量数词1+数词”。如“一千二百”，布依语可以说成“千二”，如石头寨的“haŋ^{55} ŋe^{24}”，望谟者香的“çiːn^{24} ȵi^{33}”。布依语的这种简化模式，在现代汉语里已经绝迹。现代汉语里，“一丈二尺”不能说“丈二”，只能说“一丈二”；“一千二百”也不能说“千二”，只能说“一千

① 这里的“量数词”指的是“万”“千”“百”等数词，这些词既是数词，句法功能又近乎量词，所以我们暂且称之为“量数词”。

二”；即“一+量词 1+数词+量词 2”或“一+量数词 1+数词+量数词 2”这种格式，只能简化为“一+量词 1+数词”或“一+量数词 1+数词”。布依语的上述简化模式，汉语里只是偶见于熟语或古代文献，如“丈二和尚摸不着头脑”“百二秦关终属楚”。

（六）动词补足另一动词和它的宾语

48. 这里有虫子吃：tjan^{24} nei^{53} ju^{55} tu^{11} mat^{35} kən^{33} / tɕie^{11} ni^{31} li^{31} tu^{11} non^{24} kɯn^{24}

49. 过去农民租田种：hei^{33} ʔdəu^{53} pɤ^{53} woɤ^{33} ʔau^{33} hei^{24} na^{31}ma^{33} ku^{24} / kon^{35} ŋon^{11} pu^{31} kuɯə^{33} meu^{11} sie^{5} na^{11} zai^{35}

50. 城里才有水吃：kaŋ^{33} ke^{33} tso^{31} ju^{55} jam^{53} kən^{33} / daɯ^{24} ɕu^{31} luŋ^{53} li^{31} zam^{31} kɯn^{24}

当某一动词补足另一动词和它的宾语时，该动词放在另一动词和它的宾语之后。这种语序布依语同汉语没有差异，在石头寨和望谟者香也没有差异。

（七）“成”和它的宾语补足动词

51. 棉花纺成线：ve^{33} ta^{31} pan^{11} tjau^{11} mai^{33} / vaːi^{35} ta^{11} pan^{11} mai^{24}

52. 线织成布：tjau^{11} mai^{33} tam^{35} pan^{11} paŋ^{11} / mai^{24} tam^{53} pan^{11} paŋ^{11}

53. 柴烧成灰：wən^{31} pau^{33} pan^{11} tau^{24} / fɯn^{11} piaːu^{24} pan^{11} tau^{33}

动词“成”和它的宾语补足另一动词时，“成”和它的宾语放在该动词之后。石头寨、望谟者香布依语同汉语在语序上没有差异。

三、动名词

同汉语一样，石头寨布依语也有由动词和名词组成的动名词；它在句中一样可以做主语或宾语，也可以做定语，修饰主语或宾语。

（一）动名词做主语或宾语

54. 讲布依话容易学：nau^{11} wəŋ^{11} pu^{11} ji^{53} ʔdɛi^{33} soɤ^{11} / kaːŋ^{53} xaːu^{35} ʔiai^{31} di^{24} son^{24}

55. 坐船不累：jaŋ^{24} ju^{11} me^{11} ne^{33} / naŋ^{33} zuɯə^{11} mi^{11} naːi^{35}

56. 养鸭养鸡都赚钱：kɯ^{33} pit^{35} kɯ^{33} kai^{55} tuŋ^{55} ja^{33} tɕ'ɛn^{31} / ɕiːŋ^{31} pit^{35} ɕiːŋ^{31} kai^{35} tu^{53} tsuan^{24} ɕen^{11}

57. 买二斤盐花了五千四百钱：tsɤ^{53} soŋ^{33} kan^{33} ku^{33} pai^{33} ha^{55} haŋ^{55} sei^{55} pa^{55} ʔdan^{33} tɕ'ɛn^{31} / ɕɯ^{31} soŋ^{24} kan^{24} kuɯə^{24} pai^{24} xa^{53} ɕiːn^{24} si^{35} pa^{35} ɕen^{11}

58. 个个都怕上楼：pɤ^{53} pɤ^{53} tuŋ^{55} ke^{24} pin^{33} kən^{11} pam^{33} / pu^{31} pu^{31} tu^{53} laːu^{24} xɯn^{53} pai^{24} kɯn^{11} lu^{11}

59. 自己不想嫁到外边：kən^{31} kən^{31} me^{11} ŋe^{24} ha^{33} pai^{33} jue^{53} / daːŋ^{24} kau^{35} mi^{11} nɯ^{11} xa^{35} ma^{24} paːi^{33} zo^{33}

由材料 54-59 可知，石头寨（包括望谟者香）动名词做主语或宾语的句子还是比较常见的。其动名词可以是“动词+名词”，如材料 55、58、59；也可以是“动词1+名词 1+动词 2+名词 2”，如材料 56；还可以是“动词+定语+名词”或“动词+名词+定语”，前者如材料 57，后者如材料 54。

（二）动名词做定语，修饰主语或宾语

60. 偷猪偷狗的人会做官：jak^{24} mɤ^{33} jak^{24} ma^{33} ti^{33} tu^{11} vən^{11} jue^{53} ku^{24} sai^{55}（常用）或 pɤ^{53} jak^{24} mɤ^{33} jak^{24} ma^{33} jue^{53} ku^{24} sai^{55}（不常用）/ pu^{31} zak^{11} mu^{24} zak^{11} ma^{24} zo^{31} dai^{31} kuɯə^{33} sai^{35}

61. 我要你做上门女婿：kəu^{33} mi^{35} ʔau^{33} məŋ^{11} ma^{33} ku^{24} kwi^{11} hən^{35} jɛn^{31} / ku^{24} ʔau^{24} mɯŋ^{11} kuɯə^{33} kuəi^{11} xɯn^{53} zaːn^{11}

62. 这是夹菜的筷子：ki^{33} nei^{53} tai^{33} ȵap^{24} pak^{35} ti^{33} ka^{33} te^{24}（常用）或 ki^{33} nei^{53} tai^{33} ka^{33} te^{24} ȵap^{24} pak^{35}（不常用）/ kaːi^{35} ni^{31} tɯk^{11} tɯ^{33} ȵap^{11} piak^{35}

现代汉语里动名词做定语修饰主语或宾语，都放在主语或宾语之前。望谟者香布依语与之相反，动名词做定语修饰主语或宾语时，一律放在主语或宾语之后。石头寨布依语既有同汉语相同的语序，比如材料 60、62 的常用用法；也有同望谟相同的语序，比如材料 61 及 60、62 的不常用用法。

相同的语义关系，石头寨之所以会出现两种语序，说明语言接触所引发的语法渗透是以渐变的方式进行的，即一种语言的语法规则不可能在一夜之间就影响到另一语言所有相关的语法单位。

同时，语序的借用也常常伴随着相关词汇的借用。比如材料 60、62 常用用法里的汉语借词“的”（ti^{33}①），应该就是随着汉语语序的借用而被石头寨布依语借过来的。

四、句子②充当主语和谓语

63. 谷类有几十样，我们都不全知道：ki^{33} hau^{53} ka^{33} ju^{55} tɕi^{33} tɕ'ep^{31} jiŋ^{24} jau^{11} tuŋ^{55} jue^{53} me^{11} liau^{53} / vɯn^{35} xau^{31} li^{31} tɕi^{53} ɕip^{11} jiːŋ^{11} zau^{11} tu^{53} zo^{31} mi^{11} leu^{31}

本句中，“ki^{33} hau^{53} ka^{33} ju^{55} tɕi^{33} tɕ'ep^{31} jiŋ^{24}”（谷类有几十样）做主语。如果加上合适的语调，它就是一个完整的句子。这一充当主语的句子，起到叙述话题的作用。“jau^{11} tuŋ^{55} jue^{53} me^{11} liau^{53}”（我们都不全知道）做谓语。如果加上合适的语调，它也可以成为一个基本完整的句子。这一充当谓语的句子，起到对主语话题进行陈述、议论的作用。石头寨的这种句式，在汉语里是很常见的。

本句里“不全知道”这一意思的表述，汉语同布依语在语序上出现差异。汉语把否定副词“不”和形容词“全”都放到动词“知道”前面，做状语；一般不说

---

① 借汉词“的”在石头寨有两个读音：te^{33} 和 ti^{33}。

② 这里所说的“句子”，只是为了称说的方便，并不是严格意义上的能表达完整意思的句子，实际大多是主谓短语。下同。

“知道不全”，只有说“说不全”的。但石头寨说的是“jue^{53} me^{11} liau^{53}”（知不全），“me^{11} liau^{53}”（不全）做补语。望谟者香也有相同的说法。

五、同位语

同汉语一样，石头寨布依语也有同位语，即主语或宾语本来只涉及一个人或事物，只表达一个概念，但为了强调某些内容或表达特定的感情，往往用两个所指大致相同的成分来共同充当主语或宾语。

64. 你这孩子没有出息：lɤk^{24} ȵe^{33} nei^{53} məŋ^{11} me^{11} ju^{55} ts'u^{31} ɕi^{11} / ɕuəi^{31} lɯk^{11} mɯŋ^{11} ni^{31} mi^{11} li^{31} ɕu^{11} ɕi^{11}

65. 我就是你老人家的女儿：kəu^{33} tɕi^{11} tai^{33} lɤk^{24} ʔbɤk^{35} məŋ^{11} pu^{11} lo^{53} / ku^{24} ɕi^{33} tɯk^{11} lɯk^{11} bɯk^{35} mɯŋ^{11} pu^{31} tɕe^{35}

66. 他们三个人都来了：kɔŋ^{33} tje^{33} sam^{33} pɤ^{53} tuŋ^{55} ma^{33} liau^{53} / xo^{53} te^{24} saːm^{24} pu^{31} tu^{53} ma^{24} leu^{31}

材料 65、66 中，无论是石头寨还是望谟者香，同位成分的语序同汉语都没有差别。只是在材料 64 中表述“你这孩子”时，两地布依语同汉语在语序上存在差异。

六、宾语提前句

所谓宾语提前句，就是为了突出、强调宾语，而把宾语提到动词前面。石头寨布依语也不乏这类句型。如：

67. 那件衣服太脏拿去拍洗：kɔŋ^{33} pu^{24} tje^{33} t'ai^{24} ȵen^{33} ʔau^{33} pai^{33} poŋ^{53} sak^{24} / tɕoŋ^{35} pɯə^{33} te^{24} moŋ^{24} laːi^{24} ʔau^{24} pai^{24} poŋ^{31}

68. 石路好走：ka^{33} jɛn^{33} jen^{33} ʔdɛi^{33} pe^{55} / zon^{24} zin^{24} di^{24} piaːi^{53}

69. 饭煮不熟，吃不饱：hau^{53} joŋ^{33} me^{11} tsok^{24} kən^{33} me^{11} jem^{55} / xau^{31} zuŋ^{24} mi^{11} ɕuk^{33} kɯn^{24} mi^{11} ʔim^{35}

70. 果子酸，吃不得：lɤk^{24} ma^{55} sam^{35} kən^{33} me^{11} ʔdai^{53} / lɯk^{11} ma^{35} som^{53} kɯn^{24} mi^{11} dai^{31}

布依语这类句型同汉语一样，只要根据常识不会引起歧义，即让人误以为动作行为是宾语所指的对象发出来的，动词前就不必加“被”，或用“被”引出动作的发出者。

七、整体提前句

所谓整体提前句，就是先交代所要论及的“整体”——某人或某物，即先引出话题，然后再用一个句子来叙说某人某物在某方面的性质和特征。整体提前句和上文所说的句子充当主语和谓语的句型区别在于：前者的主语不是句子，而后者的主语和谓语都是句子。石头寨整体提前句如：

71. 菩萨脸上身上全湿了：tu^{11} mə^{24} pjɛn^{33} na^{35} ʔda^{33} ʔdaŋ^{33} ta^{33} ku^{11} tswe^{24} liau^{53} / tu^{11} miu^{33} na^{53} lup^{35} daːŋ^{24} luai^{53} leu^{31}

72. 你话也不讲：məŋ^{11} wəŋ^{11} tuŋ^{55} me^{11} nau^{11} / mɯŋ^{11} xaːu^{35} jie^{53} mi^{11} kaːŋ^{53}

73. 他饭也不吃：tje^{33} hau^{53} tuŋ^{55} me^{11} kən^{33} / te^{24} xau^{31} jie^{53} mi^{11} kɯn^{24}

从材料 71—73 可知，同汉语一样，石头寨、望谟者香两地布依语都把“菩萨”“你”“他”作为主语，在句中起引出话题的作用，其后边的句子对其进行陈述；而没有把“菩萨”“你”“他”视为定语，以限定“脸上身上”“话”“饭”；因为如果“菩萨”“你”“他”做定语的话，按照布依语“中心语+修饰语”的组合规则，这三个词是要放在“脸上身上”“话”“饭”之后的。

八、时地引起句

所谓时地引起句，就是以表示方位、地点、时间的词语来作为全句的起头。这些起头成分多数做主语，① 也有做状语修饰谓语的。如：

74. 屋后屋前都栽菜：na^{35} jɛn^{31} laŋ^{33} jɛn^{31} tuŋ^{55} ʔdam^{33} pak^{35} / kɯn^{11} zaːn^{11} la^{53} zaːn^{11} tu^{53} dam^{24} piak^{35}

75. 左腋夹琵琶：ti^{35} ʔei^{33} hoŋ^{11} swe^{53} ȵap^{24} p’i^{11} p’a^{11}（常用）或 hoŋ^{11} swe^{53} ti^{35} ʔei^{33} ȵap^{24} p’i^{11} p’a^{11}（不常用）/ ʔi^{35} suəi^{31} kaːp^{11} pi^{11} pa^{11}

76. 身上没有跳蚤：ʔda^{33} ʔdaŋ^{33} me^{11} ju^{55} tu^{11} mat^{35} / daːŋ^{24} mi^{11} li^{31} me^{33} ziːt^{33}

77. 明年初一日上工：pei^{33} moɤ^{33} tswe^{33} ʔit^{35} ku^{24} waŋ^{33} / pi^{24} mo^{35} ŋon^{11} ɕo^{33} ʔit^{35} xɯn^{53} xoŋ^{24}

78. 早上不要在窗口：kaŋ^{33}hat^{35} me^{11} lau^{33} ju^{33} təu^{33} taŋ^{33} / xat^{35} lɯk^{33} ʔiu^{35} tu^{24} boŋ^{53}

79. 一个月之内你会知道：ʔduən^{33} a^{33} tsɿ^{33} nei^{24} məŋ^{11} jue^{53} jue^{53} / daɯ^{24} diːn^{24} deu^{24} mɯŋ^{11} zo^{31} zo^{31}

80. 三天三夜打匪退了：sam^{33} ŋuan^{31} sam^{33} hɛn^{31} tai^{31} nuŋ^{11} kaŋ^{24} tjau^{11} liau^{53} / saːm^{24} xɯn^{11} saːm^{24} ŋon^{11} xaːi^{31} pu^{31} fəi^{53} tuəi^{24} leu^{31}

81. 十年以后这孩子就长大了：tɕ’ep^{31} pei^{33} ma^{33} laŋ^{33} lɤk^{24} ȵe^{33} nei^{53} tɕi^{33} lo^{53} li-au^{53} / ɕip^{11} pi^{24} laŋ^{24} ɕuəi^{31} ni^{31} ɕi^{33} ma^{53} laːu^{31} pai^{35}

我们认为，材料 74—76 里的表示方位、地点的“屋后屋前”“左腋”“身上”可以视为主语，而材料 77—81 里的表示时间的“明年初一日”“早上”“一个月之内”“三天三夜”“十年以后”则应视作状语。

九、介宾短语修饰谓语动词

同汉语一样，石头寨布依语也有大量介宾短语②修饰谓语动词的句式。如：

82. 你把行李裹紧：məŋ^{11} pa^{53} ɕiŋ^{11} li^{53} kwat^{35} ʔdat^{35} / mɯŋ^{11} ʔau^{24} taŋ^{53} jiːŋ^{11} ɕum^{33} dat^{35}

---

① 《研究》认为时地引起句中表示方位、地点、时间的词语，都是谓语的修饰语，不能算主语。我们认为其中多数是可以视为主语的。

② 《研究》把这里所讲的“介词”看作“副动词”。

83. 我被老蛇咬了：kəu^{33} tsau^{24} tu^{11} ŋɤ^{31} hap^{31} liau^{53} / ku^{24} tɯk^{11} tu^{11} ŋɯə^{11} xap^{11} leu^{31}

84. 祖宗从江西来：pau^{33} waŋ^{33} tai^{33} ʨaŋ^{33} ɕi^{33} ma^{33} / pau^{35} ja^{33} tai^{35} ʨaŋ^{33} ɕi^{33} ma^{24}

85. 他在门口望：tje^{33} ju^{33} pa^{35} təu^{33} ʔaŋ^{33} / te^{24} ʔiu^{35} pa^{35} tu^{24} jaːu^{35}

86. 你同谁说笑：məŋ^{11} ʔdei^{53} pɤ^{53} la^{11} je^{33} jəu^{33} / mɯŋ^{11} kaːŋ^{53} ziu^{24} di^{31} pu^{31} laɯ^{11}

87. 铁比泥巴结实：va^{31} pi^{53} nam^{24} man^{33} / fa^{11} man^{33} nan^{31} naːm^{33}

88. 走小路比大路近：pe^{55} jɛn^{33} ȵe^{33} pi^{53} jɛn^{33} lo^{53} ka^{55} / piaːi^{53} zon^{24} ne^{35} ʨaɯ^{53} nan^{31} zon^{24} laːu^{31}

由材料 82、83 可知，石头寨、望谟者香布依语不仅存在把字句、被字句，而且其语序与汉语也一致，把字句里都是把动作的承受者提到动词之前，并用介词“把”来做引导，以达到强调受事的目的。它的语序是：施事+把+受事+动词。被字句都是为了强调动作的承受者而用受事做主语，然后用介词“被”引出施事。它的语序是：受事+被+施事+动词。

由材料 84—88 可知，布依语用介词“从”“在”引导的介宾短语，在修饰谓语动词时均放在动词之前，语序与汉语完全一致。但是，用介词“同”“比”引导的介宾短语，在修饰动词或形容词时其所出现的位置在石头寨和望谟者香存在差异：石头寨把这类介宾短语放在所修饰的动词或形容词之前，语序与汉语完全一致；而望谟者香把这类介宾短语放在所修饰的动词或形容词之后。因此，我们推断：在早期布依语里，介宾短语修饰动词或形容词可能都是放在被修饰语之后的。石头寨之所以把介宾短语放在动词或形容词之前（也包括望谟者香的部分用法），一定是受了汉语的影响。由此可知，布依语“被修饰的动词或形容词+介宾短语”的语序，在接受汉语“介宾短语+被修饰的动词或形容词”这一语序渗透的过程中，其被渗透的速度不仅存在地区差异，即使是在同一地区，如果介词不同，相应句子语序被同化的速度也不一样。

十、兼语句

石头寨布依语也有大量的兼语句。① 如：

89. 有一个算命人过路：ju^{55} pɤ^{53} swən^{33} min^{24} a^{33} kwa^{33} jɛn^{33} / li^{31} pau^{35} suan^{24} miŋ^{24} deu^{24} kua^{35} zon^{24}

90. 打死蚊子：tai^{31} tu^{11} ȵaŋ^{11} te^{33}（常用）或 tai^{31} te^{33} tu^{11} ȵaŋ^{11}（不常用）/ xaːi^{31} tu^{11} neŋ^{11} taːi^{24}

91. 请两媒人来吃早饭：ʨʻiŋ^{53} soŋ^{33} pɤ^{53} me^{31} zən^{31} ma^{33} kən^{33} ȵe^{11} / ɕiŋ^{53} soŋ^{24} sɯ^{35} ma^{24} kɯn^{24} ŋaːi^{11}

① 《研究》把兼语句看作连环句。

同汉语一样，布依语兼语句的语序为：（主语）+动词+兼语+动词（或形容词）。饶有意思的是，布依语的某些兼语句在汉语里对应的却是非兼语句。如材料 90，石头寨的常用说法和望谟者香说法都说的是“打蚊子死”，“蚊子”为兼语；而汉语的说法却是“打死蚊子”，“死”做补语，“蚊子”做宾语。也就是说，布依语的某些“动词+兼语+形容词”句式，能与汉语的“动词+形容词+宾语”句式相对应。这两种句式之所以能对应，关键在于两种句式内含的逻辑关系是相同的：兼语或宾语都是动作的承受者，其在动作的支配下获得了该形容词的性状。布依语采用兼语句，不过是为了强调该形容词的性状发生在兼语身上；而汉语采用“动词+形容词+宾语”这样的非兼语句，不过是为了强调该形容词形状的出现同动词之间存在因果关系。

在汉语语序的影响下，石头寨材料 90 这一类兼语句，可能都将变成同汉语的非兼语句，因为石头寨已经出现了类似说法，只是还处于弱势而已。

十一、连动句

连动句也是石头寨布依语里常见的句型。① 如：

92. 咱们吃鱼吃肉：jau^{11} kən^{33} tu^{11} pa^{33} kən^{33} noɤ^{24} / zau^{11} kɯn^{24} pia^{24} kɯn^{24} no^{33}

93. 这匹马只吃苞谷不吃草：tu^{11} ma^{53} nei^{53} ka^{33} kən^{33} hau^{53} poŋ^{11} me^{11} kən^{33} ȵa^{33} / tu^{11} ma^{31} ni^{31} kɯn^{24} xau^{31} vuk^{35} to^{33} mi^{11} kɯn^{24} ȵɯ^{53}

94. 他自己不做要别人帮他做：tje^{33} kən^{31} me^{11} ku^{24} ʔau^{33} pɤ^{53} ʔɛn^{33} paŋ^{33} tei^{55} tje^{33} ku^{24} / daːŋ^{24} kau^{35} te^{24} mi^{11} kuɯə^{33} ʔau^{24} fɯə^{31} paːŋ^{24} te^{24} kuɯə^{33}

材料 92 的石头寨说法有两个谓语动词、两个宾语，两个动词都是“kən^{33}”（吃），两个宾语分别为“tu^{11} pa^{33}”（鱼）和“noɤ^{24}”（肉）。材料 94 的石头寨说法也有两个动词、两个宾语，两个动词都是“kən^{33}”（吃），两个宾语分别为“hau^{53} poŋ^{11}”（苞谷）和“ȵa^{33}”（草）。望谟者香的说法与石头寨基本相同。

材料 94 的石头寨说法，不只是一个连动句，连动中还套有兼语句式。连动句式体现在：本句只有一个主语“tje^{33} kən^{31}”（他自己），但有两个谓语动词：“ku^{24}”（做）和“ʔau^{33}”（要）；兼语句式体现在：“pɤ^{53} ʔɛn^{33}”（别人）既做“ʔau^{33}”的宾语，又做“paŋ^{33}”（帮）、“tei^{55}”（替）和“ku^{24}”（做）的主语。望谟者香说法也大致与石头寨相同。

材料 93、94 的石头寨说法和望谟者香说法，语序上略有不同：一是材料 93 中“只吃苞谷”这一短语，石头寨的说法是：“ka^{33}（只）kən^{33}（吃）hau^{53} poŋ^{11}（苞谷）”，而望谟者香的说法是：“kɯn^{24}（吃）xau^{31} vuk^{35}（苞谷）to^{33}（只）”。石头寨把范围副词“ka^{33}”放到所修饰的动词之前，显然是受到汉语语序的影响，而望谟者香则保留着本民族用法，把范围副词“to^{33}”放在所修饰的动词及其宾语之后。二是材料 94 中“他自己”这一同位成分，石头寨说做：“tje^{33}（他）kən^{31}（自己）”，而望谟者香说做：“daːŋ^{24} kau^{35}（自己）te^{24}（他）”。我们认为石头寨的说

① 《研究》并没有把材料 92—94 处理为连动句。

法也是受到汉语的影响，而望谟者香的说法才是本民族固有的说法。

十二、复句

石头寨布依语也不乏复句。同汉语一样，分句与分句之间可以用关联词连接，也可以不用关联词。如：

95. 因为太冷，咱们才发抖：jin33 wei35 t'ai24 tɕaŋ53 jau11 tɕi33 san33（因果关系）/ in33 vəi24 ɕeŋ31 laːi24 zau11 luŋ53 san35

96. 将来你有了孩子，就取名做董仲舒：wan11 laŋ33 məŋ11 ju55 lɤk24 ȵe33 tɕi33 ʔoɤ33 tswe24 ku24 tuŋ53 tsuŋ24 su33（假设关系）/ ŋon11 mo35 mɯŋ11 li31 lɯk11 ɕi33 ʔo35 ɕo33 kuɯə33 tuŋ53 tsuŋ24 su33

97. 或是养鸡，否则养鸭：me11 kɯ33 tu11 kai55 me11 tɕi33 kɯ33 pit35（选择关系）/ mi11 ɕi33 ɕiːŋ31 kai35 mi11 ɕi33 ɕiːŋ31 pit35

98. 辣子也想买，盐巴也想买：hok35 tset24 tuŋ55 ka11 tsɤ53 ku33 tuŋ55 ka11 tsɤ53（并列关系）/ lɯk11 maːn33 jie53 tɕai11 ɕɯ31 kuɯə24 jie53 tɕai11 ɕɯ31

99. 这个梨是生的，不许吃：ma35 lai11 nei53 laŋ33 ʔdip35 me11 lau33 kən33（因果关系）/ dan24 ma35 li11 ni31 dip35 mi11 xaɯ53 kɯn24

材料 95—98 都是有关联词做连接的复句，分句间的关系可以通过关联词直接获知。材料 99 是没有关联词的复句，但分句之间的内在关系还是很清晰的，也可以通过添加关联词的办法获知。

无论是石头寨还是望谟者香，其关联词大多借自汉语，如石头寨的“jin33 wei35”（因为）、“tɕi33”（就），望谟者香的“in33 vəi24”（因为）、“ɕi33”（就）、“jie53”（也）。布依语也有自身固有的关联词，如石头寨的“me11……me11 tɕi33”（或是……否则）、“tuŋ55……tuŋ55”（也……也），望谟者香的“luŋ53”（才）、“mi11 ɕi33……mi11 ɕi33”（或是……否则）。

十三、能愿动词①

同汉语一样，能愿动词也是石头寨布依语常见的词类。如：

100. 他会骑马：tje33 jue53 kwi24 ma53 / te24 zo31 kuəi33 ma31

101. 你会不会骑马：məŋ11 jue53 kwi24 ma53 me11 jue53 / mɯŋ11 zo31 mi11 zo31 kuəi33 ma31

102. 我不会：kəu33 me11 jue53 / ku24 mi11 zo31

103. 咱们要从初一玩到初三：jau11 mi35 ku24 tsaŋ11 tai33 tswe33 ʔit35 taŋ11 tswe33 sam33 / zau11 ʔau24 kuɯə33 ɕam11 tai35 ɕo33 ʔit35 taŋ11 ɕo33 saːm24

104. 那只小猪不敢吃：tu11 mɤ33 ȵe33 tje33 me11 kam35 kən33 / tu11 mu24 ne35 te24 mi11 kaːm53 kɯn24

---

① 这里所讲的“能愿动词”，相当于《研究》里的“助动词”。

上述材料中，石头寨的“jue^{53}”（会）、“mi^{35}”（要）、“kam^{35}”（敢），望谟者香的“zo^{31}”（会）、“ʔau^{24}”（要）、“kaːm^{53}”（敢）都是能愿动词。这些能愿动词在句中都带有宾语（材料 102 宾语省去）。由材料 100—102 可知，布依语里把含能愿动词的句子转换成选择疑问句，只要把能愿动词的肯定式和否定式搭配起来使用即可。只不过石头寨是间接搭配（即能愿动词的肯定式和否定式没有直接组合在一起，中间插有宾语“kwi^{24} ma^{53}”），而望谟是直接搭配（即能愿动词的肯定式和否定式直接组合在一起）。回答问题时，可以只保留能愿动词，而省去宾语。这些用法都与汉语无异。只是汉语把含有能愿动词的句子转换成选择疑问句，现在常用的说法是望谟者香说法，石头寨的说法鲜见。

十四、动态助词①

石头寨布依语动态助词只有“kwa^{33}”（过）、“liau^{53}”（了）两个，我们没有发现能与汉语“着”相对应的动态助词。如：

105. 我到过你家：kəu^{33} taŋ^{11} jɛn^{31} məŋ^{11} kwa^{33} / ku^{24} taŋ^{11} zaːn^{11} mɯŋ^{11} kua^{35}

106. 他们听见过：kɔŋ^{33} tje^{33} jue^{33} ȵi^{33} kwa^{33} / xo^{53} te^{24} zo^{31} ȵie^{24} kua^{35}

107. 我吃饱了：kəu^{33} kən^{33} jem^{55} liau^{53} / ku^{24} kɯn^{24} ʔim^{35} pai^{35}

（83 我被老蛇咬了：kəu^{33} ʦau^{24} tu^{11} ŋɤ^{31} hap^{31} liau^{53} / ku^{24} tɯk^{11} tu^{11} ŋɯə^{11} xap^{11} leu^{31}）

（15. 他偷了我家的鸡：tje^{33} jak^{24} tu^{11} kai^{55} jɛn^{31} kəu^{33} liau^{53} / te^{24} zak^{11} tu^{11} kai^{35} zaːn^{31} ku^{24} leu^{31}）

汉语的动态助词“过”“了”附着在动词后边，表示动作行为的状态。“过”表示动作行为曾经发生过，“了”表示动作行为已经完成。石头寨动态助词“kwa^{33}”（过）、“liau^{53}”（了）的语法意义与汉语的“过”“了”大致对应。

但两种语言里动态助词出现在句中的位置却有同有异。从材料 105—107 及材料 15 来看，如果动词不带宾语，也不带补语，石头寨布依语把动态助词“kwa^{33}”“liau^{53}”放在动词之后，如材料 106、83，这种语序与汉语相同。如果动词不带宾语，带补语，石头寨把动态助词放在动词及其补语之后，如材料 107，这种语序也与汉语相同。如果动词带有宾语，石头寨则把动态助词放在动词及其宾语之后，这种用法同汉语有差异。汉语里如果动词带有宾语，“过”是不能出现在动词宾语后边的，而只能放在动词后、宾语前。比如汉语不能说“我去北京过”“我吃晚饭过”，而只能说“我去过北京”“我吃过晚饭”。如果动词带宾语，汉语“了”的位置比较灵活，可出现在动词后、宾语前，也可出现在动词及其宾语之后，还可同时出现在这两个位置。但“了”的位置不一样，句义或句子的语气会有所变化。比如汉语能说“他偷了我家的鸡”，也能说“他偷我家的鸡了”，还能说“他偷了我家的鸡了”，但第一句的“了”表明“偷”的动作已经完成，第二句的“了”却表明“偷”的动作正在进行，

① 《研究》没有“动态助词”的提法，只谈到“动作情貌表示法”；后者除了包括动态助词的用法外，还包含时间副词和某些特定介词、连词。

第三句用两个“了”来强调事件已经发生。石头寨动态助词“liau^{53}”，仅表示动作的完成，我们未见其还能表示动作的进行或两个位置同时出现以表强调。所以，从这一角度来看，汉语动态助词“了”，比起石头寨的“liau^{53}”，其出现的位置更灵活、语法功能更丰富。

望谟者香动态助词“kua^{35}”（过）、“leu^{31}”（了）与石头寨动态助词“kwa^{33}”（过）、“liau^{53}”（了）在用法上没有差异。

十五、副词

同汉语一样，石头寨布依语副词也有范围副词、频率副词、程度副词、时间副词、语气副词、否定副词。① 范围副词如：“ka^{33}”（只）、“tuŋ^{55}”（都、同）、“ku^{33} tswe^{24}”（总共）；频率副词如：“tsai^{24}”（再）；程度副词如：“təu^{33}”（很、真）、“tswe^{24}”（最）、“kən^{24}”（更）；时间副词如：“laŋ^{33}”（仍旧）、“ȵe^{11} ȵe^{24}”（渐渐）；语气副词如：“fei^{33}”（大约）、“ji^{11} tin^{24}”（一定）；否定副词如：“vi^{24} ja^{11}”（没有）、“me^{11}”（不）。举例如下：

（93. 这匹马只吃苞谷不吃草：tu^{11} ma^{53} nei^{53} ka^{33} kən^{33} hau^{53} poŋ^{11} me^{11} kən^{33} ȵa^{33} / tu^{11} ma^{31} ni^{31} kɯn^{24} xau^{31} vuk^{35} to^{33} mi^{11} kɯn^{24} ȵɯ^{53}）

108 去就同去：pai^{33} tɕi^{33} tuŋ^{55} pai^{33} / pai^{24} ɕi^{33} tuŋ^{31} pai^{24}

109. 连我都没去过：liɛn^{11} kəu^{33} tuŋ^{55} me^{11} pai^{33} kwa^{33} / taŋ^{11} ku^{24} tu^{53} fi^{33} pai^{24} kua^{35}

110. 这个字连老师都不知道：tu^{11} se^{33} nei^{53} liɛn^{11} te^{33} se^{33} tuŋ^{55} me^{11} jue^{53} / dan^{24} sɯ^{24} ni^{31} lian^{11} pu^{31} sai^{53} vu^{11} tu^{53} mi^{11} zo^{31}

111. 我们都好：jau^{11} tuŋ^{55} ʔdɛi^{33} / xo^{53} tu^{24} tu^{53} di^{24}

112. 总共有八百人：ku^{33} tswe^{24} ju^{55} pjat^{35} pa^{55} vən^{11} / pa^{35} lian^{11} li^{31} pet^{35} pa^{35} xun^{11}

113. 再吃一碗：tsai^{24} kən^{33} twai^{53} a^{33} tjam^{33} / kɯn^{24} tuəi^{31} deu^{24} tem^{24}

114. 深得很：lak^{24} təu^{33} / lak^{11} ta^{11} zaːi^{31}

115. 你走得真快：məŋ^{11} pe^{55} ȵam^{11} təu^{33} / mɯŋ^{11} piaːi^{53} miaːŋ^{11} ta^{11} zaːi^{31}

116. 你吃得最多：məŋ^{11} kən^{33} tswe^{24} le^{33} / mɯŋ^{11} kɯn^{24} laːi^{24} kɯ^{33}

117. 更高了：kən^{24} sɛŋ^{33} liau^{53} / saːŋ^{24} kɯ^{33} pai^{35}

118. 夜里仍旧下雨：kaŋ^{33} ham^{24} laŋ^{33} tau^{35} vən^{33} / tɕaːŋ^{24} xam^{33} tau^{53} xun^{24} jiːŋ^{11} kau^{35}

119. 他的病渐渐好了：pin^{24} tje^{33} ȵe^{11} ȵe^{24} ʔdɛi^{33} liau^{53} / piŋ^{33} te^{24} naːi^{33} naːi^{33} di^{24} leu^{31}

120. 这个大约好吃：ki^{33} nei^{53} fei^{33} ʔdɛi^{33} kən^{33} / kaːi^{35} ni^{31} baːŋ^{31} di^{24} kɯn^{24}

121. 他大约明天来：tje^{33} fei^{33} ma^{33} wan^{11} tswe^{53}（常用）或 tje^{33} fei^{33} wan^{11}

① 《研究》在介绍副词时，没有再分小类。

ʦwe^{53} ma^{33}（不常用）/ te^{24} baːŋ^{31} ŋon^{11} ɕo^{33} tau^{53}

122. 你去请他他一定来：məŋ^{11} pai^{33} ʨ'iŋ^{53} tje^{33} tje^{33} ji^{11} tin^{24} ma^{33} / mɯŋ^{11} pai^{24} ɕiŋ^{53} te^{24} te^{24} ɕam^{53} ma^{24}

123. 他的病一定治得好：pin^{24} tje^{33} ji^{11} tin^{24} ji^{55} ʔdai^{53} ʔdɛi^{33} / piŋ^{33} te^{24} ji^{11} tin^{24} ʔie^{24} dai^{31} di^{24}

124. 饭没有蒸熟：hau^{53} naŋ^{35} vi^{24} ja^{11} ʦok^{24} / xau^{31} naŋ^{53} fi^{33} ɕuk^{33}

125. 老蛇没有出来：tu^{11} ŋɤ^{31} vi^{24} ja^{11} ma^{33} jue^{53} / tu^{11} ŋɯə^{11} fi^{33} ma^{24} zo^{33}

126. 老蛇不出来：tu^{11} ŋɤ^{31} me^{11} ma^{33} jue^{53} / tu^{11} ŋɯə^{11} mi^{11} ma^{24} zo^{33}

由材料 93 、108、109、110、111 可知，石头寨范围副词“ka^{33}”（只）、“tuŋ^{55}”（都、同）修饰动词或形容词时，都放在动词或形容词前；“tuŋ^{55}”修饰的动词前面如果带否定副词，它则放在否定副词前面。这些用法都与汉语副词“只”“都”的用法相同。望谟者香范围副词“tu^{53}”（都）的用法与石头寨的“tuŋ^{55}”一致，但是望谟者香的“to^{33}”（只）出现的位置与石头寨的“ka^{33}”不同，上文已有说明。

从材料 112 来看，石头寨范围副词“ku^{33} ʦwe^{24}”（总共）、望谟者香范围副词“pa^{35} lian^{11}”（总共），修饰动词时都放在动词前面。这一用法与汉语的“总共”是相同的。

据材料 113，石头寨频率副词“ʦai^{24}”（再），出现的位置与汉语的“再”同，而与望谟者香的“tem^{24}”（再）异。究其原因，石头寨的“ʦai^{24}”，显然借自汉语，与此相随同时再借用汉语的语序，把“ʦai^{24}”放在动词之前，也就不足为怪了；望谟者香的“tem^{24}”（再），是个本族词，当然也就不会借用汉语的语序，因此“tem^{24}”出现在动词及其宾语之后。

据材料 114—117，石头寨程度副词修饰形容词通常放在形容词后边。石头寨只有在使用借用汉语副词“ʦwe^{24}”（最）、“kən^{24}”（更）时，才模仿汉语语序把程度副词放到形容词前面。望谟者香的程度副词“ta^{11} zaːi^{31}”（真、得很）、“kɯ^{33}”（最、更）则一律放在所修饰的形容词的后边。

据材料 118、119，石头寨时间副词“laŋ^{33}”（仍旧）、“ȵe^{11} ȵe^{24}”（渐渐）修饰动词或形容词时，都放到动词、形容词前面。望谟者香的情况有点特殊，“jiːŋ^{11} kau^{35}”（仍旧）修饰动词时，放在动词（包括宾语）之后；“naːi^{33} naːi^{33}”（渐渐）修饰形容词时，则放到形容词前面。

据材料 120—123，石头寨、望谟者香一律把语气副词“大约”“一定”放到所修饰的动词前面。这与汉语语序完全一致。据材料 124—126，石头寨、望谟者香否定副词“没有”“不”修饰形容词或动词时，都放在动词前面。这种语序同汉语相比没有差异。

十六、基数词

石头寨基数词的说法，除了方音差别外，在语法规则上同望谟者香的说法相比也存在差异。下边对比列举石头寨和望谟者香部分基数词的说法，以观察它们说法上的差异（“/”前为石头寨说法，“/”后为望谟者香说法）。

liau^{33} / deu^{24}（1） soŋ^{33} / soŋ^{24}（2） sam^{33} / saːm^{24}（3） sei^{55} / si^{35}（4）
ha^{55} / xa^{53}（5） jok^{35} / zok^{35}（6） tsat^{35} / ɕat^{35}（7） pjat^{35} / pet^{35}（8）
kəu^{55} / ku^{53}（9） tɕ’ep^{31} / ɕip^{11}（10） tɕ’ep^{31} jit^{35} / ɕip^{11} ʔit^{35}（11）
tɕ’ep^{31} ŋe^{24} / ɕip^{11} ȵi^{33}（12） tɕ’ep^{31} sam^{33} / ɕip^{11} saːm^{24}（13）
ŋe^{24} tɕ’ep^{31} / ȵi^{33} ɕip^{11}（20） ŋe^{24} tɕ’ep^{31} jit^{35} / ȵi^{33} ʔit^{35}（21）
sam^{33} tɕ’ep^{31} / saːm^{24} ɕip^{11}（30） sei^{55} tɕ’ep^{31} / si^{35} ɕip^{11}（40）
ha^{55} tɕ’ep^{31} jit^{35} / xa^{53} ʔit^{35}（51） kəu^{55} tɕ’ep^{31} kəu^{55} / ku^{53} ku^{53}（99）
pa^{55} a^{33} / pa^{35} deu^{24}（100） pa^{55} a^{33} liŋ^{31} ʔdan^{33}① a^{33} / pa^{35} deu^{24} di^{31} ʔit^{35}（101）
pa^{55} jit^{35} / pa^{35} ʔit^{24}（110） soŋ^{33} pa^{55} ŋe^{24} / soŋ^{24} pa^{35} ȵi^{33}（220）
haŋ^{55} a^{33} / ɕiːn^{24} deu^{24}（1000） haŋ^{55} jit^{35} / ɕiːn^{24} ʔit^{35}（1100）
haŋ^{55} ŋe^{24} / ɕiːn^{24} ȵi^{33}（1200）
soŋ^{33} haŋ^{55} liŋ^{31} ʔdan^{33} a^{33} / soŋ^{24} ɕiːn^{24} di^{31} ʔit^{35}（2001）
sam^{33} haŋ^{55} liŋ^{31} tɕ’ep^{31} / saːm^{24} ɕiːn^{24} di^{31} ɕip^{11}（3010）
van^{24} a^{33} / vaːn^{24} deu^{24}（10000）
tsat^{35} haŋ^{55} sei^{55} pa^{55} ha^{55} tɕ’ep^{31} jok^{35} / ɕat^{35} ɕiːn^{24} si^{35} pa^{35} xa^{53} ɕip^{11} zok^{35}（7456）

石头寨、望谟者香基数词说法上的差异有：一是，对于一个两位数，如果十位上的数字不是“一”，个位上的数字也不是“零”，望谟者香是可以省去数词 ɕip^{11}（十）不说的；而石头寨是不能省的。二是，除了数数，石头寨均用“a^{33}”来代替望谟者香的 deu^{24}（一）。三是，数字中间的“零”，石头寨说 liŋ^{31}，而望谟者香说 di^{31}。四是，一个三位数以上的数字，如果十位数为“零”，个位数为“一”，望谟者香用 ʔit^{35} 表示“一”，而石头寨用“量词+a^{33}”的形式表示“一”。也就是说，石头寨要表示这样的数字，非得先知道该数字是在计量什么对象，在确定合适的量词之后才能表述该数字。

第四节 月亮河流域布依族语言与文化

爱德华·萨丕尔曾经说过：“语言有一个底座。说一种语言的人是属于一个种族（或几个种族）的，也就是说，属于身体上具有某些特征而不同于别的群的一个群。语言也不脱离文化而存在，就是说，不脱离社会流传下来的、决定我们生活面貌的风俗和信仰的总体。”② 萨丕尔把种族和文化比作语言的“底座”，是很贴切的。语言既然是人的语言、种族的语言，必然会深深地打下特定人群、种族的烙印。尤其对于布依语这样的语言来说，历史上没有衍生出记录自己的文字，本民族的各种文化事象无

① 我们调查时临时选取“ʔdan^{33}”（个）来做量词。
② ［美］爱德华·萨丕尔著：《语言论》，商务印书馆，2002 年，第 186 页。

不依赖它来散播、传承，布依族人的历史、风俗、信仰、道德、观念、思维无不在语言中有所沉淀。我们从此次调查所获得的有限的材料中，对布依族同汉族的文化交流情况、布依族的思维方式、经济状况和观念礼仪依然能窥见一斑。

一、石头寨居民的语言能力和本民族语中大量汉语借词的出现反映布依族、汉族两个民族正趋于融合

在悠远的历史长河中，布依族人民逐渐形成了现今“大杂居，小聚居”“聚族而居”的居住格局。也就是说，从整体上来看，布依族人民是同汉族人民杂居在一起，但相对于某个局部地区来说，布依族人民又大多是以家族为单位聚居在一起。这种“小聚居”的“小”，可以小到一个自然村寨，大也不过是乡一级的行政单位（指目前贵州省境内基本没有汉族人口居住的行政单位)。这种居住格局，一方面决定了布依族人民不可能把一切联系和交流都局限在本族范围之内，不可避免地要同邻近的汉族居民在生产、生活、贸易等各个方面都保持联系和往来，因而布依族人民必然会逐渐接受、吸收汉族文化。邻近的汉族居民当然也会吸纳布依族文化，但是由于汉民族人口众多，其经济、文化发展的速度又相对较快，所以两个民族之间文化交流的主流必然是布依族人民更多地学习、吸收汉族文化。另一方面，由于布依族人民总是以家族为单位组成一个个自然村寨，这种居住格局又会使每个村寨能在一定程度上保持自己的相对独立性，使本民族文化不至于在民族融合的大趋势下消失殆尽。这种民族间的接触关系、文化交流态势必然会影响布依族居民的语言能力和语言的共时系统。

正如前文所说，石头寨除了个别幼儿和老年妇女不大会说汉语外，都能运用本族语和汉语两种语言进行交际。石头寨居民的双语能力正是布依族、汉族两个民族长期交往、接触的结果。由于汉民族人口众多，其经济、文化的发展速度又比较快，因而两个民族间的语言学习，主要表现为布依族居民学习汉语（在其他地区可能有例外)。我们在石头寨邻近的汉族村寨做过调查，很少有汉族居民会说布依语的。随着我国经济社会的发展，布依族人民同汉族人民的交往正越来越频繁，民族大融合的趋势已越来越明显。这反映在儿童语言习得上，就是石头寨儿童习得汉语的时间正越来越提前。

布依族、汉族两个民族的接触史，在一定程度也造就了石头寨布依语系统的共时面貌，这主要表现在汉语词汇的借入。

一般说来，语言之间词汇的借用往往表现为非基本词汇的借用，基本词汇是语言里最稳定的因素，不容易借用。但是石头寨布依语的核心词汇和其他常用词汇都有汉语词汇进入。比如，“一”“二”这两个数词，在任何语言里都是核心词，按常理是不容易向别的语言借用的，可石头寨就借用了古代汉语数词“一”“二”。理由如下：石头寨数词“一”有两个读音：$liau^{33}$ 和 jit^{35}，“二”也有两个读音：$so\eta^{33}$ 和 ηe^{24}。“一”，《广韵》属臻摄开口三等入声质韵影母字。据《汉字古今音表》（李珍华、周长楫，中华书局，1998 年)，其中古读音为 $ĭĕt^{4*}$，上古读音为 $ĭet^{4*}$。“二”，《广韵》属止摄开口三等去声至韵日母字，其中古读音为 $ʑi^{3*}$，上古读音为 $ȵĭei^{3*}$。显然，

jit^{35} 和 ŋe^{24} 两个读音应来自古汉语，liau^{33} 和 soŋ^{33} 才是布依语固有的读音。又如，石头寨布依语的副词：tsai^{24}（再），tswe^{24}（最），kən^{24}（更），ji^{11} tin^{24}（一定）；动态助词：kwa^{33}（过），liau^{53}（了）；连词：jin^{33} wei^{35}（因为），tɕi^{33}（就）；能愿动词：kam^{35}（敢）；形容词：tsau^{53}（早），je^{53}（野）；动词：tsən^{33}（撑），sɿ^{33}（尝），toɤ^{24}（剁），ts'ai^{33}（估量）；量词：ts'ɿ^{31}（尺），等等，这些常用词都借自汉语。除此之外，关于政治、文化、科技方面的汉族借词就更多了。布依语里大量汉语借词的出现，充分说明布依族、汉族两个民族的接触和交往由来已久。

二、布依语的组合规则反映了本民族的思维方式

我们认为，石头寨布依语组合规则与汉语组合规则的主要差别，在于主从语里修饰语和中心语位置的安排上。布依语把中心语放在前头，把修饰语放在后边，其语序是：中心语+修饰语；而现代汉语把修饰语放在前头，把中心语放在后面，其语序是：修饰语+中心语。如：

汉语	布依语
我的房子	ʔda^{33} jɛn^{31} kəu^{33}（座房子我）
这水	jam^{53} nei^{53}（水这）
酸菜	pak^{35} sam^{35}（菜酸）
下村	ʔbɛn^{53} la^{35}（村下）
上村	ʔbɛn^{53} kən^{11}（村上）
外门	təu^{33} jue^{53}（门外）
内门	təu^{33} ʔda^{33}（门内）
上房	da^{33} jɛn^{31} kən^{11}（座房上）
下房	da^{33} jɛn^{31} la^{35}（座房下）
红的	ki^{33} ʔdiŋ^{55}（东西红）
吃的	ki^{33} kən^{33}（东西吃）
（以上例句的中心语为名词性质）	
直说	nau^{11} soɤ^{24}（说直）
真快	ȵam^{11} təu^{33}（快真、快很）
很深	lak^{24} təu^{33}（深很）
（以上例句的中心语为谓词性质）	

某一民族的语法规则实际上是那一民族的思维规则，要认识一个民族的思维和心理特征而去研究他们的语言，是最有效的途径。布依语这种"中心语+修饰语"的组合规则，反映了布依族人由主到次、由里及表的思维方式。比如"酸菜"，这一概念的核心内容是"菜"，是为"主"；它体现了事物的本质特征，是对隐藏在各种表象之中的事物的"质"的判定，因而是为"里"；而"酸"只是"菜"的各种性状中的一个，它不能区别"菜"与"非菜"，它属于认识的表层，因而是为"次"，是为"表"。所以，按照布依族人的思维方式来安排，其语序自然就是"菜

酸”。而现代汉民族的思维习惯则是先次后主、由表及里。对于“酸菜”这一事物，汉民族首先关注的是该事物的性状，然后再对该事物的本质特征做出判定。所以，按照汉民族的思维习惯，其语序自然就是“酸菜”。同样，对于表述“真快”这样的概念，布依族首先关注的是这一概念的核心内容“快”，而后才是“快”的程度，所以布依语说的是“快真”；而汉民族最先关注的是客观对象的量，其次才是质，所以汉语说的是“真快”。

三、布依语的某些词汇反映了布依族人民的经济状况和观念礼仪

石头寨布依语的 $jɛn^{31}$，既表示“房子”“屋”，也有“家”的意思。这是布依族特定的经济条件赋予了 $jɛn^{31}$ 这样的内涵。汉语里“房子”和“家”，是用两个不同的词来表示的。英语也一样，house 表示“房子”，home 表示“家”。人们在经济发展水平还不高的条件下，可能觉得“房子”这一物质条件特别重要，认为它就是“家”的全部要素，“家”就是一个栖身之所。后来，随着经济水平的提高，人们生活趋于富足，对物质条件的关注度有所下降，“家”的内涵也就发生了变化。人们觉得“房子”只是“家”的一个构件，“家”的最重要的要素其实是它的社会意义。甚至“房子”都可以不作为“家”的基本构件，因而现代人管“结婚”叫“成家”。

石头寨布依语的 $kaŋ^{33}$ ke^{33}（或 $tɕe^{53}$）一词，既表示“集市”“场”“街”，又表示“城市”。这也体现了布依族特定的经济发展水平对词义的影响。由于长期以来布依族经济发展相对落后，商品贸易活动稀少，商品集散地最大也不过就是集市、场，因而布依语里没有专门用来表“城市”的词语，“城市”就是集市，就是场。

由于布依族自古没有文字，所以布依族人民对“书”和“老师”的理解，与汉民族的理解是有所区别的。他们认为“书”就是“字”，所以“读书”就是“读字”，那么，“老师”就是能识字的人。因而，石头寨布依语管“书”和“字”都叫 se^{33}，管“老师”叫 te^{33} se^{33}。这种理解体现了布依族人民对文字有着特殊的感情和期盼。

石头寨布依语管“男性生殖器”叫 $tu^{11}nəu^{55}$，管“女性生殖器”叫 $tu^{11}pe^{33}$。按布依语造词法，只有表示动物的词语，前头才会冠以 tu^{11}，如：tu^{11} $mɤ^{33}$（猪），tu^{11} kai^{55}（鸡），tu^{11} ma^{53}（马），tu^{11} pit^{35}（鸭子），等等。对人的生殖器官的这种称谓法，大概寓有“生命起源”之意。它反映了布依族先民对人类生殖器官的认识，体现了古代先民的生殖崇拜观念。

石头寨布依语管“巫师”叫 pau^{33} te^{33}（或 pu^{11} te^{33}），管“祖宗”叫 pau^{33} $waŋ^{33}$，管父亲叫 pau^{33} $poɤ^{24}$。能够被冠以 pau^{33} 的人，都是在布依族社会享有很高地位、很受尊重的人。可见，布依族人对从事巫术活动的技术人员、自己的祖先和长辈是很尊敬的。

第五节　字音材料

以下是我们在石头寨调查所得到的字音材料。词条依据20世纪50年代我国进行少数民族语言普查所选用的部分词汇。为了便于比较，我们依照《布依语调查报告》，给每个词汇编号。调查中没有获得字音的词条，其读音只好空着。

0001 大姑母 mje^{24}pa^{55}
0002 风箱 ta^{31}pe^{24}
0003 边、面 pe^{24}
0004 去 pai^{33}
0005 疮 pai^{11}
0006 一次 to^{55}a^{33}
0007 螃蟹 pin^{55}pau^{33}
0008 雄(禽)tu^{11}pɤ^{53}
0009 媳妇 mai^{24}pa^{53}
0010 倒置 to^{33}tit^{35}
0011 成 pan^{11}
0012 捏紧 wan^{35}ʔdat^{35}
0013 旋转 tɕin^{33}koŋ^{11}
0014 边,旁 tswat^{35}tsjai^{24}
0015 布 paŋ^{11}
0016 扫 pat^{35}
0017 嘴 ʔdan^{33}pa^{35}
0018 父 pau^{33}poɤ^{24}
0019 前天 wan^{11}poan^{11}
0020 拍 pɛŋ^{35}
0021 灌肠 tek^{24}poaŋ^{55}
0022 泡 tɕe^{24}
0023 罪
0024 收拾 jem^{11}
0025 贵 ka^{24}
0026 瘪 pep^{24}
0027 年 pei^{33}
0028 扇子 wa^{33}pei^{11}
0029 兄 kwe^{33}
0030 脱逃 tjau^{11}pai^{33}
0031 蜻蜓 pau^{24}pin^{31}
0032 单衣 pu^{24}pjə^{33}
0033 爬(树)pin^{33}
0034 碎米 hau^{33}pin^{55}
0035 翻(书)fan^{33}
0036 簪 pim^{33}kau^{33}
0037 超度
0038 蚂蟥 tu^{11}piŋ^{55}
0039 鸭子 tu^{11}pit^{35}
0040 蝉 tu^{11}pit^{24}
0041 分别 pɤ^{33}
0042 族 pu^{11}
0043 衣服 kɔŋ^{33}pu^{24}
0044 阴 pɤm^{31}
0045 叫牛向右 pɤ^{24}
0046 毛 pɛn^{33}
0047 喂 pɛn^{55}
0048 地方 tjan^{24}
0049 肺 pɛt^{35}
0050 芋头 lɤk^{24}jem^{53}
0051 肩 mau^{11}ʔba^{33}
0052 青年 kɔŋ^{33}jo^{24}
0053 轻 ʔbau^{33}
0054 叶 ʔba^{33}
0055 村庄 ʔbɛn^{53}
0056 缺 ɕu^{35}
0057 用力捏 ʔbɤt^{35}
0058 薄 ʔban^{33}
0059 竹节 ʔbaŋ^{55}
0060 伤痕
0061 饥馑
0062 级,梯 ʔbak^{35}
0063 井,泉 ʔda^{33}we^{33}
0064 床铺 ʔda^{33}wan^{33}
0065 钻(孔)wan^{55}
0066 浅 ʔbok^{35}
0067 张开 he^{33}
0068 瓢 va^{33}jue^{55}
0069 剥 ʔbei^{33}
0070 飞 ʔbin^{33}
0071 草席 pən^{31}ʔbin^{53}
0072 饭盒(小)
0073 歪 ʔbit^{35}
0074 葱 vɤ^{33}
0075 囤箩 ka^{33}kwai^{33}
0076 褴褛
0077 烦闷 noŋ^{31}
0078 天,天气 ʔbən^{33}
0079 竹子破裂 ve^{55}luai^{33}tje^{35}
0080 努嘴 man^{35}pa^{35}
0081 脸皱(欲哭)
0082 女 lɤk^{24}ʔbɤk^{35}
0083 狗 tu^{11}ma^{33}
0084 什么 ti^{33}ma^{11}
0085 长(大)ma^{35}
0086 泡种子 ma^{53}hau^{33}wan^{55}
0087 线 mai^{33}
0088 热闹 tsok^{35}jaŋ^{11}
0089 寡 ja^{24}mje^{33}
0090 辣 tset^{24}

0091 不生子的母牛 ve^{11}ʦwe^{24}
0092 李子
0093 稳 han^{33}
0094 半旧半新 me^{11}moɤ^{33}me^{11}maŋ^{33}
0095 跳蚤 tu^{11}mat^{35}
0096 果子 lɤk^{24}ma^{55}
0097 巫师 pau^{33}te^{33}
0098 砂罐 kwən^{33}nam^{24}
0099 新 moɤ^{33}
0100 灰色 maŋ^{33}
0101 蚂蚁 tu^{11}mat^{24}
0102 雾 ɣ^{35}
0103 埋 mok^{35}
0104 被子 kɔŋ^{33}va^{35}
0105 母 mje^{24}
0106 不 me^{11}
0107 锅烟子 mei^{35}ʦo^{33}
0108 醋 ʦ'u^{24}
0109 刀 va^{33}to^{33}
0110 太阳穴 tɤ^{35}mek^{35}
0111 猪 tu^{11}mɤ^{33}
0112 胡须 mɤŋ^{24}
0113 蛀虫 tu^{11}ʔdoŋ^{53}
0114 粉末 mən^{24}
0115 渔网 ʔda^{33}moŋ^{53}
0116 盼望 ʔaŋ^{33}
0117 芋荷叶 pak^{35}pa^{31}
0118 鼻涕 ʔda^{33}mok^{24}
0119 熊
0120 灯草 mən^{31}taŋ^{33}
0121 沟渠 ka^{33}paŋ^{55}
0122 你 məŋ^{11}
0123 铁 va^{31}
0124 篱笆
0125 树 ve^{53}
0126 黄麂 ʨi^{11}həŋ^{33}
0127 砍(牛)vak^{24}
0128 鬼 tu^{11}vaŋ^{11}
0129 粽子 hau^{33}vaŋ^{53}
0130 抽打
0131 一把(刀)va^{53}a^{33}
0132 孵 vak^{24}
0133 黑色 van^{53}
0134 盖(房子)ham^{33}
0135 褐色
0136 肿 tan^{31}
0137 火 vɛi^{11}
0138 荒 vɤ^{11}
0139 纽扣 lɤk^{24}ju^{33}
0140 一顿(饭)tən^{24}a^{33}
0141 别人 pu^{11}ʔɛn^{33}
0142 柴 wən^{31}
0143 稻草 vəŋ^{11}hau^{53}
0144 半 pon^{33}
0145 手 ku^{35}hoŋ^{11}
0146 翅膀 va^{33}vɤt^{24}
0147 盖子 va^{33}
0148 双生子 lɤk^{24}va^{33}
0149 手掌 va^{55}hoŋ^{11}
0150 拦水坝 han^{11}ve^{33}
0151 水牛 tu^{11}ve^{11}
0152 涉水过河 kwa^{33}ta^{24}
0153 棉花 ve^{33}
0154 红背菜
0155 男生殖器 tu^{11}nəu^{55}
0156 蝙蝠 tu^{11}vo^{31}
0157 招手 vau^{24}hoŋ^{11}
0158 斧子 va^{33}van^{55}
0159 甜 ŋa^{24}
0160 挥手
0161 吊挂 vai^{35}
0162 交叉 toŋ^{11}vjat^{35}
0163 簸 ve^{33}
0164 裙子 kɔŋ^{33}vən^{35}
0165 缺
0166 扔 ʔdoŋ^{55}
0167 云 wu^{35}
0168 歌 vən^{33}
0169 翻
0170 雨 vən^{33}
0171 人 tu^{11}vən^{11}
0172 模型，样子
0173 补 vəŋ^{33}
0174 小米 hau^{33}vəŋ^{35}
0175 等候 ʦa^{35}
0176 柴刀 va^{33}ʦa^{53}
0177 稀(筛子)tei^{24}
0178 犁 va^{33}ʦai^{33}
0179 晚饭 ʦau^{11}
0180 早 ʦau^{53}
0181 讨要 ʦaŋ^{33}
0182 沈
0183 玩 ku^{24}ʦaŋ^{11}
0184 凉 hap^{24}
0185 瓜棚 ta^{11}saŋ^{53}
0186 窄 ʦan^{31}
0187 挤(动词)kaŋ^{24}
0188 拥挤
0189 铡刀
0190 辣(味)ʦet^{24}
0191 挣扎
0192 绳子 tjau^{11}ʦa^{53}
0193 年轻 pu^{11}jaŋ^{11}
0194 初 ʦwe^{33}
0195 放 ʦoŋ^{33}
0196 名字 ʦwe^{24}
0197 未生子的兽
0198 修理 ku^{24}
0199 聚集
0200 戴 ʦam^{33}
0201 铲 ʦwat^{35}
0202 孔 ʦwaŋ^{24}
0203 明天 wan^{11}ʦwe^{53}
0204 浸 ʨe^{24}

0205 土画眉
0206 黄鳝 pa^{33}tɕɛn^{53}
0207 冷 tɕaŋ^{53}
0208 撑 tsən^{33}(老)/ts'ən^{55}(童)
0209 一辈子 tɕu^{24}wən^{11}nei^{53}
0210 尝 sɿ^{33}
0211 旋转
0212 牵,拉手 tɕin^{33}tɕan^{33}
0213 女生殖器 tu^{11}pe^{33}
0214 淡 tset^{35}
0215 使人发痒的麻
0216 游玩 pai^{33}sei^{33}
0217 织布机 tsoŋ^{11}jue^{35}
0218 吻 ji^{31}
0219 黄牛 tu^{11}tɕi^{11}
0220 养 ku^{33}
0221 纸 ʔba^{33}sa^{33}
0222 竹筏
0223 纺纱车 sa^{33}tam^{55}
0224 男人 tsa^{24}pau^{33}
0225 带子 tjau^{11}se^{33}
0226 螺蛳 tu^{11}sai^{33}
0227 肠 sai^{35}
0228 官 sai^{55}
0229 女情人,少女
0230 滤 so^{31}
0231 干燥 hɤ^{55}
0232 竹竿 san^{35}so^{53}
0233 柱子 t'oŋ^{11}sau^{33}
0234 一次(鸡啼)pok^{35}a^{33}
0235 清洁 sa^{33}
0236 剁 toɤ^{24}
0237 打鞋底 sam^{33}he^{11}
0238 编 sɛn^{33}
0239 刀背 san^{33}to^{33}
0240 一根 san^{35}a^{33}
0241 颤抖 san^{55}
0242 高 sɛŋ^{33}
0243 擤 saŋ^{55}
0244 搓 həu^{33}
0245 洗(衣)sak^{24}
0246 直 soɤ^{24}
0247 耳环 swai^{35}
0248 五尺 ha^{55}ts'ɿ^{31}
0249 尖 sam^{33}
0250 酸 sam^{35}
0251 教 swan^{33}
0252 淋 san^{33}
0253 二,两 soŋ^{33}
0254 缸套 soŋ^{11}jaŋ^{55}
0255 杨梅 ma^{35}ɕe^{33}
0256 迁移 pjau^{35}
0257 疟疾
0258 钓竿 ʔda^{33}ɕat^{35}
0259 沿着 sei^{33}jɛn^{33}
0260 交媾 sei^{55}pe^{33}
0261 凿子 va^{33}ɕu^{33}
0262 耳语 ɕem^{24}
0263 溅 sən^{31}
0264 蜈蚣 tu^{11}su^{35}ɕit^{35}
0265 撕 ɕik^{35}
0266 你们 sɤ^{33}
0267 气 jem^{31}
0268 枕头 kau^{35}swe^{31}
0269 左 swe^{53}
0270 洗(脸)swe^{55}
0271 化香树
0272 书,字 se^{33}
0273 媒 se^{55}
0274 园子 ʔda^{33}swən^{33}
0275 接(线)sən^{35}
0276 喝,吸 ʔdat^{35}
0277 找 ja^{33}
0278 芝麻 lɤk^{24}ja^{31}
0279 洗(锅)ja^{55}
0280 一阵 t'aŋ^{33}a^{33}
0281 写 je^{31}
0282 斑,花
0283 露水 jam^{53}je^{31}
0284 真的 ti^{55}je^{53}
0285 皂角
0286 野猪 mɤ^{33}je^{53}
0287 一块(田)mən^{33}a^{33}
0288(虫子)爬 pin^{33}
0289 长(短)jai^{31}
0290 锭杆,棉裹
0291 板栗 ma^{35}jɛi^{35}
0292 量(米)jo^{33}
0293 耙 wa^{33}jo^{33}
0294 枫树
0295 斑鸠 jok^{24}jau^{33}
0296 头虱 tu^{11}jau^{33}
0297 咱们 ki^{33}jau^{11}
0298 暖,热 noŋ^{35}
0299 吠 jau^{55}
0300 抬 jam^{55}
0301 睾丸 ʔdan^{33}jam^{33}
0302 糠 jam^{31}
0303 砍 vak^{35}
0304 水 jam^{53}
0305 遮住,荫 tɛŋ^{33}
0306 重复 ku^{24}pai^{31}laŋ^{33}
0307 房子,家 ʔa^{33}jɛn^{31}
0308 见 jɛn^{33}
0309 炒 jɛŋ^{33}
0310 笋 jɛŋ^{31}luai^{33}
0311 接连
0312 筛子 ʔda^{33}jaŋ^{33}
0313 挑 jip^{35}
0314 小扁笼
0315 菌子 jat^{35}tep^{35}
0316 屁 jat^{35}
0317 剪 jat^{24}
0318 根 ja^{53}

0319 漆 ʔɤp^{35}
0320 断,折断 jak^{35}
0321 偷盗 jak^{24}
0322 沙虫(脚缝)twən^{33}jue^{33}
0323 枯干 hɤ^{55}
0324 知道,会 jue^{53}
0325 敲打(锣)tei^{11}
0326 漏 jue^{24}
0327 一窝(猪)joŋ^{31}a^{33}
0328 梳 juai^{33}
0329 一串(珠子)juai^{53}a^{33}
0330 积蓄,积累
0331 鱼篓 ʔda^{33}juaŋ^{31}
0332 蓝靛 twə^{53}
0333 旱
0334 苋菜
0335 鹰 tu^{11}jaŋ^{24}
0336 漏,通
0337 削(树枝)juan^{53}
0338 切(菜)tsɤk^{24}
0339 路 ka^{33}jɛn^{33}
0340 树叶 ʔba^{33}joŋ^{33}
0341 巢 joŋ^{11}
0342 亮 joŋ^{24}
0343 下 la^{35}
0344 洞穴 tsoŋ^{24}kam^{55}
0345 鸭笼 ʔda^{33}joŋ^{55}
0346 外面 vəŋ^{53}jue^{53}
0347 精竹 ve^{24}jat^{24}
0348 鸟 tu^{11}jok^{24}
0349 网(拦鱼)ʔda^{33}je^{33}
0350 沙 nɛm^{24}swe^{11}
0351 棉条 ve^{33}je^{24}
0352 碎炭
0353 混合 toŋ^{11}tswe^{33}
0354 皱纹 na^{35}jau^{33}
0355 气力 jaŋ^{11}
0356 旱,晴 hɤ^{33}
0357 截禾刀
0358 足印 hɤ^{11}tən^{33}
0359 鸡虱 tu^{11}hei^{11}
0360 溪 ka^{33}hei^{55}
0361 土地 hei^{24}na^{31}
0362 笑 jəu^{33}
0363 提 jəu^{35}
0364 满 jem^{33}
0365 收拾,整理 jem^{31}
0366 木屑,木渣 tɕap^{35}jem^{24}
0367 石 ʔdak^{35}jen^{33}
0368 白杨树 ve^{33}jiŋ^{53}
0369 烤 jin^{33}
0370 午饭 ʔe^{11}
0371 碗橱 ʔda^{33}tsaŋ^{31}
0372 滚 jiŋ^{53}kwən^{53}
0373 蚊帐 kəŋ^{33}jep^{35}
0374 指甲 jep^{31}hoŋ^{11}
0376 扶 tɕiŋ^{33}
0377 船 ʔda^{33}ju^{11}
0378 槽(猪槽)ʔda^{33}ju^{33}
0379 赎 tsoŋ^{33}
0380 熛烤
0381 臼,窝儿
0382 风 jem^{31}
0383 壅培 jem^{53}
0384 畦,行 joŋ^{31}
0385 惦念 ne^{11}
0386 煮 joŋ^{33}
0387 松 joŋ^{55}
0388 理胡须 jep^{24}mɤm^{24}
0389 呕吐 ju^{53}
0390 房间 ʔda^{33}jo^{24}
0391 后天 wan^{11}je^{11}
0392 耳 ʔba^{33}ji^{11}
0393 爬行 je^{24}
0394 震动 jiŋ^{31}
0395 起,起身 jɛn^{55}
0396 尾巴 pe^{33}jiŋ^{55}
0397 穗 hau^{53}ŋok^{24}
0398 和,跟 laŋ^{33}
0399 洗碗,浪碗 ja^{55}twai^{53}
0400 臭虫
0401 眼 lɤk^{24}ta^{33}
0402 外祖父 ta^{33}ta^{33}
0403 纺,抽 ta^{31}
0404 拍手 pɛŋ^{35}hoŋ^{11}
0405 估量 ts'ai^{33}
0406 河 ta^{24}
0407 死 te^{33}
0408 臀 pe^{24}te^{53}
0409 外祖母 te^{33}te^{33}
0410 哭 tai^{35}
0411 蟋蟀 tak^{35}tai^{33}
0412 剃头 tai^{33}kau^{55}
0413 返,转 to^{55}
0414 前年 pei^{33}tau^{33}
0415 青苔 tau^{11}
0416 来 ma^{33}
0417 梭 ʔdɤ^{33}tau^{33}
0418 草木灰 tau^{24}
0419 胗 ta^{33}
0420 看守 ta^{11}
0421 柄 tam^{55}to^{33}
0422 泡汤 tam^{24}jam^{53}
0423 池塘 hoŋ^{11}jam^{53}
0424 织 tam^{35}
0425 低矮 tam^{33}
0426 踩踏 tam^{35}
0427 穿 tan^{35}
0428 各 taŋ^{55}
0429 到达 taŋ^{11}
0430 竖 jue^{33}taŋ^{35}
0431 停,歇止 ji^{55}
0432 寄语
0433 贴 nai^{11}

0434 迭
0435 肝 tap^{35}
0436 削(果皮)
0437 晒 ta^{55}
0438 蝗虫
0439 舀 tak^{35}
0440 雄(兽)
0441 鸡相斗 tɤk^{35}tai^{11}
0442 大黄蜂 tu^{11}twe^{33}
0443 心脏 ʔdan^{33}twam^{33}
0444 阉 twan^{55}
0445 阻拦 twan^{35}
0446 光亮,鲜艳 twaŋ^{35}
0447 一垌(坝)toŋ^{24}a^{33}
0448 啄 swat^{35}
0449 落 tok^{35}
0450 他 tje^{33}
0451 蛔虫 tu^{11}tje^{24}
0452 十斤 tɕ'ep^{31}kan^{33}
0453 打 tai^{31}
0454 放下 ti^{33}ti^{55}
0455 脚 kɤ^{33}ka^{55}
0456 小黄蜂
0457 短 tən^{35}
0458 半 pon^{33}
0459 踩
0460 翅 va^{33}vɤt^{24}
0461 踢 tən^{33}t'i^{11}
0462 门 va^{33}təu^{33}
0463 我们 ki^{33}jau^{11}
0464 只 ka^{33}
0465 栖(鸟站)ʔdən^{33}
0466 湿 ta^{33}
0467 炖,煮 wam^{55}
0468 淹没 tem^{24}
0469 一串 tuŋ^{33}a^{33}
0470 肚子 ʔda^{33}toŋ^{53}
0471 捶打 tɛp^{24}
0472 竹篾 tɕap^{35}tok^{35}
0473 菜薹 tok^{31}pak^{35}
0474 拿 ʔau^{33}
0475 剥
0476 黄瓜 lɤk^{24}tin^{55}
0477 打(雷)pa^{33}
0478 背带
0479 骂 ʔda^{33}
0480 耘,薅 ʔde^{55}
0481 私生子
0482 麻(植物)le^{53}
0483 柿子 ma^{55}ʔdai^{33}
0484 得 ʔdai^{53}
0485 内 vəŋ^{53}ʔda^{33}
0486 种(苞谷)tjam^{33}
0487 刺 twaŋ^{24}
0488 个 pɤ^{53}
0489 身体
0490 斑点,花点
0491 鼻子 mau^{11}ʔdiŋ^{33}
0492 烧火 ʔdaŋ^{33}vɛi^{11}
0493 咸 han^{33}
0494 熄 mak^{35}
0495 刺,蜇 sam^{33}
0496 阳光强烈,热 noŋ^{35}
0497 紧 hak^{35}
0498 一块
0499 酒药 ma^{35}ʔdoɤ^{33}
0500 秃 lim^{35}pip^{35}pip^{35}
0501 坡 poɤ^{33}
0502 空,白白地 pɤ^{33}
0503 敲打
0504 颈窝 wu^{33}ʔdan^{53}
0505 亲家 jɛn^{31}te^{55}
0506 腌菜 pak^{35}ke^{33}
0507 硬 ʔdoŋ^{53}
0508 光亮 juaŋ^{24}tin^{55}
0509 林 ʔda^{33}ʔdoŋ^{33}
0510 簸箕 ʔdoŋ^{53}vei^{33}
0511 饮
0512 骨 mau^{33}ʔdoɤ^{33}
0513 醒,一觉 sat^{35}
0514 一 liau^{33}
0515 推 tsɛi^{33}
0516 好 ʔdɛi^{33}
0517 胆 ʔdan^{33}ʔdɛi^{33}
0518 红 ʔdiŋ^{55}
0519 倒(水)to^{35}
0520 生,不熟 ʔdip^{35}
0521 嗅 hau^{33}
0522 蛀虫 tu^{11}nuan^{33}
0523 朽 nau^{24}
0524 肚脐 pwaŋ^{35}ʔdɤ^{33}
0525 蚯蚓 tu^{11}ʔduən^{33}
0526 月 ʔduən^{33}
0527 站 ʔdən^{33}
0528 吞 ʔdən^{53}
0529 舂米 tam^{33}hau^{53}
0530 厚 na^{55}
0531 田 ʔdɤ^{33}na^{11}
0532 脸 pjɛn^{33}na^{35}
0533 舅(比母小)na^{53}
0534 箭 ʔdoŋ^{33}nɤ^{35}
0535 倦,累 ne^{33}
0536 冰雪 nai^{33}
0537 发霉 tok^{35}nau^{33}
0538 说 nau^{11}
0539 腐烂
0540 泥土 nam^{24}
0541 挨近 toŋ^{11}ka^{55}
0542 久 ko^{24}hei^{33}
0543 虱子 tu^{11}nan^{11}
0544 捻 nan^{31}
0545 皮 naŋ^{33}
0546 蒸 naŋ^{35}
0547 坐 jaŋ^{24}

0548 压 nap^{35}
0549 粒 nat^{24}
0550 獭
0551 重 nak^{35}
0552 肉 noɤ^{24}
0553 蛆,虫 tu^{11}nuan^{33}
0554 钻,(蛇)爬 je^{24}
0555 五倍子
0556 脓 nuaŋ^{55}
0557 浊 nəŋ^{31}
0558 牛肩蜂 tu^{11}lɤ^{33}
0559 蚊子,虫 tu^{11}ȵaŋ^{11}
0560 追 lai^{24}
0561 紧(土)ʔdat^{35}
0562 债 nei^{55}
0563 这 nei^{53}
0564 黏性 ȵu^{33}
0565 掐 ʔdat^{35}
0566 睡 tɤk^{35}nɛn^{11}
0567 摇动 san^{33}
0568 推辞
0569 韧
0570 寒冷 kak^{35}
0571 雏
0572 弟 tswai^{33}nuaŋ^{53}
0573 聋 nok^{35}
0574 下面 ti^{55}lai^{53}
0575 多 le^{33}
0576 流 lai^{33}
0577 蜂的刺 lai^{11}
0578 麻雀 jok^{24}lai^{55}
0579 追
0580 怕 ke^{24}
0581 大 lo^{53}
0582 耽误 lo^{33}
0583 酒 lau^{35}
0584 哪,何 la^{11}
0585 倒
0586 孙 lɤk^{24}lɛn^{33}
0587 搓 həu^{33}
0588 曾孙 lɤk^{24}lɛi^{55}
0589 后 vəŋ^{53}laŋ^{33}
0590 天黑 ʔbən^{33}lap^{35}
0591 崩塌 lam^{33}
0592 深 lak^{24}
0593 哄 loɤ^{53}
0594 梦话 nəŋ^{11}loɤ^{33}
0595 陷
0596 错 pjau^{33}
0597 迟,晚 luat^{35}
0598 水车 ʔda^{33}lok^{35}jam^{53}
0599 拔,扯 lok^{35}
0600 选 lie^{24}
0601 有 ju^{55}
0602 火把 tse^{55}vɛi^{11}
0603 木楔 tjaŋ^{33}ve^{53}
0604 敏捷
0605 舌 mən^{24}lən^{53}
0606 穿山甲 tu^{11}lən^{24}
0607 猴 tu^{11}niŋ^{31}
0608 陡 niŋ^{33}
0609 拆(房子)let^{24}
0610 忘 ləm^{31}
0611 象 tu^{11}tsaŋ^{53}
0612 铜 noŋ^{31}
0613 院子 pin^{24}tɕe^{53}
0614 舅(比母大)poɤ^{24}loŋ^{11}
0615 锁 ʔda^{33}tsau^{24}
0616 剩 lɯ^{33}
0617 昨天 wan^{11}luən^{11}
0618 幺儿 lɤk^{24}lən^{11}
0619 伞 ʔda^{33}lin^{35}
0620 大后天 wan^{11}lin^{24}
0621 血 lot^{24}
0622 线筒 ʔdan^{33}mai^{33}
0623 儿子 lɤk^{24}sei^{33}
0624 笋壳 laŋ^{33}jɛŋ^{31}
0625 秧 ka^{33}
0626 孤儿 lɤk^{24}ka^{53}
0627 远 kai^{33}
0628 爱 ŋe^{24}
0629 蛋 kai^{55}
0630 蜘蛛 tu^{11}kəŋ^{33}ko^{55}
0631 生,活 lei^{53}
0632 头 ʔda^{33}kau^{55}
0633 桐子 lɤk^{24}kau^{33}
0634 近 ka^{35}
0635 深紫色 lin^{33}luən^{33}
0636 打鼾 jəŋ^{35}tɕan^{33}
0637 中间 tɕin^{24}kɛŋ^{33}
0638 陀螺 tu^{11}kɛŋ^{55}
0639 装 tswe^{33}
0640 系,扎 kwat^{35}
0641 火炭儿,火子 kwe^{33}vɛi^{11}
0642 橡皮 ɕaŋ^{35}p'i^{31}
0643 鼓 kwaŋ^{33}
0644 饭盒(大)ʔda^{33}kwaŋ^{55}
0645 群 fu^{53}
0646 斗笠 ʔda^{33}kap^{35}
0647 冷 tɕaŋ^{53}
0648 勒 tɕɛn^{55}
0649 集,场 tɕe^{53}
0650 老,大 lo^{53}
0651 一条(路)kan^{33}a^{33}
0652 剪刀 va^{33}tɕau^{11}
0653 八哥
0654 颊 ʔdən^{33}lue^{55}to^{31}
0655 臂 tɕam^{33}mei^{33}
0656 噎 kan^{24}vəu^{11}
0657 玉蜀棒子
0658 打屁虫
0659 一片(土地)kwaŋ^{11}a^{33}
0660 痛 tɕat^{35}
0661 松 həu^{24}

0662 处所
0663 踵 na^{35}tɕu^{35}
0664 三脚架 sam^{33}ka^{33}tɕin^{31}
0665 薅锄 va^{33}ja^{55}
0666 懒 tɕik^{35}
0667 盐 ku^{33}
0668 草 ȵa^{33}
0669 嚼 mɤ^{35}
0670 虾 ȵaŋ^{11}liŋ^{33}
0671 疥疮 ʔdan^{33}
0672 野猫 tu^{11}ȵan^{33}
0673 甘蔗虫 tu^{11}nuan^{33}wai^{53}
0674 逆 to^{33}ȵaŋ^{11}
0675 渣滓 ȵuŋ^{33}ȵa^{33}
0676 掐取(菜)ȵap^{24}
0677 江 ta^{24}lo^{53}
0678 听 ȵi^{33}
0679 婴儿 lɤk^{24}ȵe^{31}
0680 倾斜 ȵaŋ^{33}
0681 筋 tok^{24}ȵiŋ^{11}
0682 铜鼓 ʔda^{33}ȵiŋ^{11}
0683 散乱 ȵuŋ^{33}ȵaŋ^{33}
0684 射 se^{24}
0685 缝 ɕau^{55}
0686 谷草 vəŋ^{11}hau^{53}
0687 小便 tau^{55}ȵəu^{24}
0688 紊乱 ȵuŋ^{33}
0689 嫩草 ȵa^{33}wən^{33}
0690 停滞
0691 迷腊
0692 妻 mai^{53}ja^{24}
0693 高粱 hau^{33}jɛŋ^{11}
0694 苗族 pu^{33}ju^{11}
0695 递 hei^{53}
0696 小腿 ka^{33}ȵan^{24}
0697 单只(鞋)ka^{33}a^{33}
0698 杀 ka^{55}
0699 卖 kei^{33}
0700 者,个 ki^{33}
0701 鸡 tu^{11}kai^{55}
0702 藤 ta^{11}kau^{33}
0703 角 ʔdan^{33}kau^{33}
0704 旧 kau^{55}
0705 洞 kam^{55}
0706 握,留(客)kam^{33}
0707 秧鸡 tu^{11}jok^{24}kan^{33}
0708 轧(棉花)
0709 勤 ʔdan^{33}
0710 果蒂 kan^{55}
0711 撑开,张开 hei^{33}
0712 猿,大猴 tu^{11}ȵiŋ^{11}
0713 配合,汇合
0714 挟 ȵap^{35}
0715 捉 kap^{24}
0716 啃 jan^{53}
0717 弯 kau^{11}
0718 蒙,盖 mok^{35}
0719 空心
0720 先 kwan^{33}
0721 割 kwan^{11}
0722 树椿
0723 镯 ʔda^{33}kwan^{24}
0724 圈儿 kwaŋ^{24}
0725 捧 kup^{35}
0726 搂抱 toŋ^{33}kwat^{35}
0727 搅扰
0728 树脚 kuk^{35}kwe^{33}ve^{53}
0729 我 kəu^{33}
0730 做 ku^{24}
0731 双 kəu^{24}
0732 小凹地
0733 臀
0734 兵 pin^{33}
0735 膝弯 kau^{11}ka^{33}
0736 驼背 to^{11}pei^{33}
0737 郎鸡草 kut^{35}ɕe^{33}
0738 虎 tu^{11}kok^{35}
0739 喂
0740 茄 lɤk^{24}kɤ^{11}
0741 藏 kɯ^{35}
0742 锯 kɤ^{33}
0743 涨 kɤ^{24}
0744 婿 lɤk^{24}kwi^{11}
0745 骑 kwi^{24}
0746 吃 kən^{33}
0747 上面 kən^{31}
0748 放水 tsoŋ^{33}jam^{53}
0749 扛 kot^{24}
0750 稀饭 hau^{33}ʔam^{53}
0751 早饭 ȵe^{11}
0752 影子 tu^{11}ŋau^{31}
0753 一种常绿树
0754 树丫 ŋam^{31}ve^{53}
0755 哑 ŋam^{53}
0756 芽 ŋa^{31}
0757 日,天 ŋuan^{31}
0758 伸手取高处物
0759 蛇 tu^{11}ŋɤ^{31}
0760 蛟龙 tu^{11}loŋ^{31}
0761 茅草 kwe^{33}ȵa^{33}
0762 嫁 ha^{33}
0763 吐(饭)p'e^{33}
0764 白 ho^{33}
0765 话,语言 wəŋ^{11}
0766 臭 hau^{33}ja^{55}
0767 进 pai^{33}ʔda^{55}
0768 米,饭,稻 hau^{53}
0769 给 ha^{35}
0770 埋 ham^{55}
0771 苦 ham^{31}
0772 问 ham^{33}
0773 夜晚 kaŋ^{33}ham^{24}
0774 回答 han^{55}
0775 扁担 nok^{24}han^{31}

0776 鹅 tu^{11}han^{55}
0777 啼(鸡)han^{33}
0778 河岸 ʦei^{24}ta^{24}
0779 羡慕
0780 颚,下巴 la^{35}haŋ^{31}
0781 关(门)ʔɤp^{35}
0782 咬 hap^{31}
0783 早晨 kaŋ^{33}hat^{35}
0784 喉 ʦwaŋ^{24}wɤ^{31}
0785 膝盖 mau^{11}wɤ^{35}
0786 一节(树)twan^{24}ve^{53}a^{33}
0787 奴隶 pu^{11}jaŋ^{31}
0788 醒蛋 kai^{55}van^{11}
0789 半担 pwaŋ^{24}jip^{35}a^{33}
0790 种子 hau^{33}van^{33}
0791 火烟 vi^{31}van^{11}
0792 山谷 kɤ^{53}nei^{53}
0793 一间(房)vaŋ^{55}a^{33}
0794 红稗 hɔŋ^{33}ka^{55}
0795 潭,龙潭
0796 对场一星期 vap^{35}tɕe^{53}a^{33}
0797 削 t'et^{35}/tet^{35}
0798 青 jau^{33}
0799 牙 san^{35}jau^{55}
0800 称,叫,喊 jau^{33}
0801 隔开
0802 边沿 ʦwat^{24}ʦai^{24}
0803 黄 jan^{35}
0804 啃
0805 砧板 va^{33}ȵin^{24}
0806 污垢,汗泥
0807 姜 jiŋ^{55}
0808 卷(衣袖)pin^{35}
0809 痒 həm^{31}
0810 围 həm^{53}
0811 干,渴 hɤ^{55}
0812 夜 kaŋ^{33}ham^{24}
0813 五寸 ha^{55}ʦ'ən^{33}
0814 上 kən^{11}
0815 回音 həŋ^{55}
0816 腰 kau^{55}vut^{35}
0817 张开 mje^{33}vət^{24}
0818 嗉(酒嗉)
0819 咳嗽 ʔai^{33}
0820 要 ʔau^{33}
0821 滥田 na^{11}tɕe^{24}
0822 高兴 ʔɛŋ^{55}
0823 胸 pa^{55}ʔak^{35}
0824 甘蔗 wai^{53}
0825 焖 ʔɛm^{33}
0826 荆棘 wan^{33}
0827 出 ʔoɤ^{33}
0828 屎 je^{53}
0829 颈 tok^{24}ȵɛn^{31}
0830 折 jak^{35}
0831 芭茅草
0832 缸 ʔda^{33}jaŋ^{33}
0833 腋 ti^{35}ʔei^{33}
0834 饱 jem^{55}
0835 痛 tɕat^{35}
0836 炕 jiŋ^{53}
0837 靠 ko^{33}/k'o^{33}
0838 伸 jit^{35}
0839 饿 ji^{55}
0840 抱 ʔɤm^{53}
0841 对面 tu^{33}na^{33}
0842 软 wən^{33}
0843 揩,拭 wut^{35}
0844 脑髓 ʔok^{35}
0845 背(用脊背驮)ʔam^{33}
0846 别的 ki^{33}ʔɛn^{33}
0847 打嗝 sɤ^{33}ʔɤk^{35}
0848 鱼 tu^{11}pa^{33}
0849 雷 jɛi^{11}
0850 梢(树枝顶端)pe^{33}
0851 走 pe^{55}
0852 烧 ʔdaŋ^{33}
0853 说长道短 je^{33}tən^{33}je^{33}jɛi^{11}
0854 滑倒 jau^{31}
0855 额 na^{33}pa^{33}
0856 菜 pak^{35}
0857 哭止 pak^{24}
0858 喷 so^{33}
0859 脆 ʔdok^{35}
0860 瘦 pwaŋ^{33}
0861 头发(女人)pən^{33}kau^{35}
0862 半,中
0863 漏,通 joɤ^{24}
0864 痰 ȵe^{11}ȵu^{33}
0865 锈 mai^{53}
0866 泥蜂 tu^{11}tən^{11}jam^{53}
0867 布依 pu^{11}ji^{53}
0868 步伐 jem^{33}
0869 大马刀 va^{33}to^{33}lo^{53}
0870 眨眼 jap^{35}ta^{33}
0871 凶恶 ɕoŋ^{33}lo^{53}
0872 抠,掏
0873 在 ju^{33}
0874 罢 ma^{11}
0875 右 kwa^{11}
0876 聪明 lak^{35}lie^{33}
0877 小青蛙 tu^{11}tɕe^{33}
0878 划(船)te^{31}
0879 丝瓜 poŋ^{11}tɕe^{33}
0880 果仁 ŋui^{24}

第九章 月亮河流域布依族民间文学调查与研究

月亮河流域布依族的民间文学是其文化的一个组成部分，也是一个在其文化结构中比较外在的一个部分，还是一个比较早的被人们关注的一个部分，在我们对月亮河流域布依族的文化进行系统性的调查之前，就有人对其中的民间文学进行了调查和梳理，也有一些初步的认识。故而，在这一次的调查中，我们基本上没有对其民间文学中民间故事这一部分进行调查，而是部分借用了以往的一些调查材料，以此我们对前人表示敬意和感谢。但是，我们在其称为歌诗的这一部分，进行了相应的调查，并取得了不俗的成果。

在过去的单纯的布依族文学调查中，人们的认识角度是不一样的，他们基本上基于的是文学的审美精神，而我们的可能不仅如此，也许更多的基于文化，基于文学在整个文化中的意义而言的。

第一节 月亮河流域布依族民间文学概况

广义上的布依族民间文学包括布依族民间史诗、传说、故事、叙事诗、民歌、民间谚语、成语、谜语、歇后语以及布依戏等。但在月亮河流域布依族的民间文学中，这些分类可能并一定用得上，但有它特定的存在。

在月亮河流域布依族的民间文学中，成形的民间史诗、叙事诗、布依戏没有。

在月亮河流域布依族的民间文学中，儿歌、民谣、谜语存在，或者说存在过，但现今已经很少有人说和唱了。像儿歌、民谣这类歌诗，多是老年妇女在家照看孩子时，就日常生活、飞禽走兽、鸟语鲜花等内容说唱的口头文学，其韵脚格律极为讲究，多属单元诗，以五言为最多。这些东西我们现今还能在一些资料上看到，如名为《梭愁》（音译）、《又独乐蹬艳》（音译）、《双独东熊凶》（音译）、《大斗田》（音译）、《妹哪唐问大》（音译）、《高丁高瓜》（音译）等儿歌、民谣的名字。

在月亮河流域的布依族中，男女老少是普遍喜爱制作布依谜语的，多在节庆日里流传。制作谜语极其讲究韵律，内容以反映植物为最多。如“郎子当成，咯了当奢，攀兑当羔铬，刀蹬端重掖”（音译。意译为“小时候穿绸，大了穿缎，富裕穿草藤，太阳出来脱甩丢”），谜底为竹笋。又如“不削自尖，不舂自粉，不喂自肥，不打自落”（意译）谜底分别为刺、柴火灰、南瓜、树叶等等。

在月亮河流域的布依族中，善于以歌、诗代言的布依人，也有成语、谚语。如“贪叭蚜董”（音译），“垒布蛮颁依”（音译），“拉跨妈蹊跨拴”（音译），“拱梅摄，咧忙本”（音译），“卡优拉卡得，卡三鞋卡汗”（音译），等等，他们在其中也表现了布依族人的语言智慧和文学趣味。

这些也在一定程度反映了月亮河布依族人的民间文学，但在月亮河流域布依族的民间文学中，它有两样民间文学表现最为突出：一是用歌唱的形式而来种类繁多的诗词、诗歌；二是民间故事。

其种类繁多的诗词、诗歌，我们以为应该称其为“歌诗”最符合实际。

月亮河流域布依族是一个非常爱歌唱的群体，这一带的布依族人，凡逢节庆日，婚丧嫁娶，做客迎宾，端茶敬酒，均以歌诗代言，一律以歌诗对答。直到现在，婚丧嫁娶过程中，以歌诗代言仍保留着。

在月亮河流域布依族人们的婚俗中，接亲者步入山寨便唱起歌一步步进入山寨门，从进寨门开始，接亲都均以歌代言，直到将新娘接到新郎家布置新房挂帐子的每个情节都用歌诗代话。

这样的礼节歌就有：

进寨门时，唱《进寨门歌》；
入院子时，唱《进院门歌》；
入户时，唱《进门歌》；
放下担子（挑礼物的挑子）时，唱《放下担子歌》；
坐桌凳时，唱《坐桌歌》；
客人不相识，唱《盘查歌》；
盘查完后认亲，唱《亲家歌》；
客人分烟时，唱《分烟歌》；
群众讨烟时，唱《讨烟歌》；
桌上原备有瓜子和炒豆并用碗将其盖住，客人须唱《开豆歌》；
将糍粑分大家吃，须唱《切粑歌》；
向主人递交奶母钱，须唱《送银子歌》；
吃午饭时，须唱《要午饭歌》；
吃完午饭时，须唱《放下筷子歌》；
娘家送嫁妆，客人要先唱《谢蚊帐歌》；接着唱《谢被盖歌》；
离开时，唱《出门歌》；
新娘的亲友，在寨门堵住寨门不让走，唱《截寨门歌》。

到了晚上，布依族古歌、情歌对唱开始，更是长歌相对，通宵达旦。一般为一夜，有的歌手，甚至唱几天几夜。

……总之，歌诗充满了喜事的全过程。

在旧时代，就是一般的做客迎宾，在敬酒夹菜时，都以诗歌代话。

这种情景，我们在关于婚仪一章中有比较详细的描述，请参照。

对这样的歌诗，因为有盘诘对唱，所以叫“盘歌”，但这样的歌往往伴以酒令，又叫“酒令歌”，实际它们是一回事。

这样的歌在月亮河流域布依族的民间文学中，一般可以分三类：按照布依话称为：

“温盘古”（或“温念勒”）；
“温甲子”；
“温友”（或“温罗”）。

“温盘古”（或“温念勒”）类，主要通过相互盘问与答辩，回答天地是怎么来的，世界是怎么来的，人是怎么来的，等等。其中最为重要的是《温左扪》（布依语音，意造天歌）、《温左嫩》（布依语音，其意造泥土歌）、《温左棚》（布依语音，其意造地方歌）、《温左漾》（布依语音，其意造水歌）、《温左碑左蕴》（布依语音，其意造年造月歌）等等。这些歌，试图回答所有世界上的问题。

“温甲子”类，主要从历法的角度来叙述历法在人类历史发展过程中的作用。有《温左碑左蕴》等歌，阐明布依始祖，并非只是“日出而作，日落而息”，而是在与自然的复杂斗争中创造了“年”“月”，从历法上论述气节对农业生产的指导作用，从十二个时辰来叙述人与自然，以至人与人的关系。

“温友”类，其内容也是对人类历史的产生与发展，万事万物的来源对历史人物的叙述，但侧重于抒情，史实少而抒情多，借史实来抒发情感，源于“山歌”（音译即布依情歌），故有人说是“山歌移屋”对唱而成“温友”是有一定道理的，唱时必须“温友”词句。“温友”或“温罗友”就是因唱这类歌时，均带有“温友”而得名。

在这三类歌诗中，“温友”类的歌诗流传得最好最多，现今都还有许多人和许多时候在唱，月亮河的布依族人平时提到“三天三夜唱不完的歌”，就指的是这种“温友”歌。

这三类歌的内容健康，涉及面广，上至天文地理，下到生产生活。有历史叙事长诗，有造物过程的论述，有赞扬或鞭策人物的叙事；也有慰问、祝福、送别的歌词。三类歌对历史的发展、造物的论述均有涉及，但各有其侧重，而情调也有所不同。

在月亮河流域布依族人的歌诗中，与它的民间故事和传说联系还十分紧密。一般是有一个故事就会有一首同类的歌。如《伏羲姊妹制人烟》的神话故事，以及布依话称为：《温左棚左嫩》《温左碑左蕴》《温包承相》《温王玉莲》等都是既有歌又有故事的。有的故事内容还引用歌诗以应证。对一首首歌诗与一个个故事传说，无法弄清是先有歌诗，还是先有故事传说。

在月亮河流域布依族民间文学中，其民间故事也是丰富多彩的，有神话、传说、风物故事、人物故事、动物故事、寓言等等，其中以《月亮哥阿龙与茅妹阿香》《瓦鞅申》《金花银花》《儿卡故屋》《阿敏智杀狐狸精》《神汉破大案》《老虎跟水牛争当大哥》《月亮河“月朗平桥”的故事》《丢花包 打鸡毛的传说》《月亮河·陇脚的来由》等故事，最能显示月亮河流域布依族人在民间故事上的精神和才华。

第二节　月亮河流域布依族民间歌诗

在前一节的叙述中，我们知道月亮河流域布依族歌诗主要有三类，而且在以往的相关调查中，有人认为除了“温友”这一类歌诗外，其他两类歌诗基本没有人会唱或者说找不到其歌诗了，但是，我们在2008年的调查中，却发现这个说法是有误的，月亮河流域布依族人中的有心者早就保护好了自己的这一份文化财富。我们在捞河地区，不但得到了“温友”类的歌诗，连“温前朝”“温甲子”等歌诗，我们在调查中也搜集到了。在这三类歌诗中，我们似乎还看到一类称为“婚姻仪式类歌诗”的歌诗。

这些在月亮河流域布依族中，一般被称为布依族古歌。这些布依族古歌最初的记录整理为已西寨的小学教师杨喜安，我们在他整理的基础上又进行了整理，这个整理工作是由曾雪飞完成的。其调查地点是六枝特区中寨乡箐脚村，调查时间为2008年8月8日。

这些经过初步整理的文本是散文体的，翻译成汉语的也是杨喜安，但这个翻译在内容上只是布依族歌诗的大概意思，形式上也不是完全以诗文体的形式来处理的。

一、“温前朝”类的歌诗

1.《开天辟地歌》(布依语：温前朝)

第一首

自从盘古开天地，
三皇五帝到如今。
古时候，
没有谁来种植花草树木，
也没有谁用针线做衣服穿。
当时人烟还没有，
有人（猿人）以后靠吃野生的瓜果维持生活。
太上老君知道后，
用锋利的东西开辟了一条通往人间的道路，

来到人间教这些人学做吃的和学做穿的。

第二首

天上一片混沌，
没有人烟，
有一个圆圆的东西像鸡蛋一样。
不知过了多少年，
鸡蛋长大了，
突然出现一声巨响，
里面出来一个人，
这个人就是盘古，
他感觉有一个乌沉沉东西压在上面，
他睁开眼睛一看，
有一种白色的东西，
他就用力把这个白色的东西向上撑，
下面有一种黑色的东西往下沉。
经过几十万年，
白色的东西往上升成为天，
黑色的东西往下沉就成为地。
盘古怕天塌下来，
用手撑住天，
盘古一天伸高一丈，
天就往上高一丈，
地就往下厚一丈。
又过了几十万年，
盘古死了，
他的一只眼睛变为太阳，
另一只眼睛变为月亮，
身上的肉变成土地，
头发变成花草树木，
呼吸变成空气，
嘴、鼻子、耳朵变成岩洞，
骨头变成金银财宝，
血变成了水。

第三首

有一个毛发很长的怪物，
每天都拿一把锋利的东西在野外乱铲乱挖，

它挖累了就乱抓树根吃，
树根有酸甜苦辣各种味道，
它就选有甜味的吃，
它发现甜味的东西是有营养的，
就挖来栽在它的身边，
饿了就吃。
过了很多年以后，
它去世了，
它在去世之前用泥巴捏了一个自己的泥像放在地上。
等它去世后，
太上老君看到这一片没有人烟，
就吹了一口气，
这个泥人就动起来了，
还能够乱吃身边的野草，
活了过来。
从此，就准备发展人烟了。

2.《开亲歌》(布依语：温找舅)

第一首

原来我们家乡的人相互不认识，
你的祖籍是江西，
我的祖籍是湖广。
经过天上的先人开路以后，
你是在江西，
我是在湖广，
我们就相互认识了，
以后才开亲。
开亲后我一到这里，
你就将桌子摆起，
拿碗来放好，
倒好酒，
我客方坐着吃喝都是现成的。
我们吃饱喝足了，
不知道用什么语言来向外家表达我的谢意。

第二首

世上只有楸树和杉树，

楸树独独的一根，
枝丫很少，
杉树是一蓬一蓬的，
长得很茂盛。
楸树赞扬杉树说：
“你的兄弟姊妹多，
我是独独的一棵树，很孤独，
我可以和你交朋友，
你把你的经验教给我，
我的兄弟姊妹才多。”
杉树说：
“我们是从天上来，
太白金星封我们来，
要我们兄弟姊妹团结一致、合心。
我们是生长在条件很好的地方，
我们的家乡很好，
气候也很合适，
所以我们兄弟姊妹才多。”
楸树说：
“我生长的地方条件很差，
我很孤独。”
楸树和杉树就商量找个良辰吉日，
互相来交换家乡，互相串联。
从此，楸树和杉树在木料这方面为第一。

第三首

世上原先有人，
再有鬼，
人是先来统治，
鬼还在后一步。
人在朝以后感觉很孤独，
天天寻找伙伴，
找了几万年，
才找了一个在东方，
一个在西方，
开始相互不认识，
但见面后心里有个印象，
这个人很活泼，

想和她打交道，
当时一阵狂风吹来，
一片树叶从空中飘下来，
树叶上呈现出两帮人在上面，
人们在那里握手，
才感觉到以这种方式交朋友很好，
就边吃树根边找，
东方的人就去找西方的人，
几年后才找到，
在那里条件很好，
就在那里生存下来。
两个人玩得很好，
东方的这个人和西方的这个人说：
我们两个开亲。
西方的人说我们两个玩得很好，
怎么能成亲呢？
晚上，太白金星给他们托梦说：
你们想成亲就去找王母娘娘，
王母娘娘会给你们解决的。”
他们一边走一边说自己的梦，
便一起去找王母娘娘，
顺着河边一边找一边喊，
见到两个女孩子在河边洗澡，
王母娘娘没有答应，
两个小女孩赶紧穿衣服和他俩说话，
这两个孩子便是太白金星和王母娘娘，
她说：
前世姻缘，
你们就成亲吧。
成亲后，
他俩齐心协力搞生产，
后来才有酒喝衣服穿。
从那以后他们过上好日子。

3.《制人伦》（布依语：温找独文）

第一首

从前，

有一个人种了一根很高大的葫芦藤，
这根藤只长了一个葫芦，
这个葫芦长得很壮，
这个人就天天细心地去培植它。
葫芦一天天长大，
大得能装得两个人这么大，
葫芦成熟后主人把葫芦扛回家，
把上半截锯了，
一个口子可以容一个人进去。
当年就发洪水了，
洪水朝天，
娃娃有两个，
主人把娃娃装进葫芦里，
葫芦口往上，
在水上漂，
两个娃娃很安全，
不知漂到什么地方，
当时连续下了七天七夜的雨，
后来太白金星看见人世汪洋一片。
他就用一个铜拐杖，
把他弄下来，
往汪洋一片的地方戳了几次，
变成了岩孔，
水就退了七天七夜，
这个葫芦就卡在岩上，
两个小人爬到葫芦口，
看见悬崖，
喊爹妈都没有应，
便说：谁来放我们下去，
以后我喂得鸡鸭，
我就拿一只分给它吃。
后来有一只大老鹰站在岩上，
抓葫芦从悬崖上飞下来，
下到半岩就累了，
就放在半岩上。
里面没有粮食，
只有一个姐姐和一个弟弟，

伏羲姊妹很灵活，
她姐姐抓自己的肉给老鹰吃，
后来我们的喉咙才露出来，
下来了放在平地上，
伏羲就去河边洗澡，
她的姐姐叫伏妹，
弟弟叫羲弟，
姐姐在河边洗澡时看见一个人影很漂亮，
她就仿造人影捏一个人像泥巴，
捏好后一阵风吹过，
这个泥巴就会走路了，
从那时起，
就有了人类。

第二首

古时候，
有一位少女在河边玩耍，
她感到非常的孤独，
她用河边的泥土捏了一大群泥娃娃。
她口干了就喝河水，
河水喝得太多，
她吞不下去就将水吐在地上。
当水吐到泥娃上面时，
泥娃娃就动起来了。
她看见后，
又吐了很多水在泥娃娃上面，
这些泥娃娃也都动起来、跳起来了。
可是泥娃娃还不会说话，
她去问天上的太上老君，
太上老君让她拿筋竹和芦茅来烧，
烧到第一节时，
大一点儿的泥娃娃就会喊“赖”，
这是苗语，意为“妈”的意思。
烧到第二节时，
炸开了一个泥娃娃，
泥娃娃喊道“咩”，
意为母亲的意思，
第三节一炸，

又喊“妈”。
后来，苗族称为苗大哥，
布依族为二哥，
汉族为老幺，
因为汉族最小，
说苗语，布依族和汉族听不懂，
说布依语，
苗族和汉族也听不懂，
所以大家讲话就根据最小的汉族，
统一讲汉话。

第三首

有两个兄妹在半坡上做活路，
累了就下河洗澡，
一个在上面洗，
一个在下面洗。
当时人烟稀少，
太白金星要他们兄妹成亲繁衍人类，
两兄妹不肯答应，
心想：我们同是一个母亲，
母亲将我们装进一个葫芦里，
太白金星把我们救了出来，
我们在这里生长了很多年。
太白金星又对他们说：
“如果你们不答应就拿一对石磨，
一人扛一扇石磨对面坡上，
另一人扛石磨在这边的坡上，
两人同时将磨石滚下山。
倘若两块磨石没有滚在一起，
你们就可以不成亲；
倘若两块石磨滚在一起，
你们就要成亲。”
兄妹两人把两扇磨石滚下山，
石磨紧紧合拢。
兄妹两人看见后非常不高兴，
就不想再做活路了。
晚上太白金星托梦给兄妹两人，
说：“你们答应我，

倘若磨石从坡上滚下来合在一起，
你们就成亲，
现在你们反悔了，
明天你们一人拿着线站在河的那边，
一人拿着针站在河的这边，
你们将针和线同时抛在空中，
倘若线穿针了，
你们就没有话说了，
你们一定要成亲；
倘若线没有穿针，
以后你们就各找各的对象。”
兄妹俩心想：
两块石头滚在一起有可能，
但是线要穿针，
那些眼睛好的人都不可能办到。
于是兄妹两人便答应了太白金星。
第二天，
兄妹俩按照太白金星晚上托梦说的做了几遍，
结果线竟然穿针了，
兄妹俩没有办法只有成亲，
从那时才发展了现在的人类。

4.《制花草树木》（布依语：温弯 wai<四声，弯 Y）

第一首
古时候，
洪水滔天后，
有很多的树，
但其他的树没有姊妹，
只有杉树姊妹多，
死不绝，
后来世上拿杉树为主，
做房子都要用杉树来做，
其他的树被洪水淹没了，
杉树一蓬一蓬的非常多，
虽然有些被淹死了，
但是还有很多留下来，
所以称杉树为王，

从那时到现在，
无论那时起房子，
结亲嫁女用的桌子，
凳子都是用杉树做的。

第二首

古时候，
有一棵树长在山坡上，
这棵是由三棵树组成的，
三棵树共一个树根。
后来，这棵树保佑附近村寨的人家户。
那几年，
这些人无灾无难，
人们吃饭之前都要端一碗饭在树前供。
这里的牲口长得很壮又很健康，
鸭、鹅成群在河边。
后来，附近村寨的人就商量说：
可能是我们敬这棵树，
我们也很平安，
牲口也不得病，
我们还是要敬它。
大家商量后，
每年劳动途中（指端午前后）人们拿来一碗饭，
一盘肉和三支蒿枝秆当香供树。
从此，
这里的庄稼长得好，
牲口也健康，
人们劳动后，
牲口在旁边等着，
因为那时没有房子住，
只有茅草房，
做活路时鸡、鸭、鹅就在身边等着，
非常乖，
从那时人们就开始敬树。
称这片树林哪一棵最大的就为“神树”。

第三首

古时候，

有一群猿人住在岩洞，
岩洞里面非常潮湿，
把树木捆好，
捆好后就住在里面，
三五家住在一起，
那时生产也在一起，
大家同吃同住，
不要报酬，
这里几家，
那里几家，
互相交朋友，
又才开亲，
开亲后又用树木做桌子，
亲戚来了才有坐的。
当时还没有做出凳子，
用石头垫着当凳子坐，
后来又仿造桌子来做凳子，
那时聪明的就封他为王，
大家尊敬他，
树木哪个高大，
我们就称它为神，
从那时就互相开亲，
这群人（猿人）相互商量着，
我们把树木扛回家的就有用处，
并把树木保管好，
由来我们这一辈才用树木做家具，
从那时起我们才有桌凳给亲戚坐，
没有酒肉，
就用茶代酒，
瓜果当肉招待朋友。

5.《筑墙安居》（布依语：温问盒）

第一首
古时候，
本朝（指本地方）很乱，
人生存不安，
有些人（猿人）已经逃去外地了，

只有胆大的人留在本地方。
所以人烟稀少，
田野昆虫也多，
损害了庄稼，
有不少的良民吃粮食中毒了，
后来人们（猿人）就组织起来，
有的拿木棍，
有的拿刀（指锋利的东西），
去别的地方生存，
见到哪个地方有房子，
就和哪户人家住在一块，
久而久之就变为寨子。
勤快的就变成了大户人家，
强的就欺负弱的人家户，
强迫弱的人家户帮他们劳动，
富的人家就在家，
不劳而获，
哪个强就有吃，
哪个弱就挨饿，
强的欺负弱的人家，
后来就变成了头领、有士兵，
打起来就有伤亡，
血都染了地面三尺深。
强的霸占了天下，
后来变成了佣人和清官。

第二首

古时候，
有一个年轻小伙子长得好，
他在山坡上做活路，
有一个小女孩也长得很漂亮，
两人相爱并取得了家族的同意，
并成了家，
成家几年后，
他（她）们相亲相爱，
非常和睦。
但是根据上面的号召，
男孩子要去参军，

出门的那天小女孩把自己的银手镯掰成两半，
一半给男方，
一半给女方（指自己），
并对男孩子（丈夫）说：
“我们一人一半，
不知道什么时候才能相见，
我们就留着作纪念。”
男孩子一去就是几个年头，
妻子在家很挂念他，
就看个良辰吉日去找她男人。
找到他的男人后，
看见他在筑墙，
又看见二十多人共同抬一块大石头，
很笨重，
又不安全，
便问他：
“你来这么长的时间才筑这么多？”
他说：
“一块石头我们要十几人或二十几人、三十几人抬，
这块石头很难抬，
所以我们要修好墙才能回去。”
这位女孩听完这话后，
便扯自己的头发一根连一根，
拴在一起做成一根绳子，
把绳子绕在石头上，
再让他们抬起来，
石头变得很轻了，
原来二十多人才能抬这块石头，
现在两个人就能抬起来，
筑墙一个多月的时间，
现在只要两三天时间就能完成，
墙筑好后，
两人安心回家，
回家的半路上，
领头的（指官员）见小女孩长得很好很漂亮，
准备强占她，
后来被他俩识破了，

两个便到河边去跳河自尽，
就变成细纶鱼了。
所以，
人们拿到细纶鱼就说是这两个人变的。

第三首

古时候，
有一个人走过一座山坡，
看到山坡坑坑洼洼，
他准备把高的地方填平，
他想把它填成平原，
这样可以做庄稼，
他这样想后，
就天天在这里挖，
突然一阵风吹来一片木叶，
便捡上来看，
发现有一位小姑娘像出现在木叶上，
人生得很漂亮，
他就把这片树叶拿到手中，
丢下活路不做了，
便去找这个姑娘，
找了很久时间，
到了一个集市，
见到一个小女孩在她家的绣花楼上绣花，
他拿出树叶上的像来看，
正是这位女孩，
他就喊这个女孩下来，
小女孩也看见他长得好，
小女孩还看见这个男孩走路时离地三寸，
心想是仙人。
女孩便下楼来与他说话了，
两人心里一个爱一个，
两人就悄悄走（指私奔）了，
不知道走了多少天，
就在那里生存下来。
又看见河对面的人家户经常欺负这边的人家户，
他家两人就在河这边修了一个房子，
天天拿河边的石头修墙，

修累了就睡觉，
第二天醒来时，
看见变成一个长长的围墙了，
第二天他们又继续在那里修，
修到天黑有胸前这么高，
他们累了就在这里睡下，
第二天醒来，
墙又升高变长了。
天天这样修墙，
就把河对岸两面的人隔开了，
修到老的时候，
成亲后，
儿女也有了，
他们也人老体弱，
从此后那座墙就变成了一堵永久的城墙了。

第四首
古时候，
天下很乱，
气候也不好，
天天下雨，
天下的人很乱，
一个欺负一个。
有一天，
一个伶俐的人找个聪明的人来算，
我们在这个地方安居乐业好不好？
这个地方不好，
就找一个安静、稳固的地方住。
聪明的人便说：
这地方不适，
水也有毒，
你们不能安居，
所以这些人就决定逃到异乡去了。
但到半路又遇到毒蛇、猛兽，
把这些人吃了，
只剩下了一对年轻的夫妇，
这时夫妇跑到一个平原的地方，
就在那里安居乐业了，

每天在那里边生产，
边修墙防毒蛇猛兽。
多年后，
子孙们也发达了，
成了一个寨子，
寨子没有房子和树木，
就拿泥巴围成墙在那里住，
边生产边筑墙，
割草修墙，
一代代修传下去要修墙防毒蛇猛兽，
临终时，
他就对儿子说：
我们是从老家来，
但老家在哪里我也记不清楚了，
记得地方很乱，
我们就往外逃，
逃到途中被毒蛇猛兽吃，
才剩下我们，
那时我们才二十多岁跑得快，
跑不快的人就被野兽吃了，
后来他儿子们才将这个墙修到第二辈，
才把这个墙修好，
那时候，
人才安心得过日子，
安居乐业，
酒肉吃不完用不尽。

6.《制谷子》（布依语：温找好找布）

第一首

古时候，
人们在田里生产，
庄稼生长得很好，
夜深人静的时候把成熟的粮食收进家，
有的收在家，
有的收在外面，
有一天晚上谷子对玉米说：
“他家人没有保管好，

我们要想办法走，
突然有一天，
有些谷子掉在一堆牛屎上面，
他家奶奶看见了就捡起来吃，
捡来后将谷子壳剥去便吃，
谷子对玉米说：
这位老人家把我们保管得很好，
我们要把这个老人服侍到过世后我们才走”。
后来老人过世。
几年后谷子和玉米就飞走了，
这家人没吃的，
只好逃荒，
不知过了多少年，
洪水朝天后，
狗游到河对面，
对面人家户把谷子晒在地上，
狗在上面打个滚，
才有谷子粘在上面，
又游回来，
主人见有谷子在里面，
把谷子收好，晒干，留作种子。
他们又找树根充饥过日子，
后来把谷子种好后才有很多很多的粮食，
从那时起人们才把粮食保管好。

第二首

古时候，
大家吃树根，
吃果子，
不会做吃的，
不会做穿的，
后来神龙皇帝才来种下谷子，
分成五谷，
有苞谷、高粱、稻谷、天心米、小米。
粮食是神龙皇帝种的，
衣服是轩辕黄帝时才制衣服，
原先人拿树皮、坡上的藤麻，
拿来煮，

煮好后，
男女老少大家一起动手，
背到有水的地方洗，
洗干净后再背回家来晒、拉、捞，
姊妹们搓的搓，
纺成线后又织成布，
后来学用布来避寒，
身上的麻布不贴身，
又拿树叶背在身上，
裹在脚上，
人的身上感觉暖和，
从那时起人们才会做布，
会做粮食，
有了粮食又不会做吃，
只好把用来烧，
烧好后乱抓来吃，
有的吃了糊的也不认识，
你吃的苦味，
我吃的甜味，
大家就相互换着吃，
没有糊的米吃起来甜，有香味，
拿谷子来烧，捡来吃，
从那时起，
人类才开始学会做吃的。

第三首

古时候，
还没有粮食，
吃树皮，
无法生存，
有一只动物跑到他们身边来，
叫麒麟，
样子像山羊，
从河的那一边带的粮食来，
又还不会做吃的。
有一天，
一家有一对夫妇，
女人在家里淘米，

男人上山捡柴，
女人在家淘米来吃，
说她馋嘴，
男方拿柴捆成一捆一捆的，
用鞭子赶柴下山，
柴一下滚到房屋边，
打出了很响的声音，
女人正在家里淘米吃，
一下慌了，
便说：
“下一次你不要用鞭子赶柴，
要用肩膀扛，你才来，
不用肩膀扛，你就不要下来，
弄得我的粮食只有一小点，
烧煳了、可惜。”
古时的柴是用鞭子赶，
后来人们才用肩膀扛，
女人到地里看见粮食很多，
看见苞谷秆上每一节都长有一个苞谷，
苞谷上面有谷子、谷穗，
收割的时候很麻烦，
就把谷子就栽在田里，
苞谷栽在地里，
经过这个女人的奉承后，
苞谷就少了一点，
一棵只有一个苞谷。
从那时起，
苞谷一个秆只有一个苞谷，
到现在每一秆就有一个苞谷了。

二、温甲子类歌诗

1.《甲子歌》（布依语“温甲子”，此歌一般用汉语唱）

金

甲子乙丑海中金
壬申癸酉剑锋金
庚辰辛巳柏腊金

甲午乙未沙中金
壬寅癸卯金箔金
庚戌辛亥扯转金

木
戊辰乙已大林木
壬午癸未杨柳木
庚寅辛卯松柏木
戊戌己亥平地木
壬子癸丑桑遮木
庚申辛酉石榴木

水
丙子丁丑涧下水
甲申乙酉泉中水
壬辰癸巳长流水
丙午丁未天河水
甲寅乙卯大溪水
壬戌癸亥大海水

火
丙寅丁卯炉中火
甲戌乙亥山头火
戊子己丑霹雳火
丙甲丁酉山下火
甲辰乙已佛灯火
戊午己未天上火

土
庚午辛未路旁土
戊寅己卯城头土
丙戌丁亥屋上土
庚子辛丑辟上土
戊申己酉大余土
丙辰丁巳沙中土

唱甲子我们要分清，
要分六官和六阳，
甲子就是为老子，

甲寅就是为老娘，
丙申就是如付虎，
己酉丑就配山河，（山指地，河表示水）（三合：人与人合，天与地合，山与水合）
壬午戌就站旁边，
亥卯未就站中心。

三、婚姻仪式类歌诗

1.《买牛·卖牛歌》（布依语：温奔独）

第一首

从前有两个兄弟到处乱窜，
有人问这兄弟俩去哪里呀？
他们说：
唉，我们不去哪里，
我们要去上方做生意，
走下方去买牛，
但是还没有看见牛，
有很多人讲了以后，
人家认为我们是强盗，
还不送我们向前去，
兄弟俩也没有办法，
后来给他们打招呼，
我们不是强盗，
我们是专门买牛，
我们是来买牛去外家的，
你们要让我们看一下，
你们讲多少钱，
我们就付多少钱，
我们要把这个任务完成，
如果你们不愿意给我们看，
我们就去别处了，
后俩人继续往前走。

第二首

从前，
有俩兄弟，

他们去买牛，
还不知道牛是什么样子的？
摸它的头，
牛会摆头，
摸它的牛角是滑的，
牛的主人来了，
问：你们怎么要来看这头牛。
兄弟俩说：
我们有事准备去亲戚家，
看到你家有这么多牛，
准备买一头牛，
你要多少钱，
便从布包里拿钱来，
你们买了多少钱没关系，
你们要去上税才来，
再到牛主家付钱，
兄弟俩听后赶忙去上税，
得了税票，
兄弟俩就拉牛回来了，
牛圈还没有关好，
牛跑出来了，
希望外家高抬贵手，
没有牛肉吃，
你们就拿其他的素菜给我们吃，
下一次我们再买头牛给外家，
种地也好，
饲养也好，
你们外家先做给我们吃。

第三首

从前有两兄弟去赶场，
走上方去买牛，
没有牛。
又走下方去买牛，
买得了牛，
拿回家要把牛拴好，
关好牛圈。
老人讲：

请你们兄弟俩走时记得把牛圈关好，
这回外家的大舅或二舅比较有力气的来帮我们杀牛，
杀牛不杀头顶，
要杀脖子，
杀的时候要注意，
牛死后，
血会掉出来，
就没有多少血了，
你们杀了以后，
什么都不管，
先拿牛肝、牛心、腰子收拾好，
很多人想吃这些都不得吃，
外家看见我们亲戚来了，
你们还要拿这些好的菜给他们吃，
我们就吃了，
但我们不会谢外家，
我们吃了以后，
你们请高抬贵手，
下次我们做活路来弥补。

2. 《新时代歌》《布依语：温配盒》

第一首
前面还有国民党，
还有蒋匪帮，
国民党还管朝代，
公元 1949 年，
贫苦人才进入幸福的阶段，
这帮人马是从哪里来的，
陕甘岭边区，
谁不知常胜将军刘伯承，
能文能武是陈毅，
勇猛善战数贺龙，
周副主席并肩站，
还有领袖毛泽东。

第二首
1949 年，

公元掌朝代，
布依族和其他民族都一样，
在南下大军的领导下，
把家乡的土豪劣绅打倒下去，
蒋家王朝彻底覆灭。
脚踏旧社会，
共建新家园。
本省府有河边公园最有名，
黔灵公园名誉威望，
前辈洒血染江山，
后备继承先烈志，
经常呼唤后代人，
永保祖国建家乡。

3.《谢外家的晚饭歌》（布依语：娘桌低得，意为“放筷子”）

第一首
现在我们在外家吃饭，
找不到什么谢外家，
请外家的姨妹、舅子把碗筷收回去，
我们坐的是银做的桌子，
金做的凳子，
我们也没有什么来谢外家，
我们吃的碗，
要谢外家的碗，
我们用外家的筷子，
要谢外家的筷子，
我们不谢，
以后没有脸面到外家来。

第二首
我们吃饭后，
我们放下碗了，
我们乱放在桌子上，
是没有礼貌。
外公外婆要理解，
不要埋怨我们，
下次我们再来谢外家的情意，

我们把筷子放在这里，
马上要去摆寨啦，
两三个小时后我们才来，
我们才唱出更热闹更富贵的语言来，
希望外家高抬贵手，
下一次，
我们休息后再唱来，
外家不嫌弃，
我们唱得好不好，
把外家的这个酒席要唱，
请姨妈、舅妈都忙你们的，
多谢了！

四、“温友”类歌诗（也就是布依族情歌）

1.《找药做酒》（布依语音“找乐”）

从前没有风和雨，
没有阳光照耀大地，
人类想找酒药无法晒。
后来才有风和雨，
才有阳光照耀大地，
人类才找酒药来晒，
学制酒药。

2.《造酒歌》（布依语音“找老”）

卢林和杜康，
造酒有七方，
隔壁三家醉，
开坛十里香。

3.《吃晚饭歌》（布依语音“温根朝”，有两首，意思一样。）

待到吃晚饭时，
听到碗筷声响，
听见情妹脚步声，
站在房脚等哥喊，
站在门口等郎声。

4.《相逢歌》[布依语音“温同”duang（四声），有两首，意思一样。]

久了见郎不相识，
如今见了妹心翻，
见了郎哥言难尽，
见了阿哥死心甘。

5.《赞扬河边》（布依语音“巴炸”，有三首，意思大体一样。）

鲜花开在江河畔，见花颜色不一样，
见妹群群站河岸，不知妹心想哪边。
哥想阿妹想忘食，不知阿妹在哪方，
哪时和妹见个面，见了一眼也心甘。

6.《找水井》（布依语音“温找卧”，有两首，意思大体一样。）

口干想水半山腰，
爬到山腰水不淌，
哪个制水来解渴，
哪个喊我上山腰。

7.《行河欢畅》（布依语音“温友随大”，有三首，意思大体一样。）

兄妹双双顺河上，
不见蝴蝶双打双，
只见蜻蜓对打对，
哪时和妹（指远方妹）把家当。

8.《上寨子歌》（布依语音“温很果”，有两首，意思大体一样。）

顺河而上心欢畅，
但不见新藤缠新藤，
只见新藤缠树子，
（我）找了半天和谁缠。

9.《小河淌水歌》（布依语音“温锁大捏”）

顺河而上水不响，
听见小河响叮当，
行人过去水不响，
水响成了（情）妹声音。

10.《猜神禁·猜菩萨》（布依语音“温昂已昂缪”，有两首，一首猜神禁，一首猜菩萨。）

第一首

带了阿妹上树林，
见了林中棵对棵，
不知哪棵是神树，
不知哪妹知心人。

第二首

随妹进了新庙房，
里面菩萨几十个，
菩萨等双人拜礼，
哪时和妹来拜堂。

11.《猜狗》（布依语音“温昂平碰”）

什么动物叫汪汪，
什么阿妹想阿朗，
哪时喂狗守门槛，
哪时得妹进屋堂。

12.《本朝歌》（布依语音“温早平问”）

本朝（指本地方）原是无人管，
土匪人下反上来，
只看阿妹心和意，
一共反匪建家园。

13.《建朝建土歌》（布依语音“温左平左难”）

古根没朝又没土，
无法生存（郎、妹）心慌，
仙人撒下肥泥土，
郎妹朝中建世人。

14.《抬天上升》［布依语音“温约奔约览（一声）”］

单人顶天天不上，
单人在世心不乐，
人多顶天天上升，

心多想事事不成，
一心顶天天升了，
二人心事办不成。

15.《犁土成坡》（布依语音“温栽坡栽巴”）

仙人犁土成山坡，
层层叠叠难见哥，
踏平山坡成平地，
走完山路见阿哥。

16.《造菜造饭》（布依语音“温左巴左好”，有两首，一首是造菜，一首是造饭。）

何人造菜来办酒，
何人造饭办家堂，
建了家堂何人管，
造了酒菜办何人。

17.《建市场》（布依语音“温左且”，有两首，意思大体一样。）

世上建市给人赶，
郎到市场冷冰冰，
阿郎赶场冷不管，
只怕阿妹来变心。

18.《放罗盘》（布依语音“温仲金仲罗盘”，有两首。）

放了罗盘好建房，
盘针本是指南方，
（心）想和妹成双对，
不知阿妹想哪方（方是指情人）。

19.《建房屋》（布依语音“温当元”）有三首，一、diang（二声）奢（一声）（汉：看日子）；二、当元（汉：立房）；三、借元（汉：装饰房子）

建了房屋何人装（饰），
装饰（了）房屋何人管，
如有阿妹管家产，
那时阿郎心也乐。
鲁班造屋给妹管，

堂前屋后（打）扫干净，
郎从坡上（生产回来）心也欢。

20.《贴门神》（布依语音“温凳门神”）

新房门神多又多，门前看见坡对坡，
妹在家中心也闷，哪时做饭等阿哥，
门神贴来驱妖邪，家神贴来保平安，
贴了家神家运顺，五谷盐茶堆成山。

21.《赞颂新房》（布依语音“温抬元不老”，有三首，意思一样。）

老人新房间连间，
盖了瓦来行对行，
里面乐器挂满了，
一两年子孙满堂。
老人上房对下房，
上房本是媳妇在，
下房又是老人堂，
亲戚朋友中房坐，
阿哥阿妹喜洋洋。

22.《赞芦笙、笛子、二胡、月琴》（布依语音“温友叮又谈”）

芦笙（笛子）声音轻悠悠，郎提月琴串寨弹，
二胡声响逗郎爱，月琴声响逗妹愁，
手提碗来想郎面，郎弹琴来妹纺线，
妹纺线还为了郎，哥妹（指夫妻）在世心自由。

23.《赞松柏》（布依语音“温友期友问”）

松柏叶子青又青，
问妹真心不真心，
若是真心无假意，
生要连来死要跟。

24.《赞花》（布依语音“温长挖长勒”）

各种花开红艳艳，很多情妹心不平，
好花开来都会谢，阿妹好话会断情。
天上下雨起黑沙，前面走了一枝花，

三天赶马赶不上，擦起眼泪转回家。

25.《赞扬帕子、花荷包》（布依语音“温长弯长招”，有两首，意思大体一样。）

妹绣帕子与荷包，
绣好给郎挂身腰，
挂多来郎不爱，
挂少来妹心焦。

26.《谢主人的宵夜饭》（布依语音“温友送挨”）

吃了主人的夜宵，
好似与妹过山腰，
哥有心来妹有意，
妹掉水牢哥来挑。

27.《姊妹心翻》（布依语音“索用索哟”，有两首。）

坐桥头，
坐在桥头望水流，
望见鱼儿成双对，
望了情妹哥心愁。

坐桥腰，
坐在桥头望水漂，
望见鱼儿成双对，
望了情妹哥心焦。

28.《唱鸡叫歌》（布依语音“温友该憨”）

鸡叫五遍妹想家，等我回家问爹妈，
和我爹妈问好了，说起成家就成家，
鸡叫原来本五更，等我回家问母亲，
和我母亲问好了，说起成亲就成亲。

29.《爱情永不离》（布依语音“温友坐静”，有三首，意思大体一样）

连妹连到这如今，问妹真心不真心，
砍下头颅不要紧，生要连来死要跟。
连妹连到二十三，若有对头上法院，
尖刀拿当凳子坐，铁链拿做裹脚包。

30.《出嫁远路伤心歌》（布依语音“温烟卡烟开”，有两首，意思一样。）

妹嫁远门泪汪汪，郎在家中想断肠，
不然同郎私奔了，吃了野菜心也甘，
妹嫁以后泪汪汪，郎在家中想断肝，
不然同郎上法院，自主自愿自结婚。

31.《他家不好》（布依语音“温言勒言牙”，有两首，意思一样。）

妹嫁得个破家产，
只会吃饭不出声，
只妹一人做生意，
转来句句骂狗声，
狗吃饭会摇尾巴，
自己夫人看家狗，
猪狗不如他也不吭声。（注：接亲家女时不能唱此歌，只是农闲时唱着玩，但也不唱为好，唱了有伤感情。）

32.《订吉日》（布依语音“温冤恒完”）

初三十三二十三，郎拿皇历不会翻，
良辰吉日妹订好，随你约我哪天贪（哪天玩），
约妹走了五里坡，走了一坡又一坡，
同妹多来有人见，同妹少来心不乐。

33.《同心私奔》（布依语音“温同配同条”，有两首，意思大体一样。）

同妹私奔过大潭，过了一潭又一潭，
私奔多天人够了，人累死了心也甘，
同妹私奔过山坡，过了一坡又一坡，
人累心死魂魄掉，相对笑来心也乐。

34.《心不愿向法院告状》（布依语音“温锅唱”）

心不愿向法庭告，小得父母包办心不乐，
跪在庭前法官问，为啥双双跪桌前，
妹站上来讲大声，父母包办了婚姻，
法律上婚姻自由，男女双方笑吟吟。

35.《天亮歌或分离歌》（布依语音“温坐用”）

同妹唱歌唱不尽，唱到天亮又分离，

唱了情歌说不完，说起分离眼泪滴，
说起分离就分离，分离就像水下潭，
说起分离眼泪淌，淌了十年擦也擦不干。

第三节　月亮河流域布依族民间故事

在月亮河流域布依族的民间文学中，最为亮丽的应该是其歌诗，它除了我们作为民间文学的审美意义外，因为它与月亮河流域布依族的民间习俗文化关系十分密切，又显现了它在民族学、文化人类学上的非凡价值，这一点，我们在以后的论述中还将论及。但是，它的民间故事亦十分出色。这些民间故事也是既在审美上有其自身的意义，在民族学、文化人类学上也很有意义。

我们在这方面没有做专门的搜集、整理和调查，但前人已经做过的搜集、整理已经比较能说明问题了。

在月亮河流域布依族的民间文学中，我们从许多人搜集、整理的月亮河流域布依族民间故事中梳理出 10 个来，它们基本反映了月亮河流域布依族民间文学的一个重要方面。

1. 月亮河阿龙与茅妹阿香

相传在很久以前，几户布依人住在月亮河边。一天晌午时分，一位挖野菜累了的妇人，尽管当时天边飘着细雨，但汗流浃背的她，还是去神泉边喝水，不幸碰上独鳄（布依语音译，彩虹）正在那里吃水。五颜六色的龙身，长鼓眼的龙头，吓得那妇人昏晕泉边，当她醒来时，已躺在自己的竹床上。自那以后，就算第二天能起来，但总感到很累。

阴阴阳阳过去了九九八十一天，妇人觉得肚子里好像有什么东西。说遇着神，神也敬了；说碰上鬼，鬼也退了。而且还暗中来了个“神药两解”，吃了不少中草药，但却不见效。肚子里的东西一天天长大，直到 10 个月后的一天清晨，肚子里会动的好硬块，“哇”的一声，才知道原来是身怀有孕，得了贵子。人们给他取了一个美名——阿龙。

布依男女青年谈情说爱的发源地，可以说是集市的花线巷。乐于钩花刺绣的布依少女赶集，一是为了买彩色花线；二是主要幽会自己的情人。后生们赶集，主要是为寻找或约会自己心爱的情人，也自然云集花线巷，故布依人常对那些情感淡薄的人说“好且媒堂巷于允”（布依语音译，赶集不到花线巷）。

阿龙长到七八岁，常跟后生们出入花线巷。到了 10 岁的阿龙，却独自去赶集。据说，那时最繁华的花线巷要算夜郎洲（布依语音译，“夜郎”是地名，“洲”是城）的花线巷了。人们发现，阿龙总是在雨后或晨雾时刻去赶夜郎洲的。经多次窥伺，终于发现雨后或晨雾时分，有一条大彩虹，一头在月亮河畔，另一头却在南方最远的天边——牂牁江。阿龙就凭借这条彩虹进出夜郎洲的。

阿龙的到来，似乎给夜郎洲增添了光彩。人们觉得自那以后，花线巷拥挤多了。各色鲜艳的花线映衬着越来越多的姑娘，使之更美丽可爱；但梦中出现的那位姑娘，总是寻觅不到。阿龙心中在喊："仙女般的姑娘啊！我心中的情人，你在哪里……"

却说，居住在江畔的布依人家，有一位美丽可爱的姑娘，粉红的脸庞好似欲开的刺梨花。她的美，盖过牂牁江一带，阿妈给她取名"阿香"。女儿美得可爱，当妈的从不让女儿离开家门；可年近二八的姑娘，听到人们称赞夜郎洲出现的男子，决心背着阿妈前往夜郎洲看个究竟。

梦中再现美丽可爱的姑娘，是阿龙反复出现夜郎洲的唯一动力。功夫不负有心人，就在到花线巷的七七四十九天后，阿龙终于盼到了那位梦中常出现的姑娘。啊！是一朵盛开的刺梨花，是一位超仙女般美丽姑娘，和自己梦中见到的一模一样，但比那更美更可爱！

阿香同时也窥见了阿龙，这是天意，前世姻缘，一时两人发呆。你看他俩："秋波传情目对视，脚下互踩扯衣角；玉指欲伸半遮面，花巾手中微风飘。"他们很快窜出市外，自然一见钟情。

动听的布依情歌，使林中诸鸟让位，忠贞的青年情感，令枝头小鸟点头。他俩用歌声互吐真情，以忠诚共定决心，初次情会，头顶圆月，只见阿龙附在阿香耳边"你是茅口的仙女，布依举世无双的美人，让我叫你茅妹吧！"

"你是月亮河独一无二的帅哥，是布依人中的美男子，也允许我称你月亮哥吧！"

月亮哥与茅妹频繁幽会于夜郎洲，不幸被夜郎王手下一宠臣闻见，那宠臣急忙回宫讨好："大王，今天小人在花线巷上碰见一美女，见她虽穿戴朴素；但其天然之美盖过夜郎城，可以说胜过我们现有的宫女，不如将其请进宫，以侍奉大王！"

唯我独尊的夜郎王，住处对他如获至宝。"蠢材！为何不将她带来！"

夜郎王如坐针毡，在王宫专等。

夕阳西下，宠臣汗流浃背失魂落魄地回到王宫，跪在夜郎王跟前，语无伦次地哀道：

"尊敬的大王，集市已散，美女不见；不过小人已打听到其下落！"

"说！在哪里！"气急败坏的夜郎王，一时忘了自己的身份而大吼道。

"美女是布依人，家住牂牁江畔，是大王的臣民，叫阿香……"

"限你在八个时辰内，将人带到……"

宠臣点了几名干将，连夜赶去牂牁江畔。

次日清晨，茅妹被带到夜郎王面前。

"尊敬的大王，人已带到，这是阿香。"

一位千娇百媚的布依少女，竟使富丽堂皇的殿堂失色。

"啊！是一位天姿国色的大美人！"夜郎王内心赞道，一时不知说什么好。

"祝你好运，你被君王看中了，今后你就在宫里侍奉君王。"一位大臣毫无隐讳地对阿香说。

“侍奉什么！我家中还有许多事情要做，绣花织布，刺绣做衣……”

没等阿香说完，宠臣献媚地说“侍奉什么！你侍奉得好，可以做君王的妻子，懂吗？”

听到“妻子”一语，阿香严正地声明“我已有心爱的情人，早已定下自己的终身！”

“谁？”

“就是常往来夜郎城的那位师哥。”

“何方人氏？”

“月亮哥！”

“什么名字？”

“月亮哥！”

第二天，阿龙被带到王宫。夜郎王见到面前这么一英俊潇洒的布依青年，望而生畏，如临大敌，心一下冷了；但夜郎王之心（自大）使他很快清醒，问道：

“哪里人？”（明知故问）

“月亮河。”

“啊！我的臣民！”（显威风）

“什么人？”

“布依人。”

“什么名字？”

“阿龙。”

“不是月亮哥吗？”

“月亮哥，是我的情人，我未来的妻子给我的爱称，正如我尊称她茅妹一样。”

听到“妻子”字，夜郎王一下脸涨脖子粗，但仍强作镇静，软硬兼施计谋已形成。此时决定先发制人，故说道：

“年轻人，别称她什么茅妹啦，她是有名的牂牁江阿香（并提高其音量）是——我——的——臣——民！！”

紧接着嚷道：

“我已决定招进宫里使唤！从今以后，她不再是你的什么情人，更不会成为你的妻子。”

“为什么？”

“这是宫中需要！是大王的需要！”

立在夜郎身边的那位宠臣，听到阿龙的锋芒后，立即上前献媚地插上一句：

"年轻人，阿香进宫已定，只看你对君王有其他什么要求？"

"放弃阿香，失去了爱情，我大王会大大的给予补偿。"

夜郎王如释重负，继续施展，提高语气，再次强调：

"给——予——补——偿！重——偿！！！"

"……夜郎国里的布依臣民，全交你管辖！"

宠臣与夜郎王的双簧表演，气得阿龙站了起来，严正地指出：

"勤劳的布依领地物产丰富我知道，但比不上我与茅妹爱情的价值；布依人的山川美，那是我自己的家乡；但也比不上我的情人，我未来的妻子——茅妹阿香美！请不要耍花招，把本来属于我们的给我，就是给我整个夜郎国，在你看来最大；但远远比不上我与茅妹阿香的爱情，江山易改，爱情难移！你们懂吗？"

"你想想吧！你是君王的臣民！"

原想唾手可得的夜郎王，想不到垂头丧气结束了第一天的谈话。

王宫里灯火通明，夜郎王吩咐的任务，侍臣个个愁眉苦脸。眼前，月亮哥与茅妹，确实是天生的一对，茅妹之美，使大王愿丢半壁江山；月亮哥之帅，除去江山与财富，大王哪里比得上呢！争来说去，绞尽脑汁，鸡叫时分，歹毒手段出笼了。

宠臣急速进去寝宫，向彻夜不眠的夜郎王禀报，如此这般除掉阿龙……

清晨一早，阿龙被带到夜郎王面前。

"昨晚一夜，想好了没有？"宠臣问道。

"早已想好，只能跟茅妹阿香结婚！"

夜郎王满脸愁容，但却以宠辱不惊的势态说道：

"我为我夜郎大国有你这样的臣民感到高兴，忠于爱情，好！我成全你们。不过，得有个条件！"

"什么条件？"

"限你们三日之内，将月亮河改成从东向西流！如期完成，我大王为你们主持婚礼。若完不成，割掉你那诡辩的舌头，砍掉你这趾高气扬的狗头！"

为了爱情，阿龙什么条件都答应了。走出夜郎洲城门，脚一跺，眼一眨，一条彩虹架天边，一头扎在月亮河边，阿龙回月亮河了。

据说，阿龙回到月亮河当天晚上，他思考的是如何把茅妹带出夜郎国，远离这无法无天的夜郎王魔爪，想着想着，睡着了。

梦中，一位白发红须老人对他说：

"孩儿！你不能逃离夜郎国，那里有养育你的月亮河布依母亲，有曾支持帮助你的布依兄弟姐妹。要河水向西流有何难！有龙才有水，有水才有河，水是我们管，水流我们定，月亮河西流，来日定完成。”

传说，白发红须老人就是老龙王，阿龙所谓“睡着”其实是回宫求援。

第二天深夜，未入睡的人们似乎感到天摇地动，竖耳静听，西方天边还不时传来天崩地裂的声音……

清早起来，人们感到太阳好像比以往晚了许多，认真细看，原来东边的山比以往高多了……

阿龙一眨眼的工夫来回月亮河西端，东头只见一向东流的源头井水，已被分了一半注入月亮河，成为该河向西流的源头，后人称为“龙分水”。“龙分水”的称谓仍延续今天。西流出口处，因山过大，山石一时找不到存放处，据说主要是为了方便后人来往于南北两岸，是阿龙提出打个大涵洞，后人称为“天星桥”。此称谓也仍延续到今天。现在的月亮河实指上起“龙分水”，下至“天星桥”。

三日期限已到，月亮哥阿龙，改道月亮河向西流业已完成。

清早进入夜郎洲，跨进夜郎王殿，请夜郎王派人验收月亮河改道工程，正式与茅妹阿香完婚。

接待阿龙的宠臣，听完情况后大吃一惊，结结巴巴地说：“茅、茅——妹阿香，与——与你完婚一事，待查看后，再——再议！”

午后时分，夜郎王正式召见月亮哥阿龙，只见其两边站着杀气腾腾的武士，森严壁垒，气氛紧张。夜郎王横起枝节，蛮横无理，宣称：

> “阿龙，我限你三日之内，并不包含第三天，现已是第三天，已超出期限，这是其一，你已违抗大王之罪；其二，是犯杀头之罪；你借改河道之机，把月亮河完整美丽的西山戳了几个大窟窿。本该就地斩首，为了警示臣民，明日集市斩首！”

夜郎王的罪恶目的，是要当着阿香的面除掉阿龙，让阿香了结与阿龙的爱情之心。因此决定，在集市上，在阿香面前斩首阿龙。

行刑那天，夜郎城人山人海，城市上空乌云密布。

接近午时，夜郎武士押着人犯进入刑场。人们看到，人犯不是别人，而是近几个月常常与阿香出入花线巷的那位英俊潇洒的布依青年。刑事场正中却放着一把宝座，夜郎王洋洋得意地坐在那里，陪着他坐在一起的，竟是常与即将斩首的那位青年双双出入花线巷的布依小女阿香……

乌云密布，黑云压顶。为能在暴雨到来之前回宫，执刑征得夜郎王的允许，开始宣布……

正当念到阿龙的“龙”字时，顿时雷电交加，一声巨雷，刽子手手中的斩刀被震掉在地上。闪电中，人们见到一道巨大的彩虹挂在天边，一头立在牂牁江，另一头插进远在天边的月亮河……

转眼看到刑场，不料五花大绑的阿龙不见了，就是陪在夜郎王身边的布依少女阿香也无影无踪。只见夜郎王呆若木鸡地坐在那里。暴雨中的夜郎王，与其说是个人，不如说是一只落汤鸡。

据说，正当雷声震地，雷电映出彩虹时，人们就看到，一对男女相依沿着彩虹上了蓝天，朝着月亮河方向隐去。

“夜郎王斩阿龙，上天不容!”很快传遍全国，举国上下，尤其是布依臣民，无不祈求神灵保佑阿龙阿香永远摆脱欺压百姓的暴君——夜郎王。

传说，月亮哥阿龙，原是一龙王转世，今遭夜郎王迫害，决心返祖复龙；但他听从老龙王所劝，不忘月亮河母亲的养育，不忘支持帮助他的布依兄弟姐妹，决心保住月亮河流水向西，拟定几年一次来回龙分水——天星桥巡视。

巡视月亮河，实为对月亮河布依人抱恩的举措，是对布依人深情的表露。不幸在一次巡视中，碰上夜郎王属下的一个臣民。据说那臣民是个苗族后生，与情人过湾龙坡，他肩挎着一张弩，当他看到五颜六色的金龙时，开始被吓得惊呆，接着欢跳起来：“……见了龙不死就是富！我要富了!”狂后清醒，夜郎王告诫的话，似乎又在耳边响着“凡见到龙，不需上奏，就地屠杀!”于是不假思索地取一毒箭搭上，大叫“见老虎不死就穷，见老龙不死就富！我不死你死!”

受重伤的龙，下决心要坚持巡视到河头——龙分水，誓死不低头的伤龙逆流而上，横跨河流的桥梁，一座座被冲断冲垮，因为垮桥已为夜郎国成千上万走过，绝不能从夜郎国人脚下走过。所以，上自龙分水，下至天星桥，直至解放时，无一座桥梁存在。

传说，受伤的龙游到那海潭，箭毒已渗透全身，终因毒汁进入心脏而死亡，时为五月（龙月）辰日（龙日）辰时（龙时）。布依人按照自己的习俗，择定龙时将龙尸埋在距那海潭一里左右的地方，布依人称为“墓龙”（音译，汉意龙坟，)，并安排了守墓人，后来发展成为一个寨子，人们把它叫作“墓龙寨”，寨名称谓一直延续到今天，只不过语音因年久而变化，叫来叫去演变为“龙墓”（汉语结构），以至引申为“隆茂”。

传说，上天得知龙在月亮河遭难，特派十二位仙人下到月亮河。首先察看的地方是遭箭击的湾龙坡，在那里，仙人们的“仙牌”，如今尚堆在那地方，布依族人称“坡牌布头”（音译），汉语称“仙牌山”，此山距箭击地约一里地的岩山上。仙人沿河而上寻找龙尸，不时留下他们的踪迹，在中游神龙山脚下的河边的在石板上有仙人的马脚印，当地人称这河塘为“洪登马布里”（音译：意仙马脚坝）。当仙人们来到那海潭边时，方知布依人已把龙尸安埋。十二位仙人见了龙坟，松了一口气，于是坐下来休息，并了解其详情。据说，当年十二仙人休息时所坐的椅子，如今仍留在那个地方，距龙坟约两里地，后人称为“十二把椅子”或“十二把石椅子”。

至于茅妹阿香的传说，她跟月亮哥阿龙当天来到月亮河成亲后，阿龙在返祖成龙之前，借梭罗树为道，已把阿香送上月宫。十二位仙人一来寻找龙尸，就是阿香禀报玉帝的结果。据说，阿香升入月宫当天，当她离地面越来越远时，人们仰头眺望，好似一只喜鹊飞上蓝天。布依姑娘，为纪念这位忠于爱情的姑娘，特研制一套喜鹊似的女服饰，并取名为“布若枸”（音译，喜鹊服）。这种服饰，至今仍是月亮河中下游布依少女及妇女喜爱的节日盛装。

2. 瓦鞅申

瓦鞅（音译）是玉帝赐给布依人降妖驱邪的专用神剑，包摩（音译，祭师）在较大的降妖驱邪活动中，都必须肩扛这把神剑。

传说，古时代的月亮河被一片大森林覆盖着，古人把地处上游这片称为黑羊大箐。据说，在当今称为关刀岩的坡顶住着几户布依人家，山寨半腰有一神洞，洞口有石门，会自开自关，山脚有一绿荫的深水潭，跟黑羊箐深潭相对应，两潭同置于林中，阴森可怕。

据说，最可怕是两个水潭早已结成亲家，凡见到黑羊箐水潭办嫁女酒时，必须碰上这边水潭办娶媳酒。每逢天晴转雨，水潭处不时传来唢呐声、鼓声；幸运者，天晴时还会看到水潭边晒满花花绿绿的衣裙。闻视上述情境的人们，只能静静地听、悄悄地看、慢慢地走，不能说话，只要一说话，一切均隐去。

山寨脚下的这水潭，人们还常常见到两只大石胖，好像在守住什么似的，后来布依山寨灾难的降临就出现在这对石胖上面。

前述山腰上的那个神洞，洞中不知存放着许多东西，人们可以向其借物。据说，红白喜事，人们都能从洞中借出所需的碗盘之类的餐具，只需到洞口乞求，点上三炷香，道出借物内容，转过身或闭上眼，当你返过身或睁开眼时，便见到你要借的东西已如数地备好在哪里。在你用完后，洗净按时送回归还，有借有还，每次都能借到；但绝对不能沾上一点牛肉，否则再借就得不到。人们都严格遵守这一习俗，故每次都能借到。

据说，一户较富有的人家，见到人们有事都不再去求他家，听说都去洞里借了，嫉妒之心促使其起了歹心，便有意去洞里借，却也借得。于是有意将其装牛肉，把沾满牛肉汤的餐具送还岩洞，放在洞口，返身过去，当转身看时，餐具不但未被收进洞里，只见砸烂一地。这下，灾难降临布依山寨。

话说，自那些碗盘被砸烂后，人们后来再也借不到餐具了；而更可怕的是，自那以后，凡路过潭边的人，都会莫名其妙地患上鼻子、口出血的疾病，为避开这种病，人们只得绕道而行，可是逃避不了。不久这种妖气向外扩散，山寨里不时有患上鼻子、口出血疾病的人死去，都说被鬼勾去了魂，弄得人心惶惶，谈潭色变。

却说，一户姓伍的人家，老者叫伍定一，老太太叫韦贤，都是年近七十岁的老人了，他俩有个独生女儿名叫香香，三人相依为命。忽一日，女儿清晨挑水回来，未进家门便鼻子、口出血而当场死去。可怜的两个老人，哭得死去活来，老太太哭瞎了眼，老者哭白了胡子。

在一个明月当空的夜晚，妇女们都坐在月光下面绩麻。明月高挂，众女绩麻，又勾起了两老的哀思，一下大哭起来，哭得月亮很快隐去。忽然乌云四起，狂风大作，下起大雨来，老者只好强行把老太太拉进屋。老者倒在木床上，晕晕糊糊地似乎做了一个梦；老太太哭哑了嗓子靠在桌子边似睡非睡地也做了一个梦。

第二天清晨，老者是想为了安慰老太太而把梦中所见一一讲给老太太听，听着听着，老太太早已忍耐不住而抢着说："……是的，那妖精已被捉拿……"他俩急急忙忙地走出家门，要把梦中所见相同的事告诉大家。谁知，全寨人在一个夜里，人们都做了同样的梦。都梦见一个彪形大汉自称是布星（音译，意即仙人）的人说，布依人悲惨的哭声已感动了玉皇大帝，是玉皇大帝赐给他瓦鞅（音译，意译，布依神剑），派他下来，捉拿妖精，潭边的那对石胖原来是一对妖精，现已捉住，并将其镇压在山寨下面，还指定一条天狗守着，为了不让水潭妖魔复发，已把玉皇大帝给的瓦鞅深插于潭边。

人们交换着夜里的吉祥好梦，一起走出寨门，只见两只石胖压在山寨下面，一只天狗还在那里守着；大伙又跑到潭边，阴森可怕的潭边不见了，早已被泥沙填满，只见那瓦鞅插在那里。

如今，那对石胖及天狗，已成为化石仍置于山寨宅基下面，那瓦鞅已化成化石置于原地，布依人把成化石的瓦鞅称为"瓦鞅申"（音译，意为布依神剑石）。后来，汉语称为"关刀岩"或"关刀石"。

3. 金花银花

从前，有一家人生了两个女儿，大女儿叫阿娟，小女儿叫阿伦。她们家种的地在房背后的山坡上。

正月过去，二月里，正是挖地种苞谷季节。妈妈叫两个女儿去挖地，姊妹俩包着中午饭上山挖地。挖到晌午时分，阿娟提出分任务，谁挖完谁就可以回家。其实，阿伦一直很卖力，挖得快。却是阿娟懒洋洋的，挖一下，停两下。若要分任务，阿娟肯定挖不完；但她执意要分。没办法，只由姐姐阿娟分了。

阿伦本来就很卖力，很快就把自己那部分挖完了。眼看妹妹已挖完，于是阿娟便叫喊起来："谁能帮我挖完地，我就嫁给谁!""谁能帮我挖完地，我就嫁给谁!"……

喊着喊着，一条菜花蛇从箐林里回应道：

"是吗？我能帮你挖!"

见它是条蛇，吓了阿娟一跳，为了能挖完地，管他呢，阿娟答应道："只要你能把地挖完，我一定嫁给你。""好，一言为定，闭上你的眼睛。"

当阿娟睁开眼时，地早已挖完了，而且挖得很好。转眼看那条蛇，早已不见了，阿娟高兴极了。

话说，在阿娟和阿伦回家的路上，一只蜜蜂老是跟着，不停地在她们后面叫着："嗡！嗡！嗡！我来做媒公!""嗡！嗡！嗡！我来做媒公!"她俩拿着树枝打，但总是打不走。

一家人吃了晚饭后，却发现一条菜花蛇盘在堂屋的门槛上，蜜蜂盘旋在堂屋里老是叫着："嗡！嗡！嗡！我来做媒公。"

当妈的见到蛇，以为是神，因为她家地是在神箐脚下，怕是孩子们挖地时得罪了山神。于是，煮了红蛋，恭恭敬敬地端来跪着乞求道："山神哟！您高高在上，孩儿无知得罪了神，敬请神原谅孩儿，快快回去吧！”便叫两个女儿也跟着跪，求山神原谅。可是那蛇一动不动，只见它的眼珠盯着孩儿们转；而蜜蜂仍是不停地飞来飞去叫着。

阿伦在妈妈多次询问后，才把挖地时的前因后果讲了出来。可是，阿娟一口咬定，喊蛇帮挖地的是妹妹阿伦，要嫁给蛇的也是阿伦。老实嘴笨的阿伦，怎能讲赢能说会道、道貌岸然的姐姐。

“真相”大白了，蛇不是山神，阿伦就要嫁给蛇了，跟蛇走了。

当妈妈的怎能让自己的女儿嫁给蛇呢！

眉头一皱，计上心来，老人在内心里已拿定主意“一拖，二害死！”

时遇寨上有人立房子，正请大家去帮忙抬柱子，借抬柱子之机，让大伙把蛇压死。于是，叫蛇前去帮忙。

怎么抬呢！当蛇盘在大伙抬着的柱子上时，柱子非常轻。一个年轻后生吼着，“你是来帮忙抬呢，还是要大家抬你，”不问青红皂白，一棍打去。蛇为了避开棍棒跳了下来，害得大伙柱子也抬不起，于是大伙又请蛇，让其盘在柱子上面。不管多重的柱子，只要蛇盘在其上面，就是两个人，也能轻松地抬着跑着走，大家都很佩服这条蛇。

蛇帮忙抬完柱子刚跨进家，老太婆又施行第二计。她对蛇说：寨子边那棵大树挡着路，早先就该砍掉，一则路好走，二则家里也没柴烧了。趁大家在，明早我俩去把它砍来。

第二天清早，娘仨和蛇去砍树，树之大，砍了近三个时辰。待砍到最后树将倒时，老太婆叫蛇去顶住，说是要树往另一边倒。当蛇在顶住时，老太婆指使女儿们，使劲用力推树，让树把蛇压死。树是往蛇那边倒了，可是，蛇不但没被大树压住，反而把大树拖着朝家里走了。

二计不成，三计又来。当晚，老太婆又对蛇说：“山寨的路坎上有块巨石，影响着人畜的出入，明天去挖掉它，让大家方便走，挖好后，你们也好走。”

全家一早就去挖巨石，当她们把大半边泥土挖空后，又叫蛇去支着，然后，娘仨在后面撬翻巨石，妄想让巨石压死蛇，谁知蛇盘绕着巨石，问老太婆“把石头放在哪里？”

吓得老太婆话都讲不出来：“放——”手指路坎上方。只见那蛇，将巨石顶着，朝着老太婆指的方向，将巨石顶到老远，轻轻地放在那里。

虽说事不能过三，但为了女儿的终身大事，老太婆一家三口又忙了一整夜。天一亮，才做饭，太阳升到三竿时，阿伦背着一麻袋东西跟蛇走了。

翻过垭口，寨子看不见了。只见阿伦按照阿妈的吩咐，从麻袋里不断抓小木棒头，往走在前面的蛇砸去，而且是按阿妈的指使“砸七寸”。一棒，两棒，三棒，蛇随着棒头飞舞，也不停地跳跃，好似给自己情人在跳舞，急得阿伦满头大汗，棒头扔完了，蛇毫发无损地仍在前边走着。

大约走了三个时辰，来到一条大河边。蛇停下来对阿伦说“阿妹呀！我们家快到了，请抓住我，闭上你美丽的眼睛吧!”此时的阿伦，脑子麻木了，“嫁鸡随鸡，嫁狗随狗”，只得听蛇摆布了。于是抓住蛇，闭紧双眼。

当阿伦睁开眼时，奇迹出现了。蛇不见了，牵着她手的，是一位很帅的后生，那后生指着寨脚一幢两面傍山半平楼房说“那是我们的家”。

勤于耕耘的后生，娶了个勤俭持家的阿伦成家后，日子过得美满幸福。不到一年，阿伦怀孕，第二年冬，生下了一对双胞胎，真是“深山出了美凤凰”，他俩给起了美名，大双取名金花，二双取名银花。

“养儿方知父母恩!”美好的生活，早已使阿伦惦念阿妈。如今又添了两个逗人喜欢的宝贝，更使阿伦日夜思念阿妈。一天深夜，阿伦终于向自己的丈夫吐了真言：“夫君，嫁给你，托你的福，生活得很好；但不知我阿妈现在如何！都三年多了，我实在想念她们，我想回去看看她们。”通情达理的后生，当下同意阿伦的请求。

第二天，后生为阿伦准备了很多东西，第三天，阿伦回娘家去了。

阿伦披金戴银回到娘家，阿妈见了非常高兴。寨中无人不夸奖，勤劳的阿伦找到了一个好婆家，家里和外人都为阿伦的美满幸福的婚姻感到高兴。唯有姐姐阿娟闷闷不乐，她的内心在嘀咕着“那是我的缘分，是她抢占的，我一定要抢回来!”

阿伦在娘家住了整整七七四十九天，她要回去了。家里的许多活需要她帮忙，金花、银花在盼妈妈。

准备回家的前一天晚上，姐姐阿娟对她说：“阿伦，我跟你去看你的金花、银花吧!”

“欢迎你去，住一段时间再回来!”

本来阿伦是想接阿妈去住一段时间的，阿妈丢不下家里的活，现在姐姐提出要去，阿伦当然欢迎，并希望她能多住些日子。

到妹夫家一看，比她想象的更好。优美的家园，富有的生活，很帅的妹夫“嗯！什么妹夫，这是我的缘分……”触景生情，丑恶嘴脸充分暴露，妒忌之心突然升起，并很快酿出一条毒计——偷梁换柱，夺回我的幸福!

不管三七二十一，就在阿娟到达阿伦家才二十一天的晚上，她对阿伦说：“好妹妹，明早我跟你去挑水，我俩都穿同样的衣服，让人家都分不清谁是姐，哪个是妹!”

次日早晨，阿伦为迎合姐姐的欢心，从柜里取衣裙，打扮得两姊妹好似一对孪生姐妹，挑起桶高高兴兴去井边挑水。打满了水，阿娟说：“坐下休息一会儿，这里空气多好呀!”

突然大喊一声：“妹妹你来看，这井水多透明，照着人影多清楚呀！你这衣服映在水里，美极啦!”叫着，跑去拉着阿伦，一起到井边观赏倒影。手紧紧搭在阿伦肩上，对着井水照影子。

“我们俩多么……”阿伦正在称赞姐姐时，早已被姐姐连按带推弄进井里。井水似乎咆哮了一下，很快便静了下来，顿时一只美丽的小鸟从井里飞向蓝天，阿伦的尸体不见了。

好一大早上，阿娟才挑水回家。金花爹只见她一个人回家，也没认真看，随口问道："怎么一个人回来?"

"不是一个，是几个，姐姐想家，她回去了!"

相貌极为相似，着装相同的姊妹俩，谁也分不清。姐姐想家惦念妈妈，不告而别也可理解，故金花她爹也不再多想，一天忙着吃了就去做他的活路。

娘儿亲，尽管阿娟逃过金花爹的眼，却逃不了金花、银花敏锐的四目。每当阿娟伸手要去抱金花或银花时，她俩不仅不让抱，反而吓得大喊大叫，好像可恶的魔爪要抓住她们似的。

孩子的尖叫，"老婆"突然的不顺眼，造成金花她爹闷闷不乐。为排除烦恼，打发日子，他也学会了每天提着化眉鸟笼到林子里转转以解闷。

却说，一天接近傍晚时分，正当金花爹在林中要回头走时，忽然听到一种奇怪的叫声是那样的悲哀惆怅，他本能地停了下来，认真细细地听，声音越来越近："金花、银花在哪里！快快来接娘回家!"（音译）"金花、银花在哪里！快快来接娘回家!"（音译）……

听着听着，金花爹联想到近一段时间里，孩子的景况，追忆妻子回娘家及姐姐回去后"老婆"的突变。于是，脱口而出："美丽可爱的鸟儿哟！你若是金花、银花她娘，我愿带你去见她们。但怎能证明你是呢？……这样吧，我吐一点口水在手掌上，若你能吸干，证明你的话是真的，那么我就带你去见她们。"

小鸟听到后生独白，果真飞来站在他的肩膀上，两眼盯着后生的嘴巴。当后生伸手到嘴边接唾沫时，小鸟顺着他的肩而下，将唾沫吸得干干净净。后生打开鸟笼，把小鸟带回家中。

自把鸟儿提回家后，金花、银花再也不像过去那样哭闹了，尤其是见了小鸟。有时因其他事而哭闹时，只要把小鸟提来或是把她俩抱过去，哭闹声便止住了；而小鸟呢，只见它张着小嘴点着头，喳喳直叫，好像是在给孩子讲话、唱歌，金花、银花似乎恢复了以往的平静。

阿伦遇害时，尚有一匹织锦裙料子未织完，尽管阿娟自己未曾织过，但丈夫多次埋怨，她只好上布机弄弄，以掩盖事情的真相。

金花爹出外做活，自然把孩子放在了阿娟身边，为了不让其哭叫，便把鸟也提来挂在那里。

一天，阿娟在布机上，半天也织不起来，心越急，手越乱，把布机上的线弄得成了一团"乱麻"。那小鸟看着看着，便愤怒地唱道：

"当依！当依！当的英东当梅颁。悭色板尔眍！悭奎板尔烫!"（音译，织宁，织宁。现存的都织不成，抢她夫你能，抢男人你狠），紧接着又唱：

> "当哟绥梅约，故的英梅约，悭色板尔眍，悭奎板尔烫!"（音译，织丝锦不懂，做现成不懂，抢她夫你能，抢男人你狠）。

听着听着，恼羞成怒的阿娟，跳将起来，一丢梭砸过去，可怜的小鸟被砸得头破血流，当场死掉，吓得金花、银花哭得死去活来。小鸟被阿娟丢在房前的垃圾堆里。

金花爹从外边回来，刚到门口，便听到金花、银花的哭叫声。他想孩子们为何这样悲痛地哭闹，不是已拿鸟儿去陪伴她们玩了吗？故三步并作两步，直奔到布机旁去看金花、银花。可怜的金花、银花，见了阿爸，哭得更加伤心。阿爸忙着去提鸟儿来哄孩儿，但鸟笼已被砸坏，急问阿娟，阿娟还气愤地回答说：

“它叫的烦死人，我已把它打死，给甩出去了！”
“甩到哪里去！”
“垃圾堆里。”

老实巴交的金花爹，抱着金花、银花，含着泪在垃圾里刨来刨去，总是找不到鸟儿。鸟儿虽找不到，可是孩子俩却慢慢地闭了嘴，虽眼泪止不住地流，但哭闹声止住了。不得已金花爹含着泪抱着金花、银花离开垃圾堆回家。

金花、银花的哭闹，想到妻子的突变，更想到美丽可爱的小鸟给孩子带来的欢心，便不自觉地抱着金花、银花到垃圾堆旁看看。而孩子们只要来到垃圾堆边便不哭了。为了讨孩子的欢心，孩子他爸，每天总要抱孩子到垃圾堆边玩玩。

三三见九，在第九天清晨，金花、银花来到垃圾堆边，她俩老是盯着一棵小草咿呀咿呀地欢叫着，手舞足蹈地好像在说什么，使人感到她俩特别高兴。阿爸随着蹲下认真细看，那不是草，而是一棵又肥又嫩的瓜秧苗。自见那瓜秧后，每次到垃圾堆来，都成了来观赏瓜秧了。

那瓜秧真是见风长，瓜藤一天长三尺，三天长了九尺，九天便开了一朵花，但只开了一朵花，只结了一个瓜。金花、银花，看了花，见了瓜，更是高兴得合不拢嘴。她俩嘴巴咿呀咿咿呀的，好像在喊“娘呀！娘呀！”似的。

话说，一天早晨，懒惯了的阿娟，不愿去地里去摘瓜做菜，而把房前垃圾堆长的那瓜摘来，吓得金花、银花又哭又叫，阿娟要破瓜来煮吃了。

当阿娟手里的刀刚落下时，不料瓜里喊起话来“请不要伤害我！”吓得阿娟忙缩了手。只破了瓜皮的瓜突然裂开，只见里面坐着一个白胖白胖的小人儿。那小人儿很快跳将起来，坐在小木凳上，真是个见风长呀，很快长成了大人。原来是位“仙女”，皮肤又白又嫩，阿娟见了又怕又羡慕；而金花、银花却很快地投入她怀里，这更加刺痛阿娟的嫉妒心。

阿娟乞求道：“美女呀！你怎么这样白？怎么这样细嫩？”

那瓜里人认真地，一字一句地说：“漾么矣几喝，漾喝佗几温”（音译，热水洗就白，白水洗就嫩）。

阿娟听了很高兴，心里想“我要热一锅更烫的水来洗，我要煮一锅豆浆来泡，就会比你更白，比你更嫩！”于是去热水，去煮豆浆，忙了一大早。最后跪在瓜里人面前乞求道：

“水我热好了，豆浆也煮了！我坐在缸里，请帮我倒水。”

贪心的阿娟，妄想用更烫的水和豆浆来泡洗自己，使之超过瓜里人，故待水开后，才叫瓜里人拿来泡洗。谁知水、豆浆一下去便把阿娟烫死了。

那瓜里人不是别人，正是当年被阿娟害死的阿伦，是金花、银花的生母，是早年“蛇郎”的贤妻。阿伦从此与家人团圆了。

4. 儿卡故屋

古时候有个孤儿，为人善良、勤劳。他在龙潭边种了一块麦子，用的是土皮灰和大粪拌成的肥料种麦子，故麦苗长得很壮，绿油油的，一天一个样，真是喜人。

一天清晨，孤儿照样到麦地里除草，真是晴天霹雳，粗壮的麦苗被什么东西啃得精光，走近一看，麦地里一片马脚印。孤儿仰天叹气，来年吃什么！这是他唯一的粮源呀！他坐在地里哭得很伤心，凡人见到很同情，但都无法帮忙。

不料一老太太，在抹掉同情泪的同时拉了孤儿的手悄悄地给他出了个主意：“你别再哭了，你回去，待麦苗再发长起来后，你悄悄地躲在麦地边，看是哪家牲口来吃苗，到那时，就可找他的主人赔你的麦子了。”

孤儿听了老太太的话，继续给麦苗追肥，一个月还不到，麦苗发得绿油油的一片。他牢记老太太的话，尽管劳动一天很累，仍不放弃悄悄地躲在地边守着，鸡叫前赶到，太阳升起才回家，这样守了七七四十九天，就在这一天，天边开始发白，太阳还未出来，只听见龙潭水面乒乒乓乓地冒着大水泡，似如波浪翻滚，一大群马一跃上岸，往麦地里大吃起来，伤了心的孤儿，为了活命的口粮，不顾一切地窜了过去，死死地揪住了一匹大红枣马的尾巴不放，可怜的孤儿被马拖进了龙潭……

却说，孤儿被拖进龙潭，一眨眼工夫便看到宫殿式的房屋，金瓦银柱，气势雄伟。门卫见到孤儿揪住马尾不放，便抓住孤儿质问，接着将他带到内宫去见龙王。

“你是干什么的？”龙王询问孤儿。

“你们的马吃了我的麦子。”

“马吃了麦子，我要赔你的；不过你要先下去躲一会，我的孩子们很快就回来了，怕你见到他们被吓倒。”于是孤儿被带下去安排在一侧房子里避着。

安排得及时，一眨眼工夫，龙子龙孙们带着虾兵蟹将们吵吵嚷嚷回来了。孤儿从门缝瞅见那些龙子龙孙，个个肉角红须及那些红红绿绿的虾兵蟹将，被吓出一身冷汗……

“……宫中有生人！宫中有生人！是怎么回事？”害怕中的孤儿，突然听到一龙子的嚷叫声。只见龙王叫去那个嚷叫的龙子。

紧接着，龙王叫卫士带孤儿到殿上，对孤儿说：“等我们打完仗，再去看你的麦子，吃了多少，赔你多少。”

接着又说：“你能否同我的儿孙们去打仗，打赢了，除了及时赔你的麦子外，另给你重赏。”

孤儿考虑再三，为能极早结束打仗获取赔偿不在龙宫久等，不如跟他们前去打仗，于是同意了龙王的意见。第二天便和龙子龙孙们出发了。

走了大约一个时辰，一个龙子喊到“停止前行”，他们叫孤儿先在一边看着。龙、蟹、虾开始攻击敌人了。那敌人不是别的什么怪物，而是树丫上的红蚁窝，攻击时，只见那些龙子龙孙们撬那红蚁窝，许多红蚁便附在龙角上死死地叮着咬着，进攻的龙一时缩退下来在地上翻滚。翻滚了半天，又才第二次进攻，而每次进攻都遭到红蚁的叮咬而败下阵。所有这一切，孤儿早看在眼里，计已成熟。

龙子龙孙们累战累败，最后叫孤儿上阵。孤儿不慌不忙地从衣袋里取出火草火石，只两下，火星落在火草上，点燃火把去烧红蚁窝，只听到噼噼啪啪的红蚁被烧炸的声音，一窝窝红蚁被烧掉，烧到最后一窝，尚有三五只红蚁爬在边上，当孤儿举着火把准备全歼灭时，一个龙子上去阻止说："留他这几个，全部杀光，我们招不了这么多生命。"所以，现在才有少数的红蚁窝。

消灭了这股敌人，龙子龙孙们胜利归来。孤儿对龙王说："我可以回去了。"

龙王又说："还有另一股敌人，也正在威胁着我们，再把这股敌人灭掉，一定让你回去！"

第二天清晨，孤儿又跟着龙子龙孙们出征。到了前沿阵地，孤儿看到所谓敌人，就是一排排芭蕉树，进攻时，只见龙用角撬那芭蕉树，而那大芭蕉叶便扇龙头一大耳光，龙越使劲，芭蕉扇得更厉害，龙脸像血盆，龙眼像吹满气的猪尿泡，只得退下阵来。于是请孤儿上阵。

孤儿随时腰间都带有一把砍柴刀，他慢慢地取下砍柴刀。右手紧握柴刀，左手顶住芭蕉树，使劲用力，一刀一棵，很快就要把芭蕉树砍光了，再起手砍最后一棵时，仍然是上次那位龙子急忙阻止道："别再砍了，留一个传种的，让我们少招一条命。"所以，后来人们才吃上香蕉。

打了胜仗，龙子龙孙带着虾兵蟹将和孤儿凯旋回宫，龙王无比高兴，并宣布在龙宫举行庆功会三天。

庆功会结束，龙王指令管家打开金库，任孤儿进库选要金银财宝，以赔偿他的麦子及给他战功的奖励。

孤儿面对白花花、明晃晃的金银财宝，只是摇着头，摆着手，一样都不要，而是指着一只蹲在门边，眼睁睁地盯着他看的小狗说："龙王，你的金银财宝我不要，因我只一个人，若龙王愿意，就把这狗儿送我做伴吧！"

龙王当下同意孤儿的请求，当天，孤儿抱着狗离开龙宫。

孤儿讨赔麦子，却意外讨得狗回家，他很高兴。忙了一天活回家，便和狗儿在火塘边玩耍着，不自觉地常对狗儿自言自语说着许多话，以致把自己很多内心话向狗儿道出，借以解脱自己的孤独和烦恼。

就在孤儿离开龙宫七七四十九天那天以后，孤儿每天早晚做活回到家里，火不仅已生起，菜饭都已做好。第一天吃饭时，他还含着泪，手端着热乎乎的饭碗对狗儿说，是哪位伯妈婶娘为我们烧火做饭的。因忙着挑粪给苞谷追肥，故午饭后放下碗又走了。晚上收工回家，饭菜又热气腾腾地摆在桌上。那晚，孤儿对狗儿诉说的话就更多了……

第二天清晨，孤儿跑到上寨感谢伯娘："谢谢伯母给孤儿寡仔帮忙！"那位伯娘说："帮忙是应该的，可是我家的事也多，抽不出时间去呀！是不是下寨的叔娘忙帮做的。”

晚上，孤儿又跑到下寨。进了叔娘的门，便跪在女主人的面前：“大婶，感谢您老人，上去帮我……”弄得那位老人莫名其妙。那妇人忙把孤儿扶起，慢慢听其事因。

寨上的伯母婶娘们，谁都没有接受孤儿的谢意，因为并不是她们中的哪一位帮的忙。可是，孤儿每天都能吃到现成的热菜热饭吃，故不管再累再晚，每晚都照样去感谢她们。当初伯母婶娘们都疑惑她们当中的某一位做的好事。后来都清楚，她们谁都没有时间去帮忙。于是，一位最老的伯母，背地给孤儿出了个主意说：“明日抽个时间，谎称上山做活路，半路折回来悄悄看，到底是哪位老人帮你，再去答谢！”

第二天，孤儿按照伯母的主意行事。清早起来，洗好脸，跟往常一样，扛着锄头，拿着弯刀，关爱地对小狗儿说：“小狗儿乖乖，你在家守家，我去做活路去啦！”

走到半路，孤儿便折了回来，绕道走到自己房后的屋檐下藏了起来蹲守着。大约等了一个多时辰，仍未见到什么人进他家门，等得他着急起来，心里很纳闷。纳闷中突然听到火塘边有响声，他下意识地把目光转到屋内。眼前的奇迹，让孤儿惊呆：“只见那狗儿，熟练地脱掉身上的皮，变成一个美丽漂亮的姑娘，紧接着不知从何处弄来的米菜……很快地把饭菜做好后，又将狗皮套在她身上，又重新睡在草墩上。”“呀！饭菜原来是这样来的。”孤儿想了一天，当晚便回报了那位伯母，把白天见到的一切告诉了伯母。

孤儿照样谎称上山做活路，接连观察了三天。同样看到狗儿脱掉狗皮变美人。同样做好美味可口的饭菜；但同样在做好饭菜后把狗皮套在身上恢复原形。现在有人帮做吃的，他说不出的高兴；但极苦恼，为什么这美人总是套着狗皮变狗儿！看了三天，想了三天。最后终于在一个不眠的深夜想出了一个办法。

次日清早起来，强忍着激动的心情，他注意自己的情绪。跟往常一样，扛着锄头，拿着弯刀，关爱地对小狗儿说：“小狗乖乖，你在家守家，我去做活路去啦。”说着把门关上走了。所不同的是，以往出外做活路，都是把门锁上；而这回，只是把门关上，并不上锁。

孤儿走到半路，又悄悄地跑了回来，并躲在门边，一直窥视着草墩上的狗儿，大约等了将近一个时辰，狗儿的旧戏演了，好不容易，等美女把火烧得正大旺，乘美人梳头之机，孤儿把门推开，冲到屋里，在草墩上抓着狗皮，三大步冲到灶口，将狗皮丢进灶火里。这时美女才发现，急忙奔到灶边，伸手抓起那烧得正旺的狗皮，抢回一片尚未烧着的狗皮往自己的嘴里放，嚼碎后往堂屋四角喷去，便责怪孤儿道：“你太性急了，我们还未发展到那地步呀！”传说，在他俩改建房屋时，在原堂屋的四角，挖到了四罐银子，这是后话。

却说，美女恢复不了狗儿后，很快与孤儿结成夫妻，两小口过着恩恩爱爱的生活。但尽管狗皮已被烧掉，孤儿仍担心漂亮的爱妻会离他而去，因为她生得太美了，太有本事了，故一天到晚总是陪着妻子寸步不离。开始妻子总是原谅他，认为初婚，这是人之常情。可是，日子长了，她总感到这样下去不行，一天夜里，妻子对丈夫说："你怎么不去干活啦！我们家就是有座金山银山，坐吃也会空的呀！"

"老实对你说，你太美，太漂亮了，我一时一刻也离不开你了，我还没有看够呀！"

"没有看够吗？要看个够，那好办，我把我画下来，你上山做活路，可随身带着，真的想看我时，就拿出来看。"

第二天，美女把画好的像交给丈夫，孤儿高高兴兴地拿着逼真的美女画像上山干活去了。

多美的爱妻呀，挖地时，孤儿干脆将画像挂在地边的树丫上，边挖边看，劲头很大，天天如此。

一天午后时分，气候突变，狂风大作，竟把挂在树丫上的画像吹到上空飘来飘去，孤儿发现立即追赶；可是狂风和画像却好像有意跟孤儿作对似的，飘来飘去的画像被一股强劲的大风刮去老远老远的山边。天黑了，孤儿垂头丧气地回家。

未跨进门的丈夫，早已泣不成声，进门后便倒在迎接他的爱妻的怀里放声大哭："……大风把美丽可爱画像吹……跑了……"

妻子安慰丈夫："别伤心了，没有必要去追这么大半天，把身体累坏了不值得，再给你画一张就行了。"

第二天，孤儿拿着妻子画的第二张像又上山挖地了，吸取上次的教训，再也不敢把它挂在地边的树丫上了。可是晚了，大难即将临头！

话说，被狂风吹走的那张美女像，却落到一群猎人手中，那是皇宫里的猎人，这些人看到这美女画像后，立即回宫讨好皇帝。皇帝见了，垂涎三尺，当下传旨，九天内把画像中人找到送进宫。

手下臣子领旨后，挑选三匹马驹，按猎人提供的方位寻找，转了六天六夜，都一无所获。

一天骑马人路过山垭口，火红的太阳，他们在那里歇凉，垭口下来便是一块地。他们看到一个青年在地里使劲挖地。疲惫不堪的骑马人，为在失望中找到一点欢心，驱逐疲倦，故对挖地挖得起劲的孤儿，嚷道："挖地奴，挖地奴，一天挖得几千几万锄？"正在挖地的孤儿，虽已听到叫喊声，但不知怎样回答，只好继续忙着挖他的地而不予理睬，虽然这样，仍把问话记在心头。

回家的当晚，孤儿把白天挖地时骑马人对他问话，向自己的爱妻重复了一遍。

妻子对丈夫说，好办得很，若明天或今后，碰上这种问话，你就反问他："骑马哥，骑马哥，马脚落有几千几万多？"聪明机智的美人儿，想不到这话给他们的小两口带来了灾难。

次日午后时分，那三个骑马的人再次路过孤儿的地边，并在树下乘凉，又重复前日的问话："挖地奴，挖地奴，一天挖得几千几万锄？"起初，孤儿还是不愿答话，埋头继续挖他的地。"喂，挖地的！我们老大在问你呢！"

"挖地奴，挖地奴，一天挖得几千几万锄？"

孤儿想起爱妻昨日给他交代的话："骑马哥，骑马哥！马脚落地几千几万多？"

不假思索地给顶回去，一时弄得那喊话的张口结舌，其同伙盯着他哈哈大笑，狂笑之余，目光一齐转向孤儿，并质问道："昨天你为什么不说话，今天为何能问出这样的话来?"

憨厚老实的孤儿回答说："这是我的妻子教我的!"

想不到今日输在一个挖地奴面前，已深感不是滋味，现在又知晓输在一个挖地奴老婆的手里！很是不服。于是提出："带我们去看看你的老婆!"

真是"踏破铁鞋无觅处，得来全不费工夫。"骑马人近半个月来，苦心寻找的，正是面前的这个女人，见到孤儿的妻子，他们精神来了，要立马抓走，可怜的孤儿怎么敌得过他们。

防不胜防的美人，突然被敌人抓住不放，无计可施，伶俐的美女，急中生智，计上心来。顺手抓了一袋菜籽，和丈夫最后告别时，有意用手梳理头发，特拔掉三根头发放在孤儿手上，并交代说："你把这头发当弦，做一张弓，九天后，带着弓箭，沿着长菜秧苗去找我，路上饿了，用弓箭打鸟充饥，吃掉肉，但皮毛不能丢，要用它来做衣服穿在身上，切记!"交代完，便被骑马人带走了。

话说，美人离开家门口，便把小麻袋剪了一个小眼，菜籽一直漏着；孤儿忙着制造弓箭，在第九天前造好了弓箭，准时在妻子被带走后的第九天，顺着长菜秧苗的路出去找妻子。若不是怕走错路，他是要连夜赶路的，饿了就打鸟充饥，把肉吃掉，毛皮留来缝制衣穿。艰难地寻找，菜籽与弓箭，帮了孤儿的大忙，菜籽不仅为孤儿当了"向导"，还在早晚招来各色各样雀鸟，为孤儿提供美味食物，尤其为他提供缝制"百鸟衣"的优越条件，用美女头发作弦的弓箭，实属神箭，孤儿射猎，都是百发百中，七七四十九天，孤儿身上已穿上五颜六色的鸟羽衣，为了找到妻子，他受尽了人间的饥寒，饱尝了人间的疾苦。

菜籽长到一座城下，那是皇城，再也找不到长有菜籽的地方。走投无路的孤儿，只好进入皇城，谁知身穿五颜六色的鸟羽衣，招来了围观的人群，一下闹得满城风雨，连皇宫里的人都听到了。

美女听到后，知道自己的丈夫已如期到达皇城，故提出要去看热闹，去观看鸟羽衣。

美女进宫近两个月，一言不语，整天愁眉不展，皇帝深感头疼。现在，美女竟开口说话，并提出要去观看鸟羽衣，为了赢得美女的欢心，皇帝面带笑容地对美女说："只要你高兴，可以去观看；可是，你是皇后，怎能上街跟那臣民混在一块。你要观看，不如叫臣子们将他抓来宫里就是了。"

宠臣传旨，很快把穿着鸟羽衣的猎人带到皇帝面前。美女见到离别近两个月的丈夫，按照她的意愿按时前来营救，喜出望外，一时喜笑颜开。而皇帝并无心观看带进宫的鸟羽衣人，而是观看和欣赏美女高兴乐观的笑容，看着看着，便想借机跟美女攀谈起来。

"我的大美人，你来宫里六十天来，没一点笑脸，没讲一句话！今日见到这么一个叫花子，为何如此高兴！有说有笑呀?"

美女即刻回答："皇帝呀！见到这五颜六色的鸟羽衣，我很高兴，谁穿上这鸟羽衣，我见到都很高兴，高兴的不是这个叫花子，而是穿上这件鸟羽衣的人！"

皇帝听了美人的话，心里高兴极了，他要美女立马高兴起来，于是下旨，要猎人脱下鸟羽衣给他穿。

宠臣对猎人说："皇帝要穿你这衣服！"

"不行！脱下我没穿的！"猎人回答说。

皇帝听到了，骂宠臣道："笨蛋，去拿我的一件龙袍跟他换一下嘛！"

猎人无话可说，只得把自己的鸟羽衣脱下来，而穿上皇帝的龙袍。而皇帝则立即穿上猎人脱下的那件鸟羽衣，目光一直盯着美女，渴望能看到美人对自己一个欢笑！谁知，当皇帝刚穿上鸟羽衣，早有准备的美女，责令身边牵着猎狗的侍臣，通通放下绳索，唆使猎狗向穿着鸟羽衣的人冲过去，皇帝当即一命呜呼！

美女牵着早已穿好龙袍的丈夫走了过去，叫其坐上九龙宝座。命令官差击鼓鸣钟，郑重宣告："原皇帝已死！新皇帝即日登基！"

至此，孤儿当了皇帝，美女成了名副其实的皇后。

5. 阿敏智杀狐狸精

很早以前，龙山脚下分别住着两户人家。布依人尽管依山傍水，但一般都是独家独户，不像后来形成的山寨。

一天，一家四口的阿敏家。阿爹已出远门两天，阿妈傍晚回来说："公公着凉好几天了，妈活路忙，趁晚上赶去看看。"装好一升糯米，抱了一只鸡就走出家门。

"老奶奶！老奶奶！"到房背后，便对着隔一山沟住着的耳有点背的老奶奶喊着"我公公病了，要我今天赶到，晚上回不了。请您老人过去陪孩子，孩子他爹不在家……"

藏在老奶奶房后的老狐狸，听到喊声，便答话道："你安心去吧，晚上我会过去！"

天黑下来了，老狐狸装扮成老奶奶来了。阿敏给她开门，忙着搬来木墩墩给老奶奶坐。

"我生坐板疮，坐不了木墩墩，给我拿个箩筐来。"狡猾的狐狸坐在箩筐里，但始终藏不住，露出的尾巴还是被阿敏瞅见了。"这不是老奶奶，而是老狐狸！怎么办?!"吓得阿敏心差点跳出来，但聪明坚强的阿敏，很快镇定下来。

老狐狸见到这两个小孩子，尤其是那又胖又嫩的小男孩阿更，早已耐不住了。于是对孩子们说：

> "孩子们，快洗脚睡觉吧！看谁洗得干净，就让他跟奶奶睡一头！"阿更为了能和"奶奶"睡在一头，你看他洗得多认真，急得阿敏不知如何是好。而现在的情形是能顾上自己就已经很不错了。阿敏有意将沾湿了的脚放在柴火灰里；不仅如此，还抓了一把星米籽放在衣服上，然后对火塘抖衣服，天星米噼里啪啦地炸开了。老狐狸乘机夸小男孩："还是我们的乖阿更最干净！不像姐姐那样满身的虱子大王，今晚就和奶奶睡一头啦！"

他们上了床，吹熄了明柴（用来照明的松木油柴）但阿敏怎能睡得着。不到半夜，她最担心的事发生了。她感到黏糊糊的东西粘在自己的脚上，并听到咯吱咯吱的嚼碎骨头的响声。于是问道："根皆麻，阿雅？"（音译，吃什么呀，老人？）

"根杜秧，根根？根短蒙，根舵钦儿业，根蹬洪儿泞！"（音译，吃炒豆，嚼骨头，吃你弟，吃小儿骨头，嚼幼儿手脚。）

老狐狸企图以此来震慑阿敏。阿敏得知弟弟已被吃掉；老狐狸很快就该吃自己了，这时她更加镇静，伸手在枕头底下摸出自己的腰带，一头拴在床边的酸菜罐，便大喊大叫："奶奶！奶奶！我肚子疼得很，要拉屎了！要拉稀了！"

老狐狸回答说："不准起来去拉屎，你想跑呀？"

"不是的，要拉屎了！你怕我跑，就拴住我吧！"

"怎么拴？"

"我用腰带拴着，你拿着腰带就行了。"

"好！快把腰带递过来！"

老狐狸迫不及待地抓住腰带，紧紧地绕在自己手里，使劲一拉，酸菜罐倒了，"花啦啦"酸汤倒了出来。

"啊！我的好孙女真的拉肚子，好臭呀！"老狐狸以为得逞了。使劲再拉，拉到床边的原来是一个罐子，于是翻身起来去追阿敏。却说阿敏，当她把腰带递给老狐狸后，很快跑出屋外，夜深天黑往何处逃！她处在深山老林，此时正是野兽出来寻食的时候，又担心老狐狸发现后追来。紧急关头，小女孩仍很冷静，当她抬头仰望满天星空，似乎向老天爷求救时，房前那棵梨树映入眼帘，顿时老人的话似乎又在耳边响起："狐狸不会爬树！……"

"你跑到哪里呀！跑不了的！"老狐狸已找到屋外；可惜晚了，小女孩已爬到梨树上了。

老狐狸找到梨树下，这时天已开始亮了，它抬头看见阿敏，以为小女孩终归还是它的美食，故歹心又来了。

"我的好孙女，原来你是来摘梨呀！快摘下来给奶奶吃，奶奶饿啦！"

其实狐狸想要吃的，不是梨，而是阿敏，这又嫩又胖的女孩肉。

弟弟被吃了，阿敏此时想的，不只是为了保住自己，而是要为死去的弟弟报仇，为现在活着的人除害。于是对老狐狸说：

> "奶奶，你要吃梨，我尽管在树上，但好梨比较远，我摘不到！你去屋里床边，把我老爹的梭镖拿来，才能摘到几个好的给你。"

老狐狸希望阿敏赶快摘到梨从树上下来，故跑去屋里拿梭镖。把梭镖扛到梨树下，递给阿敏。高度警惕的阿敏，一是在高处接梭镖，二是要狐狸将梭镖把手那头递上来。

阿敏拿到梭镖后，先摘了一个梨，再往下来到下面的树丫，估计长梭镖可以最终戳到地面的位置。她两脚蹬上树枝，背紧靠树干。于是叫老狐狸抬头，张嘴，以便行事。

“奶奶！奶奶！快到树脚土包上来，张开大嘴等着，我把这好梨放进你嘴里!”待老狐狸按阿敏的要求，站在土包上向上张开大嘴时，望着血盆的大嘴，更增加阿敏的无比仇恨。为弟弟报仇，为大伙除害的念头一齐涌上心头，她深深地吸足了一口气，用尽了力气，呀——的一吼声，锋利的镖刀穿过喉咙直达心脏，狐狸当时大叫一声倒地而死。

午饭时分，阿敏她妈才回到家，爹也回来了。这时，阿敏方从梨树上下来……

阿敏的爹妈为失去一个儿子在悲痛，机智勇敢的女儿弥补着两位老人的悲伤!

6. 神汉破大案

占卦、占卜不知何时进入古老的布依生活，传说中未涉及，只知道有男占卦女占卜，男的称为包代（音译，神汉），女的称为雅押（音译，巫婆）。

相传古时候，有个神汉，砍来一节大竹筒，宣称“神竹”，用蛇皮蒙两头，手掌拍打咚咚响，宣扬能听到世间万事万物，并预知未来，所谓的“先知先觉”。故上门求卦者较多。

却说，一年秋天，皇城出了一个大案，皇帝大印竟不翼而飞，皇宫出贼了，何以了得。皇帝大怒，要求文武大臣数日内破案，捉拿罪犯！弄得宫廷上下人心惶惶、谈印色变。

是日，宠臣向皇帝进言：“微臣获悉，竹林山寨有个神汉，手持神鼓，占卦极灵，不如叫其前来卜算……”

皇宫里当即派了皇帝身边最贴心的两名侍卫，带着皇帝无印的圣旨离开皇城。

两名侍卫，一个姓张，一个姓杨。领旨时脸色苍白，全身发抖，担心找不到神汉吗？怕神汉不来吗？谁知道。

两名侍卫走了两天，找了两天，终于在竹林深处找到了神汉家。不愿提起大印失落过程，只将圣旨展，语无伦次地宣读了皇帝的圣旨。

听完圣旨，神汉早已满头大汗，深感大难临头。想当初鼓吹神竹筒占卦，是为生活所迫而行骗，谁知会带来今日杀身之祸。他知道当前要推脱是推不脱的，要逃也是逃不了的，只是如何延缓一下死期罢了!

晚上，泪流满面，语不成声地对妻子说：

“明天我走后，你把我们家那碓倒翻过来，碓钩朝上，听见我回来时，你特意去看!”

清晨一早，神汉跟着两名侍卫走了。晌午时分，神汉左手紧抱竹筒，右手拍打神筒：“咚咚咚！咚咚咚!”并侧耳去听。

“不好啦，你听!”

“咚咚咚！咚咚咚！家碓朝天冲!”“天呀！我家的碓怎么朝天冲了，我得先回去看看!”

而那两名侍卫也不愿早日回宫，所以就同意了，也跟神汉返回家。

到家一看，妻子正朝天冲碓。触目惊心，触景生情，预感自己的心事，吓得两名侍卫一身冷汗。把碓重新放好，天已完全黑了下来。到第二天，他们又才上路。

大约走了一半路，神汉的事又来了，伸手拍打竹筒“咚咚咚!”“噔噔噔!”侧耳听听，哭喊起来!

“天啦！大难临头了!”你们听：“咚咚咚！咚咚咚！咚咚噔！大火烧了牛圈房!”怎么办呀！赶快回屋看!

两名侍卫又跟着神汉跑回来。到家一看，牛圈早已烧成一堆灰，唯有几根木架还在冒着烟。这下，只得在家多待几天，待把牛圈房搭好才走了。

他们整整拖了七天，把牛圈搭好了才最后离去。离别时，神汉流着泪对妻子说：“是我害了你们，日后，你好好带着孩子……”

神汉带着绝望的心情，离别了自己的妻子和孩子，走了两天多的路程，眼看就要到皇城了。

他们路过林中水潭边，一对天鹅在水面上嬉水相亲。神汉触景生情，顿时想起妻儿，习惯地侧耳静听竹筒，“咚咚噔！咚咚噔!”……

“噗！噗!”天鹅展翅拍打水面，“吭！唧!”叫着飞上蓝天。

“哟！一个叫吭，一个叫唧！飞……”

神汉自言自语，话未说完，两名侍卫不约而同，“唬!”一下跪倒在神汉面前。因为心有余悸的他们，早在神汉拍打竹筒获知“碓冲天”“火烧房”那时起，就已特别注意神汉的一举一动，一言一行。在见了神汉伸手拍打竹筒时，心情高度紧张，一听到神汉说：“吭唧吭唧，一个叫（喊）吭！一个叫（喊）唧!”时硬把“吭”“唧”往自己的身上揽，反而听成“一个姓张，一个姓杨!”两人抱着神汉的大腿，求饶神汉救救他俩，弄得神汉莫名其妙。于是问道：“救你们什么?”

两名侍卫磕了三个响头，抬起头来，向神汉诉说盗走皇帝大印的过程，承认他俩一个姓张，一个姓杨，都是皇帝最信任的侍卫，大印尚在，藏在宫廷侧边大树鸟巢里，恳请神汉，不要把他俩占卦出来。

神汉昂头，远望天鹅消失的蓝天，心里叹道“天助我也!”此时此事，使他忘了脚下尚有两个求命的罪人，很快清醒过来。

神汉一字一板地说：“你——姓张！他——姓杨！大——印在鸟巢中!”

“是，是！我姓张，他姓杨！鸟巢在宫廷侧边的大树丫上。”两名侍卫再次诉说，是想得到神汉的宽恕。

神汉最后说：“皇帝大印被盗，只要找到我，我这灵竹做的神筒，是会清清楚楚地告诉我的！这样吧，你们听我安排。你俩推说，几天来已够累了，先回家休息三天，不要外出，每天起来，把衣服翻过来穿，我定能救得你们，这是神筒的安排。”

到达皇城，进了皇宫，两名侍卫禀报完毕，神汉被一宠臣带去见皇帝，两名侍卫离开皇宫。

次日，皇帝借上朝时，亲自过问大印被盗一事。朝廷上，文武大臣站立在两旁，皇帝自然坐在中央，他的前面放着一张桌案。

神汉按宠臣的安排，进入宫廷大堂拜见皇帝后，宠臣宣布，请神汉在皇帝面前，当众占卜，找回龙头大印，捉拿罪犯。并对神汉严厉指出："神汉神汉，请你进宫办大案，办成了是神汉！办错了要法办！"

神汉此时，也默默地对竹筒语："竹筒神！竹筒神，请你此时显威灵，占的真是真神，占不真要害人！"

宫廷里鸦雀无声，阴森可怕。只见神汉左手抱紧竹筒，右手抻出"咚——！咚咚咚！咚——！"

咚咚咚！并侧耳倾听，有了有了！"咚咚咚！大印在空中！"见宠臣要开口，神汉伸手阻止，并继续拍竹筒："咚咚噔！咚咚噔！"又侧耳听"咚咚噔！大印藏巢窠……"

宠臣传旨，带着满朝文武官员前往宫殿侧面古树脚下围观，一个武士猴儿般的灵活动作很快爬到鸟巢边，"老天保佑！皇上大印在巢里！"宠臣捧着大印，众臣文武官员跟随护送大印到堂上。皇帝大喜，但面色突转："捉——捉拿罪犯！"

宠臣指令神汉，赶快找出罪犯！

大印如实找到，更加强神汉捉拿罪犯的信心。他信心百倍，伸手去敲神鼓，"咚咚噔！咚咚噔！"故意侧耳听了听，有啦！有啦！"咚咚噔！咚咚噔！一个姓张，一个姓杨！"

这下把在场的张、杨二姓的众臣文武官员如五雷轰顶，个个吓得目瞪口呆，竟有五人跪倒在地呜呜大哭……

宠臣问神汉"张、杨都是吗？"

"不忙。"神汉说。

"咚咚咚！咚咚咚！咚咚噔！张杨二姓不在场，现在家中穿着反衣裳！"皇帝当即叫宠臣带领数名武官前往，将那两个侍卫传进宫。

被传进宫的两名侍卫，正是一个姓张，一个姓杨，都是衣裳反穿着的。人证物证面前，只得招认盗皇帝大印的全过程。

7. 老虎跟水牛争当大哥

相传古时候，所有动物都会说人话。一天，正当一头水牛在坡脚一个草坝吃草时，一只老虎从树林里钻出来对水牛说："老弟，你在这里吃草呀？"水牛听到"老弟"这个字眼，连头都不抬，继续啃它的草。"喂！我和你讲话哪！"老虎上前扯住水牛的尾巴。这时水牛才抬起头来，嘴里边嚼东西边回敬道："老弟是在叫我呀！""什——么！谁是老弟呀？""你"老虎提声强调："是你，是你！！""是你！！！"争当大哥舌战激烈展开，互不相让。最后商定了条件，谁先到达谁当大哥，比赛开始。

第一个条件是，山脚有一条水沟，看谁能拉屎一下把水堵住，堵着者当大哥。

好强的老虎想一下就能当大哥，提出它先开始。只见它"通"一小点，"通"一小点，均被水冲起，哪里能集中堵着水，水牛哈哈大笑。

现在轮到水牛拉屎堵沟水了。它对老虎说："你看好！"话音刚落，尾巴一翘，噼啪噼啪一大堆牛屎，竟把一小节水沟装满，水哪里过得去。"哈！哈！怎么样？"老虎仍不服气，又提出一个认为对它有利的条件。

老虎说，你那个笨样，看谁能撒一泡尿绕这山坡三转，能者才是真正的大哥！要赖皮的老虎，自以为自己串树林狠，故提出此条件。真金不怕火炼，水牛做出让步，同意再比。

还是老虎先开始。为了战胜水牛，它喝了一肚子水，可是尿胀得急，“唰”一下光了，连一转都没有转到。这下轮到水牛了，你看它都已转完第三转了，尿仍唰唰流着。气得老虎睁大红眼，虎须一颤一展的，张开大嘴好像要说什么，但始终找不到什么可说的了。尽管如此，仍不叫水牛一声大哥，而且最后还是冲出一句：“事未过三，要三战三胜才能定案。”

过了好几天，老虎通知水牛，要水牛七天后到草坝跟它决斗，胜者最后当大哥。

老虎自拟定要与水牛决斗之时起就入深山找寻类似老鸦藤之类的藤子全身绕了一层又一层，好似一只藤虎。水牛接受决斗后，每日在烂田里或稀烂的地里打滚，滚了又晒，晒干了又滚，附成一条“泥牛”。

决斗期已到，“藤虎”跟“泥牛”就要决斗了。先下手为强，又是老虎先攻击。先是一虎爪，只见几个爪印，几爪过去仍未接触牛的毫毛；接着几声虎啸，猛扑过去，只见虎嘴极艰难地往外吐泥，一口下来，要吐半天泥，丝毫未损一根牛毛，不得已轮到水牛攻击了。

水牛特意叫老虎注意，喊完只见它嘴唇直抵前胛，目光直盯虎身，头往前一冲，角一撬，双角分别插进捆着虎身的藤子，前脚蹬地，头一抬，老虎四爪离地，接着牛头左右甩了两下，弄得虎骨全身松散。老虎求饶认输，水牛停止甩动低下头，半天老虎才挣脱牛角。可能虎骨架抖散了，它在那里一动都不能动。

事隔不久的一天早晨，水牛正帮一农户犁田，老虎从树林钻出来，大摇大摆地向田边走来，非常傲慢，有意蹬坐在田坎上，很骄傲地昂起头来，戏弄水牛：“唉哟！算什么大哥！还被一个小娃娃牵着鼻子走，喊向左，不敢往右，叫转不敢直冲，叫停不敢伸半个懒腰。”

“胡扯。”水牛说，“他是我的主人，比我强百倍万倍，不是大哥不大哥的问题！而是你大哥的主人。”

老虎说：“我可打败你的主人，那时你就不是大哥了，而大哥是把你主人打败的我了。”

水牛提醒老虎说：“我的主人尽管比你瘦小，但他会动脑，会想办法，心想事成，是任何动物都无法比的。”老虎哪里听得进去，一心想借机夺“大哥”的桂冠。不得已，水牛才把老虎要与人决斗的因果跟自己的主人诉说。

牛主人为了保住牛大哥的桂冠，当下接受了老虎的挑战。

牛主人对老虎说：“决斗可以，现在已近午饭时分，我得先去吃点饭菜来。”

老虎说：“可以，我在这里等你。”

牛主人说：“我去吃饭，你跑了，我找鬼二哥斗呀！”

老虎说：“你怕我跑掉，不放心，你把我捆好了，待你回来再解开行吗？”

水牛有意不相信老虎的表态与决心，老虎再三表示，自愿让水牛将其捆住。

老虎躺在地上，伸出四肢，后生带着极不放心的表情，慢吞吞地解下牵头绳和牛牵索，很牢固地把老虎的四只脚捆绑好。绑完后，还叫老虎用力挣扎，以察看捆绑牢不牢固。然后又用极担心话说：“怕你用嘴咬断绳子！”

老虎说：“你再把我的嘴巴捆住不就行了呀！”

听从老虎的安排，牛主人解下皮鞭，将老虎的嘴巴扎好绑紧，叫老虎使劲张开嘴挣脱，哪里能挣得脱。

一切准备就绪，后生左手拿着牛打脚，右手提着牛架担，愤怒的目光直逼老虎：“决斗开始！”老虎哪里动得了。只见后生直朝老虎的脑袋又打又挖。老虎不但动弹不了，连疼痛叫苦的声音也听不到，人们只能从它鼻孔喷出的粗气感觉出来，老虎已不行了。只见它不住地摇着头，并向水牛不停地点着头。水牛张开大嘴，哈哈大笑，以致牙都笑掉了。如今的水牛没了上牙就是这样来的，水牛看懂老虎的心意，知道老虎服输了，它帮老虎说情，请主人原谅老虎。后生才停止打挖，并解开老虎的四肢和嘴巴。

松了绑的老虎，用敬佩的双眼看了一下后生，转身对水牛，用极生硬的话喊“牛大哥”。却说，自那以后，虎虽以食肉为生存条件，但从不吃水牛，对水牛毫不敢伤害。

8. 月亮河“月朗平桥”的故事

很久以前，有一条由贵州通往云南的古驿道从月亮河通过，月亮河上建有一座石拱桥，书载“月朗平桥”。古桥两岸山清水秀，古松参天，景色优美，志书称为“郎岱八景”之一。

传说在很久以前，驿道从月亮河修通的时候，要在月亮河上修建一座桥。当时月亮河一带没有修桥的匠人，只好从外地找匠人修。桥修好后，修桥的匠人要在桥头刻一副对联，有一天，官家来验桥，官人骑着大马从桥上走过，匠人眼睛心思一动，得出了上联，就在桥的一头，刻上“马过铁桥蹄打鼓”。可是，不管怎么想，总是对不出下联，于是，匠人只好天天坐在桥头，希望有过路的人能对出下联。过了很久，始终没有人对得出下联。匠人有些后悔，不该在桥头出对联。没有办法，也只好拿钱请人来对下联了。在一个赶场天的早晨，匠人拿出二十两银子，向集市的一店家交代：如果有谁能对出下联，就拿十两银子请人把下联刻在桥头上，拿十两银子给对下联的人。此时，正好主妇在筛米，把碎米倒在铜盆里，这时正好有一只鸡跳到盆里吃米，工头一看，鸡啄米时，盆就发出响声。只见匠人一拍大腿，说：哦，原来是这样，真是得来全不费工夫。主人家不知匠人说什么，于是问：“先生，你怎么了？”匠人高兴地说：“我踏破铁鞋无觅处，已得出下联了：鸡啄铜盆嘴撞钟”。

在月亮河古驿道上修建的“月朗平桥”，每次都被河水冲垮，不知修建的岁月经历了多少代人，直到现在，也没有留下痕迹。说是在古代第一次修桥，桥修好的时候，有一位神仙由此路过，他先变成一个乞丐来过此桥，修桥的工匠把他赶走了，不让他过桥，他只好退回去，又变成一位富家公子，坐着轿子要过桥，修桥的工匠赶紧恭恭敬敬地给他让路，神仙过到桥上时说道：“你们嫌贫爱富，只为富人官家修，不为百姓来着想，富商官人好过路，百姓不能粘点光，哪怕你能修百次，修一回来垮一回。”因为这桥被仙家封称（方言：诅咒）过，所以，每次修好桥都要被河水冲垮，直到现在，也找不到“月朗平桥”的踪影。

9. 丢花包和打鸡毛的传说

“丢花包”和“打鸡毛”是凉都月亮河夜郎布依文化生态园区布依族青年男女最喜爱的传统游戏，它们类似打排球和打羽毛球那样，但没有网，花包比赛是面对面地甩和接。打鸡毛是用手拍打。“花包”是用红、黄、黑、白、绿五色花布缝制，内装糠壳形状不同有碗口大的包，包上还钉有二尺来长的绣花飘带，甩在空中非常好看。“鸡毛”是底部成圆形，上部是像瓶颈一样，插上鸡毛的鸡毛毽，拍打比较方便。

丢花包的比赛方式是男女青年以两边相等人数排成两个横排，中间相距 20 米左右，花包由这边丢过去，那边接到又丢过来，你来我往，接失手的算输，比赛的输赢规则，由双方自定。丢花包一般是男女双方都事前约好的，也有临时组合的，但多半是有相当情谊或是专为促成其中某一对或几对男女青年的友谊或婚事而比赛的。因此比赛不管怎样激烈，比赛场地上都充满了热情的、欢乐的气氛。

打“鸡毛”是男女双方各站一边的对打游戏，中间画一条线，相隔一定的距离，类似于羽毛球的单打，只是中间没有网。比赛时没有拍子，只能用手将“鸡毛”拍向另一方，如果没有接到对方拍过的“鸡毛”，就算输一分。比赛规则，由男女双方自己定。一般来说，输的一方有意将一件物品送给对方，以此为借口接触对方，如果男女双方都有好感，感情会进一步发展，最终可能会成为终身伴侣；如果通过接触，有一方认为对方不是自己的意中人，或是对对方没有好感，就会退还物品，各走一方。在这个过程中，带有互相考验对方的意味。

关于丢花包和打鸡毛，在布依族中还流传一个很美丽的传说，说是从前有一个富裕的布依人家，到老才得一独生女，从小就经常与寨中一个小男孩玩耍，等他们长到 10 多岁以后，女子已经出落得唇红齿白的大姑娘了。不仅人长得非常漂亮，而且勤快，样样活儿都会做，挑花刺绣样样会，在村里寨外，远近闻名。一到每年的正月初一至初十上门说媒的人不知有多少，简直无法应付。由于姑娘不同意，亲事一直没有定下来。但姑娘想的是一直和她从小一起长大的小伙子。姑娘的父母怕她出去玩出事来，就让她在绣楼专心挑花刺绣，足不出户。这姑娘想：要是这小伙子真的有心，他一定会来找我的。

小伙子看不到姑娘，每天好像丢了什么魂似的，心神不定，想上门去约姑娘，又怕她的父母不同意，闹不好还会影响以后他们的交往和这门亲事的达成。一有时间就去姑娘家房前屋后转，总希望姑娘能伸出头来看他一眼，但是越想见就越难见。他想来想去，终于有了办法，等姑娘在挑花刺绣的时候，将石头丢到她家木楼上，看她会不会走出来。可是，当拿起石头丢出去后，总会发出响声，怕惊动姑娘家父母，引起注意。于是，小伙计上心来。他想用草包住小石头，想方设法编成像鸡毛毽的样子，插上鸡毛，用手拍出去，稳稳当当地落在姑娘家木楼上，而且不会发出响声。这样，他把“鸡毛”丢给了对方。姑娘拿到“鸡毛”，左看右看，觉得编得很漂亮，就把它留了下来作为礼物保存下来。姑娘想，该送点什么给他呢？想来想去，觉得没有什么合适东西可送。于是就用挑花刺绣时剪下来的花布缝成花包，中间装上碎布，丢给小伙子，但丢不远，方向也不准。后她改成用米糠装在花包中间，不仅丢得远，而且准，小伙轻而易举就能接到。由此，这“鸡毛”“花包”成了他们传情的信物，双方感情在丢来打中也越来越深，“花包”“鸡毛”的样子也越来越好看。经过长期的你来我往，双方约定，非对方不娶不嫁。

当姑娘的父母发现后，也想阻止，但已经晚了，双方已经到了不能分离的地步。只好顺从女儿的心愿，让他们来往，最后招小伙子做上门女婿。从此，丢花包、打“鸡毛”在布依族男女青年中广泛流传，不仅是布依族青年男女喜爱的游戏，也成了互相传递感情的一种方式流传至今。

10. 月亮河、陇脚的来由

关于月亮河、陇脚地名的来由，在当地布依族中流传这样一个故事。

在很久以前，布依先民巡游迁徙中，来到一个现名叫翻场坡（现六枝特区新窑乡境内）的大山上，这时已是午夜，只见一轮明月倒映在山脚远处的水中时隐时现，显现缕缕银光，布依先民顿感惊奇，于是，又渴又累的先民连夜下山寻找水源。天刚放亮，眼前到处都是绿茅竹，无路可走，见不到水，只是隐约听到流水声，这时随行的一条狗钻进绿茅竹林，出来的时候嘴是湿的，才发现原来水被茂密的绿茅竹遮住了。他们穿过绿茅竹林，眼前的情景让他们兴奋起来，一条河正缓缓地向西流去。当他们用手捧起水正要喝的时候，手中还有小鱼在游动。就想，这河里有这么多鱼，在河边种庄稼一定收成不错，于是就决定在河边居住下来，他们所处位置在河的一个湾塘处，于是，就顺其自然将这个地方取名为湾塘。由于是月亮引导人们来到这里的，所以就将这条河取名为月亮河。

当朝阳冉冉升起，天空碧蓝，群峰俊秀，空气清新，眼看河边一片片肥沃的土地，布依先民们在兴奋之余，按照本民族的习惯，择地建房居住养牲畜，日子过得一天比一天好，牲畜一天比一天健壮。时间长了，饲养的牛群放出去吃草也会自己回来。奇怪的是，每天牛群出圈后，经常往一个方向去，还踩出了一条路。有心的布依先民于是跟踪牛群，看看到底是什么地方有这么大的吸引力。他们发现，在吃草的牛群中，还夹杂一些吃草的野生动物。他们走近一看，这里不光饲养牲畜方便，垦荒种植都比较容易。于是又决定搬到这个地方居住，取名叫崩北。布依先民们住下来后，他们喂养的牛群依然不是那么“老实”，还是每天要出去寻觅可口美味的“食品”，只是还没有找到固定的地方。日子长了，牛群又有了新的“生活”区。牛群经常出去不回家，他们只好出去找。终于在月亮河边的一个大山包上，找到他们的牛群。山上的青草虽然长得好，但上山的路并不好走，长满了杂草，还有一片一片的刺林。布依先民们干脆放火把这些杂草、刺林烧掉，再来种树。等到烧完后，他们站在山头看，这里还是地块风水宝地，不管对面的山型走向，还是脚下的座式靠山，都是定居的理想之地。他们决定就在这里安居下来，之后放养的牛群再也不走远了。为了方便，就把这个山头取名叫陇脚（当地方言“陇”就是到的意思，“脚”是安定下来的意思）。从此，布依族人不管在什么季节，都要精心饲养他们的牲畜，以感谢为他们带来好处的牛群。直到现在，月亮河两边依然是山清水秀，环境宜人。

（以上的民间文学原始资料由韦仕海、韦洪孝、韦开局、王安学等搜集，特此说明。对引用他们的资料，一并致谢。）

第四节　月亮河流域布依族民间文学探析

在月亮河流域布依族民间文学中，我们在以上的描述中可以看到，其神话传说他们有，但发育状态一般，多数是一种借语状态，即借用了某一流行的神话来建构了自己的布依族神话，而且多是一些文化记忆的“残片”。在所谓的“温前朝”中多数是这样的事物。

在月亮河流域布依族民间文学中，他们也有儿歌、谚语、成语、民谣一类的东西，但这样的东西多处于其民俗文化的边缘，故其存在一般有两种情况，一是借用其他民族此类的成果，进而转化为布依语的表述；二是自己的民族语言的智慧创造。这后一种最有意义，但现今不多见了。

在月亮河流域布依族民间文学中，其民间故事和我们称为歌诗的民间文学最为发达，是我们于此探析的主要内容。

在月亮河流域布依族民间文学中，除了具有一般意义上的民间文学的集体性、口头性、变异性外，月亮河流域布依族民间文学还有一个与众不同的特性，这就是它的歌唱性和民俗性。

1. 歌唱性

布依族是一个爱歌唱的民族，不但是月亮河流域布依族爱唱，在贵州省，不管是有什么样的文化差异的布依族群体，爱唱歌则是整个布依族的“天性”，但月亮河流域布依族则把歌唱融化为生活中的一切事物中。他们不光是为了娱乐唱歌、民俗活动唱歌、祭祀仪式唱歌，就连打招呼、问候等等也可以用歌唱来表达。这种歌唱，犹如苗族中的芦笙一样，没有歌唱，在月亮河流域布依族人中，是做不成什么事情的。所以，我们把它的各种不同内容和形式的诗歌，统称为歌诗，是歌唱出来的诗。

在一般意义上的民歌中，月亮河流域的布依族人是用歌唱出来的，这是没有疑问的，但它的仪式歌、祭祀歌、生产劳动歌、情歌、山歌等等，也是唱出来的。就是其民间故事的存在，也与其歌唱有很大的关系。我们在月亮河流域布依族民间文学中可以很清晰地看到，有一个故事，大致上就可以有一个相同内容的歌唱的叙事歌存在，也就说，一些月亮河流域布依族民间文学中的经典，在故事和歌诗中是可以对应的。

2. 民俗性

月亮河流域布依族民间文学中的歌唱性，影响了月亮河流域布依族民间文学的方方面面，但在民俗性表现上，其主要体现在其歌诗上。

在月亮河流域布依族民间文学中，它的歌诗从大的分类上说有三类，小的分类上有四类，但不管三类还是四类，都与其民俗有关，或者说是直接从其民俗活动中诞生和存在的歌诗，只有少部分的歌诗是在其他场合出现的。

它的三类歌诗，第一类为“温前朝”，第二类为“温甲子”，第三类为“温友”，这三类歌都是在其传统的婚姻礼仪中出现的（我们可以参见前面第三章相关内容）。一进入婚姻礼仪，最先要唱的就是“温前朝”的内容，这方面在月亮河流域的布依族人中，是非常看重的。这方面的内容唱得好不好，直接关系到婚姻的方方面面，关系到婚姻的一系列仪式的意义是否得以“舒展”。接着的才是“温甲子”，这个歌唱在内容上文学性并不强，但民俗的仪式却很强。它是用汉语唱的，表明这一来自汉文化的事物，在月亮河流域布依族文化中被进行了极有特色的整合，呈现了它自己的独特意义。这个意义在一定程度上具有民间文学性，但更为重要的是仪式性。

只有在歌唱了这两个方面的内容之后，才可以进入婚姻礼仪仪式歌的歌唱过程。这个仪式歌我们在前面的第三章中看到有不少的表现，也是月亮河流域布依族民间文学中的一个重要组成部分，但是月亮河流域布依族人并没有把这种仪式歌唱归为他们所说（这三种分类不是我们的研究成果，是月亮河流域布依族人自觉分类）三种分类中，是一个独立的存在。所以，我们也可以把“婚姻仪式歌”作为单独的一类。

在婚姻仪式歌的歌唱进入夜间的时候，就会出现所说的第三类“温友”的歌唱。“温友”歌就是情歌，它可以在婚姻礼仪中整整唱一个晚上。在婚姻礼仪中，一般有四个歌郎，第一歌郎一般是唱布依族古歌（温前朝）和仪式歌的，第二歌郎一般是唱仪式的，第三歌郎、第四歌郎则一般是唱“温友”的。在最为盛大的婚姻礼仪中，歌郎可以是六人，而夜间唱“温友”的就会很热闹。

我们在前面“温友”歌中看到，这样的情歌实际上可以无限延伸的，可以唱出许许多多的花样来的。前面的“温前朝”“温甲子”是不变的，是古例，但“温友”则是活态的，发展性很强的。

从整个的“温友”歌唱来看，这也是月亮河流域布依族婚姻礼仪中的一个仪式，但这个仪式中“生长”的是月亮河流域布依族的歌诗，而且是其中最美、最赋予活力的一部分。

我们回过头来看看，在月亮河流域布依族婚姻礼仪中，除了其婚姻文化的表现外，它为月亮河流域布依族民间文学中提供了一个平台，展示了月亮河流域布依族民间文学中最为重要的部分。“温前朝”属于布依族古歌，它的存在不但是文学的，更重要的是它还与这里布依族的信仰文化的核心构建直接关联。我们说不清楚世界是怎么来的，人是怎么来的，我们就不知道我们的文化的“原点”在那里，无法赋予我们自身生存的意义。当然，这也是人类文学的重要组成部分，是我们一切文学的开端，这对于月亮河流域的布依族人来说，也是一样的。

总的看来，我们月亮河流域布依族的歌诗，基本上都是依存于月亮河流域布依族的婚姻礼仪这个平台，是这个平台展示了月亮河流域布依族的歌诗。但反过来说，也可以说是月亮河流域布依族的歌诗组成了其婚姻礼仪。

民间文学的某些部分与民俗联系密切，这是常理，但像月亮河流域布依族民间文学中的歌诗与其民俗联系如此紧密，则为少见。

这也说明，月亮河流域布依族民间文学中的歌诗，走向纯粹民间的审美娱乐的程度不高。

在月亮河流域布依族民间文学中，其民间故事应该是其民间审美娱乐性最强的一类民间文学。在月亮河流域布依族的民间，经常会有自然的聚会，这时候，喜欢的人就会“摆古”。这就是民间故事的展示和创造。在月亮河流域，上游的布依族似乎比中游、下游的布依族更喜欢民间文学中的民间故事，而中游、下游似乎比上游的布依族更喜欢歌唱。

面对月亮河流域布依族的民间故事，我们似乎更容易用纯粹审美娱乐的方式来评述它，更能体现一般意义上的民间文学特点。

在对月亮河流域布依族民间故事的探析中，笔者主要从两个方面来加以分析，即它的特点和反映的文化内涵。

一、月亮河流域布依族民间故事的特点

月亮河流域布依族的民间故事，其特点也就离不开一般民间故事所具备的特征。拟从以下三个方面论述月亮河流域布依族民间故事的特点。

1. 集体创作性

民间故事的创作是劳动人民的口头创作，这个基础决定了它的集体性。民间故事一般用口头来创作，并且在口头流传，在流传的过程中，创造者又不断对作品进行雕琢打磨，不断地修改，使得民间文学的作品成为集体财产，具有了创作的集体性。这种创作的集体性，又从三个方面来体现：其一，是创作方式上的集体性，在现代化设施还没有影响到布依族人们的传统生活时，集体性的叙事活动较普遍，这样的传统生活为布依族人们进行民间对歌、民间故事的创作提供了条件。采用一个大家都共同感受的主题，然后由一个人讲述，大家补充的办法创作民间故事的可能性是在很大程度上存在的。其二，民间故事的创作与讲述两者往往是融合在一起的，有的创作往往是在听众密切配合下进行的，这时候，作者和听众在思想情绪上交流在一起，这对故事的创作影响很大，在这种情况下说出来的故事，是有听众的感情和愿望的。讲故事的作者描述出了听众的心里话，听众的情绪和期望又感染了讲故事者。所以说故事虽然由一个人在讲，但她渗进了听众创作的成分，这样流传下来的故事，就含有了集体性。其三，民间故事最具有生命力的特点是其在流传的过程逐渐得到雕琢和修改，在流传中，人们根据实际背景不断删去不中意的地方，补充一些符合当前情况的新情节和词汇，这样的民间故事在流传过程中，就不断成为集体创作的源泉，使民间故事的生命力不断得到延展。

月亮河流域布依族民间文学中的民间故事也是在这样的历史情形下形成的。

2. 民间故事创作的口头性

在旧时代，不是所有的人都有受教育的权利，但没有受到文字性教育的群体也有创造文学的需求，口头创作也就是他们的方式之一。口头创作相对于文字创作来说是

一种缺憾，但口头创作也有它的优越性，它有更广泛的群众基础，它可以吸收大部分的人民群众来参加民间故事的创作。在昔日的月亮河布依族村寨中，突出的民间故事讲述者是创造民间故事的主体，但除了突出的民间故事讲述者以外，妇孺老幼都会讲述一些民间故事。在他们的讲述当中也有创作，这也同是构成民间故事创作集体性的缘故。另外，由于口头创作直接与劳动生活紧密相连，使得民间故事更加显得朴实与富有生活气息。

3. 民间故事的变异性

这个特性也是集体创作过程中集体创作性赋予的一个特征。每一个人在讲述民间故事中，都会有自己的语言风格与价值倾向，只是普遍状态下的价值取向趋于一致的情况下的取向偏离，结合当地的实际情况，民间故事反映的大致思想内容是一致的，但允许其间的故事人物的不同，故事情节的曲折程度不同，等等，这些变异，是不可避免的，因为它不像书面文学一样，印成铅字就能固定地保存它的状态。民间故事的变异性总体性是其利大于弊。因为民间故事在不同群体、不同时代的讲述中，它才能具有生命力。

4. 民间故事创作的佚名性

在民间故事的形成过程中，我们无法把它归结为某个人的成果，一是由于它在形成之初就不是某一个人的智慧结晶，而是人民群众的共同创造。二是由于民间故事的在流传中，每一位讲述者都可能充实民间故事的内容，况且，民间故事并不是某一个人可以追求的表达，它只是在人们劳动之余，调节生活，表达对美好生活的向往之自然状下的无意识创作。人们也根本没想到过要把它占为己有。相反，让它散落在大家的口头，锤炼得更加精粹，以符合现时条件下的审美。

以上这些，在月亮河流域布依族民间故事中均有突出表现。

二、月亮河流域布依族民间故事的分类及分析

对于月亮河流域布依族民间故事的分类，主要参照天鹰所著的《中国民间故事初探》一书的观点。在月亮河流域布依族中流传的民间故事，总体而言，都属于幻想性较强的故事。我们调查的民间故事主要有表现为人与自然界关系、表现人的社会关系、反映人们的道德观念，描述爱情、地方传说故事等。

在《月亮河阿龙与茅妹阿香》的故事中，我们看到了阿龙与阿香的坚贞爱情，同时也折射出了与统治阶级的斗争、人们的道德观念方面的价值取向。知恩图报，阿龙为了报答月亮河人们的养育之恩，在月亮河上巡逻，最后中毒箭身亡。故事以凄美的基调结束，反映出在一定条件下人们对于追求幸福生活的缥缈。

《瓦鞅申》的故事告诫我们不诚信的恶果，这反映了一定的因果报应的思想，特别是在人们还无力应对大自然的变化时，一种恐怖的报复措施足以让人们铭记在心，这种与神灵作对的做法，只能为自己带来厄运，这也反映了人们的宿命论，无疑，是具有消极作用的。但同时，人们无力战胜自然时，就把一种强大的希望寄托给神灵，彪形大汉手中的瓦鞅就是上天的旨意。这种寄托的方式，受制于当时的生产力发展水

平。这则故事是反映人与自然关系的告诫性故事。

《金花银花》的故事是很多民族都有的蛇郎母题型故事的异名文本。著名的民俗学家钟敬文对蛇郎母题型的民间故事做过详细的解析。这种民间故事的趋同性，排除文化传播与借用的情形，也反映了人类心理的一致性，只是文化的发展序列有时并不是同在一条起跑线上而已。这个故事中展示得更多的是人物形象的多变性，蛇郎由蛇变成美貌的男子，银花遭到金花的毒害后，先变成鸟儿，再次变成小草，这也体现了布依族人们的万物有灵论的认识。

《儿卡故屋》的故事类似于《螺丝姑娘》的故事，孤儿由于勤劳善良，对带回来的小狗不加伤害，最后幻变为美女，而与孤儿结成美满的婚姻。这类故事，往往是由于在现实生活中得不到实现，而幻化为动物变美女，给孤儿在现实世界里得不到的，但又应该属于他们的幸福生活。它反映了人和自然的关系，即人在一定程度上已经能够控制和利用自然界的财富，把它看作人类幸福的来源。

《阿敏智杀狐狸精》的故事在各民族中也普遍流传，刻画的是一个机智勇敢的小姑娘形象。这个故事具有深刻的现实意义。它告诉人们，世界上有一种善于伪装和阴谋来达到残害人们的东西，对他们要提高警惕，不要被他们的花言巧语欺骗，否则就会遭到他们的暗算。同时也启示着人们，只要我们擦亮眼睛，伪装的嘴脸是不难识破的，因为凡是伪装，总有破绽，总会露出尾巴，只要沉着冷静，机智勇敢，即使敌人再凶恶，也会被我们所制伏。

《神汉破大案》的故事经历不算曲折，笔者从中看到的传达的文化信息有：其一，占卜神算在布依族中的重要地位，本文反复强调的神汉构理的事实巧合，事实上有对占卜神算的怀疑与颠覆，但反复强调的这点，折射出以前神判的力量在布依族地区的流行与重要性。其实这种现象在民间还能找到很多遗存，比如，某家的牛在山上找不到了，就会请民间的“手艺人”来掐指算算，是因为得罪了祖宗，祖宗把牛给藏起来了，所以找不到；或是算算是否有人从山上偷走了牛。按照唯物主义的观点，我们要相信科学，而把暂时不能用科学解释的问题用这种方式解决，这种状况也同时反映了很早的时候科学知识在布依族地区的匮乏。其二，告诫了人们不要做一些道义上不容许的事情，即使“躲过了初一，也躲不过十五”，不能抱着侥幸的心理做一些错事。而这种信息的传达，对人们的性格的生成提供了一种告诫的模式。

《老虎跟水牛争当大哥》的故事是以动物为主人公的故事，属于动物故事一类。动物的拟人化，动物世界关系的社会化，是这个故事的特点。虽说动物故事表面上看来是动物故事，但实际的内涵并不是动物故事本身，它要通过对动物故事的叙述，反映一定的社会现实。这种对动物故事的解说只能出现在寓意型的动物故事中，而在解释型的故事中，只是对动物的形状特征来源进行解说。在知识匮乏的情况下，人们对自然界的很多现象都无法理解，于是他们通过幻想，对自然界的现象做出一定的解释，这是形成这类解释型动物故事的现实基础。

《月亮河“月朗平桥”的故事》主要是反映人们道德观念的一则故事，其间的前半部分是对出对联的曲折经历的描述，反映了智慧的源泉来自生活，对生活的有所感悟。后半部分笔锋一转，是对人们要善待每一位身边的人的告诫。

《丢花包·打鸡毛的传说》是对布依族生活习俗来源溯源，其间也讲述了一对布依族男女青年忠贞的爱情故事。花包作为布依族青年男女爱情的信物，已经流传很久，现在随着青年婚恋方式的转变，花包派上用场的范围已经越来越小，现在的花包在月亮河的布依族地区，更多的演化成一种旅游的纪念品，而它之所以能成为人们喜欢的纪念品，与它特定的含义有一定的关系。

《月亮河·陇脚的来由》是对早期布依族迁徙到陇脚这个地方的美好追忆。其中牛群起了很大的作用，也说明了牛在稻作文化发达的布依族心目中的重要地位。同时也反映了对定居地的热爱之情，现在陇脚布依族聚居的一带，背靠龙山，面朝月亮河，地理位置优越，开门就能见到门前的一片水田。

本章参考文献：

[1] 天鹰著. 中国民间故事初探 [M]. 上海：上海文艺出版社. 1981，5.

[2] 刘魁立. 中国蛇郎故事类型研究 [J]. 民间文学论坛. 1998，(1)

[3] 万建中. 钟敬文民间故事研究论析——以二三十年代系列论文为考察对象 [J]. 北京师范大学学报 (人文社会科学版). 2002，(2)

[3] 刘魁立. 关于中国民间故事研究 [J]. 北京师范大学学报 (社会科学版). 1994，(6)

后 记

《月亮河流域布依族文化研究》一书的出版，是我们两单位、十数人一年余的心血。承得六枝特区民族与宗教事务局的大力支持，承得六枝特区书记蒋承云先生的为序的褒奖，也承得我们学院师生的无私奉献……如此多多，难以一一言表。我作为执事者，当多多为谢才是！

《月亮河流域布依族文化研究》一书的出版，最后要谢得更多的是月亮河流域的布依族诸多村民，是他们的文化自觉，才使得我们有勇气做一个民族文化研究的“志愿者”，才使得我们的《月亮河流域布依族文化研究》有比较丰富的表现。

然而，《月亮河流域布依族文化研究》一书我们虽然尽心而已，但失误之处在所难免，敬请方家斧正之。另外，《月亮河流域布依族文化研究》也希望在贵州民族学、文化人类学研究中，有所创建，是一种创建。